Aus dem Programm Huber:
Psychologie Lehrbuch

Weitere Lehr- und Handbücher über Arbeits- und Organisationspsychologie, Sozialpsychologie und Evaluationsmethoden beim Verlag Hans Huber (Auswahl):

Ekkehart Frieling / Karlheinz Sonntag
Lehrbuch Arbeitspsychologie
2., vollständige überarbeitete und erweiterte Auflage
564 Seiten (ISBN 3-456-82932-9)

Winfried Hacker
Allgemeine Arbeitspsychologie
Psychische Regulation von Arbeitstätigkeiten
875 Seiten (ISBN 3-456-82917-5)

Willi Hager / Jean-Luc Patry / Hermann Brezing (Hrsg.)
Evaluation psychologischer Interventionsmaßnahmen
Standards und Kriterien: Ein Handbuch
289 Seiten (ISBN 3-456-83245-1)

Werner Herkner
Lehrbuch Sozialpsychologie
2. Auflage
560 Seiten (ISBN 3-456-83571-X)

Eberhard Ulich (Hrsg.)
Arbeitspsychologie in Krankenhaus und Arztpraxis
Arbeitsbedingungen, Belastungen, Ressourcen
402 Seiten (ISBN 3-456-83907-3)

Heinrich Wottawa und Heike Thierau
Lehrbuch Evaluation
3. korrigierte Auflage
176 Seiten (ISBN 3-456-83802-6)

Heinz Schuler
(Herausgeber)

Lehrbuch Organisationspsychologie

Mitherausgeber: Hermann Brandstätter, Walter Bungard, Siegfried Greif, Eberhard Ulich und Bernhard Wilpert

Dritte, vollständig überarbeitete und erweiterte Auflage

Verlag Hans Huber
Bern · Göttingen · Toronto · Seattle

Adresse des Herausgebers:
Prof. Dr. Heinz Schuler
Universität Hohenheim
Lehrstuhl für Psychologie
Institut für Sozialwissenschaften (540F)
D-70593 Stuttgart

Lektorat: Dr. Peter Stehlin
Herstellung: Peter E. Wüthrich
Umschlagbild: Das Umschlagfoto stellt die zentrale Halle der Hauptverwaltung der Züblin AG, Stuttgart, dar (Foto: Dipl. Ing. Gert Elsner, Stuttgart)
Druckvorstufe: Konkordia GmbH, Bühl
Druck und buchbinderische Verarbeitung: Konkordia GmbH, Bühl
Printed in Germany

Bibliografische Information der Deutschen Bibliothek
Die Deutsche Bibliothek verzeichnet diese Publikation in der Deutschen Nationalbibliografie; detaillierte bibliografische Daten sind im Internet unter http://dnb.ddb.de abrufbar.

Anregungen und Zuschriften bitte an:
Verlag Hans Huber
Länggass-Strasse 76
CH-3000 Bern 9
Tel: 0041 (0)31 300 4500
Fax: 0041 (0)31 300 4593
E-Mail: verlag@hanshuber.com
Internet: http://verlag.hanshuber.com

3., vollständig überarbeitete und erweiterte Auflage 2004

ISBN 3-456-84019-5

Inhalt

Vorwort zur dritten Auflage 7

Heinz Schuler
1. Einleitung 9

Teil I
Methodologie

Einführung 19

Siegfried Greif
2. Geschichte der Organisationspsychologie 21

Heinz Holling und Uwe Kanning
3. Theorien der Organisationspsychologie 59

Klaus Moser
4.1 Planung und Durchführung organisationspsychologischer Forschung 89

Walter Bungard
4.2 Organisationspsychologische Forschung im Anwendungsfeld 121

Gerhard Blickle
5. Zur Ethik der Arbeit in Organisationen 143

Teil II
Arbeit

Einführung 155

Norbert Semmer und Ivars Udris
6. Bedeutung und Wirkung von Arbeit 157

Heinz Schüpbach und Martina Zölch
7. Analyse und Bewertung von Arbeitssystemen und Arbeitstätigkeiten 197

Eberhard Ulich
8. Gestaltung von Arbeitstätigkeiten 221

Teil III

Individuum

Einführung 253

Hermann Brandstätter
9. Persönliche Verhaltens- und Leistungsbedingungen 257

Heinz Schuler und Stefan Höft
10. Diagnose beruflicher Eignung und Leistung 289

Heinz Holling und Detlev Liepmann
11. Personalentwicklung 345

Teil IV

Interaktion

Einführung 385

Lutz von Rosenstiel
12. Kommunikation in Arbeitsgruppen 387

Felix C. Brodbeck
13. Analyse von Gruppenprozessen und Gruppenleistung 415

Walter Bungard und Conny Herbert Antoni
14. Gruppenorientierte Interventionstechniken 439

Jürgen Wegge und Lutz von Rosenstiel
15. Führung 475

Teil V

Organisation

Einführung 513

Wolfgang Scholl
16. Grundkonzepte der Organisation 515

André Büssing
17. Organisationsdiagnose 557

Diether Gebert
18. Organisationsentwicklung 601

Eva Bamberg und Babette Fahlbruch
19. Gesundheit und Sicherheit 617

Bernhard Wilpert
20. Organisation und Umwelt 641

Autoren dieses Buches 661

Personenregister 667

Sachregister 681

Vorwort zur dritten Auflage

Nachdem das Lehrbuch Organisationspsychologie von Beginn an freundliche Resonanz gefunden hat, konnte bereits nach zwei Jahren eine zweite Auflage erscheinen. Die Revision des Texts blieb auf kleinere Korrekturen beschränkt. Als dritte Auflage wird nun eine vollständig überarbeitete Fassung vorgelegt. Die meisten Kapitel wurden, teilweise unter geänderter Autorenschaft, neu verfasst, die übrigen verbessert und aktualisiert.

Das Thema Führung wird nun als eigenes Kapitel behandelt, nachdem die Forschung in den letzten Jahren zu einer empirischen Bearbeitung gefunden hat, die lange Zeit hinter der Befassung mit unergiebigen «Führungstheorien» zurückstand. Als eigenständiges Kapitel wurde jetzt auch das Thema «Gesundheit und Sicherheit» als ein spezieller Schwerpunkt der Organisationsentwicklung bearbeitet. Daneben wurde der Text um ein Kapitel erweitert, das sich mit ethischen Fragen auseinandersetzt. Gemeinsam kennzeichnen diese Ergänzungen eine begrüßenswerte Entwicklung der Organisationspsychologie, nämlich sowohl eine verstärkte empirische Orientierung als auch die Bereitschaft, Verantwortung zu reflektieren und in Interventionen umzusetzen, die den Arbeitsbedingungen zugute kommen.

Für die Bereitschaft, mit ihren Ausarbeitungen und Revisionen zur Verbesserung dieses Lehrbuchs beizutragen, danke ich den Autoren und Mitherausgebern sehr herzlich. Besonderen Dank hat Herr Christian Steidel für die Übernahme vieler redaktioneller und organisatorischer Arbeitsschritte sowie für seine Beteiligung an den Manuskriptkorrekturen verdient. Neben ihm haben dankenswerterweise auch Frau Susanne Braunschweiger-Fink, Frau Dr. Yvonne Klingner und Herr Dr. Peter M. Muck mitgeholfen, das Erscheinen des Bandes rechtzeitig zum Wintersemester 2003/4 sicherzustellen. Bei Herrn Dr. Peter Stehlin und seinem Team vom Verlag Hans Huber war auch diese Neuauflage wieder in den besten Händen.

Was den Textumfang betrifft, mussten sich die Autoren zügeln, das Wachstum ihres Fachgebiets nicht auch in einer Umfangszunahme ihrer Kapitel zu dokumentieren. Eine gewisse Umfangserweiterung gegenüber den früheren Auflagen liegt freilich in der Natur der Sache. Glücklicherweise bestand für eine Reihe der Lehrbuchautoren durch ihre Mitarbeit auch an zwei gleichzeitig erscheinenden Enzyklopädiebänden zur Organisationspsychologie Gelegenheit zu breiterer Darstellung ihres Themas. Wo die hier gebotene Information nicht genügt, kann die Enzyklopädieversion weiterhelfen.

Die Ausbildungsziele im Fach Organisationspsychologie sollten allerdings mit diesem Lehrbuch erreichbar sein, das sich als geeignetes Mittel erweisen möge, Studierende und andere Interessierte am Fortschritt der Organisationspsychologie als Wissenschaft und als Praxisfeld zu beteiligen.

Heinz Schuler
Stuttgart-Hohenheim, im Februar 2003

1

Heinz Schuler

Einleitung

Inhalt

1. **Gegenstandsbestimmung** 9
2. **Aufgabenstellung der Organisationspsychologie** 10
3. **Verantwortung für organisationspsychologisches Handeln** 12
4. **Zielsetzung und Gliederung dieses Lehrbuchs** 13
5. **Hinweise für den Leser** 15
6. **Literatur** 16

Wer heute versuchte, irgendwo auf der Welt allein oder mit Familie ganz unabhängig zu leben, könnte dies, wenn überhaupt, nur unter größten Entbehrungen und ständiger Existenzbedrohung realisieren. Immer schon waren Menschen auf soziale Kooperation in ihrer Lebensgestaltung angewiesen, auch auf Kooperation in sozialen Systemen, die in den Sozialwissenschaften als Organisationen bezeichnet werden, in denen Menschen planmäßig und beständig mit verteilten Rollen gemäß ihren Kräften und Bedürfnissen zusammenwirken und so gemeinsam Ziele erreichen, die für den Einzelnen ganz und gar unzugänglich wären. Die am weitesten entwickelten Industriegesellschaften unserer Zeit haben auch die größten und komplexesten Organisationen hervorgebracht, von denen immer mehr Menschen als Mitarbeiter in der Produktion von Gütern und Dienstleistungen oder als deren Nutznießer (Konsumenten) abhängig sind. Eine Vielfalt von Bedingungen physischer und sozialer Art wirkt auf das Verhalten und Erleben eines Menschen als Organisationsmitglied ein – beispielsweise die Schwierigkeit der Arbeitsaufgaben, die Möglichkeiten beruflicher Weiterentwicklung, der Führungsstil, die Kommunikationsstruktur. Selbstverständlich ist sein berufsbezogenes Verhalten auch mitbedingt durch Einflussgrößen außerhalb der Organisation wie Familie, Werthaltungen und Rechtssystem; auch ist es von seinen eigenen Merkmalen und Zuständen abhängig, die nur zum Teil auf derzeitige Umwelteinflüsse zurückgehen, zu anderen Teilen auf frühere Lebensbedingungen und auf dispositionsbedingte Eigenschaften. Vieles am Verhalten eines Menschen wird nur dann verständlich, wenn man mehrere dieser Klassen von Einflussgrößen und zusätzlich ihr Zusammenwirken berücksichtigt.

1. Gegenstandsbestimmung

Mit diesen Fragen befasst sich die Organisationspsychologie – mit dem *Erleben und Verhalten des Menschen in Organisationen,* genauer gesagt, damit, das Verhalten (und, soweit möglich, auch das Erleben) zu beobachten, zu beschreiben und zu erklären, in Entscheidungszusammenhängen zu prognostizieren und in Interventionsfällen auch zu verändern. Man mag dabei zunächst daran denken, auf welche Weise Arbeitsplätze und Organisationsstruktur das Verhalten, Befinden und die Zusammenarbeit der Menschen beeinflussen. Dies sind wichtige Fragestellungen der Organisationspsychologie. Doch unsere Betrachtung wäre einseitig, würden wir uns allein mit den *Wirkungen organisationaler Größen auf das Verhalten* beschäftigen und nicht auch mit der anderen Seite des Zusammenhangs, mit dem *Einfluss von Individuen auf Organisationen* und ihre Komponenten oder Subsysteme (Porter, Lawler & Hackman, 1975). Führungsstil und Organisationsklima in einem Unternehmen, beispielsweise, sind nicht nur «unabhängige Variable», von denen das Handeln und Befinden der Menschen im Arbeitsleben beeinflusst wird; sie sind ihrerseits wiederum abhängig von den Fähigkeiten und dem Autonomiebedürfnis der Mitarbeiter, sind also auch das *Ergebnis* und nicht nur die *Bedingung* von Interaktionsprozessen.

Gleiches gilt mehr oder weniger, aber im Prinzip durchgängig, für alle anderen Charakteristika einer Organisation. Es gilt für Abstracta wie die Unternehmenskultur (die gemeinsamen Werthaltungen, Verhaltensroutinen und Regeln sowie das kollektive Selbstbild) ebenso wie für sehr konkrete Elemente. So sind Maßnahmen der Personalentwicklung einerseits Bedingung oder Ursache wachsender Kompetenz der Mitarbeiter, andererseits sind sie vernünftigerweise abzuleiten aus dem Vergleich des derzeitigen Qualifikationsstands der Mitarbeiter mit den derzeitigen Anforderungen der Tätigkeit oder den diesbezüglichen Erwartungen für die Zukunft. Auch Arbeitsplätze sind einerseits unmittelbare Bedingungen der Leistung und Zufriedenheit, andererseits keine zwangsläufig statischen Größen, sondern sie verändern sich durch persönliche oder repräsentative (Personalvertretung), direkte (z.B. Verbesserungsvorschläge) oder indirekte (z.B. Fehlzeiten) Einflussnahme der Organisationsmitglieder.

Als Gegenstand der Organisationspsychologie können wir also in diesem erweiterten Sinn der gegenseitigen Einflussnahme die Frage nach den *Zusammenhängen des Erlebens und Verhaltens bzw. Handelns des Menschen mit Struktur-, Prozess- und Zielcharakteristika von Organisationen* auffassen: Wie wirkt sich die Kontextbedingung «Organisation» auf menschliches Verhalten aus und was tragen psychologische Erklärungsvariablen zum Funktionieren und zum Verständnis von Organisationen bei. Dies sind die Kernfragestellungen der Organisationspsychologie und die Grundlage ihrer Gestaltungsbemühungen – beispielsweise der Veränderung von Arbeitstätigkeiten oder der Entwicklung von Qualifikationen und Beziehungen.

Mit welcher Art von Organisationen hat nun die Organisationspsychologie zu tun? Wir wollen an dieser Stelle der Vielfalt der Auffassungen nicht vorgreifen, wie sie in Kapitel 16 erörtert werden (vgl. auch Walgenbach, 2003). Hier soll vielmehr die pragmatische Feststellung genügen, dass grundsätzlich alle diese «strukturierten, zielorientierten, Überdauernden sozialen Gebilde» (wie eine spröde Minimaldefinition der Organisation lautet) Gegenstand organisationspsychologischer Betrachtung sind. Praktisch gesehen hat bisher allerdings der größte Teil organisationspsychologischer Tätigkeit in oder in Bezug auf Arbeits- und Leistungsorganisationen wie vor allem Wirtschaftsunternehmen stattgefunden.

Unter den Wirtschaftsunternehmen sind große Industriebetriebe und Dienstleistungsunternehmen besonders häufig Gegenstand empirischer Untersuchungen, seltener dagegen Gewerbebetriebe und kleinere mittelständische Unternehmen. Öffentliche Verwaltungen gehören prinzipiell zum Gegenstandsbereich der Organisationspsychologie, auch wenn sie faktisch erst in geringerem Umfang zum Feld empirischer Forschung wurden. Aber wenn auch erst ein geringer Teil der potenziellen Arbeitsfelder von Organisationspsychologen wirklich erschlossen ist, so zählen doch auch Schulen und Universitäten, Kirchen und Verbände, Krankenhäuser, Armeen und Freizeitorganisationen grundsätzlich zum Objektbereich der Organisationspsychologie. Auch Beziehungen zwischen Organisation und Umwelt oder zwischen Arbeit und Freizeit, denen wir uns heute erst versuchsweise zu nähern vermögen, könnten morgen zu Routinefeldern unserer Tätigkeit gehören.

2. Aufgabenstellung der Organisationspsychologie

Als *Wissenschaft* ist die Organisationspsychologie eine «angewandte» Disziplin, d.h. eine solche, die ihre Problemstellungen vor allem in der praktischen Lebenswelt findet, auf die sie sich bezieht. Sie ist allerdings keine in Anwendung sich erschöpfende Disziplin, sondern sie ist orientiert an theoretisch-modellhaft formulierbaren allgemeinen Erkenntnissen und bedient sich hierfür der anspruchsvollsten verfügbaren Methoden, leistet zunehmend sogar eigenständige Beiträge zur Entwicklung von Forschungsmethoden, die dann auch in anderen Bereichen einsetzbar sind. Die Breite des Fachs ist so stark gewachsen, dass wir uns vor einer inhaltlichen Spezialisierung auch in den deutschsprachigen Ländern befinden, wie sie an amerikanischen Universitäten längst üblich ist.

Eine Zusammenstellung der Themenbereiche, innerhalb deren zurzeit an deutschsprachigen Instituten auf dem Gebiet der Arbeits- und Organisationspsychologie Forschungsarbeit geleistet wird (Wieland und Dutke, 2002), zeigt folgende Schwerpunkte:

- Arbeitsanalyse, -bewertung und -gestaltung
- Arbeit(-spsychologie) und ökologische Verantwortung
- Arbeits- und Gesundheitsschutz
- Arbeitssicherheit
- Belastung und Beanspruchung
- Berufseignungsdiagnostik und Leistungsbeurteilung
- Betriebliche Gesundheitsförderung
- Bildschirmarbeit
- Commitment in Organisationen
- Führung
- Gruppenarbeit
- Mensch-Maschine-Systeme
- Neue Arbeits- und Organisationsformen im Wandel der Arbeitsgesellschaft
- Organisations- und Personalentwicklung
- Software-Ergonomie
- Telearbeit
- Unternehmenskommunikation als zentrales Element im Wandel
- Unternehmenskultur

Mit Forschungsarbeit auf diesen Gebieten profitiert nicht nur die Organisationspsychologie von ihren Nachbarwissenschaften – z. B. den Wirtschafts- und Ingenieurwissenschaften –, sondern kann auch ihrerseits nützliche Beiträge zur Weiterentwicklung dieser Disziplinen leisten.

Als *praktisches Berufsfeld* findet die Organisationspsychologie seit den achtziger Jahren sogar noch mehr Zuspruch als in der Wissenschaft. Nach Angaben des Berufsverbands Deutscher Psychologinnen und Psychologen wuchs die Zahl der auf diesem Gebiet tätigen Fachkollegen von 300 im Jahre 1960 auf über 2000 im Jahre 1989 (stagniert allerdings seither etwa auf diesem Niveau). In Holland übersteigt die Zahl der Absolventen mit dieser Studienspezialisierung die der klinisch orientierten Psychologen bereits seit längerem. In Wirtschaftsorganisationen ist die frühere Skepsis gegenüber der Psychologie (die vielleicht noch stärker den *Psychologen* galt als ihrem Fachgebiet) im Begriffe, der Einsicht Platz zu machen, dass sie wichtige eigenständige Beiträge leisten kann, die wirtschaftlichen Herausforderungen unserer Zeit zu bewältigen. Dem kommt eine wachsende Aufgeschlossenheit entgegen, Probleme nicht nur mit Hilfe von Technik und Finanzierung, sondern vor allem mit Menschen zu lösen – und zwar nicht nur dadurch, dass der Leistungsdruck erhöht wird, sondern dass Arbeit, Organisation, Strukturen und Prozesse menschengerecht gestaltet werden *oder* bleiben und dass Menschen befähigt werden, hohen technischen, wirtschaftlichen und sozialen Anforderungen gerecht zu werden, ohne überfordert zu sein. Die Aufgaben berufspraktisch tätiger Organisationspsychologen gleichen den Arbeitsschwerpunkten ihrer Kollegen in der Forschung auf bemerkenswerte Weise. Auch hieran lässt sich ablesen, dass Wissenschaft und Praxis in der Organisationspsychologie eng aufeinander bezogen, in vielen Fällen gar nicht auseinander zu halten sind. Eine besonders große Zahl von Organisationspsychologen ist in der «Personalpsychologie» tätig, also mit Fragen der Aus- und Weiterbildung, Personalentwicklung, Gewinnung und Auswahl von Mitarbeitern sowie Leistungsbeurteilung befasst. Sehr schnell wächst die Zahl der Organisationspsychologen, die sich mit der Analyse und Gestaltung von Arbeitsabläufen, speziell im Computerbereich, beschäftigen und dazu beitragen, diese Tätigkeiten sowohl menschengerecht als auch produktiv zu gestalten. Führungstrainings und Organisationsentwicklungsmaßnahmen gehören bereits seit langem zu ihren Tätigkeitsbereichen. In nicht wenigen Fällen übernehmen Organisationspsychologen auch weitergehende Verantwortung, speziell im Personalwesen, die weit über ihren ursprünglichen Tätigkeitsbereich hinausreicht.

Für die rapide wachsende Zahl praktisch tätiger Organisationspsychologen – bislang vor allem in Industriebetrieben und Dienstleistungsunternehmen, in Beratungsfirmen und als Selbstständige, zunehmend aber auch in Behörden und Verbänden – bedeutet dies, sich vielfältigen Möglichkeiten und hohen Anforderungen gegenüberzusehen. Die Aufgaben von Organisationspsychologen dürften zurzeit gerade in einem Maße definiert sein, das ihnen einerseits ausreichend Absicherung und Akzeptanz für ihre Aufgaben schafft, andererseits aber noch genügend Raum für innovative Gestaltung und Erweiterung ihrer Möglichkeiten lässt. Freilich bedeutet dies, sich die notwendige Anerkennung beständig durch Kompetenz und oft genug durch eigenes Vorbild zu verdienen. Das Selbstverständnis der Organisationspsychologen, ihre eigene *Corporate Identity* (Gachowetz, 1989), hat Mühe, mit ihren beruflichen Aufgaben Schritt zu halten.

Für wissenschaftliche, noch mehr aber für praktische Berufstätigkeit gilt, dass sich die Aufgaben selten als «rein psychologische» stellen; deshalb wird jeder Organisationspsychologe gut daran tun, breite Erfahrung zu erwerben und sich auf die Kooperation mit Fachleuten anderer Disziplinen einzustellen. Dies gilt insbesondere, wenn man berücksichtigt, wie stark Organisationen als soziale Gebilde in ihr soziokulturelles Umfeld eingebunden sind und dem Wandel der Gesellschaft unterliegen, deren Teilsystem sie sind (Kap. 19). Gleichwohl ist die Aufgabe der Organisationspsychologen eine durchaus eigenständige nach Inhalt und Methoden. Menschliches Verhalten und Erleben zu erklären und bei Bedarf zu prognostizieren und zu verändern setzt sowohl im wissenschaftlichen wie im berufspraktischen Handlungsbereich vielfältige spezifische Kompetenzen voraus. Studierende der Psychologie werden erkennen, dass ihr ganzes Grundlagenwissen aus der Allgemeinen Psychologie, der Methodenlehre, der Sozialpsychologie und Differentiellen Psychologie gefordert ist, um anspruchsvolle Arbeit in der Organisationspsychologie zu leisten. In der Berufspraxis werden Kenntnisse wirtschaftlicher und rechtlicher Zusammenhänge, aber auch solche aus einer Reihe weiterer Disziplinen von Nutzen sein (v. Rosenstiel, 2003). Ebenso wichtig wie Fachkenntnisse und Erfahrungswissen ist aber auch die Bereitschaft zur Kooperation.

3. Verantwortung für organisationspsychologisches Handeln

Gestaltungs- und Einflussmöglichkeiten in Forschung und Berufspraxis bedingen eine Verantwortlichkeit im Handeln, die sich der Dignität unseres Gegenstands bewusst ist. Auch bei zunehmender Akzeptanz und Integration organisationspsychologischer Arbeit bleibt das Spannungsverhältnis zwischen Individuum und Organisation, zwischen Autonomiebestreben und sachlicher Erfordernis, zwischen menschengerechten Bedingungen und wirtschaftlicher Effizienz potenziell erhalten (Schuler, Farr & Smith, 1993). Organisationspsychologen haben der Verantwortung Rechnung zu tragen, die sich daraus ergibt, dass ihre Arbeit die Lebensbedingungen von Menschen wesentlich beeinflussen kann. Wie die Geschichte unseres Fachs zeigt, hat diese ethische Dimension unter wechselnden wirtschaftlichen und gesellschaftlichen Bedingungen und in Abhängigkeit von allgemeinen Werthaltungen jeweils unterschiedliche Beachtung und unterschiedliche Antworten gefunden (Mayer, 1970; s. a. Kap. 5). Der Gefahr entgegenzutreten, dass Menschen allein als Produktionsfaktoren betrachtet werden, dass individuelle Interessen grundsätzlich der wirtschaftlichen und technischen Rationalität geopfert werden, bleibt aber im Berufsleben eine ubiquitäre Aufgabe. Darüber hinaus gilt es Vorsorge zu treffen, dass nicht Teilstrukturen, z. B. die intellektuelle Ausstattung, oder bestimmte Motive, z. B. das nach Konkurrenz, auf Kosten einer ausgewogenen Persönlichkeitsentfaltung und befriedigender sozialer Beziehungen überbetont werden (Brandstätter, Schuler & Stocker-Kreichgauer, 1978).

	Methodologie	Arbeit	Individuum	Interaktion	Organisation
Grundlagen	Geschichte Theorien Ethik	Bedeutung von Arbeit z. B. Stress und Belastung	Verhaltens- und Leistungsbedingungen z. B. Fähigkeits-strukturen	Arbeitsgruppen z. B. Gruppendruck, Führung z. B. Zielsetzung	Org.forschung z. B. Entsch.prozesse Org. und Umwelt z. B. Sozialer Wandel
Diagnose	Forschungsmethoden z. B. Untersuchungs-planung	Arb.analyse z. B. soziotechnische Systemanalyse	Eignungs- und Leistungsdiagnose z. B. Assessment Center	Gruppenanalyse z. B. Verhaltens-beobachtung	Organisationsdiagnose z. B. Mitarbeiter-befragung
Intervention	*Prinzipien und Methoden der Gestaltung und Veränderung:*	Arbeitsgestaltung z. B. Handlungs-spielraum	Personalentwicklung z. B. Training sozialer Kompetenz	Bildung von Arbeitsgruppen z. B. Qualitätszirkel	Org.entwicklung z. B. Partizipation Gesundh./Sicherh. z.B. Sicherheitsmgmt.

Abbildung 1: Kerninhalte und Themenbeispiele dieses Lehrbuchs.

Hilfestellung bei der diesbezüglichen Orientierung geben die Richtlinien der Deutschen Gesellschaft für Psychologie (DGPs) sowie des Berufsverbands Deutscher Psychologinnen und Psychologen (BDP); sowohl die DGPs als auch der BDP haben Ethik-Kommissionen eingerichtet, letzterer auch ein Ehrengericht. In diesem Lehrbuch werden ethische Fragen sowohl in einem eigenen Kapitel (5) als auch im konkreten Kontext verschiedener inhaltlicher Kapitel angesprochen, wobei teilweise durchaus verschiedene Positionen bezogen werden. Beispiele sind die Bemühungen um persönlichkeitsförderliche Arbeitsgestaltung, die Besorgnis, mit Maßnahmen der Organisationsentwicklung unvorhergesehene Effekte zu bewirken, oder das Problem der unterschiedlichen, manchmal schwer zu vereinbarenden Verantwortlichkeiten gegenüber Klienten und Auftraggebern. Insgesamt wird man finden, dass zwar nirgends übersehen wird, wie viel die Organisationspsychologie zur Verbesserung organisationaler Abläufe und wirtschaftlicher Leistungen beitragen kann, dass aber im Zweifelsfall Partei genommen wird für das Individuum.

4. Zielsetzung und Gliederung dieses Lehrbuchs

Zielsetzung dieses Lehrbuchs ist es, die Leser mit den wichtigsten Teilgebieten der Organisationspsychologie vertraut zu machen. Es deckt damit die Inhalte ab, die im Rahmen der Prüfungsordnung für das Studium der Psychologie für wesentlich gehalten werden. Auch für Studierende der Organisationspsychologie im Nebenfach, die sich hauptsächlich mit Wirtschaftswissenschaften, Wirtschaftspädagogik, Arbeits- und Ingenieurwissenschaften oder verwandten Gebieten befassen, sollte das Lehrbuch eine brauchbare Grundlage sein, sich mit den wichtigsten Teilgebieten und Arbeitsweisen der Organisationspsychologie vertraut zu machen. Gleiches gilt für Interessenten, die bereits im Berufsleben stehen und ihre Kenntnisse dieses Fachgebiets auf einen aktuellen Stand bringen wollen. Auch wenn bei den letztgenannten Gruppen nicht alle Grundlagenkenntnisse vorliegen, die bei (angehenden) Psychologen die fruchtbare Basis für das Verständnis organisationspsychologischer Zusammenhänge bilden (sollten), dürfte bei konzentriertem Durcharbeiten doch das Allermeiste verständlich und verwertbar sein.

Die Gliederung des organisationspsychologischen Wissens erfolgt in diesem Lehrbuch nach zwei zentralen Gesichtspunkten. Der erste Gliederungsgesichtspunkt sind die Betrachtungsebenen *Arbeit, Individuum, Interaktion* und *Organisation.* Der zweite ist die Unterscheidung von *Grundlagen, Diagnose* und *Intervention.* **Abbildung 1** soll diese Heuristik veranschaulichen. Beginnen wir unsere Erörterung der Gliederung mit der Betrachtungsebene *Individuum,* der Einzelperson. Die Person stellt traditionell das primäre Erkenntnisobjekt der Psychologie dar, weshalb über sie das umfangreichste Wissen vorliegt. Um organisationspsychologisch auf der Ebene «Individuum» zu arbeiten, werden vor allem persönlichkeits- und differentialpsychologische Kenntnisse gebraucht und nutzbar gemacht. Die zweite Ebene ist die der *Interaktion*, der Gruppe; sie umfasst auch das Thema «Führung» als eine in der organisationswissenschaftlichen Forschung und Literatur besonders hervorgehobenen Interaktionsform oder -thematik. Grundlagenwissen hierzu liefert insbesondere die Sozialpsychologie. Gegenstand der dritten Ebene ist die *Organisation* als höchste Ebene der Kollektivität. Hierzu hat die Psychologie vergleichsweise wenig systematisches Wissen anzubieten, und es müssen Anleihen bei anderen Disziplinen, vor allem der Soziologie, der Politologie und der Betriebswirtschaftslehre, genommen werden. Nachdem Organisationen häufig als offene Systeme verstanden werden, scheint es konsequent, dieser Offenheit dadurch Ausdruck zu geben, dass mit einem noch weiter ausgreifenden Kapitel auch die Beziehung zwischen Organisation und Umwelt thematisiert wird, auch wenn psychologische Forschung hierzu erst in Ansätzen vorliegt.

Mit einer Erörterung dieser drei Ebenen hätte ein Organisationspsychologe üblicherweise den Eindruck, seiner Pflicht Genüge getan zu haben. Denn ein großes, bislang nicht angesprochenes Gebiet, die *Arbeitspsychologie*, hat sich nach dem Kanon unseres Fachs als eine eigenständige Teildisziplin etabliert und wird von anderen Personen mit anderen Methoden sowie teilweise auch anderen Einstellungen betrieben als die Organisationspsychologie. Dem Verständnis von Zusammenhängen in Arbeitsorganisationen ist diese Trennung freilich hinderlich, denn dort tritt die Arbeitstätigkeit nicht getrennt von Personen, Gruppen und anderen Aspekten der Organisation auf. Auch wären viele Funktionen des Handelns in Organisationen, die Zugehörigkeit ihrer Mitglieder überhaupt, nicht verständlich ohne die Thematik «Arbeit». Deshalb wurde dieser Bereich in die Gliederung aufgenommen – nicht als Versuch, die Arbeitspsychologie vollständig in der Organisationspsychologie aufgehen zu lassen, sondern als kurze Fassung der innerhalb der Organisationspsychologie relevantesten Fragestellungen, die zur einführenden Auseinandersetzung mit dem Gebiet dienlich sein soll. (Für eine ausführliche Erörterung der fachsystematischen Einordnung vgl. die «Denkschrift zur Arbeits- und Organisationspsychologie», Greif & Bamberg, 1991, sowie Hoyos & Frey, 1999, Udris & Grote, 1991, und Ulich, 2001.)

Den inhaltlichen Teilgebieten vorangestellt ist ein methodologischer Teil, der die Kapitel Geschichte, Theorien, Ethik und Methoden der Organisationspsychologie enthält. Das *Geschichts-Kapitel* soll die historischen Wurzeln unseres Fachs aufzeigen, die Entwicklung seiner Fragestellungen und Methoden sowie die Veränderung von Denkweisen und Werthaltungen, deren Abhängigkeit von Strömungen außerhalb des Fachs und der Wissenschaft überhaupt. Im *Theorien-Kapitel* werden einige prominente und typische Konzeptionen vorgestellt, bezüglich ihres Geltungsanspruchs und ihrer Analyseeinheit durchaus heterogen und schwer vergleichbar. Größtenteils sind sie für mehr als eines der inhaltlichen Kapitel relevant, sonst hätte es nahe gelegen, sie dort zu besprechen. Gleichwohl werden an verschiedenen Stellen, vor allem beim Thema «Organisation», spezielle organisationspsychologische Theorien erörtert. Das *Ethik-Kapitel* führt zunächst verschiedene ethische Grundpositionen vor Augen, um anschließend ethische Probleme verschiedener Art in einer Reihe von Anwendungsfeldern der Organisationspsychologie zu diskutieren. Entsprechendes gilt für die beiden Teile des *Methoden-Kapitels:* Obwohl es viele Methoden gibt, die spezifisch für einzelne Teilbereiche und Fragestellungen der Organisationspsychologie sind und an gegebener Stelle besprochen werden, ist doch auch Grundsätzliches über die Planung, Durchführung und Auswertung von Untersuchungen zu sagen sowie über die Begrenzungen und Schwierigkeiten der Feldforschung in Organisationen. Die Lektüre soll den Leser in Stand setzen, empirische Primärliteratur zu verstehen und zu bewerten. Auch soll sie ihm helfen, seine Kenntnisse allgemeiner Forschungsmethoden in den Bereich der Organisationspsychologie zu übertragen, und ihn auf die Besonderheiten von Untersuchungen auf diesem Gebiet vorbereiten. Eine relativ ausführliche Erörterung der Methoden scheint auch deshalb angebracht, weil die Forschungsorientierung der «Praktiker» in der Arbeits- und Organisationspsychologie stärker ausgeprägt ist als in anderen Anwendungsbereichen der Psychologie. Befragungen von Mitarbeitern, beispielsweise, oder die Prüfung der Wirksamkeit von Trainingsmaßnahmen gehören fast zum täglichen Brot eines anspruchsvoll arbeitenden Organisationspsychologen.

Die Unterscheidung von *Arbeit, Individuum, Interaktion* und *Organisation* ist das eine Gliederungsprinzip dieses Lehrbuchs. Es differenziert die Gegenstände oder Ebenen der Betrachtung. Das zweite Gliederungsprinzip, die Unterscheidung von *Grundlagen, Diagnose* und *Intervention,* orientiert sich an den Wissensbeständen und Tätigkeiten von Organisationspsychologen. Jede der Betrachtungsebenen enthält zumindest drei Kapitel, von denen das erste die wichtigsten Grundlagen aus der Psychologie, beispielsweise der Persönlichkeits- oder Sozialpsychologie, sowie aus einschlägigen anderen Wissenschaftsgebieten zusammenstellt, aber auch Theorien referiert, die für die betreffende Betrachtungsebene von besonderem Belang sind. Das jeweils zweite (oder dritte) Kapitel ist der Diagnose oder Analyse der spezifischen Sachverhalte gewidmet, also etwa der Arbeitsanalyse oder Organisationsdiagnose; dementsprechend nehmen in diesen Kapiteln die spezifischen Untersuchungsmethoden einen relativ breiten Raum ein. Die Interventions-Kapitel schließlich informieren über die Möglichkeiten der Einwirkung und Veränderung auf jeder der Betrachtungsebenen. Auch hier sind natürlich vielfältige Methoden angesprochen, allerdings eben Methoden der Intervention, also beispielsweise Methoden der Personalentwicklung oder der Gruppenarbeit, die nicht im allgemeinen Methodenkapitel, sondern, ihrer Gegenstandsspezifität halber, im Rahmen der inhaltlichen Kapitel dargestellt werden.

5. Hinweise für den Leser

Vom Wissen, das ein Lehrbuch vermittelt, bis zur Nutzanwendung in einer wie auch immer gearteten Berufstätigkeit ist meist noch ein weiter Weg. Der Leser wird das seine dazu beitragen müssen, das Lehrbuchwissen so zu bündeln und zu übertragen, dass es jeweils dem Realitätsausschnitt bestmöglich gerecht wird, der ihn interessiert. Anspruchsvolle Anwendung erfordert immer die kluge Übersetzung des Allgemeinen ins Besondere. Ein guter Teil der Leistung von Organisationspsychologen besteht in dieser flexiblen, kreativen Verwertung von Wissen, das zwar im Prinzip vorliegt, aber selten in der Form, wie es für Problemstellungen ihrer Praxis gerade gebraucht wird. Schon während er dieses Lehrbuch durcharbeitet, kann sich der Leser in dieser intelligenten Form der Wissensverwertung üben: Studierende können sich beispielsweise fragen, wie sie die Methoden des Personalmarketings nutzen können, um aktive Mitglieder für ihre Arbeitsgruppe zu gewinnen, oder sie könnten sich um die Konzeption eines Beurteilungsverfahrens für Lehrveranstaltungen bemühen. Leser, deren Praxis die Personalarbeit ist, könnten z.B. die in Kapitel 11 aufgezeigten Möglichkeiten der Personalentwicklung mit den in ihrer Organisation praktizierten Maßnahmen vergleichen oder sich, indem sie zusätzlich Kapitel 18 heranziehen, fragen, wo die Trennungslinien zwischen Personalentwicklung und Organisationsentwicklung liegen, wo Maßnahmen, die eigentlich das Individuum fördern sollen, letztlich stärker die Organisation verändern (indem sie etwa die Kommunikation verbessern), wo andererseits durch organisationale Änderungen Personen beeinflusst – beispielsweise demotiviert – werden.

Aktives Durcharbeiten eines Lehrbuchs – Herangehen mit eigenen Fragen, Kontrastieren zur eigenen Erfahrung, Formulieren des Gelernten in eigenen Worten, Bemühen um Anwendung – ist in aller Regel dem passiven Aufnehmen von Lernstoff überlegen. Dies gilt insbesondere für anspruchsvolle Texte, die am Konzept des wissenschaftlichen Lernens orientiert sind, d.h. nicht nur positives Wissen enthalten (wie bei schulischem Lernen), sondern den Leser auch mit den Begrenzungen, Fragen und Widersprüchen bekannt machen, durch die ein forschungsaktives Fachgebiet gekennzeichnet ist. Das verlangt, sich zusätzlich darüber Gedanken zu machen, wie dieses Wissen zu Stande kommt, weshalb es so viele Lücken und Widersprüche enthält, unter welchen Bedingungen Gesetzmäßigkeiten gelten und Anwendungsmöglichkeiten gegeben sind. Das Lesen eines solchen Lehrbuchs bedeutet also neben dem Wissenserwerb vor allem Nachdenken, sich um fundierte Meinung bemühen, evtl. sogar eigene Forschungsideen – z. B. für die Diplomarbeit – entwickeln.

Die Auseinandersetzung mit verschiedenen Teilgebieten der Organisationspsychologie in diesem Lehrbuch bedeutet auch Auseinandersetzung mit verschiedenen Autoren. Das Ziel, den Lesern bestmögliche Kompetenz in allen Teilbereichen der Organisationspsychologie zu bieten, gab den Ausschlag für diese noch ungewöhnliche Art, das Lehrbuch zu erarbeiten. In einem langen, mühsamen und für alle Beteiligten lehrreichen Prozess der Abstimmung haben wir versucht, uns auf Gemeinsamkeiten in den Auffassungen, der Bearbeitungstiefe, im Stil und in der Darstellungsweise zu einigen. Dass dies sicher nur zum Teil gelungen ist, liegt nicht nur an den persönlichen Auffassungen der Autoren, sondern auch an den Unterschieden in den verschiedenen Teilgebieten dieses mittlerweile so breiten und heterogenen Fachs Organisationspsychologie. Nicht nur manche Autoren, sondern auch manche Teilgebiete scheinen mehr Affinität zu tief gehender, theorieorientierter Arbeit zu haben, andere eher zu problemorientiertem, pragmatischem Vorgehen. Auch die Werthaltungen, die mit verschiedenen Positionen verbunden sind, wird man als teilweise unterschiedlich erkennen. Für die Leser des Lehrbuchs entsteht daraus hoffentlich nicht nur eine Erschwernis beim Durcharbeiten, sondern auch ein Eindruck von der tatsächlichen Bandbreite des Fachgebiets und ihrer Vertreter.

Damit die Heterogenität nicht größer ist als nötig, haben wir Kollegen und Studierende der Psychologie und der Wirtschafts- und Sozialwissenschaften gebeten, alle Kapitel zu beurteilen. Erst wenn neben der Erfüllung aller inhaltlichen und formalen Erfordernisse auch die Beurteilungen durch die Testleser positiv ausfielen, wurde ein Kapitel als fertiggestellt betrachtet.

Auch wenn ein Lehrbuch wie dieses einen Umfang erreicht, der seine Leser erschöpfen mag, kann es doch niemals erschöpfend in inhaltlicher Hinsicht sein. Was es enthält, erachten seine Autoren als eine wichtige Auswahl aus der Breite des Fachgebiets. Gleichwohl gibt es noch Vieles, das ergänzend zu sagen wäre, wofür aber auf weiterführende Literatur verwiesen werden muss. Auch die eigene praktische Erfahrung kann ein Lehrbuch nicht gänzlich ersetzen – besonders bei den «handlungsnahen» Kapiteln, der Diagnose und vor allem der Intervention. Es hätte aber seine Aufgabe sehr gut erfüllt, wenn es als Nährboden diente, auf dem Erfahrung gezielter gesammelt und besser verstanden werden kann.

6. Literatur

Berufsverband Deutscher Psychologen (Hrsg.). (1999). Berufsordnung Deutscher Psychologen. Zugleich ethische Richtlinien der Deutschen Gesellschaft für Psychologie und des Berufsverbands Deutscher Psychologen und Psychologinnen e. V. *Report Psychologie, 24*, Beilage.

Brandstätter, H., Schuler, H. & Stocker-Kreichgauer, G. (1978). *Psychologie der Person* (2. Aufl.). Stuttgart: Kohlhammer.

Gachowetz, H. (1989). Organisationspsychologie in Gesellschaft, Wirtschaft und Verwaltung. In E. Roth (Hrsg.), *Organisationspsychologie. Enzyklopädie der Psychologie* (D/III/3, S. 17–35). Göttingen: Hogrefe.

Greif, S. (1999). Zukunftsaufgaben der Arbeits- und Organisationspsychologie zwischen Theorie und Praxis. In C. G. Hoyos & D. Frey (Hrsg.), *Arbeits- und Organisationspsychologie* (S. 672–686). Weinheim: Beltz/PVU.

Greif, S. & Bamberg, E. (Hrsg.). (1991). *Denkschrift zur Arbeits- und Organisationspsychologie.* Unveröff. Manuskript, Fachgruppe Arbeits- und Organisationspsychologie der Deutschen Gesellschaft für Psychologie.

Hoyos, C. G. & Frey, D. (1999). Einführung. In C. G. Hoyos & D. Frey (Hrsg.), *Arbeits- und Organisationspsychologie* (S. 5–26). Weinheim: Beltz/PVU.

Mayer, A. (1970). Die Betriebspsychologie in einer technisierten Welt. In A. Mayer & B. Herwig (Hrsg.), *Betriebspsychologie. Handbuch der Psychologie* (Bd. 9, S. 3–55). Göttingen: Hogrefe.

Neuberger, O. (1989). Organisationstheorien. In E. Roth (Hrsg.), *Organisationspsychologie. Enzyklopädie der Psychologie* (D/III/3, S. 205–250). Göttingen: Hogrefe.

Porter, L. W., Lawler, E. E. III & Hackman, J. R. (1975). *Behavior in organizations.* New York: McGraw-Hill.

Rosenstiel, L. v. (2003). *Grundlagen der Organisationspsychologie. Basiswissen und Anwendungshinweise* (5. Aufl.). Stuttgart: Schäffer-Poeschel.

Schuler, H., Farr, J. L. & Smith, M. (Eds.). (1993). *Personnel selection and assessment.* Hillsdale: Erlbaum.

Udris, I. & Grote, G. (Hrsg.). (1991). *Psychologie und Arbeit. Arbeitspsychologie im Dialog.* Weinheim: Psychologie Verlags Union.

Ulich, E. (2001). *Arbeitspsychologie* (5. Aufl.). Stuttgart: Poeschel.

Walgenbach, P. (2003). Organisationstheorien. In H. Schuler (Hrsg.), *Enzyklopädie der Psychologie. Organisationspsychologie II – Gruppe und Organisation* (D/III/4). Göttingen: Hogrefe.

Wieland, R. & Dutke, S. (2002). *Arbeits- und Organisationspsychologie.* Informationsbroschüre der Fachgruppe «Arbeits- und Organisationspsychologie» in der Deutschen Gesellschaft für Psychologie (DGPs).

Teil I
Methodologie

Einführung

Teil I dieses Lehrbuchs umfasst fünf Abschnitte. In Kapitel 2 werden die historischen, in Kapitel 3 die theoretischen, in Kapitel 4.1 und 4.2 die methodischen und in Kapitel 5 die ethischen Grundlagen der Organisationspsychologie behandelt.

Gegenstandsfeld der Organisationspsychologie ist die Analyse und Veränderung von Strukturen und Prozessen in allen Arten von Organisationen, von Wirtschaftsunternehmen und Verwaltungen bis zu Krankenhäusern oder Bildungsorganisationen. Sie bearbeitet dieses weite Feld zusammen mit vielen *Nachbardisziplinen*, wie der Betriebswirtschaft, den Ingenieurwissenschaften, der Arbeitsmedizin, der Betriebspädagogik oder der Organisationssoziologie sowie der interdisziplinär angelegten Arbeitswissenschaft und Ergonomie. Als psychologische Fachdisziplin liegt die spezifische Aufgabe der Arbeits- und Organisationspsychologie in der Untersuchung und Veränderung des menschlichen Verhaltens, Handelns, Denkens oder Fühlens sowie der Entwicklung von Menschen in Organisationen durch Rückgriff auf psychologische Begriffe, Theorien und Methoden (vgl. die Denkschrift zur Arbeits- und Organisationspsychologie von Greif & Bamberg, 1994). Ein wichtiges Ziel bei der Neubegründung der Organisationspsychologie in den 1960er und 1970er Jahren war, psychologische Theorien, Methoden und Gestaltungslösungen als integrative Beiträge in diesem *interdisziplinären Gegenstandsfeld* weiterzuentwickeln. Das Besondere der Organisationspsychologie im Vergleich zu anderen Anwendungsfächern der Psychologie, wie etwa der Klinischen Psychologie, liegt in ihrer historischen, theoretischen und methodischen Vernetzung mit ihren Nachbardisziplinen. In den folgenden Kapiteln finden sich *vielfältige Bezüge* zu den angesprochenen Nachbardisziplinen in der Geschichte, den Theorien, den Methoden und den allgemeinen ethischen Fragen.

In *Kapitel 2* wird die *Geschichte* der Arbeits- und Organisationspsychologie im Kontext interdisziplinärer Entwicklungen behandelt. Sie wird in drei Phasen untergliedert, (1) *Pionierzeit* (Anfang des vergangenen Jahrhunderts, mit ihren ersten visionären Publikationen und Arbeiten), (2) Phase der *Expansion und Wissenserweiterung* nach dem Ersten Weltkrieg – sie war noch sehr instabil und durch Existenzkrisen bedroht – und (3) Phase der *Wissensvertiefung, Stabilisierung und organisationalen Professionalisierung,* die ungefähr ab dem Ende der 1970er Jahre datiert werden kann.

In der Geschichte wurden verschiedene Fachbezeichnungen für die Anwendungsdisziplin bevorzugt, wie Industrielle Psychotechnik, Betriebspsychologie, Arbeits- und Organisationspsychologie oder im Englischen Industrial and Organizational Psychology. In Kapitel 2 werden die gesellschaftlichen Aufgabenstellungen beschrieben, die von der Psychologie in diesem Gegenstandsfeld in Konkurrenz und Zusammenarbeit mit Nachbardisziplinen bearbeitet wurden. Die Geschichte von Wissenschaftsdisziplinen wird aber auch durch visionäre Beiträge von Pionieren und Pionierinnen geprägt. Die Arbeits- und Organisationspsychologie musste um ihre interdisziplinäre Anerkennung kämpfen und wurde durch ihre Ursprünge in Deutschland, durch die beiden Weltkriege und Verstrickungen im Nationalsozialismus mehr als andere Disziplinen in ihrer internationalen Entwicklung zurückgeworfen. Erst seit Ende der 1970er Jahre hat sie sich als interdisziplinär anerkannte, stabile und professionell organisierte Gestaltungsdisziplin etabliert. Seitdem sind die Mitgliederzahlen der Fachverbände weltweit exponentiell angestiegen.

Die Darstellung der *Theorien der Organisationspsychologie* in *Kapitel 3* knüpft an die Geschichte an und berücksichtigt wichtige interdisziplinäre Wurzeln, wie die Organisationstheorie des großen Soziologen Max Weber und die wissenschaftliche Betriebsführung des Ingenieurs Frederic Taylor. Aus der Organisationspsychologie wird ein großer Bogen von humanistischen Theorien und Systemtheorien bis zu den Theorien organisationalen Handelns und sozialen Lernens gespannt. Die von Argyris und Schön (1978) eingeführte Theorie Lernender Organisationen ist eine bis heute aktuelle Grundlage für interdisziplinäre Konzepte zum Lernen und Wissensmanagement in Organisationen. Sie basiert auf einer systematischen theoretischen Analyse praktischer Beobachtungen aus selbstreflexiven Gesprächen mit Managern. Andere Theorien stützen sich auf klassische empirische Methoden der psychologischen Forschung (siehe Kap. 4.1). Im Feld der Organisationspsychologie müssen Theorien, um ihrem Gegenstandsfeld gerecht zu werden, sehr komplex formuliert werden und sind nicht mehr vollständig überprüfbar. Mit dieser Prämisse entziehen sich Theorien aber keineswegs der Kritik, wie Kapitel 3 aufzeigt.

Die *Methoden* der empirischen Forschung in der Organisationspsychologie werden in zwei Teilkapiteln des *Kapitels 4* behandelt. *Teilkapitel 4.1* liefert eine systematische Darstellung zur *Planung und Durchführung organisationspsychologischer Untersuchungen.* Beschrieben werden allgemeine Voraussetzungen, Untersuchungspläne und Projektplanung, Methoden der Datengewinnung und Bewertung der Ergebnisse. Ausgangspunkt eines jeden Projekts ist die Konkretisierung und Operationalisierung der Projektziele. Durch geeignete Untersuchungspläne und Methoden der Datengewinnung, die statistische Gütekriterien erfüllen, können aussagekräftige Ergebnisse zur Evaluation des Projekts gewonnen werden. Wenn mehrere vergleichbare Untersuchungen zu einem Problemfeld vorliegen, können die Ergebnisse einer gemeinsamen Metaanalyse unterzogen werden. In *Teilkapitel 4.2* werden allgemeine *Probleme anwendungsbezogener organisationspsychologischer Forschung* diskutiert. Der Abschnitt setzt sich kritisch mit der Frage der Anwendbarkeit experimentalpsychologischer Methoden im komplexen Praxiskontext von Wirtschafts- und Verwaltungsorganisationen auseinander. Untersucht werden nicht nur die begrenzten Möglichkeiten der experimentellen Kontrolle von Variablen, sondern auch grundsätzliche wissenschaftspolitische Probleme und Bedingungen anwendungsorientierter Forschung in diesem Feld. Das Kapitel schließt mit einem Plädoyer für Paradigmenpluralismus.

In *Kapitel 5* geht es um die *Ethik der Arbeit in Organisationen.* Ethik behandelt moralische Urteile, die zu Wertungen wie «gut» und «schlecht» oder «gerecht» und «ungerecht» führen. Nach einer einführenden Darstellung allgemeiner ethischer Theorien setzt sich das Kapitel exemplarisch mit den Problemfeldern geschlechtsabhängige Diskriminierung, Personalauswahl, Führung, Mikropolitik, Arbeitsgestaltung, Zivilcourage am Arbeitsplatz, Entlassungen und neuen rechtlichen Wegen und organisationalen Programmen zur Förderung der Einhaltung von Rechts- und Moralstandards sowie mit der berufsethischen Verantwortung von Arbeits- und Organisationspsycholog(inn)en und dem Ethikkodex der Berufsverbände auseinander.

Zusammenfassend betrachtet, behandelt dieser Teil des Lehrbuchs das Gegenstands- und Anwendungsfeld der Organisationspsychologie aus verschiedenen Blickwinkeln. Historische, theoretische, methodische und ethische Betrachtungen ergänzen einander zu einem facettenreichen und komplexen Gesamtbild. In allen Kapiteln werden Unterschiede und Kontroversen zwischen den Auffassungen führender Fachvertreter verschiedener Disziplinen herausgearbeitet. Teil I führt insofern die im Einleitungskapitel 1 behandelten Themen und Fragen differenzierend weiter. Die vertiefende Behandlung einzelner Teilgebiete und Anwendungsfelder bleibt den später folgenden Kapiteln vorbehalten.

Siegfried Greif

2

Siegfried Greif

Geschichte der Organisationspsychologie

Inhalt

1. **Einleitung** 21
2. **Entwicklungsphasen der Arbeits- und Organisationspsychologie** 22
2.1 Die Pionierzeit 24
2.2 Die Phase der Expansion und Wissenserweiterung 33
2.3 Die Phase der Wissensvertiefung, Stabilisierung und organisationalen Professionalisierung 49
3. **Zukunftsaufgaben** 53
4. **Literatur** 55

1. Einleitung

Die Geschichte der Organisationspsychologie wäre kurz, wenn wir sie mit dem Jahr beginnen lassen würden, in dem der Begriff «Organisationspsychologie» zum ersten Mal offiziell verwendet worden ist. 1973 hat der amerikanische Psychologenverband die frühere Sektion «Industrial Engineering Psychology» in «Industrial and Organizational Psychology» umbenannt. Im deutschsprachigen Bereich werden in den Berufsverbänden in den 1980er Jahren an Stelle der «Betriebspsychologie» die Fachgebietsbezeichnung «Arbeits- und Organisationspsychologie» oder «Arbeits-, Betriebs- und Organisationspsychologie» eingeführt. Im Folgenden wird die Geschichte im gesamten zusammenhängenden Gebiet geschildert. Aber die Geschichte dieses Fachgebiets beginnt nicht erst mit der heute gebräuchlichen Namensgebung. Historisch wichtige interdisziplinäre Ausgangspunkte finden wir bereits in der Grundlegung zu den Prinzipien der Arbeitsteilung und Marktwirtschaft im Werk des Philosophen und Wirtschaftswissenschaftlers Adam Smith (1876). In der industriellen Revolution wurden diese Prinzipien vor allem in England zur produktionstechnischen Arbeitsteilung weiterentwickelt, von Pionieren wie Charles Babbage propagiert und später in die «Principles of Scientific Management» des amerikanischen Ingenieurs Frederick W. Taylor (1913) aufgenommen. Historisch bedeutsame Wurzeln sind auch die Regeln der «Administration Industrielle et Générale» von Henri Fayol (1925), die «Elements of Administration» des Engländers L. F. Urwick (1943) sowie die Strukturen und Regeln einer idealen Bürokratie des deutschen Soziologen Max Weber (1921, siehe Holling & Kanning, Kap. 3). Grundlagen aus der Geschichte der Psychologie sind die «Angewandte Psychologie» William Sterns (1903), die «Wirtschaftspsychologie» des Deutsch-Amerikaners Hugo Münsterberg (1912) und die «Industrielle Psychotechnik» (Hugo Münsterberg, 1914; Walter Moede, 1920, 1930), wie sie sich vor und zwischen den beiden Weltkriegen entwickelt hat.

Es gibt bereits eine ganze Reihe empfehlenswerter Darstellungen zur Geschichte der Arbeits- und Organisationspsychologie. Zu nennen sind vor allem Rüegsegger (1986), Ulich (2001, Kap. 1), Volpert (1975) und für die USA Katzell und Austin (1992). Übersichtsdarstellungen zur Fachgeschichte können nicht alle wichtigen und interessanten Fragen behandeln. Jede Darstellung muss Schwerpunkte setzen. Wer sich mit den verschiedenen Fragen und Facetten der historischen Entwicklung der Arbeits- und Organisationspsychologie eingehender auseinandersetzen möchte, sollte zusätzlich zum vorliegenden Kapitel die oben erwähnten Darstellungen lesen. Volpert (1975) behandelt in seiner Darstellung die ökonomischen Ausgangspunkte der Arbeitspsychologie als Teil der Arbeitswissenschaft. Eine der grundlegenden wirtschaftlichen Aufgaben der Arbeitspsychologie als Wissenschaft ist nach Volpert, einen Beitrag zur *Rationalisierung* und *Effizienzsteigerung* der Arbeit zu leisten. Er erklärt die Entstehung und Entwicklung des Fachs unter den sozioökonomischen Bedingungen zu Beginn unseres Jahrhunderts durch ihren Beitrag zur Erschließung neuer Potenziale in diesem Feld. Volpert stellt in seiner Analyse diese ökonomische Aufgabenstellung in den Vordergrund. Ulich (2001, Kap. 1) beschreibt dagegen die Entwicklungsphasen des Fachs nach ihren jeweils vorherrschenden Vorstellungen vom Menschen oder «*Menschenbildern*», dem resultierenden Organisationsverständnis, praktizierten Gestaltungskonzepten, Organisationsstrukturen und Bewertungskriterien.

Nach Ulich (2001) beruhte das Menschenbild in der *ersten Phase* der Entwicklung der Arbeitswissenschaft auf der Vorstellung, dass die Menschen im Allgemeinen (die so genannten «Durchschnittsmenschen») verantwortungsscheu sind und nur durch Geld zu Arbeitsleistungen motiviert werden können (*homo oeconomicus* oder economic man). In der *zweiten Phase* wurde die Bedeutung von Normen der Arbeitsgruppe, des unterstützenden Verhaltens der Führungskräfte und sozialer Motive erkannt (*social man*). In der *dritten Phase* wurde die Selbstverwirklichung und Autonomie in den Vordergrund gestellt (*self-actualizing man*). Komplexe technologische Veränderungen durch Aufgabenerweiterung und Arbeit in teilautonomen Gruppen führen schließlich in der gegenwärtigen *vierten Phase* dazu, die Bedeutung inter- und intraindividueller Unterschiede und die Komplexität des Menschen herauszustellen (*complex man*). In seiner materialreichen Darstellung zeigt Ulich, welche Bedeutung die Menschenbilder jeweils für die Entwicklung von Fragestellungen und Konzepten zur praktischen Arbeits- und Organisationsgestaltung hatten. Das Organisationsverständnis wandelte sich von einem ausschließlich technischen System über ein vorwiegend soziales System und erst danach zu einem soziotechnischen System das sowohl die technischen als auch sozialen Subsysteme berücksichtigt.

Einen relativ komplexen fachhistorischen Untersuchungsansatz haben Katzell und Austin (1992) zur Analyse und Beschreibung der Geschichte der «Industrial-Organizational Psychology» (I-O-Psychology) in den USA gewählt. Sie beschreiben die Entwicklungen seit 1900 in Zeitabschnitten von ca. 10 bis 20 Jahren und untersuchen jeweils (a) die *Themen* (topics) oder Gegenstände und Methoden, (b) die Ausbildung und beruflichen Rollen (roles) der I-O-Psychologen und (c) die *geschichtlichen Kräfte* (forces), die diese Entwicklungen beeinflusst haben können. Eine besondere Bedeutung für die Fachentwicklung schreiben sie wirtschaftlichen Krisen- und Wachstumszeiten zu. Die I-O-Psychologie konnte danach durch die größere Investitionsbereitschaft der Unternehmen ihre Anwendungsfelder vor allem in Wachstumszeiten ausbauen. Krisen führten dagegen zu einem Rückgang, aber auch zu neuen, auf die Krise bezogenen Fragestellungen an das Fach.

2. Entwicklungsphasen der Arbeits- und Organisationspsychologie

Die Geschichte wissenschaftlicher Disziplinen wird häufig als Chronologie wissenschaftlicher und praktischer Leistungen bedeutender Personen geschrieben. Die Leistungen einer Fachdisziplin werden von Menschen erbracht und sie verdienen Erwähnung und Anerkennung. Die typischen fachhistorischen W-Fragen sind: *wann* hat sich *wer wo* als erster *womit* auseinandergesetzt?

Die Geschichte angewandter Wissenschaften lässt sich aber auch von der Anforderungsseite her betrachten und untersuchen.

So wird unten zum Beispiel die historische Situation beschrieben, die im Ersten Weltkrieg dazu geführt hat, dass führende Experimentalpsychologen in den USA die Aufgabe übernommen haben, Testverfahren für das Militär zu entwickeln und mit ihnen die Tauglichkeit von über 1,7 Millionen Rekruten und Offiziersanwärtern zu testen. Durch die Erfolge bei dieser gesellschaftlich bedeutsamen Anwendungsaufgabe bekräftigt, haben die Psychologen nach dem Krieg vergleichbare Tests für die Industrie konstruiert. Auch in anderen Ländern hat das Militär Psychologen beauftragt, Instrumente zur Eignungsuntersuchung zu konstruieren und anzuwenden. Dadurch entstand eines der bis heute bestehenden praktischen Berufsfelder der Arbeits- und Organisationspsychologie.

Gesellschaftlich anerkannte Leistungen fördern das Ansehen der Fachdisziplin und das Selbstbewusstsein seiner Vertreter. Oft konkurrieren Vertreter unterschiedlicher Disziplinen um die Übernahme großer gesellschaftlicher neuer Aufgaben. Die Beschreibung der Fachgeschichte wäre einseitig, wenn sie die Konkurrenz, aber auch die Zusammenarbeit zwischen verschiedenen Personen und Gruppen innerhalb der Psychologie sowie zwischen Psychologie und anderen Disziplinen vernachlässigen würde.

Neue gesellschaftliche Leistungen sind selten unkontrovers. Kritische öffentliche Meinungen und Auseinandersetzungen über ihre Leistungen können auf das Selbstverständnis und öffentliche Image der Fachdisziplin zurückwirken. Die öffentliche Meinung über die Anwendung der Psychologie im Militär, in der Wirtschaft und in anderen Organisationen war oft kritisch und selten einfach. Das Fach hatte in seiner Entwicklung viele Krisen zu bestehen, über die zu berichten ist. Langfristige Folgen für die Fachentwicklung können sich aber auch aus sehr persönlichen Konkurrenzverhältnissen und tragischen Verstrickungen ergeben, wie an Beispielen dargelegt wird.

Um sich als neues Fach etablieren zu können, müssen alle Anwendungsdisziplinen drei grundlegende Aufgabenstellungen erfolgreich bewältigen:

1. *Entdeckung ihres neuen Aufgabenfelds und Entwicklung exemplarischer Lösungen,*
2. *Expansion und Wissenserweiterung sowie*
3. *Wissensvertiefung, Stabilisierung und organisationale Professionalisierung als Anwendungsdisziplin.*

Die Disziplin entwickelt sich durch die Bewältigung dieser komplexen Aufgaben. Sie können deshalb als die *Entwicklungsaufgaben des Fachs* bezeichnet werden. Die fachhistorische Entstehung und Entwicklung der Arbeits- und Organisationspsychologie wird nach diesen Entwicklungsaufgaben in drei Hauptphasen untergliedert:

Die **erste Phase** oder *Pionierzeit* des heute als Arbeits- und Organisationspsychologie bezeichneten Anwendungsfachs wird in Abschnitt 2.1 beschrieben. Sie ist die Phase der *Entdeckung des neuen Aufgabenfeldes und Entwicklung exemplarischer Lösungen.* In dieser Aufbruchsphase werden erste exemplarische Lösungen und Methoden entwickelt. Pioniere des Fachs stellen sich neuen gesellschaftlichen Aufgaben und starten grundlegende Forschungs- und Entwicklungsarbeiten. Die neuen Methoden werden erprobt und eingesetzt. Erste programmatische Darstellungen zum Aufgabenfeld, zu den neuen Methoden und zum Selbstverständnis werden veröffentlicht. Die Fachvertreter propagieren die junge Anwendungsdisziplin der Psychologie. Ein Netzwerk aktionsbereiter Fach-Protagonisten entsteht. Nachfolgearbeiten werden stimuliert.

In der **zweiten Phase** der *Expansion und Wissenserweiterung* kommt es darauf an, dass sich die junge Anwendungsdisziplin strategisch ein wichtiges Aufgabenfeld in Konkurrenz oder Zusammenarbeit mit anderen Disziplinen erschließen kann. Ohne Expansion ist das nicht zu leisten. Erforderlich ist dafür eine breitere personelle Basis, durch die wiederum das Fachwissen erweitert wird. Die Disziplin muss dazu ihr Wissen an neue Fachvertreter(innen) weitergeben. Abschnitt 2.2 beschreibt die Gründung der ersten Netzwerke, Vereinigungen und Pionierorganisationen und die ersten noch sehr einfachen Formen der Wissensweitergabe. Erst nach der Überwindung dieser Aufbaukrisen ist die Phase der Konstituierung der Anwendungsdisziplin abgeschlossen. Auch in der nachfolgenden Phase sind allerdings Krisen nie ganz auszuschließen, aber weniger existenzgefährdend.

Die **dritte Phase** der *Wissensvertiefung, Stabilisierung und organisationalen Professionalisierung als Anwendungsdisziplin* wird in Abschnitt 2.3 behandelt. In dieser Phase bestehen die Hauptaufgaben neben der immer fortschreitenden *Wissenserweiterung* in einer *Vertiefung* des professionellen Wissens in den Teilgebieten. Vertiefte Erkenntnisse über die Anwendung des Fachwissens in speziellen Organisationen entstehen (z. B. Automobilunternehmen, Versicherungen oder Krankenhäusern) oder spezielle Methoden (Tätigkeitsanalysen für Büroarbeit oder Krankenpflege) werden konstruiert. Innerhalb des Fachs bilden sich Spezialisten heraus.

Durch die Aufgabe, vertieftes Wissen weiterzugeben, entstehen neue Anforderungen. Fachzeitschriften werden gegründet. Verbandsorganisationen mit Unterorganisationen bilden sich in vielen Ländern heraus. Sie organisieren Fachtagungen und tauschen sich systematisch mit anderen Verbänden und den Verbänden anderer Disziplinen aus. Durch Verbandspolitik kann der gesellschaftliche Einfluss erweitert werden. Da die Zukunft der Fachdisziplin stabil und sicher erscheint, kann sie auch damit beginnen, die Ausbildungsstandards zu definieren, eine systematische Aus- und Weiterbildung für das eigene Fachwissen aufzubauen und spezielle Zertifikate für Absolvent(inn)en einzuführen. Dies wird als *organisationale Professionalisierung* der Fachdisziplin bezeichnet.

Die Entwicklung der heutigen Arbeits- und Organisationspsychologie ist – anders als ältere oder jüngere Anwendungsdisziplinen – durch Kriege und nationale Ressentiments besonders geprägt. Die wichtige Pionierphase lag in der Zeit vor und im Ersten Weltkrieg. Die erste starke Expansionsphase nach dem Krieg wurde durch die Weltwirtschaftskrise von 1929 bis 1933 gebremst. Die Kriege haben den intensiven internationalen Austausch in den Anfängen innerhalb Europas und mit den USA gestört. In der Zeit des Nationalsozialismus wurden wichtige Protagonisten der Angewandten Psychologie aus Deutschland vertrieben, was zum vollkommenen Abbruch des wissenschaftlichen Austauschs führte. Da wichtige Wurzeln der Fachdisziplin nach Deutschland reichen, blieb dies nicht ohne Einfluss auf die internationale Fachentwicklung. Dies erklärt, warum die Aufbauphasen erst sehr spät – nach dem Zweiten Weltkrieg – abgeschlossen werden konnten.

In der folgenden Darstellung sollen diese Entwicklungsphasen der Arbeits- und Organisationspsychologie zu einer professionellen Gestaltungsdisziplin, ihre gesellschaftlichen Aufgabenfelder, Probleme und Leistungen nachgezeichnet werden. Aufgabenstellungen, Konflikte und Auseinandersetzungen über das Selbstverständnis der entstehenden Disziplin werden mit historischen Zitaten und Materialien belegt. Dargestellt werden dabei auch die Leistungen vieler Personen und Gruppen, die zur Fachentwicklung beigetragen haben.

2.1 Die Pionierzeit

Die Pionierzeit des Fachs beginnt etwa zu Anfang des Jahrhunderts und endet mit der internationalen Gründungswelle psychotechnischer Institute in den 1920er Jahren. Die Entstehung einer psychologischen Anwendungsdisziplin in diesem Feld ist wissenschaftshistorisch eng mit dem Utilitarismus verbunden, wie er von Jeremy Bentham (1748–1832) und später John Stuart Mill (1806–1863) zur Neugestaltung der Wirtschaft propagiert wurde. «Das größtmögliche Glück der größtmöglichen Zahl», Interessenausgleich zwischen Individuum und Gesellschaft auf der Basis empirisch-wissenschaftlicher Erkenntnisse sind die grundlegenden gesellschaftlichen und wissenschaftlichen Positionen des Utilitarismus. Der Utilitarismus zählt auch zu den historischen Wurzeln des Positivismus, Kritizismus und Realismus in der Wissenschaftstheorie.

Die utilitaristische Idee der Nutzung wissenschaftlicher Erkenntnisse für wirtschaftliche Prosperität hat in dieser Epoche großen Einfluss auf die Entwicklung verschiedener angewandter Wissenschaften gehabt. Die Umsetzung dieser Idee durch den Ingenieur Frederick W. Taylor und die Perfektionierung der arbeitsteiligen, industriellen Massenfertigung durch Henry Ford waren bahnbrechende praktische Gestaltungskonzepte in der Pionierzeit der entstehenden psychologischen Disziplin. Auf die Bedeutung dieser Gestaltungskonzepte soll einleitend eingegangen werden. Danach werden frühe Abgrenzungsversuche dargestellt, wie sie in damaligen Darstellungen zum Selbstverständnis der Anwendung der Psychologie in diesem Feld von William Stern, Hugo Münsterberg und anderen Pionieren des Fachs publiziert worden sind.

Taylors Grundsätze der wissenschaftlichen Betriebsführung

Der Ingenieur Frederick Winslow Taylor (1856–1915) hat bereits am Ende des 19. Jahrhunderts Zeitstudien an arbeitenden Menschen durchgeführt (zur Beschreibung und Bewertung seiner Theorie siehe Holling & Kanning, Kap. 3, und zu den Methoden siehe Bungard, Kap. 4.2). So beobachtete er einen Arbeiter, der den Weg von seiner Wohnung zur Arbeit und zurück in einem sehr schnellen Tempo zurücklegte, aber beim Betreten der Fabrik seinen Schritt auf ein Drittel bis ein Viertel verlangsamte. Der unangenehmen Aufgabe, einen beladenen Schubkarren zu schieben, entledigte er sich (selbst beim Bergaufschieben) in schnellem Schritt-Tempo. War der Schubkarren entladen, verfiel er jedoch sofort wieder in sein langsames Tempo und blieb sogar bei jeder sich bietenden Gelegenheit stehen (Taylor, 1913). An diesem Fallbeispiel versucht Taylor zu zeigen, wie sich der «Schlendrian» im Betrieb auswirkt und durch Vorgabezeiten oder Stücklohn vermeiden lässt.

Mit seinen praxisnahen Beobachtungen an Industriearbeitern hat Taylor die Grundlagen für die Entwicklung methodischer Zeit- und Bewegungsstudien gelegt. Er übernahm die utilitaristische Idee einer Neugestaltung des Wirtschaftslebens mit wissenschaftlichen Methoden. Seine Hoffnung war die Förderung von allgemeinem «Wohlstand» für Unternehmer und Arbeiterschaft in einer Gesellschaft ohne Interessengegensätze. Eine «wissenschaftliche Betriebsführung» («Scientific Management») sollte dies möglich machen.

Um dieses Ziel zu erreichen, soll die Planung und Optimierung der kräftesparenden und rationellen Ausführung der Arbeit nicht den Arbeitern überlassen werden. Diese so genannte «Kopfarbeit» ist Aufgabe des Managements. Es soll sich dabei auf sorgfältige wissenschaftliche Zeit- und Bewegungsstudien und Prinzipien der «wissenschaftlichen Betriebsführung» stützen. Eine weitere Managementaufgabe ist die Aufgabe der am besten geeigneten Arbeitskräfte für die jeweiligen Aufgaben. Nur die so genannte «Handarbeit» oder praktische Ausführung der Arbeit, die aus Effizienzgründen in kleine, leicht zu erlernende Teilaufgaben zergliedert werden sollte, obliegt den Arbeitern und Arbeiterinnen. **Informationsbox 1** gibt das berühmte Modellbeispiel wieder, mit dem Taylor seine Vorstellungen erfolgreich propagiert hat.

Informationsbox 1

Wie Taylor Schmidt dazu brachte, täglich 47 Tonnen Roheisen statt 12,5 Tonnen zu verladen

Es war ein untersetzter Pennsylvanier deutscher Abstammung, ein sog. «Pennsylvania Dutchman». – Diesen Mann wollen wir Schmidt nennen. Unsere Aufgabe bestand nunmehr darin, Schmidt dazu zu bringen, 47 t Roheisen pro Tag zu verladen. Dies geschah in folgender Weise:

«Schmidt, sind Sie eine erste Kraft?»

«Wenn Sie eine erste Kraft sind, dann laden Sie dieses Roheisen morgen für 1,85 Dollar in den Waggon! Nun wachen Sie auf und antworten Sie auf meine Fragen! Sagen Sie mir, sind Sie eine erste Kraft oder nicht?»

«Well, bekomme ich 1,85 Dollar, wenn ich diesen Haufen Roheisen morgen auf den Wagen da lade?»

«Ja, natürlich, und tagtäglich, jahraus, jahrein bekommen Sie 1,85 Dollar für jeden solchen Haufen, den Sie verladen; das ist, was eine erste Kraft tut.»

«Well, dot's all right. Ich kann also dieses Roheisen morgen für 1,85 Dollar auf den Wagen laden und bekomme das jeden Tag, ja?»

«Gewiss, gewiss.»

«Well, dann bin ich eine erste Kraft.»

«Wenn Sie nun eine erste Kraft sind, dann werden Sie morgen genau tun, was dieser Mann Ihnen sagt, und zwar von morgens bis abends. Wenn er sagt, Sie sollen einen Roheisenbarren aufheben und damit weitergehen, dann heben Sie ihn auf und gehen damit weiter! Wenn er sagt, Sie sollen sich niedersetzen und ausruhen, dann setzen Sie sich hin! Das tun Sie ordentlich den ganzen Tag über. Und was noch dazu kommt, keine Widerrede! Eine erste Kraft ist ein Arbeiter, der genau tut, was ihm gesagt wird, und nicht widerspricht. Verstehen Sie mich? Wenn dieser Mann zu Ihnen sagt: ‹Gehen Sie!›, dann gehen Sie, und wenn er sagt: ‹Setzen Sie sich nieder!›, dann setzen Sie sich und widersprechen ihm nicht.»

Schmidt begann zu arbeiten, und in regelmäßigen Abständen wurde ihm von dem Mann, der bei ihm als Lehrer stand, gesagt: «Jetzt heben Sie einen Barren auf und gehen Sie damit! Jetzt setzen Sie sich hin und ruhen sich aus!» etc. Er arbeitete, wenn ihm befohlen wurde zu arbeiten und ruhte sich aus, wenn ihm befohlen wurde, sich auszuruhen, und um halb sechs Uhr nachmittags hatte er 47 $^{1}/_{2}$ t auf den Waggon verladen.

(Verkürztes Zitat aus Frederick W. Taylor, 1913. Die Grundsätze wissenschaftlicher Betriebsführung, Nachdruck: Beltz 1977, neu herausgegeben und eingeleitet von W. Volpert und R. Vahrenkamp, S. 46 ff.)

Taylors Vorstellungen von einer «wissenschaftlichen Betriebsführung» können durch die folgenden vier Prinzipien zusammengefasst werden (zur Kritik siehe auch Holling & Kanning, Kap. 3, und Bungard, Kap. 4.2):

1. Zergliederung der Arbeitsaufgaben in einzelne Arbeitselemente, Analyse und Rationalisierung mit Hilfe von Zeit- und Bewegungsstudien.
2. Auswahl und Schulung der bestgeeigneten Arbeitskräfte.
3. Trennung von Kopf- und Handarbeit: Das Management übernimmt die «Kopfarbeit» (Planungs- und Überwachungsaufgaben) und die Arbeiter die «Handarbeit» (praktische Ausführung).
4. Harmonie und «herzliches Einvernehmen» zwischen Arbeitgebern und Arbeitnehmern.

Rationalisierungsmaßnahmen sollen beiden Seiten Vorteile bringen: Höhere Löhne für die Beschäftigten und höhere Leistungen/Gewinne für die Arbeitgeber. Über Taylors Prinzipien der «wissenschaftlichen Betriebsführung» hat es allerdings schon ab 1910 polarisierte Auseinandersetzungen gegeben (vgl. Vahrenkamp, 1977). Unter den Arbeitgebern gab es Befürworter, die im Taylorismus eine Waffe gegen die Gewerkschaften sahen, aber auch Kritiker, die durch ihn letztlich eine Unterhöhlung des freien Unternehmertums befürchteten. Auch in den Gewerkschaften gab es von Anfang an gespaltene Auffassungen. Die einen sahen im Taylorismus eine Abkehr von einseitiger Profitorientierung, während die anderen ihn als Ausbeutungsinstrument bekämpften. Der amerikanische Kongress hat bereits vor dem Ersten Weltkrieg eine nach ihrem Vorsitzenden Hoxie benannte Kommission zur Überprüfung der Auswirkungen der wissenschaftlichen Betriebsführung eingesetzt. Die in Hearings vor dem Kongress vorgetragenen Ergebnisse erbrachten zum Teil absurde Formen extremer Arbeitsteilung und Spezialisierung, die kaum noch zweckmäßig sein konnten. (So wurde in einem Rasiersalon für jede Teilaufgabe, – vom Wasser kochen, Seifenschaum schlagen etc. bis zum Parfümieren des Gesichts – ein anderer Spezialist eingesetzt, vgl. Ulich, 2001, S. 12 f.).

Wie Vahrenkamp (1977, LXXXII) meint, hat der Kriegseintritt der USA 1917 die Anwendung des Taylorismus nahezu vollkommen abgebrochen, weil in der Kriegswirtschaft aufwendige Zeit- und Bewegungsstudien nicht mehr möglich waren. Die Tayloristen übernahmen Verwaltungsaufgaben für die Kriegsproduktion. Erst in der Nachkriegszeit konnten nach der Schwächung der Gewerkschaften in den Vereinigten Staaten Zeit- und Bewegungsstudien als Verfahren in der Fließfertigung der Großindustrie wieder an Boden gewinnen.

Henry Ford und die Fließfertigung

Taylor hat sich vor allem mit handwerklicher Arbeit und kleinen Betrieben beschäftigt. Im Unterschied dazu hat Henry Ford utilitaristische Vorstellungen über die Vorteile der Arbeitsteilung für eine rationelle Organisation größerer Betriebe umgesetzt und das Montageband für die arbeitsteilige industrielle Massenfertigung genutzt (Ford, 1922). Konkrete Vorbilder dafür gab es bereits ab 1905 in der Zerlegeabteilung der Chicagoer Schlachthöfe. Das erste Ford-Automobilwerk mit Fließfertigung entstand 1913. Die folgenden Prinzipien charakterisieren den «Fordismus» im Unterschied zu Taylors Prinzipien (nach Staehle, 1985, S. 17 f.):

1. Typisierung der Produkte,
2. Mechanisierung und Fließfertigung in der Produktion,
3. Eignungsuntersuchungen zur Personalauswahl,
4. hohe Löhne und niedrige Preise zur Förderung kaufkräftiger Nachfrage,
5. Verbot von Gewerkschaften im Betrieb.

Durch die Nutzung des Montagebands als Tempomacher für die Arbeiter konnte Ford auf die Überwachungsbürokratie verzichten, die bei Taylor notwendig war. (Beispielsweise mussten in Taylors eigener Musterfabrik Tabor Manufacturing Company 45 Arbeiter von 28 Angestellten angeleitet und überwacht werden, vgl. Vahrenkamp, 1977.)

Im Zuge der allgemeinen Einführung des Stücklohns und Gruppenakkords nach dem Ersten Weltkrieg in der amerikanischen Industrie war schließlich eher der Fordismus als der Taylorismus die organisationale Grundlage für die Entwicklung der typischen Technologie der Massenfertigung (Vahrenkamp, 1977). Taylors Beitrag liegt in seiner wissenschaftlichen Programmatik und seinen Zeit- und Bewegungsstudien als Untersuchungsmethoden für die Industrie und die interdisziplinäre anwendungsorientierte Forschung. Hinweise auf sein Werk fehlen deshalb in keiner Darstellung über die historischen Wurzeln der Arbeits- oder Organisationswissenschaften. Der Ingenieur Frank Bunker Gilbreth (1911) hat versucht, die Methoden der Zeit- und Bewegungsstudien zu einem «humanen Taylorismus» weiterzuentwickeln und zusammen mit seiner Frau Lilian Moller Gilbreth (1914), einer Psychologin, mit psychologischen Erkenntnissen verbunden (zu ihrem Pionierwerk siehe unten).

Münsterberg und die Psychologie des Wirtschaftslebens

Das erste Lehrbuch über die Anwendung psychologischer Erkenntnisse und Methoden auf Probleme und Aufgaben in der Wirtschaft hat Hugo Münsterberg 1912 unter dem Titel «Psychologie des Wirtschaftslebens» veröffentlicht. In diesem grundlegenden Buch wird das Selbstverständnis und Programm der Anwendung der Psychologie in der Industrie erstmals umfassend und systematisch konkretisiert. Welche Themen er dabei behandelt hat, geht aus den Kapitelüberschriften seines Lehrbuchs hervor (s. **Informationsbox 2**).

Wie Taylor oder Ford stützt sich Münsterberg auf die utilitaristische Idee der Nutzung wissenschaftlicher Methoden für eine Steigerung wirtschaftlicher Prosperität. Er verbindet diese Idee mit dem Programm einer Experimentalpsychologie, wie er sie ursprünglich durch seinen Lehrer Wilhelm Wundt in Leipzig kennen gelernt hatte, aber zunehmend mit anderen theoretischen Akzenten und Methoden weitergeführt hat. Zu den wesentlichen Grundprinzipien der Anwendung experimentalpsychologischer Methoden und Erkenntnisse zählten für ihn Interessenunabhängigkeit und «objektive Unparteilichkeit» des Psychologen. In seinem Lehrbuch hat Münsterberg ein sehr breites Feld wirtschaftlich relevanter Aufgabenstellungen der damaligen Zeit thematisiert und in psychologische Fragestellungen überführt, die mit Erkenntnissen und Techniken aus der experimentalpsychologischen Laborforschung und damals neuen Methoden zur eignungsdiagnostischen Untersuchung der Unterschiede zwischen Menschen (Differentielle Psychologie, siehe unten) verbun-

Informationsbox 2

Hugo Münsterberg (1912). «Psychologie und Wirtschaftsleben»

Inhaltsverzeichnis des klassischen Lehrbuchs

I. Vorfragen.
1. Angewandte Psychologie
2. Forderungen des praktischen Lebens
3. Psychologie und Nationalökonomie
4. Zwei Arten der Anwendung
5. Mittel und Ziele
6. Einteilung der angewandten Psychologie

II. Die Auslese der geeigneten Persönlichkeiten
7. Wirtschaftsberuf und Geeignetheit
8. Wissenschaftliche Beratung bei der Berufswahl
9. Wissenschaftliche Betriebsleitung
10. Experimentelle Methoden
11. Experimente mit Wagenführern der elektrischen Straßenbahn
12. Versuche im Interesse des Schiffsdienstes
13. Versuche mit Telefonistinnen
14. Stichprobenversuche
15. Material aus den Kreisen der Industrie
16. Gruppenpsychologische Erfahrungen

III. Die Gewinnung der bestmöglichen Leistungen
17. Einüben und Lernen
18. Anpassung der Technik an die psychischen Bedingungen
19. Bewegungsersparnis
20. Experimente zum Problem der Monotonie
21. Störungen der Aufmerksamkeit
22. Ermüdung
23. Physische und soziale Einflüsse auf die Leistungsfähigkeit

IV. Die Erzielung der erstrebten psychischen Wirkungen
24. Befriedigung wirtschaftlicher Bedürfnisse
25. Experimente über die Wirkung der Anzeigen
26. Wirkung der Werbemittel
27. Experimente zur Feststellung unerlaubter Nachahmungen
28. Kaufen und Verkaufen
29. Zukunftsentwicklung der Wirtschaftspsychologie

den. Seine historische Leistung ist eine programmatische Integration dieses umfassenden Gebiets auf einer damals neuen methodischen Grundlage.

Münsterberg hat sich als führender Psychologe in den USA zudem sehr früh mit dem amerikanischen Scientific Management beschäftigt, bevor diese Bewegung an den Universitäten anerkannt wurde. Münsterberg (1912, S. 38 ff.) stellt die Bedeutung Taylors für die «Reorganisation industrieller Betriebe» sowie seiner «Gedankengänge» und Untersuchungsmethoden für die «Steigerung der Leistungsmöglichkeiten» im Wesentlichen positiv heraus. Zugleich distanziert er sich aber als Wissenschaftler von der Art und Weise, wie Taylors «Ideensystem» von dessen Nachfolgern zu einer Art «Religion» gemacht worden sei.

Tragische Verwurzelungen und Konkurrenzverhältnisse in der Angewandten und differentiellen Psychologie

Hugo Münsterberg war eine tragische Figur in der Fachgeschichte. Er hatte alle Chancen, zu Beginn der Geschichte der Fachdisziplin eine unumstrittene Führungsrolle zu übernehmen. Niemand war in einer besseren Position als einflussreiches Bindeglied zwischen der damals führenden deutschen experimentellen Psychologie und den frisch zu neuen Ufern aufbrechenden amerikanischen Psychologen. Am Ende seines Lebens war er jedoch isoliert und wurde in seinem Arbeitsumfeld in den USA öffentlich geradezu geächtet (Landy, 1992). Noch zu seinen Lebzeiten wurden seine Arbeiten und Wirkungen von seinen eigenen Schülern vollkommen in Frage gestellt. In den USA gerieten sie nach seinem Tod in wenigen Jahren fast vollkommen in Vergessenheit. Es brauchte Jahrzehnte, um sie wiederzuentdecken. An diesem Beispiel kann man nicht nur untersuchen, wie schnell und tief auch in der Wissenschaft große Persönlichkeiten stürzen können, sondern auch, welche nachhaltigen Wirkungen nationale Verwurzelungen und schwierige internationale Konkurrenzbeziehungen auf die Entwicklung einer wissenschaftlichen Disziplin haben können. Dazu ist es jedoch erforderlich, in aller Kürze die berufliche Biografie von Münsterberg, die internationalen Konkurrenzverhältnisse in der Psychologie und die politische Situation in der Zeit des Ersten Weltkriegs zu skizzieren (Grundlage sind dabei insbesondere Keller, 1979 und Landy, 1992).

Hugo Münsterberg (1863–1916) hat in Leipzig ab 1982 zunächst Medizin studiert, dann aber zusätzlich Psychologie bei Wilhelm Wundt, bei dem er auch promoviert hat. Wundt galt damals als der weltweit bekannte Experimentalpsychologe, zu dem Studenten aus der ganzen Welt kamen, um von ihm zu lernen und bei ihm zu promovieren. Wie Landy (1992) anhand der Stammbäume der Doktorväter der bekannten amerikanischen Industrie- und Organisationspsychologen und der Präsidenten des Verbands recherchiert hat, lassen sich 37 Präsidenten auf Wundt und seine Doktoranden James McKeen Cattell, Scripture, Pintner, Arps, Titchener, Witmer und Münsterberg zurückbeziehen. Aus der Linie von Wundts amerikanischem Antipoden William James entsprangen dagegen nur 6 Präsidenten.

Wundt hat eine eigene, als Strukturalismus bezeichnete Richtung der Psychologie begründet. In den von ihm betreuten experimentellen Arbeiten forderte er von seinen Schülern eine sehr strikte Anwendung seiner introspektionistischen Laboratoriumsmethoden. Dazu wurden im Labor ausgewählten Versuchspersonen elementare sensorische Informationen mit erfindungsreich konstruierten Apparaten für Sekundenbruchteile dargeboten, z. B. einfache optische Reize (Formen oder Bilder) durch kurzzeitiges Öffnen eines kleinen Fensters mit einem Tachistoskop. Wie Landy (1992) wiedergibt, wurde Münsterbergs Verhältnis zu seinem Lehrer schwierig, weil Wundt seine erste Dissertationsarbeit nicht akzeptierte und auch mit den Resultaten der zweiten Arbeit nicht vollkommen zufrieden war, weil er darin die Bedeutung interindividueller Unterschiede zu sehr betonte.

Münsterberg traf den amerikanischen Kritiker von Wundt, William James. Beide haben sich in gemeinsamen fachlichen Auffassungen schnell gefunden. James lud ihn daraufhin ein, an der amerikanischen Harvard-Universität das international größte experimentalpsychologische Labor einzurichten. Münsterberg übernahm diese Aufgabe zunächst zeitweilig zwischen 1892 und 1895, blieb aber schließlich ab 1897 nach seiner Berufung auf eine Professur bis zu seinem Lebensende 1916 in Harvard.

William James war einer der führenden Psychologen in der aufstrebenden nordamerikanischen Psychologie. In seiner theoretischen Position war er Funktionalist. Im Unterschied zu Wundt vertrat er das Grundpostulat, dass menschliche Gedanken, Gefühle und andere «mentale Fakten» nicht ohne Berücksichtung der physischen Umgebung erforscht werden können, an die sie sich jeweils adaptieren (James, 1905, S. 3). Aus dieser Position ist später der Behaviorismus entstanden. James hat wenig von Wundts Methoden gehalten oder von den von Wundt besonders geschätzten Experimenten zur Analyse der Intensität der Sinneswahrnehmung, wie sie etwa von Weber und Fechner durchgeführt wurden (James, 1905, S. 17 ff.). Sehr polemisch hat er jegliche Möglichkeit bestritten, mit derartigen Methoden Sinnesempfindungen analytisch in Komponenten zu zergliedern. «Dr. Münsterberg» zitiert er als Kronzeugen dafür, dass es sinnlos und «unpsychologisch» sei, Intensitätsunterschiede ganzheitlicher Sinnesempfindungen zu messen und in mathematischen Funktionen darzustellen (James, 1905, S. 23).

Heftige methodische Auseinandersetzungen und teilweise sehr persönlichen Kritiken waren innerhalb der Psychologie damals durchaus üblich. So hat Wundt Befragungen durch Fragebögen in einem Brief vom 26.10.1907 an Külpe als «völlig verwerfliche Methode» attackiert und Külpes Schüler Marbe, den er anfangs fälschlich für den Urheber der Methode hielt, als einen Mann, dem «zum Psychologen alle und jede Begabung fehlt» und der «aller wissenschaftlichen Methodik entbehren» würde.[1] Wundt gelang es nicht, seine rigorosen theoretischen und methodischen Positionen durchzusetzen. Nicht nur im Ausland gab es Kritiker wie James, sondern auch in Deutschland, und viele ehemalige deutsche und amerikanische Schüler begannen sich allmählich aus Wundts theoretischer und methodischer Dominanz zu lösen.

Mit seinem grundlegenden Aufsatz «Angewandte Psychologie» hatte der Ebbinghaus-Schüler William Stern (1903) bereits vor Münsterberg und anderen ein sehr beachtetes allgemeines Programm zur Anwendung der Psychologie publiziert. Stern gehört in Deutschland, wie die Wundt-Schüler Hugo Münsterberg und James McKeen Cattell in den USA, zu einer Gruppe von Psychologen, die die Bedeutung «individueller Verschiedenheiten» («individual differences») von Menschen für Anwendungsfragen der Psychologie besonders herausgestellt haben. Als Erweiterung der allgemeinen Experimentalpsychologie durch eine «differentielle Psychologie» hatten sie die Idee, psychologische Labormethoden zur Konstruktion psychologischer Testverfahren zu verwenden und für die Auswahl von Personen nutzbar zu machen.

Münsterberg war aktiv an diesen Entwicklungen beteiligt. Im Unterschied zu anderen gelang es ihm aber nicht, sich von Wundt und der deutschen Psychologie zu lösen. Zeit seines Lebens blieb es sein Hauptbestreben, einen Ruf auf einen wichtigen Lehrstuhl in Deutschland zu erhalten, und er hat ausgerechnet Wundt in mehreren Briefen vergeblich angefleht, ihm dabei zu helfen (Keller, 1979). Münsterberg versuchte nicht nur eine schwierige Gratwanderung zwischen deutschem Strukturalismus und amerikanischem Funktionalismus, sondern auch zwischen deutschen und amerikanischen differentiellen Psychologen.

In Harvard war Münsterberg anfangs sehr erfolgreich, wie Landy (1992) dokumentiert. Er leitete das weltweit größte Labor und bearbeitete mit seinen Schülern ein breites Spektrum angewandter Fragen. Er gewann Freunde, erhielt ab 1897 eine Professur in Harvard. Obwohl er kein Amerikaner war, wurde er 1899 zum Präsidenten des amerikanischen Psychologenverbands (American Psychological Association) gewählt. Als Lehrstuhlinhaber des Fachbereichs organisierte er maßgeblich die Mittel und den Bau der berühmten Emerson Hall der Psychologie in Harvard (Cambridge, Massachusetts). Auch öffentlich und politisch errang er Einfluss. So wurde er von Theodore Roosevelt und anderen damaligen amerikanischen Präsidenten eingeladen und konnte seine Ideen vortragen. Spezielle Schwierigkeiten hatte er allerdings beim Publizieren in englischer Sprache. Nachdem ein erster Beitrag für eine Zeitschrift abgelehnt und kritisiert wurde, hat er selbst Fachveröffentlichungen nur noch in deutscher Sprache geschrieben. Das war möglich, weil viele amerikanische Psychologen in Deutschland studiert hatten. (Sein Buch zur Wirtschaftspsychologie wurde gekürzt und eher schlecht ins Englische übersetzt.)

Wie Landy (1992) schildert, konnte sich Münsterberg trotz seiner großen Erfolge und Chancen in den USA nicht integrieren. Fachlich, politisch und privat blieb er fest mit Deutschland verwurzelt. Zu Beginn des Ersten Weltkriegs nahm er in den USA mehrfach offen für das vermeintlich friedliche Deutschland Partei und geriet bei den zunehmenden antideutschen Ressentiments sogar in Verdacht, ein deutscher Spion zu sein. Als «Dr. Monsterbug» (Keller, 1979) kam er in ein Sperrfeuer öffentlicher Kritik. Sehr schnell verlor er das aufgebaute fachliche Ansehen und die Unterstützung der Fachkollegen. Die belastenden Konflikte und der Verlust seiner fachlichen Autorität in den USA mögen 1916 zu seinem frühen Tod im Alter von 53 Jahren beigetragen haben.

Nach seinem Tod begannen seine Studenten seine Grundposition zur Wertneutralität der Wissenschaft oder methodische Schwachpunkte seiner Arbeiten zu kritisieren und sich von ihm

1 Der Brief ist im Leipziger Wundt-Archiv. Ich habe ihn während meiner Gast-Berufung als «Wundt-Professor» in Leipzig (1998/90) eingesehen. Mein Arbeitsplatz war ein zum Wundt-Museum offener Vorraum. Die Umgebung mit den alten, mit erkennbarer Sorgfalt gestalteten experimentellen Apparaten hat mir sehr geholfen, die Bedeutung der Technik in dieser historischen Aufbruchzeit nachzuvollziehen.

zu distanzieren (Landy, 1992). Münsterbergs Pionierleistungen wurden in der Folgezeit kaum mehr zitiert und gerieten in den USA in Vergessenheit. Auch in Deutschland war er weder bei Wundt noch bei der Folgegeneration unumstritten. Sogar im Bereich der von ihm wesentlich mitentwickelten neuen Methoden der Eignungsdiagnostik wurden seine methodischen Schwächen kritisiert.

In den USA wurde Münsterberg erst 1991 durch Frank Landy in seiner Rede als scheidender Präsident der amerikanischen Industrial-Organizational Psychology aus der kollektiven amerikanischen Verdrängung erlöst (Landy, 1992). Münsterberg ist zweifellos eine tragische Figur in der Geschichte der Arbeits- und Organisationspsychologie. Er war einer der größten Visionäre und verfügte über Voraussetzungen und Möglichkeiten, bereits zu Lebzeiten ein allgemein angesehener Pionier des Fachs zu werden. Landy erklärt Münsterbergs Ansehensverlust durch methodische Schwächen seiner Forschung, aber auch durch seine zu starke deutsch-nationale Verwurzelung und persönliche Eigenheiten. Er hatte anscheinend das Talent, sich selbstbewusst zwischen alle Stühle zu setzen. Nach Landy hat Münsterberg Intrigen angezettelt, die am Ende auf ihn selbst zurückfielen. Allerdings sollte man die emotionale Polarisierung durch die aufbrechenden antideutschen Animositäten in den USA im Ersten Weltkrieg nicht außer Acht lassen. Für die Verwirklichung einer neuen Vision zwischen fachlich konkurrierenden Lagern war die Ausgangslage sehr schwierig.

Der Begriff der Psychotechnik

William Stern (1903) hat den Begriff der «Psychotechnik» eingeführt, um damit die Anwendung der Psychologie, genauer der «psychologischen Einwirkung» in allen Lebensbereichen, von der «Psychognostik» zu unterscheiden. (Heute wird ähnlich zwischen «psychologischer Intervention» und Psychodiagnostik unterschieden.) William Stern wird mit seinen sorgfältigeren und vorsichtiger abgewogenen Folgerungen mehr respektiert (vgl. Schackwitz, 1920, S. 9 ff. und S. 13 ff.). In den Anfängen in Deutschland hatte William Stern eine größere Bedeutung für die Formulierung des Programms einer differentialpsychologisch orientierten Angewandten Psychologie als Münsterberg (Staeuble, 1990) erlangt. Bis zur Judenvertreibung in der Nazizeit in Deutschland galt Stern in Deutschland als der wesentlich fundiertere deutsche Pionier der Angewandten Psychologie.

In seinem Buch «Grundzüge der Psychotechnik» hat Münsterberg (1914) den Begriff der «Psychotechnik» als Oberbegriff für die gesamte «Angewandte Psychologie» aufgegriffen. Walter Moede (1920, 1930) hat schließlich den Begriff «Industrielle Psychotechnik» vorgeschlagen, um damit speziell die Anwendung der Psychologie in Produktionsbetrieben zu bezeichnen.

Wie Münsterberg hat Stern neuartige psychologische Testverfahren zur Berufseignungsdiagnostik (s. u.) entwickelt. Seine vorrangigen Anwendungsschwerpunkte waren aber die Forensische Psychologie, Jugendpsychologie und Pädagogische Psychologie. 1906 hat er jedoch mit Otto Lipmann in Berlin das renommierte «Institut für Angewandte Psychologie und Sammelforschung» aufgebaut. Zusammen mit Lipmann hat er 1911 die «Zeitschrift für Angewandte Psychologie und Sammelforschung» gegründet und bis 1933 herausgegeben (später aufgegangen in der «Zeitschrift für Psychologie mit Zeitschrift für Angewandte Psychologie»). Diese Zeitschrift wurde das Organ der «Gesellschaft für Experimentelle Psychologie» (ab 1929 «Deutsche Gesellschaft für Psychologie»). Von 1916 bis 1933 hat Stern das Hamburger Psychologische Laboratorium geleitet. Mit seinem Hamburger Labor steht Stern für die Idee der Einheit von Theorie, Grundlagenforschung und Anwendung (vgl. Staeuble, 1990).

Frühe Pionierinnen: Lilian Moller Gilbreth und Franziska Baumgarten

In fachhistorischen Darstellungen zur Geschichte der Arbeits- und Organisationspsychologie wurde die Bedeutung von Frauen als Pionierinnen lange Zeit «übersehen» (Koppes, 1997; Daub, 1996). In den USA war *Lilian Moller Gilbreth* (1878–1972) eine der wichtigsten Pionierinnen des Fachs. Sie hat bereits zwischen 1910 und 1920 anscheinend als erste Person in der Wissenschaft typisch organisationspsychologische Fragestellungen bearbeitet und publiziert (vgl. Perloff & Namann, 1996). Ähnliche Fragen wurden nach ihr in der Psychologie erst in den 1950er Jahren aufgriffen (Katzell & Austin, 1992).

Lilian Moller hatte ursprünglich Literatur studiert. Nach ihrer Heirat mit Frank Gilbreth 1904 wechselte sie an der University of California in Berkeley zur Psychologie. Sie und ihr Mann waren der Auffassung, dass die Psychologie zur «humanen» Weiterentwicklung der Prinzipien des Scientific Management wichtig sei. Sie bilden damit ein frühes Beispiel für einen bewusst geplanten interdisziplinären Brückenschlag zwischen Ingenieurwissenschaft und Psychologie. Nach ihrem Studium haben sie und ihr Mann von Aufträgen aus der Wirtschaft gelebt. In ihrer Wohnung haben sie Kurse über Zeit- und Bewegungsstudien durchgeführt. Als die Brown University (Providence, Rhode Island) als eine der ersten das Scientific Management als Berufsfeld akzeptierte, begann sie dort eine Promotion. In dieser Arbeit, die später unter dem Titel «The Psychology of Management» veröffentlicht wurde (Gilbreth, 1914), behandelt sie die Anwendung von Zeit- und Bewegungsstudien zur Verringerung von Zeitverschwendung, ihre psychologischen Grundlagen und wie man sie lehren und praktisch einführen kann. Ihre Dissertation ist vermutlich nicht nur die erste organisationspsychologische Arbeit, sondern die erste psychologische Dissertation, die in den USA im Gebiet der Industrial-Organizational Psychology geschrieben wurde (vgl. Perloff & Namann, 1996; Koppes, 1997).

Wie andere Pionierinnen durfte Lilian Moller Gilbreth an der Universität kleine Lehraufträge übernehmen (Koppes, 1997). Als Frau hatte sie aber damals nicht die geringste Chance auf eine Berufung als Professorin. Wie andere fachlich engagierte Frauen ihrer Zeit blieb ihr nur der Weg, als Praktikerin zu arbeiten (Koppes, 1997). 1924, nach dem frühen Tod ihres Mannes führte sie die Unternehmensberatung sehr erfolgreich allein weiter. Sie war möglicherweise auch die erste selbstständige Unternehmensberaterin.

In ihrem Lebenswerk schlägt sie wie kaum eine andere Person der Fachgeschichte nicht nur Brücken zwischen Theorie und Praxis, sondern auch zwischen Arbeit und Familie. Sie hatte mit ihrem Mann 12 Kinder. Das hat ihrer Karriere jedoch keineswegs Abbruch getan. Sie hat mit ihrem Mann die Großfamilie und die Ausbildung ihrer Kinder konsequent nach Management-Prinzipien und mit gemeinsamen Familienbesprechungen durchorganisiert. Ein sehr humoriges Buch mit dem Titel «Im Dutzend billiger», das zwei ihrer Kinder (Gilbreth & Gilbreth-Carey, 1984) darüber geschrieben haben, ist ein klassischer Bestseller geworden, der verfilmt wurde.

In der deutschsprachigen Psychologie gehört *Franziska Baumgarten* (1883–1970), eine Jüdin aus Lodz in Polen, zu den ersten wissenschaftlichen und praktischen Pionierinnen und mit 30 Fachbüchern und über 1000 Zeitschriften- und Zeitungsartikeln zu den produktivsten Fachpersönlichkeiten, die durch unermüdliches, sehr kämpferisches Engagement Brücken zwischen Wissenschaft und Praxis geschlagen haben (Daub, 1996; Rüegsegger, 1986).

Wie Daub (1996) in ihrer biografischen Analyse darstellt, hat Franziska Baumgarten 1904 in Krakau begonnen, Psychologie zu studieren. Um als Frau promovieren zu können, hat sie danach zuerst nach Paris und dann nach Zürich gewechselt. Nach ihrer Promotion 1910 (über die Erkenntnislehre von Maine de Biran) war sie Gasthörerin in Bonn bei Külpe und 1910/11 in Berlin. Hier hat sie begeistert an Münsterbergs Gastvorlesungen zur Wirtschaftspsychologie (Grundlagen für sein oben zitiertes Buch) teilgenommen und sich danach neben entwicklungspsychologischen Themen Fragen der Berufspsychologie gewidmet. Während und nach dem Ersten Weltkrieg hat sie in Berlin sehr erfolgreich mit den führenden Berliner Psychotechnikern zusammengearbeitet. 1924 übersiedelte sie nach ihrer Eheschließung mit Moritz Tramer (einem führenden Kinderpsychiater, Direktor einer Heil- und Pflegeanstalt und Honorarprofessor in Bern) in die Schweiz. An der Universität Bern kämpfte sie lange um fachliche Anerkennung und für ein psychotechnisches Institut. Erst 1954, kurz vor ihrer Emeritierung mit 70 Jahren, wird sie zur Honorarprofessorin ernannt.

Die Barrieren, die Lilian Moller Gilbreth und Franziska Baumgarten überwinden mussten, waren typisch für wissenschaftliche Pionierinnen dieser Zeit (Koppes, 1997). Zwar gab es an einzelnen Universitäten bereits Frauen auf Lehrstühlen, aber ihr Engagement für das damals neue Anwendungsgebiet der Psychologie erschwerte zusätzlich eine wissenschaftliche Karriere und Anerkennung. Leichter war es für beide dagegen, in der Praxis erfolgreich zu arbeiten. Als Beraterin war Lilian Moller Gilbreth zusammen mit ihrem Mann zeitlebens sehr anerkannt. Als freie Mitarbeiterin der Psychotechniker Lippmann oder Moede war Franziska Baumgarten bei innovativen praktischen Aufgaben während des Ersten Weltkriegs im damals weltläufigen Berlin sehr gefragt, sogar bei militärischen Projekten, obwohl sie eine sozialdemokratisch orientierte polnische Jüdin war (Daub, 1996). An einer Universität und in der besonderen damaligen Konstellation in Bern waren die Chancen für eine innovative, aber nicht sehr diplomatische Wissenschaftlerin gering, einen Ruf auf eine Professur zu erhalten. Inzwischen gibt es an Universitäten zwar mehr Professorinnen der Arbeits- und Organisationspsychologie. Die Probleme, die von den Pionierinnen zu überwinden waren, sind aber Frauen in diesen und anderen Disziplinen auch heute nicht fremd. Frauen mussten ihre Chancen eher außerhalb der Universitäten in der praktischen Anwendung suchen und finden. Dabei haben sie modellhaft gezeigt, wie durch eine Arbeit, die sehr nah an wichtigen praktischen Problemen und Lösungen bleibt, die Kluft zwischen Wissenschaft und Praxis überwunden werden kann. Am Ende dieses Beitrags wird darauf zurückgekommen.

2.2 Die Phase der Expansion und Wissenserweiterung

Eignungsprüfungen mit Intelligenztests in den Vereinigten Staaten

Nach dem Vorbild der Experimentalpsychologie haben die deutschen Psychotechniker für berufliche Eignungsprüfungen erfindungsreiche technische Apparaturen und experimentelle Simulationsanordnungen konstruiert. In Deutschland wurden diese Geräte und Techniken während des Ersten Weltkriegs zur Untersuchung der Eignung für spezielle Truppen (z. B. Funker, Flugzeugführer, Fahrer) eingesetzt. In den Vereinigten Staaten von Amerika wurden dagegen Intelligenz- und Leistungstests bevorzugt, die mit großen Personenzahlen und geringem Aufwand (nur mit Papier und Bleistift) administriert werden konnten.

Ein wichtiger historischer Ausgangpunkt für die Entwicklung psychologischer Tests war der Eintritt der Amerikaner in den Ersten Weltkrieg. Der Verlauf des Krieges zwang die Vereinigten Staaten zu einer schnellen Mobilmachung. Ein schwierig zu lösendes Problem war die Auswahl von über einer Million von Rekruten und Offiziersanwärtern in einem Zeitraum von wenigen Monaten. Die amerikanischen «Experimentalisten» ergriffen die Initiative, und der Amerikanische Psychologenverband (American Psychological Association, APA) mit seinem damaligen Präsidenten Major Robert M. Yerkes übernahm diese Aufgabe. **Informationsbox 3** gibt einen Auszug aus der Rede von Yerkes zur APA-Tagung von 1917 wieder, in der er die nationale und fachhistorische Bedeutung dieser «kollektiven Aufgabe» herausstellt und schildert, wie diese Aufgabe organisatorisch bewältigt wurde.

Nach rasch durchgeführten Vorversuchen wurden Kurztests zur Erfassung der allgemeinen Intelligenz (der bekannte «Group Examination Alpha» oder «Army Alpha» und der sprachfreie «Group Examination Beta») konstruiert und zur Klassifikation von Rekruten und Offiziersanwärtern in ein systematisches Auswahlverfahren eingebettet. In wenigen Monaten wurden dadurch spezielle Organisationen zur Bewältigung dieser Aufgabe aufgebaut. In nur 15 Monaten wurden insgesamt 1 726 966 Personen getestet.

Der praktische Einsatz der Psychologie als Fachdisziplin für diese Aufgabe hat in den Vereinigten Staaten wesentlich zur Anerkennung der Psychologie als gesellschaftlich und praktisch nützliche Wissenschaft und zur Verbreitung von Intelligenztests als Auswahlinstrumenten beigetragen. Im militärischen Bereich wurde jedoch der praktische Wert der Intelligenztests bald in Frage gestellt (vgl. Rüegsegger, 1986, S. 76 ff.). Die Aufgaben wurden zum Teil der ärztlichen Tauglichkeitsuntersuchung übertragen.

Nach Ende des Kriegs wurden die psychologischen Testverfahren von der Industrie mit Interesse aufgenommen (Katzell & Austin, 1992). Die Auswahl und Platzierung von Menschen mit Intelligenz- und Leistungstests war in der Zeit zwischen beiden Weltkriegen in den Vereinigten Staaten zweifellos das praktisch bedeutsamste

Informationsbox 3

Eine Untersuchung von 1 726 966 Rekruten mit psychologischen Tests

Aus der Rede von Robert M. Yerkes, APA-Präsident 1917:

Die erste große gesellschaftliche Aufgabe der experimentellen Psychologie

Es ist meine erfreuliche Pflicht als Präsident des amerikanischen Psychologenverbands, Ihnen in Umrissen die Geschichte der Organisation der psychologischen militärischen Dienste vorzutragen. Ich werde mich dabei strikt auf die Aktivitäten in diesem Jahr, 1917, beschränken.

In Europa haben Psychologen im großen Krieg hervorragend an der Front gedient, aber die Psychologie als Wissenschaft hat wenig geleistet. In unserem Lande wurde erstmalig in der Geschichte unserer Wissenschaft eine allgemeine Organisation im Interesse bestimmter Ideale und praktischer Ziele in Gang gesetzt. Die amerikanische Psychologie stellt heute unseren Militärorganisationen ein hochtrainiertes und leistungsbereites Personal zur Verfügung. Dabei handeln wir nicht individuell, sondern kollektiv auf der Grundlage unserer gemeinsamen Ausbildung und gemeinsamen Überzeugungen über den praktischen Wert unserer Arbeit. Dem ersten Aufruf folgten die amerikanischen Psychologen sofort und aus vollem Herzen, was beweist, wie weit wir in der Entwicklung unserer Arbeit fortgeschritten sind und wie umfangreich unsere Dienste sind.

Am 6. April, bei einer Tagung einer Gruppe von Psychologen, bekannt als die «Experimentalisten», in Emerson Hall, Cambridge, Massachusetts, wurde von den Herren Langfeld und Yerkes mit Zustimmung des Tagungsleiters, Herrn Titchener, eine Zusammenkunft organisiert, um die Kooperationsmöglichkeiten zwischen Psychologie und nationaler Verteidigung zu diskutieren. Captain Bowen, Ausbilder in militärischer Wissenschaft und Taktik von der Harvard-Universität, nahm an diesem Treffen teil und machte wertvolle Vorschläge über die mögliche Rolle der Psychologie.

(Zitat aus der Rede von Robert M. Yerkes, des Präsidenten der American Psychological Association, Pittsburgh Meeting, Dezember 1917, Quelle: Psychological Review, 1918, 25, 85–115, freie Übersetzung.)

spezielle Anwendungsfeld der Psychologie in der Industrie. Auch in Europa wurden diese ökonomischen Testverfahren zunehmend verwendet (vgl. Rüegsegger, 1986).

Industrielle Objekt- und Subjektpsychotechnik

Giese (1927) hat die industrielle Psychotechnik in die Anwendungsfelder «Objektpsychotechnik» und «Subjektpsychotechnik» untergliedert. Aufgabenfeld der «industriellen Objektpsychotechnik» ist danach die psychische Anpassung der industriellen Arbeitsbedingungen an den Menschen. Die Aufgabe der «industriellen Subjektpsychotechnik» ist dagegen die Anpassung des Menschen an die Arbeitsbedingungen.

Aktuelle Aufgaben der *industriellen Objektpsychotechnik* waren damals Fragen der Pausengestaltung sowie Arbeitszeit- und Lohnfragen (vgl. Moede, 1930). Der Psychologie gelang es aber nur in Einzelaufträgen, in diesem interdisziplinären Feld eine wichtige, gestaltende Rolle zu spielen. In der Konkurrenz zu den Ingenieurwissenschaften und zur Betriebswirtschaftslehre war es für die ersten Pionierinstitute schwer, zu den aktuellen Aufgabenstellungen wie Pausenregelungen, Arbeitszeit- und Lohnfragen kontinuierlich Aufträge zu erhalten (Rüegsegger, 1986). Dies hat dazu beigetragen, dass sich die Angewandte Psychologie in den 20er und 30er Jahren mehr und mehr auf das Feld der «*industriellen Subjektpsychotechnik*» konzentrierte. Zu diesem

Feld gehörten Aufgaben der Anwendung von Erkenntnissen der «differentiellen Psychologie», insbesondere die Entwicklung psychologischer Testverfahren der Berufseignungsdiagnostik und Platzierung von Personen. Hier war die Zuständigkeit und Fachkompetenz der Psychologie von Anfang an weniger strittig. Zur industriellen Subjektpsychotechnik zählte auch die Nutzung psychologischer Erkenntnisse zur Menschenführung und für die betriebliche Aus- und Weiterbildung. Auch in diesem Feld stand die Psychologie aber von Anfang an in einer komplexeren Konkurrenzsituation mit anderen Fachdisziplinen.

Brauns und Schmitz (1990) haben die Veröffentlichungen aus psychologischen Fachzeitschriften der Jahre 1927/28 nach Gebieten gruppiert und Häufigkeiten ermittelt. Betrachten wir nur die Veröffentlichungen in den Anwendungsfeldern, finden wir die relativ größte Gruppe der Arbeiten im Gebiet der Berufseignung (28). Danach folgen 20 Veröffentlichungen zur Leistungserfassung und 18 zur Pädagogischen Psychologie.

Wie Geuter (1988, S. 222) dokumentiert, gab es bereits 1920 interdisziplinäre fachpolitische Auseinandersetzungen über Psychotechnik-Lehrgänge für Ingenieure an Moedes Institut für Industrielle Psychotechnik an der TH Berlin. Ein Streitpunkt war die Frage, ob Ingenieure in 40 Minuten lernen könnten, Intelligenztests zu applizieren. Der Betriebswirt Georg Schlesinger, der die Gründung von Moedes Institut gefördert hatte, verteidigte die psychotechnische Ausbildung von Ingenieuren. William Stern formulierte dagegen eine Gegenstellungnahme. Zur Vermittlung machte Giese den Vorschlag, einen Fachpsychologen-Berufsstand mit geregelten Ausbildungsanforderungen für Psychologen zu etablieren. Schlesinger zog sich daraufhin auf eine unverbindliche Position gegenseitiger Bereicherung und Nicht-Einmischung zurück. Kontroversen über Ausbildungsanforderungen werden auch heute mit ähnlichen Fronten zwischen Wissenschaft und Praxis ausgetragen.

Die Zuständigkeit der Psychologie für das Feld der Berufseignungsdiagnostik war kein nachhaltiger Streitpunkt zwischen den Wissenschaftsdisziplinen oder in der öffentlichen Meinung. Schon in den Anfängen gab es aber bereits kritische Stimmen von Nachbardisziplinen und Kontroversen über die Frage, ob und inwieweit es überhaupt möglich sein kann oder darf, mit experimentalpsychologischen Testverfahren Menschen auszulesen und ihre langfristige Berufseignung zu prognostizieren. Wie kritisch die von Münsterberg, Stern und Moede propagierten Berufseignungsprüfungen von der medizinischen Nachbardisziplin überprüft und beurteilt wurden, dokumentiert exemplarisch eine sehr sorgfältige empirische Bewährungskontrolle der Testverfahren für Straßenbahnführer am Kieler Institut für gerichtliche Medizin (Schackwitz, 1920).

Mit einer raffiniert konstruierten Apparatur hat Schackwitz versucht, die Tätigkeit des Straßenbahnfahrens experimentell zu simulieren (vgl. **Abb. 1**). Die Versuchsperson wurde dazu auf einen Stuhl vor einen Tisch mit vielen Hebeln und eine durchsichtige Anzeigetafel gesetzt. Hinter der Tafel leuchteten verschiedene Signale (rote und grüne Lampen) auf. Nach genauer Instruktion mussten die Versuchspersonen je nach Signal bestimmte Hebel (z. B. einen Bremshebel) bedienen. Erfasst wurden vor allem Reaktionszeiten, Fehler und Gedächtnisleistungen (Einprägen von Bildern auf Postkarten). Zur Untersuchung von Schreckreaktionen wurde eine Schreckschusspistole abgeschossen, eine Latte auf einen Tisch geschlagen und eine Hängelampe vor dem Gesicht der Versuchsperson fallengelassen. Die Reaktionszeiten von 67 Bewerbern und Bewerberinnen konnten mit einer Genauigkeit von 100stel Sekunden registriert werden.

Schackwitz hat die Testergebnisse in Schulnotenform bewertet. In einer Tabelle hat er die benoteten Testergebnisse und die erfragten beruflichen Leistungsnoten in zwei Spalten nebeneinander eingetragen und beide Spalten miteinander verglichen (ohne jede Statistik, einfach nach der numerischen Übereinstimmung). Weil die Testnoten nicht perfekt, sondern nur in 42 % der Fälle mit den beruflichen Noten genau übereinstimmten, sah Schackwitz (1920) keinen praktischen Wert in der Nutzung psychologischer Testverfahren. – Heute würden wir dagegen derartige Zusammenhänge und den Nutzen psychologischer Tests statistisch berechnen (vgl.

Abbildung 1: Skizze der Apparatur für die Straßenbahnfahrprüfung (Schackwitz, 1920, S. 45)

Moser, Kap. 4.1, und Brandstätter, Kap. 9). Wir haben die von Schackwitz veröffentlichten Daten mit multiplen Regressionsanalysen reanalysiert. Dabei ergeben sich hoch signifikante und bedeutsame Zusammenhänge, die als Nachweis für die Validität des kritisierten Auswahlverfahrens gewertet werden können (vgl. Greif & Holling, 1990). – Auf Grund seiner einfachen Auswertung hat Schackwitz jedoch die theoretischen Grundlagen der differentiellen Psychologie und die Existenz der postulierten Fähigkeits- und Dispositionskonstrukte bezweifelt und grundsätzlich in Frage gestellt. Seine praktische Folgerung war, auf psychologische Auswahlverfahren zu verzichten und kritische Fälle durch eine einfache ärztliche Untersuchung der körperlichen und gesundheitlichen Tauglichkeit zu diagnostizieren. In seiner Folgerung zeichnet sich bereits die später bereits zunehmende Konkurrenz zwischen psychologischer Eignungsuntersuchung und ärztlicher Tauglichkeitsuntersuchung ab.

In der Industrie wurde die Mitwirkung von Psychologen in der Berufseignungsdiagnostik und Berufsberatung trotz vereinzelter kritischer Stimmen insgesamt eher positiv gesehen und gefördert. Zur Mitwirkung von Psychologen in diesem Feld wurde 1919 in Preußen ein Regierungserlass veröffentlicht. Zur Reform der Lehrlingsausbildung empfahlen die Gewerkschaften auf ihrem zehnten Gewerkschaftstag in Nürnberg (1919) die Prüfung der «geistigen und körperlichen Eigenschaften» der Lehrlinge durch Psychologen (Jaeger & Staeuble, 1981, S. 75).

Es gab jedoch auch kritische gewerkschaftliche Stellungnahmen zur Subjektpsychotechnik. Ein Beispiel ist in **Informationsbox 4** wiedergegeben. Der Zeitungsausschnitt belegt zugleich,

Informationsbox 4

Nummer 48 Hannover, 30. November 1929 38. Jahrgang

Der Proletarier

Organ des Verbandes der Fabrikarbeiter Deutschlands

Sind Industriearbeiter Sklaven?

In der Industrie wird heute ganz allgemein die Arbeitleistung mit der Stoppuhr gemessen. Die Rationalisierung hat den Sieg der Stoppuhr mit sich gebracht. Eine große Zahl Berufener und Unberufener hält sich sogar für berechtigt, die Arbeiter mit der Stoppuhr zu kontrollieren. Damit wollen die deutschen Unternehmer eine Erhöhung der Produktion durch stärkere Ausnutzung der menschlichen Arbeitskraft erreichen, anstatt die Maschinentechnik und die Betriebsorganisation richtig einzustellen.

Im Aprilheft der Psychotechnischen Zeitschrift ist ein Artikel enthalten, der besagt, dass in einer rheinischen Elektrofirma die Arbeiter sich gegen die psychotechnische Untersuchung gewehrt haben. Durch Verhandlungen konnte eine Einigung nicht erzielt werden, und die Firma rief den Schlichtungsausschuss an und beantragte, in die Arbeitsordnung einzufügen: «Jeder Werksangehörige hat sich einer psychotechnischen Prüfung zu unterziehen.» Vor dem Schlichtungsausschuss führte der Vertreter der Arbeit aus, dass sich die Arbeiter keinesfalls der Notwendigkeit von Rationalisierungsmaßnahmen verschlössen. Diese Rationalisierungsmaßnahmen können auch die Menschen betreffen. Die Belegschaft ist aber misstrauisch, sie fürchtet, dass durch schwarze Listen für die Firma ungeeignete Arbeitskräfte dauernd arbeitslos gemacht würden. Sie befürchtet weiter, dass durch die Vornahme der Eignungsprüfung an Arbeitern, die seit Jahrzehnten im Betrieb beschäftigt sind, Entlassungen vorgenommen würden.

Es gelang dem Unternehmer nachzuweisen, dass das Misstrauen der Arbeitnehmerschaft gegen die psychotechnische Prüfung vollkommen unberechtigt sei, dass im Gegenteil die Verteilung der Arbeitskräfte nach ihrer Eignung einen der Grundsätze sozialistischer Weltanschauung bilde. (Aber nicht den Privatkapitalisten wollen wir die Ausführung solcher Grundsätze überlassen. Die Red.) Der Schlichter folgte den Ausführungen der Unternehmer und fällte den Spruch, dass in die Arbeitsordnung der Firma eingefügt ist: «Jeder Werksangehörige hat sich einer Eignungsprüfung zu unterziehen, soweit es die Wirtschaftlichkeit des Unternehmens erfordert.»

Damit ist durch Schiedsspruch festgelegt, dass die Arbeiter sich wie ein zum Verkauf stehendes Stück Vieh auf ihre Brauchbarkeit müssen untersuchen lassen. Dass man damit die Menschenwürde des Arbeiters in den Kot drückt, dürfte den Herren bei der Spruchfällung wohl kaum zum Bewusstsein gekommen sein. Es ist aber schon so, dass der Industriearbeiter von heute, gedrängt durch die Stoppuhr und der Untersuchungswut der Unternehmer preisgegeben, sich vom antiken Sklaven kaum noch unterscheidet.

(Quelle: Hauptvorstand der IG Chemie-Papier-Keramik, Hrsg., 1988. Vom Fabrikarbeiterverband zur Industriegewerkschaft Chemie-Papier-Keramik. Hannover: Buchdruckwerkstätten Hannover, S. 405.)

dass die Kritik der Arbeiter an den psychologischen Eignungsprüfungen erfolglos blieb. Schon damals war es arbeitsrechtlich möglich, in einem Betrieb psychotechnische Untersuchungen als Standardverfahren zur Eignungsauslese einzuführen.

In der Angewandten Psychologie wurde die Verwendung eignungsdiagnostischer Testverfahren als Beitrag im Interesse der Allgemeinheit oder als Chance zur Förderung eines «von Standesvorurteilen freien Zugangs zu Ausbildung und Beruf» angesehen (Staeuble, 1990, S. 170; vgl. Jaeger & Staeuble, 1981). Staeuble (1990, S. 170) bezeichnet dies als eine «naive Überzeugung» angesichts der «wildwüchsigen Professionalisierung» der Psychotechnik nach dem Ersten Weltkrieg. In diesen Regelungsversuchen zeichnen sich aber bereits frühe historische Vorläufer für die spätere Formulierung berufsständischer «ethischer Richtlinien» zur Anwendung psychologischer Testverfahren ab, wie sie nach dem Zweiten Weltkrieg vom amerikanischen Berufsverband entwickelt worden sind (APA, 1966). Bereits Münsterberg (1912, S. 30) hatte argumentiert, dass es auch «im Interesse der Stellungssuchenden» sei, nach den eigenen Fähigkeiten ausgewählt zu werden, weil «dem Gesellschaftskörper durch die Scharen der Erfolglosen und der durch ihre Erfolglosigkeit Entmutigten und Verbitterten» große Gefahren erwachsen. Die Stellungssuchenden hätten dabei den Vorteil, «dass eine sorgsamere Angleichung der persönlichen Eigenschaften an die Aufgaben der Welt ihnen nicht nur äußerlichen Erfolg und Gewinn, sondern vor allem größere Arbeitsfreude, innere Befriedigung und harmonische Entfaltung der Persönlichkeit» sichern würde. Diese Argumente sind bis heute häufig in ähnlicher Form vertreten worden und beschreiben das Selbstverständnis der Psychologie in diesem oft mit Skepsis oder Ablehnung aufgenommenen Anwendungsfeld.

Institutsgründungen

In den Jahren 1918 bis 1922, unmittelbar nach dem Ende des Ersten Weltkrieges, erfolgte in vielen Ländern die formelle Gründung zahlreicher psychotechnischer Laboratorien oder Institute für industrielle Psychotechnik (informelle Arbeitsgruppen und Vorläuferinstitutionen gab es bereits vor dem Ersten Weltkrieg). Mit dieser ersten breiten Expansionswelle hat die neue Anwendungsdisziplin eindeutig ihren Übergang von der Pionierzeit in die zweite Phase der Expansion und Wissenserweiterung vollzogen. **Tabelle 1** gibt eine Übersicht über die wichtigsten Institutsgründungen und ihre Leiter. Allein in Deutschland gab es 250 Institutsgründungen, gegenüber 87 in allen übrigen Ländern zusammen genommen. Dies zeigt, wie stark damals noch die Expansion und Fachentwicklung in Deutschland im Vergleich zu anderen Ländern war.

Eine detailreiche, vergleichende Gegenüberstellung der Entwicklungen in den Vereinigten Staaten und Europa mit besonderer Berücksichtigung des Züricher Instituts hat Rüegsegger (1986) publiziert. – Aufgabenschwerpunkte der frühen Forschung und Anwendung in diesem Gebiet waren Probleme der Pausenregelungen, Arbeitszeiten und Ermüdung sowie Entwicklung von Verfahren zur Auslese geeigneter Arbeitskräfte.

Kritik des Taylorismus in den 20er Jahren

In Deutschland hatten die Gewerkschaften nach dem Ersten Weltkrieg zunächst eine starke politische Position. Das Argument, dass die «wissenschaftliche Betriebsführung» und der Fordismus gleichzeitig den Interessen der Arbeitgeber und Arbeitnehmer diene, ist von Gewerkschaftern teilweise sehr kritisch aufgenommen worden, wie das folgende Zitat aus der Zeitung des Verbands der Fabrikarbeiter Deutschlands, Der Proletarier, vom 4. Oktober 1924 (S. 1) zeigt. Wie daraus hervorgeht, wurde damals die Vorstellung, dass der Wissenschaft lediglich die Aufgabe einer wertneutralen Beschreibung oder Erklärung zukommt, auch in der Gewerkschaft vertreten.

> «Taylor wird verblassen und Ford wird leuchten! Dieser Satz soll hier begründet werden. Taylor wollte (wörtlich genommen) eine wissenschaftliche Betriebsführung schaffen. So anspruchsvoll und gespreizt schreibt Ford nicht, und er tut gut daran; denn es widerspricht dem Wesen der Wissenschaft, Verhaltungsmaßregeln für die Anwendung gewisser Verfahren in der Güterherstellung zu geben. Die Wissenschaft hat die Aufgabe, zu beschreiben, was war und was ist, und sie hat zu erklären, warum das Gewesene und das Seiende gerade so ist, wie wir es kennen.»

Tabelle 1: Ausbreitung psychotechnischer Forschungs- und Prüfstellen nach dem Ersten Weltkrieg bis 1926 (nach Jaeger & Staeuble, 1981, S. 72)

Land	Jahr der 1. Gründung	Zahl der Neugründungen bis 1926	Bedeutendere Institutionen	Führende Psychotechniker
Belgien	1918*	3	Laboratoire de Psychotechnique et d'Orientation	Christiaens, Decroly Houdements
Dänemark	1919	2	Kopenhagen	Rubin
Deutschland	1918	ca. 250	Institut für Industrielle Psychotechnik an der TH Charlottenburg u.a.	Moede, Poppelreuter, Rupp, Stern, Giese, Lipmann, Klemm
Finnland	1922	1	Helsingfors	Hjelt
Frankreich	1920*	Ca. 12	Laboratoire de Psychotechnique de la Société des Transports en Commune de la Region Parisienne	Lahy, Amar, Frois, Fontegne
Groß-britannien	1918*	2	Industrial Fatique Research Board; National Institute of Industrial Psychology, London	Florence, Myers, Watts
Italien	1922*	5	Instituto Nazionale de Instruzione Professionale, Rom	Gemelli, Gasca, Ferrari
Japan	1920*	ca. 8	Psychologisches Laboratorium Universität Tokio; Übungsschule für Leistungsingenieure, Tokio	Tanaka, Uyeno, Awji, Ishii
Niederlande	1918	7	Städtisches Psychotechnisches Laboratorium Amsterdam	von Wayenburg, Roels, Prak
Norwegen	1925	1	Psychotechnisches Institut der Fach- und Vorschule für Handwerk und Industrie Oslo	Eng
Österreich	1920*	5	Graz, Wien, Innsbruck	Dück
Schweiz	1918*	6	Techno-Psychologische Abteilung des Instituts J.J. Rousseau, Genf; Psychotechnisches Institut Zürich, (geplant in Bern)	Claparede, Carrard, Suter, Walther, (Baumgärtner)
Spanien	1918	3	Institut d'Orientacio Professional Barcelona	Mira y Lopez, Madariaga
Tschechos-lowakei	1920	11	Nationaltechnisches Institut für industrielle Arbeit, Prag	Forster, Lörsch, Picka
Ungarn	1922	6	Psychotechnisches Laboratorium Budapest	Balint, Ranschburg
UdSSR	1921	ca. 40	Zentralinstitut der Arbeit Moskau; Laboratorium für industrielle Psychotechnik Moskau	Spielrein, Gastew, Toltschinsky
USA	1919*	7	Bureau of Salesmanship Research des Carnegie Institute of Technology; The Scott Company; The Psychological Corporation	Scott, Miner, Whipple, O'Connor, Viteles, Cattel, Bingham

* In den betreffenden Ländern bestanden bereits vor dem Ersten Weltkrieg oder während desselben Institutionen, die sich mit psychotechnischen Untersuchungen befassten.

Unterschiedliche Auffassungen und Auseinandersetzungen über den Taylorismus haben innerhalb der europäischen, insbesondere deutschen Angewandten Psychologie polarisierende Spannungen hervorgerufen (vgl. Rüegsegger, 1986). Führende Psychologen wie Stern in Deutschland oder Lahy in Frankreich (vgl. Jaeger & Staeuble, 1981) oder auch Lewin (1920) in seiner Zeit als Assistent in Berlin haben sich mit den Folgen tayloristischer Zerstückelung der Arbeit für den Menschen auseinandergesetzt (s. Ulich, 2001, S. 20 ff.) **Informationsbox 5** gibt ein Beispiel für eine engagiert formulierte Kritik des 22-jährigen Erich Stern (er war damals Mitarbeiter bei William Stern in Hamburg).

Frühe sozialpsychologische Untersuchungen

Die Bedeutung sozialer Beziehungen und Gruppen und gemeinsamer Arbeit wurde von Psychologen bereits in den 1920er Jahren gesehen. Zu erwähnen sind Walter Moedes (1920) Untersuchungen über Leistungen bei Einzel- und Gruppenarbeit oder das Konzept der «Gruppenfabrikation» (eigentlich besser: «Fertigungsgruppenfabrikation»), wie es vom Daimler-Benz-Ingenieur Richard Lang und dem Sozialpsychologen Willy Hellpach beschrieben worden ist (Lang & Hellpach, 1922). Im Vordergrund standen dabei jedoch Fragen der Rationalisierung und Überwachung von Arbeitsgruppen. (Diese Konzepte sind keineswegs als Vorläufer der unten in diesem Kapitel sowie in Kapitel 7 behandelten Konzepte «teilautonomer Arbeitsgruppen» einzuordnen; siehe ausführlich Ulich, 2001, S. 23 ff.)

Die Hawthorne-Untersuchungen

In der Zeit der Wirtschaftsdepression beschäftigten Probleme wie «Leistungszurückhaltung» und Konflikte mit Zeitnehmern die Unternehmer. Weltweit beachtet wurden die zu diesen Problemen durchgeführten sozialpsychologischen Untersuchungen in den amerikanischen Hawthorne-Werken unter Leitung von Elton Mayo an der Harvard School of Business Administration in Boston (vgl. Roethlisberger & Dixon, 1939).

1924 bis 1932 wurden im Hawthorne-Zweigwerk der American Telephone and Telegraph Company von Mayo, Roethlisberger, Dickson und anderen Felduntersuchungen über Probleme zu Produktionsziffern und Kündigungsraten durchgeführt. Die anregende Geschichte dieser Untersuchungen gehört bis heute zu den Stan-

Informationsbox 5

Erich Sterns (1921) Kritik der tayloristischen Arbeitsteilung

Im Taylorsystem ist die Teilung der Arbeit auf die Spitze getrieben, es erscheint rein von dem Gedanken beherrscht, die Leistung des Menschen in gleicher Weise zu steigern wie die der Maschine. Lediglich das wirtschaftliche Interesse des Unternehmens – und freilich damit auch das des Arbeiters – ist bestimmend für die ganze Organisation. Die Arbeit erscheint hier völlig losgelöst vom Menschen, der immer mehr zur Maschine werden muss. Gilbreth, ein Schüler Taylors und Verfechter seines Systems, hat einmal gesagt, es handle sich gar nicht darum, ob jemand eine Maschine ist oder nicht, die Frage sei nur, ob er so ausgebildet ist, dass er allen Anforderungen zu entsprechen vermag. Diesen Standpunkt können wir keinesfalls teilen; *für uns steht nicht die Sache, sondern der Mensch* im Vordergrund, ihm wollen wir, soweit es unter den heutigen Verhältnissen möglich ist, die Freude an der Arbeit wiedergeben.

(Zitat aus Erich Stern, 1921. Angewandte Psychologie. Leipzig: Teubner, S. 92, Hervorhebungen wie im Original.)

dardthemen jeder einführenden Darstellung zur Arbeits- und Organisationspsychologie.

Bei den ersten Versuchen ging es um die scheinbar einfache praktische Frage, welche Auswirkungen die Helligkeit am Arbeitsplatz für die Arbeitsleistungen hat. Dazu wurden in drei Abteilungen zunächst einmal Durchschnittswerte ohne Veränderungen erhoben. Danach wurde die Helligkeit systematisch variiert. Die Leistungsergebnisse zeigten jedoch keine nachweisbare Abhängigkeit von der Lichtstärke. Daraufhin versuchten die Experimentatoren, die erwarteten Effekte durch sorgfältigere Untersuchungsplanung nachzuweisen (siehe Moser in diesem Band). Dazu wurden die Arbeitsplätze von Experimental- und Kontrollgruppen räumlich getrennt. Außerdem wurden die Vorerfahrungen und Vortestleistungen der Versuchspersonen überprüft. Die Teilnehmer(innen) am Versuch wurden anschließend so auf die Versuchs- und Kontrollgruppe verteilt, dass zwei Gruppen mit vergleichbaren Erfahrungen und Leistungen entstanden. Während in der Kontrollgruppe die Helligkeit konstant blieb, wurde sie in der Versuchsgruppe wiederum systematisch variiert. Das überraschende Ergebnis war, dass in beiden Gruppen vergleichbare Leistungssteigerungen im Verlauf des Versuchs beobachtet werden konnten. Die Pointe der Geschichte ist, dass schließlich sogar die *Verringerung* der Helligkeit (bis zum Mondlicht) nicht zu Leistungsverschlechterungen führte, sondern mit Leistungssteigerungen einherging.

In einer weiteren Untersuchungsserie wurde eine Gruppe von 5 Arbeiterinnen beobachtet, die in einem Versuchsraum jeweils Relais zusammenzusetzen hatten. Untersucht werden sollten hier die Wirkungen von Ruhepausen und die Länge des Arbeitstages. Wieder wurden paradoxe Resultate berichtet. Die Arbeitsleistungen nahmen scheinbar unabhängig von den experimentell variierten Arbeitsbedingungen im Verlauf der 13 Beobachtungswochen zu (Roethlisberger & Dixon, 1939).

Der Hawthorne-Effekt: Eine Legende?

Diese scheinbar paradoxen Ergebnisse wurden von den Forschern um Mayo als Nachweis dafür interpretiert, dass die durch die Versuchsleiter erzeugte freundliche Arbeitsatmosphäre die Ursache für die beobachteten Leistungsverbesserungen war. Dies führte in der Folgezeit zu der Annahme, dass die *Verbesserung der zwischenmenschlichen Beziehungen («human relations»)* eine Erhöhung der Arbeitszufriedenheit und Arbeitsmotivation und zugleich einen neuen, erfolgversprechenden Weg zur Leistungssteigerung in der Industrie eröffnet.

Diese als «Hawthorne-Effekt» in die Fachliteratur eingegangenen Ergebnisse haben die spätere «Human Relations-Bewegung» entscheidend mitgeprägt. Durch sorgfältige nachträgliche Recherchen hat H. McIlvaine Parsons in den 70er Jahren allerdings herausgefunden, dass Mayo und Mitarbeiter in ihren Berichten wichtige Informationen unterschlagen haben (vgl. Rice, 1982). Der so genannte «Hawthorne-Effekt» ist deshalb anscheinend nicht mehr als ein von Mayo und seinen Mitarbeitern verbreiteter Mythos. So arbeiteten die Testpersonen unter privilegierten Bedingungen, erhielten bessere Löhne und wurden von den gar nicht so «freundlichen Versuchsleitern» mehrfach wegen ihrer «Schwatzhaftigkeit» gerügt. Ja, ihnen wurde sogar angedroht, wieder an ihre alten Arbeitsplätze zurückgeschickt zu werden, wenn sie ihre Arbeitsleistungen nicht steigern würden. Zwei Frauen wurden durch «kooperationswillige» Versuchspersonen ersetzt. Außerdem erhielten die Arbeiterinnen ein regelmäßiges «Leistungs-Feedback» und wurden gezielt aufgefordert, so schnell wie möglich zu arbeiten.

Obwohl diese problematischen Manipulationen heute bekannt sind, wird der «Hawthorne-Effekt» immer noch oft zitiert, um zu belegen, dass experimentelle Untersuchungen im Feld zu leistungssteigernden Effekten führen. Wären die Felderhebungen sorgfältiger nach experimentalpsychologischen Untersuchungsstandards durchgeführt und korrekt dokumentiert worden (vgl. dazu Moser, Kap. 4.1), hätten sie als ungenügend kontrollierte Feldexperimente kaum Beachtung gefunden. Die praktische Anwendbarkeit experimentalpsychologischer Methoden sollte deshalb zumindest nicht gerade unter Hinweis auf den «Hawthorne-Effekt» in Frage gestellt werden. Wie das Beispiel zeigt, können auch Mythen die Wissenschaftsentwicklung nachhaltig beeinflussen. Die Organisationspsychologie kann die aus den Hawthorne-Untersuchungen resultierenden Fehleinschätzungen nicht so schnell wieder korrigieren, wie sie verbreitet worden sind. «Legenden sterben langsam» (Rice, 1982).

Die Fehleinschätzung der Anwendbarkeit sorgfältiger experimentalpsychologischer Methoden ist die methodische Seite der Legende, die Überschätzung der Bedeutung der Arbeitszufriedenheit und eines freundlichen, rücksichtsvollen Führungsstils für die Arbeitsleistung ist der inhaltliche Aspekt des Hawthorne-Mythos. Dennoch sind die Auswirkungen dieses Paradigmas für die Entwicklung der theoretischen Grundauffassungen und die praktischen Konsequenzen keineswegs nur negativ zu sehen. Eine positive Auswirkung ist, dass seither die Verbesserung der Arbeitszufriedenheit und der sozialen Beziehungen im Betrieb als eigenständige Zielkriterien angesehen werden, die auch von Ökonomen als Pendant zu wirtschaftlichen Effizienzkriterien anerkannt werden.

Internationaler Austausch und Krise der Psychotechnik

In der Zeit zwischen den beiden Weltkriegen entwickelte sich zunächst ein rasch ansteigender internationaler fachlicher Austausch. Der erste Kongress der Internationalen Gesellschaft für Angewandte Psychologie (International Association of Applied Psychology, IAAP) tagte 1920 in Barcelona. Zwischen 1920 und 1934 gab es insgesamt acht IAAP-Kongresse. Die Teilnehmerzahlen lagen 1927 in Paris bei 351 und 1931 in Moskau bei 306. Durch den Faschismus in Deutschland und den Zweiten Weltkrieg brach aber diese internationale Zusammenarbeit zwischen 1939 und 1945 weitgehend zusammen. In der Kriegszeit waren nationale militärische Aufgaben vorrangig.

Karl Bühlers (1927) Monographie zur «Krise der Psychologie» hat auch in der Angewandten Psychologie Diskussionen über eine «Krise der Psychotechnik» hervorgerufen. Wie Métraux (1985) rekonstruiert, beruhen diese Auseinandersetzungen auf zwei zusammenhängenden Problemen:

1. Kritik experimentalpsychologischer Methoden.
2. Legitimations- und Zielkrise der Psychotechnik.

Die ganzheitspsychologische Methodenkritik richtete sich dabei nicht nur gegen die von Wundt oder Ebbinghaus und seinem Schüler William Stern vertretene Experimentalpsychologie, sondern auch gegen die experimentell ausgerichtete Gestaltpsychologie. In diese Legitimations- und Zielkrise einbezogen wurden sozialpolitische Debatten über die Bedeutung der Rationalisierung in einer Zeit der Wirtschaftskrise. Während Walter Moede (vgl. Métraux, 1985, S. 234 ff.), als Herausgeber der Praktikerzeitschrift «Industrielle Psychotechnik» die Anwendung der industriellen Psychotechnik ohne Relativierungen dem Unternehmensziel der Rationalisierung unterordnete, stand William Stern als Herausgeber der wissenschaftlich ausgerichteten «Zeitschrift für Angewandte Psychologie» für ein reflektiertes humanistisch-psychologisches Anwendungsprogramm.

Wie Métraux (1985, S. 238 ff.) herausstellt, kulminierte die Kritik an der Psychotechnik schließlich in öffentlichen Auseinandersetzungen aus Anlass eines problematischen Aufsatzes von Moede in der Zeitschrift «Industrielle Psychotechnik» (1930, Heft 4). Moede schrieb darin über intrigantes Verhalten von Vorgesetzten, die missliebige Mitarbeiter kaltstellen und schikanieren. Etwa vierzig Zeitungen setzten sich danach polemisch mit diesem missverstehbar geschriebenen Aufsatz auseinander, so als hätte Moede schikanöses Verhalten als akzeptabel angesehen. Dabei fielen generalisierende Ausdrücke über die Psychotechnik, wie «Psycho-Schuftik», «Betriebsschikane als Wissenschaft». Zadeck (1930) schrieb in der «Weltbühne», dass Moede das «tiefste Vakuum an Gesinnung» zeige, dem er je begegnet sei (zit. nach Métraux, 1985, S. 239).

Das Beispiel zeigt, wie leicht die Psychotechnik in dieser Zeit in der Öffentlichkeit angegriffen und mit allgemeinen Ressentiments gegen die Psychologie fachpolitisch in die Defensive gebracht werden konnte. Ob die Richtigstellungen von Moede oder Abgrenzungsversuche von

Stern und anderen die erregte öffentliche Meinung erreicht haben, erscheint fraglich. Auch innerhalb der Psychologie hat diese öffentlich geführte Auseinandersetzung die bereits bestehenden fachpolitischen Konflikte zwischen Moede und Stern (vgl. dazu Geuter, 1988, S. 222) vermutlich eher vertieft. Die geschilderten Auseinandersetzungen haben die Existenz der neuen Profession nicht ernsthaft gefährdet, aber verstärkte Richtungsdifferenzierungen hervorgerufen. Der Gebietsbegriff «Industrielle Psychotechnik», der durch diese Auseinandersetzungen mit manipulativer Anwendung der Psychologie assoziiert wurde, verlor an Bedeutung und wurde in Deutschland allmählich durch die bis heute gebräuchliche Gebietsbezeichnung «Arbeitspsychologie» verdrängt.

Nach Hitlers Machtübernahme wurden im Jahr 1933 durch das Nazi-Gesetz zur «Wiederherstellung des Berufsbeamtentums» Juden und «politisch unzuverlässige» Beamte entlassen. Neben vielen anderen in und außerhalb der Psychologie waren William Stern und Otto Lipmann als sozial engagierte Juden und in den geschilderten fachpolitischen Konflikten exponierte «Initiatoren einer beinahe anderen Psychologie» (Staeuble, 1990, S. 171) doppelt gefährdet. 1933 wurde Otto Lipmanns Berliner Institut faktisch liquidiert (er starb unmittelbar nach der Plünderung seines Instituts). William Stern wurde als Institutsleiter und Vorsitzender der Deutschen Gesellschaft für Psychologie abgesetzt (er musste emigrieren). Mit dem widerstandslosen Hinnehmen dieser Machtpolitik hat die deutsche Angewandte Psychologie ihre Glaubwürdigkeit als unabhängige und sozial engagierte Wissenschaftsdisziplin verloren und war darauf angewiesen, dass sich ihr soziales Gewissen in anderen Ländern, wie den Vereinigten Staaten (mitgetragen durch emigrierte Juden wie Kurt Lewin), weiterentwickeln würde.

Wie Geuter (1988) feststellt, wurde die berufspraktische Professionalisierung der Psychologie zumindest anfänglich durch den wachsenden Einsatz von Psychologen für die Ausleseaufgaben in der Wehrmacht und durch die Einrichtung des Diplomstudiengangs in dieser Zeit stark gefördert. Nach dem Ende des Zweiten Weltkrieges entstand der Mythos, der Nationalsozialismus habe die Krise der Psychologie und Psychotechnik hervorgerufen oder nationalsozialistische Führungskreise hätten sogar versucht, die Psychologie abzuschaffen, weil sie nicht linientreu genug gewesen sei. Diese These ist aber bis heute nicht durch eindeutige Dokumente belegt. Dagegen gibt es Belege dafür, dass sich Fachvertreter öffentlich zum nationalsozialistischen Staat bekannt und die neuen gesellschaftlichen Aufgabenstellungen (bis hin zum nationalsozialistischen Führerprinzip und zur Rassenpsychologie) übernommen haben (vgl. Brauns & Schmitz, 1990; Geuter, 1988; Métraux, 1985).

Herwig (1944) hat eine «Psychologie der Arbeit» geschrieben, in der er praxisorientierte Erkenntnisse der Psychologie mit den typischen schwülstigen Formulierungen des nationalsozialistischen Führerstaates verbindet. Er propagiert die Weltanschauung und Wertvorstellungen des Nationalsozialismus als Grundlagen der Psychologie. «Es ist (...) von entscheidender Bedeutung, dass der Nationalsozialismus in der Stellung des Menschen zur Arbeit eines seiner Kernprobleme sieht und aus seiner biologischen, vom Sein des Menschen her begründeten Weltanschauung die Arbeit als ethische Gemeinschaftsverpflichtung des Menschen wertet (...). Diese Wertvorstellung vom ‹Adel der Arbeit› wird damit zur Grundlage jeder Menschenführung und macht so die tatsächlichen Leistungen in Frieden und Krieg überhaupt erst möglich.» (Herwig, 1944, S. 123). Herwigs Menschenbild des Arbeiters ist das eines gehorsamen und eifrigen Gefolgsmanns. Der gute Arbeiter führt bereitwillig einfache und monotone Arbeiten hoch leistungsbereit und klaglos zum Wohle der Gemeinschaft aus. Am Vorbild des Scientific Management ist es die Verantwortung der Betriebsführer, unter Nutzung psychologischer Erkenntnisse, die für hohe Leistungen und die Gesundheit der Arbeiter erforderlichen Voraussetzungen zu schaffen. Hohe Leistungen für die Gemeinschaft bei einfachen Arbeitstätigkeiten «adeln» die Arbeiter. Optimale Arbeitsleistungen entstehen durch psychologische Gestaltung dieser Arbeit und die «richtige innere Einstellung» der «Gefolgschaft» des «Betriebsführers». Vor diesem Hintergrund werden Erkenntnisse aus der Forschung zur Leistungssteigerung durch Verringerung der Ermüdung, Zeit und Bewegungsstudien, Taktvorgaben oder Rhythmisierung (am Beispiel der Gesänge von Sklaven), betriebliches Vorschlagswesen, Verbesserung der Umgebungsbedingungen oder Förderung des Leistungswettbewerbs in Arbeitsgruppen vorgestellt.

An der nationalsozialistischen Weltanschauung orientiert sich besonders auch Herwigs Frauenbild. Nach der Machtergreifung wurden Frauen aus führenden Positionen in der Wirtschaft und Verwaltung, z. B. auch aus Richterämtern, entfernt, weil diese schwierigen Arbeitstätigkeiten nach nationalsozialistischer Auffassung nicht ihrer Eigenart entsprechen. Herwig (1944, S. 143) zitiert wissenschaftlich nicht ernstzunehmende Studien als Beleg dafür, dass «die Frau mehr zu gleichförmigen Arbeiten neigt, die ihr daneben noch ein genügend freies Spiel der Gedanken um ihre Familiensorgen lassen. Trotzdem aber erweisen sich Frauen als besonders gut leistungsfähig bei allen solchen Arbeiten, die Sorgfalt und Gleichmäßigkeit verlangen. Hier erlebt die Frau auch ein starkes Leistungsbewusstsein und damit auch die Freude an der Arbeit, die für sie bei ihrer stärkeren Gemütsansprechbarkeit von besonderer Bedeutung ist.» Die vermeintliche «Monotonieresistenz» der Frauen und ihr geringe Eignung für Leitungsaufgaben war noch lange in der Nachkriegszeit ein Diskussionsthema in der deutschen Betriebspsychologie (vgl. die Erwähnung und Kritik von Lehr, 1963, S. 741).

Die nationalsozialistischen Bekenntnisse von Herwig wurden nicht aufgearbeitet. Herwig konnte als geachteter Lehrstuhlinhaber an der TU in Braunschweig lehren. Mit Mayer hat er den bis in die 1970er Jahre für Westdeutschland grundlegenden Band zur Betriebspsychologie in der Handbuchreihe der Psychologie herausgegeben (Mayer & Herwig, 1963). Darin findet sich ein Kapitel von Herwig (über «Allgemeine Grundfragen zur Anpassung der Arbeitsbedingungen an den Menschen», a. a. O., S. 69–93). Ein Vergleich zeigt, dass es sich um eine «bereinigte Neuauflage» seiner nationalsozialistischen «Psychologie der Arbeit» handelt.

Wiederaufbau nach dem Zweiten Weltkrieg

Beim Eintritt der Vereinigten Staaten in den Zweiten Weltkrieg hatten die amerikanischen Psychologen wie im Ersten Weltkrieg wiederum die Aufgabe übernommen, bei der Auswahl und Platzierung von Rekruten und Offiziersbewerbern mitzuwirken. 1940 gab es in den Vereinigten Staaten bereits 2500 Mitglieder im Psychologenverband, während die Zahlen in europäischen Ländern – insbesondere auf dem Kontinent – wesentlich geringer waren. In Großbritannien waren es 1941 immerhin 811 Mitglieder, in Holland um 1940 dagegen nur 54 in allen Fachgebieten.

Nach dem Ende des Zweiten Weltkriegs hat die Psychologie in den Industrienationen wie andere Wissenschaften allgemein vom Wiederaufbau und von der wirtschaftlichen Expansion profitiert. Durch ihre Leistungen bei der Auswahl und Platzierung von Rekruten und Offizieren in den Vereinigten Staaten konnte die Angewandte Psychologie, ähnlich wie nach dem Ersten Weltkrieg, zusätzliches Ansehen gewinnen. Nach dem Ende des Krieges wurden die entwickelten psychologischen Testverfahren wiederum von der amerikanische Wirtschaft genutzt.

Demokratische Personalauswahl mit psychologischen Tests?

Nach dem Willen der amerikanischen und englischen Besatzungsmächte sollten in Deutschland in der Wirtschaft und im gesamten öffentlichen Dienst demokratische, an Leistungskriterien orientierte Methoden eingeführt werden. Ziel war, das preußisch geprägte Beamtentum und die durch nationalsozialistische Vetternwirtschaft geprägten Personalentscheidungen in Industrie und Verwaltung durch «demokratisch-fortschrittliche» Auslese- und Platzierungsentscheidungen zu ersetzen. Mit dieser Aufgabenstellung wurde 1949 in der von den Amerikanern und Briten gemeinsam verwalteten Bizone die «Deutsche Gesellschaft für Personalwesen» (DGP) gegründet. Mit einer Kopie des Briefes des amerikanischen Generals Richard W. Cooper (vom 17. Dezember 1948) verfügen wir über ein konkretes Originaldokument dafür, wie diese gesellschaftliche Aufgabe von einer einflussreichen Person definiert wurde. **Informationsbox 6** gibt einen Auszug aus diesem Brief wieder. Orientiert an amerikanischen Vorbildern sind früher in der DGP zur Personalauswahl viele psychologische Intelligenz- und Leistungstests unter der Leitung von Wissenschaftlern wie A. O. Jäger entwickelt worden.

Gruppendynamik und demokratischer Führungsstil

Der Sozialpsychologe Kurt Lewin hat sich in den Vereinigten Staaten nach seiner Emigration aus dem nationalsozialistischen Deutschland zusammen mit seinen Mitarbeiter(inne)n in Forschung und Anwendung aktiv für die Entwicklung einer humanistischen Psychologie und einer demokratischen Gesellschaft engagiert. Die bekannte Untersuchung über die positiven Auswirkungen des demokratischen Führungsstils von Lehrern im Vergleich zum autoritären Stil oder laissez-faire-Verhalten (Lewin, Lippitt

Informationsbox 6

US-General Coopers Aufgabenliste für das Personalwesen 1948 in Deutschland

Suggestions for Talks before the Society of Personnel Administrators

Should Angestellte be selected by examinations?

Recruiting policemen.

Recruiting office workers.

Recruiting administrators.

Do our public servants have a sufficiently broad educational background in economics, sociology, political science, and psychology?

How can we attract better talent into the public service?

The value of the school of publish administration as a source for recruitment for administrative posts.

Placement techniques: Fitting the man to the job.

Methods of job analysis and their purposes.

A position classification plan as a device for improving public management.

The relationships of the supervisor to his subordinates.

Methods for training better supervisors.

Attaining greater efficiency in clerical operations.

Training public servants in courtesy to the public.

Inproving government operations through procedural self analysis by public servants themselves.

Techniques for keeping the personnel informed of departmental plans and policies.

The value of giving adequate information to personnel about their agency's policies.

Maintaining the health of public servants.

Building better morale among public servants.

Advantages of a contributory pension system.

Do Beamte have too much security to be good public servants?

The status of women in public office.

Periodic ratings of the efficiency of public servants.

(Auszug aus einem Brief von General Richard W. Cooper, vom Bipartite Control Office in Frankfurt vom 17. Dezember 1948 an den Direktor des Hessischen Landespersonalamtes Professor Dr. Martin Draht und den Leiter des Personalamtes der vereinigten amerikanischen und britischen Zonen Dr. Kurt Oppler. – Herrn Dr. K. Althoff, dem früheren Leiter der Deutschen Gesellschaft für Personalwesen, danke ich dafür, dass er uns den Brief zum Abdruck zur Verfügung gestellt hat.)

& White, 1939) ist bis heute eine klassische Standardreferenz der Führungsstilforschung. Der wissenschaftliche Wert dieser viel zitierten Untersuchung ist allerdings aus methodischen Gründen sehr angreifbar. Aus heutiger Sicht sollten die Ergebnisse dieser Studie deshalb nur mit Vorsicht interpretiert werden. Ihre Bedeutung liegt eher in ihren fachhistorischen Wirkungen.

Nach dem Ende des Zweiten Weltkriegs übernahm Lewin bereitwillig die Aufgabe, psychologische Aufklärungskampagnen zur besseren Umsetzung der neuen amerikanischen Gesetze gegen die Rassentrennung durchzuführen. Aus diesen Aktivitäten sind die so genannten «gruppendynamischen Labors» hervorgegangen und die «Selbsterfahrungsgruppen» der «National Training Laboratories» in Bethel, USA. French und Bell (1977, S. 42) bezeichnen Lewin deshalb als den «eigentlichen Initiator» der gruppendynamischen Konzepte zur Veränderung von Organisationen durch offene Kommunikationsprozesse. (Später wurden solche organisationalen Veränderungsprozesse «Organisationsentwicklung» genannt, siehe Scholl, Kap. 16)

Neben den Arbeiten der Gruppe um Lewin liegen wichtige historische Wurzeln heutiger humanistischer Gestaltungskonzepte der Arbeits- und Organisationspsychologie in den Untersuchungen des Tavistock-Instituts in Großbritannien im Kohlebergbau in den Jahren ab 1949 (Trist & Bamford, 1951; vgl. auch Ulich, 2001, S. 180). Cherns (1989) schildert, wie es dazu kam, dass sich die psychoanalytisch beeinflussten Sozialpsychologen des Tavistock-Instituts nach neuen Aufgaben umsehen mussten. Sie hatten sich ursprünglich durch klinische Arbeit während des Krieges zusammengefunden. Über einen Auftrag des nationalen Aufsichtsrats der Kohleindustrie fanden sie schließlich ein neues Betätigungsfeld in der Untersuchung der Auswirkungen der Mechanisierung und Arbeitsteilung im Bergbau. Im Verlauf dieser Untersuchungen erkannten sie, dass die Bergleute (im Schacht South Yorkshire) eine interessante Kombinationslösung traditioneller Gruppenarbeit mit der damals neuen Bergbautechnik gefunden hatten. Dadurch ließ sich anscheinend die von der Unternehmensleitung mit der Mechanisierung eingeführte Arbeitsteilung und Auflösung der Arbeitsgruppen vermeiden. Sie untersuchten und verglichen die beiden verschiedenen Formen der Arbeitsorganisation und fanden heraus, dass bei der Kombinationslösung mit geringerer Arbeitsteilung geringere Abwesenheitsraten, weniger Unfälle und höhere Leistungen zu beobachten waren. Aus diesen Ergebnissen und Erfahrungen entstand der «*soziotechnische Systemansatz*» des Tavistock-Instituts (Trist & Bamford, 1951) und das Konzept der *teilautonomen Arbeitsgruppen* (siehe Schüpbach & Zölch, Kap. 7). Eine wichtige Folgerung aus diesen Untersuchungen war, dass es bei der Einführung neuer Technologien nicht genügt, lediglich die Arbeitsorganisation in technischer Hinsicht zu optimieren. Das soziale *und* das technische System sind *gemeinsam* zu gestalten. Ziel ist eine bessere «Passung» zwischen beiden. Nach dem Vorbild der *selbstorganisierten Gruppenarbeit* im Bergbau erhält die Arbeitsgruppe die Verantwortung für vollständige Aufgabenbereiche. Dadurch soll eine erhöhte Flexibilität des gesamten soziotechnischen Systems erreicht werden (siehe Schüpbach & Zölch, Kap. 7, und Bungard & Antoni, Kap. 14; vgl. auch Ulich, 2001).

Selbstverständnis und Begriff der Organisationspsychologie

Die Expansion der Nachfrage auf vielen Märkten förderte in den 1950er und 1960er Jahren ein schnelles Wachstum der Industrie, aber auch der Universitäten. Orientierungsmodelle für effiziente Betriebsführung und modernes Management kamen in den westlichen Industrieländern aus der amerikanischen Industrie. Die Bedeutung der Produktionsphilosophie der arbeitsteiligen Fließfertigung in der Automobil- und Elektroindustrie blieb in der Phase der Massenproduktion ungebrochen.

Für praktische Gestaltungslösungen wurden in dieser Zeit entweder die Ingenieurwissenschaften oder die Managementwissenschaften als kompetent angesehen. Der Spielraum für eigenständige Gestaltungsbeiträge der Psychologie war in dieser Zeit nur gering. Selbst das nach den Untersuchungsergebnissen effiziente Arbeitsorganisationsbeispiel des Tavistock-Instituts im britischen Kohlebergbau war nur kurzlebig und wurde weder von der Kohleindustrie noch von der Bergbaugewerkschaft als geeignete Lösung gesehen. (Der Aufsichtsrat der Kohleindustrie war nicht dafür, weil das Tavistock-Modell nicht so leicht kontrollierbar erschien. Die Gewerkschaft wollte es nicht, weil es die Tarifverhandlungen komplizierter machte, vgl. Cherns, 1989).

Während der Hochkonjunktur der Massenfertigung verlor die Angewandte Psychologie sogar in ihrer angestammten Domäne der psychologischen Eignungsdiagnostik zeitweilig an Bedeutung. Hauptproblem war nicht die Auswahl qualifizierter Fachkräfte, sondern die Anwerbung von genügend Arbeitskräften unterer Qualifikationsebenen für die anwachsende Produktion. Wichtige Probleme, für die ein Lösungsbeitrag der Psychologie erwartet wurde, waren die so genannten *«Firmenkrankheiten» Abwesenheit und Fluktuation* oder die Verbesserung der *Arbeitszufriedenheit und Arbeitsmotivation.*

In den Leitsätzen der Sektion «Industrial and Engineering Psychology» des amerikanischen Psychologenverbands (APA, Sektion 14) wurde damals – ähnlich wie bereits von Münsterberg (1912) – eine interessenunabhängige Anwendung wissenschaftlicher Theorien und Methoden gefordert. Das bereits von Lewin und seinen Schülern vermittelte humanistische und demokratische Selbstverständnis konnte sich erst nach dem Wiederaufbau und Wirtschaftsaufschwung in der Reformzeit Mitte der 1960er Jahre entfalten. In dieser Zeit wurden schließlich die *ersten programmatischen Bücher* mit dem Titel *Organisationspsychologie* geschrieben (Bass, 1965; Schein, 1965; Katz & Kahn, 1966; das erste deutschsprachige Buch zur «Organisationspsychologie» haben v. Rosenstiel, Molt & Rüttinger 1972 publiziert.)

Die These, dass Industriebetriebe wie andere Organisationen als soziale Systeme *«offene Systeme»* sind und in komplexen systemischen Wechselbeziehungen mit ihrer Umgebung stehen, hatte eine stimulierende Bedeutung für das aufkeimende neue Selbstverständnis der Organisationspsychologie. Verbunden mit dieser These wurde die Forderung nach mehr interdisziplinärer Kooperation und Integration der Psychologie in die Organisationswissenschaften, um die Individuumszentriertheit der Psychologie zu überwinden. 1973 änderte die APA-Sektion 14 ihren Namen in «Industrial and Organizational Psychology» (I-O-Psychology). Fachlich abgerundet wurde diese Entwicklung schließlich durch das erste umfassende amerikanische Handbuch, herausgegeben von Dunnette (1976).

Auseinandersetzungen und Identitätskrise in der Studentenbewegung

In der Studentenbewegung Ende der 1960er Jahre entwickelten die Studierenden verschiedener Länder ein neues politisches Selbstbewusstsein. Im Protest gegen das Engagement der USA in Vietnam, gegen aktuelle politische Entwicklungen in einzelnen Ländern und gegen autoritäre Strukturen an den Universitäten entstand die außerparlamentarische Opposition (APO). Die Gesellschaftskritik linker Philosophen und Soziologen wie Herbert Marcuse, Theodor Adorno und Jürgen Habermas wurde von der Protestbewegung aufgenommen und in die Universitäten getragen. An einigen Universitäten wurde auch die Psychologie von dieser Bewegung erfasst. Intensiv wurde über die Frage diskutiert, welche Relevanz die Psychologie für die Emanzipation der Gesellschaft haben kann. Emanzipation wurde im Sinne von Habermas als Aufhebung unnötiger Herrschaftsverhältnisse verstanden. Klaus Holzkamp hat diese Frage in einem damals an vielen Orten zirkulierenden «Relevanzpapier» (Holzkamp, 1968) aufgegriffen.

Die Studentinnen und Studenten wollten eine grundlegende Veränderung der Psychologie. Vor allem die Betriebspsychologie geriet ins Schussfeld der Kritik. Sie wurde als «unternehmerorientierte Wissenschaft» attackiert, die nur der Stabilisierung des kapitalistischen Wirtschafts- und Herrschaftssystems dient. In Deutschland nahmen die Zahlen der Studierenden stark ab, die ihren beruflichen Anwendungsschwerpunkt in der Betriebspsychologie suchten.

Humanistische Neuorientierung

Rückwirkend betrachtet, lässt sich diese Zeit intensiver Auseinandersetzungen als Zeichen einer erneuten Identitätskrise der betrieblichen Anwendung der Psychologie einordnen. Diese Auseinandersetzungen haben aber auch dazu beigetragen, das Selbstverständnis der Disziplin zu klären und weiterzuentwickeln.

Speziell für die deutschsprachige Arbeitspsychologie hatte in dieser Zeit Walter Volperts (1975) gesellschaftlich-historische Kritik eine klärende Bedeutung. In seiner Schrift fordert er eine grundlegende Umorientierung und stellt das humanistische Ziel der Persönlichkeitsentfaltung der Arbeitenden in den Mittelpunkt. Als Alternative zur tayloristischen Trennung von Kopf- und Handarbeit und zu einer extremen Zerstückelung und «Partialisierung» menschlicher Handlungen verweist er auf die damaligen Ansätze zur Entwicklung einer arbeitspsychologischen Handlungstheorie, wie sie von ihm, Eberhard Ulich und in der damaligen DDR vor allem von Winfried Hacker (1973) konzipiert worden waren. Erst dadurch wurde in Deutschland in der Arbeitspsychologie wieder an die frühe humanistische Taylorismus-Kritik der Psychologen angeknüpft.

Die I-O-Psychology in den USA und anderen Ländern hat ihre humanistische Wertorientierung kontinuierlicher entwickelt. Kurt Lewins Schüler propagierten in den 1960er und 1970er Jahren eine Abkehr vom tayloristischen Menschenbild (s. o.), wonach die Arbeiter nur durch Belohnung und Bestrafung («Zuckerbrot und Peitsche») zu Leistungen motiviert werden können (McGregor, 1960; s. Holling & Kanning, Kap. 3). Orientiert am klassischen Humanismus war ihr ideales Menschenbild der Mensch, der nach Selbstverwirklichung in der Arbeit und durch seine Leistungen strebt. Sie erweiterten Lewins Konzepte zu demokratischem Führungsstil und partizipativen Gruppenentscheidungen (Likert, 1961; s. Holling & Kanning, Kap. 3) mit Konzepten zur allgemeinen Erweiterung der Partizipation der Mitarbeiter(innen) und Demokratie in Organisationen. Die soziotechnischen Systemansätze des Londoner Tavistock-Instituts lieferten eine konkrete Möglichkeit zur Verringerung der Arbeitsteilung in der Gruppe durch «teilautonome Arbeitsgruppen». Sie bildeten den Kern der humanistisch ausgerichteten «Neuen Formen der Arbeitsgestaltung» (Ulich, Groskurth & Bruggemann, 1973). Sie waren zugleich das Verbindungsglied zwischen der damaligen humanistisch ausgerichteten Organisationspsychologie und der Arbeitspsychologie.

Nach dieser Phase der Neuorientierung wurden in der Arbeits- und Organisationspsychologie im Verlauf der 1970er Jahre vor allem in Westeuropa die angesprochenen humanistischen Konzepte der Arbeitsgestaltung zunehmend rezipiert. Die Verbesserung der «*Qualität des Arbeitslebens*» und die «*Humanisierung der Arbeit*» waren beherrschende Themen. Das 1974 begonnene Forschungsprogramm zur «Humanisierung des Arbeitslebens» des Ministeriums für Forschung und Technologieentwicklung der Bundesrepublik Deutschland, seit 1989 umbenannt in «Arbeit und Technik», zählte mit über 100 Millionen DM zu den international größten Forschungs- und Umsetzungsprogrammen. Anfangs umstritten, hat es insgesamt zweifellos zur Entwicklung einer multidisziplinären Humanisierungsforschung beigetragen. In der Psychologie hat vor allem die arbeitspsychologische Forschung von diesem Programm profitiert. Projekte zur «Humanisierung der Arbeit» bleiben in dieser Phase aber zunächst nur kurzfristig bestehende Experimente. In breitem Maßstab konnten sie nicht in die Organisationsstrukturen der Massenproduktion integriert werden. Dies lag zum Teil aber auch an einer zu einseitigen Orientierung an humanistischen Zielen und einer Vernachlässigung wirtschaftlicher Erfolgskriterien.

Arbeitspsychologie in den Ostblockländern

Anders verlief in dieser Zeit die Entwicklung der Psychologie in der Sowjetunion und den Ostblockländern. Die folgende Darstellung berücksichtigt vorwiegend die allgemein zugänglichen Informationen und persönliche Hinweise von Kollegen aus der damaligen DDR. In den gesellschaftlichen Grundlagen und Aufgabenstellungen spiegeln sie aber auch die Entwicklungen der Aufgabenfelder der Arbeitspsychologie in der Sowjetunion und anderen Ländern des Ostblocks wider, wie sie vorher in Moskau von Rubinstein und später Leontjew oder für die Ingenieurpsychologie von Leningradern wie Lomow, Nebylizin und Gubinski formuliert worden waren.

Arbeitsgrundlage aller angewandten Wissenschaften mussten immer Beschlüsse des Zentralkomitees (ZK) oder der Parteitage der Kommunistischen Parteien (bzw. der SED in der damaligen DDR) sein. Wortgetreue Verweise auf ZK- oder Parteitagsbeschlüsse fehlten deshalb in kaum einem Vorwort zu einem Standardwerk zur Anwendung der Psychologie. Immer hervorgehoben werden musste die wirtschaftliche Bedeutung der Psychologie für die «Steigerung der Arbeitsproduktivität» und die «sozialistische Rationalisierung». Das gesamte Programm der Sektion Arbeits- und Ingenieurpsychologie der Gesellschaft für Psychologie der damaligen DDR hatte sich unmittelbar an den Beschlüssen und Aufgabenstellungen der Parteitage der «Sozialistischen Einheitspartei Deutschlands» zu orientieren.

Aufgaben der Arbeits- und Ingenieurpsychologen waren die Verbesserung der Arbeits- und Lebensbedingungen der Werktätigen, Beiträge zur Erhöhung der Arbeitsproduktivität und -effektivität, Gestaltung der Arbeit und Arbeitsmittel, die Arbeitstätigkeit, Qualifizierung und der Gesundheitsschutz (vgl. Hermann, Frey & Skala, 1987, S. 59). Ein wichtiger berufspraktischer Schwerpunkt, den es in diesem Umfang in keinem westlichen Land gab, war dabei die präventive Gesundheitsförderung durch Arbeitsgestaltung.

Fragen der Gruppen- und Kollektiventwicklung sowie Führung und Leitung gehörten zum Gebiet der Sozialpsychologie (Hiebsch & Vorwerg, 1971). Der Marxsche Begriff der Kooperation und Lenins Organisationskonzept des «demokratischen Zentralismus» mussten als Grundlage herangezogen werden. Das implizierte straffe Hierarchie und Einzelleitung, unbedingte Ausführung von Beschlüssen und Weisungen («Befehlswirtschaft») und disziplinierter Zusammenarbeit bei der Verwirklichung der im Plan festgelegten Ziele.

Kritik am Wirtschaftssystem war *innerhalb* der zentralistisch beherrschten Länder ein absolutes Tabuthema. Als unumstößliche Staatsdoktrin waren die Grundprinzipien des «demokratischen Zentralismus» in den Verfassungen und Arbeitsgesetzen verankert. Jede offene Diskussion über alternative Führungs- und Organisationskonzepte war bereits «verfassungsfeindlich». Die Konsequenz war eine wirtschafts- und organisationspolitische Entmündigung der Wissenschaft und letztlich sogar Selbstentmündigung aller politischen Veränderungskräfte durch das zentralistische System.

In einer schwierigen Gratwanderung haben die Psycholog(inn)en in der damaligen DDR versucht, einen Beitrag zur Erweiterung der Freiheits- und Qualifizierungsspielräume des Individuums in der Arbeit innerhalb der Grenzen des Systems zu leisten. Die Psychologie konnte sich dabei auf Erkenntnisse von Marx und Engels über die Bedeutung der Arbeit für die Persönlichkeitsentfaltung (Hacker, 1973, S. 13 ff.) stützen, deren Ziele auf klassische humanistische Wertvorstellungen zurückgehen. Unter der Deckformel «sozialistische Rationalisierung durch persönlichkeitsförderliche Arbeitsgestaltung» konnte die Psychologie in der DDR die Erweiterung der Freiheits- und Qualifizierungsspielräume in der Arbeitstätigkeit fordern. Die Feldexperimente, die dazu durchgeführt wurden, haben wichtige, über die Gesellschaftsordnung hinausweisende Erkenntnisse erbracht.

2.3 Die Phase der Wissensvertiefung, Stabilisierung und organisationalen Professionalisierung

Veränderungen der Technologien und Arbeitsorganisationen

Die Phase expansiver Produktionssteigerung der Massenfertigung der 1950er und 1960er Jahre wurde in den 1970er und 1980er Jahren durch internationale Konkurrenz um Produkte und Dienstleistungen abgelöst, die schnell an spezielle Kundenwünsche angepasst werden können. Durch die Einführung neuer computerunterstützter Technologien in der Produktion und Verwaltung wurde eine flexible Kleinserienfertigung auch für Großunternehmen wirtschaftlich. In den führenden Industrieländern vollzog sich der Übergang anfangs unter dem Druck der japanischen Konkurrenz, später im allgemein zunehmenden internationalen Wettbewerb zunächst langsam, dann aber immer schneller. Unternehmen, die auf allen internationalen Märkten operieren, nutzen zunehmend vernetzte Computer-Technologien und bauen flexibel veränderbare internationale Arbeitsorganisationen auf. In diesen Organisationen hängt der Erfolg von der Kundenorientierung (Schneider & Bowen, 1995) und der Entwicklung der so genannten Humanressourcen (siehe Schuler & Höft, Kap. 10), der interkulturellen Zusammenarbeit der Mitarbeiter(innen) aus verschiedenen Ländern und Kulturen (siehe Thomas, 1999), ab.

Konjunkturkrisen und veränderte Aufgabenschwerpunkte

Durch die schwieriger werdenden wirtschaftlichen Rahmenbedingungen Ende der 1970er und zu Beginn der 1980er Jahre endete in den westlichen Industrieländern die personelle Expansionsphase an den Universitäten genauso abrupt wie die Reformprojekte der humanistischen Organisationspsychologen in den Vereinigten Staaten. Die großen Zahlen von Studienabgänger(inne)n, die jetzt auf den Arbeitsmarkt drängten, fanden in der Pädagogischen Psychologie kaum noch und in der Klinischen Psychologie nicht mehr so leicht Arbeitsplätze. Im Gebiet der Arbeits- und Organisationspsychologie entwickelten sich die Berufsperspektiven dagegen sehr viel günstiger. Dies förderte allmählich ein Anwachsen der absoluten Zahlen der Studierenden und Berufstätigen in diesem Arbeitsfeld.

Es ist bemerkenswert, dass diese Expansion auch in der Zeit konjunktureller Krisen möglich war und dass die Forschung zur Humanisierung der Arbeit, entgegen allen Befürchtungen, dass dies lediglich ein «Schönwetterthema» sei, weitergeführt werden konnten. Auf krisenbezogene Probleme wie die psychischen und psychosomatischen Auswirkungen der *Arbeitsplatzunsicherheit* und *Erwerbslosigkeit* konnte die arbeits- und organisationspsychologische Forschung mit sozial engagierten Schwerpunktverlagerungen ihrer Arbeitsfelder reagieren (vgl. Mohr, 1997).

Umfang und Vertiefung des Wissens

Der Umfang und die Vertiefung des wissenschaftlichen und praktischen Wissens in der Arbeits- und Organisationspsychologie hat seit Beginn der 1980er Jahre stark zugenommen. Während Dunnette (1976) das Feld der amerikanischen I-O-Psychologie noch in einem umfangreichen Handbuch zu repräsentieren versuchte, sind nach 1990 dafür vier dicke Bände erforderlich, wobei der letzte Band internationalen und interkulturellen Entwicklungen gewidmet ist (Dunnette & Hough, 1990, 1991, 1992; Triandis, Dunnette & Hough, 1994). Im deutschsprachigen Bereich folgten auf das erste, von Mayer und Herwig (1963) herausgegebene Handbuch Betriebspsychologie allein im Gebiet der Organisationspsychologie zwei Enzyklopädiebände (Schuler, 2004).

Die erste Denkschrift zur Lage der deutschsprachigen Arbeits- und Organisationspsychologie (Greif & Bamberg, 1994) bilanziert den Gegenstand und die Aufgabenfelder, Schwerpunkt- und Nebenfachstudium, Weiterbildung, Forschungsaktivitäten, Europäische Perspektiven, aber auch selbstkritisch frauentypische Arbeitsbedingungen als «blinden Fleck» in der Arbeits- und Organisationspsychologie.

Nach einer sehr langsamen Aufbauphase in den 1970er und frühen 1980er Jahren wurde das Schwerpunktfach, wie von der Rahmenprüfungsordnung gefordert, sehr rasch an fast allen Universitäten mit Diplomstudiengang eingerichtet. Das Gebiet etablierte sich von Anfang an mit einem hohen Forschungsetat, wie in der o.g. Denkschrift dokumentierte Befragungsergebnisse zur Forschung an 28 Universitäten im Zeitraum von 1990 bis 1992 zeigen. Das Finanzvolumen von 94 erfassten Projekten betrug insgesamt über 40 Millionen DM (mit einer Spannweite von DM 2000 bis 4 Millionen). Die bearbeiteten Themen waren außerordentlich vielfältig und umfassten die Gebiete (1) anwendungsorientierte Grundlagenforschung (z.B. Laborexperimente zur psychophysiologischen Beanspruchung, Fehler in der Mensch-Computer-Interaktion, Sensomotorik), (2) Methoden und Verfahren zur Beschreibung und Bewertung von Aufgaben, Tätigkeiten und Organisationen, (3) Gestaltung von Arbeitsbedingungen und Arbeitstätigkeiten, (4) Bewertung und Gestaltung der Software, (5) Sicherheit und Fehlhandlungen, (6) Auswirkungen der Arbeit auf psychische Beanspruchungen und Gesundheit, (7) Personalauswahl und -entwicklung, (8) berufliche Qualifizierung, Aus- und Weiterbildung, (9)

Führung, Organisationsstrukturen und -prozesse und ihre Innovation, (10) Frauenforschung und (11) Wertewandel und interkulturelle Studien.

Interdisziplinäre Beiträge

In der interdisziplinären Arbeitswissenschaft gilt die Psychologie als eines der wichtigsten Grundlagenfächer, wie sich an zahlreichen psychologischen Beiträgen zum Handbuch Arbeitswissenschaft (vgl. Luczak & Volpert, 1997) sowie am Handbuch Personalwesen (Gaugler, Oechsler & Weber, 2003) ablesen lässt. Wie in anderen interdisziplinären Feldern liegen wichtige Beiträge in der Forschung und Methodenentwicklung. Die praktische Anwendung und Verbreitung in großem Stil (oder Vermarktung) wird dagegen oft von anderen Anwendungsdisziplinen übernommen. Auch in den anderen in diesem Lehrbuch behandelten Feldern liefert die Psychologie interdisziplinär anerkannte Beiträge (z. B. zur Personalentwicklung, siehe Holling & Liepmann, Kap. 11, und zur Organisationsentwicklung, siehe Gebert, Kap. 18 in diesem Band).

Professionalisierung

Professionell organisierte Anwendungsdisziplinen haben kontinuierlich die folgenden Aufgaben in ihrem Feld zu bewältigen:

1. Gründung nationaler und internationaler Fachverbände und stabile Organisation der Verbandsarbeit.
2. Mitarbeit an fachbezogenen nationalen und internationalen gesetzlichen Regelungen und Standards.
3. Förderung der anwendungsorientierten Forschung und Entwicklung.
4. Durchführung regionaler und überregionaler Tagungen und Kongresse.
5. Herausgabe nationaler und internationaler Fachzeitschriften.
6. Fachbezogene Aus- und Weiterbildungs- sowie Austauschprogramme.
7. Regelmäßige Erhebungen zu Mitgliederentwicklung, Aufgabenfeldern und Leistungen im Gebiet sowie gemeinsame Öffentlichkeitsarbeit zur Vermittlung des Leistungsprofils.

In den Vereinigten Staaten ist die Professionalisierung der Organisationspsychologie weit fortgeschritten. Die «Society for Industrial and Organizational Psychology (SIOP)» (Division 14 der American Psychological Association) ist ein funktional organisierter Großverband mit großen jährlichen Konferenzen. Nach eigenen Angaben im Internet (www.SIOP.org) hatte er im Jahre 2000 über 6000 zahlende Mitglieder. Die SIOP ist in allen angesprochenen Aufgabenbereichen aktiv tätig. Sie verfügt über Untergliederungen, die kontinuierlich ein breites Spektrum fachpolitischer Spezialaufgaben bearbeiten. Sie reichen von Programmen zur Ausbildung und Nachwuchsförderung bis hin zum internationalen Austausch. Er gibt die traditionsreiche Fachzeitschrift «Journal of Applied Psychology» heraus.

An der Online-Mitgliedererhebung von 2002 der SIOP (Waclawski, Church & Berr, 2002) nahmen 1891 Personen teil (mit 39 % ein Rekordrücklauf). Als die wichtigsten Trends, die sich auf die I-O-Psychologie auswirken, werden die Auswirkungen der Technologie (20 %), Internet- und Webbezogene Trends (17 %), Veränderungen der Wirtschaft/Märkte (10 %), Veränderungen der Arbeit/Jobs (8 %) sowie Identität und Kommunikation im Aufgabenfeld der I-O-Psychologie (8 %) gesehen. Kritisiert werden vor allem das fehlende Marketing der I-O-Psychologie (17 %) und das Ungleichgewicht zwischen wissenschaftlichen und praktischen Schwerpunkten (13 %), gefolgt von vielen konkreten Punkten zur Organisation der SIOP-Konferenzen etc.

In fast allen Ländern Europas gibt es Fachverbände, die regelmäßige spezielle nationale Fachtagungen durchführen und spezielle Fachzeitschriften herausgeben. Seit 1983 werden gemeinsam alle zwei Jahre europäische Kongresse zur Arbeits- und Organisationspsychologie veranstaltet. Das seit 1981 bestehende «European Network of Organizational Psychologists» (ENOP) hat als fachpolitische Organisation den Informationsaustausch, Erhebungen, Tagungen und internationale Fortbildungsprogramme für den wissenschaftlichen Nachwuchs initiiert. 1991 ist sowohl ein Jahr der Gründung einer eigenständigen internationalen europäischen Assoziation der Arbeits- und Organisationspsychologie als auch einer inzwischen etablierten europäischen Fachzeitschrift (The European Work and Organizational Psychologist, EWOP). In ihrem Editorial laden die damaligen Herausgeber (de Wolff, Dachler, Hosking, Hurley & Toplis, 1991) dazu ein, die herausfordernden Aufgaben in Europa aufzunehmen (insbesondere: offene Grenzen und kulturelle Unterschiede, Wettbewerb und Harmonisierung gesetzlicher Rahmenbedingungen, Bedeutung von Arbeit und Freizeit, ökologische Probleme). Sie schätzen, dass 1991 in Europa etwa 30 000 Psycholog(inn)en im Arbeitsgebiet der Arbeits- und Organisationspsychologie tätig sind. Der Anteil der Studienabgänger(innen) mit Schwerpunkt in diesem Feld nimmt beständig zu. (In den Niederlanden ist dieser Anteil bereits größer geworden als der aller anderer Anwendungsfelder, einschließlich der Klinischen Psychologie.)

Im deutschsprachigen Bereich gibt es eine Trennung zwischen einem gemeinsamen Verband der Wissenschaftler und nationalen Praktikerverbänden. Die Wissenschaftler sind in der Deutschen Gesellschaft für Psychologie (DGPs) organisiert und haben 1985 eine *Fachgruppe Arbeits- und Organisationspsychologie* gegründet (derzeit ca. 240 Mitglieder). Die DGPs hält ihre großen Kongresse, an denen die Arbeits- und Organisationspsychologie mit vielen Beiträgen vertreten sind, in zweijährigem Turnus ab. Die kleinen Tagungen der Fachgruppe folgen in den dazwischen liegenden Jahren. In Deutschland ist der Berufsverband deutscher Psychologen (BDP) ein sehr großer Dachverband aller psychologischen Berufspraktiker(innen). Die *Sektion Arbeits-, Betriebs- und Organisationspsychologie (ABO)* im BDP hat nach Angaben auf der Website (www.ABO-Psychologie.de) etwa 2000 Mitglieder. In zweijährigem Turnus führt die Sektion große Konferenzen zur *Wirtschaftspsychologie* durch. In Österreich heißt die entsprechende Sektion im Berufsverband Österreichischer Psychologen *Organisations-, Wirtschafts- und Arbeitspsychologie (OWA)*. In der Schweiz haben die Wissenschaftler(innen) und Praktiker(innen) in diesem Feld die *Schweizerische Gesellschaft für Arbeits- und Organisationspsychologie* gegründet.

Die meisten Erhebungen zum Image und zu den Arbeitsfeldern der Arbeits- und Organisationspsychologie wurden nur an Psycholog(inn)en durchgeführt (vgl. Amelang, 1999; Rietz, Kliche & Wahl, 1999). Die Selbsteinschätzungen fallen relativ positiv aus. Ein kritischeres Bild ergibt sich, wenn Personal- und Organisationsentwickler befragt werden, die selber keine Psychologen sind und wenn Vergleiche mit konkurrierenden Fachdisziplinen gefordert werden. In einer von der Fachgruppe und Sektion geförderten kleinen Studie von Schmidt (2001) wurden 36 Personal- und Organisationsentwickler der 100 größten deutschen Konzerne, 27 praktisch und 26 wissenschaftlich tätige Psychologen zum Image der Arbeits- und Organisationspsychologie im Vergleich zur Betriebswirtschaftslehre interviewt. Danach ist das Imageprofil der Psychologen in der Wirtschaft relativ indifferent. Beim Vergleich der Aufgabenfelder, bei denen Psycholog(inn)en als Experten aus der Sicht der Nicht-Psychologen bevorzugt eingesetzt werden sollen, werden Coaching, Mitarbeiterbefragungen und interkulturelles Management genannt. In der Personalauswahl, der klassischen Domäne der Psychologie, findet sich bei den Vertretern führender Unternehmen keine Präferenz für den Einsatz von Psycholog(inn)en gegenüber Betriebswirt(inn)en. Auch bei der Einführung von Gruppenarbeit, bei der Schaffung einer Unternehmenskultur für Innovationen, bei der Ausrichtung der Unternehmenskultur auf Kundenorientierung, bei der Implementierung von Zielvereinbarungs-Systemen oder bei Kundenzufriedenheitsanalysen wird keine der beiden Berufsgruppen eindeutig präferiert. Zur Organisation der Aus- und Weiterbildung und zur Optimierung von Unternehmensprozessen werden eindeutig Betriebswirte bevorzugt.

Die wichtigste Herausforderung der Zukunft ist nach Auffassung der in der Studie von Schmidt (2001) befragten Wirtschaftsfachleute die Gestaltung des Wandels und der Veränderungen in Unternehmen im Zuge der Globalisierung. Aus der Sicht aller Befragten zusammengenommen sind dies die Virtualisierung der Arbeitswelt und der Einzug von Inter- und Intranet in fast alle Bereiche der Arbeit, Globalisierung und Internationalisierung, Flexibilisierung von Arbeitszeit, Arbeitsort und Einkommen, Wandel und die Veränderungen, Zukunft der Arbeit, Wissens- und Informationsmanagement sowie Auswirkungen der Arbeit auf die psychische Beanspruchung und Gesundheit.

Kennzeichnend für die organisationale Professionalisierung einer Anwendungsdisziplin ist, dass ihre Fachverbände die zu Beginn dieses Abschnitts aufgeführten Aufgaben im Interesse der Fachvertreter(innen) erfolgreich und verlässlich regeln. Wie aus der sprunghaften Zunahme der Mitgliederzahlen der Verbände seit 1980 in Ländern wie den USA oder Deutschland ablesbar ist, hat sich das Fach erst nach dieser Zeit entwickelt. Nicht alle Aufgaben werden überall professionell bewältigt. Die Fachvertreter und Verbände investieren anscheinend zu wenig in die Verbesserung des Images der Arbeits- und Organisationspsychologie, wie übereinstimmend aus der großen Mitgliedererhebung in den USA (Waclawski et al., 2002) und der kleinen Pilotstudie in Deutschland (Schmidt, 2001) hervorgeht. Die interdisziplinäre Konkurrenz ist hart und die Nachbardisziplinen haben erfolgreich klassische Kompetenzbereiche der Psychologie wie die Personalauswahl erobert.

3. Zukunftsaufgaben

Die Arbeits- und Organisationspsychologie ist eine Fachdisziplin, die seit ihren Anfängen in einem schwierigen Spannungsfeld zwischen Wissenschaft und Praxis steht. Der Existenzgrund einer Anwendungsdisziplin liegt in ihren Beiträgen zur Lösung gesellschaftlich relevanter praktischer Probleme. Wissenschaft und Praxis in der I-O-Psychologie entwickeln sich inzwischen aber eher auseinander, wie Katzell und Austin (1992) in ihrer historischen Analyse mit Zahlen zur Zunahme der Laborexperimente und Abnahme praktischer Projekte zu belegen versuchen. In der Wissenschaft und der Praxis Tätige lesen unterschiedliche Zeitschriften und Bücher (Schmidt, 2001). Praktiker(innen) fordern auch nach jüngsten Erhebungen praxisnähere Beiträge der Wissenschaft (Waclawski, Church & Berr, 2002). Manche Kritiken an der Praxisferne der Wissenschaft mögen überzogen sein und eher auf mangelnder Information und vorschnellen Folgerungen beruhen. Zweifellos gibt es aber große und kaum vollkommen aufhebbare Unterschiede zwischen der Welt der Wissenschaft und der Praxis. Die universitäre Welt bildet eine eigene Kultur mit speziellen Regeln und Standards. Es ist nur natürlich, wenn unterschiedliche Interessen und Schwerpunkte entstehen. Aber für die weitere Entwicklung der gesamten Anwendungsdisziplin bleibt es eine existenziell wichtige Aufgabe, den Dialog über Erfahrungen und fachliche Problemstellungen zwischen beiden Welten nicht abreißen zu lassen und Brücken zu schlagen.

Die Geschichte liefert uns Vorbilder, denen es gelungen ist, Wissenschaft und Praxis zu integrieren. Ein Vorbild als Pionier auf der Seite der Wissenschaft war William Stern. Er hat einen großen Bogen von der experimentalpsychologischen Laborforschung über die Entwicklung neuer praktischer Methoden der Eignungsdiagnostik und Pädagogik bis hin zur Untersuchung der Probleme der Jugend in einer schwierigen Zeit geschlagen. Auf der Seite der Praxis ist Lilian Moller Gilbreth als Pionierin zu nennen. Mit ihrer praktischen Arbeit, aber auch in ihren Publikationen hat sie als Frau viele Barrieren überwunden und Brücken geschlagen zwischen ingenieurwissenschaftlichen Zeit- und Bewegungsstudien, Psychologie und Pädagogik sowie als Mutter einer Großfamilie zwischen Arbeit und Familie. Auch in der jüngeren Geschichte und heute finden wir viele Wissenschaftler(innen), die erfolgreich wichtige Projekte und Seminare in der Praxis durchführen und viel beschäftigte Praktiker(innen), die an wissenschaftlichen Projekten mitarbeiten oder Lehraufträge an Universitäten durchführen. Sie sind die Verbindungsglieder zwischen beiden Kulturen.

Eine der wichtigen Zukunftsaufgaben der Arbeits- und Organisationspsychologie als Anwendungsdisziplin ist es, den Informationsaustausch zwischen Wissenschaft und Praxis zu fördern und Barrieren abzubauen. Es hat meist Jahrzehnte gedauert, bis die mitunter komplizierten Theorien und Methoden aus der Psychologie ihren Weg in die betriebliche Anwendung gefunden haben. Es könnte sich aber lohnen, wenn Fachjournalisten oder andere, die verständlich und lebendig schreiben können, künftig gezielt Erkenntnisse aus der Psychologie aufarbeiten und schneller für Unternehmen nutzbar machen. Umgekehrt wäre es für die Anwendungsdisziplin nützlich, wenn von den Fachverbänden regelmäßig Erhebungen im Feld über aktuelle Probleme und Aufgaben durchgeführt und die Problemstellungen in Diplomarbeiten und anderen Forschungsprojekten schnell aufgegriffen werden. Wirtschaftsunternehmen, deren Wertschöpfung wesentlich vom Wissen, den Erfahrungen und den Lernfähigkeiten der Führungskräfte und Mitarbeiter(innen) sowie einer effizienten Arbeitsgestaltung, Organisation und

Zusammenarbeit abhängt, könnten von intensiveren Dialogen und Kooperationen zwischen Wissenschaft und Praxis profitieren.

Gesellschaften, die ihre Gewinne primär aus effizient organisiertem Wissen in ihren Organisationen und aus Investitionen in das Wissen und Lernen ihrer Bürgerinnen und Bürger schöpfen, werden als Wissensgesellschaften bezeichnet. In diesem interdisziplinären Forschungs- und Anwendungsfeld ist auch theoretisches und praktisches Fachwissen der Psychologie zum Lernen von Individuen, Gruppen und Organisationen gefragt (Greif, 2003; Kluge, 1999). Wie Bullinger, Wörner und Prieto (1997) vorhersagen, werden Unternehmen in der Zukunft ihre Gewinne nicht mehr vorwiegend durch die herkömmlichen Produktivkräfte (Rohstoffe, Technik, Arbeit und Kapital) erzielen, sondern zunehmend durch organisierte Wissensarbeit und *Wissensmanagement* (oder «wissensintensive Wertschöpfung»). Bereits Ende der 1970er Jahre wurden hierzu wichtige, auch von den Nachbardisziplinen aufgenommene Grundlagen durch die Analysen von Argyris und Schön (1978) zur Entwicklung von *lernenden Organisationen* durch die Förderung von Selbstreflexion mit *double loop learning* (siehe Holling & Kanning, Kap. 3) gelegt.

Wie ihre wechselvolle Geschichte zeigt, hat die heute etablierte Arbeits- und Organisationspsychologie ihre Entwicklungsaufgaben trotz schwieriger Zeiten erfolgreich bewältigt. Ihre *Pionierphase* konnte sie nach dem Ersten Weltkrieg mit einer ersten Ausbreitung der neuen Methoden und Erkenntnisse durch ein expandierendes Netzwerk von Fachvertreter(inne)n und eine internationale Gründungswelle von Psychotechnischen Instituten abschließen. In einer anschließenden, sehr langen Phase der *Expansion und Wissenserweiterung* musste die Disziplin schwierige wirtschaftliche und politische Verhältnisse, Krisen und Auseinandersetzungen bis hin zum Abbruch des internationalen wissenschaftlichen Austauschs im Zweiten Weltkrieg überstehen. Die Geschichte der Arbeits- und Organisationspsychologie ist nicht nur eine Art rückblickende Leistungsbilanz, sondern auch eine Geschichte über gesellschaftliche Verhältnisse und das Verhalten von Menschen in diesen schwierigen Zeiten. Die Arbeits- und Organisationspsychologie hat lange gebraucht, um ihre Aufbaukrisen zu überwinden und sich stabil international als Anwendungsdisziplin zu etablieren. Dies ist ihr erst in den 1980er Jahren gelungen. Förderlich war dabei die allmähliche Ablösung der fordistischen Massenfertigung durch Kleinserienfertigung und die Einführung flexibel veränderbarer, international vernetzter Arbeitsorganisationen und computerunterstützter Technologien. In den Industrieländern entstanden dadurch Anforderungen an die Arbeits- und Organisationsgestaltung sowie an das Wissen und Lernen der Organisationsmitglieder, zu deren Bewältigung die Psychologie mit wichtigen Beiträgen gebraucht wurde. Nach dem Übergang in die *dritte Phase* der *Wissensvertiefung, Stabilisierung und organisationale Professionalisierung* ist die Arbeits- und Organisationspsychologie (vertreten in vielen Ländern) als Anwendungsdisziplin durch Existenzkrisen kaum noch gefährdet.

Eine wichtige Aufgabe der Arbeits- und Organisationspsychologie wird es auch in der Zukunft bleiben, im Spannungsfeld zwischen Wissenschaft und Praxis wichtige Leistungen in der Bearbeitung gesellschaftlich relevanter internationaler und regionaler Aufgabenfelder zu erbringen. Über nationale und internationale Verbände als professionelle Gestaltungsdisziplin sollte sie fachpolitisch Einfluss auf die Definition von Qualitätsstandards und Rahmenbedingungen in diesen Feldern nehmen. Entwicklungsperspektiven liegen nicht nur in einem starken Anwendungsbezug, sondern auch in der Förderung der anwendungsbezogenen psychologischen Grundlagenforschung und einer kontinuierlichen Weiterführung des Dialogs und Austauschs zwischen Wissenschaft und Praxis. Auch der Ausbau interdisziplinärer Kooperationen in Forschung und Anwendung und die Entwicklung multidisziplinärer Konzepte bleiben ständige Aufgaben. Die internationalen Forschungs- und Gestaltungsaufgaben der Gegenwart und Zukunft sind so vielfältig und umfangreich, dass sie von keiner Einzeldisziplin allein bewältigt werden können.

Man kann darüber streiten, ob man aus der Geschichte lernen kann. Aber dass die Beschäftigung mit den historischen Wurzeln des eigenen Fachs zu einem tieferen Fachverständnis beitragen kann, ist kaum zu bezweifeln. Die Auseinandersetzung mit der Entwicklung des Fachs und mit den Leistungen, aber auch mit den Problemen der Fachvertreter(innen) kann dazu beitragen, die eigene Beziehung zur Arbeits- und Organisationspsychologie zu klären. Jede neue Generation kann vor diesem historischen Hintergrund ihr eigenes Selbst- und Fachverständnis finden.

4. Literatur

Amelang, M. (1999). Zur Lage der Psychologie: Einzelaspekte von Ausbildung und Beruf unter besonderer Berücksichtigung der ökonomischen Implikationen psychologischen Handelns. *Psychologische Rundschau, 50*, 2–13.

APA (1966). *Standards for educational and psychological tests and manuals.* Washington, DC: American Psychological Association.

Argyris, C. & Schön, D. A. (1978). *Organizational learning: A theory of action perspective.* Reading: Addison-Wesley.

Bass, B. M. (1965). *Organizational psychology.* Boston: Allyn and Bacon.

Brauns, H.-P. & Schmitz, B. (1987). Über einige Möglichkeiten quantitativer Historiographie in der Psychologiegeschichte. In A. Schorr & G. Wehner (Hrsg.), *Psychologiegeschichte heute* (S. 41–55). Göttingen: Hogrefe.

Bühler, K. (1927). *Die Krise der Psychologie.* Jena: Gustav Fischer.

Bullinger, H.-J., Wörner, K. & Prieto, J. (1997). *Wissensmanagement heute. Daten, Fakten, Trends.* Stuttgart: Fraunhofer Institut für Arbeitswirtschaft und Organisation.

Cherns, A. (1989). Die Tavistock-Untersuchungen und ihre Auswirkungen. In S. Greif, H. Holling & N. Nicholson (Hrsg.), *Arbeits- und Organisationspsychologie. Internationales Handbuch in Schlüsselbegriffen* (S. 483–488). München: Psychologie Verlags Union.

Daub, E. (1996). *Franziska Baumgarten: Eine Frau zwischen akademischer und praktischer Psychologie.* Frankfurt/Main: Lang.

Dunnette, M. D. & Hough, L. M. (Eds.). (1990). *Handbook of industrial and organizational psychology* (2nd ed., Vol. 1). Palo Alto: Consulting Psychologists Press.

Dunnette, M. D. & Hough, L. M. (Eds.). (1991). *Handbook of industrial and organizational psychology* (2nd ed., Vol. 2). Palo Alto: Consulting Psychologists Press.

Dunnette, M. D. & Hough, L. M. (Eds.). (1992). *Handbook of industrial and organizational psychology* (2nd ed., Vol. 3). Palo Alto: Consulting Psychologists Press.

Dunnette, M. D. (Ed.). (1976). *Handbook of industrial and organizational psychology.* Chicago: Rand McNally.

Fayol, H. (1925). *Administration industrielle et générale.* Paris: Dunod.

Ford, H. (1922). *My life and my work.* New York: Page.

French, W. L. & Bell, C. H. (1977). *Organisationsentwicklung.* Bern: Huber.

Gangler, E., Oechsler, W. A. & Weber, W. (Hrsg.). (2003). *Handwörterbuch des Personalwesens* (3. Aufl.). Stuttgart: Schäffer-Poeschel.

Geuter, U. (1988). *Die Professionalisierung der deutschen Psychologie im Nationalsozialismus* (2. Aufl.) Frankfurt/M.: Suhrkamp.

Gilbreth, F. B. (1911). *Motion studies.* New York: Van Nostrand.

Gilbreth, F. B., jr. & Gilbreth-Carey, E. (1984). *Im Dutzend billiger.* München: Blanvalet.

Gilbreth, L. M. (1914). *The psychology of management. The function of the mind in determining, teaching, and installing methods of least waste.* New York: Sturgis and Walton.

Greif, S. (2003). *Wie sich Handeln und Lernen selbst organisiert – Praktische Theorien und Methoden für die Wissensgesellschaft.* Göttingen: Hogrefe.

Greif, S. & Bamberg, E. (Hrsg.). (1994). *Die Arbeits- und Organisationspsychologie – Gegenstand und Aufgabenfelder – Lehre und Forschung – Fort- und Weiterbildung.* Göttingen: Hogrefe.

Greif, S. & Holling, H. (1990). Reanalyse einer Untersuchung zur Eignungsprüfung von Straßenbahnführern aus den 20er Jahren. *Diagnostica, 36*, 231–248.

Hacker, W. (1973). *Allgemeine Arbeits- und Ingenieurpsychologie. Psychische Struktur und Regulation von Arbeitstätigkeiten.* Berlin: Deutscher Verlag der Wissenschaften.

Hermann, G., Frey, P. & Skala, H. (1987). Das Wirken der Sektion Arbeits- und Ingenieurpsychologie. In D. Noak (Hrsg.), 25 Jahre Gesellschaft für Psychologie der DDR. *7. Kongress, Kongressband Teil II* (S. 57–73). Berlin (Manuskriptdruck).

Herwig, B. (1944). Psychologie der Arbeit. In N. K. Ach (Hrsg.), *Lehrbuch der Psychologie, 3. Band Praktische Psychologie* (S. 122–170). Bamberg: C. C. Buchners.

Hiebsch, H. & Vorwerg, M. (1971). *Einführung in die marxistische Sozialpsychologie* (5. Aufl.). Berlin: VEB Deutscher Verlag der Wissenschaften.

Holzkamp, K. (1968). Zum Problem der Relevanz psychologischer Forschung für die Praxis. Erweiterte Fassung eines auf der Tagung der Landesgruppe Berlin des BDP am 11.10.1968 gehaltenen Vortrages. Abdruck in K. Holzkamp (1972). *Kritische Psychologie.* Frankfurt: Fischer.

Jaeger, S. & Stäuble, I. (1981). Die Psychotechnik und ihre gesellschaftlichen Entwicklungsbedingungen. In F. Stoll (Hrsg.), *Die Psychologie des 20. Jahrhunderts. XII: Anwendungen im Berufsleben* (S. 53–94). Zürich: Kindler.

James, W. (1905). *Psychology.* London: Macmillan.

Juhász, A. (1929). Die «Krise» der Psychotechnik. *Zeitschrift für Angewandte Psychologie, 33,* 456–464.

Katz, D. & Kahn, R. L. (1966). *The social psychology of organizations* (2nd ed., 1978). New York: Wiley.

Katzell, R. A. & Austin. J. T. (1992). From then to now. The development of industrial-organizational psychology in the United States. *Journal of Applied Psychology, 77,* 803–835.

Keller, P. (1979). *States of belonging: German-American intellectuals an the First War.* Cambridge: Harvard University Press.

Kluge, A. (1999). *Erfahrungsmanagement.* Göttingen: Verlag für Angewandte Psychologie.

Koppes, L. L. (1997). American female pioneers of Industrial and Organizational Psychology during the early years. *Journal of Applied Psychology, 82,* 500–515.

Landy, F. J. (1992). Hugo Münsterberg. Victim or visionary? *Journal of Applied Psychology, 77,* 787–802.

Lang, R. & Hellpach, W. (1922). *Gruppenfabrikation. Sozialpsychologische Forschungen des Instituts für Psychologie an der Technischen Hochschule Karlsruhe* (Bd. 1). Berlin: Springer.

Lehr, U. (1963). Die Frau im Betrieb. In A. Mayer & B. Herwig (Hrsg.), *Betriebspsychologie. 9. Band des Handbuchs der Psychologie* (S. 735–776). Göttingen: Hogrefe.

Lewin, K. (1920). Die Sozialisierung des Taylorsystems. Eine grundsätzliche Untersuchung zur Arbeits- und Berufspsychologie. *Schriftenreihe Praktischer Sozialismus, 4,* 3–36.

Lewin, K., Lippitt, R. & White, R. K. (1939). Patterns of aggressive behavior in experimental created «social climates». *Journal of Social Psychology, 10,* 271–299.

Likert, R. (1961). *The new patterns of management.* New York: McGraw Hill.

Luczak, H. & Volpert, W. (Hrsg.). (1997). *Handbuch Arbeitswissenschaft.* Stuttgart: Schäffer-Poeschel.

Mayer, A. & Herwig, B. (Hrsg.). (1963). *Betriebspsychologie. 9. Band des Handbuchs der Psychologie.* Göttingen: Hogrefe.

McGregor, D. (1960). *The human side of enterprise.* New York: McGraw Hill.

Métraux, A. (1985). Die angewandte Psychologie vor und nach 1933 in Deutschland. In C. F. Graumann (Hrsg.), *Psychologie im Nationalsozialismus* (S. 221–262.). Berlin: Springer.

Moede, W. (1920). Einzel- und Gruppenarbeit. *Zeitschrift für praktische Psychologie, 2,* 71–81 und 109–115.

Moede, W. (1930). *Lehrbuch der Psychotechnik.* Berlin: Springer.

Mohr, G. (1997). *Erwerbslosigkeit, Arbeitsplatzunsicherheit und psychische Befindlichkeit.* Frankfurt am Main: Lang. Morgan, G. (1986). *Images of organizations* (4th ed.). Beverly Hills: Sage.

Münsterberg, H. (1912). *Psychologie und Wirtschaftsleben.* Leipzig: Barth. Neu herausgegeben und eingeleitet von W. Bungard und H. E. Lück (1997). Weinheim: Beltz Psychologie Verlags Union.

Münsterberg, H. (1914). *Grundzüge der Psychotechnik.* Leipzig: Barth.

Perloff, R. & Namann, J. L. (1996). Lilian Gilbreth: Tireless advocate for a general Psychology. In G. A. Kimble, C. A. Boneau M. Wertheimer (Eds.), *Portraits of pioneers in psychology* (Vol. 2, pp. 16–116). Washington, DC: American Psychological Association.

Rice, B. (1982): Legenden sterben langsam. Die Geschichte des Hawthorne-Effekts. *Psychologie heute, November-Heft,* 50–55.

Rietz, I., Kliche, T. & Wahl, S. (1999). *Das Image der Psychologie – Empirie und Perspektiven zur Fachentwicklung.* Lengerich: Pabst Science Publishers.

Roethlisberger, F. & Dickson, W. (1939). *Management and the worker.* Cambridge: Harvard University Press.

Rosenstiel, L. v., Molt, W. & Rüttinger, W. (1972). *Organisationspsychologie.* Stuttgart: Kohlhammer.

Rüegsegger, R. (1986). *Die Geschichte der Angewandten Psychologie 1900–1940. Ein internationaler Vergleich am Beispiel der Entwicklung in Zürich.* Bern: Huber.

Schackwitz, A. (1920). *Über psychologische Berufseignungsprüfungen für Verkehrsberufe.* Berlin: Springer.

Schein, E. H. (1965). *Organizational psychology.* Engelwood Cliffs: Prentice-Hall.

Schmidt, O. (2001). Psychologie und Wirtschaft – zwei Welten? Zum Image von Psychologen in der Wirtschaft. *Wirtschaftspsychologie, 3,* 61–67.

Schneider, B. & Bowen, D. E. (1995). *Winning the Service Game.* Boston: Harvard Business School Press.

Schuler, H. (Hrsg.). (2004). *Enzyklopädie der Psychologie. Organisationspsychologie I – Grundlagen und Personalpsychologie. Organisationspsychologie II – Gruppe und Organisation.* (Bände D/III/3 & 4). Göttingen: Hogrefe.

Smith, A. (1876). *An inquiry into the nature and cause of the wealtch of nations.* London (nach der deutschen Ausgabe «Eine Untersuchung über Natur und Wesen des Volkswohlstandes», Jena: G. Fischer, 1923).

Staehle, W. H. (1985). *Management. Eine verhaltenswissenschaftliche Einführung* (2. Aufl.). München: Vahlen.

Staeuble, I. (1990). «Psychologie im Dienst praktischer Kulturaufgaben». Zur Realisierung von William Sterns Programm 1903–1933. In A. Schorr & G. Wehner (Hrsg.), *Psychologiegeschichte heute* (S. 164–173). Göttingen: Hogrefe.

Stern, E. (1921). *Angewandte Psychologie.* Leipzig: Teubner.

Stern, W. (1903). Angewandte Psychologie. *Beiträge zur Psychologie der Aussage, 1,* 4–45.

Taylor, F. W. (1913) *Die Grundsätze wissenschaftlicher Betriebsführung.* Weinheim: Beltz. 1977 (Nachdruck der deutschsprachigen Originalausgabe, herausgegeben und eingeleitet von W. Volpert & R. Vahrenkamp).

Thomas, A. (1999). Multikulturelle Orgaisationen und Beziehungen. In. C. Graf Hoyos & D. Frey (Hrsg.), *Arbeits- und Organisationspsychologie. Ein Lehrbuch* (S. 166–177). Weinheim: Psychologie Verlags Union.

Triandis, H. C., Dunnette, M. D. & Hough, L. M. (Eds.). (1994). *Handbook of industrial and organizational psychology* (2nd ed., Vol. 4). Palo Alto: Consulting Psychologists Press.

Trist, E. L. & Bamford, K. (1951). Some social and psychological consequences of the longwall method of coalgetting. *Human Relations, 4,* 3–38.

Ulich, E., Groskurth, P. & Bruggemann, A. (1973). *Neue Formen der Arbeitsgestaltung.* Frankfurt/M.: Europäische Verlagsanstalt.

Ulich. E. (2001). *Arbeitspsychologie* (5. Aufl.). Stuttgart: Poeschel.

Urwick, L. F. (1943). *The elements of adminstration.* New York: Harper.

Vahrenkamp, R. (1977). Frederick Winslow Taylor – Ein Denker zwischen Manufaktur und Großindustrie. Zur Einführung. In F. W. Taylor (1977), *Die Grundsätze wissenschaftlicher Betriebsführung* (S. LII.IXC.). Weinheim: Beltz.

Volpert, W. (1975). Die Lohnarbeitswissenschaft und die Psychologie der Arbeitstätigkeit. In W. Volpert & P. Groskurth (Hrsg.), *Lohnarbeitspsychologie* (S. 11–196). Frankfurt/M.: Fischer Taschenbuch Verlag.

Waclawski, J. L., Church, A. H. & Berr, S. (2002). And the survey says ... The 2002 SIOP member survey results. *The Industrial-Organizational Psychologist (TIP), 40,* 16–27.

Weber, M. (1921). *Wirtschaft und Gesellschaft* (5. Aufl. 1972). Tübingen: Mohr.

Wolff, C. J. de, Dachler, H. P., Hosking, D., Hurley, J. & Toplis, J. (1991). An invitation to construct a policy for the European work and organizational psychologists. *European Work and Organizational Psychologist (EWOP), 1,* 1–8.

Zadeck, W. (1930). Professor Moedes Betriebsmoral. *Die Weltbühne, 24,* 128–130.

3

Heinz Holling & Uwe Peter Kanning

Theorien der Organisationspsychologie

Inhalt

1. Einleitung ... 59
1.1 Funktionen einer Theorie ... 59

2. Historische Theorien ... 60
2.1 Taylorismus ... 61
2.2 Die Bürokratische Organisation nach Max Weber ... 61
2.3 Humanistische Theorie von McGregor ... 63
2.4 Partizipative Theorie von Likert ... 64

3. Lerntheorien ... 65
3.1 Operantes Konditionieren und Lernen am Modell ... 65
3.2 Lernende Organisationen ... 67

4. Motivationstheorien ... 69
4.1 Theorie der Bedürfnishierarchie von Abraham Maslow ... 69
4.2 Zwei-Faktoren-Theorie von Herzberg, Mausner und Snyderman ... 71
4.3 VIE-Theorie von Vroom ... 71
4.4 Motivationstheorie von Porter und Lawler ... 74
4.5 Systemtheorie von Katz und Kahn ... 75

5. Führungstheorien ... 77

6. Handlungstheorie ... 78

7. Entscheidungstheorien ... 79
7.1 Normative Entscheidungstheorien ... 79
7.2 Deskriptive Entscheidungstheorien ... 81

8. Konstruktivismus ... 83

9. Zusammenfassung und Ausblick ... 84

10. Literatur ... 85

1. Einleitung

Theorien gelten nicht selten als lebensfern. So heißt es, alle Theorie sei grau und man verweist damit auf die Diskrepanz zwischen dem vielgestaltigen Leben der Menschen einerseits und dem abstrakten, wissenschaftlichen Abbild desselben auf der anderen Seite. Die Gegenposition markiert der bekannte Ausspruch «Nichts ist praktischer als eine gute Theorie», der u. a. Kurt Lewin zugeschrieben wird (Lewin, 1945). Wie ist es nun um die Qualität wissenschaftlicher, insbesondere organisationspsychologischer Theorien bestellt? Diese Frage kann natürlich nicht allgemein beantwortet werden. Zu heterogen sind die Ziele, Gegenstände und Aussagenstrukturen, zu unterschiedlich ist es um die empirische Fundierung der einzelnen Theorien bestellt. Hinzu kommt die große Anzahl potenziell zu bewertender Theorien, so zählt z. B. Miner (1984) mehr als 100 organisationspsychologische Theorien. Zunächst gehen wir der Frage nach, welche Funktionen eine Theorie sowohl in der Forschung als auch in der Praxis erfüllen kann. Anschließend werden die wichtigsten Theorien der Organisationspsychologie vorgestellt. Dabei beschränken wir uns jeweils auf die zentralen Annahmen der unterschiedlichen Theorien. Für eine ausführliche Darstellung sei auf die Monographien von Miner (1985) und Greif (1983) verwiesen.

1.1 Funktionen einer Theorie

Theorien dienen zunächst einmal der *Beschreibung* eines bestimmten Forschungsgegenstandes (vgl. Kanning, 2001). Mit mehr oder minder präzisen Begriffen versuchen sie, einen Ausschnitt des menschlichen Verhaltens und Erlebens über Definitionen einzugrenzen. Die Präzision der Begriffe richtet sich dabei nach dem angestrebten Abstraktionsniveau der Analyse. Eine Theorie, die, wie z. B. das Operante Konditionieren (Skinner, 1938), grundlegendste Prinzipien des Lernens erklären will, verwendet zwangsläufig abstraktere Begriffe als eine Theorie, die sich mit dem Phänomen der Arbeitszufriedenheit in einem metallverarbeitenden Unternehmen beschäftigen würde. Je abstrakter die Begriffe ausfallen, desto breiter ist einerseits der Einsatzbereich der Theorie, desto eher wird man andererseits aber auch darauf angewiesen sein, die Begriffe zu präzisieren, wenn es um die Analyse eines spezifischen Falles geht. Hier verhält es sich mit der Theorie fast so wie mit dem Gebrauch eines kognitiven Skripts (vgl. Fiske & Taylor, 1991), in dem sog. «Leerstellen» jeweils mit Leben zu füllen sind, ehe der abstrakte Handlungsplan in den unterschiedlichsten Situationen fruchtbar umgesetzt werden kann. Die Beschreibung bildet eine wichtige Voraussetzung für die *Erklärung*. Jede Theorie versucht, die Existenz, Entstehung und/oder die Veränderung ihres Forschungsgegenstandes zu erklären. Dazu bedient sie sich einer Reihe von Aussagen (Hypothesen), die Ursache-Wirkungs-Beziehungen beschreiben. Mit der Theorie ließe sich dann z. B. erklären, warum bestimmte Maßnahmen der Organisations- und Personalentwicklung zu einer Verbesserung der Arbeitszufriedenheit führen und welche Konsequenzen hiermit wiederum z. B. für die Effektivität einer Organisation verbunden sind. Aufbauend auf der Erklärung des Phänomens wird in einem nächsten Schritt auch eine *Prognose* möglich. Je besser das theoretische Modell der empirischen Realität entspricht, desto eher ermöglicht es auch Vorhersagen über zukünftige Entwicklungen. Von hier aus ist es dann nur noch ein kleiner Schritt bis zur vierten Funktion, die einer Theorie zukommen kann, der Steuerung einer *Intervention*. Wenn bekannt ist, wie ein bestimmtes Phänomen (z. B. Arbeitszufriedenheit) zu Stande kommt und wenn des Weiteren zutreffend prognostiziert werden kann, wie sich dieses Phänomen in Abhängigkeit definierter Rahmenbedingungen (z. B. Führungsstil) verändert, so liefert die Theorie eine gute Grundlage für die gezielte Veränderung des status quo – also z. B. eine Steigerung der Arbeitszufriedenheit der Mitarbeiter durch eine Veränderung des Führungsverhaltens ihrer Vorgesetzten. Hier zeigt sich, dass eine gute Theorie tatsächlich in hohem Maße praktische Relevanz besitzen kann. Als «gut» zu bezeichnen ist eine Theorie genau dann, wenn sie sich *empirisch hinreichend bewährt* hat. Dabei muss stets bedacht werden, dass es eine endgültige Verifikation wissenschaftlicher Aussagen ebenso wenig geben kann (Miller, 1995; Popper, 1935) wie eine eindeutige Falsifikation (Gawowski, 2000). Wie in jeder Wissenschaft repräsentieren auch in der Organisationspsychologie empirisch abgesicherte Theorien lediglich den derzeitigen Wissensstand der Forschung, nicht aber ewige Wahrheiten – zumindest ist über die Dauer ihrer Gültigkeit wenig bekannt.

Alles in allem erfüllt eine gute Theorie mithin unterschiedlichste Funktionen in Forschung und Praxis. Im besten Falle systematisiert sie den aktuellen Wissensstand der Forschung zu einem spezifischen Phänomen, regt durch ihre Annahmen die weitere Forschung an und liefert gleichzeitig eine wichtige Basis für die wissenschaftlich fundierte Arbeit in der Praxis. Insofern ist eine gute Theorie im Idealfall gleichermaßen zentrales Werkzeug für Forscher und Praktiker.

2. Historische Theorien

Unter der Überschrift «historische Theorien» fassen wir Ansätze zusammen, die in der Vergangenheit einmal sehr einflussreich gewesen sind, zum Teil extreme Positionen formulieren und nicht selten in ihren Ausläufern auch heute noch im organisationspsychologischen Denken anzutreffen sind.

2.1 Taylorismus

Frederick Winslow Taylor (1856–1915) war von seiner Ausbildung her Ingenieur und beschäftigte sich vor allem mit Fragen der Effizienzsteigerung bei einfacher körperlicher Arbeitstätigkeit. Sein Ziel war es, einerseits möglichst viel Leistung aus den Arbeitskräften herauszuholen, die Arbeiter dabei andererseits aber in ihrer Gesundheit nicht zu gefährden. Da er davon ausging, dass der einzelne Arbeiter kaum in der Lage ist, eigenverantwortlich die Erreichung beider Ziele zu verfolgen, fordert er eine umfassende Fremdsteuerung des Arbeiters durch dessen Vorgesetzten. Auf der Basis von differenzierten Tätigkeitsanalysen sollte zunächst auf wissenschaftlichem Wege definiert werden, welche Leistung einem Arbeiter an einem spezifischen Arbeitsplatz abzuverlangen ist und welche finanzielle Belohnung damit verbunden sein sollte (Taylor, 1911). Arbeitsplätze sollten so gestaltet werden, dass mit minimalem Aufwand möglichst viel Leistung erbracht werden kann. In der Konsequenz führte dies zu einer Zergliederung der Arbeitstätigkeit, bei der die Herstellung eines Produkts in viele Teilarbeitsschritte zerlegt wurde. Während zuvor vielleicht ein einzelner Arbeiter das Produkt vom Anfang bis zum Ende hergestellt hat, wird dieselbe Tätigkeit nun auf mehrere Arbeiter verteilt, die jeder für sich nur eine sehr einfache Einzeltätigkeit verantworten. Erst die Aneinanderreihung der verschiedenen Arbeitsschritte bzw. der Arbeiter führt schließlich zur Herstellung des gesamten Produkts. Der Lohn des Arbeiters bemisst sich nach der Anzahl der durch ihn produzierten Teilprodukte, so dass eine direkte Beziehung zwischen Leistung und Entlohnung besteht. Der Nachteil dieses bis heute unter dem Begriff «Taylorismus» in der industriellen Fertigung verbreiteten Prinzips der Arbeitszergliederung liegt vor allem in der Schaffung extrem eintöniger Arbeitsaufgaben. Zwar bietet die Zergliederung die Möglichkeit, auch sehr gering qualifizierten Arbeitskräften eine berufliche Perspektive zu eröffnen, die Arbeit an sich führt aber eher zu einer Verflachung denn zu einer Förderung der individuellen Kompetenzen. Auch birgt die Verbreitung extrem zergliederter Aufgaben die Gefahr einer besonders großen Abhängigkeit der Arbeiter von ihrem Arbeitgeber. Unliebsame Mitarbeiter könnten leicht ersetzt werden, da Nachfolger sehr schnell anzulernen sind. Hierzu passt auch das Menschenbild von Taylor, nach dem streng zwischen Kopf- und Handarbeitern zu trennen ist, wobei es den Ersteren obliegt, die Letzteren zu lenken und gewissermaßen «väterlich» vor den unerwünschten Folgen unüberlegten Handelns zu schützen. Mit modernen Vorstellungen über partizipative Führung oder Fragen der Mitarbeitermotivierung ist diese Perspektive sicherlich nicht mehr in Einklang zu bringen. Dennoch lebt das Prinzip des Taylorismus auch heute noch in vielen Bereichen der industriellen Fertigung weiter. Die unmittelbar leistungssteigernde Wirkung der Arbeitszergliederung erscheint dabei weitestgehend belegt. Allein, eine umfassendere Betrachtung, die neben dem unmittelbaren output der Arbeit auch die langfristigen Folgen für Gesundheit, Selbstentfaltung, Motivation etc. in Rechnung stellt, lässt den Erfolg des Taylorismus fragwürdiger erscheinen (vgl. auch Greif, Kap. 2).

2.2 Die Bürokratische Organisation nach Max Weber

Lange Zeit galt die bürokratisch geführte Organisation als der Inbegriff der Effektivität. Einflussreiche Ansätze wie der Taylorismus oder der Fordismus, die Anfang des 20. Jahrhunderts die Massenfertigung von industriellen Produkten dominierten, tragen grundlegende Züge des bürokratischen Prinzips in sich (vgl. Greif, Kap. 2). Aber selbst noch in den 50er und 60er Jahren genießt das Konzept der bürokratischen Organisation eine hohe Popularität (Weinert, 1998). Im Kern geht es hierbei um das Ziel der weitgehenden Standardisierung und Rationalisierung der Arbeitsprozesse. Der Soziologe und Ökonom Max Weber (1864–1920) beschreibt die Kennzeichen einer idealisierten Form der Bürokratischen Organisation (Weber, 1922). Nachfolgend werden die wichtigsten Bestimmungsstücke wiedergegeben.

Die Organisationsstruktur ist geprägt durch eine steile *Pyramidenform der Hierarchie.* Nahezu jedes Mitglied der Organisation muss über die eigene Arbeit Rechenschaft gegenüber einem Vorgesetzten ablegen, der seinerseits wiederum als Mitarbeiter einem Vorgesetzten unterstellt ist. Der Vorgesetzte überwacht die Arbeit seiner Mitarbeiter und ist selbst an fixierte Regeln gebunden, so dass dem Missbrauch der Machtposition des Vorgesetzten weitestmöglich Einhalt geboten wird. Dabei besitzt jeder Vorgesetzte nur eine kleine Kontrollspanne, hat selbst also auf Grund einer geringen Mitarbeiterzahl nur sehr eingeschränkte Entscheidungsbefugnis. Gleichzeitig fällt die Entscheidungsbefugnis auf den obersten Stufen der Hierarchie sehr groß aus. Die Organisation wird somit zentral gesteuert. Überhaupt sind die Arbeitsprozesse des Einzelnen ebenso wie die Entscheidungsprozesse innerhalb der Organisation durch *explizite Regeln* festgelegt. Noch heute wird Bürokratismus als Negativbild einer Organisationsstruktur vor allem über starre Entscheidungslinien definiert. Alles muss seinen vorschriftsmäßigen Gang gehen und sich ggf. Schritt für Schritt durch die einzelnen Hierarchieebenen kämpfen, ehe die Information beim Entscheidungsträger oder beim ausführenden Organ angelangt ist. Dabei landen Problemfälle auf dem Schreibtisch von Vorgesetzen, die weit oben in der Hierarchie stehen und zu der konkreten Arbeit vor Ort kaum noch einen Bezug haben. Dass hierdurch Innovation oder auch nur ein flexibles Reagieren auf veränderte Bedingungen nicht gerade gefördert wird, ist heute wohl Konsens. Es darf aber auch nicht übersehen werden, dass starre Regeln den einzelnen Mitarbeiter stark entlasten können. Wer sich an die Regeln hält, dem kann nichts Schlimmes passieren. Verantwortung wird nach oben weitergereicht, Anordnungen von oben werden einfach ausgeführt. Sicherlich wird es nicht wenige Menschen geben, die auch in unseren Tagen eine solche Tätigkeit als angenehm empfinden. Der Gesamtprozess der Arbeitsleistung ist durch ein hohes Maß an *Spezialisierung* gekennzeichnet. Die einzelnen Aufgaben werden so weit wie möglich zergliedert und hierfür speziell ausgewählten Spezialisten übertragen. In der Folge verliert zwar der einzelne Mitarbeiter den Blick und auch die Verantwortung für das große Ganze, und die Arbeit kann leicht sehr eintönig werden, auf der anderen Seite erfordern die einzelnen Arbeitsgänge meist gar keine große Expertise und kognitive Anstrengung. Für die Organisation bedeutet dies, dass die Mitarbeiter schnell angelernt und ggf. auch leicht ersetzt werden können. Die Einstellung, Beförderung und Entlassung der Mitarbeiter erfolgt auf der Basis ihrer *Qualifikationen* bzw. der von ihnen geleisteten Arbeit. Für den Einzelnen sind nicht nur sein Arbeitsbereich, sondern auch die *Leistungskriterien*, nach denen seine Arbeit beurteilt wird, möglichst eindeutig definiert. Hierdurch sollen Willkürmaßnahmen der Vorgesetzten zurückgedrängt werden. Die sozialen Beziehungen der Organisationsmitglieder untereinander sollen dabei durch *Unpersönlichkeit* geprägt sein. Sie werden demzufolge allein durch den beruflichen Status sowie die Arbeitsaufgabe bestimmt. Private Kontakte oder gar Freundschaften sind unerwünscht, da sie den formalen, nach rein rationalen Kriterien organisierten Charakter der Arbeitsprozesse gefährden könnten.

Zum heutigen Zeitpunkt steht das Ideal der bürokratischen Organisation weitestgehend im Widerspruch zu dem, was in der Organisationspsychologie implizit und explizit über das Verhalten von Menschen in Organisationen angenommen und empirisch belegt wird. Dies mag u. a. mit den gesellschaftlichen Entwicklungen des 20. Jahrhunderts vom autoritär geführten Kaiserreich zur Demokratie mit stark diversifizierten Lebensformen zusammenhängen. Dennoch bleibt zu vermuten, dass auch schon zu den Zeiten von Max Weber Effektivität nicht nur durch Formalisierung und Rationalisierung, sondern auch durch partizipative Führung, Zielsetzung, Teilautonome Arbeitsgruppen u. Ä. zu erreichen gewesen wäre.

2.3 Humanistische Theorie von McGregor

Douglas McGregor war ein bedeutender Organisationstheoretiker und Organisationsberater in den USA. Mit seinem Plädoyer für eine humanistische Gestaltung von Organisationen griff er viele Ideen auf, die zu seiner Zeit «in der Luft» lagen. Seine theoretischen Ausführungen stellte er ausführlich 1960 in einer Monographie dar, die 1970 auch in deutscher Sprache erschien. Die von ihm geprägten Begriffe «Theorie X» und «Theorie Y» sind mittlerweile feste Bestandteile des organisationspsychologischen Vokabulars.

McGregor geht davon aus, dass insbesondere das Management für die Produktivität von Organisationen verantwortlich ist. Dazu gilt es, die Organisationsmitglieder zu lenken, zu motivieren und zu kontrollieren sowie ihr Verhalten zu verändern, um die organisationalen Bedürfnisse zu erfüllen. Ohne die aktive Intervention durch das Management würden sich die Mitarbeiter den organisationalen Zielen gegenüber passiv, wenn nicht widerstrebend, verhalten.

McGregor ist der Überzeugung, dass das Handeln eines Großteils des Managements zur damaligen Zeit von einem Ensemble von Überzeugungen und Einstellungen geleitet wird, das er kurz *Theorie X* nennt. Demnach ist der Durchschnittsmensch von Natur aus träge, arbeitsscheu, ohne Ehrgeiz, und er muss durch Belohnungsanreize sowie negative Sanktionen zur Arbeit angehalten werden. Er übernimmt ungern Verantwortung und will geführt werden. Führungskräfte mit einer solchen Auffassung praktizieren einen Führungsstil, den McGregor kurz als «Lenkung und Kontrolle durch Autorität» charakterisiert. Dieses traditionelle Führungsverhalten mag aber, McGregor zufolge, nur bei hoher Arbeitslosigkeit oder einem geringen Lebensstandard wirksam sein, im Allgemeinen seien negative Auswirkungen auf die Effizienz von Organisationen die Folge, wie geringe und schlechte Arbeitsleistung, Passivität und Verantwortungsscheu.

Der Theorie X stellt McGregor die *Theorie Y* gegenüber, derzufolge der Mensch nicht passiv und gleichgültig organisationalen Zielen gegenübersteht und «an die Hand genommen» werden muss. Motivation, Entwicklungspotenzial und Verantwortungsbereitschaft zur direkten Verwirklichung organisationaler Ziele seien beim Durchschnittsmenschen gegeben, unter bestimmten Bedingungen suche er nach Verantwortung. Auch durch selbst gesetzte Ziele lasse er sich motivieren und lenken. Körperliche wie geistige Arbeit seien ebenso natürlich wie Spiel und Ruhe. Jedoch würden die intellektuellen Potenziale des Menschen unter den Bedingungen des modernen Industriestaates nur teilweise genutzt werden. Im Rahmen dieser Theorie soll ein «Management durch Integration und Selbstkontrolle» organisationale Bedingungen arrangieren, unter denen die Organisationsmitglieder ihre eigenen Ziele am besten dann verwirklichen, wenn sie ihre Aktivitäten auf die Ziele der gesamten Organisation ausrichten. Vorgesetzte übernehmen dabei lediglich die Rolle von Beratern und Experten, damit die Mitarbeiter in einem Klima gegenseitigen Vertrauens ihre eigenen Ziele festsetzen und realistisch verfolgen können. Als Folge eines solchen Führungsstils erhöht sich nach McGregor die Effizienz einer Organisation. Wie Führungskräfte jedoch im Einzelnen ihr Führungsverhalten im Rahmen der Theorie Y gestalten sollen, bleibt ihnen selbst überlassen. Bestimmte Verhaltenstechniken werden von McGregor dazu nicht vorgeschlagen.

Diese in ihren Grundzügen recht einfache Theorie hat einen hohen Popularitätsgrad erlangt. Sie wurde häufig jedoch weniger als wissenschaftliche Theorie erachtet, sondern vielmehr als ein philosophischer, normativer und humanistischer Ansatz. Daher wurden auch kaum empirische Analysen zur Überprüfung vorgenommen, zumal McGregor sich selbst nicht um eine empirische Operationalisierung bemüht hat. McGregors Theorie setzt die Gültigkeit des Maslowschen Motivationsmodells voraus, das wissenschaftlichen Standards jedoch nicht genügt. Schein (1975) weist neben den unklaren Begrifflichkeiten darauf hin, dass Theorie X und Y nicht zwingend mit der Verwirklichung bestimmter Bedürfnisklassen zusammenhängen. Weiterhin ist die Einteilung der Einstellungen und Überzeugungen von Managern in zwei diskrete Konzepte nicht ausreichend, um der Vielfalt von Einstellungen und Überzeugungen gerecht zu werden. McGregor unterstellt einen engen, unidirektionalen Zusammenhang zwischen Einstellungen und Verhalten, der sich nach sozialpsychologischen Erkenntnissen nicht halten lässt (Frey, Stahlberg & Gollwitzer, 1993). In diese Richtung weisen auch die empirischen Befunde zur Theorie von McGregor, die Fiman (1973) vorlegt. Empirisch gestützte Prognosen lassen sich aus dem Ansatz von McGregor folglich ebenso wenig ableiten wie abgesicherte Interventionsvorschläge. Der wesentliche Beitrag der Theorie von McGregor ist in der Problematisierung von Vorurteilen zu sehen, die in der Theorie X dargestellt werden. Die Rezeption dieser Theorie mag manchen Manager dazu angeregt haben, seine Überzeugungen und Führungspraktiken zu überdenken.

2.4 Partizipative Theorie von Likert

Rensis Likert war lange Zeit Direktor des angesehenen «Institute for Social Research» an der Universität Michigan, an dem zahlreiche bekannte Organisationspsychologen, wie z.B. Campbell, Kahn oder Seashore, umfassende theoretische und empirische Forschungsarbeiten durchführten. Auf Likert geht auch die nach ihm benannte Likert-Skala zurück, die nicht nur die empirische organisationspsychologische Forschung maßgeblich forcierte, sondern auch als Meilenstein in der empirischen Sozialforschung zu werten ist.

Umfassende Literaturstudien haben Likert und Mitarbeiter zu der Überzeugung kommen lassen, dass sich Organisationsabteilungen, die eine geringe Effizienz aufweisen, u.a. durch die folgenden Merkmale auszeichnen:

1. hoher Grad an Arbeitsteilung,
2. Vorgabe optimaler Arbeitsmethoden und Zeiten,
3. starke Kontrolle,
4. Einsatz von Leistungsanreizen auf individueller oder Gruppenbasis,
5. Auswahl der Mitarbeiter nach Fähigkeiten und Fertigkeiten.

Diese traditionellen, von Likert als «autoritär» bezeichneten Führungsmethoden, die typischerweise in hierarchischen «Mann-zu-Mann-Organisationen» aufzufinden sind, bewirken nach Likert (1961) ein geringes Verständnis und wenig Unterstützung für die Mitarbeiter, einen einseitig von oben nach unten verlaufenden Kommunikationsfluss sowie Furcht vor Bestrafung. Damit sind lediglich kurzfristige Produktivitätssteigerungen zu erzielen, langfristig resultieren geringe Produktivitätsraten und Löhne. Zudem sind hohe Abwesenheits- und Fluktuationsraten die Folge.

Likert unterscheidet *zwei Formen autoritärer Systeme*, das «ausbeutend autoritäre» Führungssystem (auch System 1 genannt) und eine mildere Form, das «wohlwollend autoritäre» System (System 2). Auf Grund von Fallanalysen und Literaturstudien hält Likert hingegen *partizipative Führungssysteme* für produktiver. Hier unterscheidet er ebenfalls zwei Formen: das beratende System (System 3) und das Gruppensystem (System 4). Das Hauptmerkmal partizipativer Führung sind die unterstützenden Beziehungen. Demnach soll das Führungssystem darauf abzielen, dass die Organisationsmitglieder die Beziehungen und Interaktionen innerhalb der Organisation für ihre Persönlichkeit als förderlich beurteilen. Alle Organisationsmitglieder sollen möglichst weitgehend an den relevanten organisationalen Entscheidungen beteiligt sein. Dazu sind vom Vorgesetzten regelmäßige Konferenzen einzuberufen, an denen alle Mitglieder seiner Arbeitsgruppe teilnehmen und ihre Probleme vorbringen können. Jedoch sollen nach Likert die Probleme aus der Sicht des Unternehmens diskutiert werden. Entsprechende Gruppen sind in der gesamten Organisation auf allen Hierarchieebenen zu bilden, die allerdings hierarchieübergreifend sein sollen. Jeweils ein Mitglied dieser so genannten überlappenden Gruppen, zumeist der Vorgesetzte, fungiert als Verbindungsglied zur nächsthöheren Hierarchieebene. Damit ist die Voraussetzung für einen besseren Kommunikationsfluss zwischen den verschiedenen Ebenen gewährleistet, der nicht nur, wie es vorwiegend in traditionellen hierarchischen Organisationsformen der Fall ist, von oben nach unten verläuft, sondern auch umgekehrt von den unteren zu oberen Hierarchieebenen. Daneben spricht sich Likert noch für weitere zusätzliche Gruppen aus, wie z. B. Projektgruppen, die Querverbindungen zwischen den Gruppen auf der gleichen Ebene herstellen. In **Abbildung 1** wird eine solche Gruppenstruktur schematisch veranschaulicht.

Gerade diese Gruppenstruktur bietet nach Likert die Voraussetzung für eine effiziente Verwirklichung der organisationalen Ziele. Auftretende Spannungen und Konflikte können konstruktiv gelöst werden. Aus den zu erwartenden positiven Einstellungen gegenüber Vorgesetzten, dem optimalen Kommunikationsfluss und der hohen Loyalität folgen eine geringe Abwesenheitsrate, geringe Fluktuation sowie hohe Produktion und niedrige Ausschussrate.

Likert operationalisiert alle wesentlichen Konstrukte seiner Theorie über Fragebogenitems, die er in mehreren empirischen Studien einsetzt. In den untersuchten Organisationen sind jeweils die Mittelwertdifferenzen zwischen den unterschiedlichen Items des Fragebogens sehr gering, d. h. die Organisationen werden einheitlich hinsichtlich aller erfassten Aspekte, z. B. als autoritär oder als Gruppenorganisation, beurteilt. Daher sieht Likert seine Typologie bestätigt. Auch die Interkorrelationen zwischen den Items sowie die Mittelwertunterschiede in Längsschnittuntersuchungen sieht Likert weitgehend als empirische Stützung seines Ansatzes an.

Jedoch lassen sich Likerts Interpretationen der empirischen Analysen zu Gunsten seiner Theorie kaum halten. Likert nimmt einseitige Interpretationen vor und lässt Alternativerklärungen außer Acht, was schon bei der Analyse bereits vorliegender empirischer Studien im Rahmen der Theorieentwicklung zu beobachten ist. Bei diesen Studien, die vielfach heutigen wissenschaftlichen Standards kaum genügen, selektiert Likert häufig lediglich einzelne korrelative Zusammenhänge und zieht sie als Beleg für seinen Ansatz heran.

Insgesamt gesehen ist festzustellen, dass Likert die empirische organisationspsychologische Forschung sehr stark stimuliert hat. Likert war jedoch der festen Überzeugung, dass in seinem

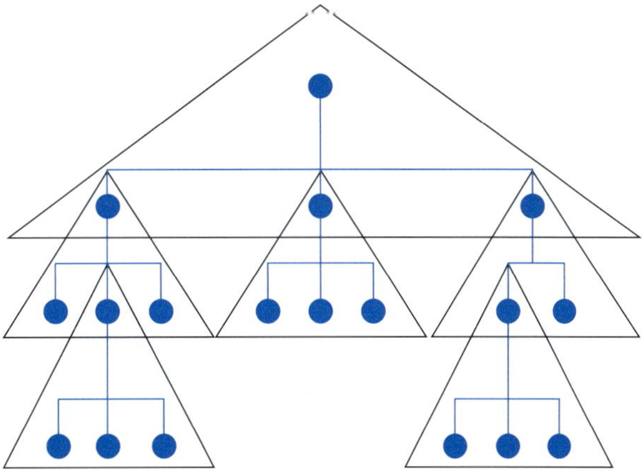

Abbildung 1: Modell der überlappenden Gruppen nach Likert

Modell der Gruppenorganisation die Interaktion innerhalb und zwischen den Gruppen reibungslos verläuft. Befunde aus der Sozialpsychologie, die diese Annahmen in Frage stellen, hat er kaum beachtet. Diese Haltung mag ihn an der angemessenen Interpretation der empirischen Analysen und damit an einer «realitätsgerechten» Modifikation seiner Theorie gehindert haben.

3. Lerntheorien

Lerntheorien haben bekanntlich eine große Tradition in der Psychologie. Auch in der Organisationspsychologie finden sich Theorien, die durch die allgemeinen Ansätze von Skinner oder Bandura inspiriert wurden. Im Vergleich zu anderen Disziplinen der Psychologie ist der Einfluss des Behaviorismus hier jedoch eher gering geblieben, was mit der späten Etablierung der Organisationspsychologie als eigenständige Disziplin zusammenhängt (vgl. Greif, Kap. 2).

3.1 Operantes Konditionieren und Lernen am Modell

Keine andere psychologische Schule hat das Antlitz der akademischen und praktischen Psychologie im 20. Jahrhundert so nachhaltig geprägt wie der lerntheoretische Ansatz. Angefangen beim Klassischen Konditionieren über das Operante Konditionieren bis hin zur sozial kognitiven Lerntheorie haben Lerntheorien über Jahrzehnte hinweg das Denken und Handeln von Psychologen maßgeblich beeinflusst. Auch in Organisationen spielt das Lernen eine große Rolle. Man denke in diesem Zusammenhang nur einmal an Maßnahmen zur Aus-, Fort- und Weiterbildung in der Industrie. Dabei steht jedoch das Erlernen von neuem Wissen (Weiss, 1990) und weniger die Verhaltenssteuerung durch Lernprozesse im Vordergrund. Ein expliziter Bezug zu den klassischen Ansätzen der Lerntheorie fehlt meist vollständig. Gerade die kognitionspsychologischen Weiterentwicklungen des Behaviorismus (z. B. Homme, 1965) dürften allerdings ein großes Potenzial zur Beschreibung, Erklärung, Prognose und Intervention in sich tragen. So wird z. B. kaum jemand ernsthaft bestreiten, dass menschliches Verhalten in Organisationen u. a. auch durch Verstärkungsprozesse gesteuert wird. Primäre und sekundäre, materielle und soziale Verstärker sind ein ebenso selbstverständliches Steuerungselement zwischenmenschlicher Interaktion in Organisationen wie Fremd- und Selbstverstärkungen. Natürlich laufen diese Prozesse nicht mechanistisch, ohne eine Bewertung oder ohne den Einfluss einer aktuellen Motivlage des verstärkten Individuums ab. Wer ihre Funktion verstehen und nutzen will, muss neben den eigentlichen Verstärkern, Aspekten der Kontingenz u. Ä. auch die kognitive Verarbeitung derselben durch den Empfänger berücksichtigen. Konkret könnte dies z. B. bedeuten, dass man in einem Unternehmen sehr viel mehr Sorgfalt auf die Entwicklung eines Belohnungssystems legt, welches den individuellen Bedürfnissen der Mitarbeiter Rechnung trägt. Dies setzt empirische Untersuchungen voraus, denn es gilt im Einzelfall zu überprüfen, welche Verstärker für welche Personengruppe nach welchen Prinzipien mit Erfolg verbunden sind. Auch wenn sich aus den klassischen Lerntheorien heute kaum konkrete Handlungsempfehlungen für einen spezifischen Einzelfall ableiten lassen, so erfüllen sie doch als Theorien mit relativ hohem Abstraktionsniveau eine wichtige heuristische Funktion für die Entwicklung von Maßnahmen zur Personalführung und -entwicklung.

Eine der wenigen Theorien, die den Versuch unternommen haben, die lerntheoretische Tradition auf einen organisationspsychologischen Kontext zu übertragen, ist die Theorie von Luthans (1979, 1985). Luthans hat sich zunächst damit beschäftigt, Theorien und Erkenntnisse verschiedener psychologischer Disziplinen systematisch aufzuarbeiten und auf ihren Erklärungswert für das Verhalten in Organisationen hin zu untersuchen. In einer Reihe von Arbeiten (Luthans, 1979, 1985; Luthans & Martinko, 1987) zeigt er dabei, dass die *Theorie des sozialen Lernens* von *Bandura* (1977a, 1986) eine sehr weit reichende Verständnisperspektive eröffnet. Sie gestattet die Analyse sehr vieler Verhaltensaspekte, die für erfolgreiches Management wichtig erscheinen. Ihr konzeptuelles Grundschema dient zum einen dazu, den Gegenstandsbereich einer verhaltenstheoretischen Analyse des Managements abzustecken und zu systematisieren (Luthans, 1985, S. 23 f.). Zum anderen besitzt die Theorie nicht nur Erklärungswert für offenes Verhalten, sondern in zentraler Weise auch für dessen (gezielte) Modifikation (Luthans & Kreitner, 1985). Gemeinsam mit den Prinzipien des Operanten Konditionierens legt sie die Anwendung bestimmter Führungsprinzipien nahe, mit denen sich das Potenzial von Organisationsmitgliedern besser entwickeln lässt.

Ein Beispiel hierfür bildet die Studie von Luthans, Maciag und Rosenkrantz (1983), in der 135 Vorgesetzte aus 11 Bereichen eines größeren Unternehmens zunächst mit lerntheoretischen Prinzipien vertraut gemacht wurden. Anschließend identifizierten die Vorgesetzten bei ihren Mitarbeitern diejenigen Verhaltensweisen, die maßgeblich die Leistungsquantität und -qualität beeinflussten. Hierzu zählten beispielsweise die rechtzeitige Bereitstellung von Materialien. Die Vorgesetzten erhoben dann in einem weiteren Schritt die Häufigkeit dieser Verhaltensweisen und im Rahmen einer Funktionsanalyse deren interne wie externe Bedingungen und Konsequenzen. In der folgenden Interventionsphase erhielten die Mitarbeiter dezidierte Leistungsrückmeldungen, erhöhte Aufmerksamkeit und Anerkennung als «soziale Verstärker», wenn sich die erwunschten Verhaltensänderungen einstellten. Eine Evaluation dieser Interventionen ergab bedeutende quantitative und qualitative Leistungsverbesserungen.

Allgemein lässt sich das Verständnis organisationalen Verhaltens von Luthans und Mitarbeitern durch die folgenden Grundannahmen kennzeichnen:

1. Verhalten ist determiniert durch Personen- und Umweltvariablen und wirkt seinerseits auf diese Variablen zurück. Im sozialen Kontext von Organisationen vollzieht sich ein Großteil der Aneignung und Veränderung von Verhaltensweisen über Beobachtungslernen und Selbststeuerung.
2. Das Ausmaß an Beobachtungslernen wird durch die folgenden Mechanismen beeinflusst. Es hängt ab von (a) Aufmerksamkeitsleistungen, (b) Behaltens- oder Gedächtnisleistungen, (c) motorischen Reproduktionsleistungen und (d) motivierenden Wirkungen operanter Verstärkung.
3. Die Kognitive Selbststeuerung des Individuums prüft das Verhalten im Hinblick auf dessen Wirkungen. Überraschende, unerwartete oder störende Wirkungen lösen ein Umschalten auf Selbstbeobachtung, Selbstbewertung und Selbstverständnis aus. Hierdurch kommen ebenfalls Lernprozesse in Gang.

Zur empirischen Fundierung ihrer drei Annahmen verweisen Luthans und Mitarbeiter auf die Befunde der extensiven laborexperimentellen Forschung (Bandura, 1977a; Kanfer, 1980). Dass diese Theorie auch im organisationalen Kontext anzuwenden ist, belegen sie durch zahlreiche Feld- und Evaluationsstudien. Die Ergebnisse dieser Studien unterstreichen darüber hinaus vor allem auch die Effizienz von Programmen zur Veränderung organisationalen Verhaltens (Trainings- wie Selbstinstruktionsprogramme). Aber auch ein so zentraler Bereich organisationalen Verhaltens wie Führung wird von den Autoren theoretisch wie empirisch aus dem Ansatz der sozialen Lerntheorie erklärt (vgl. Luthans, 1985, S. 318 ff.). Aufbauend auf der sehr umfangreichen Forschung zu Lernprozessen stellt die Theorie von Luthans alles in allem somit einen sehr wichtigen Beitrag zum Verständnis und zur Prognose menschlichen Verhaltens in Organisationen dar. Überdies liefert sie wertvolle Hinweise zur Intervention.

3.2 Lernende Organisationen

Chris Argyris ist einer der wenigen humanistischen Organisationspsychologen, die bis in unsere Tage hinein aktiv und einflussreich sind. Obwohl der Ansatz dieses Autors manchen Wandel erfahren hat, sind zwei Interessen über mehr als 30 Forschungsjahre hinweg erkenntnisleitend geblieben: zum einen das Interesse, eine empirisch begründete Antwort darauf zu geben, weshalb die Arbeit in Organisationen in psychischer Hinsicht sehr oft unbefriedigend ist und individuelle Fähigkeiten eher verkümmern lässt, als sie weiterzuentwickeln, zum anderen das Interesse, Befunde der Forschung in die Praxis umzusetzen und Organisationen sowie Organisationsmitgliedern zu helfen, konstruktivere und effektivere Formen der Zusammenarbeit finden und ausführen zu können.

Es zeichnet den «frühen» Argyris (1957) aus, dass er versucht, die Beziehung zwischen Individuum und Organisation komplex zu analysieren. Wichtigster Untersuchungsgegenstand ist ein als grundlegend erachteter *Antagonismus* zwischen Zielen, Interessen, Präferenzen der Organisation einerseits und Wünschen, Bedürfnissen, Erwartungen des Individuums andererseits. Gedeutet wird dieser Antagonismus als Konfliktspannung, die der arbeitende Mensch auf Grund organisationaler Zwänge und Restriktionen erlebt. Da Menschen, wie Argyris anhand entwicklungs-, persönlichkeits- und motivationspsychologischer Quellen belegt, nach Verantwortung, Unabhängigkeit, Kompetenz und Selbstverwirklichung streben, sehen sie sich auf dem Weg dorthin sehr oft durch immanente Barrieren arbeitsteilig und hierarchisch gegliederter Organisationsstrukturen blockiert.

Auf die Frage, wie der Antagonismus zu beheben sei, gibt der frühe Argyris Antworten, die auf eine *Veränderung der Organisation* selbst abzielen. Arbeits- und Kooperationsbedingungen sollten so gestaltet werden, dass sie individuellen Bedürfnissen entgegenkommen. Ernüchternde Erfahrungen mit der Umsetzbarkeit struktureller Veränderungen schlugen sich wenig später bereits in einer theoretischen Umorientierung nieder. Inhaltlich wie methodisch zunehmend konsequenter ausgerichtet wandte sich Argyris nun den *kognitiven Gestaltungspotenzialen* der Organisationsmitglieder zu (Argyris, 1980).

Argyris und Schön (1978) prägten den Begriff der *Lernenden Organisation*. Er betont, dass nicht nur einzelne Individuen, sondern auch soziale Gruppen bis hin zu ganzen Organisationen Entwicklungsprozesse erleben bzw. sich an veränderte Umgebungsbedingungen anpassen müssen. Letzteres gilt insbesondere für Wirtschaftsunternehmen solcher Branchen, die sehr schnellen und tief greifenden Wandlungsprozessen unterworfen sind. Organisationen, die in der Lage sind, auf derartige Entwicklungen flexibel zu reagieren oder vielleicht sogar Veränderungsprozesse vorwegzunehmen, können als Lernende Organisationen bezeichnet werden. Das Lernen beinhaltet dabei im Allgemeinen nicht nur die Ansammlung und Erneuerung spezifischer Fachkompetenz, sondern auch die Umstrukturierung von Arbeits- und Entscheidungsprozessen der Organisation. In der Praxis hat das Konzept der lernenden Organisation breite Beachtung gefunden. Inzwischen existieren zahlreiche populärwissenschaftliche oder auch pseudowissenschaftliche Publikationen, in denen der Begriff sehr unterschiedlich definiert wird (vgl. Steinmann & Hennemann, 1997). Im Folgenden beziehen wir uns auf die Theorie von Argyris & Schön (1978, 1999).

Die Theorie der Lernenden Organisation geht davon aus, dass die Mitglieder einer Organisation durch ihr Handeln dazu beitragen, organisationsspezifische Ziele (z.B. Steigerung des Profits) zu verfolgen. Hierzu setzen sie *Handlungstheorien* ein, die ihnen eine Orientierung dafür geben, durch welches Verhalten die angestrebten Ziele im Prinzip zu erreichen sein sollten. In ihrem Bemühen sind die Organisationsmitglieder in unterschiedlichem Maße erfolgreich. Zu den wichtigen Aufgaben einer Organisation gehört es daher, die Beziehung zwischen Ist- und Soll-Wert zu analysieren und ggf. Maßnahmen zur Beseitigung von Diskrepanzen zu ergreifen. Den Prozess der Analyse bezeichnen Argyris und Schön (1999) als *Untersuchung*. Mögliche Diskrepanzen zwischen Ist- und Soll-Wert sind das Ergebnis sog. *Irrtümer*. Ihre Überwindung entspricht einem Prozess des *organisationalen Lernens*. Zwei Arten des Lernens werden dabei unterschieden: single-loop-learning und double-loop-learning (auch als Lernen erster bzw. Lernen zweiter Ordnung bezeichnet). Beim *single-loop-learning* verharren die Organisationsmitglieder innerhalb der Grenzen, die ihnen die eigene Handlungstheorie steckt. Die grundlegenden Prämissen des Handelns werden nicht reflektiert oder gar in Frage gestellt. Liegen die Ursachen für die mangelnde Effektivität in den fundamentalen Prinzipien der Organisation, ihren Strukturen oder Prozessen, so wird dies nicht erkannt. Stattdessen richten sich alle Bemühungen zur Beseitigung der Probleme auf die Symptome derselben, ohne das Übel bei der Wurzel zu fassen. Die Organisation lernt so mit ihren Problemen zu leben und diese auch zum Teil zu lösen. Das Problem liegt darin, dass nicht alle Chancen genutzt werden. Völlig anders verhält es sich beim *double-loop-learning*. Hier werden die Handlungstheorien selbst in Frage gestellt, wodurch die Chance für eine tief greifende Veränderung der Organisation und Anpassung an veränderte wirtschaftliche, politische oder gesellschaftliche Rahmenbedingungen geschaffen werden. Verdeutlichen wir uns dies einmal an einem Beispiel. Angenommen, das Management eines Unternehmens muss erkennen, dass die Produktivität seiner Mitarbeiter im Vergleich zur Konkurrenz recht niedrig ausfällt. Entsprechend einem single-loop-learning würde man an den bestehenden Strukturen der Arbeitsverteilung, des Belohnungssystems etc. festhalten und den Schwerpunkt der Bemühungen vielleicht auf die Ersetzung der besonders leistungsschwachen Mitarbeiter legen. Bei einem double-loop-learning würde man hingegen danach fragen, inwieweit Produktions- oder Entscheidungsprozesse sinnvoll zu verändern seien. Nach der Einschätzung von Argyris und Schön (1999) verfahren die meisten Organisationen heute nach dem Prinzip des single-loop-learning. Sie werden als Organisationssystem *O-I* bezeichnet. Die «I» steht dabei für das Lernen erster Ordnung, in Abgrenzung zu Organisationen, die ein double-loop-learning (Lernen zweiter Ordnung) realisieren (O-II). Erstrebenswert erscheint den Autoren ein Organisationssystem vom Typ O-II.

Das Konzept der Lernenden Organisation ist nicht zuletzt auf Grund seiner (vermeintlichen?) Bedeutung für das wirtschaftliche Überleben von Profitorganisationen zu einem «Modethema» geworden. Man denke hier nur einmal an die neuen Technologien, die viele Organisationen auch zu Veränderungen zwingen. Von einer einheitlichen Konzeption der lernenden Organisation kann in der einschlägigen Literatur allerdings kaum die Rede sein. Der Theorie von Argyris und Schön mangelt es bislang an einer empirischen Überprüfung. Die Anregungen zur Intervention sind eher vage.

4. Motivationstheorien

Organisationspsychologische Motivationstheorien beschäftigen sich mit der Frage, was Menschen zu Handlungen bewegt, die z. B. als Leistung, Kreativität oder auch Innovation bewertet werden. Der Fokus der Aufmerksamkeit liegt dabei zunächst auf dem einzelnen Individuum. Da es aber teilweise auch in der Macht der Organisation liegt, zur Befriedigung dieser Bedürfnisse beizutragen, liefern sie darüber hinaus wichtige Anregungen für die Gestaltung von Arbeitsbedingungen sowie für die Führung von Mitarbeitern. Zu unterscheiden sind *Inhaltstheorien*, die sich vor allem mit der Definition spezifischer Motive beschäftigen und diese in eine Ordnung bringen, von *Prozesstheorien*, die ihren Schwerpunkt auf die Erklärung des Zustandekommens einer Motivation legen. Nachfolgend werden vier Motivationstheorien vorgestellt, zwei Inhaltstheorien (Theorie der Bedürfnishierarchie, Zwei-Faktoren-Theorie) und zwei Prozesstheorien (VIE-Theorie sowie die Theorie von Porter und Lawler).

4.1 Theorie der Bedürfnishierarchie von Abraham Maslow

Abraham Maslow (1908–1970) gilt neben Carl Rogers als einer der führenden Vertreter der sog. Humanistischen Psychologie. Obwohl Maslow als klinischer Psychologe seine Theorie der Bedürfnishierarchie vor allem zur Erklärung psychischer Störungen entwickelt hat (Maslow, 1943, 1954), fanden seine Überlegungen weit über den engen Bereich der klinischen Forschung hinaus große Beachtung, etwa in der Persönlichkeitspsychologie, der Organisationspsychologie oder auch der Ökonomie.

Maslow geht davon aus, dass es eine Reihe biologisch determinierter, dem Individuum überwiegend nicht bewusster Grundbedürfnisse gibt, die universell, also bei allen Menschen anzutreffen sind (Maslow, 1969). Kulturelle Einflüsse und Lernerfahrungen können zwar Einfluss auf die phänomenale Ausgestaltung dieser Bedürfnisse nehmen, an ihrer grundlegenden Struktur vermögen sie jedoch nichts zu ändern. Die Bedürfnisse lassen sich zu fünf Bedürfnisgruppen ordnen, die untereinander hierarchisch aufgebaut sind. Auf der ersten Stufe treffen wir auf *Physiologische Bedürfnisse*, wie z. B. das Streben nach sexueller Betätigung, Nahrungsaufnahme, Schlaf oder Aktivität. Kann das Individuum diese Bedürfnisse nicht hinreichend befriedigen, so dominieren sie seine Wahrnehmung und sein Denken. Erst dann, wenn die physiologischen Bedürfnisse zu einem nicht näher spezifizierten, «hinreichenden» Grad befriedigt sind, erwachen in der Person die Motive der nächsten Hierarchiestufe. Dies sind die *Sicherheitsbedürfnisse*, wozu das Streben nach Stabilität, Geborgenheit, Schutz, Ordnung, Struktur u. Ä. zu zählen ist. Auch hier wird in der Theorie zunächst eine hinreichende Befriedigung vorausgesetzt, ehe auf der dritten Hierarchieebene die *Bedürfnisse nach Liebe und Zugehörigkeit* aktiviert werden können. Auf dieser Stufe angelangt, wird das Handeln des Individuums durch das Streben bestimmt, von anderen Menschen gemocht zu werden und in soziale Gruppen integriert zu sein. Ist auch dies weitestgehend realisiert, schließen sich auf der vierten Stufe die *Bedürfnisse nach Wertschätzung* an. Die Wertschätzung bezieht sich sowohl auf das Selbstbild des Individuums, also die Beurteilung der Person durch sich selbst, als auch auf die Beurteilung durch andere Menschen, wie z. B. Freunde oder Kollegen. Auf der fünften Stufe folgt schließlich das Bedürfnis nach *Selbstaktualisierung*. Hierbei handelt es sich im Gegensatz zu den vier zuvor skizzierten Stufen um ein einzelnes Motiv und nicht um eine Gruppe von Motiven. Zu Recht wird häufig kritisiert, dass gerade die Selbstaktualisierung nur unklar definiert wird (z. B. Miner, 1980). So umschreibt Maslow das Bedürfnis wie folgt: «to become more and more what one is, to everything what one is capabel to becomming» (1943, S. 382). Der Selbstaktualisierung kommt eine besondere Rolle in der Maslowschen Theorie zu, denn nicht zuletzt hierin begründet sich ihre humanistische Ausrichtung. Maslow glaubt, dass der Mensch danach strebt, sich selbst zu verwirklichen.

Die Bedürfnisse der ersten vier Stufen funktionieren nach dem Defizitprinzip: Das Individuum strebt einen optimalen Befriedigungsgrad an. Erreicht die Befriedigung nicht das anvisierte Ziel, so befindet sich die Person im Zustand der Deprivation. Ihr Denken und Handeln wird nun umso mehr von den entsprechenden Motiven dominiert, je größer das Defizit ausfällt. Kommt es über längere Zeit zu einer Deprivation, so erwartet Maslow die Entstehung psychischer und/oder somatischer Krankheiten. Je stärker die Bedürfnisse einer Stufe jedoch befriedigt werden, desto stärker wird der Einfluss der Bedürfnisse der nächst höheren Stufe. Die Stufenabfolge verläuft mithin nicht nach dem Alles-oder-Nichts-Prinzip. Zu einem bestimmten Zeitpunkt können mehrere Bedürfnisse gleichzeitig wirken, wenn auch in unterschiedlicher Intensität. Im Gegensatz zu den Defizitbedürfnissen wird die Selbstaktualisierung als Wachstumsbedürfnis beschrieben. Hier existiert keine optimale Zielvorgabe. Das Individuum strebt nach immer mehr und mehr Selbstaktualisierung.

Die Versuche, die Theorie der Bedürfnishierarchie auf organisationspsychologische Fragestellungen zu übertragen, sind vielfältig (siehe etwa Clark, 1960). Im Zentrum steht dabei z. B. die Frage, wie Arbeitsbedingungen im Sinne der Annahmen von Maslow human gestaltet werden können oder wie sich die unterschiedlichen Bedürfnisse auf das Arbeitsverhalten auswirken können. Maslow selbst vertritt die Auffassung, dass eine Organisation alles Mögliche unternehmen sollte, um ihren Angehörigen die Erreichung der höchsten Stufe zu ermöglichen (Maslow, 1965).

Die große Popularität der Motivationstheorie von Abraham Maslow lässt sich allerdings weniger durch ihre tatsächliche Qualität als vielmehr durch Originalität, vergleichsweise einfache Strukturen, vordergründige Klarheit und Plausibilität erklären. Die Probleme beginnen bereits auf der Eben der Beschreibung. So wird z. B. nicht deutlich, was eigentlich Selbstaktualisierung sein soll. Die Annahme eines Selbst, das unabhängig von Lernerfahrungen, sozialen Einflüssen, kulturellen Werten u. Ä. den Kern einer Person ausmachen soll, erscheint angesichts der psychologischen Erkenntnisse der letzten 100 Jahre überdies mehr als fragwürdig. Auch beschreibt Maslow (1954) weitere Bedürfnisse, wie etwa das Streben nach Wissen und Verstehen oder ästhetische Bedürfnisse, die er nicht in seine Bedürfnishierarchie einordnet, so dass deren Funktion unklar bleibt. Erklärungen und Prognosen fallen zwangsläufig unbefriedigend aus, weil die Theorie keine Aussagen darüber macht, wie der Soll-Wert der Defizitmotive zu ermitteln ist, von welchen Bedingungen er abhängt, inwieweit interindividuelle Unterschiede u. Ä. zu erwarten sind. Auch stellt sich die Frage, ob Bedürfnisse wie z. B. soziale Anerkennung oder Liebe nicht ebenso gut wie die Selbstaktualisierung als Wachstumsmotiv zu begreifen sind. Von zentraler Bedeutung für die Theorie ist die Universalität einer starren Stufenabfolge – eine Annahme, die weder wirklich plausibel ist noch empirisch untermauert werden konnte (vgl. Miner, 1980). Schon Alltagsbeobachtungen lassen erwarten, dass es sehr wohl Menschen geben kann, denen Prestige wichtiger ist als enge partnerschaftliche Bindungen. Schließlich bleibt auch das Verhältnis der einzelnen Motive innerhalb einer Bedürfnisstufe unklar. Denkbar wäre, dass einzelne dieser Motive oder andere, die gar nicht erwähnt werden, zusätzliche Stufen bilden könnten. Alles in allem ist der Ansatz von Maslow heute eher als eine historische Theorie zu würdigen, die neue Ideen in die Motivationsforschung eingebracht hat und breit diskutiert wurde. Ihre Schwächen liegen in der mangelnden Präzision und vielen ungeklärten Fragen.

4.2 Zwei-Faktoren-Theorie von Herzberg, Mausner und Snyderman

Neben dem Ansatz von Maslow (1954) repräsentiert die Zwei-Faktoren-Theorie von Herzberg, Mausner und Snyderman (1959) eine weitere humanistische Theorie, die in der Organisationspsychologie weite Verbreitung gefunden hat. Auch hier treffen wir auf die Annahme, dass der Mensch von Natur aus gut ist, nach Selbstverwirklichung strebt, in der Umsetzung dieses Verlangens aber durch seine Umwelt häufig behindert wird. Über den Grad der Bedürfnisbefriedigung erklären Herzberg et al. (1959) das Ausmaß der Arbeitszufriedenheit, das ein Mitarbeiter erlebt. Zunächst unterscheiden sie zwei Arten von Einflussgrößen: Hygiene-Faktoren und Motivations-Faktoren. Die *Hygiene-Faktoren* beziehen sich auf Aspekte der Arbeitsumwelt, wie z. B. das Verhalten von Kollegen und Vorgesetzten, das Organisationsklima oder den Lärm, dem ein Mitarbeiter bei seiner Tätigkeit ausgesetzt ist. Unter dem Begriff der *Motivations-Faktoren* werden demgegenüber Aspekte der Wechselwirkung zwischen Mitarbeiter und Arbeitsinhalt zusammengefasst. Hier wäre z. B. von Belang, inwieweit die Arbeitsinhalte mit den Interessen des Mitarbeiters übereinstimmen, ob sich der Mitarbeiter durch seine Tätigkeit hinreichend gefordert fühlt, ob er Eigenverantwortung übernehmen oder sich selbst verwirklichen kann. Herzberg et al. (1954) gehen davon aus, dass Menschen in Organisationen nach der «Theorie Y» im Sinne des Ansatzes von McGregor (1960) funktionieren, also im Prinzip selbst motiviert sind, Leistung zu bringen und Verantwortung zu übernehmen. Hygiene- bzw. Motivations-Faktoren kommt eine qualitativ unterschiedliche Funktion im Hinblick auf die Arbeitszufriedenheit des Individuums zu. Von den Hygiene-Faktoren hängt es ab, wie stark die Arbeitsunzufriedenheit ausgeprägt ist. Ist die Arbeitsumwelt aus der Perspektive des einzelnen Mitarbeiters optimal gestaltet, so führt dies der Theorie zufolge nicht etwa schon zu Arbeitszufriedenheit, sondern trägt lediglich dazu bei, die Arbeitsunzufriedenheit zu beseitigen. Ob und inwieweit das Individuum darüber hinaus Arbeitszufriedenheit erlebt, hängt dann von den Motivations-Faktoren, also den konkreten Arbeitsinhalten des einzelnen Mitarbeiters ab. Die Hygiene-Faktoren legen somit das Fundament, auf dem Arbeitszufriedenheit entstehen kann. Das Ausmaß der Arbeitszufriedenheit wird jedoch durch die Motivations-Faktoren bestimmt.

Die Grundlage der Theorie bilden Befragungen von Organisationsmitgliedern nach den Bedingungen, unter denen sie zu einem früheren Zeitpunkt Zufriedenheit bzw. Unzufriedenheit erlebt haben (Herzberg, 1966). Locke (1976) kritisiert bei dieser Rekonstruktionsmethode, dass auch Attributionen eine wichtige Rolle spielen können. Im Sinne selbstwertdienlicher Attributionen könnte dabei Zufriedenheit vornehmlich mit Aspekten der eigenen Person und ihrer unmittelbaren Arbeit, Unzufriedenheit hingegen mit der weiteren Arbeitsumgebung in Verbindung gebracht werden. Tatsächlich lässt sich die Zweiteilung der Einflussfaktoren empirisch nur belegen, wenn die Methode von Herzberg et al. (1959) angewendet wird. Der Erklärungsgehalt der Theorie ist folglich als gering einzuschätzen. Empirisch legitimierte Prognosen und Interventionsentscheidungen lassen sich bis heute auf der Basis der Zwei-Faktoren-Theorie nicht ableiten. Gleichwohl schärft sie als Heuristik den Blick dafür, bei Interventionsmaßnahmen nicht nur die Inhalte einer Arbeitstätigkeit, sondern auch die materielle und soziale Umgebung des Arbeitsplatzes zu berücksichtigen.

4.3 VIE-Theorie von Vroom

Im Gegensatz zur Theorie von Maslow ist die VIE-Theorie von vornherein zur Erklärung motivierten Handelns in Arbeitskontexten entwickelt worden. Victor H. Vroom (1964) versucht die kognitiven Prozesse zu identifizieren, die einem zielgerichteten Verhalten zu Grunde liegen und orientiert sich dabei an den Prinzipien des «Erwartung-mal-Wert-Ansatzes».

Der *Erwartung-mal-Wert-Ansatz* versteht Motivation als das Ergebnis eines kognitiven Prozesses, in dem ein Individuum sich implizit zwei Fragen stellt: a) Welchen Wert hat für mich ein bestimmtes Ergebnis, das ich durch mein Verhalten erzielen könnte? und b) Wie wahrscheinlich ist es, dass ich durch mein Verhalten tatsächlich dieses Ergebnis erzielen kann? Beide Bewertungen sind multiplikativ miteinander verknüpft, was zur Folge hat, dass ein motiviertes Handeln unterbleibt, wenn mindestens eine der beiden Komponenten die Größe «Null» besitzt. Die Motivation ist umso stärker, je positiver die beiden Bewertungen ausfallen. Der Erwartung-mal-Wert-Ansatz findet sich in mehreren einflussreichen Theorien der Psychologie, wie z. B. der Theorie der Selbstwirksamkeit von Albert Bandura (1977b) oder der Theorie des geplanten Verhaltens von Ajzen und Fishbein (1980) wieder und hat sich in vielen Disziplinen der Psychologie als fruchtbar erwiesen.

Vroom (1964) erweitert das Modell, indem er nicht nur die potenzielle Handlung eines Individuums und das darauf folgende Ergebnis der Handlung differenziert, sondern zusätzlich auch noch die Konsequenzen des Ergebnisses berücksichtigt (siehe Abb. 2). Eine *Handlung* im organisationspsychologischen Kontext könnte z. B. in der Bearbeitung eines Werkstückes durch einen Schlosser oder in der Auftragsakquise in einer Unternehmensberatung bestehen. In Abhängigkeit von der erbrachten Leistung resultiert ein bestimmtes *Ergebnis erster Ordnung*: das Werkstück wird möglicherweise in der gewünschten Weise fertiggestellt oder der anvisierte Auftrag in der Unternehmensberatung kommt nicht zu Stande. Aus diesem kurzfristigen Ergebnis kann längerfristig auch ein weiteres Ergebnis (*Ergebnis zweiter Ordnung*) erwachsen. Als Reaktion auf die gute Leistung erhält der Schlosser möglicherweise eine Gehaltserhöhung, während der Unternehmensberater vor seinen Kollegen vielleicht an Ansehen verliert. Die Vielfalt potenzieller Ergebnisse ist sehr groß, wobei auf eine einzelne Handlung mehrere Ergebnisse erster Ordnung und hieraus jeweils auch wieder mehrere Ergebnisse zweiter Ordnung folgen können. Die Motivation, ein bestimmtes Verhalten zu zeigen (sich also z. B. bei der Bearbeitung des Werkstückes besonders anzustrengen), hängt von drei Einflussgrößen ab, die allesamt der subjektiven Einschätzung des Individuums unterliegen. Von Bedeutung ist zunächst einmal der subjektive Wert (Valenz), den das Individuum den Ergebnissen erster und zweiter Ordnung zuschreibt. Die zweite Größe bezieht sich auf die wahrgenommene Instrumentalität, die das Ergebnis erster Ordnung für das Ergebnis zweiter Ordnung besitzt. Gemeint ist hiermit die Wahrscheinlichkeit, mit der in den Augen des Individuums das Ergebnis erster Ordnung ein bestimmtes Ergebnis zweiter Ordnung nach sich zieht. Die dritte Einflussgröße bezieht sich schließlich auf die Erwartung, dass auf eine spezifische Handlung ein bestimmtes Ergebnis zweiter Ordnung folgt. Aus den genannten drei Variablen ergibt sich auch der Name der Theorie von Vroom (1964): V (Valenz), I (Instrumentalität), E (Erwartung). Ein großer Vorteil der VIE-Theorie besteht in der Präzision, mit der die angenommenen Zusammenhänge über eine Formelsprache ausgedrückt werden (s. **Abb. 2**). Einmal vorausgesetzt, man hätte das Problem der Quantifizierung der einzelnen Bestimmungsstücke des Modells gelöst, so könnte man für jede Situation den Grad der Motivation berechnen. Mit Hilfe von Formel (1) kann ermittelt werden, welche Valenz das Ergebnis erster Ordnung besitzt. Die Valenz ergibt sich im Sinne des Erwartung-mal-Wert-Ansatzes aus der Multiplikation der Valenz des Ergebnisses zweiter Ordnung und der Erwartung, dass dieses Ergebnis dem Ergebnis erster Ordnung folgt, also der Instrumentalität des Ergebnisses erster Ordnung für das Ergebnis zweiter Ordnung. Formel (2) stellt eine Generalisierung dieser Funktion dar und ermöglicht es, mehrere Ergebnisse zweiter Ordnung, die auf ein Ergebnis erster Ordnung folgen, zu berücksichtigen. Will man nun ermitteln, wie stark eine Person zu einer bestimmten Handlung motiviert ist, muss die Valenz des Ergebnisses erster Ordnung entsprechend dem Erwartung-mal-Wert-Ansatz

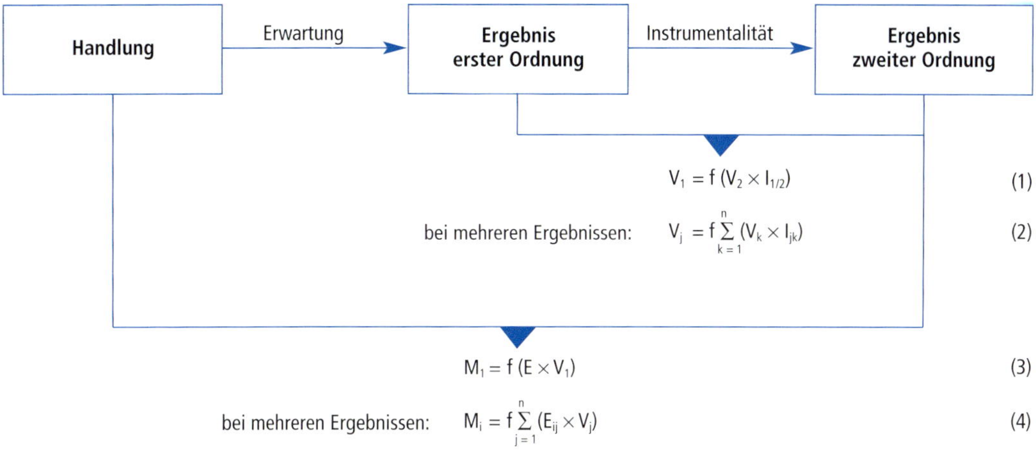

V_1 = Valenz des Ergebnisses erster Ordnung
V_2 = Valenz des Ergebnisses zweiter Ordnung
$I_{1/2}$ = Instrumentalität des Ergebnisses erster Ordnung für das Ergebnis zweiter Ordnung
E = Erwartung, dass eine Handlung zum Ergebnis erster Ordnung führt
M_1 = Motivation, Handlung 1 auszuführen

Abbildung 2: VIE-Theorie von Vroom (1964)

mit der Erwartung multipliziert werden, dass das Ergebnis erster Ordnung auch tatsächlich auf die Handlung folgt. Auch hierbei sind natürlich wieder mehrere Ergebnisse erster Ordnung denkbar, was in der generalisierten Formel (4) zum Ausdruck kommt. Die Komplexität der Theorie erschließt sich, wenn man nun die Formel (2) in die Formel (4) einsetzen würde. In dieser Funktion wären dann alle drei Bestimmungsgrößen der VIE-Theorie vereint.

Die VIE-Theorie verbindet zwei auf den ersten Blick widersprüchlich anmutende Prinzipien. Auf der einen Seite definiert sie sehr präzise die Bestimmungsstücke der Theorie und Beziehungen derselben untereinander. Auf der anderen Seite bleibt völlig offen, was denn in einer konkreten Situation unter einer Handlung oder einem Ergebnis erster bzw. zweiter Ordnung zu verstehen ist. Dies ist jedoch keineswegs eine Schwäche, sondern vielmehr eine Stärke der Theorie. Sie definiert Leerstellen und Prozesse, die in nahezu allen Lebenssituationen, auch jenseits der Organisationspsychologie, Anwendung finden können. Die empirischen Ergebnisse ermöglichen noch kein abschließendes Urteil. Wie angesichts der breiten Einsatzmöglichkeiten nicht anders zu erwarten ist, gibt es sowohl bestätigende als auch widerlegende Befunde (Campbell & Pritchard, 1976; Mento, Klein & Locke, 1992). Ein zentrales Problem stellt hierbei die Quantifizierung der Bestimmungsstücke VIE dar. Solange keine einheitlichen Messinstrumente verwandt werden, ist ein Vergleich der Ergebnisse unterschiedlicher Studien sehr schwierig.

In einem konkreten Anwendungsfall können aus der VIE-Theorie konkrete Prognosen über den Motivationsgrad einer Person oder einer Personengruppe abgeleitet werden, sofern die entsprechenden Bewertungen im Hinblick auf Valenz, Instrumentalität und Erwartungen zuvor erhoben wurden oder aber auf der Basis vorliegender Untersuchungsergebnisse abgeschätzt werden können. Darüber hinaus liefert die VIE-Theorie reichhaltige Anregungen zur Intervention, die innerhalb einer Organisation im optimalen Falle evaluiert werden sollten. Dabei definiert die Theorie zunächst wichtige Variablen, die bei der Analyse des Ist-Zustandes berücksichtigt werden sollten. Will man überdies die Mitarbeiter zu einer bestimmten Tätigkeit verstärkt motivieren, so kann man einerseits an den subjektiven Bewertungen der drei Einflussgrößen ansetzen und sie durch Maßnahmen der Personalentwicklung oder konkretes Führungsverhalten verändern. Zum anderen besteht die Möglichkeit, die Arbeitsbedingungen den Bewertungen der Mitarbeiter so anzupassen, dass letztlich ein motiviertes Verhalten resultiert. Beide Strategien können einander auch ergänzen. Alles in allem erscheint die VIE-Theorie als ein sehr fruchtbarer Ansatz sowohl für die Forschung als auch für die Praxis.

4.4 Motivationstheorie von Porter und Lawler

Auch die Motivationstheorie von Lyman W. Porter und Edward E. Lawler (1968) greift auf den Erwartung-mal-Wert-Ansatz zurück (vgl. **Abb. 3**). Entscheidend für die Anstrengungsbereitschaft eines Organisationsmitgliedes ist zum einen die *Erwartung*, dass die eigene Anstrengung zu einer bestimmten Belohnung führt und zum anderen, dass diese Belohnung für das Individuum einen bestimmten subjektiven *Wert* besitzt. Die *Anstrengung* wird umso größer sein, je wertvoller die antizipierte Belohnung der betreffenden Person erscheint und je größer die subjektive Wahrscheinlichkeit ist, über die geleistete Anstrengung auch tatsächlich die Belohnung erhalten zu können. Beide Einflussgrößen sind multiplikativ miteinander verbunden. Die hieraus resultierende Anstrengung ist nun aber nicht identisch mit der erbrachten *Leistung*. Die Leistung hängt neben der Motivation bzw. der daraus resultierenden Anstrengung noch von weiteren Einflussgrößen ab. Porter und Lawler (1968) nennen hier zunächst *Fähigkeiten und (Persönlichkeits-)Eigenschaften* der handelnden Person. Verdeutlichen wir uns dies einmal an zwei Beispielen: So viel Anstrengung der Mitarbeiter der Designabteilung eines Automobilherstellers auch zeigen mag, seine tatsächliche Leistung wird entscheidend von seiner Kreativität abhängen. Ebenso wird die Leistung des Leiters der Werksfeuerwehr trotz großer Anstrengung zu wünschen übrig lassen, wenn er sich als emotional labil erweist. Neben diesen zeitlich stabilen Merkmalen der Person ist von großer Bedeutung, wie sie selbst die Leistung an ihrem Arbeitsplatz definiert. So mag es z. B. Lehrer geben, die sich vor allem als Pädagogen definieren und ihre Aufmerksamkeit daher in erster Linie auf die Persönlichkeitsbildung der Schüler richten. Bei anderen Kollegen, die sich vornehmlich als Didaktiker verstehen, wird ein völlig anderes Arbeitsverhalten resultieren. Porter und Lawler verwenden hierfür den Begriff der *Rollenwahrnehmung*. Die schließlich erbrachte Arbeitsleistung kann verschiedene Formen extrinsischer und intrinsischer Belohnungen nach sich ziehen. Übliche Formen *extrinsischer Belohnung* wären etwa das Lob eines Vorgesetzten oder der Kollegen, Gehaltserhöhungen oder Beförderungen. Die extrinsischen Belohnungen unterliegen dabei der subjektiven Bewertung durch die belohnte Person. In Abhängigkeit von diesem Urteil wird die Person entsprechend mehr oder weniger zufrieden sein. *Intrinsische Belohnungen* liegen in der Verantwortung des handelnden Individuums selbst. Hierzu zählt z. B. das Gefühl, eine gute Leistung erbracht zu haben, Selbstverbalisationen oder die materielle Selbstverstärkung für die Erreichung eines angestrebten Zieles. Betrachten wir den Gesamtprozess motivierten Handelns am Arbeitsplatz und bedenken ferner, dass jeder Mitarbeiter einer Organisation einen derartigen Prozess unzählige Male durchläuft, so ist zu erwarten, dass die Erfahrungen, die er hierbei sammelt, Einfluss auf seine subjektive Wahrnehmung nehmen. So könnte beispielsweise die Erwartungskomponente ganz entscheidend davon beeinflusst werden, ob vorangegangene Handlungen tatsächlich zu den erwarteten Belohnungen geführt haben. Ebenso kann die erfolgte Belohnung zu einer veränderten Einschätzung ihrer Wertigkeit führen. Man denke hier nur einmal an das Phänomen der Adaptation: Eine Belohnung, die sehr häufig erreicht wurde, steht in der Gefahr, mehr und mehr an Reiz zu verlieren.

Die Bewertung der Theorie von Porter und Lawler (1968) fällt ähnlich wie die der VIE-Theorie aus. Auch hier haben wir es mit einem Aussagesystem zu tun, in dem die einzelnen Bestandteile den Charakter von Leerstellen haben. Zwar werden die angenommenen Zusammen-

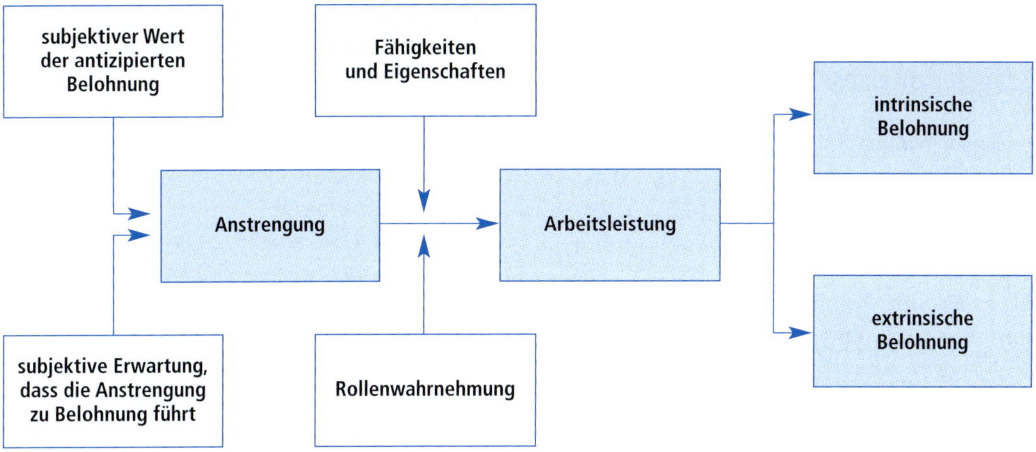

Abbildung 3: Motivationstheorie von Porter und Lawler (1968)

hänge klar herausgestellt, im Falle der Theorieanwendung müssen die Leerstellen zuvor jedoch mit Inhalt gefüllt werden. Die Theorie erweist sich daher als überaus flexibel und kann zur Beschreibung und Erklärung unterschiedlichster Leistungssituationen herangezogen werden. Die vorliegenden empirischen Befunde stützen im Großen und Ganzen die Hypothesen der Autoren (siehe: Blau, 1993; Locke & Latham, 1990; Thompson, Chaiken & Hazlewood, 1993). Die Theorie ermöglicht Prognosen, wenn die Ausgangsbedingungen (Erwartungen, Werte, Rollendefinition, Fähigkeiten und Eigenschaften) für einzelne Individuen oder Gruppen von Mitarbeitern gemessen oder gut eingeschätzt werden können. Überdies liefert sie zahlreiche Heuristiken zur Intervention.

4.5 Systemtheorie von Katz und Kahn

Daniel Katz und Robert L. Kahn (1978) kritisieren an älteren Theorien, dass sie zu individuenzentriert seien und strukturelle Einflüsse außer Acht ließen. Sie konzipieren Organisationen als offene Systeme, die mit der Umwelt, d. h. anderen Systemen, interagieren. Ein *System* wird als Menge von *Elementen* und eine Menge von *Relationen* zwischen den Elementen definiert. Das grundlegende Merkmal von Systemen liegt in der Existenz von Austauschprozessen der «*Energie*». Dieser Energieaustausch besteht in einem Produktionsbetrieb aus der Transformation von Input (z. B. Rohmaterialien, menschliche Arbeitskraft) zu Output, den fertiggestellten Produkten. Im Unterschied zu biologischen oder physischen Systemen besitzen soziale Systeme keine feste Struktur, die auch dann vorhanden wäre, wenn sie nicht in Funktion sind. Zur Beschreibung ihrer Struktur, d. h. *der rückgekoppelten, zyklischen Aktivitäten als Ereignisfolgen*, greifen Katz und Kahn auf die *Rollentheorie* zurück. Rollen kennzeichnen sie als spezifische Verhaltensformen, die mit bestimmten Aufgaben verbunden sind und letztlich auf die Aufgabenerfordernisse zurückgehen. Sie sind standardisierte Verhaltensmuster, die von Personen innerhalb eines funktionalen Netzes gefordert werden. Rollen sind unabhängig von persönlichen Wünschen oder interpersonellen Verpflichtungen, die keine funktionale Bedeutung haben. Die Rollenübernahme bei den Organisationsmitgliedern erfolgt durch die Kommunikation der Rollenerwartungen. Sie sind definiert als Erwartungen, Einstellungen oder Überlegungen der funktional aufeinander bezogenen Mitglieder einer Organisation hinsichtlich der auszuübenden Rollen, auszuführenden Tätigkeiten oder zu Grunde liegenden Fähigkeiten.

Anhand der durchgeführten Aktivitäten differenzieren Katz und Kahn Organisationen weiter in *Subsysteme*. Produktive bzw. technische Subsysteme sind direkt mit Aktivitäten zur Energietransformation beschäftigt. Unterstützende Subsysteme sorgen für die laufende Bereitstellung von Input, während aufrechterhaltende Subsysteme Personen auf die Rollenübernahme vorbereiten und die weitere Wahrnehmung der Rolle garantieren. Dazu zählen also Aus- und Weiterbildung oder Aktivitäten, die Belohnungen wie Sanktionen betreffen. Adaptive Subsysteme sorgen für das Überleben von Organisationen in einer sich laufend verändernden Umwelt, dazu zählen beispielsweise Markt- und Produktforschungsaktivitäten. Subsysteme zur Leitung sorgen für die Koordination, Kontrolle und Leitung der verschiedenen Subsysteme einer Organisation.

Analog stellen die Autoren eine Typologie von Organisationen auf. Produktive oder ökonomische Systeme sind primär mit der Warenproduktion oder mit Dienstleistungen beschäftigt, z. B. Stahlunternehmen, Transportunternehmen oder die Landwirtschaft. Aufrechterhaltungssysteme dienen zur Sozialisation von Personen für andere Organisationen bzw. für die gesamte Gesellschaft. Schulen oder Trainingsinstitute sind hier als Beispiel anzuführen. Adaptive Systeme, z. B. Universitäten oder Forschungsinstitute, sorgen für neue Erkenntnisse und Problemlösungen, während politische und Leitungssysteme die Koordination und Kontrolle von Menschen und Ressourcen zur Hauptaufgabe haben. Hier sind als Beispiele Regierungen, Parteien oder Interessenverbände anzuführen.

Katz und Kahn entwickeln ausgehend von ihrer systemtheoretischen Perspektive ein zentrales Konzept, die *organisationale Effektivität*. Über dieses Konstrukt gab es in der bisherigen Literatur zahlreiche Auseinandersetzungen. Der Ansatz von Katz und Kahn wurde in diesem Zusammenhang als wesentlicher Fortschritt erachtet (s. z. B. Steers, 1977). Als notwendige, aber nicht hinreichende Voraussetzung für die Effektivität sehen Katz und Kahn die Effizienz an, die sie als die Kosten der Transformationsenergie bzw. als das Verhältnis des energetischen Outputs zum Input definieren. Zwei wesentliche Energiearten, die alle Organisationen aufnehmen, sind Menschen (durch ihre Arbeitskraft) und Material. Weitere Energiearten sind Informationen oder Elektrizität. Eine systematische Unterscheidung verschiedener Outputarten nehmen die Autoren nicht vor. Während die Effizienz lediglich über ökonomische oder technische Mittel erhöht werden kann, kann eine Steigerung der Effektivität zusätzlich über alle weiteren Mittel, nicht-ökonomische oder politische Mittel, erfolgen. So wird Effektivität als die Maximierung des Ertrages anhand aller möglichen Mittel expliziert. Solche nicht-ökonomischen bzw. politischen Mittel sind beispielsweise Lobbyaktivitäten, Einführung neuer Führungsstrategien, Einflussnahmen auf den Markt oder Abkommen mit Gewerkschaften. Die Asymmetrie von Effizienz und Effektivität zeigt sich bei industriellen Organisationen beispielsweise dann, wenn zwar erhöhte Stückzahlen auf Grund technischer Neuerungen erfolgen, der Profit auf Grund des gefallenen Gewinns pro Stück aber nicht steigt.

Als wesentliche Variablen, die die Effektivität von Organisationen beeinflussen, sehen Katz und Kahn die folgenden Verhaltensweisen an:

1. Eintritt und Verbleib in Organisationen
   - Mitgliederrekrutierung
   - geringer Absentismus
   - geringe Fluktuation
2. Rollenausführung
   - Erreichen oder Übertreffen der quantitativen Leistungsstandards
   - Erreichen oder Übertreffen der qualitativen Leistungsstandards
3. Innovative und spontane Verhaltensweisen: Leistungen über die Rollenanforderungen hinaus
   - kooperative Aktivitäten mit Kollegen
   - schützende Aktivitäten für die Organisation
   - kreative Vorschläge für organisationale Verbesserungen
   - selbstständige Weiterbildung für eine größere organisationale Verantwortung
   - Mitwirkung an der Herstellung eines günstigen Klimas für die Organisation in der externen Umgebung.

Die Realisation dieser Verhaltensweisen wird wesentlich durch unterschiedliche Motivationen beeinflusst, die wiederum von organisationalen Bedingungen abhängen. Katz und Kahn (1978) unterscheiden die folgenden Motivationsklassen: (a) erzwungenes Rollenverhalten, (b) externe Belohnungen und (c) internalisierte Motivation.

Ein *erzwungenes Rollenverhalten* liegt in solchen Organisationen vor, in denen von den Organisationsmitgliedern eine gehorsame Pflichterfüllung gefordert wird, indem die Rollenvorschriften und Normen als legitim zu akzeptieren sind und durch Bestrafungen sanktioniert werden. Solche Zwangsmaßnahmen führen dazu, dass die für die Effektivität einer Organisation verantwortlichen Variablen im Allgemeinen gering ausgeprägt sind.

In Anlehnung an die Erwartung-mal-Wert-Theorien (z. B. Vroom, 1964, s. o.) nehmen Katz und Kahn an, dass Organisationsmitglieder Ziele in Organisationen anstreben, die einen bestimmten Wert für sie haben. Solche Ziele werden durch *externe Belohnungen* erzeugt. Hier unterscheiden die Autoren zwei grundlegende Arten, individuelle Leistungslöhne (z. B. Prämienlöhne) und Systembelohnungen, d. h. gleicher Lohn für alle Mitglieder eines (Sub)-Systems. Individuelle Belohnungen führen nach Katz und Kahn dann zu Leistungssteigerungen und zu einer Reduktion von Abwesenheit und Fluktuation, wenn (1) die Lohnhöhe im Vergleich zur geforderten Leistung als hoch genug wahrgenommen wird, (2) die Belohnungen direkt mit den Leistungen verbunden sind und (3) die Belohnungen von der Mehrheit der Organisationsmitglieder als gerecht angesehen werden. Individuelle Leistungslöhne führen hingegen nicht zu spontanen und kreativen Leistungen, die über die Rollenerwartungen hinausgehen.

Am effektivsten verhalten sich die Organisationsmitglieder, wenn sie *intrinsisch motiviert* sind. Die Voraussetzungen hierfür sind auf Seiten der Organisation allerdings nicht einfach zu realisieren: Übereinstimmung organisationaler und individueller Ziele, Selbstverwirklichung und -bestimmung innerhalb der organisationalen Rolle und Befriedigung sozialer Kontakte innerhalb der Arbeitsgruppe. Im Prinzip gehen Katz und Kahn dabei von einem einfachen Grundgedanken aus: Je höher der Grad an Selbstverwirklichung, umso höher der individuelle Einsatz und damit die organisationale Effektivität.

Als wesentlicher Vorteil der Theorie erscheint auf den ersten Blick die systematische Betrachtung des Phänomens Organisation. Es wird der gesamte organisationale Prozess analysiert, und verschiedene theoretische Ansätze bzw. Konzepte können integriert werden. Jedoch setzt eine systematische Herangehensweise an den Sachverhalt Organisation, wie viele organisationspsychologische Lehrbücher zeigen, keineswegs eine systemtheoretische Orientierung voraus.

5. Führungstheorien

Führungstheorien beschäftigen sich allgemein mit der Frage, wie sich Vorgesetzte ihren Mitarbeitern gegenüber verhalten sollen, damit sowohl die Interessen der Organisation als auch die Interessen der Menschen, die in dieser Organisation arbeiten, möglichst weitgehend realisiert werden können. Die Beschäftigung mit Führungsfragen hat eine sehr lange Tradition, die weit über die Geschichte der Organisationspsychologie als etablierte Disziplin der Psychologie hinausreicht. Historisch lassen sich zwei Phasen unterscheiden. In der ersten Phase der Führungsforschung wird der Fokus auf verschiedene Formen des *Führungsverhaltens* gerichtet. Erfolgreiche Führung wird – wie nahezu jedes Verhalten – als prinzipiell erlernbar angesehen. Das Ziel der Forschung liegt in der Definition einer überschaubaren Anzahl von Führungsstilen, die unabhängig von der Organisation, der Situation und den konkreten Menschen, mit denen der Vorgesetzte zu tun hat, zum Erfolg führt. Die Forschung kann zwar grundlegende Stile des Führens differenzieren, mit deren Hilfe auch durchaus die gewünschten Ziele erreicht werden können, dies gilt jedoch nicht unabhängig von spezifischen Rahmenbedingungen. Den einen großen Führungsstil, mit dem sich alle Problemsituationen meistern ließen, gibt es ebensowenig wie die große Führungspersönlichkeit, die in allen denkbaren Führungssituationen erfolgreich einsetzbar wäre. In der Konsequenz wird in der zweiten, noch anhaltenden Phase der Führungsforschung verstärkt an *Kontingenztheorien der Führung* gearbeitet. Kontingenztheorien gehen von der Grundthese aus, dass ein Erfolg nur dann zu erzielen ist, wenn das Führungsverhalten auf die jeweiligen Rahmenbedingungen abgestimmt wird. Moderne Ansätze der Führungsforschung definieren demzufolge sowohl verschiedene Verhaltensstile als auch konkrete Rahmenbedingungen, unter denen die jeweils spezifischen Stile Erfolg bringen sollen.

Bislang gibt es noch keinen Ansatz, der für sich in Anspruch nehmen könnte, das Problem der optimalen Führung von Mitarbeitern in Organisationen hinreichend gelöst zu haben (vgl. Neuberger, 1995). Auf eine detaillierte Darstellung verschiedener Führungstheorien wird an dieser Stelle verzichtet und auf Kapitel 15 von Wegge und von Rosenstiel verwiesen.

6. Handlungstheorie

Die Handlungstheorie als ein geschlossenes Gebilde wissenschaftlicher Aussagen existiert nicht. Vielmehr handelt es sich hierbei um einen Ansatz, der eine Reihe grundlegender Annahmen zur Verhaltenssteuerung umfasst, die in jeweils bereichsspezifischen Theorien wieder aufgegriffen und weiterentwickelt werden. In der Konsequenz treffen wir in verschiedenen Disziplinen der Psychologie auch auf mehrere unterschiedliche Handlungstheorien.

Die Gemeinsamkeit des handlungstheoretischen Denkens wurde erstmals von Miller, Galanter und Pribram (1960) formuliert. Als Reaktion auf die Position radikaler Vertreter des Behaviorismus, die den Menschen als ein ausschließlich durch seine Umwelt bestimmtes Wesen ansahen, vertreten Galanter et al. die These, dass menschliches Verhalten vor allem ein Ausdruck individueller Ziele und einer bewussten Verhaltenssteuerung des Individuums sei. Im Zentrum der wissenschaftlichen Analyse stehen folglich auch nicht die Umweltbedingungen, sondern die kognitiven Prozesse des handelnden Individuums. Handlung wird in diesem Zusammenhang definiert als ein *zielgerichtetes* Verhalten.

Der Prozess der Zielerreichung kann als *Regelkreis* beschrieben werden (vgl. **Abb. 4**). Am Anfang steht die Definition eines Zieles, also eines Zustandes, den das Individuum erreichen möchte («Soll-Wert»). Im Arbeitsleben könnte dies z. B. die Fertigung eines Werkstückes sein. Der Soll-Wert wird verglichen mit dem aktuellen Zustand der Realität, dem sog. «Ist-Wert». Ergibt sich zwischen Ist- und Soll-Wert eine Differenz, so entsteht eine Motivation zur Angleichung des Ist-Wertes an den Soll-Wert. Das Individuum muss aus der Vielfalt der ihm zur Verfügung stehenden Handlungsalternativen nun diejenige auswählen, von der es glaubt, dass sie mit einer möglichst hohen Wahrscheinlichkeit zum Ziel führt. Der Arbeiter in der Produktion muss in dieser Phase des Prozesses also z. B. entscheiden, welches Werkzeug er zur Hand nimmt oder welche Maschine er in Gang setzt, um das Werkstück seiner Fertigstellung näher zu bringen. Ist eine Handlung einmal ausgewählt, so muss sie im nächsten Schritt in die Tat umgesetzt werden. Daraufhin wird sich eine Veränderung des Ist-Zustandes ergeben, die in einem (vorerst) letzten Schritt evaluiert wird. Die Evaluation dient dazu, den nunmehr veränderten Ist-Wert erneut mit dem Soll-Wert zu vergleichen. Sollten beide Werte hinreichend übereinstimmen, ist der Handlungszyklus an dieser Stelle beendet. Erscheinen die Unterschiede jedoch weiterhin groß, so durchläuft das Individuum den Regelkreis erneut, ggf. mehrfach hintereinander, bis ein zufrieden stellender Zustand erreicht ist. Die meisten Ziele entpuppen sich bei näherer Betrachtung als eine *hierarchische Struktur*, die aus mehreren Teilzielen besteht. Will beispielsweise eine Sekretärin einen Brief schreiben, so muss sie nacheinander mehrere Teilziele verfolgen, die aufeinander aufbauen (Computer anstellen, Text schreiben, formatieren, ausdrucken, zur Unterschrift vorlegen etc.). Nur wenn alle Teilziele erreicht werden können, wird letztlich auch das übergeordnete Ziel verwirklicht.

In der arbeits- und organisationspsychologischen Forschung hat die Handlungstheorie vor allem im Zusammenhang mit der Analyse handwerklicher Tätigkeiten Beachtung gefunden. Schon früh übertragen verschiedene Autoren die Handlungstheorie auf den Gegenstand der Arbeitspsychologie, wobei die entstehenden Konzepte jedoch weitgehend nebeneinander existieren. Eine Integration nimmt Greif (1983) vor.

Auch wenn die Handlungstheorien Ende der 70er Jahre in der Psychologie geradezu modern wurden, so wird ihnen inzwischen doch immer weniger Aufmerksamkeit geschenkt (Österreich, 1997). Die Euphorie der ersten Jahre, die vor allem wohl aus der Unzufriedenheit mit dem Behaviorismus erwachsen ist, scheint inzwischen einer breiten Ernüchterung gewichen zu sein. In ihrer allgemeinen Form liefert die Handlungstheorie nur sehr bedingt Aufschluss über die menschliche Verhaltenssteuerung. Prognosen und Anregungen zur Intervention ergeben sich nur dann, wenn die allgemeinen Konzepte für eine konkrete Tätigkeit spezifiziert und das Prozessmodell durch zusätzliche Variablen angereichert werden. In jedem Falle stünde dann auch noch eine empirische Überprüfung des spezifizierten Modells aus. Die Zukunft wird zeigen, ob diese Anforderungen erfüllt werden können.

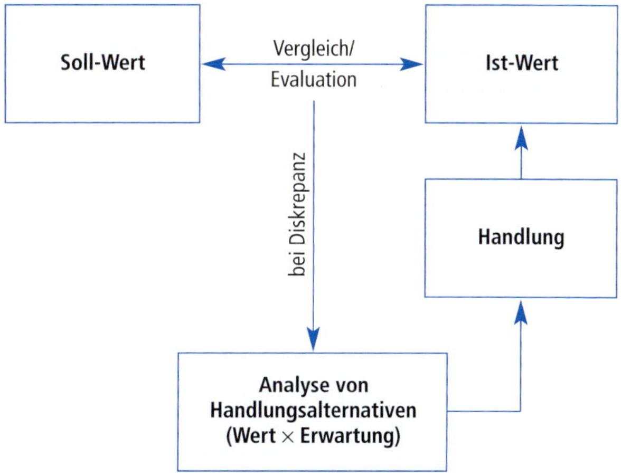

Abbildung 4: Grundprinzip der Handlungsregulation

7. Entscheidungstheorien

In jeder Organisation werden tagtäglich auf allen Ebenen Entscheidungen getroffen, die auf den Erfolg der Organisation Einfluss nehmen. So muss beispielsweise das Management Entscheidungen über die weitere Entwicklung eines Unternehmens treffen: Welche Produkte sollen in Zukunft hergestellt und vertrieben werden? Mit welchen Geschäftspartnern sollen Kooperationen erfolgen? Ähnlich verhält es sich mit allen anderen Bereichen der Organisation. So muss z. B. der Arbeiter in der Produktion entscheiden, mit welchen Mitteln ein bestimmtes Problem zu bewältigen ist. Die psychologische Entscheidungsforschung, die in starkem Maße auch in der Allgemeinen Psychologie beheimatet ist, untersucht, wie derartige Prozesse ablaufen sollten bzw. wie sie tatsächlich ablaufen. Die erste Frage wird in der normativen, die zweite in der deskriptiven Entscheidungsforschung behandelt.

7.1 Normative Entscheidungstheorien

Ziel der normativen Entscheidungsforschung ist es, Modelle und Instrumente zu entwickeln, mit deren Hilfe Entscheidungsprozesse objektiviert und damit optimiert werden können. Inzwischen gibt es mehrere computergestützte Verfahren, die diese Aufgabe übernehmen (z. B. «Alasca»; Holling, Jütting & Großmann, 2000). Dabei können unterschiedliche mathematische Modelle zu Grunde gelegt werden. Im Grundsatz ist die Struktur einer jeden Entscheidungssituation jedoch gleich.

Die Person oder Gruppe, der die Entscheidung obliegt, sieht sich einer Reihe von *Optionen* (oder «Alternativen») ausgesetzt, zwischen denen eine Wahl zu treffen ist. Diese Optionen können unterschiedlichster Natur sein. So könnte es sich z. B. um verschiedene Produkte handeln, die man potenziell produzieren könnte, oder es geht um mehrere Verhaltensoptionen, unter denen die beste auszuwählen ist. Jede Option ist gekennzeichnet durch bestimmte *Konsequenzen*, die mit ihrer Realisierung einhergehen.

So mag z. B. die Produktion des Produktes A zu einer deutlichen Umsatzsteigerung führen, gleichzeitig aber auch das Image des Unternehmens schädigen, während für das Produkt B vielleicht der entgegengesetzte Fall zutrifft. Die Bewertung dieser Konsequenzen ist von entscheidender Bedeutung für das Ergebnis des Entscheidungsprozesses. Der Wert der Konsequenzen ergibt sich aus den *Zielen*, die der Entscheidungsträger mit seiner Entscheidung verfolgen möchte. So könnte es beispielsweise dem einen Unternehmen vor allem darauf ankommen, kurzfristig den Umsatz zu steigern, während ein traditionsreiches Unternehmen möglicherweise in besonders starkem Maße darauf achtet, ob das neue Produkt nicht die Außendarstellung des gesamten Unternehmens und damit letztlich auch den Absatz der anderen etablierten Produkte schädigt.

Mehrere unterschiedliche Theorien versuchen Grundlagen für einen rationalen Entscheidungsprozess bereitzustellen. Zu den älteren, aber gleichwohl einflussreichen, normativen Entscheidungstheorien zählt die SEU-Theorie (SEU = subjectively expected utility; Edwards, 1954). Vor die Wahl gestellt zwischen zwei oder mehr Optionen, sollte sich eine Person der Theorie zufolge für diejenige entscheiden, die den höchsten subjektiv erwarteten Nutzen besitzt. Zur Vorhersage einer Entscheidung werden bei Edwards zwei Variablen herangezogen, die beide der subjektiven Einschätzung des Entscheidungsträgers unterliegen: der wahrgenommene Nutzen jeder einzelnen Konsequenz einer bestimmten Option sowie die eingeschätzte Wahrscheinlichkeit, mit der die entsprechende Konsequenz auch tatsächlich eintritt. Die SEU-Theorie weist mithin grundlegende Parallelen zur Erwartung-mal-Wert-Theorie auf (s. o.). Der Gesamtnutzen einer Option ergibt sich aus der Summe aller Nutzenwerte ihrer einzelnen Konsequenzen, die zuvor mit der jeweils spezifischen Wahrscheinlichkeit ihres Auftretens multipliziert wurden:

$$SEU_i = \sum_{j=1}^{n} p_j u_j$$

SEU_i = *Gesamtnutzen der Option i*
p_j = *Wahrscheinlichkeit für das Auftreten der Konsequenz j*
u_j = *Nutzen der Konsequenz j*

Um zu einer Entscheidung zu gelangen, muss eine Person für jede zur Verfügung stehende Option den SEU-Wert berechnen und anschließend die Werte der verschiedenen Optionen miteinander vergleichen. Diejenige Option, welche den höchsten Gesamtnutzen aufweist, sollte dann auch präferiert werden. Es stellt sich an dieser Stelle die Frage, inwieweit Entscheidungen in Organisationen tatsächlich nach solch rationalen Prinzipien vorgenommen werden, wie sie u. a. in der SEU-Theorie beschrieben werden.

Ökonomische Rationalität und nutzenmaximierende Kalküle waren für das Verständnis organisationalen Verhaltens und für Fragen, wie funktionstüchtige Organisationen zu gestalten seien, stets von großer Bedeutung. Schon bei Taylor (1911) oder Weber (1922, s. o.) ist Rationalität ein wichtiges Prinzip, um den Erfolg wissenschaftlicher Unternehmensführung zu begründen oder Strukturen effektiver Verwaltungsorganisationen zu entwerfen. Die Kritik am klassischen Konzept wurde vor allem mit verhaltenswissenschaftlichen Argumenten geführt. Im Ergebnis lief sie auf ein Konzept eingeschränkter («bounded») Rationalität hinaus, dessen Protagonisten Simon (1957), March und Simon (1958) und Cyert und March (1963) seine Notwendigkeit wie folgt begründen:

- Menschliche Wahrnehmungsfähigkeiten sind begrenzt. In größeren Arbeitsorganisationen können Personen zumeist nicht überblicken, welche Handlungen welche Konsequenzen haben oder welche potenziell wichtigen Komponenten ein Entscheidungsproblem besitzt.
- Menschliche Informationsverarbeitung ist fehleranfällig, lückenhaft und beschränkt in ihren Möglichkeiten, tätigkeitsrelevante Probleme anforderungsgerecht zu analysieren und Strukturen komplexer Wirkungszusammenhänge aufdecken zu können.
- Personen unterscheiden sich in ihren Werten, Bedürfnissen und Maximen, nach denen sie handeln, so dass auch die Maßstäbe variieren, die an vernünftiges Urteilen und erfolgreiches Problemlösen angelegt werden. Dadurch kann es zu Präferenzkonflikten kommen, wenn Personen zusammenarbeiten oder zu

Bewertungsdiskrepanzen, die eine Suche nach Nutzen maximierenden Lösungsalternativen erschweren.

Wie die deskriptiven Entscheidungstheorien und viele empirische Studien zeigen (vgl. Jungermann, Pfister & Fischer, 1998) werden Entscheidungen gerade im Alltag häufig nicht anhand eines rationalen Kalküls wie der SEU-Theorie getroffen. Es treten insbesondere bei mehr oder weniger intuitiven Entscheidungen auf Grund der menschlichen Informationsverarbeitung systematische Abweichungen von rationalen Entscheidungsprinzipien auf, so werden z. B. Heuristiken zur Entscheidungsfindung eingesetzt, die zu typischen Entscheidungsfehlern führen können. Der Wert normativer Entscheidungstheorien wird dadurch jedoch nicht geschmälert. Sie explizieren eine Entscheidungsstrategie, die als Richtschnur gelten kann. Die im Rahmen der deskriptiven Entscheidungstheorien gewonnenen Erkenntnisse können dazu dienen, Abweichungen von optimalen Entscheidungen zu vermeiden.

7.2 Deskriptive Entscheidungstheorien

Unabhängig von der Frage, ob und inwieweit Menschen zu vollständig rationalem Verhalten potenziell in der Lage sind, versucht die psychologische Grundlagenforschung auch ein Bild von den alltäglichen Entscheidungsprozessen der Menschen zu zeichnen. Auf allen Ebenen der Informationsverarbeitung, angefangen von der Wahrnehmung über die Speicherung und den Informationsabruf bis hin zum schlussfolgernden Denken, lassen sich zahlreiche systematische Verzerrungen belegen (Dörner, 1996; Kanning, 1999). Infolgedessen überrascht es nicht, wenn auch die Ergebnisse der deskriptiven Entscheidungsforschung immer wieder zeigen, wie weit die tatsächlichen Entscheidungen von den normativen Vorgaben der präskriptiven Entscheidungsforschung abweichen. Den Entscheidungshilfen der normativen Entscheidungsforschung kommt daher eine sehr wichtige Funktion bei der Optimierung von Entscheidungsprozessen in Organisationen zu. Nun ist es aber schon allein in Anbetracht der großen Anzahl von Entscheidungen, die in einem Unternehmen oder einer Behörde jeden Tag gefällt werden müssen, kaum möglich, immer ein (ggf. computergestütztes) Entscheidungssystem einzusetzen. Derartige Systeme müssten für jede inhaltlich neue Entscheidung auch entsprechend spezifiziert werden, was gerade unter großem Zeitdruck nicht zu realisieren wäre. Der Einsatz von Entscheidungshilfen beschränkt sich daher auch auf solche Felder, in denen Einscheidungen von sehr weit reichender Bedeutung getroffen werden müssen, die darüber hinaus aber auch die nötige Zeit lassen, ein Entscheidungssystem mit den relevanten Informationen zu versorgen. In allen übrigen Fällen besitzt die deskriptive Entscheidungsforschung eine überragende Bedeutung. Sie vermittelt den betroffenen Personen, welche systematischen Fehler immer wieder zu beobachten sind und legt somit den Grundstein dafür, dass jeder Mitarbeiter selbst darauf achtet, entsprechende Fehler möglichst nicht zu begehen.

Die wichtigste Theorie der deskriptiven Entscheidungsforschung ist die *Prospect-Theorie,* eine Weiterentwicklung der SEU-Theorie von Tversky und Kahneman (1974). Auch in der Prospect-Theorie spielen zwei Variablen eine wichtige Rolle: die Bewertung der Konsequenzen einer Option und die Wahrscheinlichkeit, mit der eine Konsequenz eintritt. Beide Einflussgrößen werden aber gemäß der Prospect-Theorie durch den Entscheidungsträger transformiert. Der Schwerpunkt der Arbeit von Tversky und Kahneman liegt in der Analyse der Prozesse, die zur Bestimmung der beiden Einflussgrößen führt. Dabei zeigt sich, dass beide Variablen bestimmten systematischen Tendenzen unterliegen.

Die Beurteilung des Wertes einer Konsequenz erfolgt niemals absolut, sondern immer unter Verwendung eines *Referenzpunktes.* Während also z. B. ein Unternehmen, das große Nachwuchsprobleme hat, einen Bewerber schon dann als gut einstuft, wenn er die Anforderungen halbwegs erfüllt, würden die Vertreter eines besser gestellten Unternehmens einen solchen Bewerber als ungeeignet ablehnen. Bedenkt man

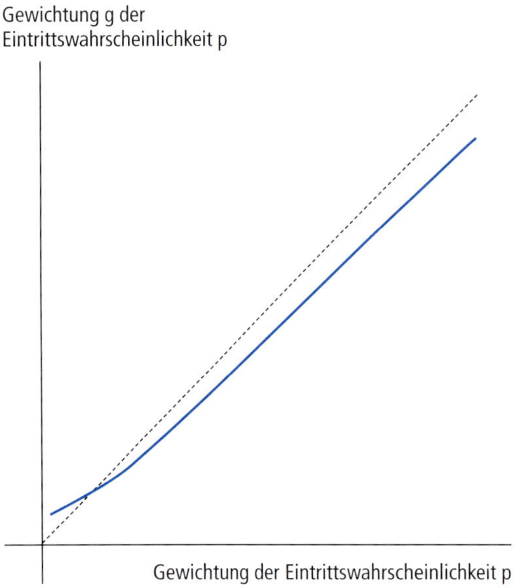

Abbildung 5: Wertfunktion der Prospekt-Theorie

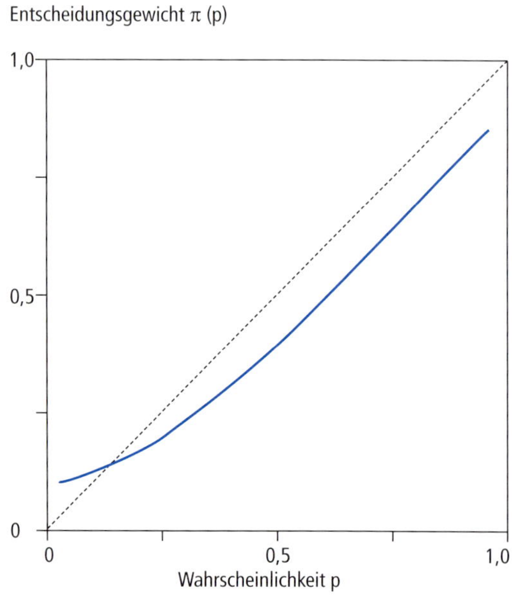

Abbildung 6: Wahrscheinlichkeitsgewichtungsfunktion der Prospekt-Theorie

weiterhin, dass die Referenzpunkte variabel sind (z. B. wenn sich die wirtschaftliche Lage unseres Unternehmens ändert), so wird deutlich, dass ein und dieselbe Konsequenz auch von denselben Personen zu verschiedenen Zeitpunkten unterschiedlich beurteilt werden kann. Liegt der Wert einer Konsequenz oberhalb des Referenzpunktes, so sprechen Tversky und Kahneman von einem Gewinn, befindet sich der Wert der Konsequenz hingegen unterhalb des Referenzpunktes, so liegt ein Verlust vor. Die Gewinne oder Verluste fallen mehr oder weniger stark aus, je nachdem, wie entfernt der Wert vom Referenzpunkt liegt. Die Beziehung zwischen der Ausprägung eines Merkmals und seinem subjektiven Wert lässt sich in Form einer Funktion, der sog. *Wertfunktion*, beschreiben, die nicht linear verläuft (vgl. **Abb. 5**). Mit steigendem Gewinn oder Verlust nimmt der Zuwachs ab, d. h. Gewinne im Extrembereich führen zu einem relativ geringeren Wertzuwachs als Gewinne in der Nähe des Referenzpunktes, und Verluste im Extrembereich führen zu einem relativ geringeren Wertverlust als referenzpunktnahe Verluste.

Verluste werden allerdings stärker gewichtet als entsprechende Gewinne. Diese Asymmetrie zeigte sich in vielen Experimenten und wird durch ein ungleiches Erleben der Aversivität von Verlusten gegenüber der Attraktivität von Gewinnen begründet. Aus dieser Asymmetrie lässt sich auch ableiten, dass sich Entscheidungsträger bei Verlusten eher risikofreudig verhalten und bei Gewinnen das Risiko eher scheuen.

Im Hinblick auf die Einschätzung der Wahrscheinlichkeit, mit der eine bestimmte Konsequenz einer Option eintritt, stellen Tversky und Kahneman fest, dass auch hier bestimmte Transformationen auftreten. **Abbildung 6** gibt den Verlauf der Wahrscheinlichkeitsgewichtungsfunktion wieder. Es zeigt sich, dass kleine Wahrscheinlichkeiten überschätzt werden. So wird z. B. die Wahrscheinlichkeit, einen Lottogewinn zu erzielen, stark überschätzt.

Überdies zeigt die Forschung zur Prospect-Theorie, dass allein die Darstellung eines Entscheidungsproblems von fundamentaler Bedeutung für den weiteren Entscheidungsprozess ist (*framing effect*). Akzentuiert man z. B. in der Darstellung eher die drohenden Verluste oder die möglichen Gewinne einer Option, so resultieren – wie aus den vorangestellten Prinzipien deutlich wurde – auch unterschiedliche Entscheidungsstrategien.

Alles in allem kommt der Entscheidungsforschung mithin eine große Bedeutung für die Praxis zu. Die deskriptive Forschung schärft die Aufmerksamkeit für systematische Verzerrungen, die in der alltäglichen Entscheidungsfindung auftreten und legt damit die Basis für Gegenmaßnahmen. Die normativen Modelle bieten vor allem dann konkrete Hilfestellungen an, wenn es um Entscheidungen von großer Tragweite geht, die nicht unmittelbar getroffen werden. Die hier entwickelten Instrumente helfen dabei, wichtige Entscheidungen durch den Einsatz von Computerprogrammen zu optimieren.

8. Konstruktivismus

In den letzten Jahren hat in verschiedenen Wissenschaften, die sich mit Fragen menschlichen Verhaltens und Erlebens in Organisationen beschäftigen (Betriebswirtschaftslehre, Soziologie, Organisationspsychologie), ein Ansatz Gehör gefunden, der ursprünglich der Wissenschaftsphilosophie zuzuordnen ist: der *Konstruktivismus.* Ausgehend von der Erkenntnis, dass der Mensch letztlich niemals in der Lage sein wird, die Realität vollends objektiv zu erfahren, sieht der Konstruktivismus jede Erkenntnis des Menschen als das Ergebnis eines subjektiven Konstruktionsprozesses. Das heißt der Mensch nimmt nicht die Realität wahr, sondern erschafft sich selbst im Zuge seiner Urteilsbildung eine eigene, stark subjektiv geprägte Realität. Extreme Vertreter des Konstruktivismus würden sogar so weit gehen zu behaupten, dass es letztlich gar keine Realität gäbe und daher jede vermeintliche Erkenntnis der Wissenschaften sowie des Alltagslebens ein völlig künstliches Gebilde darstelle. Der Mensch hätte demzufolge nicht nur Schwierigkeiten, die objektiven Gegebenheiten als solche zu erkennen, es gäbe schlichtweg keine objektive Realität (Überblick: Wildmann, 1995).

Führt man diese Überlegungen konsequent weiter, so hat dies weit reichende Konsequenzen für Forschung und Praxis. In der Forschung würde man die Suche nach Gesetzmäßigkeiten menschlichen Verhaltens und Erlebens aufgeben und sich stattdessen mit der Beschreibung subjektiver Konstruktionen (z.B. von Managern oder Arbeitsgruppen) beschäftigen. Die eingesetzten Methoden wären vornehmlich qualitativer Natur (z.B. Rüegg-Stürm, 2000). Weder die Forschung noch ein Organisationsberater wären legitimiert, Expertenwissen in der Praxis einfließen zu lassen, denn das Expertenwissen selbst wäre nicht mehr als eine von vielen möglichen Realitätskonstruktionen, die um nichts besser oder schlechter wäre als die Konstruktionen der sog. Laien. Auch Vorgesetzte verfügten demnach über Konstruktionen, die denen der Mitarbeiter nicht überlegen wären, was ihre Entscheidungskompetenz entsprechend mindern und den Weg für mehr Partizipation der Mitarbeiter eröffnen würde (vgl. Handlbauer, 1996; Wildmann, 1995). Der Anspruch, allgemein gültige Lösungsansätze aufstellen zu können, wird im Konstruktivismus folgerichtig aufgegeben (Handlbauer, 1996).

Das Verhalten von Menschen in Organisationen wird von Vertretern des Konstruktivismus bevorzugt als ein sich selbst regulierendes System betrachtet (z.B. Rüegg-Stürm, 2000). Die Selbstorganisation umfasst dabei nicht nur das zwischenmenschliche Miteinander, sondern auch die Auseinandersetzung mit Arbeitsaufträgen sowie die Interpretation (Konstruktion) der Realität. Die Analyseeinheit in Forschung und Praxis bildet dabei niemals das einzelne Individuum, sondern stets das gesamte System. Ziel organisationspsychologischer Interventionen ist nicht die Veränderung durch außengesteuerte Umstrukturierung oder den Input wissenschaftlich (vermeintlich) objektivierter Informationen, sondern vielmehr die Unterstützung der Selbstorganisation des Systems. Der Organisationsberater liefert insofern lediglich Anregungen und Hilfestellungen zum «selbstorganisierten Lernen» (vgl. Greif & Rauen, 1995) des Systems.

So stringent die Forderungen des Konstruktivismus auf der einen Seite auch scheinen mögen, so bleiben doch viele Zweifel (vgl. Kanning, 2001). Da ist zunächst das Problem der Zirkularität: Wenn der Konstruktivismus mit seiner grundlegenden These Recht hat, dann ist auch der Konstruktivismus selbst nicht mehr als das Ergebnis einer Konstruktion seiner Vertreter. In der Konsequenz verliert er seine Legitimation als quasi revolutionäre Basis eines neuen Denkens und Handelns in Forschung und Praxis.

Ein zweiter Einwand richtet sich gegen die Radikalität der erkenntnistheoretischen Position. Niemand wird in Anbetracht der Forschungsergebnisse zur Psychologie der Urteilsbildung die These in Zweifel ziehen, dass objektive Erkenntnis letztlich eine Utopie bleiben muss. Hieraus aber den Schluss zu ziehen, dass daher von vornherein sämtliche Bemühungen zur Erreichung des Ziels zwecklos seien, bedeutet, das Kind mit dem Bade auszuschütten. Auch wenn die endgültige Zielerreichung niemals gelingen wird, so ist es doch sinnvoll, einzelne Schritte auf dem Weg hierhin zu unternehmen. Die Erkenntnissituation wird so zwar lediglich graduell gebessert, hierin kann aber dennoch ein großer Gewinn liegen.

Des Weiteren stellt sich die Frage, ob die oben skizzierten Maßnahmen, die dem Konstruktivismus zu erwachsen scheinen, nicht auch ohne einen entsprechenden «ideologischen Überbau» zu begründen sind. Die Auseinandersetzung mit subjektiven Theorien setzt in keiner Weise eine konstruktivistische Grundhaltung voraus. So steht beispielsweise sowohl die Attributionsforschung als auch die Forschung zur hypothesengeleiteten Wahrnehmung keineswegs auf einem konstruktivistischen Fundament, obwohl ihre Vertreter sich explizit mit der Bedeutung subjektiver Realitätskonstruktionen für die Steuerung menschlichen Verhaltens beschäftigen. Eine verstärkte Partizipation der Mitarbeiter an wichtigen Entscheidungsprozessen lässt sich ohne weiteres auch aus älteren Motivationstheorien (s. o.) ableiten. Ähnlich sieht es beim selbstorganisierten Lernen aus.

Ob und inwieweit sich der Konstruktivismus als einflussreiche Strömung innerhalb der Organisationspsychologie etablieren wird, bleibt abzuwarten. In jedem Falle lassen sich schon jetzt wertvolle Anregungen seiner Vertreter verzeichnen. Ob diese dabei zwingend eines konstruktivistischen Weltbildes bedürfen, sei dahingestellt.

9. Zusammenfassung und Ausblick

Die dargestellten Theorien repräsentieren recht unterschiedliche Ansätze. Einerseits nehmen sie auf diverse Themenbereiche Bezug, andererseits zeichnen sich die Autoren durch verschiedene theoretische und methodische Herangehensweisen aus. Bei vielen der dargestellten Theorien ist ein «vorwissenschaftlicher», alltagssprachlicher Gebrauch theoretischer Terme festzustellen. Durch das Fehlen präziser Definitionen und Explikationen ist jedoch die logische Konsistenz der einzelnen Theorien kaum zu prüfen und Widersprüche sind nur schwer auszumachen.

Aus unpräzise konzipierten Theorien können nur unvollkommen technologische Maßnahmen abgeleitet werden. So sind auch viele in der Praxis etablierte Interventionsverfahren weder aus den dargestellten Theorien hervorgegangen noch lassen sie sich vollständig durch sie erklären. Vielen der dargestellten Theorien muss eine bisher mangelnde empirische Stützung attestiert werden. Entweder fehlt es an stringenten empirischen Analysen für die gesamte Theorie bzw. für weite Teile der Theorie (z. B. McGregor) oder die bisherigen empirischen Analysen waren wenig erfolgreich, wie z. B. bei der Theorie von Likert.

Unser zusammenfassendes Urteil wird auch von anderen Autoren geteilt. Miner (1984) beurteilt insgesamt 32 Theorien organisationalen Verhaltens hinsichtlich des wissenschaftlichen Werts (gering, gemischt oder hoch) und der praktischen Nützlichkeit (gering, fragwürdig oder hoch). Lediglich vier Theorien erhalten auf beiden Beurteilungsdimensionen die Einschätzung «hoch». Dabei handelt es sich ausschließlich um Motivationstheorien. In der subjektiven Einschätzung von Miner (1984) zeigt sich darüber hinaus, dass nicht jede wissenschaftlich wertvolle Theorie auch praktisch nützlich ist und praktische Nützlichkeit keineswegs einen hohen wissenschaftlich belegten Wert zwingend voraussetzt. Dabei schneiden psychologische Theorien jedoch in allen Kriterien weitaus besser ab als organisationsbezogene Ansätze anderer Wissenschaften, wie etwa der Politologie oder der Soziologie.

Damit stellt sich die Frage nach den Gründen für diese Situation. Sieht man einmal davon ab, dass ein kritisches Resümee für viele andere Bereiche sozialwissenschaftlicher Forschung kaum anders ausfällt, so ist zunächst einmal auf den relativ weiten Geltungsbereich von Organisationstheorien hinzuweisen, der weiterhin ungleich komplexer ist als der vieler anderer psychologischer Theorien. Daher müssen organisationspsychologische Theorien weitere Theorien, oft Grundlagentheorien, «importieren». Das bedeutet aber oft eine nicht unwesentliche Hypothek. Gleichzeitig steht die Theorieentwicklung in der Organisationspsychologie weitaus weniger im Zentrum der wissenschaftlichen Aktivitäten als in der Grundlagenforschung. Hierin spiegeln sich unterschiedliche Forschungsprogramme wider, die von Herrmann (1979) beschrieben wurden. Während in der Grundlagenforschung die wissenschaftliche Arbeit vor allem der Entwicklung allgemeingültiger Theorien gilt, die auf unterschiedlichste Gegenstandsbereiche oder Phänomene des menschlichen Verhaltens übertragen werden, steht in der angewandten Forschung in aller Regel ein bestimmtes Phänomen im Zentrum der Betrachtung, das man ad hoc oder mittels Rückgriff auf heterogene Ansätze zu erklären versucht. In diesem Zusammenhang ist allerdings darauf zu verweisen, dass die empirische Analyse organisationspsychologischer Sachverhalte in der Regel relativ aufwendig und diffizil, oft kaum zu leisten ist. Will man beispielsweise die Wirkung einer bestimmten Maßnahme zur Senkung von Absentismus überprüfen, sind in mehreren Organisationen unter genau umrissenen Randbedingungen die Modifikationsprogramme anhand bestimmter Versuchspläne einzuführen. Verwendet man beispielsweise den einfachen Kontrollgruppenplan, sind zwei randomisierte bzw. parallelisierte Gruppen zu erheben, die zumeist über einen längeren Zeitraum zu beobachten sind. Sieht man einmal davon ab, dass identische Randbedingungen über verschiedene Organisationen kaum zu gewährleisten sind, so ist es extrem schwierig, die Voraussetzungen für einen Kontrollgruppenplan herzustellen. Zumeist sind gravierende und längerfristige organisationale Veränderungen erforderlich, die überdies in der Regel der Zustimmung der organisationalen Leitung, des Betriebsrates, der gewerkschaftlichen Seite und nicht zuletzt der beteiligten Versuchspersonen bedürfen (vgl. die anschließenden Methodenkapitel 4.1 und 4.2). Für die zukünftige empirische Forschung erscheinen aber gerade solche aufwendigen Längsschnittstudien in einem stärkeren Ausmaß indiziert. Trotz aller Schwierigkeiten enthalten die bisherigen Ansätze, mögen sie auch noch so vorläufig sein, einen großen Fundus an theoretischen Vorschlägen und Ideen, die auch bereits jetzt bei organisationalen Problemstellungen Lösungen anbieten, auf Lösungsansätze verweisen oder den Suchraum für Lösungen erweitern können.

10. Literatur

Ajzen, I. & Fishbein, M. (1980). *Understanding attitudes and predicting social behavior.* Englewood-Cliffs: Prentice-Hall.

Aldefer, C. P. (1972). *Existence, relatedness, and growth: Human needs in organizational settings.* New York: Free press.

Argyris, C. (1957). *Personality and organization.* New York: Harper.

Argyris, C. (1980). *Inner contradictions of rigorous research.* New York: Academic Press.

Argyris, C. (1989). Strategy implementation: An experience in learning. *Organizational Dynamics, 2,* 5–15.

Argyris, C. & Schön, D. A. (1978). *Organizational learning: A theory of action perspective.* Reading: Addison-Wesley.

Argyris, C. & Schön, D. A. (1999). *Die Lernende Organisation: Grundlagen, Methode, Praxis.* Stuttgart: Klett-Cotta.

Bacharach, S. B. (1989). Organizational theories: Some criteria for evaluation. *Academy of Management Review,* 14, 496–515.

Bandura, A. (1977a). *Social learning theory.* Englewood Cliffs: Prentice-Hall.

Bandura, A. (1977b). Self-efficacy: Toward a unifying theory of behavioral change. *Cognitive Therapy and Research, 1,* 287–310.

Blau, G. (1993). Operationalizing direction and level of effort and testing their relationships to individual job performance. *Organizational Behavior and Human Decision Processes, 55,* 152–170.

Campbell, J. P. & Pritchard, R. D. (1976). Motivation theory in industrial and organizational psychology. In: M. D. Dunnette (Ed.), *Handbook of industrial and or-*

ganizational psychology (pp. 63–130). Chicago: Rand McNally.

Cyert, M. M. & March, J. G. (1963). *Behavioral theory of the firm.* Englewood Cliffs: Prentice-Hall.

Dörner, D. (1996). *Die Logik des Mißlingens. Strategisches Denken in komplexen Situationen.* Reinbek: Rowohlt.

Edwards, W. (1954). The theory of decision making. *Psychological Bulletin, 51,* 380–417.

Fiman B. G. (1973). An investigation of the relationships among supervisory attitudes, behaviors, and outputs: An examination of McGregor's theory Y. *Personnel Psychology, 26,* 95–105.

Fiske, S. T. & Taylor, S. E. (1991). *Social cognition* (2nd ed.). New York: McGraw-Hill.

Frey, D., Stahlberg, D. & Gollwitzer, P. M. (1993). Einstellung und Verhalten: Die Theorie des überlegten Handelns und die Theorie des geplanten Verhaltens. In D. Frey & M. Irle (Hrsg.), *Theorien der Sozialpsychologie. Band I: Kognitive Theorien* (S. 361–398). Bern: Huber.

Gawowski, B. (2000). Falsifikationismus und Holismus in der experimentellen Psychologie: Logische Grundlagen und methodologische Konsequenzen. *Zeitschrift für Sozialpsychologie, 31,* 3–17.

Greif, S. (1983). *Konzepte der Organisationspsychologie.* Bern: Huber.

Greif, S. & Rauen, C. (1995). *Aktiv und selbstorganisiert Lernen.* Hannover: Buchdruck Verlag.

Handlbauer, G. (1996). Competing on cognition? – Möglichkeiten und Grenzen einer konstruktivistischen Orientierung der strategischen Unternehmensführung. In H. H. Hinterhuber & A. Al-Ani (Hrsg.), *Das neue strategische Management* (S. 62–86). Wiesbaden: Gabler.

Herrmann, T. (1979). *Psychologie als Problem: Herausforderungen der psychologischen Wissenschaft.* Stuttgart: Klett-Cotta.

Herzberg, F., Mausner, B. M. & Snyderman, B. (1959). *The motivation to work.* New York: Wiley.

Herzberg, F. (1966). *Work and the nature of man.* New York, Cleveland: World.

Holling, H., Jütting, A. & Großmann, H. (2000). *Alasca: Computergestützte Entscheidungs- und Nutzenanalyse.* Göttingen: Hogrefe.

Homme, L. E. (1965). Perspecitives in psychology: XXIV. Control of coverants, the operants of the mind. *Psychological Record,* 15, 501–511.

Jungermann, H., Pfister, H. R. & Fischer, K. (1998). *Die Psychologie der Entscheidung.* Heidelberg: Spektrum Akademischer Verlag.

Kanfer, F. H. (1980). Self management methods. In F. H. Kanfer & A. P. Goldstein (Eds.), *Helping people change.* New York: Pergamon.

Kanning, U. P. (1999). *Die Psychologie der Personenbeurteilung.* Göttingen: Hogrefe.

Kanning, U. P. (2001). *Psychologie für die Praxis: Perspektiven einer nützlichen Forschung und Ausbildung.* Göttingen: Hogrefe.

Katz, D. & Kahn, R. L (1978). *The social psychology of organizations.* New York: Wiley.

Lewin, K. (1945). The research center of group dynamics at Massachusetts Institute of Technology. *Sociometry, 8,* 126–136.

Likert, R. (1961). *New patterns of management.* New York: McGraw-Hill (dt. Neue Ansätze der Unternehmensführung, 1972. Bern: Haupt).

Likert, R. (1967). *The human organization: Its management and value.* New York: McGraw-Hill (dt. Die integrierte Führungs- und Organisationsstruktur, 1975. Frankfurt: Campus).

Locke, E.A. (1976). The nature and causes of job satisfaction: In M. D. Dunnette (Ed.), *Handbook of industrial and organizational psychology* (pp. 1297–1349). Chicago: Rand McNally.

Locke, E. A. & Latham, G. P. (1990). *A theory of goal setting and task performance.* Englewood Cliffs: Prentice-Hall.

Luthans, F. (1979). Leadership: A proposal for a social learning theory base and observational and functional analysis techniques to measure leadership behavior. In J. G. Hunt & L. L. Larson (Eds.), *Crosscurrents in leadership* (pp. 201–208). Carbondale: Southern Illinois University Press.

Luthans, F. (1985). *Organizational behavior.* New York: McGraw Hill.

Luthans, F. & Kreitner, R. (1985). *Organizational behavior modification and beyond.* Glenview: Scott, Forceman & Comp.

Luthans, F, Maciag, W. S. & Rosenkrantz, S. A. (1983). Meeting the productivity challenge with human ressource management. *Personnel, 2,* 28–36.

Luthans, F. & Martinko, M. (1987). Behavioral approaches to organizations. In C. L. Cooper & I. T. Robertson (Eds.), *International Review of Industrial and Organizational Psychology 1987* (pp. 35–60). London: Wiley.

March, J. G. & Simon, A. (1958). *Organizations.* New York: Wiley.

Maslow, A. H. (1943). A theory of human motivation. *Psychological Review, 50,* 370–396.

Maslow, A. H. (1954). *Motivation and personality.* New York: Harper and Row.

Maslow, A. H. (1965). *Eupsychian Management.* Homewood: Irwin.

Maslow, A. H. (1969). Toward a humanistic biology. *American Psychologist, 24,* 724–735.

McGregor, D. (1957). The human side of enterprise. *Management Review, 46,* 22–28, 88–92.

McGregor, D. (1960). *The human side of enterprise.* New York: McGraw-Hill

McGregor, D. (1970). *Der Mensch im Unternehmen.* Düsseldorf: Econ.

Mento, A. J., Klein, H. J. & Locke, E. A. (1992). Relationship of goal level to valence and instrumentality. *Journal of Applied Psychology, 77,* 395–405.

Miller, D. (1995). *Karl Popper Lesebuch.* Tübingen: Mohr.

Miller, G. A., Galanter, E. & Pribram, K. H. (1960). *Plans and the structure of behavior.* New York: Holt.

Miner, J. B. (1980). *Theories of organizational behavior.* Hillsdale: Dryden press.

Miner, J. B. (1984). The validity and usefulness of theories in an emerging organizational science. *Academy of Management Review, 9,* 296–306.

Neuberger, O. (1995). *Führen und geführt werden* (5. Aufl.). Stuttgart: Enke.

Österreich, R. (1997). Hat die arbeitspsychologische Handlungstheorie eine Zukunft? In I. Udris (Hrsg.), *Arbeitspsychologie für morgen: Herausforderungen und Perspektiven* (S. 55–71). Heidelberg: Asanger.

Popper, K. R. (1935). *Logik der Forschung.* Tübingen: Mohr.

Roethlisberger, F. J. & Dickson, W. J. (1939). *Management and the worker.* Cambridge: Havard University Press.

Rüegg-Stürm, J. (2000). Jenseits der Machbarkeit – Idealtypische Herausforderungen tiefgreifender unternehmerischer Wandelprozesse aus einer systemisch-relational-konstruktivistischen Perspektive. In G. Schreyögg (Hrsg.), *Organisatorischer Wandel und Transformation* (S. 195–236). Wiesbaden: Gabler.

Schein, E. (1965). *Organizational psychology.* Englewood Cliffs: Prentice-Hall.

Schein, E. H. (1975). The Hawthorne group studies revisited: A defense of theory Y. In E. L. Cass & F. G. Zimmer (Eds.), *Man and work in society.* New York: Van Nostrand.

Schein, E. H. (1985). *Organizational culture and leadership.* San Francisco: Jossey-Bass.

Simon, H. (1957). *Administrative behavior: A study of decision making processes in administrative organization.* New York: McMillan.

Simon. H. (1990). Invariants of human behavior. *Annual Review of Psychology, 41,* 1–9.

Skinner, B. F. (1938). *The behavior of organisms:* New York: Appleton Century Crofts.

Steers, R. M. (1977). *Organizational effectiveness.* Santa Monica: Goodyear.

Steinmann, H. & Hennemann, C. (1997). Die lernende Organisation – eine Antwort auf die Herausforderung der Managementpraxis. In Dr. Wieselhuber & Partner (Hrsg.), *Handbuch Lernende Organisation* (S. 33–44). Wiesbaden: Gabler.

Taylor, F. W. (1911). *Principles of scientific management.* New York: Harper.

Thompson, E. P., Chaiken, S. & Hazlewood, J. D. (1993). Need for cognition and desire for control as moderators of extrinsic reward effects. *Journal of Personality and Social Psychology, 64,* 987–999.

Tversky, A. & Kahneman, D. (1974). Judgement under uncertainty: Heuristics and biases. *Science, 185,* 1124–1131.

Vroom V. H. (1964). *Work and motivation.* New York: Wiley.

Weber, M. (1922). *Wirtschaft und Gesellschaft.* Tübingen: Mohr.

Weinert, A. B. (1998). *Organisationspsychologie: Ein Lehrbuch* (4. Aufl.). Weinheim: Psychologie Verlags Union.

Weiss, H. M. (1990). Learning theory and industrial and organizational psychology. In M. D. Dunnette, & L. M. Hough (Eds.), *Handbook of industrial and organzational psychology* (2nd ed., Vol. 1, pp. 171–221). Palo Alto: Consulting Psychologists Press.

Wildmann, L. (1995). *Konstruktivismus und kulturorientierte Managementlehre.* Konstanz: Hartung-Gorre.

4.1 Planung und Durchführung organisationspsychologischer Untersuchungen

Klaus Moser

Inhalt

1. Einleitung 89

2. Untersuchungsvoraussetzungen 90

2.1 Die Klärung von Bedürfnissen und Interessen 90

2.2 Ziele und Kriterien 91

3. Untersuchungsplanung 93

3.1 Experimente in der Organisationspsychologie 94

3.2 Der Umgang mit Messfehlern 96

3.3 Drittvariablen und deren Kontrollierbarkeit 96

3.4 Verzicht auf experimentelle Variation 100

4. Methoden der Datengewinnung 102

4.1 Beschreibung von Methoden der Datengewinnung 102

4.2 Gütekriterien von Methoden der Datengewinnung 106

5. Bewertung organisationspsychologischer Untersuchungen 111

5.1 Implementierungskontrolle 111

5.2 Ergebnisdarstellung 112

5.3 Metaanalyse 115

6. Schlussbemerkung 117

7. Literatur 118

1. Einleitung

Gegenstand der Organisationspsychologie sind Beschreibung, Erklärung, Prognose und Veränderung des Erlebens und Verhaltens von Menschen in Organisationen. Analyseebenen sind dabei Tätigkeiten, Individuen, Gruppen oder Organisationen. Die vielfältigen Ziele in der Organisationspsychologie werden mit Hilfe von Methoden zu erreichen versucht. Methoden können folgende fünf Funktionen haben. Erstens beruhen Beschreibung, Erklärung, Prognose und Veränderung auf Daten, die mit *Methoden zur Datengewinnung* erhoben werden. Zweitens werden zur Überprüfung von Erklärungen oder für Zusammenhangsanalysen Untersuchungen vorgenommen, die durch *Methoden der Untersuchungsplanung* gesteuert werden. Drittens mag man sich zu Beginn eines Problemlöseversuchs noch gar nicht über die genaue Fragestellung im Klaren sein; hier können *Methoden zur Untersuchungsvorbereitung* helfen. Kommt man schließlich zum Ergebnis, dass eine Untersuchung stattfinden soll, dann werden meistens nicht nur diagnostische, sondern auch *Interventionsmethoden*, also Methoden zur Gestaltung eingesetzt (z.B. Trainingsmethoden). Schließlich stellt sich in verschiedenen Phasen einer Untersuchung die Frage, wie die Methoden oder die mit ihnen gewonnenen Ergebnisse zu bewerten sind, *wozu Methoden zur Bewertung von Untersuchungen, vor allem statistische Analysemethoden* verwendet werden können. In diesem Kapitel wird es vor allem um die ersten drei Methodenvarianten gehen. Die Interventionsmethoden werden in weiteren Lehrbuchkapiteln beschrieben, während auf die Darstellung von statistischen Methoden aus Platzgründen verzichtet wird (vgl. als anwendungsorientierte Einführungen Bortz, 1999, sowie Backhaus, Erichson, Plinke & Weiber, 2000). In diesem

Kapitel wird aus Vereinfachungsgründen von «*Untersuchungen*» gesprochen, gleich ob es um Beschreibung, Erklärung, Prognose oder Intervention geht.

2 Untersuchungsvoraussetzungen

Bevor eine Untersuchung konkret geplant werden kann, ist zunächst das Umfeld, in dem die Untersuchung stattfinden soll, zu analysieren. Organisationspsychologen werden, wenn sie Untersuchungen in Organisationen vornehmen, Teil des Handlungssystems «Organisation» und müssen sich damit mit Durchsetzungsstrategien, Koalitionsbildungen etc. wohl oder übel befassen, wobei diese allerdings nicht nur Hindernis sein müssen, sondern auch zur Durchsetzung der eigenen Ziele genutzt werden können (Moser, 2000).

Probleme des *Projektmanagements* (vgl. auch Keßler & Winkelhofer, 2002) ergeben sich zu Beginn oder sogar schon in der Vorbereitung einer Untersuchung. So stellt sich gleich zu Beginn eines Projekts bzw. einer Untersuchung die Frage, *wie* konkret die Ausarbeitungen aus der Phase vor dem «offiziellen Projektbeginn» bereits sind. Da eine detaillierte Planung oft schon das halbe Projekt ist, gilt es hier schwierige und riskante Kosten-/Nutzenabwägungen zu treffen, bevor z. B. Projektanträge gestellt werden (Wottawa & Thierau, 1998). Von den Methoden der Zeitplanung seien die Balkenplan- und die Netzplantechnik erwähnt (Darstellung in Wottawa & Thierau, 1998).

Am Beginn einer Untersuchung steht die Ist-Analyse oder Bestandsaufnahme, also die Erkundung der Ausgangssituation und der Umstände, unter denen Untersuchungen stattfinden. Beispiele sind die Ermittlung eventuell zugänglicher Untersuchungsgruppen, eine eventuelle Sekundäranalyse bereits vorliegender Daten oder die Nutzbarmachung von existierenden Methoden und Verfahrensweisen. In den folgenden Teilabschnitten wird auf zwei andere Untersuchungsvoraussetzungen näher eingegangen, die *Klärung von Bedürfnissen und Interessen* und die *Präzisierung von Untersuchungszielen und Kriterien.*

2.1 Die Klärung von Bedürfnissen und Interessen

Jeglichem organisationspsychologischen Handeln kann (auch) ein Bedürfnis oder ein Interesse unterstellt werden. Vor und während Untersuchungen sind das Interesse eines eventuellen Auftraggebers, das eigene Erkenntnisinteresse und die möglichen Interessenkonflikte zu klären. Die Explizierung der sozialen, wirtschaftlichen und wissenschaftlichen Ziele einer Untersuchung kann zwar Konflikte verhindern und die Entstehung von Gerüchten vermeiden helfen, nicht übersehen werden sollte aber, dass Untersuchungen auch mikropolitische Funktionen haben können wie z. B. die Rechtfertigung von ohnehin geplanten Veränderungen oder die Besänftigung von Kritikern. Daher empfiehlt es sich, das organisationale Umfeld genauer zu studieren (vgl. weiterführend Bungard, Kap. 4.2, sowie Moser, 2000). Ein mögliches Vorgehen lautet, Entscheidungsträgern die *möglichen* Konsequenzen einer Untersuchung zu beschreiben und die Erwünschtheit bzw. Akzeptabilität von Konsequenzen sowie Veränderungsbereitschaft zu erfragen. Warnsignale eines zu erwartenden mikropolitischen Missbrauchs sind unter anderem,

- dass nur *ein* Ergebnis akzeptiert werden wird;
- dass selbst widersprüchliche Ergebnisse identische (eben ohnehin geplante oder erwünschte) Maßnahmen zur Konsequenz haben oder
- dass *keines* der möglichen Ergebnisse irgendwelche Konsequenzen hat (was vermuten lässt, dass man ein Problem in einer «Untersuchung» verschwinden lassen will).

Die unzureichende Klärung mikropolitischer Interessen oder von Randbedingungen können die Realisierung organisationspsychologischer Untersuchungen erheblich erschweren. Auf Untersuchungen, die auf Grund der Randbedingungen nicht solide durchführbar sind oder deren Ergebnisse mit hoher Wahrscheinlichkeit verzerrt kommuniziert oder missbraucht werden, sollte am besten ganz verzichtet werden. Positiv formuliert sind als Randbedingungen der Durchführbarkeit einer Untersuchung folgende Voraussetzungen bei den Beteiligten zu nennen (vgl. Wottawa & Thierau, 1998):

- Bereitschaft, etwas zu verändern,
- Erwartung eines Erfolgs der Untersuchung,
- ersichtlicher Nutzen der Untersuchung für die Beteiligten,
- Akzeptanz der Fakten/Ergebnisse aus der Untersuchung.

Information der Untersuchungspersonen über Ziel und Vorgehen, Transparenz von Methoden oder Partizipation an einzelnen Entwicklungsschritten sind nur einige der relevanten Faktoren, deren Erhöhung die Akzeptanz einer Untersuchung im Allgemeinen verbessern wird.

Die Klärung von Bedürfnissen und Interessen geht fließend in die nächste Phase der Untersuchungsvoraussetzungen, der Zieldefinition bzw. -konkretisierung, über. Gerade Bedürfnisse, Interessen und abzusehende Widerstände haben nicht selten schon zur Neuformulierung oder gar Neuorientierung von Untersuchungszielen geführt.

2.2 Ziele und Kriterien

Wenn Untersuchungsideen bereits allgemein festgelegt worden sind, so können die Ziele doch zunächst vage sein. Nehmen wir als Beispiel das Thema «Analyse der Arbeitszufriedenheit in einer Organisation», dann ist damit das Ziel nur ungefähr bekannt: Besteht das Problem darin, dass man zu wenig über die Arbeitszufriedenheit weiß, dass nach einem Ansatzpunkt zur Veränderung gesucht oder eine Bestandsaufnahme geplant wird? Mit der Konkretisierung des Ziels einher geht die Benennung von Kriterien, an denen die Zielerreichung bzw. Problemlösung erkennbar ist.

Konkretisierung des Ziels: Ziele werden oftmals zunächst nur sehr allgemein und vage formuliert. Hier bestehen die Aufgaben darin, das Ziel konkreter zu formulieren, mögliche verschiedene Kriterien zu explizieren und eventuell auch bereits eine Gewichtung der verschiedenen (Teil-)Ziele vorzunehmen. *Quellen* für diese Konkretisierung sind insbesondere Experteninterviews, Diskussionen mit den beteiligten Gruppen und die Analyse bereits existierender Untersuchungsansätze (z. B. Literaturstudium). *Hilfsmittel bzw. Methoden* zur Konkretisierung sind z. B. Interviewleitfäden oder Moderationstechniken (z. B. Klebert, Schrader & Straub, 2002).

Zur Konkretisierung des Ziels, aus der sich zumindest teilweise auch der später zu verwendende Untersuchungsplan ergibt, soll hier auch die *Präzisierung von Hypothesen* bzw. Annahmen über den Untersuchungssachverhalt gezählt werden. So können einer Untersuchung zur Arbeitszufriedenheit folgende Arten von Fragen zu Grunde liegen (vgl. auch Bortz & Döring, 1995):

- *beschreibend und hypothesenerkundend,* z. B.: Welche Varianten der Arbeitszufriedenheit existieren? (wobei die Betonung auf Detail- und Einzelbeschreibungen liegt)
- *populationsbeschreibend,* z. B.: Wie viel Prozent der Belegschaft sind gänzlich arbeitszufrieden? (Betonung auf Repräsentativität)
- *unspezifische Hypothesen überprüfend,* z. B.: Hängen unterschiedliche Formen der Arbeitszufriedenheit mit den Arbeitszeitregelungen zusammen? (Schwerpunkt auf Korrelationsanalysen)
- *spezifische Hypothesen überprüfend,* z. B.: Ist die geringe Arbeitszufriedenheit Ursache der hohen Fluktuation? (Betonung von Kausalzusammenhängen)

Durch eine frühzeitige Formulierung von Hypothesen wird vermieden, dass zu untersuchende Sachverhalte nur unvollständig ermittelt werden (z. B.: man «vergisst» die Erhebung erst nachträglich als interessant erkannter Variablen). Zudem steuern Hypothesen die Datenanalyse, was zum einen auswertungsökonomische Effekte hat und zum anderen die Gefahr reduziert, dass zufällig «gefundene» Effekte überinterpretiert werden.

Kriterien und deren Operationalisierung: Es kann Fälle geben, in denen Organisationspsychologen als Experten herangezogen werden, ohne dass es konkrete benennbare Probleme gibt, in denen sozusagen die Untersuchung an sich im Vordergrund steht. So werden beispielsweise Maßnahmen der Organisationsentwicklung oft ohne spezifisches zuvor festgelegtes Erfolgskriterium begonnen und Interventionen können auch darin bestehen, die Kriterien von den Untersuchungspersonen während der Interventionen selbst erarbeiten zu lassen (vgl. auch Bungard, Kap. 4.2). In der überwiegenden Mehrzahl von Untersuchungen dürften aber schon von Beginn an Ziele existieren, die in zu operationalisierende *Kriterien* umzusetzen sind. Zur Operationalisierung von Kriterien können entweder Standardverfahren (z.B. etablierte Skalen oder Tests) verwendet oder neue Maße entwickelt werden; in beiden Fällen ist eine sorgfältige definitorische Phase erforderlich (siehe auch Abschnitt 4.2). Bei der Operationalisierung von Kriterien sind unter anderem folgende Metakriterien zu beachten:

- Sparsamkeit (z.B.: Beurteilungen sollten mit möglichst wenigen, einfachen Skalen möglich sein).
- Umfang (z.B. Beurteilungsskalen sollten eine Beschreibung vieler Personen erlauben).
- Differenzierungsgrad (z.B. Beurteilungsskalen sollten individualisierende Beschreibungen ermöglichen, um den Einzelfällen gerecht zu werden und u.U. Interventionen konkret planen zu können).

Die drei Kriterien Sparsamkeit, Umfang und Differenzierungsgrad stehen in einem Spannungsverhältnis zueinander. Dies wird sich auch bei den Methoden der Datengewinnung zeigen. So stellen qualitative Methoden (vgl. auch Abschnitt 4.2) die *Differenziertheit* der Ergebnisse in den Mittelpunkt, quantitative Methoden die *Sparsamkeit* und den *Umfang*. Zur Gewinnung eines ersten Überblicks, aber auch zur verständlichen Kommunikation, ist es oft zweckmäßig, die ersten beiden Kriterien zu betonen. Geht es hingegen darum, konkrete Maßnahmen zu entwickeln und einzuleiten, sind differenzierte Analysen kaum verzichtbar.

Fragt man nach den Kriterien, mit denen die Zielerreichung überprüft werden kann, dann werden sie, wie bereits gesagt, zu Beginn einer Untersuchung oft nur vage benannt. So kann es Aufgabe eines Organisationspsychologen sein, die Personalauswahl eines Unternehmens zu verbessern. Was aber konkret «verbessern» heißt, ist von ihm selbst zu erarbeiten. Als Kriterien einer entsprechenden Untersuchung könnten in Frage kommen: mehr Bewerber, qualifiziertere Bewerber, weniger Absagen auf Stellenangebote, leistungsfähigere Mitarbeiter, geringere Fluktuation während des ersten Jahres, Reduzierung von Fehlzeiten etc. Die naheliegende Konsequenz lautet nun, das am einfachsten zu erhebende Kriterium heranzuziehen (z.B. Zahl der Bewerber). Auf dieses Kriterium hin werden dann Maßnahmen entwickelt (z.B. Rekrutierung über das Internet; vgl. Moser & Zempel, 2001). Fraglich ist, ob es sich hierbei um eine *Verbesserung* handelt. Möglicherweise ist es so, dass Bewerber erst dann für ein Unternehmen akzeptabel sind, wenn sie über ein bestimmtes Ausmaß an Qualifikation verfügen. Durch die genannte Intervention kann aber die Qualifikation der Bewerber nur wenig beeinflusst werden, weshalb sich ergeben könnte, dass die Organisation lediglich mehr Absagen an Bewerber formulieren muss, die sich ansonsten zuvor gar nicht erst beworben hätten. Konsequenz aus diesen Überlegungen ist, dass in solchen weniger klaren Fällen der Qualität einzelner Kriterien möglichst *mehrere* Kriterien erfasst werden sollten.

Ein weiterer Grund für die Erhebung mehrerer Kriterien sind eventuelle (in der Regel unerwünschte) Nebenfolgen von Untersuchungen. Ein Beispiel ist die Rekrutierung neuer Mitarbeiter über das Internet, die zwar zu einer erwünschten zunehmenden Internationalisierung von Bewerbungen, aber auch zu einer weniger erwünschten Flut überflüssiger Nachfragen führen kann. In solchen Fällen kann erst dann eine Ermittlung der Gesamtwirkung einer Maßnahme erfolgen, wenn die Teilwirkungen bekannt sind.

Die meisten Kriterien stellen eine nur unvollkommene Explikation an das eigentlich interessierende Ziel einer organisationspsychologischen Untersuchung dar. Ein letztendliches oder «ultimatives» Kriterium ist schwierig anzuge-

Informationsbox 1

Zur Relativität der Bedeutung von Kriterien

Abwesenheit vom Arbeitsplatz in der Organisation (Absentismus) gilt in der Regel als für eine Organisation ungünstiges oder dysfunktionales Verhalten. Beispielsweise gilt sie als Beleg für eine mangelnde Identifikation mit der Organisation. Dem stehen jedoch folgende Überlegungen entgegen (Staw, 1984):

- Absentismus kann der Erhaltung der Arbeitskraft dienen (vgl. die Begrenzung der Arbeitszeit für Kraftfahrer).
- Absentismus kann der Erholung von ungünstigen Arbeitsbedingungen dienen.
- Absentismus kann der Tätigkeit direkt dienlich sein (Klientenbesuche, Weiterbildung).
- Absentismus wird als Kriterium zunehmend durch (auch zeitlich) flexibel erreichbare Arbeitsziele ersetzt.
- Absentismus wird bei einer Zunahme von Telearbeit als Kriterium obsolet werden.

Zudem ist zu beachten, dass zwischen verschiedenen Arten von Fehltagenkonfigurationen unterschieden werden sollte (z. B. einmaliges längerfristiges Fehlen ist anders zu interpretieren als häufige kurzzeitige Fehlperioden, auch wenn in der Summe die gleiche Zahl an Fehltagen resultiert).

ben; oft wird nur allgemein von «Erfolg» oder «Überleben» der Organisation gesprochen. Zudem sind ultimative Kriterien oft nicht zugänglich oder nur sehr selten beobachtbar (z. B. der Erfolg von Rettungspersonal bei einer Katastrophe). In den meisten Fällen muss man sich daher mit der behelfsmäßigen Verwendung spezifischer Kriterien begnügen. Empfehlenswert ist die Kombination bzw. Aggregation von verschiedenen Kriterien, wobei dies mit statistischen Methoden oder auch durch ein Globalurteil geschehen kann.

In diesem Teilabschnitt wurde für den reflektierten Einsatz von Kriterien plädiert. Dies steht im Gegensatz zu einem oft pragmatischen Vorgehen gerade in der Organisationspsychologie. Das hieraus sich ergebende Problem zeigt sich dann, wenn nach den *Ursachen* von Kriterienausprägungen gefragt wird. Vorschnelles Akzeptieren von vorgegebenen oder einfach ermittelbaren Kriterien kann extreme Konsequenzen für Organisation und Individuum haben. Dies zeigen exemplarisch Argumente von Staw (1984) zur Abwesenheit vom Arbeitsplatz in der Organisation als relevantes Maß (Kriterium) zur Bewertung der Erreichung organisationaler Ziele (vgl. **Informationsbox 1**).

3. Untersuchungsplanung

In der Phase der konkreten Untersuchungsplanung wird eine Fixierung von Zielen und Mitteln vorgenommen. Die Phase der Untersuchungsplanung soll im Folgenden all das umfassen, was in der Methodenliteratur auch als Frage der «Versuchsplanung» behandelt wird. Die Untersuchungsplanung betrifft die Aspekte, die bei der beabsichtigten Aussage über das Ergebnis einer Untersuchung zu berücksichtigen sind. Methoden der Untersuchungsplanung dienen dazu, diese Aussagen auf eine möglichst solide Basis zu stellen. Grundannahme aller Untersuchungsplanungs- oder Designfragen ist, dass eine Untersuchung prinzipiell kritisierbar ist und eventuell auch tatsächlich kritisiert wird. Solche kritischen Fragen lauten etwa: Misst dieser Test tatsächlich Intelligenz, ist dieses Training tatsächlich wirksam, belegt diese Untersuchung tatsächlich den Zusammenhang zwischen Zielsetzung und hoher Leistung? Die Untersuchungsplanung soll entweder möglicher Kritik zuvorkommen oder eine Untersuchung der Kritik aussetzbar und daraufhin prüfbar machen. Im Folgenden wird zunächst erläutert, warum diese Anforderung am besten im *Experiment* erfüllt wird, und dann werden Probleme von und Alternativen zu Experimenten behandelt.

3.1 Experimente in der Organisationspsychologie

Als Königsweg unter den Untersuchungsmethoden in den Wissenschaften allgemein gilt das Experiment. Zunächst soll verdeutlicht werden, warum Experimente in den Wissenschaften so bedeutsam sind. Dann wird auf den Stellenwert und die Kritik an Experimenten in der Organisationspsychologie eingegangen. Bereits an dieser Stelle sei darauf hingewiesen, dass Experimente in der Organisationspsychologie eher selten durchgeführt werden (vgl. Bungard, Kap. 4.2).

Wissenschaft hat die Aufgabe, Sachverhalte, Ereignisse, Beziehungen etc. zu erklären. Hierzu werden Theorien bzw. einzelne Hypothesen aufgestellt und überprüft. Mit «Erklärung» ist hierbei eine Kausalerklärung gemeint: es wird auf eine Ursache verwiesen. Bei einem Experiment werden *genau eine* Variable manipuliert (die so genannte «unabhängige Variable» (UV)) und ihre Wirkung auf eine zweite Variable (die so genannte «abhängige Variable» (AV)) gemessen. Zudem werden alle sonstigen Randbedingungen kontrolliert.

Bei der Planung und Durchführung von Experimenten stößt man nun auf zwei Probleme: UV und AV sind nahezu nie ohne Ungenauigkeit herzustellen bzw. zu registrieren, und die Wirksamkeit zusätzlich bzw. alternativ einflussnehmender Variablen (so genannte «Drittvariablen») ist nie auszuschließen. Zudem fehlt es oft an Möglichkeiten, klassische experimentelle Kontrolltechniken einzusetzen. In den nachfolgenden Abschnitten sollen die methodischen Möglichkeiten beschrieben werden, wie diese Probleme angegangen werden können. (Weitere Probleme, speziell im organisationalen Kontext, sowie alternative Konsequenzen werden bei Bungard in in diesem Band erörtert). Zunächst aber sind einige *prinzipielle* Einwände gegen Experimente in der Organisationspsychologie zu besprechen.

Ein Hauptargument gegen das Experiment als Methode lautet, dass die so gewonnenen Ergebnisse nicht auf die (organisationale) Realität übertragbar oder «generalisierbar» sind. Die Langlebigkeit dieses Arguments hat trotz verbreiteter Kritik am Begriff der «Generalisierbarkeit» (z. B. Gadenne, 1984) auch in den letzten Jahren kaum an Vitalität eingebüßt. Zudem werden Experimente oft synonym als «Laborexperimente» bezeichnet. Das führt zu teilweise schwer wiegenden Missverständnissen, weshalb es wichtig ist, darauf hinzuweisen, dass Experimentieren eine Untersuchungsstrategie ist, ein Labor lediglich ein Setting (eine Untersuchungsumgebung). Somit reduziert sich die Frage der Generalisierbarkeit darauf, ob es *relevante* Differenzen zwischen Forschungssetting und spezifischem organisationalem Setting gibt (Fromkin & Streufert, 1976; vgl. auch **Informationsbox 2**). Mögliche *relevante* organisationale Merkmale könnten sein (Bouchard, 1976; Fromkin & Streufert, 1976):

Intensität der UV: In Organisationen können Maßnahmen sehr viel intensiver variiert sein bzw. werden. Man denke etwa an Konflikte mit Vorgesetzten.

Variierbarkeit der Phänomene: Bestimmte Variationen von organisationalen Phänomenen scheinen in einem Labor nicht herstellbar zu sein, so z. B. Gruppengrößen (Bouchard, 1976) oder formale Hierarchien.

Häufigkeit und Dauer: Bestimmte Maßnahmen sind erst nach ihrem gehäuften Auftreten oder nach längerer Zeit wirksam. Beispiele sind etwa familiäre Konflikte nach der Einführung von Schichtarbeit oder Auswirkungen drohender Arbeitslosigkeit.

Zeitstrukturen: Bestimmte organisationspsychologische Phänomene haben ihren Lebenszyklus, der nicht verkürzbar ist, z. B. der Verlauf von Forschungs- und Entwicklungsprojekten oder die Einarbeitung in einen neuen Aufgabenbereich.

Natürliche Einheiten: Organisationen haben eine Tendenz zur Selbstorganisation bzw. natürlichen Entwicklung und Adaptation an die Umwelt;

Informationsbox 2

Mangelnde Generalisierbarkeit von Laborexperimenten?

Untersuchungen werden oft an Universitäten mit Studierenden im Anfangssemester durchgeführt. Heißt dies nun, dass die Ergebnisse auch für andere Personen in anderen Situationen zu anderen Zeitpunkten gelten? Eine klare Antwort wäre: Da der untersuchte Zusammenhang als allgemein gültig angenommen wurde und bisher (noch?) kein Beleg dagegen vorliegt, sind sie allgemein gültig. Eine andere klare Antwort wäre: Echte Organisationsmitglieder reagieren bestimmt anders; solche Untersuchungen sind wertlos. Beide Antworten sind nicht ganz von der Hand zu weisen. Eine klare Empfehlung lautet deshalb, die Randbedingungen von Interventionen in ihren wesentlichen Aspekten immer mit zu dokumentieren (Moser, 2000).

Darüber hinaus kann aber auch auf zwei bemerkenswerte Sammlungen von Untersuchungen verwiesen werden, in der die Effekte von Untersuchungen unter «natürlichen» vs. «künstlichen» Bedingungen verglichen werden. Locke (1986) kam zu folgendem Ergebnis: In den Fällen, in denen Ergebnisse in verschiedenen Laboruntersuchungen konsistent waren, waren sie es auch im Feld; waren die Ergebnisse im Labor uneinheitlich, so waren sie es ebenso außerhalb desselben.

hier ist z. B. an die Neigung von Organisationen, die Zusammensetzung der Persönlichkeiten ihrer Mitglieder homogener werden zu lassen, zu denken (Moser, 1991). Solche Prozesse sind in einem Labor nicht abbildbar.

Effekte der Umgebung/des «Settings»: Die bloße Definition einer Umgebung als «Labor» bzw. «echtes Unternehmen» kann schon entscheidend sein (vgl. Bungard, Kap. 4.2), was z. B. die erlebte Bedeutsamkeit der zu erledigenden Aufgaben betrifft.

Repräsentativität der Operationalisierungen: In einigen Fällen mögen begründete Zweifel bestehen, ob die Operationalisierung im Labor derjenigen in Organisationen entspricht. So wurden die meisten Untersuchungen zu Urteilsfehlern anhand von studentischen Beurteilungen von Professoren durchgeführt, was sicherlich andere Konsequenzen für die Beurteilten hat als Leistungsbeurteilungen in Wirtschaftsunternehmen durch Vorgesetzte (vgl. Moser, Zempel & Schultz-Amling, 2000).

Interdependenzen und Verantwortlichkeiten: Personen in Organisationen haben meistens mehrere Aufgaben oder Ansprechpartner, es existieren wechselseitige Abhängigkeiten und Widersprüche. In einem Laborexperiment ist in der Regel das eigene Verhalten allenfalls vor den Versuchsleitern zu rechtfertigen, nicht aber vor Kollegen (mit denen zusammengearbeitet wird), der Familie oder dem Betriebsrat.

Ein grundlegender Einwand gegen Experimente in der *Organisationspsychologie* lautet also, dass *wesentliche* Eigenschaften von Organisationen nicht in Experimenten abgebildet werden und oft auch gar nicht abbildbar sind. Die prinzipielle Kritisierbarkeit von Experimenten (aber auch allen anderen Untersuchungsformen) geht allerdings auch auf den Umstand zurück, dass «Organisation» selbst ein sehr unterschiedlich verwendeter Begriff ist. So werden von verschiedenen Autoren jeweils eine Vielzahl als zentral bezeichnete definitorische Merkmale angeführt, so z. B. Differenzierung von Positionen, Arbeitsteilung, Bedeutsamkeit der bearbeiteten Aufgaben u. v. m. (Weick, 1967). Wer nun der Auffassung ist, dass das eine oder andere Merkmal «zentral» oder «relevant» für eine Organisation ist, der wird dessen Fehlen bzw. andere Ausprägung in einem Laborexperiment als Defizienznachweis interpretieren. Da es aber keine klaren definierenden Kriterien für «Organisationen» gibt, kann ein Experiment (aber auch fast jegliche Untersuchung) stets als irrelevant für den (bzw. einen ganz bestimmten) organisationalen Kontext bezeichnet werden.

Nehmen wir nun an, dass Experimente sowohl möglich als auch sinnvoll durchführbar sind. In den nächsten Abschnitten sollen nun zwei generelle Probleme von Untersuchungsdesigns behandelt werden, der Einfluss von Messfehlern und von Drittvariablen. Die Unterscheidung zwischen diesen beiden Einflussfaktoren ist dabei eher pragmatischer Natur. Drittvariablen, deren Wirkungsweise (noch) nicht bekannt sind, können dem Messfehler zugeschlagen werden. Messfehler, deren Entstehung (teilweise) aufgeklärt wurde, können dann als Drittvariablen analysiert werden.

3.2 Der Umgang mit Messfehlern

In der Organisationspsychologie sind sowohl unabhängige als auch abhängige Variablen oft nur mit einer gewissen Toleranz bzw. einem Messfehler zu erfassen. Wer z. B. die Hypothese überprüfen will, dass die Bereicherung der Arbeitstätigkeit zu einer Erhöhung der Arbeitszufriedenheit führt, der wird das Problem haben, dass sowohl die Bereicherung der Arbeitstätigkeit als auch die Arbeitszufriedenheit nicht exakt gemessen werden können. Maßnahmen zum Umgang mit Messfehlern können sowohl mit Hilfe von Methoden der Untersuchungsplanung als auch durch die Verwendung entsprechender Methoden der Datengewinnung ergriffen werden. Letztere werden in Abschnitt 4 besprochen, so z. B. die Verwendung standardisierter Test- und Beobachtungsverfahren oder das Training der Beobachter bzw. Interviewer. Von den Möglichkeiten des Umgangs mit Messfehlern ist auf der Seite der Untersuchungsplanung die *Reduzierung von Messfehlern* die wichtigste Maßnahme. Unter der Annahme, dass Fehler unsystematisch auftreten, kann auch versucht werden, den Fehler *zu kontrollieren*. Eine besondere Rolle kommt hier der *Messwiederholung* zu. Wiederholte Messungen bzw. Beobachtungen ergeben nach anschließender Mittelung verlässlichere Werte. Zudem ermöglicht die Berechnung der Streuung der beobachteten Werte eine Schätzung der Ungenauigkeit der Beobachtungen bzw. die Angabe eines Vertrauensintervalls.

Da die wiederholte Beobachtung des Erlebens und Verhaltens der gleichen Person zur Konsequenz haben kann, dass sie beispielsweise Lerngewinne hat oder ermüdet, werden in der Regel in der Psychologie *Versuchsgruppen* der Manipulation der unabhängigen Variable ausgesetzt; danach werden dann die Beobachtungswerte pro Gruppe *aggregiert*. Da in der Organisationspsychologie die Untersuchung von Gruppen die Regel ist, wird dieser eigentliche Zweck der Bildung von Untersuchungsgruppen oft aus den Augen verloren (Moser, 1987). Weitere Beispiele für die Schätzung und Reduktion des Messfehlers durch Aggregation sind die Verwendung mehrerer Fragen zum gleichen Themenkomplex und der Einsatz mehrerer Beobachter oder Interviewer.

3.3 Drittvariablen und deren Kontrollierbarkeit

Im vorangehenden Abschnitt wurden zusätzlich wirksame Einflüsse auf UV und AV als *unsystematische* Messfehler behandelt. Zusätzliche Einflüsse können aber auch *systematisch* sein. Variablen, die für systematische Einflüsse verantwortlich sind, werden als Drittvariablen bezeichnet.

Drittvariablen (DVn) können an verschiedenen Stellen der (vermeintlichen) Beziehung zwischen einer UV und einer AV ansetzen. So kann ein Zusammenhang zwischen einem bestimmten Führungsverhalten (UV) und der Leistung der Mitarbeiter (AV) von der Situation (DV) abhängen, in der das Verhalten gezeigt wird (vgl. Wegge und von Rosenstiel, Kap. 13). Die Situation wirkt hier als Drittvariable auf die Beziehung bzw. sie moderiert die Beziehung zwischen UV und AV. Man spricht hier auch von einer *Moderatorwirkung* der DV bzw. bezeichnet die DV als *Moderatorvariable*. Wirkt die DV als vermittelnde Variable zwischen UV und AV, dann kann von der DV auch als einem *Mediator* gesprochen werden (Baron & Kenny, 1986). Drittvariablen können auch Kausalzusammenhänge vortäuschen. Beispielsweise könnte der Zusammenhang zwischen Intelligenz und Ausbildungserfolg durch die Variable «sozialer Status» verzerrt sein, wenn etwa Menschen mit höherem sozialen Status mehr Chancen haben, Intelligenztests zu üben und von Ausbildungsabschlussprüfern auch als sympathischer und (daher) positiver eingeschätzt werden.

Betrachten wir ein Beispiel, nämlich die Hypothese, dass der Besuch eines Führungstrainings ein effektiveres Führungsverhalten bewirkt. Das Führungstraining besteht aus Vorträgen, Rollenspielen und Gruppendiskussionen. Das effektivere Führungsverhalten wird mittels bestimmter Fragen in einem an die Teilnehmer später ausgeteilten Fragebogen erfasst. Wie könnte die Schlussfolgerung, dass das Führungstraining effektiv war, kritisiert werden? **Tabelle 1** bietet einen Überblick zu einigen wichtigen Einflussgrößen und nennt entsprechende Alternativhypothesen zur *Erklärung der vermeintlichen Wirkung* des Führungstrainings.
Wer sich Tabelle 1 vergegenwärtigt, mag zunächst resignierend auf Untersuchungen überhaupt verzichten wollen. Dies wäre aber eine überzogene Reaktion, denn zum einen handelt es sich um *Bedrohungen*, die nicht praktisch auftreten bzw. relevant sein müssen, zum zweiten sind *nicht alle Faktoren* bei allen Arten von Untersuchungen von Interesse (beispielsweise die letzten drei), und schließlich existieren *Techniken*, um diese Bedrohungen *zu kontrollieren.* Die wichtigsten Kontrolltechniken, die im Folgenden besprochen werden, sind die Einrichtung von Kontrollgruppen, die Randomisierung und Messungen zu mehreren Zeitpunkten.

Kontrollgruppenbildung und Randomisierung

Experimentieren heißt gezieltes Eingreifen bzw. Vorgabe eines Treatments. Damit ergibt sich, dass sich ohne diesen Eingriff nichts getan hätte. Um dies zu überprüfen, kann eine *Kontrollbedingung* eingeführt werden. (Neben solchen *experimentellen* Kontrollen existieren auch Verfah-

Tabelle 1: Drittvariableneinflüsse und die Interpretierbarkeit der Ergebnisse von organisationspsychologischen Untersuchungen am Beispiel eines Führungstrainings

Problem	Beispielhafter Effekt
Zeitlich parallele Ereignisse	Nicht das Führungstraining ist für das veränderte Verhalten verantwortlich, sondern der Erholungswert der Maßnahme oder die nach dem Training veränderte ökonomische Situation des Unternehmens.
Reifung	Die Teilnehmer hatten wenig Erfahrung mit Führung und benötigten unabhängig von dem Training noch etwas Zeit, um in ihre Rolle als Führungskraft hineinzuwachsen.
Messung/Testung	Bestandteil des Trainings waren Informationen darüber, wie das Messinstrument, mit dem «evaluiert» wird, auszufüllen ist, um einen hohen Wert zu erzielen (siehe auch Abschnitt 2).
Instrumentierung	Eigenschaften des Fragebogens sind für die vermeintliche Wirksamkeit des Trainings verantwortlich; beispielsweise können Fragen nach der selbsteingeschätzten Veränderung des Führungsverhaltens am Ende der Maßnahme als (suggestive) Aufforderung wirken, eine solche zu beschreiben.
Statistische Regression	Möglicherweise wurden nur Personen mit (zufälligerweise) weniger Führungsqualitäten zum Training geschickt; ihre Messwerte werden sich auch ohne Training verbessern, da bei einer zweiten Messung (z.B. der Führungsqualitäten) ihre Werte zur Mitte tendieren.
Selektionseffekt	Das Training ist nur für die spezifische Gruppe wirksam (z.B. weil sie eine Vorauslese besonders motivierter Personen darstellte), die Wirkung lässt sich also nicht verallgemeinern.
Mortalität	Personen, denen das Training wenig gebracht hat (oder für die es sogar schädlich war), schieden vorzeitig aus, und ihr Verhalten wurde am Ende des Trainings nicht berücksichtigt.

ren der *statistischen* Kontrolle, die hier aber nicht besprochen werden können; vgl. Bortz, 1999.) Eine erste Möglichkeit, eine Kontrollbedingung herzustellen, besteht in einer *Vorhermessung* (Messung vor dem Treatment). Unterscheiden sich dann die Beobachtungswerte vor und nach dem Treatment, so könnte auf dessen Wirkung geschlossen werden. Eine andere Möglichkeit besteht in der Heranziehung einer *Kontrollgruppe.* Wenn sich die Beobachtungswerte in Versuchs- und Kontrollgruppe unterscheiden, dann kann auf eine Treatmentwirkung geschlossen werden. Charakteristische Probleme solcher Kontrollgruppendesigns sind:

- *Diffusions- oder Imitationseffekte:* Wenn nach dem Training das Verhalten in einer Kontrollgruppe ähnlich verbessert ist, so kann dies daran liegen, dass sich die Trainingsinhalte «herumgesprochen haben».
- *Kompensatorisches Treatment:* Ein (vermeintlich) wirksames Training kann durch kompensatorische Maßnahmen ausgeglichen werden; die Kontrollgruppe erhält eine «Entschädigung».
- *Kompensatorische Rivalität:* Die nichttrainierte Kontrollgruppe kann versuchen nachzuweisen, dass sie das Training «nicht nötig hat», und reagiert ebenfalls mit verändertem Verhalten.
- *Demoralisierung:* Die Wirksamkeit des Trainings besteht darin, dass die Kontrollgruppen in ihren Leistungen nachlassen/demoralisiert wurden, weil sie nicht teilnehmen «durften».

Voraussetzung ist eine sinnvolle Vergleichbarkeit der Ausgangssituation von Versuchs- und Kontrollgruppe. Dies sei an einem Beispiel aus der Forschung zur organisationalen Sozialisation verdeutlicht, der Hypothese, dass sich neue Organisationsmitglieder an die Normen und Werte ihrer Arbeitsgruppe angleichen. Im Extremfall wäre hier eine Kontrollgruppe von Personen keiner organisationalen Sozialisation auszusetzen – aber an welche Normen und Werte ihrer Arbeitsgruppe sollten sie sich dann anpassen? Andererseits: Eine solche Kontrollgruppe könnte möglicherweise dann sinnvoll sein, wenn eine Alternativerklärung geprüft wird, nämlich, dass sich die Werte neuer Organisationsmitglieder lediglich auf Grund eines Alterseffekts gewandelt haben. Ließe sich dieser Alterseffekt auch in besagter Kontrollgruppe aufzeigen, wäre die Hypothese eines organisational bedingten Sozialisationseffekts kritisierbar.

Eine Gefahr für die Interpretierbarkeit der Ergebnisse ist, dass sich Versuchs- und Kontrollgruppe systematisch *vor* dem Treatment unterscheiden. Für den Umgang mit diesem Effekt bieten sich verschiedene Strategien an. Eine Strategie lautet, die vermuteten Wirkungen von Drittvariablen zu zufälligen Fehlern zu machen. Man mag etwa annehmen, dass das Führungstraining (= UV) nur bei einem Teil der trainierten Personen zu einem veränderten Führungsverhalten führt. Will man nun trotzdem untersuchen, ob ein Trainingseffekt vorliegt, so müsste sichergestellt sein, dass die entsprechenden Ursachen in einer als Vergleichsbasis herangezogenen Kontrollgruppe *gleichermaßen* wirksam sind. Dies wird erreicht, indem eine zufällige Aufteilung der Untersuchungspersonen in Versuchs- und Kontrollgruppe vorgenommen wird. Solche Aufteilungen werden z.B. mit Zufallszahlentabellen vorgenommen und *Randomisierungen* genannt. Experimente, denen Kontrollgruppen ohne Randomisierung zu Grunde liegen, werden als *Quasi-Experimente* bezeichnet.

Gruppenbildung, Heranziehung einer Kontrollgruppe und Randomisierung werden mittlerweile so selbstverständlich genannt, dass sie als scheinbar unverzichtbare Merkmale von *Experimenten* gelten. Tatsächlich aber handelt es sich hierbei *nicht* um a priori notwendige Kontrolltechniken, und zudem sind auch hiermit nicht alle Drittvariablenprobleme gelöst. So können Diffusions- oder Imitationseffekte, kompensatorisches Treatment, kompensatorische Rivalität und Demoralisierung auch durch Randomisierung nicht ausgeschlossen werden.

Wenn sich eine Randomisierung verbietet und man nicht gänzlich auf eine Kontrollgruppe verzichten will, dann kommen so genannte nicht-äquivalente Kontrollgruppen und Messwiederholungen in Frage (die meisten Designs mit nicht-äquivalenten Kontrollgruppen enthalten auch Messwiederholungen). Sind zudem begründete Annahmen über die Wirkung von

Drittvariablen formulierbar, so können die Untersuchungspersonen zunächst hierauf untersucht und dann dergestalt in Versuchs- und Kontrollgruppen aufgeteilt werden, dass sich die Werte in den Gruppen paarweise gleichen. Dieses Verfahren wird als *Parallelisierung* oder auch «Matching» bezeichnet. Des Weiteren können die Drittvariablen explizit als *weitere unabhängige Variablen* berücksichtigt bzw. die UV kann unterschiedlich «intensiv» gestuft werden (vgl. hierzu den nächsten Abschnitt). Eine vierte Möglichkeit besteht schließlich darin, die Drittvariablen zwar zu erheben, ihren Einfluss aber erst im Nachhinein in der Phase der Datenauswertung mittels statistischer Verfahren (z. B. mittels Kovarianzanalyse) auszuschließen. Im Allgemeinen ist die Randomisierung sowohl der Parallelisierung als auch dem expliziten Einbezug weiterer UVs vorzuziehen, da die Art der Drittvariablenwirkungen in der Regel nicht genauer bekannt sind. Gelingt es, eine relevante Variable zur Parallelisierung zu finden, dann steigt jedoch nach Stelzl (1984) die Teststärke.

Nicht-äquivalente Kontrollgruppen

In vielen Anwendungsfällen ist keine echte Randomisierung möglich (vgl. Pro und Kontra in Cook & Campbell, 1979, S. 347 ff.). Dennoch möchte man gerne «Vergleichsgruppen» bzw. «nicht-äquivalente Kontrollgruppen» heranziehen. Cook und Campbell (1979) schlagen für solche Fälle insgesamt acht Designvarianten vor, von denen im Folgenden drei besprochen werden.

Betrachten wir ein Beispiel: Die Hypothese sei, dass die Einführung von Gleitzeit zu einer Reduktion der Fehlzeiten führt. Diese Maßnahme wird in einer Bankfiliale (A) eingeführt; zum Vergleich wird eine zweite Bankfiliale (B) herangezogen, in der diese Maßnahme ausbleibt. Nun unterscheiden sich aber z. B. Belegschaftszusammensetzung und sonstige Arbeitsbedingungen in den beiden Filialen; kann hier ein Vergleich noch sinnvoll sein? Ein «unbehandeltes Kontrollgruppendesign mit Vor- und Nachtest» kann eine ganze Reihe von Bedenken trotz Fehlen von Randomisierung beseitigen: Bei einem solchen Design wird in beiden Filialen vor und nach Einführung der neuen Arbeitszeitregelung der Fehlzeitenanteil gemessen; wenn die Abnahme der Fehlzeiten in Filiale A stärker ist, dann war die Regelung wirksam. Die Probleme dieses Designs sind auch deshalb beachtenswert, da es auch unabsichtlich entstehen kann, wenn z. B. eine zuvor geplante Randomisierung missglückt ist. Cook und Campbell zählen Bedrohungen der Schlussfolgerungen aus solchen Untersuchungen auf, die in **Tabelle 2** zusammen mit jeweils einem Beispiel wiedergegeben werden.

Tabelle 2: Probleme des unbehandelten Kontrollgruppendesigns mit Vor- und Nachtest am Beispiel der Wirkung eines veränderten Arbeitszeitsystems in zwei Filialen

Problem	Beispielhafter Effekt
Wechselwirkung von Selektion und Reifung	Die zwei Filialen unterscheiden sich in ihrem Ausgangsniveau von Fehlzeiten, was mit der («gereiften») Identifikation der Mitarbeiter mit dem Unternehmen zusammenhängt. Die scheinbare zusätzliche Wirkung der Änderung des Arbeitszeitsystems ist tatsächlich auf schon zuvor bestehende Unterschiede in der Identifikationsbereitschaft mit der Filiale zurückzuführen, die wiederum bei den beiden Gruppen unterschiedlich starke Effekte auf die Fehlzeiten hat.
Instrumentierung	Die Messinstrumente können für die beiden Gruppen nicht gleich geeignet sein. Im Extremfall können die Fehlzeiten bereits so niedrig sein, dass sich keine Änderung mehr zeigen kann (so genannte Decken- bzw. Bodeneffekte).
Differentielle statistische Regression	Die Vergleichsfiliale kann zwar so ausgewählt sein, dass ihre Ausgangswerte vergleichbar gering/hoch waren, aber die Werte verändern sich dort eher auf Grund einer Regression zur Mitte.
Wechselwirkung von Selektion und zeitlich parallelen Ereignissen	Zeitlich parallel zur Einführung der neuen Arbeitszeitregelung gehen einige Mitarbeiter, die einen Großteil der Fehlzeiten in der einen Filiale verursachten, in Rente.

Zu Beginn dieses Abschnitts wurde erläutert, weshalb Kontrollbedingungen wichtig sind, um die Wirksamkeit von Maßnahmen beurteilen zu können. Verschiedenste Ursachen können aber die Einrichtung von Kontrollgruppen erschweren, wenn nicht gar unmöglich machen (vgl. Lipsey & Cordray, 2000, sowie Bungard, Kap. 4.2). Die Alternative lautet dann, mehrfache Messungen an der gleichen Person bzw. der gleichen Gruppe, so genannte *Messwiederholungen* vorzunehmen. Als Kontrollbedingung fungiert hier also die gleiche Untersuchungseinheit zu einem anderen Zeitpunkt. Eine Messwiederholung liegt bereits dann vor, wenn Vortest und Nachtest vorliegen. So genannte Zeitserienuntersuchungen gehen von mehreren Messungen vor und nach einem Treatment aus. Auch bei diesen Designs gibt es bedeutsame Probleme. Zunächst entsteht verstärkt Reaktivität, die der Messwiederholung zuzuschreiben ist (z. B. das Gefühl, persönlich kontrolliert zu werden, oder auch Lerneffekte, wenn mehrfach mittels der gleichen Fragen geprüft wird, ob sich ein tatsächlicher Lernfortschritt ergeben hat). Ein weiterer Kritikpunkt ist die Ökonomie. Demgegenüber besteht der Vorteil solcher Designs in der Kontrollierbarkeit von Reifungsprozessen.

3.4 Verzicht auf experimentelle Variation

Ein wesentliches Merkmal des Experiments ist die gezielte Manipulation der UV. Was geschieht nun, wenn hierauf verzichtet wird oder werden muss? Eine Möglichkeit besteht darin, «natürliche» Variationen abzuwarten und deren Wirkungen zu erfassen. Solche nichtexperimentellen Untersuchungen lassen sich nach Stone (1978) in zwei Varianten einteilen, *«cross-sectional studies»* und *«correlational studies»*. Der erste Untersuchungstyp zeichnet sich dadurch aus, dass mehrere Gruppen verglichen werden, die sich jeweils in einem bereits vorgegebenen Merkmal unterscheiden. In korrelativen Untersuchungen werden in der Regel interindividuelle Unterschiede analysiert. Beide Designvarianten werden auch als *ex-post-facto-Designs* bezeichnet, da keine experimentelle Kontrolle über die unabhängigen Variablen besteht. Beide Designs haben zudem die Gemeinsamkeiten, dass sie in der Organisationspsychologie oft vorkommen, und dass ihre Aussagekraft oft kritisch beurteilt wird. Hier wird die erste Designvariante als *Feldstudie* und die zweite als *korrelative Untersuchung* bezeichnet.

Ein Grundmerkmal von *Feldstudien* besteht darin, eine entsprechende Variation abzuwarten und diese dann zu evaluieren. Obwohl ein solches Design nicht gänzlich uninterpretierbar ist, ist es doch mit zahlreichen Schwächen behaftet: Man verfügt über keine oder keine äquivalente Kontrollgruppe, kennt nicht das Ausgangsniveau der Untersuchungspersonen und kann sich nicht einmal sicher sein, ob die Variation nicht von anderen Variablen überlagert wurde; zudem sind Replikationen ausgeschlossen. Damit sind noch mehr Bedrohungen der Gültigkeit getroffener Aussagen existent als diese in Tabelle 1 angeführt wurden. Die Ergebnisse solcher Designs sind nur mit größten Vorbehalten zu interpretieren. Stone (1978) schlägt vor, dass möglichst viele der eventuell störend wirkenden Variablen berücksichtigt, d. h. erhoben und auf ihre Wirkung geprüft werden (vgl. ebenso Lipsey & Cordray, 2000). Dieses Vorgehen birgt allerdings zwei Probleme in sich, zum einen gleicht diese «Kontrollstrategie» eher einem Herumprobieren, und zum anderen entsteht die Gefahr, dass zufällige Zusammenhänge «entdeckt» bzw. überinterpretiert werden.

Eine weitere Alternative zum Experiment besteht darin, natürliche Variationen (z. B. Unterschiede zwischen Personen oder Organisationen) zu erfassen und diese mit abhängigen Variablen in Beziehung zu setzen. Betrachten wir ein Beispiel für solch eine *korrelative Untersuchung:* Gegeben sei die Hypothese, dass eigene Zielsetzung zu Leistungsverbesserung führt. Nun kann so vorgegangen werden: Es werden Personen mit unterschiedlich starker Tendenz zur Zielsetzung gesucht, und es wird geprüft, ob ihr Leistungsniveau unterschiedlich hoch ist. Es werden also *korrelative* Analysen durchgeführt.

Grundüberlegung ist, dass von einer natürlichen Variation von Merkmalen ausgegangen werden kann und diese miteinander in Beziehung setzbar sind. Beispiele hierfür sind die unterschiedlich starke Ausprägung von Absentismus und Arbeitszufriedenheit oder von Intelligenz und Ausbildungserfolg. In der organisationspsychologischen Forschung spielen korrelative Analysen deshalb eine Rolle, weil die Daten hierfür als relativ leicht erhebbar gelten (z. B. mittels Fragebogen), weil es gut begründet möglich sein kann, Kausalaussagen über diese korrelativen Beziehungen zu machen, und weil in manchen Anwendungsbereichen die Feststellung korrelativer Beziehungen ausreicht. Bei der *Planung einer kausalen Analyse korrelativer Daten* sind aber u. a. folgende Punkte zu beachten:

- Da die Richtung der Verursachung nicht aus den Daten erkennbar ist – anders als bei einem Experiment, wo die UV zeitlich vor der AV liegt –, benötigt man Annahmen über die zeitliche Abfolge. (Kann man annehmen, dass die Arbeitsunzufriedenheit den Absentismus verursacht oder ist es eher umgekehrt?)
- Des Weiteren ist es im Allgemeinen günstig, wenn die beteiligten Variablen durch verschiedene Erhebungsmethoden registriert werden. Zumindest eine potenzielle Quelle methodischer Probleme ist die Erhebung verschiedener Aspekte oder Variablen durch die gleiche Methode der Datenerhebung (Spector, 1994). So wurden und werden sowohl Arbeitszufriedenheit als auch deren Determinanten mit den gleichen Fragebogen bzw. ähnlichen Fragetypen, Formulierungen oder gar Betonungen in den Fragen erhoben. Wie Staw (1984) bemerkt, ist z. B. ein Zusammenhang zwischen Arbeitszufriedenheit und Arbeitsplatzmerkmalen vor allem dann nicht überraschend, wenn die Arbeitsplatzmerkmale mit wertbeladenen Frageformulierungen erfasst werden (z. B. «die Tätigkeit ist herausfordernd»).
- Es fehlt die Kontrolle von Drittvariablen, die zeitlich vor, parallel zu oder auch nach der unabhängigen Variable auf die abhängige Variable wirken. Beispielsweise könnten sowohl Arbeitszufriedenheit als auch Absentismus auch mit dem Lebensalter, der Entlohnung, dem Arbeitszeitsystem usf. zusammenhängen.

Korrelative Untersuchungen gehen von der «natürlichen» bzw. bereits vor einer Untersuchung gegebenen Variation von Merkmalen aus und setzen diese mit weiteren Reaktionen in Beziehung. Diese «natürliche» Variation kann aber sowohl zu homogen als auch zu heterogen ausfallen. Ist die Variation zu homogen, so werden die Zusammenhänge geringer sein und ist sie zu heterogen, so werden die Zusammenhänge überschätzt. Ursachen solcher Varianzverzerrungen sind nichtzufällige Stichprobenziehungen bzw. Rekrutierungen von Untersuchungspersonen, die zufällig, absichtlich und manchmal sogar unvermeidlich sein können. Das Problem der Varianzhomogenität wird u. a. in der Eignungsdiagnostik behandelt. So wurde beispielsweise die These aufgestellt, dass die Mitglieder in Organisationen sich über die Zeit hinweg ähnlicher werden (vgl. Moser, 1991). Werden also Zusammenhänge zwischen Persönlichkeitsmerkmalen und beruflicher Leistung analysiert, so fallen diese bei Organisationsmitgliedern geringer aus als bei Bewerbern.

Varianzheterogenität liegt üblicherweise beim Vergleich von Extremgruppen vor. Beispielsweise könnte der Zusammenhang zwischen Autonomie und Identifikation mit der Organisation untersucht werden, indem Fließbandarbeiter und Manager hinsichtlich dieser zwei Variablen untersucht werden. Der Zusammenhang dürfte hier überschätzt werden, wenn z. B. auf alle Arbeiter, alle Manager oder auch alle Organisationsmitglieder generalisiert werden soll.

Wie ist nun mit solchen Problemen umzugehen? Die erste Empfehlung lautet, eine «repräsentative» Stichprobe bzw. «repräsentative» Untersuchungspersonen heranzuziehen, wenn man am *Ausmaß* des Zusammenhangs interessiert ist. Eine zweite Möglichkeit besteht darin, dass die getroffenen Aussagen entsprechend relativiert werden. So hat der Extremgruppenvergleich *demonstrative* Zwecke gehabt, kann aber nicht typische Aussagen machen; er eignet sich aber sehr wohl, um Kausalhypothesen zu prüfen. Die dritte Behandlungsweise lautet, die Varianzen bzw. Zusammenhangsmaße zu korrigieren (Formeln hierzu bei Lienert & Raatz, 1998).

4. Methoden der Datengewinnung

Untersuchungen werden von Datenerhebungen begleitet, teilweise bereiten Datenerhebungen Untersuchungen vor, teilweise sind Untersuchung und Datengewinnung identisch, teilweise dienen Datenerhebungen der Überprüfung der Wirkung von Interventionen. Methoden der Datengewinnung sowie Kriterien zu deren Entwicklung und Bewertung sind Gegenstand der psychologischen Diagnostik. Die diagnostische Methodenlehre wurde vornehmlich an praktischen Fragen der Messung interindividueller Unterschiede entwickelt. Die nachstehenden Überlegungen gelten aber auch für die Diagnose von Gruppen, Organisationen oder Arbeitsplätzen, sind also demnach für alle in diesem Lehrbuch zu findenden diagnostischen Teilkapitel relevant. In diesem Abschnitt soll zunächst ein Überblick über einige der häufiger verwendeten Methoden zur Datengewinnung gegeben werden. Im Anschluss werden Kriterien zur Beurteilung dieser Methoden angeführt. Auch an dieser Stelle sei darauf hingewiesen, dass es wiederum Methoden gibt, die der Entwicklung und Verbesserung von Methoden der Datengewinnung dienen.

4.1 Beschreibung von Methoden der Datengewinnung

Interviews

Eine der unmittelbarsten Methoden der Datengewinnung ist die Befragung bzw. das Interview. Interviewer und Interviewter stehen in relativ direktem Kontakt und tauschen untereinander (=«inter») ihre Sicht (=«view») von Sachverhalten aus. Der Interviewer kann die Fragen bereits vorformuliert haben oder sie aus dem Gesprächsverlauf entwickeln. Die Antworten des Interviewten können zunächst offengelassen werden oder bereits (zumindest beispielhaft) vorformuliert sein; diese Vorformulierungen können dann dem Befragten vorgelegt werden oder auch lediglich dem Interviewer als Auswertungshilfe dienen. Die vorstehenden Überlegungen machen bereits deutlich, dass es eine Vielzahl von Interviewvarianten gibt; zudem werden sie oft durch weitere Datenerhebungsmethoden unterstützt (z.B. Interviewleitfäden). Interviews können auch in der Form von Gruppendiskussionen, eventuell mit Unterstützung von Metaplan-Technik, stattfinden. Weitere Varianten werden bei Bungard (Kap. 4.2) angeführt.

Die *Vorteile von Interviews* lassen sich wie folgt zusammenfassen (vgl. Stone, 1978): Interviews sind flexibel und ermöglichen Nachfragen. Im Vergleich zu schriftlichen Methoden der Datengewinnung ist der Rücklauf bzw. die Antwortbereitschaft höher, und die sprachlichen Anforderungen an die Untersuchungspersonen sind geringer. Zur *Gestaltung der Interviewsituation* lassen sich insbesondere folgende Empfehlungen formulieren:

- die Statusdifferenz zwischen Interviewer und Interviewtem sollte gering sein;
- der Expertenstatus von Interviewer und Interviewtem sollte geklärt sein (der Interviewer ist Experte für die Interviewmethode, aber der Interviewte ist Experte für den Gegenstand des Interviews);
- der Erhalt der Motivation des Interviewten sollte durch unterstützende Maßnahmen gewährleistet sein (eventuell Wechsel von Themen, Frageformen etc.);
- das Interview sollte ohne das Beisein unbeteiligter anderer Personen stattfinden.

Im Allgemeinen empfiehlt es sich, Interviewer zu trainieren. Inhalte solcher Trainings sollten unter anderem sein:

- Der Interviewer sollte die Funktion des Interviews als Datengewinnungstechnik kennen lernen.
- Der Interviewer sollte das Interviewen praktisch üben.
- Der Interviewer sollte die korrekte Bewertung von Antworten trainieren.
- Der Interviewer sollte, falls möglich, an der Entwicklung des Interviews beteiligt sein.

Zu den *Nachteilen von Interviews* zählen u.a. die beeinträchtigte Standardisierung im Ablauf, der zeitliche und personelle Aufwand und die (unkontrollierte) Beeinflussung der Untersuchungspersonen durch den Interviewer. Tatsächlich kann aus methodischer Sicht der geringe Standardisierungsgrad als Haupteinwand gelten. Insbesondere so genannte «Rosenthal-Effekte», d.h. die Beeinflussung der Untersuchungspersonen durch Hypothesen oder Wünsche des Untersuchungsleiters, wurden ausführlich untersucht (Rosenthal & Rubin, 1978; Rosenthal, 1994). Über die weiter oben angeführten Trainingsmaßnahmen hinaus werden als Maßnahmen zur Kontrolle von Versuchsleiter- bzw. Interviewereffekten u.a. vorgeschlagen (vgl. Bungard, 1992):

- die Durchführung von Doppelblinduntersuchungen (d.h. weder Untersuchungspersonen noch Untersuchungsleiter kennen die Forschungshypothesen);
- der Einsatz möglichst vieler und unterschiedlicher Versuchsleiter/Interviewer;
- die Minimierung des Kontakts zwischen Interviewer und Interviewtem z.B. durch Maßnahmen zur Strukturierung des Interviews (vgl. Schuler & Moser, 1995; Campion, Palmer & Campion, 1997).

Auch wenn es die bereits kurz erwähnten Möglichkeiten zur Reduzierung dieser Probleme gibt, so sollten Interviews, gerade wenn die Kontrollmöglichkeiten eher gering sind, vor allem zur Hypothesen*generierung* eingesetzt werden, während die präzisere Hypothesen*prüfung* objektiveren Verfahren (vgl. unten) überlassen werden sollte. Auf Empfehlungen zur Formulierung von Interviewfragen sei hier verzichtet. Ausführliche Vorschläge finden sich bei Bouchard (1976).

Fragebogen

Fragebogen sind vermutlich die am häufigsten eingesetzten Methoden zur Datengewinnung in der Organisationspsychologie (Stone, Stone & Gueutal, 1990). Die Gründe hierfür sind u.a., dass die Datenerhebung (im Vergleich zu Interviews) weniger Kosten verursacht, die Daten auch von Hilfskräften erhoben werden können, die Durchführung standardisiert, anonym und in Gruppen erfolgen kann und die Bögen auch postalisch oder über das Internet versandt werden können.

Viele Probleme und entsprechende Empfehlungen zur Konstruktion von Fragebogen sind denen zum Interview ähnlich. Besonderheiten bei Fragebogen ergeben sich in der Regel dadurch, dass Fragebogen auf Papier (neuerdings auch öfter elektronisch) vorgegeben werden und damit oft ohne Anwesenheit eines Interviewers, der Erläuterungen geben oder Nachfragen stellen kann. Fragebogen, die nur schriftlich ausgegeben bzw. verschickt werden, erfordern daher noch stärker die Prüfung der Fragenqualität und der Antwortalternativen als mündliche Befragungen; grundsätzlich stellen Fragebogen höhere Anforderungen an die Verständnisleistungen von Untersuchungspersonen. Dies drückt sich auch darin aus, dass der Anteil fehlender oder unvollständiger Antworten größer ist (vgl. auch Stone et al., 1990). Bei räumlicher und zeitlicher Distanz zwischen Untersuchungsleiter und Untersuchungsperson wird das Problem, dass Beantwortungshäufigkeit, -geschwindigkeit und -qualität zu wünschen übrig lassen, zunehmend größer.

Empfehlungen zur Verbesserung des Rücklaufs von Fragebogen, von denen einige auch für andere Methoden der Datengewinnung anwendbar sind, lauten:

- Der Fragebogen sollte möglichst einfach und übersichtlich aufgebaut sein.
- Die Person/Organisation, die fragt, sollte identifiziert sein.
- Der Fragebogen sollte einen Titel tragen, der die Bedeutung der Fragen für den Befragten deutlich macht.
- Ankündigungsschreiben im Vorfeld können den Rücklauf erhöhen.
- Anreize für die Beantwortung der Fragen können sein:
  - (minimale) Geschenke.
  - finanzielle Entschädigung für die Teilnahme.
  - Informationen über die Ergebnisse werden zugesagt.
  - die Bedeutung des Ergebnisses für die befragte Person bzw. Organisation wird erläutert.

- Das Beilegen frankierter und adressierter Rückumschläge erhöht den Rücklauf beträchtlich.
- Begleitbriefe sollten (kurz!) die Bedeutung deutlich machen, wenn irgendwie möglich Anonymität garantieren und persönlich (möglichst von einer «Autorität») unterzeichnet sein.

Mittlerweile existiert bereits eine Vielzahl von Fragebögen. Anstatt also für jede Untersuchung einen neuen Fragebogen zu entwickeln, dürfte deren (zumindest teilweise) Verwendung auch deshalb interessant sein, weil dann der Vergleich mit den Ergebnissen anderer Untersuchungen vereinfacht wird. Sammlungen von bewährten Fragebogen finden sich z. B. in ZUMA (2003) oder Dunckel (1999).

Beobachtungen

Interviews und Fragebogen haben gemeinsam, dass die Untersuchungspersonen sich *zu Fragen äußern*. Die Datengewinnung kann aber auch unter Verzicht auf direkte Fragen erfolgen bzw. diese ergänzen. Beobachtungen des Verhaltens können z. B. Interviews ergänzen (etwa Mimik und Gestik). Beispiele in der Organisationspsychologie, bei denen Beobachtungen im Mittelpunkt stehen, sind die Durchführung von Zeitstudien, einige Arbeitsanalyseverfahren, das Führen von Tagebüchern (Selbstbeobachtung) oder die Beobachtung von Gruppendiskussionen in Assessment Centers. Beobachtungen können frei, anhand von Checklisten oder mit Hilfe von Beobachtungs- oder Beurteilungsskalen erfolgen. Bei der Verwendung von Beobachtungsmethoden ist zu berücksichtigen, dass sie zeitaufwändig sind, dass sie natürliche (Arbeits-)Abläufe stören können und dass die Beobachter gut trainiert sein müssen.

Beurteilungsskalen

Die drei bisher angeführten Methoden der Datengewinnung zeichnen sich durch eine Art der Datenregistrierung aus, die eine weitgehende direkte Protokollierung menschlichen Erlebens und Verhaltens vornimmt. Zwar kann man auch bei diesen Methoden schon von *Messen* sprechen; Messen im strengeren Sinne des Wortes heißt allerdings vor allem das regelgeleitete Zuordnen von *Zahlen* zu Objekten oder Ereignissen bzw. zu deren variablen Ausprägungen. Einfache Fälle von Messen bestehen beispielsweise darin, dem Geschlecht, der Abteilungszugehörigkeit oder der Berufsausbildung Zahlen zuzuordnen. Beurteilungsskalen beruhen auf Grundlagen, die in der so genannten *Messtheorie* behandelt werden. Im Folgenden wird eine komprimierte Darstellung zweier häufig in der Organisationspsychologie verwendeter Skalen, die im Allgemeinen die *Intensität* einer Reaktion erfassen, vorgenommen.

Die wohl am häufigsten verwendeten Skalentypen sind Einstufungsskalen. Grundprinzip ist, dass Aussagen vorgegeben werden und der Befragte das Ausmaß der Zustimmung bzw. Ablehnung äußert. Die Skalenausprägungen können verbal verankert bzw. erläutert sein, teilweise sind dies auch nur ein Teil der Skalenausprägungen. Einstufungsskalen liegen in mannigfaltigen Variationen vor; da im Allgemeinen die Gleichabständigkeit zwischen den Skalenpunkten angenommen werden kann, sind die mit ihnen erhaltenen Ergebnisse zudem oft bequem mit parametrischen statistischen Verfahren auswertbar.

Beim *Semantischen Differential* werden Skalen vorgegeben, die nur mit Adjektiven verankert sind. Diese Adjektive sollen die untersuchten Personen verwenden, um ihren Eindruck oder ihre Vorstellung von einem Sachverhalt zu beschreiben. Die Adjektivpaare können entweder in standardisierter Form (vgl. Hofstätter, 1977) oder auf den spezifischen Untersuchungszweck hin konstruiert vorgegeben werden. Im letzteren Fall sollte aber insbesondere die tatsächliche Bipolarität der Skalenenden einer Prüfung unterzogen werden. Zur Interpretation der Ergebnisse empfiehlt sich in der Regel entweder der Vergleich mit der Einschätzung anderer Sachverhalte oder/und die Reduktion der Daten mittels Faktorenanalyse oder multidimensionaler Skalierung.

Testverfahren

Psychologische Testverfahren dienen ähnlich wie z. B. Beurteilungsskalen der Ermittlung einer individuellen Ausprägung bzw. Reaktion. Während aber bei der Beurteilung das *Urteil* im Mittelpunkt steht, sind Testverfahren eher Verfahren, um *Reaktionen* zu provozieren. (In einer Reihe von Persönlichkeitstests werden allerdings auch (implizite) Selbstbeurteilungen erfragt.) Zudem werden diese Reaktionen nicht «direkt» interpretiert, sondern als Indikatoren für zu Grunde liegende Dimensionen oder Konstrukte behandelt. Vor allem bei Persönlichkeitstests führt dies in der Öffentlichkeit immer wieder zu Missverständnissen. Insofern Reaktionen provoziert und dann erfasst werden, sind psychologische Testverfahren Experimenten nicht unähnlich (vgl. Abschnitt 3.1). Ein gewichtiger Unterschied besteht allerdings darin, dass bei Tests grundsätzlich *mehrere* Reaktionen provoziert und anschließend aggregiert werden. Die Grundlagen psychologischer Testverfahren werden in der Testtheorie behandelt (Lienert & Raatz, 1998). Psychologische Testverfahren genügen im Idealfall einer ganzen Reihe von Kriterien, die vor allem in der Eignungsdiagnostik intensiver diskutiert werden (vgl. Schuler & Höft, Kap. 10).

Simulationen

Bei den soeben besprochenen Testverfahren werden in der Regel relativ wenige Reiz- bzw. Stimulusaspekte gezielt vorgegeben und die Reaktionen hierauf erfasst. Und Experimente stellen in dieser Hinsicht sicherlich einen weiteren Extremfall dar. Dies mag wohl auch der Grund sein, warum Fromkin und Streufert (1976) Simulationen als bemerkenswerte Alternativen zu Experimenten bezeichnen, obwohl die anderen Methoden zur Datengewinnung sich ebenfalls von Simulationen in den nachstehenden Kriterien unterscheiden. Während im Fall von klassischen Experimenten lediglich wenige Stimulusaspekte gezielt variiert werden, steht bei Simulationen die Konfrontation mit komplexen «lebensweltlichen» Ereignissen im Vordergrund (vgl. etwa Funke, 1995). *Beispiele für Simulationen* sind unter anderem:

- Vorgabe einer Rolle und anschließende Durchführung eines *Rollenspiels;*
- die Entwicklung einer *Arbeitsprobe* zur Diagnose von motorischen Fertigkeiten;
- die Beschreibung beruflicher Situationen und anschließende Erfragung des (hypothetischen) Verhaltens;
- die Programmierung einer *komplexen Simulation* auf einem Personal-Computer und Registrierung des «Umgangs» von Untersuchungspersonen mit der Dynamik des Systems.

Gemeinsam ist den meisten Simulationen relativ komplexes Stimulusmaterial, die Replikation eines Systems und die Konfrontation mit Ereignissen. Die abhängigen Variablen bestehen in mehr oder weniger freiem Verhalten der Untersuchungspersonen. In der Regel dauern Simulationen länger als z.B. die Bearbeitung von Testverfahren. Schließlich zeigt die Erfahrung, dass Simulationen zu einem hohen Involvement der Personen beitragen (auf Unterscheidungen von Simulationsvarianten wird hier nicht eingegangen; vgl. Fromkin & Streufert, 1976). *Probleme,* die bei der Entwicklung von Simulationen zu berücksichtigen sind und entsprechend aufwendige Vorprüfungen erfordern, lauten:

- Die Komplexität der Simulation kann die Untersuchungsperson überfordern.
- Simulationen können als unrealistisch empfunden werden und sind es auch prinzipiell, da nie alle Realitätsausschnitte simuliert werden können.
- Die Komplexität der Simulation macht sie eher fehleranfällig.
- Das soziale Umfeld während der Auseinandersetzung mit der Simulation ist künstlich.
- Die Untersuchungspersonen kommen eher in Versuchung, die Grenzen «auszutesten».
- Der meist dynamisch-interaktive Charakter von Simulationen führt zu einem geringen Standardisierungsgrad von Simulationen.
- Die zu Grunde liegenden Prozesse unterscheiden sich teilweise von den in der Realität ablaufenden Prozessen.
- (Vor-)Erfahrungen mit dem betreffenden Realitätsausschnitt oder auch dem Simulationsmedium (z.B. Personal-Computer) beeinträchtigen die Gültigkeit der Ergebnisse.

Nicht-reaktive Verfahren

Allen bisher dargestellten Methoden der Datengewinnung ist das Wissen der Untersuchungspersonen über die Datenerhebung gemeinsam. Demgegenüber ist das gemeinsame Merkmal der ansonsten heterogenen Verfahren zur Datengewinnung, die zu der nun zu erörternden Gruppe von Messverfahren zählen, die unterstellte (oder erhoffte) fehlende *Reaktivität* der Datengewinnung (vgl. Abschnitt 4.2). Beispiele sind physische Spuren (z. B. abgelaufene Parkettböden), Archivdaten (z. B. die Geschichte des organisationsinternen Aufstiegs) oder Daten, die mit versteckten Kameras gewonnen werden. Weitere Beispiele finden sich bei Webb, Campbell, Schwartz und Sechrest (1975) sowie Schwab (1999). Die Grenzen für die Anwendbarkeit nicht-reaktiver Methoden sind deren begrenztes Vorliegen, deren ambivalente Interpretierbarkeit sowie ethische Aspekte (Verletzung der informationalen Selbstbestimmung).

Internet und Intranet

Zunehmend häufiger werden auch die Möglichkeiten des Internet zur Datenerhebung verwendet. Beschränkt man sich auf eine (abgeschlossene) Organisation, so ist auch gelegentlich von «Intranet» die Rede. Prinzipiell handelt es sich zunächst einmal um ein *Medium*, über das auch die bereits vorgestellten Methoden zur Datengewinnung zum Einsatz kommen können. Während in den Anfängen des Internet vor allem mit e-Mail-Befragungen Erfahrungen gesammelt wurden, kommen neuerdings u. a. verstärkt HTML-Fragebögen sowie Diskussions-Foren zum Einsatz. Einen Überblick zu den Möglichkeiten geben Batinic und Moser (1998) sowie Göritz, Batinic und Moser (2000); zwei Beispiele finden sich in **Informationsbox 3**.

4.2 Gütekriterien von Methoden der Datengewinnung

Die vorgenommene Trennung bei der Beschreibung verschiedener Methoden der Datengewinnung stellte eine Vereinfachung dar. In der orga-

Informationsbox 3

Datenerhebung über HTML-Fragebögen und Online-Diskussions-Foren

Die gebräuchlichste Art der Datenerhebung über Internet sind HTML-Fragebögen, die aus einfachen HTML-Seiten bestehen. Der gesamte Fragebogen befindet sich auf einer oder mehreren zusammenhängenden Seiten und enthält verschiedene interaktive Dateneingabefelder, welche HTML bereitstellt. Die Methode, den gesamtem Fragebogen auf einer Seite abzubilden, wird bei ca. 80 % aller Webumfragen angewandt. HTML-Fragebögen sind einfach und kostengünstig umzusetzen. Anfangs waren noch Kenntnisse in HTML und CGI (Common Gateway Interface-Schnittstelle zwischen HTML-Dokument und Server) nötig, um funktionsfähige Fragebögen zu entwickeln. Mittlerweile gibt es zahlreiche Software, die diese Aufgaben übernimmt. Autorenprogramme bieten mittlerweile auch die Möglichkeit, die Reihung von Antwortalternativen zufällig zu variieren, Antwortzeiten zu erfassen und die Eingaben auf Plausibilität zu prüfen. Die Verwendung von HTML-Fragebögen bietet sich insbesondere zur Durchführung von Mitarbeiterbefragungen an (Batinic & Moser, 1998).

Online Diskussions-Foren können mittels Internet-Skripten relativ einfach realisiert werden. Der oder die Versuchsleiter/in stellt auf einer HTML-Seite eine oder mehrere Fragen, auf welche die Probanden direkt mittels HTML-Eingabefelder antworten können. Diese Antworten können wiederum alle anderen Teilnehmer lesen und darauf antworten. Auf diese Weise entsteht ein hierarchischer Diskussionsfaden. Diese Methode eignet sich für einfache Diskussionen, die keinen Moderator erfordern, z. B. wenn explorativ qualitative Daten erfasst und gleich mit den Befragten diskutiert werden sollen.

nisationspsychologischen Praxis werden oftmals mehrere Methoden kombiniert eingesetzt. So können beispielsweise Beobachtungen von Gruppendiskussionen mittels Beurteilungsskalen vorgenommen werden. In vielen Fällen empfiehlt sich die Kombination von Methoden in einem Stufenmodell: Kennenlernen eines Sachverhalts, aber auch inhaltliche Vorbereitung einer Intervention profitieren vor allem in neuen Gebieten eher von qualitativ orientierten Methoden (Interview, Beobachtung), während Beschreiben und Aufklären von Zusammenhängen sowie Unsicherheitsreduktion und Entscheidungsvereinfachung eher durch quantitativ standardisierte Verfahren möglich sind. Im Folgenden wird nun auf *formale* Aspekte zur Bewertung von Methoden zur Datengewinnung eingegangen.

Betrachten wir ein Beispiel, nämlich dass die Wirkung einer Informationsstrategie auf die Einstellungen von Bewerbern bestimmt werden soll. Hierzu wird den Bewerbern ein Film über eine Organisation gezeigt und im Anschluss ein Fragebogen vorlegt, um Aussagen über diese Organisation zu erfassen: Der Film «repräsentiert» oder operationalisiert eine Informationsstrategie und der Fragebogen soll die Einstellung zur Organisation erfassen. Die eingesetzten Methoden (Film, Fragebogeninhalte) können demnach von den Absichten bzw. späteren Interpretationen (Informationsstrategie, Einstellungen erfassen) differieren. Diese Differenz entsteht zum einen dadurch, dass immer zusätzlich Messfehler verschiedenster Art auftreten können (z. B. ungenaue Formulierungen beim Erfragen der Einstellungen) und zum anderen dadurch, dass «tatsächlich» etwas anderes getan bzw. gemessen wurde als geplant oder interpretiert. Ganz allgemein kann man von zwei Problemen sprechen, dem Reliabilitäts- und dem Validitätsproblem.

Reliabilität

Nur in den wenigsten Fällen werden in organisationspsychologischen Untersuchungen perfekte Beobachtungen, Messungen oder Beurteilungen vorgenommen. In diesem Abschnitt geht es um Methoden zur Bestimmung des Ausmaßes dieser Fehler. Nach der Klassischen Testtheorie (z. B. Lienert & Raatz, 1998) werden hier zunächst zwei Begriffe angeführt, die Objektivität und die Reliabilität (Messgenauigkeit). Die Objektivität kann untergliedert werden in Durchführungs-, Auswertungs- und Interpretationsobjektivität. Die Objektivität und vor allem Verfahren zu deren quantitativer Bestimmung werden oft der Reliabilität subsumiert. Manchmal werden auch hohe Reliabilitätskoeffizienten als Objektivitätskoeffizienten bezeichnet.

Die Reliabilität lässt sich über vier verschiedene korrelative Methoden bestimmen, Retestreliabilität, Parallelität, Split-Half-Reliabilität und Interne Konsistenz. In allen Fällen werden mindestens zwei Messwertreihen gewonnen und ihr Zusammenhang ermittelt (in der Regel als Produkt-Moment-Korrelation). Die Reliabilität kann Werte zwischen 0 und 1 annehmen.

Retestreliabilität (Stabilität). Eine Möglichkeit zur Bestimmung des Messfehlers ist die wiederholte Datenerhebung. Zeigen sich die Daten als stabil, so kann der Messfehler als gering angenommen werden. Zu beachten ist, dass bei kurzfristiger Wiederholung Erinnerungs-, Lern- oder Ermüdungseffekte auftreten können; ist der Zeitabstand zu groß, dann kann sich hingegen der Untersuchungsgegenstand (z. B. der Arbeitsplatz) tatsächlich verändert haben.

Parallelität (Beurteilerübereinstimmung, Äquivalenz). Von Fall zu Fall besteht Gelegenheit, von einem «Messgegenstand» (z. B. einem Kompetenzmerkmal) mehrere Messwertreihen zu erhalten. Beispielsweise existieren von einigen Intelligenztests und Persönlichkeitstests Parallelformen. Unter der Annahme, dass die Parallelformen tatsächlich das Gleiche messen, ist die Korrelation zwischen den Messwertreihen als Schätzung der Reliabilität interpretierbar. Eine in der Organisationspsychologie häufig verwendete Methode zur Bestimmung der Parallelität ist die Beurteilerübereinstimmung. Hier sind dann die verschiedenen Beurteiler (z. B. verschiedene Kollegen eines Mitarbeiters) die «parallelen Messmethoden».

Split-Half-Reliabilität (Testhalbierung). Unter der Annahme, dass ein Mess- oder Testverfahren eine ausreichende Zahl von Beobachtungen zulässt, kann es halbiert werden, um dann die Korrelation zwischen den beiden Testhälften zu bestimmen. Diese Hälften können dadurch hergestellt werden, dass die geraden und die ungeraden Items getrennt zusammengefasst werden («odd-even-Methode») oder dass einfach die zuerst verwendete Hälfte des Verfahrens mit der zuletzt verwendeten verglichen wird. Letztere Vorgehensweise empfiehlt sich aber nicht bei solchen Verfahren, die unter Zeitbegrenzung vorgegeben werden.

Interne Konsistenz (Homogenität). Bei vielen Testverfahren oder deren Teilen beziehen sich mehrere Fragen auf die gleiche «latente» Dimension. Damit sind Testverfahren auch als Folgen von Messwiederholungen verstehbar, und die Reliabilität der Verfahren als mittlere Korrelation über alle Items hinweg schätzbar. Der am häufigsten verwendete Koeffizient für diese Interne Konsistenz oder Homogenität ist Cronbachs α.

Konstruktvalidität

Das gemeinsame Merkmal aller Untersuchungsvarianten besteht darin, dass Untersuchungspersonen Reizen ausgesetzt sind und ihre Reaktionen hierauf erfasst werden. Werden aber diese Reize und Reaktionen richtig oder gültig («valide») interpretiert? Wer diese Frage stellt, interessiert sich für Fragen der Konstruktvalidität. Die Konstruktvalidität einer Untersuchungsanordnung oder eines Messverfahrens bezeichnet die Gültigkeit der jeweils abgeleiteten Schlüsse. So werden beispielsweise der eingangs erwähnte Film als Informationsstrategie und die Werte im Fragebogen als Einstellungen *interpretiert.* Mangelnde Konstruktvalidität kann sich in zwei Problemen ausdrücken: Die Operationalisierung kann nur einen Teil des Konstrukts abdecken (z. B. dass der Film Aspekte der Unternehmenskultur nur unvollständig zu beschreiben vermag) oder sie kann darüber hinausgehen (z. B. dass der Film auf Grund des Auftretens attraktiver Schauspieler den Bewerbern zu viel verspricht). In den Abschnitten 3.1–3.4 wurde bereits eine Reihe von Kontrolltechniken besprochen, die eingesetzt werden, um die Gültigkeit der Interpretation eines Untersuchungsergebnisses zu sichern. Immer wieder wurde gefragt: Hat A tatsächlich B verursacht bzw. bewirkt? In diesem Abschnitt soll auf ein anderes Problem eingegangen werden, nämlich ob A tatsächlich die UV und B tatsächlich die AV operationalisieren bzw. repräsentieren, oder welche Konstrukte sich hinter A und B «verbergen». Im Folgenden werden also nun einige *Quellen mangelnder Konstruktvalidität sowie Maßnahmen zu deren Analyse und Prävention* behandelt.

Operationalisierung. Eine sorgfältige Analyse der vorgenommenen Operationalisierungen sollte am Anfang einer Untersuchung stehen. *Beispiele* hierfür sind etwa, ob ein untersuchtes Konzept (z. B. «Organisationsklima») sich auf ein strukturelles Merkmal einer Organisation, die Wahrnehmung dieses Merkmals oder die Einstellung zu diesem Merkmal bezieht (Schwab, 1980, 1999). Die Verwendung bewährter Untersuchungsmethoden und ein Literaturstudium sind hier naheliegenderweise hilfreiche Maßnahmen. Zudem kann eine Prüfung der Operationalisierung durch *Experteneinschätzungen* vorgenommen werden. So kann die Frage gestellt werden, ob überhaupt die richtigen Inhalte in einem Fragebogen aufgenommen wurden.

Besonderheiten der Treatmentintensität (Instrumentierung). Eine Maßnahme kann scheinbar nicht wirksam sein, weil ihre Intensität zu schwach ist. Zum Beispiel kann sich die Vermutung ergeben, dass ein bestimmtes Führungstraining nur deshalb nicht wirksam ist, weil die Teilnehmenden zu wenig Übungsgelegenheiten hatten. Deshalb kann es sinnvoll sein, mehrere Abstufungen bzw. Variationen einer Maßnahme vorzunehmen und deren Wirkung zu überprüfen.

Besonderheiten der Methode zur Datengewinnung. Eine weitere Frage der Konstruktvalidität ist, ob das Medium der Datenerhebung einen Einfluss hat. Daher kann es sich anbieten, die gleichen Informationen schriftlich oder über einen Personalcomputer zu erheben, um so den Einfluss der Methode untersuchen zu können. Solche Methodenvergleiche gleichen allerdings oft genug kleinen Kunstwerken; wie ist es beispielsweise möglich, nur das Medium und nicht auch noch weitere Komponenten zu verändern

(z. B. das Verhältnis von Bild und Text)? Ein oft diskutiertes Verfahren zur Analyse von Methodeneffekten wird in **Informationsbox 4** beschrieben.

Versuchsleitereffekte. Werden Untersuchungen im direkten Kontakt mit den Untersuchungspersonen durchgeführt, so können Untersuchungs- bzw. Versuchsleitereffekte auftreten (vgl. Rosenthal, 1994). Damit sind beabsichtigte oder unbeabsichtigte Beeinflussungen des Verhaltens der Untersuchungspersonen durch den Versuchsleiter gemeint. Möglichkeiten zur Reduzierung dieses Effekts wurden in Abschnitt 4.1 im Zusammenhang mit Interviews besprochen.

Reaktivität als Sensibilisierung und Placeboeffekt. Bei jeglicher Art von Intervention, die zusätzlich einer Evaluation unterzogen wird, muss mit zwei Problemen gerechnet werden, die weniger durch die konkreten Inhalte als durch die Tatsa-

Informationsbox 4

Ein Verfahren zur Analyse von Methodeneffekten: Die MTMM-Analyse

Die Multi-Trait-Multi-Method-Analyse (MTMM-Analyse) wurde von Campbell und Fiske (1959) eingeführt, um zu untersuchen, ob es gelingt, Merkmale («traits») unabhängig von der verwendeten Methode zu erfassen. Im Prinzip werden für eine solche Analyse mindestens zwei Methoden benötigt, mit denen jeweils mindestens zwei Merkmale erhoben werden. Betrachten wir ein Beispiel: Ein Personalberater möchte die Merkmale «Durchsetzungsfähigkeit» und «Kommunikationsgeschick» bei Bewerbern um eine Führungsposition ermitteln. Hierzu wendet er zwei Methoden an, Gruppendiskussionen und Interviews zu bisherigen Erfahrungen in der Biographie der Bewerber. Als Ergebnis liegen die Urteile von Beobachtern vor. Diese Messwerte sind nach Campbell und Fiske (1959) nun vier Fragen zu unterziehen:

1. Konvergente Validität: Die Korrelation zwischen zwei Methoden, die das gleiche Merkmal erfassen, sollte statistisch und praktisch bedeutsam sein. (Beispiel: Die Werte für Durchsetzungsfähigkeit sollten in der Gruppendiskussion und im Interview ähnlich ausfallen.)
2. Diskriminante Validität:
   a) Die Korrelation zwischen den gleichen *Merkmalen* sollte größer sein als die Korrelation zwischen den *Methoden.* (Beispiel: Die Korrelation zwischen den Werten für Durchsetzungsfähigkeit sollte größer sein als die Korrelation zwischen den Gesamtwerten von Gruppendiskussion und Interview.)
   b) Die Korrelation zwischen verschiedenen Merkmalen, die mit der gleichen Methode erfasst wurden, sollte nicht größer sein als die Korrelation zwischen den gleichen Merkmalen, die mit verschiedenen Methoden erfasst werden.
   c) Die Muster der Merkmalskorrelationen sollten gleich ausfallen, und zwar unabhängig von Methodenhomogenität oder -heterogenität.

Dass auch bei diesem Verfahren noch Interpretationsspielräume bleiben, zeigt sich z. B. daran, dass ein Autor die gleiche Korrelation (r = .52) in einer Studie als Beleg für Konvergenz, in einer anderen Untersuchung aber für Diskriminanz bezeichnete (vgl. Schwab, 1980). Zudem gibt es auch Fälle, in denen die Konvergenz alternativer Methoden bei gleichem Konstrukt nicht erwünscht bzw. gut erklärbar ist. So mag besagter Personalberater etwa die Auffassung vertreten, dass Durchsetzungsfähigkeit in einer Gruppendiskussion etwas anderes ist als das, was in einem Interview zum Vorschein kommt.

che der Intervention und Evaluation an sich entstehen (vgl. auch Lipsey & Cordray, 2000, und Bungard, Kap. 4.2). Die Messung des Ausgangs- oder Endzustandes kann das zu Messende beeinflussen und zu einer *Sensibilisierung* führen. Wenn beispielsweise nach einem Training eine Überprüfung des Effekts dieses Trainings stattfindet, dann kann bei den untersuchten Personen die Vermutung existieren, dass aus den Ergebnissen für sie mehr oder weniger wünschenswerte Konsequenzen entstehen. So mag ein Anreiz bestehen, den Trainingseffekt zu verschleiern, um keine erhöhten Zielsetzungen erwarten zu müssen, oder die Teilnehmer des Trainings wollen diese Art von «Belohnung» auch für ihre Kollegen und versuchen deshalb, den Trainingseffekt als besonders hoch erscheinen zu lassen.

Die Reaktion auf die *Messsituation* an sich wird in der weiterführenden Methodenliteratur unter dem Stichwort «sozial erwünschtes Antwortverhalten» untersucht. Neben den eine Untersuchung begleitenden Messungen können auch *Untersuchungen «an sich»* wirken: Die bloße Tatsache einer Intervention kann bereits (erwünschte wie unerwünschte) Verhaltens- und Erlebenskonsequenzen haben. Zum Beispiel wurden die berühmten Hawthorne-Experimente auch so interpretiert, dass sie die Wirksamkeit einer Maßnahme unabhängig vom konkreten Inhalt demonstriert hätten (vgl. Greif, Kap. 2). Die bloße Tatsache einer Maßnahme zeigte den beteiligten Mitarbeiterinnen, dass etwas mit ihnen geschehe. Untersuchungen, die in diesem Sinne wirksam sind, erzeugen *Placeboeffekte*. Manchmal wird auch in Anlehnung an besagte Untersuchungen von einem Hawthorne-Effekt gesprochen. Reaktivität kann sich vielfältig ausdrücken. Die wichtigsten Aspekte sind Vermutungen über die Untersuchungshypothesen und entsprechendes Agieren sowie Versuche, sich positiv darzustellen.

Mit der Reaktivität von organisationspsychologischen Interventionen kann wie mit allen Artefaktquellen umgegangen werden (Moser, 1987). Zunächst können sie *ignoriert* bzw. als wenig relevant bei der jeweiligen Intervention bezeichnet werden. So mögen bei der Bewertung der Wirkung einer Unterweisung in eine neue CNC-Maschine zwar beide Reaktivitätsprobleme auftreten. Entscheidend dürfte aber letztendlich das Verhaltensergebnis sein, dass ein Facharbeiter die Maschine am Ende des Kurses bedienen kann. Selbst wenn Reaktivität auftritt – etwa der «Lerneffekt» vor allem entsteht, weil es interessant ist, an einer Untersuchung teilzunehmen bzw. in Erwartung einer besonders schwierigen Prüfung – so ist sie zunächst vernachlässigbar. Wenn allerdings die Unterweisung routinemäßig durchzuführen ist und auf die «Prüfungen» verzichtet wird, dann können mit der dann später fehlenden Reaktivität auch die Lerneffekte ausbleiben und eine weniger großzügige Interpretation der ursprünglichen Ergebnisse wäre ratsam gewesen.

Eine Möglichkeit zur Kontrolle von Reaktivitätseffekten besteht in der *experimentellen* Kontrolle der Wirkung der Messung durch zusätzliche Kontrollgruppen in einem *Solomon-Plan*. Als weitere Varianten seien genannt (vgl. auch Bungard, 1984):

- die Befragung der Untersuchungspersonen nach der eigentlichen Untersuchung;
- das Non-Experiment, d.h. Beschreibung des Untersuchungsvorhabens und Erhebung der vermuteten Reaktionen;
- explizites Nennen der Untersuchungshypothesen in einer (weiteren) Kontrollgruppe;
- Ablenkung vom Untersuchungszweck;
- die Betonung durch den Untersuchungsleiter, dass die *individuellen* Daten weniger interessant sind;
- Anonymität der Untersuchungspersonen herstellen;
- nicht oder falsches Aufklären der Untersuchungspersonen über den generellen Zweck der Untersuchung;
- Verwendung von Skalen zur sozialen Erwünschtheit;
- Verwendung nichtreaktiver Messverfahren (vgl. Abschnitt 4.1).

Bemerkenswert ist, dass Reaktivität auch beabsichtigt sein bzw. gezielt provoziert werden kann. Wenn Vorgesetzte bekannt geben, dass sie Leistungsbeurteilungen durchführen, dann kann dies eine motivierende Wirkung haben, die über die bloße Zurschaustellung von «Aktivität» durch den Mitarbeiter hinausgehen mag. Wer sich bei einem Vorstellungsgespräch gut «darstellen» kann, der mag auch gut als Verkäufer geeignet sein (Moser, Galais & Kuhn, 1999). Und wer an einer Personalentwicklungsmaßnahme teilnimmt und lediglich wegen eines so genannten «Hawthorne-Effekts» motivierter an seine Arbeit geht, hat durch sein Verhalten die «Wirksamkeit» der Maßnahme belegt (vgl. auch Greif, Kap. 2).

Insgesamt kann die Validität von Untersuchungen oder Messinstrumenten noch von einer großen Zahl weiterer Faktoren beeinflusst werden. Da viele dieser Faktoren sehr spezifisch sind, sei auf die ausführliche Diskussion in Cook und Campbell (1979) verwiesen.

Abschließende Bemerkungen. Wie wichtig sind Konstruktvaliditätsfragen in der Organisationspsychologie? So wünschenswert eine klare Antwort hierauf wäre, so strittig oder doch zumindest abhängig von der Vielfalt von Zielen und Schlussfolgerungen ist sie. Stellt man eher den technologischen Charakter von Organisationspsychologie in den Vordergrund, dann könnte etwa Folgendes behauptet werden: Wenn es das Ziel ist, dass die Produktivität nach Einführung einer neuen Art der Arbeitsorganisation zunimmt und dies geschieht, dann ist danach das Ziel erreicht. Irgendwelche theoretischen (oder empirischen) Analysen der «Konstrukte» Produktivität oder Arbeitsorganisation sind müßig. Ebenso kann die Möglichkeit, auf Grund biographischer Merkmale beruflichen Erfolg zu prognostizieren, wichtiger sein als die Erklärung der biographischen Merkmalen zu Grunde liegenden Konstrukte (Persönlichkeitsmerkmale, Interessen etc.). Biographische Fragebogen oder Arbeitsproben sind ebenso wie Trainingsmaßnahmen als *multiple* Treatments charakterisierbar. Trotz zweifelhafter Konstruktvalidität werden diese Treatmenttypen deshalb eingesetzt, weil sie den Nachweis der *Wirkung* über die *Erklärung* der Wirkung setzen und oft auch erbringen können (vgl. Holling & Liepmann sowie Schuler & Höft, Kap. 10).

5. Bewertung organisationspsychologischer Untersuchungen

Gegenstand der bisherigen Ausführungen dieses Kapitels waren Methoden zur Untersuchung organisationspsychologischer Fragestellungen. In diesem Abschnitt soll es nun um die Bewertung von Untersuchungsergebnissen gehen. Begonnen wird mit Verfahren der Implementierungskontrolle, danach werden verschiedene allgemeine Fragen der Ergebnisdarstellung behandelt und schließlich wird auf die Möglichkeit quantitativer Reanalysen bereits vorliegender Untersuchungen eingegangen.

5.1 Implementierungskontrolle

Vor, während und nach einer Untersuchung empfiehlt es sich, so genannte Implementierungskontrollen vorzunehmen (vgl. auch Lipsey & Cordray, 2000). Implementierungskontrollen sollen zum einen als «Frühwarnsysteme» und damit Gelegenheiten für die eventuelle Modifikation von Untersuchungsteilen verstanden werden. Zum anderen haben sie die Funktion, die Wirkung von Untersuchungen im Nachhinein sicherzustellen.

Eine Möglichkeit zur Implementierungskontrolle besteht in der Durchführung von *Pilotstudien.* Hier wird die Untersuchung vollständig oder teilweise an einer relativ kleinen Zahl von Untersuchungspersonen durchgeführt, um z. B. zu prüfen:

- Verständlichkeit von Datenerhebungsmethoden;
- Ablauf zeitlich ineinandergreifender Untersuchungsteile;
- Akzeptabilität von Inhalt oder Umfang einer Untersuchung;
- Sicherstellung der Neutralität im Verhalten von Beobachtern, Interviewern oder Versuchsleitern.

Ein Problem von Pilotstudien ist die in der Regel geringe Stichprobengröße, die zufällige Extremfälle als repräsentativ erscheinen lassen kann. Es soll auch Fälle gegeben haben, in denen methodisch fragliche Studien nachträglich als «Pilotstudien» bezeichnet wurden. Bedenklich ist dies vor allem, wenn dann dennoch weitreichende Schlussfolgerungen gezogen werden, so als ob es sich um eine Hauptstudie handeln würde (Wortman, 1983). Ein weiteres Problem kann das vorzeitige Bekanntwerden einer Untersuchung sein, da hierdurch unkontrollierte Erwartungen und Gerüchte in Organisationen entstehen können. Da in Pilotstudien Fehler durchaus einkalkuliert und manchmal sogar provoziert werden (z. B. das «Austesten» der Akzeptabilität von Interviewfragen), können unnötige Widerstände entstehen. Zu bedenken ist schließlich, ob die Realitätsnähe ausreicht, wenn Personen wissen, dass sie «Testpiloten» sind.

Eine weitere Variante von Implementierungskontrollen sind *Expertenurteile* über Wirkung und Akzeptabilität von Untersuchungen. Dies bietet sich etwa bei vermuteten heiklen Inhalten an. Das Heranziehen von Expertenurteilen ist vor allem dann zu empfehlen, wenn der Organisationspsychologe nur in Maßen mit den fachlichen Inhalten eines Untersuchungsgebietes oder auch mit den Gegebenheiten in der betreffenden Organisation vertraut ist.

Die häufig bei Experimenten angewandte Methode zur Überprüfung der Untersuchungswirkung im Nachhinein sind die *«manipulation checks»*. Sofern Täuschungen über den Inhalt oder das Ziel einer Untersuchung sinnvoll, unumgänglich und ethisch vertretbar waren, kann nachträglich geprüft werden, ob die beteiligten Personen nicht doch entsprechende (oder auch unangemessene) Vermutungen hatten, die das Ergebnis einer Untersuchung systematisch beeinflussten. Solche Überprüfungen können natürlich auch ohne das Vorliegen einer Täuschung sinnvoll sein. Eine weitere Variante von manipulation check ist, zu erfragen, wie die Manipulation der UV gewirkt hat (bzw. ob sie überhaupt «angekommen» ist). Wenn beispielsweise untersucht werden soll, ob ein strukturiertes Interview anders erlebt wird als ein unstrukturiertes Interview, dann kann vor oder nach der Analyse des Erlebens der Verfahren zusätzlich untersucht werden, ob die *Variation* des Interviewtyps überhaupt als strukturiert bzw. unstrukturiert erlebt wurde. Bei manipulation checks ist allerdings zu gewährleisten, dass den Personen überhaupt ein direkter Zugang zur Beschreibung ihrer Hypothesen oder Erlebnisse möglich ist und dass sie offen darüber sprechen (vgl. weiterführend Adair & Spinner, 1981, und Bungard, Kap. 4.2).

Als vierte Methode der Implementierungskontrolle sei schließlich die *Prüfung der Datenqualität* angeführt. Diese Prüfung kann z. B. darin bestehen, Untersuchungspersonen die Intervention beurteilen zu lassen (z. B. die Verständlichkeit eines Fragebogens). Gemeint sind hier aber vor allem eher «technisch» orientierte Aspekte, wie z. B. Prüfung der Vollständigkeit von Unterlagen, Nachfassaktionen im Falle geringer Rücklaufquoten bei schriftlichen Datenerhebungen, Sicherung der Stichprobengrößen unter den verschiedenen Untersuchungsbedingungen, Anonymisierung der Daten (Datenschutz und Respektierung der Privatsphäre) oder Kontrollen bei der Datenerhebung (z. B. Überwachung der Interviewer) und der Datenaufbereitung (Erstellung eines Codeplans; Kontrolle der Dateneingabe in die EDV). Zu den Fragen der Datenqualitätssicherung gehören auch Plausibilitätskontrollen auf Datenfehler.

5.2 Ergebnisdarstellung

Die statistische Auswertung von Untersuchungen führt zu zwei paradigmatischen Resultaten, nämlich zu Unterschiedsmaßen (Experimental- bzw. Untersuchungsgruppe unterscheidet sich von Kontrollgruppe) oder zu Zusammenhangsmaßen (wenn Variable x zunimmt, dann nimmt auch Variable y zu). In empirischen Untersuchungsberichten werden bei Gruppenvergleichen meistens t-, d- oder F-Werte berichtet, als Zusammenhangsmaße meistens Produkt-Moment-Korrelationen (r-Werte).

Die in der Organisationspsychologie am häufigsten gewählte Darstellung der Zusammenhänge von Sachverhalten besteht in der Angabe von Korrelationen, so z. B. als Reliabilitäts- oder Validitätskoeffizienten. Wie ist deren Höhe zu interpretieren? Eine Vorgehensweise besteht darin, von einer optimalen Korrelation von 1.0 auszugehen. Alle Korrelationen, die geringer sind, könnten als wenig überzeugend betrachtet werden – eine Überlegung, die allerdings unrealistisch sein dürfte. Eine andere Möglichkeit besteht darin, von Erfahrungen bzw. typischen Koeffizienten auszugehen. So können Effektmaße gelegentlich als klein (d=.20 bzw. r=.10), mittel (d=.50 bzw. r=.30) oder groß (d=.80 bzw. r=.50) bezeichnet werden (Cohen, 1988). Die Betrachtung der Höhe von Korrelationen kann irreführend sein (Rosenthal, Rosnow & Rubin, 2000). Selbst relativ geringe Korrelationen können zu einem wesentlichen Prognosegewinn führen. Die grundsätzliche Frage sollte eher lauten, wie groß eine Korrelation sein muss, um als *bedeutsam* eingestuft werden zu können. Um die praktische Bedeutung von Korrelationen zu visualisieren, werden sie in binomialen Effektgrößen veranschaulicht (binomial effect size display; BESD). Die Korrelation lässt sich als einfache Differenz in Prozentsätzen ausdrücken. Grundlage ist eine Vierfeldertabelle; unabhängige und abhängige Variable werden jeweils als zweistufig angenommen. Eine Korrelation von 0 entspricht einer Zellenbesetzung von jeweils 50, d.h. das BESD ist unabhängig von der Stichprobengröße. Ist die Korrelation von 0 verschieden, so wird sie mit 50 multipliziert und die Werte werden von den Zelleninhalten subtrahiert bzw. zu ihnen hinzuaddiert, wobei Zeilen- und Spaltensummen 100 ergeben. Zum Beispiel wird eine Korrelation von r=.30 mit Hilfe des BESD wie in **Tabelle 3** umgewandelt, wenn zwei dichotome Merkmale zu Grunde gelegt werden. Das BESD veranschaulicht eine Korrelation auch wie folgt: Bei einer Korrelation von r=.30 wird im Falle des Auftretens von Merkmal 1 ca. doppelt so oft das Auftreten von Merkmal 2 im Vergleich zum Nichtauftreten von Merkmal 2 erwartet.

Bei der vorstehenden Veranschaulichung von Effekten als Korrelationen wurden die zu Grunde liegenden Untersuchungsgruppengrößen bzw. die Frage, ob es sich um einen überhaupt jenseits des Zufalls zu interpretierenden Effekt handelt, vernachlässigt. Untersucht man eine Hypothese, dann können zwei Fehler auftreten: man kann sie für bestätigt halten, obwohl sie falsch ist, oder verwerfen, obwohl sie richtig ist. Das in den meisten Statistiklehrbüchern vorgestellte Modell betont nun, dass der erste Fehler gravierend ist oder dass man prüfen soll, ob ein Effekt tatsächlich auch vorliegt. Der «Erfolg» einer Untersuchung wird dann oft mit einem signifikanten Effekt gleichgesetzt, bzw. mit einer geringen Irrtumswahrscheinlichkeit (so genannter α-Fehler). Dieses Vorgehen ist aus der Perspektive heraus verständlich, dass Hypothesen (möglichst) streng zu prüfen sind (Gadenne, 1984). Wer eine strenge Prüfung vornimmt, ist aber eher bereit, eine Wirkung zu übersehen. Für angewandte Fragestellungen wird dabei oft unterschätzt, dass der Schaden, der durch den hierdurch akzeptierten großen β-Fehler entsteht, ebenfalls gravierend sein kann. So können kleine, aber *praktisch* durchaus *bedeutsame Effekte* übersehen werden. Zudem kann der Schaden, der aus der fälschlichen Ablehnung einer Alternativhypothese entsteht, sogar sehr viel größer sein als der einer fälschlichen Ablehnung einer Nullhypothese. (Man denke beispielsweise an das Erkennen einer geringen Belastbarkeit von Flugpiloten, die im Falle eines Übersehens schwer wiegende menschliche und finanzielle Kosten zur Folge haben kann.) Ein weiterer Kritikpunkt am statistischen Testen ist die Künstlichkeit des gewählten Signifikanzniveaus. Warum sollte beispielsweise, wie dies oft geschieht, $\alpha=.05$ und nicht .06 gesetzt werden? Derzeit ist die Frage, ob bzw. unter welchen Bedingungen der statistischen oder der praktischen Signifikanz mehr Wert beigemessen werden sollte, nicht entscheidbar. Die Empfehlung lautet daher, im Zweifelsfall neben Signifikanztests auch Konfidenzintervalle, Stichprobengrößen und Effektstärken in Untersuchungsberichte aufzunehmen.

Tabelle 3: BESD einer Korrelation von r = .30

		Merkmal 2	
		liegt vor	liegt nicht vor
Merkmal 1	liegt vor	65	35
	liegt nicht vor	35	65

Tabelle 4: Kosten und Nutzen von Fluktuation für Individuum, Organisation und Gesellschaft (in Beispielen nach Mobley, 1982)

	Nutzen	Kosten
Individuum	Karriereziele werden verfolgt	Psychisches Leiden durch Arbeitslosigkeit
Organisation	Weniger leistungsfähige Mitarbeiter werden ersetzt	Materieller Aufwand für Suche nach Ersatz
Gesellschaft	Migration in neue ökonomische Bereiche	Produktivitätssteigerung wird gemindert

Kosten-Nutzen-Analyse. Organisationspsychologische Untersuchungen können die Grundlage für Entscheidungen bilden, und ihre Planung und Durchführung beruht auf Entscheidungen. Kosten-Nutzen-Analysen lassen sich sowohl für den Gegenstand von Untersuchungen als auch für die Untersuchung selbst aufstellen. Am Beispiel der Fluktuation (vgl. zum Folgenden Mobley, 1982) lassen sich für das Individuum, die Organisation und die Gesellschaft Kosten- und Nutzenaspekte unterscheiden (vgl. **Tab. 4**).

Betrachten wir die monetären Kosten für die Organisation, so lassen sich diese unter anderem unterteilen in Zeit für (Verabschiedungs-)Gespräch, Verwaltungsaufwendungen, Abfindungen, Anwerbekosten für neue Mitarbeiter, eventuell höheres Gehalt für neue Mitarbeiter und Kosten der Informierung und Einarbeitung des neuen Mitarbeiters. Alle diese Komponenten lassen sich zumindest in etwa abschätzen. Damit lässt sich die Wirkung einer Maßnahme oft konkreter kommunizieren als durch die Angabe von Effektmaßen. Dies gilt nicht zuletzt für kleine Effekte. So gibt Wanous (1989) den Effekt der realistischen Information von Bewerbern auf deren wahrscheinlicheren Verbleib in der Organisation mit $r = .06$ an. Hieraus berechnet sich eine Kostenersparnis wegen nicht erforderlichem Personalersatz zwischen 6 und 12 %.

Die Notwendigkeit einer Kosten-Nutzen-Analyse organisationspsychologischen Handelns ist bis heute umstritten. Eine gewisse Vorreiterrolle haben in den letzten Jahren Eignungsdiagnostiker übernommen (z. B. Funke, Schuler & Moser, 1995; vgl. auch Schuler & Höft, Kap. 10). Aber auch zahlreiche andere Bereiche, in denen organisationspsychologische Maßnahmen stattfinden, wurden auch auf ökonomische Effekte unter Nutzung von Controllingmethoden untersucht. Eine Übersicht sowie zahlreiche Beispiele führt Cascio (1999) an; deutschsprachige Darstellungen finden sich bei Wottawa und Thierau (1998) und Kalkulationsvarianten für die Weiterbildung bei Jeserich (1989).

Ergebnisbericht. Die Ergebnisse einer Untersuchung sind in der Regel mündlich und schriftlich zu berichten. Sie sind Auftraggebern, Vorgesetzten, der Fachöffentlichkeit, oft auch den Untersuchungspersonen zu vermitteln. Vorschläge zum Aufbau bzw. zur Gliederung von schriftlichen Untersuchungsberichten finden sich unter anderem in den Richtlinien von Fachzeitschriften, den Empfehlungen der Deutschen Gesellschaft für Psychologie, der American Psychological Association oder auch bei Bortz und Döring (1995). Der Zweck dieser Berichte kann verschiedener Natur sein; entsprechend ausführlich bzw. kurz sollten Teilfragen gehalten werden. Für Forschungsberichte ist zu fordern, dass:

- die Fragestellungen klar herausgearbeitet werden;
- das methodische Vorgehen nachvollziehbar beschrieben wird;
- methodische Details so beschrieben werden, dass die Untersuchung prinzipiell durch andere wiederholt werden könnte;
- die Ergebnisdarstellung so vollständig ist, dass eine Weiterverarbeitung z. B. in Form von Metaanalysen möglich ist;
- die Ergebnisse sich auf die Fragestellungen konzentrieren (weniger ist meistens mehr!).

In der Diskussion von Untersuchungen sollten zudem die Generalisierbarkeit und Robustheit der Ergebnisse berücksichtigt werden (Brinberg & McGrath, 1985). Zur Beurteilung des Geltungsbereichs einer Untersuchung wird man zunächst fragen, ob bei nahe liegenden Änderungen von Randbedingungen bereits andere Effekte auftreten. Hierzu können zum einen die Ergebnisse ähnlicher Untersuchungen herangezogen werden, zum anderen geben auch Teilanalysen der erhobenen Daten weiteren Aufschluss. In der Praxis sehr weit verbreitet ist der Wunsch, die Ergebnisse mit Wettbewerbern zu vergleichen («benchmarking»). Unter Robustheit soll hier allgemein verstanden werden, inwieweit die erhaltenen Effekte anfällig für eine minimale Variation von Teilaspekten der Untersuchung sind. Generalisierbarkeit und Robustheit von Ergebnissen sind aber nicht immer klar trennbar.

5.3 Metaanalyse

Bei der Planung einer organisationspsychologischen Studie, der Wahl einer Interventionsmethode oder der Überlegung, wie ein Sachverhalt zu diagnostizieren ist, stellt sich die Frage nach dem bisherigen Forschungsstand sowie dessen Bewertung. Beim Einarbeiten in ein Forschungsgebiet bietet sich bei der Betrachtung einzelner Untersuchungen oft ein verwirrendes Bild voller scheinbar widersprüchlicher Ergebnisse. Auf solche Literaturanalysen dürfte man aber dennoch vor allem dann angewiesen sein, wenn der originäre Untersuchungsaufwand minimal gehalten werden muss. Eine Möglichkeit besteht dann darin, bereits existierende Daten nochmals zu analysieren, sie einer *Sekundäranalyse* zu unterziehen. Oftmals sind aber die Originaldaten nicht zugänglich bzw. zwischen verschiedenen Studien nicht klar verknüpfbar, und man muss sich auf die Ergebnisdarstellungen in den Untersuchungsberichten beschränken. Findet man zudem keine integrativen Zusammenstellungen, dann kann man sich an einer *Überblicksarbeit* versuchen. Traditionelle, eher qualitativ vorgehende Überblicksarbeiten haben jedoch eine Reihe von typischen Schwächen:

- die Kriterien für die Literaturauswahl und -bewertung sind intransparent;
- die Art der Integration verschiedener Untersuchungsergebnisse ist oft subjektiv;
- Besonderheiten einzelner Untersuchungen werden zu wenig beachtet;
- Stichprobenfehler (Besonderheiten der Stichproben in Einzeluntersuchungen) werden vernachlässigt;
- kleine Effekte werden unterschätzt oder gar übersehen.

Eine alternative Methode der Integration bzw. Zusammenfassung und Bewertung von Studien stellen so genannte (quantitative) *Metaanalysen* dar. Seit den 80er Jahren nahm die Zahl von Metaanalysen, d. h. quantitativer Kombination von Ergebnissen verschiedener Untersuchungen, gerade in der Organisationspsychologie exponentiell zu (Hunter & Schmidt, 1990, S. 42). Das Vorgehen bei einer Metaanalyse lässt sich in sieben verschiedene Phasen unterteilen, ist aber gleichwohl in mancher Hinsicht dem bei einer Einzeluntersuchung vergleichbar. Der Unterschied ist zunächst lediglich, dass die Beobachtungseinheiten statt Personen, Gruppen, Organisationen oder Arbeitsplätze nun *Untersuchungen* sind.

Eine Metaanalyse beginnt mit einer *Klärung des Problemfeldes* (1) sowie der Formulierung von Hypothesen über die Faktoren, die als Erklärungen für Unterschiede zwischen Untersuchungen herangezogen werden könnten. Die anschließende *Literatursuche* (2) sollte möglichst breit angelegt sein und sich die vielfältigen Möglichkeiten der computerunterstützten Literaturrecherchen zunutze machen. Sie sollte aber auf jeden Fall um die Durchsicht einschlägiger Fachzeitschriften, Lehrbücher, Monographien sowie Dissertationen und «grauer Literatur» ergänzt werden. Diese Literaturrecherche wird zunächst großzügig ausfallen und daher im nächsten Schritt auf *thematische Angemessenheit* (3) bewertet werden müssen. Zudem stellt sich hier die umstrittene Frage der *Äquivalenz von Operationalisierungen* bzw. Konstruktvalidität (4). Wer beispielsweise die Wirkung von Führungstrainings untersuchen will, muss zunächst klären, was (noch) unter Führungstraining zu verstehen sein soll.

Auch der nächste Schritt ist umstritten, nämlich der Umgang mit methodischen Fehlern bzw. mit der methodischen Qualität (5) von Primäruntersuchungen. Teilweise wird der Ausschluss solcher Untersuchungen befürwortet, teilweise wird vorgeschlagen, die methodische Qualität zu bewerten und als Moderator zu berücksichtigen. Dieser Autor tendiert eher zu letzterer Empfehlung.

Die Auswertungsmöglichkeiten (6) in Metaanalysen bestehen aus der Integration von Signifikanztests sowie der Angabe von Konfidenzintervallen oder Effektstärken. Das Auszählen signifikanter Ergebnisse («vote-counting») setzt dabei am wenigsten Informationen in den Ausgangsuntersuchungen voraus. Dieses Vorgehen besitzt allerdings eine geringe Teststärke und berücksichtigt nicht die Stichprobengröße. Eine nächste Möglichkeit sind *integrative Signifikanztests* (Beispiele bei Fricke & Treinies, 1985, S. 66 f.). Signifikanztests werden im Allgemeinen aber nur in einem ersten Schritt berechnet. Die Angabe eines durchschnittlichen Effektmaßes sowie Aussagen zur Heterogenität bzw. Streubreite der Effekte betrachten beispielsweise Hunter und Schmidt (1990) als viel wichtiger. Um diese Ziele zu erreichen, müssen zunächst die Effektmaße für einzelne Studien bestimmt und in einen einheitlichen Maßstab transformiert werden. Zudem sind die Effektmaße einzelner Untersuchungen artefaktanfällig und damit korrekturbedürftig. Die Artefaktquellen von Einzeluntersuchungen sind in **Tabelle 5** zusammengefasst.

Nach Hunter und Schmidt (1990) sollten zunächst die Korrekturen auf Stichprobenfehler (1), Messfehler bei Prädiktoren und Kriterien (2 und 3) sowie Varianzeinschränkungen bei Prädiktoren und Kriterien (4 bis 7) vorgenommen werden. Auch für die Bewältigung der Probleme 8, 9 und 11 werden von Hunter und Schmidt (1990) Vorschläge gemacht.

In einem nächsten Schritt wird die Heterogenität der Effektmaße geprüft, also die Frage, ob sich die Ergebnisse verschiedener Untersuchungen überhaupt unterscheiden. *Erst dann* werden die inhaltlichen Moderatorhypothesen (7) analysiert, so z. B. der Einfluss der Herkunft der Untersuchungspersonen, der verwendeten Erhebungs-

Tabelle 5: Übersicht zu Untersuchungsartefakten (nach Hunter & Schmidt, 1990, S. 45)

1.	Stichprobenfehler
2.	Messfehler bei der abhängigen Variable
3.	Messfehler bei der unabhängigen Variable
4.	Dichotomisierung einer natürlich-kontinuierlichen abhängigen Variable
5.	Dichotomisierung einer natürlich-kontinuierlichen unabhängigen Variable
6.	Varianzeinschränkung in der abhängigen Variable
7.	Varianzeinschränkung in der unabhängigen Variable
8.	mangelnde Konstruktvalidität der abhängigen Variable
9.	mangelnde Konstruktvalidität der unabhängigen Variable
10.	Transkriptions-/Schreibfehler
11.	Drittvariableneffekte

instrumente, etc. Da nicht alle Artefakte quantifizierbar sind (z. B. Fehler bei der Dateneingabe), wurde die 75 %-Regel postuliert, wonach bereits dann, wenn 75 % der Effektmaßvarianz durch die berechenbaren Artefakte erklärbar sind, von *keinem* inhaltlichen Moderatoreffekt auszugehen ist.

Abschließend seien nach wie vor kritische Punkte beim metaanalytischen Vorgehen angesprochen. Zum einen setzen Metaanalysen konkrete Problemformulierungen voraus, um die Einbeziehung irrelevanter Studien zu vermeiden. Vor allem aber müssen Methoden angewendet werden, um die Operationalisierungen in verschiedenen Untersuchungen vergleichbar zu machen. Zweitens kann über die methodische Qualität von Einzeluntersuchungen nicht in allen Fällen Einigkeit erzielt werden. Schließlich wurde bisher nicht diskutiert, ob es sich bei allen Artefaktquellen um echte «Fehler» handelt. Hier ist insbesondere an die Idee des Stichprobenfehlers zu denken. Wenn beispielsweise davon ausgegangen wird, dass die den verschiedenen Untersuchungen zu Grunde liegenden Personen der gleichen Population entstammen, dann lässt sich fragen, ob diese Annahme *inhaltlich* gerechtfertigt ist.

Betrachten wir das (fiktive) Beispiel, dass bei Managern, ungelernten Arbeitern und Ingenieuren der Zusammenhang zwischen Arbeitszufriedenheit und Leistung untersucht worden sei; bei der ersten Gruppe ergebe sich eine positive, bei der zweiten eine negative und bei der dritten eine Null-Korrelation. Aus Sicht der Metaanalyse wird nun argumentiert, dass diese Korrelationen auch stichprobenfehlerbedingt unterschiedlich groß sein könnten. Nun kann aber wohl von den wenigsten Personen erwartet werden, dass sie jeglichen Beruf ergreifen könnten. Den Personen in Stichproben von Managern, angelernten Arbeitern und Ingenieuren zu unterstellen, dass sie aus der gleichen Population stammen, mutet jedenfalls seltsam an. Trotz dieser Vorbehalte kann die Metaanalyse inzwischen als etablierte Methode bezeichnet werden, die insbesondere zur Überblicksgewinnung und Komplexitätsreduktion unverzichtbar geworden ist.

6. Schlussbemerkung

An vielen Stellen wurde nicht nur auf die Möglichkeiten von Methoden, sondern auch auf Probleme aufmerksam gemacht. Die Schärfung des *Problembewusstseins* sollte aber nicht den Blick für die *Möglichkeiten* trüben. Absehbare Probleme erfordern Kontrolle oder Korrektur, nicht aber Verzicht auf Handeln überhaupt. Zudem konnten gerade methodische Entwicklungen in den letzten Jahren die Leistungsfähigkeit der Organisationspsychologie demonstrieren (z. B. Hunter & Schmidt, 1990). Wenn nun nach einem Fazit bzw. nach den wichtigsten Empfehlungen gefragt wird, die sich aus diesem Kapitel ergeben, dann lauten diese (vgl. auch Cohen, 1990):

- besser mehr zu planen und weniger «explorative» Untersuchungen durchzuführen;
- genauer zu prüfen, ob nicht bereits Methoden der Datengewinnung für das jeweilige Problem existieren, statt ständig neue zu «entwickeln»;
- möglichst experimentelle Untersuchungen durchzuführen;
- Vorerprobungen mehr Gewicht beizumessen;
- insbesondere bei korrelativen Untersuchungen große Stichproben zu wählen und wenige Variablen zu erheben (außer, sie sind *wirklich* relevant);
- mehr Theorie statt komplexe Datenanalyseverfahren «einzusetzen»;
- Signifikanztests *und* Effektstärke *und* Konfidenzintervalle (wo angemessen) zu berichten.

Wer Methoden anwendet oder methodisch vorgeht, der geht nach einem Plan vor, hat Gründe für sein Vorgehen und ist dabei systematisch. Der Regelcharakter von Methoden besagt, dass sie *richtig* oder *falsch* angewendet werden können. Die Anwendung bestimmter Methoden kann sehr vielfältig begründet werden, und in diesem Kapitel wurden nur einige Gründe oder Kriterien (wie z. B. Reliabilität oder Validität) ausführlicher erörtert. Weitere Argumente sind von Fall zu Fall beispielsweise die erzielbare Eindeutigkeit von Aussagen über das Ergebnis einer

Untersuchung, Praktikabilität und Wirtschaftlichkeit, generelle Anwendbarkeit bzw. Routinisierbarkeit, Standardisierungsgrad, Realitätsnähe oder Nebenwirkungsfreiheit (vgl. auch Bungard, Kap. 4.2).

Es gibt keine «besten» Argumente für die Auswahl von Methoden. Einige der angeführten Gründe bzw. Kriterien widersprechen sich sogar oftmals (z. B. Standardisierungsgrad und Realitätsnähe), und auch die Autoren dieses Buches sind sich nicht immer einig, welche Gründe oder Kriterien besonders stark zu gewichten sind. Wie dem auch sei: Keine Methode ist ausschließlich Selbstzweck, sondern vor allem *Hilfsmittel*, um inhaltliche Fragen zu beantworten.

7. Literatur

Adair, J. G. & Spinner, B. (1981). «Subjects'» access to cognitive processes: Demand characteristics and verbal report. *Journal for the Theory of Social Behaviour, 11*, 31–52.

Backhaus, K., Erichson, B., Plinke, W. & Weiber, R. (2000). *Multivariate Analysemethoden* (9. Aufl.). Berlin: Springer.

Baron, R.-M. & Kenny, D.-A. (1986). The moderator mediator variable distinction in social psychological research: Conceptual, strategic, and statistical considerations. *Journal of Personality and Social Psychology, 51*, 1173–1182.

Batinic, B. & Moser, K. (1998). Internet im kleinen: Intranet und Extranet. In T. Krüger & J. Funke (Hrsg.), *Psychologie im Internet – Ein Wegweiser für psychologisch interessierte User* (S. 44–48). Weinheim: Beltz.

Bortz, J. (1999). *Statistik für Sozialwissenschaftler* (5. Aufl.). Berlin: Springer.

Bortz, J. & Döring, N. (1995). *Forschungsmethoden und Evaluation*. Berlin: Springer.

Bouchard, T. J. (1976). Field research methods: Interviewing, questionnaires, participant observation, systematic observation, unobtrusive measures. In M. D. Dunnette (Ed.), *Handbook of industrial and organizational psychology* (pp. 363–214). New York: Wiley.

Brinberg, D. & McGrath, J. E. (1985). *Validity and the research process*. Newbury Park: Sage.

Bungard, W. (1984). *Sozialpsychologische Forschung im Labor*. Göttingen: Hogrefe.

Bungard, W. (1992). Zur Problematik von Reaktivitätseffekten bei der Durchführung eines Assessment Centers. In H. Schuler & W. Stehle (Hrsg.), *Assessment Center als Methode der Personalentwicklung* (2. Aufl., S. 99–125). Göttingen: Hogrefe/Verlag für Angewandte Psychologie.

Campion, M. A., Palmer, D. K. & Campion, J. E. (1997). A review of structure in the selection interview. *Personnel Psychology, 50*, 655–702.

Campbell, D. T. & Fiske, D. W. (1959). Convergent and discriminant validation by the multitrait-multimethod matrix. *Psychological Bulletin, 56*, 81–105.

Cascio, W. F. (1999). *Costing human resources: Financial impact of behavior on organizations*. Boston: South-Western College Publishing.

Cohen, J. (1988). *Statistical power analysis for the behavioral sciences*. Hillsdale: Erlbaum.

Cohen, J. (1990). Things I have learned (so far). *American Psychologist, 45*, 1304–1312.

Cook, T. D. & Campbell, D. T. (1979). *Quasi-experimentation. Design and analysis issues for field settings*. Boston: Houghton Mifflin.

Dunckel, H. (1999). *Handbuch psychologischer Arbeitsanalyseverfahren* (Mensch-Technik-Organisation, Bd. 14). Zürich: Verein der Fachverlage.

Fricke, R. & Treinies, G. (1985). *Einführung in die Metaanalyse*. Bern: Huber.

Fromkin, H. L. & Streufert, S. (1976). Laboratory experimentation. In M. D. Dunnette (Ed.), *Handbook of industrial and organisational psychology* (pp. 415– 466). New York: Wiley.

Funke, U. (1995). Szenarien in der Eignungsdiagnostik und im Personaltraining. In B. Strauß & M. Kleinmann (Hrsg.), *Computersimulierte Szenarien in der Personalarbeit* (S. 145–216). Göttingen: Verlag für Angewandte Psychologie.

Funke, U., Schuler, H. & Moser, K. (1995). Nutzenanalyse zur ökonomischen Evaluation eines Personalauswahlprojekts für Industrieforscher. In T. J. Gerpott & S. H. Siemers (Hrsg.), *Kosten-Nutzen-Bewertung von Personalprogrammen* (S. 139–171). Stuttgart: Schäffer-Poeschel.

Gadenne, V. (1984). *Theorie und Erfahrung in der psychologischen Forschung*. Tübingen: Mohr.

Göritz, A. S., Batinic, B. & Moser, K. (2000). Online Marktforschung. In W. Scheffler & K. I. Voigt (Hrsg.), *Entwicklungsperspektiven im E-Business. Grundlagen – Strategien – Anwendungsfelder* (S. 187–202). Wiesbaden: Gabler.

Hofstätter, P. R. (1977). *Persönlichkeitsforschung*. Stuttgart: Kröner.

Hunter, J. E. & Schmidt. F. L. (1990). *Methods of meta-analysis*. Newbury Park: Sage.

Jeserich, W. (1989). *Top-Aufgabe*. München: Hanser.

Keßler, H. & Winkelhofer, G. (2002). *Leitfaden zur Steuerung und Führung von Projekten*. Heidelberg: Springer.

Klebert, K., Schrader, E. & Straub, W. G. (2002). *ModerationsMethode*. Hamburg: Windmühle.

Lienert, G. A. & Raatz, U. (1998). *Testaufbau und Testanalyse* (6. Aufl.). Weinheim: Psychologie Verlags Union.

Lipsey, M. W. & Cordray, D. S. (2000). Evaluation of methods for social intervention. *Annual Review of Psychology, 51*, 345–375.

Locke, E. A. (1986). Generalizing from laboratory to field: Ecological validity or abstraction of essential elements? In E. A. Locke (Ed.), *Generalizing from laboratory to field settings* (pp. 3–9). Lexington: Heath.

Mobley, W. H. (1982). *Employee turnover: Causes, consequences, and control.* Reading: Addison-Wesley.

Moser, K. (1987). Artefaktforschung: Aspekte einer methodologischen Systematisierung. *Gruppendynamik, 18,* 83–98.

Moser, K. (1991). *Konsistenz der Person.* Göttingen: Hogrefe.

Moser, K. (2000). Implementierung und Durchsetzung von Potentialanalyse- und Personalentwicklungsinstrumenten. In M. Kleinmann & B. Strauß (Hrsg.), *Potentialfeststellung und Personalentwicklung* (2. Aufl., S. 45–70). Göttingen: Verlag für Angewandte Psychologie.

Moser, K., Galais, N. & Kuhn, K. (1999). Selbstdarstellungstendenzen und beruflicher Erfolg selbständiger Handelsvertreter. In L. v. Rosenstiel & T. Lang-von-Wins (Hrsg.), *Perspektiven des Unternehmertums* (S. 181–195). Stuttgart: Schäffer/Poeschel.

Moser, K. & Zempel, J. (2001). Personalmarketing. In H. Schuler (Hrsg.), *Lehrbuch der Personalpsychologie* (S. 63–91). Göttingen: Hogrefe.

Moser, K., Zempel, J., Schultz-Amling, D. (2000). Strategische Elemente in Leistungsbeurteilungen. *Zeitschrift Führung und Organisation, 69,* 218–225.

Rosenthal, R. (1990). How are we doing in soft psychology? *American Psychologist, 45,* 775–777.

Rosenthal, R. (1994). On being one's own case study: Experimenter effects in behavioral research – 30 years later. In R. William & S. Fuller (Eds.), *The social psychology of science. Conduct of science series* (pp. 214–229). New York: Guilford Press.

Rosenthal, R., Rosnow, R. L. & Rubin, D. B. (2000). *Contrasts and effect sizes in behavioral research.* Cambridge: Cambridge University Press.

Rosenthal, R. & Rubin, D. B. (1978). Interpersonal expectancy effects: The first 345 studies. *The Behavioral and Brain Sciences, 3,* 377–415.

Schuler, H. (1972). *Das Bild vom Mitarbeiter.* München: Goldmann.

Schuler, H. (1980). *Ethische Probleme psychologischer Forschung.* Göttingen: Hogrefe.

Schuler, H. & Moser, K. (1995). Die Validität des Multimodalen Interviews. *Zeitschrift für Arbeits- und Organisationspsychologie, 39,* 2–12.

Schwab, D.-P. (1980). Construct validity in organizational behavior. In B. M. Staw & L. L. Cummings (Eds.), *Research in Organizational Behavior* (Vol. 2, pp. 343). Greenwich: JAI Press.

Schwab, D.-P. (1999). *Research methods for organizational studies.* Mahwah: Erlbaum.

Spector, P.-E. (1994). Using self-report questionnaires in OB research: A comment on the use of a controversial method. *Journal of Organizational Behavior, 15,* 385–392.

Staw, B. M. (1984). Organizational behavior: A review and reformulation of the field's outcome variables. *Annual Review of Psychology, 35,* 627–666.

Stelzl, I. (1984). Experiment. In E. Roth (Hrsg.), *Sozialwissenschaftliche Methoden* (S. 220–237). München: Oldenbourg.

Stone, E. F. (1978). *Research methods in organizational behavior.* Glenview: Scott.

Stone, E. F., Stone, D. L. & Gueutal, H. G. (1990). Influence of cognitive ability on responses to questionnaire measures: Measurement precision and missing response problems. *Journal of Applied Psychology, 75,* 418–427.

Wanous, J. P. (1989). Installing a realistic job preview: Ten tough choices. *Personnel Psychology, 42,* 117–134.

Webb, E. J., Campbell, D. T., Schwartz, R. D. & Sechrest, L. (1975). *Nichtreaktive Messverfahren.* Weinheim: Beltz.

Weick, K. E. (1967). Organizations in the laboratory. In V. Vroom (Ed.), *Methods of organizational research* (pp. 1–56). Pittsburgh: University of Pittsburgh Press.

Wortman, P. M. (1983). Evaluation research: A methodological perspective. *Annual Review of Psychology, 34,* 223–260.

Wottawa, H. & Thierau, H. (1998). *Lehrbuch Evaluation* (2. Aufl.) Bern: Huber.

ZUMA (2003). http://www.gesis.org/Methodenberatung/ZIS.

4.2

Walter Bungard

Organisationspsychologische Forschung im Anwendungsfeld

Inhalt

1. Einleitende Bemerkungen 121

2. Organisationspsychologie im Spannungsfeld zwischen grundlagenwissenschaftlicher Orientierung und Anwendungsfragen 122

3. Die bisherige Forschungspraxis 125

4. Kontextbedingungen organisationspsychologischer Forschung 128

4.1 Arbeitsrechtliche Aspekte 128

4.2 Barrieren der Drittmittelforschung: öffentlich-rechtliche versus privatwirtschaftliche Förderung 129

4.3 Begrenzte Möglichkeiten zur Manipulierung und Kontrolle von Variablen 131

4.4 Zur Bedeutung der spezifischen Organisationskultur 132

4.5 Motivationale Probleme: Rollenübernahme durch die Probanden 133

5. Argumente für einen Paradigmenpluralismus 135

6. Literatur 139

1. Einleitende Bemerkungen

Im vorhergehenden Kapitel 4.1 wurde ein Überblick über die verschiedenen Methoden der Organisationspsychologie gegeben, wobei über die Beschreibung der einzelnen Instrumente hinaus auch bereits einige grundsätzliche Probleme diskutiert wurden. Bei einem anwendungsorientierten Teilgebiet wie der Organisationspsychologie ergeben sich jedoch insbesondere bei Untersuchungen im «Anwendungsfeld» eine Fülle von spezifischen methodischen Schwierigkeiten, die im folgenden Beitrag näher betrachtet werden sollen.

Die Erörterung dieser Probleme ist insofern auch über den engen Bereich der Organisationspsychologie hinaus von Bedeutung, als sich dabei zeigen lässt, dass in der «angewandten» Forschung «erlernter» methodischer Anspruch und Realität des Öfteren auseinander klaffen können – ein Schicksal, das die Organisationspsychologie im Übrigen z. B. mit der Klinischen oder der Pädagogischen Psychologie teilt.

In der Vergangenheit wurde diese Diskrepanz im Rahmen der Organisationspsychologie allzu oft «defensiv» mit dem Argument begründet, dass eben die Komplexität des Untersuchungsgegenstandes die Anwendung der ausgefeilten Methoden aus dem Bereich der Grundlagenforschung nur näherungsweise ermögliche, so dass angesichts der hohen Messlatte notgedrungen nur «minderwertige» Wissenschaftsprodukte präsentiert werden könnten. Die Organisationspsychologie leidet deshalb auch seit Anbeginn in ihrem Selbstbild unter dem Stigma der partiellen Unwissenschaftlichkeit.

Man kann aber auch «offensiv» der Frage nachgehen, inwieweit eine Orientierung an grundlagenwissenschaftlichen Methoden bei Studien im Feld überhaupt sinnvoll ist und ob nicht aus der Analyse dieser spezifischen methodischen Schwierigkeiten und Grenzen möglicherweise Erkenntnisse gewonnen werden können, die u. U. rückwirkend Defizite der klassischen Instrumente der Grundlagenforschung erkennen lassen und die Entwicklung bzw. Auswahl adäquaterer Methoden erforderlich machen.

Vor dem Hintergrund dieser Fragestellung sollen in den nächsten Abschnitten folgende Punkte behandelt werden:

- Inwieweit kann die dominierende methodische Ausrichtung der Organisationspsychologie im Sinne einer Orientierung an den grundlagenwissenschaftlichen Standards aus der Entstehungsgeschichte der Psychologie abgeleitet werden?
- Wie sieht vor dem Hintergrund des historischen Erbes die konkrete Forschungspraxis aus?
- Auf welche Kontextbedingungen stößt die organisationspsychologische Forschung bei Untersuchungen im Feld?
- Welche wissenschaftstheoretischen Kontroversen müssten in der Organisationspsychologie ausgetragen werden, um einen adäquaten Standort finden zu können?

2. Organisationspsychologie im Spannungsfeld zwischen grundlagenwissenschaftlicher Orientierung und Anwendungsfragen

In diesem Abschnitt soll zunächst einmal zur Beantwortung der ersten Frage mit einem historischen Rückblick begonnen werden. Wie bereits einleitend gesagt, sind viele Teilbereiche der Organisationspsychologie lange Zeit durch eine methodische Ausrichtung im Sinne einer relativ starken Orientierung am grundlagenorientierten Paradigma gekennzeichnet gewesen. Die Favorisierung gerade dieses Ansatzes lässt sich rückblickend aus der Entwicklung der Psychologie als eigenständiger wissenschaftlicher Disziplin und insbesondere der Etablierung der einzelnen angewandten Teilbereiche erklären (Bungard, Holling & Schultz-Gambard, 1996).

Die Allgemeine Psychologie entstand nämlich nicht primär als Akademisierung einer vorgelagerten praktisch-psychologischen Tätigkeit, sondern zum Teil quasi als «Spaltprodukt» aus einer im 19. Jahrhundert sich diversifizierenden Philosophie. Die Loslösung von der Philosophie erfolgte dabei vor allem durch die Verknüpfung der Fragestellungen der psychologischen Forschung mit der damals dominierenden naturwissenschaftlichen Denkweise, bzw. mit dem im abendländischen Denken seit der Neuzeit beherrschenden Weltbild. Die Psychologie entwickelte sich also vorwiegend im Zuge einer sukzessiven Adaptation naturwissenschaftlicher Methoden an vormals philosophische Fragestellungen. Idealer Ort experimenteller Forschung war z. B. das Labor, in dem der Psychologe unter Zuhilfenahme von entsprechenden Instrumenten sein Untersuchungsobjekt, nämlich den Menschen, unter möglichst «störungsfreien Bedingungen», d. h. also in einem «isolierten System», analog zum Vorgehen in der physikalischen Forschung beobachten konnte.

Aus dieser Gründungszeit der Psychologie ist eine Fülle von mechanischen und elektrischen Apparaturen mit komplizierten Namen als augenfälliges Indiz für die damalige Orientierung erhalten geblieben, die man nicht als «museale Kuriositäten» abtun sollte, sondern die einer «Archäologie der Psychologie» als überdauernde Fossilien dienen könnten (Gundlach, 1978). Die Geräte symbolisieren in eindrucksvoller Weise die damalige und sicherlich auch heute noch oft anzutreffende Abhängigkeit zwischen Technik und experimenteller Psychologie, wobei die Faszination des psychischen Untersuchungsgegenstandes offensichtlich auf die der Apparaturen übertragen wurde und umgekehrt.

Insbesondere mit der experimentellen Methodik wurde in der «akademischen» Psychologie damals auch die hypothetisch-deduktive Vorgehensweise wissenschaftlicher Analysen übernommen. Im Rahmen deduktiver Aussagensysteme glaubte man, aus allgemeingültigen Gesetzen der Grundlagenforschung für unterschiedliche Anwendungsgebiete Prognosesysteme und daraus wiederum Sozialtechnologien entwickeln zu können. Dahinter stand die damals noch nicht explizit formulierte Auffassung, dass nomologische Theorien auf tautologischem Wege in anwendungsbezogene Aussagensysteme umgewandelt werden können, da theoretische Erklärung, Prognose und Sozialtechnologie die gleiche logische Struktur aufweisen. Auf der Basis dieser wissenschaftlichen Position wurden unter dem Einfluss der Leipziger Schule zahlreiche experimentell orientierte Anwendungsdisziplinen gegründet, wie z. B. die «experimentelle Pädagogik» von Meumann (1914) oder die «experimentelle Psychiatrie» von Kraepelin (1896).

Vor dem Hintergrund der Entstehungsgeschichte der Psychologie wird verständlich, dass auf Grund der wissenschaftstheoretischen Basis eine Dichotomie zwischen Grundlagenforschung und Anwendung vorprogrammiert war: In der Grundlagenforschung werden nomologische Aussagen formuliert und überprüft, in einer angewandten Teildisziplin werden die so entwickelten Theorien und Gesetze in einem spezifischen Anwendungsfeld überprüft, um so das potenzielle «Falsifikationsfeld» zu erweitern. Auf Grund der sich damit ergebenden theoretischen und methodischen Abhängigkeit der angewandten Forschung von der psychologischen Grundlagenforschung schien zunächst für die Entwicklung eigener Untersuchungsmethoden, Techniken und Instrumente kein Anlass zu bestehen. In der Forschungspraxis zeigte sich jedoch sehr bald, dass außerhalb der Labors verschiedene methodische Probleme auftauchten, die dadurch gelöst wurden, dass z. B. größere Stichproben verwendet, Kontrollgruppen eingerichtet und «naive» Versuchspersonen ausgesucht wurden. Insofern trug die «praktische» Psychologie dann doch im Laufe der Zeit zur Entwicklung des Methodenarsenals der grundlagenorientierten Psychologie bei (Danziger, 1990; Lück, 2002). Der «Nachfragesog» aus der Praxis veränderte dabei insgesamt das Methodenbewusstsein der Psychologen, indem Zufallsauswahl, Randomisierung, Mittelwertvergleich u. v. m. erst durch diesen Prozess in die Grundlagenforschung integriert wurden. Aber dieser «Export» aus der Praxis in die Grundlagenforschung änderte dennoch nichts an dem Faktum, dass eine speziell den angewandten Gebieten adäquate Forschungsmethodik einschließlich der Auswertungsverfahren nicht in zufriedenstellendem Ausmaß entwickelt wurde (Wottawa, 1993).

Ganz im Sinne der oben genannten «Arbeitsteilung» zwischen Grundlagenforschung und Anwendungsbereich wurde gleichfalls die Wirtschaftspsychologie, aus der sich dann später teilweise die Organisationspsychologie entwickelte (vgl. hierzu Greif, Kap. 2), ins Leben gerufen (Lück, 2002; Shimmin & van Strien, 1998; Wiendieck, 1999).

In dem Einleitungskapitel des klassischen Werkes von Münsterberg «Psychologie und Wirtschaftsleben» (1912) wurde dabei explizit der Bezug zu den Naturwissenschaften als ideale Form wissenschaftlichen Arbeitens und den damit verbundenen Möglichkeiten praxeologischer Eingriffe hergestellt. Gefesselt durch die Faszination der technischen Errungenschaften, forderte Münsterberg die Psychologen auf, die «instinktive Scheu» vor angewandten Fragen im Wirtschaftsleben aufzugeben und «mit dem praktischen Leben ... in Fühlung zu treten». Münsterberg plädierte in seinem interdisziplinär angelegten utilitaristischen Programm neben dem Praxisbezug und der Verwendung des Laborexperimentes, des Einsatzes von Zeit- bzw. Bewegungsstudien und der Durchführung von Befragungen folgerichtig auch für die wissenschaftstheoretische Position einer nomologischen Disziplin: «Als die Psychologie in ihre modernen Bahnen einlenkte, war ihre unmittelbarste Aufgabe, sich von der bloßen Spekulation zu befreien und die gegebenen Tatsachen festzuhalten und zu beobachten. Das Vorbild musste daher die Naturwissenschaft werden, und mit der experimentellen Methode der naturwissenschaftlichen Arbeit wurde auch das naturwissenschaftliche Ziel übernommen. Es galt, Gesetze zu suchen, die allgemeingültig sind» (Münsterberg, 1912, S. 4). Im Vorgriff auf den Kritischen Rationalismus stellte er schließlich noch fest, dass eine ethische Bewertung der Ziele nicht zum Aufgabenbereich eines Wirtschaftspsychologen gehöre.

Münsterberg hat damals mit seiner Veröffentlichung diese methodische und wissenschaftstheoretische Position der Wirtschaftspsychologie ins Stammbuch geschrieben, und auf der Basis dieser programmatischen Schrift wurde in den 20er und 30er Jahren des letzten Jahrhunderts die Psychotechnik (vgl. hierzu Greif, Kap. 2) bzw. die Arbeitspsychologie entwickelt. Die zur gleichen Zeit entwickelten «Principles of Scientific Management» des amerikanischen Ingenieurs Taylor bekräftigten dabei den naturwissenschaftlichen Methodenansatz. Insofern wurde der Taylorismus in Verbindung mit der Experimentalpsychologie zum «Türöffner» in den Betrieben und der Erste Weltkrieg auf Grund entsprechender Nachfragen nach psychologischer Beratung zum «Schrittmacher» der angewandten Wirtschaftspsychologie (Rüegsegger, 1986).

Es wäre aber falsch, die Geschichte der Psychologie und ihrer angewandten Teilbereiche lediglich mit der Geschichte der experimentellen Psychologie gleichzusetzen, denn gerade für die Wirtschaftspsychologie und damit für die sich daraus später entwickelnde Arbeits- und Organisationspsychologie sollte ein anderer Bereich große Bedeutung erlangen. Die Zielsetzung der sich etablierenden Experimentalpsychologie richtete sich ja ganz dem naturwissenschaftlichen Ideal folgend auf die «Entdeckung psychischer Naturgesetze», so dass individuelle Differenzen eher als Störgrößen angesehen wurden, die der mangelnden Präzision der Methode angekreidet werden mussten. Eben diese individuellen Unterschiede wurden jedoch in einem anderen Zweig der Psychologie, der sich mehr oder weniger unabhängig von der experimentellen Richtung etwa zur gleichen Zeit entfaltete, zum eigentlichen Forschungsgegenstand gemacht. Gemeint ist die Persönlichkeitspsychologie bzw. Differentielle Psychologie. Eine wichtige Rolle spielte dabei der Engländer Sir Francis Galton (1822–1911), der mit Hilfe statistischer Methoden und biographischer Untersuchungen z. B. die Vererbung der Intelligenz analysierte. Er konstruierte für seine Studien Testverfahren, wie z. B. Fragebögen oder einzelne Denkaufgaben, und läutete damit die Ära des Tests als ein zentrales Forschungsinstrument der Psychologen ein.

Die Psychodiagnostik, die neben den Tests auch die experimental-psychotechnischen Untersuchungen zur praxisnahen Simulation von Berufstätigkeiten einsetzte, konnte sich innerhalb weniger Jahrzehnte explosionsartig ausweiten, weil nahe liegende Interessen beim Militär, im Arbeitsleben und im klinischen Bereich zu Forschungsaufträgen für Psychologen führten. Die Verbreitung dieser diagnostischen Verfahren trug ihrerseits parallel zur experimentellen Psychologie ebenfalls dazu bei, die Psychologie als eigenständige Disziplin mit dem Gütesiegel einer empirisch-quantifizierbaren, der Naturwissenschaft als Vorbild vergleichbaren Wissenschaft zu etablieren.

Welche Erkenntnisse lassen sich aus diesen Überlegungen für die Organisationspsychologie im Hinblick auf die methodische Ausrichtung ziehen? Die Organisationspsychologie entwickelte sich in den 60er Jahren als Konglomerat aus verschiedenen psychologischen und nichtpsychologischen Forschungsbereichen (Lück, 2003). Auf Grund des interdisziplinären Ansatzes ist eine klare «Revier-Abgrenzung» zu benachbarten Anwendungsfächern kaum möglich. Ein Teil der Organisationspsychologie deckt sich dabei mit den Fragestellungen der früheren Psychotechnik bzw. der Arbeitspsychologie, und auch der Einsatz der diagnostischen Instrumente spielt bis heute eine wichtige Rolle, z. B. bei der Frage der Personal- bzw. Führungskräfteselektion, bei Organisationsdiagnosen etc.; in diesen Fällen wurde mit der Übernahme der inhaltlichen Schwerpunkte verständlicherweise auch weitestgehend an das dazugehörige Methodenverständnis angeknüpft.

In der Anfangsphase wurde die Organisationspsychologie jedoch unabhängig von diesem psychotechnischen und arbeitspsychologischen Erbe als angewandte Sozialpsychologie betrachtet, indem z. B. die Ergebnisse der Kleingruppenforschung rezipiert wurden (vgl. von Rosenstiel, Kap. 12). Es dürfte nach den bisherigen Ausführungen verständlich sein, dass vorwiegend gerade der Teil der Sozialpsychologie aufgegriffen wurde, der sich ebenfalls eher dem naturwissenschaftlichen Ideal verpflichtet fühlte, während andere Arbeiten, z. B. im Rahmen des Symbolischen Interaktionismus, kaum Beachtung fanden. An dieser Situation änderte sich auch dann nichts, als in den 70er Jahren die Organisationspsychologie teilweise in das Lager der Angewandten Kognitionspsychologie wechselte, vor allem markiert durch die Arbeiten von March und Olsen (1976) sowie Weick (1977).

Ein anderes Methodenverständnis lag einigen nichtpsychologischen Quellen der Organisationspsychologie zu Grunde, wie z. B. beim soziotechnischen Ansatz (vgl. Schüpbach & Zölch, Kap. 7; siehe zusammenfassend auch Ulich, 2001), so dass vereinzelt auch alternative Erhebungstechniken Anklang fanden.

Die interdisziplinär ausgerichtete Organisationspsychologie hat also, wie man sieht, das Erbe sehr unterschiedlicher Forschungsrichtungen angetreten. So lassen sich Beziehungen zur Allgemeinen bzw. Experimentellen Psychologie, zur Differentiellen Psychologie, zur Sozial- und Kognitionspsychologie, zur Soziologie, zur Ökonomie etc. herstellen. Der Heterogenität der Fragestellungen und theoretischen Modelle entspricht folglich bis heute auch eine Vielfalt der methodischen Ansätze. Dabei ist jedoch nicht zu übersehen, dass in weiten Bereichen der organisationspsychologischen Forschungslandschaft das grundlagenorientierte Paradigma der Psychologie traditionsgemäß nach wie vor dominiert. Angesichts der unterschiedlichen methodischen Ansätze ist es nicht sinnvoll, die Entwicklung der Organisationspsychologie als die Geschichte ihrer methodologischen Konflikte oder Krisen darzustellen, sondern man sollte den zwangsläufigen Methoden-Pluralismus als wesentliches Merkmal der Organisationspsychologie herausstellen. In allen diesen Widersprüchen liegen sowohl die Grenzen als auch die Chancen dieser relativ jungen Disziplin.

3. Die bisherige Forschungspraxis

Aus den zuvor dargelegten Überlegungen zur Entstehungsgeschichte der Psychologie im Allgemeinen und zur methodischen Ausrichtung der Organisationspsychologie im Besonderen lässt sich ableiten, dass jeweils solche Methoden und Techniken in der Forschung eingesetzt wurden, die als adäquate Heuristiken in das präferierte Paradigma passten. Der Auswahl eines konkreten Erhebungsinstruments kam dabei von Anfang an eine im Vergleich zu anderen wissenschaftlichen Disziplinen zentrale Bedeutung zu, denn der Begriff der Psychologie als Wissenschaft war ja primär methodaler Natur, wie Herrmann (1970, 1993) im Einzelnen dargelegt hat. Aus diesem Umstand ergab sich auch, dass die Methoden jeweils eine doppelte Funktion aufzuweisen hatten: Mit Hilfe der Instrumente wurden einerseits die empirischen Daten zur Prüfung der Theorien erhoben, andererseits garantierte die praktizierte Methodik zugleich den wissenschaftlichen Status bzw. das akademische Selbstverständnis des Forschers.

Greif (1984) vermutet, dass die strikte Hinwendung zu einem besonders traditionellen Wissenschaftsverständnis vor dem Hintergrund der Kantschen Kritik bezüglich der Unwissenschaftlichkeit der Psychologie interpretiert werden könne. Vor allem die experimentell-statistische Methodik war das «Rückgrat des Selbstbewusstseins» vieler grundwissenschaftlicher Psychologen, und dies galt erst recht für einen angewandten Forscher, wenn er den Anspruch erhob, «Wissenschaftler» bleiben zu wollen.

Der prinzipielle Methodenkonsens hatte auch im Bereich der Wirtschaftspsychologie und später dann in der Organisationspsychologie für die soziale Identität der Wissenschaftler eine große Bedeutung. Im Idealfall glaubte man zunächst mehr oder weniger einvernehmlich, Forschung im Experimental-Labor betreiben zu müssen, um die störenden Bedingungen des Anwendungsfeldes auszuschalten. Typische Fragestellungen waren hier, abgesehen von Simulationsstudien, z. B. sozialpsychologische Untersuchungen der Bedingungen bei der Zusammenarbeit in Gruppen oder Analysen des Führungsverhaltens. Eine derartige Forschungsstrategie ist im Bereich der Organisationspsychologie sicherlich so lange unproblematisch und angemessen, als die Anwendung sich auf Fragestellungen bezieht, deren Überprüfung tatsächlich auch durch Isolierung aus dem konkreten organisationalen Bezug im Forschungslabor möglich ist. Zahlreiche Beispiele hierzu finden sich in diesem Lehrbuch.

Schwierigkeiten ergeben sich bei einer derartigen Forschungskonzeption jedoch dann, wenn nicht mehr nur isolierbare Phänomene analysiert werden sollen, wie am Beispiel der Führungsforschung anhand der Studien von Bales gezeigt werden kann (vgl. **Informationsbox 1**). Die rigide Beibehaltung der laborexperimentellen Logik erweist sich dann nämlich als schwere «Hypothek», da die idiosynkratischen Interpretationsspielräume des Forschers und die Beliebigkeit der Variablenauswahl die hoch gesteckten methodischen Maximen im Extremfall ad absurdum führen.

Das Problematische an einer zu stark grundlagenorientierten Wissenschaftsauffassung ist in bestimmten Fällen darin zu sehen, dass der Grundgedanke der Organisationspsychologie, nämlich eine Organisation im Sinne eines sozialen Gebildes als Ganzes mit dem Wechselspiel seiner Elemente zueinander aufzufassen (vgl. hierzu die Programme der «Väter» der Organisationspsychologie, wie z.B. Schein, 1965), aufgegeben wird, indem komplexe Sachverhalte wieder auf einige wenige, u.U. sogar triviale Variablen reduziert werden. Die Probleme industrieller Arbeit in einem Fertigungsbetrieb werden so möglicherweise auf physiologisch ausgerichtete ergonometrische Aspekte verkürzt und damit verharmlost.

Insgesamt gesehen ist diese laborexperimentelle Forschungsstrategie in der Organisationspsychologie heute nicht mehr so verbreitet wie noch in den Anfängen der Wirtschafts- bzw. der Arbeits- und Betriebspsychologie.

Wenn eine Untersuchung nicht im Labor durchgeführt wird bzw. werden kann, so könnte man dennoch versuchen, im Anwendungsfeld laborähnliche Zustände zu schaffen, indem eine Studie in einem «isolierten» Raum stattfindet. Beobachtungen von Kleingruppen (eventuell durch Einwegscheiben) können z.B. auch in einem betrieblichen Schulungsraum gemacht werden. Einzelne, abgrenzbare Arbeitsplätze bei Pilotprojekten können ebenfalls unter nahezu «störungsfreien» Bedingungen analysiert werden. Man denke in diesem Zusammenhang einmal mehr an die klassische Felduntersuchung in den Hawthorne-Werken aus den 20er Jahren, als eine Gruppe von Arbeiterinnen in einem eigens hierzu hergerichteten Versuchsraum Relais zusammensetzen mussten. Die Realisierung einer solchen den Arbeitsablauf erheblich beeinflussenden Strategie ist jedoch in der Praxis nur selten möglich, wie ein Blick in einschlägige Zeitschriften und Lehrbücher der Organisationspsychologie zeigt.

Informationsbox 1

Ein Beispiel aus der Führungsforschung

In einer klassischen Studie von Bales und Slater (1969) wurde im Rahmen der sozialpsychologischen Kleingruppenforschung untersucht, ob der so genannte «Tüchtigkeitsspezialist» (also derjenige, der hauptsächlich zur Lösung von Problemen beiträgt), gleichzeitig auch bei den Gruppenmitgliedern der «Beliebtheitsspezialist» (d.h. derjenige, der von den übrigen Gruppenmitgliedern als der Sympathischste eingestuft wird) sei, und die Befunde ergaben, dass eine derartige Konstellation eher die Ausnahme darstellt.

Das Experiment dazu sah so aus: Jeweils drei bis sechs Versuchspersonen (Vpn), die sich gegenseitig vor dem Versuch nicht kannten, mussten gemeinsam innerhalb eines bestimmten Zeitraums Probleme lösen oder über ein Thema diskutieren, und die Interaktionen wurden von Beobachtern anhand eines strukturierten Beobachtungsverfahrens (Interaktionsprozess-Analyse) analysiert, um denjenigen zu identifizieren, der die Gruppe informell am stärksten geführt bzw. die Gruppenarbeit organisiert hat. Bei den zu bearbeitenden Problemen handelte es sich um solche, mit denen auch Vorgesetzte in Organisationen konfrontiert werden. Im Anschluss an die Gruppenarbeit musste jedes Gruppenmitglied die anderen jeweils bezüglich ihrer Sympathie einstufen. Dieser Sympathiescore korrelierte negativ mit der Tüchtigkeitsdimension. Bales (1972) kommentiert die Ergebnisse wie folgt: «Es zeigt sich nun die Möglichkeit, dass mit dem Innehaben von Spitzenstatuspositionen auf Grund fachmännischer Beiträge zur Lösung der Gruppenaufgabe die Tendenz verknüpft ist, Freunde zu verlieren und sich anderen zu entfremden» (S. 199). Auf Grund dieser Feststellung wurde die Hypothese der beiden komplementären Führer in einer Gruppe formuliert, und diese Divergenz-Theorie der Führung hat auch die Führungsforschung nachhaltig beeinflusst.

Es stellte sich jedoch sehr bald heraus, dass die Befunde, auf die betriebliche Situation übertragen, nicht immer bestätigt werden konnten. Diese Diskrepanz wurde zunächst auf die fehlende externe Validität der Laborexperimente zurückgeführt: Bales verwendete Psychologiestudenten, die Gruppenmitglieder kannten sich vorher nicht, es handelte sich um einen spezifischen Aufgabentyp – all dies Faktoren, die die Generalisierbarkeit der Ergebnisse erheblich einschränken können. Die Theorie von Bales hat sich eben bisher nur bestätigen lassen, wenn auch die genannten Bedingungen gegeben waren. Aufgabe der Organisationspsychologie sei es folglich, diese Theorie zu modifizieren, was im Allgemeinen auf die Erweiterung der Ausgangshypothese durch entsprechende Zusatzannahmen hinausläuft.

Bei dieser Argumentationskette wird allerdings ein Aspekt zu wenig beachtet. Es wird nämlich sowohl die interne Validität als auch die Konstruktvalidität der Laborexperimente als hoch unterstellt, indem mögliche Einflussfaktoren ignoriert oder zumindest nicht im Rahmen der Theorie explizit thematisiert werden. Man stelle sich die Situation während der Labor-Experimente vor: Da sitzen Studenten in einem für sie sehr ungewohnten Raum an einem Tisch zusammen. Sie wissen, dass sie bei der Lösung der Probleme von Psychologen beobachtet und beurteilt werden, die Gruppenmitglieder erleben also eine mehr oder weniger starke Bewertungsangst. Die genaue Fragestellung des Experimentes kennen sie nicht. Für solche nicht definierten Situationen gibt es unter Studenten normative Orientierungshilfen im Hinblick darauf, wie man sich zu verhalten bzw. nicht zu verhalten hat. Derartige Erwartungshaltungen mögen sehr diffus und widersprüchlich sein, da ja auch die Situation hohe Ambiguität aufweist, aber dennoch werden bestimmte Reaktionsweisen als eindeutig negativ wahrgenommen und sanktioniert. Ein typisches Beispiel hierfür könnten gerade solche Aktivitäten im Sinne der Tüchtigkeitsdimension sein. Die College-Studenten könnten «allergisch» auf das direktive Verhalten des Kommilitonen reagiert haben. Die Gruppenmitglieder hielten u. U. «Solidaritätskundgebungen» und sozial-emotionale Äußerungen in einer undurchsichtigen Laborwelt für adäquater. Der aus dieser Gemeinschaft ausbrechende Musterschüler kollaboriert mit dem Versuchsleiter bzw. Forscher und muss folglich mit Sympathieeinbußen dafür bezahlen.

Diese mit Absicht überspitzte Formulierung soll darauf hinweisen, dass sich solche oder ähnliche kognitive Prozesse bei den Beteiligten abspielen können, und dass ohne Einbeziehung solcher Aspekte die Interpretation der Befunde nicht sehr sinnvoll ist. In der methodologischen Literatur spricht man in diesem Zusammenhang von der so genannten Reaktivität des Messvorgangs und den damit zusammenhängenden Interpretationsproblemen (Bungard, 1984; Esser, 1975). Es handelt sich dabei aber keineswegs um Störfaktoren – denen bestenfalls ein residualer Status eingeräumt wird – sondern um zentrale Determinanten des Untersuchungsgegenstandes. Sie verweisen darauf, dass die in einer gegebenen Situation per Wahrnehmung und Interpretation aktualisierten gruppen-spezifischen Normen im Hinblick auf adäquates soziales Verhalten darüber entscheiden, welches Führungsverhalten erwartet bzw. akzeptiert wird. Eine Führungstheorie müsste deshalb solche spezifischen situationsbedingten kognitiven Variablen enthalten, wenn sie irgendwo in einem konkreten Kontext angewendet werden soll.

Auf der Suche nach Ursache-Wirkungs-Beziehungen kann weiterhin in Anwendungsfeldern auf eine Reihe quasi-experimenteller Versuchspläne zurückgegriffen werden, deren Systematisierung in Anlehnung an Cook und Campbell (1979) beschrieben wurden (Bungard & Schultz-Gambard, 1999). Aber auch bei diesen Ansätzen sind die Realisierungsmöglichkeiten in der Praxis häufig stark eingeschränkt.

Bleibt festzuhalten, dass eine Forschungsstrategie, bei der sich die Einhaltung der experimentellen Forschungsspielregeln auch im Feld ermöglichen lässt, zwar von vielen Organisations-Forschern wahrscheinlich favorisiert, aber de facto nur selten konkret auch praktiziert wird.

Die von der Anwendungsproblematik her nahe liegende Konsequenz, alternative Forschungsstrategien außerhalb des Labors durchzuführen, läuft in der überwiegenden Mehrheit der Fälle auf Befragungen von Probanden hinaus. Hierbei wird der «Königsweg» der empirischen Sozialforschung eingeschlagen, nämlich der Einsatz standardisierter bzw. halbstandardisierter Interviews oder die Applizierung von Einstellungsskalen, zum Teil in Kombination mit Tests oder Beobachtungsdaten. Nur in wenigen Fällen kommen offene bzw. qualitative Interviews zum Zuge. Bei Befragungen steht offensichtlich wiederum der quantitative Ansatz und damit eine Orientierung an einem eher grundlagenorientierten, auf Standardisierung achtenden Paradigma im Vordergrund.

Es würde den Rahmen dieses Kapitels sprengen, im Einzelnen auf die Vor- und Nachteile von Befragungsstudien einzugehen. Auf die spezifischen motivationalen und reaktivitätsbedingten Probleme werden wir später im 4. Abschnitt noch näher eingehen, und der Streit bezüglich der quantitativen versus qualitativen Verfahren wird im 5. Abschnitt noch ausführlich diskutiert. Im Zusammenhang mit der Thematik dieses Abschnitts sei aber darauf hingewiesen, dass Befragungsdaten zwar grundsätzlich geeignet sind, Meinungen bzw. Einstellungen von Organisationsmitgliedern zu erfassen, dass diese aber erstens nicht mit Fakten oder tatsächlichen Verhaltensweisen identisch sein müssen, und dass die Daten zweitens nur begrenzt im Sinne eines Kausalzusammenhangs interpretiert werden können, wenn die Variablen in einem Fragebogen gleichzeitig erhoben werden.

Überdies sei angemerkt, dass der Widerstand gegen Umfragen in den Betrieben inzwischen sehr groß ist, weil neben der tatsächlichen Belästigung auch der Eindruck entsteht, dass hier sozusagen «parasitär» auf Kosten der Betroffenen Daten erhoben und dann als eigene Ergebnisse präsentiert werden, ohne dass sich die Forscher selber mit dem jeweiligen Problembereich direkt auseinander gesetzt haben.

4. Kontextbedingungen organisationspsychologischer Forschung

Nach der Beschreibung der organisationspsychologischen Forschungspraxis in Hinblick auf die Auswahl der jeweiligen Methoden sollen in diesem Abschnitt verschiedene Kontextbedingungen beim Einsatz der verschiedenen Techniken erläutert werden, die die Forscher jenseits aller methodologischen Kontroversen rasch auf den «Boden der Realität» zurückholen.

Das sind erstens arbeitsrechtliche Aspekte bei der Planung und Durchführung von Feldstudien, zweitens die Barrieren der Drittmittelforschung auf Grund öffentlich-rechtlicher bzw. privatwirtschaftlicher Förderung. Methodische Schwierigkeiten resultieren außerdem drittens aus den begrenzten Möglichkeiten zur Manipulation und Kontrolle von Variablen, viertens in Folge der jeweils spezifischen Organisationskultur und schließlich fünftens im Zusammenhang mit den motivationalen Bedingungen, unter denen Versuchspersonen bereit sind, an einer Untersuchung teilzunehmen.

4.1 Arbeitsrechtliche Aspekte

Bei organisationspsychologischen Studien, die in einem Labor oder außerhalb einer Organisation ohne Kontaktaufnahme mit den Mitgliedern einer Organisation stattfinden, spielen im Gegensatz zu wissenschaftsethischen Fragen arbeitsrechtliche Aspekte keine große Rolle. In diesen Fällen gelten die üblichen Rechtsvorschriften, wie sie z. B. in den Richtlinien für die empirische Forschung vom Berufsverband Deutscher Psychologen festgelegt worden sind, wonach z. B. die Würde des Menschen, in der Mehrzahl der Fälle also Psychologie-Studenten, nicht verletzt werden darf.

Sobald jedoch eine Untersuchung in einer Organisation geplant wird, ändert sich die rechtliche Lage dahingehend, dass verschiedene, zum Teil im Betriebsverfassungsgesetz verankerte Vorschriften beachtet werden müssen.

Ein schwer wiegendes Hemmnis entsteht angesichts dieses Genehmigungsrituals allein schon durch den Zeitfaktor. Da insbesondere der Betriebsrat seinen Entschluss in verschiedenen Ausschüssen vorab klären muss und die Sitzungen des Gesamtbetriebsrats nur in bestimmten Zeitabschnitten stattfinden, ist es keine Seltenheit, dass die endgültige Freigabe angesichts der zwischenzeitlichen Abstimmungen, Rückfragen und Änderungswünsche erst nach mehreren Monaten erfolgt. Für die Forschung impliziert eine derartige Verzögerung, dass u. U. vorgesehene Diplomanden wieder «abspringen», Mitarbeiterverträge auslaufen u. v. m. Zusätzliche Probleme ergeben sich in der Praxis insbesondere bei Untersuchungen in Großbetrieben dann, wenn vor Ort ein Betriebspsychologe angestellt ist. Die Präsenz eines externen Forschers kann als Bedrohung bzw. Konkurrenz empfunden werden, so dass auch eine intensive Abstimmung mit dem «Haus-Psychologen» notwendig ist, der seinerseits in störanfälliger Art und Weise in die Machtkonfigurationen der Organisation «eingekeilt» ist.

Angesichts der potenziellen Möglichkeiten, organisationspsychologische Forschungsergebnisse zur Durchsetzung bestimmter innerbetrieblicher Positionen zu missbrauchen, und auf Grund der Skepsis hinsichtlich der negativen Auswirkungen solcher Studien für die Betroffenen ist die konsequente Kontrolle der wissenschaftlichen Aktivitäten von Forschern durch die Tarifpartner verständlich. Die Einbeziehung von Arbeitnehmervertretern ist im Übrigen eine sinnvolle und zur Akzeptanzabsicherung notwendige Voraussetzung für change management-Prozesse. Die Kehrseite der Medaille muss aber auch gesehen werden: Der oft mühselige und strapaziöse Gang durch die Bürokratie und die verschiedenen Entscheidungsinstanzen lässt so manches interessante Projekt scheitern, weil der «Anwendungs-Forscher» entmutigt seine (methodischen) Waffen streckt und entweder auf Felder mit minimaler tarifpolitischer Brisanz ausweicht oder in eine sterile Simulations- und Laborwelt «zurücktaucht», wo er sich im Zweifelsfalle ohnehin besser auskennt, wissenschaftlich «sauberer» arbeiten kann und von «lästigen» Paragraphen nicht weiter verfolgt wird.

4.2 Barrieren der Drittmittelforschung: öffentlich-rechtliche versus privatwirtschaftliche Förderung

Organisationspsychologische Forschung im Anwendungsfeld setzt nicht nur voraus, dass die betroffenen Instanzen eine derartige Studie genehmigen, sie muss auch auf der Basis ausreichender finanzieller Mittel durchgeführt werden können. Die zur Verfügung stehenden finanziellen Mittel der Universitätseinrichtungen reichen in der Regel nur zur Abdeckung der «berühmten» Portokosten, und die nicht-materiellen «Ressourcen» in Form von Diplomanden und Doktoranden sind ebenfalls begrenzt. Zur Finanzierung von Projekten ergeben sich grundsätzlich zwei Wege, nämlich einmal die Beantragung von Projekten bei öffentlich-rechtlichen Institutionen, z. B. bei der Deutschen Forschungsgemeinschaft (DFG) oder beim Bundesministerium für Forschung und Technologie (BMFT), und zum anderen die Durchführung von Auftragsforschung in direkter Absprache mit Organisationen, also privatwirtschaftliche Förderung.

Was die *öffentlich-rechtliche Förderung* betrifft, so ist die Anwerbung von Drittmittel-Geldern bislang häufig auf einige Schwierigkeiten gestoßen. Bei der Bewilligung geht man meistens davon aus, dass bei der Beantragung einer Studie die Zielsetzung klar definiert, die Operationalisierung der Variablen festgelegt und das

Untersuchungsdesign im Vorhinein erläutert wird. Die Folge davon ist, dass stark explorativ ausgerichtete Projekte schwerer die Bewilligungshürden nehmen können. Das vorhandene organisationspsychologische Wissen wird in diesen Fällen quasi in einem eng gesteckten Rahmen tendenziell eher reproduziert und bestenfalls auf «neue» Fragestellungen angewendet. Dieses grundsätzliche Dilemma lässt sich, nebenbei bemerkt, ebenfalls auf grundlagenorientierte Forschung übertragen.

Zwei praktische Probleme kommen hinzu: Die Beantragung eines Projekts setzt erstens voraus, dass man im Vorfeld bei potenziellen Organisationen vorsondiert, ob eine derartige Studie unterstützt werden würde, falls die Drittmittelgeber das Projekt bewilligen würden. Wird diese Bereitschaft grundsätzlich signalisiert, so haben die Gesprächspartner wenig Verständnis dafür, dass die Klärung der Finanzierungsfrage oft ein bis zwei Jahre dauert. Es soll auch vorgekommen sein, dass in den Betrieben die Kontaktpersonen zwischenzeitlich gewechselt hatten oder die Fragestellung als solche inzwischen überholt war. Angesichts dieser Probleme haben grundlagenorientierte, von Betriebszusagen unabhängige Untersuchungen, also z. B. klassische Labor- oder Simulationsstudien, die größten Chancen, über Drittmittel finanziert zu werden.

Genau die Kriterien, die die Wahrscheinlichkeit einer positiven Bewertung durch das Gutachtergremium der öffentlich-rechtlichen Institution erhöhen, sind zweitens zugleich diejenigen, die die Zustimmung einer Organisation zur Durchführung einer Studie in ihrem Bereich in Frage stellen. Unternehmen sind eher daran interessiert, ein Projekt zu ermöglichen, bei dem neuartige Phänomene kurzfristig analysiert werden, um daraus konkrete Handlungsanweisungen ableiten zu können. Die genauen Ziele einer Untersuchung sind dabei zu Beginn recht unklar, sie erfahren erst im Laufe der Studie ihre Präzisierung. Nicht allgemeine, gerade von ihrem eigenen Unternehmen abstrahierende, sondern spezifische, sich auf konkrete Situationen beziehende Studien werden präferiert. Die methodische und damit wissenschaftliche Kompetenz eines Forschers wird in der Regel nicht hinterfragt, aber die Relevanz der Untersuchungsthematik und die praktischen Konsequenzen müssen unmittelbar erkennbar sein.

Bezüglich der *privatwirtschaftlichen Förderung* lässt sich Folgendes sagen: Die zuvor aufgezeigten Selektionsmechanismen haben zu einer augenfälligen Polarisierung der organisationspsychologischen Forschung geführt. Auf der einen Seite finden wir die «klassische» grundlagenorientierte und tendenziell von öffentlichrechtlichen Institutionen oder über inneruniversitäre Ressourcen finanzierte Forschung. Auf der anderen Seite gewinnt gerade in den letzten Jahren die «direkte» privatwirtschaftliche Auftragsforschung wieder an Bedeutung. Die vielen Vor- und Nachteile der Auftragsforschung sind in den letzten Jahren intensiv diskutiert worden (Rosenstiel & Worschée, 2002). Für eine privatrechtliche Forschungsförderung spricht:

- Schnellere Bewilligung
- In der Regel eher großzügige Finanzierung
- Praxisrelevante Fragestellung
- Mut zur innovativen Forschung
- Kein so ausgeprägter Zwang im Sinne eines Methodendogmatismus

Die Gefahren liegen auf der Hand:

- Direkter Einfluss des Geldgebers auf Grund spezifischer Interessen («Wer die Kapelle bezahlt, dirigiert die Musik»)
- Pragmatismus dominiert gegenüber theoriegeleiteter Forschung
- Verringerter Einfluss des Forschers auf die Verwertung der Befunde
- Selektive Vorgabe der Fragestellungen durch die Organisation. Forschung entartet u. U. zur blanken Akzeptanzforschung; die Organisationspsychologie übernimmt dann möglicherweise eine harmonisierende Beschwichtigungsfunktion
- Oft fehlende Überprüfbarkeit der bekannt gewordenen Befunde, z. B. im Hinblick auf die methodischen Vorgehensweisen, durch ein Publikationsverbot, angeblich zur Wahrung von Organisationsgeheimnissen
- Selektive Verwendung der Befunde: Erfolge werden groß herausgestellt, Schwachpunkte werden verschwiegen oder wegdiskutiert (Gefahr der «Hofberichterstattung»)

Wie immer man diese Aspekte gewichten mag, wobei die Vor- und Nachteile der öffentlich-rechtlichen Förderung größtenteils mit umgekehrten Vorzeichen den oben genannten Punkten entsprechen dürften, fest steht, dass gerade die Organisationspsychologie auf Grund der forschungspolitischen Rahmenbedingungen und wegen der Notwendigkeit enger Kooperation mit Organisationen auf direkte Auftragsforschung nicht verzichten kann. Die Ausschaltung der oben aufgeführten Gefahrenquellen wird dabei mit institutionalisierten Kontrollen und Regelungen nur zum Teil gelingen; demgegenüber ist hier in erster Linie das Verantwortungsbewusstsein und die ethisch-moralische Einstellung des Forschers gefordert.

4.3 Begrenzte Möglichkeiten zur Manipulierung und Kontrolle von Variablen

Zur Überprüfung eines kausalen Zusammenhangs zwischen zwei Variablen wird in der Grundlagenforschung die experimentelle Methodik favorisiert. Wie in Kapitel 4.1 ausgeführt, handelt es sich dabei um eine spezifische Methodik der Datenerhebung, wobei die Ermittlung der Merkmale unter zwei Voraussetzungen erfolgt:

1. Die Bedingungen, unter denen die Erhebung erfolgt, werden, z. B. durch die Verwendung von Experimental- und Kontrollgruppen, partiell konstant gehalten und partiell planmäßig variiert. Dies ist das Prinzip der Bedingungskontrolle.
2. Die Merkmalsträger werden den variablen Bedingungen per Zufall zugeteilt. Das ist das Prinzip der Randomisierung.

Die so konzipierte Experimentiermethodik ist in der Psychologie immer wieder grundsätzlich kritisiert worden (Holzkamp, 1986; Mertens, 1975). Wir beschränken uns hier auf die Frage, inwieweit die beiden konstituierenden Bedingungen der Experimentalmethodik außerhalb des Labors, z. B. in einem Betrieb, realisierbar sind.

ad 1: Bedingungskontrolle

Was die Bedingungskontrolle betrifft, so ist die Variation einer (unabhängigen) Variable unter günstigen Bedingungen durchaus möglich. Die Zustimmung zu einer Untersuchung erfolgt betrieblicherseits oft gerade im Hinblick darauf, dass die Auswirkungen einer speziellen Maßnahme (z. B. einer Arbeitsstrukturierungsmaßnahme) überprüft werden sollen. Problematisch ist jedoch fast immer, wie im Übrigen auch bei Laborstudien, die partielle Konstanthaltung sonstiger Faktoren. Denn ein Eingriff in den Arbeitsablauf löst notgedrungen eine Fülle weiterer Veränderungen aus. In den meisten Organisationen ist es außerdem kaum möglich, mindestens zwei wirklich in jeder Hinsicht vergleichbare Stichproben zu definieren, um dann in der Experimentalgruppe eine Variation X herbeizuführen und in der Kontrollgruppe entsprechend keine Veränderung vorzunehmen.

Durch die Offenlegung der Fragestellung und des Untersuchungsdesigns im Vorfeld des Genehmigungsverfahrens ist eine echte Kontrollgruppe ebenfalls nicht konstituierbar. Die Mitglieder der Kontrollgruppe wissen nämlich notgedrungen, dass bei ihnen ein Faktor X nicht verändert wurde, wodurch mit Reaktivitätseffekten gerechnet werden muss.

Die Geschäftsleitung und der Betriebsrat werden außerdem in vielen Fällen intervenieren, wenn eine derartige Differenzierung nur aus experimental-logischen Gesichtspunkten vorgenommen wird, da dadurch die Kontrollgruppe nicht in den Genuss der zu überprüfenden Maßnahmen kommt. Schwierigkeiten gibt es auch bei quasi-experimentellen Versuchsanordnungen mit nicht-adäquaten Kontrollgruppen, da z. B. bei Vortest-Nachtest-Designs ebenfalls offengelegt werden muss, warum eine Messung zweimal erfolgen soll.

ad 2: Randomisierung

Das zweite zentrale Prinzip der experimentellen Methodik, nämlich die Randomisierung, ist bei organisationspsychologischen Studien in der Praxis eher selten realisierbar. Die Organisationsmitglieder haben feste Arbeitsbereiche bzw. -plätze, und Versetzungen auf Grund eines Experiments würden den Arbeitsablauf erheblich stören. Man kann zwar ganze Bereiche per Zufall auswählen, aber eine Vielzahl von innerbetrieblichen Überlegungen schränkt auch diesen Selektionsprozess ein. Eine Intervention, die im Rahmen einer Studie evaluiert werden soll, wird dort vorgenommen, wo der Bedarf vermeintlich am größten ist und wo die verantwortlichen Führungskräfte die Intervention und die Untersuchung persönlich auch befürworten und unterstützen.

Fazit: Wenn eine organisationspsychologische Studie genehmigt wird, weil ein entsprechendes Eigeninteresse der Organisation gegeben ist, dann wird dieses Eigeninteresse auch die Bedingungen für die Durchführung der Untersuchung diktieren, und dies bedeutet einmal, dass die Manipulationen primär bedarfsorientiert und nicht nur nach der experimentellen Logik ausgerichtet vorgenommen werden können. Zum Zweiten gilt die Prämisse, dass die Erhebung den betrieblichen Alltag so wenig wie möglich stören darf. M.a.W.: Der Preis, der für die Erlaubnis eines Forschungsprojekts gezahlt werden muss, besteht in der erheblichen Einschränkung der beiden zentralen Prinzipien der experimentellen Methodik. Echte experimentelle Studien finden von daher nur gelegentlich in abgelegenen «betriebsverfassungsrechtlichen Nischen» statt.

4.4 Zur Bedeutung der spezifischen Organisationskultur

Wenn eine organisationspsychologische Studie im Anwendungsfeld durchgeführt werden soll, so muss man sich vor Augen führen, dass man als Forscher in den meisten Fällen in einen «neuen» sozialen Kontext eintritt, der durch eigene Normen, Werte, Sichtweisen und durch seine eigene Sprache gekennzeichnet ist. Diese soziologische «Selbstverständlichkeit» ist unter dem Stichwort «Organisationskultur» auch für den Bereich der Organisationspsychologie entdeckt worden. Unter dieser Perspektive lassen sich für die in diesem Beitrag zu diskutierenden Kontextbedingungen einige wichtige Konsequenzen aufführen.

Die Zielsetzung organisationspsychologischer Untersuchungen besteht z.B. häufig darin, das Verhalten und/oder die Einstellungen von Organisationsmitgliedern zu analysieren, und dies setzt in nahezu allen Fällen voraus, dass der Forscher und die zu untersuchenden Personen in einen Dialog eintreten, um mit Hilfe entsprechender verbaler Äußerungen die Situationswahrnehmungen und -strukturierungen, die subjektiv empfundenen Belastungen etc. erfassen zu können. Bei diesen Kommunikationsprozessen können jedoch, wie wir aus der Interviewforschung wissen, erhebliche Schwierigkeiten daraus resultieren, dass man nicht eine generelle semantische Äquivalenz der Begriffe bei den Gesprächspartnern unterstellen kann. Der «universitär» sozialisierte Forscher ist es gewöhnt, dass *seine* Studenten im Labor *seine* Sprache verstehen. Aber am Arbeitsplatz treten u. U. auf Grund der spezifischen Organisationskultur sprachliche Schwierigkeiten auf, die nicht immer zu Tage treten müssen.

Der Forscher bzw. Interviewer muss also die Organisation, insbesondere die organisationsspezifische Terminologie, bzw. kognitiven Schemata, «Sprachspiele» oder Bezugssysteme kennen, wenn er seine Forschung sinnvoll durchführen will. Gruppenspezifische oder organisationsspezifische Skalen oder Befragungsinstrumente, die unter diesem Gesichtspunkt eigentlich eingesetzt werden müssten, sind nur sehr selten entwickelt worden. Der Vergleich verschiedener Betroffenengruppen wäre im Übrigen bei einem solchen Vorgehen nicht unproblematisch, weil die verwendeten Instrumente dann nicht identisch und damit vergleichbar wären. Die bisherige Strategie, das gleiche Instrument in verschiedenen Organisationen und bei völlig verschiedenen Arbeitsplätzen einzusetzen, ist aber fragwürdig: Empirisch nachgewiesene Differenzen bezüglich bestimmter Phänomene, z.B. zwischen Lohnempfängern und Angestellten, zwischen verschiedenen Hierarchieebenen oder zwischen verschiedenen Organisationstypen können sich als Manifestationen unterschiedlicher semantischer Konnotationen entpuppen.

Interpretationsprobleme ergeben sich aber nicht nur bei direkten Kommunikationsprozessen, wie z. B. bei Interviews, sondern in Analogie zu ethnologischen Studien muss auch bei «nicht-interaktiven» Beobachtungsstudien mit solchen Effekten gerechnet werden. Ein Kennzeichen der sozialen Wahrnehmung besteht bekanntlich darin, dass die beobachteten Phänomene vor dem Hintergrund der eigenen kulturellen Selbstverständlichkeiten selektiv verarbeitet werden. Bei interkulturellen Vergleichen ist dieses Problem evident, und der Ethnologe versucht deshalb auch durch langjährige Aufenthalte bei einem «exotischen Stamm» die Rituale nachvollziehen bzw. verstehen zu lernen. Er würde sonst vorschnell z. B. eine religiöse Zeremonie unter Zugrundelegung seiner Kategorien als «Saufgelage» missdeuten.

Diese Schwierigkeiten sind bei intrakulturellen und damit auch bei organisationspsychologischen Studien nicht so offensichtlich. Der aus dem universitären Milieu kommende Forscher wird aber z. B. bei der Wahrnehmung und Klassifikation des Führungsverhaltens eines Vorgesetzten in einer anderen Organisation ebenfalls in Abhängigkeit von seinem Bewertungsmuster ausgehen und somit möglicherweise ebenso wie der unerfahrene Ethnologe die Situation falsch interpretieren.

Dieses zentrale Problem bei jeder angewandten Forschung wird bislang aus zwei Gründen nicht intensiv diskutiert. Zum einen handelt es sich bei derartigen Verzerrungen um subtile Prozesse, die nicht offen zu Tage treten müssen, insbesondere dann, wenn die Ergebnisse später nicht mit den entsprechenden Organisationsmitgliedern, sondern mit Forschungskollegen besprochen werden. Zum anderen scheint das Problem aus der Sicht der Wissenschaftler häufig deshalb nicht virulent zu sein, weil es durch die arbeitsteilige, quasi «tayloristische» Organisation der Forschung als solche verdeckt wird: Der Wissenschaftler delegiert nämlich häufig die Datenerhebung an Interviewer, Beobachter oder Experimentatoren, und er wird dann notgedrungen das oben beschriebene Defizit nicht selber erleben. Dieser Umstand bewirkt einmal die nicht unerheblichen Rollenprobleme und Stressphänomene bei den Interviewern, die mit der Diskrepanz zwischen der Rolle des neutralen Datensammlers und der des situationsbedingten Vermittlers zurechtkommen müssen; weiterhin erlaubt diese Art der Arbeitsteilung dem Forscher, sich voll und ganz auf die Auswertung des empirischen Materials zu konzentrieren, ohne durch lästige Zweifel an der semantischen Äquivalenz der Fragen und Antworten irritiert zu werden. Die methodischen Implikationen des Organisations-Kultur-Ansatzes gehen also bei angewandter Forschung, wie z. B. im Bereich der Organisationspsychologie, allzu oft an der Nahtstelle zwischen Datenerhebung und Datenauswertung auf Grund der durchgängig praktizierten Funktionsverteilung im Forschungsbetrieb verloren. Aus diesen Überlegungen leitet sich die Empfehlung ab, dass der Forscher das jeweilige Anwendungsfeld ausgiebig kennen lernen muss, um überhaupt sinnvoll eine Studie planen, durchführen und auswerten zu können. Mayo bezeichnete diesen Ansatz, den er bei den klassischen Hawthorne-Studien (Roethlisberger & Dickson, 1939) bereits angewendet hat, als Klinische Soziologie. Des Weiteren sollte der Forscher, der ein Erhebungsinstrument auswählt oder konstruiert, zumindest in der Pretestphase, der bei Anwendungsforschung eine zentrale Rolle zukommt, aktiv und intensiv beteiligt sein.

4.5 Motivationale Probleme: Rollenübernahme durch die Probanden

Forschung im Anwendungsfeld der Organisationspsychologie setzt voraus, dass die potenziellen Untersuchungspersonen bereit sind, die ihnen zugedachte Rolle zu übernehmen. Das heißt sie müssen motiviert sein, aktiv an einer wissenschaftlichen Befragung oder Simulationsstudie teilzunehmen. Die in der Grundlagenforschung in der Regel verwendete Studentenpopulation ist unter diesem Gesichtspunkt eher unproblematisch. Studierende müssen z. B. im Rahmen ihres Psychologiestudiums die vorgeschriebenen «Versuchspersonen-Stunden» absolvieren, und außerdem sind sie häufig auch neugierig, was in einem Experiment auf sie zukommt, mit all den methodischen Schwierigkeiten, die sich aus dieser spezifischen Motivationslage im Hinblick auf die Validität der Befunde ergeben.

Warum aber sollte in der Arbeitswelt jemand an einer organisationspsychologischen Studie teilnehmen? Abgesehen von der durch organisatorische Bedingungen bewirkten hohen Ausfallquote (Schichtwechsel, Kurzarbeit, Urlaub u. v. m.) sehen viele Betroffene den Sinn solcher Untersuchungen nicht ein. Sie wissen vor allem nicht, welche «Datenträger-Rolle» ihnen zugedacht ist. Das ganze Unterfangen hat aus ihrer Sicht nur dann einen nachvollziehbaren Sinn, wenn die jeweiligen Arbeitsplätze mit ihren spezifischen Eigenarten analysiert werden, um konkrete Schlussfolgerungen und vor allem Konsequenzen zu ziehen. Untersuchungen mit dem Ziel, gerade situationsunabhängige Aussagen aufzustellen, bei denen also auf die Besonderheiten der Situation der Befragten keine Rücksicht genommen werden kann, sind für die Betroffenen praxisfern, «akademisch» und nicht dahingehend motivierend, den Forschern bereitwillig Auskunft zu erteilen. Entsprechend oft trifft man bei der Suche nach Freiwilligen auf Personen, die sich weigern, die Rolle von Versuchspersonen zu spielen.

Im Zusammenhang mit diesen Überlegungen stellt sich ein weiteres typisches «Anwendungsproblem». Die den Studenten zur Erhöhung der Teilnahmemotivation in der Regel zugesicherte Anonymität der Untersuchung ist bei Studien innerhalb von Organisationen oft unmöglich und im Übrigen auch unglaubwürdig bzw. absurd. Der Forscher bzw. Interviewer findet weiterhin wenig Verständnis bei den Probanden, wenn die genaue Fragestellung der Untersuchung nicht offen vor Beginn dargelegt wird. Das in der Grundlagenforschung mit Studenten häufig praktizierte Ritual, mit Hilfe theaterreifer Inszenierungen die wahre Absicht des Versuchsleiters zu verbergen, greift in der Praxis nicht. Täuschungsmanöver quasi als methodisches «Grundprinzip» reduzieren im Feld nicht die Reaktivitätseffekte, im Gegenteil, sie erhöhen sie oder sie führen sogar zur Teilnahmeverweigerung.

Erschwerend kommt noch hinzu, dass geplante Untersuchungen meistens mit ähnlichen Bemühungen von Arbeitsplatzbewertern, Refa-Spezialisten, industrial engineers oder Erhebungen seitens der Personalabteilung in Verbindung gebracht werden. Langjährige Erfahrungen mit diesen Instanzen haben die Betroffenen gelehrt, sich besonders vorsichtig und zurückhaltend zu verhalten, da voreilige Offenbarungen sich häufig in unerwünschten administrativen Regelungen und Rationalisierungsmaßnahmen «bumerangartig» ausgewirkt haben. Werden z. B. belastungsreduzierende Veränderungsmöglichkeiten am Arbeitsplatz preisgegeben, können in der Lohntüte postwendend die Erschwerniszulagen wegfallen.

Hinter einer organisationspsychologischen Untersuchung wird fast immer ein Interesse der Geschäftsleitung vermutet, die ja der Untersuchung zugestimmt haben muss. Die spezifische Reaktivität im Sinne eines sog. Auftraggeberefekts ist dadurch vorprogrammiert. Aus der Perspektive der Probanden wird in diesem Kontext nicht zwischen Geschäftsleitung, Personalabteilung und Forschern aus einer Universität differenziert, sie alle repräsentieren zusammen die «Bürokratie».

Zusammenfassend kann also folgendes Fazit gezogen werden: Aus den verschiedenen oben dargelegten Gründen kann abgeleitet werden, dass sich bei Untersuchungen innerhalb von Organisationen gravierende motivationale Schwierigkeiten bei den Probanden ergeben können. Durch datenschutzrechtliche Diskussionen sensibilisiert sind die Betroffenen nicht ohne weiteres bereit, an einer Studie teilzunehmen; die Ausgangsmotivation ist also höchst ambivalent. Wenn aber Organisationsmitglieder an der Untersuchung teilnehmen, dann ist gerade aus den Gründen, die sie zur Teilnahme motiviert haben – nämlich Neugier, Hoffnung auf Verbesserung der Arbeitsplatzsituation etc. –, die Verhaltensweise während der Datenerhebung im Sinne der Reaktivitätsproblematik vorgezeichnet: Risikominimierung durch Indifferenzverhalten, wie sie es im Umgang mit Behörden gewohnt sind – also z. B. hohe Meinungslosigkeit, Ja-Sager-Effekte etc. –, oder aber intensive Bemühungen, die eigene Funktionsfähigkeit unter Beweis zu stellen. Organisationsspezifisches «impression management» wird so schnell zur dominanten Reaktionsstrategie. Umgekehrt ist natürlich auch eine Situation vorstellbar, in der die Befragten Beeinträchtigungen fingieren, um Erschwerniszulagen zu erhalten oder um Verbesserungen am Arbeitsplatz zu erreichen. Es bleibt also festzuhalten, dass im Gegensatz zum universitären Bereich Reaktionen im Rahmen einer Untersuchung in Organisationen Konsequenzen für die Betroffenen nach sich ziehen. Die Befragten bzw. die Versuchspersonen versuchen deshalb diese Folgen zu antizipieren und wählen ihre Antworten oder Reaktionen entsprechend aus. Es ist also damit zu rechnen, dass von den Untersuchungspersonen versucht wird, den Forscher bzw. Interviewer im Sinne der Durchsetzung eigener Interessen zu instrumentalisieren. Die Reaktionen der Betroffenen können aus diesem Grund oft nur vor dem Hintergrund ihrer betrieblichen (politischen) Interessen verstanden werden.

5. Argumente für einen Paradigmenpluralismus

Von der Entstehungsgeschichte der Psychologie ausgehend wurde in den letzten Abschnitten zunächst dargelegt, dass die angewandten Teildisziplinen, insbesondere die ältere Arbeits- und Betriebspsychologie und später dann teilweise auch die Organisationspsychologie, in Anlehnung an das naturwissenschaftliche Ideal konzipiert wurden. Es konnte dann gezeigt werden, dass die an diesem Ideal orientierten handlungsrelevanten Forschungsmaximen beim Eintritt ins «Organisationsfeld» nur noch begrenzt eingelöst werden können. Sowohl verschiedene Kontextbedingungen auf Grund rechtlicher oder sonstiger organisationsspezifischer Bedingungen als auch methodenimmanente Probleme, insbesondere in Folge der forschungsbedingten Interaktionen mit den Probanden, führen zu den geschilderten Problemen der «angewandten» Organisationspsychologie.

Angesichts dieser Situation stellt sich die nahe liegende Frage, wie man dieses offensichtliche Dilemma lösen könnte. Es bringt die organisationspsychologische Forschung nicht weiter, wenn die angeblichen oder tatsächlichen Mängel weiterhin mit entschuldigenden Hinweisen auf die Tücken bzw. die Komplexität des Anwendungsfeldes verharmlost werden.

Ein möglicher Ausweg könnte über eine meta-methodische Reflexion gefunden werden, indem (noch einmal) die Frage aufgeworfen wird, welches Forschungsparadigma für die Organisationspsychologie denn das adäquate sei (Bungard & Herrmann, 1993). Im Gegensatz zu anderen Teilbereichen der Psychologie, wie z. B. der Klinischen Psychologie oder Sozialpsychologie, hat es eine vergleichbar intensive Kontroverse in diesem Bereich noch nicht gegeben. Nun wird dieser in den Sozialwissenschaften bekannte Streit zwischen dem so genannten normativen und interpretativen Paradigma (Wilson, 1973), bzw. dem hypothetisch-deduktiven und holistisch-induktiven Paradigma periodisch zu verschiedenen Anlässen immer wieder neu entfacht, und die Frage, welches Paradigma für die Organisationspsychologie geeignet sei, wäre eine günstige Gelegenheit, diesen Disput auf einem weiteren Feld aufzugreifen. Es würde zu weit führen, dies in aller Ausführlichkeit zu versuchen, aber im Folgenden sollen dennoch einige wichtige Aspekte hervorgehoben werden.

Wie sehen zunächst einmal die wesentlichen Argumente der beiden Positionen aus (vgl. Cicourel, 1970; Jüttemann & Thomae, 1998)?

Das *normative Paradigma* geht davon aus, dass soziale Interaktionen als relativ unabhängig von dem situativen Kontext definiert werden können, in dem die Handlungen stattfinden. Folglich spielt auch der spezifische Kontext, der durch das Forschungshandeln entsteht, an sich keine zentrale Rolle. Entscheidend ist vielmehr, wie die zu analysierenden Variablen gegenüber den Randbedingungen isoliert werden, um z. B. eindeutige Kausalschlüsse ziehen zu können. Die persönliche Beziehung zwischen Forscher und Erforschten soll insgesamt gesehen möglichst neutral bleiben. Die aus dieser Grundposition abgeleiteten methodologischen Standards sind konsequenterweise Standardisierung und Reproduzierbarkeit zur Erzielung intersubjektiv überprüfbarer Ergebnisse. De facto läuft diese Strategie in der Regel auf eine quantifizierende Forschung hinaus, bei der die Sicherung der internen Validität einen hohen Stellenwert hat.

Die bislang eingesetzten Methoden der Organisationspsychologie passen in der Mehrzahl der Fälle auch dann zu diesem normativen bzw. bedingungsanalytischen Paradigma, wenn nicht typische quantifizierende Methoden appliziert werden.

Vertreter des *interpretativen Paradigmas* sehen in der aus ihrer Sicht gleichsam zur Routine erstarrten Standardisierung des Kontexts und in der Isolierung der zu analysierenden Variablen die Gefahr, dass die Interaktionsbedingungen qua Methodik verformt und damit artifiziell werden. Sie gehen davon aus, dass Handeln ein prinzipiell unabgeschlossener interpretativer Prozess ist; eine Prämisse, die auch jegliches Forschungshandeln betrifft. Schütz (1932) hatte bereits in den 30er Jahren aufgezeigt, dass jegliches Verhalten in sozialen Kontexten, also auch das Arbeitsverhalten in Organisationen, von außen durch Dritte nur insoweit als Handlung verstanden werden kann, wie es die projektiven Interpretationen der Beobachter erlauben. Empirische Erhebungen bedürfen daher der Rückkopplung mit introspektiven Daten, oder mit Habermas formuliert: «Das Verstehen einer symbolischen Äußerung erfordert grundsätzlich die Teilnahme an einem Prozess der Verständigung» (Habermas, 1981, S. 165).

Im Gegensatz zum normativen Paradigma haben folglich die Situationsdefinitionen der Untersuchungspersonen, soweit sie nicht direkt Gegenstand der Untersuchung sind, nicht den Status von unerwünschten Störfaktoren, sondern sie werden zum «Prüfstein für die Gültigkeit» der Untersuchungen. Die daraus abgeleiteten methodologischen Standards zur Klassifikation der empirischen Daten stehen zwangsläufig im Gegensatz zu denen des normativen Paradigmas: «Leitsatz (der explorativen Untersuchung) ist es, sich jeder ethisch vertretbaren Vorgehensweise zu bedienen, die die Wahrscheinlichkeit dafür bietet, dass man ein genaueres Bild dessen gewinnt, was in dem Gebiet sozialen Lebens vor sich geht. Aus diesem Grunde kann es direkte Beobachtung einschließen, das Interviewen von Personen, das Zuhören bei ihren Gesprächen, die Beschaffung von Lebensgeschichten, den Gebrauch von Briefen und Tagebüchern, das Heranziehen öffentlicher Protokolle, die Durchführung von Gruppendiskussionen und das Auszählen von Einzelelementen, falls dies lohnend erscheint» (Blumer, 1973, S. 81). In der Forschungspraxis impliziert dieses Methodenverständnis eine hohe Affinität zu qualitativen Verfahren (vgl. die Lehrbücher bzw. Publikationen über die Verfahren der qualitativen Sozialforschung: Cassell & Symon, 1997; Flick, Kardorff, Keupp, v. Rosenstiel & Wolff, 1995; Mayring, 2000; Strauss & Corbin, 1998).

Ein Blick in die organisationspsychologische (Forschungs-) Literatur zeigt deutlich, dass eher selten Untersuchungen anzutreffen sind, die sich dem interpretativen Paradigma verpflichtet fühlen. Wenn man sich jedoch die in den vorhergehenden Abschnitten dargestellten Schwierigkeiten bei der Durchführung organisationspsychologischer Untersuchungen nochmals vor Augen führt, dann wird deutlich, dass zumindest in einigen Punkten das Methodenverständnis des interpretativen Paradigmas diesen Problemen eher gerecht wird. Man denke z. B. an die Hinweise auf die Bedeutung der spezifischen Organisationskultur im Rahmen organisationspsychologischer Forschung.

Es wäre aber völlig verfehlt, den allzu oft anzutreffenden Dogmatismus im Bereich der Organisationspsychologie im Sinne einer Präferierung des normativen Paradigmas dadurch aufzuheben, dass man ihn im Zuge einer radikalen «antiobjektivistischen Kehrtwendung» durch einen nicht minder rigorosen Dogmatismus, diesmal in Gestalt des interpretativen Paradigmas, ersetzt. Es soll hier stattdessen diesbezüglich für einen Paradigmenpluralismus plädiert werden, denn es führt auf die Dauer kein Weg an der Erkenntnis vorbei, dass je nach Fragestellung eines Forschungsvorhabens in der Tat grundsätzlich unterschiedliche methodische Vorgehensweisen eingeschlagen werden müssen, bei denen entweder das «Objekt» oder das «Subjekt» im Vordergrund steht.

Die jeweilige Auswahl des adäquaten Verfahrens ist dabei keineswegs willkürlich, sondern sie richtet sich nach der Zielsetzung der Studie und nach dem Erkenntnisstand des Forschers im Hinblick auf das zu untersuchende Phänomen. Man muss nämlich davon ausgehen, dass die sozialwissenschaftlichen Methoden zur Analyse der Umwelt grundsätzlich aus den Alltagstechniken entstehen. Daraus folgt u.a., dass es eine «sinnvolle» Abfolge dieser Verfahren gibt: Man beginnt bei der Untersuchung in einem neuen Feld mit solchen Techniken, die mit niedrigem Abstraktionsgrad aus den Alltagstechniken entstanden sind, und die zu qualitativen, nicht zu quantitativen Daten führen.

Beide Verfahren unterscheiden sich weiterhin notgedrungen durch die Art und Weise der Abstraktion aus den Alltagstechniken. «Im Alltag erkennen wir die Umwelt, indem wir Sinneseindrücke miteinander vergleichen und dabei Gemeinsamkeiten und Unterschiede feststellen. Vereinfacht ausgedrückt abstrahiert die qualitative Sozialforschung die Technik des Vergleichs auf Gemeinsamkeiten, die quantitative die des Vergleichs auf Unterschiede aus den Alltagsverfahren. Genauer betrachtet ist zu berücksichtigen, dass diese Abstraktion ein Prozess ist, so dass es richtiger ist zu sagen: die qualitative Sozialforschung arbeitet in Richtung auf das Erfassen von Gemeinsamkeiten, die quantitative in Richtung auf das Erfassen von Differenzen» (Kleining, 1995, S. 63). Von daher unterscheiden sich auch die Zielsetzungen: «Wissenschaftliche Forschung im Allgemeinen, naturwissenschaftliche wie auch geisteswissenschaftliche, sozialwissenschaftliche im Besonderen soll dann »qualitativ» vorgehen, wenn die Gegenstände und Themen nach allgemeinem Wissensstand, nach Kenntnis des Forschers oder auch nur nach seiner Meinung komplex, differenziert, wenig überschaubar, widersprüchlich sind. Sind aber Zusammenhänge so aufgeklärt, dass sie einfach sind, dann kann die quantitative Nomenklatur ökonomisierend eingesetzt werden, um den Preis der Konkretheit und so lange auch um den Preis der Genauigkeit, als die ausgewählten Variablen die psychischen, sozialen oder historischen Wirkkräfte nicht vollständig wiedergeben» (Flick et al., 1995, S. 16).

Bezogen auf die organisationspsychologische Forschung folgen aus diesen Überlegungen eine Reihe wichtiger Konsequenzen:

1. Organisationsforschung anhand qualitativer Verfahren sollte in der Regel, vor allem bei einem neuen Untersuchungsfeld, der quantitativen Forschung vorangehen. Dies betrifft nicht nur die konkrete Fragestellung der Studie, sondern auch ein neues Setting mit seiner eigenen «Kultur».
2. Qualitative Analysen eignen sich z.B. zur «Entdeckung» von Strukturen. Wenn wir die Grundprämisse der Organisationspsychologie ernst nehmen, die ihr von den Gründern ins Stammbuch geschrieben wurde, dass nämlich Organisationen als offene Systeme aufzufassen sind, dann folgt daraus konsequenterweise, dass der jeweilige Systembezug eines isoliert betrachteten Untersuchungsgegenstandes mit qualitativen Verfahren besonders gut erfasst werden kann.
3. Eine quantitative Organisationsforschung ohne vorgelagerte qualitative Phase, in der also nicht neue Beziehungen zwischen Variablen herausgefunden, sondern unterschiedliche Ausprägungen bereits bekannter Bezüge gemessen werden sollen, unterliegt tendenziell der Gefahr, dass «sinnlose» Daten produziert werden, bzw. falsche Relationen quantifiziert werden, die entsprechend kunstvoll interpretiert werden müssen, es sei denn, dass das Forschungsfeld aus früheren Untersuchungen bereits ausreichend bekannt ist.

Aus den Punkten wird deutlich, dass qualitative Verfahren nicht, wie so oft zu lesen ist, in die «vorwissenschaftliche» Phase eines Forschungsprojekts verdrängt werden sollten. Das heißt aber auch nicht, dass qualitative Verfahren per se fehlerfrei sind. Sie unterliegen zum Teil den gleichen Gefahren wie quantitative Verfahren, nur die Zielsetzung ist eben eine andere, wie zuvor dargestellt wurde.

Zusammenfassend betrachtet stellt sich angesichts dieser Thesen die Frage, inwieweit die bisherige Organisationspsychologie auf Grund ihrer eher quantitativen methodischen Ausrichtung möglicherweise durch das Überspringen der qualitativen Phase in dem einen oder anderen Fall tatsächlich «sinnlose» oder zumindest triviale Ergebnisse zu Tage gefördert hat. Bei näherer Betrachtung einzelner Teilbereiche lässt sich der Vorwurf nicht von der Hand weisen, weil dort offensichtlich – sei es infolge eines «nomologischen Omnipotenzanspruchs», sei es aus Unkenntnis auf Grund der im 4. Abschnitt beschriebenen tayloristischen Arbeitsteilung – gerade die oben beschriebenen Fehler gemacht werden: Kurzfristiger Eintritt in eine Organisation, Überprüfung bestimmter Hypothesen, die aus einem theoretischen Modell bereits vorher abgeleitet wurden, Auswertung der Daten und Interpretation der Befunde im Licht des verwendeten theoretischen Ansatzes, Konfrontation bzw. Vergleich mit früheren, u. U. genauso defizitären Studien.

Vielleicht ist die fehlende Akzeptanz so mancher organisationspsychologischer Befunde in der Praxis darauf zurückzuführen, dass im oben beschriebenen Sinne bereits Bekanntes oder fälschlich Unterstelltes durch ein Forschungsprojekt lediglich, wenn auch abstrakter, nochmals abgebildet worden ist. Die Forschungsbefunde haben dadurch keinen instrumentellen Wert im Sinne einer Handlungsorientierung für geplante Interventionsmaßnahmen, sondern sie dienen bestenfalls für hausinterne Präsentationen (z. B. vor der Geschäftsleitung), um hausgemachte Vor-Interpretation eines Sachverhalts durch das wissenschaftliche «face-lifting» nachträglich oder prophylaktisch legitimieren bzw. sanktionieren zu lassen.

Mit einer schrittweisen «Liberalisierung» des bislang zu engen Wissenschaftsverständnisses, wie sie z. B. durch die Akzeptierung des interpretativen Paradigmas als adäquate Forschungsstrategie bei bestimmten Fragestellungen zum Ausdruck kommen könnte, wird konsequenterweise eine weit reichende Ausweitung des Methodenarsenals ermöglicht. Dies sollte nicht nur einen multimethodalen Ansatz erleichtern, wie er ja schon immer zumindest in Form eines Lippenbekenntnisses gefordert wurde, sondern sie würde die Basis dafür schaffen, dass je nach Problemstellung die jeweils erfolgversprechendste Erhebungstechnik ausgesucht wird und nicht umgekehrt die begrenzten Methoden das Spektrum möglicher Fragestellungen von vornherein eingrenzen. Diese wünschenswerte Ausweitung des Methodenspektrums sollte dabei in zwei Richtungen erfolgen: Sie betrifft erstens die jeder Forschung inhärente Reaktivitätsproblematik und zweitens die spezifische Situation bei qualitativer Forschung.

Zum ersten Punkt: Die im 4. Abschnitt behandelten Reaktivitätseffekte, die potenziell bei jeder Forschung entstehen, legen einmal den Einsatz von zusätzlichen Instrumenten zur Kontrolle derartiger Effekte, z. B. nicht reaktive Messverfahren (Bungard & Lück, 1995; Webb, Campbell, Schwartz & Sechrest, 1976) oder das Rollenspiel (Sader, 1995), nahe.

Im ersten Fall wird die Reaktivität möglichst reduziert oder sogar eliminiert, weil die Untersuchungspersonen nicht bewusst wahrnehmen, dass überhaupt eine wissenschaftliche Studie durchgeführt wird, sie somit auf die Messung nicht reagieren (daher der Name «nicht-reaktiv»). In der organisationspsychologischen Forschung könnte dies bedeuten, dass z. B. vermehrt von vorliegendem Schriftmaterial, Beschwerdebriefen, Statistiken und ähnlichen Dokumenten Gebrauch gemacht wird (Forster, 1997). Ein anderes Beispiel für nicht-reaktive Verfahren wäre die (unerkannte) teilnehmende Beobachtung (Waddington, 1997), soweit dies ethisch vertretbar ist. Wallraff könnte in diesem Sinne als Protagonist dieses Ansatzes interpretiert werden!

Im Falle des Rollenspiels wird die Reaktivität bewusst extrem erhöht, indem die Versuchsperson über die wahre Zielsetzung einer Untersuchung vollständig informiert wird, um anschließend aus dem Rollenspiel quasi als Gegenstück zu der in der Sozialpsychologie häufig verwendeten Täuschungstechnik empirische Daten zu erheben. Einige wenige Beispiele finden sich etwa im Rahmen der Erforschung nonverbalen Verhaltens, bei denen u. a. das typische Vorgesetztenverhalten per Rollenspiel simuliert und analysiert wurde. Aus der täglichen Trainingsarbeit ist aber bekannt, dass auch zahlreiche andere Interaktionsrituale innerhalb von Organisationen während eines Rollenspiels (diesmal aber als didaktisches Instrument) offenbar sehr treffend reproduziert werden können, so dass es sich lohnen würde, das Rollenspiel häufiger als bisher in das Repertoire der Erhebungsinstrumente der Organisationspsychologie aufzunehmen.

Zum zweiten Punkt: Mit der stärkeren Berücksichtigung des interpretativen Ansatzes müssten vermehrt auch solche Techniken eingesetzt werden, die der Diagnose neuer Sachverhalte, nicht so sehr der Beschreibung von bereits bekannten Phänomenen dienen. Hierzu zählen u.a. die Techniken der sog. «objektiven Hermeneutik» (Kleining, 1995; Reichertz, 1995), biographische Methoden (Jüttemann & Thomae, 1998) oder ethnographische Ansätze (Agar, 1996; Hirschauer & Amann, 1997; Hohner, 1998; Gee, 1999). Konkret bedeutet dies u.a. den Einsatz des qualitativen Interviews, bei dem der Befragte möglichst auch von sich aus relevant erscheinende Themenbereiche ansprechen kann (Hermanns, 1995; Hopf, 1995; King, 1997). Der passiv reagierende Befragte bei üblichen Interviews avanciert hierbei zum «gleichberechtigten» kompetenten Gesprächspartner, der als Experte seinen Arbeitsplatz beschreibt.

Interessant ist in diesem Zusammenhang der sog. Shadowing-Ansatz, bei dem eine interaktive, teilnehmende Beobachtung von Forschungssubjekten in (Arbeits-)Alltagssituationen vorgenommen wird (Hamm, 2003; Kephart & Schultz, 2001; Wilson & Corbet, 1999). Das Dialogkonzept ist im Übrigen keineswegs auf Gespräche mit einzelnen Personen beschränkt. Im Gegenteil: Bei organisationspsychologischen Studien haben sich im Rahmen von Organisationsdiagnosen insbesondere Gruppendiskussionen (Bungard & Schultz-Gambard, 1999; Dreher & Dreher, 1995) als eine besonders fruchtbare Methode herauskristallisiert. Sie kommt dem im Arbeitsalltag entwickelten Wunsch nach «Diffusion der Verantwortlichkeiten» in einer Gruppe entgegen, so dass Probleme u.U. offener angesprochen werden. Der Forscher kann außerdem anhand der unterschiedlichen Kommunikationsstile und auf der Basis der Konsensfindungsstrategien wertvolle Hinweise für seine Fragestellung erhalten.

Beispiele für derartige Ansätze finden sich im deutschen Sprachbereich bereits in einigen industriesoziologischen Arbeiten aus den 50er Jahren, z.B. bei den in der Hüttenindustrie durchgeführten Studien zum Thema «Technik und Industriearbeit» oder «Das Gesellschaftsbild des Arbeiters» (Popitz, Bahrdt, Jüres & Kesting, 1961).

Die «Entdeckung der Entdeckungsphase» im Rahmen organisationspsychologischer Forschung induziert schließlich nicht nur den Einsatz vielfältiger Erhebungstechniken im Kontext eines bewusst heterogen geplanten multimethodalen Ansatzes, sondern sie ermöglicht zugleich eine weitere, eng damit zusammenhängende Forschungsstrategie, nämlich die Durchführung sog. formativer Evaluationsstudien (Wottawa & Thierau, 1998), die sich mit den Bedürfnissen der Anwender oft in Einklang bringen lässt, wie im Abschnitt 4 dargelegt wurde. Die «Entdeckungsphase» impliziert nämlich, dass der Forscher nicht nur statisch sein Feld beobachten möchte, sondern er kann relevante Strukturmerkmale seines Gegenstandes u.U. nur im Zuge eines Prozesses identifizieren, bei dem er selber teilweise aktiv eingreift, um die daraufhin erfolgenden Reaktionen bewerten zu können. Bewusste Interventionen und simultane Interpretationen der ausgelösten Prozesse mit Hilfe der Evaluations-Verfahren repräsentieren aus dieser Sicht eine sinnvolle Forschungsstrategie, die entsprechend umgekehrt in der quantifizierenden Beschreibungsphase bislang als methodische «Eigentore» par excellence eingestuft werden.

Die stärkere Einbeziehung spezifischer Evaluationsmethoden im Bereich der Organisationspsychologie wäre nicht nur dem Untersuchungsobjekt angemessener, sondern sie würde in vielen Fällen erst den Zugang zu interessanten Untersuchungen ermöglichen, da sie der «Anwendungsproblematik» der Organisationspsychologie eher entsprechen und außerhalb des Wissenschaftsbetriebs größere Akzeptanz finden.

6. Literatur

Agar, M. H. (1996). *The professional stranger – An informal introduction to ethnography.* San Diego: Academic Press.

Bales, R. F. (1972). Instrumentelle und Soziale Rollen in problemlösenden Experimentalgruppen. In M. Kunczik (Hrsg.), *Führung – Theorien und Ergebnisse* (S. 199–214). Düsseldorf: Econ.

Bales, R. F. & Slater, R E. (1969). Role differentiation in small decision making groups. In C. Gibb (Ed.), *Leadership* (pp. 255–276). Harmondsworth: Penguin Books.

Blumer, H. (1973). Der methodologische Standort des symbolischen Interaktionismus. In Arbeitsgruppe Bielefelder Soziologen (Hrsg.), *Alltagswissen, Interaktion und gesellschaftliche Wirklichkeit* (S. 80–146). Hamburg: Reinbek.

Bungard, W. (1984). *Sozialpsychologische Forschung im Labor. Ergebnisse, Konzeptualisierungen und Konsequenzen der so genannten Artefaktforschung.* Göttingen: Hogrefe.

Bungard, W. & Herrmann, T. (Hrsg.). (1993). *Arbeits- und Organisationspsychologie im Spannungsfeld zwischen Grundlagenorientierung und Anwendung.* Bern: Huber.

Bungard, W., Holling, H., Schultz-Gambard, J. (1996). *Methoden der Arbeits- und Organisationspsychologie.* Weinheim: Beltz, Psychologie Verlags Union.

Bungard, W. & Lück, H. E. (1995). Nichtreaktive Verfahren. In U. Flick, E. v. Kardorff, H. Keupp, L. v. Rosenstiel & S. Wolff (Hrsg.), *Handbuch Qualitative Sozialforschung* (S. 198–203). Weinheim: Beltz.

Bungard, W. & Schultz-Gambard, J. (1999). Methoden der A.O.-Psychologie. In C. G. Hoyos & D. Frey (Hrsg.), *Arbeits- und Organisationspsychologie – Ein Lehrbuch* (S. 611–630). Weinheim: Beltz, Psychologie Verlags Union.

Cassell, C. & Symon, G. (Hrsg.). (1997). *Qualitative methods in organizational research.* London: Sage.

Cicourel, A. V. (1970). *Methode und Messung in der Soziologie.* Frankfurt/M.: Suhrkamp.

Cook, T. & Campbell, D. (1979). *Quasi-experimentation: Design and analysis issues for field settings.* Chicago: McNally.

Danziger, K. (1990). Die Rolle der psychologischen Forschungspraxis in der Geschichte: Eine kontextualistische Perspektive. In A. Schorr & E. Wehner (Hrsg.), *Psychologiegeschichte heute.* Göttingen: Hogrefe.

Dreher, M. & Dreher, E. (1995). Gruppendiskussionsverfahren. In U. Flick, E. v. Kardorff, H. Keupp, L. v. Rosenstiel & S. Wolff (Hrsg.), *Handbuch Qualitative Sozialforschung* (S. 186–188). Weinheim: Beltz.

Esser, H. (1975). *Soziale Regelmäßigkeiten des Befragtenverhaltens.* Meisenheim: Hain.

Flick, U., Kardorff, E. v., Keupp, H., Rosenstiel, L. v. & Wolff, S. (Hrsg.). (1995). *Handbuch Qualitative Sozialforschung.* Weinheim: Beltz.

Forster, N. (1997). The analysis of company documentation. In C. Cassell & G. Symon (Eds.), *Qualitative methods in organizational research.* London: Sage.

Gee, J. P. (1999). *An introduction to discourse analysis: Theory and method.* London: Routledge.

Greif, S. (1984). Evaluation der Prozesse und Ergebnisse von Teamentwicklungsmaßnahmen. In S. Stumpf & A. Thomas (Hrsg.), *Teamarbeit und Teamentwicklung.* Göttingen: Hogrefe.

Gundlach, H. (1978). Wie man die «Seelentätigkeit» erforschte. *Psychologie heute, 10,* 36–45.

Habermas, J. (1981). *Theorie des kommunikativen Handelns.* Frankfurt/M.: Suhrkamp.

Hamm, I. (2003). Shadowing bei Jugendlichen. Dissertation. Universität Mannheim.

Hermanns, H. (1995). Narrative Interviews. In U. Flick, E. v. Kardorff, H. Keupp, L. v. Rosenstiel & S. Wolff (Hrsg.), *Handbuch Qualitative Sozialforschung* (S. 182–186). Weinheim: Beltz, Psychologie Verlags Union.

Herrmann, Th. (1970). Der Wissenschaftsbegriff der Psychologie. In A. Diemer (Hrsg.), *Der Wissenschaftsbegriff* (S. 188–201). Meisenheim: Hain.

Herrmann, Th. (1993). Zum Grundlagenwissenschaftsproblem der A&O-Psychologie. In W. Bungard & Th. Herrmann (Hrsg.), *Arbeits- und Organisationspsychologie im Spannungsfeld zwischen Grundlagenorientierung und Anwendung* (S. 167–191). Bern: Huber.

Hirschauer, S. & Amann, K. (1997). *Die Befremdung der eigenen Kultur – Zur ethnographischen Herausforderung soziologischer Empirie.* Frankfurt/M: Suhrkamp.

Hohner, A. (1998). Einige Probleme lebensweltlicher Ethnographie. *Zeitschrift für Soziologie,* Aug. 1998.

Holzkamp, K. (1986). Die Verkennung von Handlungsbegründungen als empirische Zusammenhangsannahmen in sozialpsychologischen Theorien: Methodologische Fehlorientierung infolge von Begriffsverwirrung. *Zeitschrift für Sozialpsychologie, 17,* 216–283.

Hopf, Ch. (1995). Qualitative Interviews in der Sozialforschung: Ein Überblick. In U. Flick, E. v. Kardorff, H. Keupp, L. v. Rosenstiel & S. Wolff (Hrsg.), *Handbuch Qualitative Sozialforschung* (S. 177–182). Weinheim: Beltz.

Jüttemann, G. & Thomae, H. (Hrsg.). (1998). *Biographische Methoden in den Humanwissenschaften.* Weinheim: Beltz, Psychologie Verlags Union.

Kephart, K. & Schultz, C. (2001). *Shedding light on shadowing: An examination of the method.* Paper presented at the Annual Meeting of the American Educational Research Association, Seattle (Washington).

King, N. (1997). The qualitative research interview. In C. Cassell & G. Symon (Hrsg.), *Qualitative methods in organizational research.* London: Sage.

Kleining, G. (1995). *Lehrbuch entdeckende Sozialforschung.* Weinheim: Beltz, Psychologie Verlags Union.

Kraepelin, E. (1896). Der psychologische Versuch in der Psychiatrie. *Psychologische Arbeiten, 1,* 1–91.

Lück, H. E. (2003). Geschichte der Organisationspsychologie. In H. Schuler (Hrsg.), *Enzyklopädie der Psychologie. Organisationspsychologie I – Grundlagen und Personalpsychologie* (D/III/3). Göttingen: Hogrefe.

March, J. O. & Olsen, J. P. (1976). *Ambiguity and choice in organizations.* Bergen: Universitetsforlaget.

Mayring, Ph. (2000). *Qualitative Inhaltsanalyse – Grundlagen und Techniken.* Weinheim: Dt. Studien-Verlag.

Mertens, W. (1975). *Sozialpsychologie des Experiments. Das Experiment als soziale Interaktion.* Hamburg: Hoffmann und Campe.

Meumann, E. (1914). *Abriss der experimentellen Pädagogik.* Leipzig: Barth.

Münsterberg, H. (1912). *Psychologie und Wirtschaftsleben. Neu herausgegeben und eingeleitet von W. Bungard und H. E. Lück.* (1997). Weinheim: Psychologie Verlags Union.

Popitz, H., Bahrdt, H. P., Jüres, E. A. & Kesting, H. (1961). *Das Gesellschaftsbild des Arbeiters.* Tübingen: Mohr.

Reichertz, J. (1995). Hermeneutik. In U. Flick, E. v. Kardorff, H. Keupp, L. v. Rosenstiel & S. Wolff (Hrsg.), *Handbuch Qualitative Sozialforschung* (S. 223–228). Weinheim: Beltz.

Roethlisberger, F. J. & Dickson, W. J. (Hrsg.). (1939). *Management and the worker. An account of a research program conducted by the Western Electric Company Hawthorne Works. With the assistance and collaboration of Harold A. Wright, Chicago.* Cambridge: Harvard University Press.

Rosenstiel, L. v. & Worschée, R.-M. (2002). Wertkonflikt in der arbeits- und organisationspsychologischen Forschung und Praxis. *Zeitschrift für Personalforschung, 2,* 187–208.

Rüegsegger, R. (1986). *Die Geschichte der Angewandten Psychologie 1900–1940.* Bern: Huber.

Sader, M. (1995). Rollenspiel. In U. Flick, E. v. Kardorff, H. Keupp, L. v. Rosenstiel & S. Wolff (Hrsg.), *Handbuch Qualitative Sozialforschung* (S. 193–198). Weinheim: Beltz.

Schein, E. H. (1965). *Organizational psychology.* Engle wood Cliffs: Prentice-Hall.

Schütz, A. (1932). *Der sinnhafte Aufbau der sozialen Welt.* Wien: Springer.

Shimmin, S. & van Strien, P. J. (1998). History of the psychology of work and organization. In P. J. D. Drenth, H. Thierry & C. J. de Wolf (Eds.), *Introduction to work and organizational psychology* (Vol. 1, pp. 71–99). Hove, Sussex, UK: Psychology Press.

Strauss, A. & Corbin, J. (1998). *Grounded theory: Grundlagen Qualitative Sozialforschung.* Weinheim: Beltz, Psychologie Verlags Union.

Ulich, E. (2001). *Arbeitspsychologie* (5. Aufl.). Stuttgart: Poeschel.

Waddington, D. (1997). Participant observation. In C. Cassell & G. Symon (Eds.), *Qualitative methods in organizational research.* London: Sage.

Webb, E. J., Campbell, D. T., Schwartz, R. D. & Sechrest, L. (1976). *Nichtreaktive Meßverfahren.* Weinheim: Beltz.

Weick, K. (1977). Enactment processes in organizations. In B. R. Staw & G. R. Salancik (Eds.), *New directions in organizational behaviour* (pp. 267–300). Chicago: St. Clair.

Wiendieck, G. (1999). Arbeitspsychologie. In H. E. Lück und R. Miller (Hrsg.), *Illustrierte Geschichte der Psychologie* (S. 271–274). Weinheim: Beltz, Psychologie Verlags Union.

Wilson, Th. P. (1973). Theorien der Interaktion und Modelle soziologischer Erklärung. In Arbeitsgruppe Bielefelder Soziologen (Hrsg.), *Alltagswissen, Interaktionen und gesellschaftliche Wirklichkeit* (S. 54–79). Hamburg: Reinbek.

Wilson, B. & Corbet, H. D. (1999). Shadowing students. *Journal of Staff Development, 20,* 47–48.

Wottawa, H. (1993). Spezielle Methodenfragen der A&O-Psychologie als angewandte Disziplin. In W. Bungard & Th. Herrmann (Hrsg.), *Arbeits- und Organisationspsychologie im Spannungsfeld zwischen Grundlagenorientierung und Anwendung* (S. 195–206). Bern: Huber.

Wottawa, H. & Thierau, H. (1998). *Evaluation.* Bern: Huber.

5

Gerhard Blickle

Zur Ethik der Arbeit in Organisationen

Inhalt

1. **Wozu Ethik?** 143

2. **Ethische Theorien** 144
2.1 Vertragstheorie 145
2.2 Utilitarismus 145
2.3 Grundrechte 145
2.4 Diskursethik 145
2.5 Dezisionismus und Hermeneutik 146
2.6 Reflexionsgleichgewicht 146

3. **Exemplarische Problemfelder** 146
3.1 Geschlechtsabhängige Diskriminierung 146
3.2 Personalauswahl 147
3.3 Führung und Dispositionsmacht 148
3.4 Personalentwicklung 148
3.5 Organisationale Veränderungen 149
3.6 Mikropolitik 149
3.7 Arbeitsgestaltung 150
3.8 Zivilcourage am Arbeitsplatz 150
3.9 Entlassungen 151
3.10 Organisationale Verantwortung 151
3.11 Umsetzungsstrategien 151

4. **Berufsethische Verantwortung von Arbeits- und OrganisationspsychologInnen** 152

5. **Fazit** 153

6. **Literatur** 153

Im Berufs- und Wirtschaftsleben gewinnen Fragen der Ethik immer mehr an Bedeutung (Bierhoff, 2002) und werden deshalb auch innerhalb der Arbeits- und Organisationspsychologie intensiv diskutiert (Frey, Faulmüller, Winkler & Wend, 2002; v. Rosenstiel & Woschée, 2002; Witte, 2002). Im Folgenden soll zunächst erläutert werden, was man unter Ethik versteht und was die zentralen Aufgaben der Ethik sind. Dann werden die wichtigsten Theorien der normativen Ethik vorgestellt. Vor dem Hintergrund dieser Theorien werden dann exemplarische ethische Problemfelder der Arbeit in Organisationen beleuchtet, wie z.B. Fragen der geschlechtsabhängigen Diskriminierung oder ethische Aspekte der Personalauswahl, der Führung, der Personal- und Organisationsentwicklung, der Mikropolitik, der Arbeitsgestaltung, der Zivilcourage am Arbeitsplatz etc. Danach werden Fragen der berufsethischen Verantwortung von Arbeits- und OrganisationspsychologInnen behandelt. Zum Schluss werden Hinweise auf weiterführende Literatur gegeben.

1. Wozu Ethik?

Menschen fällen in ihrem Alltag laufend verschiedene Arten von Urteilen, z.B. Geschmacksurteile (z.B. «Mir gefällt mein Büro nicht»), Urteile über Sachverhalte (z.B. «In meinem Büro gibt es nur künstliche Beleuchtung») oder moralische Urteile (z.B. «Ich finde es ungerecht, dass mein Büro viel kleiner ist als das des Chefs»). Moralische Urteile sind Wertungen in Bezug auf die Unterscheidungen von gut und schlecht, berechtigt und unberechtigt, gerecht und ungerecht. Es gibt Situationen, in denen wir uns auf Grund unserer moralischen Urteile zu einem bestimmten Tun oder Unterlassen verpflichtet fühlen, ohne dabei Kosten- und

Nutzenüberlegungen anzustellen. In Bezug auf unser eigenes Handeln gibt es Situationen, in denen wir dann Emotionen erleben, die durch unsere moralischen Urteile und unser Handeln ausgelöst sind, wie beispielsweise Schuld, Scham oder Reue, manchmal aber auch das Gefühl einer inneren Gewissheit, auf dem richtigen Weg zu sein. Auch in Bezug auf das Handeln anderer und ihr Schicksal können wir moralisch inspirierte Emotionen erleben, wie etwa Empörung, Verachtung, Mitleid oder Respekt. Dies kann dazu führen, dass wir andere kritisieren oder sie dazu auffordern, sich zu rechtfertigen. Es kann ebenso sein, dass andere uns um Rat fragen, und wir versuchen, ihnen eine begründete Empfehlung zu geben. Wir erleben im Alltag aber auch, dass Moral als Kampfmittel eingesetzt wird, um anderen ein schlechtes Gewissen zu machen, um für sich Privilegien zu reklamieren, um andere von bestimmten Rechten auszuschließen oder um die Solidarität mit bestimmten Gruppen zu mobilisieren. All diese Phänomene treten nicht nur im Privatbereich auf, sondern auch am Arbeitsplatz (Bird, Westley & Waters, 1989).

Wie man leicht erkennen kann, sind solche moralischen Urteile oft sehr subjektiv. Was ein einfacher Arbeitnehmer oft als empörende Ungerechtigkeit empfindet, wird von mancher Führungskraft als völlig legitim betrachtet. Für den einen Verhandlungspartner mag eine Aufforderung unzumutbar erscheinen, für den anderen stellt sie ein bedenkenswertes Angebot dar. Da moralische Urteile oft sehr unterschiedlich ausfallen, sie aber für unser Zusammenleben eine hohe Bedeutung haben und sehr konfliktträchtig sind, unternimmt die Wissenschaft den Versuch, den rationalen Kern dieser Urteile herauszuschälen. Diesen wissenschaftlichen Versuch der rationalen Klärung moralischer Fragen nennt man Ethik. Ein wichtiges Teilgebiet der Ethik ist die so genannte normative Ethik. Das Ziel der normativen Ethik besteht darin, Normen (Handlungsanweisungen) für unser Zusammenleben rational zu begründen, sodass jede vernünftige Person sie einsehen kann. Eine wichtige Aufgabe der Ethik ist es außerdem, vor dem so genannten Moralisieren zu warnen, denn häufig sind moralische Appelle willkürlich oder sogar taktische Kampfmittel in sozialen Auseinandersetzungen. Durch Ethik soll also die Subjektivität, Willkür und Konfliktträchtigkeit moralischer Urteile und ihrer Folgen durch rationale Argumente überwunden werden.

2. Ethische Theorien

Eine allgemein anerkannte Theorie der modernen Ethik ist das nach dem schottischen Philosophen David Hume (1711–1776) benannte *Humesche Gesetz* (Mackie 1983, S. 79–92), wonach allein aus deskriptiven, also Ist-Sätzen keine Sollenssätze logisch abgeleitet werden können. Aus Ist-Sätzen lassen sich erst in Verbindung mit normativen Prämissen weitere Sollenssätze ableiten. Wenn man also als wissenschaftlicher Psychologe empirisch feststellt, dass Menschen bestimmte Bedürfnisse und Motive haben, folgt daraus eben nicht, dass sie diese Motive auch ausleben sollen.

Was aber sollen und dürfen Menschen tun? Wie in anderen Wissenschaften gibt es dazu auch in der normativen Ethik verschiedene Antworten. Die verschiedenen Theorien der normativen Ethik thematisieren unterschiedliche Aspekte des menschlichen Zusammenlebens. Bei der Vertragsethik steht die Verlässlichkeit und Funktionsfähigkeit sozialer Beziehungen im Vordergrund. Die einzelnen Aspekte des individuellen Glücks und des Gemeinwohls, wie z. B. Gesundheit, Persönlichkeitsentfaltung, Wohlstand und Umweltqualität sind Gegenstand des Utilitarismus. Das Recht auf Leben und Unversehrtheit soll Sicherheit gewähren und Persönlichkeitsentfaltung ermöglichen. Dies wird vom Grundrechte-Ansatz in den Mittelpunkt gerückt. Schließlich stellt Gerechtigkeit, die insbesondere Gegenstand der Diskursethik ist, in sozialen Beziehungen einen zentralen Aspekt von Gesellschaftsqualität dar, wie z. B. die Gleichbehandlung der Geschlechter im Beruf.

2.1. Vertragstheorie

Der auf Thomas Hobbes (1651/1966) zurückgehende *vertragstheoretische Ansatz* der Ethik (Tugendhat 1993, S. 79–97) geht davon aus, dass ethische Normen, wie z. B. dass man andere nicht absichtlich täuschen soll, auf wechselseitigen Vereinbarungen bzw. Verträgen beruhen, die, wenn sie von allen eingehalten werden, für alle zum Nutzen sind. Die Vertragstheorie der Ethik stellt die Norm «Verträge müssen gehalten werden!» in den Mittelpunkt. Man ist verpflichtet, das einzuhalten, wozu man sich freiwillig und in Kenntnis der Inhalte und Umstände des Vertrags verpflichtet hat, sofern man sich zu nichts Unmoralischem (Sittenwidrigem) verpflichtet hat und falls man nicht von der anderen Seite über wesentliche Inhalte und Umstände des Vertrags getäuscht wurde. Die Vertragstheorie ist für die Arbeit in Organisationen sehr wichtig, da die Mitgliedschaft von Personen in Organisationen auf freiwilligen Verträgen beruht.

2.2 Utilitarismus

Der *Utilitarismus* ist eine ethische Theorie, die das Gemeinwohl in den Mittelpunkt stellt. Die utilitaristische Philosophie wurde im 18. und 19. Jahrhundert in Großbritannien durch Bentham, Mill und Sidgwick entwickelt und gehört bis heute im angelsächsischen Sprachraum zu den führenden Theorien der normativen Ethik. Man ist nach der Auffassung dieser Theorie dazu verpflichtet, immer so zu handeln, dass daraus das größtmögliche Glück der größtmöglichen Zahl von Menschen resultiert. Die Vertragstheorie und der Utilitarismus lassen sich miteinander verbinden, wenn man argumentiert, dass es allen langfristig am besten geht, wenn sich jeder an die Verträge hält, die er freiwillig und informiert akzeptiert hat und die nichts Sittenwidriges beinhalten. Denn durch Vertragstreue wird unsere soziale Welt erwartungssicherer und damit für den Einzelnen auch kalkulierbarer.

2.3 Grundrechte

Von dem deutschen Philosophen Kant (1785/1968, S. 429) stammt der so genannte *Kategorische Imperativ*, der fordert, andere und sich selbst niemals nur als Mittel, sondern immer auch als Zweck in sich selbst zu behandeln. Dies drückt sich in der Forderung nach Achtung der Würde, der Freiheit und des Rechts auf Leben von Personen aus. Aus diesen fundamentalen Grundrechten können andere Grundrechte wie z. B. das Recht auf Privatheit, Eigentum, Gewissensfreiheit oder das Recht auf freie Meinungsäußerung abgeleitet werden. Grundrechte dürfen nur zur Vermeidung von Konflikten zwischen Personen, die alle gleichermaßen ihre Grundrechte in Anspruch nehmen, eingeschränkt werden.

2.4 Diskursethik

In der *Diskursethik* von Karl-Otto Apel und Jürgen Habermas, die in den 70er Jahren des 20. Jahrhunderts entwickelt wurde, steht die Gerechtigkeitsfrage im Mittelpunkt. Dabei geht es um den Ausgleich konfligierender Interessen. Nach der Diskursethik ist eine Aufteilung dann gerecht, wenn sie einer für alle geltenden Regel folgt, die aus einem freien Austausch von Argumenten (Diskurs) hervorgegangen ist und der alle Beteiligten freiwillig zustimmen können (Habermas, 1983). Häufig verweigern sich aber die Interessenparteien einer rationalen Argumentation. Der Handelnde soll dann in einer Argumentation mit sich selbst eine Konfliktlösung suchen, die den Interessen der Betroffenen Rechnung trägt, und darf diese Lösung auch mit strategischen Mitteln durchsetzen. Er hat dabei jedoch zu beachten, dass der Einsatz von Macht, Zwang und Täuschung zur Durchsetzung seiner Lösungen nur insofern und insoweit gerechtfertigt ist, wie dadurch schrittweise eine argumentative Klärung strittiger Gerechtigkeitsfragen ermöglicht wird (Apel, 1988).

2.5 Dezisionismus und Hermeneutik

Im Gegensatz zu den bisher genannten Theorien argumentiert der so genannte *Dezisionismus*, der z. B. von dem deutschen Soziologen Max Weber (1973) in den 20er Jahren des vergangenen Jahrhunderts vertreten wurde, für die Auffassung, dass eine allgemein verbindliche Begründung von Normen nicht möglich sei. Vielmehr beruhe die Akzeptanz von Normen auf einer nicht weiter rational begründbaren – häufig impliziten – Entscheidung. Die Bindung an letzte Prinzipien oder Werte beruhe auf der Verankerung von Menschen in bestimmten historisch gewachsenen Gemeinschaften. Auch die *hermeneutische Ethik*, wie sie z. B. von dem deutschen Philosophen Hans-Georg Gadamer (1968) in den 60er Jahren des vergangenen Jahrhunderts in Deutschland vertreten wurde, geht davon aus, dass es keine rational begründbare allgemeine, überhistorisch gültige moralische Normen gibt (Gadamer, 1968). Normen werden dort als Abstraktionen von konkreten Situationen verstanden. Diese Normen befinden sich daher in einem ständigen Prüf- und Korrekturprozess.

2.6. Reflexionsgleichgewicht

Man kann allerdings die verschiedenen Konzeptionen, also die Vertragstheorie, den Utilitarismus, den Grundrechte-Ansatz und die Diskursethik situationsbezogen integrieren. Das Ziel ist dabei, für eine entsprechende moralische Entscheidungssituation zu einer rationalen Entscheidung zu kommen, bei der die unterschiedlichen Gesichtspunkte rational gegeneinander abgewogen werden. So soll *ein rational kohärentes Überlegungsgleichgewicht* entstehen. Dieser Ansatz ist von dem amerikanischen Philosophen John Rawls (1975) in den 70er Jahren des vergangenen Jahrhunderts entwickelt worden.

Es kommt daher darauf an, die verschiedenen normativen Theorien nicht gegeneinander auszuspielen, sondern sie komplementär aufeinander zu beziehen. Dabei ist jedoch zu beachten, dass die einzelnen Aspekte in komplexer Weise miteinander vernetzt sind: Sie können sowohl in einer Ziel-Mittel-Beziehung als auch in einer Konkurrenzbeziehung zueinander stehen (s. **Abb. 1**).

Im Sinne dieses integrativen Ansatzes soll im Folgenden versucht werden, rationale Empfehlungen für moralische Problemfelder in Organisationen zu geben. Allerdings wird man nicht für alle Situationen immer eindeutige rationale Empfehlungen geben können. Insofern gehört es auch zur normativen Ethik, aufzuzeigen, welche Alternativen rational indeterminiert bzw. wo letztendlich doch persönliche (Gewissens-)Entscheidungen gefordert sind.

3. Exemplarische Problemfelder

Im Folgenden sollen einige beispielhafte Problemfelder der Ethik der Arbeit in Organisationen skizzenhaft dargestellt werden (Blickle, in Druck). Die Auswahl der Problemfelder orientiert sich an wesentlichen Schnittstellen von Mensch und Organisation. Diese sind der *Eintritt* in die Organisation, *die sozialen und sachlichen Handlungsbedingungen*, mit denen Personen in Organisationen konfrontiert sind, der *Konflikt* zwischen der Moral von Organisationsmitgliedern als Personen und den an sie gerichteten Rollenerwartungen sowie der *Organisationsaustritt*. Je nach Problemfeld stehen dabei Gerechtigkeits-, Grundrechts-, Gemeinwohl- oder Vertragsaspekte im Vordergrund.

3.1 Geschlechtsabhängige Diskriminierung

Das bürgerliche Gesetzbuch der Bundesrepublik Deutschland (BGB) enthält explizit ein Benachteiligungsverbot für Frauen bei Stellenausschreibungen (BGB § 611b). Rechtlich umstritten sind jedoch Fälle, bei denen der Arbeitgeber mit den Präferenzen seiner Kunden oder Geschäftspartner argumentiert und vorbringt, dass sich z. B. Herrenoberbekleidung oder Kraftfahrzeuge bes-

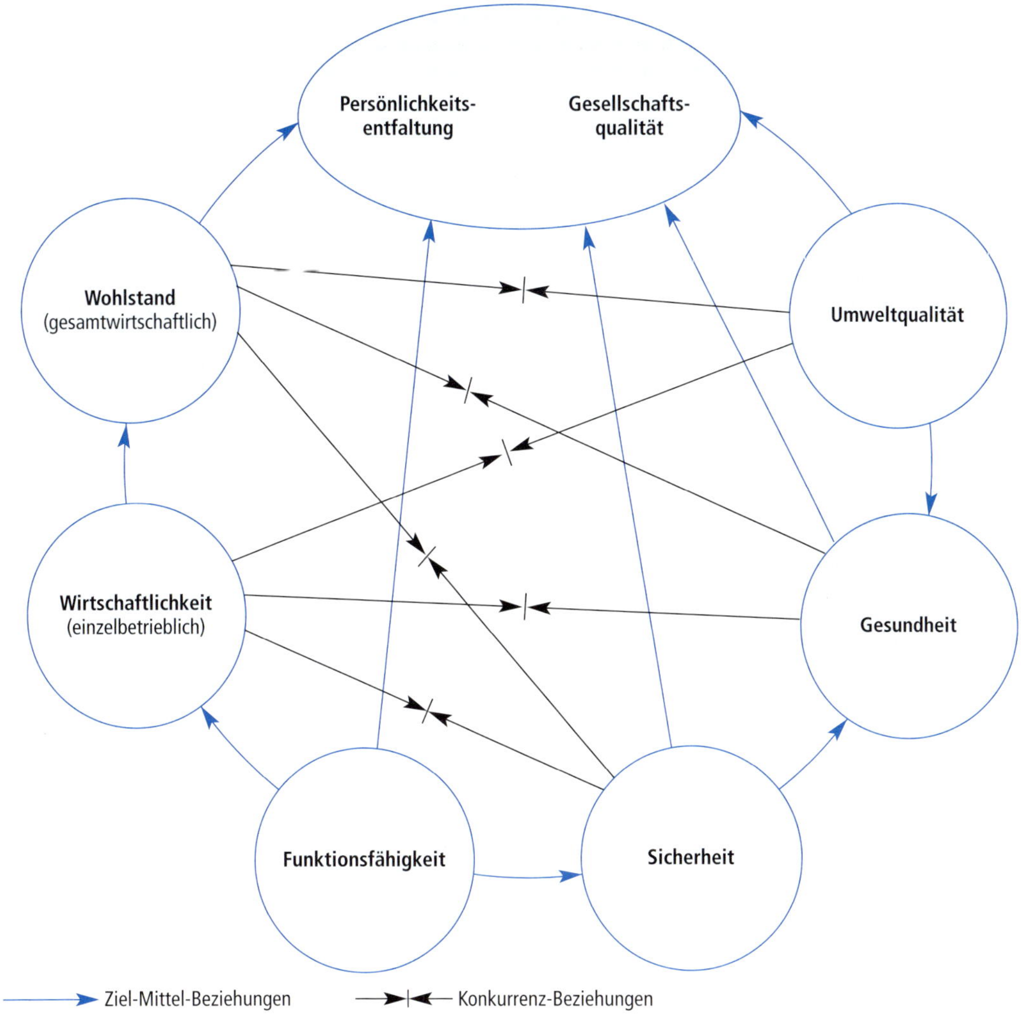

Abbildung 1: Komplexe Wertbeziehungen (Lenk & Ropohl, 1993, S. 360)

ser durch männliche Personen und Damenoberbekleidung, Kosmetika oder Haushaltswaren besser durch weibliche Personen verkaufen lassen (Köbl, 1995, S. 38). Eine Geschlechtsdiskriminierung lässt die Rechtsprechung derzeit in folgenden Fällen zu (Schaub, 1996, S. 1385): Tätigkeiten als Schauspieler/in bei in Bezug auf das Geschlecht festgelegten Rollen, berufliche Betätigung im Bereich der kirchlich-katholischen Verkündigung, berufliche Tätigkeiten im Frauenhaus, bestimmte Tätigkeiten im Justizvollzugsdienst sowie berufliche Tätigkeiten in Ländern außerhalb der Europäischen Union, bei denen aus religiösen oder kulturellen Gründen nur ein Geschlecht akzeptiert wird.

3.2 Personalauswahl

Personalauswahlverfahren dürfen das Recht auf rationale Selbstbestimmung und psychische und soziale Unversehrtheit nicht verletzen (BDP, 1988; Blickle, 2002a). Um Transparenz zu sichern, sollen Bewerber vor der Durchführung eines Auswahlverfahrens über dessen Ziele, die Vorgehensweise und die möglichen Konsequenzen aufgeklärt werden. Der Auswahlvorgang hat takt- und respektvoll zu erfolgen. Gegenüber Dritten ist der Diagnostiker zum Schweigen verpflichtet. Dies soll Bewerber vor einer potenziellen sozialen Stigmatisierung schützen. Die Frage nach der Gerechtigkeit von Auswahlstrategien stellt sich bei dem Problem, ob Personen lediglich auf Grund ihres Abschneidens in einem diagnostischen Verfahren eingestellt werden, oder ob – und wenn ja, in welcher Weise – auch anderweitige Auswahlkriterien wie z. B. das Geschlecht oder die Zugehörigkeit zu einer Minorität bei Auswahlentscheidungen herangezogen werden dürfen. Sollten auch andere Kriterien ausschlaggebend sein wie z. B. Proporzkriterien, wäre die Konsequenz, dass von einer eignungsoptimierenden Zuweisung von Bewerbern zu Stellen abgewichen wird. Eine derartige Strategie könnte sich aber auf Dauer nachteilig für das Gemeinwohl auswirken.

3.3 Führung und Dispositionsmacht

Innerhalb der Organisation unterstellen sich die Beschäftigten auf Grund des Arbeitsvertrags den Weisungen einer Führungskraft. Sie geben damit einen Teil ihrer Autonomie im Vertrauen darauf auf, dass der Vorgesetzte dies weder zu Gunsten der Organisation noch zu seinen eigenen Gunsten missbrauchen wird. Daraus resultiert eine ethisch-moralische Fürsorgeverantwortung des Vorgesetzten gegenüber seinen Beschäftigten (s. dazu auch den Verhaltenskodex der International Organization of Employers, 1999). Aus diskursethischer Sicht hat der Vorgesetzte diese Fürsorgepflicht nach dem Prinzip der schrittweisen Erübrigung zu handhaben. Dies bedeutet, dass er die Situationsbedingungen in seinem Zuständigkeitsbereich transparent gestalten und die Beschäftigten so führen soll, dass sie im Rahmen ihres Handelns in der Organisation schrittweise wieder Selbstverantwortung zurückgewinnen können. Disziplinarmaßnahmen gegen Organisationsmitglieder dürfen nicht willkürlich durch den Vorgesetzten erfolgen, sondern nur dann, wenn eine Betriebsordnung allseits bekannt ist. Die Disziplinarmaßnahme und die Umstände ihrer Verhängung sollen so sein, dass sie nicht das Recht auf körperliche (Züchtigung), seelische (Traumatisierung) und soziale (Verlust der Würde) Unversehrtheit verletzt.

3.4 Personalentwicklung

Ist es ethisch legitim, wenn der Trainer einer Mannschaft der Fußballbundesliga im Training seinen Spielern anordnet, barfuß über Glasscherben zu laufen, um denjenigen Spielern, die noch daran zweifeln, dass sie die Meisterschaft gewinnen können, zu zeigen, was alles möglich ist, wenn man nur an seinen Erfolg glaubt? Solche und andere Maßnahmen, wie z. B. der Sprung von einer hohen Brücke am Bungeeseil, stellen aus der Sicht von Betroffenen abgepresste Mutproben dar. Sie erfordern unübliche und ungewöhnliche Handlungsweisen mit für sie in der Sache ungewissem Ausgang, zu der sie durch Vorgesetzte oder Trainer (von Seminaren) genötigt werden. Das Auffordern zu derartigen Handlungsweisen ist aus ethischer Sicht unzulässig, wenn vorab keine vollständige und wahrheitsgemäße Aufklärung über den Umfang und Inhalt der eingegangenen Risiken erfolgt, wenn die Beteiligung an der Mutprobe erzwungen und nicht freiwillig ist, d. h. wenn dem Verweigerer negative Konsequenzen angedroht werden, wenn den Betroffenen keine ausreichende Bedenkzeit eingeräumt wird, wenn sie keine Möglichkeit haben, mit Personen eigener Wahl darüber zu beraten und wenn der eigentliche Zweck dem Betroffenen nicht mitgeteilt wird. Denn wenn eine dieser Bedingungen nicht erfüllt ist, wird das ethisch-moralische Grundrecht auf rationale Selbstbestimmung verletzt. Während diese erzwungenen Mutproben zumindest als solche für die Betroffenen unmittelbar erkennbar sind und sie auch nicht dazu angehalten werden, im Nachhinein darüber in der Öffentlichkeit Stillschweigen zu bewahren, gehört es zu den Methoden in so genannten Persönlichkeitstrainings (Schwertfeger, 1998), dass die Personen durch Kommunikationsverbote sozial isoliert werden, dass sie durch Schlaf- und Essensentzug physisch zermürbt werden, dass ihnen Gedankenstopp-Techniken beigebracht werden und sie so in ihrer Kritikfähigkeit eingeschränkt werden und dass Gruppendruck gegen Personen mit abweichenden Meinungen ausgeübt wird. Auf diese Weise finde, so Schwertfeger, eine schleichende und subtile soziale Anpassung bei den Betroffenen statt, ohne dass ihnen selbst dies bewusst sei. Beispiele für derartige Praktiken in der Personalentwicklung von Wirtschaftsunternehmen geben Schwertfeger (1998, S. 96–123) sowie der Abschlussbericht der Enquete-Kommission «So genannte Sekten und Psychogruppen» des Deutschen Bundestages (1998, S. 193–198). Derartige Persönlichkeitstrainings, durch die Selbstvertrauen in die angeblich unbegrenzten eigenen Möglichkeiten induziert werden soll, verletzen nicht nur das ethisch-moralische Grundrecht auf rationale Selbstbestimmung, sondern auch die psychische Integrität der Betroffenen.

3.5 Organisationale Veränderungen

White und Wooten (1986) haben ethisch problematische Punkte im Zusammenhang mit Organisationsentwicklungsmaßnahmen untersucht. Diese betreffen v. a. folgende Aspekte:

- Organisationsentwickler stellen ihre Fähigkeiten und Fertigkeiten unzutreffend dar oder erzeugen unrealistische Erwartungen in Bezug auf die Wirkungen ihrer Interventionen.
- Die Organisation verheimlicht die wahren Ziele einer organisationalen Veränderungsmaßnahme oder formuliert sie absichtlich vage und vieldeutig (Eisenberg, 1984).
- Daten, die im Rahmen der Organisationsentwicklungsmaßnahmen erhoben werden, kommen zu ganz anderen Zwecken zum Einsatz als dies bei der Erhebung angekündigt wurde. Dazu kann beispielsweise die so genannte Gemeinkostenwertanalyse eingesetzt werden (Berger, 1984, S. 174 ff.). Zunächst sollen Führungskräfte der mittleren Ebene innerhalb sehr kurzer Zeit Aussagen dazu abgeben, für welche Leistungen ihrer Einheit wie viel Personalkapazität eingesetzt wird. Dann sollen die Führungskräfte der mittleren Ebene in ebenfalls sehr kurzer Zeit möglichst viele Einsparungsideen produzieren. «Um dies zu erreichen, werden diese angehalten, die ‹40%-Hürde› zu überspringen, d. h. eine Liste einzusparender Aktivitäten zu erstellen, die insgesamt 40% ihrer Mannstunden ausmachen. Es wird ihnen versichert, dass Einsparungen in dieser Größenordnung zwar völlig unrealistisch seien, dass sie sich aber dennoch auf ein solches ‹utopisches Gedankenspiel› einlassen müssten, um sich auch zu unkonventionellen Ideen beflügeln zu lassen. Eine kritische Bewertung von Ideen während des Ideengenerierungsprozesses lähme die Kreativität und sei deshalb erst nach Abschluss der Ideengenerierung vorzunehmen. Tatsächlich dürfte es den Abteilungsleitern schwer fallen, Einsparungspotenziale zu verstecken und dennoch Ideen zu produzieren. Liegen die Ideen vor, wird eine strukturierte Diskussion ... der Geschäftsleitung inszeniert. ... Aus den in einem Gedankenspiel erzeugten Einsparideen wird nun blutiger Ernst» (Kieser, 1998, S. 66).

3.6 Mikropolitik

Zu den sozialen Handlungsbedingungen gehört auch die Verfolgung eigener Interessen in Organisationen. Unter Mikropolitik versteht man heimliche Machenschaften in Organisationen zur Erlangung eigener Vorteile durch einzelne Organisationsmitglieder oder spezielle Gruppen in Organisationen (Blickle, 2002b). Aus der Perspektive der ethisch-moralischen Grundrechte ist der Einsatz mikropolitischer Taktiken zurückzuweisen, weil durch List und Täuschung die Möglichkeiten einer anderen Person zur rationalen Selbstbestimmung eingeschränkt werden. Aus der Perspektive der Gerechtigkeit ist Mikropolitik nicht akzeptabel, weil sie dazu führt, dass Organisationsmitglieder ungerechtfertigt diskriminiert oder systematisch von sie betreffenden Entscheidungen ausgeschlossen werden. Bisweilen wird z.B. der Vorwurf erhoben, dass die methodisch komplizierte Vorgehensweise bei der Lohneingruppierung dazu missbraucht wird, Frauen, die weniger häufig als Männer gewerkschaftlich organisiert sind, zu diskriminieren, indem tätigkeitsirrelevante Merkmale, die jedoch von Frauen sehr selten erfüllt werden (z.B. Körpergröße mindestens 1,80 m), von Arbeitgebern und Gewerkschaften in den Anforderungskatalog aufgenommen werden (Köbl, 1995, S. 42f.). Aus diskursethischer Sicht ergibt sich die Forderung, mikropolitische Aktivitäten nach dem Prinzip der schrittweisen Erübrigung zu handhaben. Personen sollten daran mitwirken, Strukturen in Organisationen herzustellen bzw. zu erhalten, die offene und argumentative Konfliktlösungen ermöglichen.

Aus vertragstheoretischer Sicht ist die passive Bestechung eine ethisch unzulässige Form der Vertretung eigener Interessen in Organisationen. Bei der passiven Bestechung lässt sich jemand bestechen und bricht damit seine Zusagen gegenüber dem Arbeitgeber (Wiehen, 2001). Diese und weitere Formen des ethisch unzulässigen mikropolitischen Verhaltens seitens des Arbeitnehmers lassen sich unter dem Begriff des kontraproduktiven Verhaltens zusammenfassen (Marcus, 2000).

3.7 Arbeitsgestaltung

Zur humangerechten Gestaltung der Arbeitsbedingungen in Organisationen sind folgende Kriterien postuliert worden (Levine, Taylor & Davis, 1984; Luczak, Volpert, Raeithel & Schwier 1989, S. 58): Personen sollen bei der Arbeit schädigungslose, ausführbare, erträgliche und beeinträchtigungsfreie Arbeitsbedingungen antreffen. In Bezug auf den Arbeitsinhalt, die Arbeitsaufgabe, die Arbeitsumgebung sowie die Entlohnung sollen Standards sozialer Angemessenheit erfüllt werden. Darüber hinaus soll Arbeit mit Handlungs- und Tätigkeitsspielräumen verbunden sein. Die Arbeitstätigkeit soll Gelegenheit bieten, Fähigkeiten zu erwerben. Sie soll dem Arbeitenden Zufriedenheit vermitteln sowie seine Persönlichkeit, d.h. sein Selbstvertrauen und seine Bereitschaft, Verantwortung zu übernehmen, erhalten und weiterentwickeln. Die Arbeitenden sollen außerdem die Möglichkeit haben, sich an der Gestaltung ihrer Arbeitsbedingungen zu beteiligen. Schließlich sollen die Auswirkungen der Arbeitsbedingungen sozialverträglich (z.B. familienfreundlich) sein. Außerdem wird die Forderung nach umweltverträglichen Arbeitbedingungen in Organisationen aufgestellt.

3.8 Zivilcourage am Arbeitsplatz

Der Konflikt zwischen der Moral von Organisationsmitgliedern als Personen und den an sie gerichteten Rollenerwartungen kommt in der Arbeitsverweigerung aus Gewissensgründen sowie im Öffentlich-Machen von wahrgenommenen Missständen (*whistle blowing*) zum Ausdruck (Reichold, Löhr & Blickle, 2001).

Jemanden unter Druck zu setzen, gegen das eigene Gewissen zu handeln, würdigt eine Person auf den Status eines puren Mittels für von anderen vorgegebene Zwecke herab und verletzt dadurch das ethisch-moralische Grundrecht auf rationale Selbstbestimmung. Gelangt der Vorgesetzte zu der Überzeugung, dass ein Mitglied der Organisation aus lauteren Motiven eine Tätigkeit aus Gewissensgründen verweigert und sein Anliegen ernstlich geprüft hat, sollte sich die Führungskraft darum bemühen, das Organisationsmitglied mit einer anderen Tätigkeit zu betrauen.

Häufig sind Beschäftigte auch Experten für Sicherheitsmängel und Planungsfehler vor Ort. Finden sie in der Organisation mit ihren Warnungen kein Gehör, tragen sie zum Schutz der Öffentlichkeit bei, indem sie diese Risiken öffentlich machen (Bultmann, 1997). Organisationsangehörige, die sich mit einem vermeintlichen Missstand in ihrer Organisation an die Öffentlichkeit wenden, sollten ihre Vorwürfe jedoch nach bestem Wissen und Gewissen geprüft haben, ehe sie diese publik machen und damit eventuell die Reputation der Organisation oder die Arbeitsplätze ihrer Kollegen gefährden.

3.9 Entlassungen

Der Austritt aus einer Organisation kann freiwillig oder durch einen Zwangsausschluss erfolgen. Die Doktrin von der Beschäftigung nach Gutdünken (employment at will) (Carroll, 1992, S. 421–428) begründet den Anspruch, soweit nichts anderes vertraglich vereinbart ist, uneingeschränkt Entlassungen vornehmen zu können, mit den Eigentumsrechten der Organisation. Im Gegensatz dazu steht die Forderung nach einem geordneten Kündigungsverfahren (due process). Nach der Doktrin des geordneten Kündigungsverfahrens sollen Kündigungen nach kodifizierten Regeln erfolgen. Eine Kündigung darf danach nicht willkürlich, sondern nur beim Vorliegen bestimmter Sachverhalte ausgesprochen werden. Den Betroffenen sind die Gründe der Kündigung mitzuteilen. Sie sollen die Gelegenheit haben, zu diesen Gründen Stellung zu nehmen und dadurch gegebenenfalls den Rückzug der Kündigung erwirken können. Dabei sollen gleichartige Fälle gleich behandelt werden, während ungleiche Fälle ihrer Eigenart nach verschieden behandelt werden sollen.

Auch im höheren Management werden Kündigungen häufig unfair vollzogen: Hinter dem Rücken des Betroffenen, oft während seiner Abwesenheit bei einer längeren Auslandsreise, werden gezielt Informationen gesammelt und aufbereitet, die gegen die Arbeit der betreffenden Person sprechen könnten. Bei seiner Rückkehr wird die Führungskraft dann völlig unvorbereitet vor einem Gremium mit diesen Informationen konfrontiert. Die scheinbaren Beweise für das Führungsversagen sind so konzipiert, dass sie kein Ressortleiter ad hoc und unvorbereitet widerlegen kann, egal wie qualifiziert er auch sein mag. Um diese öffentliche Hinrichtung perfekt zu machen, wird sie anschließend gezielt in das Unternehmen hinein und nach außen kommuniziert, damit der Betreffende als überfordert und nicht mehr haltbar gilt (Risch, 1998).

3.10 Organisationale Verantwortung

Die ethische Diskussion zur Verantwortung von Organisationen hat dazu geführt, dass inzwischen auch neue rechtliche Verantwortungskonzepte für Organisationen diskutiert werden. Ausgangspunkt sind dabei die nicht-intendierten Effekte der Zusammenarbeit in Organisationen. Denn auch dann, wenn die Handlungen jeder einzelnen Person vorschriftsgemäß sind, können sich daraus auf Grund nicht-intendierter Vernetzung der einzelnen Handlungen Wirkungen mit katastrophalen Folgen für Mensch, Gesellschaft und die natürliche Umwelt ergeben. Deshalb müssen inzwischen in den Vereinigten Staaten von Amerika (Alwart, 1998) Organisationen dann, wenn ein Schaden eingetreten ist, vor Gericht nachweisen, dass sie alle notwendige Sorgfalt haben walten lassen, um den Schaden zu verhindern. Gelingt der Organisation dieser Nachweis, so führt dies zu einer deutlichen Reduzierung der von der Organisation zu bezahlenden Geldstrafe. Gelingt dieser Nachweis nicht, erhöht sich je nach Umfang der nicht getroffenen Vorsorgemaßnahmen die finanzielle Strafe, die von der Organisation zu bezahlen ist, bis an die Grenze ihres wirtschaftlichen Überlebens. Als geeignete Vorsorgemaßnahmen werden von den amerikanischen Gerichten so genannte Compliance-Programme (s. u.) akzeptiert. Insgesamt wird bei diesem Vorgehen versucht, Organisationen durch die Androhung von Geldbußen zur Einhaltung gesellschaftlich akzeptierter Rechts- und Moralstandards anzuregen. Derzeit wird die Übernahme dieses Ansatzes auch in Deutschland diskutiert (Alwart, 1998).

3.11 Umsetzungsstrategien

In Bezug auf die organisationsinterne Umsetzung externer rechtlicher und ethischer Standards werden derzeit zwei idealtypische Strategien diskutiert, nämlich der so genannte Compliance-Ansatz und der Integrity-Ansatz (Steinmann & Olbrich, 1998). Beim Compliance-Ansatz werden extern vorgegebene Standards in interne Tuns- und Unterlassensvorschriften, deren Befolgung organisationsintern mit Kontrollen und Sanktionen durchgesetzt werden soll, übersetzt. Beim Integrity-Approach wird durch einen Organisationsentwicklungsprozess auf allen Ebenen der Organisation versucht, die moralische Sensibilität der Organisationsmitglieder zu aktivieren. Die einzelnen Abteilungen und Bereiche sollen dann jeweils entsprechend den besonderen Eigenarten ihrer Aufgaben eigenständige Lösungen entwickeln und deren Erfolg selbst kontrollieren. Der Integrity-Ansatz setzt also auf die aktive Beteiligung der Organisationsmitglieder und deren selbstverantwortliches Handeln. Beim Integrity-Ansatz wird versucht, die moralischen Werte und Ideale der Organisationsmitglieder für die Organisation zu aktivieren. Die Gefahr beim Compliance-Ansatz besteht darin, dass durch die starke Fremdsteuerung Organisationsmitglieder moralisch desensibilisiert werden und bei den Organisationsmitgliedern eine Mentalität zum Unterlaufen der Vorgaben erzeugt wird (Steinmann & Olbrich, 1998). Beim Integrity-Ansatz besteht dagegen die Gefahr der Unverbindlichkeit. Um sich im Zweifelsfall gegen ethisch-moralisch unzulässige Zumutungen zu wehren, kann sich ein Organisationsmitglied nicht auf geschriebene Regeln berufen. Es kommt daher darauf an, den Compliance- und den Integrity-Ansatz sinnvoll zu kombinieren.

4. Berufsethische Verantwortung von Arbeits- und Organisationspsychologinnen

Die Deutsche Gesellschaft für Psychologie und der Berufsverband Deutscher Psychologinnen und Psychologen (BDP, 1999) haben einen gemeinsamen Ethikkodex verabschiedet. Die Verbände bekennen sich dort zum Schutz fundamentaler menschlicher Rechte, der Förderung des Gemeinwohles (s. Präambel), zur Verantwortung gegenüber Tier und Umwelt sowie zur ethischen Relevanz von (Arbeits-)Verträgen: Psychologen «haben darauf hinzuwirken, dass ethischen Anforderungen zuwiderlaufende und nicht fachgerecht zu erfüllende Aufgaben nicht abverlangt werden können» (BDP, 1999, S. 6). Sie bekennen sich jedoch nicht explizit zum Prinzip der Diskursethik, dass in einem öffentlichen Diskurs unter Einbeziehung der Betroffenen von Entscheidungen die Entscheidungsregeln allgemein zustimmungsfähig sein sollen. Dies würde implizieren, dass sich die Psychologie selbst dazu verpflichtet, praktische Entscheidungsprobleme, die sie als wissenschaftliche Disziplin und Profession identifiziert und die für ihre Klienten, Kunden oder die Öffentlichkeit von Bedeutung sein könnten, in die Öffentlichkeit hinein zu kommunizieren, um durch einen solchen öffentlichen Diskurs zu einer allgemein akzeptablen Entscheidungsnorm zu gelangen. Ein aktuelles Beispiel für einen derartigen Fall stellen die großen wissenschaftlichen Fortschritte der Genomanalyse in Verbindung mit dem Nachweis zahlreicher genetischer Korrelate im Arbeits- und Berufsbereich (Bouchard, 1997) dar. Nach welchen Regeln soll entschieden werden, welche genetischen Analysen vom Arbeitgeber verlangt werden dürfen?

Die Verbände der Psychologie bekennen sich außerdem explizit zur ethischen Verantwortung professionell tätiger Psychologen, indem sie für den Psychologen in seiner professionellen Tätigkeit einen weisungsfreien, d. h. autonom zu gestaltenden Kernbereich fordern (BDP, 1999, S. 6) und gerade auch für im Bereich der Wirtschaft tätige Psychologen eine besondere Verpflichtung postulieren, «im wohlverstandenen Interesse aller Beteiligten zu handeln» (BDP, 1999, S. 12). Auch der in der Wirtschaft tätige Psychologe darf sich in einem Feld widerstreitender Interessen nicht zum Handlanger einer einzigen Richtung machen. Vielmehr hat er die Aufgabe, daran mitzuwirken, dass die Risiken und Lasten von Entscheidungen und Verfahren keiner Seite einseitig auferlegt werden (Schuler, 1996, S. 188–201). Das Bundesarbeitsgericht anerkennt einen solchen durch berufliche Ethikkodizes gestützten Gewissensvorbehalt (Deiseroth, 1997, S. 9 f.). Allerdings gilt auch: «Moralisch gebotenes Verhalten ist nur zumutbar, sofern es ohne gravierende Nachteile möglich ist. Ansonsten ist es als übergebührliches supererogatorisches Verhalten (G.B.) zwar zu bewundern, aber nicht mehr zu fordern. Wenn ein Berufsstand sich einen Verhaltenskodex gibt und eines seiner Mitglieder auf Grund kodexkonformen Verhaltens in einen Konflikt gerät, der seinen Privatinteressen nicht dienlich ist, dann hat er (sie!) ein Anrecht auf Solidarität, weil ansonsten die Beachtung des Kodex durch einen jeden nicht zugemutet werden kann» (Ott, 1996, S. 686; zum Thema Solidarität s. a. Bierhoff & Fetchenhauer, 2001).

5. Fazit

Zahlreiche Aspekte der Arbeit in Organisationen wie beispielsweise die Personalsuche und -auswahl, die hierarchischen Unterstellungsverhältnisse in Organisationen, die Arbeitsgestaltung oder die Personalfreisetzung berühren zentrale Aspekte von Moral und Ethik, nämlich freiwillig eingegangene vertragliche Verpflichtungen, das Gemeinwohl, die individuellen Grundrechte und die gerechte Regulierung konfligierender Interessen. Ethik ist die systematische rationale Reflexion normativer Orientierungen. Sie dient dazu, eigene normative Positionen rational zu klären und bisher nicht bedachte oder unentdeckte Implikationen zu erhellen. Die einzelnen ethischen Prinzipien und die auf sie bezogenen Werte stehen in einem komplexen – sich zum Teil ergänzenden, aber auch zum Teil konkurrierenden – Verhältnis. Die Verbände der Psychologie in Deutschland bekennen sich explizit zur ethischen Verantwortung professionell tätiger Psychologinnen und Psychologen. Auch in der Wirtschaft tätige Psychologen sollen im wohlverstandenen Interesse *aller* Beteiligten handeln. Das Arbeitsrecht und die Rechtsprechung unterstützen diese Sichtweise professioneller psychologischer Praxis. Bei der Realisierung dieser Leitvorstellung sind in Organisationen tätige Psychologen jedoch auf die Solidarität ihrer Berufskollegen angewiesen. Einen deutschsprachigen Überblick über die Ethik am Arbeitsplatz gibt Blickle (in Druck). Dem interessierten Leser kann außerdem das Handbuch von Nida-Rümelin (1996) zur angewandten Ethik sowie die vierbändige Encyclopedia of Applied Ethics (Chadwick, 1997) empfohlen werden. Einschlägige psychologische Fragestellungen werden im Sammelband von Blickle (1998) abgehandelt. Ethische Fragen des Human Resource Management werden in einem Sonderheft des Human Resource Management Review (Miceli & Near, 2001) behandelt.

6. Literatur

Alwart, H. (Hrsg.). (1998). *Verantwortung und Steuerung von Unternehmen in der Marktwirtschaft.* Mering: Hampp.

Apel, K. O. (1988). Diskursethik als Verantwortungsethik und das Problem der ökonomischen Rationalität. In K. O. Apel (Hrsg.), *Diskurs und Verantwortung* (S. 270–350). Frankfurt a. M.: Suhrkamp.

BDP (1988). *Grundsätze zur Anwendung psychologischer Eignungsuntersuchungen in Wirtschaft und Verwaltung.* Bonn: BDP.

BDP (1999). *Ethische Richtlinien der Deutschen Gesellschaft für Psychologie e. V. (DGPs) und des Bundesverbandes Deutscher Psychologinnen und Psychologen e. V. (BDP) (zugleich Berufsordnung des Bundesverbandes Deutscher Psychologinnen und Psychologen e. V.).* Bonn: BDP.

Berger, U. (1984). *Wachstum und Rationalisierung der industriellen Dienstleistungsarbeit.* Frankfurt a. M.: Lang.

Bierhoff, H.-W. (2002). Soziale Verantwortung im Berufs- und Wirtschaftsleben. *Zeitschrift für Personalforschung, 16,* 209–229.

Bierhoff, H.-W. & Fetchenhauer, D. (Hrsg.). (2001). *Solidarität.* Opladen: Leske + Budrich.

Bird, F., Westley, F. & Waters, J. A. (1989). The uses of moral talk: Why do managers talk ethics. *Journal of Business Ethics, 8,* 75–89.

Blickle, G. (Hrsg.). (1998). *Ethik in Organisationen.* Göttingen: Verlag für Angewandte Psychologie.

Blickle, G. (2002a). Ethics in psychological assessment. In R. Fernándes-Ballesteros (Ed.), *Encyclopedia of Psychological Assessment.* London: Sage.

Blickle, G. (2002b). Mikropolitik – eine ethische Analyse. *Zeitschrift für Personalforschung, 16,* 169–186.

Blickle, G. (in Druck). Ethik am Arbeitsplatz. In H. Schuler (Hrsg.), *Enzyklopädie der Psychologie. Organisationspsychologie II – Gruppe und Organisation* (D/III/4: Gruppe und Organisation). Göttingen: Hogrefe.

Bouchard, T. J. (1997). Genetic influence on mental abilities, personality, vocational interests, and work attitu-

des. *International Review of Industrial and Organizational Psychology, 1997*, 373–395.
Bultmann, A. (1997). *Auf der Abschussliste.* München: Knaur.
Carroll, A. B. (1992). *Business & Society* (2nd ed.). Cincinnati: South Western Publishing.
Chadwick, R. (Ed.). (1997). *Encyclopedia of Applied Ethics* (4 Volumes). Orlando, FL: Academic Press.
Deiseroth, D. (1997). *Berufsethische Verantwortung in der Forschung.* Münster: LIT.
Deutscher Bundestag (1998). Abschlußbericht der Enquete-Kommission «So genannte Sekten und Psychogruppen»: Neue religiöse und ideologische Gemeinschaften und Psychogruppen in der Bundesrepublik Deutschland. Bonn: Dt. Bundestag.
Eisenberg, E. M. (1984). Ambiguity as strategy in organizational communication. *Communication Monographs, 51*, 227–242.
Frey, D., Faulmüller, N. S., Winkler, M. & Wendt, M. (2002). Verhaltensregeln als Voraussetzung zur Realisierung moralisch-ethischer Werte in Firmen. *Zeitschrift für Personalforschung, 16*, 135–155.
Gadamer, H.-G. (1968). *Platos dialektische Ethik.* Hamburg: Meiner.
Habermas, J. (1983). Diskursethik – Notizen zu einem Begründungsprogramm. In J. Habermas (Hrsg.), *Moralbewußtsein und kommunikatives Handeln* (S. 53–125). Frankfurt a. M.: Suhrkamp.
Hobbes, T. (1966). *Leviathan.* Frankfurt a. M.: Suhrkamp.
International Organization of Employers (Hrsg.). (1999). *Codes of conduct.* Genf: Eigenverlag.
Kant, E. (1968). Grundlegung zur Metaphysik der Sitten. In Preußische Akademie der Wissenschaften (Hrsg.), *Kants Werke* (Bd. IV, S. 385–463). Berlin: de Gruyter.
Kieser, A. (1998). Über die allmähliche Verfertigung der Organisation beim Reden. Organisieren als Kommunizieren. *Industrielle Beziehungen, 5*, 45–75.
Köbl, U. (1995). *Frau und Beruf* (3. Aufl.). München: Beck.
Levine, M. F., Taylor, J. C. & Davis, L. E. (1984). Defining quality of working life. *Human Relations, 37*, 81–104.
Luczak, H., Volpert, W., Raeithel, A. & Schwier, W. (1989). *Arbeitswissenschaft. Kerndefinition, Gegenstandskatalog, Forschungsgebiete* (3. Aufl.). Köln: RKW-Verlag.
Mackie, J. L. (1983). *Ethik* (2. Aufl.). Stuttgart: Reclam.
Marcus, B. (2000). *Kontraproduktives Verhalten im Betrieb.* Göttingen: Verlag für Angewandte Psychologie.
Miceli, M. P. & Near, J. P. (Eds.). (2001). Ethical issues in the management of human resources. *Human Resource Mangement Review, 11* (Heft 1 u. 2).
Nida-Rümelin, J. (Hrsg.). (1996). *Angewandte Ethik. Die Bereichsethiken und ihre theoretische Fundierung.* Stuttgart: Kröner.
Ott, K. (1996). Technik und Ethik. In J. Nida-Rümelin (Hrsg.), *Angewandte Ethik. Die Bereichsethiken und ihre theoretische Fundierung* (S. 650–717). Stuttgart: Kröner.
Rawls, J. (1975). *Eine Theorie der Gerechtigkeit.* Frankfurt a. M.: Suhrkamp.
Reichold, H., Löhr, A. & Blickle, G. (Hrsg.). (2001). *Wirtschaftsbürger oder Marktopfer.* Mering: Hampp.
Risch, S. (1998). Von allen guten Geistern verlassen. *Managermagazin, Januar*, S. 166–186.
Rosenstiel, L. v. & Woschée, R.-M. (2002). Wertkonflikte in der arbeits- und organisationspsychologischen Forschung und Praxis. *Zeitschrift für Personalforschung, 16*, 187–208.
Schaub, G. (1996). *Arbeitsrecht-Handbuch* (8. Aufl.). München: Beck.
Schuler, H. (1996). *Psychologische Personalauswahl.* Göttingen: Verlag für Angewandte Psychologie.
Schwertfeger, B. (1998). *Der Griff nach der Psyche. Was umstrittene Persönlichkeitstrainer in Unternehmen anrichten* (2. Aufl.). Frankfurt a. M.: Campus.
Steinmann, H. & Olbrich, T. (1998). Ethik-Management: Integrierte Steuerung ethischer und ökonomischer Prozesse. In G. Blickle (Hrsg.), *Ethik in Organisationen* (S. 95–116). Göttingen: Verlag für Angewandte Psychologie.
Tugendhat, E. (1993). *Vorlesungen über Ethik.* Frankfurt a. M.: Suhrkamp.
Weber, M. (1973). Vom inneren Beruf zur Wissenschaft. In J. Winckelmann (Hrsg.), *Max Weber. Soziologie, Universalgeschichtliche Analysen, Politik* (S. 311–339). Stuttgart: Kröner.
White, L. P. & Wooten, K. C. (1996). *Professional ethics and practice in organizational development.* New York: Praeger.
Wiehen, M. H. (2001). Organisation gegen Korruption. *Personalwirtschaft, 7*, 18–21.
Witte, E. (2002). Ethische Grundpositionen und ihre Bedeutung bei der Rechtfertigung beruflicher Handlungen. *Zeitschrift für Personalforschung, 16*, 156–168.

Teil II
Arbeit

Einführung

In der deutschsprachigen Arbeitspsychologie besteht weitgehend Übereinstimmung dahingehend, dass die Aufgabe dieser Disziplin eine dreifache ist: (1) die Analyse von Arbeitstätigkeiten und Arbeitssystemen, (2) die Bewertung von Arbeitstätigkeiten und Arbeitssystemen und (3) die Mitwirkung an der Erarbeitung von Gestaltungsvorschlägen. Dabei ist auch von der Einheit von Analyse, Bewertung und Gestaltung die Rede.

Folgt man dem soziotechnischen Systemkonzept, in dem die Wechselwirkungen zwischen den sozialen und den technischen Komponenten von Arbeitssystemen besondere Berücksichtigung finden, so wird rasch deutlich, dass die Arbeitspsychologie bei der Erfüllung der drei genannten Aufgaben immer auch organisationale Aspekte einbeziehen muss und dass eine strikte Trennung von Arbeits- und Organisationspsychologie nicht möglich ist. Lediglich die Perspektive kann eine andere sein bzw. die Akzentsetzung. Wer die Analyse, Bewertung und Gestaltung von Arbeitstätigkeiten seriös betreiben oder sich daran beteiligen will, wird sich immer auch mit deren organisationaler Einbettung und der Regulation der Grenzbedingungen zu beschäftigen haben. Wer sich umgekehrt mit der Analyse, Bewertung und Entwicklung von organisationalen Systemen oder Strukturen befasst, wird immer auch Fragen der horizontalen und vertikalen Arbeitsteilung, der Mensch-Maschine-Funktionsteilung und der funktionalen Integration mit zu behandeln haben.

Die so – nicht nur als gegenseitige Ergänzung, sondern als integrative Verknüpfung – verstandene Beziehung zwischen der Arbeits- und der Organisationspsychologie schlägt sich auch in dem hier vorliegenden Buchteil zur Arbeitspsychologie nieder. Dieser Teil gliedert sich in drei Kapitel: Bedeutung und Wirkung von Arbeit (Kapitel 6), Analyse und Bewertung von Arbeitssystemen und Arbeitstätigkeiten (Kapitel 7), Gestaltung von Arbeitstätigkeiten (Kapitel 8). Das heißt, den Berichten über die oben genannte dreifache Aufgabe der Arbeitspsychologie ist ein Kapitel vorangestellt, das sich mit den Fragen beschäftigt, was Arbeit für Menschen bedeutet bzw. bedeuten kann und welcher Art die Wirkungen von Arbeit sind bzw. sein können. Bei der Frage nach der Bedeutung von Arbeit geht es einerseits um deren möglichen Stellenwert im Lebenszusammenhang, andererseits um inhalts- und prozessorientierte Konzepte von Motivation und Zufriedenheit. Bei der Frage nach den Wirkungen von Arbeit werden zunächst Belastungs- und Beanspruchungskonzepte ausführlich diskutiert. Der daran anschließende Abschnitt über Arbeit und Persönlichkeit beschäftigt sich einerseits mit Wirkungen von Arbeitsbedingungen auf die Entwicklung der Persönlichkeit, andererseits mit Folgen des Verlusts von Arbeit für Gesundheit und Persönlichkeitsentwicklung. Damit schließt sich der Kreis zur Frage nach der Bedeutung von Arbeit.

Natürlich ist diese Frage ebenso wie die nach den möglichen Wirkungen von Arbeit grundlegend auch für die Analyse von Arbeitssystemen und Arbeitstätigkeiten. Der entsprechende Beitrag zu diesem Buchteil stellt denn auch «funktionsorientierte» und «autonomieorientierte» Analyseansätze einander gegenüber. Erstere beruhen auf dem Konzept der Partialisierung von Arbeitstätigkeiten in normierte und fremdregulierte Einzelverrichtungen, letztere auf dem

Konzept vollständiger Tätigkeiten mit weitgehender Selbstregulation. Diese Gegenüberstellung ist auch insofern bedeutsam, als neuere Technologien beide Konzepte unterstützen können. Mehrebenen-Ansätze wie die soziotechnische Systemanalyse oder die auf dem MTO-Konzept basierende ganzheitliche Betriebsanalyse machen auch hier deutlich, wie eng Fragestellungen der Arbeits- und Organisationspsychologie miteinander verknüpft sind. Das gilt übrigens auch für die schon früher von Hacker und Matern (1980) vorgestellte psychologische Arbeitsanalyse mit den drei Schritten Auftrags- und Bedingungsanalyse, Psychologische Arbeitsablaufanalyse und Psychologische Arbeitstätigkeitsanalyse.

Das dritte Kapitel dieses Buchteils nimmt das Konzept der Persönlichkeitsentwicklung in der Auseinandersetzung mit der Arbeitstätigkeit auf und handelt es unter verschiedenen Stichworten ab: Tätigkeitsspielraum als Basiskonzept, Strategien der Arbeitsgestaltung, Primat der Aufgabe, Arbeitsgestaltung und Gesundheit, Konzepte für den Einsatz neuer Technologien. In diesem Kapitel werden die Beziehungen zwischen Arbeits- und Organisationspsychologie noch einmal deutlich erkennbar: vollständige Tätigkeiten, individuelle Autonomie und Selbstregulation in Gruppen sind ohne weiter reichende Konzepte immer nur mit Einschränkungen möglich.

Für alle an der Erstellung dieses Buchteils Beteiligten ist im Übrigen klar: die Arbeitstätigkeit gehört in unserer Kultur und in unserer Gesellschaft zu den zentralen Lebenstätigkeiten der erwachsenen Menschen. Und es ist möglich, Arbeitstätigkeiten und Organisationsstrukturen so zu gestalten, dass sie sowohl Humankriterien als auch Kriterien nachhaltiger wirtschaftlicher Effizienz entsprechen.

Allerdings beschränken sich alle drei Beiträge auf erwerbsbezogene Arbeitstätigkeiten. Nicht erwerbsbezogene Arbeit, wie sie etwa als gesellschaftlich nützliche bzw. notwendige Tätigkeit in der «Sozialzeit» (Orendi, 1990) oder als «Reproduktionsarbeit in Haushalt und Familie» (Resch, 1991) geleistet wird, ist nicht Gegenstand dieses Buchteils. Obwohl seit einer Reihe von Jahren eingefordert, ist die notwendige Erweiterung des Arbeitsbegriffs und damit des Gegenstands der Arbeitspsychologie noch nicht in der wünschenswerten Weise nachvollzogen worden.

Eberhard Ulich

Literatur

Hacker, W. & Matern, B. (1980). Methoden zum Ermitteln tätigkeitsregulierender kognitiver Prozesse und Repräsentationen bei industriellen Arbeitstätigkeiten. In W. Volpert (Hrsg.), *Beiträge zur psychologischen Handlungstheorie* (S. 29–49). Schriften zur Arbeitspsychologie, Band 28. Bern: Huber.

Orendi, B. (1990). Sozialzeit statt Arbeitszeit und Freizeit? In F. Frei & I. Udris (Hrsg.), *Das Bild der Arbeit* (S. 329–340). Bern: Huber.

Resch, M. (1991). *Haushalt und Familie: der zweite Arbeitsplatz. Analyse der Reproduktionsarbeit in Haushalt und Familie auf Grundlage der Handlungsregulationstheorie. Schriften zur Arbeitspsychologie, Band 51.* Bern: Huber.

6

Norbert K. Semmer & Ivars Udris

Bedeutung und Wirkung von Arbeit

Inhalt

1. **Einführung: Arbeit – Notwendiges Übel oder zentrale Lebensäußerung?** 157

2. **Funktion und Wert der Arbeit** 158
2.1 Psychosoziale Funktionen der Erwerbsarbeit 159
2.2 Der Wert der Arbeit 160

3. **Bewertung der Arbeit: Wünsche, Realität und Korrelate** 161
3.1 Ansprüche an die Arbeit 161
3.2 Motivation 162
3.2.1 Inhalts-Konzepte 163
3.2.2 Prozess-Theorien 165
3.2.3 Fazit 168
3.3 Arbeitszufriedenheit 169

4. **Stress und Belastung: Faktoren, Prozesse, Folgen** 172
4.1 Begriffliches 172
4.2 Belastungs- und Stressfaktoren in der Arbeit 173
4.3 Allgemeine Prozesse der Beanspruchung ... 175
4.4 Stressprozesse 177
4.5 Stress und Coping 178
4.6 Ressourcen: Die «Entlastungsfaktoren» 179
4.7 Individuelle Unterschiede 180
4.8 Chronischer Stress und seine Folgen 181
4.9 Konsequenzen und Ausblick 183

5. **Arbeit und Persönlichkeit** 185
5.1 Der lange Arm der Arbeit I: Berufliche Sozialisation 185
5.2 Der lange Arm der Arbeit II: Erwerbslosigkeit 189

6. **Schlussbemerkung** 191

7. **Literatur** 191

1. Einführung: Arbeit – Notwendiges Übel oder zentrale Lebensäußerung?

Seit jeher verbinden sich mit dem Begriff «Arbeit» sowohl der Aspekt der Last und der Mühsal («Im Schweiße Deines Angesichtes sollst Du Dein Brot verdienen») als auch des Stolzes und der Befriedigung («... und siehe, es war gut»). In der Geschichte stand mal der eine, mal der andere Aspekt im Vordergrund (vgl. v. Rosenstiel, 2001). So vermied im Altertum das Arbeiten, wer es sich leisten konnte, während das Christentum Arbeit als gottgewollte Aufgabe ansah und mit der sog. «protestantischen Arbeitsethik» das erfolgreiche Arbeiten zum Maßstab des Heils erhob – eine Auffassung, die vielfach für die Entstehung der großen ökonomischen Fortschritte der Industrialisierung mit verantwortlich gemacht wurde (so z. B. von Max Weber, 1921).[1]

Arbeit wird oft im ursächlichen Zusammenhang mit – positiven wie negativen – Entwicklungen der Gesellschaft wie einzelner Individuen gesehen. Das reicht von der gestiegenen Lebenserwartung bis zur Umweltzerstörung, vom sozi-

1 Aus Platzgründen ist das Literaturverzeichnis zu diesem Beitrag nicht vollständig. Eine Reihe von Literaturangaben, insbesondere empirische Einzelartikel und ältere Arbeiten sowie Publikationen, die nicht unmittelbar der Arbeits- und Organisationspsychologie entstammen, sind im Text zitiert, im Literaturverzeichnis jedoch nicht enthalten. Ein vollständiges Verzeichnis finden Sie auf den folgenden Websites: www.psy.unibe.ch/aop/publikationen.htm und http://ifap.ethz.ch (Publikationen)

alen Prestige auf Grund einer bestimmten Berufszugehörigkeit bis zum Herzinfarkt auf Grund ungünstiger Arbeitsbedingungen. Mit der Frage, wie sich Arbeitsbedingungen aus psychologischer Sicht auf Menschen auswirken, welche positiven und negativen Folgen sie haben können, beschäftigen wir uns in diesem Beitrag unter den Stichworten «Belastung und Stress» und «Berufliche Sozialisation».

Zuvor aber muss gefragt werden, welchen Stellenwert Arbeit überhaupt im Leben des Menschen einnimmt. Nachdem ihr für Jahrhunderte vom weitaus größten Teil der Bevölkerung völlig selbstverständlich ein zentraler Stellenwert zugeschrieben wurde, bei dem ein Individuum nicht zuletzt durch seinen Beruf definiert war (und dieser Beruf wiederum war ihm weitgehend vorgeschrieben), wird diese zentrale Stellung in letzter Zeit in Frage gestellt. Im Zusammenhang mit der sinkenden Arbeitszeit in den Industriestaaten taucht das Stichwort der «Freizeitgesellschaft» auf, im Zusammenhang mit der Haltung der Bevölkerung gegenüber der Arbeit macht das Schlagwort des «Wertewandels» – von «materiellen» zu «postmateriellen» Werten (vgl. Inglehart, 1989) bzw. von «Pflicht- und Akzeptanzwerten» zu «Selbstentfaltungswerten» (vgl. Klages, 1993) – die Runde. Die Beschäftigung mit diesen Fragen ist wichtig – denn wenn wir ohnehin auf dem Weg zu einer Freizeitgesellschaft sind und Arbeiten tendenziell allenfalls noch als «Nebenerscheinung» unseres Lebens betrachten, dann wäre es nicht besonders sinnvoll, der Qualität des Arbeitslebens im Sinne einer «Persönlichkeitsförderlichkeit» (s. Ulich, Kap. 8) noch große Aufmerksamkeit zu schenken; es genügte dann, Arbeit frei von körperlichen Schädigungen zu halten und die Entfaltungsmöglichkeiten der Persönlichkeit außerhalb der Arbeit zu suchen und zu fördern.

Der Stellenwert der Arbeit insgesamt (Abschnitt 2) sowie die Bewertung einzelner Aspekte der Arbeit (Abschnitt 3) sind daher die Themen des ersten Teils («Bedeutung der Arbeit»), die Frage von Belastung und Stress (Abschnitt 4) und der Persönlichkeitsentwicklung (Abschnitt 5) des zweiten Teils dieses Kapitels («Wirkungen von Arbeit»). Dabei schließt sich der Kreis insofern, als unter dem Stichwort «Persönlichkeitsentwicklung» noch einmal darauf eingegangen wird, dass Arbeit nicht nur über ihre subjektive Bewertung, sondern auch durch vielfältige Wechselwirkungen mit anderen Lebensbereichen – z. B. im Hinblick auf Qualifikationen, Werthaltungen und Handlungsmuster – letztlich das ganze Leben beeinflusst und prägt.

Aber nicht nur der «Besitz», sondern auch der «Entzug» von Arbeit ist bedeutsam für die Persönlichkeit. Deswegen wird abschließend Erwerbslosigkeit als die «Schattenseite» der Arbeit behandelt.

2. Funktion und Wert der Arbeit

Nicht nur der Wert, den man der Arbeit in den einzelnen geschichtlichen Epochen zuwies, auch der Begriff der Arbeit selbst war und ist in Abhängigkeit vom jeweiligen Gesellschafts- und Menschenbild unterschiedlich. Arbeit als allgemeine anthropologische Konstante einerseits, spezifische Formen von Arbeit wie (bezahlte oder unbezahlte) Hausarbeit, Pflegearbeit, Bürgerarbeit oder Freiwilligenarbeit andererseits – so vielfältig der Gegenstand, so vielfältig die Definitionen von Arbeit (vgl. Neuberger, 1985; Volpert, 1990; v. Rosenstiel, 2001). Wohl wissend, dass letztlich keine Definition vollauf befriedigen kann, halten wir folgenden Definitionsversuch für hinreichend:

- *Arbeit* ist zielgerichtete menschliche Tätigkeit zum Zwecke der Transformation und Aneignung der Umwelt auf Grund selbst- oder fremddefinierter Aufgaben mit gesellschaftlicher – materieller oder ideeller – Bewertung, zur Realisierung oder Weiterentwicklung individueller oder kollektiver Bedürfnisse, Ansprüche und Kompetenzen.

Erwerbsarbeit – und um sie geht es hier vor allem – vollzieht sich dabei in einem gesellschaftlich – und damit historisch – bestimmten Rahmen von Austauschbeziehungen (in Geld oder Naturalien), die in der Regel auch mit charakteristischer Aufgabenteilung sowie mit charakteristischen Machtstrukturen einhergehen.

2.1 Psychosoziale Funktionen der Erwerbsarbeit

Der Erwerbsarbeit kommen – neben der Sicherung des Einkommens – eine Reihe von psychosozialen Funktionen zu. Insbesondere aus der Forschung zu den Auswirkungen der Erwerbslosigkeit (s. Abschnitt 5.2) lässt sich der hohe psychische und soziale Nutzen von Arbeit ableiten. Wie wichtig solche Funktionen der Arbeit sind, beobachtet man oft bei den Personen, die ihren Arbeitsplatz verlieren bzw. noch gar keine Arbeitserfahrung machen können (z.B. erwerbslose Jugendliche). In der **Informationsbox 1** sind in Anlehnung an Jahoda (1983) und Warr (1987) diese Funktionen aufgeführt. Ergänzt werden sie um die potenziellen Effekte, die durch den «Entzug» von Arbeit im Sinne höherer Risiken entstehen können.
Aber auch in der Definition der (Erwerbs-)Arbeit durch Arbeitnehmer selbst kommen diese Funktionen zum Ausdruck. So fanden Ruiz Quintanilla und England (1996) als häufigste Antworten auf die Frage, wodurch denn eine Aktivität zur «Arbeit» werde, folgende Aspekte:

- dass man Geld dafür bekommt,
- dass man sie an einem Arbeitsplatz ausführt,
- dass die Aktivität zu den eigenen Aufgaben gehört,
- dass man für etwas verantwortlich ist,
- dass man sie zu einer bestimmten Zeit verrichtet (Arbeitszeit),

Informationsbox 1

Psychosoziale Funktionen der Erwerbsarbeit

Aktivität und Kompetenz: Die Aktivität, die mit Arbeit verbunden ist, ist eine wichtige Vorbedingung für die Entwicklung von Qualifikationen. In der Bewältigung von Arbeitsaufgaben erwerben wir Fähigkeiten und Kenntnisse, zugleich aber auch das Wissen um diese Fähigkeiten und Kenntnisse, also ein Gefühl von Handlungskompetenz. *Für Erwerbslose fehlt diese Grundlage, sie müssen sich andere Felder für sinnvolle Aktivitäten suchen.*

Zeitstrukturierung: Die Arbeit strukturiert unseren Tages-, Wochen- und Jahresablauf und die gesamte Lebensplanung. Sie gibt uns eine Ordnung, an der wir uns orientieren können. Dies zeigt sich darin, dass viele zeitbezogene Begriffe wie Freizeit, Urlaub oder Rente nur in ihrem Bezug zur Arbeit definierbar sind. *Erwerbslosen zerrinnt häufiger die Zeit zwischen den Fingern.*

Kooperation und Kontakt: Die meisten beruflichen Aufgaben können nur in Zusammenarbeit mit anderen Menschen ausgeführt werden. Dies bildet eine wichtige Grundlage für die Entwicklung kooperativer Fähigkeiten und schafft ein wesentliches soziales Kontaktfeld. *Erwerbslose müssen auch hier andere Kooperationsmöglichkeiten außerhalb der Arbeit selbst suchen.*

Soziale Anerkennung: Durch die eigene Leistung sowie durch die Kooperation mit anderen erfahren wir soziale Anerkennung, die uns das Gefühl gibt, einen nützlichen Beitrag für die Gesellschaft zu leisten. *Bei Erwerbslosen besteht die Gefahr, dass ihnen diese Anerkennung versagt wird, dass sie als faul betrachtet werden und sich auch selbst nutzlos fühlen.*

Persönliche Identität: Die Berufsrolle und die Arbeitsaufgabe sowie die Erfahrung, die zur Beherrschung der Arbeit notwendigen Kenntnisse und Fähigkeiten zu besitzen, bilden eine wesentliche Grundlage für die Entwicklung von Identität und Selbstwertgefühl. Wir sind «jemand» durch Arbeit. *Erwerbslosigkeit entzieht den Betroffenen diese Grundlage.*

- dass man dabei das Gefühl bekommt, akzeptiert zu werden,
- dass sie den Wert einer Sache vergrößert.

Geld, Verantwortung für eine Aufgabe und die Ausführung an einem Arbeitsplatz spiegeln den Erwerbsaspekt der Arbeit wider. Im Argument der Wertvergrößerung, aber auch im Gefühl, akzeptiert zu werden, kommen der Aspekt des Nutzens für die Gesellschaft und die Funktion, die Arbeit für die Entstehung von Identität, Selbstbewusstsein und Stolz hat, zum Ausdruck (vgl. Baitsch & Ulich, 1990).

Positive Emotionen, die mit Arbeit verbunden sein können, zeigen sich im sog. «Flow-Erlebnis», dem Aufgehen im Tun (vgl. Csikszentmihalyi, 1999; Schallberger & Pfister, 2001) oder in der tätigkeitsbezogenen Begeisterung (Meller & Ducki, 2002). Diese lange Zeit vernachlässigten emotionalen Funktionen der Arbeit gewinnen zunehmend Aufmerksamkeit in Forschung und Praxis (Wegge & Kleinbeck, 2002).

2.2 Der Wert der Arbeit

Welche Bedeutung, welcher Stellenwert wird aber der Arbeit zugemessen? Mit diesen Fragen beschäftigt sich eine inzwischen kaum mehr überblickbare Forschungsliteratur, die generell zwischen gesellschaftlichen oder kulturellen Werten und individuellen oder persönlichen Werten unterscheidet (Roe & Ester, 1999).

Viele, auch international vergleichende Studien zeigen eine bemerkenswerte Stabilität der allgemeinen Wertschätzung der Arbeit in den letzten 20 Jahren: Trotz mancher gegenteiliger Behauptungen des «Wertezerfalls» nimmt die (Erwerbs- oder Berufs-)Arbeit auch heute noch eine zentrale Stellung im Leben vieler, wenn nicht der meisten Menschen ein. Dies zeigen z.B. die große Acht-Länder-Studie «Meaning of Working» (MOW, 1987; Ruiz Quintanilla & England, 1996) sowie weitere Studien aus verschiedenen Ländern (Abramson & Inglehart, 1995; Harpaz & Fu, 2002). Zugleich aber sind Differenzierungen festzustellen. Arbeit nimmt nicht mehr unhinterfragt eine zentrale Stellung ein: Die Werte werden pluralistischer, die Lebenskonzepte flexibler. So nimmt die Zahl der Personen zu, die – in der Einteilung nach Dubin und seinem Konzept der «central life interests» (Dubin, Hedley & Taveggia, 1976; Udris, 1979) – weder als eindeutig «arbeitsorientiert» noch als eindeutig «nicht-arbeitsorientiert» einzustufen sind, sondern eine flexible Haltung zeigen. Neuere Untersuchungen belegen, dass sich die «Materialismus-Postmaterialismus»-Dimension (Inglehart, 1989; Klages, 1993) auflöst und insbesondere jüngere Jahrgänge eine «Mischung» beider Pole zeigen, indem sie Arbeit, Beruf und andere Lebensbereiche hinsichtlich ihrer Bewertung ausbalancieren (vgl. z.B. Blickle, 1999). Dies ist aber wohl kaum als «Entwertung» des Lebensbereichs «Arbeit» zu beurteilen, und schon gar nicht als «Werteverlust», bei dem die protestantische Leistungsethik quasi ersatzlos verloren geht. Vielmehr scheint eine Verschiebung stattzufinden: Weg von Werten wie «Fügsamkeit, reiner Pflichterfüllung», hin zu Werten, die Selbstentfaltung und persönliche Erfüllung betonen (Klages, 1993).

Zwar sinkt die Zentralität der Arbeit im Vergleich zu anderen Lebensbereichen tatsächlich, sie verliert ihre Selbstverständlichkeit. Zugleich steigen jedoch die Ansprüche an die Arbeit. Es zeigen sich sowohl eine Verlagerung der Interessen auf die gesamte Lebenserfahrung als auch gestiegene Ansprüche an Autonomie und Partizipation in den meisten gesellschaftlichen Bereichen, also auch am Arbeitsplatz. Die Unterordnung der Arbeit unter anderen wichtigen Werten sinkt, gleichzeitig erhöhen sich aber die Erwartungen an inhaltliche und formale Aspekte eines Arbeitsverhältnisses (vgl. v. Rosenstiel, 2001; Udris, 1979).

So verteilen sich die von Rosenstiel und Nerdinger (2000) beschriebenen Wertetypen der «Karriereorientierung», «Freizeitorientierung» und «Alternatives Engagement» je nach Berufserfahrung und -erwartung. Sie können sich aber im Laufe der organisationalen Sozialisation durchaus verändern (Blickle, 1999; Rimann, Udris & Weiss, 2000; Rosenstiel & Nerdinger, 2000; Moser & Schmook, 2001).

Im Abschnitt 5 wird ausführlicher dargestellt, dass die Zentralität der Arbeit ihrerseits von der

Qualität der Arbeit mit abhängt und dass Wertorientierungen mit den Sozialisationsbedingungen zusammenhängen.

Was aber die «Qualität» von Arbeit ausmacht, was dazu führt, dass Menschen motiviert arbeiten und mit ihrer Arbeit zufrieden sind, das ist Gegenstand des nächsten Abschnittes.

3. Bewertung der Arbeit: Wünsche, Realität und Korrelate

Bisher wurde der Wert der Arbeit auf einer allgemeinen Ebene behandelt. Nun soll etwas genauer gefragt werden: Welche Ansprüche stellen die Menschen an die Arbeit? Welche Aspekte sind ihnen besonders wichtig? Welche Rolle spielt das Ausmaß der Befriedigung dieser Ansprüche für die Zufriedenheit mit der Arbeit, welche Bedeutung hat die Erwartung, die eigenen Ansprüche befriedigen zu können, für die Motivation zur Arbeit? Welche Prozesse sind dabei wichtig? Und welche Zusammenhänge findet man zwischen Motivation und Zufriedenheit auf der einen sowie Leistung, Wohlbefinden etc. auf der anderen Seite?

3.1 Ansprüche an die Arbeit

Die Aspekte, die den Menschen an ihrer Arbeit besonders wichtig sind, kann man, je nach Differenziertheitsgrad, unterschiedlich zusammenfassen. Wir halten eine Kategorisierung nach den in der **Informationsbox 2** aufgeführten fünf Stichworten für hilfreich (Kaufmann, Pornschlegel & Udris, 1982, 13 ff.).

Über die Gewichtung der einzelnen Aspekte gibt es unterschiedliche Auffassungen, die z. B. in den einzelnen «Schulen» zum Ausdruck kommen, die die Entwicklung der Arbeits- und Organisationspsychologie kennzeichnen. So dominierte für den Taylorismus das ökonomische Motiv; für die «Human Relations Bewegung» hingegen der soziale Aspekt. Später rückten – oft unter dem Stichwort «Humanisierung des Arbeitslebens» der Arbeitsinhalt (insbesondere die Autonomie) sowie – unter dem Stichwort des «soziotechnischen Systemansatzes» – die Integration von Arbeitsinhaltsaspekten mit sozialen und technischen Aspekten stärker in den Vordergrund (vgl. Frieling & Sonntag, 1999; Greif, 1993; Ulich, 2001).

Die Auffassung, für Arbeiter und Arbeiterinnen zähle fast nur der finanzielle Aspekt, ist weit

Informationsbox 2

Aspekte der Arbeit, die den Arbeitenden wichtig sind

1. ***Arbeitsinhalt:*** Ganzheitlichkeit der Arbeit; Abwechslungsreichtum; interessante Aufgaben; Möglichkeit, die eigenen Kenntnisse und Fähigkeiten einzusetzen; Möglichkeit, etwas Neues zu lernen; Möglichkeit, eigene Entscheidungen zu treffen u. Ä.
2. ***Arbeitsbedingungen:*** Arbeitszeit (Dauer u. Lage); Belastungsfaktoren (Lärm, Hitze etc.); Angemessenheit von Möbeln, Werkzeugen und räumlichen Verhältnissen; gefordertes Arbeitstempo etc.
3. ***Organisationale Rahmenbedingungen:*** Sicherheit des Arbeitsplatzes; Aufstiegschancen; Weiterbildungsmöglichkeiten; Informationspolitik der Organisation etc.
4. ***Soziale Bedingungen:*** Kontaktmöglichkeiten, Verhältnis zu Kolleginnen und Kollegen; Verhältnis zu Vorgesetzten, «Betriebsklima» etc.
5. ***Finanzielle Bedingungen:*** Lohn, Sozialleistungen etc.

verbreitet. Fragt man diese selbst, so ergibt sich ein differenzierteres Bild, wie u.a. die internationale Studie «Meaning of Working» zeigt (MOW, 1987).

Auf die Frage nach der Bedeutung verschiedener Aspekte der Arbeit allgemein («hält mich beschäftigt», «ermöglicht Kontakte», «ist in sich interessant», «gibt mir Einkommen», «gibt mir Prestige und Status» und «ermöglicht mir, der Gesellschaft zu dienen») steht das Einkommen an erster Stelle, gefolgt von den Kontaktmöglichkeiten. Nur wenige vertreten die Ansicht, die Arbeit selber sei interessant und befriedigend. Auch bei einer Bewertung der Rolle, die den Aufgaben, der Firma, dem Produkt, den Menschen, dem Beruf und dem Geld im eigenen Arbeitsleben zukommt, steht das Geld an erster Stelle, diesmal gleichrangig gefolgt von den Aufgaben und den sozialen Kontakten. Fragt man schließlich, welche von elf Aspekten (u.a. Lernmöglichkeiten, Arbeitszeit, Abwechslung, Arbeitsplatzsicherheit, Bezahlung, physische Bedingungen) den Beschäftigten am wichtigsten sind, so steht nun die interessante Tätigkeit an vorderster Stelle. Wie sind diese, auf den ersten Blick widersprüchlichen, Ergebnisse zu interpretieren?

1. Zunächst zeigt die hohe Bedeutung des Einkommens bei den beiden ersten Fragen, dass die Sicherung des Lebensunterhalts als eine Grundfunktion der Arbeit angesehen wird. Dass «Arbeit selbst» in der ersten Frage nur von wenigen als «interessant und befriedigend» angesehen wird, überrascht nicht, wenn man bedenkt, dass es um «Arbeit» allgemein geht. Arbeit muss aber bestimmte Bedingungen erfüllen, um interessant zu sein, diese Qualität wird ihr nicht automatisch zuerkannt – ja, andere Ergebnisse derselben Studie zeigen sogar, dass «Fremdbestimmtheit» von vielen geradezu als Definitionsmerkmal von Arbeit angesehen wird (Ruiz Quintanilla & England, 1996).
2. Die zweite Frage bezieht sich konkret auf die Bedeutung, die die verschiedenen Aspekte im eigenen Arbeitsleben haben. Und hier erhalten die «Aufgaben, die man ausführt», also der inhaltliche Aspekt, schon deutlich größeres Gewicht.
3. Die dritte Frage hingegen bezieht sich eher auf Ansprüche: «Wie wichtig ist Ihnen, dass Ihr Arbeitsleben Folgendes beinhaltet: ...». Auch hier erweist sich der Lohn als wichtig, aber nunmehr gleichauf mit anderen Aspekten, und alle werden von einem Merkmal übertroffen, nämlich dem Wunsch nach einer interessanten Tätigkeit.

Der Lohn ist also als Grundfunktion im Sinne der Einkommenssicherung von überragender Bedeutung für Erwerbsarbeit «an sich». (Wir werden später noch darauf zurückkommen, dass er über die Sicherung des Lebensunterhalts hinaus auch eine wichtige symbolische Bedeutung hat.) Er bleibt der wichtigste Aspekt, wenn es um das konkrete eigene Arbeitsleben geht, nunmehr aber gefolgt von inhaltlichen («Arbeitsaufgabe») und sozialen Aspekten. Über die Grundfunktion der Einkommenssicherung hinaus hat aber eine besonders gute Bezahlung offenbar nicht Priorität, hier steht der Aspekt der «interessanten Tätigkeit» obenan.

3.2 Motivation

Mit den genannten Merkmalen sind bereits motivationale Aspekte angesprochen, denn eine abwechslungsreiche und interessante Tätigkeit, gute Bezahlung etc. kann man durchaus als Merkmale betrachten, die zur Arbeit «motivieren» können. Damit ist aber noch nichts darüber ausgesagt, welche Motive wann wirksam werden, wie sie wirken, welche Effekte sie haben. Tatsächlich erweist sich das Gebiet der Arbeitsmotivation als ausgesprochen komplex.

Versuche, (Arbeits-)Motivation zu erklären, lassen sich grob in *inhaltsorientierte* und *prozessorientierte* Herangehensweisen einteilen (Campbell & Pritchard, 1976). Dabei fragen erstere nach den zentralen Motiv-Inhalten bzw. den ihnen entsprechenden Merkmalen der Arbeit, letztere nach den Prozessen, die die Ausführung (oder Unterlassung) sowie die Art der Durchführung einer Handlung bestimmen. Sie lassen sich ihrerseits in «motivationale» (d.h. die Auswahl von Handlungen betreffend) und «volitionale» (d.h. die tatsächliche Umsetzung betreffend) unterscheiden.

3.2.1
Inhalts-Konzepte

Motiv-Klassifikationen
Die Versuche, Bedürfnisse zu klassifizieren, reichen von der Annahme eines Grundmotivs (z.B. Macht bei Alfred Adler) bis zu einer Vielzahl von Bedürfnissen (vgl. Heckhausen, 1989). Besonders bekannt ist das Modell von Maslow (1954). In seiner «*Bedürfnis-Hierarchie*», die von physiologischen Grundbedürfnissen (z.B. Nahrung) über Sicherheitsbedürfnisse (Freiheit von Bedrohung), soziale Bedürfnisse und dem Bedürfnis nach Achtung und Wertschätzung bis hin zum Bedürfnis nach Selbstverwirklichung reicht, ist ein Bedürfnis umso dominanter, je weiter «unten» es in der Hierarchie steht – aber nur so lange wie es nicht befriedigt ist («Präpotenz-Annahme»). Ist es befriedigt, wird die «nächsthöhere» Stufe aktiviert etc. Erst wenn also die Bedürfnisklassen 1 bis 4 befriedigt sind, kann das Bedürfnis nach Selbstverwirklichung wirksam werden. Es ist das einzige, das keine «Befriedigungs-Grenze» kennt, also unbegrenzt wirksam bleibt – es ist ein «Wachstums-Bedürfnis», im Gegensatz zu den «Mangel-Bedürfnissen» 1 bis 4.

Maslows Theorie ist nicht sehr präzise formuliert; die Abgrenzung der Ebenen fällt schwer, und die Präpotenzannahme hat sich nur sehr begrenzt und allenfalls in grober Form (physiologische und Sicherheitsbedürfnisse vs. die anderen) bestätigen lassen (Kleinbeck, 1996). Sinnvoller erscheint daher die Zusammenfassung zu den drei Bedürfnissen «Existence, Relatedness, and Growth (ERG)» durch Alderfer (1972; s. Kleinbeck, 1996; Ruiz-Quintanilla, 1984). Viel Aufmerksamkeit haben auch McClellands (1987) Arbeiten über das Machtmotiv, das Leistungsmotiv und das Affiliations- oder Anschlussmotiv erhalten (s.a. Heckhausen, 1989). Deci und Ryan (2000) gehen von den drei fundamentalen Bedürfnissen «Kompetenz», «Autonomie» und «sozialer Zugehörigkeit» (relatedness) aus. Eine Reihe von Bedürfnissen werden also von vielen für wichtig erachtet. Dabei gehen manche (z.B. McClelland) davon aus, dass die Bedürfnisse bei verschiedenen Personen unterschiedlich stark ausgeprägt sind. Für andere (z.B. Deci & Ryan) handelt es sich um Grundbedürfnisse, die bei allen Menschen vorhanden sind, sich aber auf unterschiedlichen Wegen befriedigen lassen.

Aber nicht nur der Inhalt spielt eine Rolle, es gibt innerhalb desselben Motivs auch unterschiedliche *Orientierungen*. So kann man zwischen *Annäherungs-* und *Vermeidungsorientierung* unterscheiden (McClelland, 1987; Heckhausen, 1989; Higgins, 1997, spricht von «promotion» vs. «prevention» focus). Bei der Annäherung geht es darum, positive Ziele zu erreichen, und entsprechend motiviert deren Erreichung. Bei der Vermeidung hingegen will man Schaden abwenden, nichts falsch machen, eine Motivation, die durch Misserfolg noch erhöht wird (s. Werth, Denzler & Förster, 2002). Eine weitere wichtige Unterscheidung betrifft eine *aufgabenbezogene* (oder Lernziel-)Orientierung vs. *Ich-bezogene* (oder leistungsbezogene) Orientierung (s.z.B. Dweck, 1999). Ersteres zielt auf die Erhöhung der eigenen Kompetenz, Letzteres auf eine positive Evaluation (was der Kompetenzerhöhung häufig im Wege steht). Und schließlich bezieht sich eine dritte Differenzierung auf *intrinsische* Motivation – man tut etwas um seiner selbst willen – vs. *extrinsische* Motivation – man tut etwas, weil es zu erwünschten Konsequenzen (Lob, Geld etc.) führt. Deci und Ryan (2000) betonen in diesem Zusammenhang, dass neben dieser Unterscheidung noch zu berücksichtigen sei, wie autonom man etwas tut. So kann auch Extrinsisches weitgehend autonom sein, nämlich dann, wenn man den Sinn der Handlung akzeptiert (Identifikation), und noch mehr, wenn dies in das eigene Wertesystem gut integriert ist (Integration).

Der Aspekt der Autonomie spielt auch eine wesentliche Rolle für den oft zitierten «Korrumpierungs-Effekt», wonach eine externe Belohnung für eigentlich intrinsisch motivierte Tätigkeiten die intrinsische Motivation untergräbt. Deci und Ryan (2000) differenzieren diesen Sachverhalt jedoch dahingehend, dass das nur gelte, wenn die Belohnung zugleich als «kontrollierend» erlebt wird. Ein als angemessen empfundenes Lob oder ein finanzieller Bonus für gute Arbeit muss also keineswegs «korrumpierend» wirken!

Klassifikation nach «Anreizbedingungen»

Hier wird die Motivationsproblematik «von der anderen Seite» betrachtet: Es geht um *Arbeitsbedingungen*, die bestimmte Motive ansprechen. Auch ihre Zahl schwankt bei verschiedenen Autoren erheblich – bei Campbell und Pritchard (1976) finden sich Listen von 2, 7 und 20 Faktoren.

Der wohl bekannteste Ansatz ist *Herzberg's «Zwei-Faktoren-Theorie»*: Auf der einen Seite stehen die sog. *Inhalts-* oder Content-Faktoren; dazu gehören z. B. «die Arbeit selbst», «Verantwortung», «Anerkennung» und «Wachstums-Möglichkeiten». Sie wirken als *«Motivatoren»* und führen im positiven Fall zu Zufriedenheit, ihr Fehlen ist hingegen «neutral», d. h. es führt nicht zu Unzufriedenheit. Auf der anderen Seite stehen die *«Hygiene»*-Faktoren. Sie beziehen sich nicht auf den Inhalt, sondern auf den *Kontext* der Arbeit; dazu gehören z. B. soziale Beziehungen, äußere Arbeitsbedingungen, die Praktiken der Gesamtorganisation und – wenn auch weniger klar – die Bezahlung. Sie können im positiven Fall keine Zufriedenheit erzeugen, wohl aber Unzufriedenheit, wenn sie fehlen (Herzberg, Mausner & Snyderman, 1959). Die Korrespondenz mit der Unterscheidung zwischen intrinsischer und extrinsischer Motivation liegt ebenso auf der Hand wie die Nähe der Inhaltsfaktoren zu «höheren» Motiven sensu Maslow. Die Betonung des Arbeits-Inhalts als – häufig unterschätzte – Quelle der Motivation durch Herzberg hatte nicht zuletzt Einfluss auf die Verbreitung der sog. «Neuen Formen der Arbeitsgestaltung» (Ulich, Groskurth & Bruggemann, 1973; vgl. auch Miner, 1980). Insofern aber immer wieder Hygiene-Faktoren als Ursache von Zufriedenheit, Motivatoren als Ursache von Unzufriedenheit auftreten – vor allem dann, wenn andere Methoden als das von Herzberg verwendete Interview eingesetzt werden –, konnte jedoch seine Theorie nicht bestätigt werden (s. Nerdinger, 1995).

Auch im *Job-Characteristics* Model von Hackman und Oldham (z. B. 1980; s. a. Kleinbeck, 1996) wird der Arbeitsinhalt betont, gegliedert in fünf «Kernvariablen» (Abb. 1). Diese bestimmen drei «kritische psychische Zustände», welche sich wiederum positiv auf intrinsische Motivation – und damit auch auf Zufriedenheit, Fluktuation u. Ä. auswirken. Das «Motivationspotenzial» einer Arbeit (Formel in **Abb. 1**) zeigt in verschiedenen Studien Zusammenhänge zu Motivation und Zufriedenheit, aber auch zu Absentismus und Fluktuation sowie – in geringerem, aber immer noch bedeutsamen Maß – zu Leistung. Allerdings erweist sich eine additive Verknüpfung der Variablen gegenüber der komplexen Formel als mindestens gleichwertig. So ermitteln Fried und Ferris (1987) in ihrer Meta-Analyse einen Zusammenhang von r=.74 zwischen dem (additiven) Motivations-Potenzial Index und Arbeitszufriedenheit; für Leistung ergab sich immerhin noch ein Wert von .27. Auch Veränderungsstudien zeigen in 80% der Fälle eine Steigerung der Arbeitszufriedenheit, in 63% eine erhöhte Leistung; letztere stieg im Schnitt um 6,4% (Kopelman, 1985). Die Zusammenhänge sind stärker für Personen mit einem hohen «Wachstumsmotiv» (s. für einen Überblick Oldham, 1996).

Motiv und Handlung

Die Unterscheidung von «Motiv-Struktur» und «Anreiz-Struktur» verweist darauf, dass die Übereinstimmung der Personen-Seite (Motive) und der Organisation (Anreize) wichtig ist, um ein Motiv auch anzusprechen. Bei alledem sind interindividuelle Unterschiede zu beachten (vgl. das Prinzip der «differentiellen Arbeitsgestaltung» – Ulich, Kap. 8).

So sind zwar die Auswirkungen eines hohen Motivationspotenzials generell positiv, jedoch stärker für Personen mit hohem «Wachstumsmotiv» (Oldham, 1996). French (1958) zeigt, dass Lob wirksamer ist, wenn sein Inhalt das jeweils dominante Motiv anspricht: Lob für Tüchtigkeit führte bei Leistungsmotivierten, Lob für gute Zusammenarbeit bei Anschlussmotivierten zu mehr Leistung (s. a. Six & Kleinbeck, 1989).

Motive – als «distale» Einflussgrößen (Kanfer, 1990) – setzen sich also nicht direkt in Handlungen um – und schon gar nicht in eine bestimmte Handlung, denn ein Motiv kann sich auf ganz

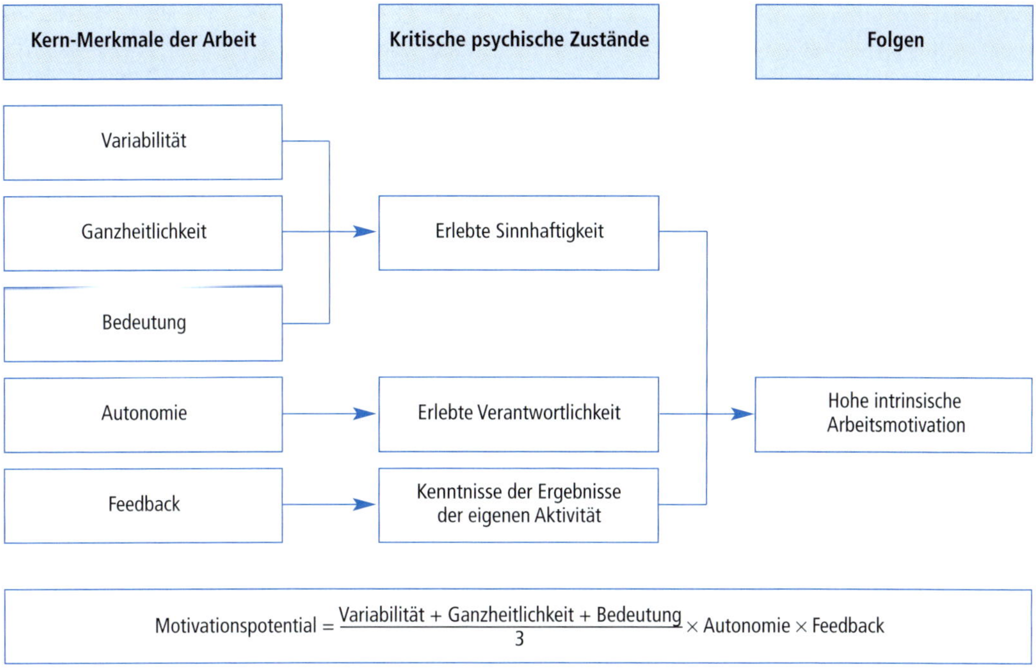

Abbildung 1: Das «Job-Characteristics-Modell» nach Hackmann und Oldham (1980, S. 77 und 81)

unterschiedliche Weise ausdrücken, und hinter derselben Handlung können unterschiedliche Motive stehen (Deci & Ryan, 2000). Hier ist, wie Leontjew (1977) betont, die gesamte Tätigkeit und nicht nur einzelne Handlungen zu betrachten. Damit ein Motiv wirksam wird, bedarf es einer Reihe von «proximalen» Einflussgrößen. Die Mechanismen, die dabei eine Rolle spielen, sind Gegenstand der sog. «Prozesstheorien».

3.2.2 Prozess-Theorien

Im Kern lassen sich hier zwei «Theorie-Familien» unterscheiden. Die eine befasst sich vor allem damit, welche Handlungen als «motivierend» erlebt werden, die andere mit Bedingungen der Umsetzung von Motivation in Handlung.

Motivationstendenzen: Wert-Erwartungs-Theorien

Im Unterschied zu Inhalts-Theorien spezifizieren Wert-Erwartungs-Theorien nicht, welche «Werte» den Menschen wichtig seien. Sie fragen sich vielmehr, wie bestimmte Werte in Motivation «umgesetzt» werden. Als entscheidendes Bindeglied sehen sie dabei die Erwartung, dass eine bestimmte Handlung dazu führt, dass der Wert auch erreicht wird. Die entscheidenden Fragen lauten also: a) Wie wahrscheinlich ist ein bestimmtes Ergebnis (z. B. hohe Qualität)? und b) Wie wird dieses Ergebnis bewertet?

Würde z. B. in der Einschätzung einer Person sorgfältige Arbeit mit 80 %-iger Wahrscheinlichkeit zu guter Qualität führen und würde diese auf einer Skala von -3 bis +3 mit «+2» bewertet, so entstünde ein Motivatons-Wert für sorgfältiges Arbeiten von .80 x 2 = 1.60. Sind hingegen die verfügbaren Werkzeuge so schlecht, dass auch bei sorgfältigstem Arbeiten die Wahrscheinlichkeit guter Qualität nur 20 % beträgt, so ergibt sich – bei gleicher Bewertung der Qualität! – nur ein Wert von .20 x 2 = .40.

Dieser Gedanke lässt sich nun in zwei Richtungen ausbauen: Zum einen spielen viele verschiedene Konsequenzen eine Rolle – so kann sorgfältiges Arbeiten die Produktmenge reduzieren und damit u. U. den Verdienst senken, es kann zu Anerkennung durch Vorgesetzte führen, es kann Fehler reduzieren etc. Die *Summe aller*

Produkte von Wert und Erwartung ergibt dann die Gesamtmotivation.

Eine Implikation dieses Sachverhalts besteht im Übrigen darin, dass man von einer Handlung oder deren Unterlassung nicht unmittelbar auf dahinter liegende Motive schließen kann. Menschen sind durchaus in der Lage, gegen eigene, wichtige Motive zu handeln.

So liegt es nahe, aus der Ablehnung eines Arbeitsbereicherungsprojekts durch die Betroffenen zu schließen, diese seien für eine interessantere Tätigkeit nicht «motiviert». Tatsächlich kann es gut sein, dass eine angereicherte Tätigkeit prinzipiell als motivierend empfunden würde, dass aber entweder weitere, negative, Folgen befürchtet werden (z. B. das Auseinanderreißen eines gut eingespielten Teams, die Befürchtung, man werde die komplexere Arbeit nicht beherrschen, o. ä.) und/oder dass die Wahrscheinlichkeit, die geplanten Maßnahmen führten tatsächlich zu interessanterer Arbeit, für gering gehalten wird. In beiden Fällen lehnt man etwas ab, was den eigenen Motiven durchaus entsprechen würde.

Zum Zweiten kann der «Wert» eines Ergebnisses verschiedene Quellen haben: Er kann «intrinsisch» sein, also im Ergebnis selbst liegen – z. B. Freude an Qualitätsarbeit. Er kann aber auch darin liegen, dass dieses Ergebnis seinerseits zu Folgen führt, die hoch bewertet werden – z. B. weil Qualitätsarbeit von den Vorgesetzten anerkannt wird, den Arbeitsplatz sichert o. ä. In diesem Fall ist das Ergebnis wichtig auf Grund seiner *Instrumentalität* für diese Folge(n). (Eine solche Betrachtungsweise erklärt im Übrigen auch ohne Rekurs auf angenommene finanzielle Motive, warum Geld häufig einen ausgesprochen wirksamen «Motivator» darstellt: Es ist in seiner Instrumentalität für eine fast unbegrenzte Palette von Dingen unübertroffen – vgl. dazu Kleinbeck, 1996).

Die in der Arbeitspsychologie bekannteste Version von Wert-Erwartungs-Ansätzen stammt von Vroom (1964) und ist als *VIE-Modell (Valenz, Instrumentalität, Erwartung)* bekannt geworden **(Abb. 2)**. Weitere Aspekte – z. B. Fähigkeiten des Individuums, seine Handlungsfreiheit, seine Leistungsmotivation, die Abhängigkeit von anderen – wurden zum Teil in erweiterte Fassungen des Modells aufgenommen (vgl. Six & Kleinbeck, 1989).

Einer dieser zusätzlichen Aspekte ist die sog. *«equity»*. Dieses Konzept (Adams, 1965) geht davon aus, dass das eigene Verhältnis von Aufwand und Ertrag mit dem anderer Personen verglichen wird und dass als Ergebnis dieses Vergleichs die eigene Situation als mehr oder weniger gerecht wahrgenommen wird. Der darin enthaltene Gedanke der Fairness und Gerechtigkeit spielt eine wesentliche Rolle im Motivationsgeschehen (Cropanzano & Greenberg, 1997; s. a. Nerdinger, 1995). Nicht zuletzt hängt davon das sog. *«citizenship-behavior»* ab. Diese Haltung des «organisationalen Bürgersinns» zeichnet sich dadurch aus, dass man über seine eigentlichen «Pflichten» und Aufgaben hinaus sich für die Organisation einsetzt, anderen hilft etc. (Organ & Paine, 1999; s. a. auch das verwandte Konzept der «contextual performance» – Borman & Motowidlo, 1997). Die Rolle von Fairness und Gerechtigkeit (auf die wir auch im Zusammenhang von Stress noch zurückkommen – s. Abschitt 4) kann u. E. in ihrer Bedeutung kaum überschätzt werden. Sie zeigt sich z. B. darin, dass Feedback und Anerkennung mit finanziellen Leistungsanreizen durchaus konkurrieren können (s. Stajkovic & Luthans, 1997), aber auch darin, dass der Lohn keineswegs, wie manchmal angenommen, nur «niedrige Motive» sensu Maslow befriedigt, sondern darüber hinaus als Indikator für die Wertschätzung angesehen wird, die einem entgegengebracht wird – mit der Konsequenz, dass u. U. durchaus eine geringere Bezahlung in Kauf genommen wird, wenn diese die *relativ* höchste ist, also eine herausragende Stellung, und damit hohe Wertschätzung, impliziert (s. Kleinbeck, 1996).

Das VIE-Modell kann insofern als recht gut bestätigt angesehen werden, als sich Zusammenhänge zu Anstrengung ($r = .23$), zur Intention, eine Handlung auszuführen ($r = .34$) und zur Leistung ($r = .19$) in einer Meta-Analyse nachweisen ließen (van Eerde & Thierry, 1996). Allerdings erweist sich auch hier die spezifische Verknüpfungsformel als zu komplex, einzelne Komponenten des Modells zeigen zum Teil sogar höhere Zusammenhänge; dies gilt insbesondere für die Multiplikation der Ergebniserwartung mit der Valenz des Ergebnisses. Erwartungsgemäß sind die Zusammenhänge zu Einstellungen und Intentionen größer, denn diese werden unmittelbar durch das Modell vorausgesagt. Sie sind schwächer für die Leistung, weil zwischen Anstrengung und Ergebnis noch einige Vermittlungsglieder zu berücksichtigen sind.

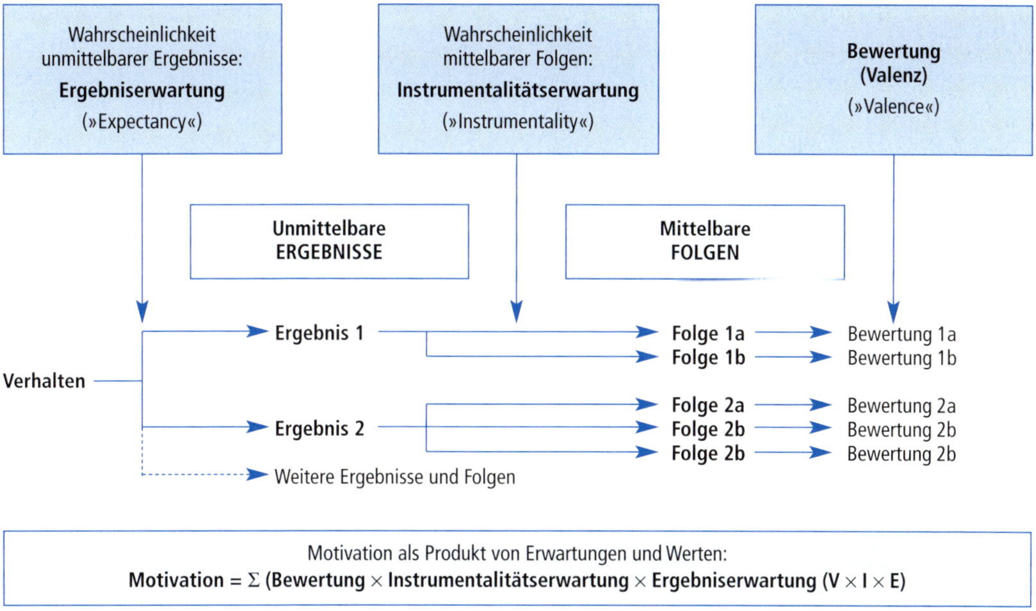

Abbildung 2: Wert-Erwartungs-Ansatz der Motivation: Das VIE-Modell (nach Vroom, 1964)

Das Modell scheint auch eine «passende» organisationale Umgebung vorauszusetzen – so müssen Handlungsergebnisse und ihre Folgen für die Betroffenen gut durchschaubar und konsistent kalkulierbar sein (Pritchard, Paquin, DeCuir, McCormick & Bly, 2002). Hier liegen denn auch wichtige praktische Implikationen für Führungsverhalten und Organisationsgestaltung. Ein besonderer Wert des Modells liegt darin, auf die Bedeutung *multipler* Ergebnisse bzw. Folgen hinzuweisen, deren Wahrscheinlichkeit und Bewertung individuell unterschiedlich sind. Insofern wendet es sich gegen zu einfache Vorstellungen, wonach wenige Motive quasi direkt zu Handlungen führen und legt eine komplexere Analysestrategie nahe.

Die Umsetzung von Motivation in Handlung: Zielsetzung und Volition

Wert-Erwartungs-Ansätze spezifizieren Prozesse, deren Resultat eine «motivationale Tendenz», also eine Präferenz für bestimmte Handlungen ist (s. Nerdinger, 1995). Die tatsächliche Ausführung einer Handlung ist damit aber nur dann gut voraussagbar, wenn diese Ausführung problemlos möglich ist und keine konkurrierenden Präferenzen gegeben sind (s. Gollwitzer & Moskowitz, 1996). Andernfalls stellt sich die Frage, wie eine motivationale Tendenz in Handlungen überführt wird.

Die *Theorie der Zielsetzung* (Locke & Latham, 1990; vgl. Kleinbeck, 1996; Nerdinger, 1995) postuliert, dass das Setzen von Zielen zu besserer Leistung führt, und zwar umso mehr, je *höher* und je *spezifischer* die Ziele sind. Voraussetzung ist allerdings, dass sie vom Individuum auch akzeptiert werden. (Dies ist nicht mit partizipativer Zielsetzung gleichzusetzen: Auch vorgegebene Ziele können zu Zielbindung führen, wenn sie einsichtig sind.) Außerdem ist *Feedback* über die Zielerreichung wesentlich, wobei insbesondere die Rolle positiven Feedbacks, vor allem bei unsicheren Personen, nicht unterschätzt werden darf (Bandura, 1997). Schließlich sind «proximale» Ziele, also Ziele für überschaubare Zeiträume, wirksamer als «distale» Ziele; diese sollten also im Zweifel in überschaubare Teilziele «heruntergebrochen» werden (s. Gollwitzer & Moskowitz, 1996).

Die Wirkung solcher Zielsetzungsprozesse wird vor allem darin gesehen, dass sie a) Aufmerksamkeit und Handlung anleiten, b) Energie (effort) mobilisieren, c) die Ausdauer erhöhen und d) die Suche nach adäquaten Handlungsstrategien fördern. Die Theorie kann insgesamt für individuelles Handeln als recht gut bestätigt gelten (Kleinbeck, 1996), während ihre Wirkung auf Gruppen oder gar ganze Organisationen, wie sie in der Strategie des *«Management by Objectives»* zum Ausdruck kommt, von noch nicht ausreichend geklärten zusätzlichen Randbedingungen abzuhängen scheint (Miner, 1980). Außerdem ist die Wirkung der Zielsetzung bei komplexen Aufgaben geringer als bei einfachen (Nerdinger, 1995); das könnte damit zusammenhängen, dass Zielsetzung Aufmerksamkeit bindet und damit Ressourcen beansprucht, die bei komplexen Aufgaben nicht ausreichend zur Verfügung stehen (s. Kanfer, 1990).

Theoretisch interessant erscheint uns nicht zuletzt, dass dieser Ansatz gut zu handlungstheoretischen Überlegungen zur Rolle von Zielen in der Regulation des Handelns passt (vgl. Hacker, 1998). Das wird u. a. durch Befunde unterstützt, wonach Zielsetzung besser wirkt, wenn sie mit Informationen über sinnvolle Handlungsstrategien verbunden ist und dass beides (Zielsetzung und Strategie-Information) sowohl die Anstrengung als auch das Planungsverhalten fördern (Earley, Wojnaroski & Prest, 1987). Zudem scheint Zielsetzung vor allem bei «Lageorientierten» zu wirken, während «Handlungsorientierte» entsprechende Strategien ohnehin spontan einsetzen (Antoni & Beckmann, 1990). Darüber hinaus ist zu betonen, dass Zielerreichung (bei hoher self-efficacy auch Zielverfehlung!) in sich motivierend sein kann (Bandura, 1997). Hier bestätigt sich die von handlungstheoretisch orientierten Autoren immer wieder betonte These (Hacker, 1998), dass Tätigkeiten nicht nur durch Motivation gesteuert werden, sondern ihrerseits auch Motivation erzeugen und verändern können.

Über das Setzen von Zielen und damit verbundene Prozesse hinaus sind aber auch Willensprozesse nötig, die in neueren (aber auf sehr alten Ansätzen aufbauenden) *«Volitionstheorien»* behandelt werden (Gollwitzer & Moskowitz, 1996; Heckhausen, 1989; Kuhl, 1996). Dazu gehört, Intentionen nicht nur bezogen auf Ziele («Zielintentionen»), sondern auch auf Strategien, Zeitpunkte und Gelegenheiten zu bilden («Handlungsvorsätze»). Auch ihre «Abschirmung» gegen Zweifel und Widrigkeiten und das Durchhalten trotz zwischendurch auftretender Misserfolge sowie der Umgang mit Erfolg bzw. Misserfolg (postaktionale Phase – vgl. Nerdinger, 1995) gehören dazu.

Mit der Berücksichtigung der Volition wird im Übrigen auch deutlich, dass solche Prozesse auch unter dem Aspekt von Fähigkeiten gesehen werden müssen: So manches scheinbare «Motivationsproblem» ist u. U. auf mangelnde Fähigkeiten zur Selbstregulation zurückzuführen – und kann somit durch Kompetenzerhöhung besser befördert werden als durch «motivierende» Maßnahmen. Dieser Aspekt ist insofern besonders wichtig, als Tätigkeiten, die viel Autonomie und Eigeninitiative ermöglichen, besonders hohe Anforderung an solche Selbstregulations-Fähigkeiten stellen; dies gilt auch für manche Tendenzen in der Gestaltung der Beziehung zwischen Unternehmen und ArbeitnehmerInnen (Millward & Brewerton, 2000).

3.2.3 Fazit

Prozess-Theorien bewegen sich näher am tatsächlichen Verhalten, berücksichtigen Verbindungen zwischen Bewertungen und Ergebnissen und füllen somit eine Lücke, die *Inhalts-Theorien* offen lassen. Sie wirken der manchmal vorfindbaren Tendenz entgegen, problematisches Verhalten vorschnell auf Motive zurückzuführen («... hat eben kein hohes Wachstumsmotiv») und notfalls für jede Art der Handlung ein «Motiv» zu erfinden («... nicht ausreichend sicherheitsmotiviert»). Stattdessen eröffnen sie die Perspektive auf konfligierende Motive, können erklären, warum ein Verhalten sich nicht «durchsetzt», obwohl es hoch bewertet ist (z. B. weil ein anderes noch höher bewertet wird oder weil die Erfolgserwartung zu klein ist), aber auch, warum ein Verhalten, für das man sich entschieden hat, möglicherweise trotzdem nicht ausgeführt wird, weil die entsprechenden volitionalen Ressourcen nicht ausreichen. Sie ermöglichen auch, «falsche» Kontingenzen zu analysieren, etwa, wenn Leistung nach leicht messbaren Indikatoren beurteilt wird (z. B. Anzahl beantworteter Anfragen), damit aber eine Bestrafung vieler vernünftiger Verhaltensweisen verbunden ist (z. B. die Beschäftigung mit komplizierten Anfragen, die Zeit kostet und dadurch die Anzahl beantworteter Anfragen und die damit verbundene Leistungsbeurteilung herabsetzt) – s. dazu Pritchard et al., 2002).

Sind also Prozess-Theorien den Inhalts-Theorien überlegen? In den genannten Punkten durchaus – und trotzdem sind sie letztlich auf Inhalts-Ansätze angewiesen. In Wert-Erwartungs-Ansätzen motiviert die Erwartung, «Wertvolles» zu erreichen. Dieses «Wertvolle» (die Valenz) ist aber nur inhaltlich bestimmbar und somit aus den Motiven der Person erklärbar. Ziele wirken nur, wenn sie «übernommen» werden, und das setzt eine Übereinstimmung mit der Motiv-Struktur der Person voraus. Ohne inhaltliche Ansätze «hängen» Prozess-Ansätze somit «in der Luft».

Unsere letzte Anmerkung zum Thema «Motivation» soll dem Eindruck entgegenwirken, Motive seien etwas Gegebenes, Stabiles, das in die Arbeitssituation hineingetragen und durch diese nur aktiviert werde. Arbeit kann aber Motive nicht nur befriedigen (oder frustrieren), sondern auch erzeugen. Vereinfacht könnte man sagen: Anspruchsvolle Dinge, die man erfolgreich tut, werden interessanter. Das zeigt sich z. B. daran, dass Arbeitsgestaltungsmaßnahmen im Sinne der «Neuen Formen der Arbeitsgestaltung», vielfach auch zu größerem Interesse der Mitarbeiter und Mitarbeiterinnen führten (s. Ulich, Kap. 8).

3.3 Arbeitszufriedenheit

Motivation und Zufriedenheit sind eng miteinander verbunden, denn die Befriedigung von Bedürfnissen macht zufrieden (vgl. Six & Kleinbeck, 1989). Nicht zufällig stößt man daher bei der Behandlung beider Themen immer wieder auf dieselben Konzepte: Herzbergs Motivatoren und Hygiene-Faktoren tauchen auch als «Satisfiers» und «Dissatisfiers» auf (und finden sich in Messungen «intrinsischer» und «extrinsischer» Arbeitszufriedenheit wieder – s. Warr, 1987); die Ansätze von Vroom (VIE) und Adams (equity) gelten auch als Theorien der Arbeitszufriedenheit; Ziele zu erreichen, führt in Lockes Ansatz zu Zufriedenheit. Und auch die Inhalte, um die es geht, sind vielfach dieselben. Man fragt nach der Zufriedenheit mit der Bezahlung, mit Vorgesetzten, mit der Arbeit selbst, mit der Arbeitszeit etc. Und da die Motive (!) bzw. Standards individuell unterschiedlich sein können, wird vielfach nicht nur gefragt «Wie zufrieden sind Sie mit ...?»; sondern vielfach auch «Wie viel ist gegenwärtig vorhanden? Wie viel sollte vorhanden sein? Wie wichtig ist das für Sie?» (s. Spector, 1997).

Die Arbeitszufriedenheitsforschung trat jedoch bald auf der Stelle (Six & Kleinbeck, 1989). Die Ergebnisse waren uneinheitlich und zeigten die erwarteten Zusammenhänge nur zum Teil. Insbesondere die Beziehungen zur Leistung wurden als enttäuschend gering dargestellt (s. Six & Kleinbeck, 1989; Fischer, 1997).

Noch ein Element kommt hinzu: Der Prozentsatz derer, die mindestens «ziemlich» zufrieden sind, ist erstaunlich hoch, 70 bis 80 % sind keine Seltenheit. Das weckt Zweifel an der Glaubwürdigkeit der Ergebnisse. Da zugleich relativ viele dieser «Zufriedenen» angeben, denselben Beruf nicht noch einmal ergreifen zu wollen, geriet das Konzept der Arbeitszufriedenheit in Misskredit. Man hob hervor, dass man auf die Frage «Wie geht's?» eben nichts anderes erwarten könne als «Danke, gut!». Man suchte Erklärungen in den Untersuchungsbedingungen (z. B. mangelndes Vertrauen der Befragten in die Anonymität der Daten), in Dissonanzreduktion (auf Dauer mit der Vorstellung zu leben, eine schlechte Arbeit zu haben und sie dennoch tagtäglich zu verrichten, ist schwierig), in zu niedrigem Anspruchsniveau, in schönfärberischen Tendenzen u. Ä. (s. Neuberger, 1985; Six & Kleinbeck, 1989).

In der Tat ist für die Bedeutung von Aussagen über Arbeitszufriedenheit letztlich das jeweilige Bezugssystem entscheidend. Dabei kann man nicht einfach davon ausgehen, *Ist* und *Soll* seien zwei unabhängige Größen: Beide korrelieren miteinander. Offenbar bestimmt das, was man hat, über das mit, was man sich vornimmt. Das ergibt sich zum Teil aus der Erfahrung von Erfolg und Misserfolg: Man lernt eben, sich zu bescheiden! Aber auch die Tendenz, das interessant zu finden, was man gut kann, zeigt, dass das Gegebene das Anzustrebende beeinflusst. Im Übrigen ist das Vergleichssystem sozialer Natur: Die «wichtigen Anderen», mit denen man sich vergleicht, sind in der Regel zunächst einmal die mit dem gleichen sozialen Hintergrund, und so lernt man im Laufe seiner Sozialisation nicht zuletzt, welche Ansprüche man «legitimerweise» stellen kann (s. Fischer, 1989).

Nun einfach zu schließen, manche Leute hätten einfach «zu geringe Ansprüche» und seien deshalb nicht «wirklich» zufrieden, wie das in manchen Äußerungen über Arbeitszufriedenheit durchklingt, wäre u. E. eine Art wissenschaftlicher Arroganz, die u. E. die Äußerungen der Betroffenen nicht ausreichend ernst nimmt. Damit soll nicht geleugnet werden, dass in den entsprechenden Befragungen auch Verzerrungstendenzen auftreten können; es soll aber davor gewarnt werden, die Ergebnisse einfach «wegzuerklären».

Bedenkt man den Bezugsrahmen mit, so kann sowohl hohe Zufriedenheit als auch niedrigere Angaben, den gleichen Beruf noch einmal ergreifen wollen, durchaus Sinn ergeben: Man kann der Auffassung sein, die eigenen Bedürfnisse seien nicht optimal befriedigt, und wenn man eine neue Chance hätte, würde man anders vorgehen. Zugleich aber kommt man mit dem, was man hat – und was man sich geschaffen hat – gut zurecht, weiß, wie man damit umzugehen hat, sieht trotz allem eine Menge Positives dabei und will letztlich mit niemandem tauschen (vgl. dazu die Zitate bei Neuberger, 1985, S. 206 f.). Die Fragen nach der heutigen Arbeitszufriedenheit und nach einem fiktiven «Neuanfang» beziehen sich also auf andere Vergleichsmaßstäbe, und vor diesem Hintergrund machen beide Aussagen Sinn.

Das heißt aber nun nicht etwa umgekehrt, man könne die große Mehrheit für «zufrieden» erklären und damit zur Tagesordnung übergehen. Vielmehr gilt es, auch das Bezugssystem selbst zum Forschungsgegenstand zu machen. Ein wichtiger Durchbruch wurde dabei mit dem *Modell von Agnes Bruggemann* (Bruggemann et al., 1975) erzielt **(Abb. 3)**. Es postuliert verschiedene *Formen der Arbeitszufriedenheit* als Ergebnis einer *Motivationsdynamik*. So kann aus einem positiven Ist-Soll-Vergleich «*stabilisierte Arbeitszufriedenheit*» resultieren, wenn das Anspruchsniveau beibehalten wird; hingegen entsteht «*progressive Arbeitszufriedenheit*», wenn das Anspruchsniveau (der Soll-Wert) erhöht wird. Umgekehrt kann eine allgemeine («diffuse») Unzufriedenheit Versuche der Problembewältigung auslösen und so zu «*konstruktiver Unzufriedenheit*» werden; sie kann zu einer verzerrten Wahrnehmung der Situation und damit zu «*Peudo-Arbeitszufriedenheit*» führen. Unzufriedenheit kann sich als «*fixierte Unzufriedenheit*» stabilisieren oder sie kann zu einer Senkung des Anspruchsniveaus Anlass geben und damit zu «*resignativer Arbeitszufriedenheit*».

Das Modell hat eine Reihe von Forschungen angeregt, und wenn auch nicht alle postulierten Formen bestätigt werden konnten, so doch ein wesentlicher Grundgedanke: Neben einem Faktor «allgemeine Arbeitszufriedenheit» erhält man immer wieder einen Faktor «Resignation» – mit Aussagen wie «Meine Arbeit ist zwar nicht gerade ideal, aber schließlich könnte sie noch schlimmer sein», oder «Es bleibt mir nichts anderes übrig, als mich mit den Gegebenheiten abzufinden». Damit lassen sich vorläufig vier Typen bilden, die man mit «zufrieden», «resigniert zufrieden», «konstruktiv unzufrieden» und «resigniert unzufrieden» kennzeichnen könnte (Fischer & Eufinger, 1991). Büssing (der das Modell inzwischen weiterentwickelt hat) kann z. B. zeigen, dass konstruktiv Unzufriedene Wissen besser in Handlungen umsetzen als resigniert Zufriedene (Büssing, Bissels, Herbig & Krüsken, 1999).

Wenn es auch für differenzierte Aussagen notwendig ist, die Bezugssysteme der Beteiligten mit einzubeziehen, so kann doch zugleich festgehalten werden: Angesichts der Komplexität der beteiligten Prozesse sind globale Arbeitszufriedenheits-Äußerungen erstaunlich aussagekräftig. So zeigen sich z. B. Zusammenhänge zur Fluktuation, zu dem schon erwähnten «organizational citizenship behavior», zu Fehlzeiten, Gesundheit und Wohlbefinden, zu «kontrapro-

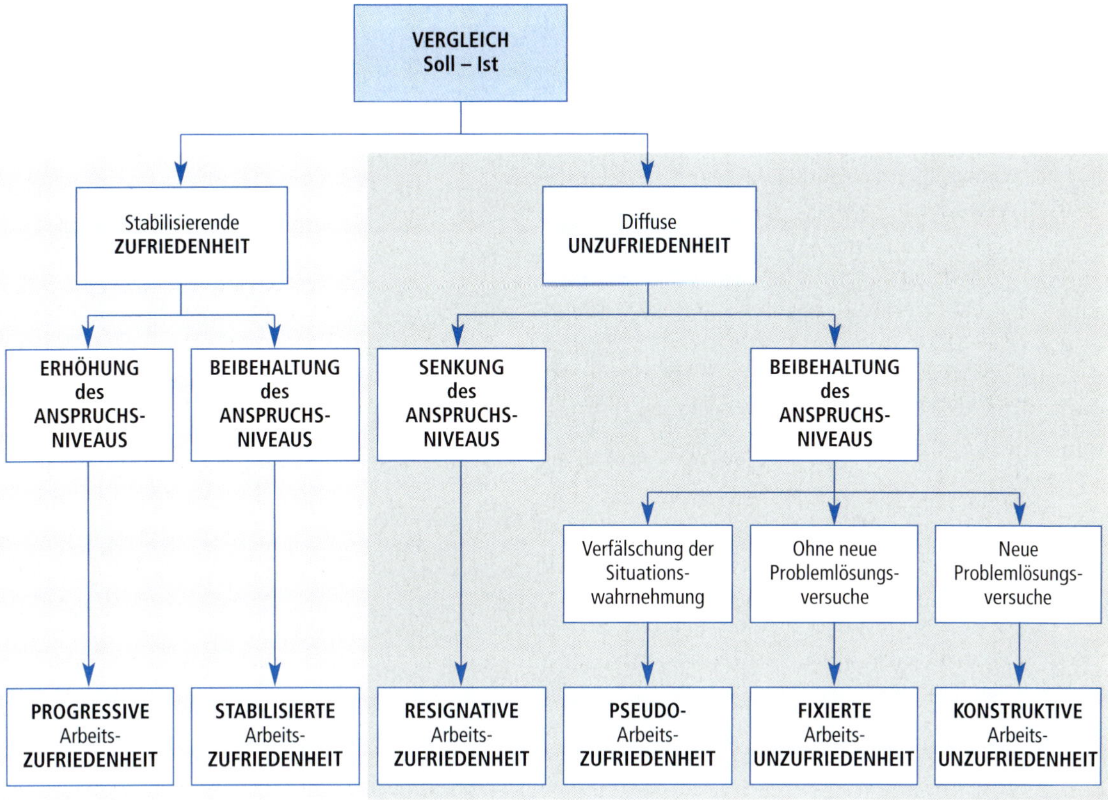

Abbildung 3: Formen der Arbeitzufriedenheit (nach Bruggemann et al., 1975)

duktivem Verhalten» wie Aggression oder Diebstahl am Arbeitsplatz (Spector, 1997), außerdem zur organisationalen Verbundenheit (Baillod & Semmer, 1994).

Die Korrelationen sind in der Regel nicht sehr hoch, trotzdem aber praktisch bedeutsam. So berichten Baillod und Semmer (1994), dass nach einem Jahr 6,5 % der Zufriedensten (oberes Viertel), hingegen 47,8 % der Unzufriedensten freiwillig gekündigt hatten. Die Relation beträgt also mehr als Eins zu Sieben, die Korrelation nur r = .37, die Varianzaufklärung nur knapp 14 %.

Eines der größten Missverständnisse in dieser Forschung kann inzwischen als ausgeräumt gelten: Die Korrelation zwischen allgemeiner Arbeitszufriedenheit und Leistung ist nicht, wie in der Literatur vielfach behauptet wird, vernachlässigbar gering, sondern liegt bei r = .30 (Judge, Thoresen, Bono & Patton, 2001).

Der in der Regel berichtete Wert von r = .17 beruht auf einer Fehlinterpretation der zu Grunde liegenden Metaanalyse von Iaffaldano und Muchinsky (1985). Es handelt sich um die durchschnittliche Korrelation zwischen Leistung und Arbeitszufriedenheit, die sich ergab, wenn man über alle Untersuchungen mittelte – egal, ob allgemeine Arbeitszufriedenheit, Lohnzufriedenheit oder Zufriedenheit mit Vorgesetzten gemessen wurde, egal, ob es sich um etablierte Instrumente handelte oder um Eigenkonstruktionen etc. Bereits in diesem Artikel findet sich jedoch für Untersuchungen, die allgemeine Arbeitszufriedenheit mit guten Instrumenten erfassten, ein Wert von r = .29. In der Interpretation durch die Autoren selbst wie auch in der Rezeption in der Literatur ist dies weitgehend untergegangen. Allerdings muss dazu gesagt werden, dass dieser Zusammenhang nicht ohne weiteres kausal interpretiert werden kann. Es gibt durchaus Ergebnisse, wonach gute Leistung zu hoher Zufriedenheit führt (s. Spector, 1997). Am wahrscheinlichsten ist wohl eine reziproke Beeinflussung von Leistung und Arbeitszufriedenheit. In jedem Fall aber kann der Zusammenhang als durchaus bedeutsam angesehen werden.

Zum Teil hängt Arbeitszufriedenheit auch von Persönlichkeitsmerkmalen ab – so von der Tendenz, negativen Affekt zu erleben (negative affectivity). Allerdings ist der Einfluss der *Arbeit* deutlich größer; Arbeitszufriedenheit kann also nicht einfach auf ein Merkmal von Personen reduziert werden (Elfering, Semmer & Kälin, 2000). Indirekte Effekte ergeben sich über Selektionsmechanismen, weil Personen mit bestimmten Personeneigenschaften (z. B. geringer negativer Affektivität) auch eher gute Stellen finden (Zapf & Dormann, 2001).

Eine letzte Anmerkung soll den Kreis zu den Motiv-Inhalten schließen. In der Regel weist unter den verschiedenen Facetten der Arbeitszufriedenheit die Zufriedenheit mit der *Arbeit selbst* die höchste Beziehung zur allgemeinen Arbeitszufriedenheit auf (Fischer, 1997), womit erneut ein Hinweis auf die Bedeutung intrinsischer Aspekte gegeben ist.

Insgesamt sind wir mit Fischer (1997) der Meinung, dass Arbeitszufriedenheit, jedenfalls in der deutschsprachigen Forschung, lange Zeit mit zu großer Skepsis betrachtet wurde, und wir halten weitere, theoretisch wie methodisch differenzierte Analysen von Arbeitszufriedenheit für durchaus viel versprechend.

4. Stress und Belastung: Faktoren, Prozesse, Folgen

Die in der Informationsbox 1 aufgeführten Merkmale der Arbeit haben sich nun schon in verschiedener Hinsicht – Bewertung der Arbeit, Motivation, Zufriedenheit – als relevant erwiesen. Sie lassen sich aber auch noch unter einem weiteren Aspekt betrachten, nämlich dem von Belastung und Stress.

4.1 Begriffliches

Trotz vielfach uneinheitlicher Begriffsverwendung hat sich in den deutschsprachigen Arbeitswissenschaften zunehmend ein Rahmenkonzept durchgesetzt, nach dem unter *Belastung* alle von außen auf den Organismus einwirkenden Faktoren zu verstehen sind und unter *Beanspruchung* die Auswirkungen der Belastungen auf den Organismus. Wichtig ist dabei, dass bei *gleicher Belastung* die *Beanspruchung* für unterschiedliche Personen *verschieden* ist, weil sich Personen in der *Bewältigung* der Belastung unterscheiden. Die Bewältigung hängt ab von individuellen Merkmalen wie etwa Gesundheitszustand, Ausbildung und Geübtheit, Wahrnehmungs- und Interpretationsstil, Handlungsstrategien u. Ä. Dementsprechend wird jeder Organismus in Abhängigkeit von solchen Merkmalen anders «in Anspruch genommen» (Luczak & Rohmert, 1997).

Belastung und Beanspruchung sind insofern neutral als sie – anders als meist in der Umgangssprache – nicht mit der Konnotation des Negativen, des Unangenehmen, des «Zuviel» verbunden sind: *Jede* Belastung nimmt bestimmte Funktionen des Organismus in Anspruch. Von *Stress* sprechen wir hingegen dann, wenn es sich um eine als aversiv erlebte, von negativen Emotionen begleitete Beanspruchung handelt (s. Lazarus, 1999; Zapf & Semmer, i. Dr.).

Diese Auffassung ist nicht unumstritten: Eine wichtige Richtung in der Stressforschung definiert Stress breiter, nämlich als «unspezifische Reaktion des Körpers auf jede Anforderung» (Selye, 1981, S. 170). Selye, dessen Stressmodell vor allem in der Medizin sehr verbreitet ist, setzt also Stress im Wesentlichen mit Erregung gleich. Allerdings trägt er der hier vertretenen Auffassung, dass negative und positive Abweichungen nicht gleichzusetzen sind, dadurch Rechnung, dass er zwischen *«Eustress»* (gutem Stress) und *«Distress»* (schlechtem Stress) unterscheidet. Nur letzteres wäre Stress in unserem Sinne. Andererseits plädieren eine Reihe von Autoren für eine engere Fassung des Stressbegriffs, so etwa Richter und Hacker (1998), die Stress auf *ängstlich* getönte Emotionen beschränken. Der «kleinste gemeinsame Nenner» aller Stresskonzeptionen ist darin zu sehen, dass ein *Ungleichgewicht* vorliegt – zwischen Zielen und Möglichkeiten bzw. zwischen Bedürfnissen und Angeboten.

Strittig ist hingegen, ob jede Art des Ungleichgewichts als Stress angesehen wird oder nur bestimmte *Qualitäten* der Abweichung. Betrachtet man allerdings die Themen, mit denen sich die Stressforschung auseinander setzt, so steht ganz eindeutig die hier vertretene Definition im Sinne negativ getönter Erlebnisse («Distress») im Vordergrund (vgl. Mohr & Semmer, 2002; Udris & Frese, 1999).

Stressoren sind dann Faktoren, die das Risiko von Stresszuständen erhöhen. Ein Stressor muss also nicht bei jeder Person und unter allen Umständen Stress auslösen – das wäre eine zirkuläre Definition –, sondern dessen *Wahrscheinlichkeit* in einer Population erhöhen (s. Zapf & Semmer, i. Dr.).

Neben *konzeptionellen* Unterschieden gibt es auch *terminologische Uneinheitlichkeit*. So wird (v. a. in englischen Sprachraum) «stress» häufig als auslösende Bedingung (Stressor) verwendet, für die Reaktion der Person steht dann meist das Wort «strain» (das dann unserem Stressbegriff entspricht). «Strain» wird aber auch neutral i. S. v. «Beanspruchung» verwendet; für «Belastung» steht dann meist «load». Man muss also jeweils prüfen, welche Begriffe in welcher Bedeutung verwendet werden (vgl. Udris & Frese, 1999).

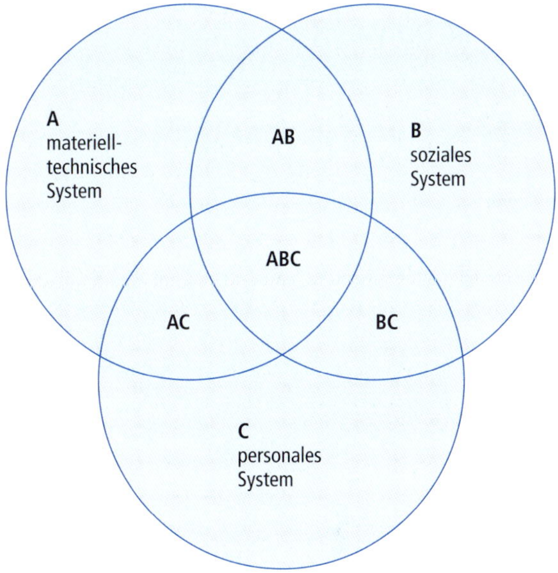

Abbildung 4: Quellen von Stress und Beanspruchung in der Arbeit (nach McGrath, 1981)

4.2 Belastungs- und Stressfaktoren in der Arbeit

Es gibt viele Möglichkeiten, Belastungsfaktoren bzw. Stressoren zu gruppieren. Ein sehr allgemeines Rahmenkonzept stammt von McGrath (1976, deutsch: 1981). Es geht von drei Bereichen aus: dem materiell-technischen, dem sozialen und dem persönlichen **(Abb. 4)**.

Quellen von Beanspruchung bzw. Stress können in allen drei Bereichen entstehen – z. B. Lärm (A), soziale Konflikte (B), Überängstlichkeit (C). Darüber hinaus ergeben sich Überlappungen zwischen den Bereichen: Im Schnittpunkt von technischem und sozialem System (AB) ergeben sich z. B. Phänomene wie soziale Isolation oder umgekehrt Überfüllung. Im Schnittpunkt von sozialem und personalem System (BC) ergeben sich Rollen, die immer auch das Potenzial von «Rollenkonflikten» in sich bergen (z. B. widersprüchliche Anweisungen oder die «Sandwich-Position» von Vorarbeitern zwischen den Anforderungen der Vorgesetzten und der eigenen Kollegen). Und im Schnittpunkt von personalem und technischem System (AC) ergibt sich die Aufgabe mit ihrer Schwierigkeit, ihrem Abwechslungsreichtum etc. – mit entsprechenden potenziellen Stressbedingungen wie qualitative oder quantitative Über- bzw. Unterforderung.

Auf dieser Grundlage kann man Stressfaktoren in Bereiche unterscheiden, die in **Informationsbox 3** aufgeführt sind.

Die Zuordnung ist nicht immer ganz eindeutig vorzunehmen (so kann man die «emotionale Dissonanz» genauso gut zu den sozialen Stressoren rechnen – s. Zapf & Semmer, i. Dr.). Je nach Fragestellung kann es sich auch lohnen, feiner zu differenzieren und beispielsweise Aspekte wie Nacht- und Schichtarbeit, Dauer der Arbeitszeit u. Ä. zu «Stressoren in der zeitlichen Dimension» zusammenzufassen (s. Udris & Frese, 1999; McGrath & Tschan, in press). Letztlich kommt man allerdings doch auf recht ähnliche Zusammenstellungen.

Der Stellenwert einzelner Bereiche ist natürlich auch von der jeweiligen theoretischen Orientierung abhängig (s. dazu Zapf & Semmer, i. Dr.).

So betont das in Michigan entwickelte Konzept des «*Rollenstress*» (s. Kahn & Byosiere, 1992) vor allem Rollenkonflikte (s. o.) und Rollenunklarheiten («Rollenambiguität») sowie die

Informationsbox 3

Stressfaktoren in der Arbeit

Faktor	Beispiele
Die Aufgaben selbst	Eintönige, uninteressante Aufgaben (qualitative Unterforderung) Zu komplexe Aufgaben (qualitative Überforderung) Schwierige emotionale Anforderungen (emotionale Dissonanz, z.B. Selbstbeherrschung gegenüber schwierigen Personen)
Die Arbeitsorganisation	Intensität: Hoher Zeitdruck, Daueraufmerksamkeit Mangelhafte Werkzeuge/Materialien/Informationen Exakt vorgeschriebenes Tempo/Arbeitsweise (Mangel an Handlungsspielraum) Unklare Bewertungskriterien Widersprüchliche Anweisungen («Rollenkonflikt») Hohe Verantwortung für andere/für Sachwerte
Physische Bedingungen	Umgebungsbedingungen (Lärm, Hitze, Erschütterungen) Einseitige Körperhaltung (ständiges Stehen, Arbeit über Kopf) Länge der Arbeitszeit, Nacht- und Schichtarbeit
Die sozialen Bedingungen	Konflikte/schlechtes Klima/Mobbing Unfaire Behandlung Zu große Abhängigkeit («Kooperationszwänge»)
Die organisatorischen Rahmenbedingungen	Status und Anerkennung Informationspolitik Lohnpolitik Zukunftsaussichten (Aufstiegsmöglichkeiten, Sicherheit des Arbeitsplatzes), «Mikropolitik»

Rollenüberforderung, die der quantitativen Überforderung entspricht. Dieses Konzept ist sehr einflussreich geworden, und insbesondere die US-amerikanische Forschung hat sich über viele Jahre auf diese Stressfaktoren konzentriert. In letzter Zeit werden allerdings zunehmend auch andere Faktoren mit einbezogen (s. z. B. Spector & Jex, 1998).

Ähnlich einflussreich ist das sog. «*Job-Demand-Control*» Modell von Karasek (Karasek & Theorell, 1990), nach dem hoch belastende Arbeitsplätze vor allem aus dem Zusammenwirken von hohen Anforderungen und geringer Kontrolle (später auch geringer sozialer Unterstützung) resultieren (s. Abschnitt 4.8).

Handlungsregulations-Konzepte betonen vor allem die *Behinderung der Handlungsregulation* und damit des zielorientierten Handelns (Oesterreich & Volpert, 1999; Semmer, 1984; Zapf & Semmer, i. Dr.). Man kann unterscheiden zwischen *Regulationshindernissen* (die Arbeit wird durch Unterbrechungen, durch fehlende Information o. Ä. behindert; es entsteht zusätzlicher Aufwand), *Regulationsüberforderung* (z. B. durch

Zeitdruck, durch Überlastung des Arbeitsgedächtnisses), und *Regulationsunsicherheit* (unklare, widersprüchliche oder zu komplexe Anforderungen).

Das «*Conservation of Resources*» Konzept (Hobfoll, 2001) sieht das Kernelement von Stress im – tatsächlichen oder drohenden – Verlust von Ressourcen. Diese umfassen eine breite Palette von angestrebten «Gütern» aller Art – von ausreichender Ernährung und Absicherung im Krankheitsfall über guten Beziehungen in der Ehe, im Freundeskreis und am Arbeitsplatz bis hin zu dem Gefühl, seine Ziele erreichen zu können.

Das *P-E-Fit*-Konzept (Edwards, Caplan & Harrison, 2000) bezieht die Ansprüche der Person mit ein und fragt nicht nur danach, wie stark ein Merkmal ausgeprägt ist, sondern auch danach, wie viel man davon haben möchte. Allerdings bringt die Berücksichtigung dieser Diskrepanz häufig nicht viel Informationsgewinn. Darüber hinaus ist nicht jede Übereinstimmung («Fit») gleich zu bewerten – so geht eine hohe Übereinstimmung im Hinblick auf Arbeitskomplexität auf hohem Niveau (viel haben und viel wollen) mit besserem Befinden einher als Übereinstimmung auf tiefen Niveau (wenig haben und wenig wollen).

Das Modell der «*Effort-Reward-Imbalance*» von Siegrist (2002) konzentriert sich auf das Verhältnis von *Belohnungen* (Wertschätzung, Bezahlung, adäquater beruflicher Status) und *Anstrengungen* (die von der Tätigkeit gefordert werden, aber auch durch eigene Ansprüche, insbesondere (übersteigerte) Kontrollbedürfnisse, entstehen können). Probleme entstehen vor allem dann, wenn Anstrengungen und Gratifikationen nicht in einem ausgeglichenen Verhältnis stehen. Wichtig ist also nicht nur, wie groß die Belastungen sind, sondern auch, inwieweit es sich «lohnt», sie auf sich zu nehmen, weil ihnen entsprechende Gratifikationen gegenüber stehen.

Damit sind Fragen der Reziprozität, also des ausgeglichenen Gebens und Nehmens durch Person und Organisation angesprochen, ebenso Fragen der Fairness und der Gerechtigkeit. Sie spielen zunehmend auch in der Burnout-Forschung eine Rolle (Schaufeli & Enzmann, 1998; s. zum Burnout Abschnitt 4.8). Semmer (2000) sieht auf dieser Basis die Frage der «Legitimität» von Anforderungen als wichtiges Element an. Belastungen werden demnach eher akzeptiert – und haben geringere Folgen –, wenn sie als «legitim» empfunden werden, als wenn sie Legitimitätsregeln verletzen – z. B. weil sie «unnötigen» Aufwand verursachen, der eigenen Stellung oder Ausbildung nicht entsprechen oder bei größerer Umsicht vermeidbar gewesen wären. Im Zentrum stehen dabei Fragen des Respekts und der (Selbst-)Achtung (s. a. Semmer & Mohr, 2001; Zapf & Semmer, i. Dr.).

Wenn auch vielfach einzelne Stress- und Belastungsfaktoren untersucht werden, ist letztlich doch deren *Gesamtkonstellation* entscheidend. Man weiß noch immer verhältnismäßig wenig darüber, wie verschiedene Faktoren im Einzelnen zusammenwirken. Es gibt jedoch Hinweise darauf, dass mehrere Stressoren nicht einfach additiv wirken, dass sich vielmehr ein Stressor *anders* auswirkt, wenn noch andere Stressoren vorhanden sind. So zeigt Schulz (1979) kombinierte Effekte von Lärm und Zeitdruck, Dunckel (1991) das Zusammenwirken von Regulationshindernissen (Stressoren), qualitativen Anforderungen und Handlungsspielraum (s. Abschnitt 4.7).

4.3 Allgemeine Prozesse der Beanspruchung

Beanspruchung geht mit der Aktivierung von Funktionen einher. Sie drückt sich u. a. auch in physiologischen und endokrinen Veränderungen aus (Blutdruck- und Pulsveränderungen, Hormonausschüttung, Veränderungen im EEG etc.). Beanspruchung wird daher vielfach im Rahmen von Konzepten der allgemeinen Aktivierung bzw. des «*Arousal*» untersucht, wenngleich dies eine starke Vereinfachung darstellt, da die beteiligten Prozesse häufig nur lose miteinander gekoppelt sind (s. Boucsein, 1991). Man kann zwischen körperlicher, mentaler und emotionaler Beanspruchung unterscheiden, innerhalb dieser Bereiche aber noch weiter zwischen der Beanspruchung bestimmter Muskelgruppen, Gedächtnis-, Wahrnehmungs- oder Entscheidungsfunktionen etc. differenzieren (vgl. Matthews, Davies, Westerman & Stammers, 2000; Schönpflug, 1987). Diese Funktionen sind zugleich während der Beanspruchung «gebunden», d. h. sie stehen für anderes nicht zur Verfügung.

Tätigkeiten, die dieselbe Funktion beanspruchen, konkurrieren um die gleichen Ressourcen und beeinträchtigen sich daher gegenseitig stärker als Tätigkeiten, die unterschiedliche Funktionen beanspruchen, was man mit der Methode der «Doppelaufgabe» überprüfen kann. So behindert Lärm geringer Intensität komplexe geistige Funktionen stärker als die Ausführung von Routinetätigkeiten (s. Matthews et al., 2000).

Beanspruchung hat grundsätzlich «Doppelcharakter» (Schönpflug, 1987). Zum einen ist sie Voraussetzung für *langfristigen strukturellen Aufbau* bzw. Erhalt: Ähnlich wie Muskeln werden auch geistige Funktionen durch – in Grenzen gehaltene – Beanspruchung aufgebaut und verlieren durch Nicht-Beanspruchung an Funktionsfähigkeit (s. dazu Abschnitt 5). Beanspruchung erzeugt also «Ressourcen» struktureller Art.

Andererseits wird durch Beanspruchung die *momentane Funktionsfähigkeit herabgesetzt*, die Leistungsbereitschaft sinkt: es entsteht *Ermüdung*, eine «Schutzhemmung der Leistungsbereitschaft», die sich in Abhängigkeit von Dauer und Höhe der Beanspruchung entwickelt (Richter & Hacker, 1998, S. 71). Beanspruchung schwächt also die aktuell verfügbaren, sog. «konsumptiven» Ressourcen (Schönpflug, 1987).

Ermüdung ist ein komplexer Vorgang, der nur bedingt mit dem Müdigkeitsgefühl korrespondiert. Auch Leistung muss – ebenso wie physiologische Aktivierung – nicht monoton mit der Ermüdung abnehmen, da die Ermüdung durch motivationale Prozesse («reaktive Anspannungssteigerung») kompensiert werden kann. Auch Strategiewechsel können Leistungseinbußen verhindern bzw. verzögern (Hockey, 2002). Generell zeigen sich zunächst vermehrte Leistungsschwankungen, die Streuung nimmt – bei möglicherweise gleicher mittlerer Leistung – zu, Reaktionszeiten werden länger. Vor allem das Verhältnis von Aufwand und Ergebnis verschlechtert sich. Leistungseinbußen in der Primäraufgabe werden erst nach längerer Zeit unvermeidlich, bei Sekundäraufgaben treten sie schneller auf. Komplexe kognitive Leistungen reagieren sensibler als einfache, hoch geübte Fertigkeiten. Wichtig ist, dass Ermüdung nicht linear, sondern exponentiell mit der Dauer der Beanspruchung steigt, woraus sich die Bedeutung häufiger und frühzeitiger Pausen ergibt (vgl. zur Ermüdung v. a. Richter & Hacker, 1998; Schönpflug, 1987; speziell zum Aspekt der Erholung Wieland-Eckelmann, Allmer, Kallus & Otto, 1994; auch auf frühe Arbeiten von Graf (zusammenfassend dargestellt in Graf, 1970) und Vernon, Bedford & Wyatt (1924), sei hingewiesen).

Im Erscheinungsbild mit Müdigkeit verwandt, aber dennoch von ihr zu trennen ist die *Monotonie* (s. Richter & Hacker, 1998; s. a. die frühen Arbeiten von Bartenwerfer (zusammenfasend Bartenwerfer, 1970). Dieser Zustand herabgesetzter Wachheit ist eine Folge spezifischer Arbeitsbedingungen. Sie sind vom Zwang zu ständiger Aufmerksamkeit in einem eingeschränkten Beobachtungsfeld gekennzeichnet, in dem jedoch nicht viel passiert (Reizarmut). Ein typisches Beispiel für monotonieerzeugende Tätigkeiten ist die Radarüberwachung.

Monotonieerzeugende Arbeitsbedingungen sind also nicht identisch mit repetitiven Tätigkeiten: Einfache Verpackungs- oder Montagetätigkeiten sind zwar u. U. repetitiv, erzeugen aber keine Monotonie, wenn sie nicht mit dem Zwang zu ständiger Aufmerksamkeit bei eingeengtem Beobachtungsumfang verbunden sind.

Wenn auch im Erscheinungsbild ähnlich, unterscheiden sich *Ermüdung* und *Monotonie* in einem wesentlichen Punkt: Monotonie ist – da an bestimmte Tätigkeiten gebunden – durch Veränderung der Tätigkeit schlagartig aufhebbar. Zwar können auch Ermüdungs*symptome* durch Tätigkeitswechsel kurzzeitig verschwinden, aber die wirkliche Überwindung der Ermüdung bedarf längerfristiger Erholung.

Beanspruchung ist also ein komplexer Prozess, der nicht nur von der Höhe der Belastung bestimmt wird, sondern auch durch die Ressourcen, die der Mensch zur Verfügung hat –

sei es in struktureller (Kenntnisse, allg. Leistungsfähigkeit etc.) oder aktueller Hinsicht (Gesundheitszustand, Ermüdungsgrad, verminderte Leistungsvoraussetzungen während der Nacht, etc.). Mindestens ebenso wichtig ist aber, dass es sich nicht um einen passiven Prozess handelt, sondern dass Menschen ihre Beanspruchung durch ihr Handeln zum Teil selbst regulieren, z. B. Müdigkeit durch erhöhte Anstrengung oder durch den Wechsel von Arbeitsstrategien kompensieren. Zumindest kurzfristig können sie dabei erstaunlich erfolgreich sein. Doch selbst dann, wenn sich die Leistung (noch) nicht verschlechtert, verschlechtert sich doch das Aufwands-Ertrags-Verhältnis, es erfolgt eine «Destabilisierung der Handlungsregulation» (Hockey, 2002; Matthews et al., 2000; Richter & Hacker, 1998).

So entsteht mit zunehmender Beanspruchung die Tendenz zu *einfacheren, aufwandsärmeren Strategien*. Das kann sich z. B. im Verzicht auf Kontrolloperationen oder Sicherheitsvorkehrungen äußern oder generell in der Wahl von Maßnahmen, die weniger Aufwand erfordern (Hockey, 2002; s.a. Abschnitt 4.5). Bei Fluglotsen wurde gezeigt, dass sie bei steigender Flugdichte auf je individuelle Optimierung beim Landen verzichteten und die Maschinen auf Routinewegen einfliegen ließen (Sperandio, 1971) – eine Art «Dienst nach Vorschrift», bei dem die Anzahl erforderlicher Entscheidungen reduziert wird. Häufig sind solche Strategiewechsel aber mit größeren Risiken verbunden (z. B. Unfällen – Wenninger & Gstalter, 1995). Wenn eine längerdauernde Beanspruchung absehbar ist, kann man häufig auch «vorbeugende Beanspruchungsreduktion», z. B. durch geringeres Tempo, beobachten (vgl. Richter & Hacker, 1998).

4.4 Stressprozesse

Die Grenze zwischen Stress und «normaler» Beanspruchung ist nicht einfach zu ziehen, denn nicht wenige Symptome können unter beiden Umständen auftreten – so können z. B. die oben erwähnten Strategieänderungen einerseits Stress signalisieren, sie können aber auch präventiv eingesetzt werden, um der Entstehung von Stress vorzubeugen. Entscheidend für Stress ist das Auftreten negativer emotionaler Zustände (s. o.: Definition). Es handelt sich also um negativ getönte Aktivierungsprozesse, die man mit Thayer (1996) als «spannungsbezogenes Arousal» bezeichnen könnte (im Unterschied zum positiv getönten «energetischen Arousal» – s. Wieland-Eckelmann et al., 1994). Es liegt auf der Hand, dass die dabei auftretenden Emotionen ihrerseits Ressourcen beanspruchen und damit die Beanspruchung steigern (vgl. Matthews et al., 2000).

Stress entsteht durch die Einschätzung einer Situation durch die Person. Sie muss – wie Lazarus und Folkman (1984, S. 19) formulieren – zu der Auffassung kommen, dass sie bis an die Grenze der eigenen Möglichkeiten oder darüber hinaus gefordert ist *und* dass die Situation eine Bedrohung des eigenen Wohlbefindens beinhaltet.

Lazarus spricht hier von der sog. *«primären Einschätzung» (primary appraisal)*, die sich auf die Bedrohung bezieht; sie wird ergänzt durch die Einschätzung der eigenen Handlungsmöglichkeiten *(secondary appraisal)*, und natürlich ist dies kein einmaliger Prozess, es folgen u. U. mehrere *«reappraisals»*. Die jeweiligen Einschätzungen erfordern nicht unbedingt eine vertiefte kognitive Analyse, vielmehr erfolgen sie häufig sehr schnell, «automatisch» und intuitiv (Lazarus, 1999). Mit solchen Einschätzungen korrespondieren Emotionen wie Angst, Ärger, Wut etc., die – mit entsprechenden Begleiterscheinungen in physiologischen Prozessen und im Verhalten – die Stressreaktion kennzeichnen.

Da Stress eine Form der Beanspruchung ist, werden auch hier im physiologischen Bereich Indikatoren von Arousal untersucht – so z. B. Herzrate, Blutdruck oder elektrodermale Aktivität (s. Boucsein, 1991). Besondere Bedeutung kommt dabei zwei sog. «Stress-Hormonen» zu, dem Adrenalin und dem Kortisol. Dabei gilt Adrenalin vor allem als Indikator eines allgemeinen Arousal, unabhängig von der affektiven Qualität, Kortisol hingegen als spezifischer Indikator für negativ getöntes Arousal (Dienstbier, 1989; Frankenhaeuser, 1986).

Eine wichtige Rolle spielen dabei die zeitlichen Verhältnisse. Physiologische Reaktionen können adaptiv sein, sofern ihnen ein entsprechender Rückgang nach Beendigung der Stress-Situation folgt («Unwinding» – Frankenhaeuser, 1986; Dienstbier, 1989). McEwen (1998) spricht von «allostatic load», wenn die Reaktionen zu häufig auftreten, wenn sie zu lange andauern, wenn sie bei gleichen Situationen nicht habituieren, – aber auch, wenn sie ausbleiben (s. den sog. «Hypocortisol-Response» – Heim, Ehlert & Hellhammer, 2001, Grebner, 2001).

Es muss jedoch darauf hingewiesen werden, dass physiologische Parameter einer Vielzahl von Einflüssen unterliegen (z. B. körperliche Bewegung, aber auch Feedback-Prozesse innerhalb und zwischen den beteiligten Systemen). Es ist oft schwierig, diese Einflüsse zu kontrollieren, die Gefahr möglicher Artefakte ist relativ groß. Die manchmal zu findende Gleichsetzung physiologischer Erhebungen mit «objektiver Messung» ist also nicht ohne weiteres aufrecht zu erhalten (Boucsein, 1991).

Eine Studie, in der viele der beschriebenen Parameter erhoben wurden, wird in **Informationsbox 4** beschrieben.

Es liegt auf der Hand, dass während eines andauernden «unwinding» die Anfälligkeit gegenüber neuen Problemen erhöht ist – selbst sonst normale Belastungen können dann u. U. schon Stress auslösen. Hier liegen mögliche Ursachen von Teufelskreisen, die auch das Hineinwirken von Arbeitsstress in die Freizeit und umgekehrt beinhalten.

4.5 Stress und Coping

Nicht nur die Stress-Situation selbst, sondern auch die Art und Weise, wie wir mit ihr umgehen, bestimmt, wie sie sich auswirkt (s. o.: Beanspruchungsregulation). Im Stressbereich hat sich für den Versuch der Stressbewältigung der Begriff «*Coping*» durchgesetzt.

Informationsbox 4

Stressreaktionen: Emotion, Physiologie, Verhalten und Leistung als Indikatoren von Stress – eine beispielhafte Studie

Eine Studie von Meijman, Mulder, van Dormolen und Cremer (1992) illustriert die Berücksichtigung von Parametern aus unterschiedlichen Bereichen. Untersucht wurden Personen, die Fahrprüfungen abnahmen, unter Bedingungen von 9, 10 oder 11 Prüfungen pro Tag. Die Dauer des Arbeitstages war immer gleich. Es zeigten sich deutliche Effekte im Verhalten, in Schlafproblemen und Spannungsgefühlen, im Adrenalinspiegel sowie in der Leistung in einer kognitiven Aufgabe. So kommunizierten die Prüfenden in den letzten zwei Prüfungen des Tages signifikant mehr Warnungen und Korrekturhinweise, wenn sie in der Bedingung mit 10 bzw. 11 Prüfungen waren als in der Bedingung mit 9 Prüfungen. Auch die Durchfallquote für die letzten beiden Prüfungen eines Tages stieg bei 11 Prüfungen deutlich an. Der Adrenalinspiegel war gegen Ende des Arbeitstages (16 Uhr) bei 11 Prüfungen höher, und dieser Unterschied blieb auch am Abend erhalten. Dieses schlechtere «Unwinding» zeigte sich auch in vermehrten Einschlafproblemen am Ende der «11er-Woche» sowie in erhöhten Spannungsgefühlen am darauf folgenden Samstag. Schließlich war die Leistung in einer Wahlreaktionsaufgabe am Ende eines Tages mit 11 Prüfungen deutlich schlechter; zugleich war aber die Herzratenvariabilität geringer, was *höhere* Anstrengung indiziert. Neben der Leistung war also auch die Effizienz reduziert.

Meijman, T.F., Mulder, G., Dormolen, M. van & Cremer, R. (1992). Workload of driving examiners: A psychophysiological field study. In H. Kragt (Ed.), *Enhancing industrial performance: Experiences of integrating the human factor* (pp. 245–258). London: Taylor & Francis.

Man unterscheidet verschiedene Coping-Arten (s. Laux, 1983; Lazarus & Folkman, 1984), von denen wohl die wichtigsten die *problembezogenen* und die *emotionsbezogenen* sind. Zu ersteren zählen z. B. Änderung der Arbeitsstrategie, Erwerb neuer Kompetenzen, Aussprache mit der «Gegenpartei» bei Konflikten, Veränderung der Arbeitsorganisation etc. Hingegen zielen Entspannung, Ablenkung, Konsumverhalten (Alkohol, Essen, Rauchen) unmittelbar auf die Regulierung von Emotionen. Über den Erfolg ist damit noch nichts ausgesagt – in den meisten Coping-Definitionen ist der *Versuch* der Bewältigung entscheidend.

Coping hängt natürlich stark von der Situationseinschätzung ab (s. o.: secondary appraisal). Dies wird vor allem von Lazarus (z. B. 1999) betont. Darüber hinaus gibt es aber durchaus personenbezogene Tendenzen zum stärkeren oder weniger starken Einsatz bestimmter Coping-Strategien. Dabei zeigt sich meist, dass die Tendenz zum sog. «emotionsbezogenen Coping» mit schlechterem Befinden einhergeht (s. Semmer, 2003 b).

Bei näherem Hinsehen zeigt sich allerdings, dass Skalen zum sog. «emotionsbezogenen» Coping häufig gar nicht Coping – also den Versuch der Bewältigung – messen, sondern eher die Intensität der Stressreaktion. Dies gilt beispielsweise für Items wie «I get upset, and am really aware of it» oder «I get very tense» oder für Fragen nach Selbstvorwürfen, die in vielen entsprechenden Fragebögen enthalten sind (s. Semmer, 2003b). So überrascht der Zusammenhang mit schlechterem Befinden nicht. Entsprechende Aussagen in der Literatur sind daher mit Vorsicht zu betrachten, Forschungen, die «echtes» emotionales Coping untersuchen, sind dringend nötig. Sie verweisen auf potenziell *positive* Folgen von Strategien, die zur Beruhigung führen (Stanton, Kirk, Cameron & Danoff-Burg, 2000; Semmer, 2003b).

Ein besonders viel versprechender Ansatz im Bereich des Coping stammt von Reicherts und Perrez. Er beinhaltet eine Reihe von Regeln für adäquates Coping – so etwa problemorientiertes Coping bei gut kontrollierbaren Ereignissen, Beruhigung («Palliation») bei besonders starkem Stress, u. Ä. Studien, in denen die Teilnehmenden Stresssituationen protokollieren und jeweils situationsbezogene Fragen dazu beantworten, bestätigen die Fruchtbarkeit dieses Ansatzes (z. B. Reicherts & Pihet, 2000).

Momentan durchaus wirksame Coping-Strategien können langfristig dysfunktional sein. Aggressives Verhalten kann andere zum Nachgeben bringen, das langfristige Konfliktpotenzial aber erhöhen. Zeitdruck über längere Zeit durch vermehrte Anstrengung zu kompensieren, vermindert die Leistungsfähigkeit und kann so das Problem noch verschlimmern, zu Erschöpfung und zu Imbalance zwischen Arbeit und Privatleben führen (Frone, 2003). Entlastende Vorgehensweisen können riskant sein und Fehler begünstigen, die dann ihrerseits Probleme schaffen. Auf solche Prozesse hat vor allem Schönpflug (z. B. 1987) unter dem Stichwort der «*Kosten von Coping*» hingewiesen.

So gibt es Hinweise darauf, dass Akkordarbeit das Risiko schwerer Unfälle erhöhen kann – vermutlich auf Grund risikoreicherer Strategien wie Vernachlässigung von (aufwendigen!) Sicherheitsvorkehrungen (Wenninger & Gstalter, 1995). Schulz (1979) beschreibt, wie Zeitdruck dazu führt, dass man sich wichtige Informationen zu wenig sorgfältig einprägt – mit der Folge, dass man sie später erneut abrufen muss. Sich abwenden («avoidance») führt häufig kurzfristig zu besserem, langfristig aber zu schlechterem Befinden (s. Semmer, 2003b).

Trotz viel versprechender Ansätze wissen wir erstaunlich wenig darüber, wie Menschen im Einzelnen mit Arbeitsbelastungen umgehen, wie wirksam das ist, und mit welchen Kosten es kurz- oder langfristig verbunden ist. Dies ist einer der am schlechtesten ausgeleuchteten Bereiche der arbeitspsychologischen Stressforschung.

4.6 Ressourcen: Die «Entlastungsfaktoren»

Stressempfinden wie auch Coping hängen nicht nur von Stressoren ab, sondern auch von den verfügbaren *Ressourcen* – von den Faktoren, die den Umgang mit der Situation erleichtern. Sie können in der Situation oder in der Person begründet sein. Die wichtigsten *situationsbezogenen* Ressourcen sind der Handlungsspielraum (s. Ulich, 2001) und die soziale Unterstützung (s. Udris & Frese, 1999).

Handlungsspielraum (oft wird auch von Kontrolle oder von Autonomie gesprochen) bezieht sich auf die Möglichkeit, die Situation nach eigenen Vorstellungen zu beeinflussen (Semmer, 2000; s. a. Ulich, 1972). Das reicht von der Möglichkeit, das Arbeitstempo je nach Müdigkeit und Motivation variieren zu können, über die Möglichkeit, schwierige Dinge zu Zeiten erledigen zu können, wo man nicht gestört wird, bis hin zur Möglichkeit, einem Chef gegenüber, der sich unfair verhält, mit Kündigung drohen zu können. Solche Spielräume sind nicht nur wirksam, wenn man sie nutzt – schon das Wissen, dass man sie nutzen kann, wenn es unerträglich wird, wirkt stressreduzierend, macht gelassener. *Soziale Unterstützung* bezieht sich auf emotionale Unterstützung oder direkte Hilfe durch andere, z. B. Kollegen und Kolleginnen, Vorgesetzte, Partner und Partnerinnen (Beehr, 1995).

Handlungsspielraum wie auch soziale Unterstützung können einerseits direkte Wirkung entfalten (Haupteffekt). Sie können aber auch als «Moderator» der Beziehung zwischen Stressoren und Stress bzw. Stressfolgen wirken; dass also der Zusammenhang zwischen Stressoren und ihren möglichen Auswirkungen stärker ist, wenn Kontrolle bzw. soziale Unterstützung fehlen. Für beide Effekte gibt es Belege, wenngleich Haupteffekte überwiegen (vgl. Zapf & Semmer, i. Dr.).

Zu den *personenbezogenen* Ressourcen gehören z. B. der Gesundheitszustand, aber auch Merkmale wie Optimismus, Selbstvertrauen, und nicht zuletzt berufliche Qualifikationen sowie soziale Fähigkeiten (zB. hängt soziale Unterstützung auch vom eigenen Sozialverhalten ab!). Damit ist nachdrücklich auf die Bedeutung der Aus-, Fort- und Weiterbildung für die Vermeidung und Bewältigung von Stress verwiesen, und zwar bezogen auf unmittelbar berufliche Qualifikationen wie auch auf die – zunehmend wichtiger werdenden – sozialen Qualifikationen. Auch bei persönlichen Ressourcen können die Wirkungsmechanismen sehr unterschiedlich sein und von der besseren Möglichkeit, die Situation zu verändern bis hin zum gelasseneren Ertragen auch von Misserfolgen reichen (vgl. Semmer & Zapf, i. Dr.).

Die Betrachtung von Ressourcen verweist nicht zuletzt darauf, dass man mit der «Stress-Forschung» nicht unbedingt eine «negative» Sichtweise verbinden muss: Arbeitsbedingungen wie auch Personen verfügen nicht zuletzt über «salutogenes», also gesundheitsförderliches Potenzial (Antonovsky, 1997; Wydler, Kolip & Abel, 2000). Dies hat – durch die Berücksichtigung von Ressourcen – zwar in der Stressforschung immer eine Rolle gespielt; jedoch verweist die Perspektive der «*Salutogenese*» mit besonderem Nachdruck auf die Bedeutung nicht nur der «krank machenden», sondern auch der gesund erhaltenden Bedingungen – auf Seiten der Person wie auf Seiten der Arbeit (Udris, Rimann & Thalmann, 1994).

4.7 Individuelle Unterschiede

Stressempfinden hängt ab von der Einschätzung der Person und von ihren Bewältigungsversuchen, und diese beiden Aspekte hängen ihrerseits von überdauernden Merkmalen der Person ab. Dazu gehören z. B. Neurotizismus (in der Stressforschung findet sich hier häufig der Begriff «negative Affektivität») oder die oben erwähnten Merkmale wie Optimismus oder Selbstvertrauen.

Neben diesen allgemeinen Merkmalen werden speziell in der Stressforschung drei Konzepte diskutiert: Personen mit hoher «*Hardiness*» (Ouelette, 1993) sind engagiert («commitment»), nehmen die Welt als beeinflussbar war («Control») und begreifen Schwierigkeiten eher als Herausforderung denn als Bedrohung («challgenge»). Menschen mit einem hohen «*Kohärenz-Gefühl*» (Antonovsky, 1997; Wydler, Kolip & Abel, 2000) erleben die Welt als «begreifbar» (comprehensible), sich selbst als fähig zur Einflussnahme (manageability) und Anforderungen als sinnvolle Herausforderungen (meaningfulness). Beide Konzepte überschneiden sich nicht nur untereinander, sondern auch mit der «negativen Affektivität» (Semmer, 2003b). Eine besondere Rolle spielt auch das sog. «*Typ*

A-Verhaltensmuster» als Risikofaktor für Herz-Kreislauf-Krankheiten. Ursprünglich breit konzipiert – hohe Ambitionen, Konkurrenzverhalten, Feindseligkeit, Zynismus, Misstrauen und Ärger, Aggressivität sowie ein hohes Macht- und Kontrollbedürfnis –, hat sich zunehmend herausgestellt, dass vor allem Ärger und Feindseligkeit sowie übersteigerte Kontrollbedürfnisse die «toxischen» Komponenten darstellen (Semmer, 2003b; Zapf & Semmer, i. Dr.).

Solche Merkmale sind dafür verantwortlich, dass ein Stressor nicht bei allen Menschen, und auch bei derselben Person nicht unter allen Umständen, Stress auslöst. Allerdings darf man daraus nicht schließen, es komme nur auf die Person an, und Stress-Abbau könne sich darauf beschränken, die Interpretation von Situationen zu ändern.

Schließlich gibt es ja kulturelle Gemeinsamkeiten in der Interpretation von Situationen. So käme wohl kaum jemand auf die Idee, jemanden davon zu überzeugen, Stress auf Grund von deutlich herabwürdigendem, beleidigendem und demütigendem Verhalten anderer (etwa in Mobbing-Situationen) sollte als Problem der «persönlichen Einschätzung» anzusehen und sinnvollerweise gelassen hingenommen werden. Hingegen kann ein solcher Ansatz durchaus angezeigt sein, wenn jemand außerordentlich empfindlich auf ungeschicktes Verhalten (ein unglücklicher Witz; eine berechtigte, aber etwas hart formulierte Kritik) reagiert und davon über Gebühr gestresst wird (s. Mohr & Semmer, 2002; Zapf & Semmer, i. Dr.).

Zudem ist zu berücksichtigen, dass viele der Merkmale, die den Umgang mit Stress erleichtern oder erschweren, ihrerseits durch Stresserfahrungen zumindest mit bedingt sind: Kindheits- und Jugenderfahrungen, später Erfahrungen in der Berufs-, der Eltern-, der Bürgerrolle etc. bestimmen wesentlich mit, welche Ressourcen zum Umgang mit Stress aufgebaut werden. Und Stress kann dazu führen, dass eben die Ressourcen, die zu seiner Bewältigung nötig sind, geschwächt werden (Hobfoll, 2001). Welche Umstände das sind, ist Gegenstand des nächsten Abschnittes.

4.8 Chronischer Stress und seine Folgen

Sieht man von stark traumatischen Ereignissen ab, sind alltägliche Stresserlebnisse in der Regel nicht als schädlich anzusehen. Ihre Bewältigung kann sogar zur Quelle von Stolz und Selbstbewusstsein werden (Thoits, 1994). Voraussetzung ist aber, dass sie tatsächlich überwunden werden – weil auf Grund guter Coping-Strategien und ausreichender Ressourcen die Bewältigung gelingt, weil die Situation sich verändert, weil zwischen einzelnen Stress-Episoden genügend Zeit für «unwinding» bleibt, weil nicht als «Kosten von Coping» ständig neue Probleme entstehen, etc. Insofern besitzt *bewältigbarer* Stress durchaus *salutogenes* Potenzial. *Schädlich wird Stress dann, wenn er chronisch wird.*

So ist es nicht verwunderlich, dass typische «Stresskrankheiten» vor allem bei Berufen gefunden werden, die ständig bestimmten Bedingungen ausgesetzt sind. So zeigte eine amerikanische Untersuchung (Caplan, Cobb, French, Harrison & Pinneau, 1982), dass Fluglotsen, die auf großen Flughäfen – und damit unter ständigem Druck – arbeiten, mehr Magengeschwüre haben als ihre Kollegen auf kleineren Flughäfen, dass Allgemeinärzte und Chirurgen – die häufig mit Situationen konfrontiert werden, wo selbst kleine Fehler gravierende und nicht umkehrbare Folgen haben können – ein höheres Risiko von Magengeschwüren und Herz-Kreislauf-Erkrankungen aufweisen als Kollegen, die seltener mit Fragen von Leben und Tod konfrontiert sind, wie beispielsweise Hautärzte.

Über lange Zeit war die Schlussfolgerung, dass (chronischer) Stress in der Arbeit Befinden und Gesundheit beeinträchtigen, insofern auf schwacher Grundlage, als die Mehrheit der einschlägigen Studien Zusammenhänge im Querschnitt untersuchen, so dass eine kausale Interpretation schwer möglich ist. Zudem werden dabei häufig alle Variablen per Fragebogen erhoben, so dass Methodeneffekte nicht auszuschließen sind, z. B. weil Personen mit hohen Neurotizismus-Werten dazu neigen, sowohl ihr Befinden wie auch ihre Arbeit negativ einzuschätzen (vgl. Zapf & Semmer, i. Dr.; Sonnentag

		Anforderungen	
		gering	hoch
Kontrolle	hoch	Ruhiger Job	Aktiver Job
	gering	Passsiver Job	«Stress»-Job

Abbildung 5: Das Anforderungs-Kontroll-Modell von Karasek (Karasek & Theorell, 1990)

& Frese, in Druck; Mohr & Semmer, 2002). Eine Übersicht über die vorhandenen Längsschnittstudien (Zapf, Dormann & Frese, 1996) zeigt allerdings, dass Effekte von Stress am Arbeitsplatz auf das Befinden auch über die Zeit nachweisbar sind. Zwar sind diese Effekte nicht sehr groß; angesichts der hohen Stabilität von Befindensvariablen und der Vielzahl von Einflüssen, denen sie unterliegen, sind sie gleichwohl nicht zu unterschätzen (s. u.; vgl. Mohr & Semmer, 2002; Zapf & Semmer, i. Dr.).

Eine entscheidende Bedingung für chronischen Stress ist der *Verlust von Kontrolle* (vgl. Semmer, 2000). Keinen Einfluss auf eine belastende Situation zu haben, erzeugt häufig das Gefühl des Ausgeliefert-Seins. Hier zeigt sich wieder die herausragende Bedeutung des Handlungsspielraums.

Viele Studien im Rahmen des bereits erwähnten «*Job-Demand-Control*» Modells **(Abb. 5)** zeigen, dass «high-strain jobs» ein größeres Risiko für Herz-Kreislauf-Erkrankungen beinhalten (Theorell & Karasek, 1996). Allerdings wird die erwartete Interaktion in dem Sinne, dass hohe Anforderungen nur bei geringer Kontrolle negative Auswirkungen haben, selten gefunden. Vielmehr zeigen die meisten Studien ein additives Zusammenwirken beider Variablen. Dabei kristallisiert sich zunehmend heraus, dass mangelnde Kontrolle die entscheidende Variable ist und die konsistentere Vorhersage in Längsschnittstudien ergibt (Jones & Fletcher, 2003).

Da Interaktionseffekte methodisch nicht einfach zu identifizieren sind, sind Schlussfolgerungen nur mit Vorsicht zu ziehen (Zapf & Semmer, i. Dr.). In den letzten Jahren mehren sich allerdings Befunde, die eine Dreifach-Interaktion zwischen Merkmalen der Person (insbesondere Self-efficacy), Anforderungen und Kontrolle finden: Kontrolle erweist sich nur dann als «Puffer» gegen hohe Anforderungen, wenn man über entsprechende personale Ressourcen verfügt (etwa Self-Efficacy – Schaubroeck & Merritt, 1997; oder problembezogenes, aktives Coping – de Rijk, Le Blanc, Schaufeli & de Jonge, 1998; s. a. Jones & Fletcher, 2003; Zapf & Semmer, i. Dr.).

Neben Kontrolle hat sich, wie erwähnt, *soziale Unterstützung* häufig als hilfreich erwiesen. Auch hier findet man allerdings überwiegend additive Effekte, seltener Interaktionen («Puffer-Effekt»). Im Allgemeinen erweist sich dabei soziale Unterstützung als hilfreich (Leppin & Schwarzer, 1997). Sie ist jedoch auch mit «Kosten» verbunden (z. B. zeigt man damit, dass man Hilfe braucht, und das kann selbstwertschädigend sein; man geht gewisse Verpflichtungen ein, die Hilfe «zurückzuzahlen»; unterstützende Personen erwarten, dass man ihre Ratschläge befolgt u. Ä. – s. dazu Buunk, 1990). Außerdem kann die Reaktion der anderen Beteiligten auch dazu beitragen kann, die Dinge eher aufzubauschen (Beehr, 1995). Solche Aspekte können dazu beitragen, dass sich soziale Unterstützung sogar negativ auswirkt (Elfering, Semmer, Schade, Grund & Boos, 2002). Soziale Unterstützung zu suchen, anzunehmen und richtig zu geben, erfordert sozial kompetentes Verhalten. Anderenfalls kann gut Gemeintes auch das Problem verschärfen.

Noch wenig geklärt ist die Frage, inwieweit die Auswirkungen von Stress spezifisch sind, d. h. inwieweit bestimmte Stressoren bzw. Stressor-Konstellationen auch *spezifische* Folgewirkungen begünstigen. Es gibt allerdings Hinweise darauf, dass Aspekte des Arbeitsinhalts – also z. B. eintönige Arbeit, qualitative Über- und Unterforderung – sowie soziale Unterstützung eher Aspekte wie Selbstbewusstsein und Depressivität und Zufriedenheit beeinflussen, die «klassischen Stressoren» wie Intensität, Umgebungsbelastungen, organisatorische Probleme, Konflikte u. Ä. eher auf psychosomatische Beschwerden, Gereiztheit u. Ä. wirken (s. Zapf & Semmer, i. Dr.; Warr, 1987).

Auf ein Phänomen soll noch eingegangen werden, das in den letzten Jahren viel Aufmerksamkeit erfahren hat. Das Stichwort heißt «*Burnout*», und es bezieht sich auf ein Syndrom von «emotionaler Erschöpfung», «Depersonalisierung» (Abstumpfung gegenüber Klienten, inzwischen zu einer allgemein «zynischen» Haltung erweitert) und reduzierter Leistungsfähigkeit (Schaufeli & Enzmann, 1998). Ursprünglich wurde es für ein sehr spezielles Syndrom gehalten, das sich vor allem in Berufen findet, die mit Menschen zu tun haben («Helfer-Leiden»). Inzwischen zeigt sich immer deutlicher, a) dass Burnout große Überlappungen mit anderen Befindensvariablen zeigt, b) dass die entsprechenden Symptome auch in anderen Berufen auftreten, und c) dass sie dort wie auch in den «Helfer-Berufen» häufig mehr durch die «klassischen» Stressoren und organisationalen Einflussgrößen (s. Abschnitt 4.2), so etwa durch Arbeitsüberlastung oder durch mangelnde soziale Unterstützung hervorgerufen werden als durch die Interaktion mit Klientinnen und Klienten (Schaufeli & Enzmann, 1998). Burnout-Symptome sind also als Stress-Symptome wie andere auch zu betrachten (Zapf & Semmer, i. Dr.).

Insgesamt kann man festhalten: Die Forschung zu den Folgen von Stress am Arbeitsplatz ist zwar durch vielfältige methodische Probleme gekennzeichnet (s. für eine ausführlichere Diskussion Sonnentag & Frese, i. Dr.; Zapf & Semmer, i. Dr.). Dennoch bestätigt sich zunehmend, dass die Wahrscheinlichkeit für Beeinträchtigungen des Befindens und der Gesundheit steigt, wenn man über längere Zeit Stress am Arbeitsplatz ausgesetzt ist. Individuelle Unterschiede im Stressempfinden und im Coping sowie eine Vielzahl anderer Einflussgrößen (z. B. aus dem Privatleben) bewirken, dass dieser Zusammenhang nicht sehr groß ist. Die Folge ist, dass – glücklicherweise – nur eine Minderheit tatsächlich gravierende Stress-Symptome entwickelt. Dennoch verbergen sich auch hinter relativ kleinen Korrelationen häufig deutliche Unterschiede im «relativen Risiko». M. a. W.: Die Minderheit, die Symptome entwickelt, ist bei hohem Stress deutlich größer als bei geringem.

Wie ist diese Aussage zu interpretieren? Die Korrelationen zwischen Stressfaktoren und Befinden bewegen sich typischerweise zwischen ca. .20 und .30. Sie klären also ca. 5 bis 10 % der Varianz auf (Zapf & Semmer, i. Dr.). In Längsschnittstudien ist der Effekt noch geringer und liegt bei .12 (Zapf et al., 1996). Man könnte daraus schließen, Stress am Arbeitsplatz sei unbedeutend. Man muss sich aber zwei Dinge vor Augen halten: Erstens ist Stress in der Arbeit einer von vielen Einflussgrößen auf Gesundheit und Wohlbefinden; zu erwarten, dass man damit einen Großteil der Varianz aufklären könne, ist schon theoretisch unplausibel. Vor allem aber verbirgt sich hinter solch geringen Korrelationen häufig ein relativ dramatischer Effekt. So berichtet Frese (1985) in einer Längsschnittstudie eine Korrelation zwischen Stressoren zum ersten und psychosomatischen Beschwerden zum zweiten Messzeitpunkt von .19. Dabei wurden die Stressoren durch eine von Mitgliedern des Forschungsteams durchgeführte Arbeitsanalyse ermittelt, in der Berechnung sind die Beschwerden zum ersten Messzeitpunkt kontrolliert. Er bildet dann drei Gruppen mit vergleichsweise tiefer, mittlerer und hoher Ausprägung der Stressfaktoren und findet in der ersten Gruppe knapp 5 % Personen mit hohen psychosomatischen Beschwerden. Dieser Prozentsatz steigt auf ca. 8 und 16 % in den beiden anderen Gruppen. M. a. W.: Hohe Ausprägung der Stressfaktoren geht mit einem dreimal so hohen Risiko psychosomatischer Beschwerden einher; die Varianzaufklärung liegt nur bei knapp 4 %! Siegrist (2002) berichtet ein auf das Zwei- bis Vierfache erhöhtes Risiko für Herz-Kreislauf-Krankheiten in prospektiven Studien. Die Effekte sind also gering, wenn man die aufgeklärte Varianz betrachtet, jedoch erheblich, wenn man sie in relativen Risiken ausdrückt.

4.9 Konsequenzen und Ausblick

Konsequenzen aus der arbeitspsychologischen Stressforschung können auf verschiedenen Ebenen gezogen werden, und immer geht es um den *Abbau von Stressfaktoren* und den *Aufbau von Ressourcen* (Mohr & Udris, 1997; Semmer & Zapf, i. Dr.).

Erstens kann man auf der Ebene von Individuen und Gruppen ansetzen und beispielsweise Coping-Fähigkeiten stärken, ebenso soziale Fähigkeiten (z. B. die Fähigkeit, soziale Unterstützung zu geben, Konflikte besser zu lösen etc.). Insofern sind auch gute Führungsschulungen ein Beitrag zu Stressprävention und -management. Auch die fachliche Seite darf nicht vernachlässigt werden, denn im Gegensatz zu früher, wo für niedrigere hierarchische Ebenen vor allem die Kombination von *quantativer Über-* und *qualititativer Unter*forderung typisch war, dürften im Zuge neuer Technologien auch für diese Positionen Überforderungssituationen in *qualitativer* Hinsicht zunehmen (s. Parker & Wall, 1998). Qualifizierung erweist sich hier zunehmend als «Nadelöhr»; Entwicklung und Einsatz guter Qualifizierungsmethoden dürften nicht zuletzt auch im Hinblick auf Stressprävention wichtig sein (s. Greif & Kurtz, 1989).

Zweitens ist die Ebene der Arbeitsgestaltung zu berücksichtigen. Ihr ist ein eigenes Kapitel (s. Ulich, Kap. 8) gewidmet, daher gehen wir nicht darauf ein. Die Verbindung von humaner Arbeitsgestaltung und der Stressproblematik sei jedoch betont!

Drittens gilt es, neben der Arbeitsgestaltung im engeren Sinn auch die Gestaltung von Organisationsstrukturen zu berücksichtigen und ggf. im Sinne von mehr Transparenz, mehr Partizipation, verbesserter Kommunikation etc. zu verändern.

Zu den verschiedenen Ansätzen der *betrieblichen Stressprävention* gibt es eine breite Literatur (z. B. Bamberg, Ducki & Metz, 1998; Kompier & Cooper, 1999; Semmer & Zapf, in Druck; Sonnentag & Frese, in Druck). Dabei zeigt sich: Effekte von personenbezogenen Programmen sind gut nachgewiesen, wenngleich meist eher kurzfristige Zeitperioden erfasst werden. Die Effektstärken liegen um d = .5, was bedeutet, dass die Intervention – im Vergleich zur Kontrollgruppe – zu einer Verbesserung in der Größenordnung von einer halben Standardabweichung führt. *«Verhältnisprävention»* durch Arbeitsgestaltung zeigt recht uneinheitliche Effekte auf Befinden und Gesundheit. Neben klaren Erfolgen stehen auch viele Misserfolge – allerdings glücklicherweise nur sehr selten schädliche Effekte (Kompier & Cooper, 1999; Semmer, 2003a; Semmer & Zapf, i. Dr.). Das ist insofern nicht verwunderlich, als solche Projekte in ein komplexes soziales System eingreifen und damit auf zahlreiche Hindernisse stoßen – von mangelnder Unterstützung durch das Management bis zum Widerstand von Personen, die den Verlust von Kontrolle oder Privilegien befürchten, von den Schwierigkeiten, den «langen Atem» zu behalten, wenn Änderungen nicht sofort greifen, bis zu schwierigen Moderationsprozessen (z. B. der Gefahr, als Verbündeter einer Seite angesehen zu werden), von Nebeneffekten wie etwa vermehrten Konflikten in teilautonomen Arbeitsgruppen bis zu anderen betrieblichen Entwicklungen, die positiven Effekten entgegenwirken (z. B. erhöhter Zeitdruck, Umstrukturierungen, Arbeitsplatzunsicherheit). Solche Interventionen haben also durchaus Potenzial für positive Wirkung auf Gesundheit und Wohlbefinden; jedoch sollte man die Schwierigkeiten betrieblicher Veränderungen nicht unterschätzen und dementsprechend nicht leichtfertig angehen. Zudem sollte man personenbezogene und arbeitsbezogene Interventionen nicht als Gegensatz ansehen, sondern miteinander verbinden – schließlich sind gute personale Ressourcen eine wichtige Voraussetzung für das Gelingen betrieblicher Veränderungen (Semmer & Zapf, i. Dr.). Viel versprechend – wenngleich noch wenig durch gute Evaluationsstudien in ihrer Wirkung untermauert – sind dabei Ansätze, bei denen in «Gesundheitszirkeln» betriebsspezifische Vorschläge erarbeitet werden (Sochert, 1999; s. Semmer & Zapf, i. Dr.).

Neben solchen praktischen Schlussfolgerungen wollen wir noch auf einige Felder verweisen, denen die arbeitspsychologische Stressforschung verstärkt Aufmerksamkeit widmen sollte. Dazu gehört einerseits die Forderung nach Studien, die längsschnittlich angelegt sind und möglichst nicht nur Fragebogen einsetzen. Glücklicherweise nimmt die Zahl solcher Studien zu. Zum anderen gehört dazu die Beschäftigung mit neuen Entwicklungen in der Arbeitswelt. Der Dienstleistungssektor wird heute bereits ausführlich erforscht (s. Büssing, 1999a); dasselbe gilt, wenngleich weniger stark, für *Telearbeit* (Büssing, 1999b; Konradt, Schmook & Mälecke, 2000). Immer mehr rückt auch der Aspekt der mangelnden «Equity» bzw. «Fairness» (s. Abschnitt 3) als Stressfaktor ins Zentrum der Aufmerksamkeit (Schaufeli & Enzmann, 1998). Hier scheint uns eine viel versprechende Entwicklung vorzuliegen (s. Semmer & Mohr, 2002; Zapf & Semmer, i. Dr.) – einerseits konzeptionell, andererseits deshalb, weil im Zuge betrieblicher Umstrukturierungen, die häufig mit Stress und nicht selten mit Entlassungen verbunden sind, für viele die Frage entsteht, inwieweit es sich lohnt, Belastungen aktiv zu bewältigen, wenn vom Unternehmen nicht mit entsprechendem Commitment zu seiner Belegschaft geantwortet wird. Verschärft wird dieses Problem durch neue Unternehmensphilosophien, die jegliche Sicherheit für Arbeitnehmerinnen und Arbeitnehmer ablehnen. Für viele dürfte die dabei propagierte «*Patchwork-Biographie*» mit Stress verbunden sein – oder sie werden tatsächlich zu «Arbeitskraft-UnternehmerInnen», erwarten dann nicht viel vom Unternehmen, sind aber auch nicht unbedingt bereit, hohe Belastungen über längere Zeit in Kauf zu nehmen, sondern entwickeln «Stressresistenz» durch Distanzierung vom Unternehmen. Brüche im sog. «*psychologischen Vertrag*» (Millward & Brewerton, 2000) sollten in diesem Zusammenhang vermehrt unter der Perspektive von Stress und Belastung untersucht werden (s. Guest & Conway, 2003). Auch die stärkere Berücksichtigung *geschlechtsspezifischer* Belastungen und Ressourcen bleibt auf der Tagesordnung (Barnett & Hyde, 2001; Lundberg & Parr, 2000; Mohr, Rückert & Rummel, 1991). Schließlich gilt es vermehrt, über die Arbeit hinaus das Verhältnis zwischen verschiedenen Lebensbereichen zu betrachten («*Work-Life Balance*» – Frone, 2003).

5. Arbeit und Persönlichkeit

Bereits die Diskussion der Effekte, die Stress und Belastung auf Gesundheit und Wohlbefinden haben können, hat gezeigt, wie nachhaltig die Arbeit die Entwicklung des Menschen beeinflussen kann. Die möglichen Wechselwirkungen zwischen Arbeit und Persönlichkeitsentwicklung gehen jedoch weit über Stresseffekte hinaus (vgl. Ulich, 2001). Arbeit kann in vieler Hinsicht prägende, «sozialisierende» Wirkung haben. Nicht zuletzt zeigt sich «der lange Arm der Arbeit» (Meissner, 1971) in den Auswirkungen der Erwerbslosigkeit. Diesen beiden Themen – «berufliche Sozialisation» und «Erwerbslosigkeit» – gelten die beiden folgenden Abschnitte.

5.1 Der lange Arm der Arbeit I: Berufliche Sozialisation

Berufliche Sozialisation kann man verstehen als die «Entwicklung psychologischer Merkmale der Person in der, durch die und für die Arbeitstätigkeit» (Frese & Greif, 1983, S. 215). Dabei ist aber nicht von einer einseitigen «Determination» auszugehen, sondern von einer Interaktion zwischen Person und Umwelt (vgl. Hoff, i. Dr.; Schallberger, 2000). Wir haben es also auf der einen Seite mit (Selbst-)*Selektion* zu tun («die Leute sind hier, weil sie bestimmte Merkmale haben»), auf der anderen Seite mit *Sozialisation* («die Leute haben bestimmte Merkmale, weil sie hier sind» – s. Semmer & Schallberger, 1996). Hinzu kommt aber noch, dass die Verhältnisse, in die man hineinkommt (Selektion) und von denen man beeinflusst wird (Sozialisation), ihrerseits nicht einfach als «gegeben» und stabil hinzunehmen sind, sondern durchaus von den Betroffenen beeinflusst werden können («die Umwelt ist so, weil hier Leute mit bestimmten Merkmalen sind» – s. Schneider, Goldstein & Smith, 1995). Hoff postuliert sogar, dass auf Grund der großen Wandlungsprozesse in der Arbeits- und Berufwelt «Personen ihre eigenen Arbeitsumwelten und Arbeitsbiographien immer häufiger nicht nur selbst mit beeinflussen *können*, sondern sie selbst mit ausgestalten *müssen*» (Hoff, i. Dr., zit. n. Manuskript, S. 15) – s. zur «Selbst-Sozialisation» auch Heinz, 2000).

Wir kommen auf das Verhältnis – und das Zusammenwirken von Selektion und Sozialisation – am Schluss dieses Abschnittes zurück. Zuvor wollen wir exemplarisch einige Ergebnisse zu zwei Bereichen darstellen, die in diesem Zusammenhang besonders intensiv untersucht worden sind, nämlich berufliche Werte und Arbeitsorientierungen sowie kognitive Prozesse und Kompetenzen, zudem gehen wir auf den

Zusammenhang von Arbeit und Freizeitverhalten ein.

Werte und Arbeitsorientierungen

In vielen Studien wurde belegt, dass die «strukturellen Imperative» der Arbeit (Kohn & Schooler, 1983) mit Werthaltungen – arbeitsbezogenen und nicht arbeitsbezogenen – zusammenhängen.

Besondere Bedeutung kommt dabei der *Eigenkontrolle* über die Arbeitsbedingungen zu. So zeigt Champoux (1978), dass zwischen der Qualität der Arbeit auf der einen und der Wahrnehmung von «Segmentation» bzw. «Kongruenz» zwischen Arbeit und anderen Lebensbereichen auf der anderen Seite ein Zusammenhang besteht: Je schlechter die Arbeit, bezogen auf Arbeitsinhalte oder Kooperationsmöglichkeiten, desto mehr werden der Arbeits- und der Nichtarbeits-Bereich als getrennt wahrgenommen und desto weniger wahrscheinlich ist die Identifikation der Person mit ihrer Arbeit. Ähnlich kann Ruiz Quintanilla (1984) anhand der deutschen Daten des Mehrländerprojekts «Meaning of Working» (MOW, 1987) zeigen, dass die Zentralität der Arbeit in der Gruppe mit dem niedrigsten Dispositionsspielraum deutlich geringer ist als bei den übrigen. Auch die persönliche Definition der Arbeit hängt mit Merkmalen der Arbeit zusammen: Personen mit wenig Autonomiechancen und Qualifizierungsmöglichkeiten in der Arbeit sind eher der Meinung, dass Arbeit generell als eine fremdbestimmte Tätigkeit aufzufassen sei.

Viele Studien in diesem Bereich sind Querschnittsuntersuchungen, und somit bleibt unklar, was wovon beeinflusst wird, da Arbeitsbedingungen und Werthaltungen zur gleichen Zeit erhoben wurden. Dies ist anders bei Längsschnittstudien (vgl. ausführlich Hoff, i. Dr.; Schallberger, 2000). Zwei Beispiele solcher Studien sollen dies illustrieren:

Hinrichs (1972) fand, dass Chemiker, die an Universitäten arbeiteten, sich in ihren Werthaltungen von solchen unterschieden, die in der Privatindustrie arbeiteten – beispielsweise legten sie mehr Wert auf unabhängige Forschung als die in der Industrie beschäftigten Chemiker. Das ist ein Zeichen für Selektionseffekte. Weiterhin ergab sich, dass Personen, deren Werthaltungen nicht mit ihrem Arbeitsumfeld korrespondierten, bevorzugt in das andere Arbeitsumfeld wechselten – ein Zeichen für Selbstselektion. Andererseits zeigte sich aber auch, dass diejenigen, die in einem «inkongruenten» Feld blieben, sich verstärkt an dieses anpassten – ein Zeichen für Sozialisationseffekte. Aber auch diejenigen, die aus welchen Gründen auch immer aus einem «kongruenten» in ein «inkongruentes» Arbeitsumfeld wechselten, zeigten anschließend eine Anpassung ihrer Einstellungen an die neue Arbeitsumgebung.

Die Gruppe um Rosenstiel (Rosenstiel & Nerdinger, 2000) unterschied Hochschulabgänger in Bezug auf drei Werthaltungen: «Karriereorientierung», «Freizeitorientierung» und «Alternatives Engagement» (s. Abschnitt 2.2). In einer Nacherhebung ergaben sich deutliche Selektionseffekte: Karriereorientierte fanden eher eine Stelle, und sie waren häufiger als die anderen in Großbetrieben beschäftigt. Zugleich fanden sich Sozialisationseffekte, also Änderungen in der Werthaltung und diese waren am geringsten bei den Karriereorientierten, stärker bei den alternativ Orientierten und den Freizeitorientierten (Rosenstiel, 2001; Rosenstiel & Nerdinger, 2000). Es zeigen sich also sowohl Selektions- als auch Sozialisationseffekte, und dies in einer charakteristischen Weise. Wir kommen weiter unten darauf zurück.

Kognitive Prozesse und Kompetenzen

«Geistiges Kapital» kann nicht «passiv» ohne Schaden für längere Zeit gespeichert werden. Kognitive Qualifikationen und Fertigkeiten müssen eingesetzt und gefordert werden, damit sie sich weiterentwickeln oder zumindest erhalten bleiben und nicht im Sinne einer «disuse»-Hypothese «verkümmern». Der Kompetenzentwicklung wird deshalb unter dem Aspekt der «persönlichkeitsförderlichen» Arbeit in der Forschung große Bedeutung eingeräumt.

Insbesondere die Studien von Kohn und Schooler (z. B. Kohn & Schooler, 1983) zeigen – und zwar im Querschnitt wie auch im Längsschnitt –, dass eine kognitiv reichhaltige und komplexe Arbeitstätigkeit die geistige Leistungsfähigkeit positiv beeinflusst, dass umgekehrt aber auch die geistige Leistungsfähigkeit dazu führt, dass man anspruchsvollere Tätigkeiten ausübt. Wir haben es also mit einer *reziproken Beeinflussung* zu tun. In der Regel sind dabei die Selektionseffekte größer als die Sozialisationseffekte, aber beide sind vorhanden (s. a. Schallberger, 2000). Besonders eindrücklich ist die Weiterführung der ursprünglichen Studie über einen Zeitraum von 20 Jahren. Hier zeigte sich, dass die wechselseitige Beeinflussung der Arbeitskomplexität und der geistigen Leistungsfähigkeit auch im höheren Alter anhält; für die Älteren in der Stichprobe war der Einfluss der Arbeit auf die intellektuelle Leistungsfähigkeit sogar noch größer als für die Jüngeren (Schooler, Mulatu & Oates, 1999).

Was für die Arbeitstätigkeit gilt, lässt sich auch für die Ausbildung zeigen. In einer großen Stichprobe von Auszubildenden fanden Häfeli, Kraft und Schallberger (1988) einerseits bereits zu Untersuchungsbeginn charakteristische Unterschiede in intellektuellen Fähigkeiten, Berufsorientierungen, Selbstkonzept etc. Andererseits wurde die weitere Entwicklung dieser Merkmale von den Anforderungen der beruflichen Bildung beeinflusst. So waren Auszubildende, die einen intellektuell anspruchsvollen Beruf erlernten, von Anfang an intelligenter. Die Qualität der Ausbildung trug aber anschließend dazu bei, dass sich der Abstand zu den anderen noch weiter vergrößerte (s. a. Schallberger, 2000; Semmer & Schallberger, 1996).

Arbeit und Freizeitverhalten

Seit langem wird der Gedanke diskutiert, dass die Gestaltung der Arbeit mit der Gestaltung der Freizeit zu tun haben könnte – sei es im Sinne der «*Generalisierung*» oder im Sinne der «*Kompensation*» (s. Bamberg, 1991; Hoff, i. Dr.; Schallberger, 2000; Ulich & Ulich, 1977). Es gibt dazu nicht viele aussagekräftige Untersuchungen, jedoch eine Reihe interessanter Hinweise. So zeigt Karasek (Karasek & Theorell, 1990, S. 51–54), dass hohe Anforderungen bei gleichzeitig hoher Autonomie («active job» – s. Abschnitt 4) mit einer aktiveren Freizeitgestaltung und stärkerer Teilnahme am politischen Leben einhergingen. Dieser Effekt zeigte sich auch im Längsschnitt. Ähnliche Ergebnisse berichten Miller und Kohn (1983) im Hinblick auf die «Intellektualität» der Freizeitgestaltung.

Von einer allgemeinen Tendenz zur «Generalisierung» auszugehen, ist jedoch nicht angebracht. Nicht nur ist dafür die Datenlage zu dünn (Schallberger, 2000); es wäre auch konzeptionell nicht plausibel, für die Beziehung zwischen so allgemeinen Konstrukten wie «Arbeit» und «Freizeitverhalten» *einen* allgemeinen Mechanismus anzunehmen (Bamberg, 1991). Hier dürften einerseits individuelle Unterschiede im Umgang mit den beiden Bereichen und der eigenen Auffassung über ihr Verhältnis zueinander eine Rolle spielen (s. Hoff, i. Dr.), andererseits muss man verschiedene Dimensionen der beiden Bereiche unterscheiden.

So ist die Annahme plausibel, dass hohe Belastungen eher Erholung («Kompensation») erfordern, anregende Arbeitsinhalte (Komplexität, Abwechslung) hingegen auch komplexe und aktive Freizeitgestaltung, und somit Generalisierung, fördern (Karasek & Theorell, 1990; Bamberg, 1991). Die erwähnten Untersuchungen von Miller und Kohn sowie Karasek, die für Generalisierung sprechen, beziehen sich in der Tat auf inhaltliche Dimensionen, während sich die passivere Form der Erholung eher als Bewältigungsmechanismus für Stress finden lässt (Trenberth & Dewe, 2002). Beim gegenwärtigen Stand der Forschung sind diese Überlegungen jedoch noch recht spekulativ.

Das Sozialisations-Selektions-Problem

Wir können bislang festhalten, dass häufig Zusammenhänge zwischen Merkmalen der Person und Merkmalen der Arbeit gefunden werden, wenngleich wir sofort hinzufügen müssen, dass auch hier – ähnlich wie in der Stressforschung – die Zusammenhänge in der Regel nicht sehr groß sind (s. dazu die Ausführungen in Abschnitt 4.8). Soweit die Untersuchungsdesigns Aussagen über die Wirkungsrichtung, also über die Frage von Selektion bzw. Sozialisation, ermöglichen, legen sie u. E. eine Reihe von Schlussfolgerungen nahe.

Zunächst zeigen sie, dass man Sozialisation und Selektion einander nicht im Sinne eines «entweder – oder» gegenüber stellen kann: Sehr häufig findet sich beides. Dabei sind die

(Selbst-)Selektionseffekte in der Regel stärker als die Sozialisationseffekte (Semmer & Schallberger, 1996).

In diesem Zusammenhang muss jedoch darauf hingewiesen werden, dass «hinter» Selektionsphänomenen *frühere* Sozialisationseffekte stehen können. Denn viele Erziehungsprozesse in Familie und Schule dienen nicht zuletzt der Vorbereitung auf Berufsrollen. So sind in mehrgliedrigen Schulsystemen bestimmte berufliche Wege (z. B. Lehre oder Studium) zwar nicht eindeutig festgelegt, aber doch «vorgezeichnet».

Nicht zuletzt zeigt sich der Effekt der vorberuflichen Sozialisation in Untersuchungen zur geschlechtsspezifischen Sozialisation. Callahan-Levy und Mess (1979) ließen Schülerinnen und Schüler dieselben Aufgaben bearbeiten und stellten ihnen frei, innerhalb gewisser Grenzen ihre eigene Bezahlung dafür festzulegen. Es zeigte sich, dass die Mädchen sich deutlich weniger «Lohn» zubilligten, und dieser Effekt stieg mit dem Alter an: In der 7. Klasse gestanden sich die Mädchen gut halb so viel zu wie die Jungen (57 %), in der 10. Klasse nur noch 22 %. Zugleich bewerteten Mädchen, die sich auf «männliche» Berufsrollen orientierten, ihre Arbeit höher als Mädchen, die weibliche Berufsrollen attraktiver fanden.

Auch Untersuchungen von Hackett und Betz (1995) sind hier aufschlussreich: Sie fanden, dass weibliche Studierende sich weniger als männliche zutrauten, hohe technische Anforderungen, wie sie für «Männerberufe» typisch sind, zu erfüllen – und zwar auch dann, wenn sie in mathematisch-naturwissenschaftlichen Fächern genauso gut waren. Und sie schlossen Berufe, für die ihre Kompetenzeinschätzung («self-efficacy») geringer war, auch weniger in ihre Berufswahl-Erwägungen ein (s. a. Nosek, Banaji & Greenwald, 2002).

Aber noch in einem weiteren Sinn dürfen Selektion und Sozialisation einander nicht einfach gegenüber gestellt werden: Sie sind wechselseitig voneinander abhängig. «Sozialisationsdruck» im Sinne von Veränderungsimpulsen besteht nicht automatisch, sondern vor allem da, wo Inkongruenz zwischen Merkmalen der Situation und der Person besteht – sei es, dass die Rollenerwartungen der Umgebung nicht mit den Haltungen und Verhaltensweisen der Person übereinstimmen, sei es, dass Herausforderungen bestehen, die die Weiterentwicklung von Fähigkeiten verlangen (Schallberger, 2000; Semmer & Schallberger, 1996).

Für diese Interpretation spricht, dass in den Münchner Wertestudien (Rosenstiel & Nerdinger, 2000) diejenigen am stabilsten waren, die am meisten Kongruenz mit ihrer Situation aufwiesen, nämlich die «Karriereorientierten»; sie waren auch dem geringsten «Sozialisationsdruck» ausgesetzt. Ähnlich bei Hinrichs (1972): Unter denen, die sich in einer «inkongruenten» Situation befanden (oder sich in eine solche begaben), gab es besonders viel Veränderungen in Richtung einer Anpassung an die Umgebung.

Wo solche Inkongruenzen nicht gegeben sind, können Sozialisationswirkungen auch darin bestehen, dass sie Änderungen, die unter anderen Umständen zu erwarten wären, entgegenwirken, dass sie also zur *Stabilisierung* des Vorhandenen beitragen.

Solche Effekte sind allerdings empirisch nicht leicht zu fassen. Vor allem die Studie von Häfeli et al. (1988, s. a. Abschnitt 5.1) hat jedoch Resultate ergeben, die in diese Richtung weisen. So erwiesen sich die Unterschiede im logischen Denken zwischen Lehrlingen auf verschiedenen Qualifikationsniveaus als stabiler, als auf Grund der Stabilität des Tests zu erwarten war; in anderen Bereichen wurden Unterschiede zwischen den Gruppen sogar noch größer, als sie zum Ausgangszeitpunkt waren (vgl. Schallberger, 2000). Man könnte solche Ergebnisse in dem Sinne interpretieren, dass die Selektion zu einer ersten, noch vorläufigen und groben, Kongruenz zwischen Arbeit und Person führt, die dann durch Sozialisationseffekte stabilisiert bzw. im Sinne einer «Feinanpassung» sogar noch verstärkt wird.

All das darf nun nicht so missverstanden werden, als handle es sich um rein passive Vorgänge; selbstverständlich gestalten die Personen diese Prozesse aktiv mit – z. B. indem sie den Wechsel einer Anpassung vorziehen oder indem sie versuchen, ihre Arbeitsbedingungen zu verändern. Zugleich folgt aus diesen Überlegungen, dass das Verhältnis von Sozialisation und Selektion *nicht* als *konstant* angesehen werden kann; vielmehr ist davon auszugehen, dass Veränderungseffekte durch Sozialisation umso größer sind, je weniger (Selbst-)Selektionsmöglichkeiten bestehen (z.B. weil vielen die berufliche Laufbahn, wie bis zur französischen Revolution üblich, weitgehend vorgeschrieben ist) und umgekehrt (Semmer & Schallberger, 1996). Das Zusammenwirken dieser verschiedenen Faktoren im Detail, die konkrete Natur dieser «reziproken Interaktion» (Kohn & Schooler, 1983) bleibt auf lange Sicht ein wichtiges und lohnenswertes, aber auch schwieriges Forschungsfeld (s. Hoff, i. Dr.; Schallberger, 2000).

5.2 Der lange Arm der Arbeit II: Erwerbslosigkeit

Der Beginn der sozialwissenschaftlichen Beschäftigung mit Erwerbslosigkeit (dieser Begriff drückt den Sachverhalt präziser aus als der häufig verwendete Ausdruck «Arbeitslosigkeit» – Jahoda, 1983, S. 32; Zempel, Bacher & Moser, 2001, S. 17f.) geht auf die Zeit der Weltwirtschaftskrise im ersten Drittel des 20. Jahrhunderts zurück. In ihrer berühmten Studie «Die Arbeitslosen von Marienthal» haben Jahoda, Lazarsfeld und Zeisel (1933, Nachdruck 1975; vgl. Wacker, 2001) am Beispiel eines ganzen Dorfes eindrücklich gezeigt, wie Erwerbslosigkeit das Leben der Menschen einschneidend verändern und mit großen Belastungen und großem Leid verbunden sein kann.

Nun war damals die Situation durch großes materielles Elend bestimmt, von dem die heutigen finanziellen Belastungen Erwerbsloser in der Regel weit entfernt sind. Dennoch erweisen sich diese auch heute als erheblich und vielfach als folgenreich für sie selbst und ihre Familien (Schmook, 2001). Viele Probleme drehen sich um die eingeschränkte ökonomische Situation – also ums Geld. Dabei sind einerseits Grundbedürfnisse wie Wohnen, Kleidung und Ernährung betroffen. Die Auswirkungen finanzieller Probleme gehen aber weit darüber hinaus: Die Verminderung des Familieneinkommens engt die Möglichkeiten ein, aktiv am sozialen Leben oder an bestimmten Freizeitaktivitäten teilzunehmen, und kann so zu sozialer Isolation führen. Das Fehlen eines regulären Einkommens bedeutet Verzicht auf längerfristige Planung und damit vielfach auch auf Zukunftsperspektiven und Hoffnungen. So verwundert es nicht, dass die Einschätzung der eigenen finanziellen Lage einen der besten Prädiktoren für psychische Symptome wie etwa Depressivität darstellt (Frese & Mohr, 1987; s. Kasl, Rodriguez & Lasch, 1998).

Zu den Effekten der Erwerbslosigkeit liegen inzwischen eine Reihe von sog. «Meta-Analysen» vor (Murphy & Athanasou, 1999; Paul & Moser, 2001). Dabei werden die in den vorliegenden Studien gefundenen Effekte geprüft und zu durchschnittlichen Effektgrößen zusammengefasst. Die Ergebnisse sind eindrücklich: Psychosoziale Symptome wie ein Gefühl der Nutzlosigkeit, das Fehlen von Zeit- und Zielstrukturen, Depressionen, Angst, Störungen des Selbstwertgefühls, Schuldgefühle und Schuldzuschreibungen korrelieren nicht nur mit Erwerbslosigkeit, sondern lassen sich *kausal* als Folgen von (länger andauernder) Erwerbslosigkeit deuten. Das Befinden verschlechtert sich nach dem Verlust des Arbeitsplatzes (d=.36), und es verbessert sich wieder bei denjenigen, die eine neue Arbeit finden (d=.54; Effektstärken nach Murphy & Athanasou, 1999). Zugleich zeigt sich auch, dass im Sinne von *Selektionseffekten* gesundheitlich eingeschränkte Personen einem höherem Erwerbslosigkeitsrisiko ausgesetzt sind. Allerdings sind die Effekte der Erwerbslosigkeit offenbar stärker als Selektionseffekte (Paul & Moser, 2001).

Dabei ist es besonders wichtig, *Prozesse* über die Zeit zu betrachten. So zeigte sich in der Studie von Frese und Mohr (1987) bei der ersten Messung, dass die Hoffnung, wieder einen Arbeitsplatz zu finden, mit weniger Depressivität verbunden war. Man könnte daraus schließen, Optimismus mildere die Wirkung von Erwerbslosigkeit. Aus dem Blickfeld geriete dabei ein Effekt, der sich erst bei der Zweitmessung zeigte: Die Gruppe derer nämlich, die ursprünglich hoffnungsvoll war, aber trotzdem erwerbslos geblieben war, hatte nun deutlich erhöhte Depressivitätswerte. Optimismus kann also leicht umschlagen in enttäuschte Hoffnungen – und damit können die zunächst positiven Effekte durch nunmehr besonders gravierend negative abgelöst werden. Der Grat zwischen unrealistischem Optimismus und lähmendem Pessimismus ist also recht schmal (Mohr, 2001).

Auch soziale Isolation sowie Stigmatisierungsprozesse sind vielfach anzutreffen. Häufig zeigen sich Auswirkungen in den Familien – etwa in der Rollenverteilung, aber auch in den Schulleistungen und der Befindlichkeit der Kinder. Auch wachsende familiäre Spannungen werden von längerfristig Erwerbslosen berichtet, obwohl andererseits die stabilisierende Funktion der Familie nicht unterschätzt werden darf (Kieselbach, 1994; Mohr, 2001).

Die Forschungsergebnisse zur physischen Gesundheit sind weniger klar, jedoch weisen Erwerblose eine um 20 bis 30 % höhere Sterblichkeit auf (Kasl et al., 1998). Dies muss nicht auf körperliche Erkrankung zurückzuführen sein, da auch Todesursachen wie Selbstmord oder Unfall in diesen Statistiken enthalten sind.

Insgesamt ist aber die Aussage gerechtfertigt, dass Erwerbslosigkeit mit einem *erhöhten Risiko* für psychosoziale Beeinträchtigungen und für Sterblichkeit verbunden ist. Das heißt aber keineswegs, dass sich ein einheitliches Reaktionsmuster feststellen ließe. Das typische Bild des männlichen Erwerbslosen im mittleren Alter, der verheiratet ist, zwei Kinder hat und Alleinverdiener ist, ein hohes Erwerbsethos besitzt, bislang einen stabilen und zufrieden stellenden Arbeitsplatz hatte und nun nach Verlust des Arbeitsplatzes die «klassischen», in der Marienthal-Studie beschriebenen Phasen der Erwerbslosigkeit «vom Schock zum Fatalismus» durchläuft, beschreibt daher lediglich einen möglichen Typ von Erwerbslosen. Er repräsentiert wahrscheinlich lediglich ungefähr ein Fünftel der Erwerbslosen. Der «große Rest» sind z. B. ältere Personen nahe dem Pensionierungsalter, junge unverheiratete Personen, alleinstehende Mütter, Frauen, die wieder auf den Arbeitsmarkt zurückkehren wollen etc. Sie alle haben verschiedene Biographien und unterschiedliche Erwartungen, manche auch Alternativrollen zur Erwerbslosigkeit.

So ist die Situation erwerbsloser Jugendlicher (Kieselbach, 2000), erwerbsloser Frauen (Mohr, 1993) oder Personen mit einer Langzeiterwerbslosigkeit (Mohr, 2001) verschieden bezüglich der psychosozialen Symptomatik und der Arbeitsmarktchancen.

Unter bestimmten Umständen (z. B. bei geringen finanziellen Belastungen oder bei unbefriedigenden Arbeitsbedingungen vor der Erwerbslosigkeit) kann sogar der – insgesamt allerdings untypische – Effekt einer Entlastung von der Berufsarbeit eintreten (s. Mohr, 2001), mit dem Ergebnis, dass das psychische Befinden und die physische Gesundheit sich sogar verbessern – zumindest in der Anfangsphase der Erwerbslosigkeit. Die Reaktionsmuster verändern sich mit der Dauer der Erwerbslosigkeit, so dass sowohl Verschlechterungen als auch Verbesserungen des psychischen und physischen Befindens beobachtet werden können. Die Richtung dieser individuellen Veränderungen hängt u. a. davon ab, an welchen Aktivitäten sich Erwerbslose beteiligen (Kasl et al., 1998; Mohr, 2001).

Die Auswirkungen und Reaktionen hängen also auch von individuellen Merkmalen der Person, von ihrer sozialen Stellung sowie von erleichternden oder erschwerenden Merkmalen der sozialen Umgebung ab – hier spielen also all die Prozesse eine Rolle, die bereits als *Moderatoren* des Stressgeschehens diskutiert wurden (Abschnitt 4). Speziell für Erwerbslosigkeit ist darüber hinaus die Verfügbarkeit einer «Alternativrolle» wesentlich: So wiesen in der Studie von Frese und Mohr (1987) zum zweiten Messzeitpunkt Rentner weniger Depressivität auf als weiterhin Erwerbslose, was als soziale Entlastung durch diese Alternativrolle interpretiert werden kann. Ähnliches gilt u. U. für die Hausfrauenrolle.

Um all diese verschiedenen Muster von Reaktionen zu beschreiben, bedarf es einer *«differentiellen» Erwerbslosenforschung*, in der die Rolle von «protektiven» (z. B. soziale Unterstützung) vs. «schädigenden Faktoren» (z. B. ökonomische Deprivation, negatives Selbstbild) untersucht wird (vgl. Kirchler, 1993; Warr, 1987). Vor einer Gefahr muss allerdings gewarnt werden: Dass es Unterschiede in der Bewältigung von Erwerbslosigkeit gibt, dass persönliche Merkmale, Alternativrollen oder -werte die Belastung mildern können, kann nicht heißen, dass das «eigentliche» Problem gar nicht in der Erwerbslosigkeit, sondern bei den Erwerbslosen liege und dass deshalb eine Beseitigung der Erwerbslosigkeit nicht mehr vordringlich sei. Immerhin konnten Paul und Moser (2001) keine Personengruppe identifizieren, bei der die Erwerbslosigkeit nicht mit psychischer Belastung einhergeht!

Differentielle Erwerbslosenforschung kann aber dazu beitragen, die verschiedenen Möglichkeiten, den Verlust von Arbeit zu verarbeiten, zu erhellen und damit auch zu einer weiteren Durchdringung des Problems zu führen.

In diesem Zusammenhang gehört auch die in der Folge (welt)wirtschaftlicher Prozesse wie Globalisierung und Arbeitsplatzabbau für viele Menschen zunehmende (objektive) *Arbeitsplatzunsicherheit* und die (subjektive) Angst vor dem Verlust des Arbeitsplatzes, die für sich alleine bereits deutliche Wirkungen zeigen können (Kasl et al., 1998; Klandermans & Van Vuuren, 1999; Mohr, 2000; Weiss & Udris, 2001).

So zeigte Mohr (2000) in einem deutschen Stahlwerk, dass bei den Arbeitern Ängstlichkeit und psychosomatische Beschwerden nach der Konkursanmeldung anstiegen. Die individuelle Kontrolle, die Dauer der Anstellung, anderweitige Beschäftigungsmöglichkeiten und soziale Unterstützung hatten einen moderierenden Effekt auf die Beziehung zwischen Arbeitsplatzunsicherheit und psychischer Gesundheit.

Abschließend kann konstatiert werden: Trotz mancher konzeptioneller und methodischer Probleme der Forschung ist unverkennbar, dass Erwerbslosigkeit in aller Regel für die betroffenen Personen eine einschneidende Lebenslage ist, die zwar je nach persönlichen und sozialen Ressourcen, je nach Werten, Handlungsstilen und sozialem Kontext sehr unterschiedlich bewältigt werden kann, aber praktisch immer eine belastende Situation darstellt, die nicht ohne Wirkung auf die Person und ihre soziale Umgebung bleibt.

6. Schlussbemerkung

Der Kreis ist damit – so hoffen wir – geschlossen, der Stellenwert der Arbeit zeigt sich in ihr und außerhalb von ihr. Dabei sind die Zusammenhänge, die wir hier diskutiert haben, in der Regel nicht allzu eng – zu viele Faktoren wirken zusammen, nirgends gibt es Automatismen der Art, dass eine bestimmte Arbeitssituation *immer* zufrieden oder krank macht, qualifiziert oder motiviert. Und vielfach zeigen sich darüber hinaus uneinheitliche Befunde, Lücken und methodische Probleme. Trotzdem ist weder ein «nichts Genaues weiß man nicht» angebracht, noch ein «es kommt nur auf die einzelne Person an, die Arbeitssituation ist unwichtig». Vielmehr lässt sich bei Vielem durchaus aufzeigen, welche Merkmale – und welche Maßnahmen – einerseits potenziell gefährdend oder andererseits viel versprechend sind.

Die Vielfalt der beteiligten Einflussgrößen (die sich nicht zuletzt in den relativ geringen Zusammenhängen zeigt) verweist dabei vor allem auf die Gefahr schablonenartiger Lösungen, und die wichtige Rolle individueller Unterschiede verweist auf die aktive Rolle der beteiligten Menschen und auf die Notwendigkeit, ihnen mit ihren Bedürfnissen und Möglichkeiten Raum für individuelle Gestaltung zu geben (vgl. Ulich, Kap. 8).

Nicht zu unterschätzen bleibt jedoch die Bedeutung, die die Arbeit für Zufriedenheit und Wohlbefinden, für die Entwicklung der Persönlichkeit insgesamt hat und – trotz aller gegenteiligen Prophezeiungen – auf absehbare Zeit behalten wird.

7. Literatur

Antonovsky, A. (1997). *Salutogenese. Zur Entmystifizierung der Gesundheit.* Tübingen: dgvt-Verlag.

Bamberg, E. (1991). Arbeit, Freizeit und Familie. In S. Greif, E. Bamberg & N. Semmer (Hrsg.), *Psychischer Streß am Arbeitsplatz* (S. 201–221). Göttingen: Hogrefe.

Bamberg, E., Ducki, A., & Metz, A.-M. (Hrsg.). (1998). *Handbuch betriebliche Gesundheitsförderung.* Göttingen: Verlag für Angewandte Psychologie.

Bandura, A. (1997). *Self-efficacy: The exercise of control.* New York: Freeman.

Barnett, R. S. & Hyde, J. S. (2001). Women, men, work, and family. *American Psychologist, 56,* 781–796.

Beehr, T. A. (1995). *Psychological stress in the workplace.* London: Routledge.

Blickle, G. (1999). *Karriere, Freizeit, Alternatives Engagement. Empirische Studien zum psychologischen Konzept von Berufsorientierungen.* München: Hampp.

Borman, W. C., & Motowidlo, S. J. (1997). Task performance and contextual performance: The meaning for personnel selection research. *Human Performance, 10,* 99–110.

Boucsein, W. (1991). Arbeitspsychologische Beanspruchungsforschung heute – eine Herausforderung an die Psychophysiologie. *Psychologische Rundschau, 42,* 129–144.

Büssing, A. (1999a). Personenbezogene Dienstleistung – Arbeit der Zukunft. *Zeitschrift für Arbeitswissenschaften (Themenheft), 53* (2).

Büssing, A. (Hrsg.).(1999b). Telearbeit aus psychologischer Sicht. *Zeitschrift für Arbeits- und Organisationspsychologie (Themenheft), 43* (3).

Campbell, J. P. & Pritchard, R. D. (1976). Motivation theory in industrial and organizational psychology. In M. D. Dunnette (Ed.), *Handbook of Industrial and Organizational Psychology* (pp. 63–130). Chicago: Rand McNally.

Cropanzano, R. & Greenberg, J. (1997). Progress in organizational justice: Tunneling through the maze. In C. L. Cooper & I. T. Robertson (Eds.), *International Review of Industrial and Organizational Psychology 1997* (pp. 317–372). Chichester: Wiley.

Deci, E. L. & Ryan, R. M. (2000). The «What» and «Why» of goal pursuits: Human needs and the self-determination of behavior. *Psychological Inquiry, 11,* 227–268.

Dienstbier, R. A. (1989). Arousal and physiologica. Toughness: Implications for mental and physical health. *Psychological Review, 96,* 84–100.

Dunckel, H. (1991). Mehrfachbelastungen und psychosoziale Gesundheit. In S. Greif, E. Bamberg & N. Semmer (Hrsg.), *Psychischer Stress am Arbeitsplatz* (S. 154–167). Göttingen: Hogrefe.

Dweck, C.S. (1999). *Self-theories: Their role in motivation, personality, and development.* Philadelphia: Psychology Press.

Edwards, J. R., Caplan, R. D. & Harrison, R. van. (1998). Person-environment fit theory. In C. L. Cooper (Ed.), *Theories of organizational stress* (pp. 28–67). Oxford: University Press.

Elfering, A., Semmer, N. K. & Kälin, W. (2000). Stability and change in job satisfaction at the transition from vocational training into «real work». *Swiss Journal of Psychology, 59,* 256–271.

Fischer, L. (1989). *Strukturen der Arbeitszufriedenheit.* Göttingen: Hogrefe.

Fischer, L. (1997). Messung der Arbeitszufriedenheit und Ergebnisse empirischer Forschung. In H. Luczak & W. Volpert (Hrsg.), *Handbuch Arbeitswissenschaft* (S. 271–275). Stuttgart: Schäffer-Poeschel.

Frankenhaeuser, M. (1986). A psychobiological framework for research on human stress and coping. In M. H. Appley & R. Trumbull (Eds.), *Dynamics of stress: Physiological, psychological, and social perspectives* (pp. 101–116). New York: Plenum.

Frese, M. (1985). Stress and psychosomatic complaints: A causal interpretation. *Journal of Applied Psychology, 70,* 314–328.

Frese, M. & Greif, S. (1983). Arbeit und Persönlichkeitsentwicklung. In R. K. Silbereisen & L. Montada (Hrsg.), *Entwicklungspsychologie. Ein Handbuch in Schlüsselbegriffen* (S. 214–219). München: Urban & Schwarzenberg.

Frese, M. & Mohr, G. (1987). Prolonged unemployment and depression in older workers: A longitudinal study of intervening variables. *Social Science and Medicine, 25,* 173–178.

Frieling, E. & Sonntag, Kh. (1999). *Lehrbuch Arbeitspsychologie* (2. Aufl.). Bern: Huber.

Frone, M. R. (2003). Work-family balance. In L. E. Tetrick & J. C. Quick (Eds.), *Handbook of occupational health psychology* (pp. 143–162). Washington: APA.

Greif, S. (1993). Geschichte der Organisationspsychologie. In H. Schuler (Hrsg.), *Lehrbuch Organisationspsychologie* (S. 15–48). Bern: Huber.

Greif, S. & Kurtz, H.-J. (1989). Ausbildung, Training und Qualifizierung. J. S. Greif, H. Holling & N. Nicholson (Hrsg.), Arbeits- und Organisationspsychologie. *Internationales Handbuch in Schlüsselbegriffen* (S. 149–161). München: Psychologie Verlags Union.

Guest, D. E. & Conway, N. (2003). The psychological contract, health and well-being. In M. J. Schabracq, J. A. Winnubst, & C. L. Cooper (Eds.), *Handbook of Work and Health Psychology* (2nd ed., pp. 143–158). Chichester: Wiley.

Hacker, W. (1998). *Allgemeine Arbeitspsychologie.* Bern: Huber.

Hackett, G., & Betz, N. (1995). Self-efficacy and career choice and development. In J. E. Maddux (Ed.), *Self-efficacy, adaptation, and adjustment* (pp. 249–280). New York: Plenum.

Hackman, J. R. & Oldham, G. R. (1980). *Work redesign.* Reading: Addison-Wesley.

Heim, C., Ehlert, U. & Hellhammer, D. H.(2001). The potential role of hypocortisolism in the pathophysiology of stress-related bodily disorders. *Psychoneuroendocrinology, 25,* 1–35.

Heinz, W. R. (2000). Selbstsozialisation im Lebenslauf. Umrisse einer Theorie biographischen Handelns. In E. M. Hoerning (Hrsg.), *Biographische Sozialisation* (S. 165–186). Stuttgart: Lucius & Lucius.

Higgins, E. T. (1997). Beyond pleasure and pain. *American Psychologist, 52,* 1280–1300.

Hobfoll, S. E. (2001). The influence of culture, community, and the nested-self in the stress process: Advancing conservation of resources theory. *Applied Psychology: An International Review, 50,* 337–421.

Hockey, R. (2002). Human performance in the working enviroment. In P. Warr (Ed.), *Psychology at work* (5th ed., pp. 26–50). London: Penguin.

Hoff, E.-H. (in Druck). Arbeit und berufliche Entwicklung. In S.-H. Filipp & U. Staudinger (Hrsg.), *Entwicklungspsychologie des mittleren und höheren Er-*

wachsenenalters (Enzyklopädie der Psychologie, Serie C, Themenbereich V, Bd. 6). Göttingen: Hogrefe.

Iaffaldano, M. T. & Muchinsky, P. M. (1985). Job satisfaction and job performance: A meta-analysis. *Psychological Bulletin, 97,* 251–273.

Inglehart, R. (1989). *Kultureller Umbruch. Wertwandel in der westlichen Welt.* Frankfurt: Campus.

Jones, F. & Fletcher, B. C. (2003). Job control, physical health and psychological well-being. In M. J. Schabracq, J. A. Winnubst, & C. L. Cooper (Eds.), *Handbook of Work and Health Psychology* (2nd ed., pp. 121–142) Chichester: Wiley.

Jahoda, M., Lazarsfeld, P. F. & Zeisel, H. (1975; Original 1933). *Die Arbeitslosen von Marienthal. Ein soziographischer Versuch über die Wirkung langandauernder Arbeitslosigkeit.* Frankfurt/M.: Suhrkamp.

Judge, T. A., Thoresen, C. J., Bono, J. E. & Patton, G. K. (2001). The job satisfaction-job performance relationship: A qualitative and quantitative review. *Psychological Bulletin, 127,* 376–407.

Kahn, R. L. & Byosiere, P. (1992). Stress in organizations. In M. D. Dunnette & L. M. Hough (Eds.), *Handbook of industrial and organizational psychology* (2nd ed., Vol. 3, pp. 571–650). Palo Alto: Consulting Psychologists Press.

Kanfer, R. (1990). Motivation theory and industrial and organizational psychology. In M. D. Dunnette & L. M. Hough (Eds.), *Handbook of industrial and organizational psychology* (2nd ed., Vol. 1, pp. 75–170). Palo Alto: Consulting Psychologists Press.

Karasek, R. A. & Theorell, T. (1990). *Healthy work.* New York: Basic Books.

Kasl, S. V., Rodriguez, E. & Lasch, K. E. (1998). The impact of unemployment on health and well-being. In B. P. Dohrenwend (Ed.), *Adversity, stress and psychopathology* (pp. 111–131). New York: Oxford University Press.

Kieselbach, T. (Ed.). (2000). *Youth unemployment and health. A comparison of six European countries.* Opladen: Leske+Budrich.

Klages, H. (1993). *Traditionsbruch als Herausforderung. Perspektiven der Wertewandelgesellschaft.* Frankfurt: Campus.

Klandermans, B. & Van Vuuren, T. (Eds.). (1999). Job insecurity [Special issue]. *European Journal of Work and Organizational Psychology, 8* (2).

Kleinbeck, U. (1996). *Arbeitsmotivaton: Entstehung, Wirkung und Förderung.* Weinheim: Juventa.

Kohn, M. L. & Schooler, C. (1983). *Work and personality: An inquiry into the impact of social stratification.* Norwood: Ablex.

Kompier, M. & Cooper, C. (Eds.). (1999). *Preventing stress, improving productivity. European case studies in the workplace.* London: Routledge.

Konradt, U., Schmook, R. & Mälecke, M. (2000). Impacts of telework on individuals, organizations and families – A critical review. In C. L. Cooper & I. T. Robertson (Eds.), *International Review of Industrial and Organizational Psychology 2000* (pp. 63–99). Chichester: Wiley.

Laux, L. (1983). Psychologische Stresskonzeptionen. In H. Thomae (Hrsg.), *Theorien und Formen der Motivation* (Enzyklopädie der Psychologie, Themenbereich C, Serie 4, Band 1, S. 453–535). Göttingen: Hogrefe.

Lazarus, R. S. (1999). *Stress and emotion. A new synthesis.* New York: Springer.

Leppin, A. & Schwarzer, R. (1997). Sozialer Rückhalt, Krankheit und Gesundheitsverhalten. In R. Schwarzer (Hrsg.), *Gesundheitspsychologie* (S. 349–373). Göttingen: Hogrefe.

Locke, E. A. & Latham, G. P. (1990). *A theory of goal setting and task performance.* Englewood Cliffs: Prentice-Hall.

Luczak, H. & Rohmert, W. (1997). Belastungs-Beanspruchungs-Konzepte. In H. Luczak & W. Volpert (Hrsg.), *Handbuch Arbeitswissenschaft* (S. 326–332). Stuttgart: Schaeffer-Poeschel.

Lundberg, U. & Parr, D. (2000). Neurohormonal factors, stress, health, and gender. In R. M. Eisler & M. Hersen (Eds.), *Handbook of gender, culture, and health* (pp. 21–41). Mahwah: Lawrence Erlbaum.

Matthews, G., Davies, D. R., Westerman, S. J. & Stammers, R. B. (2000). *Human performance: Cognition, stress, and individual differences.* Hove, UK: Psychology Press.

McClelland, D. C. (1987). *Human motivation.* Cambridge: Cambridge University Press.

McEwen, B. S. (1998). Protective and damaging effects of stress mediators. *New England Journal of Medicine, 338,* 171–179.

McGrath, J. E. & Tschan, F. (in press). *Time matters in social psychology.* Washington: APA.

McGrath, J. E. (1981). Stress und Verhalten in Organisationen. In J. R. Nitsch (Hrsg.), *Stress* (S. 441–499). Bern: Huber (Original: 1976: Stress and behavior in organizations. In M. D. Dunnette (Ed.), *Handbook of industrial and organizational psychology* (pp. 1351–1395). Chicago: Rand McNally).

Miller, K. A. & Kohn, M. L. (1983). The reciprocal effects of job conditions and the intellectuality of leisure-time activities. In M. L. Kohn & C Schooler (Eds.), Work and personality (pp. 217–241). Norwood: Ablex.

Millward, L. J. & Brewerton, P. M. (2000). Psychological contracts: Employee relations for the twenty-first century? In C. L. Cooper & I. T. Robertson (Eds.), *International Review of Industrial and Organizational Psychology 2000* (pp. 1–61). Chichester: Wiley.

Mohr, G. (Hrsg.). (1993). *Ausgezählt. Theoretische und empirische Beiträge zur Psychologie der Frauenerwerbslosigkeit.* Weinheim: Deutscher Studien Verlag.

Mohr, G. (2000). The changing significance of different stressors after the announcement of bankruptcy: A longitudinal investigation with the special emphasis on job insecurity. *Journal of Organizational Behavior, 21,* 337–359.

Mohr, G. (2001). Langzeiterwerbslosigkeit. In J. Zempel, J. Bacher & K. Moser (Hrsg.), *Erwerbslosigkeit. Ursachen, Auswirkungen und Interventionen* (S. 111–131). Opladen: Leske+Budrich.

Mohr, G. & Semmer, N. K. (2002). Arbeit und Gesundheit: Kontroversen zu Person und Situation. *Psychologische Rundschau, 53,* 77–84.

Mohr, G. & Udris, I. (1997). Gesundheit und Gesundheitsförderung in der Arbeit. In R. Schwarzer (Hrsg.), *Gesundheitspsychologie* (2. Aufl., S. 553–573). Göttingen: Hogrefe.

Moser, K. & Schmook, R. (2001). Berufliche und organisationale Sozialisation. In H. Schuler (Hrsg.), *Lehrbuch der Personalpsychologie* (S. 215–239). Göttingen: Hogrefe.

MOW – International Research Team (1987). *The meaning of working.* London: Academic Press.

Murphy, G. C. & Athanasou, J. A. (1999). The effect of unemployment on mental health. *Journal of Occupational and Organizational Psychology, 72,* 83–99.

Nerdinger, F. W. (1995). *Motivation und Handeln in Organisationen.* Stuttgart: Kohlhammer.

Neuberger, O. (1985). *Arbeit. Begriff – Gestaltung – Motivation – Zufriedenheit.* Stuttgart: Enke.

Oesterreich, R. & Volpert, W. (Hrsg.). (1999). *Psychologie gesundheitsgerechter Arbeitsbedingungen.* Bern: Huber.

Oldham, G. R. (1996). Job design. In C. L. Cooper & I. T. Robertson (Eds.), *International Review of Industrial and Organizational Psychology 1996* (pp. 1–48). Chichester: Wiley.

Organ, D. W. & Paine, J. B. (1999). A new kind of performance for industrial and organizational psychology: Recent contributions to the study of organizational citizenship behavior. In C. L. Cooper & I. T. Robertson (Eds.), *International Review of Industrial and Organizational Psychology 1999* (pp. 337–368). Chichester: Wiley.

Ouelette, S. C. (1993). Inquiries into hardiness. In L. Goldberger & S. Breznitz (Eds.), *Handbook of stress: Theoretical and clinical aspects* (2nd ed., pp. 77–100). New York: The Free Press.

Paul, K. & Moser, K. (2001). Negatives psychisches Befinden als Wirkung und als Ursache von Arbeitslosigkeit: Ergebnisse einer Metaanalyse. In J. Zempel, J. Bacher & K. Moser (Hrsg.), *Erwerbslosigkeit. Ursachen, Auswirkungen und Interventionen* (S. 83–110). Opladen: Leske+Budrich.

Reicherts, M. & Pihet, S. (2000). Job newcomers coping with stressful situations: A micro-analysis of adequate coping and well-being. *Swiss Journal of Psychology, 59,* 303–316.

Richter, P. & Hacker, W. (1998). *Belastung und Beanspruchung. Streß, Ermüdung und Burnout im Arbeitsleben.* München: Asanger.

Rimann, M., Udris, I. & Weiss, V. (2000). Values in transition from apprenticeship to occupatonal work. *Swiss Journal of Psychology, 59,* 291-302.

Roe, R. A. & Ester, P. (Eds.). (1999). Values and work [Special Issue]. *Applied Psychology: An International Review, 48.*

Rosenstiel, L. v. (2001). Die Bedeutung von Arbeit. In H. Schuler (Hrsg.), *Lehrbuch der Personalpsychologie* (S. 16-42). Göttingen: Hogrefe.

Rosenstiel, L. v. & Nerdinger, F. W. (2000). Die Münchner Wertestudien – Bestandsaufnahme und (vorläufiges) Resümee. *Psychologische Rundschau, 51,* 146–157.

Ruiz Quintanilla, S. A. & England, G. W. (1996). How working is defined: Structure and stability. *Journal of Organizational Behavior, 17,* 515–540.

Schallberger, U. (2000). Berufliche Tätigkeit als «Determinante» interindividueller Differenzen. In M. Amelang (Hrsg.), *Determinanten interindividueller Differenzen.* Enzyklopädie der Psychologie (C, 8, 4, S. 407–454). Göttingen: Hogrefe.

Schallberger, U. & Pfister, R. (2001). Flow-Erleben in Arbeit und Freizeit. Eine Untersuchung zum «Paradox der Arbeit» mit der Experience Sampling Method (ESM). *Zeitschrift für Arbeits- und Organisationspsychologie, 45,* 176–187.

Schaubroeck, J. & Merritt, D. E. (1997). Divergent effects of job control on coping with work stressors: The key role of self-efficacy. *Academy of Management Journal, 40,* 738–754.

Schaufeli, W. B. & Enzmann, D. (1998). *The burnout companion to study and practice: A critical analysis.* London: Taylor & Francis.

Schneider, B., Goldstein, H. W. & Smith, D. B. (1995). The ASA framework: An update. *Personnel Psychology, 40,* 747–773.

Schönpflug, W. (1987). Beanspruchung und Belastung bei der Arbeit – Konzepte und Theorien. In U. Kleinbeck & J. Rutenfranz (Hrsg.), *Arbeitspsychologie* (Enzyklopädie der Pschologie, Themenbereich D, Serie 3, Band 1, S. 130–184). Göttingen: Hogrefe.

Schooler, C., Mulatu, M. S. & Oates, G. (1999). The continuing effects of substantively complex work on the intellectual functioning of older workers. *Psychology and Aging, 14,* 483–506.

Semmer, N. K. (2000). Control at work: Issues of specificity, generality, and legitimacy. In W. J. Perrig & A. Grob (Hrsg.), *Control of human behavior, mental processes, and consciousness* (pp. 555–574.). Mahwah: Erlbaum.

Semmer, N. K. (2003 a). Job stress interventions and organization of work. In L. E. Tetrick, & J. C. Quick (Eds.), *Handbook of occupational health psychology* (pp. 325–353). Washington: APA.

Semmer, N. K. (2003 b). Individual differences, work stress and health. In M. J. Schabracq, J. A. Winnubst, & C. L. Cooper (Eds.), *Handbook of Work and Health Psychology* (2nd ed., pp. 83–120) Chichester: Wiley.

Semmer, N. K. & Mohr, G. (2001). Arbeit und Gesundheit: Konzepte und Ergebnisse der arbeitspsychologischen Stressforschung. *Psychologische Rundschau, 52,* 150–158.

Semmer, N. K. & Zapf, D. (in Druck). Gesundheitsbezogene Interventionen in Organisationen. In H. Schuler

(Hrsg.), *Enzyklopädie der Psychologie. Organisationspsychologie I – Grundlagen und Personalpsychologie* (D/III/3). Göttingen: Hogrefe.

Siegrist, J. (2002). Effort-reward imbalance at work and health. In P. L. Perrewé & D. C. Ganster (Eds.), *Historical and current perspectives on stress and health* (Research in occupational stress and well being, Vol. 2, pp. 261–291). Amsterdam: JAI.

Six, B. & Kleinbeck, U. (1989). Motivation und Zufriedenheit in Organisationen. In E. Roth (Hrsg.), *Organisationspsychologie* (Enzyklopädie der Psychologie, Themenbereich D, Serie 3, Band 3, S. 348–398). Göttingen: Hogrefe.

Sochert, R. (1999). *Gesundheitsbericht und Gesundheitszirkel. Evaluation eines integrierten Konzepts betrieblicher Gesundheitsförderung.* Bremerhaven: Wirtschaftsverlag NW.

Sonnentag, S. & Frese, M. (in press). Stress in organizations. In W. C. Borman, D. R. Ilgen & R. J. Klimoski (Hrsg.), *Comprehensive handbook of psychology, volume twelve: Industrial and organizational psychology.* New York: Wiley.

Spector, P. E. & Jex, S. M. (1998). Development of four self-report measures of job stressors and strain: Interpersonal conflict at work scale, organizational constraints scale, quantitative workload inventory, and Physical Symptoms Inventory. *Journal of Occupational Health Psychology, 3,* 356–367.

Spector, P. E. (1997). *Job satisfaction.* Thousand Oaks: Sage.

Theorell, T. & Karasek, R.A: (1996). Current issues relating to psychosocial job strain and cardiovascular disease research. *Journal of Occupational Health Psychology,* 1, 9–26.

Udris, I. (1979). Central Life Interests: Werte, Wertwandel, Arbeitspsychologie. *Schweizerische Zeitschrift für Psychologie, 38,* 252–259.

Udris, I. & Frese, M. (1999). Belastung und Beanspruchung. In C. G. Hoyos & D. Frey (Hrsg.), *Arbeits- und Organisationspsychologie.* Ein Lehrbuch (S. 429–445). Weinheim: PsychologieVerlagsUnion.

Udris, I., Rimann, M. & Thalmann, K. (1994). Gesundheit erhalten, Gesundheit herstellen: Zur Funktion salutogenetischer Ressourcen. In B. Bergmann & P. Richter (Hrsg.), *Die Handlungsregulationstheorie* (S. 198–215). Göttingen: Hogrefe.

Ulich, E. (2001). *Arbeitspsychologie* (5. Aufl.). Zürich: vdf Hochschulverlag / Stuttgart: Schäffer-Poeschel.

Van Eerde, W. & Thierry, H. (1996). Vroom's expectancy models and work-related criteria: A meta-analysis. *Journal of Applied Psychology, 81,* 575–586.

Wacker, A. (2001). Marienthal und die sozialwissenschaftliche Arbeitslosenforschung – ein historischer Rück- und Ausblick. In J. Zempel, J. Bacher & K. Moser (Hrsg.), *Erwerbslosigkeit. Ursachen, Auswirkungen und Interventionen* (S. 397–414). Opladen: Leske+Budrich.

Warr, P. (1987). *Work, unemployment and mental health.* Oxford: Oxford University Press.

Wegge, J. & Kleinbeck, U. (Eds.). (2002). Emotion und Arbeit [Themenheft]. *Zeitschrift für Arbeits- und Organisationspsychologie, 46* (4).

Wenninger, G. & Gstalter, H. (1995) Organisatorische Bedingungen für sicheres, gesundheits- und umweltbewusstes Arbeiten. In C. G. Hoyos & G. Wenninger (Hrsg.), *Arbeitssicherheit und Gesundheitsschutz in Organisationen* (S. 107–147). Göttingen: Verlag für Angewandte Psychologie.

Werth, L., Denzler, M. & Förster, J. (2002). Was motiviert wen? Worauf der Fokus liegt, entscheidet über den Erfolg. *Wirtschaftspsychologie,* 4, 5–12.

Wieland-Eckelmann, R., Allmer, H., Kallus, K. W. & Otto, J. (1994). *Erholungsforschung* (S. 16–44). Weinheim: Psychologie Verlags Union.

Wydler, H. Kolip, & P. Abel, T. (Hrsg.). (2000). *Salutogenese und Kohärenzgefühl.* Weinheim: Juventa.

Zapf, D. & Dormann, C. (2001). Job satisfaction: A meta-analysis of stabilities. *Journal of Organizational Behavior, 22,* 483–504.

Zapf, D. & Semmer, N. K. (in Druck). Stress und Gesundheit in Organisationen. In H. Schuler (Hrsg.), *Enzyklopädie der Psychologie. Organisationspsychologie I – Grundlagen und Personalpsychologie (D/III/3).* Göttingen: Hogrefe.

Zapf, D., Dormann, C. & Frese, M. (1996). Longitudinal studies in organizational stress research: A review of the literature with reference to methodological issues. *Journal of Occupational Health Psychology, 1,* 145–169.

Zempel, J., Bacher, J. & Moser, K. (Hrsg.). (2001). *Erwerbslosigkeit. Ursachen, Auswirkungen und Interventionen.* Opladen: Leske+Budrich.

7

Heinz Schüpbach & Martina Zölch

Analyse und Bewertung von Arbeitssystemen und Arbeitstätigkeiten

Inhalt

1. **Begriffliche Klärungen und grundlegende Konzepte** ... 197
1.1 Forschungs- oder interventionsorientierte Ansätze ... 198
1.2 Form der Intervention: Selektion oder Modifikation ... 198
1.3 Gegenstand der Modifikation: die Merkmale und das Verhalten der Arbeitenden ... 199
1.4 Allokation der Planungs- und Steuerungsaufgaben: funktions- oder autonomieorientierte Ansätze ... 200
1.4.1 Funktionsorientierte Ansätze ... 200
1.4.2 Autonomieorientierte Ansätze ... 201
2. **Analyse und Bewertung von Arbeitssystemen** ... 203
2.1 Der Mehrebenen-Ansatz ... 204
2.2 Arbeitssysteme als soziotechnische Systeme: Die soziotechnische Systemanalyse ... 205
2.3 Ganzheitliche Betriebsanalysen: Die MTO-Analyse ... 206
3. **Analyse und Bewertung von Arbeitstätigkeiten** ... 208
3.1 Einführung und Gegenstandsbereich ... 208
3.2 Bedingungsbezogene Verfahren ... 210
3.3 Personbezogene Verfahren ... 211
3.4 Verfahrensüberblick und Ausblick ... 215
3.4.1 Analyse der Mensch-Maschine-/Rechner-Schnittstelle ... 216
3.4.2 Analyse von Gruppenaufgaben ... 217
3.4.3 Ausblick ... 217
4. **Literatur** ... 218

Die Analyse und Bewertung von Arbeitssystemen und Arbeitstätigkeiten bilden die Grundlage jeglicher arbeitspsychologisch fundierten Gestaltungsmaßnahme. Sie werden sowohl in der ersten, die aktuellen Gegebenheiten beschreibenden und Gestaltungsmöglichkeiten aufzeigenden, als auch in der abschließenden, d.h. evaluativen Phase von Arbeitsgestaltungsprojekten durchgeführt. Anlass ist meist eine betrieblich zwar relevante, jedoch erst vage und vordergründig erkennbare Problematik, deren Ursachen und Auswirkungen noch unklar, möglicherweise umstritten sind. Die Analysen und Bewertungen dienen dazu, die Problemstellung differenziert herauszuarbeiten, so dass sich daraus empirisch und psychologisch fundierte Lösungsvorschläge ableiten lassen. Die Rückmeldung der Ergebnisse führt bei diesem primär induktiven Vorgehen dazu, dass die Betroffenen für die Problematik sensibilisiert werden sowie eine gemeinsame Vorstellung und Einschätzung der Ausgangssituation und der Gestaltungsmöglichkeiten entwickeln.

1. Begriffliche Klärungen und grundlegende Konzepte

Das hier verwendete Begriffspaar «Analyse und Bewertung» ist in den meisten Teilgebieten der Psychologie eher ungebräuchlich. Dies hängt wohl damit zusammen, dass es aus den technischen Arbeitswissenschaften in die Arbeitspsychologie übernommen wurde. Der in der Psychologie allgemein vertraute Begriff der Diagnose ist dagegen, etwa in der Spezifikation «Arbeitsdiagnose», in der Arbeitspsychologie weitgehend unbekannt. Dies gilt allerdings nicht für den Begriff der Organisationsdiagnose; (vgl. Büssing, Kap. 17). Um begriffliche Klarheit zu schaffen, wird daher nachfolgend eine erste Differenzierung und Klassifikation von Ansätzen der Arbeitsanalyse und -bewertung anhand von vier wesentlichen Merkmalen vorgenommen.

1.1 Forschungs- oder interventionsorientierte Ansätze

Analyse- und Bewertungsansätze lassen sich erstens danach unterscheiden, ob sie im Rahmen betrieblicher Interventions- oder wissenschaftlicher Forschungsprojekte eingesetzt werden. Die Ersteren sind meist *kasuistisch*, d. h. für den konkreten Einzelfall konzipiert, in dem die betriebliche Relevanz der Fragestellung im Vordergrund steht und die Analysen der Klärung und Präzisierung der Problemstellungen bzw. der Generierung vertiefender Hypothesen dienen (induktives Vorgehen). Wissenschaftliche Forschungsprojekte gehen dagegen meist theoriegeleitet von Fragestellungen aus, die als (statistische) Hypothesen formuliert und anschließend unter mehr oder weniger kontrollierten Bedingungen empirisch überprüft werden (deduktives Vorgehen; vgl. Bungard, Kap. 4.2, sowie Moser, Kap. 4.1). Zu beachten ist, dass den Psychologinnen und Psychologen, den betrieblichen Untersuchungspartnern sowie den Ergebnissen in Gestaltungs- und Forschungsprojekten vergleichsweise sehr unterschiedliche Rollen bzw. Aufgaben zukommen, die im Vorfeld der Untersuchungen geklärt werden müssen (vgl. dazu Frieling & Sonntag, 1999).

Für arbeitspsychologische Analyse- und Bewertungsansätze, die primär nach interventionsmethodischen Gesichtspunkten konzipiert sind und die nachfolgend im Vordergrund stehen, gelten die folgenden Merkmale:

- Die schrittweise vertiefende Klärung und Präzisierung der Frage- und Problemstellungen sowie die Generierung von Hypothesen sind das Ziel, nicht eine Voraussetzung des Verfahrens («Trichtermodell»; Hacker, 1995).
- Ihr Untersuchungsfeld sind Arbeitssysteme und Arbeitstätigkeiten, die als Ganzheiten in ihrem Zusammenhang betrachtet werden, nicht bestimmte Einzelmerkmale.
- Untersuchungsgegenstände sind sowohl die situativen Bedingungen, welche z. B. die Tätigkeitsspielräume, Ressourcen und Restriktionen definieren, als auch die Arbeitstätigkeiten selbst, d. h. die Art und Weise, wie die Spielräume, Ressourcen und Restriktionen von den Arbeitenden wahrgenommen und genutzt resp. bewältigt werden (vgl. ebd.).

1.2 Form der Intervention: Selektion oder Modifikation

Analyse- und Bewertungsansätze können zweitens nach der Form der intendierten Intervention unterschieden werden. Die Diagnostik im Rahmen von Entscheidungen über die Zuordnung von Personen zu Arbeitsaufgaben (Selektion, Platzierung oder Klassifikation) ohne damit verbundene situations- oder personbezogene Veränderungen wird von Amelang und Zielinski (1997) als *Selektionsdiagnostik* bezeichnet. Diagnostiziert bzw. prognostiziert wird z. B. der Berufserfolg oder die Leistung (vgl. Schuler & Höft, Kap. 10). Im Gegensatz dazu werden Analysen und Bewertungen als Grundlage von Modifikationsmaßnahmen von Amelang und Zielinski (1997) als *Modifikationsdiagnostik* bezeichnet. Diagnostiziert werden das Veränderungspotenzial bestimmter Arbeitssituationen sowie die damit verbundenen Wirkungen. Modifikationen können dabei sowohl bei der Person und ihrem Verhalten (z. B. als Qualifizierungsmaßnahmen) als auch bei den Aufgaben und den Arbeitsbedingungen ansetzen. Der Schwerpunkt arbeitspsychologisch fundierter Analysen und Bewertungen, der anschließend weiterverfolgt wird, liegt auf modifikationsdiagnostischen Ansätzen.

1.3 Gegenstand der Modifikation: die Merkmale und das Verhalten der Arbeitenden

Das dritte Merkmalspaar bezieht sich auf die Frage, wo die mit der Analyse und Bewertung verbundenen Modifikationen oder Gestaltungsmaßnahmen ansetzen. Im Bereich der Personalentwicklung liegt der Ansatz bei den Arbeitenden, ihrem Verhalten und ihren beruflichen Kompetenzen, d.h. der *Verhaltensmodifikation* (Holling & Liepmann, Kap. 11; Amelang & Zielinski, 1997). Bei dieser als *Anforderungsanalyse* bezeichneten Form der Arbeitsanalyse (vgl. Schuler, 2001) werden die Ergebnisse z.B. zur Ermittlung des Personalentwicklungsbedarfs verwendet, indem sie als «Soll-Vorgaben» in Bezug zu den Ergebnissen von Leistungs- und Potenzialbeurteilungen von Mitarbeitern gesetzt werden (Schuler & Prochaska, 1999). Die Anforderungen selbst werden dabei nicht bewertet, sondern als gegeben angenommen. Im Gegensatz dazu werden bei *aufgaben- und bedingungsdiagnostischen*, auch *situationsdiagnostisch* genannten Ansätzen (vgl. Kannheiser, 1994; Oesterreich & Volpert, 1987) die Analyseergebnisse zur Bewertung der Arbeitsaufgaben und -bedingungen sowie der sich daraus ergebenden Tätigkeits- und Handlungserfordernisse nach psychologischen Humankriterien herangezogen (vgl. Informationsbox 5 sowie Ulich, Kap. 8). Vom analysierten Verhalten wird somit nicht auf die diesem zu Grunde liegenden personellen Voraussetzungen, sondern auf ermöglichende und einschränkende situative Bedingungen geschlossen. Die empirisch ermittelten Ausprägungen der Tätigkeits- und Handlungserfordernisse werden dabei in Bezug gesetzt zu anerkannten Normen und Kriterien menschengerechter Arbeitsaufgaben und -tätigkeiten. Als kritisch bewertete Abweichungen von diesen Bezugsnormen und -kriterien weisen auf die Notwendigkeit korrektiver Gestaltungsmaßnahmen hin **(Informationsbox 1)**.

Informationsbox 1

Praxis-Beispiel für ein bedingungsdiagnostisches Vorgehen

Die Analyse der Arbeitstätigkeiten von Operateuren in einer teilautomatisierten Fertigungsstraße hat Hinweise auf das Erleben von Stress ergeben. Grundsätzlich wird unterstellt, dass alle Operateure hinreichend qualifiziert und geübt sind. Vermutet wird somit, dass das Stresserleben mit bestimmten technisch-organisatorischen Bedingungen zusammenhängt. Vertiefende Analysen ergeben:

a) In der Fertigungsstraße sind die Bearbeitungsprozesse unzureichend durchschaubar, da sie für die Operateure nicht direkt einsehbar sind;
b) technische und organisatorische Störungen sind kaum vorhersehbar;
c) die Operateure verfügen nur über sehr begrenzte Möglichkeiten, direkt in die technischen Prozesse oder in die Arbeitsabläufe einzugreifen.

Es gilt empirisch als gesichert, dass zwischen fehlender Kontrolle, auf welche die Befunde hinweisen, und Stresserleben ein enger Zusammenhang besteht (vgl. Semmer & Udris, Kap. 6). Auch die Folgen von Stress für die Gesundheit der Betroffenen sowie für die Zuverlässigkeit der betrieblichen Abläufe sind bekannt. Auf der Basis der Ergebnisse der Analysen und Bewertungen wird nach technischen und organisatorischen Möglichkeiten gesucht, um die Bedingungen so umzugestalten, dass sie für die Arbeitenden keine negativen Auswirkungen mehr enthalten.

1.4 Allokation der Planungs- und Steuerungsaufgaben: funktions- oder autonomieorientierte Ansätze

Das vierte Merkmalspaar bezieht sich schließlich auf die Frage, wie in Arbeitssystemen die Allokation der Planungs- und Steuerungsaufgaben geregelt ist. Der Begriff «Planungs- und Steuerungsaufgaben» ist dabei im weiteren Sinn gemeint und bezieht sich auf die Zuständigkeit für das operative «Management» der technischen Arbeitsabläufe und der menschlichen Arbeitstätigkeiten. Der arbeitswissenschaftliche Begriff der «Planung und Steuerung» wird als mehr oder weniger gleichbedeutend mit Begriffen wie «Management», «Lenkung», «Führung» oder «Leitung» verstanden. Entscheidend ist dabei die Übertragung von Teilaufgaben, wie die spezifischen Ziele festzusetzen, die Entscheidung für bestimmte Vorgehensvarianten zu treffen, den Einsatz der Ressourcen zu planen, die Einzeltätigkeiten zu koordinieren, die technischen Prozesse zu programmieren und zu überwachen, die Qualitätssicherung der Ergebnisse vorzunehmen etc. In akzentuierter Form existieren dafür zwei Möglichkeiten:

a) Die technischen Prozesse und die betrieblichen Vorgaben sind derart eng gefasst, dass sie das Verhalten der Arbeitenden und die Arbeitsabläufe determinieren (funktions- bzw. vorgabenorientierte Variante, Fremdbestimmung);
b) die Arbeitenden planen und steuern ihre Arbeitstätigkeiten und die Arbeitsprozesse innerhalb von Rahmenvorgaben weitgehend selbst und halten so die Arbeitssituation unter Kontrolle (autonomieorientierte Variante, aufgabenorientiertes Handeln, Selbstregulation).

Beide Möglichkeiten, die unter historisch und betrieblich sehr unterschiedlichen Bedingungen entstanden sind, lassen sich heute in der Praxis vorfinden. Sie basieren, wie nachfolgend gezeigt wird, auf sehr unterschiedlichen Konzepten und Strategien der Arbeitsanalyse und -bewertung.

1.4.1 Funktionsorientierte Ansätze

Zu Beginn des zwanzigsten Jahrhunderts wurde mit Blick auf die aufkommende Massenfertigung für ständig wachsende, ungesättigte Märkte ein Planungs- und Steuerungskonzept entwickelt, das auf eine möglichst weitgehende Rationalisierung und Standardisierung der Produktionsabläufe abzielte. Es beruhte auf der Voraussetzung, dass die tausendfach wiederholten Arbeitsabläufe weitestgehend berechenbar und zentral steuerbar waren. Die Planungs- und Steuerungsaufgaben wurden somit aus den noch weitgehend handwerklichen Arbeitssystemen ausgegliedert und in hierarchisch organisierten Betriebsleitungen und Meisterbereichen zentral zusammengefasst. Möglichst exakt und eindeutig festgelegte Vorgaben, die zuverlässig eingehalten werden mussten, sollten die präzisen, wie in einem Uhrwerk aufeinander abgestimmten Einzeltätigkeiten beherrschbar machen (**Informationsbox 2**; vgl. auch Schüpbach, 1994).

Aus psychologischer Sicht und in methodischer Konsequenz entspricht diesem Konzept ein verhaltensanalytischer Ansatz, der Verhalten typischerweise als eingeübte, repetitive und unmittelbare Reaktion auf unter stets gleich bleibenden Bedingungen auftretende Stimuli betrachtet. Eine eigenständige Motivation, eine persönliche Beziehung zur Arbeitsaufgabe sowie Merkmale menschlichen Handelns wie Zielgerichtetheit, Bewusstheit und Willentlichkeit des Handelns (Hacker, 1998) werden außer Betracht gelassen. Sie gelten in dieser Logik zwangsläufig als dysfunktional, als Ursache von «aus der Reihe tanzen». Handlungsspielräume müssen daher möglichst eng gehalten und eingegrenzt werden.

Funktionsorientierte Analysen und Bewertungen gelangen primär dann zur Anwendung, wenn beabsichtigt ist, klar eingegrenzte, strukturier- und beschränkbare, eher repetitive Aufgabenbereiche zu schaffen (Sarges, 1995), wie z. B. in der traditionellen industriellen Fertigung und Montage oder bei einfacheren Bürotätigkeiten. Sie bilden die Grundlage für die Erarbeitung standardisierter, stets wieder verwend-

Informationsbox 2

Historischer Hintergrund und Merkmale der funktionsorientierten Arbeitsanalyse

Die funktionsorientierte Arbeitsanalyse entwickelte sich im Zuge der Verwissenschaftlichung der Betriebsführung, des «Scientific Management», zu Beginn des letzten Jahrhunderts (Taylor 1911, 1977). Der amerikanische Ingenieur F. W. Taylor hatte auf seinen Fabrikrundgängen beobachtet, dass die Handwerker in den Manufakturen ihre Arbeit auf überlieferte «Faustregeln» abstützten. Die Ausführungsweisen waren sehr unterschiedlich und Taylor schloss daraus, dass sie sich eher spontan entwickelt haben mussten. Er vermutete, dass es demgegenüber einen nach bestimmten Regeln und Normen systematisch eruierbaren und allgemein gültigen «best way» geben müsste. Er fasste den Entschluss, diesen «one best way» für verschiedene Arbeitstätigkeiten mit dem folgenden arbeitsanalytischen Vorgehen wissenschaftlich zu ermitteln:

- «Erstens: Man suche 10 oder 15 Leute, die in der speziellen Arbeit, die analysiert werden soll, besonders gewandt sind.
- Zweitens: Man studiere die genaue Reihenfolge der grundlegenden Operationen, welche jeder einzelne dieser Leute immer wieder ausführt, wenn er die fragliche Arbeit verrichtet, ebenso die Werkzeuge, die jeder einzelne benutzt.
- Drittens: Man messe mit der Stoppuhr die Zeit, welche zu jeder dieser Einzeloperationen nötig ist, und suche dann die schnellste Art und Weise herauszufinden, auf die sie sich ausführen lässt.
- Viertens: Man schalte alle falschen, zeitraubenden und nutzlosen Bewegungen aus.
- Fünftens: Nach Beseitigung aller unnötigen Bewegungen stelle man die schnellsten und besten Bewegungen, ebenso die besten Arbeitsgeräte tabellarisch in Serien geordnet zusammen.»

Das funktionsorientierte Analysemodell von Taylor fand rasche Verbreitung, erntete jedoch auch früh Kritik. Lewin kritisierte bereits in den Anfängen des Taylorismus die Stellung des Menschen im Arbeitsprozess und wies ausdrücklich auf die funktionalistischen Züge hin, indem er bemängelte, dass die Arbeit nicht vom Standpunkt der Arbeitenden selbst zu ihrer Arbeit her gestaltet sei (vgl. Ulich, 2001). Von den betrieblichen Praktikern wurden und werden vor allem die fehlende Flexibilität der zentralistischen und funktionsteiligen Arbeitsstrukturen sowie der bürokratische Aufwand für die Analysen und die zentrale Arbeitsvorbereitung bemängelt.

barer Arbeitspläne. Aus arbeitspsychologischer Sicht ist dieser Ansatz als problematisch einzuschätzen.

1.4.2 Autonomieorientierte Ansätze

Die Ineffektivität des funktionsorientierten Ansatzes kann vor allem für die heute verbreiteten Kleinserien- und Einzelfertigungsbetriebe mit ihren komplexen logistischen Ketten, die in raschen Veränderungen unterworfenen Umwelten agieren, als hinreichend belegt gelten (Schüpbach, 1994). Flexibilität ist zur unabdingbaren Voraussetzung für die Arbeits- und Organisationsstrukturierung geworden. An die Stelle des mechanistischen Systemkonzepts tritt daher zunehmend die Vorstellung des Betriebs als eines nach außen und innen offenen, komplexen Organismus. Die einzelnen «Organe», d.h. die relativ eigenständigen Abteilungen und Arbeitsgruppen im Betrieb, müssen in der Lage sein,

Informationsbox 3

Merkmale und Verfahren der autonomieorientierten Arbeitsanalyse

Ein Verfahren, das die Postulate und Merkmale der autonomieorientierten Tätigkeitsanalyse weitgehend verkörpert, ist die «Subjektive Tätigkeitsanalyse» (STA) nach Ulich (1981; vgl. Ulich 2001). Dieses in den Grundzügen sehr einfache Verfahren wurde in Anlehnung an Emery (1959) entwickelt und erprobt. Bei der STA handelt es sich um einen Gruppenprozess, der in vier Schritte gegliedert ist und in dem einer Psychologin oder einem Psychologen die Rolle der Moderation zukommt:

1. Schritt:
Der Arbeitsgruppe wird ein Raster vorgestellt, das verschiedene für die Erweiterung der Autonomie relevante Dimensionen der in der Gruppe vorkommenden Arbeitstätigkeiten enthält, die gemeinsam bewertet werden: 1. «Ellbogenfreiheit», 2. Abwechslung, 3. Lernmöglichkeiten, 4. Gegenseitige Unterstützung und Respektierung, 5. Sinnvoller Beitrag für den Betrieb und den Konsumenten, 6. Positive Zukunftsaussicht.

2. Schritt:
Die Beteiligten werden aufgefordert, Pläne für die Veränderung der nunmehr als problemhaltig erfahrenen Situation zu generieren. Individuellen Differenzen in der Wahrnehmung der Arbeitssituation und der Bedürfnisse soll dabei im Sinne der differenziellen Arbeitsgestaltung Rechnung getragen werden (vgl. Ulich, Kap. 8). Bei diesem Schritt handelt es sich um einen längeren Prozess und keinen einmaligen Vorgang.

3. Schritt:
Ermittlung der Qualifizierungserfordernisse und -defizite.

4. Schritt:
Entwicklung eines gruppeninternen Trainingsprogramms zur gegenseitigen Vermittlung der erforderlichen Qualifikationen.

Folgende Merkmale der STA sind für die autonomieorientierte Arbeitsanalyse und -bewertung typisch und wichtig:

- Die Betroffenen werden von Anbeginn an zu Beteiligten gemacht (Partizipation).
- Bei vielen Beteiligten muss von einer anfänglich geringen Bereitschaft zum aktiven Engagement ausgegangen werden. Im ersten Schritt der STA geht es deshalb darum, die Beteiligten für Fragen der Arbeitsgestaltung zu sensibilisieren, d. h. die erstarrten Grundhaltungen und die eher «resignative Zufriedenheit» (Semmer & Udris, Kap. 6) «aufzutauen», ihre Handlungsbereitschaft zu wecken und dabei kurzfristig auch eine «konstruktive Unzufriedenheit» in Kauf zu nehmen.
- Die Analysen und Bewertungen werden gemeinsam in der Gruppe durchgeführt und auf den gesamten Arbeitsbereich bezogen, nicht lediglich auf einzelne, individuelle Arbeitsplätze. Interindividuelle Differenzen finden dennoch Berücksichtigung (vgl. Ulich, Kap. 8).
- Die Möglichkeit, auch nach Abschluss des Gestaltungsprojekts am Arbeitsplatz autonom zu handeln, wird prospektiv vorweggenommen, nicht erst im Nachhinein korrektiv eingeführt (vgl. Ulich, Kap. 8).
- Die STA bildet eine zyklische Einheit von Analyse, Bewertung und Intervention. Die Intervention besteht aus einer Kombination von Arbeitsgestaltungs- und Qualifizierungsmaßnahmen (vgl. den Begriff der «qualifizierenden Arbeitsgestaltung» bei Ulich, 2001).

Zur Ergänzung dieses partizipativen Ansatzes der STA stehen weitgehend standardisierte und erprobte Verfahren und Instrumente zur autonomieorientierten Arbeitsanalyse und -bewertung zur Verfügung, die in den nachfolgenden Abschnitten vorgestellt werden.

ihre Prozesse dezentral innerhalb bestimmter Rahmenvorgaben selbst planen und steuern sowie rechtzeitig an die sich rasch verändernden Bedingungen anpassen zu können. Das Management der Arbeitssysteme und der Arbeitstätigkeiten wird nicht mehr als alleinige Aufgabe von Vorgesetzten, sondern als integrierte Aufgabe jedes Arbeitssystems und jedes Mitarbeiters verstanden. Zentrale Rahmenvorgaben beschränken sich dabei auf das für die Selbstregulation Notwendige, wie z. B. Produkt- und Qualitätsspezifikationen, Mengen und Termine. Psychologisch bedeutet dies, von der Annahme auszugehen, dass das Handeln der Arbeitenden nicht mehr unmittelbar und lediglich reaktiv auf diese Vorgaben, sondern auf das Erkennen und das Nutzen von Tätigkeitsspielräumen ausgerichtet ist. An Stelle der Orientierung an definierten Vorgaben wird eine *Aufgabenorientierung* gefördert (vgl. Ulich, Kap. 8): Handlungsauslösend und handlungsregulierend wirken die redefinierten Aufgaben (vgl. Abschnitt 3), denen sich die Arbeitenden verpflichtet fühlen und die sie zum Ausgangspunkt ihres Handelns und ihrer Tätigkeit machen. Sie werden damit zu weitgehend autonomen Subjekten ihres individuellen und des kollektiven Handelns in der Gruppe (vgl. **Informationsbox 3**).

Zur entscheidenden, das Konzept der Analyse und Bewertung bestimmenden Frage wird, wie die Arbeitenden mit den gewährten Spielräumen umgehen und die damit verbundenen Erfordernisse bezüglich Autonomie und Selbstregulation bewältigen: Wo eröffnen sich für die Arbeitenden Spielräume? Sind diese – entsprechend der vorhandenen oder zu entwickelnden Qualifikationen – angemessen dimensioniert, d. h. weder zu weit noch zu eng gefasst? Sind die relevanten Informationen zugänglich und vollständig vorhanden? Sind die für die Absprachen notwendigen Kommunikationsbeziehungen hergestellt? Verfügen die Arbeitenden über alle notwendigen Arbeits- und Hilfsmittel? Stehen ausreichende Kapazitäten und Ressourcen zur Verfügung?

Autonomieorientierte Analysen und Bewertungen kommen dann zur Anwendung, wenn vorgesehen ist, eher «schwach definierte», d. h. offene, komplexe und auf die Definition der wichtigen Rahmenbedingungen beschränkte Aufgabenstrukturen zu schaffen und zu gestalten (Sarges, 1995), z. B. in Form von wenig funktionsteiligen, teilautonomen Gruppenstrukturen. Die Ergebnisse dienen vor allem dazu, die vorhandenen Ressourcen und Bewältigungsmöglichkeiten, eventuelle Restriktionen oder Schwachstellen, den Bedarf an polyvalenter Qualifizierung und Kompetenzentwicklung etc. zu ermitteln. Es geht somit primär nicht darum, den Inhalt, sondern lediglich den Rahmen der Tätigkeit und des Handelns festzulegen und zu strukturieren. Theoretisch basiert der autonomieorientierte Ansatz auf der Handlungsregulations-Theorie sowie auf dem soziotechnischen Systemansatz (Hacker, 1998; Ulich, 2001). In den weiteren Ausführungen steht er im Vordergrund.

In **Übersicht 1** ist die Typisierung der unterschiedlichen Analyse- und Bewertungsansätze zusammenfassend dargestellt: der funktions- und der autonomieorientierte Ansatz werden einander merkmalsbezogen gegenübergestellt.

2. Analyse und Bewertung von Arbeitssystemen

Mit dem Begriff «Arbeitssystem» werden in allgemeiner Form überindividuelle Arbeitszusammenhänge wie z. B. Abteilungen, Geschäftsbereiche, Werkstätten oder Fertigungsinseln bezeichnet. Das wesentlichste Bestimmungsmerkmal ist ein einheitlicher, in sich relativ abgegrenzter Arbeitsauftrag («Primäraufgabe»; vgl. Abschnitt 2.2 sowie Ulich, Kap. 8).

Das Ziel der Analyse und Bewertung von Arbeitssystemen ist das Aufzeigen derjenigen Auftrags- und Bedingungsmerkmale, welche die menschliche Arbeitstätigkeit und das Arbeitshandeln beeinflussen, d. h. einschränken und erschweren (Restriktionen, Belastungen) oder erleichtern und fördern (Ressourcen). Die Arbeitssystemanalyse beschreibt somit den Rahmen, innerhalb dessen die Arbeitenden tätig sind. Anhand psychologisch fundierter Kriterien kann anschließend bewertet werden, ob dieser

Übersicht 1: Eingrenzung und Charakteristika des funktions- und des autonomieorientierten Ansatzes der Arbeitsanalyse und -bewertung

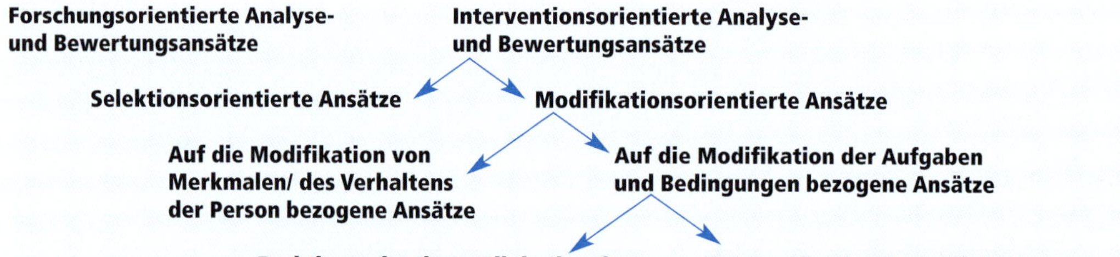

	Funktionsorientierte Allokation der Planungs- und Steuerungsaufgaben	**Autonomieorientierte Allokation der Planungs- und Steuerungsaufgaben**
Organisationsverständnis	Organisationen als geschlossene, mechanistische Strukturen; Berechenbarkeit und Beherrschbarkeit der Arbeitsabläufe	Organisationen als offene, organismische Systeme; eigendynamische, Schwankungen und Störungen unterworfene Prozesse, die flexibel reguliert werden müssen
Regulationsmodell	Zentrale Planung und Steuerung der Arbeitsabläufe auf der Basis deterministischer Vorgaben; Vorgabenorientierung der Arbeitenden	Lokale Selbstregulation auf der Basis von Rahmenvorgaben; Aufgabenorientierung der Arbeitenden
Theoretische Grundlage	Technologische und verhaltenstheoretische Ansätze; psychologische Aspekte werden oft wenig berücksichtigt	Systemische Ansätze: Tätigkeits- und handlungstheoretische Konzepte; soziotechnischer Systemansatz
Ziel der Analyse	Präzise Vorgaben für die effizientesten Arbeitsabläufe ermitteln; Anforderungen optimieren; Programme für die Vermittlung der erforderlichen Qualifikationen entwickeln	Rahmenvorgaben ermitteln; Handlungsspielräume optimieren; Möglichkeiten und Notwendigkeiten zur Bewältigung der Anforderungen und zur Kompetenzentwicklung aufzeigen

Rahmen und die Arbeitsbedingungen menschengerecht gestaltet sind. Auf der Basis der Kenntnis der Arbeitssystembedingungen wird somit auf die Möglichkeiten für und die Auswirkungen auf das menschliche Handeln geschlossen. Diese Perspektive wird ergänzt durch die Analyse der Arbeitstätigkeiten im Arbeitssystem, aus deren Ergebnissen auf die Möglichkeiten der Arbeitenden geschlossen wird, mit den Arbeitsaufträgen und -bedingungen umzugehen und diese zu bewältigen (vgl. Abschnitt 3).

2.1 Der Mehrebenen-Ansatz

Die Eingrenzung der zu analysierenden Arbeitssystemstrukturen innerhalb eines Betriebes kann angesichts der Offenheit und Komplexität von Arbeitssystemen nicht allein nach objektiven Strukturmerkmalen vorgenommen werden. Dies muss im Einzelfall nach Maßgabe der Problem- und Fragestellungen geschehen. Dabei sollen grundsätzlich sowohl die Aufbau- (hierarchische Dimension) als auch die Ablaufstrukturen (prozessuale Dimension) berücksichtigt werden. Oft ist es erforderlich, Zusammenhänge (z.B. Umfeldsysteme wie Lieferanten oder Vertriebsstellen, Ausbildungssystem, Arbeitsmarkt) und Prozesse (z.B. Produkt-Lebenszyklus von der Materialbeschaffung bis zur Entsorgung) über die Betriebsgrenzen hinaus zu berücksichtigen. Als Faustregel kann gelten, dass Arbeitssystemanalysen sich über mindestens drei Ebenen erstrecken sollten. Die mittlere wird dabei als fokale Ebene festgelegt, d.h. als diejenige, die im Zentrum des Interesses steht. Die darüber liegenden Ebenen bilden die Makro-, die darunter liegenden die Sub- oder Mikro-Systemebenen. Als fokale Ebene kann beispielsweise eine Fertigungswerkstatt gewählt werden; auf den Makro-Ebenen befindet sich in diesem Falle die

Fertigungsabteilung sowie das Unternehmen als Ganzes. Die Mikro-Ebene wird von den einzelnen Arbeitsplätzen in den Werkstätten gebildet, die in sich weiter aufgegliedert werden können. Die Analysen und Bewertungen von Arbeitssystemen führen – Hypothesen generierend und Problemstellungen schrittweise präzisierend und vertiefend – von den Makro- zu den Mikro-Ebenen (Analyse und Bewertung *top down*; vgl. das «Trichtermodell» bei Hacker, 1995). Diesem Vorgehen liegt die Annahme zu Grunde, dass sich die Arbeitsorganisation auf einer unteren Ebene mehr oder weniger kontingent aus den Anforderungen der übergeordneten ableiten lässt. Für die Intervention gilt dagegen aus arbeitspsychologischer Sicht, dass aus den Analyse- und Bewertungsergebnissen der unteren Ebenen psychologisch begründete Forderungen an die Arbeits- und Organisationsstrukturierung auf den darüber liegenden Ebenen abgeleitet werden (Intervention *bottom up*).

2.2 Arbeitssysteme als soziotechnische Systeme: Die soziotechnische Systemanalyse

Als erster Mehrebenen-Ansatz zur autonomieorientierten Analyse von Arbeitssystemen kann der soziotechnische Systemansatz gelten. Er wurde in den fünfziger Jahren am Tavistock-Institute in London im Rahmen umfangreicher Studien entwickelt und erprobt (vgl. Ulich, Kap. 8). Der soziotechnische Systemansatz baut explizit auf einer Theorie offener und komplexer Systeme auf und leitet daraus das Prinzip der Selbstregulation zur flexiblen Bewältigung unvermeidbarer Schwankungen und Störungen ab. Soziotechnische Systeme lassen sich durch drei Merkmalsbereiche kennzeichnen:

a) *Strukturelle Merkmale:* Soziotechnische Systeme werden konstituiert durch ein technisches (z. B. Maschinen für die Teilefertigung) und ein soziales Teilsystem (z. B. ein Fertigungsteam), die über ihre Primäraufgabe (z. B. Herstellung von Bauteilen) eng miteinander verknüpft sind.
b) *Merkmale der Prozessdynamik:* Die Notwendigkeit zur flexiblen Selbstregulation, die der soziotechnische Systemansatz fordert, ergibt sich aus dem unvermeidlichen Auftreten von Schwankungen und Störungen in offenen Arbeitssystemen. Wichtig ist somit die Kenntnis der Struktur und Dynamik der Arbeitsabläufe über möglichst viele Arbeitssysteme hinweg (z. B. in Form der Auftragsdurchlaufanalyse; vgl. **Übersicht 2**) sowie der damit verbundenen Abstimmungsprozesse innerhalb und zwischen den beteiligten Arbeitssystemen. Angesprochen werden damit Fragen wie die Planbarkeit der Bereitstellung von Material und Arbeitsmitteln, der Verfügbarkeit von Maschinen und Anlagen angesichts unvermeidbarer und unvorhersehbarer Stillstände, die Behebung von Stillständen, kurz: Fragen, die die Fähigkeit betreffen, rasch und flexibel umdisponieren und Abweichungen vom Arbeitsplan bewältigen zu können (Schüpbach, 1994).
c) *Interdisziplinarität:* Bei der Analyse, Bewertung und Gestaltung soziotechnischer Systeme sollen Mensch und Technik aus einer *technologischen* und in einer *psycho-/soziologischen* Perspektive berücksichtigt und bei der Konzeption der Organisation gemeinsam optimiert werden (*joint optimization;* vgl. Alioth, 1980).

Diesen Merkmalsbereichen entsprechend ist die soziotechnische Systemanalyse konzipiert (vgl. **Informationsbox 4** sowie Strohm, 1997).

Ein mit der soziotechnischen Systemanalyse verwandter Mehrebenen-Ansatz zur schrittweisen Analyse von Produktionssystemen wurde 1980 von Hacker und Matern (vgl. auch Hacker, 1995) vorgelegt. Das Verfahren beginnt mit der Analyse der technologischen Gliederung des Produktionsprozesses in Abschnitte sowie deren Funktionsbeschreibung. Darauf folgt die Identifizierung des Arbeitsprozesses innerhalb des Produktionsprozesses. In weiteren Schritten werden zunehmend vertiefend die Arbeitsteilung zwischen den Arbeitenden sowie die damit verbundenen Kommunikations- und Kooperationsbeziehungen, schließlich die Struktur der einzelnen Aufträge sowie deren Freiheitsgrade erfasst.

Informationsbox 4

Die soziotechnische Systemanalyse

Das methodische Rahmenkonzept der soziotechnischen Systemanalyse wurde erstmals von Emery (1959) vorgestellt. Es umfasst eine Analyse in acht Schritten sowie einen neunten Schritt, welcher der Ableitung von Gestaltungsvorschlägen dient. Bei der Datenerhebung werden die Analyse betrieblicher Dokumente, Beobachtungen, Befragungen und Experteninterviews kombiniert.

Schritte 1–4:
Bedingungsbezogene Analyse des Systems und seiner organisatorischen Einbettung:

1. Beschreibung des Produktionssystems und seiner Umwelt (Aufgaben; Layout; Organisationsstruktur; Input und Output von Material und Informationen; Bearbeitungsschritte; Schwankungen im Produktionsprozess und ihre Ursachen; Beziehungsnetz).
2. Analyse des Produktionsablaufs: Ablaufbezogene Gliederung des Produktionsprozesses in einzelne Etappen, die von Menschen oder Maschinen ausgeführt werden.
3. Ermittlung der Hauptschwankungen (*key process variances*) im Produktionsprozess sowie ihrer Beziehungen untereinander.
4. Analyse des sozialen Systems: Präzisierung der Organisationsstruktur; Möglichkeiten, die Schwankungen aufzufangen; Hilfs- und Nebentätigkeiten; Arbeitsrollen bzw. -aufgaben; Verknüpfung und Flexibilität (Polyvalenz-Potenzial); Lohnsystem; Einschätzungen des Managements; Bereiche, in denen Fehlhandlungen oder Fehler auftreten.

Schritt 5:
Wahrnehmung der Arbeitsrollen bzw. -aufgaben durch die Mitarbeiter: Aussagen darüber, inwieweit sie die mit ihrer Rolle/ihren Aufgaben verbundenen psychischen Anforderungen (psychological requirements) erfüllen können.

Schritte 6–8:
Einflüsse externer Systeme (Ausmaß, in dem diese Systeme die Aufgabenerfüllung des Produktionssystems beeinflussen; davon ausgehende Schwankungen und ihre Kontrolle):

6. Instandhaltungssystem *(maintenance system)*.
7. Zuliefer- und Abnehmersystem.
8. Überbetriebliche Umwelteinflüsse und Unternehmensplanung.

Schritt 9:
Erarbeitung von Gestaltungsvorschlägen.

2.3 Ganzheitliche Betriebsanalysen: Die MTO-Analyse

Mit Bezug auf den soziotechnischen Systemansatz wurde in den 90er Jahren die «Ganzheitliche Betriebsanalyse unter Berücksichtigung von Mensch, Technik, Organisation (MTO-Analyse)» von einer Forschungsgruppe um Ulich (vgl. Strohm & Ulich, 1997) entwickelt und in unterschiedlichen Produktionsbetrieben erprobt. Ihr Fokus ist auf das Verhältnis von zentraler Planung und Steuerung zu dezentraler Selbstregulation sowie die Abgestimmtheit des Einsatzes von menschlichen, technischen und organisatorischen Ressourcen unter besonderer Berücksichtigung der Mensch-Maschine-Funktionsteilung gerichtet (vgl. Ulich, 2001).

Die MTO-Analyse besteht aus modulartig aufeinander aufbauenden Einzelverfahren, die in **Übersicht 2** zusammengestellt sind. Dabei handelt es sich teilweise um Eigen- bzw. Weiterentwicklungen, teilweise um die Integration bereits vorliegender Verfahren, wie beispielsweise zur bedingungs- und zur personbezogenen Tätigkeitsanalyse. Gegenüber dem soziotechnischen Systemansatz ist die MTO-Analyse vor allem um Analysen auf der Ebene des Unternehmens sowie um die differenzierte Analyse von Auftragsdurchläufen erweitert worden (Schritte 1 und 2 in **Übersicht 2**).

Eine MTO-Analyse, die alle sieben Schritte umfasst, kann – von der sorgfältigen Erhebung und Auswertung der Daten bis zur Rückmeldung an den Betrieb – einen Aufwand von einigen Tagen erfordern. Es hat sich jedoch gezeigt, dass sich dieser Aufwand zur Vorbereitung und Initiierung der bevorstehenden Interventionen lohnt. Die Durchführung einer MTO-Analyse ist in die folgenden Teilschritte gegliedert (Strohm & Ulich, 1997):

1. *Zieldefinition und Information:* Die Untersuchungsziele, die Erhebungsinstrumente, die Auswahl der Untersuchungsfelder und die zu erwartenden Ergebnisse sind mit den Projektverantwortlichen im Betrieb abzusprechen. Der Betriebsrat muss sein Einverständnis dazu geben. Die Betroffenen müssen umfassend informiert werden. Dabei sind Vertraulichkeit und Anonymität zuzusichern. Es muss deutlich gemacht werden, dass die Arbeitsaufgaben, -abläufe und -bedingungen im Vordergrund der Untersuchung stehen, nicht die arbeitenden Personen.
2. *Untersuchungspartner und Planung der Untersuchungen:* Die Auswahl der Arbeitenden, deren Tätigkeit untersucht werden soll, wird mit den Projektverantwortlichen abgespro-

Übersicht 2: Schritte, Analysegegenstände und Methoden der ganzheitlichen MTO-Analyse (Strohm & Ulich, 1997)

Schritt	Gegenstand	Datenerhebungsmethoden
1. Analyse auf der Ebene des Unternehmens	Analyse der Unternehmensziele, -strategien und -organisation, Personalstruktur, Technikeinsatz, Qualitätsmanagement, Innovationsverhalten, Lohnsystem, Arbeitszeitmodell usw.	Dokumentenanalysen, Experteninterviews
2. Analyse von Auftragsdurchläufen	Analyse der Auftragsabwicklung von zwei bis fünf typischen (abgeschlossenen) Aufträgen	Dokumentenanalysen, ablauforientierte Betriebsbegehungen, Experteninterviews, Gruppeninterviews
3. Analyse der soziotechnischen Geschichte	Analyse von Strategien, Vorgehensweisen und Meilensteinen bei der technisch-organisatorischen Entwicklung des Betriebs	Dokumentenanalysen, Experteninterviews
4. Analyse von Arbeitssystemen	Analyse von Inputs, Transformationsprozessen, Outputs, sozialem und technischem Teilsystem, technisch-organisatorischer Gestaltung, Schwankungen und Störungen, Hauptproblemen usw.	Dokumentenanalysen, Experteninterviews, Gruppeninterviews
5. Analyse von Arbeitsgruppen	Analyse von Möglichkeiten zur kollektiven Regulation von u. a. Arbeitsumgebung, Arbeitsaufgaben, Arbeitszeit, Qualifizierung, Leistung, Qualität, interner und externer Koordination	Dokumentenanalysen, Beobachtungsinterviews, Experteninterviews
6. Bedingungsbezogene Analyse von Schlüsseltätigkeiten	Analyse von Arbeitseinheiten, Tätigkeitsabläufen, Kommunikations- und Kooperationserfordernissen, Mensch-Maschine-Funktions-Teilung und -Interaktion, Regulationshindernissen usw.	Ganzschichtbeobachtungen, Beobachtungsinterviews, Experteninterviews
7. Personbezogene Arbeitsanalysen	Analyse der Erwartungen der Beschäftigten an ihre Arbeit sowie der Wahrnehmung der Arbeitssituation durch die Beschäftigten	Schriftliche Erhebung mit Skalierungsverfahren

chen. Da die vertiefenden Analysen jeweils fortlaufend festgelegt werden müssen, wird eine rollende Planung zwingend. Für Fragen der Abwicklung der Untersuchungen sollte deshalb ein fester Ansprechpartner im Betrieb zur Verfügung stehen.

3. *Auswertung:* Zuerst werden die Daten der Einzelanalysen ausgewertet. Dann werden die Ergebnisse der einzelnen Analysen und Bewertungen zu einem Gesamtbild und einem Fazit integriert, und es werden Gestaltungsvorschläge erarbeitet.
4. *Rückmeldung der Ergebnisse:* Die Form der Ergebnisrückmeldung wird mit den Projektverantwortlichen vereinbart. Bewährt haben sich eingehende Präsentationen im Rahmen einer Betriebsversammlung sowie in zu definierenden Teilbereichen eines Unternehmens. Die persönlichen Präsentationen können durch einen schriftlichen Bericht ergänzt werden.

Der MTO-Ansatz wurde zwar speziell für die Produktion entwickelt, lässt sich jedoch, wie die Erfahrungen zeigen, in den konzeptuellen und methodischen Grundzügen mit Anpassungen auch auf Krankenhäuser, Schulen, Verwaltungen etc. übertragen.

3. Analyse und Bewertung von Arbeitstätigkeiten

3.1 Einführung und Gegenstandsbereich

Die Analyse und Bewertung von Arbeitstätigkeiten befasst sich mit dem beobachtbaren Verhalten (Oberflächenstruktur) sowie den damit verbundenen psychischen Regulationsprozessen und dem Erleben von Menschen in ihrem Tätigsein/Arbeitshandeln (zu den tätigkeits- und handlungstheoretischen Grundlagen vgl. Hacker, 1998; Leont'ev, 1977). Im Rahmen eines autonomieorientierten Ansatzes (vgl. Abschnitt 1.4.2) dient die Tätigkeitsanalyse der Untersuchung derjenigen Arbeitsbedingungen und Aufgabenmerkmale, die eine menschengerechte, d.h. der menschlichen Tätigkeit und dem menschlichen Handeln gerecht werdende Erfüllung der Aufgabe positiv oder negativ beeinflussen können (vgl. Semmer & Udris, Kap. 6). Zu den positiven Einflussfaktoren zählen nach Oesterreich, Leitner und Resch (2000) angemessene Regulationserfordernisse der Aufgaben, aber auch benutzungsgerecht gestaltete Arbeitsmittel sowie organisationale oder personale Ressourcen wie soziale Unterstützung und Qualifizierung. Zu den negativen Einflussfaktoren zählen im Sinne von Oesterreich et al. (ebd.) Regulationsbehinderungen und -erschwernisse wie beispielsweise fehlende oder fehlerhafte Arbeitsunterlagen, Arbeitsunterbrechungen, Zeitdruck oder Lärm.

Die psychologische Analyse und Bewertung von Arbeitstätigkeiten lässt sich in mehrere Schritte gliedern. Die Tätigkeits*analyse* im engeren Sinn besteht aus a) der Identifikation der Aufgabe(n), b) der Erfassung und Dokumentation der Arbeitsbedingungen im Umfeld der Tätigkeit sowie des Tätigkeitsablaufs. Die *Bewertung* der Arbeitstätigkeiten auf der Basis der Analysedaten dient der Feststellung von Ausprägungen bezüglich psychologisch relevanter Merkmale (vgl. die Spalte «Merkmalsbereiche/Bewertungsdimensionen» in **Übersicht 3**) sowie der Diagnose bzw. Prognose von kurz- und längerfristigen Auswirkungen dieser Merkmalsausprägungen auf die Gesundheit, das Wohlbefinden, die Kompetenz- sowie die Persönlichkeitsentwicklung der Arbeitenden (vgl. **Informationsbox 5**).

Die Arbeitsaufgabe stellt die Schnittstelle zwischen Mensch und Organisation dar und bestimmt den Rahmen, den Inhalt sowie die Spielräume des zu ihrer Erfüllung und Bewältigung erforderlichen Handelns (Volpert, 1987). Dazu übernehmen die Arbeitenden zunächst den objektiven, d.h. vom Betrieb vorgegebenen, definierten Auftrag als subjektive Aufgabe, d.h. sie *redefinieren* den Arbeitsauftrag. Der betriebliche Arbeitsauftrag lässt sich nach Hacker (1995) beschreiben als relationales Gefüge (1) der geforderten Arbeitsschritte, (2) der zu bearbeitenden Informationen und Arbeitsgegenstände, (3) der zu berücksichtigenden Ausführungsbedingungen sowie (4) der die Aufgabe ausführenden Person mit ihren Zielen, Ansprüchen, Fähigkeiten, Kenntnissen und Fertigkeiten. Die Übernahme des Auftrags als Aufgabe, d. h. der Redefinitionsprozess, wird nach Hackman (1969) durch (1) das Ausmaß des Verstehens des Auftrags durch den Arbeitenden, (2) die Akzeptanz des Auftrags, (3) den Einfluss früherer Erfahrungen mit ähnlichen Aufgaben, (4) Bedürfnisse, Wertvorstellungen und Ziele sowie (5) durch die Qualifikationen und Kompetenzen der Arbeitenden bestimmt.

Die *psychologische Bewertung* der Regulationserfordernisse bzw. -beeinträchtigungen der Arbeitsaufgaben erfolgt anhand von Kriterien, die im Sinne eines normativen Vorgehens handlungsleitend für eine menschengerechte Gestaltung von Arbeitstätigkeiten und -bedingungen sind (vgl. **Informationsbox 5**). Die Kriterien und damit die Bewertung sind psychologisch fundiert und weisen einen Bezug zu folgenden theoretischen Ansätzen auf:

- motivationstheoretische Ansätze wie das «Job-Characteristics-Modell» von Hackman und Oldham (1980) (vgl. Semmer & Udris, Kap. 6), in dem von Merkmalen der Aufgabe und darüber vermittelte psychische Erlebniszustände auf das intrinsische Motivationspotenzial geschlossen wird;
- stresstheoretische und gesundheitspsychologische Konzepte (Greif, Bamberg & Semmer, 1991; Semmer & Udris, Kap. 6) sowie
- tätigkeits- und handlungsregulationstheoretische Ansätze (Hacker, 1998, Leont'ev, 1977; Volpert, 1987).

Informationsbox 5

Definition humaner Arbeitstätigkeiten sowie Bewertungskriterien

Nach Ulich (2001, S. 147) können Arbeitstätigkeiten als human bezeichnet werden, wenn sie «die psychophysische Gesundheit der Arbeitstätigen nicht schädigen, ihr psychosoziales Wohlbefinden nicht – oder allenfalls vorübergehend – beeinträchtigen, ihren Bedürfnissen und Qualifikationen entsprechen, individuelle und/oder kollektive Einflussnahme auf Arbeitsbedingungen und Arbeitssysteme ermöglichen und zur Entwicklung ihrer Persönlichkeit im Sinne der Entfaltung ihrer Potenziale und Förderung ihrer Kompetenzen beizutragen vermögen».

Anschaulich darstellbar sind die in dieser Definition genannten Kriterien mit einigen Ergänzungen als Kontinua zwischen einerseits einem korrektiv und präventiv (pathogenetisch), andererseits einem prospektiv (salutogenetisch) ausgerichteten Pol (Mohr & Udris, 1996).

korrektiv und präventiv, pathogenetisch orientierter Pol		*prospektiv, salutogenetisch orientierter Pol*
Schädigungsfreiheit	<------------------------>	Gesundheitsförderlichkeit
Beeinträchtigungslosigkeit	<------------------------>	Wohlbefinden und Zufriedenheit
Kompetenzverlust verhindernd	<------------------------>	Kompetenzförderlichkeit
Persönlichkeitsabbau verhindernd	<------------------------>	Persönlichkeitsförderlichkeit

Die Forderungen nach Schädigungsfreiheit und nach Beeinträchtigungslosigkeit werden in Erweiterung der Definition von Ulich um je eine prospektiv und salutogenetisch orientierte Ausprägung, nämlich Gesundheitsförderlichkeit bzw. Wohlbefinden und Zufriedenheit, ergänzt. Die Merkmalsdimension «Kompetenzentwicklung» wird gemäß einem handlungstheoretisch fundierten Verständnis sowie der in der Personalentwicklung geläufigen Terminologie (Sonntag, 1999) verstanden.

Zu den zentralen Merkmalen zur Ableitung der Bewertungskriterien «Kompetenzverlust verhindernd» und «Kompetenzförderlichkeit» gehört der aus dem Arbeitsauftrag bzw. den Rahmenvorgaben resultierende *Tätigkeitsspielraum* (Ulich, 2001). Er bestimmt die Bedingungen relativ autonomen, kompetenten Handelns, zu denen das Erfordernis bzw. die Beeinträchtigung des Ableitens von Zielen aus den Vorgaben, die Auswahl und Planung des Vorgehens und der Arbeitsmittel sowie die Beurteilung der Qualität der Ergebnisse gehören.

Im Rahmen von Tätigkeitsanalysen kommen unterschiedliche Methoden der Datenerhebung zum Einsatz, auf die hier nicht näher eingegangen wird (vgl. Bungard, Holling & Schultz-Gambard, 1996; Frieling & Sonntag, 1999).

Nachfolgend soll mit Bezug auf die Frage, wo die Datenerhebung ansetzen soll, auf eines der wichtigsten Unterscheidungsmerkmale von Verfahren zur Arbeitstätigkeitsanalyse näher eingegangen werden, nämlich die Unterscheidung von *bedingungs-* und *personbezogenen Verfahren* (Oesterreich & Volpert, 1987; vgl. auch Abschnitte 1.2 und 1.3).

3.2 Bedingungsbezogene Verfahren

Bedingungsbezogene Analyseverfahren (vgl. z. B. die Verfahren TAI, TBS oder VERA/RHIA in **Übersicht 3**) zielen darauf ab, Regulationserfordernisse bzw. -behinderungen sowie Ausführungsbedingungen von Arbeitstätigkeiten mittels Beobachtung und Befragung systematisch zu erfassen. Von konkreten Personen und individuellen Besonderheiten der psychischen Regulation wird dabei abgesehen. Anhand der Daten wird verallgemeinernd auf Regulationserfordernisse, Motivationspotenziale und Bewältigungsmöglichkeiten geschlossen, denen sich prinzipiell jede hinreichend geübte und den üblichen Persönlichkeits-, Qualifikations- und körperlichen Voraussetzungen genügende Person stellen muss, die die Tätigkeit ausführt. Die Daten werden somit zwar an einzelnen, individuell ausgeführten Tätigkeiten erhoben. Ihre Interpretation wird jedoch für überindividuelle, psychologisch definierte Tätigkeits- und Handlungskonstrukte verallgemeinert. Von der phänomenologischen *Oberflächenstruktur* der Arbeitsbedingungen und der Tätigkeit wird somit auf die ihr zu Grunde liegende, psychoregulative *Tiefenstruktur* geschlossen, die der direkten Beobachtung, mindestens teilweise auch der Befragung, nicht zugänglich ist. Es versteht sich von selbst, dass derartige Schlüsse differenzierte tätigkeits- und handlungstheoretische Begründungen voraussetzen (Hacker, 1998; Oesterreich & Volpert, 1987). Entsprechend beziehen sich auch die Bewertungen der Regulationserfordernisse und die daraus ggf. abzuleitenden Gestaltungsmaßnahmen nicht auf ein konkretes Individuum und seine spezifischen Leistungsvoraussetzungen, sondern auf die Arbeitsaufgabe und deren Ausführungsbedingungen im Arbeitssystem in verallgemeinerter Form. Um den Verallgemeinerungsanspruch nicht zu überspannen, ist der Einsatzbereich bedingungsbezogener Tätigkeitsanalyseverfahren meist auf spezielle Branchen oder Tätigkeitsklassen begrenzt (vgl. **Übersichten 3 und 4**).

Die wichtigste Methode der Datenerhebung für bedingungsbezogene Tätigkeitsanalysen und -bewertungen ist das Beobachtungsinterview. Beobachtungsinterviews werden von geschulten, mit dem Verfahren und der Arbeitstätigkeit gut vertrauten Analyseexperten vorgenommen (Frieling & Sonntag, 1999; Oesterreich & Volpert, 1987). Sie bestehen aus einer Kombination von strukturierten und systematischen Beobachtungen der Tätigkeitsabläufe (evtl. als Ganzschichtaufnahme; Ulich, 2001) sowie darauf bezogenen Interviews mit Arbeitenden vor Ort. Die Anleitung der Analysen erfolgt mittels eines Manuals, das Angaben dazu enthält, wie die Tätigkeiten, Arbeitsmittel, Informationen, Ausführungsbedingungen etc. deskriptiv zu erfassen, die Aussagen der Arbeitenden zu protokollieren und darauf bezogene Fragen zu beantworten sind.

Die methodischen Probleme der systematischen Tätigkeitsbeobachtung werden oft vernachlässigt (Frenz & Frey, 1981; Zapf, 1989). So wird die sorgfältige Durchführung und Dokumentation von Arbeitsablaufanalysen in der Praxis vielfach übergangen, und die Beobachtenden schlagen den kurzen Weg der direkten

Einschätzung der psychischen Regulationsgrundlagen, d.h. der Tiefenstruktur der Tätigkeit, ein. Die Tätigkeitsbeobachtungen erhalten dabei den Charakter von Ratings, wobei Analyse und Bewertung mehr oder weniger zusammenfallen. «Ratingverfahren sind bekanntlich dadurch gekennzeichnet, dass sie eben nicht den tatsächlichen Verlauf von Handlungen in Daten konservieren. Vielmehr wird hierbei das bei einer beobachteten Person auftretende Verhalten direkt einer subjektiven Analyse unterzogen» (Frenz & Frey, 1981, S. 78 f.). Eine sorgfältige Planung der Arbeitsablaufanalysen, die den methodischen Standards der Verhaltensbeobachtung entspricht, ist deshalb dringend geboten.

Zur Überprüfung der Objektivität und der Reliabilität bedingungsbezogener Verfahren präsentieren Oesterreich (1992) sowie Oesterreich und Bortz (1994) methodologisch begründete Vorgehensweisen.

3.3 Personbezogene Verfahren

Beim Einsatz personbezogener Verfahren (z.B. ISTA, JDS oder SALSA; vgl. **Übersicht 3**) werden, meist mittels schriftlicher Befragung, die subjektive Wahrnehmung und Einschätzung der Arbeitstätigkeit und ihrer Ausführungsbedingun-

Übersicht 3: Ausgewählte Verfahren zur psychologischen Analyse und Bewertung von Arbeitstätigkeiten (Anmerkung: In der linken Spalte sind Kürzel, Bezeichnung, Autoren und Jahr der Veröffentlichung des Verfahrens angegeben. Die vollständigen bibliografischen Angaben der meisten Verfahren finden sich bei Dunckel, 1999 oder, falls dort nicht beschrieben, in den Literaturangaben dieses Kapitels).

I. Bedingungsbezogene Analyseverfahren

Verfahren	Merkmalsbereiche/Bewertungsdimensionen	Einsatzbereich
a) Arbeitswissenschaftlich und verhaltenstheoretisch fundierte Verfahren		
AET **A**rbeitswissenschaftliches **E**rhebungsverfahren zur **T**ätigkeitsanalyse; Rohmert & Landau, 1979	• Formen menschlicher Arbeit in Arbeitssystemen (energetisch-effektorisch, informatorische Tätigkeitselemente) • Arbeitsobjekte und Arbeitsmittel • Umgebungseinflüsse (Beleuchtung, Lärm, Vibration, Klima, Arbeitssicherheit) • organisatorische und wirtschaftliche Aspekte	universell einsetzbar (geistige und manuelle Arbeitstätigkeiten)
FAA **F**ragebogen zur **A**rbeits**a**nalyse; Frieling & Hoyos, 1978	• Informationsaufnahme und -verarbeitung • Arbeitsausführung (Arbeitsmittel, Bedienelemente, manuelle Tätigkeiten) • arbeitsrelevante Beziehungen • Umgebungseinflüsse und besondere Arbeitsbedingungen	universell einsetzbar (geistige und manuelle Arbeitstätigkeiten)
FSD **F**ragebogen zur **S**icherheits**d**iagnose; Hoyos & Ruppert, 1993	• Gefahren, Gefährdungen, Risikopotenziale • Umgang mit Gefahrensignalen • Kooperation • sicherheitsrelevante Bedingungen	unfallunabhängige Gefährdungsanalysen an Arbeitsplätzen in Industrie und Dienstleistung
b) Tätigkeitspsychologisch und handlungstheoretisch fundierte Verfahren		
ATAA Verfahren zur **A**nalyse von **T**ätigkeitsstrukturen und zur prospektiven **A**rbeitsgestaltung bei **A**utomatisierung; Wächter, Modrow-Thiel & Roßmann, 1989	• Handlungsspielraum • Denk- und Planungserfordernisse • Interaktionsspielraum	Arbeitsplätze in der Fertigung und der Fertigung vor- und nachgelagerten Bereichen der Metallindustrie

Verfahren	Merkmalsbereiche/Bewertungsdimensionen	Einsatzbereich
AVAH Verfahren zur **A**nalyse **v**on **A**rbeit im **H**aushalt; Resch, 1998	• Entscheidungs- und Planungsprozesse • Kooperationsform • Betreuungsformen von Kindern • zeitliche Flexibilität	Privat- oder Familienhaushalte, in denen ein oder mehrere Personen für die Versorgung und Erziehung von Kindern verantwortlich sind
CNC-Leitfaden Arbeit an CNC-Werkzeugmaschinen – ein arbeitswissenschaftlicher Leitfaden; Weber, Oesterreich, Zölch & Leder, 1994	• Denk- und Planungserfordernisse • Belastungen • Kommunikation • Fertigungsflexibilität	Arbeitstätigkeiten an CNC-Maschinen
ISTA (Fragebogenversion) **I**nstrument zur **s**tressbezogenen **T**ätigkeits**a**nalyse; Semmer, 1984	• Beeinträchtigungslosigkeit • Stressoren (unangemessener Regulationsaufwand, Regulationsunsicherheit, Zielunsicherheit) • allgemeine Regulationsanforderungen und Ressourcen	universell verwendbarer Kern sowie spezifische Verfahrensteile für Produktion, Bürotätigkeiten, Unterrichtstätigkeiten
KABA Kontrastive Aufgabenanalyse im Büro (Dunckel, Volpert, Zölch, Kreutner, Pleiss & Hennes, 1993)	• Entscheidungsspielraum • Kommunikation • Zeitspielraum • Belastung • Variabilität • Kontakt • körperliche Aktivität • Strukturierbarkeit	Industrieverwaltungen, Versicherungen, Banken, öffentlicher Dienst bis hin zu qualifizierter Sachbearbeitung; Technikfolgenabschätzung
KOMPASS Komplementäre Analyse automatisierter Produktionssysteme; Grote, Wäfler, Ryser, Weik, Zölch & Windischer, 1999	Kriterien der soziotechnischen Systemgestaltung Kriterien der Aufgabengestaltung Kriterien der Mensch-Maschine-System-Gestaltung: • Prozesstransparenz • Kopplung • Autorität • Flexibilität	Arbeitstätigkeiten in/an automatisierten Produktionsanlagen des Maschinen- und Anlagenbaus, der Holz verarbeitenden Industrie und der Elektronik-Branche
LPI **L**eitfaden zur qualitativen **P**ersonalplanung bei technisch-organisatorischen **I**nnovationen; Sonntag, Schaper & Benz, 1999	• technisch-organisatorische Rahmenbedingungen einer Tätigkeit • Aufgaben und Funktionen • Kommunikations- u. Kooperationsanforderungen • informatorische und Wissensanforderung	anspruchsvolle industrielle Tätigkeiten im operativen Bereich, des unteren sowie mittleren technischen Managements; auch für geplante Tätigkeiten
REBA **R**echnergestütztes Dialogverfahren zur psychologischen **B**ewertung von **A**rbeitsinhalten; Pohlandt, Richter, Jordan & Schulze, 1999	• Monotonie • Ermüdung • Sättigung • Stress	Montage-, Bedien-, Steuer- und Überwachungstätigkeiten sowie fertigungsnahe Sachbearbeitungstätigkeiten in Industriebetrieben
TAA-KH-O **T**ätigkeits- und **A**rbeitsanalyse Verfahren für das **K**rankenhaus; Büssing & Glaser, 1999	• Kennzeichen der Station • Regulationserfordernisse • Regulationsbehinderungen • Teiltätigkeitsinventar	Krankenpflegekräfte
TAI **T**ätigkeits**a**nalyse**i**nventar; Frieling, Facaoaru, Benedix, Pfaus & Sonntag, 1993	• Qualifikationsanforderungen • Beanspruchungsrelevante Anforderungen aus den Umgebungsbedingungen • technisch-organisatorische Rahmenbedingungen • informatorische Anforderungen aus den Arbeitsinhalten	universell einsetzbar; Differenzierungsfähigkeit des Verfahrens jedoch im Produktions- und kaufmännisch administrativen Bereich am höchsten

Verfahren	Merkmalsbereiche/Bewertungsdimensionen	Einsatzbereich
TBS **T**ätigkeits**b**ewertungs**s**ystem; Hacker, Fritsche, Richter & Iwanowa, 1983	• organisatorische und technische Bedingungen • Kooperation und Kommunikation • Verantwortung • geistige Leistungen • Qualifikations- und Lernerfordernisse	Montage-, Bedien- und Überwachungstätigkeiten
TBS-GA **T**ätigkeits**b**ewertungs**s**ystem – **G**eistige **A**rbeit; Rudolph, Schönfelder & Hacker, 1987	siehe TBS für Produktionstätigkeiten	geistige Arbeitstätigkeiten mit und ohne Rechnerunterstützung
VERA/ RHIA (Produktion) Analyse psychischer Anforderungen und Belastungen in der Produktionsarbeit; Volpert et al.,1983; Leitner et al., 1987; Oesterreich, Leitner & Resch, 2000	Niveau der Regulationserfordernisse (10-Stufenmodell der Komplexität der Zielbildungs- und Planungsprozesse) Regulationsbehinderungen: • informatorische Erschwerungen • motorische Erschwerungen • Unterbrechungen und Blockierungen Regulationsüberforderungen: aufgabenimmanent: Monotonie, Zeitdruck aufgabenunspezifisch: z.B. Lärm	industriell-gewerbliche Arbeitstätigkeiten
VERA-G Analyse geistiger Arbeit; Resch, 1988	Niveau der Regulationserfordernisse (6-Stufenmodell der Komplexität der Zielbildungs- und Planungsprozesse)	planerische Tätigkeiten (z.B. in Arbeitsvorbereitung, Konstruktion)
VERA/ RHIA (Büro) Leitner, Lüders, Greiner, Ducki, Niedermeier & Volpert, 1993	vgl. VERA-/RHIA für Produktionstätigkeiten	Industrieverwaltungen, Versicherungen, Banken bis hin zu qualifizierter Sachbearbeitung
II. Personbezogene Analyseverfahren		
BMS I und **II** **B**elastungswirkungen-**M**onotonie-**S**ättigungs-**E**rfassungsbogen; Plath & Richter, 1984	• Psychische Ermüdung • Monotonie • Psychische Sättigung • Stress	BMS I: Bedien- und Montagetätigkeiten BMS II: Überwachungs- und Steuertätigkeiten
DigA **Di**agnoseinstrument **G**esundheitsförderliche **A**rbeit; Ducki, 2000	• Arbeitsbelastungen • Ressourcen der Arbeit • Beeinträchtigungsindikatoren der Gesundheit • Positiv-Indikatoren der Gesundheit	Produktions- und Verwaltungsarbeitsplätze in Industriebetrieben
FIT **F**ragebogen zum Erleben von **I**ntensität und **T**ätigkeitsspielraum in der Arbeit; Richter, Hemmann, Merboth et al., 2000	• erlebter Tätigkeitsspielraum (u. a. Qualifikations- und Entscheidungsmöglichkeiten, Anforderungsvielfalt) • erlebte Arbeitsintensität (u. a. Arbeitstempo, Schwierigkeitsgrad, erlebte körperlicher Anstrengung)	universell einsetzbar
ISTA (Ratingversion) **I**nstrument zur **st**ressbezogenen **T**ätigkeits**a**nalyse; Semmer, 1984	siehe bedingungsbezogene Verfahrensversion	universell verwendbarer Kern sowie spezifische Verfahrensteile für Produktion, Bürotätigkeiten, Unterrichtstätigkeiten

Verfahren	Merkmalsbereiche/Bewertungsdimensionen	Einsatzbereich
JDS **J**ob **D**iagnostic **S**urvey; Hackman & Oldham, 1974	• Anforderungsvielfalt • Aufgabengeschlossenheit (Ganzheitlichkeit) • Bedeutsamkeit der Aufgabe • Autonomie • Rückmeldung	universell einsetzbar (geistige und manuelle Arbeitstätigkeiten)
SAA **S**ubjektive **A**rbeitsan**a**lyse; Udris & Alioth, 1980	• Handlungsspielraum • Transparenz • Verantwortung • Qualifikation • soziale Struktur • Arbeitsbelastung	universell einsetzbar (geistige und manuelle Arbeitstätigkeiten)
SALSA **Sal**utogenetische **S**ubjektive **A**rbeitsanalyse; Rimann & Udris, 1997	• Aufgabencharakteristika • Arbeitsbelastungen • organisationale Ressourcen im Betrieb • soziale Ressourcen im Arbeitsbereich • soziale Unterstützung im Betrieb	universell einsetzbar
SYNBA-GA **Syn**thetische **B**eanspruchungs- und **A**rbeitsanalyse; Wieland-Eckelmann, Saßmannshausen & Rose, 1997	• Aufgabenanforderungen • Tätigkeitsspielraum • Regulationsbehinderungen • Leistungskontrolle • Kooperation u. Kommunikation	Bildschirmarbeitsplätze in Büro, Verwaltung, Dienstleistung und Produktion; Technikfolgenabschätzung
TAA-KH-S **T**ätigkeits- und **A**rbeitsan**a**lyse-verfahren für das **K**ranken**h**aus (**S**elbstbeobachtung); Büssing & Glaser, 1999	siehe bedingungsbezogene Verfahrensversion	
TBS-S **T**ätigkeits**b**ewertungs**s**ystem (**S**elbstanalyse) Hacker, Fritsche, Richter & Iwanowa, 1995	siehe bedingungsbezogene Verfahrensversion	

gen durch die Arbeitenden selbst ermittelt, und nicht durch einen außen stehenden Analyseexperten. Erhoben wird somit nicht die *objektive* (d. h. von interindividueller Varianz absehende), sondern die *redefinierte* (d. h. die interindividuelle Varianz in den Vordergrund rückende) Wahrnehmung und Einschätzung von Tätigkeitsmerkmalen und Arbeitsbedingungen (Oesterreich & Volpert, 1987). In dieser Hinsicht sind die personbezogenen Verfahren methodologisch mit der Mitarbeiterbefragung vergleichbar (Bögel & Rosenstiel, 1997). Die bekannteren arbeitspsychologischen Verfahren unterscheiden sich dabei allerdings von Verfahren zur primär affektiv-emotionalen Erhebung der Arbeitszufriedenheit insofern, als die Items stets zur Einschätzung spezifischer und konkreter Merkmale der Aufgaben, der Arbeitstätigkeit sowie deren Ausführungsbedingungen auffordern, die Antworten folglich in einem überwiegend kognitiv-deskriptiven Sinn zu interpretieren sind (vgl. ebd. sowie Büssing, Kap. 17). So werden z. B. sowohl konkrete Bedingungen, die als Stressoren eingeschätzt werden können, als auch das damit verbundene Stresserleben abgefragt. Das vorrangige Ziel des Einsatzes personbezogener Verfahren im Rahmen von Gestaltungsprojekten ist die Erhebung der Streubreite subjektiver Einschätzungen im Hinblick auf eine differenzielle Arbeitsgestaltung (vgl. Ulich, Kap. 8). Der personbezogenen Analyse und Bewertung von Arbeitstätigkeiten kommt zudem im Rahmen partizipativer Gestaltungsansätze eine große Bedeutung zu (vgl. **Informationsbox 3**). Personbezogene Verfahren der Tätigkeitsanalyse basieren meist auf standardisierten Fragebögen. Sie können jedoch auch in Form von offenen oder halbstandardisierten Einzel- oder Gruppeninterviews durchgeführt werden oder auf Selbstbeobachtung abstellen. Probleme der Interpretation personbezogener Arbeitsanalyseergebnisse können auf Grund von Antworttendenzen (wie die Tendenz zur Mitte), der bisweilen geringen Verbalisierbarkeit psychischer Regulationsvorgänge, der Mehrdeutigkeit der Alltagssprache bzw. dem unzureichenden Verständnis der Itemformulierungen bei wenig schriftgewohnten Arbeitenden sowie, bedingt durch die Freiwilligkeit der Teilnahme, von unter Umständen niedrigen Rücklaufquoten entstehen. Mit Nachdruck muss darauf hingewiesen werden, dass substantielle Bewertungen von Arbeitssystemen und Arbeitstätigkeiten sowie die Ableitung und Begründung von Gestaltungsmaßnahmen allein auf der Basis subjektiver Befragungsdaten, d. h. ohne Bezug zu Ergebnissen bedingungsorientierter Analysen und Bewertungen, aus arbeitspsychologischer Sicht nicht vertretbar sind (Oesterreich & Volpert, 1987; Zapf, 1989).

3.4 Verfahrensüberblick und Ausblick

Die Entwicklung von Verfahren zur Analyse und Bewertung von Arbeitstätigkeiten als Grundlage einer autonomieorientierten Arbeitsgestaltung und Qualifizierung hat in den letzten Jahren große Fortschritte gemacht. Weit verbreitete und umfassende Interventionsmaßnahmen wie beispielsweise die Einführung von Gruppenarbeit oder die Gesundheitsförderung in Industrie und Verwaltung, aber auch Veränderungen in der Gesetzgebung wie z. B. die Richtlinien der EU zur Gestaltung von Bildschirmarbeit, haben die Nachfrage nach Verfahren zur Arbeitsanalyse erhöht. Dies gilt trotz der Feststellung, dass sich bislang viele Unternehmen noch scheuen, die Kosten für eine wissenschaftlich fundierte und professionell durchgeführte Arbeitsanalyse zu tragen.

In den letzten Jahren sind im deutschsprachigen Raum verschiedene Instrumente zur psychologischen Tätigkeitsanalyse neu- oder weiterentwickelt und veröffentlicht worden (Dunckel, 1999; für den englischsprachigen Bereich Kirwan & Ainsworth, 1992). Wie aus den Zusammenstellungen z. B. von Frei und Ulich (1981) oder von Landau und Rohmert (1989) hervorgeht, lag bis Mitte der 80er Jahre der Schwerpunkt der Verfahrensentwicklung auf dem industriellen Sektor. Neu- und Weiterentwicklungen fokussieren demgegenüber den Büro- und Verwaltungsbereich, Pflegetätigkeiten und Tätigkeiten außerhalb der Erwerbsarbeit, wie Haus- und Familienarbeit (Resch, 1998). Neben Weiterentwicklungen im Bereich der Gesundheitsförderung und der Belastungsforschung liegen Verfahren für spezifische Fragestellungen wie Gefährdungsanalysen sowie Verfahren für spezifische Tätigkeitsklassen (z. B. Tätigkeiten in der rechnerunterstützten Fertigung oder im Bauhandwerk) vor. Auch dem Anliegen einer prospektiven Gestaltung von Arbeitsaufgaben haben sich einige Verfahrensentwicklungen angenommen (Pohlandt, Richter, Jordan & Schulze, 1999; Wäfler, Windischer, Ryser, Weik & Grote, 1999).

Übersicht 3 enthält in Kurzform eine Auswahl arbeitspsychologisch fundierter und praktisch erprobter Verfahren. Alle diese Verfahren entsprechen wissenschaftlichen Gütestandards für empirische Untersuchungsinstrumente, sind theoretisch begründet und enthalten präzise Anleitungen für ein strukturiertes Vorgehen. In der Übersicht nicht enthalten sind u. a. Verfahren der Leistungs- und Personalbeurteilung, software-ergonomische Prüfverfahren, ingenieurpsychologische Methoden sowie Checklisten und Kurzverfahren sowie Verfahren zur Analyse von Gruppenaufgaben (vgl. hierzu Abschnitt 3.4.2).

In **Übersicht 4** werden jeweils einige der genannten Verfahren exemplarisch aufgegriffen und in ein Klassifikationssystem eingeordnet. Dieses Klassifikationssystem enthält die aus arbeitspsy-

Übersicht 4: Klassifikation arbeitspsychologischer Tätigkeitsanalyseverfahren (in Klammern: Beispiele aus Übersicht 3)

Quelle der Datenerhebung	bedingungsbezogen (TAI, TBS, KABA, VERA)	personbezogen (JDS, SAA, SALSA)				
Bewertungskriterien	Erfassung eines einzelnen Merkmals (VERA, RHIA)	Erfassung einer Vielzahl von Merkmalen (ISTA, JDS, TBS, TAI, KABA, KOMPASS)				
Technikanalyse und -bewertung	explizit berücksichtigt (KABA, KOMPASS, SynBA)	nicht berücksichtigt (TBS, VERA)				
Beschreibung der Aufgabe	orientiert an Tätigkeitsinventaren, damit weitgehend standardisiert	halbstandardisierte oder freie Beschreibung der Aufgabe				
Anwendungsbereich	universell (FAA, FIT, SAA, TAI)	Tätigkeitsklasse (TBS, TBS-G, VERA/RHIA-Produktion, VERA/RHIA-Büro)	tätigkeitsspezifisch (CNC-Leitfaden, VERA-G, TAA-KH, BMS I&II)			
Analyse und Gestaltungsschwerpunkt	Lern- und Entwicklungsmöglichkeiten (TBS, LPI, VERA)	Gesundheitsförderung (ISTA, SALSA, DigA, RHIA)	Kombination (KABA, SynBA)			
Art der Ergebnisse	quantitativ	qualitativ	Kombination			
Anwendungsvoraussetzung	Schulung	Selbststudium	Kenntnisse des Untersuchungsfeldes			
Auswertungshilfen	graphische Präsentationsvorlagen	computergestützte Eingabevorlage	spezielle Auswertungsprogramme			
Theoretische Fundierung	Tätigkeits-/Handlungsregulationstheorie (TBS, VERA, KABA)	Motivationspsychologie (JDS, SAA)	Stresstheoretische/gesundheitspsychologische Konzepte (ISTA, BMS I, II)	Sonstige (FAA, AET, FSD)		
Grad der Standardisierung der Datenerhebung	offen	teilstandardisiert	standardisiert	Kombination		
Methoden der Datenerhebung	Fremdbeobachtung	Selbstbeobachtung	Interview	Fragebogen	Dokumentenanalyse	Kombination

chologischer Sicht wichtigsten Merkmale für eine systematische und differenzierte Ordnung der Verfahren.

Auf zwei Schwerpunkte der Verfahrensentwicklung, nämlich die Analyse der Mensch-Maschine- bzw. der Mensch-Rechner-Schnittstelle sowie die Analyse von Gruppenarbeit, soll im Folgenden kurz näher eingegangen werden.

3.4.1 Analyse der Mensch-Maschine-/Rechner-Schnittstelle

Bei der Analyse der Mensch-Maschine-Schnittstelle stehen, grob vereinfacht, die Fragen im Zentrum, ob die Technik den Menschen bei seiner Arbeit hinreichend unterstützt sowie die Kompetenzentwicklung fördert und ob durch den Technikeinsatz Belastungen und Beeinträchtigungen oder gar Gesundheitsgefährdungen auftreten können (Benda, 1999). Das

Schwergewicht der vorliegenden Verfahren liegt auf der Software- und Dialoggestaltung im Umgang mit Informations- und Kommunikationssystemen, wie sie bei vorwiegend geistigen Tätigkeiten zum Einsatz kommen (vgl. Rauterberg, Spinas, Strohm, Ulich & Weber, 1994; Wieland-Eckelmann, Saßmannshausen & Rose, 1997). Zentrale Kriterien für die Gestaltung des Mensch-Rechner-Dialogs sind nebst der Aufgabenorientierung, die Kalkulierbarkeit (Transparenz, Konsistenz, Kompatibilität, Unterstützung und Feedback) sowie die Kontrolle (Flexibilität, Wahlmöglichkeiten, Individualisierung und Partizipation) (vgl. Ulich, 2001). Deren Ausprägungen entscheiden maßgeblich über die Möglichkeiten der Handlungskontrolle der Arbeitenden. Für die Gestaltung der Benutzungsoberflächen der technischen Systeme kann es angebracht sein, die Arbeitssystem- und Arbeitstätigkeitsanalysen durch experimentelle Untersuchungen zu ergänzen, wie sie aus dem Bereich der Softwareergonomie bekannt sind (Hamborg & Greif, 1999).

Verfahren, die für die Analyse und Bewertung der Mensch-Maschine-Funktionsteilung konzipiert wurden, kommen bei hoch automatisierten Fertigungsanlagen, Leitwarten sowie Cockpits für Fahr- und Flugzeuge zum Einsatz (vgl. Hoyos & Zimolong, 1990; Johannson, 1993; Timpe & Rothe, 1999). Bei der Analyse und Bewertung der Funktionsteilung und Interaktion in Mensch-Maschine-Systemen werden die Stärken von Mensch und Maschine in ihrer sich ergänzenden Unterschiedlichkeit einander gegenübergestellt (Grote, Wäfler, Ryser, Weik, Zölch & Windischer, 1999), mit dem Ziel, die Frage zu klären, wie die Aufgaben zwischen Mensch und Maschine zu verteilen sind.

3.4.2 Analyse von Gruppenaufgaben

Die zunehmende Einführung von gruppenorientierten Arbeitsformen in der Industrie hat die Aufmerksamkeit verstärkt auf die Analyse von Gruppenaufgaben, einschließlich ihrer Ausführungsbedingungen und personalen Voraussetzungen, gelenkt. So wurden in den letzten Jahren beachtliche Anstrengungen zur Weiterentwicklung der Teamdiagnose unternommen, die sowohl personbezogene Verfahren zu Teamkompetenz, Teamentwicklung und Teamklima (Anderson & West, 1994; Kauffeld & Frieling, 2001) als auch bedingungsbezogene Verfahren zur Analyse von Anforderungen und Rahmenbedingungen von Gruppenarbeit betreffen (Frieling & Freiboth, 1997; Weber, 1997; Zölch, Weber & Leder, 1999). Letztere formulieren produktionsspezifische Strukturmerkmale, die zur Identifikation spezifischer Formen von Gruppenarbeit verwendet werden können. Hierzu gehören z. B. der Typ der Werkstattsteuerung, Branchenspezifika, die Arbeitsplatzrotation, die Aufgabenteilung innerhalb der Gruppe, das Ausmaß der Mehrfachqualifizierung und der Umfang gemeinsamer Entscheidungsbereiche. Ausgehend von soziotechnischen und handlungstheoretischen Konzepten, beinhalten einige Verfahren zudem Merkmalsdimensionen, die es erlauben, die Vollständigkeit der gemeinsam zu bewältigenden Aufgaben, den Grad der kollektiven Autonomie im Sinne von Möglichkeiten der Einflussnahme auf relevante Entscheidungen (vgl. Ulich, 2001) sowie die Komplexität der kollektiven Entscheidungs- und Planungserfordernisse bezüglich dieser Entscheidungen zu erfassen. Letztere kann mit dem Verfahren VERA-KHR ermittelt werden (vgl. ebd.; Weber, 1997). Die Ausprägung dieser Merkmale soll wiederum Rückschlüsse erlauben, ob unternehmens- und aufgabenseitig die Voraussetzungen gegeben sind, eine gemeinsame Aufgabenorientierung zu entwickeln, sich gegenseitig zu unterstützen sowie flexibel und effizient Schwankungen und Störungen zu begegnen.

3.4.3 Ausblick

Technologische Entwicklungen und Veränderungen am Arbeitsmarkt stellen Verfahrensentwicklungen immer wieder vor Herausforderungen und verlangen Anpassungen der Analyseprozeduren. Dies gilt beispielsweise bei der Veränderung des Technisierungsgrads oder im Zuge der Entwicklung von Verfahren für neu entstandene Beschäftigungssektoren wie z. B. Arbeitsplätzen in Call-Centern. Gerade in Bezug auf den Dienstleistungssektor, in dem heute schon über die Hälfte aller Beschäftigten arbeiten, sind vermehrte Anstrengungen zu unternehmen, um die Spezifik von Dienstleistungstätigkeiten zu verstehen und um die Voraussetzungen für deren Analyse und Bewertung zu schaffen (vgl. Nerdinger, 1994; Zapf, Vogt, Seifert, Mertini & Isic, 1999). Dies gilt insbesondere für Kommunikations- und Beratungsleistungen sowie für emotionale Anteile der Arbeit. Ebenso fehlt für die Analyse von Führungstätigkeiten bislang ein tätigkeits- bzw. handlungstheoretisch fundierter Zugang, um die spezifischen Regulationserfordernisse und Beanspruchungen von Führungs- und Managementaufgaben zu erfassen (vgl. Mohr, 1999). Aber auch der Zuwachs an freiberuflich Tätigen und Selbstständigen und deren spezifische Arbeitsbedingungen (vgl. Frese, 1996) hat auf Seiten der Arbeitsanalyse und -bewertung bislang nur wenig Berücksichtigung gefunden. Dies gilt auch für Analyseverfahren, die die Spezifität von kleinen und mittleren Unternehmen erfassen (vgl. Sattes, Brodbeck, Lang & Domeisen, 1998). Schließlich dürfte auch die Analyse und Bewertung von Arbeit außerhalb der klassischen Erwerbsarbeit – wie ehrenamtliche Arbeit oder Haus- und Familienarbeit – sowie deren Verbindung zur Erwerbsarbeit gerade im Zuge der Flexibilisierung der Arbeits- und Lebenswelten und den daraus resultierenden Anforderungen in der Zukunft vermehrt ins Zentrum der Aufmerksamkeit rücken.

4. Literatur

Alioth, A. (1980). *Entwicklung und Einführung alternativer Arbeitsformen.* Bern: Huber.

Amelang, M. & Zielinski, W. (1997). *Psychologische Diagnostik und Intervention* (2. Aufl.). Berlin: Springer.

Anderson, N. R. & West, M. A. (1994). *The Team Climate Inventory: Manual and user's guide, Assessment Services for Employment.* Winsor, UK: NFER-Nelson Publishing Company.

Benda, H. v. (1999). Probleme der Mensch-Computer-Interaktion. In C. G. Hoyos & D. Frey (Hrsg.). *Arbeits- und Organisationspsychologie – Ein Lehrbuch* (S. 237–248). Weinheim: Psychologie Verlags Union.

Bögel, R. & Rosenstiel, L. v. (1997). Die Entwicklung eines Instruments zur Mitarbeiterbefragung: Konzept, Bestimmung der Inhalte und Operationalisierung. In W. Bungard & I. Jöns (Hrsg.), *Mitarbeiterbefragung* (S. 84–96). Weinheim: Psychologie Verlags Union.

Bungard, W., Holling, H. & Schultz-Gambard, J. (Hrsg.). (1996). *Methoden der Arbeits- und Organisationspsychologie.* Weinheim: Psychologie Verlags Union.

Ducki, A. (2000). *Diagnose gesundheitsförderlicher Arbeit. Eine Gesamtstrategie zur betrieblichen Gesundheitsanalyse.* Zürich: vdf Hochschulverlag.

Dunckel, H. (Hrsg.). (1999). *Handbuch psychologischer Arbeitsanalyseverfahren.* Zürich: vdf Hochschulverlag.

Dunckel, H., Volpert, W., Zoelch, M., Kreutner, U., Pleiss, C. & Hennes, K. (1993). *Kontrastive Aufgabenanalyse im Büro.* Stuttgart: Teubner.

Emery, F. E. (1959). *Characteristics of socio-technical systems. Document no. 527.* London: Tavistock.

Frei, F. & Ulich, E. (Hrsg.). (1981). *Beiträge zur psychologischen Arbeitsanalyse.* Bern: Huber.

Frenz, H.-G. & Frey, S. (1981). Die Analyse menschlicher Tätigkeiten – Probleme der systematischen Verhaltensbeobachtung. In F. Frei & E. Ulich, E. (Hrsg.), *Beiträge zur psychologischen Arbeitsanalyse* (S. 57–92). Bern: Huber.

Frese, M. (Hrsg.). (1996). *Erfolgreiche Unternehmensgründer: psychologische Analysen und praktische Anleitungen für Unternehmer in Ost- und Westdeutschland.* Göttingen: Verlag für Angewandte Psychologie.

Frieling, E. & Freiboth, M. (1997). Klassifikation von Gruppenarbeit und Auswirkungen auf subjektive und objektive Merkmale der Arbeitstätigkeit. *Zeitschrift für Arbeits- und Organisationspsychologie, 41,* 120–130.

Frieling, E., Facaoaru, C., Benedix, J., Pfaur, H. & Sonntag, Kh. (1993). *Tätigkeits-Analyse-Inventar: Theorie, Auswertung, Praxis. Handbuch und Verfahren.* Landsberg/Lech: ecomed

Frieling, E. & Sonntag, Kh. (1999). *Lehrbuch Arbeitspsychologie* (2. Aufl.). Bern: Huber.

Greif, S., Bamberg, E. & Semmer, N. (Hrsg.). (1991). *Psychischer Stress am Arbeitsplatz.* Göttingen: Hogrefe.

Grote, G., Wäfler, T., Ryser, C., Weik, S., Zölch, M. & Windischer, A. (1999). *Wie sich Mensch und Technik sinnvoll ergänzen. Die Analyse automatisierter Produktionssysteme mit KOMPASS.* Zürich: vdf Hochschulverlag.

Hacker, W. (1995). *Arbeitstätigkeitsanalyse. Analyse und Bewertung psychischer Arbeitsanforderungen.* Heidelberg: Asanger.

Hacker, W. (1998). *Allgemeine Arbeitspsychologie.* Bern: Huber.

Hacker, W. & Matern, B. (1980). Methoden zum Ermitteln tätigkeitsregulierender kognitiver Prozesse und Repräsentationen bei industriellen Arbeitstätigkeiten. In W. Volpert (Hrsg.), *Beiträge zur psychologischen Handlungstheorie* (S. 29–49). Bern: Huber.

Hackman, J. R. (1969). Nature of the task as a determiner of job behavior. *Personnel Psychology, 22,* 435–444.

Hackman, J. R. & Oldham, G. R. (1980). *Work redesign.* Reading: Addison-Wesley.

Hamborg, K.-C. & Greif, S. (1999). Heterarchische Aufgabenanalyse (HAA). In H. Dunckel (Hrsg.), *Handbuch psychologischer Arbeitsanalyseverfahren* (S. 147–177). Zürich: vdf Hochschulverlag.

Hoyos, C. Graf & Zimolong, B. (Hrsg.). (1990). *Ingenieurspsychologie* (Enzyklopädie der Psychologie, Bd. D/III/2). Göttingen: Hogrefe.

Johannson, G. (1993). *Mensch-Maschine-Systeme.* Berlin: Springer.

Kannheiser, W. (1994). Situationsdiagnostik. In L. v. Rosenstiel, C.-M. Hockel & W. Molt (Hrsg.), *Handbuch der Angewandten Psychologie: Grundlagen, Methoden, Praxis* (S. 1–13). Landsberg/Lech: Ecomed.

Kauffeld, S. & Frieling, E. (2001). Der Fragebogen zur Arbeit im Team (F-A-T). *Zeitschrift für Arbeits- und Organisationspsychologie, 45,* 26–33.

Kirwan, B. & Ainsworth, L. K. (Eds.). (1992). *A guide to task analysis.* London: Taylor & Francis.

Landau, K. & Rohmert, W. (Eds.). (1989). *Recent developments in job analysis.* London: Taylor & Francis.

Leont'ev, A. N. (1977). *Tätigkeit, Bewusstsein, Persönlichkeit.* Stuttgart: Ernst Klett Verlag.

Mohr, G. (1999). Theoretische Konzepte und Instrumente zur Erfassung von Managementaufgaben: traditionelle Ansätze und neuere Konzepte. In W. Hacker & M. Rinck (Hrsg.), *Zukunft gestalten. Bericht über den 41. Kongress der DGP in Dresden 1998* (S. 416–432). Dresden.

Mohr, G. & Udris, I. (1996). Gesundheit und Gesundheitsförderung in der Arbeitswelt. In R. Schwarzer (Hrsg.), *Gesundheitspsychologie* (2. Aufl., S. 553–573). Göttingen, Hogrefe.

Nerdinger, W. F. (1994). *Zur Psychologie der Dienstleistungsbeziehung.* Stuttgart: Schäfer-Poeschel.

Oesterreich, R. (1992). Die Überprüfung von Gütekriterien bedingungsbezogener Arbeitsanalyseverfahren. *Zeitschrift für Arbeitswissenschaft, 46,* 139–144.

Oesterreich, R. & Bortz, J. (1994). Zur Ermittlung der testtheoretischen Güte von Arbeitsanalyseverfahren. *ABO aktuell, 3,* 2–8.

Oesterreich, R., Leitner, K. & Resch, M. G. (2000). *Analyse psychischer Anforderungen und Belastungen in der Produktionsarbeit. Das Verfahren RHIA/VERA – Produktion. Manual und Antwortblätter.* Göttingen: Hogrefe.

Oesterreich, R. & Volpert, W. (1987). Handlungstheoretisch orientierte Arbeitsanalyse. In J. Rutenfranz und U. Kleinbeck (Hrsg.), *Enzyklopädie der Psychologie* (D/III/1, S. 43–73). Göttingen: Hogrefe.

Plath, H.E. & Richter, P. (1984). *Ermüdung, Monotonie, Sättigung, Streß. Der BMS-Erfassungsbogen.* Berlin: Psychodiagnostisches Zentrum/Göttingen: Hogrefe.

Pohlandt, A., Richter, P., Jordan, P. & Schulze, F. (1999). Rechnergestütztes Dialogverfahren zur psychologischen Bewertung von Arbeitsinhalten (REBA). In H. Dunckel (Hrsg.), *Handbuch psychologischer Arbeitsanalyseverfahren* (S. 341–363). Zürich: vdf Hochschulverlag.

Rauterberg, M., Spinas, P., Strohm, O., Ulich, E. & Waeber, D. (1994). *Benutzerorientierte Software-Entwicklung. Konzepte, Methoden und Vorgehen zur Benutzerbeteiligung.* Stuttgart: Teubner/Zürich: vdf Hochschulverlag.

Resch, M. (1988). *Die Handlungsregulation geistiger Arbeit. Bestimmung und Analyse geistiger Arbeitstätigkeiten in der industriellen Produktion.* Bern: Huber.

Resch, M. G. (1998). *Arbeitsanalyse im Haushalt. Erhebung und Bewertung von Tätigkeiten außerhalb der Erwerbstätigkeit mit dem AVAH-Verfahren.* Zürich: vdf Hochschulverlag.

Rohmert, W. & Landau, K. (1979). *Das Arbeitswissenschaftliche Erhebungsverfahren zur Tätigkeitsanalyse (AET).* Bern: Huber.

Richter, P., Hemmann, E., Merboth, H., Fritz, S., Hänsgen, C. & Rudolf, M. (2000). Das Erleben von Arbeitsintensität und Tätigkeitsspielraum – Entwicklung und Validierung eines Fragebogens zur orientierenden Analyse (FIT). *Zeitschrift für Arbeits- und Organisationspsychologie, 44,* 129–139.

Rudolph, E., Schönfelder, E. & Hacker, W. (1987). *Tätigkeitsbewertungssystem – Geistige Arbeit.* Berlin: Psychodiagnostisches Zentrum.

Sarges, W. (1995). Eignungsdiagnostische Überlegungen für den Managementbereich. In W. Sarges (Hrsg.), *Management-Diagnostik* (2. Aufl., S. 1–21). Göttingen: Hogrefe.

Sattes, I., Brodbeck, H., Lang, H.-C. & Domeisen, H. (1998). (Hrsg.). *Erfolg in kleinen und mittleren Unternehmen* (2. Aufl.). Zürich: vdf Hochschulverlag.

Schüpbach, H. (1994). *Prozessregulation in rechnerunterstützten Fertigungssystemen.* Zürich: vdf Hochschulverlag/Stuttgart: Teubner.

Schuler, H. (2001). Arbeits- und Anforderungsanalyse. In H. Schuler (Hrsg.), *Lehrbuch der Personalpsychologie* (S. 43–61). Göttingen: Hogrefe.

Schuler, H. & Prochaska, M. (1999). Ermittlung personaler Merkmale: Leistungs- und Potentialbeurteilung von Mitarbeitern. In Kh. Sonntag (Hrsg.), *Personalentwicklung in Organisationen* (S. 181–210). Göttingen: Hogrefe.

Sonntag, Kh. (Hrsg.). (1999). *Personalentwicklung in Organisationen.* Göttingen: Hogrefe.

Sonntag, Kh., Schaper, N. & Benz, D. (1999). Leitfaden zur qualitativen Personalplanung bei technisch-organisatorischen Innovationen (LPI). In H. Dunckel (Hrsg.), *Handbuch psychologischer Arbeitsanalyseverfahren* (S. 285–317). Zürich: vdf Hochschulverlag.

Strohm, O. (1997). Analyse und Bewertung von Arbeitssystemen. In O. Strohm & E. Ulich (Hrsg.), *Unternehmen arbeitspsychologisch bewerten – Ein Mehr-Ebenen-Ansatz unter besonderer Berücksichtigung von Mensch, Technik und Organisation* (S. 135–166). Zürich: vdf Hochschulverlag.

Strohm, O. & Ulich, E. (Hrsg.). (1997). *Unternehmen arbeitspsychologisch bewerten. Ein Mehr-Ebenen-Ansatz unter besonderer Berücksichtigung von Mensch, Technik und Organisation.* Zürich: vdf Hochschulverlag.

Taylor, F. W. (1977). *Die Grundsätze wissenschaftlicher Betriebsführung* (neu herausgegeben und eingeleitet von W. Volpert & R. Vahrenkamp). Weinheim: Beltz (Original der amerikanischen Erstausgabe, erschienen 1911: The principles of Scientific Management).

Timpe, K.-P. & Rothe, H.-J. (1999). Mensch-Maschine-Systeme. In C. Graf Hoyos & D. Frey (Hrsg.), *Arbeits- und Organisationspsychologie – Ein Lehrbuch* (S. 279–297). Weinheim: Psychologie Verlags Union.

Ulich, E. (2001). *Arbeitspsychologie* (5., vollst. überarb. Aufl.). Stuttgart: Schäffer-Poeschel/ Zürich: vdf Hochschulverlag.

Volpert, W. (1987). Psychische Regulation von Arbeitstätigkeiten. In J. Rutenfranz & U. Kleinbeck (Hrsg.), *Enzyklopädie der Psychologie* (D/III/1, S. 1–42). Göttingen: Hogrefe.

Wäfler, T., Windischer, A., Ryser, C., Weik, S. & Grote, G. (1999). *Wie sich Mensch und Technik sinnvoll ergänzen. Die Gestaltung automatisierter Produktionssysteme mit KOMPASS.* Zürich: vdf Hochschulverlag.

Weber, W. G. (1997). *Analyse von Gruppenarbeit. Kollektive Handlungsregulation in soziotechnischen Systemen.* Bern: Huber.

Wieland-Eckelmann, R., Saßmannshausen, A. & Rose, M. (1997). Das SynBA-Verfahren. Verfahrensbeschreibung, Auswertungsmanual, Anwendungsbeispiel und SynBA-KD. In M. Burmester, C. Görner, W. Hacker, M. Kärcher, P. Kurtz, U. Lieser, W. Risch, R. Wieland-Eckelmann & H. Wilde (Hrsg.), *Bildschirmarbeit EU-konform. Das SANUS-Handbuch – Information, Analyse, Gestaltung.* Bremerhaven: Wirtschaftsverlag NW.

Zapf, D. (1989). *Selbst- und Fremdbeobachtung in der psychologischen Arbeitsanalyse.* Göttingen: Hogrefe.

Zapf, D., Vogt, C., Seifert, C., Mertini, H. & Isic, A. (1999). Emotion work as a source of stress: The concept and development of an instrument. *European Journal of Work and Organizational Psychology, 8,* 371–400.

Zölch, M., Weber, W.G. & Leder, L. (1999). *Praxis und Gestaltung kooperativer Arbeit.* Zürich: vdf Hochschulverlag.

8

Eberhard Ulich

Gestaltung von Arbeitstätigkeiten

Inhalt

1. Der Tätigkeitsspielraum als Basiskonzept . 222

2. Strategie der Arbeitsgestaltung 223

3. Arbeitssysteme als soziotechnische Systeme 226

4. Primat der Aufgabe 228

4.1 Das Konzept der vollständigen Aufgabe 230

4.2 Gruppenaufgaben 231

4.3 Arbeitsgestaltung und Gesundheit 236

5. Konzepte für den Einsatz neuer Technologien 238

5.1 Technologie als Option 239

5.2 Ein Kontingenzmodell 240

6. Neue Arbeitsformen: Telearbeit und Call Center 242

6.1 Telearbeit 242

6.2 Arbeit im Call Center 244

7. Gestaltung von Mensch-Rechner-«Dialogen» 245

8. Ausblick 247

9. Literatur 248

Eine Analyse historischer Texte führt zu dem überraschenden Schluss, dass in der deutschsprachigen Psychologie bis zu Beginn der 1930er Jahre bereits eine Reihe von heute höchst modern anmutenden Konzepten für die Gestaltung von Arbeitstätigkeiten vorlag (Ulich, 1989, 2001). So enthält der Beitrag von Hellpach (1922) ein Konzept, das vollständige Aufgaben als Einheit von Planen, Ausführen und Kontrollieren beschreibt und auf das Erfordernis von Rückmeldungen in allen Phasen der Aufgabenbewältigung verweist (vgl. Abschnitt 4).

Bei Lewin (1926) finden sich ausführliche und differenzierte Hinweise auf die Relevanz von Kontext und Erfahrung (vgl. Abschnitt 7). In seinen Ausführungen über psychische Sättigung (Lewin, 1928) finden sich wichtige Aussagen zur Oberflächen- und Tiefenstruktur und zur persönlichen Bedeutsamkeit von Arbeitshandlungen bzw. -aufgaben. Eliasberg (1926) definiert Arbeit «als eine innere und äußere Anstrengung, durch welche Werte geschaffen werden sollen». Außerdem nimmt er eine Gliederung von Motivationsstufen vor und beschreibt pathologische Fehlentwicklungen der Motivation wie z. B. die «übermäßige freiwillige Einordnung», die zum Funktionieren der Wirtschaft wesentlich beitrage. Lewin und Rupp (1928) verknüpfen theoretische Konzepte mit sorgfältigen quantitativen und qualitativen Analysen der Arbeitstätigkeit und der Mensch-Maschine-Interaktion. Rupp (1928, 1929) stellt eine Beziehung zwischen anspruchsvollen Aufgaben und dem Bedürfnis nach persönlicher Entfaltung her. Lipmann (1932) schließlich erkennt eindeutig die motivierende Kraft von Autonomie und Selbstregulation (vgl. Abschnitte 1, 4 und 5) und leitet – im Gegensatz etwa zu Münsterberg (1912) – die Ziele arbeitspsychologischer Betätigung aus der Arbeitswissenschaft selbst ab.

1. Der Tätigkeitsspielraum als Basiskonzept

Der Anwendungsbezug arbeitspsychologischer Betätigung erstreckt sich einerseits auf die Analyse und Bewertung von Arbeitstätigkeiten und Arbeitssystemen (vgl. dazu Schüpbach und Zölch, Kap. 7), andererseits auf die Mitwirkung an der Erarbeitung von Gestaltungsvorschlägen. Dabei ist *vom Prinzip der Einheit von Analyse, Bewertung und Gestaltung* auszugehen (Ulich, 2001). Das heißt, dass die arbeitspsychologisch begründete Erarbeitung von Gestaltungsvorschlägen einerseits grundsätzlich auf den Ergebnissen vorangegangener Analyse und Bewertung basieren und andererseits nicht bzw. nicht ausschließlich Personen überlassen werden soll, die an der Gewinnung der Ergebnisse nicht beteiligt waren.

Folgt man den Überlegungen von Leontjew (1979, S. 108), so ist sowohl bei der Analyse und Bewertung als auch bei der Erarbeitung von Gestaltungsvorschlägen zu unterscheiden zwischen Tätigkeiten «anhand der sie initiierenden Motive», Handlungen «als bewussten Zielen untergeordnete Prozesse» und Operationen, «die unmittelbar von den Bedingungen zur Erlangung des konkreten Ziels abhängen». Das heißt: Tätigkeiten realisieren sich in Handlungen; die gleiche Handlung kann aber Bestandteil ganz unterschiedlicher Tätigkeiten sein. Frieling und Sonntag (1999) liefern dafür ein anschauliches Beispiel (vgl. **Informationsbox 1**).

Damit wird zugleich deutlich, dass zwischen Handlungs- und Tätigkeitsspielraum zu unterscheiden ist und dass diese Unterscheidung für arbeitspsychologisch begründete Gestaltungskonzepte von Bedeutung ist. Der Tätigkeitsspielraum ist ein mehrdimensionales Konstrukt, das sich aus dem Handlungs-, dem Gestaltungs- und dem Entscheidungsspielraum zusammensetzt (vgl. Ulich, 2001). Rauterberg (1990) hat den Versuch unternommen, die drei genannten Dimensionen des Tätigkeitsspielraums mit der Tätigkeitskonzeption von Leontjew in Beziehung zu setzen (vgl. **Abb. 1**).

In diesem Zusammenhang begegnen wir allerdings einer Begriffsvielfalt, die Semmer (1990, S. 190) auf einen Nenner gebracht hat: «Handlungsspielraum, Tätigkeitspielraum, Freiheitsgrade, Kontrolle, Autonomie, Job decision latitude – so vielfältig die Terminologie und so nuancenreich die Konzepte auch sind: In der einschlägigen Literatur herrscht große Einmütigkeit, dass die Möglichkeit, Einfluss zu nehmen, über möglichst viele Aspekte seines Lebens – und somit auch seiner Arbeit – selbst zu ent-

Informationsbox 1

Mögliche Zuordnung einer Handlung zu unterschiedlichen Tätigkeiten

(aus: Frieling und Sonntag, 1999)

«Die Handlung ‹Fahren eines Fahrzeugs von A nach B› kann je nach Tätigkeit des Fahrers (Rückholen von Mietwagen, Transport von Arzneimitteln, Versuchsperson bei einem verkehrspsychologischen Experiment, Fahrt in den Urlaub, als Polizist im Einsatz) einen unterschiedlichen Stellenwert haben. Die Analyse der Fahr- und Steueroperationen bei gleicher Fahrstrecke und gleichem Fahrzeug muss zu vergleichbaren Ergebnissen kommen, die Analyse der Tätigkeit muss demgegenüber zu sehr unterschiedlichen Erkenntnissen führen. Der Charakter der Fahrstrecke ändert sich mit dem Motiv, sie zu befahren. Die Bedeutung der Fahrstrecke in der Gesamtheit des Tätigkeitsvollzuges variiert ebenfalls. Ist der Streckenabschnitt von A nach B eine Teilstrecke, ist er das Ende oder der Anfang einer längeren Handlungskette, so ändert sich der Aufgabencharakter» (Frieling und Sonntag, 1999, S. 51 f.).

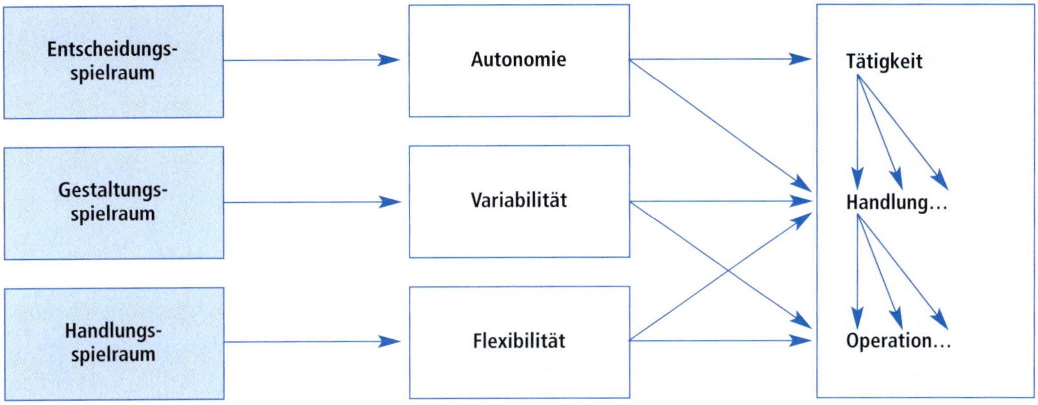

Abbildung 1: Der Tätigkeitsspielraum und sein Bezug zum Tätigkeitsmodell von Leontjew (in Anlehnung an Rauterberg, 1990)

scheiden oder zumindest mit zu entscheiden, zu den Kriterien einer menschenwürdigen Lebensführung im Allgemeinen wie einer persönlichkeitsförderlichen Arbeitsgestaltung im Besonderen zu zählen ist.

Die hier von Semmer genannten Merkmale, die auch den zentralen Gehalt des oben skizzierten Tätigkeitsspielraums ausmachen, bilden den Kern aller neueren arbeitspsychologischen Gestaltungskonzepte. Sie finden ihren Niederschlag insbesondere in der Strategie der prospektiven Arbeitsgestaltung.

2. Strategien der Arbeitsgestaltung

Mit unterschiedlichen Strategien der Arbeitsgestaltung werden verschiedenartige Ziele verfolgt, die sich nicht nur qualitativ, sondern auch hinsichtlich ihrer Reichweite und ihres Zeithorizontes unterscheiden (Ulich, 1980). So kann es beinahe als Alltagserfahrung bezeichnet werden, dass Arbeitssysteme und Arbeitsabläufe nach ihrer Einführung in den Betrieb adaptiert bzw. verändert werden müssen, damit sie arbeitswissenschaftlich gesicherten Erkenntnissen nicht widersprechen. Derartige Vorgänge bezeichnen wir als *korrektive Arbeitsgestaltung*. Korrektive Arbeitsgestaltung wird immer dann notwendig, wenn ergonomische, physiologische, psychologische, sicherheitstechnische oder rechtliche Erfordernisse von Planern, Konstrukteuren, Anlagenherstellern, Softwareproduzenten, Organisatoren oder anderen «zuständigen» Instanzen nicht oder nicht angemessen berücksichtigt worden sind (vgl. **Informationsbox 2**).

Korrektive Arbeitsgestaltung ist – sofern sie hinreichend wirksam sein soll – nicht selten mit erheblichem ökonomischen Aufwand verbunden; ihre Unterlassung kann andererseits erhebliche Beeinträchtigungen oder Schädigungen der physischen und/oder psychischen Gesundheit bewirken. Im ersten Fall haben die Betriebe, im zweiten Fall die betroffenen Beschäftigten und die Volkswirtschaft die Folgen zu tragen. Beide Arten von Folgen können aber vermieden oder doch erheblich vermindert werden, wenn korrektive Arbeitsgestaltung wo immer möglich durch präventive Arbeitsgestaltung ersetzt wird.

Präventive Arbeitsgestaltung meint die Berücksichtigung arbeitswissenschaftlicher Konzepte und Regeln bereits im Stadium des Entwurfs von Arbeitssystemen und Arbeitsabläufen, bedeutet also gedankliche Vorwegnahme möglicher Schädigungen der Gesundheit und Beeinträchtigungen des Wohlbefindens spätestens zu dem Zeitpunkt, in dem die Funktionsteilung zwischen Mensch und Maschine festgelegt wird (vgl. **Informationsbox 3**).

Die Forderung nach Schaffung persönlichkeitsförderlicher Arbeitstätigkeiten verlangt da-

Informationsbox 2

Beispiele für korrektive Arbeitsgestaltung

Beispiele für korrektive Arbeitsgestaltung sind etwa

- das *nachträgliche* Anbringen von Filtern zur Vermeidung von Spiegelungen auf dem Bildschirm
- die Beschaffung ergonomisch optimaler Arbeitsstühle, *nachdem* Nacken- oder Rückenbeschwerden aufgetreten sind und eine entsprechende ärztliche Bescheinigung vorgelegt wurde
- das Verschalen einer Betriebseinrichtung auf Grund *nicht vorhergesehener* Lärmerzeugung oder Unfallträchtigkeit

Informationsbox 3

Beispiele für präventive Arbeitsgestaltung

Beispiele für präventive Arbeitsgestaltung sind

- die Beschaffung geeigneten Mobiliars, *bevor* Beschwerden auftreten können
- systematischer Wechsel zwischen Tätigkeiten mit und ohne Computerunterstützung, damit die für ununterbrochene Bildschirmarbeit typischen einseitigen Belastungen *nicht erst entstehen.*
- Entwicklung und Einsatz technischer Arbeitsverfahren, die geeignet sind, Belastungen durch Lärm *von vornherein* zu vermeiden

Informationsbox 4

Beispiele für prospektive Arbeitsgestaltung

Beispiele für prospektive Arbeitsgestaltung

- das Angebot verschiedener Dialog-, Unterstützungs- und Bildaufbauformen, zwischen denen die Benutzer *auswählen* können
- Entwicklung programmierbarer Software-Systeme bzw. adaptierbarer Benutzerschnittstellen, die die Benutzer ihren Bedürfnissen und Qualifikationen entsprechend nutzen und *anpassen* können
- Angebot verschiedener Formen der Arbeitsteilung, zwischen denen die Operateure an CNC-Werkzeugmaschinen *wählen* und die sie gegebenenfalls *verändern* können

rüber hinaus eine Vorgehensweise, die wir als prospektive Arbeitsgestaltung bezeichnen. *Prospektive Arbeitsgestaltung* meint die bewusste Vorwegnahme von Möglichkeiten der Gesundheits- und Persönlichkeitsentwicklung im Stadium der Planung bzw. des Entwurfs – oder: der Neustrukturierung – von Arbeitssystemen durch Schaffung objektiver Tätigkeitsspielräume, die von den Beschäftigten in unterschiedlicher Weise genutzt werden können (vgl. **Informationsbox 4**).

Die mit den unterschiedlichen Strategien der Arbeitsgestaltung verfolgten Ziele sind in **Tabelle 1** noch einmal zusammengefasst. Mit den Beispielen für prospektive Arbeitsgestaltung wird zugleich deutlich, dass es sinnvoll und möglich ist, Unterschiede zwischen den Beschäftigten systematisch zu berücksichtigen. Weil diejenige Teildisziplin der Psychologie, die sich mit den Unterschieden zwischen den Menschen beschäftigt, als «Differentielle Psychologie» bezeichnet wird, sprechen wir hier auch von differentieller Arbeitsgestaltung. Das *Prinzip der differentiellen Arbeitsgestaltung* (Ulich, 1978, 2001) meint das Angebot verschiedener Arbeitsstrukturen, zwischen denen die Beschäftigten wählen können. Da Menschen sich aber – nicht zuletzt in der Auseinandersetzung mit ihren Arbeitsaufgaben – weiterentwickeln, sollten Wechsel zwischen verschiedenen Arbeitsstrukturen möglich und diese selbst veränderbar sein. Wir nennen dieses Offenhalten von Veränderungsmöglichkeiten und Gestaltungsspielräumen «*dynamische Arbeitsgestaltung*».

Zu Recht haben Steinmann und Schreyögg (1980, S. 76) auf die Möglichkeit hingewiesen, dass sich Beschäftigte, «bei denen sich auf Grund jahrelanger Unterforderung und fehlender Entwicklungsmöglichkeiten eine resignativ gestimmte Grundeinstellung und ein Zustand mehr oder weniger apathischer ‹Hilflosigkeit› … eingestellt hat», beim Angebot von Wahlmöglichkeiten für ihre gewohnten Arbeitsbedingungen entscheiden. Aus diesem Grunde wurde es notwendig, Vorgehensweisen zu entwickeln, mit deren Hilfe die Subjektposition der Arbeitenden zur Geltung gebracht, Qualifizierungsbarrieren abgebaut und Qualifizierungsbereitschaften entwickelt werden können (vgl. Alioth, 1980; Baitsch, 1985; Duell & Frei, 1986; Ulich, 1981, 2001).

Die Möglichkeit, zwischen Alternativen wählen und die Wahl gegebenenfalls korrigieren zu können, bedeutet einerseits eine Abkehr von der Suche nach dem «einen richtigen Weg» für die Gestaltung von Arbeitstätigkeiten und Arbeitsabläufen, andererseits einen erheblichen Zuwachs an Autonomie und Kontrolle über die eigenen Arbeitsbedingungen. Als Ergebnis einer Diskussion über «Arbeitsgestaltung versus Eignungsdiagnostik» kam Frieling (1988, S. 143) sogar zu dem Schluss: «Differentieller Arbeitsgestaltung ist der Vorzug vor eignungsdiagnostischer Auswahl zu geben, auch dann, wenn die Methode der Selektion vordergründig kostengünstiger erscheint.» Damit würde der eignungsdiagnostische Ansatz für bestimmte Fälle «umgekehrt». In diesen Fällen wären es nicht mehr externe oder betriebliche Instanzen, die die «Eignung» einer Person für eine bestimmte Art der Auftragserledigung feststellen, sondern es wären die betroffenen Personen selbst, die – z. B. auf Grund ihres Selbstkonzepts, ihrer Bedürfnisse und Qualifikationen – die Entscheidung für eine bestimmte Arbeitsstruktur treffen.

Tabelle 1: Ziele unterschiedlicher Strategien der Arbeitsgestaltung

Strategien	Ziele
Korrektive Arbeitsgestaltung	Korrektur erkannter Mängel
Präventive Arbeitsgestaltung	Vorwegnehmende Vermeidung gesundheitlicher Schädigungen und psychosozialer Beeinträchtigungen
Prospektive Arbeitsgestaltung	Schaffung von Möglichkeiten der Gesundheits- und Persönlichkeitsentwicklung

Ganz *allgemein* gilt, dass mit der differentiellen Arbeitsgestaltung eine Brücke hergestellt werden kann «zwischen den für viele Menschen gedachten Arbeitsgestaltungsmaßnahmen und den individuell unterschiedlichen Voraussetzungen und Bedürfnissen einzelner Menschen. Das Angebot wählbarer Freiheitsgrade zur Beeinflussung der eigenen Tätigkeit ist das entscheidende Kettenglied zur Lösung dieses Widerspruchs (Blumenfeld, 1932; Prinzip der *differentiellen Arbeitsgestaltung*, Ulich, 1978)» (Hacker, 1998, S. 777).

Für Bamberg und Metz (1999) ist differentielle Arbeitsgestaltung zugleich eine Möglichkeit, die salutogenen Potenziale der Arbeitstätigkeit «für jeden einzelnen Beschäftigten zu erschließen», und damit zugleich Schnittstelle «zwischen bedingungs- und personenbezogenen gesundheitsförderlichen Interventionen» (a. a. O., S. 192). Ähnlich hat auch Breucker (1998) argumentiert.

Damit wird das Angebot verschiedenartiger Arbeitsstrukturen zu einem bedeutsamen Prinzip moderner Arbeitsgestaltung. In ihren Anmerkungen zum Entwicklungsstand und zur Entwicklungsperspektive der Arbeitswissenschaft schrieben Abholz et al. (1981, S. 197) diesem Konzept «eine erhebliche Ausstrahlung auf die zukünftige Arbeitsgestaltung» zu. Dementsprechend wurde etwa in den Planungsleitlinien zur Arbeitsstrukturierung der Siemens AG die Auffassung vertreten, es sei «falsch, größere Betriebsbereiche einheitlich zu strukturieren» (Grob & Haffner, 1982, S. 29). Unter Hinweis auf das Prinzip der differentiellen Arbeitsgestaltung wurde gefordert, den Mitarbeitern müsse «eine breite Palette unterschiedlicher Arbeitsstrukturen angeboten werden» (a. a. O.). Betriebliche Umsetzungen dieser Forderung in Fertigungen für elektronische Flachbaugruppen wurden von Zülch und Starringer (1984) beschrieben. Nach dem Bericht der Autoren wurden die neuen Arbeitsstrukturen als interessant und motivierend erlebt. Zudem bewirkten die Möglichkeiten des Tätigkeitswechsels eine Verminderung einseitiger Beanspruchungen. Zu den betriebswirtschaftlich relevanten Effekten gehörten nach der Erfahrung aus mehreren Projekten «eine Senkung der Durchlaufzeiten und der Werkstattbestände auf jeweils die Hälfte des vorhergehenden Wertes» (Zülch & Starringer, 1984, S. 215). Zusätzlich konnte gezeigt werden, dass das Konzept der differentiellen Arbeitsgestaltung auch auf Fertigungssysteme mit unterschiedlichem Technisierungsgrad anwendbar ist.

3. Arbeitssysteme als soziotechnische Systeme

Menschliche Arbeitstätigkeit findet mehrheitlich in Arbeitssystemen statt, die aus einem sozialen und einem technischen Teilsystem bestehen (vgl. dazu auch Schüpbach und Zölch, Kap. 7). Das soziale Teilsystem besteht aus den innerhalb des Arbeitssystems beschäftigten Personen, das technische Teilsystem aus den Betriebsmitteln sowie den übrigen technischen und räumlichen Arbeitsbedingungen. Die Wechselwirkungen zwischen den sozialen und den technischen Komponenten von Arbeitssystemen finden im Konzept des soziotechnischen Systems besondere Berücksichtigung (vgl. Trist und Bamforth, 1951; Emery, 1959; Emery und Trist, 1960; Herbst, 1962; Alioth, 1980; Sydow, 1985; Ulich, 2001).

Soziotechnische Systeme sind offene und dynamische Systeme (Bertalanffy, 1950), d. h. sie erhalten Inputs aus der Umwelt und geben Outputs in die Umwelt ab. Dies gilt sowohl unter materiellen und energetischen als auch unter informationellen und normativen Aspekten. Dieses Konzept wurde zunächst für so genannte «Primäre Arbeitssysteme» ausformuliert, später auch auf Makrosysteme («domains» im Sinne von Trist, 1981) übertragen.

Primäre Arbeitssysteme sind identifizierbare und abgrenzbare Subsysteme einer Organisation, z. B. eine Fertigungs- oder eine Montageabteilung. Sie können aus einer Gruppe oder aus einer Anzahl von Gruppen bestehen, deren erkennbarer gemeinsamer Zweck die Beschäftigten und ihre Aktivitäten miteinander verbindet (Trist, 1981, S. 11). Die Verknüpfung des sozialen mit dem technischen Teilsystem erfolgt in zweifacher Weise über die Arbeitsrollen der Beschäftigten: Durch die Arbeitsrollen werden einerseits die Funktionen festgelegt, die die Beschäftigten im Produktionsprozess wahrzunehmen haben. Andererseits werden über die Arbeitsrollen die erforderlichen Kooperationsbeziehungen zwischen den Beschäftigten bestimmt. «Occupational roles express the relationship between a production process and the social organization of the group. In one direction they are related to tasks which are related to each other; in the other, to people who are also related to each other» (Trist und Bamforth, 1951, S. 14).

Die Verknüpfung der beiden Teilsysteme findet ihren Niederschlag u. a. in unterschiedlichen Ausprägungen der Mensch-Maschine-Funktionsteilung und -Interaktion. Analyseeinheit ist das primäre Arbeitssystem insgesamt, aber unter besonderer Berücksichtigung der beiden Teilsysteme und der Art ihrer Verknüpfung. Gestaltungsziel ist deren gemeinsame Optimierung im Sinne des «best match» (Susman, 1976). Gestaltungsansatz ist die Primäraufgabe; das ist die Aufgabe, zu deren Bewältigung das entsprechende System bzw. Subsystem geschaffen wurde (Rice, 1958, S. 33).

Allerdings können technologische Festlegungen hinsichtlich der Sekundäraufgaben – z.B. der Steuerung des Inputs – die Gestaltungsspielräume für die Erfüllung der Primäraufgabe entscheidend determinieren. So kann etwa die Einführung eines Produktionsplanungs- und -steuerungssystems, das die Bearbeitung eines Fertigungsauftrags inhaltlich und zeitlich bis ins Einzelne festlegt, vorher vorhandene individuelle und/oder kollektive Tätigkeitsspielräume zerstören. Dies kommt in der Praxis von Industrieunternehmen, aber auch in Banken, Versicherungen und Verwaltungen tatsächlich häufig vor. Deshalb kommt unter den Bedingungen des Einsatzes fortgeschrittener Technologien der Auslegung der Sekundäraufgaben wachsende Bedeutung zu.

Das Konzept der soziotechnischen Systemgestaltung postuliert explizit die Notwendigkeit, den Technologieeinsatz und die Organisation gemeinsam zu optimieren (joint optimization). Dabei sind folgende Prinzipien (vgl. Alioth, 1986; Ulich, 2001) praktisch bedeutsam:

1. **Bildung relativ unabhängiger Organisationseinheiten**
   Damit ist gemeint, dass Lehrpersonenstellen als kleinster Organisationseinheit ganzheitliche Aufgaben übertragen werden. Dies setzt voraus, dass der Produktionsprozess in relativ unabhängige (Teil-)Prozesse untergliedert wird, die nicht direkt verkettet, sondern modulartig vernetzt sind.

2. **Zusammenhang der Aufgaben in der Organisationseinheit**
   Die verschiedenen Arbeitstätigkeiten in einer Organisationseinheit sollten einen inhaltlichen Zusammenhang aufweisen, damit das Bewusstsein einer gemeinsamen Aufgabe entsteht und gegenseitige Unterstützung nahe gelegt wird.

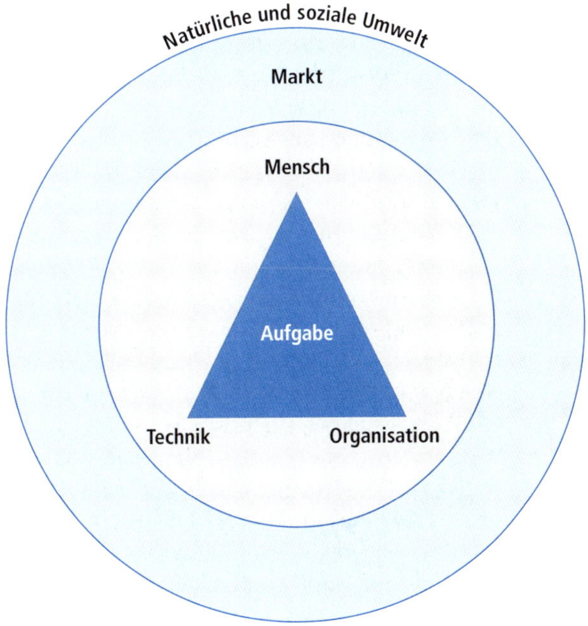

Abbildung 2: Mensch, Technik, Organisation: ein soziotechnisches Gestaltungskonzept (aus: Ulich, 1997)

3. **Einheit von Produkt und Organisation**
   Der technisch-organisatorische Ablauf muss so gestaltet sein, dass das Arbeitsergebnis qualitativ und quantitativ auf die Organisationseinheit rückführbar ist. Dies ist zugleich die Voraussetzung für die Schaffung ganzheitlicher Aufgaben.

Diese Prinzipien verhindern unter anderem das Entstehen von technischen «Sachzwängen», die sich üblicherweise dann ergeben, wenn technische Systeme ohne Berücksichtigung von Organisationsanforderungen konzipiert werden.

Die Ausdifferenzierung des soziotechnischen Systemansatzes, der neuerdings auch in Arbeiten von Frieling (1999; Frieling & Sonntag, 1999) und Oesterreich (1999) eine bemerkenswert positive Würdigung erfährt, führte schließlich zur Formulierung des MTO-Konzeptes (Ulich, 1997, 2001a) und der MTO-Analyse (Strohm & Ulich, 1997). Dieser Ansatz geht davon aus, dass Mensch, Technik und Organisation in ihrer gegenseitigen Abhängigkeit und ihrem Zusammenwirken verstanden werden müssen (vgl. **Abb. 2**).

Das MTO-Konzept geht vom Primat der Aufgabe aus. Die Arbeitsaufgabe verknüpft einerseits das soziale mit dem technischen Teilsystem, sie verbindet andererseits den Menschen mit den organisationalen Strukturen. Die Reihenfolge der Verknüpfung (MTO) ist dabei keineswegs zufällig. Vielmehr spielt die Aufgabenverteilung zwischen Mensch und Technik, die Mensch-Maschine-Funktionsteilung also, eine entscheidende Rolle für die Entwicklung und Konstruktion von Produktionssystemen und zugleich auch für die Rolle des Menschen im Produktionsprozess (vgl. dazu Abschnitt 5). Schließlich bestimmt die Art der Mensch-Maschine-Funktionsteilung den Grad der *Automatisierung* sowie die mögliche Autonomie der Beschäftigten (vgl. dazu Grote, 1997; Grote et al., 1999; Wäfler et al., 1999) und signalisiert damit zugleich, von welcher Art der Ressourcennutzung Markterfolg erwartet wird. Ein sehr ähnliches Konzept findet sich neuerdings auch bei Frieling (1999; Frieling und Sonntag, 1999). Fragen der Nutzung bzw. Vergeudung natürlicher und sozialer externer Ressourcen sind in ein erweitertes MTO-Konzept einzubeziehen.

4. Primat der Aufgabe

Für Hacker (1998, S. 51) ist der Arbeitsauftrag bzw. seine Interpretation oder Übernahme als Arbeitsaufgabe «die zentrale Kategorie einer psychologischen Tätigkeitsbetrachtung ..., weil mit der ‹objektiven Logik› seiner Inhalte entscheidende Festlegungen zur Regulation und Organisation der Tätigkeiten erfolgen». Im Beitrag von Volpert (1987, S.14) heißt es dazu: «Der Charakter eines ‹Schnittpunktes› zwischen Organisation und Individuum macht die Arbeitsaufgabe zum psychologisch relevantesten Teil der vorgegebenen Arbeitsbedingungen».

Damit lässt sich eine Brücke schlagen zu den Konzepten soziotechnischer Systemgestaltung. Bei Blumberg (1988, S. 56) heißt es dazu «... the task must be the point of articulation between the social and technical systems – linking the job in the technical system with is correlated, role behavior in the social system». Die Aufgabe ist also nicht nur «Schnittpunkt» zwischen Organisation und Individuum, sondern zugleich Kern des soziotechnischen Systems und Fokus arbeitspsychologischer Gestaltungskonzepte. Dies gilt insbesondere auch für das in Abbildung 2 vereinfacht dargestellte MTO-Konzept, das den Einsatz von Technik, die Nutzung und Entwicklung der Mitarbeiterqualifikation sowie die Gestaltung der Organisation gemeinsam zu optimieren versucht.

Damit stellt sich die Frage, wie Arbeitsaufgaben konkret gestaltet werden sollen, damit eine Aufgabenorientierung entsteht, die die Entwicklung der Persönlichkeit – und deren Gesundheit – im Arbeitsprozess fördert und zur Aufgabenerfüllung motiviert, ohne dass es der ständigen Kompensation durch von außen kommende Stimulation bedarf.

In seinem Beitrag über «Characteristics of Socio-Technical Systems» hat Emery (1959) zwei Voraussetzungen für das Entstehen einer Aufgabenorientierung benannt:

a) die arbeitende Person muss Kontrolle über die Arbeitsabläufe und die dafür benötigten Hilfsmittel haben;
b) die strukturellen Merkmale der Aufgabe müssen so beschaffen sein, dass sie in der arbeitenden Person Kräfte zur Vollendung oder Fortsetzung der Arbeit auslösen.

Kontrolle wird hier verstanden als die Freiheit, zwischen verschiedenen Möglichkeiten auszuwählen und/oder die Möglichkeit, auf Abläufe Einfluss zu nehmen. Dies entspricht durchaus dem Verständnis von Kontrolle, wie es auch in der deutschsprachigen Arbeitspsychologie seit den 1970er Jahren vertreten wird (vgl. Frese, 1978).

Nach Emery (1959) hängt im Übrigen der Grad der möglichen Kontrolle über die Arbeitsabläufe nicht nur von den strukturellen Merkmalen der Aufgabe oder der delegierten Vollmacht ab, sondern vor allem von der Qualifikation und der Kompetenz, die jemand in die Arbeitstätigkeit einbringt.

Nach den Angaben von Emery und Thorsrud (1982) sind es schließlich folgende Gestaltungsmerkmale, die die Entwicklung einer Aufgabenorientierung begünstigen:

- Ganzheitlichkeit
- Anforderungsvielfalt
- Möglichkeiten der sozialen Interaktion
- Autonomie
- Lern- und Entwicklungsmöglichkeiten

Diese Merkmale stimmen mit den von Hackman und Lawler (1971) bzw. Hackman und Oldham (1976) theoretisch anders hergeleiteten Merkmalen so gut überein, dass sich Trist (1981, p. 31) zu der Feststellung veranlasst sah: «This degree of agreement is exceptional in so new a field and has placed work redesign on a firmer foundation than is commonly realized».

Ziele und Realisierungsmöglichkeiten für die genannten und weitere Aufgabenmerkmale sind in **Tabelle 2** zusammenfassend dargestellt.

Aufgaben, die nach den hier beschriebenen Merkmalen gestaltet sind, können:

- die Motivation und die Gesundheit
- die fachliche Qualifikation und die soziale Kompetenz
- die Selbstwirksamkeit und die Flexibilität

der Beschäftigten fördern und sind deshalb zugleich ein hervorragendes Mittel, die Qualifikation und Kompetenz der Beschäftigen in – auch

Tabelle 2: Merkmale persönlichkeitsförderlicher Aufgabengestaltung, die Aufgabenorientierung bewirken und Belastungen reduzieren (aus: Ulich, 2001)

Gestaltungsmerkmal	Angenommene Wirkung	Realisierung durch ....
Ganzheitlichkeit	• Mitarbeiter erkennen Bedeutung und Stellenwert ihrer Tätigkeit • Mitarbeiter erhalten Rückmeldung über den eigenen Arbeitsfortschritt aus der Tätigkeit selbst	... Aufgaben mit planenden, ausführenden und kontrollierenden Elementen und der Möglichkeit, Ergebnisse der eigenen Tätigkeit auf Übereinstimmung mit gestellten Anforderungen zu prüfen
Anforderungsvielfalt	• Unterschiedliche Fähigkeiten, Kenntnisse und Fertigkeiten können eingesetzt werden • Einseitige Beanspruchungen können vermieden werden	... Aufgaben mit unterschiedlichen Anforderungen an Körperfunktionen und Sinnesorgane
Möglichkeiten der sozialen Interaktion	• Schwierigkeiten können gemeinsam bewältigt werden • Gegenseitige Unterstützung hilft Belastungen besser ertragen	... Aufgaben, deren Bewältigung Kooperation nahe legt oder voraussetzt
Autonomie	• Stärkt Selbstwertgefühl und Bereitschaft zur Übernahme von Verantwortung • Vermittelt die Erfahrung, nicht einfluss- und bedeutungslos zu sein	... Aufgaben mit Dispositions- und Entscheidungsmöglichkeiten
Lern- und Entwicklungsmöglichkeiten	• Allgemeine geistige Flexibilität bleibt erhalten • Berufliche Qualifikationen werden erhalten und weiterentwickelt	... problemhaltige Aufgaben, zu deren Bewältigung vorhandene Qualifikationen eingesetzt und erweitert bzw. neue Qualifikationen angeeignet werden müssen
Zeitelastizität und stressfreie Regulierbarkeit	• Wirkt unangemessener Arbeitsverdichtung entgegen • Schafft Freiräume für stressfreies Nachdenken und selbstgewählte Interaktionen	... Schaffen von Zeitpuffern bei der Festlegung von Vorgabezeiten
Sinnhaftigkeit	• Vermittelt das Gefühl, an der Erstellung gesellschaftlich nützlicher Produkte beteiligt zu sein • Gibt Sicherheit der Übereinstimmung individueller und gesellschaftlicher Interessen	... Produkte, deren gesellschaftlicher Nutzen nicht in Frage gestellt wird ... Produkte und Produktionsprozesse, deren ökologische Unbedenklichkeit überprüft und sichergestellt werden kann

ökonomisch – sinnvoller Weise zu nutzen und zu ihrer Erweiterung beizutragen. Dabei kommt dem zuerst genannten Kriterium der Ganzheitlichkeit zentrale Bedeutung zu. Es ist teilweise identisch mit dem Konzept der vollständigen Aufgabe.

4.1 Das Konzept der vollständigen Aufgabe

Bereits bei Hellpach (1922, S. 27) findet sich eine sehr modern anmutende Beschreibung der Charakteristika einer Aufgabe: «Zu einer Aufgabe gehören eigene Planung, Entwurf, wo nicht Entwurf der Aufgabe, so doch Entwurf ihrer Lösung mit freier Wahl unter verschiedenen Möglichkeiten, Entscheidung für eine und Verantwortungsübernahme für die Entscheidung, Übersicht und Einteilung der Durchführung, in der Durchführung das stets infinitesimale Abschätzen des Gelingens an der geistigen Zielvorstellung des Erzeugnisses, am Abschluss die Überzeugung: er sah, was er gemacht hatte, und siehe, es war sehr gut (1. Mose 1, 31)».

Für Theorie und Praxis persönlichkeitsförderlicher Arbeitsgestaltung kommt dem Konzept der «vollständigen Aufgabe» (Tomaszewski, 1981) bzw. der «vollständigen Tätigkeit» (Hacker, 1986, 1987) oder der «vollständigen Handlung» (Volpert, 1987) besondere Bedeutung zu.

Bei Rice (1958) und Emery (1959) findet sich eine Anzahl von Hinweisen auf die motivationale Bedeutung der Ganzheitlichkeit bzw. Vollständigkeit («wholeness») von Aufgaben. Bei unvollständigen Tätigkeiten – oder: partialisierten Handlungen im Sinne von Volpert (1974) – «fehlen weitestgehend Möglichkeiten für ein eigenständiges Zielsetzen und Entscheiden, für das Entwickeln individueller Arbeitsweisen oder für ausreichend genaue Rückmeldungen» (Hacker, 1987, S. 35). Vollständige Tätigkeiten bieten demgegenüber Möglichkeiten der Setzung von Zielen und Teilzielen und Entscheidungsmöglichkeiten in allen Phasen der Aufgabenerledigung, gewähren also Tätigkeits- bzw. Handlungsspielraum (vgl. **Informationsbox 5**).

Konkrete Folgerungen für die Produktionsgestaltung, die aus dem Prinzip der vollständigen Aufgabe resultieren, seien hier beispielhaft skizziert. (1) Das selbstständige Setzen von Zielen, die in übergeordnete Ziele eingebettet werden können, erfordert eine Abkehr von betrieblicher Zentralsteuerung zu Gunsten dezentraler Werkstattsteuerung, die die Möglichkeit selbstständiger Entscheidungen im Rahmen definierter Zeiträume schafft. (2) Selbstständige Handlungsvorbereitungen im Sinne der Wahrnehmung von Planungsfunktionen erfordert die In-

Informationsbox 5

Merkmale vollständiger Tätigkeiten

Merkmale vollständiger Tätigkeiten, die es bei der Festlegung von Aufgaben zu berücksichtigen gilt, sind

1. das selbstständige Setzen von Zielen, die in übergeordnete Ziele eingebettet werden können,
2. selbstständige Handlungsvorbereitungen im Sinne der Wahrnehmung von Planungsfunktionen,
3. Auswahl der Mittel einschließlich der erforderlichen Interaktionen zur adäquaten Zielerreichung,
4. Ausführungsfunktionen mit Ablauffeedback zur allfälligen Handlungskorrektur,
5. Kontrolle mit Resultatfeedback und der Möglichkeit, Ergebnisse der eigenen Handlungen auf Übereinstimmung mit den gesetzten Zielen zu überprüfen.

tegration von Aufgaben der Arbeitsvorbereitung in die Werkstatt. (3) Auswahl der Mittel heißt z. B. dem Konstrukteur freistellen, ob er für die Erledigung bestimmter Teilaufgaben an Stelle des CAD-Systems das Zeichenbrett benutzen – oder Modelle manuell formen – will, sofern gesichert ist, dass die andernorts oder wiederholt benötigten Daten in das System eingegeben werden. (4) Ausführungsfunktionen mit Ablauffeedback zur allfälligen Handlungskorrektur erfordern bei abgekapselten Bearbeitungsvorgängen «Fenster zum Prozess», mit deren Hilfe die Prozessdistanz minimiert werden kann. (5) Kontrolle mit Resultatfeedback bedeutet Übernahme der Funktionen der Qualitätsprüfung durch die in der Werkstatt Beschäftigten.

Damit wird zugleich auch die klassische Rationalisierungsstrategie mit der Fragmentierung in vorbereitende, ausführende und kontrollierende Teiltätigkeiten in Frage gestellt. Wie Untersuchungen zeigen, können die mit diesem Verständnis von Rationalisierung systematisch verbundenen Einschränkungen von Handlungs- und Gestaltungsspielräumen

- «zu Störungen im Wohlbefinden und zu andauernden psychischen und körperlichen Beschwerden ...,
- zu einem Abbau der individuellen Leistungsfähigkeit, insbesondere der geistigen Beweglichkeit ...,
- zu einem passiven Freizeitverhalten sowie zu geringerem Engagement im politischen und gewerkschaftlichen Bereich ...» führen und sich auch darauf auswirken,
- «wie jemand seine Kinder erzieht ...» (Volpert, 1983, S. 83 f.).

In neueren Untersuchungen konnte zudem belegt werden, «dass das Erleben von *Stress* abhängig ist von der Aufgabengestaltung. Bei unvollständigen Aufgabenstrukturen ist das Erleben von Stress signifikant erhöht. Insbesondere für ältere Beschäftigte konnte gezeigt werden, dass eine Erweiterung des Arbeitsinhaltes auf der Dimension der sequentiell-zyklischen Vollständigkeit das Stresserleben entscheidend zu vermindern vermag» (Richter und Uhlig, 1998, S. 413).

Die klassische, fragmentierende Rationalisierungsstrategie – die wegen der damit verbundenen Verschwendung menschlicher Fähigkeiten zugleich eine unverantwortliche Vergeudung volkswirtschaftlicher Ressourcen bedeutet – ist also zu ersetzen durch eine integrierende Strategie. Ziel eines alternativen Rationalisierungskonzepts ist demzufolge die Überwindung der Fragmentierung zu Gunsten vollständiger Tätigkeiten bzw. Aufgaben im Sinne der – zumindest teilweisen – Wiederherstellung der Einheit von Planen, Ausführen und Kontrollieren und damit erweiterter Tätigkeitsspielräume (vgl. Abschnitt 1).

Vollständige Tätigkeiten bzw. Aufgaben sind allerdings, wegen der damit verbundenen Komplexität, häufig nur als Gruppenaufgaben gestaltbar.

4.2 Gruppenaufgaben

Arbeit in Gruppen kommt hauptsächlich aus zwei – miteinander zusammenhängenden – Gründen psychologisch ein besonderer Stellenwert zu:

1. Das Erleben ganzheitlicher Arbeit ist in modernen Arbeitsprozessen mehrheitlich nur möglich, wenn interdependente Teilaufgaben zu vollständigen Gruppenaufgaben zusammengefasst werden.
2. Die Zusammenfassung von interdependenten Teilaufgaben zur gemeinsamen Aufgabe einer Gruppe ermöglicht ein höheres Maß an Selbstregulation und sozialer Unterstützung.

zu 1: Wilson und Trist (1951) haben ebenso wie Rice (1958) schon sehr früh festgestellt, dass in Fällen, in denen die individuelle Teilaufgabe dies nicht zulässt, Befriedigung aus der Mitwirkung an der Vollendung einer ganzheitlichen Gruppenaufgabe resultieren kann.

zu 2: Schon bei Wilson und Trist findet sich ebenfalls der Hinweis, dass das mögliche Ausmaß der Gruppenautonomie dadurch bestimmt wird, inwieweit die Gruppenaufgabe ein unabhängiges und vollständiges Ganzes darstellt. Im Übrigen gilt nach Emery (1959), dass eine gemeinsame Aufgabenorientierung in einer Arbeitsgruppe nur dann entsteht, wenn die Gruppe eine gemeinsame Aufgabe hat, für die sie als Gruppe die Verantwortung übernehmen kann und wenn der Arbeitsablauf innerhalb der Gruppe von dieser selbst kontrolliert werden kann.

Über die psychologischen und ökonomischen Wirkungen von Arbeit in teilautonomen Gruppen wurde in den letzten Jahren anhand zahlreicher Fallbeispiele berichtet (z. B. von Antoni, 1994, 1995, 1997; Berggren, 1993, 1995, 1997; Binkelmann, Braczyk & Seltz, 1993; Brödner und Kötter, 1999; Hackman, 1990; Ulich, 2001). In den USA fanden Macy und Izumi (1993) in einer sorgfältig durchgeführten Metaanalyse von 131 Innovationsprojekten, dass die produktivitätssteigernde Wirkung der Einführung von Gruppenarbeit größer war als die anderer Innovationen. Applebaum und Blatt (1994), die u. a. 185 Fallbeispiele analysierten, bestätigten die effizienz- und qualitätssteigernde Wirkung von Gruppenarbeit ebenso wie Kalleberg und Moody (1994), deren Angaben auf einer Analyse von mehr als 700 Betrieben basieren. Auch der Report des «European Work and Technology Consortium» (1998) über «Work organisation, Competitiveness, Employment – The European approach» liefert eindrückliche Belege für die Verbesserung ökonomisch relevanter Kenngrößen als Folge der Arbeit in teilautonomen Gruppen (vgl. **Informationsbox 6**).

Gleichzeitig wird in diesem Bericht deutlich, dass eine Diffusion derartiger Arbeitsstrukturen trotz vielfach belegter ökonomischer Erfolge nur sehr beschränkt stattfindet. Dementsprechend zieht Oehlke (2000, S. 162) in einem Bericht über europäische Förderaktivitäten den Schluss: «Die Aktualisierung europäischer Traditionen der arbeits- und gestaltungsorientierten bzw. sozio-technischen Organisationsentwicklung (u. a. van Eijnatten, 1993; Ulich, 1998, S. 167 ff.) kann vor dem Hintergrund japanischer und amerikanischer Managementkonzepte sowie diverser OECD-Studien … als ein wichtiger Impulsgeber für eine europäische Produktivitätsstrategie verstanden werden.»

Die Analyse der Ergebnisse von Fallstudien (Rice, 1958; Emery und Thorsrud, 1976, 1982; Mansell, 1980; Trist, 1981; Cherns, 1989) lassen die Annahme gerechtfertigt erscheinen, dass die Infragestellung etablierter Machtstrukturen zu den wesentlichen Gründen für die vergleichsweise geringe Verbreitung dieser psychologisch

Informationsbox 6

Gruppenarbeit – ein erfolgreiches europäisches Produktionskonzept

«Es gibt kaum Zweifel, dass durch neue Formen der Arbeitsorganisation, die auf Qualifikation, Vertrauen und Qualität setzen, sowohl in der industriellen Produktion als auch im Dienstleistungsbereich außerordentliche Ergebnisse in Bezug auf Produktivität und Effizienz erzielt werden können …

Wir stellen fest, dass Steigerungen der Produktivität um 50 % und mehr erreicht werden können, bei einer Reduktion der Lagerbestände und der Durchlaufzeiten um die Hälfte …

In einer Untersuchung, in die rund 6000 Unternehmen aus rund zehn europäischen Ländern einbezogen worden waren, wurden geradezu dramatische Effekte der Einführung teilautonomer Arbeitsgruppen gefunden: 68 % der Antwortenden berichteten über eine allgemeine Reduzierung der Kosten, 87 % über eine Reduktion der Durchlaufzeiten, 98 % über eine Verbesserung der Produkt- oder Dienstleistungsqualität und 87 % über eine Zunahme des ‹total output›. Unternehmensbefragungen in Deutschland, Dänemark und Schweden bestätigen diese Ergebnisse weitgehend …» (The European Work and Technology Consortium, 1998, S. 7, frei übersetzt von E.U.).

Tabelle 3: «Europäische» und «japanische» Gruppenarbeit im Vergleich (nach Angaben Kirsch, 1993, 1997; Benders et al., 1999)

	«europäisches» Modell	**«japanisches» Modell**
Aufgaben	ganzheitlich, komplex	partialisiert, einfach
Gestaltungsprinzip	job enrichment	job enlargement, job rotation
Autonomie	hoch	gering
Taktbindung	gering	hoch
Gruppenzusammensetzung	heterogen	homogen
Regulationsform	kollektive Selbstregulation	hierarchische Fremdbestimmung
Beziehungsstruktur	soziale Unterstützung	soziale Kontrolle
Qualifikationsniveau	Facharbeiter oder qualifizierte Angelernte	Angelernte mit qualifiziertem Schulabschluss
Mitgliedschaft	Wahl durch die Gruppe	Zuweisung durch Vorgesetzte
Besetzung der Leitungsposition	Wahl durch die Gruppe	Bestimmung durch das Management
zeitliche Zuordnung der Leitungsfunktion	rotierend zwischen Gruppenmitgliedern	dauerhaft, gebunden an die Leitungsperson

und ökonomisch gleichermaßen sinnvollen und erfolgreichen Innovation gehört.

In neueren Publikationen (z.B. Zink, 1995; Frieling und Freiboth, 1997; Kirsch, 1997; Moldaschl und Weber, 1998; Antoni, 1999; Rafferty und Tapsell, 2001) wird zu Recht auf die Notwendigkeit hingewiesen, zwischen «europäischen» bzw. «skandinavischen» und «japanischen» Formen von Gruppenarbeit zu unterscheiden (vgl. **Tab. 3**).

Dass mit einer Übertragung japanischer Gruppenarbeitskonzepte auf europäische Unternehmen häufig nicht die gewünschten ökonomischen Erfolge erreicht werden, liegt auf der Hand und wird durch die von der European Foundation for the Improving of Living and Working Conditions veranlasste Studie (Benders et al., 1999) bestätigt.

Eines der interessantesten Beispiele für nach «europäischen» bzw. «skandinavischen» Konzepten gestaltete Arbeit in teilautonomen Gruppen stellte die Fabrikorganisation des Volvowerkes in Uddevalla dar (vgl. **Informationsbox 7**).

In zahlreichen Werken der deutschen Autoindustrie ist in den 1980er und 1990er Jahren ebenfalls Gruppenarbeit eingeführt worden, die allerdings sehr unterschiedlich zu beurteilen ist. Für viele Fälle gilt offensichtlich, dass dabei die Führungs- und Organisationsstrukturen, nicht aber die Arbeitstätigkeit und deren Vollständigkeit im Mittelpunkt des Interesses stehen (vgl. Wehner und Rauch, 1994; Bungard und Jöns, 1997; Frieling und Freiboth, 1997). «Standardisierte Gruppenarbeit» scheint sich inzwischen eher zu verbreiten als Arbeit in teilautonomen Gruppen, wie sie in Informationsbox 7 beispielhaft beschrieben und offensichtlich mit einer Vielzahl positiv zu bewertender Effekte verbunden ist.

Schließlich gilt aber sowohl für die Erweiterung individueller als auch für die Erweiterung kollektiver Tätigkeitsspielräume, dass die Ergebnisse bezüglich positiver motivationaler, persönlichkeits- und gesundheitsförderlicher, aber auch ökonomischer Effekte nicht einheitlich sind. Abgesehen von methodischen Gründen und interindividuellen Unterschieden, die in den Prinzipien der Differentiellen und Dynamischen Arbeitsgestaltung Berücksichtigung finden, kann einer der Gründe dafür auch in der

Informationsbox 7

Teilautonome Arbeitsgruppen in der Fahrzeugmontage

Die 1989 eröffnete Volvo-Fabrik in Uddevalla für die Endmontage von Personenwagen besteht aus sechs voneinander unabhängigen Produktionseinheiten, in denen in je acht Gruppen jeweils vier Autos pro Tag komplett montiert werden. Jedes Fahrzeug ist in sieben Arbeitsabschnitte eingeteilt; nach einer Lern- und Einarbeitungszeit von 16 Monaten (!) sollen die Beschäftigten zwei bis drei solcher Arbeitsabschnitte beherrschen, das heißt für einen Arbeitsinhalt von zwei bis drei Stunden qualifiziert sein. Der Grad der erreichten Qualifikation findet seinen Niederschlag in einem Polyvalenzlohnsystem, in dem das jeweils erreichte Lernniveau entsprechend honoriert wird. Eine Reihe von Arbeitern ist in der Lage, ganze Fahrzeuge komplett zu montieren.

Gemäß der Einsicht, dass mit zunehmendem Umfang der Arbeitsaufgabe auch die Möglichkeiten der Einflussnahme auf die Arbeit zunehmen müssen, sind die Hierarchien flach und die Möglichkeiten bzw. die Anforderungen der Selbstregulation innerhalb der Arbeitsgruppen hoch. Die Führungsfunktionen werden von monatlich wechselnden Gruppenmitgliedern wahrgenommen. Allerdings findet die Rotation nur zwischen solchen Gruppenmitgliedern statt, die sich für die Wahrnehmung dieser Funktion interessieren und vom Leiter der Produktionswerkstatt auch als dafür geeignet angesehen werden.

Bei der Zusammensetzung der Gesamtbelegschaft und nach Möglichkeit auch der einzelnen Gruppen wird auf eine Widerspiegelung bestimmter demografischer Merkmale in der Bevölkerung geachtet: nicht mehr als 25 % der Beschäftigten sollen jünger als 25 Jahre sein, mindestens 25 % älter als 45 Jahre, der Frauenanteil soll etwa 40 % betragen. Die vorliegenden Erfahrungen scheinen zu bestätigen, dass auf diese Weise eine Unterstützungskultur entsteht, deren Auswirkungen sich nicht nur auf das Wohlbefinden, sondern auch auf Produktivitätsvariable erstrecken.

Das Werk Uddevalla erreichte bereits Mitte 1991 die Montagezeiten der noch weitgehend nach dem Fließbandprinzip organisierten Massenproduktion in Torslanda/Gothenburg. «In October 1992, the plant was thoroughly evaluated against the line assembly plant in Gothenburg. In this comparison Uddevalla emerged as the ‹best practice plant›, and an internal benchmark for Gothenburg» (Berggren, 1993, p. 2). Diese Aussage bezieht sich nicht nur auf die Montagezeit, sondern auch auf die Qualität und vor allem die Flexibilität in der Reaktion auf Kundenwünsche. Dennoch wurde einen Monat später der Beschluss bekannt gegeben, die Uddevalla-Fabrik stillzulegen. Die Hintergründe dafür werden von Berggren (1993) und Sandberg (1993) kenntnisreich beschrieben (kurz zusammengefasst bei Ulich, 2001). Tatsächlich hat Volvo am 18. Januar 1995 diesen Beschluss revidiert und bekannt gegeben, dass die Fabrik in Uddevalla im Rahmen eines joint venture mit dem britischen Unternehmen TWR wieder eröffnet wird (!).

Annahme linearer Zusammenhänge zwischen positiv bewerteten Merkmalen der Arbeits- bzw. Tätigkeitsgestaltung und gewünschten psychologischen und ökonomischen Effekten liegen. Die Realisierung einer solchen Annahme kann dazu führen, dass umso stärkere positive Effekte erwartet werden, je komplexer die Arbeitstätigkeiten, autonomer die Beschäftigten und vielfältiger die Anforderungen sind.

Die schon früher (Ulich, 1972) geäußerte und neuerdings von Nedess und Meyer (2001) aufgenommene Annahme eines kurvilinearen Zusammenhangs zwischen dem Komplexitätsgrad von Tätigkeiten und dem Wirkungsgrad der Arbeit (vgl. **Abb. 3**) weist demgegenüber darauf hin, dass das diesbezügliche Optimum keineswegs notwendigerweise dem möglichen Maximum entspricht.

Diese Annahme zeigt auch Übereinstimmungen mit dem so genannten «*Vitaminmodell*» von Warr (1994), das ebenfalls eine kurvilineare Beziehung zwischen Tätigkeitsmerkmalen wie Autonomie oder Anforderungsvielfalt und dem Wohlbefinden der Beschäftigten postuliert.

Wiederum andere Ursachen für uneinheitliche Ergebnisse der Erweiterung individueller und/oder kollektiver Tätigkeitsspielräume können in der unterschiedlichen Beteiligung der Beschäftigten an deren Entwicklung und Einführung liegen, am mehr oder weniger gezielten und differenzierten Training für die adäquate Wahrnehmung der neuen Arbeitsaufgaben (vgl. dazu Baitsch, 1998; Bergmann, 1999) oder an dem mit beidem möglicherweise verbundenen Mangel an interindividueller Übereinstimmung der mentalen Modelle, z. B. über Arbeitsaufgabe, Arbeitsmittel, Gruppenmitglieder oder soziale Interaktionen (vgl. Tschan und Semmer, 2001).

Eine der Fragen, die in diesem Zusammenhang entsteht, ist die nach Möglichkeiten der Entwicklung interindividuell hinreichend gemeinsamer mentaler Modelle als Voraussetzung für den adäquaten Umgang mit kollektiven Tätigkeitsspielräumen.

In Anlehnung an Leontjew (1977), Raeithel (1989, 1991) und Volpert (1994) hat Weber (1997) ein Konzept der gemeinsamen Vergegenständlichungen entwickelt, dem für die Arbeit in teilautonomen Gruppen erhebliche Bedeutung zukommt.

Bei den gemeinsamen Vergegenständlichungen handelt es sich um von einer Gruppe oder innerhalb einer Gruppe geschaffene oder verbesserte Arbeitsmittel, Arbeitsmethoden oder Wissensreservoirs. Durch gemeinsame oder gegenseitige Aneignung fördern sie die Kompetenzentwicklung der Gruppenmitglieder und dienen zugleich «als Vorbeugung zur Bewältigung zukünftiger Arbeitsanforderungen» (Weber, 1997, S. 233).

In einer Studie über gemeinsame Vergegenständlichungen in teilautonomen Arbeitsgruppen konnte Weber zeigen, dass deren Anzahl einerseits mit dem Niveau der kollektiven Autonomie hoch korreliert, andererseits deutliche Beziehungen zu wichtigen Einstellungs- und Verhaltensmerkmalen aufweist (vgl. **Abb. 4**).

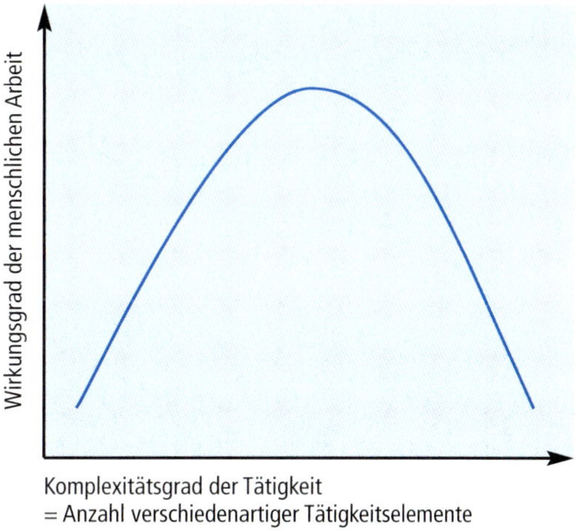

Abbildung 3: Vermuteter Zusammenhang zwischen Komplexitätsgrad der Tätigkeit und Wirkungsgrad der menschlichen Arbeit (aus: Ulich, 1972)

In früheren Untersuchungen über die Arbeit in teilautonomen Gruppen in der Motorenmontage im VW-Werk Salzgitter (Granel, 1980; Rohmert und Haider, 1980; Triebe, 1980; Bruggemann, 1980; Muster, 1980; Ulich, 1980) konnten neben positiven Effekten auf Verhaltens- und Erlebensmerkmale vor allem auch positiv zu bewertende Veränderungen der Belastungsstrukturen nachgewiesen werden.

So wurde etwa die in den beiden zum Vergleich herangezogenen hocharbeitsteiligen Montagestrukturen «nachgewiesene Zunahme der Arbeitsermüdung im Verlaufe einer Schicht … bei der Gruppenmontage nicht beobachtet» (Granel, 1980, S. 40). In Schweden konnte Lundberg (1996) zeigen, dass Muskel- und Skeletterkrankungen in Gruppenarbeitsstrukturen mit entsprechender Autonomie weniger häufig auftreten als in arbeitsteiligen Arbeitsstrukturen, in denen die gleichen Produkte bzw. Dienstleistungen zu erstellen sind. Auch hier zeigte sich, dass physiologische Belastungsreaktionen und Selbsteinstufungen der erlebten Ermüdung in

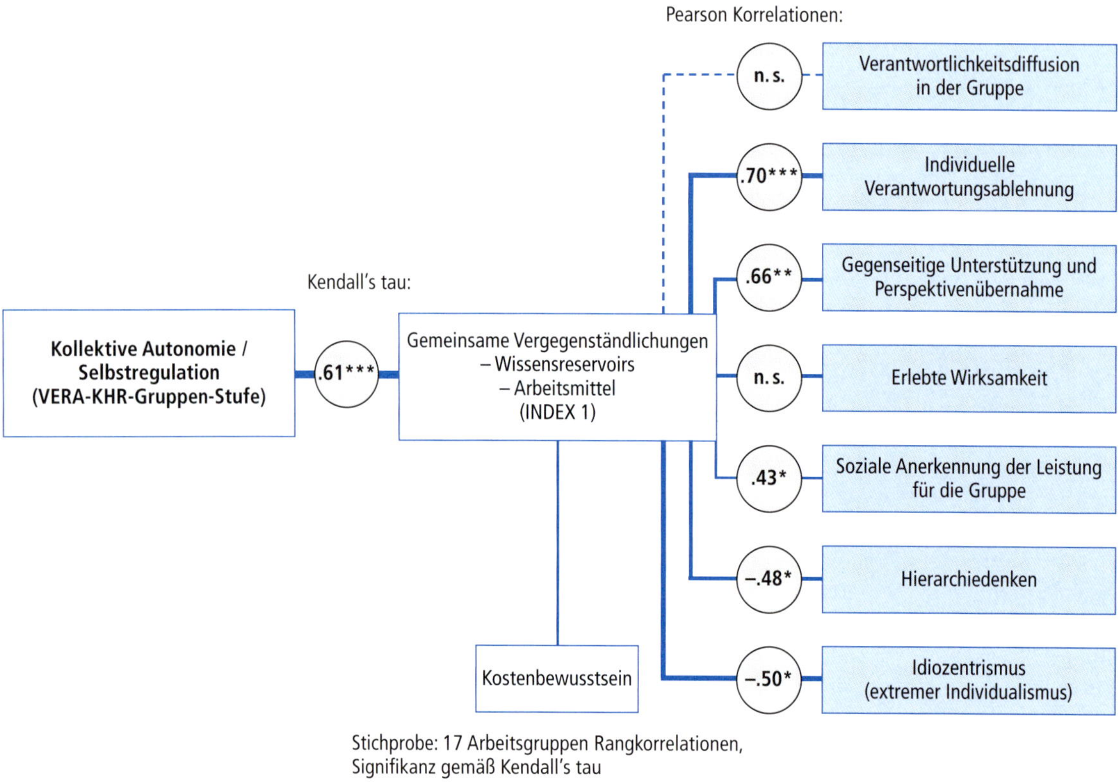

Abbildung 4: Zusammenhänge zwischen dem Niveau der kollektiven Handlungsregulation, der Anzahl gemeinsamer Vergegenständlichungen und Indices der gemeinsamen Aufgabenorientierung sowie Kostenbewusstsein in 17 Arbeitsgruppen aus dem Auto- und Anlagenbau (übersetzt aus: Weber, 1999)

den arbeitsteiligen Strukturen während des Schichtverlaufes zunahmen und ihren Gipfel am Ende der Schicht erreichten, während in der flexiblen Gruppenarbeitsstruktur «a moderate and more stable level throughout the shift» gefunden wurde (Lundberg, 1996). Damit stellen sich grundsätzliche Fragen zum Zusammenhang zwischen Arbeitsgestaltung und Gesundheit (vgl. dazu Semmer und Udris, Kap. 6).

4.3 Arbeitsgestaltung und Gesundheit

Obwohl die Bedeutung der bedingungsbezogenen Interventionen, d.h. der Veränderung der Verhältnisse insbesondere durch Maßnahmen der Arbeitsgestaltung neuerdings immer wieder betont wird, liegt der Schwerpunkt der betrieblichen Gesundheitsförderungsaktivitäten nach wie vor bei den personbezogenen Interventionen, d.h. bei der Veränderung des Verhaltens (vgl. Schwager und Udris, 1998; Busch, 1998; Busch, Huber und Themessl, 1998; Breucker, 2000). Wenn auch davon auszugehen ist, dass sich die beiden Ansätze zumindest teilweise wechselseitig bedingen (vgl. dazu Greiner, 1998; Semmer und Udris, Kap. 6), so gilt doch, dass «in der Sachlogik ... Verhaltensprävention der Verhältnisprävention stets nachgeordnet bleibt» Klotter 1999, S. 43). Eine Gegenüberstellung möglicher Maßnahmen und Wirkungen findet sich in **Tabelle 4**.

Am Beispiel der Muskel- und Skeletterkrankungen lässt sich die Bedeutung betrieblicher Arbeitsgestaltung exemplarisch aufzeigen. Diese Erkrankungsformen stehen in Deutschland an erster Stelle der Ursachen für krankheitsbeding-

Tabelle 4: Betriebliche Gesundheitsförderung: personbezogene und bedingungsbezogene Interventionen (aus: Ulich, 2001)

	Betriebliche Gesundheitsförderung	
	Personbezogene Interventionen = verhaltensorientiert	**Bedingungsbezogene Interventionen = verhältnisorientiert**
bezogen auf	einzelne Personen -> individuumsorientiert	Arbeitssysteme und Personengruppen ->strukturorientiert
Beispiele für Maßnahmen	Rückenschule, Stressimmunisierungstraining	vollständige Aufgaben, Gruppenarbeit, Arbeitszeitgestaltung
Wirkungsebene	individuelles Verhalten	organisationales, soziales und individuelles Verhalten
personbezogene Effekte	Gesundheit, Leistungsfähigkeit	positives Selbstwertgefühl, Kompetenz, Kohärenzerleben, Selbstwirksamkeit, Internale Kontrolle, Gesundheit, Motivation, Leistungsfähigkeit
wirtschaftliche Effekte	Reduzierung krankheitsbedingter Fehlzeiten	Verbesserung von Produktivität, Qualität, Flexibilität und Innovationsfähigkeit, geringere Fehlzeiten und Fluktuation
Effektdauer	kurz- bis mittelfristig	mittel- bis langfristig

te Fehltage (vgl. Vetter, Dieterich und Acker, 2001; Küsgens, Vetter und Yoldas, 2002). Gründe dafür sind einerseits in Bewegungsmangel und lang andauernder einseitiger körperlicher Belastung zu suchen, wie sie in zahlreichen Fällen etwa bei Bildschirmarbeit vorzufinden sind. Andererseits spielen in diesem Zusammenhang offensichtlich auch Merkmale wie Aufgabenvollständigkeit und Tätigkeitsspielraum eine bedeutsame Rolle, während etwa die so genannten Rückenschulen – ohne eine Änderung der Verhältnisse, d. h. konkret der Arbeitsstrukturen – häufig nicht zu einer längerfristigen Beschwerdenminderung führen (Lenhardt, Elkeles und Rosenbrock, 1997).

Auch hier gilt also: «Vor allem durch struktur- oder verhältnisbezogene betriebliche Interventionsansätze lässt sich ein beträchtliches präventives Potenzial im Bereich der Rückenschmerzen und anderer Erkrankungen des Bewegungs- und Stützapparates erschließen» (a. a. O., S.135). Diese Aussage wird auch durch die Untersuchungen von Mayntz (2000) unterstützt, die in öffentlichen Verwaltungen als Prädiktoren für «Schulter-Nacken-Schmerzen» geringe soziale Unterstützung, Monotonie, Zeitdruck und unzureichende Erholungspausen identifizierte.

Hinweise wie diese und Untersuchungen, wie sie etwa von Lundberg (1996; Lundberg et al., 1994) und Melin et al. (1999) vorgelegt wurden, zeigen, dass eine ungenügende Ausprägung der in Tabelle 1 aufgeführten Merkmale persönlichkeitsförderlicher und Aufgabenorientierung bewirkender Aufgabengestaltung im Umkehrschluss eine Gefährdung der Gesundheit bedeuten kann. Dies gilt selbstverständlich nicht nur für die hier etwas ausführlicher angesprochenen Muskel- und Skeletterkrankungen, sondern beispielsweise auch für den Umgang mit potenziellen betrieblichen Stressoren (vgl. dazu Semmer, und Udris, Kap. 6, Zapf und Semmer 2003). So findet sich schon bei Elkin und Rosch (1990) als erste der «strategies to reduce workplace stressors» die Angabe «redesign the task», im Folgenden dann auch «provide social support and feedback». Und Cooper (1996) nennt unter den «aspects of primary prevention» in Bezug auf Stress als erstes «Job content and work sheduling». Schließlich findet sich unter den Schlussfolgerungen und Empfehlungen des Institute fror Health and Productive Management als erstes die Aufforderung «Develop healthy organisational cultures in which people experience greater personal control in how they do their work». Folgerichtig ist bei Hacker et al. (2000, S. 5) von einem branchen- und tätigkeitsübergreifenden Satz risikobehafteter Kombinationen die Rede, zu dem unzureichende Vollständigkeit der Aufgaben und mangelnde Vielfalt der Anforderungen ebenso gehören wie geringe Autonomie und fehlende Möglichkeiten der unterstützenden Kooperation, aber auch «widersprüchliche Aufträge ohne individuelle Lösungsmöglichkeiten» sowie Zeitdruck und qualitative Überforderung.

Innerhalb der Arbeitspsychologie besteht denn auch weitgehende Übereinstimmung dahingehend, dass die Konzepte, die ursprünglich vor allem mit der Intention, Arbeit persönlichkeitsförderlich zu gestalten, formuliert worden waren, zugleich entscheidende Elemente betrieblicher Gesundheitsförderung und gesundheitsförderlicher Arbeitsgestaltung sind (Richter, 1996, 2002; Bamberg, Ducki und Metz, 1998; Oesterreich und Volpert, 1999; Ducki, 2000; Hacker et al., 2000; Frieling, 2002; Ulich, 2001, 2002).

Dementsprechend werden große Tätigkeitsspielräume, vollständige Aufgaben, hohe Anforderungen an eigenständiges Denken, Planen und Entscheiden, verbunden mit Möglichkeiten der Kommunikation und Kooperation, als wesentliche Merkmale gesundheitsgerechter Arbeitsgestaltung beschrieben (Bamberg und Metz, 1998; Büssing, 1999; Leitner, 1999; Lüders und Pleiss, 1999; Oesterreich, 1999; Ducki, 2000). Diese Merkmale enthalten zugleich ein bedeutsames Potenzial für intrinsische Gratifikation. Ihre sinnvolle Nutzung kann deshalb auch dem Entstehen entsprechender «Gratifikationskrisen» und den daraus möglicherweise resultierenden Folgen für die Gesundheit (Siegrist, 1996, 2002) entgegenwirken. Dass die Realisierung solcher Aufgabenmerkmale auch eine Voraussetzung für das Erleben von «Selbstwirksamkeit» (Bandura, 1977) darstellen kann, ist offensichtlich. Während also hohe Anforderungen als bedeutsame Quelle von Gesundheit beschrieben werden, werden hohe Belastungen, insbesondere in Form von Regulationshindernissen «als schädlich für die Gesundheit angesehen; sie sind zudem überflüssig, da sie der Erledigung der Arbeitsaufgabe im Wege sind» (Leitner, 1999, S. 80).

Von der Bundesanstalt für Arbeitsschutz und Arbeitsmedizin (2001) vorgelegte Berechnungen machen deutlich, welche Einsparmöglichkeiten in der systematischen Berücksichtigung solcher Erkenntnisse liegen. «20,3 Mrd. DM direkte Kosten der Krankheitsbehandlung gehen hiernach 1998 auf ‹Arbeitsschwere/Lastenheben›, 18,1 Mrd. DM auf ‹geringen Handlungsspielraum› und 10,5 Mrd. DM auf ‹geringe psychische Anforderungen› zurück. Diese Größen beschreiben die Einsparmöglichkeiten für die Krankenkassen. Die indirekten Kosten – sie beschreiben die Einsparmöglichkeiten der Betriebe – belaufen sich annähernd auf die gleichen Summen; dies ist vergleichsweise wenig und unterschätzt, weil lediglich verlorene Produktivitätsjahre in Folge Arbeitsunfähigkeit bei den indirekten Kosten berücksichtigt werden» (BAUA, 2001, S. 1 f.). Damit wird auf anderem Weg noch einmal bestätigt, dass für den Erhalt bzw. die Förderung der Gesundheit erwerbstätiger Personen der Arbeitsgestaltung hervorragende Bedeutung zukommt. Diesen Sachverhalt gilt es gerade auch unter den Bedingungen des Einsatzes neuer Technologien sorgfältig zu berücksichtigen.

5. Konzepte für den Einsatz neuer Technologien

In seiner konstruktiv-kritischen Auseinandersetzung mit dem soziotechnischen Ansatz der Arbeits- und Organisationsgestaltung war Sydow (1985, S. 106) zu dem Schluss gekommen, «dass die gegenwärtige technologische Entwicklung das soziotechnische Konzept der gemeinsamen Optimierung von technischen und sozialen Systemen in seiner betrieblichen Realisierbarkeit eher fördert». Dass heißt, dass die technologische Entwicklung für die Strukturierung primärer Arbeitssysteme ebenso wie für die Gestaltung konkreter Arbeitsaufgaben weitere Spielräume eröffnet.

Eine Vielzahl vorliegender Erfahrungen legt indes die Annahme nahe, dass viele der in der Praxis vorfindbaren Varianten des Einsatzes neuer Technologien weniger durch produktions- oder fertigungstechnische Sachzwänge bedingt sind als durch vorhandene, unternehmenstypische oder modische Organisationskonzepte, deren Ausprägung durch die Art der Auslegung und des Einsatzes neuer Technologien zusätzlich unterstützt bzw. verstärkt wird. Dies bedeutet, dass in solchen Fällen in erster Linie nicht Arbeitsgestaltung, sondern Technikgestaltung betrieben wird. Weber und Wehner (2001, S. 4) haben die Konsequenz derartigen Vorgehens kürzlich in aller Deutlichkeit formuliert: «Nichts ist für die menschliche Arbeitspraxis so riskant wie eine Technologie, deren langfristige Implikationen für die Persönlichkeit, das Wohlbefinden und den wirtschaftlichen Erfolg verborgen sind». Abgesehen von den damit verbundenen Nachteilen könnte umgekehrt die reflektierte Nutzung neuer Technologien durchaus dazu beitragen, produktive betriebliche Strukturen zu entwickeln, die in überschaubaren Einheiten interessante Aufgaben bieten mit der Möglichkeit zu verstehen, was wie und warum vorgeht und darauf auch Einfluss zu nehmen.

5.1 Technologie als Option

Hier werden deutlich unterscheidbare Gestaltungskonzepte sichtbar, die wir im Folgenden als «technikorientiert» bzw. «arbeitsorientiert» bezeichnen (Ulich, 1989, 2001). Technikorientierte Gestaltungskonzepte zielen in erster Linie darauf, moderne Technik einzusetzen und deren reibungsloses Funktionieren zu garantieren. Die Strukturierung von Aufbau- und Ablauforganisation ist hier ebenso wie die Entwicklung und der Einsatz menschlicher Qualifikationen dem Primat der Technik nachgeordnet. Arbeitsorientierte Gestaltungskonzepte zielen demgegenüber darauf ab, Arbeitssysteme zu gestalten, d.h. – der soziotechnischen Tradition folgend – die Entwicklung und den Einsatz von Technik, Organisation und Qualifikation gemeinsam zu optimieren. Mögliche Konsequenzen der Realisierung dieser Konzepte sind – in Anlehnung an Corbett (1987; Clegg und Corbett, 1989 und

Tabelle 5: Vergleich unterschiedlicher Konzepte für rechnergestützte Arbeitstätigkeiten

	Technikorientierte Gestaltungskonzepte --> Technikgestaltung	Arbeitsorientierte Gestaltungskonzepte --> Arbeitgestaltung
Mensch-Maschine-Funktionsteilung	Operateure übernehmen nicht automatisierte Resttätigkeiten	Operateure übernehmen ganzheitliche Aufgaben von der Arbeitsplanung bis zur Qualitätskontrolle
Allokation der Kontrolle im Mensch-Maschine-System	Zentrale Kontrolle. Aufgabenausführung durch Rechnervorgaben inhaltlich und zeitlich festgelegt. Keine Handlungs- und Gestaltungsspielräume für Operateure	Lokale Kontrolle. Aufgabenausführung nach Vorgaben der Operateure innerhalb definierter Handlungs- und Gestaltungsspielräume
Allokation der Steuerung	Zentralisierte Steuerung durch vorgelagerte Bereiche	Dezentralisierte Steuerung im Fertigungsbereich
Informationszugang	Uneingeschränkter Zugang zu Informationen über Systemzustände nur auf der Steuerungsebene	Informationen über Systemzustände vor Ort jederzeit abrufbar
Zuordnung von Regulation und Verantwortung	Regulation der Arbeit durch Spezialisten, z.B. Programmierer, Einrichter	Regulation der Arbeit durch Operateure mit Verantwortung für Programmier-, Einricht-, Feinplanungs-, Überwachungs- und Kontrolltätigkeiten

Ulich, 1989) – in **Tabelle 5** einander gegenüber gestellt.
Die Gegenüberstellung macht deutlich, dass den skizzierten Konzepten grundsätzlich verschiedene Auffassungen von der Rolle des Menschen und der Allokation der Kontrolle im Arbeitsprozess zu Grunde liegen. Czaja (1987, S. 1599) hat die Unterschiede auf eine einfache Formel gebracht: «The difference lies in whether people are regarded as extensions of the machine or the machine is designed as an extension of people». Vorliegende Erfahrungen sowie frühere Hinweise (z. B. von Eidenmüller, 1987; Clegg, 1988; Köhler et al., 1989) lassen vermuten, dass die Realisierung technikorientierter Gestaltungskonzepte einerseits zur Unternutzung bzw. zum Verlust vorhandener Qualifikationen führen kann, andererseits unter Umständen zu erheblichen Kostennachteilen. Auch für einige Technikexperten, wie etwa den Robotikspezialisten Schweitzer (1995, S. 41) steht für den Einsatz so genannter intelligenter Maschinen «im Vordergrund … die arbeitspsychologische Forderung, dem arbeitenden Menschen möglichst viel Entscheidungsfreiheit bei der Gestaltung seiner Arbeit zu lassen und ihm die Maschine sozusagen als mächtiges Hilfsmittel zur Seite zu stellen».

Der Verlust vorhandener Qualifikationen hat u. a. mit der, mit dem Einsatz neuer Fertigungstechnologien häufig verbundenen, abnehmenden Prozessnähe zu tun. Der Grad der Prozessnähe kennzeichnet die Möglichkeiten des Einsatzes der unmittelbaren – oder nachvollziehbar vermittelten – sinnlichen Wahrnehmung zur Überwachung von Bearbeitungsprozessen und zur Störungsbeseitigung.

In rechnerunterstützten Fertigungssystemen ist eine direkte Prozessüberwachung und -steuerung häufig nicht mehr möglich. Die Überwachung erfolgt über digitale Information am Bildschirm, erforderliche Eingriffe erfolgen indirekt über – von der Fertigungsanlage häufig räumlich getrennte – Steuerstände. Das Erfahrungswissen der Operateure kann nicht mehr angemessen genutzt werden und droht zu verkümmern.

Die Bedeutung des Erfahrungswissens als Voraussetzung für eine hohe Leistungsfähigkeit der Beschäftigten und damit zugleich für einen hohen Nutzungsgrad der Produktionssysteme wurde seit dem Ende der 1980er Jahre in einer Vielzahl von Untersuchungen belegt (z. B. Böhle und Milkau, 1988; Lutz und Moldaschl, 1989; Rose, 1990; Böhle und Rose, 1992; Konradt, 1992; Wehner und Waibel, 1996, 1997; Weber und Wehner, 2001). Dennoch gilt nach wie vor, dass zu den neuen Formen widersprüchlicher Arbeitsanforderungen gehört, «dass Erfahrungswissen einerseits notwendig sei und andererseits kaum mehr erworben werden könne» (Volpert, 1999, S. 172). Schließlich droht mit derartigen Entwicklungen – die mit modernen rechnergestützten Fertigungssystemen nicht notwendigerweise einhergehen, sondern eine Folge technikorientierter Gestaltungsansätze darstellen – auch das verloren zu gehen, was von Leontjew (1977) als «persönlicher Sinn» beschrieben worden ist.

Der Versuch von Cummings und Blumberg (1987), durch das Aufzeigen möglicher Kontingenzen weitergehend zu differenzieren, soll hier vor allem wegen seines hohen Anregungsgehalts ergänzend angefügt werden.

5.2 Ein Kontingenzmodell

Cummings und Blumberg (1987) erweitern bzw. präzisieren das soziotechnische Konzept durch Formulierung von technik-, umwelt- und personbezogenen Kontingenzen (vgl. **Tab. 6**).

Die zwei technologischen Schlüsselmerkmale, die den Erfolg der Arbeits- bzw. Aufgabengestaltung beeinflussen können, werden als technische Verkoppelung («technical interdependence») und technische Ungewissheit («technical uncertainty») bezeichnet.

Technische Verkoppelung meint das Ausmaß, in dem die Technologie zur Erstellung eines Produkts oder einer Dienstleistung Kooperation zwischen den Beschäftigten erfordert. Das Ausmaß an technischer Verkoppelung bestimmt, ob Arbeit eher als Einzelarbeit oder als Gruppenarbeit gestaltet werden soll. Wenn der Grad der technischen Verkoppelung niedrig ist und wenig Notwendigkeit zur Kooperation besteht, sollten Arbeitsaufgaben als Einzeltätigkeiten gestaltet werden. Weist dagegen die technische Verkoppe-

Tabelle 6: Gestaltungskonzepte und ihre Kontingenzen (nach Cummings & Blumberg, 1987)

	Schlüsselmerkmale der Arbeitssituation									
	Technische Verkoppelung		Technische Ungewissheit		Umweltdynamik		Entfaltungs bedürfnisse		Soziale Bedürfnisse	
Gestaltungs-Konzepte	niedrig	hoch	niedrig	hoch	niedrig	hoch	niedrig	hoch	niedrig	hoch
Traditionelle Einzelarbeit	x		x		x		x		x	
Traditionelle Gruppenarbeit		x	x		x		x			x
Individuelle Aufgabenerweiterung	x			x		x		x	x	
Selbstregulierende Gruppen		x		x		x		x		x

lung einen hohen Grad auf, sollte Arbeit als Gruppenarbeit gestaltet werden, bei der die Gruppenmitglieder aufeinander bezogene bzw. miteinander verknüpfte Aufgaben ausführen. Technische Ungewissheit bezeichnet das Ausmaß von Informationsverarbeitungs- und Entscheidungserfordernissen, die für die Beschäftigten im Prozess der Aufgabenerfüllung entstehen. Der Grad an technischer Ungewissheit entscheidet darüber, ob die Wahrnehmung von Kontrollfunktionen Bestandteil der Aufgabe ist oder von außen – durch Vorgesetzte, Standards oder Zeitvorgaben – erfolgt. Wenn der Grad der Ungewissheit niedrig ist und kaum Informationsverarbeitung erfordert, sollte nach Auffassung der Autoren externe Kontrolle vorgesehen werden. Ist der Grad der technischen Ungewissheit dagegen hoch, sollten Kontroll- und Entscheidungsfunktionen den Beschäftigten übertragen werden.

Den Arbeitspsychologinnen und Arbeitspsychologen, die sich – wie der Autor dieses Kapitels – Konzepten qualifizierender, persönlichkeits- und gesundheitsförderlicher Arbeitsgestaltung verpflichtet fühlen, stellt sich hier naturgemäß die Frage nach den Auslegungs- bzw. Gestaltungsmöglichkeiten der Technik selbst.

Das für die Arbeits- bzw. Aufgabengestaltung relevante Umweltmerkmal betrifft den Grad der Umweltstabilität bzw. -labilität und wird als Umweltdynamik («environmental dynamics») bezeichnet. Jedes soziotechnische System unterhält Austauschbeziehungen zu seiner Umwelt. Die Dynamik der Umwelt bestimmt mit, wie Aufgaben zu gestalten sind, damit die Austauschbeziehungen adäquat reguliert werden können. Wenn die Umwelt relativ stabil ist, kann der Austausch – z. B. von Energie oder Information – in standardisierter Weise erfolgen. Arbeitsabläufe können dann, was diesen Aspekt betrifft, routinisiert werden. Ist die Aufgabenumwelt dagegen eher dynamisch und sind Veränderungen schlecht vorhersehbar, erfordert das Handhaben der Austauschbeziehungen flexible Anpassung an die wechselnden Erfordernisse, muss ein hohes Maß an Informations- und Entscheidungsprozessen Bestandteil der Aufgabe sein.

Zu den für die Aufgabengestaltung relevanten Personmerkmalen zählen Cummings und Blumberg unter Verweis auf Arbeiten von Brousseau (1983) sowie Hackman und Oldham (1980) einerseits das Bedürfnis nach lohnenden sozialen Beziehungen («desire for significant social relationships») und andererseits das Bedürfnis nach persönlicher Entfaltung («desire for personal accomplishment, learning, and development»). Das Ausmaß an sozialen Bedürfnissen ist bedeutsam im Hinblick auf die Frage, ob Arbeitsaufgaben eher als Einzelarbeit oder als Gruppenarbeit zu gestalten sind. Das Ausmaß an Entfaltungsbedürfnissen entscheidet über den Grad der Arbeitsteilung bzw. der Ganzheitlichkeit von Arbeitsaufgaben.

Die Beziehungen der beschriebenen Technik-, Umwelt- und Personmerkmale zu insgesamt vier «reinen» Formen der Tätigkeits- bzw. Aufgabengestaltung sind in **Tabelle 6** dargestellt.

Eine Berücksichtigung der hier angestellten Überlegungen in Zusammenhang mit den «Arbeits- und Organisationsformen der Zukunft» (Kastner et al., 2001) könnte durchaus von Nutzen sein.

6. Neue Arbeitsformen: Telearbeit und Call Center

Während die unterschiedlichen Formen der Telearbeit seit Ende der 1980er Jahre Gegenstand auch arbeitspsychologischer Forschung und Praxis sind (vgl. Katz et al., 1987; Ulich, 1988), ist die Arbeit im Call Center erst seit wenigen Jahren zu einem bedeutsamen Betätigungsfeld für die Arbeitspsychologie geworden (Isic, Dormann und Zapf, 1999; Scherrer, 2000, 2002; Wieland, 2000; Metz, Rothe und Degener, 2001; Timm, 2002).

6.1 Telearbeit

Als Telearbeit bezeichnen wir eine Tätigkeit, die räumlich entfernt vom Standort des Arbeit- oder Auftraggebers mit Hilfe programmgesteuerter Arbeitsmittel ausgeführt wird und deren Ergebnisse über Datenleitungen transportiert werden. Die räumliche Entkoppelung lässt sich als individuelle Telearbeit bzw. Tele-Heimarbeit (THA) oder als kollektive Telearbeit in Telearbeitszentren realisieren. Nach wie vor gilt offensichtlich die von Holti und Stern (1986) mitgeteilte Erfahrung, dass zumindest in den europäischen Ländern Tele-Heimarbeit die am weitesten verbreitete Form der Telearbeit ist. Dies ist insofern bemerkenswert, als diese Form der Telearbeit bei einer arbeitspsychologischen Bewertung keineswegs besonders vorteilhaft abschneidet.

So zeigt sich etwa, dass *Schädigungsfreiheit* in einer Vielzahl von Fällen nicht gewährleistet werden kann, da eine obligatorische Überprüfung der Arbeitsplätze zu Hause aus rechtlichen Gründen zumeist nicht möglich ist. «Bei der Ausgestaltung des privaten Telearbeitsplatzes besteht die Gefahr, dass die einfachsten ergonomischen Standards ... aus Kostengründen nicht eingehalten werden» (Frieling und Sonntag, 1999, S. 340).

Durch die Ergebnisse der Analyse von Treier (2001, S. 579) wird bestätigt, «dass sich eine Bildschirm-Arbeitsplatzanalyse bei der THA als notwendig erweist, da sich eine Vielzahl von Defizitfaktoren bestimmen lässt». Bei Teleheimarbeit fehlen überdies weitgehend die Möglichkeiten einer Reduzierung von Stress durch soziale Unterstützung von Vorgesetzten und Arbeitskolleginnen bzw. Arbeitskollegen.

Auch wenn für manche Autorinnen und Autoren Teleheimarbeit eine der relativ besten Möglichkeiten der Vereinbarkeit von Berufs- und Privatleben darstellt, ist die Frage nach *psychosozialen Beeinträchtigungen* als Folge von im privaten Umfeld stattfindender Erwerbsarbeit keineswegs einheitlich positiv zu beantworten. Schließlich zeigt eine Reihe neuerer Arbeiten, dass in vielen Fällen an Stelle der erhofften optimalen Vereinbarkeit von Berufsarbeit und Familienleben Probleme der Familienregulation auftreten und anstatt erhoffter neuer Formen der Rollenteilung eine Verfestigung traditioneller Rollenmuster (Glaser und Glaser, 1995; Garhammer, 1997; Hornberger und Weisheit, 1999; Konradt und Wilm, 1999; Treier 2001). «Die Befunde zur Familienregulation belegen mit hoher Evidenz den Mythos der besseren Vereinbarkeit zw. Familie und Beruf durch THA» (Treier, 2001, S. 558).

Diese Feststellung bestätigt die von Büssing und Broome (1999, S. 114) beschriebene «Gefahr eines Verfließens der Grenzen zwischen Arbeit und Familien-/Freizeit». Telearbeit in der eigenen häuslichen Umgebung führt also «nicht nur zur Aufgabe der faktischen, sondern auch zu einer Aufgabe der symbolischen Grenzen zwischen den Lebensbereichen mit all ihren – nicht selten widersprüchlichen – Implikationen für Leistung, Anerkennung, Konkurrenz auf der einen Seite und Entspannung, Nähe und Geborgenheit auf der anderen Seite» (Büssing, 1999, S. 233).

Unter dem Aspekt der *Persönlichkeitsförderlichkeit* ist Telearbeit vor allem nach den in Tabelle 1 genannten Aufgabenmerkmalen der Ganzheitlichkeit, der Autonomie, der Lern- und Entwicklungsmöglichkeiten sowie der Sinnhaftigkeit zu bewerten. Dass diesbezüglich auch bei Teleheimarbeit unterschiedliche Konfigurationen möglich sind, zeigen verschiedene Beiträge in dem von Jackson und van der Wielen (1998) herausgegebenen Sammelband. Offensichtlich ist jedoch auch, dass eine Vielzahl der in Teleheimarbeit zu erledigenden Aufgaben bei einer Bewertung nach diesen Merkmalen erhebliche Defizite aufweist. Weil diese Form der Telearbeit aber für definierbare Personengruppen – z. B. Menschen, die wegen körperlicher Behinderungen keinen Arbeitsweg auf sich nehmen können oder Menschen in bestimmten Lebenslagen – die einzige Möglichkeit der Teilnahme am Erwerbsleben darstellen kann, ist der ergonomisch sachgerechten Ausstattung der Arbeitsplätze und der inhaltlichen Aufgabengestaltung sorgfältig Beachtung zu schenken.

Insgesamt zeigt eine Vielzahl von Arbeiten, dass es sich bei der Telearbeit um eine soziotechnische Innovation mit beachtlichem Nutzungs- und Verbreitungspotenzial handelt. Einige Arbeiten (z. B. Jaeger, Bieri und Dürrenberger 1987; VPOD, 1990; Büssing und Aumann, 1996, 1997; Büssing, 1998, 1999) machen aber auch deutlich, dass Arbeit in Telearbeitszentren die arbeitswissenschaftlichen Kriterien wesentlich besser zu erfüllen in der Lage ist als die wesentlich weiter verbreitete Teleheimarbeit (vgl. **Informationsbox 8**). Dass solche Zentren darüber hi-

Informationsbox 8

Positiv zu bewertende Merkmale kollektiver Telearbeit

(aus: Büssing und Aumann, 1997a)

- Soziale Isolation unter häuslicher Telearbeit kann vermieden werden;
- in die Arbeitsgestaltung können kooperations- und kommunikationsorientierte Arbeitsaufgaben mit einbezogen werden;
- in täglicher face-to-face Kommunikation mit Kollegen und Kunden können soziale Kompetenzen genutzt werden;
- der Informationsfluss bei der Arbeit wird aufrecht erhalten, speziell in Bezug auf die Versorgung mit informellen Informationen;
- (symbolische) Grenzen zwischen Arbeit und Nicht-Arbeit bleiben erhalten, so dass der Übertragung von Belastungen zwischen Beruf und Privatleben durch die Entprivatisierung des häuslichen Bereichs begegnet werden kann;
- Dezentralisierung, Flexibilisierung und die Wohnortnähe kollektiver Telearbeitsplätze schaffen familienfreundliche Arbeitsbedingungen;
- und erlauben einen direkteren Kontakt zu den Kunden vor Ort;
- Pendlerverkehr und damit verbundener Stress kann reduziert werden;
- technologische Infrastruktur, Ausstattung und Arbeitsplatzgestaltung sind in der Regel überlegen; sie erlauben und unterstützen anspruchsvolle und komplexe Arbeitsaufgaben;
- die telematische Ausstattung kann intensiver, ökonomischer und ökologischer genutzt werden;
- die Funktionstüchtigkeit der Infrastruktur und Ausstattung kann einfacher gewährleistet werden. Zur Korrektur von Störungen, Systemabstürzen, Netzwerkproblemen etc. ist häufig technologisches Know-how vorhanden;
- rechtliche Aspekte wie z. B. Haftungsfragen, Arbeits- und Gesundheitsschutz, Sicherheit am Arbeitsplatz sind einfacher zu regulieren und zu kontrollieren»

(Büssing und Aumann, 1997a, S. 242)

naus einen bedeutsamen Beitrag zur Regionalentwicklung leisten können, zeigen Arbeiten aus der Humanökologie (z. B. Jaeger, Bieri und Dürrenberger, 1987; Dürrenberger und Jaeger, 1993).

Auch hier stellt sich also die Frage, weshalb eine nachweislich nicht nur arbeitswissenschaftlich gut begründbare, sondern auch ökonomisch sinnvolle Arbeitsform vergleichsweise wenig aufgegriffen wird und an deren Stelle «moderne» Formen von elektronischer Heimarbeit realisiert werden, deren Problematik hinlänglich untersucht und beschrieben worden ist (vgl. dazu auch die Beiträge in Rey, 2002).

Ähnliches gilt auch für die Arbeit im Call Center, die sich seit dem Ende der 1990er Jahre offensichtlich rasch verbreitet hat, ohne dass den arbeitswissenschaftlichen bzw. den arbeitspsychologischen Anforderungen immer genügend Aufmerksamkeit geschenkt worden wäre.

6.2 Arbeit im Call Center

Ergebnisse neuerer Untersuchungen machen deutlich, dass Arbeit im Call Center zu jenen «Arbeits- und Organisationsformen der Zukunft» gehören, die mit besonderen Belastungen verbunden sind, sofern nicht gezielt Vorkehrungen getroffen werden, die einerseits die arbeitspsychologischen Konzepte der Aufgabengestaltung berücksichtigen, andererseits die Tatsache, dass es sich bei Call Center Arbeitsplätzen um Bildschirmarbeitsplätze handelt (Scherrer, 2000, 2001, 2002; Wieland, 2000). So zeigen etwa die von Isic, Dormann und Zapf (1999), Scherrer (2000), Gerlmaier, Böcker und Kastner (2001), Metz, Rothe und Degener (2001) sowie Wieland, Metz und Richter (2002) mitgeteilten Befunde, dass die Arbeit in Call Centers vielfach durch einen hohen Anteil vorstrukturierter Arbeitsabläufe mit kurzzyklischen Routineaufgaben gekennzeichnet ist, die einerseits hohe Aufmerksamkeit und kundenorientierte Zuwendung erfordern, andererseits kaum Tätigkeitsspielraum bieten (vgl. **Informationsbox 9**).

«Ein Weg Belastungen zu reduzieren, besteht demnach in einer Arbeitsorganisation, die vielfältige qualifizierte Aufgaben mit entsprechenden Handlungsspielräumen bereitstellt. Dies ist in vielen Call Centern nur über eine Mischung von so genanntem «Front-Office» (ausschließlich ausführende Telefonie) und «Back-Office» (Sachbearbeitungsanteile, Vorbereitung und Organisation) zu realisieren» (Scherrer, 2002, S. 10).

Die Tatsache, dass die Arbeit im Call Center – wie viele andere Arbeitstätigkeiten auch – weitgehend am Bildschirm vollzogen wird, lässt

Informationsbox 9

Analysen von Arbeitstätigkeiten im Call Center (aus: Wieland, i.Vorb.)

«Ergebnisse einer kürzlich abgeschlossenen Studie in 22 Call Centern mit insgesamt 1308 Arbeitsplätzen zeigen: Das psychische Belastungspotenzial in den untersuchten CallCentern war im Vergleich zu Arbeitsplätzen verschiedener Branchen deutlich höher ausgeprägt (vgl. Wieland, Metz und Richter, 2001, 2002) ... Die genauere Analyse der Arbeitsbedingungen in den 22 Call Centern machte deutlich, dass an Arbeitsplätzen mit neo-tayloristischen Strukturen – einfache Aufgaben mit hohen Routineanteilen und geringen Handlungsspielräumen bei gleichzeitig hohem Zeit- und Leistungsdruck – positive Gefühle signifikant weniger, negative Befindenszustände dagegen häufiger auftraten als an Arbeitsplätzen mit vielfältigen Aufgaben bzw. großen Handlungsspielräumen. Gleiches gilt für Regulationsbehinderungen bei der Aufgabenbewältigung wie z. B. fehlende Aufgabentransparenz, störende Umweltbedingungen, Störungen der Arbeitsabläufe oder fehlende Rückmeldung über Arbeitsergebnisse».

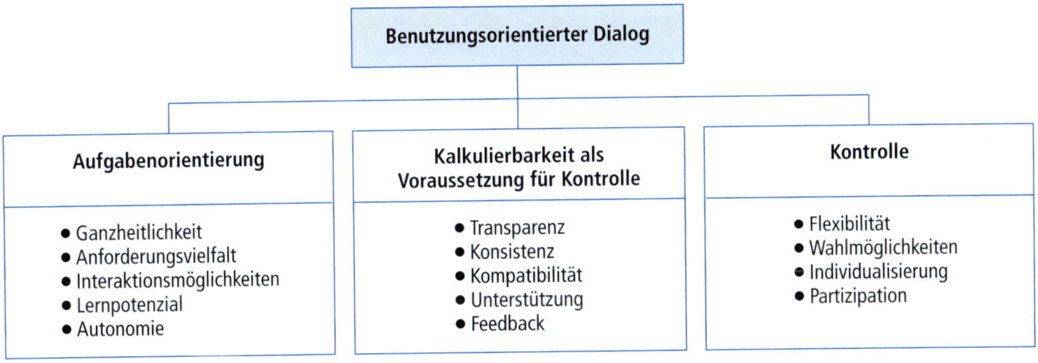

Abbildung 5: Merkmale benutzungsorientierter Dialoggestaltung (aus: Ulich, 1989)

neben den wichtigen Fragen der ergonomischen Gestaltung des Arbeitsplatzes und der konkreten Umsetzung der EU-Bildschirmrichtlinie 90/270/EWG (dazu Wieland und Koller, 1999) einige grundsätzliche Fragen der Dialoggestaltung entstehen. In diesem Zusammenhang ist darauf hinzuweisen, dass dazu seit einiger Zeit deutsche bzw. europäische Standards vorliegen, an deren Erarbeitung Arbeitspsychologen beteiligt waren. So enthält die DIN EN ISO 9241 von 1998 eine Reihe von Prinzipien für die Gestaltung von Mensch-Rechner-«Dialogen», die mit den hier dargestellten arbeitspsychologischen Konzepten streckenweit sehr gut übereinstimmen.

7. Gestaltung von Mensch-Rechner-«Dialogen»

Einige der Fragen, die sich heute in Zusammenhang mit rechnerunterstützter Büroarbeit stellen, haben bereits vor mehr als einem drei viertel Jahrhundert erste Antworten gefunden. So hat Kurt Lewin (1926) in seinen Untersuchungen zur Handlungs- und Affektpsychologie auf zwei wichtige Sachverhalte hingewiesen, nämlich (1) auf die Kontextabhängigkeit von Sinngehalt und Bedeutung der der Aufgabenerfüllung dienenden Handlungen und (2) auf die Bedeutung des Geübtheitsgrades für deren Struktur (vgl. Ulich, 2001). Neuere Fragen betreffen etwa die Wahl der Dialogtechnik. Unter dem Aspekt der Kontrolle sind drei Dialogformen zu unterscheiden. Beim computergesteuerten Dialog liegt die Kontrolle beim Rechner, und der/die Benutzer/in hat keine Möglichkeit, auszuwählen oder Einfluss zu nehmen. Beim benutzergesteuerten Dialog bestimmt der/die Benutzer/in den Ablauf, kann zwischen Varianten wählen, kann im Sinne der von Blumenfeld (1932) beschriebenen Energiedisposition Tempo und eigenen Einsatz regulieren etc. Beim Hybriddialog liegt die Kontrolle für bestimmte Abschnitte der Aufgabenbearbeitung beim Benutzer, für andere beim Rechner. Ohne Berücksichtigung der in Abschnitt 3 beschriebenen Merkmale der Aufgabengestaltung kann die Gestaltung von Mensch-Rechner-«Dialogen» allerdings zu Konsequenzen mit erheblichen Nachteilen für die Beschäftigten führen. Es ist offensichtlich, dass nur benutzergesteuerte Dialoge oder – sofern entsprechend konzeptionell entwickelt, auch Hybriddialoge – Arbeitsaufgaben mit entsprechenden Qualifikationsanforderungen und Lernmöglichkeiten unterstützen können.

Nicht nur die Formen der Dialogtechnik, sondern auch die Kriterien für die Gestaltung benutzergesteuerter Dialoge lassen sich widerspruchsfrei in ein Kontrollkonzept einordnen (vgl. dazu **Abb. 5**). Hierzu ist allerdings anzumerken, dass die von verschiedenen Autoren genannten Kontrollaspekte Durchschaubarkeit und Vorhersehbarkeit zwar notwendige, aber keineswegs hinreichende Voraussetzungen für die Wahrnehmung der Kontrollfunktionen darstellen. Tatsächlich kann Durchschaubarkeit einer Situation und die Möglichkeit, deren weitere Entwicklung vorherzusehen, ohne darauf Einfluss nehmen zu können, sogar totalen Kontrollverlust bedeuten. Hingegen kann ein bewusster Verzicht auf Kontrolle oder eine Delegation von Kontrollfunktionen durchaus angemessen sein (vgl. Semmer, 1990).

Wie aus der Abbildung 5 erkennbar, sind hier die Kriterien Transparenz, Konsistenz, Kompatibilität, Unterstützung und Feedback der Orientierungsfunktion zugeordnet.

Mit der Erfüllung jedes dieser Kriterien wird also ein Beitrag zur Kalkulierbarkeit des Systemverhaltens geleistet. Dies ist aber nicht selbst schon Kontrolle, sondern nur – allerdings unabdingbare – Voraussetzung für Kontrolle. Die Kontrolle selbst besteht in der Möglichkeit auszuwählen und in der Möglichkeit, Einfluss zu nehmen (vgl. Frese, 1978; Frese und Brodbeck, 1989). Dabei spielen zunehmend mehr auch Fragen der Individualisierbarkeit im Sinne differentieller Arbeitsgestaltung eine Rolle (Ackermann, 1987; Ackermann und Ulich, 1987; Greif und Gediga, 1987; Ulich, 1987, 1990; Rauterberg, 1995; Wieland et al., 1996; Landau und Schultetus, 2002). Im Bereich der so genannten Software-Ergonomie wird die Relevanz differentieller Konzepte immer deutlicher erkennbar. Auf Grund eigener Untersuchungen und der vorliegenden Konzepte anderer Autoren gab es für Paetau und Pieper (1985, S. 318) schon längst «keinen Grund, nach einer im System zu verankernden, scheinbar objektiven optimalen Dialoggestaltung zu suchen».

Mit der Entwicklung der Software für Dialogprogramme wird im Übrigen weitgehend auch über die Aufgabenverteilung zwischen Mensch und Rechner entschieden. In manchen Publikationen zu Fragen der «Benutzungsfreundlichkeit» wird der Bezug zur Arbeitsaufgabe indes lediglich über den Begriff der «Aufgabenangemessenheit» hergestellt. In vielen Fällen wird allerdings entweder nicht oder nur unzureichend definiert, was damit gemeint ist. In der DIN-Vorschrift 66234, Teil 8 – die inzwischen in die DIN EN ISO 9241 integriert worden ist – hieß es ursprünglich: «Ein Dialog ist aufgabenangemessen, wenn er die Erledigung der Arbeitsaufgabe des Benutzers unterstützt, ohne ihn durch Eigenschaften des Dialogsystems unnötig zu belasten». Eine solche Definition erlaubt, einen Dialog auch dann als «aufgabenangemessen» zu bezeichnen, wenn die Gestaltung der Aufgabe selbst weder Human- noch Wirtschaftlichkeitskriterien entspricht. Da Softwaregestaltung selbst zumindest teilweise aber zugleich auch Aufgabengestaltung ist, sollten die Kriterien der Aufgabengestaltung den Merkmalen der Dialoggestaltung stets vorgeordnet sein. Einige der in Abbildung 5 aufgeführten Merkmale finden sich – sinngemäß oder begriffsidentisch – inzwischen auch in den Gestaltungsprinzipien der VDI-Vorschrift 5005 und der DIN EN ISO 9241 (vgl. **Informationsbox 10**).

Sowohl in der VDI-Richtlinie 5005 als auch in der DIN EN ISO 9241 spielen Konzepte der Kompetenz- bzw. Lernförderlichkeit eine bedeutsame Rolle. Damit wird die Feststellung unterstützt, dass Personalentwicklung nicht zuletzt – oder sogar vor allem (Ulich, 1999) – in der Arbeitstätigkeit stattfindet und durch die Gestaltung von Arbeitstätigkeiten begünstigt oder erschwert bzw. verhindert wird. In diesem Zusammenhang gilt es einerseits, «Arbeit als Lernprozess und Qualifizierungschance» (Frei, 1979) zu begreifen. Dabei spielt die Identifizierung der «Lernhaltigkeit» von Arbeitsaufgaben eine bedeutsame Rolle (Richter und Wardanjan, 2000). Andererseits ist danach zu fragen, ob und inwiefern durch «neue Formen der Arbeit» und neue Konzepte der Strukturierung von Unternehmen diesbezüglich neue Möglichkeiten entstehen oder vorhandene Möglichkeiten verschlossen werden.

8. Ausblick

Notwendige Maßnahmen der Arbeitsgestaltung sind in den letzten Jahren manchenorts möglicherweise deshalb unterblieben, «weil in vielen Unternehmen in den 90er Jahren in Zeiten des Lean Managements die Fachleute für Arbeitsgestaltung andere Funktionen im Unternehmen übernommen haben oder ganz ausgeschieden sind. Hier muss dringend wieder entsprechende Fachkompetenz aufgebaut werden» (Schultetus,

Informationsbox 10

Prinzipien der Schnittstellen- und Dialoggestaltung nach der VDI-Richtlinie 5005 und der der DIN EN ISO 9241

In der VDI-Richtlinie 5005 «Software-Ergonomie in der Bürokommunikation» werden Kompetenzförderlichkeit, Handlungsflexibilität und Aufgabenangemessenheit als Hauptkriterien software-ergonomischer Arbeitsgestaltung genannt. Zur Kompetenzförderlichkeit heißt es: «Die Schnittstelle soll so gestaltet sein, dass dem Benutzer ein kompetenter Umgang mit dem System ermöglicht wird und sie gleichzeitig seiner Handlungskompetenz förderlich ist. Handlungskompetenz bedeutet dabei, dass sich der Benutzer Wissen über das System und seine organisatorische Einbettung erwirbt und dieses Wissen auf die zu erfüllenden Aufgaben übertragen kann».

In der internationalen Norm *DIN EN ISO 9241* finden sich im Teil 10 die folgenden Grundsätze der Dialoggestaltung:

- Aufgabenangemessenheit
  Ein Dialog ist aufgabenangemessen, wenn er den Benutzer unterstützt, seine Arbeitsaufgabe effektiv und effizient zu erledigen.
- Selbstbeschreibungsfähigkeit
  Ein Dialog ist selbstbeschreibungsfähig, wenn jeder einzelne Dialogschritt durch Rückmeldung des Dialogsystems unmittelbar verständlich ist oder dem Benutzer auf Anfrage erklärt wird.
- Steuerbarkeit
  Ein Dialog ist steuerbar, wenn der Benutzer in der Lage ist, den Dialogablauf zu starten sowie seine Richtung und Geschwindigkeit zu beeinflussen, bis das Ziel erreicht ist.
- Erwartungskonformität
  Ein Dialog ist erwartungskonform, wenn er konsistent ist und den Merkmalen des Benutzers entspricht, z. B. seinen Kenntnissen aus dem Arbeitsgebiet, seiner Ausbildung und seiner Erfahrung sowie den allgemein anerkannten Konventionen.
- Fehlertoleranz
  Ein Dialog ist fehlertolerant, wenn das beabsichtigte Arbeitsergebnis trotz erkennbarer fehlerhafter Eingaben entweder mit keinem oder mit minimalem Korrekturaufwand seitens des Benutzers erreicht werden kann.
- Individualisierbarkeit
  Ein Dialog ist individualisierbar, wenn das Dialogsystem Anpassungen an die Erfordernisse der Arbeitsaufgabe sowie an die individuellen Fähigkeiten und Vorlieben des Benutzers zulässt.*
- Lernförderlichkeit
  Ein Dialog ist lernförderlich, wenn er den Benutzer beim Erlernen des Dialogsystems unterstützt und anleitet.»

* Hierzu gibt es eine Anmerkung, derzufolge Änderungen im Sinne der Individualisierung keine Beeinträchtigungen für die Benutzer zur Folge haben dürfen.

2000, S. 17). Einige Entwicklungen der 1990er Jahre machen deutlich, welche Folgen derartiger Mängel offensichtlich unbedacht geblieben sind. So hat etwa Bergmann (1996, 1999, 2000) wiederholt darauf aufmerksam gemacht, dass manche neuere Entwicklungen wie z. B. das «Outsourcing», d. h. das Ausgliedern von Funktionsbereichen oder Unternehmensteilen zu einem Wegfall bzw. einer Verkleinerung von Lerninhalten führen können. «So werden in der flexibel automatisierten Fertigung Aufgaben der vorbeugenden Instandhaltung zum Teil Fremdfirmen übertragen. Damit werden betriebsinternen Mitarbeitern wichtige Lernmöglichkeiten zur Aktualisierung von Anlageeigenschaften genommen, die für Störungsdiagnosen hilfreich sind» (Bergmann, 1996, S. 167 f.). Ähnlich hat Lehner (1997) darauf hingewiesen, dass mit zunehmender Segmentierung von Produktionsprozessen eine Eliminierung von Schnittstellen stattfindet, die deshalb nicht unbedacht vorgenommen werden sollte, weil an Schnittstellen «Aktivitäten der Handlungsverschränkung» (Zölch, 2001) stattfinden und Schnittstellen deshalb auch Lernorte sein können, deren Festlegung damit eine zusätzliche Perspektive erhält. Im Übrigen ist davon auszugehen, dass Lernprozesse und Prozesse der Kompetenzentwicklung in der Arbeit sich vor allem in der Mitwirkung an Veränderungen der eigenen Arbeitstätigkeit vollziehen. Frei, Duell und Baitsch (1984; Baitsch, 1985; Duell, 1986; ausführlich Frei et al., 1993) waren deshalb schon früher zu dem Schluss gekommen, dass individuelle Kompetenzentwicklung und Veränderungen sozialer bzw. organisationaler Systeme sich gegenseitig bedingen. Das heißt: individuelle Kompetenzentwicklung ist gebunden an die Veränderung von Tätigkeiten und die gleichzeitige Veränderung der sozialen Systeme, in die diese Tätigkeiten eingebettet sind.

Damit wird noch einmal deutlich, dass die Realisierung arbeitspsychologischer Gestaltungskonzepte ohne Berücksichtigung organisationaler Strukturen in vielen Fällen systematisch zu kurz greift. Das kann allerdings nicht heißen, dass Arbeitspsychologinnen und Arbeitspsychologen sich den jeweiligen Trends modischer Organisationskonzepte unreflektiert anschließen. Vielmehr sollte es auch zu unseren Aufgaben gehören, solche Konzepte hinsichtlich ihrer möglichen Auswirkungen auf die Tätigkeitsspielräume der Beschäftigten sorgsam zu prüfen und die Ergebnisse dieser Prüfung den entscheidenden Instanzen in geeigneter Weise zur Kenntnis zu bringen.

9. Literatur*

Abholz, H.-H., Hildebrandt, E., Ochs, P., Rosenbrock, R., Spizley, H., Stebani, J. & Wotschak, W. (1981). Von den Grenzen der Ergonomie und den Möglichkeiten der Arbeitswissenschaft. *Zeitschrift für Arbeitswissenschaft, 35*, 193–199.

Antoni, C. H. (1994). (Hrsg.). *Gruppenarbeit in Unternehmen. Konzepte, Erfahrungen, Perspektiven.* Weinheim: Psychologie Verlags Union.

Applebaum, E. & Blatt, R. (1994). *The New American Workplace.* Ithaka: IRL Press.

Baitsch, C. (1985). *Kompetenzentwicklung und partizipative Arbeitsgestaltung.* Bern: Huber.

Bamberg, E. & Ducki, A. & Metz, A.-M. (Hrsg.). (1998). *Handbuch betriebliche Gesundheitsförderung. Arbeits- und organisationspsychologische Methoden und Konzepte.* Göttingen: Verlag für Angewandte Psychologie.

Bamberg, E. & Metz, A.-M. (1998). Intervention. In E. Bamberg, A. Ducki & A.-M. Metz (Hrsg.), *Handbuch Betriebliche Gesundheitsförderung. Arbeits- und organisationspsychologische Methoden und Konzepte* (S. 177–209). Göttingen: Verlag für Angewandte Psychologie.

Bandura, A. (1977). Self-efficacy: Toward a unifying theory of behavioral change. *Psychological Review, 44*, 191–215.

Benders, J., Huijgen, F., Pekruhl, U. & O'Kelly, K. (1999). *Useful but unused – Group work in Europe.* Luxembourg: Office for Official Publications of the European Communities.

Berggren, C. (1993). *Volvo Uddevalla – a dream plant for dealers? An evaluation of the economic performance of Volvo's unique assembly plant 1989 – 1992.* Stockholm: Royal Institute of Technology, Department of Work Science.

* Aus Platzgründen und Gründen der Übersichtlichkeit wird hier nur eine Auswahl der im Text erwähnten Literatur wiedergegeben. Das vollständige Literaturverzeichnis kann abgerufen werden unter der folgenden E-Mail-Anschrift: ulich@iafob.ch

Bergmann, B. (1996). *Lernen im Prozess der Arbeit. In Kompetenzentwicklung '96. Strukturwandel und Trend in der betrieblichen Weiterbildung* (S. 153–162). Münster: Waxmann.

Bergmann, B. (1999). Training für den Arbeitsprozess. Entwicklung und Evaluation aufgaben- und zielgruppenspezifischer Trainingsprogramme. *Schriftenreihe Mensch, Technik, Organisation* (Band 21). Zürich: vdf Hochschulverlag.

Blumberg, M. (1988). Towards a new theory of job design. In W. Karwowski, H. R. Parsaei & M. R. Wilhelm (Eds.), *Ergonomics of hybrid automated systems I* (pp. 53–59). Amsterdam: Elsevier.

Blumenfeld, W. (1932). Über die Fraktionierung der Arbeit und ihre Beziehung zur Theorie der Handlung. *Bericht über den XII. Kongreß der Deutschen Gesellschaft für Psychologie* (S. 291–294), Jena 1932.

Böhle, F. & Rose, H. (1992). *Technik und Erfahrung. Arbeit in hochautomatisierten Systemen.* Frankfurt: Campus.

Brödner, P. & Kötter, W. (Hrsg.). (1999). *Frischer Wind in der Fabrik. Spielregeln und Leitbilder von Veränderungsprozessen.* Berlin: Springer.

Büssing, A. & Aumann, S. (1997). Telezentren – die bessere Form der Telearbeit. *Zeitschrift für Arbeitswissenschaft, 51,* 240–250.

Büssing, A. & Broome, P. (1999). Telearbeit. Zeitflexibel in die Informationsgesellschaft. In A. Büssing & H. Seifert (Hrsg.), *Die Stechuhr hat ausgedient* (S. 99–126). Berlin: Edition Sigma.

Bundesanstalt für Arbeitsschutz und Arbeitsmedizin (2001). *Kosten arbeitsbedingter Erkrankungen.* Kurzmitteilung vom 26.9.2001.

Corbett, M. (1987). Computer-aided manufacturing and the the design of shopfloor jobs: towards a new research perspective in occupational psychology. In M. Frese, E. Ulich & W. Dzida (Eds.), *Psychological issues of human-computer-interaction in the workplace* (pp. 23–40). Amsterdam: North Holland.

Cummings, T. & Blumberg, M. (1987). Advanced manufacturing technology and work design. In T. Wall, C. Clegg & N. Kemp (Eds.), *The human side of advanced manufacturing technology* (pp. 37–60). Chichester: Wiley.

Czaja, S. J. (1987). Human factors in office automation. In G. Salvendy (Ed.), *Handbook of human factors* (pp.1587–1616). New York: Wiley.

Ducki, A. (2000). *Diagnose gesundheitsförderlicher Arbeit.* Zürich: vdf Hochschulverlag.

Eliasberg, W. (1926). Richtungen und Entwicklungen der Arbeitswissenschaft mit besonderer Berücksichtigung der Psychopathologie und Psychotherapie der abhängigen Arbeit. *Zeitschrift für die gesamte Neurologie und Psychiatrie, 102,* 250–281.

Elkin, A. J. & Rosch, P. J. (1990). Promoting mental health at the workplace: The prevention side of stress management. Occupational medicine: *State of the Art Review, 5,* 739–754.

Emery, F. E. (1959). *Characreristics of socio-technical systems.* Document No. 527, Tavistock Institute of Human Relations.

Emery, F. E. & Thorsrud, E. (1982). *Industrielle Demokratie.* Bern: Huber.

European Foundation for the Improvement of Living and Working Conditions (2001). Quality of work and employment indicators. *Internal Report to the Belgian Ministry of Employment and Social Affairs.* 14 June 2001.

Frei, F. (1979). Arbeit als Lernprozess und Qualifizierungschance. *Psychosozial, 2,* 7–21.

Frei, F., Duell, W. & Baitsch, C. (1984). Arbeit und Kompetenzentwicklung. *Schriften zur Arbeitspsychologie* (Band 39). Bern: Huber.

Frese, M. (1978). Partialisierte Handlung und Kontrolle: Zwei Themen der industriellen Psychopathologie. In M. Frese, S. Greif & N. Semmer (Hrsg.), *Industrielle Psychopathologie* (S. 159–183). Bern: Huber.

Frieling, E. (1988). Workshop «Arbeits- und organisationspsychologische Aspekte neuer Technologien». In K. Zink (Hrsg.), *Arbeitswissenschaft und neue Technologien* (S. 141–144). Eschborn: Rationalisierungskuratorium der Deutschen Wirtschaft.

Frieling, E. & Sonntag, Kh. (1999). *Lehrbuch Arbeitspsychologie* (2. Aufl.). Bern: Huber.

Granel, M. (1980). Zusammengefasster Abschlussbericht der Volkswagenwerk AG zum Forschungsvorhaben Vergleich von Arbeitsstrukturen in der Aggregatefertigung. In Bundesminister für Forschung und Technologie (Hrsg.), *Gruppenarbeit in der Motorenmontage* (S. 13–54). Schriftenreihe Humanisierung des Arbeitslebens (Band 3). Frankfurt: Campus.

Grob, R. & Haffner, H. (1982). *Planungsleitlinien Arbeitsstrukturierung.* München: Siemens AG.

Grote, G. (1997). *Autonomie und Kontrolle. Zur Gestaltung automatisierter und risikoreicher Arbeitssysteme.* Zürich: vdf Hochschulverlag.

Hacker, W. (1987). Software-Ergonomie: Gestalten rechnergestützter Arbeit? In W. Schönpflug & M. Wittstock (Hrsg.), *Software Ergonomie '87: Nützen Informationssysteme dem Benutzer?* (S. 31–54). Stuttgart: Teubner.

Hacker, W. (1998). *Allgemeine Arbeitspsychologie. Psychische Regulation von Arbeitstätigkeiten.* Bern: Huber.

Hacker, W., Schroda, F., Riemer, S. & Ishig, A. (2000). *Forschungsprojekt Gesundheitsfördernde Arbeitsprozessgestaltung.* Projektberichte, Heft 2. Dresden: Institut für Allgemeine Psychologie, Biopsychologie und Methoden der Psychologie der Technischen Universität.

Hackman, J. R. (Ed.). (1990). *Groups that work (and those that don't).* San Francisco: Jossey-Bass.

Hellpach, W. (1922). Sozialpsychologische Analyse des betriebstechnischen Tatbestandes «Gruppenfabrikation». In R. Lang & W. Hellpach (Hrsg.), *Gruppenfabrikation* (S. 5–186). Berlin: Springer.

Jackson, P. & van der Wielen, J. (Eds.). (1998). *Teleworking: International perspectives – from telecommuting to the virtual organization.* London: Routledge.

Kalleberg, A. L. & Moody, J. W. (1994). Human resource management and organizational performance. *American Behavioral Scientist, 37,* 948–962.

Kirsch, C. (1997). *Analyse von Gruppenarbeit schweizerischer und japanischer Arbeitsgruppen in der Fertigung.* Unveröffentl. Dissertation: Universität Potsdam.

Klotter, C. (1999). Historische und aktuelle Entwicklungen der Prävention und Gesundheitsförderung – Warum Verhaltensprävention nicht ausreicht. In R. Oesterreich & W. Volpert (Hrsg.), *Psychologie gesundheitsgerechter Arbeitsbedingungen* (S. 23–61). Bern: Huber.

Konradt, U. & Wilm, A. (1999). Gesundheitsförderung an Telearbeitsplätzen: Durchführung von Gesundheitszirkeln. *Zeitschrift für Gesundheitswissenschaft, 7,* 267–285.

Kuhn, K. (2000). Die volkswirtschaftliche Bedeutung von Gesundheitsmanagement. In U. Brandenburg, P. Nieder & B. Susen (Hrsg.), *Gesundheitsmanagement im Unternehmen. Grundlagen, Konzepte und Evaluation* (S. 95–107). Weinheim: Juventa.

Lehner, F. (1997). Arbeitsorganisation, Innovation und Beschäftigung. In E. Frieling, H. Martin & F. Tikal (Hrsg.), *Neue Ansätze für innovative Produktionsprozesse* (S. 2–10). Kassel: Kassel University Press.

Leitner, K. (1999). Kriterien und Befunde zu gesundheitsgerechter Arbeit – Was schädigt, was fördert die Gesundheit? In R. Oesterreich & W. Volpert (Hrsg.), *Psychologie gesundheitsgerechter Arbeitsbedingungen* (S. 63–139). Bern: Huber.

Lenhardt, U., Elkeles, T. & Rosenbrock, R. (1997). *Betriebsproblem Rückenschmerz. Eine gesundheitswissenschaftliche Bestandsaufnahme zu Verursachung, Verbreitung und Verhütung.* Weinheim: Juventa.

Leontjew, A. N. (1979). *Tätigkeit, Bewusstsein, Persönlichkeit.* Berlin: Volk und Wissen.

Lewin, K. (1926). Untersuchungen zur Handlungs- und Affektpsychologie. *Psychologische Forschung, 7,* 295–385.

Lewin, K. (1928). Die Bedeutung der psychischen Sättigung für einige Probleme der Psychotechnik. *Psychotechnische Zeitschrift, 3,* 182–188.

Lewin, K. & Rupp, H. (1928). Untersuchungen zur Textilindustrie. *Psychotechnische Zeitschrift, 3,* 8–23 und 51–63.

Lipmann, O. (1932). *Lehrbuch der Arbeitswissenschaft.* Jena: G. Fischer.

Lundberg, U. (1996). Work, stress and muscoskeletal disorders. In P. Ullsperger, M. Ertel & G. Freude (Eds.), *Occupational health and safety aspects of stress at modern workplaces* (pp. 66–78). Schriftenreihe der Bundesanstalt für Arbeitsmedizin,Tagungsbericht 11. Bremerhafen: Wirtschaftsverlag.

Lundberg, U., Kadefors, R., Melin, B., Palmerud, G., Hassmen, P., Engström, M. & Elfsberg Dohns, I. (1994). Psychophysiological stress and EMG activity of the trapezius muscle. *International Journal of Behavorial Medicine, 1,* 354–370.

Macy, B. A. & Izumi, H. (1993). Organizational change, design, and work innovation: A meta-analysis of 131 North American field studies 1961–1991. *Research in Organizational Change and Development, 7,* 235–313.

Mayntz, G., Ullsperger, P., Junghanns, G. & Ertel, M. (2000). Psychische Arbeitsbelastung und Prävention von Muskel- und Skeletterkrankungen. In Landesinstitut für Arbeitsschutz und Arbeitsmedizin Potsdam (Hrsg.), *Tagungsband Gemeinsam gegen Muskel- und Skeletterkrankungen* (S. 52–57). Multiplikatoren-Kolloquium. Potsdam: Landesinstitut für Arbeitsschutz und Arbeitsmedizin.

Melin, B., Lundberg, U., Söderlund, J. & Granqvist, M. (1999). Psychological and physiological stress reactions of male and female assembly workers: A comparison between two different forms of work organization. *Journal of Organizational Behavior, 20,* 47–61.

Oehlke, P. (2000). Eine arbeitspolitische Positionsbestimmung in europäischer Perspektive. Zur wachsenden Bedeutung europäischer Förderaktivitäten. *SWI-Mitteilungen, 53,* 157–167.

Oesterreich, R. & Volpert, W. (Hrsg.). (1999). *Psychologie gesundheitsgerechter Arbeitsbedingungen. Konzepte, Ergebnisse und Werkzeuge zur Arbeitsgestaltung.* Bern: Huber.

Paetau, M. & Pieper, M. (1985). Differentiell-dynamische Gestaltung der Mensch-Maschine-Kommunikation. In H. J. Bullinger (Hrsg.), *Software-Ergonomie '85: Mensch-Computer-Interaktion* (S. 316–324). Stuttgart: Teubner.

Rice, A. K. (1958). *Producivity and social organization: The Ahmedabab Experiment.* London: Tavistock.

Richter, P. (1996). Beitrag der Arbeitspsychologie zur Gesundheitsförderung im Betrieb. In U. Brandenburg, K. Kuhn, B. Marschall & C. Verkoyen (Hrsg.), *Gesundheitsförderung im Betrieb* (S. 107–119). Bremerhaven: Wirtschaftsverlag NW.

Richter, P. & Uhlig, K. (1998). Psychische Belastungen und Ressourcen in der Arbeit und Herz-Kreislauf-Erkrankungen – Ansätze für eine betriebliche Prävention. In E. Bamberg, A. Ducki & A.-M. Metz (Hrsg.), *Handbuch betrieblicher Gesundheitsförderung. Arbeits- und organisationspsychologische Methoden und Konzepte* (S. 407–422). Göttingen: Hogrefe.

Richter, P. & Wardanjan, B. (2000). Die Lernhaltigkeit der Arbeitsaufgabe – Entwicklung und Erprobung eines Fragebogens zu lernrelevanten Merkmalen der Arbeitsaufgaben (FLMA). *Zeitschrift für Arbeitswissenschaft, 54,* 175–183.

Rupp, H. (1928–1929). Die Aufgaben der psychotechnischen Arbeitsrationalisierung *Psychotechnische Zeitschrift, 3,* 165–182 und *4,* 17–19.

Sandberg, A. (1993). Volvo am Scheideweg. *Arbeit, 2,* 175–189.

Scherrer, K. (2002). Arbeitsrecht in Teleservice Centren: Ergonomische und datenschutzrechtliche Anforderungen an die Betreiber. In R. Wieland (Hrsg.), Neue, flexibilisierte Arbeitsformen – Randbedingungen und Gestaltungsanforderungen. *Wuppertaler Psychologische Berichte, 2,* 1–18.

Schultetus, W. (2000). Arbeitsgestaltung zur Förderung der Gesundheit und der Wettbewerbsstärke. *Angewandte Arbeitswissenschaft, 163*, 1–19.

Schweitzer, G. (1995). Möglichkeiten der Robotik. *Die Schweizer Industrie, 1*, 40–41.

Semmer, N. (1990). Stress und Kontrollverlust. In F. Frei &. I. Udris (Hrsg.), *Das Bild der Arbeit* (S. 190–207). Bern: Huber.

Siegrist, J. (1996). *Soziale Krisen und Gesundheit.* Göttingen: Hogrefe.

Siegrist, J. (2002). Effort-Reward imbalance at work and health. In D. Gauster & P. Perrowe (Eds.), *Historical and current perspectives on health and stress* (Vol. 2, pp. 261–291). Amsterdam: Elsevier Science.

Steinmann, H. & Schreyögg, G. (1980). Arbeitsstrukturierung am Scheideweg. *Zeitschrift für Arbeitswissenschaff, 34*, 75–78.

Strohm, O. & Ulich, E. (Hrsg.). (1997). *Unternehmen arbeitspsychologisch bewerten. Ein Mehrebenenansatz unter besonderer Berücksichtigung von Mensch, Technik und Organisation.* Zürich: vdf Hochschulverlag.

Susman, G. (1976). *Autonomy at work: A socio-technical analysis of participative management.* New York: Praegoy.

Sydow, J. (1985). *Der soziotechnische Ansatz der Arbeits- und Organisationsgestaltung.* Frankfurt/M.: Campus.

The European Work and Technology Consortium (1998). *Work organisation, Competitiveness, employment. The European approach.* Nottingham: The Nottingham Trend Universtity, Centre for Work and Technology.

Tomaszewski, T. (1981). Struktur, Funktion und Steuerungsmechanismen menschlicher Tätigkeit. In T. Tomaszewski (Hrsg.), *Zur Psychologie der Tätigkeit* (S. 11–33). Berlin: Deutscher Verlag der Wissenschaften.

Treier, M. (2001). *Zu Belastungs- und Beanspruchungsmomenten derTeleheimarbeit unter besonderer Berücksichtigung der Selbst- und Familienregulation.* Hamburg: Kovac.

Trist, E. L. (1981). The evolution of sociotechnical systems. Issues in the quality of working life. *Ooccasional Papers No. 2.* Toronto: Ontario Quality of Working Life Centre.

Trist, E. L. & Bamforth, K. W. (1951). Some social and psychological concequences of the longwall method of coal getting. *Human Relations, 4*, 3–38.

Ulich, E. (1972). Arbeitswechsel und Aufgabenerweiterung. *REFA-Nachrichten, 25*, 265–275.

Ulich, E. (1989). Arbeitspsychologische Konzepte der Aufgabengestaltung. In S. Maas & H. Oberquelle (Hrsg.), *Software-Ergonomie '89: Aufgabenorientierte Systemgestaltung und Funktionalität* (S. 51–65). Stuttgart: Teubner.

Ulich, E. (1997). Mensch-Technik-Organisation: ein europäisches Produktionskonzept. In O. Strohm & E. Ulich (Hrsg.), *Unternehmen arbeitspsychologisch bewerten* (S. 5–17). Zürich: vdf Hochschulverlag.

Ulich, E. (2001). *Arbeitspsychologie* (5. Aufl.). Zürich: vdf Hochschulverlag/Stuttgart: Schäffer Poeschel.

Volpert, W. (1974). *Handlungsstrukturanalyse als Beitrag zur Qualifikationsforschung.* Köln: Pahl-Rugenstein.

Volpert, W. (1983). Der Zusammenhang von Arbeit und Persönlichkeit – Folgerungen für die Arbeitsgestaltung. In Technik und menschliche Existenz (S. 81–92). Wiesbaden: Freie Akademie.

Volpert, W. (1987). Psychische Regulation von Arbeitstätigkeiten. In U. Kleinbeck & J. Rutenfranz (Hrsg.), *Arbeitspsychologie. Enzyklopädie der Psychologie* (D/III/1, S. 1–42). Göttingen: Hogrefe.

Volpert, W. (1999). *Wie wir handeln – was wir können. Ein Disput als Einführung in die Handlungspsychologie* (2. Aufl.). Sottrum: artefact.

Warr, P. (1994). A conceptual framework for the study of work and mental health. *Work and Stress, 8*, 84–97.

Weber, W. G. (1997). *Analyse von Gruppenarbeit. Kollektive Handlungsregulation in soziotechnischen Systemen.* Bern: Huber.

Weber, W. G. (2000). Organizational conditions fostering prosocial work orientations in teams. In M. Vartiainen, F. Avallone & N. Anderson (Eds.), *Innovative theories, tools and practices in work and organizational psychology* (pp. 75–96). Seattle: Hogrefe & Huber.

Weber, W. G. & Wehner, T. (2001). Zum arbeitswissenschaftlichen Diskurs um erfahrungsgeleitete Arbeit und persönlichkeitsförderliche Handlungsorganisation. In W. G. Weber und T. Wehner (Hrsg.), *Erfahrungsorientierte Handlungsorganisation. Arbeitswissenschaftliche Ergebnisse zur computergestützten Facharbeit im Diskurs* (S. 3–26). Zürich: vdf Hochschulverlag.

Wieland, R. (2000). Arbeits- und Organisationsformen der Zukunft. In R. Wieland & K. Scherrer (Hrsg.), *Arbeitswelten von morgen* (S. 17–39). Wiesbaden: Westdeutscher Verlag.

Wieland, R. & Koller, F. (1999). *Bildschirmarbeit auf dem Prüfstand der EU-Richtlinien. Konzepte, Strategien und betriebliche Erfahrungen.* Bremerhaven: Wirtschaftsverlag NW.

Wilson, A. T. M. & Trist, E. L. (1951). *The Bolsover system of continuous mining.* Tavistock Institute of Human Relations, Document No. 290.

Zink, K. (Hrsg.). (1995). *Erfolgreiche Konzepte zur Gruppenarbeit – aus Erfahrungen lernen.* Neuwied: Luchterhand.

Zölch, M. (2001). *Zeitliche Koordination in der Produktion. Aktivitäten der Handlungsverschränkung.* Bern: Huber.

Zülch, G. & Starringer, M. (1984). Differentielle Arbeitsgestaltung in Fertigungen für elektronische Flachbaugruppen. *Zeitschrift für Arbeitswissenschaft, 38*, 211–216.

Teil III
Individuum

Einführung

Im folgenden Abschnitt steht das Individuum im Zentrum der Betrachtung. Bei aller Anerkennung der Eigengesetzlichkeit sozialer Systeme bleibt unbestritten, dass es letztlich darauf ankommt, wie die vielen einzelnen Menschen ihre soziale Situation erleben, in ihr handeln und so fortlaufend mitgestalten. Das erste Kapitel ist als Beitrag zur Klärung der Grundbegriffe und Grundsätze personaler Verhaltensbedingungen konzipiert; das zweite als differenzierte Darstellung des Forschungsstands in Fragen der Gewinnung, Auswahl und Beurteilung von Mitarbeitern; das dritte als Erörterung der Möglichkeiten einer dem Organisationszweck dienlichen und den persönlichen Bedürfnissen entsprechenden Entwicklung von Fähigkeiten, Einstellungen und Verhaltensweisen der Organisationsmitglieder.

Die Differentielle Psychologie stellt Konzepte der Beschreibung individueller Unterschiede (in Motiven, Fähigkeiten und Strukturmerkmalen der Person), ihrer Entstehungs- und Veränderungsbedingungen sowie ihrer Verhaltenswirkungen bereit, an denen sich Personalauswahl und Personalentwicklung orientieren können. Seit es in den 80er und 90er Jahren des vergangenen Jahrhunderts nach einer tiefgreifenden Krise zu einer Art von Renaissance der persönlichkeitspsychologischen Forschung gekommen ist, erweist sich diese Orientierung als zunehmend förderlich und ertragreich. Das Ziel von Personalauswahl und Personalentwicklung ist eine optimale Abstimmung zwischen dem, was die Organisationen ihren Mitarbeitern bzw. die Mitarbeiter/innen ihren Organisationen abverlangen und dem, was sie dafür geben können und geben wollen.

Das Kapitel «Diagnose beruflicher Eignung und Leistung» berichtet, geleitet von einem klärenden Ordnungs- und Beziehungsschema zu den Komponenten wissenschaftlich fundierter *Eignungsdiagnostik*, über die beachtlichen neueren Ergebnisse anwendungsnaher Forschung zur Tätigkeitsbeschreibung und der darauf basierenden Anforderungsanalyse, zu längst bewährten wie zu erfolgversprechenden neuen eignungsdiagnostischen Verfahren, schließlich zu beruflichen Leistungsbeurteilungen als Kriterien der Validität diagnostischer Verfahren. Überzeugende Beispiele von Arbeits- und Anforderungsanalysen als Grundlage für die Konstruktion oder Auswahl eignungsdiagnostischer Verfahren lassen hoffen, dass solche Analysen häufiger als bisher eignungsdiagnostischen Maßnahmen vorausgehen, statt bei der Wahl der Verfahren schlicht darauf zu bauen, dass sich intuitive Vermutungen über deren Aussagekraft später in Korrelationen zwischen Prädiktoren und Kriterien bestätigen. Galt das Interesse der Psychologen, wenn sie sich überhaupt mit Eignungsdiagnostik befassten, jahrzehntelang vor allem den kognitiven und sensumotorischen Leistungstests, so ist in den letzten Jahren intensivere Forschungs- und Entwicklungsarbeit mit Vorstellungsgesprächen, biographischen Fragebogen und komplexen, zum Teil computergestützten Arbeitsproben zu beobachten. Auch Persönlichkeits- und Motivationsfragebogen werden zunehmend häufig auf ihre eignungsdiagnostische Verwendbarkeit geprüft. Ob die charakterologische Deutung des Ausdrucks von Mimik, Gestik, Stimme und Handschrift wirklich theoretisch so wenig begründbar und empirisch so wenig verifizierbar ist, wie es derzeit scheint, bleibt so lange ungewiss, als psychologische Forschung dieses Gebiet nahezu völlig ausklammert.

Die Gewinnung von relevanten Kriterien der beruflichen Bewährung ist einerseits ein Forschungsziel, das noch mehr Aufmerksamkeit verlangt, anderseits eine besonders schwierige und in ihrer Wichtigkeit oft unterschätzte Aufgabe der eignungsdiagnostischen Praxis. Leistungs- und Verhaltensbeurteilungen in ihren Bedingungen und Auswirkungen zu klären, ist dabei in besonderem Maße auf die grundwissenschaftliche Forschung zur sozialen Kognition angewiesen. Eignungsdiagnostische Verfahren sollen letztlich zu personellen Entscheidungen führen, die einen möglichst großen Nutzen nicht nur für die Organisation, sondern – so ist zu hoffen – auch für die betroffenen Mitarbeiter bringen.

Überlegungen zu Fragen, wie die Attraktivität der Organisation für tüchtige und kooperationsbereite Mitarbeiter/innen gesichert oder gesteigert werden kann und wie Bewerber oder Mitarbeiter die verschiedenen Test- und Beurteilungsverfahren erleben, beschließen dieses Kapitel. Wovon sich Stellensuchende bei der Annahme oder Ablehnung eines Angebots leiten lassen und wie sie zu ihrer Entscheidung kommen, ist eine Forschungsfrage, die künftig noch mehr Aufmerksamkeit verdient. Wenn sich eignungsdiagnostisch tätige Organisationspsychologen vermehrt um die Anliegen der Stellenbewerber, darunter auch um die Akzeptanz der verwendeten Verfahren durch die Teilnehmer/innen kümmern, ist das ein wichtiger Beitrag zu einer besser ausgewogenen Partnerschaft: auf dem Arbeitsmarkt zwischen Anbietern von Arbeitsplätzen und Stellensuchenden, innerhalb von Organisationen zwischen Leitung und Mitarbeitern. Seit einigermaßen praktikable Modelle zur Schätzung des ökonomischen Ertrags wissenschaftlich fundierter Personalauswahl und Personalentwicklung zur Verfügung stehen, fällt es Psychologen leichter, Betriebswirte vom Nutzen ihres Expertenwissens zu überzeugen, mit anderen Verwendungsmöglichkeiten der knappen Ressourcen zu konkurrieren und eine optimale Verteilung der Mittel auf Verfahrensentwicklung, Bewerbergewinnung und Verfahrenseinsatz vorzuschlagen. In volkswirtschaftlicher Sicht hat die Eignungsdiagnostik nicht ein Selektions-, sondern ein Platzierungsproblem (der optimalen Zuordnung von Arbeitsplätzen und Personen) zu lösen. Sollte der Personalselektion auch etwas von einem Nullsummenspiel anhaften, wäre der volkswirtschaftliche (gesellschaftliche) Nutzen jedenfalls geringer als die Summe der Nutzensbeträge aller Organisationen, die sich zu ihrem Vorteil im Wettbewerb um begrenzte Humanressourcen eignungsdiagnostischer Verfahren bedienen.

Die planmäßige Förderung der beruflichen Handlungskompetenz als zentrale Aufgabe der *Personalentwicklung* ist selten eine Alternative zur Bewerberauswahl, in allen Fällen aber eine notwendige Ergänzung, dies umso mehr, als der beschleunigte soziale und technologische Wandel immer raschere und komplexere Anpassung erfordert. Auch wenn die Erkenntnisse der lernpsychologischen Grundlagenforschung nicht einfach in Empfehlungen für die Gestaltung des Lernangebots im Betrieb umgesetzt werden können, ist doch jede praxisnähere Trainingsforschung im Rahmen von Organisationen auf Reflexion und Integration der überaus differenzierten experimentellen Lernforschung und auf differentialpsychologische Erkenntnisse zur Lernfähigkeit und Lernbereitschaft angewiesen. Lernziele und Lernmethoden auf die individuelle Lernfähigkeit und Lernbereitschaft abzustimmen, ist eine wesentliche Voraussetzung des Lernerfolgs.

Bei der Personalauswahl geht es nicht so sehr darum, was ein Mitarbeiter derzeit leisten kann. Es interessiert vielmehr, was ein potenzieller Mitarbeiter langfristig unter den nur teilweise voraussehbaren Umständen eines Arbeitsplatzes oder einer beruflichen Laufbahn zu lernen bereit und fähig ist. Dem entsprechend müssen sich alle Aktivitäten der Personalentwicklung an den für die nächsten Jahre zu erwartenden Anforderungen orientieren, auch wenn Art und Bündelung dieser Anforderungen in künftigen Arbeitsrollen nur beschränkt vorhersehbar sind. Aufgabe der Personalentwicklung ist es, nach einem Soll-Ist-Vergleich von Kenntnissen und Fertigkeiten der Mitarbeiter eine erfolgversprechende Kombination von Weiterbildungs- und Trainingsverfahren einzusetzen. Ihre Wirksamkeit ist hinsichtlich subjektiver Bewertungen durch die Trainingsteilnehmer, objektiv feststellbarer Lerngewinne, lernzielgemäßer Veränderung des Verhaltens am Arbeitsplatz und hinsichtlich betrieblicher Ergebnisse zu überprüfen. Die mittlerweile in Metaanalysen vorliegenden Belege für die Wirksamkeit verschiedener Trainingsformen sind recht ermutigend. Insgesamt ist Personalentwicklung aber eine so komplexe Aufgabe, dass eine umfassende wissenschaftliche Klärung und Begründung ihrer Wirkungsbedingungen zumindest derzeit nur sehr begrenzt möglich ist. Umso wichtiger ist eine Bestandsaufnahme und vorsichtig-kritische Bewertung der Inhalte und Verfahren der in den Unternehmen tatsächlich praktizierten Personalentwicklung. Gerade auf diesem Gebiet tun wissenschaftlich tätige Organisationspsychologen gut daran, aus den überlieferten und fortlaufend erweiterten Erfahrungen der Praktiker zu lernen und ihr Wissen im Dialog mit den Praktikern zu konkretisieren und zu präzisieren.

Hermann Brandstätter

9

Hermann Brandstätter

Persönliche Verhaltens- und Leistungsbedingungen

Inhalt

1. **Perspektiven des Verhältnisses von Person und Organisation** . . . 257
2. **Zur Genese individueller Unterschiede** . . . 258
3. **Wechselwirkung von Person und Umwelt** . 259
4. **Individuelle Motivstrukturen** . . . 263
5. **Individuelle Fähigkeitsstrukturen** . . . 269
6. **Eigenschaften des «Temperaments»** . . . 272
7. **Einstellungen** . . . 280
8. **Veränderungen mit fortschreitendem Alter** . . . 281
9. **Zur Situation der Frauen im Betrieb** . . . 283
10. **Grenzen der Vorhersagbarkeit** . . . 284
11. **Schlussbemerkung** . . . 284
12. **Literatur** . . . 285

Das Individuum hat als Mitglied einer Organisation einen eigentümlichen Status, der sich bei genauerer Betrachtung als durchaus zwiespältig erweist. Gemeinsam mit vielen anderen Individuen konstituiert und trägt es die Organisation als beständige, zweckmäßig gestaltete, hierarchisch geordnete und rechtlich verankerte Koordination der rollenspezifischen Handlungen der einzelnen Organisationsmitglieder. Zugleich ist diese Organisation aber die große und mächtige Gegenspielerin des Individuums. Sie legt die Rollen fest, schreibt die Spielregeln vor, bestimmt die Erfolgskriterien und verfügt über Sanktionen. Wer als Organisationsmitglied aufgenommen werden möchte, muss nicht nur die gewünschten Fähigkeiten mitbringen, sondern darf auch nicht den Eindruck erwecken, zu sehr im Widerspruch zu den in der Organisation geltenden Wertauffassungen zu stehen.

Je nach Position (oben oder unten) und persönlicher Affinität zu den die Organisation bestimmenden Wertvorstellungen (ähnlich – verschieden) fällt es dem Einzelnen leichter oder schwerer, sich mit der Organisation bzw. einer ihrer Abteilungen zu identifizieren oder sich ihrer als Instrument in der Durchsetzung eigener Ziele zu bedienen.

1. Perspektiven des Verhältnisses von Person und Organisation

Die Beziehung zwischen Person und Organisation ist immer schon vorgeprägt durch das in einer Gesellschaft übereinstimmend (als Selbstverständlichkeit) akzeptierte oder aber widerstreitend diskutierte Person- und Gesellschaftsverständnis. Die Gegenwart ist eher von Kontroversen als vom Konsens in den Auffassungen gekennzeichnet. So verkünden die einen, in dieser oder jener Variante, mit dieser oder jener Begründung, die Priorität und prägende Kraft der gesellschaftlichen Verhältnisse in der Formung der Persönlichkeit. Sie geben den Gemeinschaftsbelangen den Vorrang und halten das Individuum in dem Maße für wertvoll, als es die gemeinsamen Anliegen fördert, auf Kooperation und Solidarität bedacht ist, die sozialen Normen als verbindlich betrachtet und danach handelt. Die anderen betonen die Gestaltungskraft und Autonomie des Individuums sowie dessen vorrangiges Recht auf eine Lebensform, die vor allem den eigenen Bedürfnissen und Möglichkeiten gemäß ist. Sie plädieren für die Befreiung von gesellschaftlichen Zwängen und weisen dem Individuum die Verantwortung für Erfolg oder Misserfolg (im Wettbewerb mit anderen und notfalls auch auf Kosten anderer), für persönliches Wohlergehen und Unbehagen zu.

Wie die Beziehungen zwischen Individuum und Gesellschaft tatsächlich, d. h. in der Alltagsrealität beschaffen sind, ist freilich weder den programmatischen Äußerungen von Politikern, noch den Interpretationen der sich damit befassenden Sozialwissenschaftler und Philosophen ohne weiteres zu entnehmen. Zu sehr ist dabei – und nicht nur bei Politikern – diese oder jene Wunschvorstellung von einer erstrebenswerten, idealen Gesellschaft im Spiel, die je nach Standort und Interessenlage zu überzogenen Anklagen oder fragwürdiger Rechtfertigung bestehender Verhältnisse verleiten kann.

Wenn auch gegenüber allen Proklamationen und generalisierenden Interpretationen Skepsis angebracht ist, wird man kaum daran zweifeln können, dass sich in der Rolle, die dem Individuum in der Organisation zugewiesen und ermöglicht wird, auch das jeweilige Menschenbild widerspiegelt, sei dieses nun als individualistisch oder kollektivistisch (Triandis, 1995) akzentuiert, sei es für Kooperation, Wettbewerb oder unabhängig-individualistische Orientierung offen. Wenn in diesem und anderen Beiträgen dieses Bandes der individuellen Eigenart von Menschen besondere Bedeutung zugemessen wird, muss dies schon als Manifestation eines individualistisch akzentuierten Menschenbildes verstanden werden. Doch auch in einer solchen Perspektive ergibt sich die berufliche Laufbahn als wechselseitige Wirkung von Persönlichkeit (im umfassenden Sinn) und Arbeitsrolle mit dem Effekt einer zunehmend besseren Passung, die mit der (nur teilweise autonomen) Entscheidung für einen Beruf bzw. einen Arbeitsplatz beginnt und in einer weiteren «Feinabstimmung» von Persönlichkeit und Arbeitsrolle durch gruppen- und organisationsspezifische Sozialisation fortgesetzt wird (Semmer & Schallberger, 1996).

2. Zur Genese individueller Unterschiede

Dass sich Menschen in ihrem Erleben und Handeln in dieser oder jener Art von Situationen beständig voneinander unterscheiden, ist unübersehbar und bestimmt nicht nur die Wahl der Interaktionspartner durch Individuen, Gruppen oder Organisationen, sondern auch die Art des Umgangs mit ihnen. Weniger klar ist die Genese dieser individuellen Unterschiede. Entsprechend widersprüchlich sind die alltäglich-naiven (Dweck, 1999), nicht weniger die wissenschaftlich-reflektierten Auffassungen darüber. Während die einen die genetische Vorbestimmung persönlicher Eigenschaften betonen, sehen die anderen deren Hauptursache in den individuellen Lernerfahrungen. Dieser im Verlauf der Psychologiegeschichte immer wieder diskutierte Gegensatz der Auffassungen hat bis heute nicht an Aktualität verloren (Hany, 2000; Plomin, DeFries, McClearn & Rutter, 1997) und bestimmt, ob der Akzent eher auf Auswahl oder aber auf Ausbildung gelegt wird. Tatsächlich scheint ein hoher Anteil der Varianz von Leistungen in Intelligenztests, aber auch von Selbst- und Fremdbeurteilungen in globalen Persönlichkeitsdimensionen genetisch bedingt zu sein. Im interindividuellen Vergleich bleiben die Rangplätze von Menschen in den verschiedenen Intelligenz- und Temperamentsdimensionen über Jahrzehnte relativ konstant, wobei die Konstanz bei gegebenem Zeitabstand zwischen zwei Messungen mit dem Alter zunimmt, vermutlich weil individuelle Unterschiede in neuen Erfahrungen die Intelligenzentwicklung umso stärker beeinflussen, je geringer das bisher erreichte Repertoire intellektueller Leistungen ist (Lindenberger, 2000). Die Stabilität der interindividuellen Rangordnung der intellektuellen Leistungen ist wohl primär auf die Gene, zum Teil aber auch auf die Stabilität der (im Erwachsenenalter auch nach persönlichen Fähigkeiten und Bedürfnissen ausgewählten und gestalteten) Umweltbedingungen zurückzuführen. Rose (1995) berichtet von Studien, die eine Zunahme des genetisch bedingten Varianzanteils von der Kindheit ins mittlere Erwachsenenalter von 50 auf 80 % belegen – nach Lindenberger (2000) vermutlich, weil Jugendliche und Erwachsene mehr als Kinder eine ihrem genetischen Potenzial entsprechende Umwelt auswählen können – und von Studien, die mindestens 40 % genetisch bedingte Varianzanteile in den grundlegenden Persönlichkeitsdimensionen ausweisen. Wie dem auch sei – solche methodisch schwierigen und aus verschiedenen Gründen problematischen Schätzungen geben keine Antwort auf die primär wichtige Frage nach dem prozesshaften Ineinandergreifen von Anlage- und Umweltfaktoren (Johnston & Edwards, 2002). Sie dürfen nicht von den Möglichkeiten der Persönlichkeitsentwicklung und entwicklungsfördernder Umweltgestaltung ablenken, die bei aller genetischen Eingrenzung des Wirkungsspielraums gegeben sind. In der Auswahl von Mitarbeitern wird man in den Eigenschaften der Personen vor allem das größere oder geringere Potenzial für Entwicklung und Lernen in verschiedenen Lebensbereichen sehen und den gegenwärtigen Stand der speziellen Erfahrungen und Fertigkeiten vor allem mit Blick auf deren Erweiterung und Bewährung bei neuen Aufgaben beurteilen. Ungeachtet der genetisch vorgegebenen Grenzen der Entwicklungsmöglichkeiten scheint es für die Leistung und das Wohlbefinden im Allgemeinen vorteilhafter zu sein, wenn Mitarbeiter und deren Vorgesetzte nicht zu sehr von der Unveränderlichkeit der Begabungen überzeugt sind, sondern darauf bauen, dass auch Intelligenz und Lernfähigkeit steigerbar sind (Dweck, 1999). Mit Ceci und Williams (1997) ist in den Schulleistungen und im erreichten Bildungsniveau nicht nur eine Wirkung, sondern auch eine Ursache von Intelligenzunterschieden zu sehen (siehe **Informationsbox 1**).

Eine Parallele zur Erforschung des wechselseitigen kausalen Einflusses von Intelligenz und Schulbildung findet sich übrigens in den Studien zur Langzeitwirkung des Komplexitätsniveaus der Berufstätigkeit auf die geistige Beweglichkeit. In Fortsetzung einer 1964 begonnenen Längsschnittstudie mit einer landesweit (USA) repräsentativen Stichprobe von berufstätigen Männern zeigen Schooler, Mulatu und Oates (1999), dass höhere Intelligenz nicht nur zur Übernahme kognitiv anspruchsvoller (komplexer) beruflicher Tätigkeiten führt, sondern dass sich komplexe Berufstätigkeiten, in denen vielfältige, verschiedenartige und zum Teil auch widersprüchliche Informationen zu verarbeiten und in wenig vorstrukturierte, nicht routinemäßig ablaufende Entscheidungen umzusetzen sind, langfristig förderlich auf die intellektuelle Leistungsfähigkeit auswirken.

3. Wechselwirkung von Person und Umwelt

Aus der Alltagserfahrung ist uns beides vertraut: wie verschieden ein und derselbe Mensch je nach Umständen handeln kann und wie unterschiedlich Menschen auf ein und dieselbe Umweltanregung zu reagieren pflegen. Menschliches Verhalten kann sinnvoll nur als Zusammenspiel innerer (Persönlichkeits-) und äußerer (Umstands-)Faktoren verstanden werden.[1]

Wenn im Folgenden von den persönlichen Eigenschaften, differenziert nach kognitiven, motivationalen und emotionalen Komponenten, als Bedingungen des Verhaltens und der Leistung in Organisationen die Rede ist (zur Beziehung von Intelligenz, Persönlichkeit und Interessen vgl. Ackerman & Heggestad, 1997), bedarf es vorweg einiger Erläuterungen dazu, welches Modell der Person-Umwelt-Wechselwirkung den weiteren Überlegungen zu Grunde liegt. Der zentrale theoretische Begriff ist dabei nicht die überdauern-

1 In diesem Beitrag meint der Ausdruck «Situation», dem ursprünglichen Wortsinn von «Lage einer Person in einer Umgebung» eher entsprechend, immer eine Person-Umwelt-Konstellation und nicht Umwelt oder Umstand.

Informationsbox 1

Beziehung zwischen Intelligenz, Schulbildung und Einkommen

Herrnstein und Murray (1994) entfachten erneut die bereits in den 70er und 80er Jahren des vergangenen Jahrhunderts geführten Attacken gegen die These und die zu ihrer Begründung herangezogene Forschungsliteratur, Unterschiede zwischen Individuen und gesellschaftlichen Gruppen in den Schulleistungen, im erreichten Bildungs-, Berufs- und Einkommensniveau sowie in Merkmalen der sozialen Integration und des normwidrigen Verhaltens seien nicht nur und nicht primär durch ungleich und ungerecht verteilte Bildungs- und Verdienstmöglichkeiten, sondern in hohem Maße auch durch genetisch vorgegebene Intelligenzunterschiede bedingt. Ceci und Williams (1997) beteiligten sich an dieser Diskussion mit einem Überblick zu Studien aus verschiedenen Ländern und Jahrzehnten, darunter auch eine aus Deutschland (Baltes & Reinert, 1969), die nach Auffassung der Autoren für einen beachtlichen Einfluss der Schulbildung auf die Intelligenz und gegen eine Überbetonung der genetischen Faktoren sprechen. Ihre Argumente lassen sich wie folgt zusammenfassen:

1. Kinder derselben Familie aus sozialen Gruppen, die nur sporadisch die Schule besuchen, haben im Vergleich zu ihrer Altersgruppe umso schwächere Leistungen in Intelligenztests, je älter sie sind und je länger sich demnach der Mangel an geregelter Schulbildung auf ihre Intelligenzentwicklung auswirken konnte.
2. Kinder, die in Folge von Umständen, die nichts mit ihrer Begabung zu tun haben, verspätet eingeschult werden, sind in ihren Intelligenztestleistungen gleichaltrigen, rechtzeitig eingeschulten Kindern unterlegen.
3. Unter sonst gleichen Startbedingungen führt längere Schulbildung zu besseren Ergebnissen auch in solchen Intelligenztests, die wie Ravens Progressiver Matrizentest kein Bildungswissen voraussetzen.

Die starke Abhängigkeit des Lebenszeiteinkommens vom Bildungsniveau sei zunächst eine Folge der Gepflogenheit, berufliche Positionen an bestimmte Bildungsvoraussetzungen zu binden. Diese Praxis sei nur so weit zu rechtfertigen, als der erreichte Schulabschluss nicht nur den Umfang der erworbenen und für die Berufsausübung notwendigen Kenntnisse, sondern auch die teils angeborene, teils durch Bildung erworbene allgemeine Lern- und Problemlösefähigkeit sowie die für das Erreichen der Bildungsziele nötige Motivation und Willenssteuerung anzeige. Die Abhängigkeit des Einkommens von Intelligenz und Schulbildung (jeweils unter Konstanthaltung von Schulbildung bzw. Intelligenz) zeigt **Abbildung 1**.

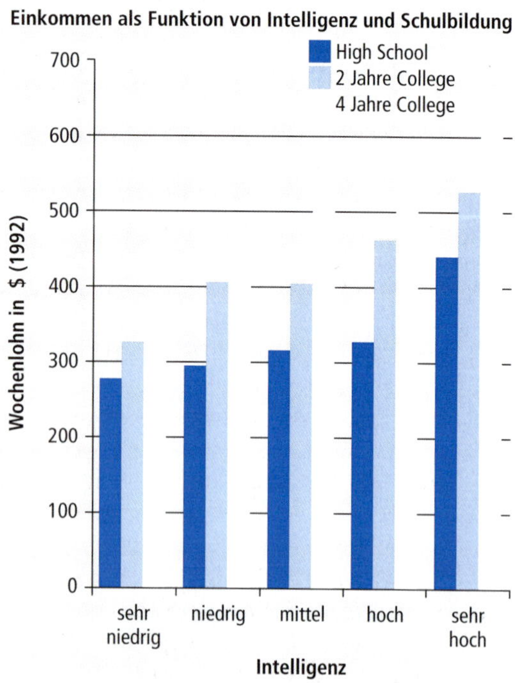

Abbildung 1: Wöchentliches Einkommen in US $ (1992), differenziert nach Intelligenz- und Schulbildungsniveaus (nach Ceci und Williams, 1997)

de *Eigenschaft* einer Person, sondern ihr augenblicklicher *Zustand*. Um ein Beispiel zu bringen: Nicht, ob eine Person ängstlich ist (d.h. zu Gefühlen der Angst neigt), bestimmt ihr Verhalten hier und jetzt (etwa vor einem öffentlichen Auftritt), sondern ob sie gerade Angst erlebt. Cattell (zuletzt 1990) spricht hier von einer eigenschaftsspezifischen Zustandsmodulation durch die jeweils räumlich und zeitlich näheren oder weiteren Umstände und Vorgänge, aus der sich dann das jeweilige Verhalten ergibt. Es handelt sich dabei also um ein zweistufiges Wirkungsmodell, in dem die Persönlichkeitseigenschaft (trait) als charakteristische Empfänglichkeit oder Anfälligkeit (liability) für Zustandsmodulationen durch bestimmte Arten von Umständen und Vorgängen verstanden wird. So betrachtet ist eine Persönlichkeitseigenschaft das mittlere Niveau und allenfalls noch die Streubreite der intraindividuellen Zustandsvariation unter interindividuell vergleichbarer Variation der äußeren Anregungsbedingungen.

Das zweistufige Modulationsmodell verlangt Angaben darüber, wie empfänglich eine Person für Anregungen der betreffenden Zustandsdimension, wie stark die Anregung, schließlich wie groß der Einfluss des fraglichen Zustands auf das interessierende Verhalten ist. Die umstandsspezifische Anregungsintensität könnte durch sachverständige Beurteiler eingeschätzt werden oder aus der durchschnittlichen Reaktion (Erleben und Handeln) der mit den betreffenden Umweltstrukturen konfrontierten Personen abgelesen werden.

Angst vor einem öffentlichen Auftreten wäre demnach ein *Produkt* (nicht eine Summe) aus Ängstlichkeit (Empfänglichkeit für eine Bedrohung dieser Art) und Stärke der Bedrohung, die von der Größe des Publikums, der Wichtigkeit der anwesenden Personen etc. abhängen könnte. Die Auswirkung der Angst auf die Leistung wäre dann je nach Art und Schwierigkeit der Aufgabe verschieden (z.B. förderlich oder hinderlich).

Dieses als multiplikativ konzipierte Zusammenwirken von Anregungsintensität der jeweiligen Umstände und individuell unterschiedlicher Anregbarkeit (Anfälligkeit für derartige Anregungen) der Personen lässt die Rangordnung in den Zustandsausprägungen der Personen (z.B. in den Zuständen der Angst, der Hilfsbereitschaft oder der aktuellen Leistungsmotivation) in unterschiedlich stark stimulierenden Umständen unverändert; nur der Mittelwert und die Streuung nimmt mit steigender Anregungsintensität zu.[2] So müsste der Wechsel von einer Entlohnungsform, in der sich gute Leistungen kaum auf das Arbeitseinkommen auswirken, in einen anderen Modus der Entlohnung, in dem das Einkommen stärker leistungsabhängig ist, bei gegebener unterschiedlicher Empfänglichkeit für finanzielle Leistungsanreize zu einer Erhöhung des mittleren Leistungsniveaus und zu einer stärkeren Streuung der Leistungen führen. Dieses Modell von Person-Umwelt-Interaktion (Interaktion hier im statistischen Sinne gebraucht) setzt eine Messung von Person- und entsprechenden Umweltmerkmalen (z.B. Ängstlichkeit und Bedrohlichkeit) auf Intervallskalenniveau voraus. Man könnte demnach von einer graduellen Interaktion sprechen.

Es ist aber problematisch anzunehmen, die verschiedenen Umstände ließen sich nach ihrem Anregungsgrad (z.B. hinsichtlich Leistungsmotivation, Hilfsbereitschaft oder Wohlbefinden) in eine für alle Personen gültige Rangordnung bringen. Derselbe «Vorgang» (Vorgang hier objektiv, d.h. physikalisch oder im sozialen Konsens seines «Aufforderungscharakters» bestimmt) kann je nach Lerngeschichte von der einen Person als Bedrohung, von einer anderen als anregende Herausforderung wahrgenommen werden, für eine dritte belanglos sein. Dies scheint, weil aus der Alltagserfahrung vertraut, eine eher triviale Aussage zu sein. Als Leitidee eines Forschungsprogramms zur Analyse situationsspezifischer Verhaltensdispositionen hat sie aber in letzter Zeit wieder an Ansehen gewonnen.

Mischel und Shoda (1998) sehen in der Besinnung auf diese Art von Person-Umwelt-Interaktion, man könnte sie kategoriale Interaktion nennen (weil zumindest die Umstände oder Vorgänge, eventuell auch die Merkmale der Per-

2 Eine Streuungsreduktion mit zunehmender Anregungsintensität wäre dann zu erwarten, wenn die Reaktionsskala nach oben begrenzt ist.

Informationsbox 2

Verhaltenscharakteristik der Person im Wechsel der Situationen

Mischel und Shoda (1998) beziehen sich in ihren Beispielen für situationsspezifische Stabilität individueller Verhaltensmuster auf Beobachtungen aggressiven Verhaltens in einem Kinder-Ferienlager. Hier sei das Phänomen mit Daten aus einer Studie mit dem Zeitstichproben-Tagebuch veranschaulicht (genauer beschrieben bei Brandstätter, 2001), in der 30 Teilnehmer/innen im ersten, zweiten, dritten und sechsten Monat ihrer Tätigkeit an einem neuen Arbeitsplatz jeweils zehn Tage lang etwa viermal täglich in nach Zufall ausgewählten Zeitpunkten (a) das augenblickliche Befinden als negativ, indifferent, positiv klassifizieren und mit einigen konkreteren Adjektiven beschreiben, (b) den (vermeintlichen) Grund für gutes oder schlechtes Befinden, (c) den Aufenthaltsort, (d) die Art der Tätigkeit, (e) die Anwesenheit anderer Personen und (f) den Freiheitsgrad der Situation notierten und ihre Tagebuchnotizen später selbst kodierten (Brandstätter & Gaubatz, 1997). Hier werden nur vier Arten von Situationen unterschieden: (a) allein in Freizeit, (b) allein in Arbeit, (c) mit anderen in Freizeit, (d) mit anderen in Arbeit. Für diese Situationen wurde für jede von vier Personen, bei denen die Stabilität recht unterschiedlicher Befindensprofile besonders deutlich zum Ausdruck kommt, gesondert für die geradzahligen und ungeradzahligen Beobachtungstage der Befindensquotient (relative Häufigkeit positiven Befindens, bezogen auf die Gesamtzahl der durchschnittlich 35 Beobachtungen pro Situation) bestimmt **(Abb. 2)**. Die Ziffernfolge unterhalb der Teilnehmernummer gibt die Staninewerte der Selbsteinschätzung (Persönlichkeits-Adjektiv-Skalen; Brandstätter, 1988) in den Dimensionen Normgebundenheit, Belastbarkeit, Unabhängigkeit, Entschlussbereitschaft und Kontaktbereitschaft an. Die über alle Teilnehmer/innen gemittelte Profilkorrelation (Median) zwischen gerad- und ungeradzahligen Tagen beträgt r=.60 (Interquartilbereich zwischen -.25 und .88).

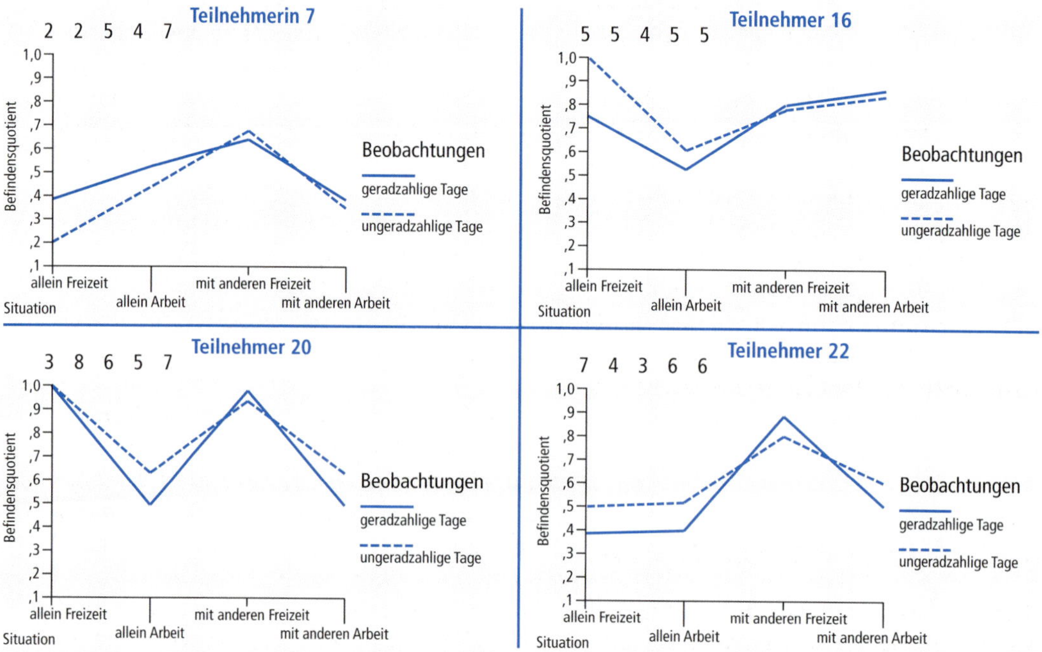

Abbildung 2: Stabile Verhaltenscharakteristiken von vier Personen am neuen Arbeitsplatz

sonen, nicht intervallskaliert, sondern nominal kategorisiert in Erscheinung treten), eine Chance, bislang getrennte und einander nur kritisierende Forschungsrichtungen der Persönlichkeitspsychologie – idiographische Prozessanalyse versus nomothetische Eigenschaftsermittlung – zu integrieren. Dabei bekäme auch, so meinen die Autoren, der Begriff von Stabilität der Persönlichkeit einen neuen Sinn: Die Erlebnis- und Verhaltensweisen einer Person seien zwar nur wenig beständig im Wechsel der Umstände, vor allem dann nicht, wenn diese «objektiv» bestimmt werden, d. h. ohne Bezug darauf, wie die Person diese Umstände oder Vorgänge wahrnimmt. Beständig und für die Person charakteristisch sei aber das Muster ihrer mit den Umstands- oder Vorgangsklassen wechselnden Reaktionen, die Verhaltenscharakteristik der Person (behavioral signature). Deren Bestimmung ermögliche sowohl eine idiographische wie typenbildende Prozessanalyse des Zusammenspiels von Person- und Umweltbedingungen. Ausgehend von derartigen Verhaltenscharakteristiken der Personen lassen sich sowohl Typen von Personen als auch differenziertere Typen von Umständen bilden. Den so gewonnenen Umwelttypen (z. B. Anerkennung von Anstrengung versus Anerkennung von Begabung) entsprechen dann unterscheidbare Verhaltensdispositionen (Empfänglichkeit für Anerkennung von Anstrengung versus Empfänglichkeit für Anerkennung von Begabung). Die Ermittlung von Verhaltenscharakteristiken ist sicher aufwändiger als eine gesonderte Eigenschafts- und Umweltmessung im Rahmen eines multiplikativen Person-Umwelt-Modells (unter Annahme gradueller Interaktion), dafür könnte sie aber für die Praxis der Personalauswahl, des Trainings und der Arbeitsgestaltung bedeutsamer und hilfreicher sein (siehe **Informationsbox 2**).

4. Individuelle Motivstrukturen

Ziele und Motive: Von der intra- und interindividuell unterschiedlichen Stärke der Motive einer Person hängen Richtung, Intensität des Engagements und Ausdauer des zielgerichteten Handelns ab. Die Ziele vielfältiger Art (z. B. private, berufliche oder politische), unterschiedlicher Konkretheit (z. B. ein erfolgreicher Manager oder Geschäftsführer in einer bestimmten Firma zu werden) und unterschiedlicher Zeitperspektiven (Realisierung innerhalb von Stunden bis hin zu Jahrzehnten) sind Konkretisierungen von Motiven. Eine gegenwärtige Situation (Situation hier als Person-Umwelt-Konstellation verstanden) wird als unbefriedigend erlebt. In Beurteilungen der eigenen Fähigkeiten und der Einschätzung von Möglichkeiten und Hindernissen der jeweiligen Umstände werden Ziele als Vorstellungen erstrebenswerter künftiger Situationen konzipiert und in fortlaufender Anpassung an innere und äußere Veränderungen modifiziert. Sie sind als hierarchisch strukturiert zu verstehen: von sehr allgemein und zeitlich fern bis hin zu sehr konkret und zeitlich nah (persönliches Lebensleitbild, angestrebte berufliche Position, Bestehen einer Prüfung, Besorgung eines Buches, Vornahme einer bestimmten Lernzeit etc.). Eine sinnvolle Unterscheidung von Motiven und Zielen könnte man darin sehen, dass Motive auf Herbeiführung oder Vermeidung bestimmter Arten von Gefühlserfahrungen gerichtet sind, in denen die erwartete oder aktuell erlebte Erfüllung oder Versagung von einigen wenigen lebensnotwendigen Grundbedürfnissen in der Interaktion mit der Umwelt rückgemeldet werden, während Ziele jene kognitiv antizipierten, auch objektiv, d. h. in sozialem Konsens beschreibbaren Person-Umwelt-Konstellationen darstellen, von denen sich die Person die Befriedigung ihrer Motive erwartet. So betrachtet sind Motive der diffuse Unter- und Hintergrund menschlichen Strebens, aus dem sich Ziele herauskristallisieren, die zu realisieren sich eine Person zutraut und (mehr oder weniger ernsthaft) vorgenommen hat. Es reicht also nicht, Ziele als interne Repräsentationen gewünschter Zustände («internal representations of desired states» nach Austin & Vancouver, 1996) zu bestimmen, da darunter auch Wunschträume ohne jede Realisierungsintention und Verbindlichkeit fielen. Derartige Zukunftsphantasien sind eher dazu angetan, der Realisierung von Zielen im Wege zu stehen (Oettingen, 1997; Oettingen & Gollwitzer, 2000).

Unverträglichkeit der verschiedenen Bestrebungen einer Person ist ein Grund von Frustration und vermindertem Wohlbefinden. Je besser die selbst gewählten Ziele einer Person in ihre Motivations- und Persönlichkeitsstruktur integriert sind, desto eher wird sie diese Ziele erreichen und dadurch an Wohlbefinden gewinnen (Brunstein & Maier, 1996; Kuhl, 2001, S. 751 f.). Es ist also ratsam, in Auswahl, Einsatz und Führung von Mitarbeitern vermehrt darauf zu achten, dass keine zu große Diskrepanz zwischen den persönlichen Anliegen der Mitarbeiter/-innen und den von der Organisation vorgegebenen Zielen entsteht. Zu geringe Übereinstimmung zwischen der Stärke des Leistungs- und des Anschlussmotivs der Mitarbeiter und dem entsprechenden «Motivierungspotenzial» ihrer Arbeit und Arbeitsumgebung ist nach Kleinbeck und Wegge (1996) eine gewichtige Ursache hoher Fehlzeiten.

Werte und Motive: Werte können als sehr umfassend definierte Zustände aufgefasst werden (z. B. Gesundheit, Freiheit, Solidarität, Harmonie mit der Natur etc.), deren Erhaltung oder Realisierung für die Person ein echtes, d. h. von Überzeugungen und Gefühlen getragenes Anliegen ist. In dem Maße, als derartige Zustände von den meisten anderen Mitgliedern der Gruppe, Organisation oder Gesellschaft geschätzt werden, gelten sie als Werte des betreffenden Sozialsystems.

Trotz ihrer Abstraktheit und Unschärfe wirken sich auch *Wertvorstellungen* als *übergeordnete Ziele* auf das alltägliche Handeln aus und vermitteln, so weit ein hinreichender sozialer Konsens gegeben ist, die notwendige Sicherheit in der Lebensorientierung. Wer als Mitarbeiter in eine Organisation eintritt, ist immer schon von bestimmten Werthaltungen geprägt, wählt die Organisation auch unter Berücksichtigung der dort vermeintlich bestimmenden Wertauffassungen und verlässt die Organisation wieder oder muss sie wieder verlassen, wenn die persönlichen Wertvorstellungen zu weit von den in der Organisation sozial etablierten Werten abweichen und keine allmähliche Annäherung an diese Werte stattfindet.

Den Prozess der Selektion und betrieblichen Sozialisation von Absolventen wirtschaftlicher, technischer und naturwissenschaftlicher Studien (den potenziellen Führungskräften) untersuchten v. Rosenstiel und seine Mitarbeiter/innen (siehe u. a. Rosenstiel & Nerdinger, 2000) in Querschnitts- und Verlaufsstudien vor allem unter dem Aspekt der durch Selektion und Sozialisation geförderten Kongruenz der Wertprofile von Person und Organisation. In den Ergebnissen dieses fast zwei Jahrzehnte umfassenden Forschungsprojekts spiegeln sich auch die gesellschaftlichen Veränderungen: die Nachwirkungen des Wertewandels der 60er und 70er Jahre des vergangenen Jahrhunderts, aber auch die Beschleunigung von technologischer Innovation und Globalisierung der Unternehmen in den letzten Jahrzehnten. Diese hat zu verstärktem Wettbewerb und geringerer Arbeitsplatzsicherheit geführt, so dass sich auch der Druck auf den Führungsnachwuchs verstärkte, die in den großen Wirtschaftsorganisationen dominierenden ökonomischen Werte zu akzeptieren und die berufliche Karriere gemäß diesen Wertvorstellungen wichtig zu nehmen. Dass die Arbeit zunehmend mehr individuellen Gestaltungsspielraum gewähren muss, wenn sie befriedigend sein und nicht dazu zwingen soll, sinnvolle Lebensgestaltung vor allem in der Freizeit zu suchen, gilt jedoch auch unter diesen veränderten gesellschaftlichen Bedingungen (Rosenstiel & Nerdinger, 2000).

Interessen und Motive: Spricht man von Interesse an einer Tätigkeit oder einem (beruflichen) Tätigkeitsbereich, so geht es primär um die Freude an der Tätigkeit selbst und weniger um die Ergebnisse der Tätigkeit. Hier bietet sich der Begriff «intrinsische Motivation» an, der allerdings weiter gefasst ist, wenn man ihn darauf bezieht, dass sich eine Person in einem für ihr Selbstbild bedeutsamen Bereich (eben in einem Bereich ihres Interesses) als kompetent und autonom erleben kann (Ryan & Deci, 2000). Damit kommt auch der Reiz (Anreiz) wieder ins Spiel, der von den Folgen der Tätigkeit und nicht allein von ihrem Vollzug ausgeht. So könnte die antizipierte Freude an der Erweiterung des Wissens und der Handlungskompetenz Lernen und Trainieren in Organisationen auch dann attraktiv machen, wenn es mit Anstrengung verbunden ist. In dem Maße, als positive Gefühle involviert sind und in Gedanken wie im Umgang mit dem Gegenstand persönlich bedeutsame Wertbereiche angesprochen werden, ist die Motivation von «intrinsischer» Art und wird treffend als Interesse bezeichnet (siehe **Informationsbox 3**).

Die Bedeutung der Motivstruktur (der relativen Stärke des Strebens nach Macht, Leistung und Anschluss) für den Erfolg von Unternehmern und Managern betont McClelland (1985), unter dessen Leitung bzw. auf dessen Anregung hin seit den fünfziger Jahren viele einschlägige Untersuchungen durchgeführt wurden. So ist z. B. nach McClelland & Boyatzis (1982) eine Kombination von starkem Macht- mit schwachem Anschlussmotiv bei gleichzeitiger Zurückhaltung in der Machtdemonstration (keine impulsive und keine mit Zwang oder Manipulation arbeitende Machtausübung) für Manager in Po-

Informationsbox 3

Ziele und Handlungen als persönliche Anliegen

Ziele und auf deren Realisierung gerichtete Handlungen können den verschiedensten Motiven und Motivkombinationen entspringen. Edward L. Deci machte erstmals vor drei Jahrzehnten und später meist gemeinsam mit Richard M. Ryan darauf aufmerksam, dass «intrinsische Motivation» – man könnte sie auch schlicht und etwas altmodisch als Tätigkeitsfreude bezeichnen – in ihrer Wirksamkeit geschwächt wird, wenn eine Belohnung (für Engagement, Durchführung und Leistung) in einer Form angekündigt und gegeben wird, die nicht als Anerkennung der Kompetenz, sondern als Einflussnahme und äußere Kontrolle erlebt wird. In den letzten Jahren konzentrierte sich die Forschergruppe um Deci und Ryan auf die Frage, wie Tätigkeiten, die für sich genommen wenig attraktiv, aber gleichwohl notwendig sind, dadurch an Interesse und Engagement gewinnen, dass der Handelnde einsieht, sie dienten letztlich einem persönlich wichtigen Anliegen, und dass er sie demnach aus eigenem Antrieb und in freier Entscheidung übernimmt. Es kommt also (für den objektiven Handlungserfolg sowie für Befriedigung und Selbstgefühl, die daraus entstehen) auf die Kompatibilität von Ziel und Motivstruktur der Person an. Ryan und Deci (2000) ordnen zielorientiertes Handeln auf einem Kontinuum zwischen extremer Fremdkontrolle und ausgeprägt intrinsischer Motivation ein. Kuhl (2001, S. 752) beschreibt diese Polarität zwischen Fremdkontrolle und Autonomie wie folgt:

Quelle der Handlungsveranlassung	Typisches Item «Ich verfolge dieses Ziel, weil …
Kontrolle	
Fremdkontrolle	… andere Personen möchten, dass ich das tue.»
Introjektsteuerung	… ich mich sonst beschämt, schuldig oder ängstlich fühle.»
Autonomie	
Identifikation	… ich wirklich davon überzeugt bin, dass es wichtig ist.»
Intrinsische Motivation	… mir die Sache sehr viel Freude macht.»

sitionen, in denen es mehr auf sozialen Einfluss als auf technischen Sachverstand ankommt, am günstigsten.

Gelegenheiten und Anregungen zur Ausübung von Macht wirken sich je nach Art der habituellen Gestaltung sozialer Beziehungen verschieden aus, wie Chen, Lee-Chai und Bargh (2001) zeigen: Wer primär dem Prinzip folgt «*do ut des* – ich gebe dir, damit du mir gibst», wer also auf gegenseitige Aufrechnung von Gefälligkeiten eingestellt ist («exchange relationship»), wird durch Machtzuwachs in egoistischen Verhaltensweisen bestärkt. Wer dagegen auf die Bedürfnisse der anderen Rücksicht nimmt, ohne primär an den eigenen Vorteil zu denken («communal relationship»), setzt die mit Macht verbundenen Möglichkeiten verstärkt für sozial verantwortliches Handeln ein. Es würde sich lohnen, diese in Experimenten gewonnenen Einsichten im Kontext von Organisationen (bei Beförderungen, die häufig einen Machtzuwachs mit sich bringen) zu untersuchen, um Näheres darüber zu erfahren, wie Macht die einen zur Rücksichtslosigkeit verführt, während die anderen den Machtzuwachs zu verstärktem Einsatz für Gerechtigkeit und Solidarität nutzen. Über eine beachtenswerte Weiterentwicklung differentialpsychologischer Konzepte der Leistungsmotivation durch Elliot und McGregor (2001) berichtet **Informationsbox 4**.

Informationsbox 4

Leistungsstreben, um sich selbst und nicht die anderen zu übertreffen

Ähnlich wie Dweck (1999) unterscheiden Elliot und McGregor (2001) zwei Arten von Zielen: zum einen Beherrschung («mastery») eines Leistungsbereichs, gemessen an einem sachimmanenten Gütemaßstab (dies entspricht in etwa der klassischen Definition von Leistungsmotivation nach Heckhausen, 1989, S. 10), zum andern ein möglichst hoher Rangplatz im Leistungswettbewerb mit anderen (hier soll Leistung vor allem zu sozialer Anerkennung und Überlegenheit führen). Im einen Fall wird der Erfolg an einer sachlichen Anforderungsnorm, an der auch der Lernfortschritt abgelesen werden kann, im anderen Fall an einer sozialen Verteilungsnorm gemessen. In Kombination mit der Unterscheidung zwischen Annäherungs- und Vermeidungsorientierung, die gewisse Ähnlichkeiten mit Konzepten von Higgins (1998) aufweist, ergeben sich vier Arten von leistungsrelevanten Motiven (Streben nach Tüchtigkeit vs. Vermeiden von Untüchtigkeit; Streben nach Überlegenheit vs. Vermeiden von Unterlegenheit), deren individuelle Ausprägungen relativ unabhängig voneinander variieren und sich sowohl in ihren Entstehungsbedingungen als auch in ihren Wirkungen unterscheiden. Bei Annäherungsorientierung richten sich die Gedanken vorwiegend auf den möglichen Erfolg, bei Vermeidungsorientierung auf den möglichen Misserfolg. Auch wenn die vier leistungsrelevanten Motive als relativ stabile Merkmale der Personen konzipiert sind, ist doch die Aktualisierung und Akzentuierung der Motive von den Umständen abhängig. Nach Auffassung der Autoren sollten die Lern- und Arbeitsbedingungen vor allem das Streben nach Tüchtigkeit fördern, das primär auf Entwicklung der eigenen Fähigkeiten gerichtet ist («mastery approach goal»), und nicht so sehr den Wettbewerb mit anderen (Erreichen von Überlegenheit oder Vermeiden von Unterlegenheit) betonen, da sonst Ängste und soziale Spannungen den Erfolg der Bemühungen beeinträchtigen. Ob nicht doch von einer Kombination der beiden Formen von Annäherungsorientierung (Streben nach Tüchtigkeit und Streben nach Überlegenheit) die besten Leistungen, wenn schon nicht das Optimum an Zufriedenheit und sozialer Integration zu erwarten ist, wird vor allem in der pädagogisch-psychologischen Literatur kontrovers diskutiert (vgl. Pintrich, 2000).

Arbeitstätigkeiten und Arbeitsumgebungen im Hinblick auf ihre Motivationswirkung (Kleinbeck, 1987) und ihren Beitrag zur Persönlichkeitsentwicklung (Schooler, Mulatu & Oates, 1999; Semmer & Schallberger, 1996) zu analysieren, um daraus Anregungen für eine sinnvolle Arbeitsgestaltung zu gewinnen, ist ein Problem der Arbeitspsychologie, dessen Lösung die Berücksichtigung individueller Fähigkeits- und Motivstrukturen verlangt. In jedem Menschen ist stets eine Vielfalt von Motiven wirksam, deren (intraindividuell betrachtete) relative Stärke ein wichtiges Charakteristikum der Person und, in Abhängigkeit von den jeweiligen Umgebungsbedingungen, für Erfolg und Zufriedenheit mit verantwortlich ist (zur organisationspsychologischen Relevanz verschiedener Motivationskonzepte siehe Kanfer, 1990). Eine Analyse des Einflusses von Persönlichkeitsmerkmalen, Motiven, Zielen und Machtbasen auf die bevorzugten Strategien der Beeinflussung von Kollegen und Vorgesetzten (rationales Überzeugen, Einschmeicheln, Druck machen, Einschalten von übergeordneten Instanzen) berichten Blickle und Hepperle (1999).

Motivationale Person-Umwelt-Korrespondenz: Wie die Wahl des Arbeitsplatzes, das Verbleiben und der Aufstieg innerhalb der Organisation vom Grad der Übereinstimmung zwischen der Motiv- und Wertstruktur der Person mit jener der Organisation abhängt, belegte Holland (1997) in jahrzehntelanger Forschung zur Person-Umwelt-Korrespondenz von Interessen und Fähigkeiten der Person einerseits, Angeboten (Anreizen) und Anforderungen der Umwelt andererseits (vgl. dazu Rolfs & Schuler, 2002). Dass Organisationen einen bestimmten Persönlichkeitstyp anziehen, auswählen und prägen, zeigten auch Schneider et al. (1998). Wie sehr das Wohlbefinden in den verschiedenen Situationen des Arbeitslebens, bei aller genetisch bedingten und persönlichkeitsspezifisch wirksamen Tendenz, sich generell vorwiegend wohl oder vorwiegend unbehaglich zu fühlen (DeNeve & Cooper, 1998), von der motivationalen Person-Umwelt-Korrespondenz bestimmt wird, belegte Brandstätter (1994b) mit der Methode des Zeitstichproben-Tagebuchs.

Zielvereinbarung und Erfolgsrückmeldung: Die Ziele einer Organisation können nur in dem Maße realisiert werden, als es gelingt, allzu große Widersprüche zu den durchaus heterogenen und teilweise divergierenden Zielen der einzelnen Organisationsmitglieder zu vermeiden. Die unverdient nahezu vergessene *Weg-Ziel-Theorie der Führung* (Evans, 1970; allzu kritisch dazu Neuberger, 1994, S. 199) zeigt, wie der Vorgesetzte die Handlungen der Mitarbeiter/innen beeinflussen kann, wenn er weiß, welche Ziele sie haben, wie wichtig ihnen diese Ziele sind und wie sie die Gangbarkeit der verschiedenen Wege zu ihren Zielen einschätzen.

Die Vereinbarung von Zielen und die Rückmeldung des Erfolgs haben sich im Allgemeinen als Führungstechniken bewährt (Locke & Latham, 1990). Die Wirkung der Erfolgsrückmeldung – sie stellte sich in einer Meta-Analyse immerhin in einem Drittel der beobachteten Effekte als leistungsmindernd heraus – bedarf aber einer differenzierteren Bedingungsanalyse. Wenn die Rückmeldung, persönlichkeitsbedingt (z. B. bei Menschen mit geringem Selbstvertrauen) oder der Umstände wegen (z. B. infolge Betonung des sozialen Vergleichs und Wettbewerbs mit anderen), eine generelle Selbstbewertung provoziert und so von der Aufgabe und möglichen Verbesserungen in der Ausführung ablenkt, ist eine Leistungseinbuße zu erwarten (Kluger & DeNisi, 1996). Menschen mit schwachem Selbstwertgefühl reagieren empfindlicher auf die Rückmeldung von Misserfolg als Menschen mit stärkerem Selbstwertgefühl, während die Wirkung einer Erfolgsrückmeldung weniger vom Selbstwertgefühl abhängt (Bernichon, Cook & Brown, 2003). Theoretische Modelle der Person-Umwelt-Interaktion stellen immer und notwendigerweise eine Vereinfachung (Komplexitätsreduktion) mit generalisierenden Aussagen dar, die für Kollektive (im Durchschnitt) und wohl auch für eine Mehrheit von Individuen dieses Kollektivs, nicht aber für eine nicht identifizierte Minderheit gelten, die einen Vorgang (des Experiments oder des Alltags) konsistent ganz anders wahrnimmt und beantwortet. Es ist Aufgabe der Forschung, diese Art von Heterogenität der Ergebnisse durch differenziertere Modelle nach und nach zu reduzieren, wobei allerdings solchen Bemühungen in der begrenzten kognitiven Komplexität der Forscher und der Anwender von Forschungsergebnissen ihre relativ engen Grenzen gesetzt sind.[3]

5. Individuelle Fähigkeitsstrukturen

Intelligenzstruktur: Unter den individuellen Leistungsvoraussetzungen kommt den intellektuellen Fähigkeiten eine besondere Bedeutung zu. Es ist kaum eine berufliche Tätigkeit vorstellbar, in der individuelle Unterschiede der Intelligenz in ihren verschiedenen Komponenten völlig belanglos wären (Schmidt & Hunter, 1998). Ihre Bedeutung, auch im Sinne von allgemeiner und bereichsspezifischer Lernfähigkeit, wächst mit der Komplexität der Anforderungen.

Als Beispiel für eine empirisch gut bestätigte Ordnung der verschiedenen Facetten intellektueller Leistungen sei in **Informationsbox 5** das *Berliner Intelligenzstrukturmodell* (Jäger, 1984; Jäger, Süß & Beauducel, 1997) skizziert. Eine umfassendere Auflistung von Tätigkeitsanforderungen mit Hinweisen auf verfügbare Tests, die sensorische und motorische Fähigkeiten mit einschließen, findet man bei Fleishman und Reilly (1992).

Sternberg (1999) propagiert ein Modell mit drei Facetten: analytische, kreative und praktische Intelligenz als Komponenten erfolgreicher Anpassung, Auswahl und Gestaltung von Lebensumständen, ein Modell, das einer einseitigen Förderung des analytischen Denkens in unserem Schulsystem entgegenwirken will. Dazu kommt die bis jetzt, so scheint es, unerfüllte Erwartung, dass Tests für kreative und praktische Intelligenz, kombiniert mit den bisher vor allem verwendeten Tests für analytische Intelligenz, wesentlich mehr Varianz in beruflichen Erfolgskriterien erklären.

Komplexes Denken: Es gibt viele Belege für den Beitrag intellektueller Leistungsfähigkeiten zum beruflichen Erfolg in den verschiedenartigsten Bereichen (Schmidt & Hunter, 1998). In welcher Beziehung Leistungen in den herkömmlichen Intelligenztests und Leistungen beim *Lösen komplexer Probleme* stehen und wie weit die üblichen Intelligenztests der Ergänzung durch Prüfung des Denkens in Systemzusammenhängen bedürfen, ist noch nicht hinreichend geklärt (Dörner, Schaub & Strohschneider, 1999; Kersting, 1999; Süß, 1999; Wagener & Wittmann, 2002). Es scheint hier auf eine stärker erfahrungs- und wissensabhängig wirksame Kombination und flexible Anpassung der in den üblichen Tests erfassten elementareren Denkoperationen anzukommen. Schwierigkeiten bereitet vor allem die nötige Präzisierung reliabler und valider Kriterien komplexer Denkleistungen bei der Steuerung von schwer durchschaubaren dynamischen Systemen. So sehr solche Systeme geeignet sein mögen, in vielen individuellen Verlaufsanalysen das Ineinandergreifen von kognitiven, emotionalen und motivationalen Prozessen beim Problemlösen und Planen nach und nach in allgemeinpsychologischer Orientierung zu klären (Dörner, Schaub & Strohschneider, 1999) und damit auch zu einem wirksameren Training beizutragen, so wenig überzeugend erscheint bisher ihre diagnostische Verwendung, zumal hinreichend reliable Effizienzkriterien der Systemsteuerung wesentlich ökonomischer durch traditionelle Intelligenzmesswerte in Kombination mit anforderungsspezifischem Vorwissen aufgeklärt werden können (Süß, 1999).

Sich innerhalb eines komplexen und instabilen Systems (z. B. in einer sich zuspitzenden Krise einer Arbeitsgruppe oder in einem zunehmend gefährlicher verlaufenden Prozess einer komplizierten technischen Anlage) zurechtzufinden und gegebenenfalls regulierend einzugreifen, verlangt eine so rasche und differenzierte Verarbeitung vielfältiger Informationen, dass die menschliche Verarbeitungskapazität hin-

3 Ein nahezu heroischer Versuch, diese Grenzen in einer überaus differenzierten Analyse der «Interaktionen psychischer Systeme» zu erweitern oder zu überschreiten, ist in der über 1200 Seiten umfassenden Monographie «Motivation und Persönlichkeit» von Kuhl (2001) zu sehen.

Informationsbox 5

Das Berliner Intelligenzstrukturmodell (BIS)

Jeder der relativ kurzen 45 Subtests **(Tab. 1)** stellt die Kombination eines Operations- mit einem Inhaltsfaktor dar. Mittelt man (nach z-Transformation) die Subtestwerte horizontal, erhält man die Messwerte für die Operationsfaktoren (Bearbeitungsgeschwindigkeit, Merkfähigkeit, Einfallsreichtum und Verarbeitungskapazität). Eine vertikale Mittelung ergibt die Inhaltsfaktoren (figural-bildhaft, verbal, numerisch). Relativ niedrige Korrelationen finden sich daher nur innerhalb der Operations- und innerhalb der Inhaltsfaktoren **(Tab. 2)**. Die Operationsfaktoren lassen sich nach Jäger (1984) wie folgt charakterisieren:

Bearbeitungsgeschwindigkeit: Arbeitstempo, Auffassungsleichtigkeit und Konzentrationskraft beim Lösen einfach strukturierter Aufgaben (sprachlicher, numerischer und figural-bildhafter Art) von geringem Schwierigkeitsniveau.

Merkfähigkeit: Aktives Einprägen von verbalem, numerischem und figural-bildhaftem Material.

Einfallsreichtum: Flüssige, flexible und auch originelle Ideenproduktion, die Verfügbarkeit vielfältiger Informationen, Reichtum an Vorstellungen und das Sehen vieler verschiedener Seiten, Varianten, Gründe und Möglichkeiten von Gegenständen und Problemen voraussetzt.

Verarbeitungskapazität: Verarbeitung komplexer Informationen (sprachlicher, numerischer und figural-bildhafter Art) durch Herstellen von Beziehungen, formal-logisches Denken und sachgerechtes Beurteilen.

Tabelle 1: Operations- und Inhaltsfaktoren des Berliner Intelligenzstruktursystems (BIS)

	Inhaltsfaktoren		
Operationsfaktoren	**Figural-bildhaft (F)**	**Verbal (V)**	**Numerisch (N)**
Bearbeitungsgeschwindigkeit (B)	3	3	3
Merkfähigkeit (M)	3	3	3
Einfallsreichtum (E)	4	4	4
Verarbeitungskapazität (K)	5	5	5

Anmerkung: In den Zellen die Anzahl der Subtests

Tabelle 2: Korrelationen der BIS-Skalen in einer Stichprobe von männlichen und weiblichen Studierenden einer wirtschaftswissenschaftlichen Fachhochschule

	FH	**B**	**M**	**E**	**K**	**F**	**V**	**N**
FH-Notendurchschnitt (FH)		**-.26**	**-.28**	**-.09**	**-.32**	**-.24**	**-.30**	**-.33**
Bearbeitungsgeschwindigkeit (B)	**-.25**		**.54**	**.37**	**.48**	**.69**	**.72**	**.70**
Merkfähigkeit (M)	-.23	.26		.27	.53	.62	.75	.70
Einfallsreichtum (E)	-.10	.31	.16		.26	.64	.48	.23
Verarbeitungskapazität (K)	-.28	.46	.30	.09		.66	.73	.73
Figural-bildhaftes Denken (F)	-.28	.46	.30	.09	-.28		.68	.56
Verbales Denken (V)	-.34	.69	.55	.43	.66	.52		.62
Numerisches Denken (N)	-.27	.58	.59	.07	.67	.35	.52	

Anmerkung: Oberhalb der Diagonale Männer (n = 151), unterhalb der Diagonale Frauen (n = 138). Die Testbatterie enthielt keine Subtests für die Zelle (E,N) von Tabelle 1.

sichtlich Geschwindigkeit und Umfang nicht selten überfordert wird. Persönlichkeitsmerkmale wie emotionale Stabilität und situationsadäquate Einschätzung der eigenen Entscheidungs- und Handlungsfähigkeit (self-efficacy nach Bandura, 1997) können dann besonders wichtig werden.

Weisheit: Einem Menschen hohe Intelligenz zuzuschreiben, heißt noch nicht, dass man bereit wäre, auf seinen Rat in wichtigen Lebensfragen zu hören. Weisheit wird als «Expertentum, d. h. höchstes Wissen und höchste Urteilsfähigkeit im Umgang mit fundamentalen Problemen der Lebensplanung, Lebensgestaltung und der Lebensdeutung» definiert (Staudinger & Baltes, 1996) und ist ein Phänomen bzw. ein Konzept, das im Überschneidungsbereich von philosophischer Anthropologie, Pädagogik und verschiedenen Teildisziplinen der Psychologie (Entwicklungs-, Persönlichkeits- und Pädagogische Psychologie) angesiedelt ist. Zur Diskussion steht die Integration von intellektuellen Fähigkeiten, eigenständig reflektiertem Wissen um zentrale menschliche (individuelle und gesellschaftliche) Probleme und Gestaltungsmöglichkeiten, Lebenserfahrung, Verankerung in grundlegenden Werten bei Offenheit für die Relativität und Wandelbarkeit von Wertüberzeugungen, dies alles im Kontext einer ausgewogenen, in sich gut integrierten Persönlichkeit, der ein erfülltes Leben gelingt und die dabei auch zum Wohlbefinden anderer beiträgt. Es handelt sich hier um ein ebenso wichtiges wie schwer fassbares (messbares) Phänomen. Staudinger und Baltes (1996; vgl. auch Baltes & Staudinger, 2000) sehen in Fakten- und Strategiewissen in grundlegenden Fragen des Lebens, in Wissen um den gesellschaftlich-historischen und biographischen (lebensphasenspezifischen) Kontext von Lebensproblemen, in einer Verbindung von persönlicher Wertorientierung bei gleichzeitiger Offenheit für andere Wertauffassungen und kulturellen Wertewandel, schließlich im Akzeptieren von angemessenem Umgang mit Ungewissheit von Lebensdeutungen und Lebensentwürfen die wesentlichen Kriterien von Weisheit als «Wissen und Urteilsfähigkeit im Bereich der fundamentalen Pragmatik des Lebens» (Staudinger & Baltes, 1996, S. 61). Sie versuchen auch durch Analyse (gemäß diesen Kriterien) von freien Antworten zur Frage, was Menschen in existenziell bedeutsamen Lebenssituationen bedenken oder tun könnten, den Grad der Weisheit einer Person zu erfassen und zu zeigen, dass dieser eine Funktion des Zusammenwirkens der Intelligenz, des «Übergangsbereichs» von Intelligenz/Persönlichkeit (Kreativität, Kognitive Stile, Soziale Intelligenz), bestimmter Persönlichkeitseigenschaften (innere Ausgeglichenheit, Offenheit für neue Erfahrungen) und Lebenserfahrung ist. Im Unterschied zur «Mechanik» der Intelligenz (die u. a. hinsichtlich Effizienz des Arbeitsgedächtnisses, Geschwindigkeit der Informationsverarbeitung und des Konzentrationsvermögens beschreibbar ist) ist bei Erwachsenen bis ins Alter von etwa 75 Jahren keine Abnahme (aber auch keine Zunahme) der so bestimmten Weisheit zu beobachten (Baltes & Staudinger, 2000; hier finden sich auch Hinweise auf weitere Literatur).

Im Kontext von Organisationen und Organisationspsychologie erscheint Weisheit unter zwei Aspekten relevant: zum einen als Erfordernis oder zumindest wünschenswertes Merkmal von höheren Führungskräften, deren Aufgabe es ist, in umfassenden und komplexen Zusammenhängen zu denken und verschiedenartige, nicht selten widerstreitende Anliegen von Individuen, Gruppen und Gesellschaftsschichten in ihren Planungen und Entscheidungen zu integrieren; zum andern als Orientierung in der Gestaltung der Arbeits- und Kooperationsbedingungen von Organisationen, um eine allzu einseitige Festlegung auf eng umschriebene Funktionen der Mitarbeiter zu vermeiden. Über die Bedeutung kognitiv anspruchsvoller, komplexer Berufstätigkeiten für die Förderung und Bewahrung der geistigen Beweglichkeit insbesondere älterer Menschen berichten Schooler, Mulatu und Oates (1999) unter Bezug auf drei Jahrzehnte umfassende Längsschnittdaten.

Vertrauen in die eigene Leistungsfähigkeit: Welchen Gebrauch eine Person von ihren Fähigkeiten macht, hängt wesentlich auch von der mehr oder weniger realistischen *Einschätzung der eigenen Fähigkeiten* ab, die jeweils in den verschiedenen Handlungssituationen und -stadien aktualisiert wird. Wie sich dieses Zutrauen in die eigenen Fähigkeiten, die jemand für die Bewältigung der verschiedenen Arten von Aufgaben für nötig hält, auf die Wahl der Ziele sowie auf den Gang und Erfolg der Leistungshandlung auswirkt, wurde, angeregt und angeführt von Bandura (1997 und in vielen früheren Arbeiten), unter der Bezeichnung «Selbstwirksamkeit» (self-efficacy) vielfach untersucht, zusammenfassend und im Kontext von Organisationen zuletzt von Stajkovic und Luthans (1998). Beziehungen dazu finden sich auch in der Theorie geplanten Verhaltens (Ajzen, 2001). Auf Arbeiten, die sich des Konstrukts zur Erklärung des Trainingserfolgs bedienen, weisen Tannenbaum & Yukl (1992) hin. Wacker und Kolobkova (2000) zeigen einmal mehr, wie sehr Arbeitslosigkeit das Selbstwertgefühl, damit auch das Zutrauen in die eigene Leistungsfähigkeit untergräbt. Von Abele, Stief und Andrä (2000) stammt ein Fragebogen zur Erfassung «beruflicher Selbstwirksamkeitserwartungen»[4]. Wenn sich herausstellt, dass Menschen bei einer Aufgabe, für die sie sich die benötigten Fähigkeiten zuschreiben und zu der sie motiviert sind, dann auch tatsächlich eher Erfolg haben, ist das nicht weiter überraschend. Von früheren Leistungen auf Leistungsfähigkeit (und Leistungsmotivation) zu schließen und für ähnliche künftige Situationen (Person-Umwelt-Konstellationen) entsprechende Leistungen zu prognostizieren, ist die gebräuchlichste und bewährteste Regel alltäglicher Leistungsprognose (vgl. dazu auch Oulette & Wood, 1998). Theoretisch interessant und aufschlussreich ist nur jener Teil der einschlägigen Forschung, der sich auf eine Prozessanalyse der Entstehung und Wirkung des leistungsbezogenen Selbstkonzepts konzentriert und dabei auch zu klären versucht, wie weit das Zutrauen in die eigene Leistungsfähigkeit nur die bisherige Erfahrung mit sich selbst abbildet und wie weit es eine eigenständige Verhaltensursache ist, die in der Leistungsprognose einen zusätzlichen Anteil der Kriterienvarianz (zusätzlich zum Beitrag objektiver Fähigkeitsmaße) erklärt.

Wenig geklärt ist bisher, was geschieht, wenn Menschen ihre Fähigkeiten, gemessen an objektiven Kriterien, über- oder unterschätzen. Da immer die Möglichkeit besteht, sich den eigenen Erfolg oder Misserfolg auf verschiedene Weise zu erklären, wird es auch von persönlichkeitsspezifischen Attributionstendenzen abhängen, wie weit sich das Selbstkonzept von der eigenen Leistungsfähigkeit der tatsächlichen, d.h. auf objektivere Weise festgestellten Leistungsfähigkeit annähert. In Analysen des Autors mit mehreren großen Datensätzen von Abiturienten zeigte sich sehr konsistent, dass die Selbsteinschätzung der kognitiven Leistungsfähigkeit, vor der Bearbeitung der Denkaufgaben erhoben, mit den tatsächlich in den Tests und später im Studium erreichten Leistungen bei Personen mit stärkerer Tendenz zu Selbstkritik und Selbstzweifeln (niedrige Werte in Belastbarkeit und Kontaktbereitschaft[5]) deutlich höher korrelierte als bei Personen mit hohen Werten in diesen Persönlichkeitsdimensionen. Dies könnte von Belang sein, wenn in der Auswahl von Mitarbeitern auch Selbstbeurteilungen der Leistungsfähigkeit berücksichtigt werden (zur Validität der Selbstbeurteilung beruflicher Leistung vgl. Moser, 1999).

Leistungs- und Lernfähigkeit: Ein realistisches Bild von den eigenen *Leistungs- und Lernfähigkeiten* zu haben, ist für die Wahl eines Berufes oder eines Arbeitsplatzes wichtig, wie es für den Anbieter einer Stelle wichtig ist, die Leistungs- und Lernfähigkeiten des Bewerbers richtig einzuschätzen. Die aktuelle Leistungsfähigkeit eines Menschen wird an dem von ihm unter optimaler Motivation erreichten Leistungsstand bei einer bestimmten Art von Aufgaben abgelesen. Um die zugehörige Lernfähigkeit bestimmen zu können, müsste man darüber hinaus die gesamte Lerngeschichte kennen, die zu dieser Leistungsfähigkeit geführt hat.

Zur genaueren Prognose künftigen Lernens und davon abhängiger künftiger Leistungen

4 Vielleicht könnte man hier schlichter (und nicht weniger treffend) von beruflichem Selbstvertrauen sprechen.

5 Das sind zwei der fünf Globaldimensionen des 16PF, geschätzt mit Hilfe des 16PA (Brandstätter, 1988).

werden so genannte *Lerntests* (Messung der Leistungsfähigkeit – Standardtraining – erneute Messung der Leistungsfähigkeit; Guthke & Wiedl, 1996) vorgeschlagen. Dadurch kann die unterschiedliche Vertrautheit der getesteten Personen mit den Prüfaufgaben wenigstens teilweise ausgeglichen werden. Testen nach intensivem Üben *(testing-the-limits)* führt (asymptotisch) an das einer Person mögliche Leistungsmaximum heran und ergibt Messwerte, die weniger von Unterschieden der Vorerfahrung abhängig sind, ein Verfahren, das auch zur präziseren Bestimmung von Alterskurven intellektueller Leistungsfähigkeit empfohlen wird (Lindenberger, 2000).

In der Eignungsdiagnostik interessiert – wie bereits erwähnt – meist mehr das Entwicklungspotenzial der Fähigkeiten als der augenblickliche Leistungsstand; man will aus den Leistungsfähigkeiten auf die Lernfähigkeiten schließen. So weit die Annahme gerechtfertigt ist, die fragliche Leistung sei durch weitere Übung nicht mehr zu steigern oder alle zu beurteilenden Personen verfügten über gleich viel Erfahrung und Übung, ist eine Rangordnung von Personen nach ihrer Leistungsfähigkeit zugleich eine Rangordnung nach ihrer Lernfähigkeit. Dies dürfte noch am ehesten auf die Leistungen von Personen gleicher sozialer Herkunft und gleicher Schulbildung in sorgfältig entwickelten Tests für logisches Denken zutreffen. Diese Tests sind so konstruiert, dass sie die Leistungsfähigkeit des Denkens mit Aufgaben prüfen, deren Bearbeitung nicht spezielles Wissen, sondern logische Analyse der vorgegebenen Inhalte verlangen. Wie wichtig es ist, in den theoretischen Erörterungen des Intelligenzbegriffs, der Intelligenzdimensionen und der Entwicklungsmöglichkeiten der Intelligenz kulturelle und subkulturelle Besonderheiten in den Lernbedingungen erfolgreicher Lebensbewältigung («successful intelligence») zu berücksichtigen, betont Sternberg (1999).

Mit den individuell unterschiedlichen und jeweils bereichsspezifischen Lernfähigkeiten sind die Grenzen für die Aneignung von Wissen und Fertigkeiten (= Leistungsfähigkeiten) enger oder weiter gesteckt. Es ist Aufgabe der Personalentwicklung, die Leistungs- und Lernfähigkeiten der Mitarbeiter richtig einzuschätzen sowie Lerninhalte und Lernmethoden anzubieten, die beiden Seiten gerecht werden, den Lernfähigkeiten und Lerninteressen der Mitarbeiter wie den Anforderungen und Möglichkeiten der Organisation. Bei allen als relativ stabil anzunehmenden intra- und interindividuellen Unterschieden in den Lernfähigkeiten (Begabungen) gibt es doch in jedem Menschen letztlich unerschöpfliche Möglichkeiten des Erwerbs und der Steigerung von Leistungsfähigkeiten (s. Holling & Liepmann, Kap. 11).

6. Eigenschaften des «Temperaments»

Begriff des Temperaments: Wenn man weiß, über welche Fähigkeiten ein Mensch verfügt (was jemand tun kann) und welche Bedürfnisse er hat (was jemand zu tun wünscht), bleibt noch zu fragen, wie er seine Fähigkeiten einsetzt und auf welche Weise er seine Ziele verfolgt. Am besten passt die Bezeichnung «Temperament» für die hier gemeinten individuellen Unterschiede. Ob jemand impulsiv oder besonnen handelt, eher unabhängig oder aber stark von sozialen Einflüssen abhängig ist, ob er oder sie voll innerer Spannungen und Widersprüche oder ausgeglichen und harmonisch, nach außen gewandt oder in sich gekehrt ist, macht sein Temperament (im weiteren Sinne) aus.

Oft werden Temperaments- mit Persönlichkeitseigenschaften gleichgesetzt, so als ob individuelle Motiv- und Fähigkeitsstrukturen nicht auch Persönlichkeitseigenschaften wären. Es erscheint aber zweckmäßiger, in «Temperament» eine Sammelbezeichnung für grundlegende und die verschiedenen Teilstrukturen übergreifende Strukturmerkmale der Persönlichkeit zu sehen oder, vorsichtiger ausgedrückt, umfassende und klar voneinander abgehobene Beschreibungsdimensionen menschlichen Erlebens und Verhaltens, wie sie sich aus einer Analyse des Sprachgebrauchs (bei Selbst- und Fremdbeurteilungen) ergeben. Dieser weitere Begriff unterscheidet sich demnach von einer engeren Definition im Sinne von Temperament als «vorherrschende

Art und die individuelle Eigenart des Ablaufs der seelischen Vorgänge» (Dorsch, 1998, S. 865; Rothbart, Ahadi & Evans, 2000). In welcher Beziehung die Temperamentsdimensionen zu individuellen Motivstrukturen stehen – dass sie nicht voneinander unabhängig sind, zeigten u. a. Cattell (1990) und Winter, John, Stewart, Klohnen und Duncan (1998) – soll hier nicht weiter erörtert werden.

Grunddimensionen des Temperaments: Die Diskussion über die zweckmäßige Anzahl solcher Beschreibungsaspekte scheint nicht zur Ruhe zu kommen, auch wenn die verschiedenen Vorstellungen in Richtung auf fünf Faktoren (Extraversion, Emotionale Stabilität, Freundlichkeit, Gewissenhaftigkeit und Kultiviertheit) zu konvergieren scheinen (De Raad, 1998; Körner, Geyer & Brähler, 2002; Laux, 2000). Selbstbeurteilungen und Beurteilungen durch Bekannte lassen sich faktorenanalytisch auf die gleichen Grunddimensionen zurückführen, die durch die semantische *Struktur der Sprache*, die zur Beschreibung menschlichen Verhaltens zur Verfügung steht, vorgegeben ist. Man wird vernünftigerweise annehmen, dass die Struktur der Sprache die Struktur der Wirklichkeit (menschlichen Verhaltens) so differenziert und treffend abbildet, wie es für die Orientierung im sozialen Zusammenleben nötig ist (De Raad, 1998). So betrachtet sind die sog. Persönlichkeitsdimensionen vor allem Beschreibungsaspekte des für einen Menschen charakteristischen sozialen Verhaltens. Buss (1991) vermutet, dass diesen Dimensionen deshalb eine so grundlegende und allgemeine Bedeutung zukommt, weil Sensibilität für diese Merkmale sozialen Verhaltens für die Anpassung an das Leben im sozialen Verband schon in den Frühzeiten der Entwicklung des Menschen vorteilhaft war, so dass sie als Produkt der Stammesgeschichte des Menschen aufzufassen sei. Dabei wird vorausgesetzt, dass nicht nur die Wahrnehmung, sondern auch die Entstehung der individuellen Temperamentsunterschiede soziobiologisch zu erklären ist. Will man die Verhaltensweisen von Bewerbern oder Mitarbeitern beurteilen, erscheint es jedenfalls ratsam, sich der oben genannten oder ähnlicher Grunddimensionen zu bedienen, wenn man eine gleichermaßen sparsame wie umfassende Beschreibung des Eindrucks anstrebt, den man in der Auswahlkonferenz («Assessment Center») oder am Arbeitsplatz gewinnt (Salgado, 1997).

Übereinstimmung der Beurteilungen: Selbstbeurteilungen und Beurteilungen durch Bekannte stimmen nicht allein in der Struktur der Dimensionen, sondern bis zu einem gewissen Grad auch in den individuellen Einstufungen auf diesen Dimensionen überein. Dafür gibt es verschiedene Gründe. Die Person selbst und die anderen, insbesondere ihre ständigen Interaktionspartner (Familienmitglieder, Schulkameraden, Freunde, Arbeitskollegen), beobachten zum großen Teil dasselbe Verhalten, wenn auch aus verschiedenen Perspektiven. Außerdem tragen zum Selbstbild eines Menschen Gespräche mit anderen bei, aus denen hervorgeht, wie diese sein Verhalten interpretieren. An der nicht unbeträchtlichen Übereinstimmung zwischen Selbstbeurteilungen und Beurteilungen durch ständige Interaktionspartner sind schließlich deren Bestrebungen beteiligt, Verhaltensweisen zu provozieren und zu stabilisieren, die ihren Erwartungen entsprechen (Snyder, 1984), wie auch die Bestrebungen der betroffenen Person, die anderen glauben zu machen, was sie von sich selbst hält (Swann, 1987).

Asendorpf, Banse und Mücke (2002) zeigen am Beispiel der Schüchternheit, dass in den Beurteilungen durch andere neben kontrolliertem auch spontanes (impulsives) Verhalten berücksichtigt wird. In den Selbstbeurteilungen, die als reflektiert und bewusst gesteuert zu gelten haben, erscheinen dagegen vor allem die willentlich kontrollierten Komponenten des (schüchternen) Verhaltens. Für die Prognose der spontanen Verhaltenskomponenten übernehmen sie den von Greenwald, McGee & Schwartz (1998) in der Einstellungsforschung erprobten «impliziten Assoziationstest» (IAT) (siehe **Informationsbox 6**).

Informationsbox 6

Der implizite Assoziationstest (IAT) zur Prognose von spontanem und kontrolliertem Verhalten

Die von Persönlichkeitsfragebogen erwartete Validität wird üblicherweise im Vergleich mit der Beurteilung durch andere geprüft und bestätigt. Die Aussagekraft von Selbstbeurteilungen wird aber in zweierlei Hinsicht in Frage gestellt: Da ist zum einen die zwischen Personen und Situationen unterschiedlich stark wirksame Versuchung, sich so zu beurteilen, wie man es für opportun erachtet. Zum andern sind der Selbstreflexion innere Prozesse und deren Äußerungen dann kaum zugänglich, wenn sie weitgehend unbewusst und unkontrolliert ablaufen. Der im Folgenden beschriebene «implizite Assoziationstest» (IAT) soll diese Barrieren überwinden. Diesem Test, der Ideen kognitiver Konsistenztheorien aufgreift, liegt in Analogie zu neuralen Netzen ein Modell der Kognitionsstruktur eines Individuums zu Grunde, in dem die Begriffe (von Erkenntnisobjekten, ihren Tätigkeiten und Eigenschaften) als Knoten, die Beziehungen zwischen den Begriffen als unterschiedlich enge Verbindungen (Assoziationen) zwischen den Knoten des Netzes dargestellt werden.[6] Die relative Stärke der Verbindung zwischen den interessierenden Begriffen, z.B. zwischen dem Begriff «Selbst» und dem Begriff «schüchtern», ist an Unterschieden in Reaktionszeiten ablesbar.

Die Versuchsteilnehmer/innen entscheiden in mehreren Durchgängen so schnell und so genau wie möglich durch Drücken einer Taste auf der linken Seite (Zeigefinger der linken Hand) oder rechten Seite (Zeigefinger der rechten Hand) auf der PC-Tastatur, ob das in der Mitte des Bildschirms erscheinende Stimuluswort der einen oder der anderen Kategorie angehört. Im ersten Durchgang heißen die beiden Kategorien, zwischen denen zu entscheiden ist, «*Ich*» (wenn auf dem Bildschirm eines der Wörter *ich, selbst, meine, mir* oder *eigen* erscheint, ist die linke Taste zu drücken) und «*Andere*» (*ihr, andere, eure, euch, fremd*; der rechten Taste zugeordnet). Im zweiten Durchgang geht es um die Kategorien «*schüchtern*» (*gehemmt, unsicher, zaghaft, zurückhaltend, verschlossen*; linke Taste) und «*nicht schüchtern*» (*ungezwungen, sicher, wagemutig, freimütig, kontaktfreudig*; rechte Taste). Im dritten Durchgang werden Pronomen (ich, selbst, meine, mir, eigen [P1] oder ihr, andere, eure, euch, fremd [P2]) und Eigenschaftswörter (gehemmt, unsicher, zaghaft, zurückhaltend, verschlossen [E1] oder ungezwungen, sicher, wagemutig, freimütig, kontaktfreudig [E2]) abwechselnd vorgegeben. Über die Reaktion mit der linken Taste sind P1 und E1 miteinander verbunden; die rechte Taste verbindet P2 mit E2. Im einem vierten Durchgang ist wieder zwischen Pronomenkategorien «Andere» (jetzt linke Taste) und «Ich» (jetzt rechte Taste) zu entscheiden. Die Zuordnung der Reaktionstaste ist also vertauscht und wird für den fünften Durchgang beibehalten, in dem wieder abwechselnd Pronomen und Eigenschaftswörter vorgegeben werden. E1 ist jetzt mit P2 verbunden (da beide der linken Taste zugeordnet sind), E2 dagegen mit P1 (da beide der rechten Taste zugeordnet sind). Die Reaktionszeiten (in Millisekunden) auf die als Stimuli vorgegebenen Wörter (der Klassen E1, E2, P1 und P2) werden einerseits für die Verbindung *A* (des dritten Durchgangs: P1–E1 und P2–E2), anderseits für die Verbindung *B* (des fünften Durchgangs: P2–E1 und P1–E2) bestimmt und gemittelt. Mit *A* soll die Stärke der

6 Dem Konzept «Selbst» (als Erkenntnisobjekt) und dem Konzept «Valenz» (als Eigenschaft) kommt bei der Anwendung des IAT auf Einstellungsmessung eine zentrale Position zu.

Assoziationen «selbst – schüchtern» und «andere – nicht schüchtern» erfasst werden, mit *B* die der Assoziationen «selbst – nicht schüchtern» und «andere – schüchtern».

Je höher die mittlere Reaktionszeit in *B* (fünfter Durchgang) und je niedriger sie in *A* (dritter Durchgang) ist, desto ausgeprägter ist die Schüchternheit. Als Maß der Schüchternheit wird im impliziten Assoziationstest (IAT) die Differenz *B* minus *A* der log-transformierten mittleren Reaktionszeiten verwendet. **Abbildung 3** zeigt das Pfaddiagramm für den Einfluss des impliziten und expliziten Selbstkonzepts auf schüchternes Verhalten in seinen spontanen (der willentlichen Steuerung wenig zugänglichen) und kontrollierten Komponenten. Die Korrelation zwischen den latenten Variablen (Konstrukten) des impliziten und expliziten Selbstkonzepts von Schüchternheit, die durch je zwei parallele Messungen des IAT (IAT 1 und IAT 2) und der Selbstbeurteilung (Urteil 1 und Urteil 2) operational definiert sind, beträgt $r = .49$. Die Pfadkoeffizienten (standardisierten partiellen Regressionskoeffizienten) $\beta = .32$ und $\beta = .30$ zeigen den Einfluss auf die entsprechenden Verhaltenskomponenten unter Konstanthaltung der jeweils anderen Einflussvariablen an.[7]

Das in einer standardisierten Situation provozierte Verhalten (Versuchsteilnehmer begegnet im Wartezimmer vor dem Experiment einem anderen, besonders attraktiven «Teilnehmer» des anderen Geschlechts) wurde mit Wissen der Teilnehmer/innen gefilmt und hinsichtlich der Dauer verbalen und nonverbalen Ausdrucks schüchternen Verhaltens (spontaner und kontrollierter Art) kodiert und analysiert. Das «explizite» Selbstkonzept wurde vor dem IAT durch Selbstbeurteilungen auf einer Liste jener bipolaren Eigenschaften erfasst, die dann auch im IAT verwendet wurden.

Das in den letzten Jahren auch in der Einstellungsforschung vielfach verwendete IAT-Verfahren (Greenwald et al., 2002) könnte sich auch bei der Messung von Arbeitszufriedenheit in ihren «impliziten», d. h. der bewussten Reflexion wenig zugänglichen Komponenten als brauchbar erweisen und die traditionellen Fragebogen ergänzen.

7 Zu Pfadanalysen im Rahmen von sog. Strukturgleichungsmodellen vgl. Byrne (2001).

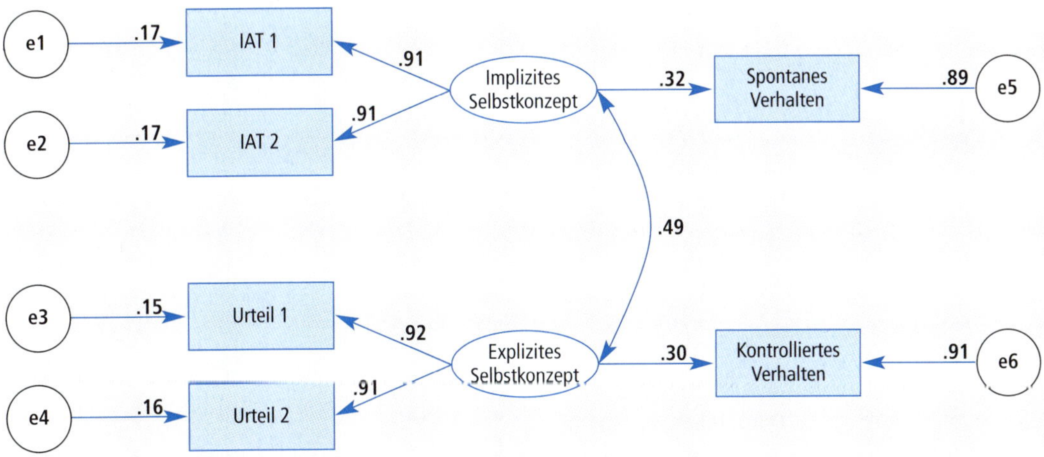

Abbildung 3: Pfaddiagramm des Einflusses des impliziten und expliziten Selbstkonzepts von Schüchternheit auf spontane und kontrollierte Komponenten schüchternen Verhaltens. Die latenten Variablen e1 bis e4 bezeichnen Messfehler, e5 und e6 Schätzfehler (nach Asendorpf, Banse & Mücke, 2002, S. 383).

Persönlichkeitsmerkmale in organisationspsychologischer Sicht: Das Selbstbild ist ein Resümee bisheriger Erfahrungen mit sich selbst in der Interaktion mit der Umwelt, zugleich aber auch ein Leitbild für künftiges Verhalten, dessen Wirksamkeit in dem Bestreben begründet ist, sich selbst treu zu bleiben. In der Auswahl und Führung von Mitarbeitern wird man sich daher nicht mit Informationen über Fähigkeiten und Motive begnügen, sondern zu erfassen versuchen, welches Persönlichkeitsbild jemand von sich selbst hat und wie weit dieses Bild mit dem von anderen übereinstimmt. Es kann kein Zweifel darüber bestehen, dass Persönlichkeitsmerkmale für das Verhalten der Mitarbeiter/innen, ihre Arbeitsleistung, soziale Kooperation, Vertrauenswürdigkeit und Arbeitszufriedenheit von großer Bedeutung sind. Die Brauchbarkeit von Persönlichkeitsfragebogen zur Prognose beruflicher Bewährung wird allerdings recht unterschiedlich eingeschätzt (Tokar, Fischer & Subich, 1998). Im Allgemeinen vertraut man mehr dem Strukturierten Interview oder der Auswahlkonferenz (AC), wenn man sich ein Bild von der Persönlichkeit der Bewerber/innen machen will (siehe dazu Schuler & Höft, Kap. 10).

Dass die Initiative zur Gründung eines kleinen Handwerks- oder Handelsbetriebes auch eine Frage der Persönlichkeitsstruktur ist, zeigt der in **Informationsbox 7** skizzierte Vergleich von Betriebsgründern mit Gründungsaspiranten und Betriebserben (Brandstätter, 1997).

Stressanfälligkeit: An vielen Arbeitsplätzen ist wichtig, wie jemand mit psychisch besonders belastenden Umständen oder Vorgängen und den daraus entstehenden Stressreaktionen umgeht, die sich aus einem Missverhältnis zwischen der subjektiven Einschätzung von Umweltanforderungen und persönlichen Fähigkeiten zu ihrer Bewältigung ergeben (Semmer & Mohr, 2001). Dieses Missverhältnis wird als Gefahr für die eigene Gesundheit, das soziale Ansehen und die Selbstachtung erlebt (Kahn & Byosiere, 1992). Wenn die betroffene Person keine Möglichkeit sieht, die Bedrohung aktiv zu überwinden (Angriff) oder sich ihr zu entziehen (Flucht), steigert sich die Angst und das Gefühl der Hilflosigkeit. Erlebt eine Person häufig derart bedrohliche Situationen, in denen sie sich machtlos fühlt (Kontrollverlust), ist das Risiko psychosomatischer Erkrankungen groß. Persönlichkeitsunterschiede in der Stressanfälligkeit können in der Art und Weise begründet sein, wie die Bedrohlichkeit von Umständen wahrgenommen wird, wie sehr die Person zur verstärkten Beachtung der Gefahrensignale oder aber zu ihrer Unterdrückung und Abwehr neigt, wie flexibel sie die Einschätzung der Bedrohung und die Möglichkeiten ihrer Beherrschung der jeweiligen Situation anpasst (Cheng, 2001) und ob sie über wirksame Techniken der Stressbewältigung (Copingstrategien) verfügt und dabei eher zur aktiven Auseinandersetzung und Problembewältigung oder zur Beherrschung und Beruhigung der Emotionen tendiert (Bolger & Zuckerman, 1995; Cheng, 2001; Kahn & Byosiere, 1992, S. 611 f.).

Nach Fiedler (1995) beeinträchtigt Stress, häufig bedingt durch Konflikte mit Vorgesetzten oder Untergebenen, intelligentes, problemlösendes Führungsverhalten. Unter Stressbedingungen korreliert zwar einschlägige Erfahrung (Routine), nicht aber Intelligenz des Gruppenleiters mit der Effizienz der Arbeitsgruppe.[8] Eine Erklärung dafür könnte man in der stressbedingten überoptimalen Aktivierung sehen, die den wirksamen Einsatz der normalerweise zur Verfügung stehenden komplexeren Denkoperationen behindert.

Ein bevorzugtes Forschungsthema der Arbeits- und Organisationspsychologie ist die *Beziehung zwischen Dauerstress und psychosomatischen Erkrankungen*, ein Thema, das schwerlich ohne Bezug auf Persönlichkeitsmerkmale behandelt werden kann. Es ist hier nicht der Platz zu berichten, wie verschiedene Forscher die beobachteten Korrelationen zwischen Persönlichkeitsmerkmalen und Krankheitsanfälligkeit zu erklären versuchen, welche psychischen, neuralen und endokrinen Prozesse daran beteiligt sind. Erwähnenswert ist aber, dass das *Immunsystem* dabei eine wichtige Vermittlungsfunktion ausübt (Baum & Posluszny, 1999). Dass sogar

8 Vgl. dazu auch die Kritik im Sonderheft von Applied Psychology: An International Review, 1999, 44, (1).

Informationsbox 7

Persönlichkeitsstruktur von Unternehmensgründern

Einer Zufallsstichprobe von oberösterreichischen Unternehmern und Betriebsgründungsinteressenten wurde mit einem Begleitschreiben des Präsidenten der Kammer für gewerbliche Wirtschaft der Persönlichkeitsfragebogen 16PA (Brandstätter, 1988) und ein Fragebogen zur Einschätzung und zur Attribution des bisherigen und des erwarteten wirtschaftlichen Erfolgs zugesandt. Bei einer Rücklaufquote von knapp 40 % standen die Daten von 157 Unternehmensgründern, 111 Gründungsaspiranten und 98 Betriebsübernehmern zur Verfügung. Wie **Abbildung 4** zeigt, ist die Verteilung von Gründern, Aspiranten und Übernehmern vom Persönlichkeitstyp abhängig. Der Anteil der Gründer/innen nimmt von links (niedrige Werte in Belastbarkeit und Unabhängigkeit) nach rechts (hohe Werte in Belastbarkeit und Unabhängigkeit) zu, der Anteil der Übernehmer nimmt dagegen ab. Bei kleinen Handels- und Handwerksbetrieben – nur 25 % der befragten Unternehmer hatten mehr als 7 Mitarbeiter – werden sich die Tätigkeiten und Arbeitsumgebungen von Gründern (bei den meisten lag die Gründungszeit einige Jahre zurück) und Übernehmern nicht stark unterscheiden. Es ist daher unwahrscheinlich, dass die Persönlichkeitsstruktur, wie sie im 16PA erscheint, eher eine Wirkung als eine Ursache der Unternehmensgründung ist, zumal die Gründungsaspiranten, die ja noch nicht den prägenden Kräften unternehmerischer Tätigkeit ausgesetzt waren, in ihrer Persönlichkeitsstruktur mehr den Gründern als den Übernehmern gleichen. Im Übrigen beurteilten die Gründer im Vergleich zu den Übernehmern den bisherigen und den für die nächsten fünf Jahre erwarteten wirtschaftlichen Erfolg besser, schrieben sich den Erfolg eher selbst und weniger der allgemeinen Wirtschaftslage zu und hielten eine weitere Expansion des Unternehmens für wahrscheinlicher.

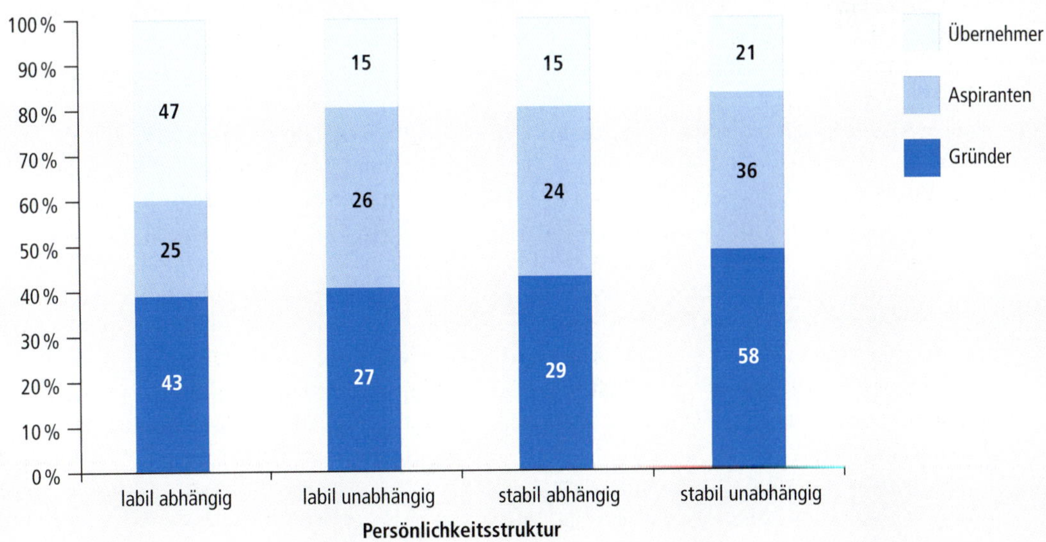

Abbildung 4: Anzahl und Prozentsatz von Gründern, Gründungsaspiranten und Übernehmern in vier Persönlichkeitstypen

Anmerkung: In den Säulensegmenten ist die jeweilige Anzahl der Personen angegeben (nach Brandstätter, 1997).

tägliche Stimmungsschwankungen Komponenten des Immunsystems (die Bildung von Antikörpern) beeinflussen, zeigten Stone, Cox, Valdimarsdottir, Jandorf und Neale (1987). Müsste man daraus nicht folgern, dass ein schlechtes Betriebsklima das Krankheitsrisiko erhöht und dass Mitarbeiter, die häufiger krank sind, seelischen Belastungen, wie sie im Arbeits- oder Privatleben immer wieder auftreten, weniger gewachsen sind? Letzteres wirft die Frage auf, wie weit größere Stressresistenz der Mitarbeiter nicht allein durch Auswahl, sondern auch durch Training in wirksameren Bewältigungsstrategien erreicht werden kann (Bodenmann, Perrez, Cina & Widmer, 2001; Frese et al., 2002).

Fähigkeiten der Selbstregulation: Wenn menschliches Verhalten als Zusammenwirken von Persönlichkeits- und Umweltstrukturen erklärt wird, erfährt man in der Regel zwar einiges über die Effekte, aber kaum etwas über die Prozesse dieses Zusammenwirkens. Ein Persönlichkeitskonstrukt, dessen Wirkungsweise in Orientierung an einer umfassenderen Theorie der Handlungskontrolle (neuerdings auch als Selbstregulationstheorie bezeichnet) vielfach in kausalanalytischen Experimenten untersucht wurde und in den letzten Jahren verstärktes Forschungsinteresse auf sich gezogen hat (vgl. die Diskussion der Kuhl'schen Selbstregulationstheorie in Applied Psychology: An International Review, 1992, 41, Heft 2), ist das der Handlungs- versus Lageorientierung (Kuhl, 1994). Es geht dabei um individuelle Unterschiede und deren Wirkungsweise in der Realisierung von Handlungszielen, deren Erfolg durch ablenkende Wahrnehmungen, Vorstellungen (Erinnerungen oder Erwartungen) oder Gefühle (z. B. Befürchtungen von Misslingen), die konkurrierende Handlungstendenzen begünstigen, gefährdet ist. Bei gleicher Stärke der «Realisationsmotivation» (die sich aus der Attraktivität des gewählten Zieles, der Attraktivität der Handlung und Handlungsumstände und des Zutrauens in die zielspezifische Handlungskompetenz ergibt) können sich Menschen in der Effizienz ihrer Selbstregulationsfunktionen und damit im Erfolg ihrer Bestrebungen unterscheiden. Handlungsorientierten Personen gelingt die Abschirmung gegenüber störenden Wahrnehmungen, Vorstellungen, Gedanken und Gefühlen, die Bündelung und Ausrichtung ihrer Ressourcen auf die Zielerreichung, lageorientierte Personen sind dazu nur in geringerem Maße fähig.

Auch wenn die mit Kuhls Fragebogen erfasste (misserfolgsabhängige und planungsbezogene) Handlungs- bzw. Lageorientierung hoch mit der 16PF-Globaldimension «Belastbarkeit» korreliert (z. B. in einer unveröffentlichten Studie mit $r = .65$; $n = 92$)[9], hat dieses Konstrukt den Vorteil einer differenzierteren theoretischen Fundierung und einer engeren Verbindung zur neueren Volitionsforschung. Daraus folgt allerdings nicht, dass es sich in der Eignungsdiagnostik besser bewährt als konkurrierende Messverfahren.

Subjektivität der Umwelterfahrung: Welche Bedeutung Temperamentsmerkmale für das Erleben des Arbeitsalltags haben, zeigte Brandstätter (1994b) in Analysen der mit dem Befindenstagebuch gewonnenen Daten von sieben nach Alter, Bildung und Beruf verschiedenen Stichproben: Personen, die in dem Bild, das sie in einem Persönlichkeitsfragebogen (16PF; vgl. Schneewind, Schröder & Cattell, 1983) von sich selbst entwerfen, weitgehend übereinstimmen, d. h. genauer: das gleiche Muster von 16PF-Sekundärdimensionen aufweisen, erleben auch die verschiedenen Klassen von Situationen ihrer Arbeits- und Freizeit in ähnlicher Weise und verschieden von denen, die ein ganz anderes Selbstbeschreibungsmuster zeigen. Ein Beispiel dafür findet man in **Informationsbox 8**.

Arbeitszufriedenheit ist die kombinierte Wirkung von Merkmalen der Persönlichkeit, die Wohlbefinden und Lebenszufriedenheit begünstigen (DeNeve & Cooper, 1998), und Merkmalen der Arbeitsumwelt. Ohne eine Trennung dieser Bedingungsfaktoren lassen sich Informationen über die Arbeitszufriedenheit, die sich auf die Organisation insgesamt, auf einzelne Abteilungen oder auf verschiedene Lohngruppen beziehen, nur mit großem Fehlerrisiko in Eingriffe

9 Die Korrelation (nicht reliabilitätskorrigiert) ist so hoch, dass es sich hier um die Messung ein und desselben Konstrukts zu handeln scheint.

zur Verbesserung der Arbeitsbedingungen umsetzen. Wenn in traditionellen Forschungsplänen Zufriedenheitsvarianz innerhalb und zwischen Arbeitsgruppen unterschieden wird, ist das keine Lösung des Problems, wenn nicht auch die zufriedenheitsrelevanten Persönlichkeitsmerkmale erfasst werden. Es wäre daher zu überlegen, ob die nach ihrer Arbeitszufriedenheit anonym befragten Organisationsmitglieder nicht zugleich eine kurze standardisierte Selbst-

Informationsbox 8

Persönlichkeitsspezifisches Erleben von Freizeit und Arbeit

Abbildung 5 (aus Brandstätter 1994a) zeigt, um wie viel mal häufiger 188 Personen unterschiedlichen Alters, Geschlechts und Berufes als Teilnehmer/innen an sieben verschiedenen Studien in ihren Befindenstagebüchern zur Beschreibung ihrer augenblicklichen Stimmung Freude-Adjektive als Trauer-Adjektive verwenden. Ein Wert von 1,20 bedeutet z. B., dass die Häufigkeit von Freude 120 % der Häufigkeit von Trauer beträgt. Bei den emotional stabilen extravertierten Teilnehmern ist die Gefühlsbilanz in der Freizeit viel positiver als in der Arbeitszeit. Dagegen unterscheidet sich die Gefühlsbilanz von emotional labilen introvertierten Personen nicht zwischen Freizeit und Arbeit.

Eine genauere Analyse der Daten – jede Säule in Abbildung 5 basiert auf mindestens 1000 Beobachtungen – lässt erkennen, dass der persönlichkeitsspezifische Arbeits-Freizeit-Kontrast des Befindens vor allem unter solchen Umständen erscheint, in denen soziale Motive angesprochen werden. Dies könnte zum Teil auch erklären, warum in Betriebsklimastudien die Urteile der Mitarbeiter über den gleichen Sachverhalt oft so stark auseinander gehen. Es wäre an der Zeit, sich am Konzept der Person-Umwelt-Korrespondenz auch bei solchen innerbetrieblichen Befragungen zu orientieren; denn es ist wesentlich auch eine Frage des Temperaments (der Persönlichkeitsstruktur im üblichen Sinne), ob sich Menschen im Betrieb unter diesen oder jenen Umständen wohl fühlen, zur Leistung angeregt werden und persönlich entfalten können.

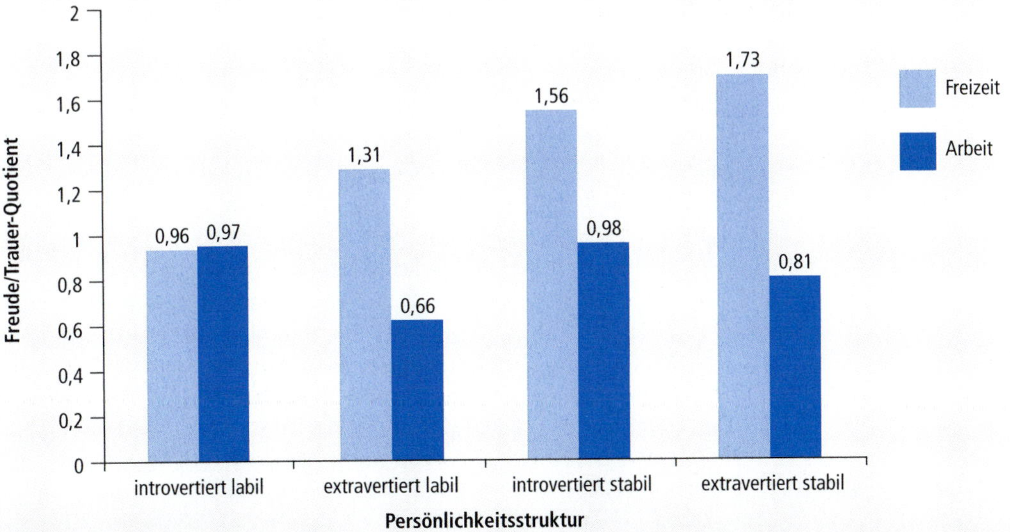

Abbildung 5: Freude/Trauer-Quotient differenziert nach Persönlichkeitsstruktur und Situation (Freizeit – Arbeit) nach Brandstätter (1994a)

beurteilung abgeben sollten. Man könnte dann zum einen prüfen, wie weit Zufriedenheitsunterschiede zwischen Abteilungen auf Unterschiede in den Häufigkeiten zufriedenheitsrelevanter (z. B. missmutiger oder heiterer) Persönlichkeitstypen oder aber auf Unterschiede in den Arbeitsbedingungen zurückzuführen sind. Zum andern könnte man besser herausfinden, welche Arbeitsstrukturen zu welchen Persönlichkeitsstrukturen passen, und daraus Hinweise für eine erfolgreiche Differentielle Arbeitsgestaltung (Ulich, 1991) gewinnen. Temperamentsunterschiede wären auch bei der individuellen Bildungsplanung zu berücksichtigen, sonst könnte z. B. ein Führungstraining, das in den Zielen oder den Methoden der Wesensart eines Menschen widerspricht, mehr schaden als nützen.

Genetische Fundierung des Temperaments: An den Merkmalen des Temperaments, wie sie in der Selbstbeurteilung und der Beurteilung durch andere erscheinen, ist, nicht anders als an den kognitiven Leistungen, auch die genetische Ausstattung eines Menschen beteiligt, die seinen Entwicklungs- und Veränderungsspielraum eingrenzt (Plomin et al., 1997). Dies gilt insbesondere für die Dimensionen Extraversion und Emotionale Stabilität (bzw. den Gegenpol Neurotizismus), auf denen sich Menschen über Jahrzehnte hinweg relativ stabil unterscheiden und für die sich am deutlichsten auch eine neurophysiologische Fundierung abzeichnet (Gray, 1987; Eysenck & Eysenck, 1985). Da bestimmte Konfigurationen von Extraversion und Neurotizismus auch mit hoher bzw. niedriger Arbeitszufriedenheit verbunden sind, ist das Befinden, das unter der Bezeichnung «Arbeitszufriedenheit» gemessen wird, auch genetisch bedingt und daher nur zum Teil auf die Arbeitsbedingungen zurückzuführen (Avery, Bouchard, Segal & Abraham, 1989).

7. Einstellungen

Einstellungsbegriff: Menschen, deren persönliche Eigenart sich in der Struktur ihrer Motive und Fähigkeiten ausprägt, formen im Umgang mit Angeboten und Anforderungen der Umwelt Einstellungen gegenüber den verschiedenen Klassen von Objekten und Ereignissen ihrer Erfahrungswelt insofern, als diese für sie tatsächliche oder vermeintliche (potenzielle) Quellen von Wohlbefinden oder Unbehagen sind. Der sozialpsychologische Einstellungsbegriff ist auch in der Organisationspsychologie ein unentbehrliches Konstrukt zur Erklärung individuellen Verhaltens, da es – deutlicher als die Konstrukte «Fähigkeit» und «Motiv» – auf die unauflösliche, individuell geprägte Verbindung von Person und Umwelt abzielt. Die Einstellung als Bereitschaft (Disposition) einer Person verstanden, Gegenstände ihrer Erfahrungswelt in bestimmter Weise *aufzufassen, zu bewerten* und *zu behandeln*, wird aus den bisherigen Äußerungs- und Verhaltensweisen einer Person gegenüber den jeweiligen Erfahrungsgegenständen erschlossen. Gemäß dem in der Einstellungsforschung seit Jahrzehnten dominierenden Erwartung-Wert-Modell wird Einstellung als Gesamtbewertung der betreffenden Gegenstände (Personen, Gruppen, Organisationen oder Nationen; Pläne, Gesetze oder Handlungen; wirtschaftliche, künstlerische oder wissenschaftliche Produkte etc.) verstanden, die eine Summe von Produkten aus subjektiven Wahrscheinlichkeiten von Attributen des Gegenstandes und den Bewertungen dieser Attribute darstellt (Ajzen, 2001). Subjektive Wahrscheinlichkeiten und Bewertungen der Attribute sind gewöhnlich ohne bewusste Reflexion, vielfach in einer Art von eingespielter Routine («automatisch») wirksam, sobald eine Person an den Gegenstand denkt oder ihn wahrnimmt. Sie sind auch nicht unabhängig vom jeweiligen Erlebniskontext – man spricht hier von unterschiedlicher Zugänglichkeit (accessability) der Attribute und Bewertungskonzepte. So gelten Einstellungen nicht nur als langfristig durch neue Erfahrungen veränderbar, sondern auch als variabel im Wechsel der Situationen und der damit verbundenen Stimmungen. Informationen über die Einstellung eines Menschen sollen, in Verbindung mit Informationen über die von der betreffenden Person wahrgenommenen sozialen Normen und über den Eindruck von den eigenen Fähigkeiten, eine Prognose des Verhaltens ermöglichen. Diese gelingt am besten dann, wenn prognostisch verwendete Einstellungen und prognostizierte Verhaltensweisen gleich umfassend (beide eher eng und konkret oder beide eher weit und abstrakt) definiert sind.

Das Einstellungskonstrukt stellt allerdings nur eine vordergründige Erklärung des Verhaltens dar. Will man Verhalten nicht nur prognostizieren, sondern verändern, wie dies in der Führung und Ausbildung von Mitarbeitern allenthalben angestrebt wird, so bedarf es einer weiter reichenden Aufklärung der Entstehungs- und Veränderungsbedingungen von Einstellungen im Kontext von Organisationen. Zu diesen Bedingungen gehören nicht nur die Umstände und Vorgänge, mit denen sich eine Person auseinander zu setzen hatte, sondern auch Persönlichkeitsmerkmale, von denen die Art und Weise abhängt, wie Menschen Erfahrungen gewinnen und verarbeiten (Avery et al., 1989).

Arbeitszufriedenheit als Einstellung: Organisationspsychologisch relevante Einstellungen betreffen insbesondere jene Bereiche, die in den Fragebogen zur Arbeitszufriedenheit erfasst werden (Aufgabe, Gehalt, Vorgesetzter, Kollegen etc.; vgl. Neuberger, 1974), ist doch «Arbeitszufriedenheit» nur eine andere Bezeichnung für «Einstellung zur Arbeit», die sich im Wesentlichen aus den Gefühlserfahrungen ergibt, die eine Person entsprechend ihren Fähigkeiten, Motiven und Gefühlsdispositionen unter den jeweiligen Arbeitsumständen machte und für die Zukunft erwartet. Wenn davon die Rede ist, dass sich jemand mit seinen Aufgaben oder mit der Organisation und deren Zielen, für die er oder sie arbeitet, identifiziert, meint man Einstellungen, die für das Selbstverständnis und die Selbstbewertung dieses Menschen von zentraler Bedeutung sind. Darüber hinaus aber klingt damit die psychoanalytische Erklärung von Identifikation als «ursprünglichste Form der Gefühlsbindung an ein Objekt … (und) Ersatz für eine libidinöse Objektbindung» an (Freud, 1921/1974, Studienausgabe Bd. 9, S. 100). Die Bereitschaft (das Bedürfnis) der Organisationsmitglieder, sich mit der Führung (dem Führer) und den Zielen der Organisation zu identifizieren, wäre nach Freud auch eine wesentliche Voraussetzung dafür, die Kooperation zwischen den Mitarbeitern zu sichern und auf ein gemeinsames Ziel zu konzentrieren, sowie Rivalitäten und Feindseligkeiten zu zügeln. Ob sich ein solches Verlangen nach Identifikation, das «charismatische» Führer auszunutzen wissen (zu den bedenklichen Aspekten charismatischer Führung vgl. Neuberger, 1994), gegenüber Interessengegensätzen behaupten kann, dürfte davon abhängen, wie weit es der Unternehmensführung gelingt, mit den Organisationszielen und der Präsentation der Organisation in der Öffentlichkeit die Bedürfnisse der Organisationsmitglieder anzusprechen und Vorgänge in der Organisation glaubwürdig so zu interpretieren, dass Identifikation und Zusammenhalt gefördert werden. Ob man in sinnvoller Weise auch von einer persönlichkeitsspezifischen Bereitschaft zu innerer Bindung an ein Unternehmen sprechen kann (man könnte sie in Analogie zum interpersonalen Bereich Bindungsfähigkeit nennen), ist in der einschlägigen Forschung (vgl. Moser, 1997) vielleicht auch deswegen kein Thema, weil bei der hohen Dynamik des Arbeitsmarktes Mobilität meist mehr gefragt ist als Sesshaftigkeit (zur Messung der affektiven Bindung an das Unternehmen siehe Maier & Woschée, 2002).

8. Veränderungen mit fortschreitendem Alter

Die verschiedenen Stadien des menschlichen Lebenslaufs sind – auf dem Hintergrund kultur- und gesellschaftsspezifischer Auffassungen über altersgemäße Aufgaben und Handlungsweisen – für Menschen im Übergang zu einer weiteren Lebensphase mit ungewohnten Situationen und Herausforderungen verbunden, die persönliche Anpassung und Gestaltung verlangen. Für globale Persönlichkeitsdimensionen wurde vielfach eine beachtliche Stabilität des Rangplatzes innerhalb der Alterskohorte nachgewiesen. So berichten Roberts und DelVecchio (2000) auf Grund einer Metaanalyse einschlägiger Veröffentlichungen für eine Zeitspanne von jeweils annähernd sieben Jahren Korrelationen zwischen .30 und .75, wobei die Stabilitätskoeffizienten mit dem Alter (von der frühen Kindheit bis zur Altersklasse der 50- bis 70-Jährigen) linear zunehmen. Dies schließt nicht aus, dass die Häufigkeit von Verhaltensweisen, aus denen z. B. auf Extraversion oder Gewissenhaftigkeit geschlossen wird, mit fortschreitendem Erwachsenenalter abnehmen (Extraversion) oder zunehmen (Gewissenhaftigkeit). In den Selbstbeurteilungen wie in den Beurteilungen durch andere werden tatsächliche Altersunterschiede weniger deutlich sichtbar, weil sich die individuellen Beurteilungen vor allem an der Altersnorm orientieren.

So weit intellektuelle Leistungen nicht den Altersvorteil von Wissen, Lebenserfahrung und «Weisheit» nutzen können («Pragmatik der Intelligenz»; Baltes, 1997), sondern auf Geschwindigkeit und Genauigkeit elementarer Prozesse der Informationsverarbeitung und auf Funktionsfähigkeit des Arbeitsgedächtnisses angewiesen sind («Mechanik» der Intelligenz), können ältere Menschen mit jungen Erwachsenen zunehmend weniger Schritt halten. Davon sind nicht nur Bearbeitungsgeschwindigkeit (speed), sondern auch die Merkfähigkeit, das episodische Gedächtnis, das formal-logische Denken und das figural-bildhafte Denken betroffen. Die Korrelationen zwischen Alter und kognitiven Leistungen in diesen Bereichen liegen (von Messfehlern bereinigt) bei $r = -.40$. Die relativ einheitliche Abnahme dieser verschiedenen, zum Teil recht komplexen kognitiven Leistungen lässt vermuten, dass sie durch altersbedingte Verlangsamung elementarer kognitiver Prozesse und – damit verbunden – durch eine verminderte Funktionsfähigkeit des Arbeitsgedächtnisses bedingt ist. «Wir vermuten, dass diese im Alter auftretende außerordentlich enge Verbindung zwischen Senso-Motorik und Intelligenz eine gemeinsame Ursache hat … und zwar die altersbedingten Veränderungen in den neurophysiologischen Hirnfunktionen, die *gleichzeitig* [Betonung im Original] die sensorischen, die sensomotorischen und die intellektuellen Fähigkeiten beeinträchtigen» (Baltes, 1997, S. 202; vgl. dazu auch die Überlegungen zur Methode und Theorie altersabhängiger Veränderungen intellektueller Leistungsfähigkeit von Lindenberger, 2000, die Längsschnittstudie von McArdle, Ferrer-Caja, Hamagami & Woodcock, 2002, sowie die Meta-Analyse von vergleichenden Alters-Querschnittstudien von Verhaeghen & Salthouse, 1997). Diesen Mangel einerseits durch Rückgriff auf umfassenderes und differenzierteres Wissen, anderseits durch Spezialisierung oder größeren Zeitaufwand auszugleichen und sich dadurch die Achtung der Jüngeren zu erhalten, wird freilich in einer Zeit mit stark beschleunigter Wissensproduktion und raschem technologischem Wandel immer schwieriger. Es ist insbesondere die rasche *Entwicklung der Informationstechnologie*, die einen zunehmend schnelleren Wechsel von Geräten und Programmen mit sich bringt und immer wieder dazu zwingt, zur effizienten Routine gewordene Verhaltensweisen aufzugeben, die gut eingespielte sensomotorische Koordinationsebene zu verlassen und sich auf bewusste Planung und Steuerung von ungewohnten Teilhandlungen und Operationen zu konzentrieren, bis diese wieder zur Routine werden. Wenn auch das Bedürfnis nach Abwechslung und neuen Erfahrungen zur natürlichen Ausstattung des Menschen gehört, kann doch das individuelle Optimum an Veränderung vor allem bei älteren Menschen leicht überschritten werden.

Es sei aber daran erinnert, dass nach wie vor die Befunde zu den altersabhängigen Veränderungen intellektueller Leistungsfähigkeit überwiegend auf Querschnittsstudien basieren, in denen Kohorteneffekte (Unterschiede nach Geburtsjahrgängen), Periodeneffekte (Einfluss von gravierenden historischen Ereignissen großer Reichweite) und Effekte eines umfassenden gesellschaftlichen Wandels mit Alterseffekten vermischt sind, deren Unterscheidung im Querschnittsvergleich verschiedener Kohorten und Altersgruppen mit viel Unsicherheit behaftet ist, zumal sich auch immer die Frage der Vergleichbarkeit und Repräsentativität der verschiedenen Stichproben stellt. Es bedarf jedenfalls zur Ergänzung und Absicherung der bisherigen Forschungsergebnisse und der möglichen Folgerungen für die individuelle Lebensgestaltung und gesellschaftliche Praxis einer größeren Zahl von Längsschnittstudien mit verschiedenen Geburtsjahrgängen (zu Methoden- und Theorieproblemen der einschlägigen Forschung vgl. Lindenberger, 2000).

9. Zur Situation der Frauen im Betrieb

Wenn nur wenige Frauen in Führungspositionen anzutreffen sind (je höher die Position, desto geringer ist der Prozentsatz der Frauen), ist die Hauptursache in den traditionellen Rollenvorstellungen zu sehen, die für die Frau die Familie, für den Mann den Beruf als zentralen Wirkungsbereich festlegen (Deaux & LaFrance, 1998). Es sei hier nicht die für viele anstößige Frage nach möglichen stammesgeschichtlichen Wurzeln der Geschlechterrollen verfolgt (Eagly & Wood, 1999), sondern nur auf Unterschiede in Motivstrukturen und Erlebnisformen hingewiesen, die trotz aller Bemühungen um gesellschaftlichen Wandel nach wie vor bestehen und das Arbeitsleben beeinflussen. Unberücksichtigt soll hier die Diskussion über Geschlechtsunterschiede in speziellen kognitiven Fähigkeiten bleiben (Halpern, 1997).

Cross und Madson (1997) versuchen in einer Integration verschiedenster Forschungsansätze zu klären, wie geschlechtsspezifische Sozialisation zu einem das Erleben und Handeln prägenden, charakteristisch männlichen bzw. typisch weiblichen Selbstbild (self-construal) führt. Danach verstehen sich Männer eher als unabhängige, sich selbst in ihrer Wesensart behauptende Individuen, während für das Selbstverständnis und Selbstgefühl der Frauen den sozial-emotionalen Beziehungen in ihrem näheren Lebensumfeld besondere Bedeutung zukommt. Dominanz, als Persönlichkeitsmerkmal mit einem Fragebogen erfasst, erhöht die Wahrscheinlichkeit als Gruppenführer gewählt zu werden. In gemischten Gruppen gilt dies aber für Männer in wesentlich höherem Maße als für Frauen. Dominantes Verhalten trägt bei Männern, nicht jedoch bei Frauen zur Attraktivität beim anderen Geschlecht bei (Sadalla, Kenrick & Vershure, 1987) und wird nur bei Männern in Führungsrollen positiv bewertet (Eagly, Makhijani & Klonsky, 1992).

Frauen sind in Führungsrollen dann nicht weniger erfolgreich als Männer, wenn ihr Führungsstil zu dem in der Gesellschaft vorherrschenden Rollenbild der Frau passt (so auch eher den Erwartungen der Mitarbeiter entspricht) und wenn es sich um Führungspositionen handelt, die vorwiegend von Frauen eingenommen werden (Eagly, Karau & Makhijani, 1995).

Diese und andere ähnliche Befunde, die zum Teil Jahrzehnte auseinander liegen, zeigen, wie resistent dieser Aspekt der Rollendifferenzierung gegenüber Änderungen ist, die sonst im Rollenverständnis stattgefunden haben (Deaux & LaFrance, 1998; Eagly, Karau & Makhijani, 1995; Phillips & Imhoff, 1997). In diesem Zusammenhang ist bemerkenswert, dass die traditionelle Differenzierung der Geschlechtsrollen stärker in spontanen als in willentlich kontrollierten Äußerungen sichtbar wird (Nosek, Banaji & Greenwald, 2002).

Der größere Einfluss von Männern in Organisationen, die *Bevorzugung von Männern für Führungspositionen* ist nicht dadurch zu erklären, dass Männer tatsächlich fähiger wären als Frauen, schon eher dadurch, dass man den Männern mehr zutraut als Frauen, dass Frauen kaum weniger als Männer den sichtbaren Erfolg von Männern eher auf besondere Fähigkeiten, den Erfolg von Frauen dagegen eher auf Anstrengung oder glückliche Umstände zurückführen (Fiske & Taylor, 1984, S. 55). Ein geringeres Selbstwertgefühl (Kling, Hyde, Showers & Buswell, 1999) und Zweifel an den eigenen (für anspruchsvolle Aufgaben als wichtig erachteten) Fähigkeiten (Phillips & Imhoff, 1997) sind Hindernisse in der Karriereplanung und -gestaltung. Im Übrigen gibt es Hinweise darauf, dass die berufliche Karriere, vermutlich infolge höherer Bildung und beruflicher Qualifikation, für Frauen zunehmend wichtig wird (Phillips & Imhoff, 1997), auch wenn Familie und Beruf für Frauen, vor allem wegen des zumeist geringen Engagements der Männer in Haushalt und Kinderbetreuung, noch immer nicht leicht in Einklang zu bringen sind (zu Geschlechtsunterschieden der Laufbahnentwicklung siehe Abele, 2002).

10. Grenzen der Vorhersagbarkeit

Individuelle Unterschiede in den Fähigkeiten, Motiven, Temperamentsmerkmalen und Einstellungen sind von besonderem Interesse, wenn *personelle Entscheidungen* (Stellenbesetzungen, Zuweisung zu Ausbildungsprogrammen) anstehen. Wenn auch die Möglichkeiten eignungspsychologischer Forschung noch nicht voll ausgeschöpft sind, dies gilt vor allem für die Auswahl und Messung von Kriterien beruflicher Bewährung, die zur Validierung von Tests herangezogen werden, sind der Vorhersagbarkeit menschlichen Verhaltens unüberwindliche Grenzen gesetzt. In der Regel sind Verhaltensprognosen umso weniger treffend, je größer der Prognosezeitraum ist, es sei denn, die eignungsdiagnostisch erfassten Fähigkeiten kommen erst mit fortschreitender Erfahrung verstärkt ins Spiel (Farrell & McDaniel, 2001) oder die Qualität (Reliabilität und Relevanz) der Bewährungskriterien nimmt im Laufe der Zeit zu. Die Unzulänglichkeit von Langzeitprognosen liegt zum Teil daran, dass sich die Arbeitsbedingungen und sonstigen Lebensumstände in schwer vorhersehbarer Weise verändern. Im Fluss sind aber nicht nur die Umweltstrukturen, sondern auch die Persönlichkeitseigenschaften: Je nach Erfahrung und Übung können nicht nur spezielle Kenntnisse und Fertigkeiten gewonnen oder verloren werden; auch grundlegende und weitreichende Persönlichkeitseigenschaften wie geistige Beweglichkeit, Zielstrebigkeit und Selbstvertrauen können sich langfristig verändern.

Wie wahrscheinlich solche Veränderungen sind und welche Richtung sie einschlagen werden, ist nur schwer abzuschätzen, bedürfte es doch dazu einer genaueren Kenntnis sowohl der bisherigen Lerngeschichte als auch der künftigen Erfahrungsmöglichkeiten. Die bisherige Lerngeschichte müsste man kennen, um einschätzen zu können, wie viel von den derzeit beobachtbaren Verhaltensweisen auf (angeborene) Lernfähigkeiten, wie viel auf vergangene Erfahrungsmöglichkeiten und Anregungen zurückzuführen ist. Wenn darüber nichts bekannt ist, bliebe selbst dann weitgehend unbestimmt, wie sich künftige Umweltbedingungen auf die weitere Formung der Leistungsfähigkeiten und Verhaltensdispositionen auswirken werden, wenn sich diese künftigen Umweltbedingungen vorhersehen ließen. Da längerfristig die künftigen Lebensumstände noch weniger auszumachen sind als die vergangenen, obwohl sie nicht einfach Zufall oder Schicksal darstellen, sondern teilweise auch von der Person selbst gemäß ihren Bedürfnissen und Einschätzungen der eigenen Fähigkeiten aufgesucht und gestaltet werden, müssen sich alle Bemühungen, menschliches Verhalten zu prognostizieren, letztlich mit bescheidenen Erfolgen zufrieden geben.

11. Schlussbemerkung

Unter wirtschaftlicher Zielsetzung der Gewinnmaximierung ist menschliche Arbeit nur einer der Produktionsfaktoren, den es möglichst effizient einzusetzen gilt. Es kommt demnach nur auf den Beitrag der Mitarbeiter zum Betriebserfolg an. Ob sie sich wohl fühlen und in ihrer Persönlichkeitsentwicklung gefördert werden, wäre dann nur so weit von Belang, als davon die Gewinne beeinflusst werden. Dies wäre z.B. dann der Fall, wenn wegen des schlechten Betriebsklimas und der daraus folgenden hohen Fluktuation immer wieder neue Leute mit hohen Kosten angelernt werden müssten.

Im Einsatz von Arbeitskräften nur wirtschaftliche Erwägungen gelten zu lassen, die ökonomische Effizienz der Arbeitstätigkeit, nicht aber deren persönliche Bedeutung und Wirkung zu berücksichtigen, die Sicherung menschenwürdiger Arbeitsbedingungen allein der Rechtsprechung und dem Kräfteverhältnis von Arbeitgeber- und Arbeitnehmerverbänden zu überlassen, vereinfacht zwar die ökonomische Theorie und die daraus abgeleiteten Handlungsempfehlungen; eine solche Haltung wäre aber ethisch fragwürdig und für das Zusammenleben wenig erfreulich. Daran zu erinnern wird erst dann überflüssig, wenn es selbstverständlich geworden ist, *Humanität und Wirtschaftlichkeit als gleichrangige Ziele der Arbeitsgestaltung* anzuerkennen, statt in der Humanisierung der Arbeit vor allem eine Notwendigkeit zur Sicherung wirtschaftlicher Effizienz zu sehen.

Auch wenn Menschen, die innerhalb einer Organisation täglich miteinander arbeiten, nicht umhin können, sich immer wieder zu fragen, was den anderen ganz persönlich bewegt, auch wenn sie in der Regel aufeinander Rücksicht nehmen, bedarf es doch einer Absicherung humaner Arbeitsbedingungen durch eine psychologische Organisationstheorie und eine davon beeinflusste Organisationsgestaltung, die dem Eigenwert der Person und der Vielfalt persönlicher Eigenart gerecht wird. Grenzen der Humanisierung und Personalisierung des Arbeitslebens ergeben sich aber unausweichlich aus der Notwendigkeit, die überaus hohe Komplexität großer Organisationen auch dadurch besser zu bewältigen, dass man in deren Planung, Gestaltung und Führung die betroffenen Menschen vor allem in ihren Arbeitsrollen und weniger in ihren nur teilweise rollenkonformen persönlichen Fähigkeiten, Erwartungen, Bestrebungen und Gefühlen sieht.

Das Spannungsverhältnis zwischen Humanität und Wirtschaftlichkeit ist bereits ein Problem bei *der Konstruktion von Anlagen, Maschinen und Verfahrenstechniken*, deren sich Menschen in den Organisationen dann bedienen oder denen sie dienen sollen. Hier können die Faszination durch die technischen Möglichkeiten und die Vordringlichkeit ökonomischer Erwägungen allzu leicht dazu verführen, zu wenig mit zu bedenken, wie sich später Menschen an diesen Arbeitsplätzen fühlen werden und welche Gefahren für die körperliche und seelische Gesundheit damit verbunden sind. Es ist daher besonders wichtig, bereits bei der Entwicklung und Konstruktion von Arbeitsgeräten, Arbeitsverfahren und Arbeitsräumen auf die menschlichen Fähigkeiten und Bedürfnisse sowie auf die arbeitsbedingte Förderung der Persönlichkeitsentwicklung Rücksicht zu nehmen.

12. Literatur

Abele, A. E. (2002). Ein Modell und empirische Befunde zur beruflichen Laufbahnentwicklung unter besonderer Berücksichtigung des Geschlechtsvergleichs. *Psychologische Rundschau, 53,* 109–118.

Abele, A. E., Stief, M. & Andrä, M. S. (2000). Zur ökonomischen Erfassung beruflicher Selbstwirksamkeitserwartungen – Neukonstruktion einer BSW-Skala. *Zeitschrift für Arbeits- und Organisationspsychologie, 44,* 145–151.

Ackerman, Ph. L. & Heggestad, E. D. (1997). Intelligence, personality, and interests: Evidence for overlapping traits. *Psychological Bulletin, 121,* 219–245.

Ajzen, I. (2001). Nature and operation of attitudes. *Annual Review of Psychology, 52,* 27–58.

Asendorpf, J. B., Banse, R. & Mücke, D. (2002). Double dissociation between implicit and explicit personality self concept: The case of shy behavior. *Journal of Personality and Social Psychology, 83,* 380–393.

Austin, J. T. & Vancouver, J. B. (1996). Goal constructs in psychology: Structure, process, and content. *Psychological Bulletin, 120,* 338–375.

Avery, R. D., Bouchard, T. J., Segal, N. L. & Abraham, L. M. (1989). Job satisfaction: Environmental and genetic components. *Journal of Applied Psychology, 74,* 187–192.

Baltes, P. B. (1997). Die unvollendete Architektur der menschlichen Ontogenese: Implikationen für die Zukunft des vierten Lebensalters. *Psychologische Rundschau, 48,* 191–210.

Baltes, P. & Reinert, G. (1969). Cohort effects in cognitive development in children as revealed by cross-sectional sequences. *Developmental Psychology, 1,* 169–177.

Baltes, P. B. & Staudinger, U. M. (2000). Wisdom. A metaheuristic (pragmatic) to orchestrate mind and virtue toward excellence. *American Psychologist, 55,* 122–136.

Bandura, A. (1997). *Self-efficacy: The exercise of control.* New York: Freeman.

Baum, A. & Posluszny, D. M. (1999). Health psychology: Mapping biobehavioral contributions to health and illness. *Annual Review of Psychology, 50,* 137–163.

Bernichon, T., Cook, K. E. & Brown, J. D. (2003). Seeking self-evaluative feedback. The interactive role of global self-esteem and specific self-views. *Journal of Personality and Social Psychology, 84,* 194–204.

Blickle, G. & Hepperle, S. (1999). Strukturgleichungsmodelle zur Analyse der Effekte von Zielen, Motiven und Machtbasen bei der Beeinflussung von Vorgesetzten und Kollegen. *Zeitschrift für Arbeits- und Organisationspsychologie, 43,* 26–35.

Bodenmann, G., Perrez, M., Cina, A. & Widmer, K. (2001). Verbesserung der individuellen Belastungsbewältigung im Rahmen des Freiburger Stress-Präventions-Trainings (FSPT): Ergebnisse einer 1-Jahres-Follow-up-Untersuchung. *Zeitschrift für Gesundheitspsychologie, 9,* 2–12.

Bolger, N. & Zuckerman, A. (1995). A framework for studying personality in the stress process. *Journal of Personality and Social Psychology, 69,* 890–902.

Brandstätter, H. (1988). Sechzehn Persönlichkeits-Adjektivskalen (16PA) als Forschungsinstrument an Stelle des 16PF. *Zeitschrift für experimentelle und angewandte Psychologie, 35,* 370–391.

Brandstätter, H. (1994a). Pleasure of leisure – pleasure of work. Personality makes the difference. *Personality and Individual Differences, 16*, 931–946.

Brandstätter, H. (1994b). Well-being and motivational person-environment fit. A time sampling study of emotions. *European Journal of Personality, 8*, 75–93.

Brandstätter, H. (1997). Becoming an entrepreneur – a question of personality structure? *Journal of Economic Psychology, 18*, 157–177.

Brandstätter, H. (2001). Time sampling diary: An ecological approach to the study of emotions in everyday life situations. In H. Brandstätter & A. Eliasz (Eds.), *Persons, situations, and emotions. An ecological approach.* New York: Oxford University Press.

Brandstätter, H. & Gaubatz, S. (1997). Befindenstagebuch am neuen Arbeitsplatz in differentialpsychologischer Sicht. *Zeitschrift für Arbeits- und Organisationspsychologie, 41*, 18–29.

Brunstein, J. C. & Maier, G. W. (1996). Persönliche Ziele. Ein Überblick zum Stand der Forschung. *Psychologische Rundschau, 47*, 146–160.

Buss, D. M. (1991). Evolutionary personality psychology. *Annual Review, 42*, 459–491.

Byrne, B. M. (2001). *Structural equation modeling with AMOS. Basic concepts, applications, and programming.* Mahwah: Lawrence Erlbaum.

Cattell, R. B. (1990). Advances in Cattellian personality theory. In L. A. Pervin (Ed.), *Handbook of personality. Theory and research* (pp. 101–110). New York: Guilford Press.

Ceci, S. J. & Williams, W. M. (1997). Schooling, intelligence, and income. *American Psychologist, 52*, 1051–1058.

Chen, S., Lee-Chai, A. Y. & Bargh, J. A. (2001). Relationship orientation as a moderator of the effects of social power. *Journal of Personality and Social Psychology, 80*, 173–187.

Cheng, C. (2001). Assessing coping flexibility in real-life and laboratory settings: A multimethod approach. *Journal of Personality and Social Psychology, 80*, 814–833.

Cross, S. W. & Madson, L. (1997). Models of the self: Self-construals and gender. *Psychological Bulletin, 122*, 5–37.

Deaux, K. & LaFrance, M. (1998). Gender. In D. T. Gilbert, S. T. Fiske & G. Lindzey (Eds.), The handbook of social psychology (4th ed., Vol. 1, pp. 788–827). New York: McGraw-Hill.

DeNeve, K. M. & Cooper, H. (1998). The happy personality: A meta-analysis of 137 personality traits and subjective well-being. *Psychological Bulletin, 124*, 197–229.

De Raad, B. (1998). Five Big Five issues: Rationale, content, structure, and cross-cultural assessment. *European Psychologist, 3*, 113–124.

Dörner, D., Schaub, H. & Strohschneider, S. (1999). Komplexes Problemlösen – Königsweg der theoretischen Psychologie? *Psychologische Rundschau, 50*, 198–205.

Dorsch, F. (1998). *Psychologisches Wörterbuch* (13. Aufl.). Bern: Huber.

Dweck, C. S. (1999). *Self-theories. Their role in motivation, personality, and development.* Philadelphia: Psychology Press.

Eagly, A. H., Karau, S. J. & Makhijani, M. G. (1995). Gender and the effectiveness of leaders: A meta-analysis. *Psychological Bulletin, 117*, 125–145.

Eagly, A. H., Makhijani, M. G. & Klonsky, B. G. (1992). Gender and the evaluation of leaders: A meta-analysis. *Psychological Bulletin, 111*, 3–22.

Eagly, A. H. & Wood, W. (1999). The origins of sex differences in human behavior: Evolved dispositions versus social roles. *American Psychologist, 54*, 408–423.

Elliott, A. J. & McGregor, H. A. (2001). A 2 * 2 achievement goal framework. *Journal of Personality and Social Psychology, 80*, 501–519.

Evans, M. G. (1970). The effects of supervisory behavior on the path-goal relationship. *Organizational Behavior and Human Performance, 5*, 277–298.

Eysenck, H. J. & Eysenck, M. W. (1985). *Personality and individual differences.* New York: Plenum Press.

Farrell, J. N. & McDaniel, M. A. (2001). The stability of validity coefficients over time. Ackerman's (1988) model and the general aptitude test battery. *Journal of Applied Psychology, 86*, 60–79.

Fiedler, F. E. (1995). Cognitive resources and leadership performance. *Applied Psychology: An International Review, 44*, 5–28.

Fiske, S. T. & Taylor, S. E. (1984). *Social cognition.* Reading: Addison-Wesley.

Fleishman, E. A. & Reilly, M. E. (1992). *Handbook of human abilities. Definitions, measurements, and job task requirements.* Palo Alto: Consulting Psychologists Press.

Frese, M., Garman, G., Garmeister, K., Halemba, K., Hortig, A., Pulwitt, T. & Schildbach, S. (2002). Training zur Erhöhung der Eigeninitiative bei Arbeitslosen: Bericht über einen Pilotversuch. *Zeitschrift für Arbeits- und Organisationspsychologie, 46*, 89–97.

Freud, S. (1921). *Massenpsychologie und Ichanalyse* (Studienausgabe, Bd. 9., S. 61–134). Frankfurt: Fischer.

Gray, J. A. (1987). *The psychology of fear and stress* (2nd ed.). Cambridge: Cambridge University Press.

Greenwald, A. G., Banaji, M. R., Rudman, L. A., Farnham, S. D., Nosek, B. A. & Mellott, D. S. (2002). A unified theory of implicit attitudes, stereotypes, self-esteem, and self-concept. *Psychological Review, 109*, 3–25.

Greenwald, A. G., McGee, D. E. & Schwartz, J. L. K. (1998). Measuring individual differences in implicit cognition: The implicit association test. *Journal of Personality and Social Psychology, 74*, 1464–1480.

Guthke, J. & Wiedl, K. H. (1996). *Dynamisches Testen.* Göttingen: Hogrefe.

Halpern, D. F. 1997). Sex differences in intelligence. Implications for education. *American Psychologist, 52*, 1091–1102.

Hany, E. A. (2000). Die verhaltensgenetische Analyse kognitiver Altersveränderungen – ein Forschungsüberblick. *Zeitschrift für Gerontopsychologie und -psychiatrie, 13,* 3–15.

Heckhausen, H. (1989). *Motivation und Handeln* (2. Aufl.). Berlin: Springer.

Herrnstein, R. J. & Murray, C. (1994). *The bell curve. Intelligence and class structure in American life.* New York: The Free Press.

Higgins, E. T. (1998). Promotion and prevention: Regulatory focus as a motivational principle. In M. P. Zanna (Ed.), *Advances in experimental social psychology* (Vol. 30, pp. 1–46). New York: Academic Press.

Holland, J. L. (1997). *Making vocational choices: A theory of vocational personalities and work environments* (3rd ed.). Odessa: Psychological Assessment Resources.

Jäger, A. O. (1984). Intelligenzstrukturforschung, konkurrierende Modelle, neue Entwicklungen, Perspektiven. *Psychologische Rundschau, 35,* 21–35.

Jäger, A. O., Süß, H. M. & Beauducel, A. (1997). *Berliner Intelligenzstruktur-Test (BIS-Test).* Göttingen: Hogrefe.

Johnston, T. D. & Edwards, L. (2002). Genes, interactions, and the development of behavior. *Psychological Review, 109,* 26–34.

Kahn, R. L. & Byosiere, P. (1992). Stress in organisations. In M. D. Dunnette & L. M. Hough (Eds.), *Handbook of industrial and organizational psychology* (2nd ed., Vol. 3, pp. 571–650). Palo Alto: Consulting Psychologists Press.

Kanfer, R. (1990). Motivation theory and industrial and organizational psychology. In M. D. Dunnette & L. M. Hough (Eds.), *Handbook of industrial and organizational psychology* (2nd ed., Vol. 1, pp. 75–170). Palo Alto: Consulting Psychologists Press.

Kersting, M. (1999). *Diagnostik und Personalauswahl mit computergestützten Problemlöseszenarien? Zur Kriteriumsvalidität von Prolemlöseszenarien und Intelligenztests.* Göttingen: Hogrefe.

Kleinbeck, U. (1987). Gestaltung von Motivationsbedingungen der Arbeit. In U. Kleinbeck & J. Rutenfranz (Hrsg.), *Arbeitspsychologie. Enzyklopädie der Psychologie (D/III/1,* S. 440–492). Göttingen: Hogrefe.

Kleinbeck, U. & Wegge, J. (1996). Fehlzeiten in Organisationen: Motivationspsychologische Ansätze zur Ursachenanalyse und Vorschläge für die Gesundheitsförderung am Arbeitsplatz. *Zeitschrift für Arbeits- und Organisationspsychologie, 40,* 161–172.

Kling, K. C., Hyde, J. S., Showers, C. J. & Buswell, B. N. (1999). Gender differences in self-esteem: A meta-analysis. *Psychological Bulletin, 125,* 470–500.

Körner, A., Geyer, M. & Brähler, E. (2002). Das NEO-Fünf-Faktoren-Inventar (NEO-FFI). Validierung anhand einer deutschen Bevölkerungsstichprobe. *Diagnostica, 48,* 19–27.

Kluger, A. N. & DeNisi, A. (1996). The effects of feedback interventions on performance: A historical review, a meta-analysis and a preliminary feedback intervention theory. *Psychological Bulletin, 119,* 254–284.

Kuhl, J. (1994). A theory of action and state orientations. In J. Kuhl & J. Beckmann (Eds.), *Volition and personality: Action versus state orientation* (pp. 9–46). Göttingen: Hogrefe.

Kuhl, J. (2001). *Motivation und Persönlichkeit. Interaktionen psychischer Systeme.* Göttingen: Hogrefe.

Laux, L. (2000). Persönlichkeitspsychologie in interaktionistischer Sicht. *Zeitschrift für Psychologie, 208,* 242–266.

Lindenberger, U. (2000). Intellektuelle Entwicklung über die Lebensspanne: Überblick und ausgewählte Forschungsbrennpunkte. *Psychologische Rundschau, 51,* 135–145.

Locke, E. A. & Latham, G. P. (1990). *A theory of goalsetting and task performance.* Englewood-Cliffs: Prentice-Hall.

Maier, G. W. & Woschée, R.-M. (2002). Die affektive Bindung an das Unternehmen. Psychometrische Überprüfung einer deutschsprachigen Fassung des Organizational Commitment Questionnaire (OCQ) von Porter und Smith (1970). *Zeitschrift für Arbeits- und Organisationspsychologie, 46,* 126–136.

McArdle, J. J., Ferrer-Caja, E., Hamagami, F. & Woodcock, R. W. (2002). Comparative longitudinal structural analyses of the growth and decline of multiple intellectual abilities over the life span. *Developmental Psychology, 38,* 115–142.

McClelland, D. C. (1985). How motives, skills, and values determine what people do. *American Psychologist, 40,* 812–825.

McClelland, D. C. & Boyatzis, R. E. (1982). The leadership motive pattern and long-term success in management. *Journal of Applied Psychology, 67,* 737–743.

Mischel, W. & Shoda, Y. (1998). Reconciling processing dynamics and personality dispositions. *Annual Review of Psychology, 49,* 229–258.

Moser, K. (1997). Commitment in Organisationen. *Zeitschrift für Arbeits- und Organisationspsychologie, 41,* 160–170.

Moser, K. (1999). Selbstbeurteilung beruflicher Leistung. Überblick und offene Fragen. *Psychologische Rundschau, 50,* 14–25.

Neuberger, O. (1974). *Messung der Arbeitszufriedenheit.* Stuttgart: Kohlhammer.

Neuberger, O. (1994). *Führen und geführt werden* (4. Aufl.). Stuttgart: Enke.

Nosek, B. A., Banaji, M. R. & Greenwald, A. G. (2002). Math = male, me = female, therefore math me. *Journal of Personality and Social Psychology, 83,* 44–59.

Oettingen, G. (1997). *Psychologie des Zukunftsdenkens. Erwartungen und Phantasien.* Göttingen: Hogrefe.

Oettingen, G. & Gollwitzer, P. M. (2000). Das Setzen und Verwirklichen von Zielen. *Zeitschrift für Psychologie, 208,* 406–430.

Oulette, J. A. & Wood, W. (1998). Habit and intention in everyday life: The multiple processes by which past behavior predicts future behavior. *Psychological Bulletin, 124,* 54–74.

Phillips, S. D. & Imhoff, A. R. (1997). Women and career

development: A decade of research. *Annual Review of Psychology, 48,* 31–59.

Pintrich, P. R. (2000). Multiple goals, multiple pathways. The role of goal orientation in learning and achievement. *Journal of Educational Psychology, 92,* 544–555.

Plomin, R., DeFries, J. C., McClearn, G. E. & Rutter, M. (1997). *Behavioral genetics.* New York: Freeman.

Roberts, B. W. & DelVecchio, W. F. (2000). The rank-order consistency of personality traits from childhood to old age: A quantitative review of longitudinal studies. *Psychological Bulletin, 126,* 3–25.

Rolfs, H. & Schuler, H. (2002). Berufliche Interessenkongruenz und das Erleben im Studium. *Zeitschrift für Arbeits- und Organisationspsychologie, 46,* 137–149.

Rose, R. J. (1995). Genes and human behavior. *Annual Review of Psychology, 46,* 625–654.

Rosenstiel, L. von & Nerdinger, F. W. (2000). Die Münchner Wertestudien – Bestandsaufnahme und (vorläufiges) Resümee. *Psychologische Rundschau, 51,* 146–157.

Rothbart, M. K., Ahadi, S. A. & Evans, D. E. (2000). Temperament and personality: Origins and outcomes. *Journal of Personality and Social Psychology, 78,* 122–135.

Ryan, R. M. & Deci, E. L. (2000). Self-determination theory and the facilitation of intrinsic motivation, social development, and well-being. *American Psychologist, 55,* 68–78.

Sadalla, E. K., Kenrick, D. T. & Vershure, B. (1987). Dominance and heterosexual attraction. *Journal of Personality and Social Psychology, 52,* 730–738.

Salgado, J. F. (1997). The five factor model of personality and job performance in the European Community. *Journal of Applied Psychology, 82,* 30–43.

Semmer, N. & Schallberger, U. (1996). Selection, socialisation, and mutual adaptation: Resolving discrepancies between people and work. *Applied Psychology: An International Review, 45,* 263–288.

Schmidt, F. L. & Hunter, J. E. (1998). The validity and utility of selection methods in personnel psychology: Practical and theoretical implication of 85 years of research findings. *Psychological Bulletin, 124,* 262–274.

Schneewind, K. A., Schröder, G. & Cattell, R. B. (1983). *Der 16-Persönlichkeits-Faktorentest-16PF.* Bern: Huber.

Schneider, B., Smith, D. B., Taylor, S. & Fleenor, J. (1998). Personality and organizations: A test of the homogeneity of personality hypothesis. *Journal of Applied Psychology, 83,* 462–470.

Schooler, C., Mulatu, M. S. & Oates, G. (1999). The continuing effects of substantively complex work on the intellectual functioning of older workers. *Psychology and Aging, 14,* 483–506.

Semmer, N. K. & Mohr, G. (2001). Arbeit und Gesundheit: Konzepte und Ergebnisse der arbeitspsychologischen Stressforschung. *Psychologische Rundschau, 52,* 150–158.

Semmer, N. & Schallberger, U. (1996). Selection, socialisation, and mutual adaptation: Resolving discrepancies between people and work. *Applied Psychology: An International Review, 45,* 263–288.

Snyder, M. (1984). When belief creates reality. In L. Berkowitz (Ed.), *Advances in Experimental Social Psychology* (Vol. 16, pp. 248–305). New York: Academic Press.

Stajkovic, A. D. & Luthans, F. (1998). Self-efficacy and work-related performance: A meta-analysis. *Psychological Bulletin, 124,* 240–261.

Staudinger, U. M. & Baltes, P. B. (1996). Weisheit als Gegenstand psychologischer Forschung. *Psychologische Rundschau, 47,* 57–77.

Sternberg, R. J. (1999). The theory of successful intelligence. *Review of General Psychology, 3,* 292–316.

Stone, A. A., Cox, D. S., Valdimarsdottir, H., Jandorf, L. & Neale, J. M. (1987). Evidence that secretory igA antibody is associated with daily mood. *Journal of Personality and Social Psychology, 52,* 988–993.

Swann, W. B. Jr. (1987). Identity negotiation: Where two roads meet. *Journal of Personality and Social Psychology, 53,* 1038–1051.

Süß. H.-M. (1999). Intelligenz und komplexes Problemlösen: Perspektiven für eine Kooperation zwischen differentiell-psychometrischer und kognitionspsychologischer Forschung. *Psychologische Rundschau, 50,* 220–228.

Tannenbaum, S. I. & Yukl, G. (1992). Training and development in work organizations. *Annual Review of Psychology, 43,* 399–441.

Tokar, D. M., Fischer, A. R. & Subich, L. M. (1998). Personality and vocational behavior: A selective review of the literature, 1993–1997. *Journal of Vocational Behavior, 53,* 115–153.

Triandis, H. C. (1995). *Individualism and collectivism.* Boulder: Westview.

Ulich, E. (1991). *Arbeitspsychologie.* Stuttgart: Poeschel.

Verhaeghen, P. & Salthouse, T. A. (1997). Meta-analyses of age – cognition relations in adulthood: Estimates of linear and nonlinear age effects and structural models. *Psychological Bulletin, 122,* 231–249.

Wacker, A. & Kolobkova, A. (2000). Arbeitslosigkeit und Selbstkonzept – ein Beitrag zu einer kontroversen Diskussion. *Zeitschrift für Arbeits- und Organisationspsychologie, 44,* 69–82.

Wagener, D. & Wittmann, W. W. (2002). Personalarbeit mit dem komplexen Szenario FSYS: Validität und Potential von Verhaltensskalen. *Zeitschrift für Personalpsychologie, 1,* 80–93.

Winter, D. G., John, O. P., Stewart, A. J., Klohnen, E. C. & Duncan, L. E. (1998). Traits and motives: Toward an integration of two traditions in personality research. *Psychological Review, 105,* 230–250.

10

Heinz Schuler & Stefan Höft

Diagnose beruflicher Eignung und Leistung

Inhalt

1 Einleitende Überlegungen: Eignung aus Individuums- und Organisationsperspektive 290

2 Der trimodale Ansatz der beruflichen Eignungsdiagnostik 291

3 Berufliche Anforderungen 293
3.1 Grundsätzliche Zugänge zur Anforderungsbestimmung 293
3.2 Verfahren der empirischen Arbeits- und Anforderungsanalyse 294
3.3 Die Beschreibungsebenen Aufgaben-, Verhaltens- und Eigenschaftsbezug 295
3.3.1 Aufgabenebene 295
3.3.2 Verhaltensebene 296
3.3.3 Eigenschaftsebene 298
3.3.4 Neuere Entwicklungen 300

4 Eignungsdiagnostische Verfahren 300
4.1 Zur Prognosequalität verschiedener Verfahren 301
4.2 Eigenschaftsorientierte Verfahren 302
4.2.1 Allgemeine kognitive Fähigkeitstests 302
4.2.2 Allgemeine Persönlichkeitsverfahren 304
4.2.3 Spezielle eigenschaftsorientierte Verfahren 305
4.3 Simulationsorientierte Verfahren 307
4.3.1 Arbeitsproben 307
4.3.2 Assessment Center 308
4.4 Biographieorientierte Verfahren 310
4.4.1 Bewerbungsunterlagen und Referenzen ... 311
4.4.2 Biographische Fragebogen 311
4.4.3 Einstellungsinterviews 312
4.5 Weitere Verfahren 316
4.6 Internetgestützte Erfassung eignungsdiagnostischer Informationen 318

5 Berufliche Leistungsbeurteilung 319
5.1 Funktionen von Leistungsbeurteilungen ... 319
5.2 Beurteilungsmodelle und Kriterienarten ... 321
5.3 Beurteilungsverfahren 322
5.4 Qualität von Leistungsbeurteilungen 325

6 Personelle Entscheidungen 328
6.1 Entscheidungen mit Hilfe statistischer Modelle 329
6.2 Ökonomische Nutzenanalysen 330

7 Kontext und Wirkung 335
7.1 Gewinnung von Mitarbeitern 335
7.2 Individuelle Organisationswahl 337
7.3 Reaktionen auf Auswahl und Beurteilung .. 338

8. Literatur 340

In diesem Kapitel wird zunächst der trimodale Ansatz der Eignungsdiagnostik als theoretische Grundlage vorgestellt, danach wird die Bedeutung der Anforderungsanalyse zur Bestimmung berufsbezogener Eignung und Leistung erläutert. Darauf aufbauend werden die Verfahren der Berufseignungsdiagnostik sowie die Prinzipien und Methoden der Leistungsbeurteilung dargestellt. Im letzten Teil werden aus dem umfangreichen Kontext der Eignungs- und Leistungsdiagnose zwei besonders wichtige Themen erörtert – die Gewinnung von Mitarbeitern und das Treffen personeller Entscheidungen. Vorab mögen einige Bemerkungen in die Thematik einführen.

1. Einleitende Überlegungen: Eignung aus Individuums- und Organisationsperspektive

Beruflicher Erfolg hängt von vielem ab. Der familiäre und soziale Hintergrund eines Menschen prägt seine Einstellungen und Erwartungen; seine Ausbildung schafft die Grundlage für die weiteren Entwicklungsmöglichkeiten; gesellschaftlicher Bedarf und Arbeitsmarktbedingungen beeinflussen die Chancen, in bestimmten Berufsfeldern tätig sein zu können; Fähigkeiten und andere Eigenschaften einer Person erleichtern oder erschweren den Erwerb von Kenntnissen und Fähigkeiten, die in berufliche Leistung umgesetzt werden können.

Was als beruflicher Erfolg angesehen wird, kann vielfältig sein: Leistung, Sinnerleben, gesellschaftlicher Status, Zufriedenheit, psychische und physische Gesundheit, das Gefühl gefordert zu sein oder sein ruhiges Auskommen zu haben, die Überzeugung, das zu tun, was den eigenen Fähigkeiten und Interessen entspricht, der Eindruck, sich persönlich weiterzuentwickeln. Die Zusammenhänge dieser Facetten beruflichen Erfolgs mit persönlichen Merkmalen und solchen der Lebenssituation sind vielfältig und nur in Teilen durchschaubar.

Bei der Wahl eines Berufs, einer Organisation oder einer Tätigkeit wird sich ein Mensch von mehreren Gesichtspunkten leiten lassen. Die eigenen Interessen und Wünsche, aber auch Abneigungen und Befürchtungen sind ihm dabei vielleicht besonders deutlich vor Augen. Auch die Aussichten, einen Ausbildungs- oder Studienplatz im angestrebten Fach zu bekommen, dürften zu den bewusst ins Kalkül gezogenen Entscheidungsparametern gehören. Weniger gut erkennbar ist den Betroffenen wahrscheinlich, in welchem Ausmaß ihre Interessen von ihren Fähigkeiten abhängen oder welchen Einfluss frühere Erfahrungen und Werthaltungen in der Familie auf ihre jetzigen Präferenzen haben. Die Berufsberatung, wie sie vom Arbeitsamt angeboten wird, hat den Zweck, den Ratsuchenden bei der Klärung dieser Fragen zu helfen und ihnen eine fundierte berufsbezogene Entscheidung zu ermöglichen.

Sucht ein Unternehmen oder eine andere Organisation Mitarbeiter oder Auszubildende, so stellen sich ganz ähnliche Fragen. Das Personalmarketing wird dann am erfolgreichsten sein, wenn es gelingt, das Arbeitsplatzangebot so darzustellen und den Kreis potenzieller Mitarbeiter so anzusprechen, dass diejenigen gewonnen – und später gehalten – werden können, die möglichst viel zum Erfolg der Organisation beitragen. Die Auswahlentscheidung seitens des Unternehmens wird sich primär an der zu erwartenden Leistung orientieren. Aber jedes Unternehmen wäre schlecht beraten, nicht auch die Zufriedenheit und Gesundheit der Mitarbeiter als Zielkriterien in die Auswahlentscheidung einzubeziehen. In beider Interesse ist es, Über- wie Unterforderung zu vermeiden und Möglichkeiten zur Entwicklung berufsbezogener Kompetenzen zu sichern.

Für beide Partner der Entscheidung ergibt sich damit als Kern an gemeinsamen Zielen, Person und Tätigkeit (inkl. Umfeld) so zu vergleichen, dass eine zufrieden stellende Lösung im Hinblick auf möglichst viele Zielkriterien gefunden wird. **Abbildung 1** zeigt auf, dass es zumindest drei Aspekte sind, hinsichtlich deren der Vergleich zwischen Person und Tätigkeit zu erfolgen hat.

Die zum gegebenen Zeitpunkt bekannten Anforderungen der vorgesehenen Tätigkeit sind den erforderlichen Fähigkeiten, Fertigkeiten und Kenntnissen der Bewerber oder Ratsuchenden gegenüber zu stellen, um eine Wahl treffen zu können, die künftige Leistung sichert. Methoden der Arbeits- und Anforderungsanalyse auf der einen Seite, Verfahren der psychologischen Eignungsdiagnostik auf der anderen sind Hilfsmittel eines solchen Vergleichs.

Nicht alle eignungsrelevanten Merkmale einer Tätigkeit sind allerdings zum Zeitpunkt der Entscheidung bestimmbar – Arbeitsanforderungen verändern sich in einer teilweise nicht vorhersehbaren Weise. Deshalb ist es von Nutzen, zusätzlich zur Bestimmung der derzeitigen Anforderungen abzuschätzen, in welche Richtung Veränderungen zu erwarten sind, und zusätzlich mit einem nicht bestimmbaren Anteil an Ände-

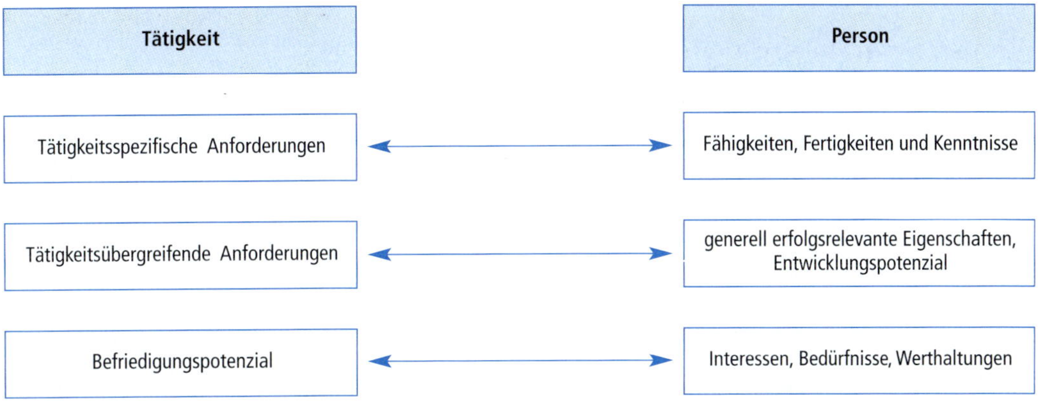

Abbildung 1: Vergleiche zwischen Tätigkeit und Person bei berufsbezogenen Entscheidungen

rungen zu rechnen. Das Entwicklungspotenzial einer Person sollte sowohl den absehbaren Veränderungen entsprechen als auch darüber hinaus genügende Wahrscheinlichkeit bieten, dass sie auch künftigen Entwicklungen ungewisser Art gewachsen sein wird. Die Prognose ist in diesem Bereich natürlich besonders schwierig, aber es haben sich doch einige Eigenschaften als erfolgsrelevant in unterschiedlichstem Berufskontext herausgestellt, an die zu denken ist. Zu ihnen gehören vornehmlich Intelligenz (inkl. Lernfähigkeit), allgemeine Leistungsmotivation, soziale Kompetenz und Selbstvertrauen. Ebenso wird motorisches Geschick in einigen Berufsfeldern auch künftig zu den erforderlichen Erfolgsvoraussetzungen gehören. Diese Merkmale gelten als relativ stabil und lassen sich zumindest partiell durch psychologische Instrumente, wie sie in späteren Abschnitten dargestellt werden, mit ausreichender Zuverlässigkeit erfassen – allerdings ist darauf zu achten, dass nicht alle diese Merkmale deckungsgleich sind mit jenen, die in der neueren Persönlichkeitsforschung als generelle Faktoren unterschieden werden. Defizite hinsichtlich leistungsfördernder Merkmale sind teilweise durch Training und Führung ausgleichbar (vgl. Holling & Liepmann, Kap. 11). Auch Maßnahmen zur Gestaltung der Arbeitsbedingungen (vgl. Ulich, Kap. 8) sind hierzu kein Gegensatz, sondern Ergänzungen, um eine fähigkeits- und bedürfnisentsprechende – also menschengerechte – Arbeitswelt zu gewährleisten.

Schließlich ist auch das Befriedigungspotenzial der fraglichen Tätigkeit mit den Interessen und Bedürfnissen der Personen zu vergleichen, um Zufriedenheit und andere Aspekte des Wohlbefindens sowie das Verbleiben in der Organisation sicher zu stellen. Befriedigungspotenziale können u.a. durch Organisationsanalysen (z.B. Mitarbeiterbefragung oder Fluktuationsdaten) festgestellt werden, Interessen und Bedürfnisse z.B. mittels eines Berufsinteressentests.

2. Der trimodale Ansatz der beruflichen Eignungsdiagnostik

Die vorangehenden Überlegungen haben gezeigt, dass Eignungsdiagnostik als Analyse der Passung zwischen der beruflichen Tätigkeit einerseits und der Person des Berufstätigen andererseits verstanden werden kann. Hierbei können ganz unterschiedliche Vergleichskriterien herangezogen werden (vgl. Abb. 1).

Die eignungsdiagnostische Arbeit selbst wird durch drei Kernbereiche bestimmt, die in wechselseitiger Beziehung zueinander stehen. Hierzu gehören die aus der beruflichen Tätigkeit abgeleiteten Anforderungen, die gewählten eignungsdiagnostischen Verfahren sowie die zu prognostizierenden beruflichen Kriterien. Im Folgenden soll zunächst ein Rahmenmodell vorgestellt werden, in dem die Wechselbeziehungen zwischen diesen eignungsdiagnostischen Kern-

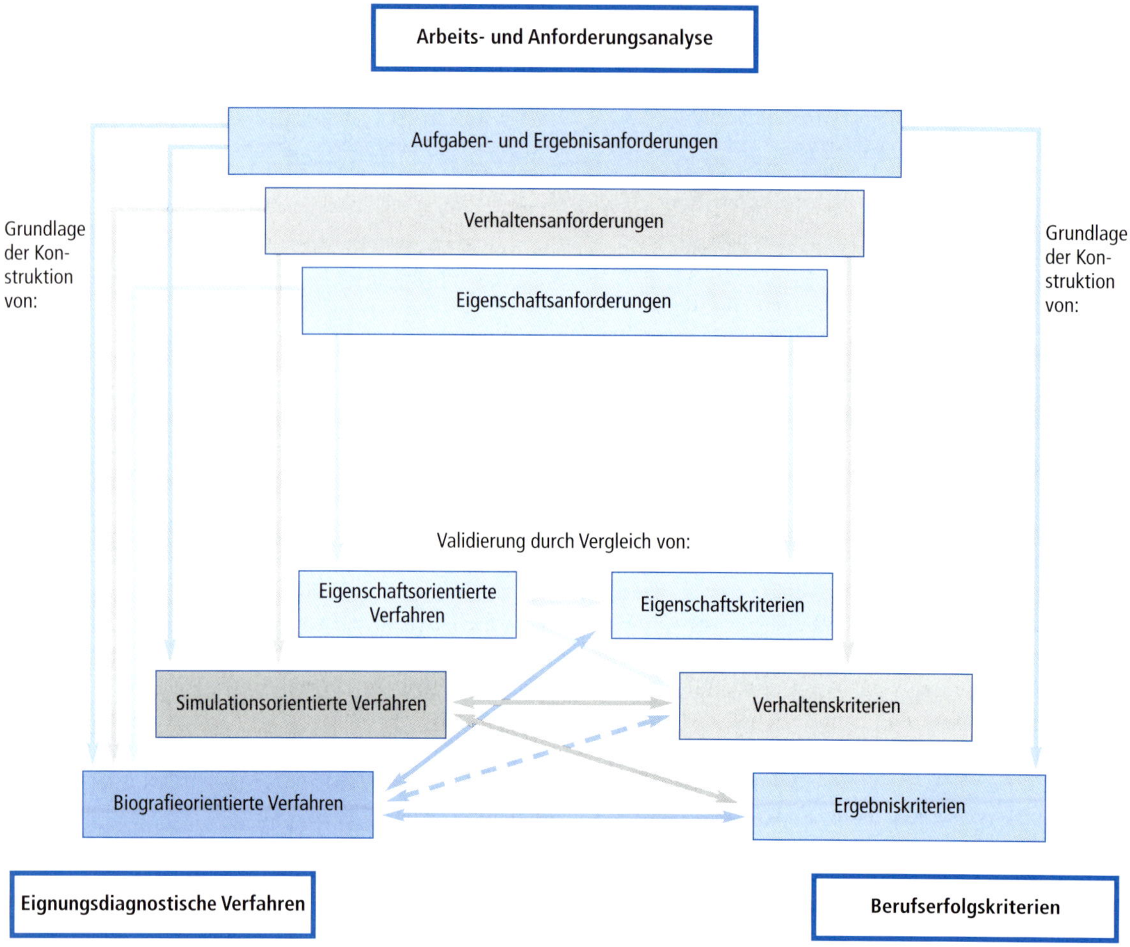

Abbildung 2: Der Zusammenhang zwischen Arbeits- und Anforderungsanalyse, eignungsdiagnostischen Verfahren und Berufserfolgskriterien

bereichen aufgezeigt werden (vgl. **Abb. 2**; modifizierte und ergänzte Darstellung nach Schuler & Funke, 1995).

An die Spitze des «eignungsdiagnostischen Dreiecks» wurde in dieser Darstellung die Arbeits- und Anforderungsanalyse gesetzt. Im Rahmen der Analyse werden auf drei Ebenen Informationen zur Berufstätigkeit gesammelt:

- *Aufgaben- und Ergebnisanforderungen* geben an, welche Tätigkeiten ausgeübt und welche Resultate erzielt werden müssen,
- *Verhaltensanforderungen* nennen Verhaltensweisen, die für eine erfolgreiche Berufsausübung gezeigt werden müssen,
- *Eigenschaftsanforderungen* bezeichnen beruflich notwendige Personqualifikationen.

Dieser Informationspool dient in den darauffolgenden Arbeitsschritten zur Konstruktion unterschiedlicher eignungsdiagnostischer Verfahren und leistungsbezogener Beurteilungskriterien. Die Pfeile innerhalb der Grafik verdeutlichen, welche Informationen hierbei verwendet werden.

Auf der eignungsdiagnostischen Verfahrensseite wird zwischen eigenschafts-, simulations- und biografieorientierten Verfahren unterschieden. In die Konstruktion der ersten Verfahrensklasse (*eigenschaftsorientierte Verfahren*) fließen (nomen est omen) hauptsächlich die ermittelten Eigenschaftsanforderungen ein. Bei der zweiten Gruppe (*simulationsorientierte Verfahren*) werden primär verhaltensbezogene Informationen verarbeitet, daneben aber auch Aufgaben- bzw. Ergebnisanforderungen. Eigenschaftsanforderungen spielen hierbei nur eine untergeordnete Rolle. In der dritten Verfahrensgruppe (*biographieorientierte Verfahren*) werden Informationen aus allen Anforderungskategorien (Aufgaben bzw. Ergebnisse, Verhalten und Eigenschaften) berücksichtigt. Der Schwerpunkt liegt hier auf der Ergebnisebene.

Weniger komplex stellt sich die Sachlage auf der Seite der Beruferfolgskriterien dar. Hier ist es bei der Verfahrenskonstruktion wesentlich einfacher, die drei Anforderungskategorien trennscharf in entsprechenden Instrumenten abzubilden.

Eine weitere Beziehung besteht zwischen den eignungsdiagnostischen Verfahren und den Berufserfolgskriterien. Die Verfahrensergebnisse dienen als Prädiktoren für berufliche Leistungsindikatoren. Analog ihrer anforderungsbezogenen Konstruktion bieten sich entsprechende Kriteriumstypen zur Validierung an.

3. Berufliche Anforderungen

Spricht man von beruflicher *Eignung*, so ist gemeint «Eignung *wofür*». Die Ermittlung dieses «Wofür» ist Aufgabe der *Arbeits- und Anforderungsanalyse*. Sie hilft uns, die Charakteristika von Arbeitsvollzügen festzustellen, die als Anforderungen an Mitarbeiter gestellt werden.

3.1 Grundsätzliche Zugänge zur Anforderungsbestimmung

Zur Bestimmung von tätigkeitsspezifischen und tätigkeitsübergreifenden Anforderungen sowie zur Erfassung von Befriedigungspotenzialen stehen grundsätzlich drei Wege zur Verfügung (Eckardt & Schuler, 1992, S. 536 f.):

> «Die *erfahrungsgeleitet-intuitive* Methode kommt zur Abschätzung der Anforderungen und Befriedigungsangebote der Berufe sowie der korrespondierenden Personmerkmale, indem sie sich mit den Eigentümlichkeiten der Berufe beschäftigt, nämlich mit den in ihnen auszuübenden Tätigkeiten, dem ‹Material› der Tätigkeiten (Werkstoffen, Daten, Menschen), den Werkzeugen oder sonstigen Hilfsmitteln, den Umweltbedingungen physischer, psychischer und sozialpsychologischer Art, den Auslese-, Ausbildungs- und Aufstiegsbedingungen.»

Diese Methode findet vor allem im Rahmen der Berufsberatung am Arbeitsamt Anwendung, ist aber durchaus auch in Unternehmen bei der Auswahl von Mitarbeitern noch verbreitet. Sie setzt große Erfahrung sowohl mit der Seite der Arbeitstätigkeit (und deren organisationaler Einbettung) als auch mit den Menschen als Ratsuchenden oder Bewerbern voraus. Ist ein solches Maß an Erfahrung vorhanden, können auf diesem Wege durchaus Zuordnungen zu Stande kommen, die auch kritischen empirischen Überprüfungen standhalten (Hirsh, Schmidt & Hunter, 1986). Vor allem bei geringerer Erfahrung und sich verändernden Anforderungen ist dagegen die Ergänzung um empirische Methoden günstig oder gar unentbehrlich.

> «Die *arbeitsplatzanalytisch-empirische Methode* untersucht die beruflichen Tätigkeiten und Situationen mittels formalisierter Vorgehensweisen (Fragebogen) an konkreten Arbeitsplätzen. Anschließend kann man versuchen, die an einer Reihe von Arbeitsplätzen gewonnenen Ergebnisse zu Aussagen über den betreffenden Beruf zusammenzufassen. Die Übersetzung der ermittelten Tätigkeitselemente in Personmerkmale erfolgt auch hier durch Einschätzung. Diese wird jedoch für alle Tätigkeiten und Situationen an Arbeitsplätzen in den unterschiedlichen Berufen im voraus durchgeführt, so dass der Übergang von den Tätigkeitselementen zu den Ausprägungsgraden der Personmerkmale *am einzelnen Beruf* streng formalisiert abläuft und dem Einfluss von stereotypen Berufsvorstellungen damit keinen Raum gibt (vgl. Hoyos & Frieling, 1977). Bei der Skalierung der Personmerkmale treten allerdings Probleme auf, die bis heute nicht vollständig gelöst sind (vgl. Hoyos, 1986).»

Trotz der genannten Schwierigkeiten hat sich dieser Weg als die Methode der Wahl in den meisten Fällen herausgebildet. Er wird deshalb im Weiteren noch genauer dargestellt. Die dritte Art des Vorgehens ist die personbezogen-empirische Methode.

> «Die *personbezogen-empirische Methode* versucht, über die statistischen Zusammenhänge zwischen den Merkmalen der in einem Beruf tätigen Personen einerseits, Kriterien wie Leistungshöhe und Berufszufriedenheit andererseits die Anforderungen und Befriedigungsangebote nach Art und Höhe zu bestimmen. Wo der Gewinnung der benötigten Daten Hindernisse entgegenstehen, behilft man sich gewöhnlich damit, die Merkmalsausprägungsgrade der im Beruf tätigen und dort erfolgreichen und zufriedenen Personen, oder, wo auch dies nicht möglich ist, die Merkmalsausprägungen *aller* im Beruf angetroffenen Personen zu erheben.»

Diese Methode ist naturgemäß weniger geeignet, wenn es sich um Personmerkmale handelt, die in starkem Maße durch Übung und Training beeinflusst werden oder gar erst dadurch zu Stande kommen, wie Kenntnisse und Fertigkeiten. Im Falle von Fähigkeiten und Temperamentseigenschaften ist dieses Problem geringer. In diesem Fall tritt allerdings ein Selektionsproblem dergestalt auf, dass durch die vormalige Auswahl der Bewerber zum Untersuchungszeitpunkt nur Personen zur Verfügung stehen, die über bestimmte Merkmale bzw. Merkmalsausprägungen verfügen. Bei der in der Eignungsdiagnostik gegebenen durchschnittlichen Stichprobengröße von N = 70 Personen ist damit zu rechnen, dass auf Grund der Vorselektion nur die Hälfte der an sich validen Prädiktoren identifiziert werden kann (Sackett & Wade, 1983).

In gleicher Weise wirkt die Selbstselektion der Bewerber oder Ratsuchenden. Sie kann sich, beispielsweise auf Grund variierender Arbeitsmarktbedingungen, zum Zeitpunkt der Anwendung eignungsdiagnostischer Instrumente stark von der Selbstselektion unterscheiden, die der Auswahl der derzeit in der Organisation vorfindbaren Mitarbeiter zu Grunde lag. Die Kenntnis solcher Bedingungen wiederum ist Bestandteil der erfahrungsgeleitet-intuitiven Methode der Anforderungsanalyse und verweist auf deren – ergänzende – Bedeutsamkeit.

Die Ergebnisse der Studien zur Validitätsgeneralisierung haben zwar die generelle Erforderlichkeit von Arbeits- und Anforderungsanalysen etwas relativiert (vgl. Schuler & Funke, 1995), die Entscheidung über ihre Anwendbarkeit auf den gegebenen Fall erfordert allerdings wiederum Übersicht und Erfahrung. Im Regelfall gilt die spezifische Bestimmung der Anforderungen als angemessen, als Methode der Wahl wird heute in den meisten Fällen eines der arbeitsplatzanalytisch-empirischen Verfahren angesehen bzw., dem Gedanken der *Multimodalität* folgend, mehrere verschiedene dieser Verfahren. Dafür, auf die Durchführung einer Anforderungsanalyse im Einzelfall nicht zu verzichten, spricht auch die mehrfach gefundene höhere Validität derjenigen Studien, in denen anforderungsanalytisch vorgegangen wurde (McDaniel, Whetzel, Schmidt & Maurer, 1994; Tett, Jackson & Rothstein, 1991).

3.2 Verfahren der empirischen Arbeits- und Anforderungsanalyse

Die Vielfalt arbeitsanalytischer Verfahren ist groß; Übersichten finden sich z. B. bei Gael (1988) sowie bei Frieling und Sonntag (1999). Ihre Kategorisierung ist auf vielerlei Weise möglich, z. B. nach dem Grad der Standardisierung, nach dem Durchführenden oder nach dem Detaillierungsgrad. Sonntag (1999, S. 159) beschreibt «Analyseverfahren zur Ermittlung fähigkeitsbezogener Merkmale im curricularen und personalen Kontext», die er nach Zielsetzung und theoretischer Konzeption klassifiziert.

Zumeist wird der im Englischen gebräuchliche Begriff *job analysis* nicht weiter differenziert. Auch im Deutschen werden die Termini Arbeitsanalyse und Anforderungsanalyse entweder im Tandem verwendet oder synonym gebraucht. Wie bei Schuler und Funke (1995) argumentiert wurde, könnte es demgegenüber zweckmäßig sein, den Arbeitsplatz in Situationsbegriffen zu beschreiben und hierfür den Terminus *Arbeitsanalyse* zu verwenden, für den Übergang zur Beschreibung in Personbegriffen dagegen von *Anforderungsanalyse* zu sprechen. Damit würden, bezogen auf die Klassifikation von Fleishman und Quaintance (1994), nur die task-qua-task-Ansätze (Aufgabenbeschreibung) der Arbeitsanalyse zugerechnet, die übrigen drei Arten dagegen der Anforderungsanalyse: behavior description-Ansätze (Verhaltensbeschreibung), behavior requirement-Ansätze (Verhaltenserfor-

A. Durchführende
1. Arbeitsplatzinhaber
2. Vorgesetzte
3. Arbeitsanalytiker

B. Analysemethoden
1. Beobachtung
2. Mündliche Befragung/Interview
3. Fragebogenerhebung
4. Beschäftigung mit dem Arbeitsmaterial
5. Auswertung schriftlichen Materials
6. Arbeitsausführung durch den Arbeitsanalytiker

Abbildung 3: Hauptinformationsquellen der Arbeitsanalyse

dernisse) und ability requirement-Ansätze (Fähigkeitserfordernisse).

Eine weitere Klassifikation der Arbeits- und Anforderungsanalyse ist die nach den Quellen der arbeitsanalytischen Information. Als *Quellen arbeitsanalytischer Information* kommt grundsätzlich alles in Frage, was Aufschluss über Art, Bedingungen und Konsequenzen der Tätigkeit sowie der daraus abzuleitenden Anforderungen und Leistungskriterien bieten kann. Die wichtigsten Informationsquellen, bezogen auf die Durchführenden und die Analysemethoden, sind in **Abbildung 3** zusammengestellt.

3.3 Die Beschreibungsebenen Aufgaben-, Verhaltens- und Eigenschaftsbezug

Gemäß der in Abschnitt 2 dargestellten Klassifikation in *aufgabenbezogene, verhaltensbezogene* und *eigenschaftsbezogene* Arbeits- und Anforderungsanalysen bietet sich eine Zuordnung entsprechender eignungsdiagnostischer Verfahren und Leistungskriterien an (Schuler, 1989). In **Tabelle 1** werden Anforderungsarten und eignungsdiagnostische Verfahren einander gegenübergestellt.

Im Folgenden werden die drei Analyseebenen Aufgaben – Verhalten – Eigenschaften erläutert und anhand einiger Verfahrensbeispiele illustriert.

Tabelle 1: Beschreibungsebenen personalpsychologischer Instrumente

Ebenen der Arbeits- und Anforderungsanalyse	Anforderungsbeispiele	Eignungsdiagnostische Verfahren/ Personalauswahl
Aufgaben-, Ergebnis- und Qualifikationsanforderungen	Spezifische Ausbildung, Fachwissen	Kenntnisprüfungen, Noten, biographieorientierte Analysen, Nachweise zur fachlichen Qualifikation und einschlägige Berufserfahrung
Verhaltensanforderungen	Fertigkeiten, Gewohnheiten, Handlungsregulation	Arbeitsproben, Simulationen, Fertigkeitsprüfungen
Eigenschaftsanforderungen	Fähigkeiten, Temperamentsmerkmale, Interessen	Tests, Potenzialanalyse

3.3.1 Aufgabenebene

Arbeitsanalyse auf der *Aufgabenebene* bedeutet, dass die objektiven Tätigkeiten oder Tätigkeitselemente (je nach Detaillierungsgrad) beschrieben werden. Eine Analyse dieser Art wird zumeist mittels so genannter *Aufgabeninventare* betrieben, deren Items eine Beurteilung bezüglich der Bedeutung der betreffenden Aufgabe, ihrer Häufigkeit, Schwierigkeit oder anderer Gesichtspunkte verlangen. Ein Beispiel hierfür ist die Hierarchische Aufgabenanalyse (Annett & Duncan, 1967), die ohne Beschreibungsmerkmale psychischer Prozesse auskommt. Je detaillierter die Beschreibung der Tätigkeit erfolgt, desto eher bedarf es eines speziellen Inventars und desto schwieriger sind Vergleiche mit anderen Arbeitsplätzen. Auch führt eine sehr detaillierte Beschreibung der Arbeitstätigkeit leicht zur Überdifferenzierung für eignungsdiagnostische Zwecke. Hierfür eignen sich eher Verfahren, die geeignet sind, die allgemeineren, typischeren Charakteristika eines Arbeitsplatzes herauszuarbeiten (Schmidt, Hunter & Pearlman, 1981), wie sie im Folgenden als verhaltensorientierte und eigenschaftsorientierte Verfahren beschrieben werden.

Informationsaufnahme und Informationsverarbeitung
Arbeitselement 1.01 bis 1.66

Quellen der Arbeitsinformation

Hinweis zur Einstufung der Arbeitselemente 1.01 bis 1.20

Stufen Sie die Arbeitselemente danach ein, wie häufig sie als Informationsquellen vom Stelleninhaber benutzt werden, um die Aufgaben erfolgreich erledigen zu können.

Die Häufigkeit soll dabei auf die Gesamtheit aller am Arbeitsplatz auftretenden Arbeitsprozesse bezogen werden.

Schlüssel (H)	Häufigkeit
0	trifft nicht zu
1	sehr selten
2	selten
3	mittel
4	häufig
5	sehr häufig

Optische Quellen der Arbeitsinformation

Wie häufig dient *gedrucktes, maschinengeschriebenes* oder *in Druckschrift geschriebenes Material* (z. B. Bücher, Zeitschriften, Zeitungen, Berichte, Dienstschreiben, Texte oder Briefe) als Quelle der Arbeitsinformation? H 1.01

Wie häufig dient *handgeschriebenes Material* (z. B. Entwürfe für Briefe, Notizen, handschriftliche Anweisungen oder Stenogramme) als Quelle der Arbeitsinformation? H 1.02

Abbildung 4: Ausschnitt aus dem Fragebogen zur Arbeitsanalyse (Frieling & Hoyos, 1978)

3.3.2 Verhaltensebene

Die wohl verbreitetste und methodisch reichhaltigste Form der Arbeitsanalyse findet sich auf der *Verhaltensebene*. Analyseverfahren, die verhaltensbezogen formuliert sind, bieten besonders viele Anwendungsmöglichkeiten, darunter die Arbeitsgestaltung, Berufsklassifikation, Personalentwicklung sowie die Auswahl von Mitarbeitern. Für diese bietet sich die Konstruktion diagnostischer Verfahren als Arbeitsproben und Simulationen an, für die Leistungsbeurteilung entsprechend die Festlegung verhaltensbezogener Erfolgskriterien. Ein Beispiel für ein *standardisiertes* Verfahren, das gleichzeitig *arbeitsplatzübergreifende* Verhaltensbeschreibungen liefert (dessen Items teilweise allerdings auch aufgaben- und eigenschaftsbezogen formuliert sind), ist der *Position Analysis Questionnaire* (*PAQ*, McCormick & Jeanneret, 1988) bzw. dessen deutsche Übertragung *Fragebogen zur Arbeitsanalyse* (*FAA*, Frieling & Hoyos, 1978). Der FAA ist in vier Hauptteile gegliedert – Informationsaufnahme und -verarbeitung, Arbeitsausführung, arbeitsrelevante Beziehungen sowie Umgebungseinflüsse und besondere Arbeitsbedingungen – und umfasst insgesamt 221 Items oder Arbeitselemente. Die Beurteilungen jedes Arbeitselements durch den Arbeitsanalytiker erfolgt mittels so genannter Einstufungsschlüssel, wobei in den meisten Fällen nach «Häufigkeit», «Wichtigkeit» oder «Zeitdauer» eingestuft wird, in manchen Fällen auch nach speziellen, jeweils der Fragestellung angemessenen Beurteilungsaspekten. Einen Ausschnitt aus dem FAA gibt **Abbildung 4** wieder.

Ein anderes verbreitetes Verfahren ist die *Methode kritischer Ereignisse* (*Critical Incident Technique, CIT*). Dieses Instrument, ursprünglich als

Informationsbox 1

Erhebung erfolgskritischer Ereignisse

Erläuterung zur Formulierung Kritischer Ereignisse (Verfahrensbeispiel)

Denken Sie an ein Beispiel für das Arbeitsverhalten eines Mitarbeiters, das besonders effektive oder besonders ineffektive Arbeitsweise veranschaulicht. Beschreiben Sie die Situation und das fragliche Verhalten möglichst konkret. Stellen Sie sich dazu die folgenden Fragen:

- Was waren die Umstände oder Hintergrundbedingungen, die zu diesem Verhalten führten?
- Beschreiben Sie das konkrete Verhalten des Mitarbeiters. Was war besonders effektiv oder ineffektiv an diesem Verhalten?
- Was waren die Konsequenzen dieses Verhaltens?

Verfahren der Leistungsbeurteilung konzipiert (Flanagan, 1954), gehört zur Gruppe der *arbeitsplatzspezifischen* Verfahren (von Hacker, 1995, wird es allerdings nicht als eigenständiges Analyseverfahren angesehen). Die Standardisierung beschränkt sich auf die Vorgabe einiger weniger Fragen, um die Bedingungen erfolgskritischen Verhaltens zu erfassen, wobei selbst für diese Fragen verschiedene Varianten möglich sind (Bownas & Bernardin, 1988). Eine typische Formulierung dieser Fragen wird in **Informationsbox 1** vorgestellt.

Das Ergebnis besteht aus der Schilderung erfolgsrelevanten («kritischen») Arbeitsverhaltens, das sich in günstigen Fällen unmittelbar als Material für eignungsdiagnostische Aufgaben, z.B. situative Fragen, eignet. Nachdem sich Verhaltensweisen in der Regel umso besser trainieren lassen, je spezifischer die Verhaltensaspekte gewählt werden, bietet sich hiermit auch gutes Ausgangsmaterial für die Personalentwicklung.

Zur Sammlung erfolgskritischer Ereignisse (man könnte sie im Deutschen auch als *Schlüsselereignisse* bezeichnen) können Dimensionen der jeweils interessierenden Ausschnitte oder Bündelungen des gesamten Arbeitsverhaltens entweder vorgegeben oder anschließend mittels statistischer Gruppierungsmethoden oder im Expertenkonsens bestimmt werden. Die Bestimmung psychometrischer Gütekriterien ist (eingeschränkt) möglich, aber eher unüblich. In Fällen neuer Anwendungsfelder kann es angemessen sein, zunächst mittels CIT die Gesamtmenge erfolgsrelevanter Verhaltensweisen zu sammeln, um auf dieser Basis ein standardisiertes Analyseinstrument zu entwickeln.

Auf diese Weise wurde bei der Ausarbeitung eines Anforderungsanalyseverfahrens für den Forschungs- und Entwicklungsbereich (F&E) verfahren (Schuler, Funke, Moser & Donat, 1995). Bei diesem Projekt wurde in Kooperation mit sieben Hochtechnologieunternehmen ein F&E-spezifisches Verfahren der Anforderungsanalyse, der Eignungsdiagnose und der Leistungsbeurteilung entwickelt, wobei darauf geachtet wurde, dass alle Verfahren die drei Ebenen Aufgaben/Ergebnisse, Verhalten und Eigenschaften berücksichtigen.

Zunächst wurden mit insgesamt etwa 140 Mitarbeitern verschiedener Tätigkeitsbereiche und hierarchischer Ebenen Workshops zum Thema «Aufgaben in F&E» durchgeführt, in deren Verlauf vor allem critical incidents gesammelt und diskutiert sowie F&E-spezifische Aufgaben und Verhaltensweisen herausgearbeitet wurden. Es entstand eine Sammlung von ca. 2000 Aufgaben/Verhaltensweisen. Nach inhaltlicher Überarbeitung, Reduktion und Strukturierung mittels Experteneinschätzung entstanden Experimentalversionen des Analyseverfahrens von 329 und 297 Items. Ein Auszug des Verfahrens in **Abbildung 5** zeigt Beispielitems

Fachliches Problemlösen

1.1 Planung

a) Problemerkennung

Bedeutung der Aufgaben und Arbeitsschritte für den Arbeitsplatz

	trifft nicht zu	geringe Bedeutung		mittlere Bedeutung		große Bedeutung
– Themenvorschläge/Ideen für neue Projekte generieren	0	1	2	3	4	5
– zukünftige Entwicklungen/Trends erkennen	0	1	2	3	4	5
– neue Problemkreise im Fachgebiet aufzeigen	0	1	2	3	4	5
– Ansätze aus anderen Fachgebieten übertragen	0	1	2	3	4	5
– ...						

Abbildung 5: Auszug aus der Experimentalversion des Arbeitsanalyseverfahrens (aus Schuler et al., 1995, S. 27)

und die verwendete Skala, die zur Einstufung der Bedeutsamkeit verwendet wurde (die Einstufungsschlüssel «Schwierigkeit» und «Häufigkeit» hatten sich in Vorversuchen als redundant erwiesen).

Nach mehreren Schritten der Verfahrensrevision wurden die Probeeinstufungen der Endform mit 217 Items einer Faktorenanalyse unterzogen. Es ergaben sich 13 gut interpretierbare Faktoren, die in **Informationsbox 2** wiedergegeben werden. Die aufgelisteten Faktoren sind nach dem Prozentsatz aufgeklärter Varianz geordnet. Zu beachten ist, dass dies keine Rangfolge der Wichtigkeit darstellt (z. B. ergibt sich hohe Varianz bei «Führung» daraus, dass für einen Teil der Respondenten die entsprechende Aufgabe große Bedeutung hatte, während sie für einen anderen Teil von geringer Bedeutung oder irrelevant war). Um die Wichtigkeit zu bestimmen, müssen die Bedeutsamkeitseinschätzungen inspiziert werden. Ihnen gemäß sind folgende Aufgabenbereiche die bedeutsamsten: Fachliches Problemlösen, experimentelle Analyse, Innovation, fachliche Kommunikation mit Kollegen, Kooperation mit dem Vorgesetzten.

Die 13 Aufgabenbereiche bildeten die inhaltliche Grundlage für die Konstruktion von Arbeitsproben/Simulationen als eignungsdiagnostische Verfahren sowie für die aufgaben- und verhaltensbezogene Leistungsbeurteilung.

Um personalpsychologische Maßnahmen nicht an jedem einzelnen Arbeitsplatz ausrichten zu müssen, ist eine geeignete Gruppierung der Arbeitsplätze vorzunehmen. In der berichteten F&E-Studie wurde hierfür eine Clusteranalyse auf der Basis der Bedeutsamkeitseinstufungen berechnet. Es ergaben sich 6 Cluster (sog. *job families*), nämlich Kundenberatung, untersuchen und prüfen, technischer Service, angewandte Forschung, Entwicklung und Konstruktion.

3.3.3 Eigenschaftsebene

Die dritte mögliche Ebene der Anforderungsbeschreibung ist die der Formulierung von *Fähigkeiten* und anderen *Eigenschaften*, die für die erfolgreiche Ausführung einer Arbeitstätigkeit von Interesse sind. Psychologische *Testverfahren* entsprechen dem bei den persondiagnostischen Messverfahren, indem sie psychologische Kon-

Informationsbox 2

Die faktorenanalytisch bestimmten 13 Aufgabenbereiche eines F&E-Anforderungsanalyseverfahrens (aus Schuler et al., 1995, S. 39)

1. **Führung:**
   Forschungsmanagement und Personalverantwortung;
2. **Problemlösen:**
   Forschungs- und Denkstrategien anwenden, z. B. zum Erkennen komplexer Zusammenhänge, und flexibel mit Änderungen und Unsicherheit umgehen;
3. **Präsentation:**
   Darstellung und Austausch von Fachinformationen, Öffentlichkeitsarbeit;
4. **Kundenkontakt:**
   Anwender/Kunden überzeugen und deren Perspektive berücksichtigen;
5. **Experimentelle Analyse:**
   Versuchsplanung, Versuchsdurchführung und Ergebnisinterpretation;
6. **Kommunikation mit Kollegen:**
   Fachlicher Austausch und fachliche Auseinandersetzung;
7. **Technischer Service:**
   Fachlich-technische Unterstützung von Anwendern und Fehlerbeseitigung;
8. **Theoretisches Arbeiten:**
   Fachtheoretische Ansätze und formale oder mathematische Hilfsmittel verwenden;
9. **Innovation:**
   Neuerungen erkennen und erarbeiten bzw. aufgreifen und umsetzen;
10. **(Arbeitsplatz-)Organisation:**
    Verwaltungsarbeiten und Selbstmanagement;
11. **Beschaffung:**
    Fachliche Beschaffungsaufgaben und betriebswirtschaftliche Koordinationsaufgaben;
12. **Kooperation mit Vorgesetzten:**
    Berichten, Überzeugen, Rücksprache halten, Rückendeckung holen;
13. **Interdisziplinäre Zusammenarbeit:**
    Aufrechterhaltung und Nutzung fachübergreifender Kontakte.

strukte erfassen, *Eigenschaftsbeurteilungen* bei der Erhebung von Kriteriendaten und Maßnahmen der Persönlichkeitsentwicklung bei der Personalentwicklung.

Schwierig ist die verlässliche Bestimmung der Anforderungen auf der Eigenschaftsebene. Die schlichteste Variante, wie sie nur allzu oft in Unternehmen und Bildungsorganisationen praktiziert wird, Listen von Eigenschaften intuitiv zusammenzustellen und als «Anforderungsprofile» auszugeben, ist gewöhnlich wertlos. Gerade auf der Eigenschaftsebene ist es nur dann von eignungsdiagnostischem Nutzen, erfahrungsgeleitet-intuitiv vorzugehen, wenn den Einschätzungen tatsächlich eine umfangreiche Basis an anforderungsbezogenem Wissen zu Grunde liegt, ergänzt um die Kenntnis der Relationen zwischen den Eigenschaftskonstrukten. Information über diese Relationen wird beispielsweise durch die faktorenanalytische Intelligenz- und Persönlichkeitsforschung zusammengetragen.

Als Grundlage *ganzheitlicher Einschätzung* von Arbeitsplätzen wurden in der arbeitsanalytischen Forschung verschiedene Listen von Eigenschaften zusammengestellt. Ein Beispiel hierfür sind die *Ability Requirement Scales* von Fleishman und Quaintance (1984), die kognitive, psychomotorische und physische Fähigkeiten umfassen. Ein anderer Weg besteht in der *Synthetisierung* eigenschaftsbezogener Anforderungsprofile auf der Basis einer Arbeitsanalyse. Dieser Weg wird beschritten, wenn mit Hilfe des PAQ bzw. FAA Eigenschaftsanforderungen bestimmt werden sollen. Hierfür wird für jedes der relevanten Arbeitselemente die Bedeutung eingeschätzt, die jede aus einer Liste von 59 Eigenschaften hat. Diese Zuordnungen sind, wie Brandstätter (1982) vermerkt, als Hypothesen aufzufassen, die letztlich einer Überprüfung bedürfen, auch wenn sie von Experten vorgenommen wurden. Als Ergebnis der Einschätzungen entsteht eine Matrix, welche die Fähigkeits- und Interessendimensionen enthält.

Eine Methode der Anforderungsanalyse, die sich am Fünf-Faktoren-Modell der Persönlichkeit orientiert, wurde von Raymark, Schmit und Guion (1997) vorgestellt. Ihr Name ist *Personality-Related Position Requirements Form (PPRF)*. Dieses eigenschaftsbezogene Analyseverfahren unterscheidet jeweils drei Facetten innerhalb der fünf globalen Persönlichkeitsmerkmale. Die Erforderlichkeit dieser Facettenmerkmale für den beruflichen Erfolg wird von Fachleuten der Eignungsdiagnostik eingeschätzt. Die probeweise Durchführung an einer Stichprobe von Jobs aus dem *Dictionary of Occupational Titles* (U.S. Department of Labor, 1991) ergab zufriedenstellende psychometrische Kennwerte (z. B. Beurteilerübereinstimmung), aber nur teilweise befriedigende Diskriminanz. Vor einem breiteren Einsatz in der Praxis bedarf dieser interessante Ansatz sicherlich noch weiterer Erprobung, wie auch die Autoren selbst konzedieren.

Die von Raymark et al. (1997) erarbeitete Methode stellt für manche Fachkollegen kein Verfahren der Arbeitsanalyse mehr dar. Beispielsweise zählte für Harvey (1991) nur Beobachtbares zu ihren Bestandteilen, das ist (manches) Verhalten, Produkte und Merkmale des Arbeitsplatzes, dagegen nicht «hypothetische Konstrukte» wie Fähigkeiten und andere Eigenschaften. Eine strikte Gegenposition wird von der Schmidt-Hunter-Schule vertreten, die argumentiert – und an Datensätzen demonstriert – dass es auf Details nicht ankomme, dass vielmehr relativ breite Klassen von Inhaltsstrukturen oder Ähnlichkeit bezüglich erschlossener Fähigkeitserfordernissen verlässlichere, d. h. weniger von Zufallsfehlern belastete Einschätzungen lieferten (z. B. Schmidt et al., 1981).

3.3.4 Neuere Entwicklungen

Neuere Entwicklungen werden von Hough und Oswald (2000) sowie von Salgado (1999) referiert. Hierzu gehören die Ermittlung des relativen Gewichts, das einem Test in einer Verfahrensbatterie zukommt, mittels einer Strategie der Inhaltsvalidierung (Arthur, Doverspike & Barrett, 1996). Die Gewichtung eines Tests richtet sich bei diesem Verfahren nach a) der Bedeutsamkeit des in den Testitems angesprochenen Verhaltens für die Arbeitsausführung, b) dem Zeitaufwand für dieses Verhalten, c) den Kosten, die diesbezügliche Fehler verursachen, und d) dem Zeitaufwand, diesen Leistungsstand zu erreichen. Neu ist auch die computergestützte Version des *Dictionary of Occupational Titles*, die nicht nur wie die schriftliche Version (U.S. Department of Labor, 1991) Tätigkeitsbeschreibungen enthält, sondern auch Verhaltens- und Merkmalsanforderungen sowie Charakteristika des Arbeitsmarkts (Peterson, Mumford, Borman, Jeanneret & Fleishman, 1999). Im Übrigen sind leider viele der neueren wie auch der älteren Verfahren der Arbeitsanalyse (z. B. Dunckel, 1999) für personalpsychologische Zwecke weniger geeignet als für andere Anwendungen.

4. Eignungsdiagnostische Verfahren

Ziel *eignungsdiagnostischer Verfahren* ist es immer, eine Prognose für den beruflichen Erfolg einer beurteilten Person zu erstellen. Dies gelingt je nach gewähltem Diagnoseansatz und eingesetzten Verfahren in ganz unterschiedlicher Qualität.

Zunächst soll deshalb in einem Überblick der aktuelle Erkenntnisstand zur kriteriumsbezoge-

Tabelle 2: Zusammenfassung der metaanalytischen Befundlage zur Validität eignungsdiagnostischer Verfahren (verkürzt nach Schmidt & Hunter, 1998, S. 22)

Prädiktor	Val	mR	inkrV	%Zuw
allgemeine kognitive Fähigkeitstests	.51			
Arbeitsproben	.54	.63	.12	24%
«Integrity»-Tests	.41	.65	.14	27%
Gewissenhaftigkeitstests	.31	.60	.09	18%
strukturiertes Einstellungsgespräch	.51	.63	.12	24%
unstrukturiertes Einstellungsgespräch	.38	.55	.04	8%
Fachkenntnistests	.48	.58	.07	14%
Probezeit	.44	.58	.07	14%
Biographische Daten	.35	.52	.01	2%
Assessment Center	.37	.53	.02	4%
Interessen	.10	.52	.01	2%
Graphologie	.02	.51	.00	0%

Anmerkungen:

Als Artefakte wurden die Kriteriumsreliabilität und Varianzeinschränkungen korrigiert.

Folgende Abkürzungen werden verwendet:

Val: kriteriumsbezogene Validität (Kriterium: Leistungsbeurteilung)
mR: multiple Korrelation mit allgemeiner kognitiver Fähigkeit als erster und mit dem jeweiligen Prädiktor als zweiter Variable
inkrV: inkrementelle Validität, d.h. der Validitätszuwachs durch Hinzunahme des zweiten Prädiktors
%Zuw: Prozentualer Zuwachs der Validität durch Hinzunahme des zweiten Prädiktors

nen Validität der unterschiedlichen Verfahren berichtet werden. Danach werden anhand der in Abschnitt 2 vorgestellten Trennung zwischen eigenschafts-, simulations- und biographieorientierten Verfahrensansätzen ausgewählte Konstrukte und die damit verbundenen Verfahren genauer behandelt.

4.1 Zur Prognosequalität verschiedener Verfahren

Die Entwicklung und Anwendung metaanalytischer Analysetechniken (vgl. Moser, Kap. 4.1) stellte für die berufliche Eignungsdiagnostik einen methodischen Quantensprung dar. Vorher standen nur narrative Ergebnisberichte zur Verfügung, in denen der jeweilige Verfasser nach selbst definierten Kriterien eine Qualitätsabwägung der vorliegenden Einzelstudien vornahm. In einer Metaanalyse wird hingegen eine systematische, nach transparenten Kriterien vollzogene Zusammenführung aller bestehenden Einzelbefunde angestrebt.

In der Eignungsdiagnostik ist die von Hunter und Schmidt (1990) entwickelte Validitätsgeneralisierung die mit Abstand am häufigsten eingesetzte Metaanalysetechnik. Der Name deutet bereits an, dass geprüft wird, inwieweit ein in einer spezifischen Anwendungssituation für ein bestimmtes Verfahren nachgewiesener Validitätskoeffizient (typischerweise die Korrelation zwischen dem Ergebniswert des Verfahrens und einem beruflichen Leistungskriterium) auf andere Anwendungssituationen generalisiert werden kann.

In **Tabelle 2** ist der derzeitige metaanalytische Stand zur kriteriumsbezogenen Validität von unterschiedlichen eignungsdiagnostischen Verfahren zusammengestellt (basierend auf Schmidt & Hunter, 1998).

Die aufgeführten Koeffizienten stammen aus unterschiedlichen Metaanalysen und sind hinsichtlich einiger Randbedingungen (z.B. Auswahlkriterien, nach denen Einzelstudien in die Metaanalyse aufgenommen oder verworfen wurden) nicht harmonisiert (vgl. Schuler & Höft, 2001, S. 105). Als Kriterium dienen größtenteils allgemeine Vorgesetztenurteile zur beruflichen

Leistung (vgl. Schmidt & Hunter, 1998, zu ähnlichen Zahlen mit Ausbildungserfolg als Kriterium). Die angegebenen Zahlen können damit nur als grobe Orientierungsgrößen dienen.

Arbeitsproben erzielen nach dieser Übersicht die höchste kriteriumsbezogene Validität (korrigiertes r=.54), gefolgt von allgemeinen kognitiven Fähigkeitstests (korrigiertes r=.51). Auch strukturierte Einstellungsgespräche gehören zu dieser Spitzengruppe (korrigiertes r=.51). Schmidt und Hunter sprechen sich seit fast 25 Jahren dafür aus, den kognitiven Fähigkeitstests eine Hegemonialstellung in der Eignungsdiagnose einzuräumen. Sie seien im Vergleich zu tätigkeitsspezifisch zu entwickelnden Arbeitsproben und personalintensiv durchzuführenden Interviews kosteneffizient einsetzbare Gruppenverfahren, die tätigkeitsübergreifend eine sehr gute Prognosequalität aufweisen. Andere Verfahren sollten danach nur in Ergänzung zu kognitiven Fähigkeitstests eingesetzt werden, um inkrementelle Validität zu erzielen. Die Übersicht gibt auch hierzu Auskunft (in Spalten 3 bis 5 wird der Validitätszuwachs bei zusätzlicher Berücksichtigung des jeweiligen Verfahrens in Ergänzung zu einem allgemeinen kognitiven Fähigkeitstest angegeben). Danach bieten sich als Ergänzung zur Prognose globaler Leistungskriterien besonders Arbeitsproben, «Integrity»- und Gewissenhaftigkeitstests als spezielle Formen von Persönlichkeitsverfahren sowie strukturierte Einstellungsgespräche an. Damit sind alle eignungsdiagnostischen Zugänge (Eigenschaft, Simulation, Biographie) als nicht-redundante Diagnosekonzepte auf den vorderen Plätzen vertreten (vgl. die folgenden Abschnitte).

4.2 Eigenschaftsorientierte Verfahren

Bei den eigenschaftsorientierten Verfahren wird direkt auf den Eigenschaftsansatz der Persönlichkeitspsychologie (vgl. für eine umfassendere Schulenübersicht bspw. Asendorpf, 1999) zurückgegriffen. Die aus der Arbeits- und Anforderungsanalyse abgeleiteten Anforderungen werden als Kriterien für passende zeitstabile und konsistente Persondispositionen reinterpretiert. Die Dispositionsausprägung wird typischerweise unabhängig vom konkreten Berufskontext über zumeist klassisch testtheoretisch konstruierte Verfahren (vgl. Lienert & Raatz, 1994) erfasst. Das innerhalb dieser Verfahren gezeigte Verhalten wird als Anzeichen (eine «sign»-Äußerung im Sinne von Wernimont & Campbell, 1968) für eine Eigenschaft angesehen.

Häufig wird auf einen bestehenden Pool von Verfahren zurückgegriffen, die nicht direkt für die Eignungsdiagnostik konstruiert wurden, für deren Zwecke aber nutzbar gemacht werden können. Ein umfassendes Testkompendium mit der Beschreibung und (zum Teil kritischen) Bewertung veröffentlichter deutschsprachiger Tests liegt mit dem «Brickenkamp Testhandbuch» (Brähler, Holling, Leutner & Petermann, 2001) vor. Speziellere, auf personalpsychologische Zielsetzungen beschränkte Verfahren sind bei Sarges und Wottawa (2001) oder Kanning und Holling (2002) zu finden. Zur groben Orientierung nennen Schuler und Höft (2001) die folgenden, häufig eingesetzten eigenschaftsorientierten Verfahrensklassen: Allgemeine und spezifische kognitive Fähigkeitstests (z. B. Wissenstests, Aufmerksamkeits- und Konzentrationsverfahren) sowie allgemeine und spezifische Persönlichkeitsverfahren (Motivations- und Interessentests, Verfahren zur Erfassung der Kontrollüberzeugung etc.).

Im Weiteren sollen allgemeine kognitive Fähigkeitstests und globale Persönlichkeitsverfahren ausführlicher behandelt werden. Auf spezifische Ansätze wird kurzgefasst eingegangen, bevor der unterschiedliche Nutzen globaler vs. spezifischer Fähigkeitsdiagnostik diskutiert wird. Ausführlichere Darstellung zu spezifischen Fähigkeiten und zugehörige Verfahren finden sich beispielsweise bei Schuler und Höft (2001) oder bei Sarges (1995).

4.2.1 Allgemeine kognitive Fähigkeitstests

Nach wie vor existiert kein allgemein verbindliches Intelligenzmodell, auf das sich die Angewandte Forschung beziehen kann. In der strukturbezogenen Forschung konvergieren neuere

Varianten (vgl. das Metamodell von Carroll, 1993, oder das Berliner Intelligenzstrukturmodell; Jäger, Süß & Beauducel, 1997) aber zumindest hinsichtlich einer Zwei-Komponenten-Annahme: Danach lässt sich der positive Zusammenhang zwischen spezifischen Fähigkeitstests als Äußerungsform eines generellen Einflusses (die allgemeine Intelligenz «g») interpretieren. Gleichzeitig werden aber auch spezifische Fähigkeitsanteile erfasst (häufig kurz mit «s» bezeichnet). Viele Modellansätze, die bei häufig in der Eignungsdiagnostik eingesetzten Intelligenztests Anwendung finden (beispielsweise der IST-2000-R von Amthauer, Brocke, Liepmann & Beauducel, 2001), können unter diesem groben Nenner subsumiert werden.

Die Relevanz von kognitiven Fähigkeiten für berufliche Belange lässt sich auf deskriptiver Ebene sehr leicht nachweisen. So zeigte bereits der durch die U.S. Army im Rekrutenscreening während des Ersten und Zweiten Weltkriegs eingesetzte «Army alpha test» deutliche Unterschiede zwischen den unterschiedlichen Berufsgruppen (Cronbach, 1960; nach Ackerman & Humphreys, 1991): Die Rekruten aus höher qualifizierten Zivilberufen zeigen deutlich bessere Ergebnisse im Test.

Im nationalen Bereich untersuchte beispielsweise Engelbrecht (1994) das «Allgemeine intellektuelle Leistungsvermögen», erfasst über die «Eignungs-Untersuchungsserie für die Berufsberatung (EUB)» der Bundesanstalt für Arbeit, von über 30 000 Schülerinnen und Schülern. Zusätzlich verfolgte er, welcher Berufsgruppe sie vier bis sieben Jahre später angehörten und ob sie mit ihrem Beruf zufrieden waren (= Indikator für die Person-Berufs-Passung). Auch bei diesen Berufsgruppen zeigen sich deutliche Unterschiede in Abhängigkeit vom Qualifikationsniveau.

Nicht geklärt ist, was letztlich die Ursache für diese deskriptiven Befunde ist. Zunächst kann davon ausgegangen werden, dass eine Passung zwischen den kognitiven Fähigkeiten des Ausführenden und den beruflichen Anforderungen notwendig ist. So stellen die verschiedenen Berufe unterschiedlich hohe kognitive Anforderungen. Personen, die diese Anforderungen nicht erfüllen, werden dauerhaft erfolglos sein und der (Selbst-)Selektion unterliegen. Personen, die die Berufsanforderungen deutlich übertreffen, können allerdings auf Dauer unterfordert sein und die Arbeitstätigkeit wechseln. Unklar ist aber, wie der Zusammenhang zwischen kognitiven Anforderungen und Berufserfolg gestaltet ist. Denkbar ist ein Schwellenmodell («eine bestimmte Fähigkeitsausprägung muss mindestens vorhanden sein») oder alternativ ein Linearitätsansatz («je höher die kognitive Fähigkeit, desto besser die Berufsausübung»).

Darüber hinaus spiegelt sich hier die in der Grundlagenforschung ausgetragene «Anlage × Umwelt»-Debatte zur Intelligenz. So gehen einige Protagonisten von einer starken Heredität von Intelligenz aus und propagieren einen offensiven Umgang mit diesen «naturgegebenen» Personunterschieden (z. B. stärker intelligenzbezogene Entscheidungskriterien, Aufbau und Förderung einer kognitiven Elite etc.) (vgl. «The Bell Curve» von Herrnstein & Murray, 1994, sowie die dadurch ausgelöste Debatte). Andererseits weist die Berufsgruppenzugehörigkeit einer Person neben der Intelligenz auch einen Zusammenhang mit relevanten Sozialisations- und Umwelteinflüssen auf (z. B. dem Bildungsniveau und dem sozialen Status der Eltern, die allerdings beide auch ihrerseits nicht intelligenzunabhängig sind). Der Bericht von Neisser et al. (1996) zum derzeitigen Stand der Intelligenzforschung zeigt, dass hier wichtige Wirkzusammenhänge noch völlig unklar sind.

Unabhängig von der Verursachung von Intelligenzunterschieden kommt den Ergebnissen kognitiver Fähigkeitstests eine bedeutsame Prognosekraft zu. Die Studien der Schmidt & Hunter-Gruppe (vgl. Abschnitt 4.1) zeigen, dass es praktisch keinen Beruf gibt, für den Intelligenzkomponenten nicht zur Leistungsprognose beitragen könnten. Die Studien zeigen, dass dabei Ausbildungsleistungen (z. B. die Abschlussnote in der IHK-Prüfung) besser vorhergesagt werden können als Berufsleistungen, was nicht überraschen dürfte, da kognitive Fähigkeiten im größeren Maße Lernfähigkeit betreffen. Hunter und Hunter (1984) weisen nach, dass die Validität mit der Komplexität der Leistungsanforderungen steigt: Während sie für ungelernte Arbeiter bei .23 liegt, fällt sie für Führungspositionen mit .58

Tabelle 3: Auswahl aus der Big5-Adjektivliste von John (1990)

Faktor	Ausprägung	Adjektivbeispiel
N: Neurotizismus	Positiv:	gespannt, ängstlich, nervös, launisch, besorgt, empfindlich, reizbar, furchtsam, selbst bemitleidend, instabil, mutlos, verzagt, emotional
	Negativ:	stabil, ruhig, zufrieden
E: Extraversion	Positiv:	gesprächig, bestimmt, aktiv, energisch, offen, dominant, enthusiastisch, sozial, abenteuerlustig
	Negativ:	still, reserviert, scheu, zurückgezogen
O: Offenheit	Positiv:	breit interessiert, einfallsreich, phantasievoll, intelligent, originell, wissbegierig, intellektuell, künstlerisch, gescheit, erfinderisch, geistreich, weise
	Negativ:	gewöhnlich, einseitig interessiert, einfach, ohne Tiefgang, unintelligent
A: Verträglichkeit	Positiv:	mitfühlend, nett, bewundernd, herzlich, weichherzig, warm, großzügig, vertrauensvoll, hilfsbereit, nachsichtig, freundlich, kooperativ, feinfühlig
	Negativ:	kalt, unfreundlich, streitsüchtig, hartherzig, grausam, undankbar, knickrig
C: Gewissenhaftigkeit	Positiv:	organisiert, sorgfältig, planend, effektiv, verantwortlich, zuverlässig, genau, praktisch, vorsichtig, überlegt, gewissenhaft
	Negativ:	sorglos, unordentlich, leichtsinnig, unverantwortlich, unzuverlässig, vergesslich

Anmerkungen:
Die Zuweisung erfolgt gemäß der faktorenanalytischen Lösung. Deutsche Übersetzung nach Amelang und Bartussek (1997, S. 367)

deutlich höher aus. Komplexere Berufe zeichnen sich durch heterogene, über standardisierte Arbeitsanalysen nur schwer erfassbare Anforderungen aus, für die allgemeine Fähigkeiten per definitionem durch ihre Universalität beste Vorhersagen liefern sollten. Eine bedeutsame Rolle spielt auch die Operationalisierung des Berufserfolgs: Werden kontextbezogene Leistungskriterien gewählt (vgl. Abschnitt 5.2), so sind die Zusammenhänge mit Intelligenz geringer als bei üblichen Erfolgskriterien «aufgabenbezogener Leistung» (Borman & Motowidlo, 1997).

4.2.2 Allgemeine Persönlichkeitsverfahren

Die persönlichkeitsorientierte Eignungsdiagnostik hat stark durch die Fortschritte innerhalb der Persönlichkeitspsychologie profitiert. In Gestalt des Fünf-Faktoren-Modells der Persönlichkeit hat sich seit Mitte der achtziger Jahre ein Strukturmodell der Persönlichkeit etabliert, das sowohl im lexikalischen als auch im fragebogengestützten Forschungsbereich Zustimmung findet (vgl. Digman, 1990; Goldberg, 1993).

Die nicht-intelligenzbezogene Persönlichkeit lässt sich danach umfassend über fünf Globalfaktoren (auch kurz «Big5» genannt) beschreiben. In **Tabelle 3** ist eine kurze, adjektivbasierte Charakterisierung der Faktoren wiedergegeben.

Im Mittelpunkt der frühen eignungsdiagnostischen Arbeiten Anfang der neunziger Jahre stand zunächst die allgemeine Frage, welchen generellen Prognosewert die Big5-Variablen für globale Leistungskriterien haben. Bei der metaanalytischen Kombination der vorliegenden Einzelbefunde kamen verschiedene Forschergruppen zu ganz unterschiedlichen Ergebnissen (vgl. Höft, 2002, für eine ausführliche Übersicht).

Barrick, Mount und Judge (2001) ziehen mit ihrer Metaanalyse 2. Ordnung, in der immerhin Ergebnisse von insgesamt 15 verschiedenen Metaanalysen zum Thema berücksichtigt werden, ein vorläufiges Fazit dieser zum Teil kontroversen Diskussion. Das kombinierte Ergebnis ist in **Tabelle 4** zu sehen. Eine (notwendige) Besonderheit ist hier die Trennung nach unterschiedlichen Leistungskriterien und Berufsgruppen.

Barrick et al. (2001) kommen bei der Sichtung ihrer Ergebnisse zu folgendem Fazit: Die stabilsten Befunde zeigt die Gewissenhaftigkeitsdimension. Sie generalisiert über alle Kriteriums- sowie Berufsgruppen und weist generell immer die höchste Validität von allen Persönlichkeitsvariablen auf. Neurotizismus zeigt tendenziell auch eine über Kriterien und Berufsbereiche verallgemeinerbare Validität, allerdings fällt diese deutlich niedriger aus. Extraversion, Offenheit und Verträglichkeit weisen nur für bestimmte Leistungsaspekte in einigen Berufen Prognosequalität auf. Hierbei scheint die Validität von Extraversion und Verträglichkeit stärker berufsspezifisch zu streuen, während Offenheit eher kriteriumsbezogen heterogen ausfällt. Insoweit muss speziell bei diesen drei Eigenschaften also der Kontext der Validitätsprüfung (Welcher Beruf? Welches berufliche Leistungskriterium?) explizit berücksichtigt werden.

Der Fünf-Faktoren-Ansatz dient heute in vielen neueren eignungsdiagnostischen Studien als Bezugsrahmen und Ausgangspunkt für die eigene angewandte Forschung. Timothy Judge hat beispielsweise in einer Reihe metaanalytischer Studien (Judge, Bono, Ilies & Gerhardt, 2002; Judge & Ilies, 2002; Judge, Heller & Mount, 2002) den zum Teil substanziellen Bezug der Big5-Persönlichkeitsvariablen zu anderen berufsrelevanten Konstrukten (allgemeine Berufszufriedenheit, Aspekte der Führung, Motivationsaspekte) nachgewiesen. In **Tabelle 5** sind die Ergebnisse im kurzen Überblick zusammengefasst.

4.2.3
Spezielle eigenschaftsorientierte Verfahren

Neben der allgemeinen kognitiven Fähigkeit (dem «g»-Anteil in Intelligenzstrukturmodellen) werden in der beruflichen Eignungsdiagnostik auch bevorzugt spezifische Fähigkeitsas-

Tabelle 4: Die Ergebnisse der Metanalyse 2. Ordnung von Barrick, Mount & Judge (2001) im Überblick (kombinierte Darstellung der Originaltabellen 1 bis 5)

	N	E	O	A	C
Arbeitsleistung					
unabhängige MA	-.15	.15	.07	.11	.24
abhängige MA	-.13	.15	.07	.13	.27
Spezifische Leistungskriterien					
Vorgesetztenbeurteilung	-.13	.13	.07	.13	.31
Objektive Kriterien	-.10	.13	.03	.17	.23
Ausbildungsleistung	-.09	.28	.33	.14	.27
Teamarbeit	-.22	.16	.16	.34	.27
Spezielle Berufsgruppen					
Verkaufsbereich	-.05	.11	-.03	.01	.25
Managementbereich	-.09	.21	.10	.10	.25
Spezialisten[1]	-.06	-.11	-.11	.06	.24
Polizei	-.12	.12	.03	.13	.26
Fach- und angelernte Arbeiter[2]	—	.06	.05	.10	.23

Anmerkungen:
1 = im Original «professionals»
2 = im Original «skilled and semi-skilled labor»
MA = Metaanalyse
Die anhand der Stichprobengröße gewichteten Koeffizienten wurden hinsichtlich Prädiktor- und Kriteriumsunreliabilität, Varianzeinschränkung sowie hinsichtlich teilüberlappender Konstruktdefinitionen («composite score correction» gemäß Hunter & Schmidt, 1990) korrigiert.

Tabelle 5: Zusammenhang der Big5-Variablen mit anderen berufsrelevanten Konstrukten

	N	E	O	A	C
Judge, Heller & Mount (2002)					
Allgemeine Berufszufriedenheit	-.29	.25	.02	.17	.26
Judge, Bono, Ilies & Gerhardt (2002)[1]					
Beurteilte Führungseffektivität	-.22	.24	.24	.21	.16
Wahrgenommene Führung	-.24	.33	.24	.05	.33
Allgemeine Führung	-.24	.31	.24	.08	.28
Judge & Ilies (2002)					
Zielorientierung	-.29	.15	.18	-.29	.28
Erfolgserwartung	-.29	.10	-.08	.13	.23
Selbstwirksamkeitserwartung	-.35	.33	.20	.11	.22

Anmerkungen:
Die anhand der Stichprobengröße gewichteten Koeffizienten wurden hinsichtlich Prädiktor- und Kriteriumsunreliabilität sowie Varianzeinschränkungen korrigiert.
1 = Die «beurteilte Führungseffektivität» basiert auf entsprechenden Mitarbeiter-, Kollegen- oder Vorgesetztenurteilen. In den Studien zur «wahrgenommene Führung» wird ein eher heterogenes Kriterienbündel (beispielsweise Soziometrieergebnisse, Nominierungen in führerlosen Gruppendiskussionen, Übernahme von Führungsrollen etc.) herangezogen. Die «allgemeine Führung» ist ein Aggregat beider Studiengruppen.

pekte (die «s»-Anteile) zur Diagnose herangezogen, die nicht regulär oder nur als Subkomponenten in allgemeinen Intelligenzmodellen berücksichtigt werden. Beispiele hierfür sind: Allgemeines Wissen, Fachwissen, Aufmerksamkeit oder Konzentration. Ein weiteres Beispiel für eine Spezialfähigkeit ist das Mehrfacharbeitskonstrukt, das die Effizienz beschreibt, unterschiedliche Aufgaben gleichzeitig bearbeiten zu können. Auch hierfür stehen spezielle Testbatterien zur Verfügung bzw. müssen maßgeschneidert konstruiert werden.

Ähnlich im Persönlichkeitsbereich: Auch wenn das Fünf-Faktoren-Modell zu einer Systematisierung der strukturbezogenen Persönlichkeitsbeschreibung geführt hat, existieren im eignungsdiagnostischen Kontext weiterhin eigenschaftsorientierte Persönlichkeitsansätze, die sich nicht ohne weiteres in das Big5-System einordnen lassen. Die überwiegende Zahl der Ansätze erhebt nicht den Anspruch, mit einer geringen Zahl von Merkmalen «die gesamte Persönlichkeit» zu erfassen. Sie nehmen vielmehr eine spezifische Perspektive ein und legen den Fokus auf bestimmte Verhaltensorientierungen. Beispiele hierfür sind das Leistungsmotivationskonstrukt, berufliche Interessenansätze oder ausgewählte Persönlichkeitsaspekte, beispielsweise das Merkmal Kontrollüberzeugung.

Was für Gründe sprechen für die Verwendung spezieller Konstrukte in der Eignungsdiagnostik?

Der Verfahrenseinsatz bewegt sich immer in einem Spannungsfeld zwischen möglichst breiter Informationsausbeute und möglichst großer Detailtiefe der erhobenen Informationen. Cronbach (z. B. in Cronbach, 1990) hat für diese Abwägungsproblematik den Begriff «bandwidth-fidelity-dilemma» geprägt. So kann neben der allgemeinen kognitiven Fähigkeit beispielsweise die Leistung des Probanden im Subfaktor «räumliche Orientierung» von besonderem Interesse sein. Oder neben der Ausprägung des (Big5-)Faktors Extraversion soll auch der häufig unter dieser Eigenschaft subsumierte Aspekt «Durchsetzungsfähigkeit» erfasst werden. Beide spezifischen Eigenschaften («räumliche Orientierung» und «Durchsetzungsfähigkeit») werden zwar auch anteilig bei den globaleren Eigenschaften («allgemeine kognitive Fähigkeit» und «Extraversion») miterfasst, allerdings verspricht eine separate Erfassung über Einzelskalen eine deutlich reliablere und damit auch validere Erfassung. Zusätzlich wird das Exzessivitätsproblem (bei globalen Eigenschaften werden auch eindeutig nicht berufsbezogene Aspekte miterfasst) vermieden.

Wonach richtet sich die Auswahl der speziellen Konstrukte?

Die Entscheidung für die Verwendung spezieller Eigenschaftskonstrukte kann auf zwei unterschiedlichen empirischen Ansätzen fußen (beide in Abb. 2 enthalten):

Zum einen kann eine berufsspezifische Arbeits- und Anforderungsanalyse das Augenmerk auf spezielle Anforderungen richten, die über spezifische Eigenschaften abgebildet werden. Möglich ist dies bei spezialisierten Fachleuten (z. B. Militärpiloten mit einem besonderen Anforderungsprofil hinsichtlich Belastbarkeit und speziellen kognitiven Fähigkeiten wie räumliches Vorstellungsvermögen, Psychomotorik, Mehrfacharbeit etc.), aber auch bei Berufsgruppen, deren Absolventen durch ihren Werdegang stark hinsichtlich allgemeiner Eigenschaften vorselegiert sind (z. B. Fachakademiker, die mehrere Bildungsabschlusshürden durchlaufen haben und sich durch diese Vorauslese stark hinsichtlich allgemeiner kognitiver Fähigkeiten angeglichen haben).

Zum anderen können auch auf der Seite der vorherzusagenden beruflichen Leistungskriterien unterschiedliche Facetten unterschieden werden, die durch die eignungsdiagnostischen Verfahren unterschiedlich gut vorhergesagt werden. Wenn nur globale Erfolgskriterien (z. B. ein unspezifisches Vorgesetztenurteil) erfasst werden, sollten allgemeine eigenschaftsorientierte Verfahren bessere Vorhersagen ermöglichen. Je spezifischer ein Kriterium hingegen ist, desto eher sollten auch spezifische Verfahrensansätze ihre bessere Passung ausspielen und zusätzliche Validität aufweisen. Letztlich kann dieser Nachweis aber nur über eine kriteriumsbezogene Validitätsstudie erfolgen.

4.3 Simulationsorientierte Verfahren

Die zweite große eignungsdiagnostische Verfahrensgruppe wird durch den simulationsorientierten Diagnoseansatz gebildet.

Ziel ist es hier, das Arbeitsgeschehen möglichst gut im Verfahren abzubilden. Bei einer Arbeitsprobe wird eine «1:1»-Entsprechung erzielt, bei den übrigen Verfahren wird das Geschehen möglichst realitätsnah simuliert. Das innerhalb der Simulation gezeigte Verhalten wird als repräsentative Stichprobe für das eigentliche Arbeitsverhalten angesehen. Wernimont und Campbell (1968) sprechen hier auch vom «sample»-Ansatz. In **Tabelle 6** sind einschlägige Verfahren zusammengefasst.

Wesentliches Bestimmungsmerkmal von simulationsorientierten Verfahren ist eine zumeist gegenwarts-, verhaltens- und berufsbezogene Aufgabenvorgabe (z. B. bei einem Rollenspiel für Bankkaufleute eine Beratungssituation, in der sich ein Kunde über ein konkretes Vorkommnis beschwert und Abhilfe verlangt). Der Proband wird in den meisten Verfahren aufgefordert, sich wie im «realen Setting» zu verhalten. Die gezeigte Leistung wird von einem oder mehreren Fremdbeobachtern im Hinblick auf die beruflichen Anforderungen beurteilt (hier: «Entspricht das Verhalten den Kriterien für eine gute Kundenbetreuung?»).

Zunächst soll genauer auf den Prototyp simulationsorientierter Verfahren eingegangen werden, der Arbeitsprobe. Danach konzentriert sich die Darstellung auf die Kombination simulationsorientierter Verfahren im Assessment Center-Ansatz.

4.3.1 Arbeitsproben

Unter Arbeitsproben werden standardisierte Aufgaben verstanden, die inhaltlich valide und erkennbar äquivalente Stichproben des erfolgsrelevanten beruflichen Verhaltens darstellen. Ihre Entwicklung geht auf die deutsche Eignungsdiagnostik der zwanziger Jahre zurück (Giese, 1924). Gelegentlich wird der Begriff nur für motorische Aufgaben verwendet. Wenn die Vorgabe sowie die Durchführung standardisiert und die Auswertung normiert erfolgen, wird häufig bereits von einem Test gesprochen. Symptomatisch für diese unscharfe Trennung ist die englische Bezeichnung «work sample test».

Tabelle 6: Eine Auswahl simulationsorientierter Einzelverfahren

Individuell auszuführende Arbeitsproben und Aufgabensimulationen (vor allem Organisations-, Planungs-, Entscheidungs-, Controlling- und Analyseaufgaben)

- Gruppendiskussionen mit und ohne Rollenvorgabe
- sonstige Gruppenaufgaben mit Wettbewerbs- und/oder Kooperationscharakteristik
- Vorträge und Präsentationen
- Rollenspiele (meist dyadisch, z.B. Einstellungsinterviews, Verkaufsgespräch)
- Selbstvorstellung
- Wirtschaftsspiele

Eine Vorbedingung für die Vorgabe einer Arbeitsprobe ist, dass der Proband bereits Vorerfahrung mit der durchzuführenden Arbeit besitzt, idealerweise also eine einschlägige Berufsausbildung aufweist (beispielsweise kann die Leistung von Schlossern erfasst werden, indem diese unter standardisierten Bedingungen ein Werkstück anfertigen müssen). Bei Berufsunerfahrenen bietet sich der Einsatz von so genannten Trainierbarkeitstests an, bei denen die Arbeitsprobe in ein standardisiertes Lernprogramm eingebettet ist (Robertson & Downs, 1989).

Die Schmidt & Hunter-Übersicht zeigt (vgl. Abschnitt 4.1), dass Arbeitsproben eine erstaunlich hohe kriteriumsbezogene Validität von .54 aufweisen, die noch über der Validität von allgemeinen kognitiven Fähigkeitstests liegt und teilweise unabhängig von diesen Maßen ist (inkrementelle Validität .12). Gleichzeitig erzielen Arbeitsproben bei den Betroffenen (Anwender und Prüflinge) eine deutlich höhere Akzeptanz, vermutlich verursacht durch die hohe Augenscheingültigkeit und die in ihnen enthaltenen Informationen über Arbeitsanforderungen (Robertson & Kandola, 1982). Ein großer Nachteil ist der relativ große Konstruktions-, Durchführungs- und Verwaltungsaufwand im Vergleich zu traditionellen Testverfahren. Jede Arbeitsprobe ist maßgeschneidert für eine bestimmte Berufstätigkeit und kann nur schwerlich auf andere Berufe übertragen werden. Durch Veränderungen im Berufsbild (z. B. durch die Einführung technischer Innovationen) kann eine Arbeitsprobe schnell obsolet werden.

4.3.2 Assessment Center

Abgesehen von originären Arbeitsproben wurden individuelle und interaktive simulationsorientierte Aufgaben bisher kaum als Einzelverfahren erforscht. Wie die Übersicht bei Höft und Funke (2001) zeigt, ist der Kenntnisstand zu den Gütekriterien dieser Verfahren entsprechend dürftig. Wesentlich ausführlicher wurde hingegen ihre Kombination im so genannten «Assessment Center»-Ansatz (kurz: AC) untersucht.

Aus testtheoretischer Sicht kann ein Assessment Center (AC) als eine multiple Verfahrenstechnik beschrieben werden, in der mehrere Einzelverfahren für die Messung von berufsrelevanten Personmerkmalen verknüpft werden. Das theoretische Konzept des Assessment Center-Ansatzes (vgl. sehr deutlich Thornton & Byham, 1982) geht von einer starken Verhaltensorientierung der Eignungsdiagnose aus. Daraus leitet sich der bevorzugte Rückgriff auf simulationsorientierte Verfahren ab. In der AC-Praxis wurde allerdings mit diesem Postulat bereits früh gebrochen, indem beispielsweise auch eigenschaftsorientierte Testverfahren (z. B. Persönlichkeits- und Interessenverfahren, Fähigkeits- und Leistungsstests) oder biographieorientierte Instrumente (z. B. Einzel- und Gruppeninterviews, biographische Fragebogen) eingesetzt werden.

Während bei den eingesetzten Testverfahren eine objektive Auswertung realisiert werden kann, wird die Leistungen der Teilnehmer speziell in den simulationsorientierten Verfahren von Beurteilern üblicherweise mit Hilfe von anforderungsbezogenen Beurteilungsskalen eingeschätzt, die mit Hilfe von Verhaltensoperationalisierungen exakter eingegrenzt werden. In **Informationsbox 4** ist dieses Vorgehen beispielhaft für eine Anforderungsdimension mit dem Titel «Systematisches Denken und Handeln» dargestellt.

Die Einzelurteile werden entweder rechnerisch aggregiert oder in einer Beurteilerkonferenz diskutiert, um Gesamteinschätzungen festzulegen, die Grundlage des häufig im Anschluss geführten Feedback-Gesprächs sind. Empirische Untersuchungen zeigen, dass die Urteilsdiskussion keinen entscheidenden Vorteil gegenüber einer rein statistischen Aggregation erzielt (vgl. im Überblick Höft & Funke, 2001, S. 160–161). Allerdings übernimmt sie eine wesentliche Funktion im Rahmen von Nebennutzenerwägungen.

ACs werden im überwiegenden Maße zur Auswahl und Förderung (Personalentwicklung) von Führungskräften eingesetzt. Daneben übernehmen sie auch «latente», d. h. häufig nicht direkt verbalisierte Funktionen (vgl. Schuler, 1992a):

- Im Zuge der Planung und Durchführung eines ACs wird ein Überblick über die Qualifikationen des Nachwuchspersonals gegeben.
- Es werden im Zuge der Arbeits- und Anforderungsanalyse auch generelle Informationen zum Leistungsstand und zu möglichen strukturellen Unternehmensdefiziten gesammelt.
- Durch die Definition eines Anforderungsprofils, das alle relevanten Beurteilungskriterien umfassen soll, wird ein gemeinsames Verständnis von Anforderungen und Leistungen entwickelt, die verwendeten Verhaltensoperationalisierungen konkretisieren die Anforderungsbegriffe.
- Durch die Implementierung eines (kosten-)aufwendigen ACs wird die Bedeutung von Personalplanung und Personalentwicklung im Unternehmen betont. Ein wichtiger Aspekt der Unternehmenskultur wird diskutiert und inszeniert.
- Die als Beobachter eingesetzten Fachführungskräfte werden hinsichtlich einer strukturierten Verhaltensbeobachtung und -bewertung geschult und können diese Kenntnisse auch im Berufsalltag gewinnbringend einsetzen (vgl. Lorenzo, 1984).

Einschlägige nationale und internationale Unternehmensbefragungen zeigen, dass es kein

Informationsbox 4

Ein Beispiel für eine typische AC-Dimension

Nach Fisseni und Fennekels (1995) lässt sich die Dimension **Systematisches Denken und Handeln** durch die folgenden Beschreibungen konkretisieren:

- hält Zeiten ein, beachtet Vorgehen
- kombiniert vorhandene Daten in neuartiger Weise, entwickelt Alternativen
- berücksichtigt alle vorhandenen Informationen
- setzt Prioritäten
- bedenkt Folgen der Entscheidung, schätzt Risiken ab
- schiebt Entscheidungen nicht auf andere ab
- erkennt Gemeinsamkeiten zwischen mehreren Sachverhalten
- leitet gemeinsame Zielsetzungen ab, hat Ordnungsprinzipien

In dem vorgestellten Assessment Center soll die Dimensionen über fünf Übungen erfasst werden (S. 90):

- *Kurzpräsentation:* Jeder Teilnehmer spricht nach einer Vorbereitungszeit von 30 Minuten kurz (drei Minuten) vor dem Plenum zu einem ihm übertragenen Thema.
- *Unternehmenskonferenz:* Hierbei handelt es sich um eine Gruppenübung zu einer komplexeren Planungsaufgabe.
- *Präsentation:* Im Vergleich zur Kurzpräsentation sind hier die Vorbereitungszeit (eine bis drei Stunden) und die Redezeit (ca. zehn Minuten) deutlich länger.
- *Postkorb:* In Einzelarbeit bearbeitet der Teilnehmer mehrere Schriftstücke, die sich in Dringlichkeit, Komplexität und in ihrer Bedeutsamkeit für die Firma erheblich unterscheiden.
- *Fallstudie:* Hier wird ein Problem im Rahmen der konkreten Struktur eines Unternehmens geschildert (z. B. der Konflikt zwischen einem Mitarbeiter und seinem Vorgesetzten). Der Teilnehmer soll eine Lösung vorschlagen und rechtfertigen.

(aus Fisseni & Fennekels, 1995)

«Standard-AC» gibt (vgl. Neubauer, 2001; Spychalski, Quinones, Gaugler & Pohley, 1997). Die Realisierungen unterscheiden sich hinsichtlich der jeweiligen Zielpositionen, der eingesetzten Verfahren, der erhobenen Anforderungsdimensionen sowie der verwendeten Strategien zur Urteilsfindung. Definierte «Standards der Assessment Center-Technik» (national vom Arbeitskreis Assessment Center e. V., 1996, international von der Task Force on Assessment Center Gudielines, 2000, entwickelt) geben nur ein grobes Verfahrensgerüst vor. In diesem Sinne können bei allen Validitätsangaben immer nur Aussagen zu einer Verfahrensklasse getroffen werden, von denen ein konstruiertes Assessment Center deutlich (sowohl im positiven als auch im negativen Sinne) abweichen kann.

Eine häufig zur kriteriumsbezogenen Validität zitierte Einzelstudie ist die Management Progress Study, die ab 1956 in der American Telephone und Telegraph Company (AT&T) durchgeführt wurde (Bray, Campbell & Grant, 1974). Damals wurden 422 bereits beim Unternehmen beschäftigte Nachwuchs-Führungskräfte mit einer großen Anzahl psychologischer Tests untersucht und mit Aufgaben konfrontiert, die auch heute noch zum AC-Standardrepertoire zählen. Die Ergebnisse wurden geheim gehalten und mit dem späteren Karriereerfolg der Kandidaten verglichen. Es zeigte sich eine hohe Vorhersageleistung des Gesamtverfahrens, wobei die prognostische Validität vor allem auf die simulationsorientierten Verfahren und die kognitiven Leistungstests zurückging, während Persönlichkeitstests und Interviews nur einen geringen Beitrag leisteten.

In der Metaanalyse von Thornton, Gaugler, Rosenthal und Bentson (1992) ergab sich eine korrigierte kriteriumsbezogene Validität der AC-Gesamtergebnisse von .37, die Ergebnisse fallen für verschiedene Kriterien heterogen aus: Am höchsten ist der Zusammenhang mit der Potenzialeinschätzung des Vorgesetzten. Die kriteriumsbezogene Validität liegt verglichen mit den übrigen eignungsdiagnostischen Verfahren im Mittelfeld (vgl. Abschnitt 4.1). Dieser Befund ist eigentlich verwunderlich, da das AC eine Verfahrenskombination ist und somit die Validität der integrierten Einzelverfahren zumindest egalisieren sollte. Zum jetzigen Zeitpunkt bleibt offen, ob die Gründe hierfür eher in der unvollkommenen Ergebnissynopse von Schmidt und Hunter (1998) zu suchen sind (die in Tab. 2 zusammengestellten Ergebnisse basieren auf verschiedenen, nicht harmonisierten Metaanalysen) oder ob sich hier offenkundige Validitätsmängel des AC-Ansatzes zeigen. Für Letzteres spricht die geringe Retest-Reliabilität von r=.41, die kürzlich in einer Studie von Kelbetz und Schuler (2002) aufgezeigt wurde. Als Effektstärke für die Übungswirkung der wiederholten AC-Teilnahme wurde in dieser Studie d=.40 errechnet.

Der Kristallisationspunkt eines Assessment Centers ist die so genannte Anforderungs-Verfahrens-Matrix. Hier wird festgelegt, welche Anforderung in welchem Verfahren erfasst wird. Eine Grundforderung lautet, dass jede Anforderung über mindestens zwei Verfahren erfasst werden soll, um ein möglichst gut abgesichertes Urteil abzuleiten. Empirische Untersuchungen in der Tradition der Multitrait-Multimethod-Analyse (Campbell & Fiske, 1959) zeigen allerdings regelmäßig, dass kaum Konvergenz gleicher Anforderungserhebungen über Verfahren hinweg erzielt wird. Gleichzeitig gibt es kaum Diskriminanz von Anforderungen, die innerhalb eines Verfahrens erfasst werden: Beziehungsstiftend für die Beurteilungen ist nicht, ob sie die gleiche Anforderung erfassen, sondern ob sie über das gleiche Verfahren erhoben wurden (z.B. Bycio, Hahn & Alvares, 1987; Fleenor, 1996; Sackett & Dreher, 1982; Turnage & Muchinsky, 1982).

Im Laufe der Forschungen wurden unterschiedlichste Ursachen für diese Befunde diskutiert. Sie können grob in fünf Gruppen unterteilt werden (vgl. Höft & Schuler, 2001): Beobachterbedingte Mängel (z.B. klassische Beobachterfehler), verfahrensspezifische Mängel (das eingesetzte Verfahren ist z.B. nicht sensitiv für die betreffende Anforderung oder erfasst nur ganz spezifische Anforderungsfacetten), Mängel bei der Erfassung anforderungsrelevanter Verhaltensweisen (z.B. ein unzulängliches Beobachtungssystem, das die Beobachter überfordert), teilnehmerspezifische Effekte (z.B. anforderungsirrelevante Kognitionen, die zu nichtkonformem Teilnehmerverhalten führen) und anforderungsbedingte Mängel (die definierten Anforderungen erfüllen beispielsweise nicht die Kriterien, die an zeitstabile und konsistente Eigenschaften im Range von Traits gestellt werden).

Vorgeschlagene Maßnahmen zur Verbesserung der Konstruktvalidität zeigen nur mäßigen Erfolg (vgl. Lievens, 1999). Die Befundlage scheint multifaktoriell bedingt zu sein und sich in veränderlichen Anteilen aus allen fünf genannten Quellen zu speisen. Insoweit ergibt sich also das Bild eines durchaus kriteriumsbezogen validen Instruments, dessen Ursachengefüge aber weitgehend unklar bleibt.

4.4 Biographieorientierte Verfahren

Die Grundidee der dritten Verfahrensklasse, der biographieorientierten Verfahren, ist es, die in der Vergangenheit erzielten Resultate (früher gezeigtes Verhalten und erzielte Ergebnisse) für die Prognose zukünftigen Verhaltens zu verwenden. Diese Konzeption impliziert eine Stabilitätsannahme von Verhalten, anders als beim Eigenschaftsansatz wird aber direkt ohne den «Umweg» über ein Konstrukt von der Vergangenheit auf die Zukunft geschlossen. Wenn also z.B. eine Person in einem vergleichbaren Unternehmen bisher erfolgreiche Arbeit geleistet hat, so wird angenommen, dass sie auch zukünftig entsprechende Resultate an einem analogen Arbeitsplatz in einer anderen Organisation zeigen wird.

Prototypischer Vertreter dieser Verfahrensklasse ist der im Abschnitt 4.4.2 vorgestellte strikt empirisch konstruierte biographische Fragebogen. Schuler und Marcus (2001) nennen als weitere biographische Verfahren Bewerbungsunterlagen und Referenzen sowie biographische Fragen in Interviews.

4.4.1 Bewerbungsunterlagen und Referenzen

Wie die Untersuchung von Schuler, Frier und Kaufmann (1993) gezeigt hat, ist die Analyse von Bewerbungsunterlagen je nach Berufsgruppe in 80 bis 99% der deutschen Unternehmen ein reguläres Element des Personalauswahlprozesses. Häufig erfolgt diese Analyse allerdings nach formalen, weniger nach inhaltlichen Kriterien (Sind die Unterlagen vollständig? Werden die in der Stellenausschreibungen geforderten Mindestkriterien erfüllt?). Weiter gehende Bewerbungsunterlagenanalysen können sich beispielsweise auf die folgenden Aspekte beziehen (vgl. Schuler, 1996): auf die Gestaltung des Anschreiben und des Lebenslaufs, auf den Nachweis erforderlicher Ausbildungen oder Spezialkenntnisse, auf die Übereinstimmung zwischen dem Lebenslauf und den beigebrachten Belegen, die Plausibilität des Stellenwechsels, auf die Schul- und Studienleistungen, die Qualität der Arbeitszeugnisse und Referenzen sowie ergänzende anforderungsspezifische Aspekte (z. B. Berufserfahrung, Mobilität etc.). Die Kombination der abgeleiteten Informationen erfolgt meistens intuitiv, Schlussfolgerungen werden im Sinne einer klinischen Urteilsbildung abgeleitet. Teilweise werden hypothesengeleitet Fragestellungen beispielsweise für ein nachfolgendes Interview gebildet (vgl. Brown & Campion, 1994).

Eine biographieorientierte Analyse wird angewendet, wenn die dokumentierte Vergangenheit des Bewerbers als Referenz für die Bewährung in analogen zukünftigen Situationen interpretiert wird.

Zunächst können *Schul-, Ausbildungs- und Studienleistungen* herangezogen werden. Die vergebenen Noten sind Ergebnisvariablen einer Leistungsbeurteilung, wobei sie in veränderlichen Anteilen durch unterschiedliche Kausalkonstrukte (Anstrengung, Fähigkeit, konstitutionelle Faktoren etc.) verursacht sein können. Die Übersicht von Schuler (2001) zu einschlägigen Einzelstudien und Metaanalysen zeigt, dass (Schul-)Noten durchaus beachtliche Vorhersagewerte für ausgewählte Kriterien erbringen. So wies in der Metaanalyse von Baron-Boldt, Funke und Schuler (1988) die Abiturgesamtnote eine durchschnittliche korrigierte kriteriumsbezogene Validität von $r_{korr} = .46$ für den Studienerfolg der Absolventen auf. Schuler (2001) kommt zu dem Fazit, dass Schulnoten gute Prädiktoren für Lernleistungen (Studium, schulischer Ausbildungsanteil), weniger für praktische Ausbildungs- und Berufsleistungen sind. Die Schulleistungen sind möglicherweise die besten bzw. effizientesten Indikatoren für Lernfähigkeit.

Eine weitere Informationsquelle sind die *Zeugnisse zu bisherigen Arbeitstätigkeiten.* Anders als z. B. von der Tagespresse und einschlägigen Buchautoren suggeriert, gibt es keine eindeutige Zeugnissprache, über die der Empfänger (der potenzielle neue Arbeitgeber) die Botschaft des Senders (der ehemalige Arbeitgeber) eindeutig dekodieren kann. Es existieren in der Zusammenschau nur grobe Faustregeln (z. B. exzessiver Gebrauch von Superlativen), die zusätzlich durch arbeitsrechtliche Gerichtsurteile beschränkt sind (vgl. Rob, 1994). Die Studie von Weuster (1994), bei der ein Arbeitszeugnis unabhängig von mehreren Personalberatern interpretiert wurde, zeigt hier eine größere Variation, die in der Zusammenschau bestenfalls noch Tendenzurteile zulässt.

Eine durchaus bemerkenswerte Validität ($r_{korr} = .26$; Hunter & Hunter, 1984) erreicht hingegen die in angloamerikanischen Ländern häufiger praktizierte Strategie des «reference checks», d. h. das aktive Einholen zusätzlicher Beurteilungsinformationen früherer Arbeitgeber.

4.4.2 Biographische Fragebogen

Eine standardisierte Erfassung biographischer Informationen wird durch den Einsatz eines *Personalfragebogens* erreicht, der von vielen Unternehmen bereits in einer frühen Selektionsphase an die Bewerber versendet wird. Historisch können biographische Fragebogen als Weiterentwicklung des Personalfragebogens angesehen werden. Ausgangsfrage war hierbei, welche der im Personalfragebogen strukturiert erhobenen biographischen Informationen einen direkten Bezug zu beruflichen Erfolgskriterien aufweisen.

Im Laufe der Jahre verselbstständigte sich die biographiebezogene Fragebogengestaltung, indem die ursprünglichen, eher formal-objektiven, nachprüfbaren Iteminhalte des ursprünglichen Personalfragebogens sukzessive durch Einstellungs- oder biographiebezogene Persönlichkeitsitems ersetzt wurden. Damit erhält jeder biographische Fragebogen je nach Ausrichtung des Entwicklers eine ihm eigene Charakteristik. Es gibt somit nicht «den» biographischen Fragebogen, sondern nur eine Verfahrensklasse biographischer Fragebogen, die gemeinsam haben, dass ihre Items einen Vergangenheitsbezug aufweisen (vgl. Mael, 1991).

Ein historisch interessantes und bis in die achtziger Jahre weit verbreitetes Konstrunktionsprinzip für biographische Fragebogen ist der so genannte empirische Ansatz: Hier erfolgt die Auswahl und Gewichtung einzelner Items oder Antwortalternativen gemäß ihrer Validität bezüglich eines Erfolgskriteriums. Die bevorzugte statistische Methode ist die (lineare) Regressionsanalyse oder daran angelehnte Prinzipien (z. B. die vertikale Prozentmethode nach England, 1971). Ein Beispiel ist in **Informationsbox 5** dargestellt.

Durch die statistische Optimierung werden bei einer abgesicherten Konstruktion (große Stichproben, nachfolgende Kreuzvalidierung) im spezifischen Kriteriumsbereich relativ hohe Validitäten erzielt, die zwischen .2 und .5 liegen können (vgl. Bliesener, 1995; oder Schmidt & Rothstein, 1994). Allerdings sind die erzielten Ergebnisse nur schwer auf organisations- oder berufsfremde Stichproben und andere Berufserfolgskriterien generalisierbar. Zusätzlich sind die rein empirisch konstruierten Skalen nur schwer inhaltlich interpretierbar.

Schuler und Marcus (2001) unterscheiden drei weitere Konstruktionsansätze (deduktiver, induktiver und Subgrouping-Ansatz), die in neueren Arbeiten bevorzugt eingesetzt werden. Alle haben gemeinsam, dass hier die rein empirisch ausgerichtete Itemauswahl abgelöst wird durch eine nach rationalen Gesichtspunkten ausgerichtete Skalenkonstruktion, die eine inhaltliche Interpretation der Skalen zulässt. Die vergleichende Studie von Hough und Paullin (1994) zeigt, dass diese Konstruktionsansätze zumindest gleich gute Validitäten bei besserer Verständlichkeit und potenziell höherer Generalisierbarkeit aufweisen.

4.4.3 Einstellungsinterviews

Auswahlgespräche oder Einstellungsinterviews sind nach der Auswertung der Bewerberunterlagen die verbreitetste Methode der Personalauswahl in deutschen Unternehmen wie auch in den meisten anderen europäischen Ländern (vgl. Schuler, Frier & Kauffmann, 1993). Ihr Durchführungsmodus reicht von der völlig freien Gesprächsform über teilstrukturierte bis zu vollstrukturierten Varianten mit standardisierten Abläufen und Fragestellungen. Die gestellten Fragen beziehen sich insbesondere auf Berufserfahrung und Berufsausbildung, auf Aspekte des Lebenslaufs und deren subjektive Verarbeitung, gelegentlich auch auf persönliche Bereiche wie den des familiären Hintergrunds. Die Antworten des Bewerbers wie auch weitere Eindrücke aus dem Gesprächsverlauf werden gewöhnlich in intuitiver Kombination und Gewichtung zu einem Gesamturteil zusammengefasst.

Im Urteil sowohl der Auswählenden als auch der Bewerber ist das Interview die am meisten geschätzte Form der Personalauswahl – insbesondere sind es die Möglichkeit zur Situationskontrolle, der erkennbare Bezug zu den Arbeitsanforderungen und die unmittelbare Interaktion, die zur Akzeptanz seitens der Bewerber beitragen.

Vergleicht man allerdings das Interview hinsichtlich seiner Validität mit anderen Auswahlverfahren, so stößt man auf eine bemerkenswerte Diskrepanz zwischen subjektiver Wertschätzung und empirischer Bewährung: Schon in

Informationsbox 5

Empirisch ermittelte Gewichtung der biographischen Frage

Biographische Frage

Beispielfrage für den Versicherungsaußendienst (Barthel & Stehle, 1990)

			Antwort
Wie wichtig war Unabhängigkeit als Grundlage für Ihre Berufswahl?	❑	sehr großer Einfluss	(a)
	❑	großer Einfluss	(b)
	❑	gewisser Einfluss	(c)
	❑	geringer Einfluss	(d)
	❑	gar kein Einfluss	(e)

Validität der Frage (biseriale Rangkorrelation zwischen Wichtigkeit der Unabhängigkeit und Berufserfolg) r = 0.21

Gewichtung der Antwortalternativen (England, 1971, S. 27):

	erfolgreiche Mitarbeiter		**nicht erfolgreiche Mitarbeiter**				
	Antworthäufigkeit						
Antwort	abs.	rel.	abs.	rel.	Häufigkeitsdifferenz	Nettogewicht	Grobgewicht
(a)	110	43,7%	38	21,5%	22,2%	+6	+1
(b)	76	30,1%	71	41,5%	–11,4%	–4	–1
(c)	28	11,0%	35	20,5%	–9,5%	–3	0
(d)	19	7,5%	8	4,7%	2,8%	+1	0
(e)	19	7,7%	19	11,1%	–3,4%	–1	0

In der Fragebogenauswertung werden nur die Antwortalternativen a) und b) berücksichtigt, da nur sie die Gruppen ausreichend differenzieren.

frühen Studien erwies sich die prognostische Validität dieser Methode als gering, in einer Vielzahl von Sammelreferaten (z. B. Arvey & Campion, 1982) wurde sie, bei großer Streuung, auf etwa r = .05 bis r = .25 beziffert. Als wichtigste Ursachen für die geringe Validität des konventionell geführten Einstellungsgesprächs wurden herausgearbeitet: mangelnder Anforderungsbezug der Fragen, unzulängliche Verarbeitung der aufgenommenen Information, geringe Beurteiler-Übereinstimmung, dominierendes Gewicht früher Gesprächseindrücke, Überbewertung negativer Information, emotionale Einflüsse auf die Urteilsbildung und Beanspruchung des größten Teils der Gesprächszeit durch die Interviewer.

Tabelle 7: Verbesserungsmöglichkeiten konventioneller Auswahlgespräche

Anforderungsbezogene Gestaltung

- Strukturierte bzw. (teil-)standardisierte Durchführung
- Verwendung verschiedener Fragentypen
- Verwendung geprüfter und verankerter (vorzugsweise verhaltensverankerter) Skalen
- Psychometrische Prüfung der Interviewfragen
- Trennung von Informationssammlung und Entscheidung
- Gewichtungs- und Entscheidungsprozedur nach psychometrischen Prinzipien
- Vorbereitung der Interviewer durch ein verfahrensspezifisches Training

Hier schlagen sich also in besonderem Maße die Probleme der sozialen Urteilsbildung nieder, die zu ausgeprägt subjektiven Einschätzungen der Bewerber, also zu geringer Objektivität im Sinne der psychologischen Testtheorie führen. Tatsächlich sind beim herkömmlichen Auswahlgespräch sowohl die Durchführungs-, die Auswertungs- als auch die Interpretationsobjektivität so gering, dass für befriedigende Validität kaum ein Spielraum bleibt. So wurde in einer eigenen Studie die Objektivität eines konventionellen Auswahlgesprächs (durchschnittliche Beurteilerübereinstimmung) mit r=.23 errechnet, wenn die Beurteiler Studenten waren; für routinierte Personalberater ergab sich eine durchschnittliche Übereinstimmung von r=.34 (Schuler, 2002). Angesichts solch weitgehender Abhängigkeit von der Person des Beurteilers bleibt natürlich wenig Spielraum für die Vorhersage des Berufserfolgs, also die Validität.

Gleichwohl ist das Gespräch als Mittel der Personalauswahl nicht entbehrlich, denn mit der Auswahl neuer Auszubildender und Mitarbeiter sind mehrere wichtige Funktionen eng verknüpft. Als Hauptfunktionen des Einstellungsinterviews können genannt werden: Vorhersage beruflichen Erfolgs; Information des Bewerbers über Unternehmen, Arbeitstätigkeit und Arbeitsanforderungen; Kennenlernen der Erwartungen des Bewerbers; Information über den Arbeitsmarkt; persönliches Kennenlernen (Aufbau von Sympathie und Commitment); «Verkaufen» des Unternehmens; Vereinbaren von Bedingungen. Bei Auswahlgesprächen für Personalentwicklungsmaßnahmen sollte vor allem Information über berufliche Entwicklungen und ihre Voraussetzungen (Anforderungen) sowie über die Interessen und Absichten der betreffenden Person ausgetauscht werden.

Angesichts seiner Bedeutung war das Einstellungsgespräch Gegenstand umfangreicher Forschungsbemühungen in den siebziger und achtziger Jahren. Die Forschung hat gezeigt, dass es eine Reihe von Möglichkeiten gibt, Interviews methodisch zu verbessern, dass sie zu einem verlässlichen Auswahlinstrument werden. Dies ist nicht ohne methodischen Aufwand zu erreichen, ermöglicht aber Validitätswerte, die in der Höhe der besten sonstigen Auswahlverfahren liegen (vgl. Eder & Ferris, 1989; Moscoso, 2000).

Aus den Defiziten konventioneller Einstellungsgespräche und aus der Interviewforschung der letzten Jahre lässt sich ableiten, was zur Verbesserung des Interviews als Entscheidungshilfe beitragen kann (s. **Tab. 7**). Diese Maßnahmen sind als «technische Hilfen» gleichzeitig geeignet, den großen Unterschieden in der Urteilskompetenz der Interviewer zu begegnen und auch bei schwächeren Interviewern ausreichende Ergebnisqualität sicherzustellen.

Um Methodeneffekten entgegenzuwirken, sollten mehrere Frageformen verwendet werden. Eine dieser Formen ist die so genannte situative Frage (vgl. Latham, 1989). Hierbei wird jeweils eine «kritische» Situation geschildert, wie sie im Arbeitsablauf auftreten kann. Anschließend wird der Bewerber gefragt, wie er in dieser Situation handeln würde. Man kann diese Prüfungsform also gewissermaßen als «mentale Tätigkeitssimulation» ansehen, bei hohem Erfahrungsanteil als «Wissensarbeitsprobe». Die Antworten der Bewerber werden mit vorgegebenen Skalenverankerungen verglichen und sofort eingestuft. Aus den Ergebnissen mehrerer situativer Fragen wird erst nach Abschluss des Interviews ein Gesamtwert gebildet. Ein Beispiel für eine situative Frage an einen Bewerber um eine Führungsposition wird in **Abbildung 6** vorgestellt.

Strukturierte Interviews, die mehrere Frageprinzipien kombinieren, wurden von Pursell,

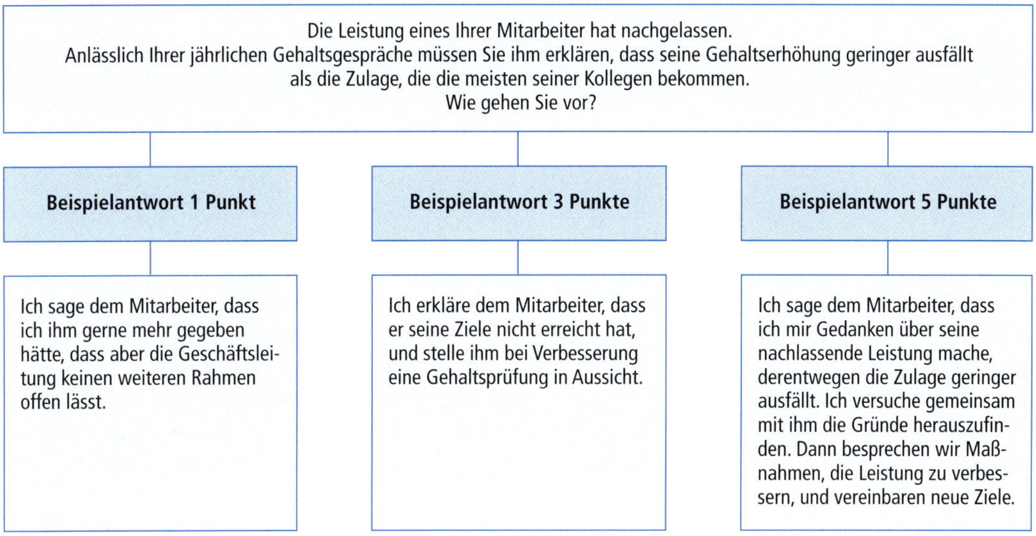

Abbildung 6: Beispiel für eine situative Interviewfrage

Campion und Gaylord (1980) und von Schuler (1992b) entwickelt. Das Interview von Pursell et al. enthält neben situativen Fragen auch noch Kenntnisfragen und kleinere Arbeitsproben, eignet sich also vor allem zur Auswahl berufserfahrener Bewerber. Das *Multimodale Interview* von Schuler besteht aus einer feststehenden Abfolge von acht Komponenten und wurde mit dem Ziel konstruiert, möglichst viele der in der Interviewforschung festgestellten Defizite zu überwinden.

Das *Multimodale Interview* wurde in den letzten Jahren in verschiedenen Branchen, für verschiedene Tätigkeitsbereiche und auf praktisch allen Positionsniveaus zur Auswahl von Mitarbeitern und als Grundlage der Personalentwicklung eingesetzt (vgl. Schuler, 2002). Den Aufbau dieses Gesprächsverfahrens zeigt **Abbildung 7**.

Die Validität des Multimodalen Interviews geht auf mehrere seiner Komponenten zurück, darunter auch auf die biographiebezogenen Fragen. Für ihre Formulierung gelten die gleichen Prinzipien wie beim biographischen Fragebogen, u.a. die Konkretheit des Anforderungsbezugs und des Leistungsbezugs. In verschiedenen Einsatzbereichen werden neben einfachen biographiebezogenen Fragen – etwa: «Wie haben Sie sich auf Ihre Prüfungen vorbereitet?» – auch komplexere oder sequentielle biographi-

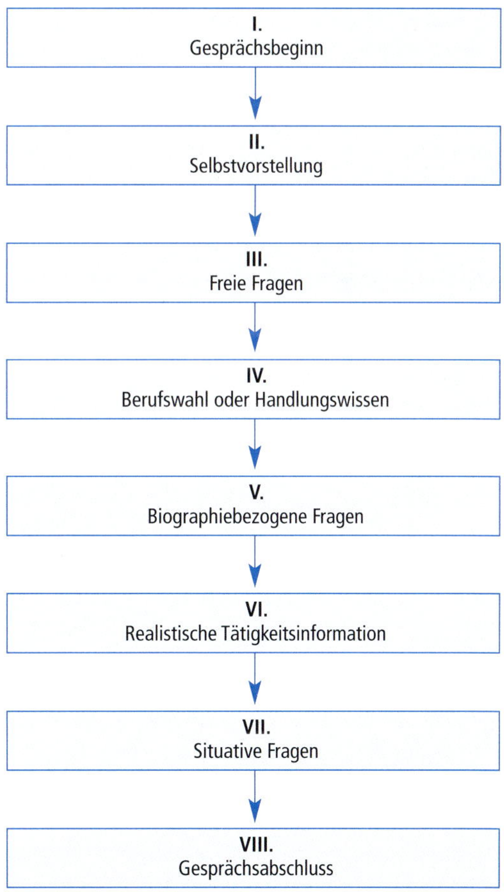

Abbildung 7: Der Aufbau des Multimodalen Interviews

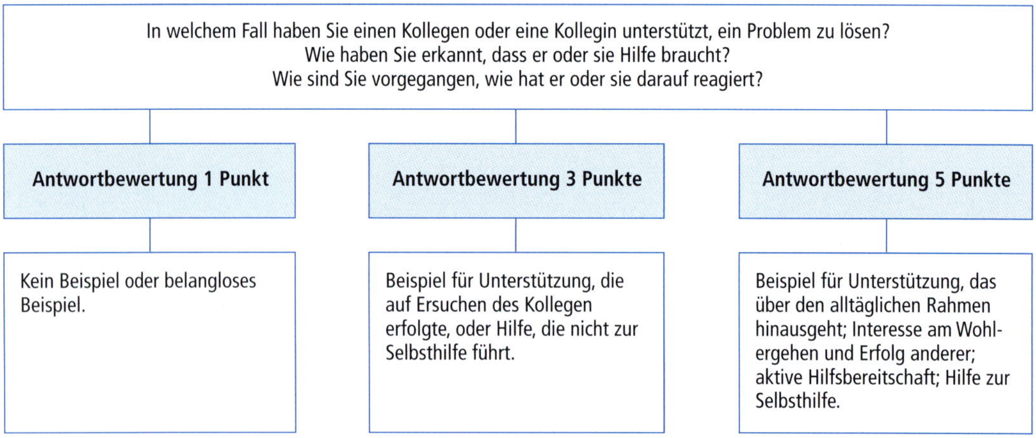

Abbildung 8: Beispiel für eine komplexe biographiebezogene Frage (Anforderungsdimension: Kollegialität) aus dem Multimodalen Interview

sche Fragen gestellt; eine Beispielfrage ist in **Abbildung 8** wiedergegeben.

Die im Gesprächsaufbau realisierte Sequenz freier und standardisierter Interviewkomponenten führt zu einem von den Teilnehmern als harmonisch und sachgerecht erlebten sowie positiv bewerteten Gesprächsablauf.

In mehreren Validierungsstudien wurde das Verfahren unter unterschiedlichen, darunter auch schwierigen Bedingungen geprüft, wie es Gruppen von Auszubildenden (vgl. Schuler, Moser, Diemand & Funke, 1995) und ungewisse Zielpositionen darstellen. Die Daten zur Konstruktvalidität zeigen, dass es möglich ist, das Multimodale Interview sowohl im Sinne von Arbeitsproben an der unmittelbaren Tätigkeit zu verankern, als auch auf der Eigenschaftsebene auf die Erfassung psychologischer Konstrukte auszurichten. Beispiele für solche Konstrukte sind «Kundenorientierung», Leistungsmotivation» oder «Belastbarkeit».

Die Koeffizienten der kriterienbezogenen Validität liegen je nach Gruppe und Bedingungen größtenteils zwischen $r = .30$ und $r = .50$ (höhere Werte ergeben sich bei Korrektur bezüglich mangelhafter Reliabilität des Kriteriums). In verschiedenen Kontexten konnte nachgewiesen werden, dass das Multimodale Interview einen zusätzlichen eigenständigen Prognosebeitrag leistet, z. B. in Ergänzung kognitiver Fähigkeitstests bei Auszubildenden (zu genauerer Information s. Schuler & Funke, 1989, sowie Schuler & Moser, 1995). Neuere Zielgruppen sind Unternehmensgründer (vgl. Schuler, 2002) und Mitarbeiter im Auslandseinsatz (vgl. Stahl, 1995).

Mit den hochstrukturierten und anforderungsbezogenen Interviews stehen also heute Auswahlverfahren zur Verfügung, die bei relativ geringem Durchführungsaufwand den Anforderungen an Selektion wie Selbstselektion zumindest ebenso gut gerecht werden können wie weit aufwändigere Verfahren. Ihre Konstruktion oder Adaption ist allerdings nicht ohne Sachkompetenz zu bewerkstelligen.

4.5 Weitere Verfahren

Im Folgenden soll kurz auf weitere eignungsdiagnostische Verfahren eingegangen werden, die in der allgemeinen Validitätsübersicht (vgl. Abschnitt 4.1) aufgeführt werden, bisher aber noch unerwähnt blieben (Probezeit, «Integrity»-Tests, graphologische Gutachten). Zusätzlich soll auf einige neuere Verfahrensansätze eingegangen werden, die gezielt eine Vermischung der vorgestellten eigenschafts-, simulations- und biographieorientierten Ansätze anstreben.

Die Schmidt & Hunter-Übersicht zeigt, dass die *Probezeit* eine sehr gute kriteriumsbezogene Validität von durchschnittlich .44 aufweist. Soweit sie durchführbar ist, stellt sie eine der validesten Prädiktoren späteren Berufserfolgs dar und bietet auch den Bewerbern Einblick in die Tätigkeit und Organisation. Konzeptionell kann sie als zeitlich ausgedehnte Arbeitsprobe mit Lerntestaspekten angesehen werden.

«Integrity»-Tests weisen ebenfalls eine hohe kriteriumsbezogene Validität von .41 auf, die weitgehend unabhängig von Intelligenz zu sein scheint. Diese relativ heterogene Verfahrensgruppe wurde ursprünglich zur Vorhersage von kontraproduktivem Verhalten (Diebstahl, Sabotage, Absentismus etc.) konstruiert. Eher «unabsichtlich» ergibt sich auch eine gute kriteriumsbezogene Validität für allgemeine Leistungskriterien (Ones, Schmidt & Viswesvaran, 1993; Ergebnisse für ein deutsches Verfahren werden von Marcus, Schuler, Quell & Hümpfner, 2002, geschildert). Bis heute ist strittig, was über diese Verfahren erfasst wird. Während amerikanische Forscher eher ein Metakonstrukt oberhalb der Big5 hypothetisieren (vgl. im Überblick Sackett & DeVore, 2001), gehen speziell deutsche Forscher eher von einem Kompositorium spezifischer Big5-Facetten aus (Marcus, 2000).

Wie die Übersicht bereits andeutet, ist es um die Validität von *graphologischen Gutachten*, d. h. der systematischen Analyse der Handschrift des Bewerbers, schlecht bestellt. Die von Neter und Ben-Shakar (1989) metaanalytisch ermittelte Validität von graphologischen Gutachten von immerhin .20 wird entscheidend durch den Umstand relativiert, dass Nicht-Graphologen (Psychologen und Laien) auf Grund der gleichen Vorlagen fast durchweg zu valideren (!) Schlüssen kommen als die Graphologen. Da bei neutralen (d. h. inhaltsfreien) Schriftproben graphologische Gutachten keinerlei Zusammenhang mit Berufserfolgskriterien aufweisen, liegt der Schluss nahe, dass valide Informationen vorrangig aus dem Inhalt des Geschriebenen (z. B. dem geschriebenen Lebenslauf) gezogen werden und weniger aus der handschriftlichen Form.

Ganz im Sinne des simulationsorienten Diagnoseansatzes gehen zunächst *situative Beurteilungstests* («situational judgment tests»; McDaniel & Nguyen, 2001) vor, indem mit Hilfe der Methode kritischer Ereignisse (vgl. Abschnitt 3.3.2) Beschreibungen erfolgsrelevanter beruflicher Interaktionssituationen gesammelt werden. Diese Information wird aber nicht z. B. für die Konstruktion eines Rollenspiels verwendet, sondern dem Bewerber in kurzer schriftlicher Form zusammen mit unterschiedlichen Handlungsalternativen dargeboten (Beispiel: «Sie und ein Mitarbeiter aus einer anderen Abteilung sind gemeinschaftlich für ein abteilungsübergreifendes Kooperationsprojekt verantwortlich. Der andere Mitarbeiter kümmert sich nicht um seine Verantwortlichkeiten. Was tun Sie? Vier Antwortalternativen a, b, c, d»). Das Antwortverhalten wird mit einem vorher von Experten festgelegten Lösungsschlüssel verglichen und entsprechend kodiert. Mehrere Studien zeigen, dass diese Verfahren inkrementelle Validität gegenüber kognitiven Fähigkeitstests und traditionellen (Big5-)Persönlichkeitsverfahren (Clevenger, Pereira, Wiechmann, Schmitt & Harvey, 2001) sowie bedeutsame Zusammenhänge zu unterschiedlichen Leistungskriterien aufweisen (Chan & Schmitt, 2002). Die situativen Beurteilungstests scheinen damit die Effizienz der Papier-und-Bleistift-basierten Erhebungsform der eigenschaftsorientierten Verfahren (Tests) zu verknüpfen mit dem situativen Konzeptzugang der simulationsorientierten Verfahren. Die Struktur ähnelt situativen Fragen im Interview.

Ein anderer Weg wird bei der *simulationsorientierten Variation der Itemvorgabe in eigenschaftsorientierten Verfahren* begangen. In der Studie von Schmit, Ryan, Stierwalt und Powell (1995) bewirkte die einfache Erweiterung der Big5-Persönlichkeitsitems um die Konkretisierungen «beruflich», «am Arbeitsplatz» etc. eine Steigerung der kriteriumsbezogenen Validität.

In der aus der Hohenheimer Forschergruppe zur «Multimethodalen Konstrukterfassung» hervorgegangenen Arbeit von Höft (2002) wird die Konvergenz mehrerer Big5-Persönlichkeitsverfahren verglichen, die sich systematisch hinsichtlich Berufsbezug und Verhaltensnähe unterscheiden. Es zeigt sich beispielsweise, dass die Big5-Dimensionen Gewissenhaftigkeit und Neurotizismus den geringsten Konvergenzabfall bei einer berufsbezogenen Erfassung aufweisen.

Gleichzeitig wird ihnen von Personalexperten die größte Relevanz attestiert. Insoweit werden hier also über eine rein konstruktbezogene Analyse die bestehenden Kriteriumsvaliditätsbefunde (vgl. Abschnitt 4.2.2) direkt bestätigt. Die gefundenen empirischen Zusammenhänge erklären sich aus dieser Warte aus der besonderen Gültigkeit dieser Konstrukte für berufliche Verhaltenssettings.

Eine Verknüpfung von Simulations- und Eigenschaftsansatz wurde ebenfalls in dem Verfahren «Arbeitsprobe zur Berufsbezogenen Intelligenz (AZUBI-BK)» vorgenommen (Schuler & Klingner, 2003), mit dem gezielt diejenigen Intelligenzfaktoren gemessen werden, die für die Erledigung von Bürotätigkeiten erforderlich sind, obwohl die «Oberfläche» des Verfahrens aus Arbeitsproben besteht.

4.6 Internetgestützte Erfassung eignungsdiagnostischer Informationen

Eine zunehmende Anzahl von Eignungsdiagnosen findet via Internet statt. Diese Technologie verbindet die Vorteile der computergestützten Testdurchführung mit der räumlichen Auslagerung der Diagnose. Die Möglichkeiten von Online-Bewerbungsverfahren werden in sehr unterschiedlichem Maße genutzt, sie reichen vom Hinweis auf die Möglichkeit, eine Bewerbung per E-Mail einzureichen, über HTML-Fragebögen, die vom Personalsachbearbeiter wieder ausgedruckt und konventionell weiterverarbeitet werden, bis zu ausgeklügelten sequenziellen Systemen, mittels deren die Daten elektronisch weiterverarbeitet werden und die zur automatischen Vorauswahl oder gar vollständigen Personauswahl genutzt werden. Der Nutzen internetgestützter Diagnostik liegt insbesondere in folgenden Vorteilen (vgl. Hertel, Naumann, Konradt & Batinic, 2002):

- *Flexibilität:* Simultanes Testen einer nahezu unbegrenzten Personenzahl; adaptives Testen; Nutzung durch mehrere Stellen im Unternehmen.
- *Ökonomie:* Abnehmende Grenzkosten bei hohen Bewerberzahlen; Auslagerung der Bewerbungskosten; Einsparung von Reise-, Raum- und Personalkosten; hohe Zeitersparnis.
- *Standardisierung:* Wegfall subjektiver Einflüsse des Testleiters und Auswerters; computergestützte Auswertung; Kontrolle der Zeitvorgabe; Dokumentierbarkeit der Abläufe.
- *Erweiterung des Diagnoseumfangs:* Zusätzliche Ermittlung von Fehlerreaktionen, Korrekturen und Latenzzeiten.
- *Asynchronität:* Zeitliche Unabhängigkeit, Möglichkeit der Teilnahme zu verschiedenen, selbstgewählten Zeitpunkten; gleichzeitig Kenntnis des Standes jeder Bewerbung im Auswahlprozess.
- *Alokalität:* Örtliche Unabhängigkeit, dadurch weltweite Teilnahmemöglichkeit, globale Präsenz auf den Arbeitsmärkten; einzige Voraussetzung ist der Anschluss ans Internet.
- *Akzeptanz:* Bei jüngeren, computergewohnten Personen durchschnittlich höhere Akzeptanz gegenüber schriftlich durchgeführten Auswahlverfahren; Imagevorteil durch modernes Medium; gezielte Ansprache bestimmter Bevölkerungsgruppen.

Neben der direkten Personalsuche und -auswahl durch – vorwiegend große – Unternehmen kommt so genannten Jobbörsen die Funktion eines virtuellen «Marktplatzes» als Vermittler zwischen Arbeitgeber und Bewerber zu. Manche Systeme geben dem Stellungssuchenden die Möglichkeit, Daten in ein Online-Bewerbungssystem einzugeben, die durch einen erweiterten Algorithmus zu einem Profil zusammengestellt werden. Dieses Kandidatenprofil wird mit Anforderungsprofilen abgeglichen, woraufhin dem Stellungssuchenden Unternehmen oder Positionen genannt werden, bei denen bzw. auf die er sich unmittelbar – per Mausklick – bewerben kann. Im einfacheren Fall stehen die Bewerberdaten Personalsuchenden zur Verfügung, von denen eine Kontaktaufnahme erfolgen kann.

Den Möglichkeiten und Vorteilen von Online-Bewerbungsverfahren stehen allerdings auch *gewichtige* Einschränkungen und Nachteile gegenüber:

- Mangelhafte Kontrolle der Verfahrensdurchführung: Ob der Bewerber persönlich und ohne fremde Hilfe das Auswahlverfahren absolviert, ist nicht überprüfbar. Daneben sind auch Einflüsse von Tageszeit, Störungen und technischen Gegebenheiten nicht ausschließbar.
- Hard- und Softwareprobleme auf Bewerberseite bedingen Störungen und ungleiche Bedingungen für die Kandidaten.
- Mangelnder Schutz für Tests, die im Internet zur Anwendung kommen: Tests können kopiert werden, Lösungshilfen können die Durchführungsbedingungen verzerren.
- Ungleiche Bedingungen für Kandidaten in all jenen Berufen, in denen hohe Computer- und Internetgeübtheit nicht zu den selbstverständlichen Voraussetzungen gehören.
- Der Schutz persönlicher Daten ist noch nicht vollständig gewährleistet.
- Die Anwendungsmöglichkeiten beschränken sich bisher weitgehend auf Testverfahren; Assessment Center-artige Verfahren, viele Arten von Arbeitsproben und Interviews können nicht in verfahrenstypischer Weise durchgeführt werden.

Verschiedene Maßnahmen stehen zur Verfügung, um diesen Problemen zu begegnen (vgl. Frintrup & Renner, 2002; Wottawa & Woike, 2002).

- Der internetbasierte Test erfüllt lediglich die Funktion der Vorauswahl, deren Logik in der Annahme beruht, dass negative Werte eindeutig geringe Qualifikation indizieren, während hohe Werte mehrdeutig sind und der weiteren Überprüfung bedürfen.
- Überprüfung der in der Vorauswahl erzielten Werte – im positiven Fall – in der Präsenzsituation durch den Einsatz von Paralleltests. Diese Vorgehensweise setzt hohe Reliabilität voraus.
- Überprüfung der Identität der Bewerber durch geeignete Maßnahmen; z. B. postalischer Versand einer Zugangsnummer, Vergabe eines nur einmalig funktionierenden Passworts, zeitliche Limitierung der Zugriffsmöglichkeit.
- Verfahrensschutz durch Zufallsauswahl äquivalenter Items; dabei wird für jeden Bewerber ein eigenes Testverfahren zusammengestellt.
- Testdurchführung in der geschützten Umgebung eines *Intranets* (z. B. in Bankfilialen oder am Arbeitsamt).

Weiterentwicklungen der Internetdiagnostik lassen erwarten, dass die diagnostischen Möglichkeiten auch über Tests hinaus auf andere Verfahren ausgeweitet werden und dass Probleme der Nutzeridentifikation und der Datensicherheit verlässlichen Lösungen zugeführt werden.

5. Berufliche Leistungsbeurteilung

Einschätzungen des beruflichen Erfolgs werden in den meisten Arbeitsorganisationen vorgenommen, auch wenn nicht immer förmliche Beurteilungsmethoden dazu verwendet werden. Im Kontext der Auswahl von Mitarbeitern besteht die primäre Funktion von Leistungsdaten darin, Kriterium für die Angemessenheit der getroffenen Personalentscheidung zu sein. Speziell in diesem Fall ist das Prinzip einleuchtend, sowohl die Auswahlverfahren als auch die Beurteilungskriterien aus der Analyse der Anforderungen abzuleiten – man kann die Arbeits- und Anforderungsanalyse geradezu als Theorie der Leistung in der betreffenden Tätigkeit ansehen. Schon Thorndike (1949) allerdings hat festgestellt, dass das schwierigste Problem der eignungsdiagnostischen Forschung darin besteht, befriedigende Maße zu finden, die als Kriterium der Validierung von Auswahlverfahren dienen.

5.1 Funktionen von Leistungsbeurteilungen

Leistungsdaten können aber auch vielfältige andere Funktionen erfüllen. Eine Zusammenstellung der wichtigsten Verwendungszwecke gibt **Tabelle 8** (s. Seite 320).

Tabelle 8: Funktionen der Leistungsbeurteilung (modifiziert nach Schuler, 1991, S. 14)

1. Leistungsverbesserung durch Verhaltenssteuerung (Feedback für die Beurteilten)
2. Planung, Auswahl und Gestaltung von Maßnahmen der Personalentwicklung
   - individuell: Maßnahmen zur Erhöhung der individuellen Bewährungswahrscheinlichkeit und Einsatzbreite (u.a. Aufgabenerweiterung, Verhaltenstraining, Fort- und Weiterbildung)
   - kollektiv: Personalentwicklungsplanung
3. Personelle Entscheidungen auf individuellem und kollektivem Niveau
   - individuell: Platzierung, Beförderung, Versetzung, Übernahme, Kündigung
   - kollektiv: Personalplanung
4. Gestaltung von Arbeitsbedingungen (Arbeitsplatz und Arbeitsumgebung), Ausgangspunkt von Organisationsdiagnose und Organisationsentwicklung
5. Gehalts- und Lohnbestimmung
6. Verbesserung der Führungskompetenz der Vorgesetzten
7. Evaluation von Selektionskonzepten, personellen Entscheidungen, Maßnahmen der Personalentwicklung, Programmen der Organisationsentwicklung, Anreiz- und Verstärkungssystemen
8. Artikulation von Anforderungen an Arbeitstätigkeit und soziales Verhalten (Leistungsbeurteilung als Instrument der betrieblichen Sozialisation, der Motivierung und Verhaltenssteuerung)
9. Hervorhebung der Bedeutung leistungsorientierter Personalentwicklung in der Organisation

Entsprechend ihrer spezifischen Funktion haben Leistungsdaten unterschiedlichen Ansprüchen zu genügen: Werden beispielsweise Beurteilungen als Kriterien für die Validierung von Auswahlverfahren verwendet, so müssen sie ihrerseits valide sein und quantitative Differenzierungen zwischen den Beurteilten ermöglichen. Dienen sie der Personalentwicklung, steht die Erkennbarkeit individueller Stärken und Schwächen im Vordergrund. Für die Bemessung von Gehältern und Zulagen ist besonders die Lösung des Attributionsproblems wichtig, also die Beantwortung der Frage, inwieweit ein beobachtetes Ergebnis von der Person selbst zu verantworten bzw. auf andere Einflussgrößen zurückzuführen ist. Steht der Orientierungscharakter der Beurteilung im Vordergrund, so ist auf den Anforderungsbezug zu achten, und wird Verhaltenssteuerung bezweckt, kommt der Gestaltung der rückkoppelnden Leistungsinformation (Feedback) besondere Bedeutung zu.

Nicht alle diese Zielsetzungen sind untereinander kompatibel und mittels der gleichen Methoden zu erreichen; einige haben sich sogar als antagonistisch erwiesen; z.B. ist eine gehaltsbezogene Beurteilung im Allgemeinen nicht gleichzeitig als Instrument der Personalentwicklung verwendbar (weil es dann im Interesse des Beurteilten liegt, seinen Entwicklungsbedarf – zumindest den «on the job» – herunterzuspielen), und eine Beurteilung, bei der individuelle Aspekte der Beratung und Unterstützung im Vordergrund stehen, wird in vielen Fällen keine Information liefern, die Vergleichbarkeit über Organisationseinheiten hinweg gewährleistet.

Die aufgelisteten Funktionen zeigen, dass die Attribution mangelnder Leistung keineswegs zwangsläufig der betreffenden Person gelten muss, sondern dass beispielsweise auch die Konsequenz gezogen werden kann, Arbeitsbedingungen zu verbessern. Ebenso wenig, wie der Begriff der Leistung an Verhaltensergebnisse einzelner Personen gebunden ist, ist die Leistungsbeurteilung auf die Feststellung dieser Ergebnisse durch eine hierarchisch übergeordnete Instanz beschränkt. Leistung kann vielmehr auf jedem Niveau der Kollektivität erfasst werden – als Beitrag einer Organisationseinheit zu den Zielen der Gesamtorganisation –, und als Methoden der Leistungsbeurteilung kommen praktisch alle Verfahren der Evaluation empirisch erfassbarer Sachverhalte in Betracht.

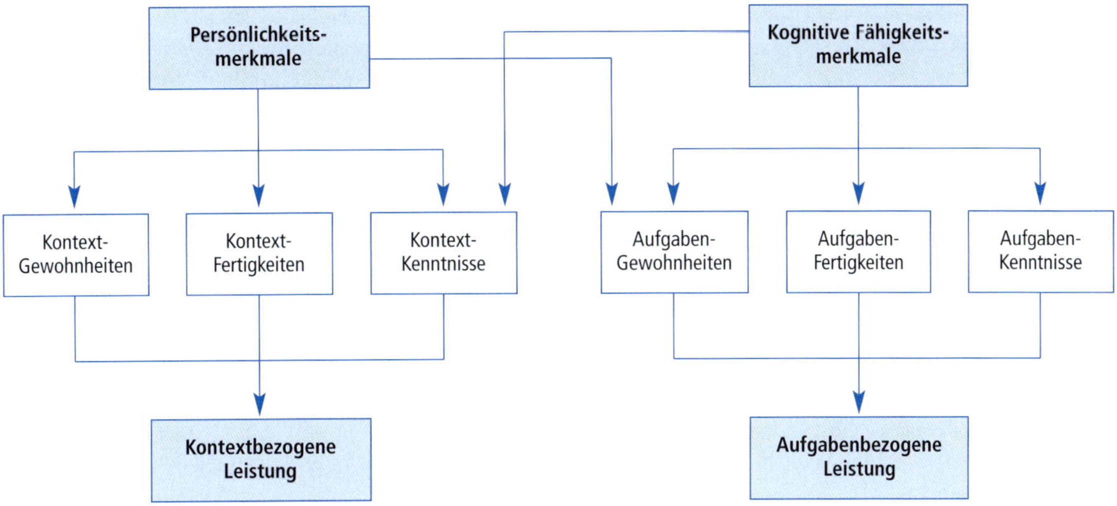

Abbildung 9: Der Einfluss kognitiver und nichtkognitiver Merkmale auf aufgabenbezogene und kontextbezogene Leistung (übs. aus Motowidlo, Borman & Schmit, 1997, S. 79)

5.2 Beurteilungsmodelle und Kriterienarten

Zur Frage, was als berufliche Leistung beurteilt werden sollte und in welchen Kategorien Beurteilungskriterien zusammengefasst werden sollten, wurden eine Reihe so genannter Struktur- und Kausalmodelle vorgeschlagen. Viel Aufmerksamkeit hat eine Klassifikation gefunden, die aus dem großen militärischen *Projekt A* entstanden ist (Campbell, McHenry & Wise, 1990). Dort wurden neben einem jeweils positionsspezifisch definierten Faktor der Aufgabenerfüllung generelle (tätigkeitsbezogene) Tüchtigkeit, Führung und Einsatz, persönliche Disziplin und körperliche Fitness als Leistungsfaktoren ermittelt. Eine detailliertere Klassifikation von Leistungsaspekten wurde von Borman und Brush (1993) vorgenommen, die in Zusammenfassung der Literatur 18 Dimensionen der Leistung als Anforderungen an Führungskräfte definieren.

Viel Interesse hat in den letzten Jahren das Konzept *Organizational citizenship behavior* gefunden (Organ, 1988). Dem Verhalten eines «guten Organisationsbürgers» entspricht das, was Borman und Motowidlo (1993) *Contextual performance* nennen – im Gegensatz bzw. als Ergänzung zu dem Leistungsverhalten, das qua Stellenbeschreibung von den Mitarbeitern gefordert wird, *Task performance*. Fähigkeiten, insbesondere kognitive Fähigkeiten, sind der beste Prädiktor der aufgabenbezogenen Leistung, während der kontextbezogene Leistungsbeitrag eines Mitarbeiters sich teilweise aus seinen nichtkognitiven Persönlichkeitsmerkmalen vorhersagen lässt. **Abbildung 9** (aus Motowidlo, Borman & Schmit, 1997) bringt diese Vorstellung zum Ausdruck, die sich zumindest ansatzweise bestätigen ließ.

Eine Klassifikation der Kriterien, die mit den meisten Leistungstheorien kompatibel ist und ein wichtiges Element des hier durchgehend vertretenen Drei-Ebenen-Modells darstellt, ist die auf Campbell, Dunnette, Lawler und Weick (1970) zurückgehende Unterscheidung der Beschreibungsebenen Person, Verhalten und Ergebnisse (zur ausführlichen Darstellung vgl. Schuler & Marcus, 2003).

Ergebnisorientierte Beurteilungsmethoden werden oft besonders befürwortet und in der Praxis häufig eingesetzt. Ergebniskriterien können in Verkaufs- oder Umsatzzahlen bestehen, in Produktionseinheiten, Fluktuationsdaten und Fehlzeiten, Ausschusszahlen, Reklamationen, Marktanteilen oder auch in Beurteilungen des Organisations- bzw. Abteilungsklimas durch die unterstellten Mitarbeiter. Häufig ist der Bezug zur Arbeitsanalyse gering, die Formulierung der Kriterien orientiert sich vielmehr an den angestrebten Zielen der Organisation oder der Arbeitseinheit. Ergebnisorientierte Beurteilungen kommen deshalb vor allem dort zum Einsatz, wo eine Vielfalt unterschiedlichen Verhaltens zum Erfolg führen kann, wo Verhaltensbeobachtungen nicht möglich sind oder wo verhaltensbezogene Intervention unangemessen scheint. So besteht z. B. die Führungsmethode Management by Objectives (MBO), die besonders häufig bei Führungskräften Verwendung findet (Odiorne, 1965), in der Orientierung und Messung der Leistung an individuell vereinbarten Zielen.

Zu den Vorteilen ergebnisbezogener Beurteilungen zählen die deutliche Repräsentation der eigentlichen Leistungsziele, der Verhaltensspielraum (es mag mehrere Wege zum Leistungsziel geben, die von Mitarbeitern individuell genutzt werden können) und die Anwendbarkeit sowohl auf individuelle wie auf Gruppen- und Unternehmensziele. Probleme bestehen u. a. in der Schwierigkeit der individuellen Zurechnung der Ergebnisse, in der Überbewertung des Zähl- und Messbaren gegenüber weniger konkretisierbaren Zielsetzungen sowie in unzulänglicher Steuerungsmöglichkeit bei negativen Zielabweichungen: Wie mehrfach belegt wurde (Locke & Latham, 1990), sind verhaltensbezogene Zielsetzungen ergebnisbezogenen im Informationsgehalt und in der motivationalen Wirkung überlegen. Reliabilitätsprobleme ergeben sich, wenn man seltene Ereignisse (z. B. Arbeitsunfälle) als Ergebniskriterien verwendet.

Auch die *verhaltensbezogenen* Beurteilungen werden allgemein als wichtig erachtet (Eichel & Bender, 1984) und sind weit verbreitet. Viele Verfahren der Arbeitsanalyse erlauben die direkte Ableitung von Verhaltenskriterien aus der Beschreibung der Tätigkeiten. Sie können als Kernbereich der Leistungsbeurteilung angesehen werden, setzen allerdings die Kenntnis von Verhaltens-Erfolgs-Zusammenhängen voraus.

Als Vorteil verhaltensbezogener Beurteilungen wird vor allem ihr Informationsgehalt für den Beurteilten und damit ihr Bezug zur Verhaltenssteuerung und Leistungsverbesserung gesehen, zumal Verhaltenseinheiten unterschiedlichen Umfangs und Konkretisierungsgrades betrachtet werden können. Schwierigkeiten können in der tatsächlichen Beobachtbarkeit des Verhaltens liegen, in seinem Bezug zu den eigentlichen Zielen und in der Einengung des Verhaltensspielraums. Nicht immer wird wirklich Verhalten beurteilt, wenn Beurteiler verhaltensbezogene Urteile abzugeben glauben; Beurteiler neigen vielmehr zu globalen Eigenschaftseinschätzungen (Ilgen & Schneider, 1991).

Eigenschaftsbezogene Beurteilungen werden vornehmlich dort vorgenommen, wo Verhalten nicht beobachtbar und Ziele nicht erfassbar sind oder wo relativ anforderungsunabhängiges «Potenzial» festgestellt werden soll. Beispielsweise beziehen sich Einschätzungen aus Anlass von Karriereentscheidungen üblicherweise auf Fähigkeiten und andere als relativ stabil angenommene Personmerkmale (also Verhaltensdispositionen in Bezug auf breite Situationsklassen).

Als Vorteil eigenschaftsbezogener Urteile gilt besonders ihr hoher Allgemeinheitsgrad und damit ihre tatsächliche oder vermeintliche Relevanz für eine Vielfalt künftiger Anforderungssituationen und ihre Verwendbarkeit für eine große Zahl unterschiedlicher Arbeitsplätze. Nachteilig ist die hohe Urteilssubjektivität, die Exzessivität (Urteile sind nicht auf leistungsrelevante Aspekte beschränkt) und die geringe Tauglichkeit eigenschaftsbezogener Beurteilungen für Feedback und Verhaltenssteuerung.

5.3 Beurteilungsverfahren

Zur Einschätzung von Leistung auf den Beschreibungsebenen Person – Verhalten – Ergebnisse wird eine Vielfalt formeller und informeller Techniken eingesetzt. Die meisten der formellen Beurteilungsverfahren sind einer der folgenden Methoden zuordenbar.

Freie Eindrucksschilderungen

Besonders verbreitet zur Beurteilung von Führungskräften – teilweise in Kombination mit Zielsetzungsverfahren – ist die Methode der freien Eindrucksschilderung. Ohne oder mit geringen formalen Vorgaben werden dabei Eindrücke über erfolgsrelevantes Verhalten oder über entsprechende Eigenschaften und Kompetenzen in freien Worten festgehalten. Der Einsatz freier Eindrucksschilderungen ist vor allem dort vertretbar, wo es nicht entscheidend auf die Vergleichbarkeit von Beurteilungsergebnissen ankommt, etwa als Grundlage von Fördergesprächen. Um ein Mindestmaß an Vergleichbarkeit zwischen verschiedenen Beurteilern sicherzustellen, können Urteilsaspekte oder Begriffslisten als Auswahlhilfe angeboten werden. Mitunter, z. B. in Bereichen des öffentlichen Dienstes, ist eine freie Eindrucksschilderung als Ergänzung gebundener Skalierungen vorgesehen (Althoff & Brandstätter, 1973).

Vorteile freier Eindrucksschilderungen liegen im geringen Konstruktionsaufwand, in der Möglichkeit individueller Charakterisierung einer Person bzw. ihrer Leistungsergebnisse und in der Anpassung der Beurteilung an die kognitive Kategorisierung des Beurteilers (statt an ein vorgefertigtes Schema). Nachteile sind ihre geringe Reliabiliät und die Möglichkeit für den Beurteiler, auf das Ansprechen heikler – und gleichwohl wichtiger – Aspekte zu verzichten.

Einstufungsverfahren

Unter den gebundenen Urteilstechniken sind für alle Gruppen beurteilter Mitarbeiter Einstufungsverfahren die verbreitetste Verfahrensklasse (Cascio, 1997). Methodisches Prinzip ist die Zuordnung («Einstufung », englisch «rating») von Verhaltensbeobachtungen, Ergebnis- oder Merkmalseinschätzungen zu einer mehrstufigen Skala. Die Skalenstufen können durch Zahlenwerte und verbal verankert sein, die Leistungsbeschreibung erfolgt mit etwa fünf bis 20 Skalen. Die einfachste Form ist die graphische Einstufungsskala, die in der Mehrzahl der Fälle mit fünf bis neun Skalenstufen verwendet wird, worin ein Reliabilitätsoptimum zu liegen scheint. Die Beurteilungsdimensionen werden bei diesem Skalentyp zumeist so allgemein formuliert, dass sie für verschiedene Arbeitsplätze Verwendung finden können. Anspruchsvollere Varianten sind Verhaltensbeobachtungsskalen (Latham & Wexley, 1977) und Verhaltensverankerte Einstufungsskalen (Smith & Kendall, 1963; ein Beispiel wird in **Abb. 10** vorgestellt). Beide basieren auf Arbeitsanalysen – vorzugsweise nach der Methode der kritischen Ereignisse (vgl. Abschnitt 2.1) – und können damit für sich in Anspruch nehmen, nur erfolgsrelevantes Verhalten in die Beurteilung einzubeziehen. Dies kommt der Akzeptanz und Rechtmäßigkeit der Beurteilungen zugute, ihrer Validität zumindest in einer inhaltlichen Form. Trotz relativ großen Konstruktionsaufwands, speziell im Falle der verhaltensverankerten Einstufungsskalen, die – im Unterschied zur Verhaltensbeobachtungsskala – ein dimensional integriertes Urteil bedingen, ist allerdings zweifelhaft, ob damit wirklich eigenschaftsbezogene Beurteilungen, wie propagiert, vermieden werden (Murphy, Martin & Garcia, 1982): Die Forschung zur Informationsverarbeitung bei Beurteilungsprozessen weist darauf hin, dass sich Beurteiler nur in Ausnahmefällen an einzelne Beobachtungen erinnern und stattdessen die Einstufungen entsprechend ihrem in globaleren Urteilskategorien formulierten Bild von dem zu Beurteilenden vornehmen (Feldman, 1981).

Kennzeichnungs- und Auswahlverfahren

In geringerem Umfang werden Kennzeichnungs- und Auswahlverfahren eingesetzt. Die wichtigsten Varianten, die Gemischte Aussagenliste mit freier Wahl und die Gruppierte Aussagenliste mit Wahlzwang, werden bei Brandstätter (1970) eingehend beschrieben. Ihrer Konstruktion liegt die Absicht zu Grunde, dezidiert auf Verhaltensniveau zu beschreiben und Urteilstendenzen (v. a. Mittelwerts- und Streuungstendenzen) zu vermeiden. Weitere Untersuchungen mit diesen Skalentypen werden von Bernardin und Beatty (1984) sowie von Landy und Farr (1983) berichtet. Mit der Zielsetzung, die Objektivität von Beurteilungen zu erhöhen, entwickelten Flanagan und Burns (1955) ein Beurteilungsverfahren, das auf der Technik der kritischen Ereignisse (Flanagan, 1954) basiert. Methodisches Prinzip ist die Erfassung solcher Ver-

Welche Bedeutung hat die Verhaltensdimension «INNOVATION» (z. B. Neuerungen erkennen, aufgreifen und umsetzen) für die Leistung Ihres Mitarbeiters?

0	1	2	3	4	5
keine	geringe		mittlere		hohe

Bitte bewerten Sie anhand der Verhaltensbeispiele für «INNOVATION» die Leistungen Ihres Mitarbeiters in dieser Dimension.

Einschätzung (bitte ankreuzen)		**Verhaltensbeispiele**
9 / 8 / 7	überdurchschnittliche Leistung	• bringt selbst kreative Vorschläge und Beiträge aus verschiedenen Bereichen vor • überträgt neue Inhalte aus Literatur oder Vorträgen auf eigene Aufgaben • findet sich sehr schnell in neuen Fachgebieten zurecht • erkennt Vorteile und Nutzen von neuen Entwicklungen für seine Aufgaben
6 / 5 / 4	durchschnittliche Leistung	• kann neue Inhalte vermitteln und anwenden • ist Entwicklungen und Neuerungen gegenüber aufgeschlossen • informiert sich laufend über neue Aspekte seiner Aufgaben • ist an Neuerungen interessiert, spricht aber nur nach Aufforderung über diese Aspekte
3 / 2 / 1	unterdurchschnittliche Leistung	• verwendet herkömmliche Lösungswege ohne Bereitschaft zur Neuerung • beteiligt sich nicht an Fachgesprächen über Neuentwicklungen/Innovationen • steht neuen Ideen reserviert gegenüber • gibt bei ungewöhnlichen Lösungsansätzen schnell auf

Abbildung 10: Beispiel für eine Gestaltungsvariante einer verhaltensverankerten Einstufungsskala (aus Schuler et al., 1995, S. 64)

haltensweisen, die zu Erfolg oder Misserfolg im Arbeitsvollzug führen. Damit sind zwei Grundprinzipien betont, die auch in der heutigen Diskussion als bedeutsam hervorgehoben werden – der Anforderungsbezug und die Verhaltensorientierung. Aufgabe der Beurteiler ist die laufende Registrierung «erfolgskritischer» Verhaltensweisen.

Rangordnungsverfahren

Ebenfalls mehr in informellem Gebrauch denn als elaboriertes Beurteilungssystem dürfte die Bildung von Rangordnungen Verwendung finden. Explizite Rangbildung wird vor allem im Vertrieb, aber auch im militärischen Bereich und zur Charakterisierung von Ausbildungsleistungen vorgenommen.

Rangreihen können sowohl als globale Bewertung als auch differenziert nach Leistungsbereichen gebildet werden. Die Reliabilität der Beurteilung wird erhöht, wenn die Rangreihe über Paarvergleiche hergestellt wird. Verbreitet ist die Quotenvorgabe bei Verwendung von Einstufungsskalen (z.B. 10% – 20% – 40% – 20% – 10% der Werte auf den Ausprägungen einer fünfstufigen Skala). Hierbei handelt es sich um eine Rangordnung, deren mittlere Rangplätze mehrfach zu vergeben sind. Hierdurch soll unterschiedlichen Urteilsmaßstäben und vor allem der Mittelwertstendenz entgegengewirkt werden. Speziell bei geringer Personenzahl wirken sich Verteilungszwang und der Nullsummencharakter dieser Methode häufig in geringer Akzeptanz aus. Ein Verfahren, das Rangreihenbildung und Einstufung sequenziell verbindet, wurde von Miner (1988) vorgestellt.

Mit dem Ziel, einen direkten Vergleich zwischen Arbeitsanforderungen und Personmerkmalen zu ermöglichen und gleichzeitig mangelnder Differenzierung zwischen Urteilsaspekten entgegenzuwirken, wurde von Brandstätter und Schuler (1974) das Verhaltensrangprofil entwickelt. Dieses Beurteilungsverfahren hat die Form einer ipsativen Rangreihe, bei der nicht Personen, sondern Verhaltensweisen oder Fähigkeiten für jede Person in eine Rangordnung nach dem Grad ihres relativen Zutreffens gebracht werden. Außerdem wird mit den gleichen Aussagen eine Rangreihe der Tätigkeitsanforderungen aufgestellt. Der Vergleich beider Rangreihen – des Personprofils und des Tätigkeitsprofils – ermöglicht eine unmittelbare Bestimmung, wie gut Person und Arbeitsplatz zusammenpassen. Um zusätzlich verankernde Leistungsvergleiche zwischen Personen vornehmen zu können, wurde diesem Verfahren als Ergänzung die Sequenzielle Prozentrangskalierung an die Seite gestellt. Deren asymmetrischer Aufbau ermöglicht verbesserte Differenzierung im oberen Leistungsbereich (zur detaillierteren Information s. Schuler, 1991).

Ein dem Verhaltensrangprofil verwandtes Beurteilungsverfahren, das den überindividuellen Vergleich unmittelbar integriert, wurde von Staufenbiel und Kleinmann (2002) vorgestellt. Detaillierte Berichte über die Konstruktion eines multimodalen Beurteilungsverfahrens finden sich bei Schuler, Hell, Muck, Becker und Diemand (2003, Individualbeurteilung) sowie Klingner, Schuler, Diemand und Becker (2003, Beurteilung von Auszubildenden).

5.4 Qualität von Leistungsbeurteilungen

Im Hinblick auf Objektivität und Reliabilität wurden verschiedene Modelle vorgeschlagen, den Prozess der Urteilsbildung darzustellen (für einen Überblick s. Landy & Farr, 1983; Schuler & Marcus, 2003). Hierzu gehören das Prozessmodell von Wherry (Wherry & Bartlett, 1982), das Verhaltens-Eindrucks-Aussage-Modell von Brandstätter (1969), das Beobachtungs-Bewertungs-Gewichtungs-Modell von Borman (1978) und der Versuch von Ilgen und Feldman (1983), eine Darstellung des Beurteilungsprozesses in ein umfangreicheres «systemisches» Modell leistungsbedingender Faktoren zu integrieren.

Über längere Zeit bestand die theoriebezogene Erforschung von Beurteilungen hauptsächlich in der Erörterung von Urteilstendenzen. Brandstätter (1970) fasste die wichtigsten Urteilstendenzen zu Mittelwerts-, Streuungs- und Korrelationstendenzen zusammen. Insbesondere die Ursachen realitätsgerechter oder fehlerhafter Interkorrelation verschiedener Urteilsdimensionen («Halo» oder «Überstrahlung») wurde in vielen Einzelstudien untersucht (zusammenfassend Cooper, 1981). Generell zeigt sich für Urteilstendenzen ein eher geringer Zusammenhang mit Maßen der Genauigkeit (accuracy), Reliabilität und Validität (Cooper, 1981; Lord, 1985). Urteile können frei sein von erkennbaren Urteilstendenzen und trotzdem falsch, weshalb zunehmend dafür plädiert wird, differenzierte Messungen der «Richtigkeit» von Urteilen vorzunehmen (z.B. Ilgen & Feldman, 1983).

Zur Vermeidung von Urteilstendenzen, speziell von Korrelationstendenzen, kann empfohlen werden: die Verwendung eindeutiger, verhaltensbezogener und operational abgrenzbarer (also nicht nur sprachlich unterscheidbarer) Urteilskriterien, häufige und repräsentative Beobachtung, Kenntnis der Anforderungen, laufende Registrierung und Einsatz mehrerer Beurteiler. Die Wirkung der häufig zu diesem Zweck durchgeführten Beurteilertrainings ist umstritten (vgl. Lord, 1985 vs. Latham, 1986).

Speziell wenn Leistungskriterien zur Überprüfung von Personalauswahlverfahren verwendet werden, wird man die Frage nach der Validität dieser Daten stellen. In vielen Fällen muss man damit rechnen, dass die Prädiktordaten von höherer Qualität sind als die Kriteriendaten, die ihnen zum Maßstab dienen sollen. Dabei sind inhaltliche und konstruktbezogene Aspekte der Validität von Leistungsdaten sehr häufig in Frage zu stellen: Beispielsweise sind Vorgesetzten-, Kollegen- und Selbstbeurteilungen nur etwa in Höhe von r=.20 bis .30 untereinander korreliert (Schuler & Schmitt, 1987; zur Qualität von Selbstbeurteilungen vgl. Moser, 2003). Die prognostische Validität von Vorgesetztenurteilen liegt mit r=.44 etwa in gleicher Höhe wie die Validität von Kollegenurteilen (r=.49) (Hunter & Hunter, 1984). Schmitt, Gooding, Noe und Kirsch (1984) fassen die Validität von Vorgesetzten- und Kollegenurteilen metaanalytisch zum Wert von r=.43 zusammen, wobei die Prognose von Statusänderungen am besten (.51), die der Gehaltshöhe am schlechtesten (.21) gelingt. Schmidt und Hunter (1981) geben als durchschnittliche Korrelation der Beurteilung von Trainings- und Arbeitsleistung r=.77 an. Häufig wird heute von 360°-Beurteilung gesprochen, wenn mehrere Beurteilungsquellen herangezogen werden, um über die Leistung einer Person Aufschluss zu bekommen (Scherm & Sarges, 2002).

Auch bei intensiveren Bemühungen um eine anforderungsbezogene Leistungsbeurteilung ist mit speziellen situativen Einflussfaktoren zu rechnen. So wurde der Einfluss «maximaler» gegenüber «typischer» Leistung auf die Leistungsergebnisse von Sackett, Zedeck und Fogli (1988) untersucht. Dazu wählten sie die Tätigkeit der Kassiererin im Supermarkt, deren Leistung als Geschwindigkeit und Fehlerzahl einfach zu messen ist. Verglichen wurden die Leistungsergebnisse mittels standardisierter Warenkörbe, die nach Ankündigung an die Kasse gebracht wurden (maximale Leistung), mit den Daten über Arbeits- und Fehlermenge, die in der gleichen Zeit (einem Vier-Wochen-Intervall) von den Registrierkassen automatisch festgehalten wurden (typische Leistung). Die Übereinstimmung der beiden Leistungsmessungen lag für erfahrene Kassiererinnen bei r=.32, für Neuangestellte sogar nur bei r=.14. Nachdem es sich in beiden Fällen um reliable Messungen handelte, scheint mit beiden Leistungsmaßen Unterschiedliches erfasst zu werden. Wenn wir beispielsweise annehmen, dass im Assessment Center eher maximales als typisches Verhalten erfasst wird, so müsste sich höhere Validität errechnen lassen, wenn auch auf der Kriterienseite maximales Verhalten (z. B. der Erfolg in Sondereinsätzen) erfasst wird, als wenn typisches Verhalten Gegenstand der Bewertung ist. Andererseits könnte eine praktische Konsequenz sein, sich in eignungsdiagnostischem Kontext verstärkt um die Evokation «typischen» Verhaltens zu bemühen.

Wie wichtig es speziell bei Validierungsstudien ist, über angemessene und verlässliche Kriterien zu verfügen, zeigte eine Untersuchung, in deren Rahmen ein komplexes Auswahlverfahren für Wissenschaftler und Ingenieure entwickelt wurde (Schuler et al., 1995). Die Überprüfung ergab wachsende Validitätskoeffizienten zum einen bei höherer Bedeutung der Anforderungen am entsprechenden Arbeitsplatz, zum anderen für Vorgesetztenurteile bei längerer Zeitspanne der Zusammenarbeit zwischen Vorgesetzten und Mitarbeitern (s. **Abb. 11**).

Hätte man sich in dieser Studie auf die Erhebung von Kriterien nach kurzfristiger Zusammenarbeit beschränkt – wie nicht selten in Validierungsstudien –, wäre die Validität des Auswahlverfahrens grob unterschätzt worden. Die nur partielle Überschneidung verschiedener Kriterientypen, insbesondere die unterschiedlichen Beziehungen zwischen Prädiktoren und Kriterien, sprechen oft dafür, Leistungsbeurteilungen multimodal zu gestalten, d. h. sie aus verschiedenen Kriterientypen zu kombinieren (Schuler & Schmitt, 1987).

Die Beurteilung beruflicher Leistung ist einer Reihe von methodischen Problemen ausgesetzt. Vielfach gehen Schwierigkeiten bei der Einfüh-

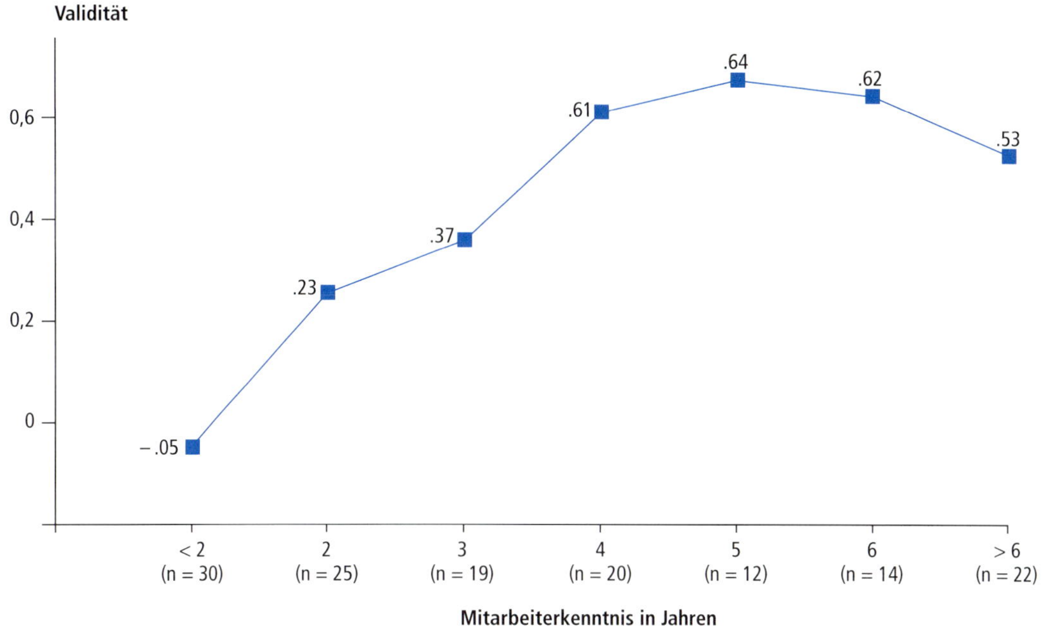

Abbildung 11: Einfluss des Zeitraums der Vorgesetzten-Mitarbeiter-Zusammenarbeit auf die Validität von Auswahlverfahren (nach Schuler et al., 1995)

rung und Anwendung von Beurteilungsverfahren jedoch darauf zurück, dass Gesichtspunkte nicht berücksichtigt werden, von denen Verständnis, Akzeptanz und Kompatibilität mit der Unternehmenskultur abhängen. Murphy und Cleveland (1995) betonen die Bedeutung der Organisationskultur und weiterer Kontextfaktoren bei der Gestaltung und Implementation eines Verfahrens und warnen davor, nur das Individuum im Auge zu haben und die Bedeutung von Teams zu unterschätzen. Andere Fehler bestehen darin, den Anspruch an Partizipation gering zu schätzen, der seitens Mitarbeitern und Personalvertretung besteht, sowie nicht ausreichend dafür zu sorgen, dass Beurteiler ein geeignetes Training durchlaufen, in dem sie insbesondere qualifiziert werden, wirksame und akzeptable Beurteilungsgespräche zu führen (zum Beurteilungsgespräch vgl. Fiege, Muck & Schuler, 2001). Als Mittel der Personalentwicklung sind Leistungsbeurteilungen vor allem dann tauglich, wenn der Beurteilung eine Zielsetzung vorausgeht und ein Feedback folgt.

Der entscheidende Faktor ist nach Erfahrung der Autoren jedoch, Leistungsbeurteilung und Beurteilungsgespräch nicht zu überfrachten. Denkbar ungünstige Bedingungen für das Gelingen der Beurteilung sind dann gegeben, wenn in der laufenden Zusammenarbeit geringe Kommunikationsdichte vorliegt, wodurch das turnusgemäß durchgeführte Gespräch von Kritik überfrachtet wird, und gleichzeitig die Beurteilung auch die Funktion innehat, eine Potenzialeinschätzung darzustellen, die auf Fähigkeiten und anderen stabilen Eigenschaften basiert. Demgegenüber lassen sich mit Beurteilungen viele der gesetzten Ziele erreichen, wenn drei Ebenen unterschieden und praktisch auseinander gehalten werden – das Day-to-day-Feedback, die Regelbeurteilung und die Potenzialbeurteilung (Schuler, 1991).

Das *Day-to-day-Feedback* bezieht sich auf das Arbeitsverhalten, wie es Tag für Tag stattfindet und beobachtet werden kann. Feedback als Erfahrungsaustausch oder als Anerkennung und Korrektur wird unmittelbar – also verhaltenskontingent – gegeben und erreicht dadurch den stärksten Lerneffekt. Die *Regelbeurteilung* fasst zu regelmäßigen Zeitpunkten (häufig ein Jahr) Einzelbeobachtungen zusammen und vergleicht

Tabelle 9: Die drei Ebenen der Beurteilung (aus Schuler, 1991, S. 26)

Ebene	Funktion	Verfahrensweise
1. Ebene Day-to-day-Feedback	Verhaltenssteuerung Lernen	Gespräch Unterstützung
2. Ebene Regelbeurteilung	Leistungseinschätzung Zielsetzung	Systematische Beurteilung Beurteilungsgespräch
3. Ebene Potenzialbeurteilung	Fähigkeitseinschätzung Prognose	Eignungsdiagnose Assessment Center

Verhalten und Ergebnisse mit Anforderungen und Zielsetzungen. Gegenstand der *Potenzialbeurteilung* ist dagegen weniger das, was bisher geleistet wurde, sondern «was noch in einem Mitarbeiter steckt», was auf Grund seiner Fähigkeiten und weiterer erfolgsrelevanter Eigenschaften künftig von ihm erwartet werden kann und beispielsweise eine Beförderung rechtfertigt. Eine solche Einschätzung ist für Personalentscheidungen wichtig, aber ihre Tauglichkeit zu Feedback und Verhaltenssteuerung ist gering. Erst die *Ergänzung aller drei* führt zu einem fruchtbaren Beurteilungs- und Feedbackprozess, der allen Zielen gerecht wird. **Tabelle 9** fasst diesen Sachverhalt nochmals in Stichworten zusammen.

6. Personelle Entscheidungen

Eignungsdiagnosen und Leistungsbeurteilungen sind häufig Grundlage für nachfolgende Personalentscheidungen. Diese beschäftigen sich mit der adäquaten Zuweisung von Personen zu bestimmten Bedingungen, typischerweise Arbeitsplätzen. In **Informationsbox 6** sind vier in der Praxis häufiger anzutreffende Zuweisungssituationen dargestellt.

Die Qualität des gesamten Auswahl- und Entscheidungsprozesses kann trotz valider Auswahlverfahren oder Leistungsindikatoren durch Entscheidungsfehler zunichte gemacht werden. In der Praxis werden Personalentscheidungen allerdings nicht nur unter dem Gesichtspunkt der Eignung, d.h. unter Bezug auf den eignungsdiagnostisch prognostizierten Berufserfolg getroffen. In der Regel müssen auch eignungsfremde Gesichtspunkte wie Personalbedarf und Arbeitsmarktlage berücksichtigt werden. Das führt zu Zuordnungskompromissen, die möglicherweise auch die Ablehnung prinzipiell Geeigneter zur Folge haben.

Gleichzeitig muss entsprechend der Art der Personalmaßnahmen, denen die Personen zugewiesen werden, zwischen Zuordnungs- und Veränderungsstrategien unterschieden werden. Selektion und Beratung gehören zu der ersten Gruppe. Ziel ist eine optimale Zuordnung von Personen und Arbeitsplätzen. Die Strategien der zweiten Gruppe (Veränderungsstrategien) sind auf eine Modifikation der betreffenden Personen (z.B. Training, Personalentwicklung) oder der sie umgebenden Situation (Arbeitsgestaltung, Organisationsentwicklung) ausgerichtet.

Eignungsdiagnostische Informationen werden vorrangig für Zuordnungsstrategien benötigt. Bei Veränderungsstrategien sind sie aber auch wichtig, um die (Grenzen der) Trainierbarkeit von Personen festzustellen. Dabei sind die Diagnose der (begrenzt trainierbaren) Lernfähigkeit von der Feststellung des (durch Training verbesserbaren) gegenwärtigen Qualifikationsniveaus zu unterscheiden. Letztere soll möglichst verhaltensbezogen erfolgen, damit darauf z.B. die Auswahl spezifischer Trainingseinheiten aufgebaut werden kann.

Aus diesem Blickwinkel sind Auswahl und Training nicht als sich gegenseitig ausschließende Alternativen anzusehen. Für eine effiziente Arbeit müssen sie vielmehr sequenziell miteinander kombiniert werden. In neueren Arbeiten zur Trainingsevaluation wird dieser Umstand

Informationsbox 6

Typische Formen der Zuordnung von Personen (P) und Arbeitsplätzen (A)

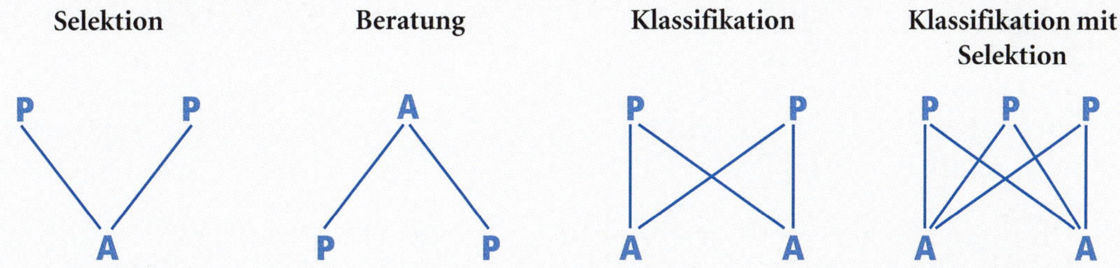

Bei der *Selektion* wird für die Besetzung eines Arbeitsplatzes eine Auswahl aus mehreren Personen getroffen. Die *Beratung* stellt eine Inverse der Selektion dar. Für eine Person wird ein geeigneter Arbeitsplatz ausgesucht. Bei der *Klassifikation* werden n Personen auf n Arbeitsplätze verteilt. Bei der *Klassifikation mit Selektion* schließlich findet eine Auswahl unter mehreren Personen bei der Zuweisung zu mehreren Arbeitsplätzen statt.

(aus Schuler, 1996)

durchaus berücksichtigt (vgl. z.B. Cannon-Bowers, Salas, Tannenbaum & Mathieu, 1995), die Wissensbasis beispielsweise zur anforderungs- und merkmalsspezifischen Trainierbarkeit bzw. Stabilität ist aber zurzeit noch sehr schwach.

6.1 Entscheidungen mit Hilfe statistischer Modelle

Viele personelle Entscheidungen werden in der Praxis von Personalfachleuten mit Hilfe ihres persönlichen Fachwissens und ihrer Erfahrung mehr oder minder intuitiv auf der Basis diagnostischer Einzeldaten getroffen (individuelle Entscheidungen). Um die Komplexität der zu verarbeitenden Informationen zu bewältigen, können einfache Strategien angewendet werden (z.B. die von Cascio, 1997, beschriebene «cut and fit»-Strategie zur Optimierung von Klassifikationsentscheidungen).

Bei sehr großen Datenmengen (viele Personen, die unter Berücksichtigung einer Vielzahl von eignungsdiagnostischen Daten unterschiedlichsten Bedingungen zugewiesen werden sollen), werden intuitive Strategien schnell an ihre Grenzen stoßen. Unter dem Gesichtspunkt der Genauigkeit hat sich eine rein «klinische Urteilsbildung» in Form von Expertenurteilen einer «statistischen Urteilsbildung» mit der Anwendung abgesicherter Berechnungsvorschriften vielfach als – zumindest im Durchschnitt – unterlegen erwiesen (vgl. im Überblick Jäger, 1982).

Die im Laufe der Jahre vorgestellten empirisch-statistischen Ansätze (so genannte institutionelle Entscheidungsmodelle) variieren in spezifischer Ausprägung immer wieder das folgende Grundprinzip (vgl. Alley, 1994): Als Grundlage für die Konstruktion dient ein bestehender Datensatz mit den zu berücksichtigenden Prädiktoren und bereits vorliegenden einschlägigen Kriterien. Bei Klassifikationsentscheidungen (üblicherweise eine Zuweisung von n Personen zu m Arbeitsplätzen) wird danach der voraussichtliche Berufserfolg jeder Person für alle zu berücksichtigenden Arbeitsplätze mit Hilfe eines (meist linearen) mathematisch-statistischen Verfahrens ermittelt. Anschließend wird eine Zuordnungsregel definiert, die jeder Person einen geeigneten Arbeitsplatz zuweist. Die in diesem Algorithmus festgesetzten kritischen Grenzwerte (Cutoffs) müssen so gewählt werden, dass sie die je nach Situation unterschiedlich gravierenden Entscheidungsfehler adäquat berücksichtigen. Ziel kann es z. B. sein, die Gesamtzahl der Falschzuordnungen über alle Bedingungen hinweg im Durchschnitt zu minimieren. Zusätzlich können einschränkende Randbedingungen berücksichtigt werden. Beispielsweise können für die Prädiktoren Mindestausprägungen vorgeschrieben werden, die bei einer Zuweisung nicht unterschritten werden dürfen (ein so genanntes Konfigurationsmodell mit Schwellenparametern). Möglicherweise können aber auch geringe Ausprägungen in einem Prädiktor durch hohe Ausprägungen in einem anderen Prädiktor ausgeglichen werden (Kompensationsmodell). Wenn dies nur begrenzt möglich ist, liegt ein gemischtes Modell (Kompensation mit Konfigurationseinschränkung) vor.

Für Klassifikationszwecke können verschiedene multivariate Verfahren zum Einsatz kommen (vgl. Janke, 1982). Umfangreiche Systeme personeller Entscheidungen, vor allem der Klassifikation, sind in der Praxis aber selten anzutreffen (eine Ausnahme stellt hier das amerikanische Militär dar). Sie setzen längerfristige Personalplanungszeiträume, umfangreichere Stellen- und Bewerberzahlen sowie die Erhebung und Verarbeitung größerer Datenmengen voraus. Gleichzeitig droht die Gefahr einer Inflexibilität im Hinblick auf sich ändernde Randbedingungen (z. B. veränderte Zahl und Qualifikation von Bewerbern, durch Unternehmensumstrukturierung notwendige Änderungen im Stellenprofil etc.).

6.2 Ökonomische Nutzenanalysen

Die alleinige Überprüfung der Validität eines Personalauswahlverfahrens oder der Effektivität einer Personalentwicklungsmaßnahme reicht für die Entscheidung über den Praxiseinsatz eines Verfahrens meist nicht aus. Zur Einschätzung der Praktikabilität treten neben die Validität auch Aspekte wie die Kosten der Verfahrenskonstruktion oder Beschaffung, der erforderliche organisatorische Aufwand bei der Durchführung und der zu erwartende Nutzen durch die Anwendung im Vergleich zu möglichen Alternativen. Conbach und Gleser (1965) schlagen deshalb vor, möglichst alle im Zusammenhang mit der Eignungsdiagnostik und Personalentscheidung auftretenden positiven (Nutzen) und negativen Konsequenzen (Kosten) zu erfassen und den Nettonutzen (Gewinn) in Geldeinheiten anzugeben.

Funke und Barthel (1990) nennen folgende Funktionen von Nutzenmodellen:

- *Evaluation* geplanter oder vorhandener Auswahlprogramme unter Berücksichtigung und Konkretisierung ökonomischer Einflussfaktoren,
- *Kommunikationsverbesserung* durch Verdeutlichung der Ergebnisse organisationspsychologischer Maßnahmen gegenüber Vertretern ökonomischer Fachrichtungen in finanziellen Begriffen,
- *Legitimationsfunktion* durch Darstellung organisationspsychologischer Maßnahmen als Investition anstatt als reine Ausgaben und damit eine innerbetrieblich erhöhte Konkurrenzfähigkeit um Budgets.

Ein erster Schritt in diese Richtung wurde von Taylor und Russell (1939) vorgenommen. Sie berücksichtigen zusätzlich zum Validitätskoeffizienten zwei wichtige Randbedingungen bei einer organisationspsychologischen Testanwendung. Die Erfolgsquote, d. h. der Anteil der Erfolgreichen an den insgesamt ausgewählten Bewerbern, ist danach abhängig von drei Einflussgrößen:

- dem *Validitätskoeffizienten* des eingesetzten Verfahrens,
- der *Grundquote*, die den «wahren» Anteil der Geeigneten unter den Bewerbern angibt,
- der *Selektionsquote*, die den Anteil der Ausgewählten unter den Bewerbern angibt.

Taylor und Russell stellten ein ausführliches Tabellenwerk zusammen, in dem die Erfolgsquote in Abhängigkeit von verschiedenen Ausprägungskombinationen dieser Einflussgrößen angegeben wird (ein Nachdruck findet sich bei Cascio, 2000). In **Abbildung 12** ist eine graphische Interpretation des Modells wiedergegeben.

Jeder Bewerber ist mit seiner spezifischen Kombination von Prädiktorwert und Berufserfolg innerhalb der ellipsenförmigen bivariaten Verteilung repräsentiert. Die beiden dichotomen Einflussgrößen «Selektionsquote (E / [E + A])» und «Grundquote (G / [G + U])» sind auf der Abszisse bzw. Ordinate des Diagramms abgetragen. Durch die Überschneidungsbereiche der Quotenmarkierungen werden vier Quadranten gebildet:

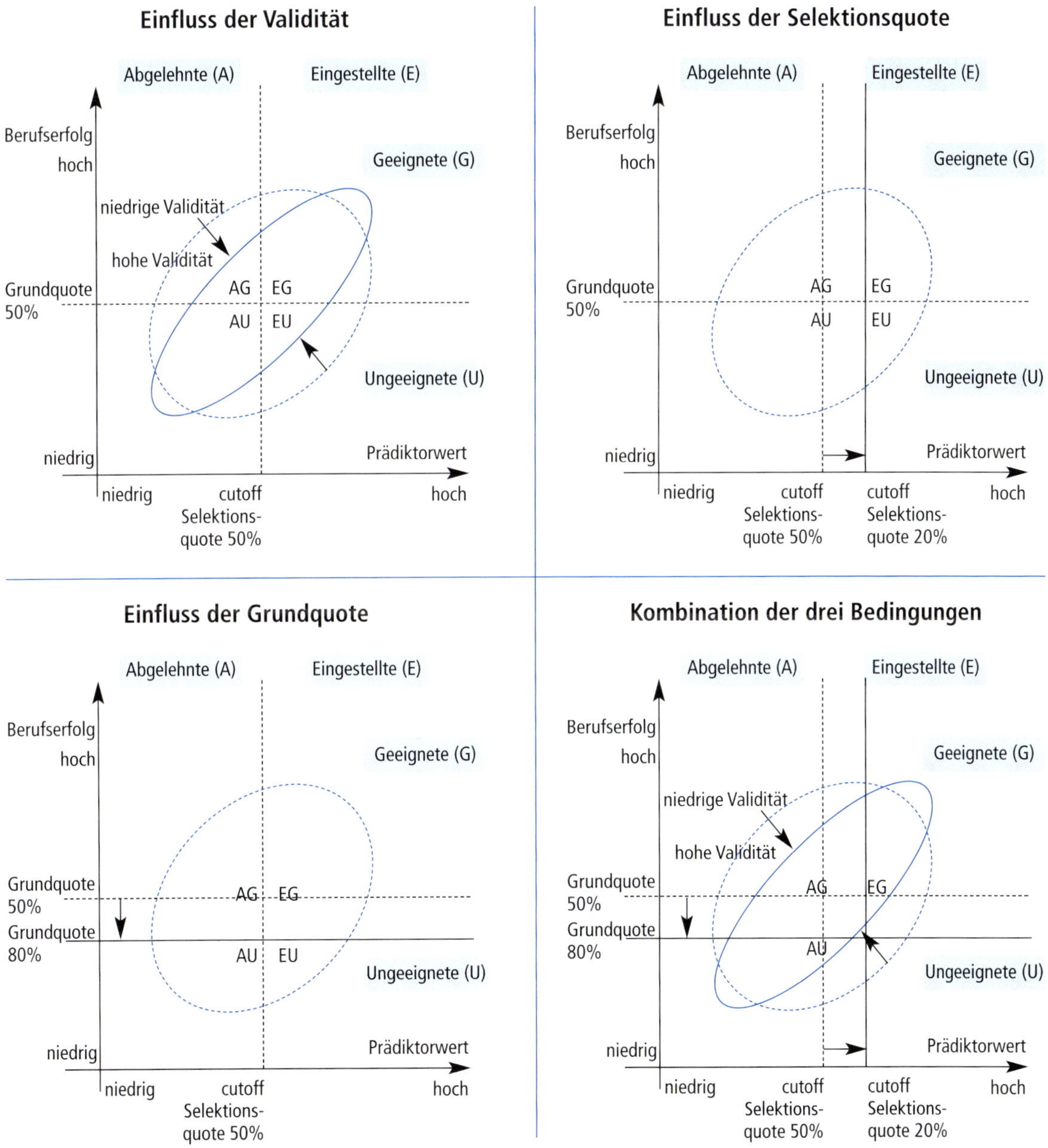

Abbildung 12: Abhängigkeit der Erfolgsquote bei Personalentscheidungen von verschiedenen situativen Bedingungen

- EG «true positive»: Anteil der zu Recht (weil geeignet) Eingestellten
- AG «false negative»: Anteil der zu Unrecht (weil eigentlich geeignet) Abgelehnten
- AU «true negative»: Anteil der zu Recht (weil ungeeignet) Abgelehnten
- EU «false positive»: Anteil der zu Unrecht (weil ungeeignet) Eingestellten

Die Validität des eingesetzten Auswahlverfahrens ist durch die Bauchigkeit der Ellipse und die damit erfassten EG/AG/AU/EU-Größen wiedergegeben. Die Erfolgsquote wird über das Verhältnis der ausgewählten Geeigneten zu allen Eingestellten (EG / [EG + EU]) bestimmt. Dabei wird ein linearer Zusammenhang zwischen Prädiktor und Kriterium (= Verwendung eines Korrelationskoeffizienten als Validitätsindikator) angenommen. Abbildung 12 veranschaulicht, wie sich Änderungen in den Einflussgrößen unter Konstanthaltung der übrigen Bedingungen auf die Erfolgsquote auswirkt:

- Eine höhere Validität des Auswahlverfahrens führt zu einer schmaleren Ellipse, d.h. damit werden die «false»-Bereiche AG und EU verkleinert, und die Erfolgsquote steigt.
- Eine höhere Grundquote (z.B. durch ein verbessertes Vorauswahlverfahren) äußert sich graphisch durch eine Absenkung der horizontalen cutoff-Gerade. Dadurch vergrößert sich u.a. der EG- und verkleinert sich der AU-Bereich, d.h. die Erfolgsquote steigt. Gleichzeitig kann man schlussfolgern, dass Personalauswahl bei hoher Grundquote vergleichsweise wenig nützlich ist, da nur wenige Ungeeignete abgelehnt werden, d.h. die Erfolgsquote ist bereits ohne Personalauswahl hoch.
- Eine niedrigere Selektionsquote (weniger Einstellungen) äußert sich graphisch durch Verrücken der vertikalen cutoff-Gerade nach rechts. Dadurch werden zwar mehr Geeignete abgelehnt (Vergrößerung des AG-Bereichs), aber gleichzeitig auch weniger Ungeeignete eingestellt (Verkleinerung des EU-Bereichs). Damit steigt die Erfolgsquote.

Der Nutzen des Verfahrens errechnet sich aus der Differenz zwischen der Erfolgsquote des analysierten Verfahrens (bei spezifizierter Grund- und Selektionsquote sowie bekannter Validität) und einem Vergleichsverfahren (z.B. einfache Zufallsauswahl). Das Modell arbeitet noch nicht mit monetären Nutzenschätzungen. Einige wichtige Randbedingungen bleiben unberücksichtigt (beispielsweise die absolute Zahl der Bewerber, Zeitraum des Verfahrenseinsatzes etc.), andere werden vereinfacht (z.B. die Dichotomisierung in «ungeeignet» und «geeignet»).

Einen Schritt weiter geht das klassische Brogden-Cronbach-Gleser-Modell (Brogden, 1949; Cronbach & Gleser, 1965), das als Grundlage für alle neueren Modelle fungiert. Es fußt auf dem Prinzip der linearen Regression. Die Nutzenfunktion ist folgendermaßen aufgebaut (erweiterte Form nach Funke, Schuler & Moser, 1995):

$$\Delta U = N_E \cdot T \cdot SD_y \cdot r_{xy} \cdot \overline{z_x} - C \cdot N_B$$

Mit

ΔU : Nutzenzuwachs durch das Verfahren (in Geldeinheiten, z.B. US-Dollar)

N_E : Anzahl der Eingestellten

T : Anzahl der berücksichtigten Zeiteinheiten (z.B. Jahre)

SD_y : Standardabweichung des Kriteriums Y in Geldwert

r_{xy} : Validitätskoeffizient

$\overline{z_x}$: durchschnittlicher standardisierter Prädiktorwert X der Ausgewählten

C : Kosten pro Bewerber

N_B : Anzahl der Bewerber

Für eine Erklärung der Formel ist es sinnvoll, drei Teilelemente zu unterschieden:

- Der so genannte *Qualitätsterm* wird über die Produktkette aus SD_y, r_{xy} und $\overline{z_x}$ gebildet. Das Produkt $r_{xy} \cdot \overline{z_x}$ wird hierbei als (lineare) Vorhersage für die durchschnittliche standardisierte Kriteriumsleistung der Ausgewählten, $\overline{z_y}$, verwendet. Die geschätzte Standardabweichung des Kriteriums in Geldwert SD_y dient als Skalierungsfaktor, um die Kriteriumsleistung zu gewichten: Bessere Leistungen der

Ausgewählten implizieren auch einen höheren monetären Nutzen.

- Der *Quantitätsanteil* wird durch das Produkt aus N_E und T gebildet. In ihm werden die betroffenen Personen-Zeit-Einheiten beschrieben: Je mehr Personen ausgewählt werden und je größer ihre Verweildauer in der Organisation ist, desto größer ist auch der monetäre Nutzen des eingesetzten Verfahrens.
- Von diesem Bruttonutzen werden die *Kosten* des Verfahrens $C \cdot N_B$ abgezogen.

Das Ergebnis ist ΔU, der inkrementelle Nettonutzen des eingesetzten Verfahrens, in diesem Fall bezogen auf eine einfache Zufallsauswahl ($r_{xy} = 0$). Sensitivitätsanalysen haben gezeigt, dass der Qualitätsterm den größten Einfluss auf die Nutzenschätzung hat. Eine besondere Schwierigkeit des Ansatzes liegt in der Schätzung des SD_y-Parameters, der Standardabweichung des Kriteriums in Geldeinheiten. Boudreau (1991) unterscheidet hier mehrere Ansätze, von denen das Prozentrangschätzverfahren (Schmidt, Hunter, McKenzie & Muldrow, 1979) am häufigsten eingesetzt wird. Hier werden Experten (meist Vorgesetzte) gebeten, den Geldwert verschiedener Prozentrangausprägungen von Mitarbeiter-Leistungen zu schätzen. Bei Annahme einer Normalverteilung der Leistung dienen dann die Differenzen (Prozentrang 50 – Prozentrang 15) sowie (Prozentrang 85 – Prozentrang 50) als SD_y-Schätzer. Weiterentwicklungen des B-C-G-Modells bestehen in den meisten Fällen in einer Ergänzung des Grundansatzes um weitere Alternativenmerkmale, zumeist betriebswirtschaftliche Parameter vor allem aus der dynamischen Investitionsrechnung (Boudreau, 1989):

- Diskontierung zukünftiger erwarteter Einnahmen und Kosten;
- Berücksichtigung fixer Kosten (Entwicklungskosten für neue eignungsdiagnostische Verfahren) neben variablen Kosten der kontinuierlichen Anwendung;
- Berücksichtigung mehrerer Anwendungsperioden (z. B. Jahre) und des kontinuierlichen Mitarbeiterzu- und -abgangs statt statischer Zahlen (Kohortenbetrachtung);
- variable Kosten höherer Leistung; z. B. müssen leistungsstärkere Mitarbeiter oft besser bezahlt werden;
- Steuern auf den Gewinn;
- Nutzenminderung bei Absage der Stellenangebote durch besonders leistungsstarke Bewerber.

Ein Anwendungsbeispiel ist in **Informationsbox 7** dargestellt. Es veranschaulicht recht eindrucksvoll, dass der Nutzen psychologischer Eignungsdiagnostik weit unterschätzt wird. Die Darstellung von Boudreau (1989) zeigt, dass sich in den allermeisten Anwendungsfällen ein finanzieller Gewinn ergibt, selbst bei weniger validen Verfahren. Der Vergleich zwischen alternativen Verfahren durch Gegenüberstellung des Gewinns geht jeweils zu Gunsten des valideren Verfahrens aus, trotz dessen oft wesentlich höheren Kosten. Der finanzielle Gewinn liegt in der Regel in vier- bis fünfstelliger Größenordnung pro besetztem Arbeitsplatz.

Informationsbox 7

Schätzung des Nutzens am Beispiel eines biographischen Fragebogens

Geprüft wird die Wirkung eines zusätzlich zum traditionellen Einstellungsinterview für die Bewerberauswahl eingesetzten biographischen Fragebogens in einer norddeutschen Versicherungsgesellschaft (Barthel & Schuler, 1989). Das einfache Nutzenmodell nach Brogden (1949) und Cronbach und Gleser (1965) (siehe Text) wird erweitert um:

- Diskontierung der erst in späteren Jahren erwarteten Einnahmen und Ausgaben (Faktor $1 / [1 + i]^k$)
- Berücksichtigung mehrerer Anwendungsperioden (Aufsummierung über die Anwendungsperioden k = 1 bis F)
- Kohortenbetrachtung der Mitarbeiterzu- und -abgänge als Differenzierung der Zahl Angenommener N_A und der Verweildauer T (Aufsummierung über die Wirkungsdauer t = 1 bis k)
- Fixkosten für Entwicklung, Schulung und Lizenzgebühren des biografischen Fragebogens

Das Modell lässt sich damit folgendermaßen darstellen:

$$\Delta U = \sum_{k=1}^{F} \left(\sum_{t=1}^{k} N_{At} - N_{St} \right) \left[1/(1+i)^k \right] r_{xy} \cdot \overline{z_x} \cdot SD_y - \sum_{k=1}^{F} \left[C_k \cdot 1/(1+i)^{k-1} \right]$$

Bestimmung der Parameter:

ΔU Gewinn bzw. Nettonutzen durch zusätzlichen Einsatz des biografischen Fragebogens

F Zahl der Jahre, in denen das Verfahren eingesetzt wird; F = 3

k Wirkungsdauer eines Verfahrenseinsatzes, entspricht der durchschnittlichen Verweildauer Angenommener; k = 4

N_{At} Anzahl der Zugänge pro Jahr

N_{St} Anzahl der Abgänge pro Jahr
Die Zahl der im Unternehmen verbliebenen Mitarbeiter, auf die das Verfahren angewandt wurde, steigt über drei Anwendungsjahre an und fällt über die restlichen drei Jahre ab:

Jahr	$N_{At} - N_{St}$
1	150
2	235
3	299
4	202
5	117
6	53

i Kalkulationszinsfuß; hier 7 %

r_{xy} Validitätsvorsprung des biografischen Fragebogens gegenüber dem traditionellen Interview; r = 0.18

$\overline{z_x}$ Bei Selektionsrate 50 %: 0,7978

SD_y Standardabweichung der Leistung in €, bestimmt mittels Vorgesetztenschätzung der Beitragseinnahmen durch Mitarbeiter (Prozentrangschätzverfahren), SD_y = 2 454 €

C_k Gesamtkosten des biografischen Fragebogens pro Jahr
1. Jahr: Fixkosten 38 347 € für Entwicklung und Lizenzen,
variable Kosten 5 113 € für 237 Bewerber à 21 €
2. Jahr: Fixkosten 5 113 €, variable Kosten 5 113 €
3. Jahr: Fixkosten 5 113 €, variable Kosten 5 113 €

Ergebnis:
Nettonutzen bzw. Gewinn durch zusätzliche Anwendung des biographischen Fragebogens bei dreijährigem Einsatz (ca. 700 Anwendungen): 241 977 € bei einem Gesamtnutzen von 303 924 € und Gesamtkosten von 61 948 €.

7. Kontext und Wirkung

Im Zusammenhang mit Assessment Center und Leistungsbeurteilungen wurden bereits Funktionen genannt, die über den engeren Kontext der diagnostischen Methode hinausweisen: Aufschluss über Leistungsstand und Defizite der Organisation – nicht nur der Personen – zu ermöglichen, Anforderungen und Ziele zu operationalisieren und der Diskussion zugänglich zu machen, die Bedeutung von Personalplanung und Personalentwicklung zu unterstreichen, Beiträge zur Sozialisation und Verhaltenssteuerung, zur Arbeitsgestaltung, zu Führung und Zusammenarbeit sowie zu anderen Aspekten der Organisation und ihrer «Kultur» zu leisten. Dies gilt im Prinzip für jede wirksame Methode und erinnert daran, dass auch das Messen oder Diagnostizieren bereits eine Intervention, einen Eingriff in die Organisation darstellt. Auch bestätigt es die im Einleitungskapitel vertretene Auffassung, dass sich Menschen nicht nur «in Organisationen verhalten», sondern auch durch ihr Verhalten oder Handeln Organisationen in ihren jeweiligen Eigenheiten konstituieren (vgl. hierzu Porter, Lawler & Hackman, 1975, und Neuberger, 1991).

Nicht alle Aspekte der Wechselbeziehung zwischen Methoden, Verhalten und Organisationen können hier angesprochen werden. Besonders wichtig und naheliegend aber ist die Frage, wie die Eignungs- und Leistungsdiagnose mit der Gewinnung von Mitarbeitern zusammenhängt, mit der Auswahl von Organisationen durch Individuen und mit deren Reaktion auf diagnostische Verfahren. Diesen Fragen sind die nächsten Abschnitte gewidmet.

7.1 Gewinnung von Mitarbeitern

Ein wichtiger Teil personalpsychologischer Arbeit besteht darin, Mitarbeiter zu finden und zu gewinnen, die bereit sind, der Organisation beizutreten und Arbeit zu den Bedingungen zu leisten. Diese Aufgabe wird gewöhnlich mit Personalwerbung bezeichnet. Von Personalmarketing wird zumeist dann gesprochen, wenn sich die Austauschprozesse nicht nur auf den organisationsexternen, sondern auch auf den internen Arbeitsmarkt beziehen und eine Vielfalt hierzu dienlicher Maßnahmen umfassen (Staffelbach, 1986). Fasst man Personalmarketing gar so weit wie Wunderer (1991, S. 119), nämlich als «die Kunst, attraktive und effiziente Arbeitsbedingungen zu analysieren, zu gestalten und zu kommunizieren», könnte man einen erheblichen Teil der in diesem Lehrbuch besprochenen Problemfelder auch als Marketingprobleme auffassen.

Aus marktwirtschaftlicher Sicht ist der grundsätzliche Bedarf an Personalmarketing vor allem durch das Verhältnis von Angebot und Nachfrage geregelt, d. h. die Bemühungen, Mitarbeiter zu gewinnen und zu halten, sind dort größer, wo die Nachfrage nach Arbeitsplätzen geringer ist. Des Weiteren ist Personalmarketing eher dort erforderlich, wo ein großer Personalersatzbedarf vorliegt, wo eine ausgeprägte Konkurrenzsituation der Organisation gegeben ist und wo die individuellen Leistungsunterschiede der Mitarbeiter bzw. Bewerber groß sind (Moser, 1992). Betriebswirtschaftliche und organisationspsychologische Sichtweise decken sich darin, dass Personalmarketing eine dezidiert mitarbeiterorientierte Personalpolitik impliziert (Bartscher & Fritsch, 1992) und für die Organisation bedeutet, attraktiv genug sein zu müssen, um die qualifiziertesten Bewerber zu interessieren und Mitarbeiter zu motivieren und zu behalten (Schneider & Schmitt, 1986). Hierfür ist nicht nur die Gestaltung des Arbeitsplatzes im engeren Sinn von Bedeutung, sondern auch alle anderen – im Teil «Arbeit» dieses Lehrbuchs bereits angesprochenen – Aspekte der Organisation, die zu Interessen und Bedürfnissen von Bewerbern und Mitarbeitern in Beziehung stehen; dies sind vor allem die allgemeinen Aspekte Arbeitsinhalt, Kommunikation und Zusammenarbeit, Bezahlung und Entwicklungsmöglichkeiten.

Im Zusammenhang mit diagnostischen Fragen naheliegender sind die individuellen Besonderheiten an Interessen und Arbeitsmotiven; hier kann z. B. das Bedürfnis nach Abwechslung, nach geistiger oder körperlicher Beanspruchung, nach Geltung und Anerkennung, nach

Tabelle 10: Besonders verbreitete Instrumente der Ansprache von Hochschulabsolventen (aus Schwaab & Schuler, 1991)

Stellenanzeigen

- Broschüren, die das Unternehmen und die Einstiegsmöglichkeiten darstellen
- Entsenden von Lehrbeauftragten an Hochschulen
- Annoncen und Firmenpräsentationen in von der Zielgruppe häufig gelesenen Zeitungen und Zeitschriften
- Vorträge und Unternehmenspräsentationen an Hochschulen
- Präsenz bei an Hochschulen organisierten Firmenkontaktgesprächen
- Anbieten von Praktikantenplätzen (Praxissemester) an Studenten
- Anbieten von Ferienjobs und studienbegleitenden Teilzeitbeschäftigungen
- Informationsveranstaltungen wie Workshops in Unternehmen
- Kontakte zu Lehrstuhlinhabern und deren Assistenten
- Veranstaltung von Seminaren für Studenten
- Kooperation mit studentischen Vereinen
- Unterstützung von Diplomanden und Doktoranden
- Einrichtung von Förderkreisen für ausgewählte Studenten.

Wettbewerb und Karriere von besonderer Bedeutung sein. Mittels Interessentest oder Interview können motivationale Besonderheiten sowie solche der Lebensbedingungen – Alter, Familienstand, Gesundheit, soziale Verpflichtungen außerhalb der Organisation etc. – erfasst werden, allerdings erst zum Zeitpunkt der ersten Kontakte zwischen Bewerber und Organisation. Um externe Bewerber interessengemäß anzusprechen, orientiert man sich deshalb häufig an gruppenspezifischen Charakteristika und am vermuteten Selbstbild der Zielgruppen. In einer Untersuchung an Hochschulabsolventen (Schwaab & Schuler, 1991) zeigte sich dementsprechend ein deutlicher Zusammenhang der Attraktivität eines potenziellen Arbeitgebers mit der Übereinstimmung zwischen Selbstbild der potenziellen Bewerber und ihrem Bild vom betreffenden Unternehmen.

Je besser es gelingt, Zielgruppen fähigkeits- und motivationsgerecht anzusprechen, desto eher kann dadurch bereits ein Teil der Selektion wahrgenommen werden. Die Kenntnis der Zusammenhänge zwischen Fähigkeiten und Bedürfnissen bei Mitarbeitern der Organisation mit beruflichem Erfolg ermöglicht also eine verbesserte Personalgewinnung bereits im Vorfeld der Auswahl und verminderten Aufwand beim Auswahlprozess als solchem. Die Methoden, potenzielle Stellenbewerber anzusprechen, sind vielfältig. Eine Zusammenstellung der verbreitetsten Instrumente, die von rekrutierenden Unternehmen vor der Verfügbarkeit des Internets auf dem externen Personalmarkt der Hochschulabsolventen eingesetzt wurden, gibt **Tabelle 10.**

Der Wirkungsgrad der Methoden zur Ansprache potenzieller Bewerber ist sehr unterschiedlich. Die Wirkung schriftlicher Information wird oft überschätzt; demgegenüber sind persönliche Kontakte, wie sie durch Praktika und Hochschulkontakte zu Stande kommen, sowie Empfehlungen bereits beschäftigter Mitarbeiter von nachhaltigerem Einfluss (Powell, Kirnan, Farley & Geisinger, 1989). Die persönliche Ansprache potenzieller Mitarbeiter wird auf höheren Positionsebenen für noch wichtiger gehalten: Während Führungskräfte der mittleren Ebene zu 35 % über Zeitungsanzeigen des Unternehmens gesucht werden, wird dieser Weg bei der obersten Führungsebene nur noch in 9,6 % der Fälle gewählt. Stattdessen wird dort die persönliche Ansprache durch das Unternehmen oder durch beauftragte Personen zum dominierenden Verfahren (Gaugler, 1980; zit. n. Pulling, 1990, S. 60). Persönliche Ansprache ist auch in der Betreuungsphase nach Vertragsabschluss wichtig: So konnten Ivancevich und Donnelly (1971) durch telefonische Kontakte die Rücktrittsquote von Führungskräften von 12,5 % auf 2,6 % senken.

Ein rapider Anstieg ist derzeit für die Nutzung des Internets zu Zwecken des Personalmarketings zu verzeichnen. In Anknüpfung an den Internetauftritt eines Unternehmens werden zunehmend «Online-Bewerbungs-Tools» zur Verfügung gestellt, die standardisierte Bewerbungen ermöglichen. Der vorgegebene Fragebogen kann Items zum Abgleich erforderlicher Vorqualifikationen bis hin zum biographischen Fragebogen enthalten, der zu diagnostischen Prüfungen und damit zur Vorselektion der Kandidaten verwendbar wird (vgl. Abschnitt 4.6). Vom Personalmarketing via Internet versprechen sich die Unternehmen eine zielgruppengerechte Ansprache der Kandidaten, die gleichzeitig mit einer Vorselektion verbunden ist, einen Imagegewinn durch das Medium und nicht zuletzt den ökonomischen Vorteil verringerter Bewerbungs- und Auswahlkosten.

Bei allem Bemühen, externe Bewerber zu gewinnen, sollte nicht übersehen werden, dass die überwiegende Zahl personeller Entscheidungen interne Mitarbeiter betrifft. In diesem Fall kann sich der Fehler, Geeignete abzulehnen, in vermindertem «Commitment» auswirken, d.h. in geringerer Bindung oder Verpflichtung gegenüber dem Unternehmen, in der Zurücknahme des Engagements und des Einsatzes über den «Dienst nach Vorschrift» hinaus. Commitment gehört zu den wichtigsten Korrelaten der Fluktuation (Schneider & Schmitt, 1986) und ist nach Scheins Konzept des «psychologischen Kontrakts» (Schein, 1965) an die Wahrnehmung eines reziproken Commitment seitens der Organisation gebunden.

Bereits mit der Entscheidung, eine verfügbare Stelle intern oder extern zu besetzen, steht die Organisation vor der Gefahr, sich gegenüber den bereits Beschäftigten als illoyal zu erweisen. Mangelnde Qualifikation unter ihnen weist auf die Mitverantwortung des Unternehmens zurück, für ihre angemessene Auswahl und Entwicklung frühzeitig zu sorgen. Breitere Auswahlmöglichkeit, innovative Impulse und auch das Image des Unternehmens nach außen mögen für Orientierung am externen Arbeitsmarkt sprechen, während die Erfahrung und Betriebskenntnis, die geringeren Beschaffungskosten und die Bedeutung von Aufstiegsmöglichkeiten Argumente für die interne Lösung sind (Kompa, 1984). Überdies steht diese Entscheidung natürlich auch im Spannungsfeld der unternehmenspolitischen Kräfte.

7.2 Individuelle Organisationswahl

Die Entscheidung einer Person, in einer bestimmten Organisation zu arbeiten, ist zu einem großen Teil durch Einflüsse ihres sozialen Umfelds, durch die Erreichbarkeit des Arbeitsplatzes und andere Bedingungen ihrer individuellen Lebenswelt bestimmt (Seifert, 1982). Weitere personinterne und -externe Ursachen beschränken die individuelle Wahlmöglichkeit beträchtlich. Dennoch bleibt in vielen Fällen ein Entscheidungsspielraum bei der Wahl der Arbeitsorganisation – im Falle hoch qualifizierter Bewerber, an denen diesen Organisationen speziell gelegen ist, sogar ein besonders großer Spielraum. Was sind nun die Gründe der Bevorzugung einer Organisation gegenüber einer anderen?

Die meisten der vorliegenden Theorien der Organisationswahl thematisieren den Vergleich zwischen individuellen Bedürfnissen und der (vermuteten) Befriedigungskapazität der Organisation (Wanous, 1980) sowie den zwischen wichtigen Facetten des Selbstbilds und entsprechenden der Organisation zugeschriebenen Merkmalen.

Wanous (1989) bezeichnet diese Variante von Organisationswahltheorien als «prospektiv rational», denn sie unterstellen einen Prozess des Abwägens vor der Entscheidung, in den eine größere Anzahl von Gesichtspunkten einbezogen wird, die nach persönlicher Bedeutung gewichtet werden, und innerhalb dessen mehrere alternativ verfügbare Stellen gleichzeitig in Betracht gezogen werden. Ein Prototyp «prospektiv rationaler» Theorien ist das Erwartungs-Wert-Modell, das die «Valenz» der Arbeitsplatzmerkmale mit der «Instrumentalität» des Arbeitsplatzes zur Bedürfnisbefriedigung und der Wahrscheinlichkeit, ein Stellenangebot zu bekommen, multiplikativ verbindet (kritische Darstellung bei Schuler & Moser, 1992).

In Kontrast hierzu verweist Wanous auf Theorien der Organisationswahl, die er als «retrospektiv rational» bezeichnet. Sie nehmen an, dass tatsächlich nur wenig sachliche Information in die Entscheidung eingeht, dass die Präferenzbildung auf dem Wege aufeinander folgender Paarvergleiche stattfindet und dass nach erfolgter Entscheidung – wie von der Dissonanztheorie beschrieben – ihre Richtigkeit durch Argumente aufgewertet, also rationalisiert wird. Wanous zählt eine weitere Auffassung zu den «retrospektiv rationalen» Theorien, die allerdings von diesen gut abgrenzbar scheint – die Annahme, dass Stellungssuchende sich einen globalen Eindruck von einer Organisation bilden und diesen mit ihrem Selbstbild vergleichen. Diese Sichtweise kann durch Aussagen wie «das ist der richtige Betrieb für mich» oder «ich könnte mir nicht vorstellen, dort zu arbeiten» illustriert werden.

Die empirische Forschung bietet bislang nur wenig Hilfe zur Entscheidung zwischen diesen theoretischen Ansätzen; zwar liegt eine größere Zahl von Ergebnissen vor, die eher für die «prospektiv rationale» Vorgehensweise spricht als für die «retrospektiven» Varianten, aber das liegt vor allem an der geringen Zahl empirischer Prüfungen der letzteren – und an der Schwierigkeit, sie zu prüfen. Inhaltlich sind für die Entscheidung eines Bewerbers natürlich alle bekannten oder erwarteten motivationsrelevanten Aspekte bedeutsam, wie sie weiter oben erwähnt und im Teil «Arbeit» erörtert wurden. In begrenztem Umfang sind Anreize oder Motivatoren untereinander kompensierbar (z. B. Einkommenshöhe und Sicherheit des Arbeitsplatzes, vgl. Schwoerer & Rosen, 1989).

Bedeutung für die individuelle Entscheidung, einer Organisation beizutreten, wird auch der Art der Vorinformation zugeschrieben, die Bewerber über die Organisation und ihre künftige Tätigkeit erhalten. Der Befürchtung, durch Offenlegen auch negativer Aspekte qualifizierte Bewerber abzuschrecken, wurde die Erwartung entgegengestellt, dass insbesondere diese Gruppe Offenheit als Stärke honorieren werde und deshalb die Organisation anziehender finde (im Sinne der zweiseitigen Kommunikation in der Einstellungsforschung). Insbesondere aber erhoffte man sich durch freimütige Information eine verminderte Gefahr des «Berufseintrittsschocks», größere Rollenklarheit, höhere Arbeitszufriedenheit und stärkere Bindung an das Unternehmen, zumal bei neu eingetretenen Organisationsmitgliedern die höchsten Fluktuationsraten auftreten (Wanous, 1980). Die zur Wirkung der Vorinformation durchgeführten Untersuchungen (vgl. die Metaanalyse von Premack & Wanous, 1985) kommen zum Schluss, dass der Einfluss auf die Annahme eines Stellenangebots geringfügig ist, dass aber im späteren Berufsalltag weniger enttäuschte Erwartungen verzeichnet werden und die Fluktuation etwas reduziert wird, insbesondere bei komplexeren Tätigkeiten. Möglichkeiten zu realitätsgerechter Vorinformation bieten sich u. a. durch das Einstellungsgespräch sowie durch das Kennenlernen des Arbeitsplatzes, der Kollegen und Vorgesetzten. In einer Vergleichsstudie von Ganzach, Pazy, Ohayun und Brainin (2002) erwies sich bei Rekruten ein Entscheidungtraining allerdings als längerfristig wirksam als die realitätsgerechte Vorinformation.

7.3 Reaktionen auf Auswahl und Beurteilung

Dass eignungsbezogene Personalauswahl nicht nur der Organisation, sondern auch dem Kandidaten zugute kommt, wird seit Münsterberg (1912) immer wieder kolportiert. Tatsächlich ist es nur zu plausibel, dass jemand in einer Position, die seinen Fähigkeiten entspricht und die ihn weder über- noch unterfordert, nicht nur erfolgreicher ist – das ist belegt –, sondern auch zufriedener und gesünder. Hierfür findet sich mancherlei Evidenz aus der Stressforschung und aus Alltagsbeobachtungen, aber es fehlen direkte Belege im Kontext der Eignungsdiagnostik. Zu wenige Validierungsstudien bedienen sich anderer Erfolgskriterien als solcher der Berufsleistung, insbesondere werden kaum subjektive Erfolgsmaße erhoben. Eine andere Argumentation bezieht sich darauf, dass Organisationen mit eignungsbezogenen Auswahlprogrammen wirtschaftlich erfolgreicher sind und deshalb ihren Mitgliedern bessere und sicherere Arbeitsplätze bieten können. Aber auch dies gilt unmittelbar nur für die ausgewählten Bewerber, für die abgelehnten hingegen allenfalls in einem allgemeinen volkswirtschaftlichen Sinn; ob sie an anderer Stelle eine besser passende Tätigkeit finden, ist ungewiss. Empirische Forschung fehlt hier, vor allem fehlen Modelle der Nutzensschätzung, die auch subjektive, nicht-monetäre Nutzenelemente einbeziehen.

Was aber vorliegt, sind verschiedene Forschungsergebnisse zur Reaktion auf bestimmte Auswahlverfahren sowie auf Leistungsbeurteilungen und auf Leistungsfeedback. Zusammenstellungen dieser Ergebnisse finden sich bei Schuler und Moser (1992) und bei Schuler, Farr und Smith (1993); an dieser Stelle müssen einige beispielhaft ausgewählte Ergebnisse genügen.

Dass Assessment Center bei kompetenter Durchführung von den Teilnehmern positiv eingeschätzt werden, ist seit längerem bekannt. Holling und Leippold (1991) verglichen die Einschätzungen vor und nach der Verfahrensdurchführung und stellten fest, dass sich die Einstellungen nach der Durchführung noch weiter verbessert hatten. Dies galt umso mehr, je positiver die Beurteilungen der Kandidaten ausfielen.

Studierende verschiedener Fachgebiete wurden von Fruhner, Schuler, Funke und Moser (1991) ersucht, verschiedene Auswahlinstrumente vergleichend zu bewerten. Als generelle Präferenz ergab sich folgende Rangreihe, die sich als weitgehend stabil über alle Gruppen hinweg erwies:

1. Vorstellungsgespräch
2. Arbeitsprobe
3. Praktikum
4. Schulnoten
5. Psychologische Tests
6. Lebenslauf
7. Handschrift
8. Losverfahren

Als Ursache der unterschiedlichen Bewertung stellten sich in dieser und verwandten Untersuchungen u. a. die Faktoren Transparenz, Handlungskontrolle, Stress und Fairness heraus. Fähigkeits- und Leistungstests wurden positiver beurteilt als Persönlichkeitstests. Klingner und Schuler (in Druck) konnten zeigen, dass die arbeitsprobenartige Gestaltung eines Testverfahrens zu besseren Bewertungen führt als in abstrakter Form.

Auch innerhalb einzelner Verfahrenstypen lassen sich Unterschiede finden, die im Wesentlichen mit dem Verhaltensstil der Auswählenden zusammenhängen. So wurden in einer bei Schuler (1990) berichteten Studie nondirektiv vorgehende Interviewer als angenehmer und als leichter beeinflussbar beurteilt als direktiv vorgehende Interviewer. Dies korrespondiert dem von Latham und Finnegan (1993) berichteten Ergebnis, dass vollstandardisierte Interviews zwar von Interviewern und Arbeitsrichtern, nicht aber von Bewerbern positiv beurteilt werden. Schmitt und Coyle (1976) hatten gefunden, dass die Entscheidung, ein Arbeitsplatzangebot anzunehmen, wesentlich vom Eindruck abhing, den die Bewerber vom Interviewer gewonnen hatten. Der ideale Repräsentant einer Organisation in den Augen der Bewerber ist nach Rynes (1993) eine warmherzige, offene Persönlichkeit, die detaillierte Information darüber gibt, inwieweit die Fertigkeiten und Interessen des Bewerbers den Anforderungen der Tätigkeit entsprechen, die glaubwürdig wirkt, hohen Status hat und im Übrigen dem Bewerber in Ausbildung oder Position ähnlich ist.

Bezüglich der Wirkung der Beurteilung auf beurteilte Personen scheint es zweckmäßig, zwei Hauptfaktoren zu unterscheiden: das Wissen um die eigene Leistung und die Kritik durch eine andere Person. Isoliert betrachtet, führen Zielsetzung und Maßnahmen des Verhaltens-Ziel-Vergleichs fast durchgängig zu positiven Leistungskonsequenzen (Landy & Farr, 1983; Locke & Latham, 1990). Die Wirkung ist umso förderlicher, je kleiner die Einheiten sind und je verhaltensbezogener die Information ist. Weit differenzierter ist die Reaktion auf die Bewertung durch eine andere Person zu sehen. Schon die Studien von Meyer, Kay und French (u. a. 1965) hatten ergeben, dass Lob uneindeutige und Kritik negative Effekte auf Leistung und Befinden hatten und dass Kritik häufig defensive Reaktionen provoziert. Die Schlussfolgerungen hieraus werden auch von den meisten neueren Autoren geteilt: Zielsetzung sollte gemeinsam vorgenommen werden; «Coaching» erfolgt am besten unmittelbar und direkt verhaltensbezogen, nicht summarisch nach langen Zeitabständen; die Form der Rückmeldung ist von der Zielsetzung abhängig zu machen; vor allem sollten Gespräche, die der Leistungsverbesserung dienen, nicht gleichzeitig Bezahlung und Beförderung zum Inhalt haben.

Im Einzelnen ist noch zu wenig bekannt, wovon die Reaktion auf Beurteilung abhängt. Spekulativ können genannt werden: Günstigkeit der Beurteilung, Konsequenzen der Beurteilung, überdauernde Bewertungsangst/Selbstsicherheit, Übereinstimmung mit Selbstbeurteilung, Vertrauen in Beurteiler und Organisation, Macht und Kompetenz des Beurteilers, Beurteilungsverfahren, Validitätseinschätzung, Transparenz, Partizipation, Kompatibiltität mit eigenen Erwartungen und Zielsetzungen, Vertraulichkeit, Art des Feedback, organisationeller und sozialer Kontext. Eine Zusammenfassung der existierenden Literatur zur Reaktion auf systematische Beurteilung gibt Dickinson (1993), eine Zusammenstellung der Forschung zum Beurteilungsgepräch findet sich bei Farr (1993), Ratschläge für das Führen von Mitarbeitergesprächen allgemein geben Neuberger (1991) sowie Fiege et al. (2001).

8. Literatur

Aus Platzgründen ist hier nur eine Auswahl an Literatur aufgelistet. Der Rest wird im Internet zur Verfügung gestellt: www.uni-hohenheim.de /~www540f/lbop/literaturliste.htm

Annett, J. & Duncan, K. D. (1967). Task analysis and training design. *Occupational Psychology, 41,* 211–221.

Arthur, W., Doverspike, D., & Barrett, G. V. (1996). Development of a job analysis-based procedure for weighting and combining content-related tests into a single test battery score. *Personnel Psychology, 49,* 971–985.

Arvey, R. D. & Campion, J. E. (1982). The employment interview: A summary and review of recent research. *Personnel Psychology, 1982,* 281–322.

Barrick, M. R., Mount, M. K. & Judge, T. A. (2001). Personality and performance at the beginning of the new millenium: What do we know and where do we go next? *International Journal of Selection and Assessment, 9,* 9–30.

Bernardin, H. J. & Beatty, R. W. (1984). *Performance appraisal: Assessing human behavior at work.* Boston: Kent.

Borman, W. C. (1978). Exploring upper limits of reliability and validity in job performance ratings. *Journal* of *Applied Psychology, 63,* 135–144.

Borman, W. C. & Brush, D. (1993). More progress toward a taxonomy of managerial performance requirements. *Human Performance, 6,* 1–21.

Borman, W. C. & Motowidlo, S. J. (1993). Expanding the criterion domain to include elements of contextual performance. In N. Schmitt & W. C. Borman (Eds.), *Personnel selection* (pp. 71–98). San Francisco: Jossey-Bass.

Boudreau, J. W. (1991). Utility analysis for decisions in human resource management. In M. D. Dunnette & L. M. Hough (Eds.), *Handbook of industrial and organizational psychology* (pp. 621–745). Palo Alto: Consulting Psychologists Press.

Brandstätter, H. (1970). Die Beurteilung von Mitarbeitern. In A. Mayer & B. Herwig (Hrsg.), *Betriebspsychologie* (S. 558–734). Göttingen: Hogrefe.

Brandstätter, H. (1982). Psychologische Grundlagen personeller Entscheidungen. In H. Schuler & W. Stehle (Hrsg.), *Psychologie in Wirtschaft und Verwaltung* (S. 19–45). Stuttgart: Poeschel.

Bray, D. W., Campbell, R. J. & Grant, D. L. (1974). *Formative years in business: A long term AT&T study of managerial lives.* New York: Wiley.

Campbell, J. P., Dunnette, M. D., Lawler, E. E. & Weick, K. E. (Eds.). (1970). *Managerial behavior, performance, and effectiveness.* New York: McGraw-Hill.

Campbell, J. P., McHenry, J. J. & Wise, L. L. (1990). Modeling job performance in a population of jobs. *Personnel Psychology, 43,* 313–334.

Carroll, J. B. (1993). *Human cognitive abilities: A survey of factor analytic studies.* Cambridge, UK: Cambridge University Press.

Cascio, W. F. (2000). *Costing human resources: The financial impact of behavior in organizations.* Cincinnati: South-Western College Publishing.

Chan, D. & Schmitt, N. (2002). Situational judgment and job performance. *Human Performance, 15,* 233–254.

Cooper, W. H. (1981). Ubiquitous halo. *Psychological Bulletin, 90,* 218–244.

Cronbach, L. J. & Gleser, G.C. (1965). *Psychological tests and personnel decisions.* Urbana: University of Illinois Press.

Dickinson, T. L. (1993). Attitudes about performance appraisal. In H. Schuler, J. L. Farr & M. Smith (Eds.), *Personnel selection and assessment: Individual and organizational perspectives* (pp. 141–161). Hillsdale: Erlbaum.

Eder, R. & Ferris, G. R. (Eds). (1989). *The employment interview: Theory, research, and practice.* Newbury Park: Sage.

Eichel, E. & Bender, H. E. (Eds.). (1984). *Performance appraisal: A study of current techniques.* New York: American Management Association.

Fisseni, H.-J. & Fennekels, G. (1995). *Das Assessment-Center. Einführung für Praktiker.* Göttingen: Hogrefe/Verlag für Angewandte Psychologie.

Flanagan, J. C. (1954). The critical incident technique. *Psychological Bulletin, 51,* 327–358.

Farr, J. L. (1993). Informal performance feedback: Seeking and giving. In H. Schuler, J. L. Farr & M. Smith (Eds.), *Personnel selection and assessment: Individual and organizational perspectives* (pp. 163–180). Hillsdale: Erlbaum.

Feldman, J. M. (1981). Beyond attribution theory: Cognitive processes in performance appraisal. *Journal of Applied Psychology, 66,* 127–148.

Fiege, R., Muck, P. M. & Schuler, H. (2001). Mitarbeitergespräche. In H. Schuler (Hrsg.), *Lehrbuch der Personalpsychologie* (S. 433–480). Göttingen: Hogrefe.

Flanagan, J. C. (1954). The critical incident technique. *Psychological Bulletin, 51*, 327–358.

Fleishman, E. A. & Quaintance, M. K. (1994). *Taxonomies of human performance.* Orlando: Academic Press.

Frieling, E. & Hoyos, C. G. (1978). *Fragebogen zur Arbeitsanalyse (FAA): Deutsche Bearbeitung des Position Analysis Questionnaire (PAQ).* Bern: Huber.

Frieling, E. & Sonntag, Kh. (1999). *Lehrbuch Arbeitspsychologie* (2. Aufl.). Bern: Huber.

Frintrup, A. & Renner, (2002). Online-Personalauswahl bei Credit Suisse Finacial Services. *Personal, 5*, 28–31.

Funke, U. & Barthel, E. (1995). Nutzenanalysen von Personalauswahlprogrammen. In W. Sarges (Hrsg.), *Management Diagnostik* (S. 820–833). Göttingen: Hogrefe.

Gael, S. (Ed.). (1988). *The job analysis handbook for business, industry, and government.* New York: Wiley.

Ganzach, Y., Pazy, A., Ohayun, Y. & Brainin, E. (2002). Social exchange and organizational commitment: Decision making training for job choice as an alternative to the realistic job preview. *Personnel Psychology, 55*, 613–637.

Hacker, W. (1995). *Arbeitstätigkeitsanalyse.* Heidelberg: Asanger.

Herrnstein, R. J. & Murray, C. A. (1994). *The bell curve: Intelligence and class structure in American life.* New York: Free Press.

Hertel, G., Naumann, S., Konradt, U. & Batinic, B. (2002). Person assessment via internet: Comparing online and paper-and-pencil questionnaires. In B. Batinic, U. Reips & M. Bosnjak (Eds.), *Online and social sciences* (pp. 115–133). Göttingen: Hogrefe.

Harvey, R. J. (1991). Job analysis. In M. D. Dunnette & L. M. Hough (Eds.), *Handbook of industrial and organizational psychology* (2nd ed., Vol. 2, pp. 71–164). Palo Alto: Consulting Psychologists Press.

Hirsh, H. R., Schmidt, F. L. & Hunter, J. E. (1986). Estimation of employment validities by less experienced judges. *Personnel Psychology, 39*, 337–344.

Höft, S. & Funke, U. (2001). Simulationsorientierte Verfahren der Personalauswahl. In H. Schuler (Hrsg.), *Lehrbuch der Personalpsychologie* (S. 135–173). Göttingen: Hogrefe.

Höft, S. & Schuler, H. (2001). The conceptual basis of assessment centre ratings. *International Journal of Selection and Assessment, 9*, 114–123.

Holling, H. & Leippold, W. (1991). Zur sozialen Validität von Assessment Centern. In H. Schuler & U. Funke (Hrsg.), *Eignungsdiagnostik in Forschung und Praxis* (S. 305–312). Göttingen: Hogrefe/Verlag fur Angewandte Psychologie.

Hough, L. M. & Paullin, C. (1994). Construct-oriented scale construction: The rational approach. In G. S. Stokes, M. D. Mumford & W. A. Owens (Eds.), *Biodata handbook: Theory, research, and use of biographical information in selection and performance prediction* (pp. 109–145). Palo Alto: Consulting Psychologists Press.

Hoyos, C. G. (1986). Die Rolle der Anforderungsanalyse im eignungsdiagnostischen Prozeß. Psychologie und Praxis. *Zeitschrift für Arbeits- und Organisationspsychologie, 30*, 59–67.

Hoyos, C. G. & Frieling, E. (1977). Die Methodik der Arbeits- und Berufsanalyse. In K. H. Seifert (Hrsg.), *Handbuch der Berufspsychologie* (S. 103–140). Göttingen: Hogrefe.

Hunter, J. E. & Hunter, R. F. (1984). Validity and utility of alternative predictors of job performance. *Psychological Bulletin, 96*, 72–98.

Hunter, J. E. & Schmidt, F. L. (1990). *Methods of meta-analysis.* Newbury Park: Sage.

Ilgen, D. R. & Schneider, J. (1991). Performance measurement: A multi-discipline view. In C. L. Cooper & I. T. Robertson (Eds.), *International Review of Industrial and Organizational Psychology* 1991 (pp. 71–108). Chichester: Wiley.

International task force on assessment center guidelines. (2000). Guidelines and ethical considerations for assessment center operations. *Public Personnel Management, 29*, 315–331.

Ivancevich, J. M. & Donnelly, J. M. (1971). Job offers acceptance behavior and reinforcement. *Journal of Applied Psychology, 55*, 119–122.

Jäger, A. O., Süß, H.-M. & Beauducel, A. (1997). *Berliner Intelligenzstruktur-Test (BIS, Form 4).* Göttingen: Hogrefe.

Judge, T. A., Bono, J. E., Ilies, R. & Gerhardt, M. W. (2002). Personality and leadership: A qualitative and quantitative review. *Journal of Applied Psychology, 87*, 765–780.

Judge, T. A., Heller, D. & Mount, M. K. (2002). Five-factor model of personality and job satisfaction: A meta-analysis. *Journal of Applied Psychology, 530.*

Kanning, U. P. & Holling, H. (2002). (Hrsg.). *Handbuch personaldiagnostischer Instrumente.* Göttingen: Hogrefe.

Kelbetz, G. & Schuler, H. (2002). Verbessert Vorerfahrung die Leistung im Assessment Center? *Zeitschrift für Personalpsychologie, 1*, 4–18.

Klingner, Y., Schuler, H., Diemand, A. & Becker, Kh. (2003). MLB – Junior. In H. Schuler (Hrsg.), *Beurteilung und Förderung beruflicher Leistung.* Stuttgart: Verlag für Angewandte Psychologie.

Kompa, A. (1984). *Personalbeschaffung und Personalauswahl.* Stuttgart: Enke.

Landy, F. J. & Farr, J. L. (Eds.). (1983). *The measurement of work performance.* Orlando: Academic Press.

Latham, G. P. (1986). Job performance and appraisal. In C. L. Cooper & I. T. Robertson (Eds.), *International Review of Industrial and Organizational Psychology 1986* (pp. 117–155). Chichester: Wiley.

Latham, G. P. (1989). The reliability, validity, and practicality of the situational interview. In R. W. Eder & G. R. Ferris (Eds.), *The employment interview: Theory, research, and practice.* Newbury Park: Sage.

Latham, G. P. & Finnegan, B. (1993). The perceived practicality of unstructured, patterned and situational interviews. In H. Schuler, J. L. Farr & M. Smith (Eds.), *Personnel selection and assessment: Individual and organizational perspectives* (pp. 41–55). Hillsdale: Erlbaum.

Latham, G. P. & Wexley, K. N. (1977). Behavioral observation scales for performance appraisal purposes. *Personnel Psychology, 30,* 255–268.

Lievens, F. (1999). Factors which improve the construct validity of assessment centers: A review. *International Journal of Selection and Assessment, 6,* 141–152.

Locke, E. A. & Latham, G. P. (1990). *A theory of goal setting and task performance.* Englewood Cliffs: Prentice-Hall.

Mael, F. A. (1991). A conceptual rationale for the domain and attributes of biodata items. *Personnel Psychology, 46,* 719–738.

Marcus, B. (2000). *Kontraproduktives Verhalten im Betrieb.* Göttingen: Hogrefe.

McDaniel, M. A. & Nguyen, N. T. (2001). Situational judgment tests: A review of practice and constructs assessed. *International Journal of Selection and Assessment, 9,* 103–113.

McDaniel, M. A., Whetzel, D. L., Schmidt, F. O. & Maurer, S. (1994). The validity of employment interviews: A comprehensive review and meta-analysis. *Journal of Applied Psychology, 79,* 599–616.

Moscoso, S. (2000). Selection interview: A review of validity evidence, adverse impact and application reactions. *International Journal of Selection and Assessment, 8,* 237–247.

Moser, K. (1992). Einführung und Überblick. In K. Moser, W. Stehle & H. Schuler (Hrsg.), *Personalmarketing* (S.1–18). Göttingen: Hogrefe/Verlag für Angewandte Psychologie.

Moser, K. (1999). Selbstbeurteilung beruflicher Leistung: Überblick und offene Fragen. *Psychologische Rundschau, 50,* 14–15.

Motowidlo, S. J., Borman, W. C. & Schmit, M. J. (1997). A theory of individual differences in task and contextual performance. *Human Performance, 10,* 71–83.

Murphy, K. R. & Cleveland, J. N. (1995). *Understanding performance appraisal.* Tousand Oaks: Sage.

Neisser, U., Boodoo, G. M., Bouchard, T. J., Boykin, A. W., Brody, N., Ceci, S. J., Halpern, D. F., Loehlin, J. C., Perloff, R., Sternberg, R. J. & Urbina, S. (1996). Intelligence: Knowns and unknowns. *American Psychologist, 51,* 77–101.

Odiorne, G. S. (Ed.). (1965). *Management by objectives: A system of managerial leadership.* Belmont: Pitman.

Ones, D. S., Schmidt, F. L. & Viswesvaran, C. (1993). Comprehensive meta-analysis of integrity test validities: Findings and implications for personnel selection and theories of job performance. *Journal of Applied Psychology, 78,* 679–703.

Organ, D. W. (1988). *Organizational citizenship behavior: The good soldier syndrome.* Lexington: Lexington.

Peterson, N. G., Mumford, M. D., Borman, W. C., Jeanneret, P. R. & Fleishman, E. A. (Eds.). (1999). *An occupational information system for the 21st century: The development of O*Net.* Washington, DC: American Psychological Association.

Porter, L. W., Lawler, E. E. III & Hackman, J. R. (1975). *Behavior in organizations.* New York: McGraw Hill.

Premack, S. L. & Wanous, J. P. (1985). A meta-analysis of realistic job preview experiments. *Journal of Applied Psychology, 70,* 706–719.

Pursell, E. D., Campion, M. A. & Gaylord, S. R. (1980). Structured interviewing: Avoiding selection problems. *Personnel Journal, 1980,* 907–912.

Raymark, P. H., Schmit, M. J. & Guion, R. M. (1997). Identifying potentially useful personality constructs for employee selection. *Personnel Psychology, 50,* 723–736.

Robertson, I. T. & Kandola, R. S. (1982). Work sample tests: Validity, adverse impact and applicant reactions. *Journal of Occupational Psychology, 55,* 171–183.

Rynes, S. L. (1993). When recruitment fails to attract: Individual expectations meet organizational realities in recruitment. In H. Schuler, J. L. Farr & M. Smith (Eds.), *Personnel selection and assessment: Individual and organizational perspectives* (pp. 27–40). Hillsdale: Erlbaum.

Sackett, P. R. & Dreher, G. F. (1982). Constructs and assessment center dimensions: Some troubling empirical findings. *Journal of Applied Psychology, 67,* 401–410.

Sackett, P. R., Zedeck, S. & Fogli, R. (1988). Relations between measures of typical and maximum job performance. *Journal of Applied Psychology, 73,* 482–486.

Salgado, J. F. (1999). Personnel selection methods. In C. L. Cooper & I. T. Robertson (Eds.), *International Review of Industrial and Organizational Psychology* 1999 (pp. 1–54). Chichester, UK: Wiley.

Sarges, W. (1995). (Hrsg.). *Management-Diagnostik.* Göttingen: Hogrefe.

Sarges, W. & Wottawa, H. (2001). (Hrsg.). *Handbuch wirtschaftspsychologischer Testverfahren.* Lengerich: Pabst.

Scherm, E. & Sarges, W. (2002). *360°-Feedback.* Göttingen: Hogrefe.

Schmidt, F. L. & Hunter, J. E. (1981). Employment testing. Old theories and new research findings. *American Psychologist, 36,* 1128–1137.

Schmidt, F. L. & Hunter, J. E. (1998). Meßbare Personmerkmale: Stabilität, Variabilität und Validität zur Vorhersage zukünftiger Berufsleistung und berufsbezogenen Lernens. In M. Kleinmann & B. Strauss (Hrsg.), *Potentialfeststellung und Personalentwicklung* (S. 16–43). Göttingen: Hogrefe.

Schmitt, N. & Coyle, B. (1976). Applicant decisions in the employment interview. *Journal of Applied Psychology, 61,* 184–192.

Schneider, B. & Schmitt, N. (1986). *Staffing organizations.* Glenview: Scott, Foresman and Company.

Schuler, H. (1990). Personalauswahl aus der Sicht der Bewerber: Zum Erleben eignungsdiagnostischer Situationen. *Zeitschrift für Arbeits- und Organisationspsychologie, 34,* 184–191.

Schuler, H. (1991). Leistungsbeurteilung – Funktionen, Formen und Wirkungen. In H. Schuler (Hrsg.), *Beurteilung und Förderung beruflicher Leistung* (S. 11–40). Göttingen: Hogrefe/Verlag für angewandte Psychologie.

Schuler, H. (1992a). Assessment Center als Auswahl- und Entwicklungsinstrument: Einleitung und Überblick. In H. Schuler & W. Stehle (Hrsg.), *Assessment Center als Methode der Personalentwicklung* (2. Aufl., S. 1–35). Göttingen: Verlag für Angewandte Psychologie/Hogrefe.

Schuler, H. (1992b). Das Multimodale Einstellungsinterview. *Diagnostica, 38*, 281–300.

Schuler, H. (1996). *Psychologische Personalauswahl. Einführung in die berufliche Eignungsdiagnostik.* Göttingen: Hogrefe/Verlag für Angewandte Psychologie.

Schuler, H. (2001). Noten und Studien- und Berufserfolg. In D. H. Rost (Hrsg.), *Handwörterbuch Pädagogische Psychologie* (2. Aufl., S. 501–507). Weinheim: Beltz/ PVU.

Schuler, H. (2002). *Das Einstellungsinterview.* Göttingen: Hogrefe.

Schuler, H., Farr, J. L. & Smith, M. (Eds.). (1993). *Personnel selection and assessment: Individual and organizational perspectives.* Hillsdale: Erlbaum.

Schuler, H. & Funke, U. (1995). Diagnose beruflicher Eignung und Leistung. In H. Schuler (Hrsg.), *Lehrbuch Organisationspsychologie* (2. Aufl., S. 235–283). Bern: Huber.

Schuler, H., Funke, U., Moser, K. & Donat, M. (1995). *Personalauswahl in F&E. Eignung und Leistung von Wissenschaftlern und Ingenieuren.* Göttingen: Hogrefe.

Schuler, H., Hell, B., Muck, P. M., Becker, Kh. & Diemand, A. (2003). MLB – Individualmodul. In H. Schuler (Hrsg.), *Beurteilung und Förderung beruflicher Leistung* (2. Aufl.). Stuttgart: Verlag für Angewandte Psychologie.

Schuler, H. & Höft, S. (2001). Konstruktorientierte Verfahren der Personalauswahl. In H. Schuler (Hrsg.), *Lehrbuch der Personalpsychologie* (S. 93–133). Göttingen: Hogrefe.

Schuler, H. & Klingner, Y. (2003). Arbeitsprobe zur berufsbezogenen Intelligenz. Büro- und kaufmännische Tätigkeiten (AZUBI-BK). Göttingen: Hogrefe.

Schuler, H. & Marcus, B. (2001). Biographieorientierte Verfahren der Personalauswahl. In H. Schuler (Hrsg.), *Lehrbuch der Personalpsychologie* (S. 175–212). Göttingen: Hogrefe.

Schuler, H. & Marcus, B. (2003). Beurteilung beruflicher Leistung. In H. Schuler (Hrsg.), *Enzyklopädie der Psychologie. Organisationspsychologie I – Grundlagen und Personalpsychologie* (D/III/3). Göttingen: Hogrefe.

Schuler, H. & Moser, K. (1993). Entscheidung von Bewerbern. In K. Moser, W. Stehle & H. Schuler (Hrsg.), *Personalmarketing* (S. 51–75). Göttingen: Hogrefe/ Verlag für Angewandte Psychologie.

Schuler, H. & Moser, K. (1995). Die Validität des Multimodalen Interviews. *Zeitschrift für Arbeits- und Organisationspsychologie, 39*, 2–12.

Sonntag, Kh. (Hrsg.). (1999). *Personalentwicklung in Organisationen* (2. Aufl.). Göttingen: Hogrefe/Verlag für Angewandte Psychologie.

Stahl, G. K. (1995). Die Auswahl von Mitarbeitern für den Auslandseinsatz: Wissenschaftliche Grundlagen. In T. M. Kühlmann (Hrsg.), *Mitarbeiterentsendung ins Ausland: Auswahl, Vorbereitung, Betreuung und Wiedereingliederung* (S. 31–72). Göttingen: Verlag für Angewandte Psychologie.

Staufenbiel, T. & Kleinmann, M. (2002). PaiRS: Ein Skalierungsverfahren für die Eignungsdiagnostik. *Zeitschrift für Personalpsychologie, 1*, 27–34.

Thorndike, R. L. (1949). *Personnel selection.* New York: Wiley.

Thornton, G. C. & Byham, W.C. (1982). *Assessment centers and managerial performance.* New York: Academic Press.

Thornton, G. C., Gaugler, B. B., Rosenthal, D. B. & Bentson, C. (1992). Die prädiktive Validität des Assessment Centers – eine Metaanalyse. In H. Schuler & W. Stehle (Hrsg.), *Assessment Center als Methode der Personalentwicklung* (2. Aufl., S. 36–77). Göttingen: Hogrefe/Verlag für Angewandte Psychologie.

U.S. Department of Labor. (1991). *Dictionary of occupational titles.* Washington, DC: US Government.

Wanous, J. P. (1980). *Organizational entry.* Reading: Addison-Wesley.

Wanous, J. P. (1989). Impression management and organizational entry. In R. A. Giacalone & P. Rosenfeld (Eds.), *Impression management in the organization* (pp. 253–267). Hillsdale: Erlbaum.

Wernimont, P. & Campbell, J. P. (1968). Signs, samples, and criteria. *Journal of Applied Psychology, 52*, 372–376.

Wotttawa, H. & Woike, J. K. (2002). InternetRecruiting und Assessment. *Wirtschaftspsychologie ABO, 1*, 33–38.

Wunderer, R. (1991). Personalmarketing. *Die Unternehmung, 45*, 119–131.

11

Heinz Holling & Detlev Liepmann

Personalentwicklung

Inhalt

1 **Einleitung** . . . 345
2 **Definition und Gebiete der Personalentwicklung** . . . 346
3 **Theoretische Grundlagen** . . . 349
3.1 Lerntheoretische Grundlagen . . . 351
3.2 Intraindividuelle Veränderbarkeit und Lernfähigkeit . . . 352
4 **Ermittlung des Personalentwicklungs-bedarfs** . . . 355
4.1 Analyse des Soll-Zustands . . . 356
4.2 Analyse des Ist-Zustands . . . 358
5 **Verfahren der Personalentwicklung** . . . 358
5.1 Computergestütztes Training . . . 359
5.2 Vier-Stufen-Methode . . . 360
5.3 Cognitive Apprenticeship . . . 361
5.4 Lernen anhand heuristischer Regeln . . . 361
5.5 Fallstudien . . . 363
5.6 Rollenspiele . . . 363
5.7 Planspiele . . . 364
5.8 Sensitivitätstraining . . . 366
5.9 Verhaltensmodellierung . . . 366
5.10 Coaching . . . 367
5.11 Mentoring . . . 368
6 **Evaluation von Personalentwicklungsmaßnahmen** . . . 369
6.1 Kriterien für den Erfolg von Personalentwicklungsmaßnahmen . . . 371
6.2 Transfer der Lernresultate . . . 372
6.3 Ergebnisse der Evaluation von Personalentwicklungsmaßnahmen . . . 372
6.4 Monetäre Nutzenanalysen von Personalentwicklungsmaßnahmen . . . 377
7 **Ausblick** . . . 379
8 **Literatur** . . . 380

1. Einleitung

Die Arbeitswelt verändert sich in jüngster Zeit immer schneller. Diese Entwicklung geht insbesondere auf die Einführung neuer Technologien zurück, aber auch auf Faktoren wie die zunehmende Globalisierung des Wettbewerbs, erhöhte Anforderungen an die Produktqualität oder wachsende Kundenorientierung. Damit gehen Veränderungen der beruflichen Anforderungen einher, die eine ständige Anpassung der beruflichen Qualifikation erforderlich machen. Als Folge gewinnt die Personalentwicklung, die sich mit der systematischen Erweiterung der beruflichen Handlungskompetenz beschäftigt, eine eminente Bedeutung. Die berufliche Handlungskompetenz umfasst alle beruflichen Kenntnisse, Fertigkeiten bzw. Kompetenzen und Fähigkeiten, die als Voraussetzung für eine erfolgreiche Ausübung der beruflichen Aufgaben fungieren.

Personalentwicklung ist ein zentrales Aufgabengebiet der Arbeits- und Organisationspsychologie und macht neben der Personalauswahl den größten Anteil der Tätigkeit von Arbeits- und Organisationspsychologen aus. Auch in wissenschaftlicher Hinsicht bietet die Personalentwicklung ein interessantes Feld für die Psychologie. Nach Schuler (1989, S. 4) gibt es innerhalb der Angewandten Psychologie kaum ein vielfältigeres und aussichtsreicheres Gebiet, «das so viele Grundlagenkenntnisse herausfordern und ihre Übertragung belohnen dürfte, das Forschungs- und Gestaltungsmöglichkeiten in solcher Fülle besitzt wie die Personalentwicklung». Ohne fundierte Kenntnisse auf grundlegenden psychologischen Gebieten wie Lernen, Informationsverarbeitung, Diagnostik oder Evaluation ist eine erfolgreiche Personalentwicklung kaum möglich. Bisherige Evaluationsstudien zu Personalentwicklungsmaßnahmen zeigen eindeutig auf, dass die Effektivität der Interventionen umso höher ist, je stärker wissenschaftliche Erkenntnisse der Psychologie im gesamten Prozess der Personalentwicklung Berücksichtigung finden.

Die zentrale Bedeutung der Personalentwicklung lässt sich auch am finanziellen Aufwand ablesen. Eine präzise Bestimmung der Personalentwicklungskosten ist kaum möglich, jedoch dürften sich allein die Kosten für die Weiterbildungsmaßnahmen deutscher Wirtschaftsunternehmen jährlich auf knapp 25 Milliarden Euro belaufen (vgl. Becker, 2002). Parallel zum finanziellen Aufwand hat sich auch die Weiterbildungsbereitschaft in den letzten Jahren auf einem beachtlichen Niveau etabliert und dürfte in Zukunft noch steigen (Bergmann, 1998).

In diesem Beitrag definieren wir zunächst den Begriff «Personalentwicklung» und gehen dann auf theoretische Grundlagenprobleme ein. Die folgenden Abschnitte thematisieren die einzelnen Phasen, die bei der Planung, Durchführung und Evaluation von Personalentwicklungsmaßnahmen auftreten. Am Anfang steht die Ermittlung des Personalentwicklungsbedarfs. In einem zweiten Schritt sind ausgehend von der Bedarfsanalyse geeignete Personalentwicklungsmaßnahmen zu selektieren, zu modifizieren oder gegebenenfalls neu zu entwickeln. Dazu stellen wir eine Auswahl geeigneter Verfahren vor. Dann behandeln wir die Evaluation von Personalentwicklungsmaßnahmen. Hier stellt sich zuerst die Frage, anhand welcher Kriterien der Erfolg zu bewerten ist und wie der Transfer von Trainingsmaßnahmen auf den Arbeitskontext sichergestellt werden kann. Abschließend berichten wir die Ergebnisse bisheriger Evaluationsuntersuchungen zur Effektivität von Personalentwicklungsmaßnahmen.

2. Definition und Gebiete der Personalentwicklung

Der Begriff «Personalentwicklung» findet sich erst seit Mitte der siebziger Jahre als Stichwort in einigen deutschsprachigen Handbüchern. Die ersten Bestandsaufnahmen in Form von Monographien erfolgten zu Beginn der achtziger Jahre (z. B. Conradi, 1983). Inzwischen hat sich dieser Begriff in Forschung und Praxis etabliert und umfasst ein sehr weites Gebiet, das wir im Folgenden zu spezifizieren versuchen. Es gibt zahlreiche unterschiedliche Definitionen des Begriffs «Personalentwicklung» (s. Neuberger, 1991). Die meisten Definitionen stimmen darin überein, dass es sich bei der Personalentwicklung um geplante Maßnahmen zur Erweiterung der beruflichen Handlungskompetenz handelt. Damit werden nicht intendierte Veränderungen der beruflichen Handlungskompetenz infolge der beruflichen Sozialisation ausgeklammert.

Betrachtet man die weitere Explikation der unterschiedlichen Definitionen, so treten bedeutende Differenzen darüber auf, welche Sachverhalte im Einzelnen unter Personalentwicklung zu subsumieren sind. So versteht Becker (2002, S. 5) unter Personalentwicklung «alle Maßnahmen der Bildung, Förderung und der Organisationsentwicklung, die zielgerichtet, systematisch und methodisch geplant, realisiert und evaluiert werden». Staehle (1999) fasst unter Personalentwicklung Maßnahmen zur Weiterbildung, Karriereplanung und Arbeitsstrukturierung. Gemäß Sonntag (2002, S. 60) ist das Ziel personaler Fördermaßnahmen die «Gesamtpersönlichkeit des in einer Organisation tätigen Menschen. Zielgrößen von Personalentwicklung sind somit Wissensvermittlung, Verhaltensmodifikation und Persönlichkeitsentwicklung. Beabsichtigt ist der Aufbau und die Weiterentwicklung von Kompetenzen und Persönlichkeitsmerkmalen, die zur ‹Meisterung› beruflicher, aber auch alltäglicher Situationen befähigen.» Weitere wesentliche Bereiche der Personalentwicklung bilden nach Sonntag die Arbeitstätigkeit selbst mit ihrer jeweils spezifischen Struktur sowie die Stressprävention und Gesundheitsförderung.

Eine Systematisierung der Definition von Personalentwicklung liefert Staufenbiel (1999) im Rahmen eines facettentheoretischen Ansatzes (s. **Abb. 1**). Jede mögliche Kombination der Elemente aus den Facetten A bis F repräsentiert ein Gebiet der Personalentwicklung, so z. B. planmäßige, bei der Organisation ansetzende Maßnahmen der Intervention zur Schaffung/Ausbildung von sensumotorischen Kompetenzen für die Zielgruppe der Lehrlinge Job begleitend am Arbeitsplatz unter Einsatz der Methoden (x, y, z), durchgeführt innerhalb der Organisation mit dem durch (die Organisation) verfolgten Ziel der Qualifikationsanpassung an neue Anforderungen (Elemente a_3,b_2,c_1,d_2,e_1,f_1 in Abb. 1). In der Definition von Staufenbiel (1999) finden sich die meisten der bisher genannten Bestimmungsstücke wieder. Man kann dieser Systematik noch als weitere Aktivität die Karriereplanung und -beratung hinzufügen, die man andererseits auch zu den Aufgaben der Bedarfsanalyse zählen mag.

Sicherlich hängt die Entwicklung und Förderung der beruflichen Kompetenzen von einer Vielzahl von Faktoren und ihrer Interaktion ab, so z. B. von Beratung, Ausbildung, Weiterbildung, Arbeitsplatzgestaltung, Führung oder Organisationsklima. Die Subsumierung all dieser Faktoren unter das Gebiet der Personalentwicklung führt jedoch zu einem so weiten Feld, dass kaum ein Gebiet der Arbeits- und Organisationspsychologie unberücksichtigt bleibt. So reichen die 33 Interventionen, die Staufenbiel (1999) einzelnen Kombinationen von Elementen der sechs Facetten zuordnet, von der realistischen Tätigkeitsvorschau über die Unterstützung von Familien über Assessment Center und Leistungsbeurteilung bis hin zu Qualitätszirkeln. Will man die Personalentwicklung nicht mit beinahe allen Gebieten der Arbeits- und Organisationspsychologie gleichsetzen, ist eine klare Abgrenzung dieses Gebiets von anderen etablierten Bereichen der Arbeits- und Organisationspsychologie notwendig.

PE bezeichnet planmäßige

A: Ebene

a_1 = beim Individuum
a_2 = bei der Arbeitsgruppe/dem Team
a_3 = bei der Organisation(seinheit)
a_4 = am Arbeitsplatz/an der Aufgabe
a_5 = bei einer Kombination von Ebenen

ansetzende Maßnahmen der

B: Aktivität

b_1 = Bedarfsanalyse
b_2 = Intervention zur Schaffung/Ausbildung
b_3 = Wiedererlangung
b_4 = Verbesserung/Förderung/Steigerung
b_5 = Erhaltung/Sicherung
b_6 = Anpassung/Veränderung
b_7 = Evaluation der Intervention

von

C: Qualifikation

c_1 = sensumotorischen Kompetenzen
c_2 = Kenntnissen, Wissen, Information
c_3 = fachlichen kognitiven Kompetenzen
c_4 = überfachlichen kognitiven Kompetenzen
c_5 = sozialen Kompetenzen
c_6 = Motivation und Emotionen
c_7 = Einstellungen/Werten/Interessen/Commitment
c_8 = Gesundheit
c_9 = einer Kombination von Qualifikationen

für die Zielgruppe (z)

D: Zeitpunkt

d_1 = zur Vorbereitung auf den Job (into-the-job)
d_2 = Job begleitend (along-the-job)
d_3 = zur Beendigung des Jobs (out-of-the-job)

unter Einsatz der Methoden (m), durchgeführt

E: Ort

e_1 = am Arbeitsplatz (on-the-job)
e_2 = innerhalb der Organisation (near-the-job)
e_3 = außerhalb der Organisation (off-the-job)
e_4 = an einer Kombination der Orte

mit dem durch (die Organisation) verfolgten Ziel der

F: Ziel

f_1 = Qualifikationsanpassung an bestehende/neue Anforderungen
f_2 = Umsetzung einer bestimmten Unternehmensstrategie
f_3 = Unterstützung der Einführung neuer Technologien
f_4 = Vorbereitung auf beruflichen Aufstieg, Führungsaufgaben
f_5 = Steigerung der Arbeitsmotivation, Leistung, Produktivität
f_6 = Steigerung der Qualität, Kundenorientierung, Flexibilität
f_7 = Senkung von Fluktuation, Fehlzeiten
f_8 = Förderung der persönlichen Entwicklung der Mitarbeiter
f_9 = Verbesserung der Kommunikation, Kooperation
f_{10} = Reduktion von Beanspruchung, Stress, Konflikten
f_{11} ...usw.
f_{12} = eine Kombination von Zielen

Abbildung 1: Definition des Konstrukts «Personalentwicklung» in einem facettentheoretischen Ansatz (aus: Staufenbiel, 1999, S. 511)

Ausgehend von dem facettentheoretischen Ansatz von Staufenbiel (1999) erscheint es zunächst einmal sinnvoll, nur Maßnahmen, die sich auf die individuelle berufliche Handlungskompetenz beziehen, unter das Gebiet der Personalentwicklung zu subsumieren. Veränderungen der Kompetenz auf der Ebene von Gruppen z. B. durch Zusammenstellung von Gruppenmitgliedern mit spezifischen Kompetenzprofilen (s. Brodbeck, Kap. 13) oder auf der Ebene der gesamten Organisation z. B. durch einen Abbau von Hierarchieebenen (s. Scholl, Kap. 16) sind den Gebieten Interventionen auf der Gruppenebene bzw. auf der Ebene der gesamten Organisation zuzuordnen. Häufig werden das zuletzt genannte oder beide Gebiete auch unter dem Terminus «Organisationsentwicklung» abgehandelt. Diese Abgrenzung bedeutet nicht, dass nicht alle Mitglieder einer Organisation (gleichzeitig) an einer Intervention zur Kompetenzerweiterung teilnehmen können, sondern dass unter der Perspektive der Personalentwicklung die Mitglieder als individuelle «Elemente» der Organisation zu sehen sind, ohne dass die Interaktion zwischen ihnen eine wesentliche Rolle spielt. Hingegen ist die Interaktion zwischen Mitgliedern einer Organisation bei Interventionen auf der Ebene organisationaler Gruppen oder der gesamten Organisation von zentraler Bedeutung. Dass gerade die Interaktion den organisationalen Erfolg wesentlich mit beeinflusst, zeigen viele empirische Studien, in denen die Einzelfähigkeiten der Teilnehmer die Teamleistung nur zu einem geringen Teil determinieren (Salas, Dickinson, Converse & Tannenbaum, 1992).

Interventionen, die am Arbeitsplatz ansetzen, wie Maßnahmen zur Arbeitsgestaltung (s. Schüpbach & Zölch, Kap. 7), stellen etablierte Bereiche der Arbeitspsychologie dar. Sie führen in aller Regel auch nicht unmittelbar zur Kompetenzerweiterung, sondern eher indirekt, wenn z. B. Veränderungen des Arbeitsplatzes veränderte Kompetenzen erfordern und damit zur Initiierung entsprechender Interventionen führen. Ein besonderes Gewicht kommt bestimmten Maßnahmen am Arbeitsplatz zur Erhaltung und Festigung von erworbenen Kompetenzen zu.

Bezüglich der zweiten Facette «Aktivität» ist anzumerken, dass Bedarfsanalyse und Evaluation im Rahmen der Erweiterung der individuellen Handlungskompetenz Mittel zum Zweck sind und damit nicht zu den Definitionsbestandteilen zählen sollten. Als Oberbegriff für die restlichen in der zweiten Facette aufgezählten Aktivitäten ist die «Veränderung» der beruflichen Kompetenzen anzusehen. Da eine Verschlechterung der beruflichen Handlungskompetenz wohl von niemandem angezielt wird, bleiben die Erhaltung und Verbesserung bzw. Förderung der beruflichen Handlungskompetenz übrig. Da der Begriff «Personalentwicklung» eine Erweiterung und nicht Erhaltung von Kompetenzen impliziert, beschränken wir uns nur auf die Verbesserung bzw. Erweiterung der beruflichen Handlungskompetenz als Definitionsmerkmal von Personalentwicklung. Bevor wir auf die dritte sehr grundlegende Facette «Qualifikation» eingehen, ist hinsichtlich der übrigen Facetten D, E und F (Zeitpunkt, Ort und Ziel) zu bemerken, dass sie zur Systematisierung des Gebiets beitragen, aber u. E. keine Kriterien für eine weitere notwendige Spezifikation des Begriffs «Personalentwicklung» enthalten.

Die dritte Facette beinhaltet neben Wissen, verschiedenen Kompetenzen, Konstrukten wie Motivation oder Einstellung auch die Gesundheit als Element der Qualifikation bzw. beruflichen Handlungskompetenz. Die körperliche wie psychische Gesundheit stellt zwar eine Voraussetzung für eine erfolgreiche Aufgabenbewältigung dar, wird jedoch üblicherweise nicht als Bestandteil von Qualifikation oder Handlungskompetenz verstanden und von uns daher ausgeschlossen.

Eine Systematik der beruflichen Handlungskompetenzen anhand der übrigen in Facette C aufgeführten Elemente ist eine neben vielen anderen vorgeschlagenen Möglichkeiten. In jüngster Zeit wird die berufliche Handlungskompetenz häufig in die vier Bereiche Fach-, Methoden-, Sozial- und personale Kompetenz untergliedert. Die Definition dieser Kompetenzbereiche und ihre Abgrenzung voneinander erfolgt je nach Autor in sehr unterschiedlicher Weise (z. B. Erpenbeck & Heyse, 1999) und lässt eine konsistente theoretische Grundlegung für die Bildung dieser Kategorien vermissen.

In der anglo-amerikanischen Literatur wird die Handlungskompetenz zumeist in Knowledge, Skills, Ability und Other untergliedert und mit KSAO abgekürzt. Die Spezifikation dieser Konstrukte erfolgt in der einschlägigen Literatur nicht einheitlich, den gemeinsamen Kern bringt insbesondere die Definition von Gatewood und Feild (2001) zum Ausdruck. Hier bezeichnet Knowledge die gesamte Wissensbasis, die für eine erfolgreiche Aufgabenbewältigung notwendig ist. Darunter fallen das Wissen über Fakten, Prozesse oder Regeln. Skills bezeichnen Fertigkeiten, die zur Durchführung eher spezifischer Aufgaben benötigt werden, während mit Abilities generelle und zeitlich stabile Fähigkeiten oder Eigenschaften gemeint sind. Unter die Kategorie «Other» fallen alle weiteren Konstrukte, die sich hilfreich auf die Erfüllung bestimmter Arbeitsaufgaben auswirken, wie Einstellungen und Leistungsmotivation.

Gegenstand der Personalentwicklung sind insbesondere Fertigkeiten (Skills), die wir hier mit Kompetenzen gleichsetzen. Sie stellen veränderbare Konstrukte dar, während sich Abilities als stabile Fähigkeiten und Eigenschaften zumeist lediglich im Rahmen langfristiger Entwicklungsprozesse verändern lassen. Eine weitere Untergliederung dieser Kompetenzen kann anhand der Klassen Sensumotorik, Kognition und Interaktion (einschließlich Kommunikation) erfolgen.

Da in der gesamten Berufswelt immer stärker kognitive Aufgabenstellungen zu bewältigen sind, kommt vor allem dem Erwerb bzw. der Erweiterung der kognitiven Kompetenzen ein besonderer Stellenwert zu. Von großer Wichtigkeit ist daneben das Verhalten im Rahmen von Interaktions- und Kommunikationsprozessen. Sensumotorische Kompetenzen verlieren in der heutigen Arbeitswelt an Bedeutung, ohnehin beschäftigte sich die Psychologie bisher nur in einem geringeren Ausmaß mit diesem Feld. Somit sind insbesondere Veränderungen des Wissens sowie kognitiver Kompetenzen und interpersonale Kompetenzen Gegenstand der gegenwärtigen Personalentwicklung.

Als Interventionen zur Veränderung der beruflichen Handlungskompetenz kommen in erster Linie Bildungs- und Trainingsmaßnahmen im Rahmen der beruflichen Aus- und Weiterbildung in Betracht. Während in der Ausbildung die berufliche Erstqualifikation vermittelt wird, schließt sich die Weiterbildung an eine bereits erworbene Qualifikation an. Bisher hat sich die Arbeits- und Organisationspsychologie vornehmlich mit der beruflichen Weiterbildung beschäftigt, während Probleme der Ausbildung stärker im Rahmen pädagogischer Disziplinen abgehandelt werden. Somit zählen vornehmlich die Anpassungsqualifikation, d.h. die Ausbildung von Kompetenzen zur Bewältigung veränderter Anforderungen des Arbeitsplatzes und die Aufstiegsqualifizierung zur Übernahme höherer Funktionen bzw. Positionen zum Kern der Personalentwicklung. Diese Eingrenzung entspricht auch weiten Teilen der anglo-amerikanisch ausgerichteten Arbeits- und Organisationspsychologie, die sich mit dem oben abgesteckten Gebiet unter dem Terminus «Training» befasst. Damit ist eine in methodischer und insbesondere inhaltlicher Sicht konsistentere Abhandlung möglich.

Zur Vermittlung eines anschaulichen Bildes der Weiterbildung in einem größeren Unternehmen werden in der **Informationsbox 1** einige wesentliche Daten der Personalentwicklung bei der Bertelsmann AG dargestellt.

3. Theoretische Grundlagen

Viele Personalentwicklungsmaßnahmen bestehen aus praktischen Interventionen, denen nicht selten eine mangelnde theoretische Fundierung vorgehalten wird (Schuler, 1996). Eine theoretische Fundierung ist für den Erfolg von Maßnahmen zur Personalentwicklung unbestritten von hoher Relevanz. So wird z.B. ein Training zur Verbesserung der Entscheidungsfindung umso erfolgreicher sein, je stärker es auf gesicherten Erkenntnissen der Entscheidungspsychologie basiert. So kann Fehlentscheidungen vorgebeugt werden, wenn man typische Entscheidungsfehler und ihre Ursachen, wie die Verwendung von bestimmten Heuristiken, kennt (vgl. z.B. Holling & Melles, 2003). Für andere Gebiete der Personalentwicklung, wie z.B. Rhetorik- oder

Informationsbox 1

Weiterbildung bei einem größeren Unternehmen: Bertelsmann AG

Das internationale Medien- und Entertainment-Unternehmen Bertelsmann beschäftigt weltweit mehr als 80 000 Mitarbeiter in 55 Ländern und erreichte im Geschäftsjahr 2000/01 einen Konzernumsatz von 20 Milliarden Euro. Für die in der Bundesrepublik Deutschland tätigen rund 32 000 Mitarbeiterinnen und Mitarbeiter werden u. a. die folgenden Personalentwicklungsmaßnahmen durchgeführt:

- Offene Weiterbildungsveranstaltungen
- Weiterbildungsveranstaltungen für Zielgruppen
- Regelmäßige Zielsetzungs- und Beratungsgespräche zur Laufbahnentwicklung
- Veranstaltungen im Bereich IT-Qualifizierung

Eine Übersicht über die im Geschäftsjahr 2001/02 angebotenen offenen Weiterbildungsveranstaltungen ist in der folgenden **Tabelle 1** enthalten. In **Tabelle 2** wird ein Weiterbildungsseminar näher beschrieben.

Tabelle 1: Übersicht über das offene Angebot bei der Bertelsmann AG (in Klammern sind jeweils Beispiele angegeben)

Selbstmanagement
(Zeit- & Zielmanagement; Erfolgreich bei Bertelsmann: Überzeugend Auftreten; Grundlagen der Gesprächsführung; Konstruktive Konfliktlösung; Persönliches Professionalisierungs- und Entwicklungs-Coaching)

Kundenmanagement
(Grundlagen der Kunden- und Serviceorientierung; Kundenorientierte Prozessgestaltung; Kundenmanagement am Telefon; Souveräner Umgang mit Reklamationen und Beschwerden)

Interkulturelle Kompetenz
(Interkulturelles Training: USA, Asien; Making Effective Presentations to an American Audience; Effektives Arbeiten in virtuellen Teams; Englisch für Einsteiger; Intensivkurse Negotiations, Meetings, Presentations; English Week – Crash Course)

Führungs-Skills
(Moderation und Visualisierung; Besprechungen zielgerichtet durchführen; Projektmanagement)

Die Angebote für Zielgruppen greifen Themenstellungen auf, die nicht von der offenen Weiterbildungsabteilung geleistet werden, da es sich um relativ spezielle Themen für spezifische Zielgruppen handelt. Hier finden zum Beispiel Personalreferenten, Teamleiter, Ausbilder oder Sekretärinnen modular aufgebaute Qualifizierungsangebote. Es geht also insbesondere um funktionelles Wissen. Insgesamt nahmen im Geschäftsjahr 2000/01 zirka 12 000 der 31 870 (Stand: 31.12.2001) inländische Mitarbeiter an Weiterbildungsveranstaltungen teil, die insgesamt knapp 200 000 Unterrichtsstunden umfassten.

Tabelle 2: Beschreibung des Seminars «Erfolgreich bei Bertelsmann: Überzeugend Auftreten» der Bertelsmann AG im Geschäftsjahr 2001/02

Ziel:	Die Teilnehmer lernen, durch Auseinandersetzung mit der eigenen Wirkung und durch methodische Hinweise zur Selbststrukturierung ihre Überzeugungskraft zu mobilisieren und ihr mehr Nachdruck zu verleihen. Bei Verhandlungen und Präsentationen können sie so ihre persönlichen Ressourcen stärker nutzen und überzeugender auftreten. Durch einen Abgleich von Selbstbild und Fremdbild sollen neue Handlungsräume eröffnet werden.
Zielgruppe:	Alle Mitarbeiter/-innen, die sicherer im persönlichen Auftreten und in ihrer Selbstpräsentation im beruflichen Altag werden wollen.
Themen:	• Grundlagen der Präsentation • Rhetorische Aspekte der Gliederung • Selbst- und Fremdbild • Kontaktprozess: ich und die anderen • Mimik, Gestik, Atmung, Outfit • Ausdruck durch Sprache und Wortwahl • Konstruktiver Umgang mit «Lampenfieber»
Methodik:	Lehrgespräche, Diskussion, Übungen, Gruppenarbeiten, Rollenspiele, Videoeinsatz

Führungskräftetrainings, sind die dort jeweils einschlägigen Erkenntnisse der Grundlagenforschung heranzuziehen.

Da sich Personalentwicklungsmaßnahmen auf die Erweiterung von Kompetenzen richten, kommt den Lerntheorien eine besondere Bedeutung zu. Daher widmen wir uns im nächsten Abschnitt der Frage, welchen Beitrag lerntheoretische Grundlagen zur Gestaltung der Personalentwicklung leisten. Anschließend behandeln wir das Problem, in welchem Ausmaß sich berufliche Kompetenzen verändern lassen, bzw. welcher Spielraum für Lernerfahrungen besteht und ob sich der Lernerfolg vorhersagen lässt.

3.1 Lerntheoretische Grundlagen

Nach Landy (1989) ist der zu erwartende Lernerfolg durch Trainingsverfahren umso höher, je mehr sie sich auf lerntheoretische Erkenntnisse stützen. Von den zahlreichen lerntheoretischen Ansätzen haben insbesondere die operanten Lerntheorien und das Modelllernen bei der Gestaltung von Personalentwicklungsmaßnahmen eine große Beachtung gefunden.

Gemäß den operanten Lerntheorien entstehen Verhaltensveränderungen durch konsistente Belohnung oder Bestrafung von Verhaltensweisen, die auf wiederholt auftretende Reizkonstellationen folgen. In vielen Studien wurden systematisch Menge oder zeitliche Verteilung der Verstärkung analysiert, um optimale Verhaltensveränderungen zu erzielen. Daraus ergeben sich wertvolle Hinweise für die Gestaltung von Trainings. So muss zum Aufbau von Verhaltensweisen nicht unbedingt jede erfolgreiche Verhaltensausführung verstärkt werden, eine intermittierende (gelegentliche) Verstärkung ist oft erfolgreicher, insbesondere dann, wenn es nicht auf einen raschen, sondern auf einen möglichst nachhaltigen Erwerb neuer Verhaltensweisen ankommt. Zudem ist die «Bestrafung» von nicht erwünschten Verhaltensweisen, z. B. durch negative Kritik, weniger wirksam für den Aufbau alternativer Verhaltensweisen als die Darstellung und Belohnung gewünschter Verhaltensweisen.

Eine systematische Anwendung der Erkenntnisse operanter Lerntheorien zeigt z. B. Miller (1968) auf. Auch die Forschergruppe um Luthans (1985, s. a. Holling & Kanning, Kap. 3) berücksichtigt systematisch die Erkenntnisse der operanten Konditionierung im Rahmen der Personalentwicklung.

Von besonders großer Bedeutung für die Personalentwicklung ist die sozial-kognitive Lerntheorie von Bandura (1977, 2001), deren Anwendung im organisationalen Kontext ebenfalls von Luthans und Mitarbeitern (s. Holling & Kanning, Kap. 3) intensiv untersucht wurde. Dieser lerntheoretische Ansatz thematisiert insbesondere das Modelllernen, demzufolge viele Verhaltensweisen häufig nicht durch operante Lernprozesse erworben bzw. verändert werden, sondern durch die Imitation anderer Personen, so genannter Modelle, die in der Realität oder in Filmen beobachtet wurden.

Die sozial-kognitive Lerntheorie integriert weite Bereiche der klassischen und operanten Lerntheorien, geht aber über sie hinaus, da hier nicht nur die Verhaltensveränderungen, sondern auch die zu Grunde liegenden kognitiven, motivationalen und motorischen Regulationsprozesse berücksichtigt werden. Bandura analysiert insbesondere die folgenden Komponenten des Lernens:

- Beachtung von Eigenschaften des Modells, die für dessen Wirkung bedeutsam sind. Wenn z. B. Beobachter und Modell hinsichtlich Alter und Geschlecht übereinstimmen, so ist ein höherer Lernerfolg zu erwarten. Verhaltensweisen von Modellen mit höherem Status werden eher imitiert, ebenso Verhaltensweisen, für die das Modell eine Verstärkung erfährt.
- Einprägen und Behalten der gewonnenen Eindrücke. Die Behaltensleistung wird durch motorisches, aber auch mentales Wiederholen gesteigert, kann aber durch Interferenzen mit früheren Lernerfahrungen beeinträchtigt werden.
- motorische Prozesse bei der Imitation des Modellverhaltens. Hier ist für den Lernfortschritt insbesondere der gegenwärtige sensumotorische Leistungsstand zu berücksichtigen.

- motivationale, von den Verstärkungsbedingungen beeinflusste Prozesse bei der Imitation des Modellverhaltens. Verhaltensweisen werden z. B. eher übernommen, wenn man sich von ihnen einen Nutzen verspricht.

Mit der Gestaltung dieser Phasen im Rahmen der Personalentwicklung haben sich zahlreiche Studien auseinander gesetzt (z. B. Decker & Nathan, 1985). Wie die unten dargestellten Evaluationsstudien zeigen, zählen Interventionen, die die Erkenntnisse des Lernens am Modell einbeziehen, zu den erfolgreicheren Methoden in der Personalentwicklung.

In Trainingsmaßnahmen wird Verstärkung, wie sie in den Lerntheorien konzipiert wird, zu einem nicht unbeträchtlichen Teil in Form von Feedback realisiert. Die Forschung zum Feedback stellt mittlerweile ein umfangreiches Gebiet dar (vgl. Kluger & DeNisi, 1996). Feedback lässt sich zunächst in intrinsisches und extrinsisches Feedback gliedern. Während intrinsisches Feedback aus den eigenen, eher unmittelbaren gefühlsmäßigen Kontrollmechanismen resultiert, entsteht extrinsisches Feedback aus den Bewertungen externer Informationen. Extrinsisches Feedback lässt sich weiter differenzieren: Bewerten sich Trainees selbst anhand von Informationen über externe Ereignisse, liegt primäres (extrinsisches) Feedback vor. Sekundäres (extrinsisches) Feedback resultiert hingegen aus den Bewertungen anderer Personen.

Feedback erweist sich dann als besonders wirksam, wenn alle unterschiedlichen Formen des Feedbacks genutzt werden. Die Effektivität von Feedback ist dann besonders hoch, wenn das Feedback präzise ist und auch als präzise wahrgenommen und akzeptiert wird. Diese Akzeptanz hängt von einer Reihe von Faktoren ab, so z. B. von der wahrgenommenen Expertise, Macht oder Attraktivität der Quelle. In Übereinstimmung mit den generellen lerntheoretischen Erkenntnissen kann ein zu häufig erfolgendes Feedback wirkungslos sein oder sogar zu negativen Effekten führen, so z. B. wenn sich die Trainees fragen, warum sie so viel Feedback erhalten. Erfolgt externes sekundäres Feedback innerhalb praktischer Übungen zu häufig, sinkt die Wahrscheinlichkeit, dass die Trainees lernen, ihre eigenen Fehler zu erkennen und sich selbst Feedback zu geben. Daher gilt es während solcher Trainingsphasen, die Häufigkeit des Feedbacks zu variieren.

Neben den oben dargestellten klassischen Lerntheorien und der Feedbackforschung sind zahlreiche weitere lerntheoretische Ansätze und Gebiete grundlegend für die Personalentwicklung. Hierzu zählen z. B. Ansätze zur menschlichen Informationsverarbeitung (Newell & Simon, 1972), zum Erwerb kognitiver Kompetenzen (Anderson, 1993) oder zur Expertiseentwicklung (Glaser, 1992). Ihre Konsequenzen für die Gestaltung von Interventionen zur Personalentwicklung werden in der einschlägigen Fachliteratur expliziert (vgl. z. B. Ford, Kozlowski, Kraiger, Salas & Teachout, 1997).

3.2 Intraindividuelle Veränderbarkeit und Lernfähigkeit

Die Frage, inwieweit Kenntnisse, sensumotorische, kognitive und interpersonale Kompetenzen sowie weitere Merkmale wie Einstellungen verändert werden können, ist eminent wichtig für den Erfolg von Personalentwicklungsmaßnahmen. Eine reliable und valide Erfassung des Entwicklungspotenzials auf den einzelnen Gebieten ermöglicht eine Abschätzung und damit Optimierung des Erfolgs von Personalentwicklungsmaßnahmen. Den Teilnehmern an bestimmten Personalentwicklungsmaßnahmen können somit frustrierende Erlebnisse und den Organisationen Kosten erspart bleiben.

Nicht selten wird in der populärwissenschaftlichen, zuweilen aber auch in der wissenschaftlichen Literatur die Entwicklung von so genannten Schlüsselkompetenzen gefordert, wie allgemeine Problemlösefähigkeit, Stressresistenz oder Leistungsmotivation. Dabei wird übersehen, dass mit diesen Begriffen häufig generelle Persönlichkeitsmerkmale gemeint sind, für die lediglich andere Termini verwendet werden. So stellt die allgemeine Problemlösefähigkeit schon von der Definition her nichts anderes als allgemeine Intelligenz dar, auch wenn einige Problemlöseforscher geglaubt hatten, hier ein völlig neues Konzept entdeckt zu haben. Sorgfältige empirische Studien zeigen, dass die Leistung in komplexen Problemlöseszenarien im Wesentlichen durch die allgemeine Intelligenz erklärt werden kann (vgl. Süß, 1996). Hinter Stressresistenz verbirgt sich oft nichts anderes als emotionale Stabilität bzw. Neurotizismus.

In welchem Ausmaß können solche grundlegenden Persönlichkeitsdimensionen verändert werden? Die bisher in der Psychologie durchgeführten Untersuchungen zur zeitlichen Konstanz von generellen Persönlichkeitsdimensionen wie Intelligenz, Neurotizismus oder Extraversion zeigen, dass die zeitliche Stabilität dieser Persönlichkeitskonstrukte sehr hoch ist (Brandstätter, 1999). Eine Veränderung dieser Merkmale durch Personalentwicklungsmaßnahmen in einem zumeist beschränkten zeitlichen Rahmen erscheint relativ aussichtslos. Bilden also bestimmte Minimalausprägungen auf generellen Persönlichkeitsmerkmalen eine Voraussetzung für die erfolgreiche Bewältigung von Aufgaben, ist eine Personalentwicklung für Personen, die diese Cut-offs unterschreiten, wenig Erfolg versprechend. Wenn entsprechende Stelleninhaber nicht über eine geeignete Ausprägung bei bestimmten grundlegenden, kaum veränderbaren Fähigkeiten bzw. Eigenschaften verfügen, sind an Stelle von Interventionen aus dem Bereich der Personalentwicklung Maßnahmen zur externen bzw. internen Personalselektion (Einstellung neuer Personen bzw. Platzierungsmaßnahmen) zu wählen.

Personalentwicklungsmaßnahmen mit einer realistischen Erfolgserwartung sollten also nicht auf die Veränderung grundlegender, stabiler Persönlichkeitsdimensionen zielen, sondern auf die Erweiterung spezifischer Kompetenzen. Dabei kann man häufig von vornherein relativ einfach abschätzen, ob die Trainingsteilnehmer die angestrebten Lernziele erreichen. Wenn z. B. ein Programmierer, der mehrere Programmiersprachen wie C++ oder Java erfolgreich beherrscht, eine neue Programmiersprache erlernt, die nicht einmal so schwierig wie die bisher erlernten Sprachen ist, dann dürfte dieser Lernprozess in aller Regel erfolgreich verlaufen. Eine Eignungs- oder Kompetenzdiagnose erübrigt sich hier.

Allerdings ist eine solche einfache Ausgangssituation nicht immer gegeben, insbesondere dann, wenn der Lernerfolg aus der bisherigen Qualifikation schwer abzuleiten ist. Das ist z. B. dann der Fall, wenn im Rahmen einer längerfristigen Führungskräfteentwicklung die Kompetenzen für Aufgaben entwickelt werden sollen, die für den zu Trainierenden völlig neuartig sind. Beispiele sind das Treffen strategischer Entscheidungen oder das Führen von «schwierigen» Mitarbeitern. Dann gilt es, Personen mit einem hohen Potenzial bzw. einer hohen allgemeinen Lernfähigkeit für solche Personalentwicklungsmaßnahmen zu selektieren.

Versuche zur Messung der Lernfähigkeit bzw. der intraindividuellen Variabilität des Lernens wurden bisher vor allem im Rahmen des Lerntestkonzepts unternommen. Lernfähigkeit wird hier definiert als eine «relativ zeitstabile, individuelle Lernkapazität oder als Ausmaß individueller Fähigkeit, die Leistungsfähigkeit durch Lernanstrengung über die Zeit zu steigern» (Flammer & Schmid, 1982, S. 3). Inzwischen wird dieses Konzept jedoch weiter gefasst, im Mittelpunkt des Interesses stehen die intraindividuelle Variabilität und insbesondere Möglichkeiten der Leistungssteigerung. Da hier nicht alle Leistungsveränderungen auf Lernprozesse zurückgehen, wird mittlerweile der Terminus «dynamisches Testen» verwendet (Guthke & Wiedl, 1996). Bisher wurde dieses Konzept vor allem im Bereich der allgemeinen Intelligenz erprobt, zwei der wenigen außerhalb dieses Bereichs durchgeführten Studien werden in der **Informationsbox 2** skizziert.

Zunächst ist festzuhalten, dass Lernfähigkeit und allgemeine Intelligenz definitorisch kaum voneinander zu trennen sind. Schon Thorndike (1912) verstand unter Intelligenz die Fähigkeit zu lernen. So konnten in der Forschung zum dynamischen Testen kaum überzeugende Belege für die Existenz einer von der Intelligenz unabhängigen Lernfähigkeit vorgelegt werden. Die dort eingesetzten Maßnahmen bestehen zumeist aus einfachen Testwiederholungen, Trainingsmaßnahmen zwischen Prä- und Posttest, mehreren Testwiederholungen oder in jüngster Zeit aus komplexeren Interventionen während des Testprozesses (z. B. Grigorenko & Sternberg,

1998). Die Analyse des Lerngewinns erfolgt anhand verschiedener Maße, insbesondere der Posttestscores, aber auch unterschiedlicher Differenz- oder Residualmaße. In vielen bisherigen Studien waren jedoch diese verschiedenen Maße den Scores aus klassischen Intelligenztestverfahren hinsichtlich der Validität kaum überlegen.

Da das Lerntestkonzept bisher noch keine Alternative zur klassischen Diagnostik darstellt, ist die Vorhersage von Trainingsleistungen weiterhin anhand «klassischer» Verfahren vorzunehmen. Für die einzelnen Kompetenzen sind in diesem Zusammenhang die einschlägigen Resultate der Eignungsdiagnostik zu rezipieren, um abzuschätzen, bei welchen Personen welche Entwicklungsmöglichkeiten bestehen (Schuler, 1996). Hier seien lediglich einige grundlegende empirische Resultate aus der bisherigen Forschung dargelegt. Als Prädiktoren für den Trainingserfolg wurden insbesondere die folgenden Variablen untersucht: allgemeine intellektuelle Fähigkeiten, Gewissenhaftigkeit, Selbstwirksamkeit, Lernstile sowie das Lernniveau, das sich aus den bisherigen Lernerfahrungen ergibt.

Dass allgemeine intellektuelle Fähigkeiten den Lernerfolg enorm beeinflussen, steht angesichts der umfangreichen empirischen Ergebnisse außer Frage (vgl. Salas & Cannon-Bowers, 2001). Bereits Hunter und Hunter (1984) fanden in ihrer viel zitierten Übersichtsarbeit eine über alle Berufsgruppen gemittelte Korrelation von $r = .55$ zwischen kognitiven Fähigkeiten und dem Erfolg beim Erwerb von Fertigkeiten.

Der Zusammenhang zwischen Gewissenhaftigkeit aus den Big Five und Trainingserfolg fällt dagegen «bescheidener» aus. Während Schmidt, Ones und Viswesvaran (1994) eine Korrelation von $r = .38$ berichten, resultiert in der Meta-Analyse von Mount und Barrick (1995) eine Korrelation von $r = .30$. Gewissenhafte Personen erzielen insbesondere in umfassenderen Trainingsmaßnahmen einen größeren Lernerfolg, wenn es gilt, außerhalb des eigentlichen Trainings regelmäßig Übungen und Aufgaben durchzuführen.

Informationsbox 2

Studien zur Erfassung der Lernfähigkeit durch Lerntests

In einer Studie von Robertson und Mindel (1980) wurden Arbeitsproben von Auszubildenden in verschiedenen Handwerksberufen erhoben. Bei den Lerntests wurde den Auszubildenden zunächst anhand einer standardisierten Instruktion demonstriert, wie sie die Aufgabe durchzuführen hatten. Während sie bei der Instruktion Fragen stellen konnten, mussten sie die Aufgabe dann ohne Hilfestellungen erledigen. Anhand einer standardisierten Checkliste stellte ein trainierter Ausbilder Leistung und Fehler fest und schätzte die zukünftige Leistung anhand einer fünfstufigen Likert-Skala ein. Nach einer halbstündigen Pause, in der die Probanden die Aufgabe nach eigenem Gutdünken üben konnten, wurde eine zweite Bewertung erhoben. Die Scores aus den Erst- und Zweittests wurden dann mit den Leistungen aus einem sich anschließenden dreiwöchigen berufsbezogenen Training korreliert. Dabei zeigte sich, dass die Korrelationen der Zweittests in der Regel geringer ausfielen als diejenigen der Ersttests. Das heißt, die Anzahl richtig gelöster Aufgaben nach der Übung war ein schlechterer Prädiktor für die Trainingsleistungen als die entsprechende Anzahl nicht geübter Aufgaben.

Siegel und Bergmann (1975) entwickelten einen Lerntest mit Aufgaben, wie sie üblicherweise für Maschinenmaate verwendet werden. Im Vergleich zu den üblichen in der Marine eingesetzten Eignungstests zeigte dieses Verfahren zunächst eine höhere Vorhersagevalidität der beruflichen Bewährung nach neun Monaten. Nach weiteren neun Monaten erwiesen sich hingegen die klassischen in der Marine verwendeten Tests als überlegen.

Während in zahlreichen Studien gezeigt werden konnte, dass Selbstwirksamkeit, d.h. die Überzeugung, die Trainingsaufgaben erfolgreich bewältigen zu können, einen positiven Zusammenhang zum Lernerfolg aufweist (z.B. Mathieu & Martineau, 1997), fanden Murtha, Kanfer und Ackermann (1996), dass Selbstwirksamkeit nur wenig zusätzliche Varianz in den Lernmaßen erklärt, wenn andere Variablen wie die allgemeine kognitive Leistungsfähigkeit auspartialisiert wurden. Wenig empirische Evidenz resultierte bisher für den Einfluss von Lernstilen auf den Trainingserfolg (z.B. Willcoxson & Prosser, 1996). Hingegen erwies sich die Höhe der Ausprägung des Wissens bzw. der Kompetenzen zu Beginn des Trainings als valider Prädiktor für den Lernerfolg. Je geringer das Leistungsniveau vor dem Training, umso höher fallen die Lerneffekte aus. Trainees, die bereits vor dem Training einen hohen Wissenstand oder ein hohes Kompetenzniveau besitzen, haben nicht die gleiche Möglichkeit eines Lernzuwachses wie Trainees mit einem geringeren Lernniveau (Carlson, Bretz & Barrick, 1996).

Zum Abschluss dieses Abschnittes sei noch ein wichtiges Ergebnis zur Trainierbarkeit von kognitiven Kompetenzen aus der Problemlöseforschung dargelegt, das nicht interindividuelle Differenzen betrifft, sondern allgemeiner Natur ist. Sehr häufig bestehen die Trainingsziele in dem Erwerb allgemeiner Techniken oder Strategien zur Problemlösung. Da die Halbwertszeit von Wissensinhalten immer kürzer wird, erscheint es plausibel, weniger den Erwerb von Fachwissen, sondern vielmehr das Lernen zu lernen sowie kognitive Heuristiken oder andere generelle Strategien in den Vordergrund der Personalentwicklung zu rücken. Mittlerweile besteht jedoch in der entsprechenden Grundlagenliteratur (z.B. Anderson, 1993; Baron, 1993) Einmütigkeit darüber, dass das Erlernen effektiver Problemlösestrategien nur domänenspezifisch, d.h. anhand von bestehenden Wissensbeständen bzw. Fertigkeiten auf einem bestimmten Gebiet, erfolgen kann. Die Effektivität von Problemlösungen hängt im Wesentlichen von dem Umfang des Wissens bzw. der Fertigkeiten ab und davon, inwieweit die Struktur und Organisation der Wissensinhalte bzw. Fertigkeiten derjenigen von Experten entspricht. Eine unverzichtbare Voraussetzung für den Erwerb effizienter Problemlösestrategien ist damit ein umfassender Bestand an Wissen sowie Erfahrungen auf einem bestimmten Gebiet. Daraus folgt, dass effektive Problemlösestrategien nur auf der Basis oder in Verbindung mit einem hinreichenden Wissensbestand zu vermitteln sind. Ein Training, das lediglich bestimmte Strategien oder Techniken zur Problemlösung oder Kreativität vermittelt, ist von vornherein kaum Erfolg versprechend.

4. Ermittlung des Personalentwicklungsbedarfs

In einem ersten Schritt der Personalentwicklung ist festzustellen, welches Wissen und welche Kompetenzen die Mitglieder einer Organisation zu bestimmten zukünftigen Zeitpunkten besitzen sollen und inwieweit das geforderte Ausmaß an Wissen und Kompetenzen bereits vorhanden ist. Während der Ist-Zustand aus der bestehenden Qualifikation der Organisationsmitglieder und den zu Grunde liegenden Bedingungen resultiert, ist der Sollzustand aus den organisationalen Zielen und Bedingungen sowie aus den daraus resultierenden Aufgaben und ihren Anforderungen abzuleiten. Aus der Differenz zwischen dem Soll- und Ist-Zustand können dann Art und Umfang der durchzuführenden Personalentwicklungsmaßnahmen abgeleitet werden.

Eine Ermittlung des Personalbedarfs, wie sie oben skizziert wurde, dient der umfassenden Ermittlung des Personalentwicklungsbedarfs und damit der gesamten Steuerung der Personalentwicklung. Sie ist aber nicht in jedem Einzelfall durchzuführen. Gilt es für bestimmte Organisationsmitglieder sehr spezifische Kompetenzen zu erwerben, so z.B. für erfahrene Experten der EDV-Abteilung die erweiterten Funktionen einer neuen Version eines bestimmten EDV-Programms, genügt in der Regel der Besuch entsprechender Weiterbildungsveranstaltungen ohne eine umfassende Analyse der Differenz zwischen Soll- und Ist-Zustand.

4.1 Analyse des Soll-Zustands

Die Festlegung des gesamten unmittelbaren und zukünftigen Personalbedarfs erfordert zunächst eine Bestimmung der grundlegenden gegenwärtigen organisationalen Ziele. Damit resultieren wesentliche Informationen, die über die unmittelbaren Stellen- bzw. Aufgabenanforderungen hinausgehen (Goldstein, 1993). Weiterhin kann anhand von Effizienzkriterien, wie Quantität und Qualität von Produkten, Unfällen, Beschwerden etc. festgestellt werden, inwieweit die gegenwärtigen Organisationsziele und die davon abgeleiteten Ziele der Abteilungen und Arbeitsgruppen erreicht werden. Treten hier Diskrepanzen zwischen Soll- und Ist-Zustand auf, stellt sich die Frage, inwieweit eine mangelnde Qualifikation bestimmter Organisationsmitglieder hierfür verantwortlich ist.

Ebenso wichtig wie die Betrachtung der gegenwärtigen Organisationsziele ist die Feststellung zukünftiger Organisationsziele und der damit zu erwartenden Veränderungen in den Arbeits- und Produktionsbedingungen. Daraus resultieren veränderte Aufgaben und Anforderungen, die es mittels spezifischer Aufgaben- und Anforderungsanalysen zu erfassen gilt (s. u.).

Personalentwicklungsbedarf resultiert weiterhin aus der Notwendigkeit, Mitarbeiter rechtzeitig für frei werdende Positionen zu qualifizieren, aus gesetzlichen Regelungen sowie aus gewerkschaftlich und betrieblich vereinbarten Personalentwicklungsmaßnahmen, z.B. für die Bereiche Unfallschutz, Arbeitssicherheit, Umweltschutz und Betriebsräteschulung. In verschiedenen Bundesländern gibt es zudem einen gesetzlich geregelten und bezahlten Weiterbildungsurlaub für die Mitarbeiter.

Neben den organisationalen Zielen sind die individuellen Ziele der Organisationsmitglieder zu berücksichtigen. Da die Qualifikation der Mitarbeiter wesentlich über den beruflichen Aufstieg entscheidet, sind schon allein aus diesem Grunde viele Organisationsmitglieder in einem hohen Maße selbst motiviert, Qualifizierungsangebote zu nutzen. Da andererseits Arbeitszufriedenheit und Arbeitsmotivation entscheidend von Aufstiegsmöglichkeiten abhängen, dürfte in aller Regel auch die Organisationsleitung daran interessiert sein, den individuellen Wünschen der Mitarbeiter nach höherer Qualifikation nachzukommen. Im Rahmen einer gezielten Laufbahnberatung sollte mit den Organisationsmitgliedern, insbesondere wenn sie am Beginn ihrer Karriere stehen, die Bedeutung unterschiedlicher Interventionen zur Personalentwicklung erörtert werden.

Zur Bestimmung der langfristigen organisationalen Ziele dienen insbesondere Experteneinschätzungen, während Methoden der Organisationsanalyse (s. Büssing, Kap. 17) zur Bestimmung der aktuellen organisationalen Ziele und ihrer Realisierung angezeigt sind. Mitarbeitergespräche oder auch Mitarbeiterumfragen (vgl. Borg, 2001) sind häufig eingesetzte Verfahren zur Bestimmung der individuellen Ziele bzw. des individuellen Bedarfs an Personalentwicklungsmaßnahmen.

In den bisher aufgezeigten Schritten ging es um die Analyse der eher globalen Ziele für die Personalentwicklung. In Aufgaben- und Anforderungsanalysen sind diese Ziele weiter zu spezifizieren, indem die einer Position zugeordneten Aufgaben detaillierter beschrieben und die psychischen Anforderungen genauer bestimmt werden. Für Trainingszwecke kommen vor allem solche Aufgaben in Frage, die (1) für übergeordnete Arbeitsziele wichtig sind, (2) häufig vorkommen, (3) schwierig durchzuführen und (4) schwierig zu erlernen sind. Die erfolgreiche Bewältigung solcher Aufgaben besitzt häufig eine hohe Varianz und determiniert damit in einem starken Ausmaß den gesamten individuellen wie organisationalen Erfolg. Diesen Zusammenhang zeigen auch monetäre Nutzenanalysen (s. u.).

Ein weiterer Schritt besteht darin, die sensumotorischen, kognitiven, motivationalen und interpersonalen Anforderungen zu bestimmen, von denen eine erfolgreiche Bewältigung der Aufgaben abhängt. Anhand bisheriger Studien oder auf Grund eigener Analysen auf der Basis psychologischer Theorien sind die entsprechenden Wissensinhalte, Fertigkeiten und Fähigkeiten bzw. Eigenschaften abzuleiten (s. Schüpbach & Zölch, Kap. 7; Goldstein, 1991). Eine Operationalisierung der in den Aufgaben enthaltenen Qualifikationsanforderungen ist in der Regel umso einfacher, je spezifischer und konstanter die Aufgaben sind. Besonders schwierig ist die Abschätzung der Anforderungen bei zukünftigen Aufgaben, die nicht in dem Maße wie bereits bestehende Aufgaben präzisiert sind. Dazu wurden in verschiedenen Studien speziell entwickelte Analyseverfahren eingesetzt (z. B. Arvey, Salas & Gialluca, 1992).

Zur Aufgaben- und Anforderungsanalyse bestehender Aufgaben gibt es mittlerweile eine Reihe von etablierten Verfahren. Zumeist empfiehlt sich eine Kombination von mehreren Verfahren zur Befragung und Beobachtung von Stelleninhabern, Vorgesetzten und Experten, die in Kapitel 7 und 10 dargestellt werden. Es ist jedoch zu beachten, dass nur solche Verfahren in Betracht kommen, die die Aufgaben und Anforderungen für die Trainingszwecke hinreichend spezifisch abbilden. Während für die *Auswahl* eines Vorstandsvorsitzenden die Spezifikation «hoher Grad an Problemlösefähigkeit» operationalisiert durch eine hohe Ausprägung auf der Dimension allgemeine Intelligenz genügen mag, ist für die *Entwicklung* von Problemlösestrategien von z. B. Fluglotsen eine weitaus spezifischere Beschreibung der Aufgaben und Anforderungen erforderlich. Hier gilt es z. B. festzulegen, welches Wissen mit welcher Geschwindigkeit abzurufen ist und welche konkreten Schlussfolgerungen bei welchen Reizkonstellationen vorzunehmen sind.

In der heutigen Zeit stehen bei vielen beruflichen Aufgaben vor allem die kognitiven Anforderungen im Vordergrund. Daher wurde in jüngster Zeit eine Reihe von Verfahren speziell zu diesem Zweck unter dem Terminus «kognitive Aufgabenanalyse» zusammengestellt. Sie sollen die den Handlungen zu Grunde liegenden Ziele, Informationsverarbeitungsprozesse und notwendigen Wissenselemente eruieren. Die hier eingesetzten Methoden, die allein oder in Kombination mit klassischen Verfahren verwendet werden können, erlauben eine sehr differenzierte Beschreibung der Anforderungen. Es handelt sich dabei nicht um neuartige Methoden, sondern um eine Zusammenstellung verschiedener Verfahren aus der Kognitiven Psychologie, wie Protokollanalysen, verschiedene Interview- und Beobachtungstechniken oder Methoden zum Abruf von Gedächtnisinhalten zum Teil nach unterbrochenen Handlungen. Eine Übersicht zu diesen Verfahren gibt z. B. Annett (2000).

Um die erfolgreichen Aufgabenlösungen zu Grunde liegenden mentalen Modelle und kognitiven Strukturen herauszufinden, werden in solchen kognitiven Anforderungsanalysen insbesondere die Unterschiede zwischen Experten und Novizen analysiert. Die folgende Untersuchung von Means et al. (1988, zit. nach Campbell & Kuncel, 2001) veranschaulicht das Vorgehen sehr gut. Diese Autoren führten eine kognitive Anforderungsanalyse mit Fluglotsen in einem simulierten Tower durch. Die erste Aufgabe der Fluglotsen bestand darin, laut über bestimmte vorgegebene Verkehrssituationen zu denken. Anschließend wurde ein Video über das Vorgehen eines Fluglotsen in einem simulierten Szenario gezeigt. Diese Videodarbietung wurde plötzlich unterbrochen und die Probanden sollten dann verbalisieren, wie sie die Handlung fortsetzen würden und die Gründe für die von ihnen gewählten Strategien nennen. Schließlich galt es, drei weitere 45-minütige Simulationen zu absolvieren. Zum Schluss erhielten die Probanden einige Gedächtnisaufgaben, z. B. verschiedene Situationen im Rahmen der zuvor bearbeiteten Aufgaben verbal aus dem Gedächtnis zu reproduzieren oder aufzuzeichnen. Insgesamt ergaben diese Analysen wichtige Erkenntnisse über die mentalen Modelle, kognitiven Strategien und Ressourcen, die die Experten im Gegensatz zu Novizen benutzen. So zeigte sich beispielsweise, dass erfahrene Fluglotsen die Luftverkehrssektoren nicht topographisch, sondern anhand verschiedener Problemtypen repräsentieren. Weiterhin führten erfahrene Fluglotsen einzelne Aufgaben weitgehend automatisiert durch, so dass sie diese ohne weitere Aufmerksamkeitszuwendung neben anderen Aufgaben ausführen konnten. Solche detaillierten Informationen erwiesen sich als sehr wertvoll für die Konstruktion von Trainingsmaßnahmen.

4.2 Analyse des Ist-Zustands

Im Anschluss an die Bestimmung des Soll-Zustands ist der Ist-Zustand zu ermitteln. Die Analyse der momentanen Qualifikation wird oft auch als Personanalyse bezeichnet. Aus der Differenz zwischen dem Ist- und Soll-Zustand können dann Art und Umfang der Personalentwicklungsmaßnahmen detaillierter geplant werden.

Um zu ermitteln, in welchem Maße die zukünftig geforderten Qualifikationen bereits vorliegen, sind die einschlägigen Verfahren der Eignungsdiagnostik und Leistungsbeurteilung einzusetzen (vgl. Kap. 9). Prinzipiell kommen die folgenden Verfahren in Frage:

- Verfahren der Eignungsdiagnostik, wie Arbeitsproben, Assessment Center oder Leistungs- und Persönlichkeitstests
- Verfahren der Leistungs- und Potenzialbeurteilung durch Vorgesetzte
- Selbst- und Kollegeneinschätzungen beruflicher Kompetenzen

Empfehlenswert ist es, mehrere unterschiedliche Verfahren miteinander zu kombinieren (vgl. Ones & Viswesvaran, 1996). Häufig wurde festgestellt, dass Ergebnisse aus unterschiedlichen Informationsquellen nur in einem begrenzten Ausmaß übereinstimmen. So führte eine zusammenfassende Analyse von 55 Studien, die Mabe und West (1982) vornahmen, zu einer mittleren Korrelation von $r = .29$ zwischen Selbstbeurteilungen und anderen Leistungsbeurteilungen, wie Vorgesetzten- oder Kollegenratings. Eine umfassende Beurteilung des gegenwärtigen Leistungsstands kann auch über das 360°-Feedback mit seinen unterschiedlichen Informationsquellen und Instrumentarien erfolgen (Tornow, 1993).

Nach der Erhebung des Ist-Zustands kann anhand eines Ist-Soll-Vergleichs die Durchführung der Personalentwicklungsmaßnahmen geplant werden. Personalentwicklungsmaßnahmen werden dann erforderlich, wenn die Differenz zwischen Ist- und Soll-Zustand so groß ist, dass eine erfolgreiche Aufgabenbewältigung nicht zu erwarten ist. Es gilt dann Inhalte und Methoden der Personalentwicklungsmaßnahmen festzulegen. In den folgenden Abschnitten behandeln wir wesentliche Methoden zur Entwicklung und Förderung der beruflichen Kompetenz.

5. Verfahren der Personalentwicklung

Die Vielzahl der Personalentwicklungsmaßnahmen ist mittlerweile kaum noch zu überschauen. Angesichts der zahlreichen unterschiedlichen beruflichen Anforderungen und Zielgruppen sowie der zu Grunde liegenden theoretischen Richtungen ist diese Vielfalt nicht verwunderlich. Vorwiegend stellen wir Methoden vor, die in der beruflichen Weiterbildung eingesetzt werden. Dabei versuchen wir diese Verfahren nicht in eine Systematik zu «zwängen». Eine systematische Klassifikation dieser Verfahren ist deshalb sehr schwierig, weil viele der Verfahren relativ unverbunden nebeneinander entwickelt wurden. Einige Methoden bilden eine Teilmenge anderer umfassenderer Maßnahmen, zudem können verschiedene Maßnahmen miteinander kombiniert werden. **Tabelle 3** gibt eine Übersicht über wesentliche und häufig eingesetzte Methoden der Personalentwicklung.

Bei der Vermittlung beruflicher Kenntnisse und Fertigkeiten sind traditionelle Unterrichtsformen, Referate und Vorträge oft unverzichtbar. Nicht selten schließen sich daran Gruppendiskussionen oder Übungen in Form von Einzel- oder Kleingruppenarbeit an, um den Stoff vertiefend zu diskutieren bzw. zu bearbeiten. Dabei kommen Erkenntnissen aus der Lerntheorie oder Ansätzen aus der Informationsverarbeitung eine wichtige Funktion zu (s. o.).

Auch die individuelle Weiterbildung, etwa durch Lektüre von Fachliteratur, ist aus der Entwicklung der beruflichen Qualifikation nicht wegzudenken. Hierzu werden in letzter Zeit immer häufiger computergestützte Verfahren eingesetzt, die wir im nächsten Abschnitt darstellen. Vier-Stufen-Methode und Cognitive Apprenticeship, die wir anschließend behandeln, sind Methoden, die vor allem zum Anler-

Tabelle 3: Übersicht über wesentliche Methoden der Personalentwicklung

- traditionelle Unterrichtsformen (Frontalunterricht, Vortrag) mit oder ohne Einbezug von Gruppendiskussionen und/oder Übungsaufgaben in Form von Einzel- oder Kleingruppenarbeit
- individuelle Aneignung von Wissen und Fertigkeiten (z. B. Studium von Fachliteratur)
- computergestütztes Training
- Vier-Stufen-Methode
- Cognitive Apprenticeship
- Lernen anhand heuristischer Regeln
- Fallstudien
- Rollenspiele
- Planspiele
- Sensitivitätstraining
- Verhaltensmodellierung
- Coaching
- Mentoring

nen eingesetzt werden. Ein wesentliches Ziel des Cognitive Apprenticeship ist die Vermittlung allgemeiner kognitiver Fertigkeiten, z. B. von kognitiven heuristischen Regeln, die im Anschluss behandelt werden.

Fallstudien, Rollenspiele und Planspiele, die dann beschrieben werden, zählen zu den relativ häufig eingesetzten Simulationsverfahren. Hier werden wesentliche Elemente realer Situationen simuliert. Dabei können unterschiedliche Vorgehensweisen diskutiert und ausprobiert werden, ohne dass – wie in der Realität – die Gefahr negativer Konsequenzen besteht. Mit dem Sensitivitätstraining behandeln wir einen umstrittenen «Klassiker» der Personalentwicklung, während die anschließend vorgestellte Verhaltensmodellierung zweifelsohne zu den leistungsfähigsten Methoden der Personalentwicklung zählt. Die abschließend vorgestellten Personalentwicklungsmaßnahmen Mentoring und Coaching stellen umfangreiche Unterstützungsmaßnahmen dar. Während beim Coaching stärker aufgabenbezogene Kompetenzen Ziel der Förderung sind, steht beim Mentoring eine eher generelle Kompetenzentwicklung im Vordergrund (Thomas, 1998).

5.1 Computergestütztes Training

Für computergestützte Trainingsformen existieren eine Vielzahl von Bezeichnungen, wie z. B. Computer Based Training (CBT), Computer Aided Instruction (CAI), Computer Assisted Learning (CAL) oder Web Based Training (WBT). Die Gemeinsamkeit all dieser Maßnahmen besteht darin, dass moderne Technologien der Informationsverarbeitung (leistungsfähige Hard- und Software) zielgerichtet zum Einsatz kommen. Die Vermittlung der Inhalte kann durch multimediale Präsentationsmethoden erfolgen und durch interaktive Computerprogramme unterstützt und gesteuert werden (vgl. Issing & Klimsa, 1995; Schwarzer, 1998). Vielfach ist es dabei auch möglich, die Inhalte bzw. Computerprogramme über das Internet aufzurufen (vgl. Döring, 1997).

Für die Lerninhalte gibt es unterschiedlichste Darbietungsformen von einfachen Textsequenzen über graphische Darstellungen hin zu Videos. Dazu können Fragen gestellt und Aufgaben oder Fallstudien dargeboten werden. Mittlerweile existiert eine fast unüberschaubare Vielzahl an unterschiedlichen Formen computergestützter Trainingsformen. Sie reichen von einfachen Informationsdarstellungen über tutorielle Systeme bis hin zu komplexen Simulationen einer gesamten Organisation (s. u.). Zudem ist das Entwicklungstempo dieses Gebiets als rasant zu bezeichnen.

Die Ursprünge des computergestützten Trainings liegen im Programmierten Unterricht, bei dem die Lernenden in weitestgehend vorgegebener Reihenfolge bei der Aneignung des Lerninhalts Schritt für Schritt angeleitet werden. Der Lerninhalt wird hier in kleine und kleinste Einheiten gegliedert und mit Kontrollfragen versehen. Das Interesse an dieser auf Skinner (1954) zurückgehenden behavioristisch orientierten Lernform ist jedoch stark gesunken (Benjamin, 1988). Hierfür dürfte u. a. die eher niedrige Akzeptanz angesichts der minimalen Freiheitsgrade für die Lernenden verantwortlich sein.

In späteren Ansätzen wurden die Freiheitsgrade für die Lernenden erhöht, und es erfolgte eine Verschiebung der Lernziele von der korrekten Beantwortung der Kontrollfragen hin zum Verstehen und Aneignen komplexerer Wissensinhalte und Fertigkeiten. Intelligente tutorielle Systeme (ITS) stellen ein prototypisches Beispiel für solche Lernprogramme dar. Hier interagieren die Lernenden mit dem Programm, das die präsentierten Inhalte, Materialien und Bearbeitungshinweise adaptiv auf den aktuellen Wissensstand des Lerners ausrichten soll (Mandl & Hron, 1989). Allerdings wirft die Umsetzung dieser Adaptivität gerade bei komplexen Inhalten eine Vielzahl von technologischen und inhaltlichen Fragen auf, die bis heute nur ansatzweise befriedigend geklärt werden konnten (vgl. Vivet, 1995).

In weiteren Ansätzen, die noch höhere Freiheitsgrade aufweisen, obliegt die Steuerung des Lernprozesses ganz dem Lernenden. Das Lernmaterial ist hier in Form einer (multimedialen und interaktiven) Lernumgebung aufbereitet, die viele alternative, nicht vorher definierte Wege zur Wissensaneignung ermöglicht. Beispiele sind Hypertexte, deren Bearbeitungsreihenfolge durch zahlreiche Querverweise nicht im Vorfeld festlegbar ist, oder Simulationsprogramme, bei denen der Lernverlauf durch die jeweiligen Eingaben der Lernenden bestimmt wird. (Auf die spezielle Verfahrensgruppe der computergestützten Planspiele gehen wir in einem eigenen Abschnitt ein.)

Computergestütztes Training zur Vermittlung von Wissen und Fertigkeiten hat den Vorteil, dass der Lernende zeitlich unabhängig ist und die Lerngeschwindigkeit individuell steuern kann. Zudem ist diese Ausbildungsform relativ kostengünstig, wenn sie für viele Benutzer in Frage kommt und den Besuch kostspieliger Präsenzveranstaltungen ersetzt oder ergänzt. Gerade durch das Internet erfahren computergestützte Trainings eine Erweiterung und Bereicherung, da es eine globale Kommunikation und Kooperation ermöglicht.

Als Nachteile sind jedoch die vielfach anzutreffenden relativ standardisierten Vermittlungsformen zu sehen sowie hohe Entwicklungs- und Aktualisierungskosten für computergestützte Trainings, die konkreten, aus Anforderungsanalysen abgeleiteten Zielen genügen sollen. Weiterhin ist computergestütztes Training eher für die Vermittlung von Wissensinhalten und kognitiven Fertigkeiten geeignet, während eine gezielte Verhaltensmodifikation über CBT nur schwer möglich ist. Schließlich sind die erhöhten Anforderungen an die Lernenden hinsichtlich ihrer Selbststeuerung (Planung des Lernprozesses, Kontrolle des eigenen Wissens, Umsetzung von Lernplänen) in Rechnung zu stellen.

5.2 Vier-Stufen-Methode

Die Vier-Stufen-Methode geht auf das «Training Within Industry» zurück, das während des Zweiten Weltkriegs in den USA für den kurzfristigen Einzug vieler Fachkräfte entwickelt wurde. Aus diesem Trainingsinventar hat der Kurs «Job Instruction Training» in Deutschland starke Verbreitung gefunden. Der Kern dieses Kurses ist die schon als klassisch zu bezeichnende Vier-Stufen-Methode zur Unterweisung von Mitarbeitern (REFA, 1982). Sie eignet sich insbesondere für Tätigkeiten, die manuell, relativ konstant und repetetiv angelegt sind. Die Arbeitsunterweisung erfolgt anhand der vier

Phasen Vorbereitung, Vorführung, Ausführung und Abschluss. In der Vorbereitungsphase gilt es, dem Lernenden die Befangenheit zu nehmen, die Lernziele zu nennen, seine Vorkenntnisse festzustellen und ihn zu motivieren. In der zweiten Phase wird dem Lernenden die Arbeitsaufgabe vorgeführt und erklärt. Dann soll der Lernende selbst probieren und die Aufgabe nachmachen, wobei er während der Aufgabendurchführung das Was, Wie und Warum seiner Handlungen sprachlich begleiten kann. In der letzten Phase, dem Abschluss der Unterweisung, übt der Lernende bis zur Selbstständigkeit. Der Lernerfolg wird herausgestellt und die Unterweisung ausdrücklich abgeschlossen.

5.3 Cognitive Apprenticeship

Cognitive Apprenticeship (Collins, Brown & Newman, 1989) bezeichnet eine interaktive Lernmethode zwischen Experten und Novizen am Arbeitsplatz, die insbesondere dem Erwerb allgemeiner kognitiver Strategien dient. Diese Methode ist damit genereller und flexibler als die Vier-Stufen-Methode, die vorwiegend zum Erwerb einfacher Tätigkeiten eingesetzt wird.

Am Arbeitsplatz wird eine Lernumgebung geschaffen, die es dem Lernenden im Rahmen von zweckgebundenen Arbeitstätigkeiten ermöglicht, Problemlösestrategien und Wissenselemente von den Experten zu übernehmen. Durch die authentische Arbeitsumgebung soll ein besserer Transfer des Gelernten erreicht werden. Ein Experte demonstriert die Lösung einer Aufgabe und verbalisiert dabei seine Wahrnehmungen und Überlegungen. Damit erlangt der Novize auch Kenntnisse über die ansonsten nicht beobachtbaren kognitiven Prozesse. Wenn der Lernende die Aufgaben zu lösen versucht, wird er dabei vom Experten beobachtet und erhält eine gezielte Unterstützung in Form von Erinnerungshilfen, Hinweisen und Feedback. Der Experte wirkt wie ein unterstützendes «Gerüst», er gibt die Struktur der Aufgabenlösung vor und übernimmt solche Teilaufgaben, die der Novize noch nicht selbstständig durchführen kann. Die Hilfestellung wird allmählich reduziert; je weniger Fehler der Lernende macht, umso weniger Hilfe bekommt er. Auch für den Lernenden gilt es, den Prozess der Aufgabenlösung zu verbalisieren und weiterhin über ihn zu reflektieren. Dem Novizen ist ein genügender Freiraum zu einem explorativen Umgang mit den Aufgabenstellungen zu gewähren. Damit eröffnet sich ihm die Möglichkeit, eigene Wissenskonstruktionen und Interpretationen zu entwickeln. Schließlich verfolgt der Ansatz des Cognitive Apprenticeship die Förderung der interpersonalen Kompetenz im Rahmen der Interaktions- und Kommunikationsprozesse innerhalb der Experten/Novizen-Gemeinschaft als ein zentrales Anliegen.

Beispiele für den erfolgreichen Einsatz der Methode des Cognitive Apprenticeship sind die Umsetzung von Wissensinhalten in entsprechendes Handeln am Arbeitsplatz (Hron, Lauche & Schultz-Gambard, 2000) sowie die Entwicklung eines hohen fach- und methodenbezogenen Selbstkonzeptes bei Auszubildenden (Sonntag, Stegmaier, Müller, Baumgart & Schaupeter, 2000). Umfassendere Evaluationsstudien zum Cognitive Apprenticeship stehen allerdings noch aus.

5.4 Lernen anhand heuristischer Regeln

Da die in der beruflichen Ausbildung erworbenen Fertigkeiten und Kenntnisse heute bei weitem nicht mehr für die gesamte spätere Berufszeit ausreichend sind, erhält der Erwerb allgemeiner Denk-, Lern- und Planungskompetenzen eine zunehmende Bedeutung. Es gilt, komplexe, schwierig zu überschauende Situationen selbstständig und flexibel zu bewältigen. Dazu wurde eine Reihe von unterschiedlichen Verfahren zur Förderung allgemeiner Denk-, Lern- und Planungskompetenzen wie z. B. Selbstreflexionstechniken (Greif & Kurtz, 1999) entwickelt. Hier sei das Lernen anhand heuristischer Regeln herausgegriffen, das auf einer längeren Entwicklung in der Problemlöseforschung beruht. Auch im Rahmen der beruflichen Aus- und Weiterbildung wuchs das Interesse an dieser Lehrmethode ständig. Das Lernen heuristischer

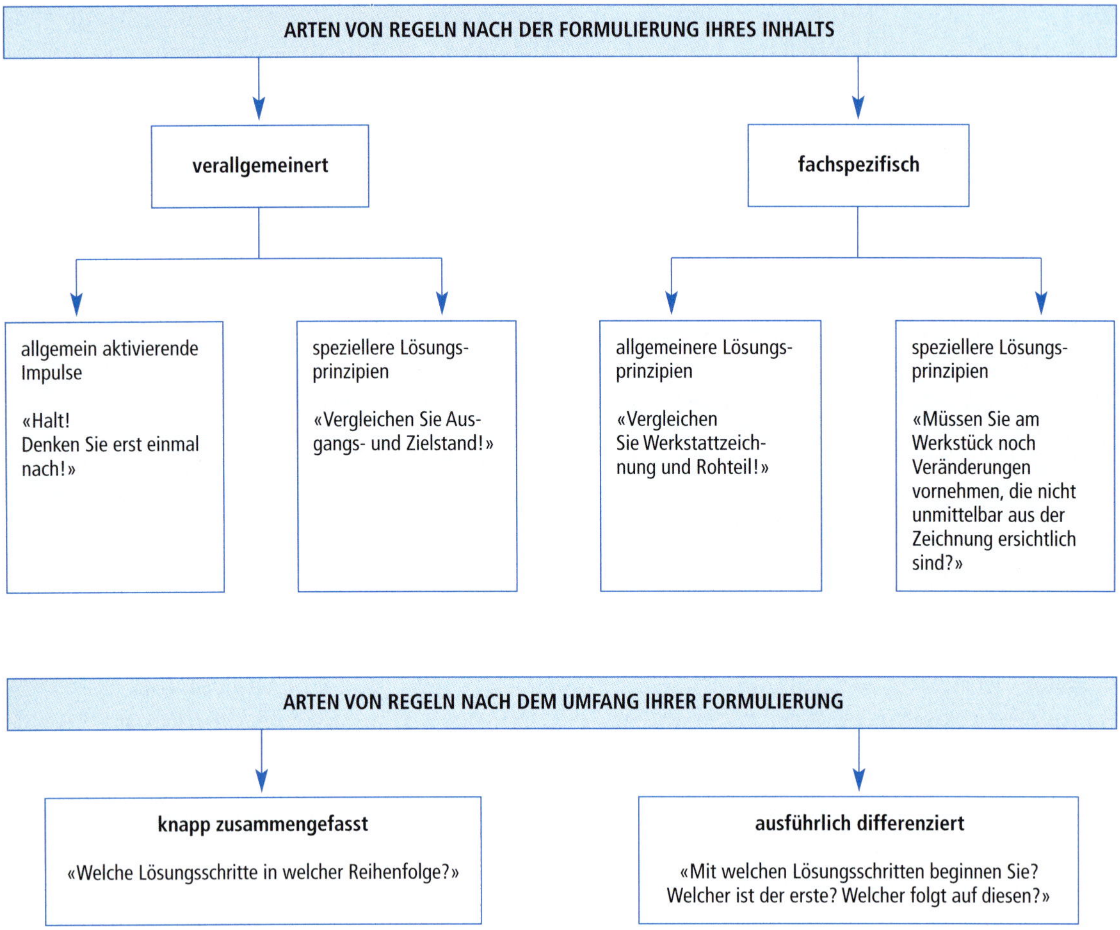

Abbildung 2: Arten von heuristischen Regeln (nach Sonntag, 1989, S. 97)

Regeln ist eine spezielle Methode des selbst gesteuerten Lernens (vgl. Greif & Kurtz, 1999). Hier werden die Lernenden dazu angeleitet, sich selbstständig die aufgabenrelevanten Kenntnisse zu erarbeiten.

Heuristische Regeln sind Denkhilfen, welche auf Lösungsmöglichkeiten und Strategien hinweisen und die dann selbstständig weiter auszuarbeiten sind. Sonntag (1989) unterscheidet die in **Abbildung 2** dargestellten Arten von heuristischen Regeln. Im Gegensatz zu algorithmischen Regeln determinieren heuristische Regeln das Denken und Handeln nicht vollständig, der Lernende soll vielmehr zu einer präziseren Analyse der Ausgangssituation, zum Auffinden möglicher Denk- bzw. Handlungsalternativen und zur Bewertung ihrer Konsequenzen angeregt werden. Heuristische Regeln sollen auch zur Aktivierung von Gedächtniselementen auffordern (Hacker & Skell, 1993) und bei Entscheidungsprozessen in Planspielen eine bedeutende Rolle spielen (Roelofsma, 1995). Heuristische Regeln sollten wie Problemlösestrategien überhaupt (s. o.) nicht abstrakt, sondern anhand bestimmter Wissensbestände bzw. Kompetenzen vermittelt werden.

Vereinzelte Evaluationsstudien zeigen, dass das Erlernen heuristischer Regeln zu einer verbesserten Arbeitsleistung führen kann (z. B. Schaper & Sonntag, 1997). Umfangreichere Belege für die Wirksamkeit heuristischer Regeln konnten aber noch nicht erbracht werden (s. a. Campbell & Kuncel, 2001).

5.5 Fallstudien

Bei Fallstudien werden den Teilnehmern konkrete organisationale Probleme gestellt, für die sie Lösungsmöglichkeiten erarbeiten sollen. Die Problembearbeitung kann individuell oder innerhalb einer Gruppe z.B. in Form von führerlosen Gruppendiskussionen erfolgen. Die erarbeiteten Lösungsvorschläge werden dann oft in der Gruppe mit Experten diskutiert. Dieses Vorgehen bietet den Teilnehmern die Möglichkeit, anhand konkreter Probleme Lernerfahrungen zu machen, indem sie die Vorgehensweisen anderer Teilnehmer kennen lernen und differenziertes Feedback erhalten.

Nach Perlitz und Vassen (1976) lassen sich vier Arten von Fallstudien unterscheiden:

1. Case-Problem-Method («Problemfindungsfälle»). Diese Methode bezieht sich auf Fälle, die statische Probleme beschreiben, die – häufig von einer einzelnen Person – in einem einzigen Entscheidungsschritt und mit Hilfe der im Aufgabentext enthaltenen Informationen eindeutig gelöst werden können.
2. Incident-Method («Vorfallmethode»). Bei dieser Art von Fallstudie präsentiert in der Regel ein Trainer einer Gruppe unvollständige Informationen zu einem Fall. Die Gruppe soll die restlichen Informationen erarbeiten oder beim Trainer erfragen und Lösungsmöglichkeiten entwickeln.
3. In-Basket-Exercise-Method («Postkorbaufgabe»). Hier nimmt ein einzelner Teilnehmer die Rolle einer Führungskraft ein, die nach längerer Abwesenheit an ihren Arbeitsplatz zurückkehrt und dort nur wenig (z.B. eine bis zwei Stunden) Zeit hat, die angefallene Eingangspost zu bearbeiten. Das Setting ist realitätsnah gestaltet, die anfallenden Aufgaben haben zum Teil eindeutige Lösungen, zum Teil überlassen sie dem Teilnehmer verschiedene Lösungsmöglichkeiten. Die Postkorbaufgabe, die vor allem in Assessment Centern weite Verbreitung gefunden hat, dient zum Training von Planungs- und Entscheidungsstrategien.
4. Case-Study-Method («Fallstudienmethode»). Diese Methode ist die klassische, an der Harvard Business School entwickelte Fallstudien-Methode, in der ein realer Fall detailliert schriftlich beschrieben wird und von den Teilnehmern, die beispielsweise die Rolle externer Berater einnehmen, bearbeitet werden soll. Die Bearbeitung geschieht in drei Schritten. Zunächst analysiert jeder Teilnehmer individuell den Fall und versucht Lösungs- oder Erklärungsmöglichkeiten zu erarbeiten. Anschließend werden die individuellen Vorschläge in Kleingruppen diskutiert, und es wird ein gemeinsamer Gruppenvorschlag erarbeitet. Im dritten Schritt werden die Gruppenvorschläge in der Gesamtgruppe diskutiert. Alle Schritte werden von Trainern begleitet. Ziel dieser Fallstudien ist das Training der Fähigkeiten zur Problemanalyse, -synthese und Entscheidungsfindung.

Lernprozesse erfolgen in Fallstudien vor allem durch die Ausarbeitung von Lösungsvorschlägen zu konkreten organisationalen Problemen, für die individuelles Feedback erteilt wird. Weiterhin können die Teilnehmer neue Kenntnisse und Strategien durch die Beobachtung anderer Teilnehmer erhalten. Argyris (1987) kritisiert an Fallstudien, dass sie lediglich einfache Lernprozesse (so genanntes single-loop learning), d.h. die Entdeckung und Korrektur von Fehlern fördern, aber nicht dazu führen, die Probleme grundsätzlicher zu hinterfragen und Einsicht in übergeordnete Zusammenhänge zu bekommen (douple-loop learning). Diese Einschätzung ist jedoch nicht unumstritten (s. z.B. Berger, 1983). Eine genauere empirische Analyse der durch Fallstudien erzielten Lernprozesse und ihrer Wirksamkeit ist aber noch in zukünftigen Evaluationsstudien zu leisten (Goldstein & Gessner, 1988).

5.6 Rollenspiele

Eine weit verbreitete und lang etablierte Trainingsmethode ist das Rollenspiel. Rollenspiele werden vielseitig eingesetzt, z.B. bei Führungs-,

Verkaufs-, Entscheidungs- oder Gesprächstrainings (Goldstein, 1993). Die Teilnehmer übernehmen bestimmte Rollen, die mehr oder weniger stark strukturiert sein können. So kann z. B. ein Vorgesetzter in einem Rollenspiel sein Vorgehen bei einem Beurteilungsgespräch mit einem seiner Mitarbeiter darlegen oder neue Gesprächstechniken in einem Konfliktgespräch ausprobieren. Einen differenzierten Überblick über den Einsatz von Rollenspielen im organisationalen Kontext liefern Greenberg und Eskow (1993).

Häufig werden Rollenspiele videographiert und anschließend ausgiebig mit dem Trainer oder anderen Teilnehmern analysiert. Allein die Betrachtung des eigenen aufgezeichneten Verhaltens führt häufig zu neuen Einsichten. Einstellungs- und Verhaltensänderungen werden insbesondere durch ein detailliertes und konstruktives Feedback begünstigt. Weiterhin erhalten die Teilnehmer bei Rollenspielen oft wertvolle Anregungen durch die Beobachtung des Vorgehens anderer Rollenspieler. Sie nehmen unterschiedliche Strategien und Verhaltensweisen sowie deren Konsequenzen wahr.

Im Rollenspiel können Teilnehmer auch die Rolle von Interaktionspartnern übernehmen, so etwa der Vorgesetzte die Rolle seines Mitarbeiters beim Beurteilungsgespräch. Er mag dann erleben, wie schwierig es für einen Mitarbeiter ist, auf bestimmte Verhaltensweisen eines Vorgesetzten adäquat zu reagieren. Damit können das Verständnis für das Verhalten des Interaktionspartners und Einstellungsänderungen gefördert werden, da Probleme und ihre Lösungen aus einer anderen Perspektive wahrgenommen werden.

Das Rollenspiel kann auch dazu dienen, neue soziale Verhaltensweisen auszuprobieren oder soziale Fertigkeiten einzuüben, ohne dass die sonst im beruflichen Alltag gegebenen Randbedingungen, wie z. B. Zeitdruck oder die Gefahr negativer Konsequenzen, vorliegen. Eine wichtige Bedingung bei Rollenspielen ist die Bereitschaft der Teilnehmer, offen und ernsthaft mitzuwirken. Ansonsten sind die Erfolgsaussichten gering.

5.7 Planspiele

Planspiele, die zuweilen auch Unternehmens- oder Simulationsspiele genannt werden, dienen einer modellhaften Abbildung realer Prozesse oder Systeme. Dabei bleiben unwichtige Aspekte der zumeist komplexen Realität unberücksichtigt, lediglich die wesentlichen Variablen und Zusammenhänge gehen in das Modell ein. Der Spielcharakter wird dadurch erzeugt, dass mehrere Parteien oder Gruppen nach vorgegebenen Regeln in mehreren Durchläufen bzw. Spielrunden miteinander kooperativ oder kompetitiv interagieren oder auch gegen «imaginäre» Gegner, die z. B. durch einen Computer vertreten werden, antreten.

Planspiele gibt es für nahezu alle Bereiche. Rohn (1995) hat ein Kompendium zahlreicher Planspiele erstellt, die im deutschsprachigen Raum eingesetzt werden (s. a. Leutner, 1995). Im Rahmen der Organisationspsychologie sind insbesondere so genannte Unternehmensplanspiele von Interesse. Die hier simulierten Realitätsbereiche sind (globale) Märkte, Branchen, Unternehmen oder einzelne Unternehmensbereiche. Viele Planspiele können entsprechend den spezifischen organisationalen Anforderungen konfiguriert werden. So hat das Bundesinstitut für Berufsbildung in den letzten Jahren mit zahlreichen Partnern aus Theorie und Praxis solche individuell konfigurierbaren Planspiele für die kaufmännische Aus- und Weiterbildung in Industrie und Handel entwickelt (Steinborn & Müller, 1999). Im Rahmen dieser Planspielfamilie können beliebige Unternehmen mit echten Daten modelliert werden, ebenso können die in den Planspielen bereits vorhandenen Modellunternehmen vom Spielleiter erweitert bzw. verändert werden. Durch die Verwendung des Internets können die Planspiele auch dann durchgeführt werden, wenn sich die Teilnehmer an verschiedenen Standorten befinden.

Die an einem Planspiel teilnehmenden Spieler bzw. Spielgruppen konkurrieren oder kooperieren miteinander – je nach Zielsetzung. Das Spiel wird durch einen oder mehrere Spielleiter moderiert und kann in drei Phasen eingeteilt werden, die Informations-, die Spiel- und die Auswertungsphase. In der Informationsphase werden den Planspielteilnehmern grundlegende Informationen mitgeteilt. Neben einer Darstellung der Planspieltechnik werden Zielsetzung, Ablauf und Spielregeln erläutert, und die Teilnehmer bekommen ihre Rollen, z. B. Leiter der Personalabteilung, sowie weitere notwendige Informationen vermittelt. Die Spielphase besteht zumeist aus mehreren Spielrunden. Zunächst analysieren die Teilnehmer die Situation und legen ihre Strategien, (Teil-)Ziele sowie Entscheidungsalternativen fest. Sie wählen dann bestimmte Aktionen aus, die anhand der im Planspiel festgelegten Regeln zu bestimmten Konsequenzen führen. Die Auswertung der Entscheidungen und Handlungen sowie die Ermittlung ihrer Konsequenzen wird zumeist von Computerprogrammen übernommen, die eine einfache Speicherung aller wesentlichen Daten des Spielverlaufs erlauben. Den Spielern werden dann die Auswirkungen ihrer Aktionen bzw. Entscheidungen mitgeteilt. Damit liegt eine neue Ausgangssituation für die nächste Spielrunde vor. Die Spieler bewerten den Ausgang der bisherigen Spielrunden und nehmen gegebenenfalls eine Änderung der Strategien und Ziele vor. In der Auswertungsphase kann unter Anleitung des Spielleiters eine Bewertung des gesamten Spielverlaufs erfolgen, um den Teilnehmern ein differenziertes Feedback über ihre Entscheidungen und Strategien zu geben.

Planspiele können jedoch auch ohne die Unterstützung von Computern durchgeführt werden. Während bei computergestützten Planspielen häufig Entscheidungsstrategien und -ergebnisse im Vordergrund stehen, rückt bei nicht-computerunterstützten Planspielen das konkret gezeigte Verhalten der Teilnehmer in den Vordergrund. Verhaltenssimulationen greifen Elemente des Rollenspiels und der Verhaltensmodellierung auf und erlauben eine direkte Verhaltensbeobachtung und -analyse. Ein Beispiel ist «Looking Glass» (McCall & Lombardo, 1982). Hier handelt es sich um die Simulation eines Unternehmens aus der Glasproduktion. Die Teilnehmer sollen in einem sechsstündigen Spiel das Unternehmen einen Tag lang leiten. Weitere Beispiele für Planspiele in Form von Verhaltenssimulationen finden sich bei Stumpf und Dunbar (1990).

Die ökologische Validität der Planspiele wurde in den letzten Jahren ständig erhöht, indem ihr Bezug zu realen Situationen und «echten» Daten verstärkt wurde. Auf Grund der Spielsituation und Realitätsnähe sind Planspiele zumeist sehr motivierend. In einem praxisnahen Modell können neue Strategien, Interaktionstechniken oder Sichtweisen erprobt werden. Durch mehrere Spielphasen oder eine mehrfache Wiederholung solcher Planspiele werden zumeist systematische Lerneffekte, insbesondere hinsichtlich des strategischen Managementwissens, erzielt (Keys & Wolfe, 1990). Wolfe und Roberts (1986, 1993) berichten mittlere, signifikante Zusammenhänge für die kriterienbezogene Validität von Planspielen hinsichtlich verschiedener Karriereindikatoren.

Die Realitätsnähe und Komplexität von Planspielen bringt jedoch auch mögliche Probleme für den Erwerb von Wissen über Zusammenhänge und Wechselwirkungen mit sich. Komplexe Planspielsysteme setzen häufig bestimmte Wissensinhalte voraus, erschweren die klare Zuordnung von Konsequenzen zu bestimmten Entscheidungen oder Interventionen und überfordern daher leicht die Informationsverarbeitung der Teilnehmer. Das kann dazu führen, dass die wesentlichen Prinzipien, Strategien und Zusammenhänge nicht gelernt werden.

Hsu (1989) bietet ein Lernmodell an, in das sich Planspiele einbetten lassen und das einige der oben genannten Problempunkte auffängt. Der Lernprozess wird in die vier aufeinander folgenden Phasen «Einprägen neuer Informationen», «Organisation des neu erworbenen Wissens», «Erfahrungssammlung im Umgang mit dem neuen Wissen» und «Stabilisierung der neuen Erkenntnisse» unterteilt. Hsu (1989) hält für die Informationseinprägung und Wissensorganisation (Phasen 1 und 2) traditionelle Lernformen wie Vorträge oder Lernen anhand von Literatur für geeignet, sieht jedoch Planspiele als besonders effizientes Mittel der Erfahrungssammlung im Umgang mit dem neuen Wissen (Phase 3) an. Die Stabilisierung der neuen Erkenntnisse (Phase 4) kann nach Hsu (1989) durch leistungsbezogenes Feedback unterstützt werden.

5.8 Sensitivitätstraining

Eine früher sehr häufig, aber gegenwärtig nur selten eingesetzte Art von Trainings sind gruppendynamische Verfahren. Hier sind vor allem die so genannten Sensitivitätsgruppen zu nennen (auch Labor- oder Encountergruppen), deren Entstehung stark auf den Einfluss von Lewin (s. Greif, Kap. 2) zurückgeht und die im Wesentlichen Selbsterfahrungsgruppen darstellen. Sensitivitätsgruppen oder -trainings umfassen eine Vielzahl von Verfahren, die sich hinsichtlich inhaltlicher und formaler Aspekte, wie z. B. Länge des Trainings oder Zusammensetzung der Gruppen, unterscheiden.

Das klassische Modell des Sensitivitätstrainings besteht aus einem Gruppentreffen, bei dem kein fester Ablaufplan vorgegeben ist. Die Teilnehmer sollen in dieser bewusst unstrukturierten Situation über aktuelle Themen und Probleme sowie die gerade ablaufenden Gruppenprozesse reden (vgl. z.B. Antons, 1992). Neuere Ansätze geben zum Teil jedoch eine stärkere Strukturierung vor, die das Treffen in eine Reihe von Abschnitten unterteilt (z. B. Begrüßung, Kennenlernen etc.). Im Vordergrund der Sensitivitätstrainings steht die Selbsterfahrung. Die Teilnehmer sollen ihre beruflichen Rollen ablegen, eine sensiblere Selbst- und Fremdwahrnehmung entwickeln und mehr Verständnis für die Einstellungen und das Verhalten der anderen Teilnehmer entwickeln (Goldstein, 1993). Einerseits sollen das Wissen über Gruppenprozesse transparent gemacht und Interaktionsstrategien innerhalb der Gruppenprozesse weiterentwickelt werden. Andererseits gilt es, Vertrauen zwischen den Gruppenmitgliedern herzustellen sowie gemeinsam Ziele zu artikulieren und zu erreichen.

Verschiedene Untersuchungen zur Effektivität von Sensitivitätstrainings zeigen übereinstimmend, dass Lernerfolge kaum vorausgesagt werden können. Der Lerngewinn und die gelernten Inhalte unterschieden sich interindividuell sehr stark, und es bleibt unklar, auf welche Faktoren sie zurückzuführen sind (Gebert, 1972). Burke und Day (1986) fanden in einer Meta-Analyse über Sensitivitätstrainings für Führungskräfte zwar einen mittleren positiven Effekt für die oben genannten Lernziele. Jedoch war die Varianz der Effektivitätswerte so groß, dass keine Belege für die Wirksamkeit einzelner Trainings vorliegen.

Sensitivitätstrainings sollten daher als Personalentwicklungsmaßnahme – wenn überhaupt – nur nach gründlicher Vorbereitung eingesetzt werden. Häufig wird gegen diese Interventionsform eingewendet, dass massive psychische Belastungen bei den Teilnehmern auftreten können. So muss z. B. oft das Selbstbild starke Korrekturen erfahren. Als Folge können psychische Störungen entstehen, die nach dem Ende des Trainings, da es keine Therapiegruppe darstellt, nicht aufgefangen werden. In jedem Fall sind erfahrene Trainer erforderlich, die vorab in Gesprächen mit den Teilnehmern solche Risiken abschätzen können.

5.9 Verhaltensmodellierung

Das Konzept der Verhaltensmodellierung basiert auf der Lerntheorie von Bandura (1979). Dieses Konzept wurde im Rahmen der Personalentwicklung von mehreren Autoren weiterentwickelt, am umfassendsten haben es bisher Decker und Nathan (1985) ausgearbeitet und systematisiert. Diese Autoren gliedern die Verhaltensmodellierung in fünf Komponenten: Modellierung, Behaltensprozess, Verhaltenswiederholung, Feedback und Trainingstransfer.

Bei der Modellierung werden zunächst die zu erlernenden Verhaltensweisen durch eine andere Person, die als Modell fungiert, dargeboten. Dabei wird durch eine vorhergehende Einführung in die Thematik, z. B. anhand von Vorträgen und/oder Gruppendiskussionen, die Wahrnehmung der Teilnehmer auf spezifische für die Lernziele relevante Aspekte gerichtet. Ausgehend von der Lerntheorie von Bandura (1986) führen Decker und Nathan (1985) mehrere Faktoren an, die den Aufmerksamkeitsprozess beeinflussen. So ist nach Decker und Nathan (1985) z. B. ein größerer Lernerfolg zu erwarten, wenn die Beobachter darauf aufmerksam gemacht werden, dass sie das gezeigte Verhalten nach der

Modellvorführung selbst ausführen sollen oder wenn sie sich mit dem Modell identifizieren.

Nachdem die Teilnehmer die neuen Verhaltensweisen gesehen haben, müssen diese im Gedächtnis so kodiert werden, dass sie möglichst gut behalten werden und bei der eigenen Verhaltensausübung leicht abzurufen sind. Decker und Nathan (1985) bezeichnen mit der dritten Komponente, der Verhaltenswiederholung, die Einübung des neuen Verhaltens in einer Umgebung, die einer möglichen Situation im beruflichen Umfeld nachgestellt sein soll. Die Autoren bevorzugen den Terminus «Verhaltenswiederholung» gegenüber dem Begriff «Rollenspiel», da die Trainingsteilnehmer hier modellierte Aktionen nachahmen und keine fremden Rollen einnehmen. Dennoch kann man die Verhaltenswiederholung als einen Spezialfall des Rollenspiels ansehen.

Während der Verhaltensmodellierung lernen die Teilnehmer, das modellierte Verhalten in bestimmten Situationen anzuwenden, und zwar sowohl durch die eigene Erfahrung als auch durch die Beobachtung der anderen Trainingsteilnehmer. Um das erlernte Verhalten zu festigen, sollte den Teilnehmern die Möglichkeit gewährt werden, das Verhalten mehrfach im Rollenspiel zu zeigen, auch wenn es schon korrekt ausgeführt wurde (so genanntes «overlearning»).

Richtlinien für ein systematisches Feedback, die im Rahmen der Verhaltensmodellierung entwickelt wurden, sollen den Aufbau der neuen Verhaltensweisen steuern, die Teilnehmer motivieren und somit den Lernerfolg maßgeblich beeinflussen. Die fünfte Komponente, der Trainingstransfer, soll bereits während des gesamten Trainings beachtet und dadurch erleichtert werden, z. B. indem das Modellverhalten und die im Rollenspiel trainierten Verhaltensweisen den in der Praxis verlangten Verhaltensweisen weitgehend entsprechen (vgl. Holling, 1999).

Das Verfahren der Verhaltensmodellierung stellt zweifelsohne ein sehr erfolgreiches Verfahren der Personalentwicklung dar. Viele einzelne Evaluationsstudien, die Sonntag (2002) aufführt, konnten die Wirksamkeit dieser Methode belegen. In der Meta-Analyse von Burke und Day (1986) erwies sich Verhaltensmodellierung als die effektivste Trainingsform.

5.10 Coaching

Im anglo-amerikanischen Raum wird Coaching als die Vorbereitung eines Mitarbeiters auf die Übernahme von Aufgaben mittels entwicklungsorientierter Führung verstanden (Blickle, 2000; Rauen, 2001). Der Coach ist dabei meistens der Vorgesetzte und seltener eine (organisations-)externe Person. Eine entwicklungsorientierte Führung beginnt mit einer Bestandsaufnahme der Fähigkeiten des Mitarbeiters, an die sich die Vereinbarung von Zielen sowie die Entwicklung eines Maßnahmenkatalogs und Zeitplans anschließen. Die Schritte des Mitarbeiters werden durch kontinuierliches Feedback des Vorgesetzten begleitet. Die Ziele des Coaching sind die langfristige Entwicklung von Fähigkeiten und des aufgabenbezogenen Selbstvertrauens des Mitarbeiters. Förderlich für das Erreichen der Ziele sind Freiwilligkeit des Coaching, gegenseitiges Vertrauen und eine offene Kommunikation. Sind die Ziele des Coaching erreicht, kann der Coachingprozess abgeschlossen werden oder auch in Mentoring bzw. eine Mentor-Protégé-Beziehung (s. u.) übergehen.

Im deutschsprachigen Raum wird der Begriff des Coaching sehr viel weiter, heterogener und ohne einheitliche Definition verwendet. Rauen (2001) beispielsweise stellt als allgemeines Ziel des Coaching die (Wieder-)Herstellung und/oder Verbesserung der Selbstregulationsfähigkeiten einer Person heraus und definiert Coaching als «eine Kombination aus individueller, unterstützender Problembewältigung und persönlicher Beratung auf Prozessebene für ein breites Spektrum von beruflichen und privaten Problemen (S. 63). Zu unterscheiden sind nach Rauen (2001) der organisationsexterne Coach, der organisationsinterne hauptberufliche Coach und der organisationsinterne nebenberufliche Coach (der Vorgesetzte). Coaching kann nicht nur mit Einzelpersonen, sondern auch mit Gruppen erfolgen. Je nach Empfänger des Coaching ist zu differenzieren zwischen Vorgesetzten-Coaching eines Mitarbeiters, Einzel-Coaching durch einen externen Berater sowie Gruppen-Coaching durch einen externen oder internen Coach.

Nach Edmondson (1999) finden sich positive Zusammenhänge zwischen dem Einsatz von Coaching in der Führung von Arbeitsgruppen und der Leistung, dem Lernerfolg und dem Vertrauen innerhalb der Gruppe. Beim Coaching durch Vorgesetzte hat sich eine Anzahl von weniger als neun, dem Vorgesetzten direkt unterstellten Mitarbeitern als günstig erwiesen (Blickle, 2000). Insgesamt ist die empirische Befundlage zu den Voraussetzungen, Strategien und Bedingungen des Coaching jedoch eher dürftig.

5.11 Mentoring

Mentoring bezeichnet in der Regel eine intensive Austauschbeziehung zwischen einem Senior (Mentor) und einem Junior (Protégé) einer Organisation, in der der Mentor dem Protégé als Rollenmodell dient, ihm psychosozial zur Seite steht und den beruflichen Aufstieg des Juniors unterstützt (Blickle, 2000). Der Protégé hingegen bringt dem Mentor eine besondere Loyalität entgegen, nimmt ihm Aufgaben ab und versorgt ihn mit Informationen aus der Organisation (Mullen & Noe, 1999). Im Gegensatz zu Coaching ist Mentoring weniger direktiv, langfristiger angelegt und stärker auf die Orientierung und persönliche Entwicklung des Juniors ausgerichtet. Auch die emotionale Involviertheit ist auf beiden Seiten größer.

Alternativen zum Mentoring durch Vorgesetzte sind Mentorenbeziehungen zwischen Kollegen (sog. Peer-Mentoring) oder Mentoring in Arbeitsgruppen. Während Ersteres vorwiegend psychosoziale Unterstützung bietet, wurden für das Gruppenmentoring auch karrierebezogene Funktionen, beispielsweise durch Modellfunktionen von Gruppenmitgliedern, nachgewiesen (Dansky, 1996).

Mentor-Protégé-Beziehungen kommen in der Regel informell zu Stande. Ein Überblick zu positiven Entstehungsbedingungen für eine Mentor-Protégé-Beziehung findet sich bei Blickle (2000). Einige, die Übernahme von Mentor-Funktionen unterstützende Persönlichkeitsfaktoren des Mentors sind beispielsweise ein hohes Ausbildungsniveau, eine interne Kontrollüberzeugung und eine positive Einstellung zum beruflichen Aufstieg sowie ein ausgeprägtes Altruismusmotiv. Auch auf Seiten des Juniors erhöht eine tätigkeitsbezogene interne Kontrollüberzeugung die Wahrscheinlichkeit, einen Mentor zu finden. Günstig sind zudem weitere Faktoren wie emotionale Stabilität oder ein starkes Macht- und Leistungsmotiv. Auf organisationaler Seite wird die Entstehung von Mentor-Protégé-Beziehungen durch Entlohnungssysteme für eine Mentorentätigkeit sowie durch ausreichende Interaktions- und Kommunikationsmöglichkeiten während der Arbeit unterstützt.

Auswirkungen der Mentor-Protégé-Beziehung auf Junioren sind nach Blickle (2000) weniger Rollenstress und -konflikte, höhere Karriereerwartungen und Arbeitszufriedenheit, ein schnellerer Aufstieg und ein höheres Einkommen. Gefunden wurden zudem positive Auswirkungen auf die organisationale Sozialisation sowie die Reduktion von Kündigungsbereitschaft und die Erhöhung von Commitment wie Rollenidentität.

Generell scheint es effektiver zu sein, günstige organisationale Bedingungen für die Entstehung informeller Mentoring-Beziehungen zu schaffen als formelle Mentorenprogramme mit Zuweisungen von Mentor-Protégé-Paaren einzurichten (Blickle, 2000). Letztere führen lediglich zu höherer Arbeitszufriedenheit auf Seiten der Betreuten. Die für informelles Mentoring gefundenen Veränderungen der Einstellungen und Identität des Juniors (geringe Kündigungsbereitschaft, Erhöhung der Rollenidentität) sowie die karrierebezogenen Konsequenzen (Einkommen, Aufstieg) konnten jedoch für formelles Tutoring nicht nachgewiesen werden. Als günstige organisationale Bedingungen bieten sich nach Blickle (2000) die Durchführung von Mentorenschulungen, die Information von Junioren über Mentoring-Beziehungen sowie die Schaffung von Entlohnungssystemen für Mentoring an.

6. Evaluation von Personalentwicklungsmaßnahmen

Wir gehen im folgenden Abschnitt zunächst auf die Frage ein, anhand welcher Kriterien der Nutzen bzw. Erfolg von Personalentwicklungsmaßnahmen zu bewerten ist. Ein wichtiges Problem stellt in diesem Zusammenhang der positive Transfer des Lernerfolgs auf den organisationalen Kontext dar. Um eine Abschätzung des zu erwartenden Nutzens auf Grund bisheriger Erfahrungen zu erhalten, gehen wir in einem weiteren Abschnitt auf die Ergebnisse bisheriger Evaluationsstudien ein. Hier stützen wir uns auf bisher durchgeführte Meta-Analysen. Schließlich stellen wir das Verfahren der monetären Nutzenanalyse vor, das weiter gehende Erkenntnisse zur Evaluation von Personalentwicklungsmaßnahmen eröffnet.

Die Evaluation dient zur Planungs- und Entscheidungshilfe mit dem Ziel, den Nutzen vor allem praktischer Maßnahmen zu überprüfen und/oder zu verbessern. Zwei Formen der Evaluation sind im Rahmen der Personalentwicklung von besonderer Relevanz, die formative und die summative Evaluation (vgl. Wittmann, 1985). Die formative Evaluation liefert bereits vor und während einer Intervention Informationen und Bewertungen, um Probleme zu klären, die Gestaltung der Intervention zu steuern, zu korrigieren und zu optimieren. Die summative Evaluation dient zur Bewertung einer bereits stattgefundenen Intervention. Es geht hier um die Beurteilung der Wirkung einer Intervention, z. B. ob Einflüsse von Drittvariablen auszuschließen sind oder nicht beabsichtigte Effekte bzw. Nebenwirkungen aufgetreten sind. Ein weiteres wichtiges Ziel von Evaluationsstudien ist eine bereits vorab erfolgende Abschätzung des zu erwartenden Nutzens von Interventionen auf Grund bisheriger Erfahrungen. Diese Zielsetzung ist immer dann relevant, wenn mehrere konkurrierende Verfahren zur Wahl stehen.

Evaluationsstudien sind in der Regel komplexe Untersuchungen. Die in der **Informationsbox 3** dargestellte Untersuchung mag Aufwand und Schwierigkeiten solcher Studien verdeutlichen. Wir können hier lediglich auf einige Teilprobleme der Evaluation von Personalentwicklungsmaßnahmen eingehen. Viele methodische Probleme, die bei Evaluationsstudien auftreten, werden in Kapitel 5 behandelt.

Informationsbox 3

Eine Evaluationsstudie zu Trainingsmaßnahmen für Polizeibeamte

Polizeiliche Tätigkeit zeichnet sich im Vergleich zu vielen anderen Berufen durch viele spezifische Anforderungen aus. Polizeibeamte sollen zwar «das Gesetz hüten», sich aber dennoch «bürgernah» verhalten, Konflikte möglichst gewaltfrei schlichten, in gefährlichen Situationen nicht unter Stress geraten und so reagieren, dass die Sicherheit der Bürger und die eigene Sicherheit so weit wie möglich gewährleistet ist. Um diesen vielfältigen Anforderungen der polizeilichen Tätigkeit besser gerecht zu werden, wurde für die Polizei des Landes NRW ein Verhaltenstraining, die Integrierte Fortbildung (IF), entwickelt. An diesem einwöchigen Training nahmen zum Zeitpunkt der Evaluation jährlich etwa 10 000 Polizeibeamte teil, die Kosten betrugen pro Jahr ca. 25 Millionen Euro. Die Trainingsinhalte richten sich insbesondere auf die folgenden Bereiche: Kommunikation, Konfliktverhalten, Stressbewältigung, Taktik/Eigensicherung, Eingriffstechnik und -recht. Polizeiliches Handeln wird hier fächerübergreifend, aus psychologischer, taktischer und rechtlicher Sicht, behandelt. Die Trainingsmaßnahmen bestehen neben der Vermittlung theoretischer Grundlagen aus Rollenspielen, Fallstudien und weiteren realitätsnahen Übungen.

Das Training findet eine sehr hohe Akzeptanz unter den Trainingsteilnehmern, wie die standardisierten schriftlichen Beurteilungen im Anschluss an das Training ergeben. Zudem wurde bei unsystematischen Beobachtungen häufig festgestellt, dass Polizeibeamte ohne Trainingserfahrung viele Verhaltensweisen der trainierten Kollegen übernehmen, wenn trainierte und untrainierte Beamte gemeinsam polizeiliche Aufgaben wahrnehmen. Um jedoch eine systematischere Abschätzung der Effizienz dieser Trainingsmaßnahmen der IF zu erhalten, entschloss sich das Innenministerium des Landes NRW zu einer wissenschaftlichen Evaluationsstudie (vgl. Holling, 1999).

Wie kann nun der Erfolg eines solchen Trainings beurteilt werden? Ein kontrollierter Vergleich von trainierten und nicht trainierten Polizeibeamten durch Beobachtungen in der Praxis ist kaum möglich, da eine kontinuierliche Beobachtung von Polizeibeamten während des Dienstes aus rechtlichen, ethischen und technischen Überlegungen sowie Akzeptanzgründen ausscheidet. So können nicht mehrere geübte Beobachter das Verhalten von Polizeibeamten bei der Schlichtung eines Streits von alkoholisierten Personen in einer Gaststätte hinsichtlich verschiedener Kriterien, wie deeskalierendes Konfliktverhalten, beurteilen.

Daher wurde das Verhalten trainierter und nicht trainierter Polizeibeamte in realitätsnahen Rollenspielen verglichen. Da die meisten Polizeibeamten des Landes NRW zum Untersuchungszeitpunkt bereits an der IF teilgenommen hatten und die übrigen Polizeibeamten, wie oben angemerkt, viele Verhaltensweisen, die Gegenstand der IF sind, von den trainierten Kollegen übernommen hatten, musste das Innenministerium des Landes Niedersachsen gebeten werden, Polizeibeamte für diese Evaluation freizustellen. Dieser Bitte wurde entsprochen, und 60 Polizeibeamte aus Niedersachsen wurden zufällig ausgewählt. 30 dieser Beamten wurden nach dem Zufallsprinzip der Experimentalgruppe zugeordnet, die im Gegensatz zu der Kontrollgruppe eine Woche lang an der IF teilnahm.

Im Rahmen eines Simulationsexperiments wurde dann festgestellt, inwieweit die im Training vermittelten Verhaltensweisen auch angewendet werden. Zu diesem Zwecke wurden fünf Rollenspiele entwickelt, die typischen polizeilichen Alltagssituationen entsprechen (z. B. Streit eines alkoholisierten Ehemanns mit seiner Frau, Überprüfung zweier Personen, die eines Diebstahls verdächtigt werden etc.). Dazu mussten Rollenspieler trainiert werden, um die vorher ermittelten Anforderungen für die Polizeibeamten in den einzelnen Rollenspielen möglichst flexibel – dem Verlauf der Interaktion entsprechend – zu gewährleisten.

Die Untersuchung fand auf einem weiträumigen Gelände der Bereitschaftspolizei des Landes NRW statt. Hier wurden eine Polizeileitzentrale und ein Einsatzgebiet simuliert. Die Probanden erhielten im Polizeifahrzeug über Funk die Meldung zu einem Einsatz, d. h. Rollenspiel. Am «Einsatzort» warteten Rollenspieler und im Hintergrund mehrere trainierte Beobachter. Zudem wurden die Rollenspiele mit Videokameras aufgezeichnet. Die Beobachtungskategorien wurden aus den generellen Trainingszielen abgeleitet und für jedes Rollenspiel spezifiziert. Sie richteten sich u. a. auf das Kommunikations-, Konflikt- und Sicherheitsverhalten. Darüber hinaus nahmen die Probanden nach jedem Rollenspiel Selbsteinschätzungen hinsichtlich ihres Verhaltens und ihrer Befindlichkeit vor. Zu einem späteren Zeitpunkt wurden die Videoaufzeichnungen anhand weiterer Beobachtungskategorien, wie z. B. zu eingriffsrechtlichen und -taktischen Aspekten, von polizeilichen Experten analysiert.

Die Ergebnisse dieses Simulationsexperiments ergaben für die meisten Beobachtungskategorien signifikante Unterschiede. So zeigte sich, dass die Verhaltenstrainings zu einer Erweiterung des Verhaltensrepertoires und einer geringeren Beanspruchung führen. Das Verhalten von trainierten Polizeibeamten wird von den Beobachtern als bürgernäher, professioneller und sicherer beurteilt.

6.1 Kriterien für den Erfolg von Personalentwicklungsmaßnahmen

Welche Kriterien sind zur Messung des Erfolgs von Personalentwicklungsmaßnahmen heranzuziehen? Es wurde bisher eine Vielzahl von unterschiedlichen Kriterien eingesetzt. Von mehreren in der Literatur vorgeschlagenen Taxonomien, die einander sehr ähnlich sind, ist das Modell von Kirkpatrick (1976) die populärste und am häufigsten eingesetzte Klassifikation. In diesem Modell werden vier verschiedene «Schritte» unterschieden, die später zumeist als Ebenen bezeichnet wurden:

1. Reaktion,
2. Lernen,
3. Verhalten und
4. Resultate.

Mit Reaktionen bezeichnet Kirkpatrick (1960, 1976) subjektive Bewertungen, Einstellungen und Gefühle zum Training, die beispielsweise durch Interviews oder Fragebogen erhoben werden. Die Ebene des Lernens betrifft die Aufnahme, Verarbeitung und Bewältigung der Lerninhalte und -prinzipien durch die Teilnehmer. Beispiele sind Lösungs- und Fehleranzahl im Training, Ergebnisse standardisierter Testverfahren oder Urteile von Teilnehmern, Trainern und Beobachtern zum Lernfortschritt. Die Verhaltensebene bezieht sich auf die Umsetzung der Lerninhalte im Arbeitskontext, wobei Leistungsaspekte im Vordergrund stehen. Die Veränderungen im Arbeitsverhalten können beispielsweise über Verhaltensbeobachtungen, Interviews oder Fragebogen durch die Trainingsteilnehmer, Kollegen oder Vorgesetzte erfasst werden. Resultate als vierte Ebene betreffen organisationale Ziele, insbesondere ökonomische Größen wie Qualität und Quantität der Arbeitsleistung, Kosten- und Fehlerreduktion, aber auch Beförderungen oder Leistungsbeurteilungen.

Während die Datenerhebung auf der Reaktions- und Lernebene unmittelbar nach den Maßnahmen erfolgen kann, ist sie für die Verhaltens- und Resultatsebene erst nach einem längeren Zeitintervall sinnvoll. Häufig wird – implizit – eine hierarchische Struktur der vier Kriterienarten angenommen, was zur Bezeichnung Ebenen geführt haben dürfte. Mit Kriterien auf einer höheren Ebene soll auch ein größerer Informationsgehalt für die Effektivität einer Personalentwicklungsmaßnahme verbunden sein. Eine solche Annahme setzt jedoch eine bestimmte Werthaltung voraus. So wird die Veränderung von ökonomischen Kriterien für bedeutsamer erachtet als Lernerfahrungen oder Verhaltensveränderungen. Hier gilt es zu bedenken, dass bestimmte Weiterbildungsmaßnahmen nicht von vornherein zur Veränderung ökonomischer Größen oder des Arbeitsverhaltens gedacht sind.

Zuweilen wird in der Literatur angenommen, dass Veränderungen auf einer bestimmten Ebene zu Veränderungen auf der jeweils nächst höheren Ebene führen. Eine solche kausale Beziehung zwischen den Ebenen lässt sich nicht generell aufrechterhalten. So ergaben sich auch in der Meta-Analyse von Alliger, Tannenbaum, Bennett, Traver und Shotland (1997) relativ geringe Korrelationen zwischen Kriterien der unterschiedlichen Kategorien. Ein Training kann zu sehr guten Lernerfolgen führen, aber schlecht beurteilt werden, weil es sehr anstrengend ist. Oder die Trainingsinhalte mögen hervorragend gelernt worden sein, aber keine Verhaltensveränderungen nach sich ziehen, falls die Trainingsinhalte nicht im Arbeitsalltag eingesetzt werden können. Damit ist das Training noch lange nicht als schlecht zu bewerten.

Das Modell von Kirkpatrick ist seit seiner Veröffentlichung nicht ohne Kritik geblieben. Die Vorteile dieser Klassifikation liegen zweifelsohne in der einfachen Struktur und der Berücksichtigung einer Vielzahl von Kriterien. Gefordert wird mittlerweile eine erweiterte und differenziertere Klassifikation, die mehrere Zeitpunkte für die Erhebung einzelner Kriterien sowie eine weitere Spezifizierung der Kriterien vorsieht. So gehen Alliger et al. (1997) von dem folgenden erweiterten Modell aus. Reaktionen werden unterteilt in eher emotionale Feedbackbekundungen sowie in Bewertungen des Nutzens der Intervention insbesondere für den Erfolg im Arbeitsalltag. Damit rückt von vornherein der potenzielle Transfer in den Fokus. Auf der Ebene des Lernens werden drei Kriterienmessungen differenziert:

1. eine Messung der erworbenen Kenntnisse unmittelbar nach dem Training,
2. die Messung der Kenntnisse zu einem späteren Zeitpunkt (Retention) und
3. die Messung von Lerninhalten, die über den Wissenserwerb hinausgehen, wie sensumotorische Kompetenzen bzw. Verhalten.

Auf Grund ihrer Erweiterung kommen Alliger et al. (1997) zu dem interessanten Resultat, dass affektive Bewertungen auf der Lernebene kaum eine Prognose des Transfers gestatten, während Nutzenbewertungen (auf der Reaktionsebene) eine weitaus bessere Abschätzung der Umsetzung der Lerninhalte in die Arbeitsumgebung gestatten. Die Nutzenbewertungen auf der Reaktionsebene übertrafen dabei auch die Vorhersagekraft von Kenntnismessungen auf der Lernebene. Insgesamt ist aber festzuhalten, dass auch die Klassifikation von Alliger et al. (1997) noch keine zufrieden stellende Systematik darstellt. Eine differenzierte Klassifikation und Operationalisierung von Kriterien und Empfehlungen zu den Zeitpunkten ihrer Messung stehen noch aus.

Von besonderer Relevanz ist die Analyse des Transfers der erworbenen Lerninhalte, d.h. der Beziehung zwischen der zweiten und dritten Gruppe von Kriterien in der Klassifikation von Kirkpatrick. Hier geht es insbesondere um die Analyse der Bedingungen eines positiven Transfers der Lernergebnisse auf die Arbeitsumgebung.

6.2 Transfer der Lernresultate

Beim Transfer der Lernresultate steht die Frage im Vordergrund, wie die im Training erworbenen Fertigkeiten und Kenntnisse auf andere Situationen, insbesondere den Arbeitskontext, zu übertragen und hier für einen bestimmten Zeitraum aufrechtzuerhalten sind. Wichtige Einflussgrößen auf den Transfer sind Merkmale des Trainings und des organisationalen Umfelds.

Nach Baldwin und Ford (1988) kann der positive Transfer erhöht werden, wenn das Training so gestaltet wird, dass Lern- und Realsituation möglichst viele identische Stimulus- und Responseelemente besitzen. Hesketh (1997) schlägt dazu eine «Transfer of Training Need Analysis» vor. Weiterhin plädieren Baldwin und Ford (1988) zur Erhöhung des Tranfers dafür, im Training möglichst viele unterschiedliche Trainingselemente einzusetzen. Konzepte bzw. Prinzipien werden eher verstanden und in neuen Situationen angewendet, wenn sie anhand mehrerer unterschiedlicher Beispiele erlernt wurden. So sollten z.B. beim Modelllernen unterschiedliche, mehr oder weniger erfolgreiche Modelle in unterschiedlichen Situationen eingesetzt werden.

Einen entscheidenden Einfluss auf den Transfer haben neben der Gestaltung des Trainings die Arbeitsumgebung und organisationale Rahmenbedingungen. Hierzu gibt es eine Reihe von empirischen Ergebnissen (s. Salas & Cannon-Bowers, 2001). Wichtig ist demnach die Unterstützung durch Vorgesetzte und Kollegen bei der Anwendung der Lernerfahrungen in der Praxis. Vorauszusetzen ist, dass genügend Möglichkeiten am Arbeitsplatz bestehen, die Lernresultate in der Arbeitsumgebung anzuwenden. Ein zu großer Zeitraum zwischen dem Training und der Anwendung in der Praxis erwies sich für den Transfer als negativ. Insgesamt stellte sich eine positive Lernkultur bzw. ein positives «Transferklima» in Organisationen als wichtige Bedingung für einen positiven Transfer heraus. Ein positiver Transfer trat insbesondere dann auf, wenn der Einsatz der Lernresultate durch Organisationsleitung und Vorgesetzte gewürdigt bzw. belohnt wurde. Das Transferklima beeinflusst entscheidend die Motivation, Erwartungen und Einstellung zum Transfer.

6.3 Ergebnisse der Evaluation von Personalentwicklungsmaßnahmen

Eine zusammenfassende Analyse der bisherigen Evaluationsstudien zur Wirksamkeit von Personalentwicklungsmaßnahmen kann am effektivsten durch Meta-Analysen erfolgen (zum Verfahren der Meta-Analyse siehe Moser, Kap. 4.1). Inzwischen wurden einige Meta-Analysen zur

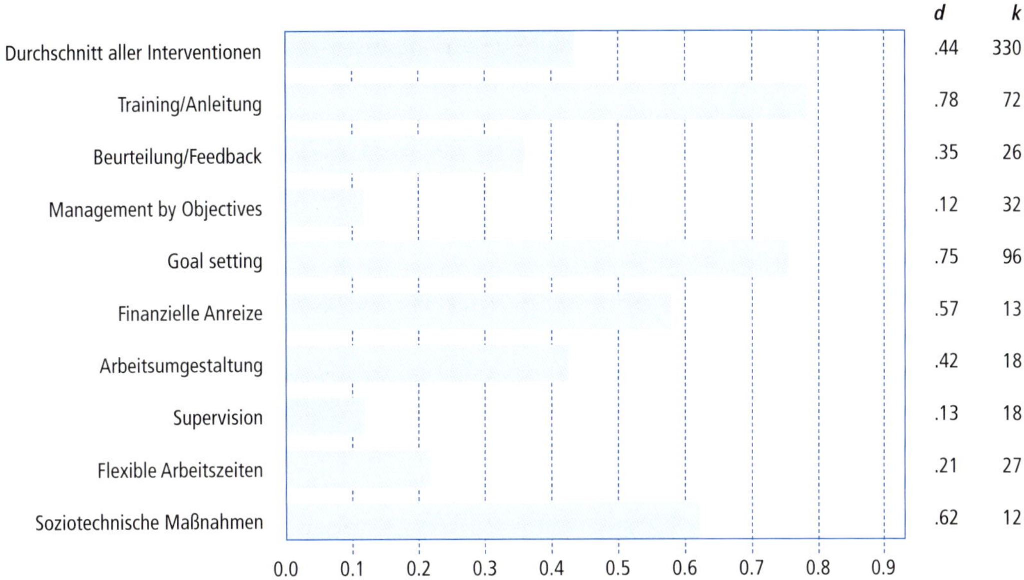

Abbildung 3: Ergebnisse der Meta-Analyse von Guzzo, Jette und Katzell (1985). Neben den Balken, die die mittleren Effektstärken (d) veranschaulichen, ist jeweils der d-Wert in numerischer Form (d) und daneben die Anzahl der zusammengefassten d-Werte (k) angegeben.

Effektivität von organisationalen Interventionen vorgelegt. Während Guzzo, Jette und Katzell (1985) und Neuman, Edwards und Raju (1989) den Erfolg von Interventionen auf der individuellen, Gruppen- und Organisationsebene untersuchen, beschränkt sich die Meta-Analyse von Burke und Day (1986) auf Trainingsmaßnahmen für Führungskräfte.

Von den drei genannten Meta-Analysen gehen wir kurz auf die Arbeit von Guzzo, Jette und Katzell (1985) ein, da sie einen Vergleich der Effektivität von Trainingsmaßnahmen mit anderen organisationalen Interventionen (auf der Resultatsebene) zulässt, ansonsten beschränken wir uns auf die Darstellung der später publizierten Meta-Analysen von Arthur, Bennett, Edens und Bell (2003), Carlson (1997) sowie Morrow, Jarret und Rupinski (1997). Während die beiden ersten Arbeiten klassische Meta-Analysen (zu allen zugänglichen Studien) darstellen, nimmt die Studie von Morrow et al. (1997) eine Meta-Analyse von Trainings vor, die lediglich innerhalb einer Organisation durchgeführt wurden. Zudem werden in dieser Studie monetäre Nutzenanalysen durchgeführt, die weiter gehende Erkenntnisse zum Nutzen der durchgeführten Interventionen gewähren.

Wie sehen die Effekte von Trainingsmaßnahmen im Vergleich zu anderen Interventionen aus? Zur Beantwortung dieser Frage kann die sorgfältige Meta-Analyse von Guzzo et al. (1985) herangezogen werden, in der neben der Kategorie Training/Anleitung weitere personale Interventionen auf der Gruppen- und gesamten Organisationsebene sowie Arbeitsgestaltungsmaßnahmen auf ihre Effektivität untersucht wurden. In diese Meta-Analyse wurden 98 zwischen 1971 und 1981 in den USA durchgeführte Feldexperimente einbezogen. Dabei wurde sorgfältig auf die Einhaltung methodischer Standards, wie z. B. die Verwendung von Kontrollgruppen, geachtet. Sehr bemerkenswert ist weiterhin, dass für diese Meta-Analyse lediglich Studien ausgewählt wurden, die Kriterien auf der Resultatsebene verwendeten zur (1) Arbeitsleistung (Quantität, Qualität, Kosten, Sonstiges), zum (2) Rückzug (Arbeitsplatzwechsel, Abwesenheit, langsames Arbeitsverhalten, Sonstiges) und zu (3) Störungen (Unfälle/Sicherheit, Streik, Dienst nach Vorschrift, Missstände, Alkohol/Drogen, Sonstiges).

In dieser Meta-Analyse werden die in **Abbildung 3** aufgeführten Interventionsprogramme unterschieden. Dabei subsumieren die Autoren unter die Kategorie «Training/Anleitung» alle möglichen Trainingsverfahren. In die Rubrik «Beurteilung/Rückmeldung» fallen alle möglichen Formen des Leistungsfeedbacks. Während die Kategorie «Arbeitsumgestaltung» Maßnahmen zur Erhöhung von Motivation und Interesse umfasst, beinhalten die «Supervisionsmethoden» Programme zur Veränderung der Supervision, z. B. durch höhere Partizipation der Mitarbeiter. Der Kategorie «flexible Arbeitszeiten» werden Maßnahmen wie Teilzeitarbeit oder gleitende Arbeitszeit zugeordnet. Die Kategorie «soziotechnische Systeme» beinhaltet umfassendere Maßnahmenpakete, die Beziehungen zwischen dem technischen und dem sozialen System neu gestalten. Hier werden zumeist mehrere der oben genannten Methoden kombiniert.

In Abbildung 3 sind einige Effekte wichtiger Interventionen gemittelt über alle Produktivitätskriterien enthalten. Dabei entspricht das Effektmaß d einer standardisierten Mittelwertsdifferenz zwischen Experimental- und Kontrollgruppe (s. Moser, Kap. 4.1). Die Ergebnisse dieser Meta-Analyse zeigen – zusammenfassend betrachtet –, dass psychologische Interventionsprogramme in der Regel zu Produktivitätserhöhungen führen, die mit d = .44 recht bedeutend sind (s. Abb. 3, Durchschnitt aller Interventionen). Über alle Interventions- und Produktivitätskriterien hinweg gemittelt schneiden jedoch die Trainingsmaßnamen mit d = .78 am besten ab. Damit ist ein überzeugender Beleg für die Relevanz von Personalentwicklungsmaßnahmen im Kontext aller organisationalen Interventionen gegeben.

Der Meta-Analyse von Arthur et al. (2003) liegen 162 Primärstudien zu Grunde, die bestimmten methodischen Standards genügen und zwischen 1960 und 2000 veröffentlicht wurden. Ziel dieser Studie war es, den Zusammenhang zwischen bestimmten Gestaltungsmerkmalen von Trainings und ihrer Effektivität zu untersuchen. Zur Klassifikation der in den Primärstudien verwendeten *Evaluationskriterien* orientieren sich die Autoren an dem Modell von Kirkpatrick. Sie unterscheiden somit die vier Ebenen Reaktion, Lernen, Verhalten und Resultate.

Als Gestaltungsmerkmale von Trainings untersuchen die Autoren insbesondere die beiden folgenden Variablen:

a) *Trainierte Fähigkeiten/Aufgaben:* Hier werden drei Klassen von Fähigkeiten bzw. Aufgaben unterschieden: kognitiv, interpersonal und sensumotorisch.
b) *Passung zwischen Trainingsmethode und trainierten Fähigkeiten/Aufgaben:* Für jede trainierte Fähigkeit bzw. Aufgabe (s. o.) wird hier getrennt die Effektivität in Abhängigkeit von der Art des Trainings (z. B. Vortrag oder Diskussion) untersucht.

Insgesamt ergeben sich in der Meta-Analyse für alle vier *Evaluationskriterien* (nach Kirkpatrick) mittlere Effektstärken für die einbezogenen Trainings, die von d = .60 bis d = .63 reichen und sich damit nur unwesentlich voneinander unterscheiden. Kriterien auf der Lernebene weisen dabei den größten (d = .63) und Kriterien auf der Reaktionsebene den geringsten mittleren Effekt (d = .60) auf (s. **Abbildung 4**, Durchschnitt aller Verfahren).

Eine weiter gehende Analyse, in der innerhalb der Studien die Ergebnisse für Kriterien auf verschiedenen Ebenen miteinander verglichen wurden, zeigte, dass die mittleren Effektstärken von der Lernebene aus zu den nachfolgenden Ebenen hin zumeist abnehmen. So fielen beispielsweise die d-Werte auf der Verhaltensebene mit einem mittleren Wert von d = .77 geringer aus als die d-Werte auf der Lernebene.

Um den Zusammenhang zwischen den Gestaltungsmerkmalen eines Trainings und der Effektivität zu untersuchen, haben die Autoren für die vier Evaluationskriterien getrennt mittlere Effektstärken berechnet. Die Ergebnisse für das Gestaltungsmerkmal «Trainierte Fähigkeiten/Aufgaben» sind ebenfalls in **Abbildung 4** dargestellt. Auf der Reaktionsebene schneiden Trainings sensumotorischer Fähigkeiten (d = .66) etwas besser ab als Trainings kognitiver Fähigkeiten (d = .61). Für Trainings interpersonaler Fähigkeiten ist in der Abbildung 4 kein Wert angegeben, da in der Meta-Analyse zu diesem Punkt kein Wert berichtet wird. Für Kriterien auf der Lern- und Verhaltensebene zeigt sich ebenfalls der größte Effekt für Trainings, die sensumotorische Fähigkeiten vermitteln, gefolgt von interpersonalen und kognitiven Trainings, die hier je nach Ebene Platz zwei bzw. drei ein-

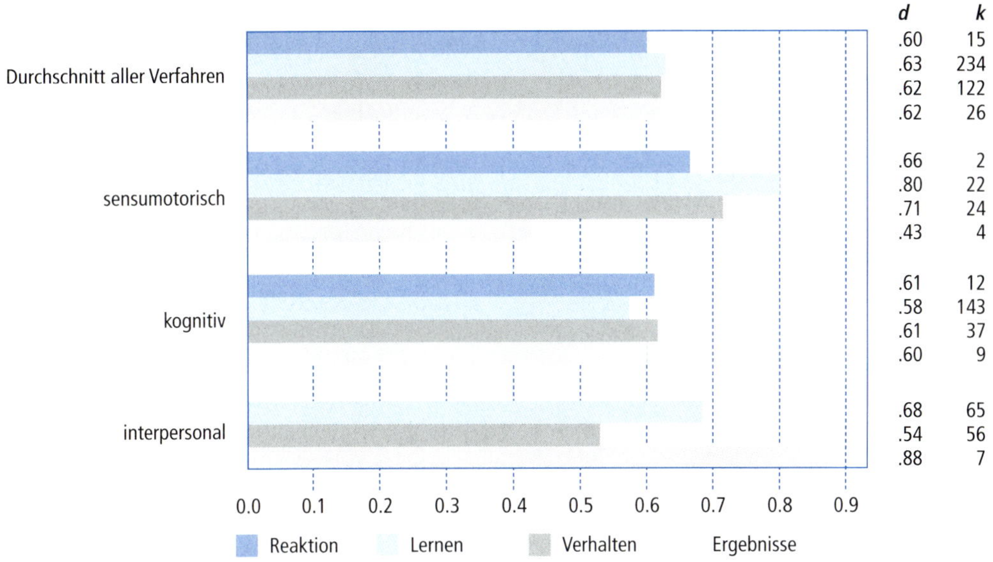

Abbildung 4: Ergebnisse der Meta-Analyse von Arthur, Bennett, Edens und Bell (2003). Neben den Balken, die die mittleren Effektstärken (d) veranschaulichen, ist jeweils der d-Wert in numerischer Form (d) und daneben die Anzahl der zusammengefassten d-Werte (k) angegeben.

nehmen. Zieht man Kriterien auf der Ergebnisebene heran, so fällt die mittlere Effektstärke für interpersonale Trainings am größten (d=.88) und für psychomotorische Trainings am geringsten (d=.43) aus; die mittlere Effektstärke für Trainings kognitiver Fertigkeiten (d=.60) liegt zwischen diesen Werten.

Die Ergebnisse zur Passung zwischen Trainingsmethode und trainierten Fähigkeiten/Aufgaben können an dieser Stelle auf Grund ihres Detailreichtums nicht umfassend wiedergegeben werden; der interessierte Leser sei auf die Originalarbeit verwiesen. Es soll lediglich festgehalten werden, dass sich insgesamt sowohl innerhalb als auch zwischen den vier Evaluationsebenen eine starke Streuung der d-Werte zeigte und die Effektstärken überwiegend in einem mittleren bis hohen Bereich liegen.

Carlson (1997) interessierte sich in seiner Meta-Analyse insbesondere dafür, welche Komponenten eines Trainings positive Effekte erzielen. Dabei untersuchte er jedoch nicht – wie in anderen Meta-Analysen üblich – die Effektivität einzelner Methoden im Vergleich, sondern die in einem Training enthaltenen Komponenten von Instruktionsstrategien, die er aus Lern- bzw. Informationsverarbeitungstheorien und Modellen des Instruktions-Designs ableitete. Er unterschied die folgenden Komponenten:

1. Zielelaboration, z.B. eine Beschreibung der Ziele und der Wege, sie zu erreichen, zu Beginn des Trainings
2. Vorbereitung des Lernenden auf den Erhalt neuer Informationen
3. Kontrolle des Lernenden über Lerngeschwindigkeit und Lerninhalte
4. Reihenfolgebildung der Instruktionen

Der Autor fand 631 veröffentlichte und unveröffentlichte Studien zum Trainingserfolg, aus denen er 167 Studien mit einem Gesamt-N von 35 342 auswählte, die hinreichend informativ waren und in methodischer Hinsicht als befriedigend erachtet wurden: Verwendung eines experimentellen oder quasi-experimentellen Designs, Vergleich einer Trainings-Gruppe mit einer Gruppe ohne Intervention, d.h. nicht nur Vergleich der Effekte mehrer Interventionen, oder Verwendung eines Between-Subjects-Designs, sondern Vorher-Nachhermessung derselben Probanden.

Diese ausgewählten Studien untersuchten 326 Trainingsformen, für die insgesamt 870 Kriterienmaße berichtet wurden. Auf Grund der Verwendung multipler Kriterien in einer Teilmenge der Studien wurden insgesamt 547 Effektstärken berechnet und analysiert. Um zu prüfen, welchen Beitrag die einzelnen Komponenten für die Effektivität der Instruktionsstrategie liefern, rechnete Carlson eine multiple Regression der Effektstärken auf die oben dargestellten Komponenten. Hier ergab sich, dass insbesondere die Komponente «Zielelaboration» einen bedeutenden Einfluss ausübte. Die mangelnde Erklärungskraft der übrigen Komponenten mag jedoch in dieser Studie auf die hohe Multikollinearität der Prädiktoren zurückgehen und kann somit nicht abschließend geklärt werden.

Der Autor erzielte eine über alle Studien gemittelte (unkorrigierte) mittlere Effektstärke von d=.85. Für die unterschiedlichen Kriterien des Trainingserfolgs resultierten die folgenden mittleren Effektstärken:

- Wissen: d=1.51
- Verhalten: d=.88
- Einstellungen: d=.37
- Ergebnisse: d=.41

Dabei sind mit Ergebnissen umfangreichere Veränderungen, die auf Verhaltensveränderungen zurückgehen, gemeint. Beispiele sind Veränderungen hinsichtlich der Kommunikation zwischen Vorgesetzen und Mitarbeitern oder des Klimas innerhalb einer Arbeitsgruppe, die durch Verhaltensveränderungen des Vorgesetzten bedingt sind.

Die Trainings wirkten sich auf alle vier Effektivitätskriterien positiv aus. Den stärksten Einfluss haben die untersuchten Trainings auf das Wissen der Trainierten, einen ebenfalls starken Einfluss haben sie auf Verhaltensmaße. Insgesamt fallen hier die Effektstärken – vor allem für das Kriterium Wissen – größer aus als in vielen vorherigen Meta-Analysen. Dies erklärt der Autor mit verschiedenen methodischen Besonderheiten der Studie, z. B. die ausschließliche Einbeziehung von Studien, die «ganze Trainingseffekte» untersuchen, d. h. einen Vergleich zwischen untrainierten und trainierten Probanden vornehmen. In anderen Meta-Analysen werden auch solche Studien einbezogen, die mit unterschiedlichen Methoden trainierte Probanden miteinander vergleichen (inkrementeller Trainingsgewinn).

Eine weitere von Morrow et al. (1997) berichtete Meta-Analyse bezieht nur die in einem großen Pharmakonzern durchgeführten Trainings ein. Auf die anschließend durchgeführten monetären Nutzenanalysen und die Diskussion ihres zusätzlichen Erkenntnisgewinns gehen wir weiter unten ein.

Es wurden die Effektstärken für 12 unterschiedliche Trainings für Angehörige des Managements berechnet und für zwei unterschiedliche Trainings für das Verkaufpersonal sowie fünf unterschiedliche Trainings für technische Angestellte. Während in den Managementtrainings insbesondere Führungskompetenzen vermittelt wurden, ging es in den Verkaufstrainings mit der Förderung des Verkaufsverhaltens um spezifischere Inhalte. In den Trainings für die technischen Berufe wurden Kompetenzen zum Zeitmanagement, zum Sicherheitsverhalten, zur effektiven Kommunikation sowie zum Einbau, zur Wartung und Reparatur bestimmter Ventile vermittelt.

Jeweils vor und nach dem Training bewerteten Vorgesetzte, Kollegen und Untergebene die Trainingsteilnehmer hinsichtlich der in den Trainings vermittelten Wissensinhalte bzw. Kompetenzen. Aus der Differenz zwischen den Nachher- und Vorher-Messungen wurde die Effektstärke berechnet. Damit lag hier gemäß der Klassifikation von Kirkpatrick eine Messung auf der Verhaltensebene vor.

Für alle Trainings resultierte ein mittleres d= .54, für die Managementtrainings ein d=.31 und für die zusammengefassten Verkaufs- und technischen Trainings ein d=.64 (s. auch Tab. 4, in der die d-Werte für die einzelnen Trainings enthalten sind). Der Unterschied zwischen den mittleren d-Werten für die beiden unterschiedenen Trainingsarten war auf Grund früherer Resultate aus Überblicksstudien von den Autoren erwartet worden. Führungskompetenzen stellen eine relativ breite Klasse von Kompetenzen dar, die nicht so exakt gemessen werden können wie die spezifischeren Kompetenzen, die für eine erfolgreiche Bewältigung der Aufgaben der beiden anderen Berufsgruppen erforderlich sind.

Die Ergebnisse dieser Meta-Analyse gelten zwar nur für die in einer bestimmten Organisation (internationaler Pharmakonzern) durchgeführten Trainings, jedoch muss das nicht in jeder Hinsicht ein Nachteil sein. Denn bei einer solchen Meta-Analyse können Bedenken hinsichtlich der Heterogenität der zusammengefassten Trainingsverfahren eher ausgeräumt werden als bei den üblichen Meta-Analysen, in denen Trainings aus vielen unterschiedlichen Organisationen mit eventuell völlig unterschiedlichen Kulturen und aus unterschiedlichen zeitlichen Epochen zusammengefasst werden. Die Ergebnisse der Meta-Analyse von Morrow et al. (1997) dürften gerade für Organisationen mit einer ähnlichen Struktur sehr interessant sein. Unabhängig davon zeigt diese Meta-Analyse hervorragend auf, dass das Verfahren der Meta-Analyse ein ideales Instrument zur Erfolgskontrolle der Trainings innerhalb hinreichend großer Organisationen darstellt.

Betrachten wir die Ergebnisse der Meta-Analysen zusammenfassend, ist festzuhalten, dass die unterschiedlichen Interventionsverfahren durchgängig positive, zumeist signifikante Auswirkungen auf die unterschiedlichen Kriterien haben. Somit sind überzeugende Belege für die Wirksamkeit der meisten Interventionsformen und damit auch für die Anwendung psychologischer Erkenntnisse in der Praxis gegeben. Für eine dezidierte Abschätzung des Erfolgs einzelner Verfahren anhand unterschiedlicher Kriterien ist ein Studium der oben nur skizzierten Originalarbeiten erforderlich.

Nun wurde der Erfolg einer Vielzahl von Personalentwicklungsmaßnahmen auch auf der Resultatsebene dargelegt, was gerade für die Leitungsgremien von Organisationen ein erfreuliches Ergebnis sein dürfte. Jedoch fehlt dabei aus Sicht der organisationalen Leitung der sehr wesentliche Aspekt des monetären Nutzens. Diese Forderung ist dann nicht abwegig, wenn bestimmte Trainingsverfahren, die einen sehr hohen d-Wert besitzen, solche Kompetenzen (sehr stark) fördern, die nur wenig zur Erzielung einer effektiven Ausführung des *gesamten* Aufgabenbereichs beitragen. Wird z. B. der sprachliche Ausdruck eines Mitarbeiters aus dem Controllingbereich in einem nachgewiesenermaßen sehr effektiven Rhetoriktraining extrem verbessert, mag hiermit die Effektivität der gesamten Leistung dieses Mitarbeiters nur marginal beeinflusst werden. Das dürfte der Fall sein, wenn die Aufgaben dieses Mitarbeiters vorwiegend aus klassischen Controllingaufgaben bestehen und weiterhin Kommunikationsschwächen im Aufgabenbereich dieses Mitarbeiters zu keinen gravierenden negativen Folgen führen. Wenn zudem die Teilnahme an dem Rhetoriktraining sehr teuer war, dürfte sich aus Unternehmenssicht die Teilnahme dieses Mitarbeiters an dem Training, obwohl es einen hohen d-Wert besitzt, nicht lohnen. Inwieweit sich die Teilnahme bestimmter Mitarbeiter an bestimmten Trainings lohnt, kann differenzierter anhand monetärer Nutzenanalysen bestimmt werden.

6.4 Monetäre Nutzenanalysen von Personalentwicklungsmaßnahmen

Betrachten wir zunächst ein einfaches Beispiel für eine monetäre Bewertung eines Trainings. Nehmen wir folgende Situation an: Für 10 Angestellte eines Versicherungsunternehmens wird ein Verkaufstraining durchgeführt, das insgesamt zu Kosten von 10 000 Euro führt. Vor dem Training schlossen die Trainingsteilnehmer im Durchschnitt 50 Lebensversicherungen pro Jahr ab und nach dem Training 60 Lebensversicherungsverträge. Führt der Abschluss einer Lebensversicherung zu einem Gewinn von 1000 Euro (vor Steuern) für das Unternehmen, so folgt ein durchschnittlicher Gewinn pro Mitarbeiter von 50 000 Euro vor dem Training und von 60 000 Euro nach dem Training. Damit entsteht durch das Training ein zusätzlicher Gewinn von 10 000 Euro pro Mitarbeiter. Da 10 Mitarbeiter dieses Unternehmens am Training teilnehmen, beläuft sich der Gewinn auf 100 000 Euro, wovon allerdings die Trainingskosten von 10 000 Euro abzuziehen sind, so dass ein Reingewinn von 90 000 Euro (vor Steuern) durch das Training resultiert. Dabei seien weitere ökonomische Größen wie Steuern oder Diskontierung außer Acht gelassen.

Für Mitarbeiter im Außendienst von Versicherungen ist eine Berechnung des monetären Gewinns relativ einfach. Für andere Berufe ist diese Aufgabe ungleich schwieriger, da die Gewinnermittlung hier nicht einfach von der verkauften Anzahl der Versicherungsverträge abhängt. Dennoch stellt die monetäre Nutzenanalyse Verfahren bereit, die ausgehend von der Kenntnis des d-Werts aus Meta-Analysen eine Abschätzung des monetären Nutzens gestatten.

Im Folgenden seien kurz die wesentlichen Grundlagen monetärer Nutzenberechnungen dargelegt. Bezeichnen wir den (z. B. in Euro gemessenen) monetären Wert der Leistung, die ein Mitarbeiter vor bzw. nach einem Training erbringt, mit μ_{Y_v} bzw. μ_{Y_n}, dann berechnet sich der monetäre Nutzen ΔU, der durch die Teilnahme von N Teilnehmern an diesem Training resultiert, durch

$$\Delta U = \left(\mu_{Y_v} - \mu_{Y_n}\right) \cdot N - C,$$

wobei C die gesamten Kosten des Trainings repräsentieren.

Während hier der monetäre Nutzen erst a posteriori bestimmt wird, kann er auch a priori abgeschätzt werden, wenn man z. B. aus der Literatur oder bisherigen Messungen die Effektstärke d eines Trainings kennt sowie die Standardabweichung SD_Y des Anteils an der Leistung der Mitarbeiter (gemessen in monetären Einheiten), der durch das Training beeinflusst wird (s. u.). Da

$$d = \frac{\mu_{Y_v} - \mu_{Y_n}}{SD_Y}, \text{ folgt}$$

$$\Delta U = \frac{\mu_{Y_v} - \mu_{Y_n}}{SD_Y} SD_Y \cdot N - C \text{ bzw.}$$

$$\Delta U = d \cdot SD_Y \cdot N - C.$$

Berücksichtigt man nun noch die Dauer der Wirksamkeit der Intervention (z. B. gemessen in Jahren) resultiert:

$$\Delta U = d \cdot SD_Y \cdot N \cdot T - C.$$

Wie oben bemerkt, kann die Effektstärke d Meta-Analysen entnommen werden. Dabei muss dieser d-Wert die in der Organisation realisierten Wissens- bzw. Verhaltensveränderungen erfassen. Effektstärken, die z. B. auf Messungen auf der Reaktionsebene im Sinne Kirkpatricks beruhen, können zu invaliden Nutzenschätzungen führen, da sie nicht unbedingt tatsächliche Wissens- bzw. Kompetenzveränderungen widerspiegeln.

Für die Schätzung der Standardabweichung SD_Y sind verschiedene Verfahren entwickelt worden. Hierbei handelt es sich häufig um Expertenschätzungen. Man kann aber auch bestimmte Anteile des Gehalts als grobe Schätzwerte heranziehen (vgl. Boudreau, 1991). Im Unterschied zur Bestimmung des Parameters SD_Y im Rahmen der Personalauswahl repräsentiert SD_Y hier nicht die Standardabweichung der gesamten Leistung eines Mitarbeiters, sondern nur des Anteils, den das Training beeinflusst. So mag der monetäre Wert des Vertriebs von Versicherungen eines Mitarbeiters eines Versicherungsunternehmens nur die Hälfte des monetären Werts aller Aufgaben ausmachen, wenn er noch weitere Aufgaben, wie z. B. Schadensregulierung oder Anlernung neuer Mitarbeiter, wahrzunehmen hat. Dieser Sachverhalt ist für die Bestimmung der Standardabweichung der Leistung zu berücksichtigen, wenn der monetäre Wert eines Verkaufstrainings ermittelt wird.

Die oben dargelegte Nutzenberechnung kann noch weiter spezifiziert werden, indem weitere Größen, wie Steuer- und Zinssätze, berücksichtigt werden. Damit kann eine langfristige Abschätzung des Unternehmensgewinns nach Steuern erfolgen. Weitere Ausführungen zu diesen Konzepten finden sich z. B. in Holling (1998).

Als Beispiel für eine Nutzenanalyse sei hier auf die Studie von Morrow et al. (1997) zurückgegriffen. Die Autoren, die zu dieser Studie explizit von der Organisationsleitung beauftragt wurden, erzielten die in **Tabelle 4** dargestellten Resultate. Der durch die Trainings erzielte monetäre Nutzen wurde jeweils nur für das erste Jahr bestimmt. Wie **Tabelle 4** zeigt, führten nicht alle Trainings zu einem monetären Gewinn. So können allein die Trainings mit einem negativen d-Wert von vornherein zu keinem Gewinn kom-

Tabelle 4: Ergebnisse der monetären Nutzenanalyse von Morrow, Jarret und Rupinski (1997)

Titel	Z	N	A	SDy	d	G	K	MN	ROI	BE
Executive-2	M	18	0,39	$20,24	-0,05	-$16,10	$271,0	– $287,1	– 105%	Nie
Leadership skills	M	40	0,19	$8,34	0,12	$40,20	$62,4	– $22,2	– 36%	1,55
Supervisors-1	M	37	0,24	$8,06	0,23	$68,80	$112,6	– $43,8	– 39%	1,64
Managers-1	M	18	0,37	$23,69	0,38	-$18,30	$73,2	– $91,5	125%	0,44
Managers-2	M	19	0,32	$11,37	0,76	$167,00	$74,0	$93,0	126%	0,44
Middle mgrs.-2	M	18	0,51	$24,30	1,11	$483,20	$81,6	$401,6	492%	0,17
Lab mgrs.-1	M	18	0,40	$8,16	– 0,09	– $14,40	$49,9	– $64,3	– 129%	Nie
Oral presentations	M	8	0,32	$11,23	0,26	$22,60	$13,4	$9,2	69%	0,59
Problem solving	M	14	0,36	$11,26	0,31	$47,90	$41,4	$6,5	16%	0,86
Project mgmt.	M	20	0,15	$4,95	0,37	$37,20	$23,2	$14,0	60%	0,52
Team bldg.	M	34	0,18	$6,33	0,12	$28,20	$199,2	-$171,0	– 86%	7,11
Product sales	V	1100	0,17	$7,63	0,67	$5488,70	$4136,5	$1352,2	33%	0,75
Territory mgmt.	V	19	0,21	$9,73	0,54	$98,00	$52,9	$45,1	85%	0,54
Hazard energy	V	132	0,10	$2,68	0,90	$308,90	$76,2	$232,7	306%	0,25
In-house time mgmt.	T	16	0,11	$4,41	0,89	$62,60	$3,0	$59,6	1989%	0,05
Off-shelf time mgmt.	T	88	0,15	$5,72	0,28	$142,60	$69,1	$73,5	106%	0,48
Speciality valves	T	41	0,57	$2,97	0,37	$41,20	$17,9	$23,3	130%	0,43
Written comm.	T	24	0,13	$4,51	1,07	$115,30	$30,7	$84,6	275%	0,37

Titel: Bezeichnung des Managementtrainings wie von Morrow et al. (1997) angegeben. Weitere Erläuterungen wurden nicht gegeben.
Z: Zielgruppe der Trainings: M = Management, V = Verkaufspersonal, T = Techniker
N: Zahl der Trainingsteilnehmer
A: Anteil der durch das Training betroffenen Kompetenzen an allen Kompetenzen
SD_Y: Standardabweichung der Leistung (soweit durch das Training beeinflusst)
d: Effektstärke
G: Monetärer Gewinn infolge des Trainings
K: Kosten für das gesamte Training, Entwicklung und Durchführung
MN: Monetärer Nutzen des Trainings G - K
ROI: Return of Investment (Verhältnis des monetären Nutzens zu den Kosten)
BE: Break-Even (Anzahl der Jahre, bis der Gewinn den Kosten entspricht)

men. Trainings mit positiven d-Werten führen dagegen nach einem bestimmten Zeitraum (Break-Even-Wert in **Tab. 4**) immer zu einem Gewinn, vorausgesetzt die durch das Training erzielten Kompetenzveränderungen bleiben lange genug wirksam.

Trainings mit einem höheren d-Wert müssen nicht unbedingt zu einem höheren Gewinn führen als Trainings mit einem niedrigeren d-Wert. Dafür ist insbesondere die Standardabweichung der Leistung verantwortlich. Diese Größe hängt davon ab, welchen Anteil die durch das Training geförderten Kompetenzen am gesamten Kompetenzspektrum besitzen (s. den Parameter A in Tabelle 4) und wie hoch die Standardabweichung der gesamten Leistung ist.

7. Ausblick

Die zunehmend schneller erfolgenden technologischen Entwicklungen und die damit einhergehenden Veränderungen der beruflichen Anforderungen führen dazu, dass Organisationen ohne eine systematische Personalentwicklung in der Regel nicht überlebensfähig sind. In den letzten Jahren hat die Personalentwicklung einen eminenten Wissenszuwachs erfahren. Ebenso sind zahlreiche Interventionen entwickelt worden, die angesichts der meta-analytischen Resultate nachweislich effektiv sind.

Immer wichtiger wird die Erkenntnis, dass die zunehmende Berücksichtigung von psychologischen Grundlagenerkenntnissen von großer Relevanz ist. Beispielhaft sei hier auf die Erkenntnis verwiesen, dass Übungsprozesse, wie oft geglaubt wird, nicht nur für die Entwicklung sensumotorischer Kompetenzen besonders wichtig sind. Aus den informationsverarbeitungstheoretischen Ansätzen wie aus dem Modelllernen folgt, dass Übungsphasen für die Ausbildung kognitiver Kompetenzen, z. B. die Entwicklung bestimmter kognitiver Strategien, eine ebenso hohe Relevanz besitzen (Leshin, Pollock & Reigeluth, 1992).

Bei der Personalentwicklung handelt es sich um es ein vielfältiges Gebiet. Es impliziert die Entwicklung von zum Teil sehr unterschiedlichen Kompetenzen mit ebenso unterschiedlichen Methoden. Dazu sind jeweils auch unterschiedliche Erkenntnisse zu Grundlagen und Anwendung erforderlich. Im Zuge einer fundierten Weiterwicklung einzelner Richtungen wird in Zukunft eine weitere Differenzierung bzw. Spezialisierung in der Personalentwicklung vonnöten sein. So macht es einen großen Unterschied, ob spezifisches Wissen oder umfassendere Kompetenzen z. B. zur Übernahme von Führungsfunktionen vermittelt werden sollen.

Besondere Aufmerksamkeit verdient in Zukunft die Anwendung und Weiterentwicklung von differenzierten Methoden zur Anforderungsanalyse. Je stärker Personalentwicklungsmaßnahmen auf die spezifischen beruflichen Anforderungen ausgerichtet sind, umso Erfolg versprechender sind sie. Die Lernziele und die Verfahren, um diese zu erreichen, können dann differenzierter festgelegt werden. Von besonderer Bedeutung sind in diesem Zusammenhang Methoden zur kognitiven Anforderungsanalyse.

Ebenso sind in Zukunft differenzierte Erfolgskontrollen relevant. Eine effiziente Personalentwicklung ist nur dann möglich, wenn die einzelnen Maßnahmen nachweislich die berufliche Qualifikation erhöhen. Dabei ist die Durchführung der zumeist recht aufwendigen Längsschnittstudien unter Einbeziehung von Kriterien aus der beruflichen Praxis kaum zu umgehen. Dass sich solche aufwendigen Studien, die auch Aussagen über den Transfer zulassen, lohnen, steht außer Frage. Besonders überzeugend sind monetäre Nutzenanalysen. Hier werden alle Nutzenaspekte zusammengeführt, und sie sind damit sehr hilfreich für Entscheidungen z. B. zur Auswahl der Trainingsmaßnahmen.

Schließlich sei hier betont, dass eine effektive Personalentwicklung häufig nur im Kontext von anderen Maßnahmen des Personalmanagements erfolgen kann. So ist, wie bereits ausgeführt, eine Aufrechterhaltung des neu erworbenen Wissens oder der gerade erworbenen Kompetenzen nur möglich, wenn im beruflichen Alltag dazu auch die Gelegenheit gegeben wird.

8. Literatur

Alliger, G. M., Tannenbaum, S. I., Bennett, W., Traver, H. & Shotland, A. (1997). A meta-analysis of the relations among training criteria. *Personnel Psychology, 50*, 341–358.

Anderson, J. R. (1993). *Rules of the mind.* Hillsdale: Erlbaum.

Antons, K. (1992). *Praxis der Gruppendynamik.* Göttingen: Hogrefe.

Annett, J. (2000). Theoretical and pragmatic influences on task analysis methods. In J. M. Schraagen, S. F. Chipman & V. J. Shalin (Eds.), *Cognitive task analysis* (pp. 25–37). Mahwah: Lawrence Erlbaum.

Arthur, W. Jr., Bennett, W. Jr., Edens, P. S. & Bell, S. T. (2003). Effectiveness of training in organizations: A meta-analysis of design and evaluation features. *Journal of Applied Psychology, 88*, 234–245.

Arvey, R. D., Salas, E. & Gialluca, K. A. (1992). Using task inventories to forecast skills and abilities. *Human Performance, 5*, 171–190.

Argyris, C. (1987). Crafting a theory of practice: The case of organizational paradoxes. In R. Quinn & K. Cameron (Eds.), *Paradoxes and transformation: Towards a theory of change in organizations and management.* Boston: Pitman.

Baldwin, T. T. & Ford, J. K. (1988). Transfer in training: A review and directions for future research. *Personnel Psychology, 41*, 63–105.

Bandura, A. (1977). *Social learning theory.* Englewood Cliffs: Prentice-Hall.

Baron, J. (1993). Why teach thinking? – An essay. *Applied Psychology: An International Review, 42*, 191–237.

Becker, M. (2002). *Personalentwicklung.* Stuttgart: Schäffer-Poeschel.

Benjamin, L. T. (1988). A history of teaching machines. *American Psychologist, 43*, 703–712.

Berger, M. A. (1983). In defense of the case method: A reply to Argyris. *Academy of Management Review, 8*, 329–333.

Bergmann, B. (1998). *Training für den Arbeitsprozeß.* Zürich: Hochschulverlag.

Blickle, G. (2000). Mentor-Protégé-Beziehungen in Organisationen. *Zeitschrift für Arbeits- und Organisationspsychologie, 44,* 168–178.

Borg, I. (2001). Mitarbeiterbefragungen. In H. Schuler (Hrsg.), *Lehrbuch der Personalpsychologie* (S. 373–396). Göttingen: Hogrefe.

Boudreau, J. W. (1991). Utility analysis for decisions in human resource management. In M. D. Dunnette & L. M. Hough (Eds.), *Handbook of Industrial and Organisational Psychology* (2nd ed., Vol. 2, pp. 621–745). Palo Alto: Consulting Psychologists Press.

Brandstätter, H. (1999). Veränderbarkeit von Persönlichkeitsmerkmalen – Beiträge der Differentiellen Psychologie. In Kh. Sonntag (Hrsg.), *Personalentwicklung in Organisationen* (2. Aufl., S. 52–76). Göttingen: Hogrefe.

Burke, M. J. & Day, R. D. (1986) A cumulative study of the effectiveness of managerial training. *Journal of Applied Psychology, 71,* 232–245.

Campbell, J. P. & Kuncel, N. R. (2001). Individual and team training. In N. Anderson, D. S. Ones, H. K. Sinangil & C. Viswesvaran (Eds.), *Handbook of industrial, work and organizational psychology. Vol. 1: Personnel Psychology* (pp. 278–312). London: Sage.

Carlson, K. D., Bretz, R. D. Jr. & Barrick, M. R. (1996). *The effects of situational constraints on job-related learning.* A paper presented at the Annual Meeting of the Society for Industrial and Organizational Psychology, San Diego.

Carlson, K. D. (1997). *Impact of instructional strategy on training effectiveness.* Unpublished Ph. D. Dissertation. University of Iowa City, IA.

Collins, A., Brown, J. S. & Newman, S. E. (1989). Cognitive apprenticeship. Teaching the crafts of reading, writing, and mathematics. In L. B. Resnick (Ed.), *Knowing learning and instruction* (pp. 453–494). Hillsdale: Erlbaum.

Conradi, W. (1983). *Personalentwicklung.* Stuttgart. Enke.

Dansky, K. H. (1996). The effect of group mentoring on career outcomes. *Group & Organizational Management, 21,* 5–21.

Decker, P. J. & Nathan, B. R. (1985). *Behavior modeling training.* New York: Praeger.

Döring, N. (1997). Lernen und Lehren im Internet. In B. Batinic (Hrsg.), *Internet für Psychologen (S. 359–393).* Göttingen: Hogrefe.

Edmondson, A. (1999). Psychological safety and learning behavior in work teams. *Administrative Science Quarterly, 44,* 350–383.

Erpenbeck, J. & Heise, V. (1999). Die Kompetenzbiographie. Münster: Waxmann.

Flammer, A. & Schmidt, H. (1982). Lerntests: Konzept, Realisierungen, Bewährung. *Schweizerische Zeitschrift für Psychologie, 41,* 114–138.

Ford, J. K., Kozlowski, S., Kraiger, K., Salas, E. & Teachout, M. (1997). *Improving training effectiveness in work organizations.* Mahwah: Erlbaum.

Gatewood, R. G., & Feild, H. S. (2001). Human resource selection (5th ed.). New York: Harcourt Brace.

Gebert, D. (1972). *Gruppendynamik in der betrieblichen Führungsschulung.* Berlin: Duncker & Humblot.

Glaser, R. (1992). Expert knowledge processes of thinking. In D. F. Halpern (Ed.), *Enhancing thinking skills in the sciences and mathematics* (pp. 63–75). Hillsdale: Erlbaum.

Goldstein, I. L. (1991). Training in organizations. In M. D. Dunnette and L. M. Hough (Eds.), *The handbook of industrial and organizational psychology* (Vol. 2, pp. 507–619). Palo Alto: Consulting Psychologists Press.

Goldstein, I. L. (1993). *Training in organization. Needs assessment, development and evaluation* (3rd ed.). Pacific Grove: Brooks/Cole.

Goldstein, I. L. & Gessner, M. J. (1988). Training and development in work organizations. In C. L. Cooper & I. T. Robertson (Eds.), *International review of industrial and organizational psychology 1988* (pp. 43–72). Chichester: Wiley.

Greenberg, J. & Eskow, D. E. (1993). The role of role playing in organizational research. *Journal of Management, 19,* 221–241.

Greif, S. & Kurtz, H.-J. (Hrsg.). (1999). *Handbuch selbstorganisiertes Lernen* (2. Aufl.). Göttingen: Verlag für Angewandte Psychologie.

Grigorenko, E. L. & Sternberg, R. J. (1998). Dynamic testing. *Psychological Bulletin, 124,* 75–111.

Guthke, J. & Wiedl, K. H. (1996). *Dynamisches Testen. Zur Psychodiagnostik der intraindividuellen Variabilität.* Göttingen: Hogrefe.

Guzzo, R. A., Jette, R. D. & Katzell, R. A. (1985). The effects of psychologically based intervention programs on worker productivity: A meta-analysis. *Personnel Psychology, 38,* 275–291.

Hacker, W. & Skell, W. (1993). *Lernen in der Arbeit.* Berlin: Bundesinstitut für Berufsbildung.

Hesketh, B. (1997). Dilemmas in training for transfer and retention. *Applied Psychology: An International Review, 46,* 317–386.

Holling, H. (1998). Utility analysis of personnel selection. An overview and empirical study based on objective performance measures. *Methods of Psychological Research online, Vol. 3,* No. 1.

Holling, H. (1999). Evaluation eines komplexen Fortbildungsprogramms zur Steigerung der beruflichen Kompetenz. In H. Holling & G. Gediga (Hrsg.), *Evaluationsforschung.* Göttingen: Hogrefe.

Holling, H. (2000). Verhaltensmodellierung für die Durchführung von Mitarbeitergesprächen. In M. Kleinmann & B. Strauß (Hrsg.), *Potentialfeststellung und Personalentwicklung* (2. Aufl., S. 237–249). Göttingen: Verlag für angewandte Psychologie.

Holling, H. & Melles T. (2003) Entscheidung und Nutzen. In H. Schuler (Hrsg.), *Enzyklopädie der Psychologie: Organisationspsychologie I – Grundlagen und Personalpsychologie (D/III/3).* Göttingen: Hogrefe.

Hron, I., Lauche, K. & Schultz-Gambard, I. (2000). Training im Qualitätsmanagement. Eine Interventionsstudie zur Vermittlung von Qualitätswissen und hand-

lungsleitenden Kognitionen. *Zeitschrift für Arbeits- und Organisationspsychologie, 44,* 192–201.
Hsu, E. (1989). Role-event gaming and simulation in management education: A conceptual framework. *Simulation und Games, 20,* 409–438.
Hunter, J. E. & Hunter, R. F. (1984). Validity and utility of alternative predictors of job performance. *Psychological Bulletin, 96,* 72–98.
Issing, L. J. & Klimsa, P. (Hrsg). (1995). *Information und Lernen mit Multimedia.* Weinheim: Beltz.
Keys, B. & Wolfe, J. (1990). The role of management game and simulation in education and research. *Journal of Management, 16,* 307–336.
Kirkpatrick, D. L. (1960). Techniques for evaluation training programs. *Journal of the American Society of Training Directors, 14,* 13–18, 28–32.
Kirkpatrick, D. L. (1976). Evaluation of training. In R. L. Craig (Ed.), *Training and development handbook: A guide resource development* (pp. 301–319). New York: McGraw-Hill.
Kluger, A. N. & DeNisi, A. (1996). The effects of feedback interventions on performance: A historical review, a meta-analysis, and a preliminary feedback intervention theory. *Psychological Bulletin, 119,* 254–284.
Landy, F. J. (1989). *Psychology of work behavior* (4th ed.). Pacific Grove: Brooks/Cole.
Leshin, C. B., Pollock, J. & Reigeluth, C. M. (1992). *Instructional design: Strategies and tactics.* Englewood Cliffs: Educational Technology Publications.
Leutner, D. (1995). Computergestützte Planspiele als Instrument der Personalentwicklung. In T. Geilhardt & T. Mühlbradt (Hrsg.), *Planspiele im Personal- und Organisationsmanagement* (S. 105–116). Göttingen: Hogrefe.
Luthans, F. (1985). *Organizational behavior.* New York: McGraw Hill.
Mabe, P. A. III & West, S. G. (1982). Validity of self-evaluation of ability: A review and meta-analysis. *Journal of Applied Psychology, 67,* 280–296.
Mandl, H. & Hron, A. (1989). Psychologische Aspekte des Lernens mit dem Computer. *Zeitschrift für Pädagogik, 35,* 657–678.
Mathieu, J. E. & Martineau, J. W. (1997). Individual and situational influences in training motivation. In J. K. Ford, S. W. J. Kozlowski, K. Kraiger, E. Salas & M. S. Teachout (Eds.), *Improving training effectiveness in organizations* (pp. 193–222). Hillsdale: Lawrence Erlbaum.
McCall, M. W. Jr. & Lombardo, M. M. (1982). Using simulation for leadership and management research: Through the looking glas. *Management Science, 28,* 533–549.
Miller, L. M. (1968). *Behavior management.* New York: Wiley.
Morrow, C. C., Jarret, M. Q. & Rupinski, M. T. (1997). An investigation of the effect and economic utility of corporate-wide training. *Personnel Psychology, 50,* 91–119.
Mount, M. K. & Barrick, M. R. (1995). The big five personality dimensions: Implications for research and practice in human resources management. In G. R. Ferris (Ed.), *Research in personal and human resources management* (Vol. 13, pp. 153–200). Stanford: JAI Press.
Mullen, E. J. & Noe, R. A. (1999). The montoring information exchange: When do mentors seek information from the protégé? *Journal of Organizational Behavior, 20,* 233–242.
Murtha, T. C., Kanfer, R. & Ackerman, P. L. (1996). Toward an interactional taxonomy of personality and situations: An integrative situationalist-dipositional representation of personality traits. *Journal of Personality and Social Psychology, 71,* 193–207.
Neuberger, O. (1991). *Personalentwicklung.* Stuttgart: Enke.
Neuman, G. A., Edwards, J. E. & Raju, N. S. (1989). Organizational development interventions: A meta-analysis of their effects on satisfaction and other attitudes. *Personnel Psychology, 42,* 461–489.
Newell, A. & Simon, H. A. (1972). *Human problem solving.* Englewood Cliffs: Prentice-Hall.
Ones, D. S. & Viswesvaran, C. (1996). Bandwidth fidelity dilemma in personality measurement for personnel selection. *Journal of Organizational Behavior, 17,* 609–626.
Perlitz, M. & Vassen, P. J. (1976). *Grundlagen der Fallstudiendidaktik.* Köln: Hanstein.
Rauen, C. (2001). *Coaching. Innovative Konzepte im Vergleich* (2. Auflage). Göttingen: Verlag für Angewandte Psychologie.
REFA – Verband für Arbeitsstudien und Betriebsorganisation e. V. (1987). *Methodenlehre der Betriebsorganisation, Teil Arbeitspädagogik.* München: Hanser.
Roelofsma, H. M. P. (1995). Kognitive Heuristiken beim statischen und dynamischen Entscheiden. In T. Geilhardt & T. Mühlbradt (Hrsg.), *Planspiele im Personal- und Organisationsmanagement* (S. 217–236). Göttingen: Hogrefe.
Rohn, W. (1995). Einsatzgebiete und Formen des Planspiels. In T. Geilhardt & T. Mühlbradt (Hrsg.), *Planspiele im Personal- und Organisationsmanagement* (S. 69–77). Göttingen: Verlag für Angewandte Psychologie.
Salas, E., Dickinson, T. L., Converse, S. A. & Tannenbaum, S. I. (1992). Toward an understanding of team performance and training. In R. W. Swezey & E. Salas (Eds.), *Teams: Their training and performance* (pp. 3–29). Norwood: Ablex.
Salas, E. & Cannon-Bowers, J. A. (2001). The science of training: A decade of progress. *Annual Review of Psychology, 52,* 471–499.
Schaper, N. & Sonntag, K. (1997). Modelle diagnostischen Handelns in technischen Systemen. In Kh. Sonntag & N. Schaper (Hrsg.), *Störungsmanagement und Diagnosekompetenz.* Zürich: vdf Hochschulverlag.
Schmidt, F. L., Ones, D. S. & Viswesvaran, C. (1994). The personality characteristic of integrity predicts job

training success. Presented at the 6th Annual Convention of the American Psychological Society, June 30 – July 3, Washington, D.C.

Schuler, H. (1989). Fragmente psychologischer Forschung zur Personalentwicklung. *Zeitschrift für Arbeits- und Organisationspsychologie, 33*, 3–11.

Schuler, H. (1996). *Psychologische Personalauswahl. Einführung in die Berufseignungsdiagnostik.* Göttingen: Verlag für Angewandte Psychologie.

Schwarzer, R. (1998). (Hrsg.). *Multimedia und Telelearning.* Frankfurt am Main: Campus.

Siegel, A. I. & Bergmann, B. A. (1975). A job learning approach to performance prediction. *Personnel Psychology, 28*, 325–339.

Skinner, B. F. (1954). Science of learning and the art of teaching. *Harvard Educational Review, 24*, 86–97.

Sonntag, K. (1989). *Trainingsforschung in der Arbeitspsychologie.* Bern: Huber.

Sonntag, K. (2002). Personalentwicklung und Training. Stand der psychologischen Forschung und Gestaltung. *Zeitschrift für Personalpsychologie, 2*, 59–79.

Sonntag, K., Stegmaier, R., Müller, B., Baumgart, C. & Schaupeter, H. (2000). *Leitfaden zur Implementation arbeitsintegrierter Lernumgebungen.* Bielefeld: Bertelsmann.

Staehle, W. (1999). *Management* (8. Aufl.). München: Vahlen.

Staufenbiel, T. (1999). Personalentwicklung. In C. Graf Hoyos & D. Frey (Hrsg.), *Arbeits- und Organisationspsychologie* (S. 510–525). Weinheim: PVU.

Steinborn, H.-C. & Müller, H. D. (1999). *SIMBA: Simulation der betrieblichen Arbeitswelt für die kaufmännische Qualifizierung in Industrie und Handwerk.* Bielefeld: Bertelsmann.

Stumpf, S. A. & Dunbar, R. L. M. (1990). Using behavioral simulations in teaching strategic management processes. *Organizational Behavior Teaching Review, 14*, 43–62

Süß, H.-M. (1996). *Intelligenz, Wissen und Problemlösen.* Göttingen: Hogrefe.

Thomas, A. M. (1998). *Coaching in der Personalentwicklung.* Bern: Huber.

Thorndike, E. L. (1912). *Education.* New York: Mac Millan.

Tornow, W. W. (1993). Editor's note: Introduction to special issue on 360-degree feedback. *Human Resources Management, 32*, 211–219.

Vivet, M. (1995). Instructional design for computer based learning environments. In T. T. Liao (Ed.), *NATO ASI Series F, 145: Advanced educational technology* (pp. 173–183). Berlin: Springer.

Willcoxson, L. & Prosser, M. (1996). Kolb's learning style inventory (1985): Review and further study of validity and reliability. *British Journal of Educational Psychology, 66*, 247–257.

Wittmann, W. (1985). *Evaluationsforschung.* Berlin: Springer.

Wolfe, J. & Roberts, C. R. (1986). The external validity of a business management game: A five year longitudinal study. *Simulations and Games, 17*, 45–59.

Wolfe, J. & Roberts, C. R. (1993). A further study of external validity of business games: Five-year peer group indicators. *Simulations and Games, 24*, 21–33.

Teil IV
Interaktion

Einführung

Organisationen können als offene soziale Systeme betrachtet werden, die ihrerseits aus verschiedenen miteinander verzahnten Subsystemen bestehen. Die «Gründer» der Organisationspsychologie haben in diesem Sinne der neu entstehenden Disziplin ins Stammbuch geschrieben, dass bei der Analyse einzelner Aspekte jeweils der Bezug zum Gesamtsystem nicht aus den Augen gelassen werden sollte.

Wenn man sich nun die bisherigen Kapitel dieses Lehrbuchs vergegenwärtigt, dann wird deutlich, dass bislang vor allem das einzelne Individuum und der einzelne Arbeitsplatz im Vordergrund der Betrachtung lag. Wir bewegten uns also auf der untersten Analyseebene und haben folglich das Mikrosystem von Organisationen beschrieben. Das Individuum befindet sich aber nur in Ausnahmefällen in einem sozialen Vakuum, denn Organisationen sind vor allem auch soziale Systeme. Das Verhalten und Erleben von einzelnen Mitarbeitern ist demnach in der Regel in ein übergeordnetes System eingebaut. Diese banale Feststellung resultiert allein schon aus der Tatsache, dass man auf Grund der vertikalen und horizontalen Arbeitsteilung mit anderen kooperieren muss. Die hierarchische Struktur bringt es außerdem mit sich, dass Mitarbeiter durch Vorgesetzte kontrolliert, motiviert, desillusioniert werden etc., was wiederum mit mehr oder weniger intensiven Interaktionen verbunden ist.

Mit anderen Worten: das Mikrosystem von Organisationen muss als integrativer Bestandteil des nächsthöheren Systems gesehen werden, auf dem Interaktionen zwischen Individuen analysiert werden.

Da sich innerhalb der Grundlagendisziplinen der Psychologie insbesondere die Sozialpsychologie primär mit Interaktionsphänomenen beschäftigt, liegt es nahe, dass sich die Organisationspsychologie gerade bei der Analyse dieses Subsystems von Anfang an sehr stark an diese Grundlagendisziplin angelehnt hat.

Häufig wurde deshalb auch die Organisationspsychologie mit der angewandten Sozialpsychologie gleichgesetzt. Im Folgenden soll nun das Thema «Interaktion» in vier Schritten behandelt werden:

In Kapitel 12 wird zunächst ein Überblick über die bisherigen Forschungsarbeiten der Organisationspsychologie zum Thema «Kommunikation in Arbeitsgruppen», gegeben: was versteht man unter dem Begriff «Gruppe», welche verschiedenen Gruppenarbeitsformen gibt es, welche Bedingungen fördern eine Gruppenbildung, welche Bedeutung hat die Gruppenkohäsion.

In Kapitel 13 erfolgt eine Erörterung der methodischen Aspekte bei der Analyse von Gruppenleistung und Gruppenprozessen. Die Organisationspsychologie wird gerade bei der empirischen Erfassung von Interaktionsphänomenen, die sich nur bedingt außerhalb der Arbeitswelt in Labors simulieren lassen, vor besondere methodische Probleme gestellt. In dem Beitrag werden diese Schwierigkeiten dargelegt und verschiedene Untersuchungsansätze erläutert.

In Kapitel 14 geht es um gruppenorientierte Interventionstechniken, d.h. um die Frage, welche Gruppenarbeitskonzeptionen in der Praxis eingeführt, welche Erfahrungen gesammelt und schließlich welche Probleme gelöst wurden.

Auf Grund der besonderen Bedeutung wird dann im Kapitel 15 das Thema «Führung» vorgestellt. Es werden verschiedene Führungstheorien erörtert, es geht um empirische Untersuchungen zur Effizienz verschiedener Führungsstile und nicht zuletzt um die Frage nach der Auswahl geeigneter Führungskräfte.

Walter Bungard

12 Kommunikation in Arbeitsgruppen

Lutz von Rosenstiel

Inhalt

1. Gruppen in Organisationen 387
1.1 Arbeitsteilung und Koordination in Organisationen 387
1.2 Organisationsplan und soziale Realität 389
1.3 Bedingungen, die Gruppenbildung in Organisationen fördern 390

2. Aufgabenstellung und Grad der Zusammenarbeit 392
2.1 Einzelarbeit oder Gruppenarbeit? 393
2.2 Koagierende Zusammenarbeit 395
2.3 Kontraagierende Zusammenarbeit 396
2.4 Interagierende Zusammenarbeit 396

3. Die Gruppe: Bestimmungsmerkmale und deren Bedeutung 397
3.1 Mehrzahl von Personen 398
3.2 Unmittelbare Interaktion 399
3.3 Dauer 401
3.4 Rollendifferenzierung 402
3.5 Konformität: Gemeinsame Normen, Ziele und Werte 403
3.6 Wir-Gefühl und Kohäsion 405

4. Diagnose und Intervention 406
4.1 Auswahl der Teammitglieder 407
4.2 Teamdiagnostik 407
4.3 Teamführung 408
4.4 Teamentwicklung 408

5. Zusammenfassung 410

6. Literatur 410

In sicherlich überpointierender Weise hat Vroom (1969) davon gesprochen, dass die gesamte Organisation als ein Gefüge von Arbeitsgruppen, die jeweils von Vorgesetzten koordiniert werden, verstanden werden könne. Wir wollen hier der Frage nachgehen, welchen Stellenwert Arbeitsgruppen in Organisationen haben, wie sie sich bilden, welche Merkmale sie auszeichnen, welche Bedingungen es begünstigen, dass sie ihre Ziele erreichen und als soziale Einheiten bestehen bleiben. Das alles hat – handelt es sich doch um spezifische Formen zwischenmenschlicher Interaktion – sozialpsychologisch analysierbare Grundlagen. Diese stehen im vorliegenden Kapitel im Vordergrund. Konkrete betriebliche Erscheinungsformen, wie z. B. Qualitätszirkel, teilautonome Arbeitsgruppen, Organisationsentwicklung oder Führungskräfteauswahl werden in gesonderten Kapiteln dargestellt.

1. Gruppen in Organisationen

1.1 Arbeitsteilung und Koordination in Organisationen

Eine Organisation lässt sich als ein ihrer Umwelt gegenüber offenes System verstehen, das langfristig existiert, spezifische Ziele verfolgt, sich aus Individuen bzw. Gruppen zusammensetzt, also ein soziales Gebilde ist und eine bestimmte

Struktur aufweist, die meist durch Arbeitsteilung und eine Hierarchie von Verantwortung gekennzeichnet ist (Gebert, 1978). Menschen und Mittel sollen – bei rationaler Betrachtungsweise – in der Organisation durch eine die Aktivitäten und Ressourcen koordinierende Führung so eingesetzt werden, dass sie optimal zum Organisationsziel beitragen. Zur Erfüllung bestimmter Teilziele werden überschaubare Anzahlen von Personen zusammengeführt. Bei dieser Zusammenarbeit entstehen in der Regel Arbeitsgruppen, deren Aktivitäten freilich keineswegs immer dem Organisationsziel oder den daraus abgeleiteten Teilzielen dienen.

Für die Zunahme von Gruppenarbeit in Organisationen sprechen allerdings ergänzend noch vielfältige weitere Argumente (Antoni, 1994, 1996; Bungard & Jöns, 1997; v. Rosenstiel, 2000; Wegge, 2001). Einige besonders gewichtige seien genannt:

- Durch die Komplexität und Dynamik des Marktgeschehens kommt es zu Forderungen nach höherer Qualität, kleineren Losgrößen und größerer Typenvielfalt. Man geht davon aus, dass Gruppenarbeit diesen neuen Ansprüchen eher gerecht wird.
- Die im Rahmen der Globalisierungsprozesse (Beck, 1997; Steger, 1998) wachsende internationale Konkurrenz führt zu zunehmendem Kostendruck. Man nimmt an, dass Gruppen – z. B. durch flexiblen Einsatz von Arbeitskraft – Rationalisierungspotenziale beinhalten.
- Die wachsenden und sich rasch ändernden Anforderungen – u. a. durch die technische Entwicklung – machen beständiges Lernen erforderlich, was in erster Linie ein «Lernen im Prozess der Arbeit» (Staudt & Kriegesmann, 1999; Erpenbeck & Sauer, 2000) ist. Eine solche Art des Lernens vollzieht sich vor allem in Gruppen, die in diesem Sinne als eine Art Keimzelle des «organisationalen Lernens» (Dierkes, Berthoin Antal, Child & Nonaka, 2001) interpretiert werden können. Dies gilt insbesondere, wenn alle Gruppenmitglieder gemeinsam lernen. Hierdurch kommt es nicht nur zu wechselseitig motivierender Anregung, sondern auch zu einem stetigen Erfahrungs- und Informationsaustausch: Man erfährt beispielsweise, was der jeweils andere besonders gut beherrscht und kann bei Bedarf einschlägig um Hilfe bitten (Argote, 1993). Generell werden erhebliche Synergie- und Motivationsvorteile von Gruppenarbeit erwartet, eine Annahme, die zu relativieren sein wird (vgl. Abschn. 2.1).
- Der Wandel der Wertorientierungen (Klages, 1984; v. Rosenstiel, 2003) hat zu einer Erhöhung des Wunsches nach Kontakt mit Menschen, nach Kooperation und gemeinsamer Verantwortungsübernahme geführt. Diese Wünsche können besonders gut durch Gruppenarbeit erfüllt werden.

Entsprechend lässt sich nicht nur eine Zunahme von Gruppenarbeit in deutschen Betrieben feststellen, sondern auch deren qualitative Ausweitung. Besteht noch wenig Erfahrung mit Gruppenarbeit, so werden Gruppen häufig einfach zunächst deswegen eingeführt, um Kosten zu sparen. Positive Erfahrungen mit der Gruppenarbeit führen dann vielfach dazu, dass die Rechte dieser Gruppen ausgeweitet werden und sie sich dadurch den «klassischen» teilautonomen Arbeitsgruppen annähern (Bungard & Jöns, 1997).

Das Erreichen bzw. Verfehlen der Organisationsziele durch Gruppen – ihre Effektivität im Sinne des übergeordneten Zielsystems – hängt nun keineswegs allein von jenen im Zwischenmenschlichen liegenden Einflussgrößen wie Gruppenzusammenhalt, Gruppennorm, Interaktionsdichter etc. ab, die von der Sozialpsychologie analysiert wurden. Auch «harte» Determinanten wie Organisationsstruktur, Art und Anzahl der Aufgaben, Technologie, physische Arbeitsumgebung etc. spielen eine erhebliche Rolle (Weinert, 2002). Entsprechend findet man ausführliche Diskussionen darüber, wie die verschiedenen psychologisch, organisationswissenschaftlich, technisch, physikalisch etc. beschreibbaren Größen auf unterschiedliche Kriterien der Effektivität wirken (Goodman, Ravlin & Schminke, 1987). Hier soll jedoch eine Beschränkung auf die psychologische Sicht erfolgen.

1.2 Organisationsplan und soziale Realität

Untersuchungen der Aston-Gruppe (Pugh, Hickson, Hinings & Turner, 1963) gehen davon aus, dass sich Organisationen u.a. nach dem Grad ihrer Strukturierung beschreiben und vergleichen lassen.

Die Strukturierung legt in vielen Organisationen fest, welche Personen gemeinsam welche Aufgaben zu erfüllen haben und wie sie sich dabei verhalten sollen. In den Organisationswissenschaften bezeichnet man das als «formelle» Gruppen. Um Gruppen im Sinne psychologischen Verständnisses handelt es sich jedoch nicht, wenn man eine Gruppe in Übereinstimmung mit der Literatur (Schein, 1965; v. Rosenstiel, 2003) als eine Mehrzahl von Personen definiert, die zeitlich überdauernd in direkter Interaktion stehend durch Rollendifferenzierung und gemeinsame Normen gekennzeichnet sind und die ein Wir-Gefühl verbindet.

In der Praxis und in der populärwissenschaftlichen Literatur werden die Begriffe «Gruppe» und «Team» häufig voneinander abgehoben. Es ist fraglich, ob dies eine sinnvolle Unterscheidung ist (Wegge, 2001). Zumindest ist davon auszugehen, dass jedes Team eine Gruppe ist, im Verständnis einiger Autoren allerdings nicht jede Gruppe ein Team. Mit dem Team sind positivere Konnotationen verbunden (Kauffeld, 2001). Es wird des Öfteren davon ausgegangen, dass bei einem Team die Zielbindung der Gruppenmitglieder besonders intensiv ausgeprägt ist und Kooperation und Klima ausgeprägt positiv sind. Eine klare Grenzziehung zu anderen Arbeitsgruppen ermöglicht dies allerdings nicht (Antoni, 1994, 1996).

Hilfreich erscheint jedoch die Differenzierung in solche Arbeitsgruppen, die in die Aufbauorganisation integriert sind (z.B. herkömmliche Arbeitsgruppen, Fertigungsteams, teilautonome Arbeitsgruppen) und in solche, bei denen dies nicht der Fall ist (z.B. Projektgruppen, Qualitätszirkel, Lernstattgruppen; vgl. Antoni, 1996).

Wie entstehen nun Gruppen in Organisationen?

Relativ früh wurde in den Sozialwissenschaften registriert, dass die beobachtbare soziale Realität in nahezu allen Organisationen mehr oder weniger deutlich vom Plan abweicht – und zwar unter ganz verschiedenen Aspekten. So beschreiben etwa Roethlisberger und Dickson (1939) im Rahmen der berühmt gewordenen Hawthorne-Untersuchungen, dass im «bank wiring observation room», in dem nach dem Plan eine soziale Einheit bestimmte Aufgaben erledigen sollte, sich zwei – im Plan keineswegs vorgesehene – Gruppen bildeten, die sich wechselseitig bekämpften und somit Aktivitäten nachgingen, die nach dem Ablaufplan der Organisation gewiss nicht vorgesehen waren. Derartige, in ihrer Zusammensetzung und in ihren Aktivitäten vom Plan abweichende Gebilde werden nun häufig «informelle Gruppen» (Witte & Ardelt, 1989) genannt. Die Planabweichung kann sich dabei auf die Mitglieder und/oder deren Aktivitäten beziehen. Die planabweichenden Aktivitäten können nachträglich von der Organisation als «Extra-Rollenverhalten» (Katz, 1964) oder «organizational citizenship behavior» (OCB) (Organ, 1990) begrüßt werden, ihr gleichgültig sein oder aber negativ bewertet werden (vgl. Nerdinger, in Druck).

Dabei ist es in vielen Fällen sicherlich unrealistisch, von nur einem expliziten Plan auszugehen. Planbestandteile sind häufig implizite Selbstverständlichkeiten. Sie ändern sich mit den Interessenlagen, ohne dass ausdrücklich darüber gesprochen wird, oder es bestehen verschiedene konkurrierende Pläne nebeneinander.

Fragt man danach, warum in so starkem Maße Abweichungen vom Plan zu beobachten sind, warum es also zur Bildung von «informellen Gruppen» kommt, so erhält man in der Regel die Antwort, dass plankonforme Mitgliedschaft oder plankonformes Verhalten nicht in der Lage seien, menschliche Bedürfnisse generell oder doch die Bedürfnisse der Planstelleninhaber spezifisch zu befriedigen. Vielfach erweist sich das Menschenbild der für den Plan zuständigen Personen als inadäquat und apsychologisch. Arbeitende Menschen lassen sich nicht zu einem reinen Produktionsfaktor reduzieren. Sie haben Bedürfnisse nach Abwechslung, nach ganzheitlicher Tätigkeit, nach Entspannung, aber auch nach Zusammengehörigkeit, sozialer Unterstützung oder gar Freundschaft. Dort, wo im Sinne der formellen Gruppe zweckdienliches Zusammenarbeiten vorgesehen war, wird innerhalb der sich real bildenden Gruppe die Befriedigung vielfältiger menschlicher Bedürfnisse ermöglicht.

Allerdings sollte ein weiterer Aspekt nicht übersehen werden: Angesichts einer sich dynamisch verändernden Umwelt, die sich der Organisation von außen als Herausforderung durch die Märkte zeigt und im Inneren zur Entwicklung und Nutzung neuer Technologien zwingt, ist oft der «gestern» erarbeitete Plan «heute» bereits veraltet. Extrarollenverhalten (Katz, 1964) und eigenverantwortliches Handeln der Gruppenmitglieder (Koch, 2001; Kaschube & Fisch, 2003) werden zunehmend notwendig. Würden Mitarbeiter nicht ungeplant die Initiative ergreifen, mehr und anderes tun als formell vorgesehen und geplant («Dienst nach Vorschrift»), so könnte binnen kurzem die Arbeitsgruppe ihre Aufgaben nicht mehr erfüllen.

1.3 Bedingungen, die Gruppenbildung in Organisationen fördern

Bei Aufgaben, die quantitativ oder qualitativ so umfangreich oder komplex sind, dass sie von einem Einzelnen nicht bewältigt werden können, sieht der Organisationsplan vor, dass mehrere Personen gemeinsam das Ziel erreichen, indem sie zusammenarbeiten, sich wechselseitig informieren, ihre physischen Kräfte, ihr Wissen, ihre Kreativität in den Dienst des Zieles stellen. Die Regeln der Zusammenarbeit ergeben sich aus den fixierten Betriebsvereinbarungen, Arbeitszeitbestimmungen, Führungsgrundsätzen, Stellenbeschreibungen etc. Wechselseitige Interaktion ist nur auf der Sachebene vorgesehen. Die Rollendifferenzierung bezieht sich ausschließlich auf die im Plan vorgesehenen Positionen. Eine Gruppe im zuvor genannten psychologischen Sinne ist dies nicht. Es fehlt dafür eine auch die Beziehungsebene berührende Kommunikation, eine aus dieser Kommunikation erwachsende Rollendifferenzierung; es fehlen von der Gruppe selbst entwickelte Normen und Werte, und es fehlt schließlich das die Einzelnen zur Gruppe zusammenfügende Wir-Gefühl. Entsprechend betont West (1990, 1994, 1996), dass eine effektive Arbeitsgruppe neben der notwendigen «Task Reflexivity» auch über «Social Reflexivity» verfügen müsse. All diese aber entsteht in der Regel dort, wo Menschen für längere Zeit zusammenarbeiten, falls bestimmte Vorbedingungen gegeben sind. Auf diese Bedingungen sei nachfolgend näher eingegangen.

Personale Bedingungen

Gruppenbildung wird vor allem durch Häufigkeit interpersonaler Kontakte sowie durch wahrgenommene Ähnlichkeit zwischen den beteiligten Personen gefördert. Der Soziologe Homans (1950) formuliert es als Gesetzmäßigkeit, dass die zwischenmenschliche Sympathie proportional zur Anzahl der Kontakte steige. Dies führt zu positiven Rückkopplungsprozessen, denn wenn Sympathie sich bildet, ist es wahrscheinlich, dass die Kontakthäufigkeit sich erhöht.

Die im Organisationsplan vorgesehene Zusammenarbeit, die Verpflichtung zur wechselseitigen Information, die räumliche Nähe, die für Arbeitseinheiten vorgesehen ist und die nicht selten so weit geht, dass man in der gleichen Halle, im gleichen Großraumbüro tätig zu sein hat, erhöhen die Wahrscheinlichkeit derartiger Kontakte. Daraus können sich dann wechselseitige Sympathie und ein sich intensivierendes Wir-Gefühl ergeben. Experimentelle Untersuchungen der Sozialpsychologie und Feldstudien der Organisationspsychologie erhärten dies. Auch Beobachtungen im «bank wiring observation room» innerhalb der Hawthorne-Studien (Roethlisberger & Dickson, 1939) machen deutlich, dass sich jene Personen zu sich wechselseitig befehdenden Gruppen zusammenschlossen, die räumlich enger miteinander arbeiteten und – das sei hier bereits vermerkt – zugleich jeweils ähnliche, jedoch von den anderen abweichende Aktivitäten verrichteten.

Man kann davon ausgehen, dass der Kontakt allein das Gefühl der Zusammengehörigkeit nicht ausreichend begründet, wenn nicht weitere Bedingungen hinzukommen. Wenn also Bass (1960, S. 60) postuliert: «Eine Gruppe ist umso attraktiver, je größer die Belohnungen sind, die durch Mitgliedschaft in der Gruppe erworben werden können und je größer die Erwartung ist, sie zu erwerben», so ist die Kontakthäufigkeit nur dann als wichtig für die Gruppenbildung anzusehen, wenn die Einzelnen sich von diesem Kontakt positive Konsequenzen erwarten, nicht dagegen, wenn er als lästig, unangenehm oder enttäuschend erlebt wird.

Was die Person nun allerdings als positive, was sie als negative Konsequenz einstuft, hängt von der jeweiligen Bedürfnislage ab. Unter sonst gleichen Bedingungen wird man allerdings davon ausgehen können, dass Kontakt positiv verstärkend wirkt und sozialer Isolierung vorgezogen wird. Bevorzugt dürfte allerdings meist Kontakt mit solchen Personen werden, von denen angenommen wird, dass sie uns ähnlich sind (vgl. Schuler, 1975). Damit sind wir bei einem zweiten wichtigen, die Gruppenbildung fördernden Faktor, der wahrgenommenen Ähnlichkeit. In deutschen Sprichwörtern heißt es einerseits: «Gegensätze ziehen sich an», andererseits «Gleich zu Gleich gesellt sich gern». Die sozialpsychologische Forschung zeigt, dass man der zweiten dieser «Weisheiten» eher trauen sollte. Tatsächlich scheint die vermutete Ähnlichkeit des Partners – in Bezug z. B. auf die existenzielle Situation, zentrale Einstellungen, angestrebte Ziele, übergreifende Wertorientierungen – den Wunsch nach Kontakt und Nähe zu begünstigen.

Mayo (1946), der Initiator der bereits zitierten (und oft kritisierten – vgl. Greif, Kap. 2) Hawthorne-Untersuchungen, neigt zu der Auffassung, dass für Personen, die entfremdeter Arbeit nachgehen und ein Gefühl der Einfluss- und Bedeutungslosigkeit entwickeln, der Zusammenschluss zu Gruppen nahe liege. Durch das Zusammensein mit anderen, die in einer ähnlichen Situation stehen, werde das Bewältigen der frustrierenden Situation erleichtert. Zugleich ergäben sich daraus Befriedigungsmöglichkeiten, die der monotone Arbeitsinhalt, der weder Abwechslung noch Lernchancen enthält, nicht liefern könne.

Wahrgenommene Ähnlichkeit kann darüber hinaus die subjektive Wahrscheinlichkeit erhöhen, bestehende Probleme gemeinsam besser zu lösen. Diese Grundgedanken haben in der aktuellen arbeits- und organisationspsychologischen Diskussion weitergewirkt. Verschiedene Untersuchungen zeigen (vgl. zusammenfassend Keupp & Röhrle, 1987; Ulich, 1989), dass die Einbindung des Einzelnen in soziale Netze die Bewältigung von Beanspruchung durch belastende Situationen am Arbeitsplatz – bis zur Bedrohung durch Arbeitslosigkeit – im Regelfall erleichtert. Nur im Ausnahmefall – wenn etwa die Einbindung in soziale Netze zu unrealistisch hoher Hoffnung auf Unterstützung führt (Strehmel & Degenhardt, 1987) – erwächst daraus zusätzliche Beanspruchung.

Erhebliche Bedeutung für den Zusammenschluss zur Gruppe hat auch die Bindung der Einzelnen an die gemeinsame Aufgabe. Dies wurde schon früh von Back (1951) gezeigt. Aufgaben, mit deren Hilfe dies gelingt, sind vor allem dadurch gekennzeichnet, dass:

- das Motivationspotenzial der Aufgabe (Hackman & Oldham, 1974; Hackman, 1987; Kleinbeck, 2001) hoch ist, die Aufgabe also durch Anforderungsvielfalt, Vollständigkeit, Handlungsspielraum, Bedeutung und systematische Rückmeldung von Teilergebnissen gekennzeichnet ist;
- spezifische, präzise und nur mit erheblicher Anstrengung zu erreichende Ziele (Locke & Latham, 1990) bestehen, wobei allerdings bei Gruppenzielen Zielkonflikte zwischen den Gruppenmitgliedern bedacht und bearbeitet werden müssen (Wegge & Kleinbeck, 1996). Dabei kann es hilfreich sein, das übergeordnete Gesamtziel und die individuellen Teilziele vorzugeben (Crown & Rosse, 1995) oder aber partizipative Vereinbarungen von Gruppenzielen vorzunehmen (Wegge & Kleinbeck, 1996), wobei es im Einzelfall zu prüfen gilt, unter welchen Bedingungen welche Methode die effektivere ist.

Mit diesen Ausführungen zur Aufgabe als einer Determinante der Gruppenbildung nähern wir uns bereits den organisationalen Voraussetzungen.

Organisationale Bedingungen

Für Menschen, die gemeinsam arbeiten, können Häufigkeit der Kontakte, wahrgenommene Ähnlichkeit und vergleichbare psychologische und soziale Bedingungen der Gruppenbildung nur wirken, wenn der organisationale Rahmen dies zulässt oder gar begünstigt. Dazu tragen bei:

- Räumliche Nähe derer, die zusammenarbeiten,
- Möglichkeiten zur unmittelbaren Kommunikation, z. B. durch Dämpfung des Lärms im Arbeitsraum, durch Stellung der Arbeitsplätze zueinander, durch Bereitstellen von Möglichkeiten informeller Kommunikation (Teeküche, Kantine, «Kommunikationsecken»),
- Formalisieren von Kommunikationsmöglichkeiten (Arbeits- oder Abteilungsbesprechungen),
- Bewahren der Möglichkeit der direkten Kommunikation; d. h. verhindern, dass Kommunikation nur noch über elektronische Medien erfolgt (vgl. Abschn. 3.2),
- Schaffen kleiner Arbeitseinheiten, damit die Möglichkeit gewährleistet bleibt, dass jeder mit jedem unmittelbar Kontakt aufnimmt,
- Verflechtung der Arbeitsinhalte in einer Weise, dass durch Kooperation Erfolgserlebnisse ermöglicht werden,
- Zusammensetzung der Mitglieder einer Arbeitseinheit in der Form, dass sie sich sowohl fachlich ergänzen, als auch einander ähnlich erleben und Sympathie füreinander empfinden, wie dies z. B. in teilautonomen Arbeitsgruppen gelten soll (vgl. Kap. Bungard & Antoni, Kap. 14).

Bilden sich nun – begünstigt durch Kontakthäufigkeit und wahrgenommene Ähnlichkeit – Gruppen in Organisationen, so hat dies Folgen und Nebenwirkungen, die Witte und Ardelt (1989, S. 463) zusammenfassen:

1. «Eine generelle Abwertung der Außengruppe und/oder eine Aufwertung der Binnengruppe,
2. die Wahrnehmung überakzentuierter Unterschiede in anderen Merkmalen zwischen Binnen- und Außengruppe sowie
3. Handlungen, die die Binnengruppe relativ bevorzugen, z. B. die Wahl von Entlohnungsmöglichkeiten.»

Das Entstehen von Arbeitsgruppen in Organisationen wird also damit erkauft, dass die Distanz zu Nichtmitgliedern dieser Gruppe vergrößert wird und somit auch Interessengegensätze überakzentuiert wahrgenommen werden, was wiederum die Wahrscheinlichkeit von Intergruppenkonflikten erhöht. Dies sind Differenzierungen, die auch innerhalb einer Arbeitsgruppe relevant sein können. Graen geht in seiner Führungstheorie (Graen & Uhl-Bien, 1995) davon aus, dass sich in der Arbeitseinheit eine «ingroup» und eine «outgroup» herausbilden. In der «ingroup» befinden sich jene Gruppenmitglieder, die der Vorgesetzte als kompetent, nett und loyal wahrnimmt. Die Beziehungen mit diesen gestalten sich informell-locker. In der «outgroup» dagegen finden sich jene Personen, mit denen der Vorgesetzte «Probleme hat». Die Beziehungen zu diesen sind durch Formalität, Distanz und Hierarchiebetonung gekennzeichnet.

2. Aufgabenstellung und Grad der Zusammenarbeit

Die Art der in einer Organisation zu bewältigenden Aufgaben bringt es mit sich, dass die arbeitsbedingte Nähe zum anderen höchst unterschiedlich ausfallen kann. Manche Aufgaben lassen sich besser allein erfüllen. Bei anderen ist koagierende Zusammenarbeit ratsam, die darin besteht, dass jeder unabhängig vom anderen ohne echte Interaktion einen Teil der Aufgabe erledigt. Wiederum andere Aufgaben machen kontraagierende Zusammenarbeit erforderlich, die dann anliegt, wenn aus widersprüchlichen Meinungen oder Gesichtspunkten Ziele oder Arbeitsprozesse austariert werden müssen, wie dies z. B. für die Zusammenarbeit zwischen Unternehmensleitung und Betriebsrat gilt. Interagierende Zusammenarbeit wird überall dort erforderlich, wo die Interaktion ein wesentlicher Bestandteil des Arbeitsprozesses ist, also der eine ohne den Beitrag des anderen kaum etwas zum Ziel beitragen kann, wie es z. B. bei einem interdisziplinär zusammengesetzten Forschungsteam der Fall ist.

2.1 Einzelarbeit oder Gruppenarbeit?

Die Frage, ob man in der Organisation besser allein oder in Gruppen arbeiten sollte, ist ebenso alt wie falsch gestellt. Tatsächlich kommt es entscheidend darauf an, welches Kriterium der Bewertung man verwendet, um welche Art von Aufgaben es sich handelt, welche Struktur die Gruppe hat und Personen welchen Typs in ihr zusammengefasst werden.

Orientiert man sich an den Aufgaben vom Typus der psychomotorischen Leistungen und wählt man als Kriterium die Leistung, so ist es ganz offensichtlich, dass z. B. beim Heben großer Lasten, die der Einzelne nicht bewältigen kann, eine Mehrzahl erforderlich wird. Empirische Analysen (Ingham, 1974) zeigen, dass der relative Anteil jedes Einzelnen an der Gesamtleistung mit steigender Gruppengröße zurückgeht. Die Gründe dafür liegen zum einen wohl in der Reduktion von Anstrengung, zum anderen in der unzureichenden Koordination der individuellen Beiträge. Köhler (1927) zeigte allerdings, dass bei gezielter Zusammenstellung von Zweier- und Dreiergruppen Leistungen erreicht werden können, die größer als die Summe der Einzelleistungen sind.

Generell sind, geht es um Leistungsvor- bzw. nachteile von Gruppen, Motivationseffekte zu beachten, die sich gelegentlich positiv, häufig aber negativ auswirken. Derartige Motivationsverluste werden als «sozialer Müßiggang» (social loafing), «Trittbrettfahren» (free rider) oder «Nicht der Dumme sein wollen» (sucker) in der Literatur beschrieben.

«Social loafing»-Effekte (Karau & Williams, 1993) bestehen darin, dass die Leistungen des Einzelnen in der Gruppensituation geringer als in der Individualsituation sind, obwohl die Personen sich das keineswegs vornehmen und ihnen das Phänomen auch nicht bewusst ist. Es tritt vor allem auf, wenn individuelle Leistungsergebnisse nicht bewertet werden können, keine Beurteilungsstandards vorliegen, die Aufgabe wenig bedeutsam erscheint, mit unbekannten Personen zusammengearbeitet wird, von denen man gute Ergebnisse erwartet, die eigenen Beiträge also als redundant eingeschätzt werden.

Der «free rider»-Effekt besteht in einer bewussten Entscheidung in der Gruppensituation, die eigene Anstrengung zu reduzieren (Kerr & Bruun, 1983), und tritt meist auf, wenn die Auffassung vorherrscht, dass die Leistungen der anderen Gruppenmitglieder ausreichen, um das Ziel zu erreichen.

Der «sucker»-Effekt geht ebenfalls auf eine bewusste Entscheidung zur Anstrengungsreduzierung zurück und beruht auf der Unterstellung, andere in der Gruppe seien «Trittbrettfahrer», so dass man – im Falle eigener Anstrengung – als der «Dumme» dastünde (Kerr & Bruun, 1983).

Motivational förderliche Effekte in Gruppen bestehen in der «sozialen Förderung» (social facilitation) und der sozialen Kompensation.

«Social facilitation»-Effekte sind im Kontext der zuvor genannten Befunde von Köhler (1927) bereits angesprochen worden. Sie wurden von Triplitt (1897) entdeckt, der fand, dass Kinder in Gegenwart eines anderen eine Leine rascher aufrollen als allein. Die motivationalen Gründe sind vielfältig (Green, 1991). Man denke nur an Rivalität, höhere Aktivierung, Selbstdarstellung, Geltung etc.

«Social compensation»-Effekte (Williams & Karau, 1991) sind dann gegeben, wenn sich ein Gruppenmitglied besonders anstrengt, obwohl bzw. weil die anderen keinen nennenswerten Beitrag zum Erfolg der Gruppe leisten. Gründe dafür können darin bestehen, dass man schwächere Gruppenmitglieder schützen, man selbst mit dem eigenen Beitrag kontrastierend glänzen will oder sich mit der Gruppe und ihrem Ergebnis stark identifiziert.

Geht es nicht um psychomotorische Leistungen, sondern um solche des Schätzens, so ist die Überlegung nahe liegend, dass bei Unabhängigkeit der Schätzer das Prinzip des statistischen Fehlerausgleichs wirkt und die gemittelten Schätzungen zu Ergebnissen führen, die deutlich über den Schätzungen des besten Einzelnen liegen können. Dies wurde auch bestätigt (Hofstätter, 1971). Es ist ebenso offensichtlich, dass dieser Effekt dann verloren gehen kann, wenn in realen Gruppen der stärkste Einfluss von einer Person ausgeht, die geringe Kompetenz aufweist (vgl. Riecken, 1958).

Geht es dagegen um Problemlösungen, Kreativitätsaufgaben und Entscheidungen, so ist für die Frage der Leistungsüberlegenheit von zentraler Bedeutung, um welchen Typ von Aufgabe es sich handelt. Schon Thorndike (1938) wies darauf hin, dass Gruppen deutlich erfolgreicher als Einzelne ein Kreuzworträtsel lösen, Einzelne es aber weit besser als Gruppen konstruieren können. Leistungsüberlegenheit der Gruppe ist nur dann gegeben, wenn die Aufgabe unter irgendeiner Perspektive – sei es eine inhaltliche oder methodische – teilbar erscheint. Doch selbst wenn die Aufgabe für die Bearbeitung durch Gruppen geeignet erscheint, müssen spezifische Voraussetzungen gegeben sein, damit der positive Effekt eintritt:

- Die Gruppe sollte klein sein, ca. fünf Mitglieder umfassen (vgl. Brandstätter, 1989), da bei weiter ansteigender Gruppengröße einschlägige Beiträge von Einzelmitgliedern nicht mehr eingebracht werden, der relative Zugewinn an lösungsrelevanter Information also zurückgeht und durch die steigenden Reibungsverluste in der Gruppe aufgehoben wird.
- Die unterschiedlichen Aspekte der Aufgabe sollten durch jeweils dafür kompetente Mitglieder repräsentiert sein, die zudem alle am Gesamtproblem interessiert sein sollten.
- Die Gruppenmitglieder sollten durch strukturale und personale Bedingungen bereit und befähigt dazu sein, miteinander in einer gleichen Sprache zu sprechen. Die interpersonalen Beziehungen sollten nicht belastet sein (Brandstätter, 1989; Brandstätter, Davis & Stecker-Kreichgauer, 1982).
- Die Gruppe sollte sich an spezifische Regeln der Arbeit halten, wie sie z. B. als Sozialtechnologien für entsprechende Arbeitsgruppen entwickelt worden sind (Franke, 1998; Brandstätter, 1989).

Janis (1972) untersuchte Gruppenentscheidungsprozesse der amerikanischen Politik aus der Zeit der Kennedy-Ära, die – aus der historischen Perspektive betrachtet – zu Fiaskos geführt haben, wie z. B. die Entscheidung der US-Administration, mit Hilfe der Exilkubaner das Regime von Fidel Castro zu stürzen («Schweinebuchtaffäre»). Aufgrund einer Rekonstruktion der Sitzungsabläufe auf der Basis von Protokollanalysen ließ sich zeigen, dass in den Gremien, die Fehlentscheidungen verantworteten, häufig eine «aufgeheizte Atmosphäre» herrschte; das Gefühl, zusammenhalten zu müssen, war stark ausgeprägt; Personen, die kritische, abweichende Auffassungen vertraten, wurden negativ sanktioniert und zur Loyalität aufgerufen. Die **Informationsbox 1** zeigt im Detail, wie die Störung sich auswirkte und welche Regeln die Autoren im Sinne einer Intervention vorschlagen.

Auch zum «Brainstorming» (Osborn, 1957) vorliegende empirische Untersuchungen machen – entgegen vielfach geäußerten Laienauffassungen – misstrauisch gegenüber Gruppenprozessen. Tatsächlich konnte gezeigt werden (Kabanoff & O'Brien, 1979), dass die Zusammenfassung von Einfällen allein arbeitender Individuen fruchtbarer ist als das Sammeln von Einfällen in einer Gruppe mit einer gleich großen Zahl von Mitgliedern. Erklären lässt sich dies wohl dadurch, dass Gruppenmitglieder warten müssen, bis sie ihre Einfälle vorbringen können; möglicherweise können auch die Furcht vor Sanktionierung eigener Einfälle oder die Auffassung, dass «die anderen» die entscheidenden Einfälle bringen würden, die Motivation in der Gruppensituation reduzieren (Brandstätter, 1989).

Es geht also jeweils darum, die von Kelley und Thibaut (1969) gestellte dreifache Frage zu beantworten:

1. Wann ist die Gruppenleistung gleich der besten Einzelleistung?
2. Wann ist die Gruppenleistung schlechter als die beste Einzelleistung?
3. Wann ist die Gruppenleistung besser als die beste Einzelleistung?

Außerdem ist in der konkreten organisationalen Situation zu bedenken, dass Leistung vielfach keineswegs das einzige Kriterium der Bewertung ist. Häufig empfiehlt sich die Arbeit in der Gruppe deshalb, weil es vor allem auf Akzeptanz bei den Betroffenen ankommt, weil in der Gruppe die Informationsvermittlung rascher und ungefiltert gewährleistet werden kann oder weil durch die Mitarbeit in der Gruppe die Qualifikation der Mitglieder vorangetrieben wird.

Informationsbox 1

Störungen bei Gruppenentscheidungen

Der Sozialpsychologe Janis und seine Mitarbeiter untersuchten mit Hilfe von Dokumentenanalysen politische Gruppenentscheidungsprozesse der Kennedy-Ära. Sie fanden kennzeichnende Phänomene bei solchen Entscheidungssitzungen, die – aus der historischen Perspektive betrachtet – zu Fehlentscheidungen führten.

Die Autoren bezeichneten dies als «group think» und charakterisieren es wie folgt:

1. Illusion der Unverletzlichkeit, die zu einem unrealistischen Optimismus führt;
2. Kollektive Rationalisierungen (Scheinbegründungen);
3. Glaube an die moralische Rechtfertigung der gemeinsamen Handlungsweisen;
4. Stereotypisierung Außenstehender;
5. Gruppendruck gegen Argumente, die gemeinsame Illusionen in Frage stellen;
6. Selbstzensur bei Abweichung vom Gruppenkonsensus;
7. Überschätzung der Einmütigkeit der eigenen Gruppe;
8. Selbst ernannte Gesinnungswächter schützen die Gruppe vor störenden Informationen, die von außen eindringen können.

Janis (1982) sowie Tjosfold und Field (1985) entwickelten daraus 10 Regeln, die dazu beitragen können, dysfunktionale Gruppenprozesse weniger wahrscheinlich zu machen:

1. Aufklärung über Gefahren des Gruppendenkens;
2. Zurückhaltung des Vorgesetzten in eigenen Stellungnahmen;
3. Ermutigung der Gruppenmitglieder zur Äußerung von Einwänden bei Zweifeln;
4. Fallweise die Übernahme der Rolle eines «Advocatus Diaboli» durch ein Gruppenmitglied;
5. Gelegentlich Bildung von Untergruppen zur konkurrierenden Bearbeitung eines wichtigen Teilproblems;
6. Sorgfältige Analyse der Möglichkeiten und Absichten eines eventuellen Konkurrenten oder Gegners;
7. Erneutes Überdenken der (vorläufigen) Einigung auf eine Lösung;
8. Beiziehen externer Beobachter und Kritiker;
9. Einholung von Meinungen vertrauenswürdiger Kollegen durch Gruppenmitglieder;
10. Einsetzen einer parallel am selben Problem arbeitenden Gruppe.

2.2 Koagierende Zusammenarbeit

Häufig arbeiten in Organisationen mehrere Menschen nebeneinander an einem übergeordneten Ziel, ohne dass dabei koordinierende Kommunikation erforderlich ist. Man denke etwa an Verkäufertätigkeiten in einem Warenhaus, an Akkordarbeit in der Produktion oder das Räumen von Schnee nach einer niederschlagsreichen Winternacht.

Es wurde experimentell untersucht (vgl. zusammenfassend Hackman, 1976), ob dies Einfluss auf die individuelle Leistung hat. Die Ergebnisse erscheinen zunächst widersprüchlich. So fand man bei Anwesenheit anderer Leistungssteigerungen, wenn gut trainierte Handgeschicklichkeitsaufgaben durchgeführt wurden, während bei Entscheidungsaufgaben leistungsmindernde Effekte bei Gegenwart anderer festgestellt wurden. Nachanalysen der vorliegenden empirischen Forschung durch Zajonc (1965) klärten die Widersprüche. Die individuelle Leistung wird durch die Gegenwart anderer bei habituellen Verhaltensweisen, z. B. Routineaufgaben, erhöht, während der Erwerb neuer Kompetenzen oder kreative Prozesse dadurch behindert werden. Erklären lässt sich dies u. a. durch den

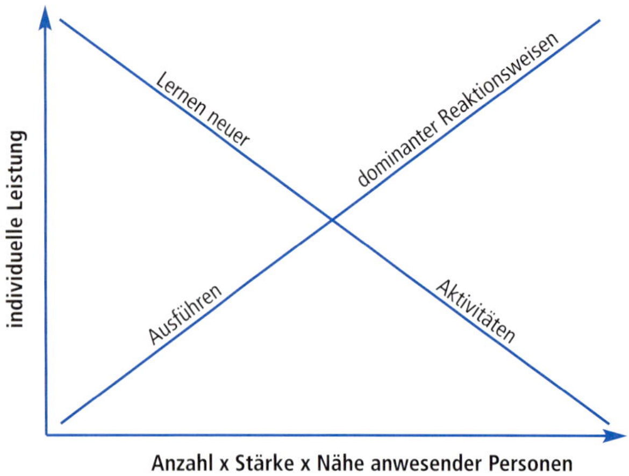

Abbildung 1: Der Einfluss der Gegenwart anderer auf die individuelle Leistung bei Aufgaben verschiedenen Typs

Grad der psychophysiologischen Aktiviertheit, der mit der Anwesenheit anderer – vor allem bedeutsamer – Personen korreliert ist. Aktivierung begünstigt die Ausführung dominanter Verhaltensweisen, während sie als Barriere das Verlassen des gewohnten Weges behindert. **Abbildung 1** nach Hackman (1976) veranschaulicht dies in schematisierter Weise.

Es kommt in diesem Zusammenhang allerdings nicht allein auf die Art der Aufgabe an; wichtig ist ebenfalls, um welche Personen es sich handelt. Während einige durch eine stark aktivierende Situation zu höheren Leistungen gelangen, werden andere dadurch irritiert und in ihrer Leistung reduziert, was – bezogen auf Prüfungssituationen – zur Unterscheidung von Personen mit leistungssteigernder bzw. leistungsmindernder Prüfungsangst geführt hat (Alpert & Haber, 1960).

Freilich sollte man diese in der «reinen» Laborsituation gefundenen Ergebnisse nicht unreflektiert generalisieren. Selbst wenn Menschen weitgehend kommunikationslos nebeneinander arbeiten, können sie dennoch erkennen, ob von den anderen eine eher akzeptierende Haltung oder Ablehnung ausgeht; nonverbale Kommunikation signalisiert Sympathie oder Feindseligkeit bzw. Zustimmung oder Ablehnung zu bestimmten Aktivitäten. Außerdem dürfte die Leistung im Sinne eines Beobachtungslernens (Bandura, 1969) mitbeeinflusst werden. Wird registriert, dass ein Mitglied der Arbeitseinheit durch bestimmte Verhaltensweisen, z. B. eine neu entdeckte Arbeitsmethodik, zu sichtbar besseren Arbeitsergebnissen gelangt, so darf man annehmen, dass die anderen diese erfolgversprechendere Verhaltensweise übernehmen.

Zumindest aber sollte in Organisationen auf Grund des vorliegenden Forschungsstandes überlegt werden, welche Personen bei welchen Aufgabenstellungen z. B. in einem Großraumbüro arbeiten und welchen man die Möglichkeit gibt, ihre Arbeit in Einzelzimmern zu bewältigen (vgl. Kannheiser, 1989, sowie **Informationsbox 2**).

2.3 Kontraagierende Zusammenarbeit

Angesichts des komplexen Zielsystems eines Unternehmens und der darin auffindbaren unterschiedlichen Sichtweisen und Interessenlagen ist es häufig erforderlich, dass Personen mit unterschiedlichen oder nahezu gegensätzlichen Standpunkten zusammenarbeiten, um Kompromisse zu finden oder aus der Unterschiedlichkeit der Standpunkte zu integrierten innovativen Zielen oder Lösungswegen zu gelangen. Im Konzept der so genannten Matrixorganisation (Weinert, 2002) – die z. B. dazu zwingt, dass ein für ein bestimmtes Produkt zuständiger Manager sich mit gleichberechtigten Kollegen einigen muss, die generell für Finanzen, Produktion und Personal zuständig sind – ist dieses Prinzip formalisiert; in der vom Betriebsverfassungsgesetz geforderten «vertrauensvollen Zusammenarbeit» zwischen Unternehmensleitung und Betriebsrat ist es unter anderem Aspekt sogar in gesetzliche Form gebracht. Die spezifischen gruppenpsychologischen Aspekte von kontraagierender Zusammenarbeit, die die Thematik des Konflikts berühren, werden in den nachfolgenden Abschnitten besprochen.

2.4 Interagierende Zusammenarbeit

Interagierende Zusammenarbeit in der Organisation ist in der Regel Gruppenarbeit. Bei interagierender Zusammenarbeit wird Kommunika-

Informationsbox 2

Irritation bei der Arbeit im Großraumbüro

Kannheiser (1989) fand im Rahmen seiner vergleichenden Aufarbeitung vorliegender Untersuchungen zu den Auswirkungen des Großraumbüros, dass durch diese Situation zahlreiche Irritationen bei der Arbeit ausgelöst werden und diese bei qualifizierter Tätigkeit besonders intensiv sind. Die wichtigsten Ergebnisse fasst er auf S. 332 wie folgt zusammen:

- Bei Bade (1972) geben 53 % der Befragten an, dass die Störungen im Großraumbüro im Vergleich zum früheren Büroraum größer sind.
- Bei Nemecek und Grandjean (1971) können sich 60 % der Befragten schlechter konzentrieren als in einem Büro mit weniger Personen:
  - 35 % werden durch Lärm stark gestört;
  - die Gruppen «Leiter» und «Akademiker» werden stärker gestört als «Angestellte» und «Hilfskräfte»;
  - 69 % aller Befragten erwähnen unter den möglichen Nachteilen von Großraumbüros «Konzentrationsstörungen»;
  - 37 % der Befragten geben an, einem kleineren konventionellen Büro den Vorzug zu geben.
- Bei Wenk (1975) fühlen sich 80 % der Befragten stärker bei der Arbeit gestört als im herkömmlichen Büro.
- Kraemer et al. (1975) stellen fest, dass sich 75 % der Befragten immer bzw. gelegentlich gestört fühlen, wenn Kollegen im Raum hin und her gehen.
- Gebert (1981, S. 106) hebt ebenfalls die durch Lärm vermittelten Konzentrationsstörungen als leistungshemmende Faktoren in Großraumbüros hervor: Bezogen auf den Inhalt der Lärmquellen werden neben dem Telefon und der Schreibmaschine vor allem Gespräche als störend erwähnt. «*Dies weniger wegen der gesendeten Dezibel-Werte, sondern wegen des ablenkenden Charakters ‹informativer Beschallungen›: Die Schwierigkeit, Informationen nicht aufzunehmen, verbindet sich mit dem subjektiven Eindruck verstärkt erforderlicher Anstrengungen bzw. Willensanspannung.*»

tion zwischen den Mitgliedern der Arbeitseinheit zu einem wesentlichen Bestimmungsmerkmal der Arbeit. Diese Form der Zusammenarbeit ist dann gegeben, wenn die Mitglieder bei der Ausführung ihrer Aufgabe in Abhängigkeit voneinander stehen (Weinert, 1998). Interagierende Gruppen finden wir z. B. bei komplexen Montagetätigkeiten, bei Forschungsteams oder Diskussionsgruppen. Bei vielen der vielschichtigen Tätigkeiten in Produktion und Montage, bei Projektgruppen zur Implementierung von EDV-Systemen in Fachabteilungen etc. ergibt sich allein aus der Aufgabenstellung zwingend interagierende Kooperation (vgl. Bungard & Antoni, Kap. 14).

3. Die Gruppe: Bestimmungsmerkmale und deren Bedeutung

Wenn interagierende Gruppen Aufgaben in der Organisation bewältigen, so sollte man spezifische sozial- und organisationspsychologische Forschungsergebnisse berücksichtigen. Diese werden nun gemeinsam mit dem jeweiligen Bestimmungsteil des Gruppenbegriffs diskutiert.

3.1 Mehrzahl von Personen

Selbstverständlich besteht eine Gruppe aus mehreren Personen. Wo aber liegt die Unter-, wo die Obergrenze? Was darf als optimale Gruppengröße angesehen werden?

Obwohl Mehrzahl ja schon bei zwei gegeben wäre, sieht in weitgehender Übereinstimmung die sozialpsychologische Literatur bei der Zahl drei die Untergrenze, da erst hier spezifische gruppendynamische Phänomene wie z. B. Mehrheit gegen Minderheit, Koalitionsbildung und Koalitionswechsel beobachtbar werden.

Mehr Mühe bereitet die Festlegung einer Maximalgröße für Gruppen. Um sie zu bestimmen, sollte man zunächst klar vor Augen haben, dass Gruppe nicht einfach mit Menge oder Plural von Personen gleichgesetzt werden kann. Möglichkeiten zur unmittelbaren Kommunikation zwischen den Mitgliedern über eine längere Zeit kommen ja als wesentliche Bestimmungsmerkmale hinzu. Dies wiederum macht es ratsam, zunächst die Bedingungen zu analysieren, unter denen die Zusammenarbeit in der Organisation erfolgen soll. Sind die Mitglieder der Arbeitseinheit räumlich dicht beieinander oder über verschiedene Stockwerke oder gar Orte verteilt? Ist zeitlich unbeschränkte Zusammenarbeit vorgesehen oder diese – etwa im Rahmen eines Projekts – auf wenige Monate oder gar im Rahmen einer Entscheidungsgruppe auf wenige Stunden begrenzt? Es ist offensichtlich, dass die Obergrenze für die Gruppengröße höher angesetzt werden kann, wenn eine lange Zusammenarbeit bei räumlicher Nähe vorgesehen ist, wie das z. B. bei Schulklassen gilt, weil sich dann die Möglichkeit ergibt, dass jeder mit jedem unmittelbar kommuniziert. In der Praxis wird allerdings häufig dieses Kriterium bei der Wahl der Gruppengröße nicht berücksichtigt, da es entweder nicht bedacht wird oder qualitativ andere Kriterien erfüllt werden müssen.

Generell kann beobachtet werden, dass im Plan vorgesehene große Einheiten (formelle Gruppen) in der Realität häufig in mehrere kleinere («informelle») Gruppen zerfallen, die dann im günstigen Falle nebeneinander und im ungünstigen gegeneinander arbeiten. Die Größe der Gruppe wird in der Praxis häufig durch das Konzept der Leitungsspanne bestimmt (Fayol, 1929; Weinert, 2002). Man versteht darunter die Zahl der Personen, die einem Vorgesetzten unmittelbar unterstellt werden. Die Forderung, die Leitungsspanne möglichst klein zu halten, steht im Konflikt zu jener nach flacher Organisation, d. h. möglichst wenigen hierarchischen Ebenen. Man findet daher häufig die Empfehlung, dass in solchen Fällen, in denen jeder einzelne Unterstellte Experte auf einem anderen Gebiet ist und somit Führung zu einer Koordination der Spezialisten wird, die Leitungsspanne nicht über sechs bis acht hinausgehen sollte, während dort, wo alle Unterstellten nahezu gleiche Tätigkeiten ausüben, wie das z. B. für wenig qualifizierte Tätigkeiten in Produktionen, Dienstleistungen oder Verwaltung gilt, Leitungsspannen bis zu 30 für noch vertretbar gehalten werden.

Die Sozial- und Organisationspsychologie hat sich bei der Suche nach einer optimalen Gruppengröße vor allem mit Problemlösungs- und Entscheidungsgruppen beschäftigt. Wichtige Untersuchungsergebnisse (Yetton & Bottger, 1983) lassen sich dahingehend interpretieren, dass die Fünfergruppe optimal erscheint. Eine Erhöhung der Mitgliederzahl lässt in der Regel die Qualität der Leistung nicht mehr steigen. Bei fünf Personen ist der Kompromiss von aus verschiedenen Perspektiven eingebrachtem Wissen und der Koordination der verschiedenen Beiträge günstig. Eine größere Mitgliederzahl führt zudem leicht dahin, dass die individuelle Motivation, Vorschläge einzubringen, absinkt (Stroebe, 1985; Diehl & Stroebe, 1987). Man neigt eher dazu, «andere» arbeiten zu lassen, da zumindest erlebnismäßig die Zurechenbarkeit der eigenen Beiträge für das Gesamtergebnis nur noch marginal ins Gewicht fällt. Da man in größeren Gruppen seltener die Chance bekommt, eigene Beiträge zu liefern, sinkt mit wachsender Größe auch die Zufriedenheit mit der Gruppenmitgliedschaft und die Bereitschaft zur Identifikation mit dem erarbeiteten Ergebnis.

Generell lässt sich sagen, dass mit steigender Gruppengröße die Gruppenkohäsion und die Zufriedenheit mit der Mitgliedschaft absinken (zusammenfassend: v. Rosenstiel, 1975). Es zeigt sich weiterhin, dass kleine Gruppen über leis-

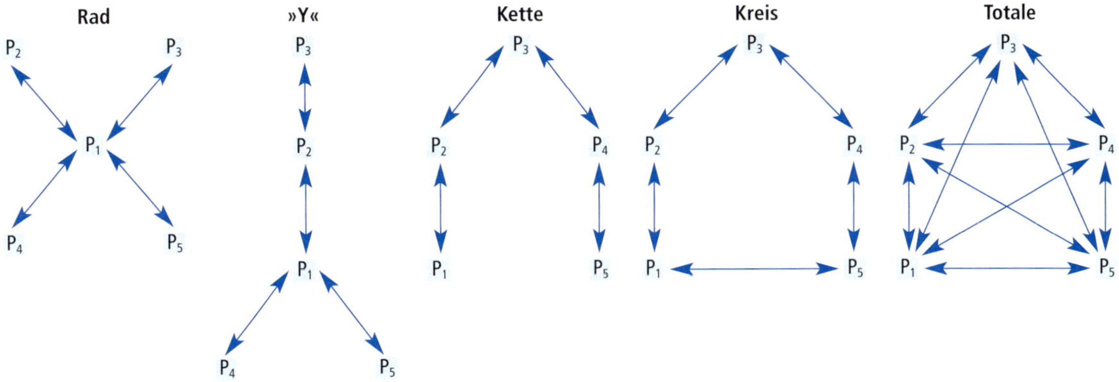

Abbildung 2: Kommunikationsstrukturen

tungsbezogene Anreize auch eher zu Leistungsverhalten aktivierbar sind, was vor allem damit erklärt werden kann, dass bei Großgruppen der eigene Beitrag zum Gruppenergebnis und damit zur Höhe der Belohnung sehr gering wird.

3.2 Unmittelbare Interaktion

Für Gruppen gilt definitionsgemäß, dass die Kontakte zwischen den Gruppenmitgliedern sehr viel häufiger sind als die Kontakte der Gruppenmitglieder zu anderen Personen (Sader, 1991; Witte & Ardelt, 1989). Die Möglichkeit zur Kommunikation eines jeden Gruppenmitgliedes mit jedem sollte entsprechend bei der Bildung von Arbeitsgruppen beachtet werden.

Kommunikationsstrukturen

Zu den «klassischen» sozialpsychologischen Experimenten zählen jene, die Bavelas (1953) und Leavitt (1951) zu den Auswirkungen von Kommunikationsstrukturen durchführten. Typische Beispiele dieser Strukturen zeigt **Abbildung 2**.

Insbesondere Shaw (1964) hat ergänzend analysiert, welche dieser Kommunikationsstrukturen bei welchen Arten von Aufgaben zu besseren Ergebnissen führen. Es zeigte sich, dass bei komplexen Aufgaben die «Totale» (im Sinne der zuvor zitierten Definition der Kommunikationsstruktur von Gruppen) zu besseren Leistungen führt. Die Erklärung dafür dürfte vor allem darin liegen, dass bei komplexen Problemen die Informationsverarbeitungskapazität einer Zentralperson, wie wir sie etwa beim «Rad» finden, überfordert wäre. Dagegen werden einfache Aufgaben schneller und fehlerfreier bei einer Radstruktur gelöst. Formalisierte Kommunikationsstrukturen in Arbeitsgruppen müssten also den Aufgabenstrukturen entsprechend gestaltet werden. Dabei sollte die Kommunikationsstruktur nicht grundsätzlich mit der Entscheidungsstruktur gleichgesetzt werden, da beide prinzipiell unabhängig sind (Mulder, 1960). So kann etwa bei «consultativen» Entscheidungen (Vroom & Yetton, 1973), der gemeinsamen Beratung des Problems, die Kommunikationsstruktur der «Totalen» entsprechen, während die endgültige Entscheidung durch den Vorgesetzten eher dem zentralistischen «Rad» entspricht.

Sachebene und Beziehungsebene

In den experimentellen Untersuchungen zu Kommunikationsstrukturen wurde der Fluss der Sachinformationen lösungsrelevanten Wissens manipuliert. Kommunikation umfasst jedoch mehr: Sie kann als Austausch von Mitteilungen zwischen Individuen (Ellgring, 1983) verstanden werden. Sie bezieht sich also nicht nur auf sachliche Fakten, sondern auch darauf, ob man den anderen mag oder nicht, ob man sich ihm öffnen möchte, ob das zwischenmenschliche Klima als gelöst oder gespannt erlebt wird etc. Bereits Bühler (1934) hat bei der Kommunikation zwischen der Ausdrucks-, Darstellungs- und Appellfunktion unterschieden. Neuberger (1992) hat in seinem auf didaktische Griffigkeit hin konzipierten «TALK-Modell» diesen Ansatz weiter differenziert. Dabei steht

- T für Tatsachen (es ist)
- A für Ausdruck (ich bin)
- L für Lenkung (du sollst)
- K für Klima (wir sind)

Es gilt nun, analysiert man verbale und nonverbale Kommunikation in Arbeitsgruppen, jeweils zu prüfen, was unter dieser vierfachen Perspektive gesendet und verstanden wurde.

Für den Kommunikationsstil in Arbeitsgruppen scheint es wichtig zu sein, ob die Mitglieder vorwiegend männlich oder weiblich sind (zusammenfassend Friedel-Howe, 1990). Frauen tendieren stärker zur offenen Kommunikation gefühlsthematischer Inhalte, während die Männer einen sachlichen Stil präferieren. Diese neigen in Entscheidungssituationen stärker zur Mehrheitsentscheidung, während die Frauen sich eher um Konsens bemühen und – falls sie sich übergangen fühlen – sich innerlich mit höherer Wahrscheinlichkeit von der Gruppe distanzieren. Sie bemühen sich auch stärker als die Männer darum, die Beziehungen und das Klima in der Arbeitsgruppe zu pflegen (Dion, 1985). Das weibliche Ausdrucksverhalten löst in der Regel auch seltener Missverständnisse aus als das der Männer.

Da Interessen in Arbeitsgruppen recht unterschiedlich sein können – z. B. wenn Ressourcen oder Belohnungen ungleich verteilt werden –, können die bestehenden zwischenmenschlichen Beziehungen auch auf der Dimension Misstrauen – Vertrauen abgebildet werden. Vertrauen sei dabei nicht als ein Gefühl von Sympathie oder Wärme verstanden, sondern als die Bereitschaft, dem anderen gegenüber Informationen preiszugeben, die diesem die Möglichkeit eröffnen, den Sender zu schädigen. Zand (1977) hat in experimentellen Untersuchungen zeigen können, dass der Aufbau von Vertrauen zwischen Mitgliedern einer Gruppe ein wechselseitiger, jeweils auf dem Vertrauensvorschuss des anderen aufbauender Prozess ist, der dann schließlich zu der von Argyris (1965) so nachdrücklich geforderten Authentizität und Offenheit der Kommunikationsbeziehungen führt, während auf der anderen Seite durch experimentelle Manipulation eingeführtes Misstrauen sich ebenfalls spiralenartig weiterentwickelt, auf andere Inhaltsbereiche generalisiert und die Leistungsfähigkeit der Gruppe mindert.

Vertrauensvolle Kommunikation erscheint aber nicht nur deshalb wünschenswert, weil sie das Erreichen der Leistungsziele begünstigt, sondern sie sichert auch in Stresssituationen soziale Unterstützung (Udris & Frese, 1999). Obwohl das Konzept der sozialen Unterstützung vielschichtig ist, darf angenommen werden, dass es auf zwei Weisen bei der Bewältigung bedrohlicher Situationen hilft. Bei erlebter Unterstützung durch andere steigt beim Einzelnen die subjektive Wahrscheinlichkeit, den bedrohlichen Stressor zu beseitigen. Ist der Stressor objektiv nicht zu beseitigen, so erleichtert soziale Unterstützung – und das ist der zweite Aspekt – die intrapsychische Verarbeitung, d. h. die soziale Unterstützung wirkt als «Puffer»; es wird dann nicht die Belastung, wohl aber die Beanspruchung reduziert.

Kommunikation und Technik

Mitglieder einer Arbeitsgruppe kommunizieren nicht in einem «freien Raum». Sie bewältigen gestellte Aufgaben innerhalb vorgegebener Strukturen unter Nutzung bestimmter technischer Hilfsmittel. Dadurch wird die Kommunikation nachhaltig beeinflusst (Meissner, 1976). So ist aufgaben- und situationsbedingt bei werkstattähnlicher Fertigung die verbale Kommunikation zwischen den Arbeitenden intensiver ausgeprägt als bei Fließbandfertigung. Dort wird die nonverbale Kommunikation intensiviert, was möglicherweise auf die räumliche Distanz der Arbeitenden zueinander, auf den am Arbeitsplatz herrschenden Lärm und die Unmöglichkeit, den Arbeitsplatz für Gesprächszwecke zu verlassen, zurückgeführt werden kann. Meissner machte dabei deutlich, dass die sich entwickelnde nonverbale Sprache in hohem Maße differenziert und elaboriert ist.

Derartige Kommunikationsmöglichkeiten entfallen, wenn – bedingt durch die Entwicklung elektronischer Kommunikationssysteme – die «face to face»-Kommunikation zurückgeht. Frese und Brodbeck (1989) vermuten, dass sich zunehmend mehr elektronisch kommunizierende Arbeitsgruppen entwickeln werden. Dies hat, wie inzwischen empirisch gezeigt werden konnte (Edinger & Patterson, 1983; Kiesler & Sproull, 1986), Einfluss auf das Kommunikationsverhalten und die Kommunikationsinhalte. Dies wiederum ist für die Planung von «Videokonferenzen» (Schrader, Göpfert & Scherk, 1996) oder Systeme der «electronic mail» wichtig. Da dabei der Status des Senders nicht so leicht identifizierbar ist, kommt es einerseits stärker zum demokratischen Argumentationswettbewerb, andererseits zu einer Tendenz, die eigene Position zu unterstreichen. Sendungen innerhalb elektronischer Postsysteme sind deutlich weniger empfängerorientiert als vielmehr ich-zentriert. Häufiger als bei unmittelbarer Kommunikation werden Kommunikationsnormen überschritten, Vulgärausdrücke verwendet und relativ ungehemmt auch schlechte Nachrichten mitgeteilt.

In jüngerer Zeit sind vielfältige elektronische Kommunikationsmittel speziell für die Gruppenarbeit entwickelt worden (Oberquelle, 1993; Wegge, 1998; Künzel, 1999; Boos, Jonas & Sassenberg, 2000), die unter dem Namen «groupware» zusammengefasst werden. Klassifizieren lassen sich die Vorgehensweisen innerhalb einer Vierfeldertafel dadurch, dass einerseits die gleiche bzw. unterschiedliche Zeit, andererseits der gleiche Raum bzw. unterschiedliche Räume als Kategorien gewählt werden (Wegge, 2001). Die Nutzung derartiger groupware kann die Kommunikation innerhalb und zwischen Gruppen bei angemessener Planung und adäquatem Einsatz zwar verbessern, doch muss hier vor zu hohen Erwartungen gewarnt werden; Koordinationsprobleme, die durch groupware beseitigt werden sollen, bleiben vielfach bestehen.

Elektronische Kommunikationshilfen sind insbesondere bei virtuellen Arbeitsgruppen bedeutsam, wenn z. B. ein Teil einer Einheit in Los Angeles, ein zweiter in München und ein dritter in Tokio beheimatet ist (Pribilla, Reichwald & Goecke, 1995) und sowohl die Zeit als auch der Ort der Kommunikation unterschiedlich sind. Hier zeigt sich, dass die Führung virtueller Gruppen besonders wenig Erfolg hat, wenn außer Fax und Telefon weitere moderne Kommunikationsmittel von der Führung nicht genutzt werden. Sie wird bereits erfolgreicher, wenn der Führende diese Mittel selbst einsetzt und am erfolgreichsten, wenn dies an ein kompetentes «Vorzimmer» delegiert wird.

Man darf auch vermuten, dass die soziale Kompetenz von Gruppenmitgliedern zurückgehen wird, wenn elektronische Kommunikationsmedien nicht als Ergänzung, sondern als Ersatz üblicher Kommunikationsformen verwendet werden.

3.3 Dauer

Weiteres Definitionsmerkmal von Gruppen ist die größere zeitliche Erstreckung. Es wurde bereits darauf verwiesen, dass die für eine Gruppe konstituierende wechselseitige Akzeptanz oder gar Sympathie u. a. abhängig ist von der Anzahl der Kontakte, die sich ja erst im Zeitablauf ergeben. Gruppen brauchen Zeit, um sich zu konstituieren. Es gibt unterschiedliche Beschreibungs- und Erklärungsansätze für die Dynamik dieses Geschehens. Besonders viel zitiert ist die von Tuckman (1965) postulierte Phasenfolge des «Forming, Storming, Norming, Performing».
Für Arbeitsgruppen hat die hier angesprochene zeitliche Perspektive unter zwei Gesichtspunkten eine besondere Bedeutung. Arbeitsgruppen können relativ geschlossen sein, d. h. ihre Zusammensetzung kann über Jahre unverändert bleiben. Es ist aber auch möglich, dass aufgabenbedingt oder bedingt durch die Vermutung, dass häufige Jobrotation die Qualifikation der Mitarbeiter steigere sowie die Flexibilität und die Vernetzung der Organisation erhöhe, die Gruppenmitglieder ständig ausgetauscht werden. Die Gruppe ist dann relativ offen. Tatsächlich unterliegen lange bestehende geschlossene Gruppen der Gefahr, starre Normen zu bilden, in ihren Leistungen – insbesondere gemessen an Indikatoren der Innovativität – deutlich abzusinken (Katz, 1982), Normabweichungen massiv zu sanktionieren und die Offenheit für Argumente von außen zu verlieren (Janis, 1982). Dagegen muss bei häufig wechselnder Gruppenmitgliedschaft der gruppendynamische Prozess der Strukturierung jeweils neu beginnen, was

von den Gruppenmitgliedern als Beanspruchung erlebt wird. In ähnliche Richtung weisen die klassischen Untersuchungen von Trist und Bamforth (1951). Die Autoren zeigten in eindrucksvoller Weise, dass psychosomatische Erkrankungen bei Arbeitern im Kohlebergbau deutlich anstiegen, nachdem bestehende Gruppenstrukturen auf Grund technischer Innovationen zerschlagen und Arbeitsgruppen neu zusammengestellt wurden.

Der Aspekt der Dauer gewinnt in vielen Organisationen dadurch zusätzlich an Bedeutung, dass herkömmliche stabile Linienorganisationen aufgelockert und durch Projektgruppenorganisationen abgelöst oder doch ergänzt werden. Derartige Projektgruppen werden je nach Aufgabenstellung fachabteilungsübergreifend jeweils neu für die Projektbearbeitungszeit zusammengestellt (Streich, Marquart & Sanden, 1996). Sie müssen dann neben der Einarbeitung in die neue Thematik auch im sozialpsychologischen Sinne ihre Strukturierung vornehmen, ihre Normen bilden, ihre Rollendifferenzierungen vollziehen und die für die Arbeit erforderliche Kohäsion entwickeln. Ähnliches gilt für andere Gruppierungen, die neben der Arbeit zeitbegrenzt eingesetzt werden wie z.B. Qualitätszirkel, Lernstattgruppen, Werkstattzirkel etc. (s. Bungard & Antoni, Kap. 14).

3.4 Rollendifferenzierung

Für nahezu jede Arbeitsgruppe legt der Organisationsplan durch Arbeitsverträge, Organigramme sowie Tätigkeits- oder Stellenbeschreibungen Rollendifferenzierungen fest. So gibt es einen Vorgesetzten, seinen Stellvertreter sowie Stelleninhaber für die Erfüllung unterschiedlicher Aufgaben. Dies ist der Plan. Empirisch gilt es nun zu prüfen, ob die beobachtbare Rollendifferenzierung dem Plan entspricht und ob sich gar Rollen entwickeln, die im Plan nicht vorgesehen sind. Tatsächlich ist es eine der zentralen Erkenntnisse der sozialpsychologischen und mikrosoziologischen Gruppenforschung, dass es in Gruppen relativ rasch und spontan zu Rollendifferenzierungen kommt (z.B. Bales & Slater, 1969).

Rollendifferenzierung in Gruppen erfolgt mehrdimensional. Besonderes Interesse hat die vertikale Differenzierung gefunden, seit Schjelderupp-Ebbe (1922) in seinen Untersuchungen an Hühnern die so genannte «Hackordnung» nachwies, d.h. eine Rangreihe an Macht und Einfluss, die u.a. für die Privilegienvergabe maßgeblich ist und vom «Alpha» bis zum «Omega» reicht. Folgeuntersuchungen der Verhaltenswissenschaft zeigten Ähnliches für die Mehrzahl der sozial lebenden höheren Tiere, und die Sozialpsychologie fand Entsprechendes für menschliche Gruppen (Hofstätter, 1971; Bischof, 1997).

Zweifelhaft erscheint, ob bei menschlichen Gruppen die «Vertikale» als eine Dimension zu sehen ist. In viel zitierten Kleingruppenuntersuchungen im Labor fanden Bales und Slater (1969) zwei unterschiedliche Typen von Führern, einen Beliebtheits- und einen Tüchtigkeitsführer. Geht man davon aus, dass es in Gruppen um Zielerreichung (Lokomotion) und um Zusammenhalt (Kohäsion) geht, so ist bei der Führung von Gruppen Arbeitsteilung gut vorstellbar. Ein Führer bemüht sich darum, die Gruppe zum Sachziel zu leiten, während der andere für ihren Zusammenhalt sorgt. In der Praxis gehen entsprechende Empfehlungen häufig dahin, den formalen Führer, d.h. den ernannten Vorgesetzten, als Tüchtigkeitsführer zu interpretieren und den sich aus dem Gruppenprozess herausbildenden informellen Führer als Beliebtheitsführer zu sehen und ihn zum Stellvertreter zu machen. Witte und Ardelt (1989) zeigen allerdings in ihrem Überblicksartikel, dass die Differenzierung der Führungsrolle keineswegs regelmäßig, sondern nur bei bestimmten Bedingungen und Gruppen zu beobachten ist.

Neben der vertikalen Dimension spielen auch unterschiedliche horizontale Dimensionen eine wesentliche Rolle. Da bilden sich in der Gruppe Spezialisten für bestimmte Aufgaben, Mitläufer, Außenseiter, Sündenböcke, die in der gruppendynamischen Literatur vielfältig beschrieben und gedeutet wurden (Gebert, 1972; Sader, Schäuble & Theis, 1976). Im Labor, in Schulklassen, gelegentlich auch in Arbeitsgruppen hat man versucht, die Rollen mit Hilfe spezieller Abwandlungen der soziometrischen Methode (Moreno, 1934) zu diagnostizieren. Konkret sieht dies häufig so aus, dass jedes Gruppenmitglied notiert, mit welchem anderen Gruppenmitglied es besonders gern bzw. besonders ungern – z. B. in einem Projekt – zusammenarbeiten würde. Positive und negative Wahlen werden als unterschiedliche Verbindungslinien zwischen der Position der Gruppenmitglieder gezeichnet und ergeben so das anschauliche Soziogramm. Dieses visualisiert nun die Beziehungsstrukturen (z. B. wechselseitige Ablehnung) und Rollenzuweisungen (z. B. Außenseiter) unter dem Aspekt der Fragestellung.

In der organisationspsychologischen Literatur hat eine Rolle besondere Aufmerksamkeit gefunden: die des Führenden. Wegen der Bedeutung dieses Punktes wird er gesondert in Kapitel 15 besprochen werden.

3.5 Konformität: Gemeinsame Normen, Ziele und Werte

Auf Feldern offenen und verdeckten Verhaltens, die den Gruppenmitgliedern wichtig sind, geht in der Gruppensituation die Streubreite der Meinungen und Verhaltensweisen zurück. Standardisiertes Denken und Handeln entwickeln sich (Asch, 1965; Goodman et al., 1987) entsprechend den von anderen Gruppenmitgliedern geteilten Erwartungen, wie «man» in der Gruppe in bestimmten Situationen zu denken und zu handeln habe. Es wirken – folgen wir Korthals-Beyerlein (1979) oder McGrath (1984) – implizite in der Gruppe bestehende Aufforderungen, in ganz bestimmten wiederkehrenden Situationen spezifisches Verhalten zu zeigen oder zu unterlassen. Thibaut und Kelley (1959) und Irle (1975) gehen bei der Erklärung des Entstehens von Gruppennormen davon aus, dass die Beachtung bestimmter Verhaltensrichtlinien voneinander abhängigen Personen Vorteile bringt, während das Abweichen – auch nur eines Einzigen – für alle mit Nachteilen verbunden ist (vgl. auch Jackson, 1966). Vor diesem Hintergrund verwundert es nicht, dass Personen einer Gruppe in Bezug auf andere geringe Übereinstimmung zeigen. Normbeachtung ist eben auf ganz bestimmten Feldern für die Zielerreichung der Gruppe wesentlich, für andere dagegen nicht.

Es ist schon früh qualitativ beschrieben worden (Roethlisberger & Dickson, 1939), welche Prozesse sich in Gruppen abspielen, wenn bestimmte Mitglieder sich nicht an die Norm halten – z. B. in Bezug auf das Leistungsverhalten –, und wie es dadurch zum Phänomen der «Leistungsrestriktion», d. h. zu reduzierter Leistung bei Personen, die mehr als die Norm arbeiten, kommt (zusammenfassend v. Rosenstiel, 1995). Normabweichende Personen werden z. B. zunächst mit von außen kaum wahrnehmbaren Sanktionen, sodann durch verbale und schließlich gar durch körperliche Attacken dazu bewegt, die Gruppennorm zu beachten.

Es ist leicht nachzuvollziehen, dass Sanktionen durch andere ein Gruppenmitglied umso mehr treffen, je wichtiger ihm diese sind. Entsprechend ist vielfach (zusammenfassend Irle, 1975) eine positive Korrelation zwischen Normbeachtung und Gruppenkohäsion nachgewiesen worden.

Die Einhaltung der Normen macht das Erreichen bestimmter Vorteile für alle wahrscheinlich und bringt zusätzlich den Gruppenmitgliedern Entlastung von eigenem Denken und Entscheiden: «Mit der Einführung einer Regel …, einer Norm für die soziale Routine einer sozialen Beziehung als solcher werden die konkreten sozialen Interaktionen entlastet. Sie sind nicht Zwänge an sich» (Irle, 1975, S. 444).

Im Hinblick auf die Leistung in Arbeitsgruppen hat der Aspekt der Norm in verschiedenen Zusammenhängen Beachtung gefunden. So konnte einerseits nachgewiesen werden, dass das Bestehen hoher Leistungsnormen in Arbeitsgruppen mit starkem Zusammenhalt kurz- und längerfristig gute Leistungen bei geringer Streuung garantiert (s. die folgenden Abschnitte), dass aber andererseits in Problemlösungs- und Entscheidungsgruppen durch die Einhaltung von Normen innovative Gedanken eher behindert werden, da diese in der Regel von einigen, die eher als Außenseiter zu interpretieren sind, eingebracht werden (Janis, 1972). Entsprechend ist in derartigen Gruppen durch Nutzung spezifischer Sozialtechnologien dafür zu sorgen, dass Normabweichung erleichtert wird (vgl. wiederum Informationsbox 1).

Innovativ können auch Minderheiten sein. In diese Richtung weisen Untersuchungen von Moscovici (1979). Danach haben Minderheiten starken Einfluss, wenn sie sich konsistent und klar von der Mehrheitsmeinung distanzieren und dabei Sicherheit ausdrücken.

Diese Thematik berührt zentral die Wirkung von Diversität bzw. Heterogenität von Arbeitsgruppen. Diese Frage hat in den USA schon seit längerem angesichts der ethnisch und religiös gemischten Gesellschaft Interesse gefunden (Adler, 1980) und wird nun auch in Europa vor dem Hintergrund einer rasch ansteigenden interkulturellen Kooperation vermehrt diskutiert (Podsiadlowski, 2002). Meist wird – vermutlich im Sinne von «political correctness» – dahingehend argumentiert, dass Diversität und Heterogenität die Leistung einer Gruppe, insbesondere was ihre Innovationskraft betrifft, positiv beeinflussen (Adler, 2000), was sich allerdings durch die empirische Forschung als generelle Aussage nicht stützen lässt (Bhawuk, Podsiadlowski, Graf & Triandis, 2002). Tatsächlich lässt sich die Heterogenität nicht nur auf ethnische Zugehörigkeit, Kultur oder Religion beziehen, sondern letztlich auf alle nur denkbaren Merkmale. Man denke z.B. an Alter und Geschlecht, an Intelligenzhöhe und Motivausprägungen, an fachliche Ausbildung und berufliche Erfahrungen, an den Verhaltensstil, Fähigkeit oder Fertigkeit. Heterogenität erweist sich damit als ein mehrdimensionales Konstrukt (Wegge, 2001).

Empirische Feldforschung liegt vor allem für ethnisch und kulturell (Adler, 1991) sowie geschlechtsgemischte Gruppen (Dion, 1985; Allmendinger & Hackmann, 1995; siehe Abschnitt 3.2) vor. Hier zeigen sich bei Heterogenität der Zusammensetzung gelegentlich Leistungs- und Kreativitätsvorteile, meist aber – insbesondere bei sehr starker ethnischer und kultureller Heterogenität – Kommunikations-, Klima- und Leitungsstörungen, so dass die Frage forschungsleitend sein sollte, wie viel Heterogenität zu viel ist, sowie unter welchen Rahmenbedingungen bzw. durch welche Trainingsmaßnahmen das in der Heterogenität liegende Potenzial in Innovation und Leistung umgesetzt werden kann. Hinsichtlich einiger sonstiger Merkmale ist der Befund geradezu banal, dass bei Projektgruppen, die in innovativer Weise komplexe Probleme bearbeiten sollen (Gemünden & Högl, 2000), fachliche Heterogenität, die das interdisziplinäre Feld abdeckt, von Vorteil ist oder eine Gruppe nicht sonderlich gut kommuniziert, wenn alle Mitglieder extrem introvertiert oder extravertiert sind.

Die Forschung auf diesem Feld ist meist labor-experimentell (Guzzo & Dickson, 1996). Sie zeigt in der Regel – obwohl natürlich nach der Art der unterschiedlichen Merkmale differenziert werden muss –, dass Leistungsvorteile heterogen zusammengesetzter Gruppen bei Entscheidungs- und Kreativitätsaufgaben zu beobachten sind. Hinsichtlich anderer Aufgaben (Klimoski & Jones, 1995) ist eher Skepsis angebracht. Als Beispiel sei eine Studie von Williams & Sternberg (1988) zitiert. Die Autoren ließen 3-Personen-Gruppen im Labor komplexe Probleme bearbeiten. Es zeigte sich, dass die durchschnittliche Intelligenz der Gruppenmitglieder die Gruppenleistung gut prognostizierte, dagegen nicht die Distanz der Intelligenzwerte als Maß der Heterogenität.

Brodbeck (1999) kritisiert allerdings die experimentelle Forschung auf diesem Gebiet grundsätzlich mit dem Argument, sie sei statisch konzipiert (vgl. auch Brodbeck & Greitemeyer, 2000). Tatsächlich sehen ja die meisten der vorliegenden Untersuchungen so aus, dass – nach bestimmten interessierenden Merkmalen – homogen bzw. heterogen zusammengesetzte Gruppen mit spezifischen Aufgaben konfrontiert werden und sodann geprüft wird, ob sich die homogenen oder die heterogenen Gruppen als leistungsstärker erweisen. Nicht überprüft wird dabei, ob es durch die Kooperation zu Prozessverlusten bzw. -gewinnen kommt. Brodbeck fordert entsprechend ein dynamisches Konzept, was empirisch eine länger dauernde Zusammenarbeit der Gruppenmitglieder und mehrere Messzeitpunkte verlangt. Tatsächlich konnte Brodbeck in einer Reihe entsprechend angelegter experimenteller Studien zeigen, dass es in Abhängigkeit von der Qualität der Kooperation zu Prozessverlusten oder aber zu Prozessgewinnen kommen kann. Um diese Gewinne muss sich die heterogen zusammengesetzte Gruppe bemühen, d.h. sie muss investieren. Derartige Investitionen sind in erster Linie Zeit, kognitive Elaboration, Engagement und Übung im kollektiven Handeln. Brodbecks Fazit lautet: «Synergy is not for free.»

Insgesamt wird man sich von der inzwischen sehr intensiv anlaufenden Forschung zur Diversität bzw. Heterogenität kaum generalisierungsfähige Befunde erwarten dürfen. Man wird danach differenzieren müssen, um welche Personenmerkmale und Interaktionen zwischen diesen es geht, welche Aufgaben in welchem Kontext zu bearbeiten sind sowie an welchen Kriterien die Effekte gemessen werden. Schließlich sind wohl meist kurvilineare Beziehungen zu erwarten, denn Maximum und Optimum der Heterogenität werden selten identisch sein.

3.6 Wir-Gefühl und Kohäsion

Es war bereits darauf verwiesen worden, dass in Arbeitsgruppen auf zwei Aspekte besonders geachtet werden muss, den Zusammenhalt (Kohäsion) und die Bewegung auf das Ziel hin (Lokomotion), was sowohl für die Interpretation des Führungsduals (Bales & Slater, 1969) als auch für die theoretische Begründung der beiden zentralen Dimensionen des Führungsverhaltens der Ohio-Schule (Fleishman, 1973; Wegge & v. Rosenstiel, Kap. 15) Consideration und Initiating structure bedeutsam erscheint.

Kohäsion einer Gruppe lässt sich dabei umschreiben als das Ausmaß wechselseitiger positiver Gefühle (Sader, 1991; Irle, 1975). In dem Maße, in dem die Kohäsion anwächst, zu erlebter Zusammengehörigkeit führt, entwickelt sich auch das «Wir-Gefühl», ein konstituierender Bestandteil vieler Gruppendefinitionen. Die Mitglieder sprechen voneinander als «Wir».

Bedeutsam für das Verbleiben in einer Gruppe ist auch die Dependenz von der Gruppe, d. h. die Abhängigkeit des Gruppenmitglieds von der Gruppe, das bei Verlust der Gruppenmitgliedschaft Vorteile einzubüßen fürchtet, die es woanders nicht zu erreichen glaubt (Irle, 1975; v. Rosenstiel, 2003).

Eine intensive Kohäsion in Arbeitsgruppen wird in aller Regel in der Praxis für wünschenswert gehalten, obwohl nicht selten besonders schwache Gruppenarbeitsergebnisse, z. B. in Form von Leistungsrestriktion (v. Rosenstiel, 1995) oder Fehlentscheidungen auf Grund dieser hohen Kohäsion (Janis, 1972; zusammenfassend Brandstätter, 1989) beobachtet werden können.

Speziell eine oberflächlich verstandene «Human Relations»-Bewegung sah in der Förderung der Kohäsion ein Mittel zu unterschiedlich gearteten positiven Folgen, da sie annahm, dass das Gemeinschaftsgefühl zugleich die Leistungsbereitschaft und damit die Produktivität steigere.

Es soll daher nun geprüft werden, welche Bedingungen zur Gruppenkohäsion führen und was diese unter welchen Bedingungen bewirkt.

Kohäsion als abhängige Variable

Zuvor (S. 390) wurde gezeigt, dass die Häufigkeit von Kontakten und die wahrgenommene Ähnlichkeit die Gruppenbildung begünstigen, also zur Festigung des Wir-Gefühls beitragen. Das ist besonders wahrscheinlich, wenn Personen, die bezüglich wichtiger Aspekte einander ähnlich sind, bei räumlicher Nähe in kleiner Zahl über längere Zeit beieinander bleiben.

Für Arbeitsgruppen besonders wichtig erscheint, dass auch der Arbeitsinhalt – wie experimentell nachgewiesen wurde (Back, 1951) – die Kohäsion erhöhen kann (1.3). Der Versuch, eine Aufgabe effizient zu bewältigen und gemeinsam zu Erfolgen zu gelangen, verbindet. «Profit Centers», teilautonome Arbeitsgruppen, Qualitätszirkel etc. können entsprechend als Maßnahmen interpretiert werden, Leistungsbereitschaft und Gruppenkohäsion gleichzeitig zu steigern.

Weitere Bedingungen müssen jedoch hinzukommen, damit der erlebte Zusammenhalt sich intensiviert. Ist die Zahl der Mitglieder klein und hat jeder die Möglichkeit, mit jedem zu kommunizieren, so ist immer noch die Frage zu stellen, welche Folgen diese Kommunikationsprozesse und die Anwesenheit anderer Mitglieder für ein Gruppenmitglied haben (Vroom, 1964). Es wird also dann die Gruppe hohe Attraktivität für jedes Mitglied haben, wenn sie als Mittel zu dem Zweck wahrgenommen wird, Bedürfnisse des Einzelnen zu erfüllen. Vor diesem Hintergrund ist – wie bereits beim Konzept der sozialen Unterstützung besprochen – auf zweierlei zu achten: Die Gruppenmitgliedschaft sollte zum einen auf der Ebene des Emotionalen Geborgenheit vermitteln und zum anderen auf dem Gebiet der Handlung durch die Chance des gemeinsamen Tuns den Einzelnen vor dem Erleben des Kontrollverlustes schützen (Gebert & v. Rosenstiel, 2002).

Kohäsion als unabhängige Variable

Ein intensiv ausgeprägtes Wir-Gefühl, d.h. eine hohe Kohäsion der Gruppe, bewirkt vor allem zweierlei:

- hohe Zufriedenheit, wobei zu fragen ist, ob man diese tatsächlich als abhängige Variable sehen kann oder ob sie nicht weitgehend identisch, nur eben auf andere Weise operationalisiert ist;
- striktere Einhaltung der für die Gruppe wichtigen Normen.

Gruppenkohäsion und Arbeitszufriedenheit sind meist negativ mit der Fehlzeiten- und Fluktuationsrate korreliert (Vroom, 1964; v. Rosenstiel, 2003). Nicht selten wird argumentiert, dass Fehlzeiten und Fluktuation auf einer Dimension lägen, d.h. die Kündigung gewissermaßen die extremere Ausprägung der zeitlich begrenzten Abwesenheit vom Arbeitsplatz sei. Irle (1975) verweist nun auf negative Korrelationen zwischen Absentismus und Fluktuationsneigung und geht davon aus, dass Fluktuation nur dann zu erwarten sei, wenn die Gruppenkohäsion und die Dependenz von der Gruppe gering sind, während Fehlzeiten eher dann wahrscheinlich seien, wenn die Kohäsion zwar niedrig, die Dependenz von der Gruppe aber hoch ist.

Gruppenkohäsion korreliert mit Normbeachtung solcher Verhaltensweisen, die für die Gruppenmitglieder bedeutsam sind. Nur bei diesen sind versteckte oder offensichtliche Sanktionen gegen Abweichungen – bis hin zum Gruppenabschluss, der bei hoher Kohäsion natürlich besonders schmerzlich ist – zu erwarten.

In Arbeitsgruppen zählt zu diesen wichtigen Handlungsbereichen in der Regel das Leistungsverhalten (Hackman, 1976). Es fanden sich Hinweise darauf, dass unter bestimmten Konstellationen – z.B. wenn die Gruppenmitglieder als Folge hoher Leistung negative Konsequenzen vermuten – in der Gruppe die Leistungsmenge bewusst zurückgehalten und Überschreitungen der informellen Norm durch ein Mitglied von den anderen sanktioniert wurde (zusammenfassend v. Rosenstiel, 1995).

Differenzierte Analysen dieses Phänomens gelangen in klassischen laborexperimentellen Untersuchungen (Schachter, Ellertson, McBride & Gregory, 1951; Berkowitz, 1953). Durch systematische Bedingungsvariation wurden in 2x2-Designs die Gruppenkohäsion (hoch/niedrig) und die Leistungsnorm (hoch/niedrig) systematisch manipuliert. Es zeigte sich, dass nur bei hoher Gruppenkohäsion die Leistungsziele streng beachtet wurden, d.h. nur bei hoher Gruppenkohäsion und positiven Zielsetzungen waren die Leistungen bei geringer Streuung hoch, während sie bei hoher Gruppenkohäsion und niedriger Zielsetzung bei geringer Streuung niedrig ausgeprägt waren. Im Fall geringer Gruppenkohäsion streuten die Leistungen weit, d.h. es entwickelte sich keine sehr ausgeprägte Leistungsnorm.

Seashore (1954) gelangte in Felduntersuchungen zu ähnlichen Ergebnissen: Er fand bei hoher Gruppenkohäsion sowie wahrgenommener Unterstützung der Gruppenmitglieder durch die Unternehmensführung und damit zusammenhängenden positiven Einstellungen zum Unternehmen die besten Leistungsergebnisse.

4. Diagnose und Intervention

Wissenschaftlich begründetes praxisbezogenes Handeln (Schneewind, 1973; Gebert & v. Rosenstiel, 2002) besteht in der Folge:

1. Diagnose = Ermittlung des Ist-Zustandes
2. Zielformulierung = Definition des Soll-Zustandes
3. Entwicklung von Veränderungswissen im Sinne von Sozialtechnologien
4. Intervention unter Verwendung des Veränderungswissens
5. Evaluation, um zu prüfen, ob der neue Ist-Zustand dem Soll-Zustand entspricht

In der Praxis heißt dies, den jeweiligen Ist-Zustand vor, während und nach der Intervention zu messen sowie für die Intervention wissenschaftliches Veränderungswissen im Sinne geprüfter Sozialtechnologien einzusetzen. Für die Verbesserung von Gruppenarbeit bedeutet dies, aufgrund personendiagnostischer Maßnahmen geeignete Gruppenmitglieder unter Einschluss des Führenden auszuwählen sowie die Prozesse und Strukturen in der Gruppe zu diagnostizieren, angemessene Führungsprinzipien zu ermitteln, um sodann die Personen zu trainieren und das Team zu entwickeln.

4.1 Auswahl der Teammitglieder

Obwohl die psychologische Personalauswahl (Schuler, 2000) ein sehr fundiertes Teilgebiet der Psychologie ist und es entsprechend geeignete Methoden gibt, Personen für die auf der Sachebene zu bewältigenden Anforderungen auszuwählen, fehlen bislang valide Verfahren zur Bestimmung jener, die sich gut in einen spezifischen sozialen Kontext integrieren lassen (Schuler & Barthelme, 1995). Das liegt schon allein daran, dass das Konzept der sozialen Kompetenz schwammig erscheint und sich höchst unterschiedlich operationalisieren lässt. So wird man meist bei Auswahlentscheidungen von standardisierten Verfahren absehen und stattdessen mit strukturierten Interviews, situativen Verfahren oder dem Assessment Center arbeiten, mit deren Hilfe man interpersonales Verhalten in spezifischen Kontexten erfragt und beobachtet. Högl & Gemünden (2000) gelangten auf Grund von Befragungen an Mitgliedern von Projektgruppen zu der praktischen Empfehlung, dass bei den Mitarbeitern zu achten sei auf (1) ausreichende soziale Kompetenz, (2) ausreichende methodische Kompetenz, (3) Präferenz für Teamarbeit, (4) geringe Diskrepanzen im Wissens- und Fähigkeitsstand.

4.2 Teamdiagnostik

Ist die Gruppe gebildet, so kann es auf der Sach- und auf der Beziehungsebene zu vielfältigen Störungen kommen, die es zu diagnostizieren gilt, bevor man Interventionsmaßnahmen einleitet.

Kleinbeck (2001) hat derartige Störungen nach der Art der Symptome klassifiziert und jeweils mögliche Ursachen, Ansatzpunkte für Verbesserungsmaßnahmen und zugrunde liegende theoretische Konzepte genannt. Er unterscheidet bei den Symptomen (1) nachlassende Leistungen, (2) soziale Konflikte und sinkenden Gruppenzusammenhalt, (3) hohe Fehlzeitenquote bei geringer Arbeitszufriedenheit und -motivation, (4) Probleme durch den Organisationskontext und mangelnde Selbstorganisation der Gruppe.

Für die Diagnose der Prozesse und Strukturen in der Gruppe eignen sich vielfältige unstandardisierte Befragungs- und Beobachtungsverfahren. Man kann z. B. Interviews mit den Gruppenmitgliedern durchführen, mit Hilfe von Moderationskarten anonym nach Stärken und Schwächen fragen und die Karten dann zu Themenfeldern clustern oder kundige Beobachter Verhaltensweisen bei der Gruppenarbeit registrieren und kategorisieren lassen. Es gibt aber auch einige standardisierte Beobachtungs- (Bales & Cohen, 1982) und Befragungsverfahren (Kauffeld, 2001). Zwei in jüngerer Zeit im deutschen Sprachraum sorgfältig entwickelte Verfahren seien exemplarisch skizziert. Beide berufen sich auf die Arbeiten von West (1996) und seine Unterscheidung zwischen «task reflexivity» und «social reflexivity». Das Team-Klima-Inventar (TKI) von Brodbeck, Anderson & West (2000) hat die inhaltlichen Dimensionen (1) Vision, (2) Aufgabenorientierung, (3) partizipative Sicherheit und (4) Unterstützung für Innovation. Das Verfahren umfasst unter Einschluss von 6 Fragen zur sozialen Erwünschtheit 44 Items und ist vor allem für die Teamdiagnose in Projektgruppen geeignet. Der Fragebogen zur Arbeit im Team (F-A-T) (Kauffeld, 2001) hat die Skalen (1) Verantwortungsubernahme, (2) Zusammenhalt, (3) Aufgabenbewältigung und (4) Zielorientierung. Er umfasst lediglich 22 Items und hat sich auch bei der Teamdiagnose in Gruppen gewerblicher Arbeitnehmer bewährt.

4.3 Teamführung

Für die Führung von Gruppen gilt letztlich all das, was Wegge und v. Rosenstiel (Kap. 15) in diesem Buch ausführen. Speziell für die Führung von Gruppen – insbesondere Projektteams (Gemünden & Högl, 2000) – sind auf der Basis empirischer Analysen (Högl & Gemünden, 2000; Kleinbeck, 2001) spezielle konkrete Empfehlungen entwickelt worden. Die wichtigsten seien knapp genannt:

- Das für die Gruppe geltende Ziel sollte kollektiv verpflichtend sein.
- Dieses Ziel sollte klar, zeitlich überschaubar, inhaltlich realistisch und über die Zeit konstant sein.
- Der Führende sollte dem Teammitglied regelmäßiges zielbezogenes konkretes und konstruktives Feedback zu den Arbeitsabläufen und -ergebnissen geben.
- Als Basis dieses Feedbacks müssen die Leistungen korrekt gemessen werden.
- Der Führende sollte die Beziehung zwischen dem Handeln der Gruppe und ihren Arbeitsergebnissen erkennbar werden lassen.
- Der Führende sollte mit den Teammitgliedern Handlungspläne zur Zielerreichung besprechen und bei der Festlegung von Prioritäten helfen.
- Der Führende sollte zu Koordination und Konfliktbearbeitung in der Gruppe beitragen.
- Es sollte ein Führungsmodell praktiziert werden, das den Teammitgliedern grundsätzlich eine gleichberechtigte Mitwirkungsmöglichkeit bei Entscheidungen bietet.

4.4 Teamentwicklung

Teammitglieder müssen individuell für ihre Aufgaben in der Gruppe im Rahmen der Personalentwicklung (Sonntag, 2002) qualifiziert werden. Dies aber ist für eine erfolgreiche Gruppenarbeit nicht ausreichend. Kooperation und Kommunikation müssen darüber hinaus im konkreten interpersonalen Kontext gemeinsam im Rahmen der Teamentwicklung (Comelli, 2003; Kauffeld & Grote, 2001; Sonntag & Stegmaier, 2001) gefördert werden. Als Ziele werden dabei häufig genannt:

- Verbesserung des Verständnisses für die Rolle eines jeden Teammitglieds innerhalb der Gruppe,
- Verbesserung des Verständnisses für die Beschaffenheit des Teams und seiner Rolle innerhalb der Gesamtorganisation,
- Verbesserung der Kommunikation zwischen den Teammitgliedern in all jenen Bereichen, die die Effektivität der Gruppe betreffen,
- Stärkung der wechselseitigen Unterstützung,
- Klares Verständnis für die ablaufenden Gruppenprozesse,
- Finden von effektiven Wegen, um die in der Gruppe bestehenden Sach- und Beziehungsprobleme zu bewältigen,
- Konstruktive Lösung von Konflikten,
- Stärkung der Kooperation der Teammitglieder,
- Verminderung destruktiven Wettbewerbs,
- Verbesserung der Fähigkeit des Teams, mit anderen Arbeitsgruppen innerhalb der Organisation zu kooperieren,
- Intensivierung des Bewusstseins des wechselseitigen aufeinander Angewiesenseins im Team.

Der Ablauf einer Teamentwicklungsmaßnahme entspricht meist dem Survey-Feedback-Ansatz der Organisationsentwicklung (vgl. Gebert, Kap. 18). Dabei wird unter der Leitung eines neutralen Moderators zunächst mit angemessenen Methoden eine Teamdiagnose vorgenommen (Abschn. 4.2), die Ergebnisse werden an die Teammitglieder zurückgemeldet und von diesen gemeinsam interpretiert. Darauf entwickeln die Teammitglieder Spielregeln ihrer künftigen Zusammenarbeit, die sowohl die Sach- als auch die Beziehungsebene betreffen, und üben die entsprechenden Verhaltensweisen ein. In Folgetreffen werden auf der Basis erneuter Teamdiagnosen weitere Zielsetzungen vorgenommen, Zielsetzungen bestätigt oder korrigiert, Kontextbedingungen modifiziert und ergänzende Übungen beschlossen. Derartige Teamentwicklungsmaßnahmen können durchaus erfolgreich sein, wie **Informationsbox 3** zeigt.

Informationsbox 3

Teamentwicklung in der Geschäftsleitung

v. Rosenstiel (1997) unterstützte Teamentwicklungsmaßnahmen in der 7 Personen umfassenden Geschäftsleitung eines deutschen Unternehmens der Energiebranche. Innerhalb dieser Geschäftsleitung gab es nachhaltige Störungen der Kooperation; das soziale Klima war belastet. Um Besserungen auf der Sach- und der Beziehungsebene zu erzielen, wurden Teamentwicklungsmaßnahmen vereinbart. Dafür trafen sich die Geschäftsleitung und der Moderator viermal mit einem Intervall von jeweils ca. einem Jahr für jeweils 2 bis 3 Tage. Dabei wurden inhaltliche Informationen zur Kommunikation und Kooperation in Gruppen geboten und diskutiert sowie mit Hilfe von Moderationsmethoden Stärken und Schwächen der Zusammenarbeit in der Geschäftsleitung diagnostiziert, Ursachen analysiert und gemeinsam Regeln der künftigen Zusammenarbeit vereinbart, während der Treffen eingeübt und sodann innerhalb des Intervalls im Rahmen der alltäglichen Arbeit erprobt. Zur Unterstützung des Prozesses wurde auch ein standardisiertes Teamdiagnoseinstrument, das von Papenfuß, Pfeuffer und v. Rosenstiel (1985) entwickelt worden war, bei jedem Treffen eingesetzt und dabei von jedem Geschäftsleitungsmitglied anonym ausgefüllt. Die Ergebnisse dokumentieren, wie die Teammitglieder die sozialen Veränderungen in ihrem Gremium erlebten. Dies zeigt die folgende Abbildung.

Verhalten in der Gruppe

1. Wir nehmen uns selten Zeit, einander unsere Zielvorstellungen und Erwartungen mitzuteilen.
2. Der Informationsfluss zwischen uns lässt zu wünschen übrig.
3. Wir verhalten uns in dieser Gruppe häufig nicht wirklich frei und offen zueinander.
4. Die Ziele einiger von uns stimmen nicht mit denen der anderen überein.
5. Meinungsverschiedenheiten zwischen uns werden selten restlos geklärt und die individuellen Standpunkte zu wenig berücksichtigt.
6. Versuche, Sachverhalte kritisch zu werten, werden oft als negativ und verletzend gesehen.
7. Manche von uns verfolgen ihre persönlichen Ziele auf Kosten der Gruppe.
8. Wir halten uns oft nicht an getroffene Entscheidungen oder setzen sie nur zum Teil in die Tat um.
9. Wir investieren zu wenig Zeit in die Kontrolle unserer Problemlösungsstrategien.
10. Wir sprechen kaum über die Qualität unserer Zusammenarbeit.
11. Manche von uns sind sich nicht im Klaren über ihr Verhältnis zum Leiter.

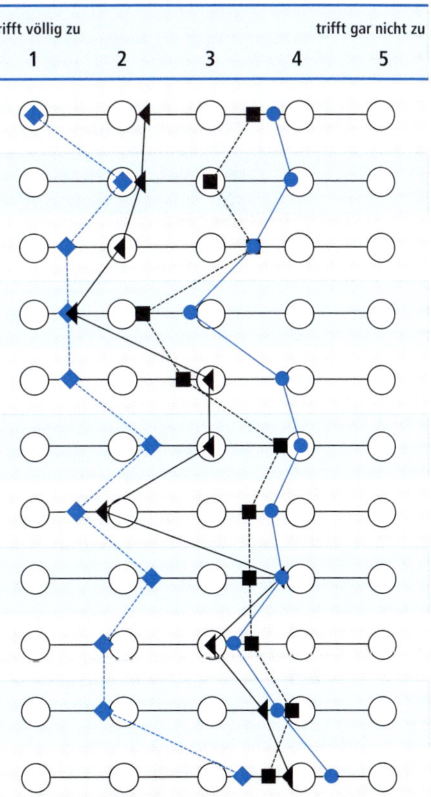

T1 T2 T3 T4

5. Zusammenfassung

Die empirische Forschung zur Arbeitsgruppe und deren Führung hat eine Reihe relativ gut gesicherter Erkenntnisse gebracht, an denen die praktische Psychologie (v. Rosenstiel, 2003) mit konkretem Handeln ansetzen und an denen orientiert die Angewandte Psychologie Sozialtechnologien entwickeln kann. Die für die Praxis wichtigsten Ergebnisse seien schlagwortartig skizziert.

- Wo Menschen gemeinsam arbeiten, entstehen über die Sachbeziehung hinaus Sozialbeziehungen anderer Art, die gestaltbar und vorhersagbar sind.
- Die Bildung von Gruppen in Organisationen ist vor allem dort wahrscheinlich, wo eine geringere Zahl von Personen, die sich als einander ähnlich erleben, über längere Zeit die Chance zum direkten Kontakt haben und sich von der Mitgliedschaft in der Gruppe Vorteile versprechen.
- Gruppenleistungen sind keineswegs immer besser als Einzelleistungen. Kriterien dafür, wann Gruppen besser, gleich oder schlechter als Einzelne arbeiten, sind auffindbar und zum Teil benennbar.
- Wenn in Gruppen gearbeitet werden soll, müssen die Personen durch Entwicklung ihrer kommunikativen Kompetenz dafür qualifiziert sowie Regeln für die Gruppenarbeit ausgearbeitet werden.
- Um die Aufgaben erfolgreicher zu bewältigen, müssen die Gruppenmitglieder anforderungsgerecht ausgewählt werden, wobei insbesondere die Frage nach dem angemessenen Grad der interindividuellen Heterogenität sowie der sozialen Kompetenz zu beachten ist.
- Die Arbeit bereits bestehender Gruppen kann optimiert werden, wenn auf Grund einer Teamdiagnose die Gruppenmitglieder unter der Leitung eines Moderators die strukturellen Schwächen ihrer Zusammenarbeit analysieren, sich im Rahmen eines Teamentwicklungstrainings Regeln der Kooperation geben und diese einüben.

Anwendungsorientierte organisationspsychologische Forschung und praktisches organisationspsychologisch begründetes Handeln können in Organisationen dazu beitragen, dass Gruppenarbeit für alle Beteiligten befriedigender verläuft und zu besseren Ergebnissen führt.

6. Literatur

Adler, N. (1980). *International dimensions of organizational behavior.* (*2. Aufl.*) Boston: Kent Publishers.

Adler, N. (1991). Cultural synergy: The management of cross-cultural organizations. In W. Burke & L. Goodstein (Eds.), *Trends and issues in OD: Current theory and practice* (S. 163–184). San Diego: University Associates.

Allemendinger, J. & Hackmann, R. (1995). The more, the better? On the inclusion of women in professional organizations. *Social Forces, 74*, 423–460.

Alpert, R. & Haber, R.N. (1960). Anxiety in academic achievement situations. *Journal of Abnormal and Social Psychology, 55*, 207–215.

Antoni, C. (1994). *Gruppenarbeit im Unternehmen – Konzepte, Erfahrungen, Perspektiven.* Weinheim: Psychologie Verlags Union.

Antoni, C. H. (1996). *Teilautonome Arbeitsgruppen.* Weinheim: Beltz.

Argote, L. (1993). Group and organizational learning curves: Individual, system and environmental components. *British Journal of Social Psychology, 32*, 31–51.

Argyris, C. (1965). *Personality and organization: The conflict between system and the individual.* New York: Harper & Row.

Asch, S. E. (1965). Studies of interdependence and conformity. A minority of one against a unanimous majority. *Psychological Monographs, 9 (Whole No. 416).*

Back, K. W. (1951). Influence through social communication. *Journal of Abnormal and Social Psychology, 46*, 9–23.

Bales, R. F. & Cohen, S. P. (1982). *SYMLOG. Ein System für die mehrstufige Beobachtung von Gruppen.* Stuttgart: Klett-Cotta.

Bales, R. F. & Slater, P. E. (1969). Role differentiation in small decision making groups. In C. Gibb (Ed.), *Leadership* (pp. 255–276). Harmondsworth: Penguin Books.

Bandura, A. (1969). *Principles in behavior modification.* New York: Holt, Rinehart & Winston.

Bass, B. M. (1960). *Leadership, psychology, and organizational behavior.* New York: Harpers Brothers.

Bavelas, A. (1953). Communication patterns in task-oriented groups. In D. Cartwright & A. Zander (Eds.), *Group dynamics – research and theory* (pp. 669–682). Evanston: Row, Peterson & Co.

Beck, U. (1997). *Was ist Globalisierung?* Frankfurt: Suhrkamp.

Berkowitz, L. (1953). Sharing leadership in small decision-making groups. *Journal of Abnormal Social Psychology, 48,* 231–238.

Bhawnk, D. P. S., Podsiadlowski, A., Graf, J. & Triandis, H. C. (2002). Corporate strategies for managing diversity in the global workplace. In G. R. Ferris, M. R. Buckley & D. B. Fedor (Eds.), *Human resource management: Perspectives, context, functions and outcomes* (pp. 112–145). Englewood Cliffs, NJ: Prentice-Hall.

Bischof, N. (1989). *Das Rätsel Ödipus. Die biologischen Wurzeln des Urkonflikts von Intimität und Autonomie.* München: Piper.

Boos, M., Jonas, K. J. & Sassenberg, K. (Hrsg.). (2000). *Computervermittelte Kommunikation in Organisationen.* Göttingen: Hogrefe.

Brandstätter, H. (1989). Problemlösen und Entscheiden in Gruppen. In E. Roth (Hrsg.), *Organisationspsychologie. Enzyklopädie der Psychologie D/III/3* (S. 505–528). Göttingen: Hogrefe.

Brandstätter, H., Davis, J. H. & Stocker-Kreichgauer, G. (1982). *Group decision making.* London: Academic Press.

Brodbeck, F. C. (1999). «Synergy is not for free». Theoretische Modelle und experimentelle Untersuchungen über Leistung und Leistungsveränderung in aufgabenorientierten Kleingruppen. *Habilitationsschrift.* München: Institut für Psychologie.

Brodbeck, F. C., Anderson, N. & West, M. (2000). *Teamklima-Inventar (TKI).* Göttingen: Hogrefe.

Brodbeck, F. C. & Greitemeyer, T. (2000). A dynamic model of group performance: Considering the group members' capacity to learn. In *Group Processes & Intergroup Relations, 3,* 159–182. München: Universität.

Bühler, K. (1934). *Theorie der Sprache.* Jena: Fischer.

Bungard, W. & Jöns, I. (1997). Gruppenarbeit in Deutschland – Eine Zwischenbilanz. In *Zeitschrift für Arbeits- und Organisationspsychologie, 3,* 104–120.

Comelli, G. (2003). Qualifikation für Gruppenarbeit: Teamentwicklungstraining. In L. v. Rosenstiel, E. Regnet & M. Domsch (Hrsg.), *Führung von Mitarbeitern. Handbuch für erfolgreiches Personalmanagement* (5. Aufl., 415–446). Stuttgart: Schäffer-Poeschel.

Crown, D. F. & Rosse, J. G. (1995). Yours, mine, and ours: Facilitating group productivity through the integration of individual and group goals. *Organizational Behavior and Human Decision Processes, 64,* 54–70.

Diehl, M. & Stroebe, W. (1987). Productivity loss in brainstorming groups: Toward the solution of a riddle. *Journal of Personality and Social Psychology, 53,* 497–509.

Dierkes, M., Berthoin Antal, A., Child, J. & Nonaka, I. (2001). *Handbook of organizational learning and knowledge.* Oxford: University Press.

Dion, K. L. (1985). Sex, gender and groups: Selected issues. In V. E. O'Leary, R. Kesler-Unger & D. Strudler-Wallstron (Eds.), *Women, gender and social psychology* (pp. 293–347). Hillsdale: Erlbaum.

Edinger, J. A. & Patterson, M. L. (1983). Nonverbal involvement and social control. *Psychological Bulletin, 93,* 36–56.

Ellgring, H. (1983). Kommunikation. In D. Frey & S. Greif (Hrsg.), *Sozialpsychologie* (S. 186–203). München: Urban & Schwarzenberg.

Erpenbeck, J. & Sauer, J. (2000). Das Forschungs- und Entwicklungsprogramm «Lernkultur und Kompetenzentwicklung». In Arbeitsgemeinschaft Qualifikations-Entwicklungs-Management (Hrsg.), *Kompetenzentwicklung 2000* (S. 289–337). Münster: Waxmann.

Fayol, H. (1929). *Allgemeine industrielle Verwaltung.* München: Oldenbourg.

Fleishman, E.A. (1973). Twenty years of consideration and structure. In E. A. Fleishman & J. G. Hunt (Eds.), *Current developments in the study of leadership* (pp. 1–37). Carbondale: Southern Illinois University Press.

Franke, H. (1998). *Problemlösen in Gruppen.* Leonberg: Rosenberger.

Frese, M. & Brodbeck, F. (1989). *Computer in Büro und Verwaltung.* Berlin: Springer.

Friedel-Howe, H. (1990). Ergebnisses und offene Fragen der geschlechtsvergleichenden Führungsforschung. *Zeitschrift für Arbeits- und Organisationspsychologie, 34,* 3–16.

Gebert, D. (1972). *Die Gruppendynamik in der betrieblichen Führungsschulung.* Berlin: Duncker & Humblot.

Gebert, D. (1978). *Organisation und Umwelt.* Stuttgart: Kohlhammer.

Gebert, D. & Rosenstiel, L. v. (2002). *Organisationspsychologie.* Stuttgart: Kohlhammer.

Geen, R. G. (1991). Social motivation. *Annual Review of Psychology, 42,* 377–399.

Gemünden, H.-G. & Högl, M. (Hrsg.). (2000). *Management von Teams. Theoretische Konzepte und empirische Befunde.* Wiesbaden: Gabler.

Goodman, P. S., Ravlin, E. & Schminke, M. (1987). Understanding groups in organizations. In L. L. Cummings & B. M. Staw (Eds.), *Research in organizational behavior* (Vol. 9, pp. 121–173). Greenwich: JAI Press.

Graen, G. B. & Uhl-Bien, M. (1995). Führungstheorien – von Dyaden zu Teams. In A. Kieser, G. Reber & R. Wunderer (Hrsg.), *Handwörterbuch der Führung* (2. Aufl., S. 1045–1085). Stuttgart: Poeschel.

Guzzo, R. A. & Dickson, M. W. (1996). Teams in organizations: Recent research on performance and effectivities. *Annual Review of Psychology, 47,* 307–338.

Hackman, J. R. & Oldham, G. R. (1974). *The job diagnostic survey.* New Haven: Yale University Press.

Hackman, J.R. (1976). Group influences on individuals. In M. D. Dunnette (Ed.), *Handbook of industrial and organizational psychology* (pp. 1455–1525). Chicago: Rand McNally.

Hofstätter, P. R. (1971), *Gruppendynamik.* Reinbek: Rowohlt.

Högl, M. & Gemünden, H.-G. (2000). Determinanten und Wirkungen von Teamarbeit in innovativen Projekten. In H.-G. Gmünden & M. Högl (Hrsg.), *Management von Teams* (S. 34–66). Wiesbaden: Gabler.

Homans, G. C. (1950). *The human group.* New York: Harcourt Brace Jovanovich.

Ingham, A. G. (1974). The Ringelmann-Effect: Studies of group size and group performance. *Journal of Experimental Social Psychology, 10,* 371–384.

Irle, M. (1975). *Handbuch der Sozialpsychologie.* Göttingen: Hogrefe.

Jackson, J. M. (1966). A conceptual and measurement model for norms and roles. *Pacific Sociological Review, 9,* 37–47.

Janis, I. L. (1972). *Victims of groupthink. A psychological study of foreign policy decisions and fiascoes.* Boston, MA: Houghton Mifflin.

Janis, I. L. (1982). Counteracting the adverse effects of concurrence-seeking in policy-planning groups: Theory and research perspectives. In H. Brandstätter, J. H. Davis & G. Stocker-Kreichgauer (Eds.), *Group decision making* (pp. 477–501). London: Academic Press.

Kabanoff, B. & O'Brien, G. E. (1979). The effects of task and cooperation upon group products and performance. *Organizational Behavior and Human Performance, 23,* 163–181.

Kannheiser, W. (1989). Überlegungen zur Büroausgestaltung. *Zeitschrift für Personalforschung, 3/4,* 237–337.

Karau, S. J. & Williams, K. D. (1993). Social loafing: A meta-analytic review and theoretical integration. *Journal of Personality and Social Psychology, 65,* 681–706.

Katz, D. (1964). The motivational basis of organizational behavior. *Behavior Science, 9,* 131–146.

Katz, R. (1982). The effects of group longevity on project communication and performance. *Administrative Science Quarterly, 27,* 81–104.

Kauffeld, S. (2001). *Teamdiagnose.* Göttingen: Verlag für Angewandte Psychologie.

Kauffeld, S. & Grote, S. (2001). Teams in Organisationen: Diagnose und Entwicklung. *Personalführung, 1,* 26–33.

Kelley, H. H. & Thibaut, J. W. (1969). Group problem solving. In G. Lindzey & F. Aronson (Eds.), *The handbook of social psychology* (pp. 1–101). Reading: Addison Wesley.

Kerr, N. L. & Bruun, S. E. (1983). Dispensability of members' effort and group motivation losses: Free-rider effects. *Journal of Personality and Social Psychology, 44,* 78–94.

Keupp, H. & Röhrle, B. (1987). *Soziale Netzwerke.* Frankfurt/M.: Campus.

Kiesler, S. & Sproull, L. (1986). Response effects in the electronic survey. *Public Opinion Quarterly, 50,* 402–403.

Klages, H. (1984). *Wertorientierungen im Wandel. Rückblick, Gegenwartsanalyse, Prognosen.* Frankfurt a. M.: Campus.

Kleinbeck, U. (2001). Das Management von Arbeitsgruppen. In Schuler, H. (Hrsg.), *Lehrbuch der Personalpsychologie* (S. 509–528). Göttingen: Hogrefe.

Klimoski, R. & Jones, R. G. (1995). Staffing for effective group decision making: Key issues in matching people and teams. In Guzzo, R. A. & Salas, E. (Eds.), *Team effectiveness and decision making in organisations* (S. 291–332). San Francisco: Jossey-Bass.

Koch, S., Kaschube, J. & Fisch, R. (2003). *Eigenverantwortung für Organisationen.* Göttingen: Hogrefe.

Köhler, O. (1927). Über den Gruppenwirkungsgrad der menschlichen Körperarbeit und die Bedingungen optimaler Kollektivkraftreaktion. *Industrielle Psychotechnik, 4,* 209–226.

Korthals-Beyerlein, G. (1979). *Soziale Normen. Begriffliche Explikation und Grundlagen empirischer Erfassung.* München: Fink.

Künzel, H. (1999). *Management interner Kunden-Lieferanten-Beziehungen.* Wiesbaden: DeutscherUniversitätsVerlag.

Leavitt, H. J. (1951). Some effects of certain communication patterns on group performance. *Journal of Abnormal and Social Psychology, 46,* 38–50.

Likert, R. (1961). *New patterns of management.* New York: McGraw-Hill.

Mayo, E. (1946). *Social problems of an industrial civilization.* Boston: Harvard University Press.

McGrath, J. E. (1984). *Groups: Interaction and performance.* Englewood Cliffs: Prentice-Hall.

Meissner, M. (1976). The language of work. In R. Dubin (Ed.), *Handbook of work, organization, and society* (pp. 205–279). Chicago: Rand McNally.

Moreno, J. L. (1934). *Who shall survive? A new approach to the problem of human interrelations.* Washington, DC: Nervous and Mental Disease Publishing Company.

Moscovici, S. (1979). *Sozialer Wandel durch Minoritäten.* München: Urban & Schwarzenberg.

Mulder, J. (1960). Communication structure, decision structure and group performance. *Human Relations, 13,* 1–14.

Neuberger, O. (1992). *Miteinander arbeiten – miteinander reden!* München: Bayerisches Staatsministerium für Arbeit und Sozialordnung.

Oberquelle, H. (1993). Anpaßbarkeit von Groupware als Beispiel für die dynamische Gestaltung von computergestützter Gruppenarbeit. In Konradt, U. & Drisis, L. (Hrsg.), *Software-Ergonomie in der Gruppenarbeit* (S. 37–54). Opladen: Leske und Budrich.

Organ, D. W. (1988). *Organizational citizenship behavior. The good soldier syndrome.* Lexington: Lexington Books.

Osborn, A. (1957). *Applied imagination.* New York: Scribner.

Papenfuß, K., Pfeuffer, E. & Rosenstiel, L. v. (1985). Selbst- und Fremdwahrnehmung bei Führungskräften der höchsten Ebene. *Psychologie und Praxis, Zeitschrift für Arbeits- und Organisationspsychologie, 3,* 128–130.

Pfeffer, J. (1981). Management as symbolic action; the creation and maintenance of organizational paradigms. In L. Cummings & B. Staw (Eds.), *Research in organizational behavior.* Greenwich: JAI Press.

Podsiadlowski, A. (2002). *Multikulturelle Arbeitsgruppen in Unternehmen. Bedingungen für erfolgreiche Zusammenarbeit am Beispiel deutscher Unternehmen in Südostasien.* Münster: Waxmann.

Pribilla, N., Reichwald, R. & Goecke, R. (1995). *Telekommunikation im Management.* Wiesbaden: Schäffer-Poeschel.

Pugh, D. S., Hickson, D. J., Hinings, C.R. & Turner, C. (1963). Dimensions of organization structure. *Administrative Quarterly, 13,* 65–105.

Riecken, H. W. (1958). The effect of talkativeness on ability to influence group solutions of problems. *Sociometry, 21,* 309–321.

Roethlisberger, F. J. & Dickson, W. J. (1939). *Management and the worker.* Cambridge: Harvard University Press.

Rosenstiel, L. v. (1975). *Die motivationalen Grundlagen des Verhaltens in Organisationen – Leistung und Zufriedenheit.* Berlin: Duncker & Humblot.

Rosenstiel, L. v. (1995). Führung bei Leistungszurückhaltung. In A. Kieser, G. Reber & R. Wunderer (Hrsg.), *Handwörterbuch der Führung* (S. 1431–1442). Stuttgart: Poeschel.

Rosenstiel, L. v. (1997). Teamentwicklung in der Geschäftsleitung. *Zeitschrift für Arbeits- und Organisationspsychologie, 3,* 163–167.

Rosenstiel, L. v. (2003). *Grundlagen der Organisationspsychologie* (5. Aufl.). Stuttgart: Poeschel.

Rosenstiel, L. v., Molt, W. & Rüttinger, B. (1995). *Organisationspsychologie.* Stuttgart: Kohlhammer.

Sader, M. (1991). *Psychologie der Gruppe.* München: Juventa.

Sader, M., Schäuble, M. & Theis, W. (1976). Verbesserung von Interaktion durch Gruppendynamik. *Arbeiten zur sozialwissenschaftlichen Psychologie.* München: Aschendorff.

Schachter, S., Ellertson, M., McBride, D. & Gregory, D. (1951). An experimental study of cohesiveness and productivity. *Human Relations, 4,* 229–238.

Schein, E. H. (1965). *Organizational psychology.* New York: Prentice-Hall.

Schjelderupp-Ebbe, T. (1922). Zur Sozialpsychologie des Haushuhns. *Zeitschrift für Psychologie, 87,* 225–252.

Schneewind, K. A. (1973). Zum Selbstverständnis der Psychologie als anwendungsorientierter Wissenschaft vom menschlichen Handeln und Erleben. *Psychologische Rundschau, 24,* 227–247.

Schrader, S., Göpfert, J. & Scherk, M. (1996). Der Einsatz von Videokommunikation – eine empirische Analyse. *IM Information Management, 4,* 32–38.

Schuler, H. (1975). *Sympathie und Einfluß in Entscheidungsgruppen.* Bern: Huber.

Schuler, H. (2000). *Psychologische Personalauswahl.* Göttingen: Verlag für Angewandte Psychologie.

Schuler, H. & Barthelme, H.-D. (1995). Soziale Kompetenz als berufliche Anforderung. In Seyfried, B. (Hrsg.), *«Stolperstein» Sozialkompetenz* (S. 77–116). Bielefeld: Bertelsmann.

Seashore, S. (1954). *Group cohesiveness in the industrial work group.* Ann Arbor: Michigan University Press.

Shaw, M. E. (1964). Communication networks. In L. Berkowitz (Ed.), *Advances in experimental social psychology* (Vol 1, pp. 111–146). New York: Academic Press.

Sonntag, K. H. (Hrg.). (1999). *Personalentwicklung in Organisationen* (2. Aufl.). Göttingen: Hogrefe.

Sonntag, K. (2002). Personalentwicklung und Training. Stand der psychologischen Forschung und Gestaltung. *Zeitschrift für Personalpsychologie, 1,* 59–79.

Sonntag, K. & Stegmaier, R. (2001). Verhaltensorientierte Verfahren der Personalentwicklung. In Schuler, H. (Hrsg.), *Lehrbuch der Personalpsychologie* (S. 265–287). Göttingen: Hogrefe.

Staudt, E. & Kriegesmann, B. (1999). Weiterbildung. Ein Mythos zerbricht. In Arbeitsgemeinschaft Qualifikations-Entwicklungs-Management (Hrsg.), *Kompetenzentwicklung 99* (S. 17–60). Münster: Waxmann.

Steger, U. (Hrsg.). (1998). Wirkmuster der Globalisierung. In Gottlieb Daimler- und Karl Benz-Stiftung (Hrsg.), *Bericht des Ladenburger Kollegs «Globalisierung verstehen und gestalten».* Ladenburg: Gottlieb Daimler und Karl Benz Stiftung.

Strehmel, P. & Degenhardt, B. (1987). *Arbeitslosigkeit und soziale Netzwerke.* Frankfurt/M.: Campus.

Streich, R. K., Marquardt, M. & Sanden, H. (1996). *Projektmanagement. Prozesse und Praxisfelder.* Stuttgart: Schäffer-Poeschel.

Stroebe, W. (1985). Group products as public goods. An economic theory of group productivity. In H. Brandstätter & E. Kirchler (Eds.), *Economic psychology* (pp. 171–185). Linz: Trauner.

Thibaut, J. W. & Kelley, H. H. (1959). *The social psychology of groups.* New York: Holt, Rinehart & Winston.

Thorndike, R. L. (1938). On what type of task will a group do well? *Journal of Abnormal and Social Psychology, 33,* 409–413.

Tjosfold, D. & Field, R. H. (1985). Effect of concurrence, controversy and consensus on group decision-making. *The Journal of Social Psychology, 125,* 355–363.

Triplett, N. (1897). The dynamogenic factors in peacemaking and competition. *American Journal of Psychology, 9,* 507–533.

Trist, E. L. & Bamforth, K. W. (1951). Some social psychological consequences of the longwall method of coal-getting. *Human Relations, 4,* 3–38.

Tuckman, B. W. (1965). Development sequence in small companies. *Group and Organizational Studies, 2,* 419–427.

Udris, I. & Frese, M. (1999). Belastung und Beanspruchung. In Hoyos, C. G. & Frey, D. (Hrsg.), *Arbeits- und Organisationspsychologie. Ein Lehrbuch* (S. 429–445). Weinheim: Beltz PsychologieVerlagsUnion.

Ulich, D. (1989). *Krise und Entwicklung.* München: Psychologie Verlags Union.

Vroom, V. H. (1964). *Work and motivation.* New York: Wiley.

Vroom, V. H. (1969). Industrial social psychology. In G. Lindsey & E. Aronson (Eds.), *The handbook of social psychology* (Vol. 5, pp. 196–268). Reading: Addison-Wesley.

Vroom, V. & Yetton, P. (1973). *Leadership and decision-making.* Pittsburgh: University of Pittsburgh Press.

Wegge, J. (1998). Groupware als Hilfsmittel zur Prozeßoptimierung in Arbeitsgruppen und Organisationen. In Kastner, M. (Hrsg.), *Verhaltensorientierte Prozeßoptimierung* (S. 127–154). Herdecke: Maori.

Wegge, J. (2001). Gruppenarbeit. In Schuler, H. (Hrsg.), *Lehrbuch der Personalpsychologie* (S. 483–507). Göttingen: Hogrefe.

Wegge, J. & Kleinbeck, U. (1996). Goal-Setting and group performance: Impact of achievement and affiliation motives, participation in goal-setting, and task interdepence of group members. In Gjesme, T. & Nygard (Eds.), *Advances in Motivation* (pp. 145–177). Oslo: Scandinavian University Press.

Weinert, A.B. (1998). *Lehrbuch der Organisationspsychologie* (3. Aufl.). München: Psychologie Verlags Union.

Weinert, P. (2002). *Organisation.* München: Vahlen.

West, M. A. (1990). The social psychology of innovations in groups. In West, M. A. & Farr, J. L. (Eds.), *Innovation and creativity at work. Psychological and organizational strategies* (pp. 309–333). Chichester: Wiley.

West, M. A. (1994). *Effective Teamwork.* Exeter: BPC Wheatons Ltd.

West, M. A. (Ed.). (1996). *Handbook of work group psychology.* Chichester: Wiley.

Williams, K. D. & Karau, S. J. (1991). Social loafing and social compensation: The effects of expectations of co-worker performance. *Journal of Personality and Social Psychology, 61,* 570–581.

Williams, W. M. & Steinberg, R. J. (1988). Group intelligence: Why some groups are better than others. *Intelligence, 12,* 351–377.

Witte, E. H. & Ardelt, E. (1989). Gruppenarten, -strukturen und -prozesse. In E. Roth (Hrsg.), *Organisationspsychologie, Enzyklopädie der Psychologie D/III/3* (S. 463–483). Göttingen: Hogrefe.

Yetton, P. W. & Bottger, P. C. (1983). The relationships amongst group size, member ability, social decision schemes, and performance. *Organizational Behavior and Human Performance, 32,* 145–159.

Zajonc, R.B. (1965). Social facilitation. *Science, 149,* 269–274.

Zand, D. E. (1977). Vertrauen und Problemlösungsverhalten von Managern. In H. E. Lück (Hrsg.), *Mitleid, Vertrauen, Verantwortung* (S. 61–74). Stuttgart: Klett.

13

Felix C. Brodbeck

Analyse von Gruppenprozessen und Gruppenleistung

Inhalt

1. Aufgabenorientierte Gruppen 416
1.1 Gemeinsame Ziele 416
1.2 Soziale Interaktion 416
1.3 Kooperation 417

2. Gruppenleistung und Gruppenerfolg ... 417
2.1 Definitionen 417
2.2 Dimensionen der Gruppenleistung 418
2.3 Dimensionen des Gruppenerfolgs 419
2.4 Moderatoren von Zusammenhängen zwischen Gruppenleistung und Gruppenerfolg 420
2.4.1 Kontextbedingungen 421
2.4.2 Gegenseitiges Beeinträchtigen und Fördern 421
2.4.3 Dynamik von Leistung und Lernen 422

3. Gruppenprozesse 424
3.1 Gruppenprozesse als Mediator und als Moderator 424
3.2 Zur Messung von Gruppenprozessen 426
3.2.1 Subjektiv-retrospektive versus objektiv-direkte Messung 426
3.2.2 Aggregierte versus sequentiell strukturierte Messung 427
3.3 Dynamische Modelle der Entwicklung von Gruppenprozessen 428

4. Vorgehensweisen bei der Analyse von Gruppenprozessen 430
4.1 Stichprobe und Analyseeinheit 430
4.2 Untersuchungsdesign 430
4.2.1 Laborexperiment 431
4.2.2 Feldexperiment 431
4.2.3 Fallstudie 432
4.3 Datensammlung und Protokollierung 432
4.4 Kodierung und Kodierschemata 433

5. Schlussbemerkungen 435

6. Literatur 436

Gruppen spielen in vielen Gesellschaftsbereichen eine zentrale Rolle, nicht nur in Wirtschaft und Verwaltung, sondern auch in Erziehung, Bildung, Forschung, Medizin, Therapie, Militär, Politik, Sport, Unterhaltung, Kunst und Spiel (z. B. Arbeitsgruppen, Familie, Lerngruppen, Projektgruppen, Operationsteams, therapeutische Wohngemeinschaften, Terrorbekämpfungseinheiten, Expertengremien, Ausschüsse, Fussballteams, Theatergruppen, Orchester, Freizeitgruppen). Ein wesentlicher Teil unserer Lebensqualität, sei es als Mitglied in Gruppen oder als Nutznießer ihrer Leistungen, ist von den in Gruppen ablaufenden Prozessen und der Qualität ihrer Leistungen abhängig. Gruppenprozesse beeinflussen vor allem die individuelle Leistungsfähigkeit, die Motivation und das Wohlbefinden von Gruppenmitgliedern und dadurch auch die Gruppenleistung. Gruppenleistung wiederum beeinflusst die Produktivität, die Innovationskraft und das Wachstum von Organisationen und Gesellschaften.

Das vorliegende Kapitel beschäftigt sich mit Theorien und empirisch fundierten Erkenntnissen über Gruppenleistung und Gruppenprozesse sowie mit den Methoden, die zur systematischen Analyse von Gruppenprozessen verwendet werden. Den vorauslaufenden Fragen zum Stellenwert von Arbeitsgruppen in Organisationen, wie sich Gruppen bilden, welche Merkmale sie auszeichnen und welche Bedingungen die Zielerreichung in Arbeitsgruppen beeinflussen, widmet sich das Kapitel von Lutz von Rosenstiel (Kap. 12). Weiterführend informiert das Kapitel von Bungard und Antoni (Kap. 14) über verschiedene Formen der Gruppenarbeit in Organisationen und konkreten Interventionstechniken zu ihrer Förderung und Verbesserung.

Das Kapitel ist in vier Teile untergliedert. Zu Beginn wird der Forschungsgegenstand definiert – die aufgabenorientierte Gruppe, deren Mitglieder kooperieren, um gemeinsame Ziele zu erreichen. Im zweiten Teil werden Theorien und Modelle zur Analyse von Gruppenleistung beschrieben und diskutiert. Im dritten Teil geht es um Gruppenprozesse und deren Bedeutung für die Analyse, Erklärung und Vorhersage von Gruppenleistung und Erfolg. Schießlich beschäftigt sich der vierte und letzte Teil mit konkreten Analysetechniken, die der systematischen Beschreibung dynamischer Gruppenprozesse dienen.

Insgesamt wird der Versuch unternommen, drei verschiedene Forschungsstränge, nämlich die experimentelle, die angewandte und die am Prozess orientierte Gruppenforschung, zusammenzuführen. Die experimentelle Gruppenleistungsforschung hat Theorieentwicklung zum Ziel. Sie will erklären, warum und wie Gruppenleistungen entstehen und welche Gruppenprozesse dabei von Bedeutung sind. Dabei stützt sie sich vor allem auf Erkenntnisse der Sozialpsychologie. Die angewandte Gruppenleistungsforschung will praktisch nützliche Rezepte für den Umgang mit Gruppen hervorbringen und deren Wirksamkeit überprüfen. Sie stützt sich dabei auf bereits bestehende Gruppentheorien, auf organisationspsychologische Erkenntnise aus der Feldforschung und auf Erfahrungsberichte von Personen, die im Umgang mit Gruppen geübt und erfolgreich sind. Die am Prozess orientierte Gruppenforschung geht vor allem beschreibend vor, um das Wesen des dynamischen Gruppengeschehens zu ergründen. Sie stützt sich dabei auf Erkenntnisse aus der Kommunikationsforschung. Selten kommt es zu Überschneidungen dieser Bereiche. Die jeweiligen Ziele und Methoden scheinen schwer miteinander vereinbar zu sein (vgl. Brandstätter & Brodbeck, 2003). Allerdings bietet jeder der drei Forschungsstränge besondere Einblicke in die Funktionsweise von Gruppen. Deshalb werden im vorliegenden Kapitel Erkenntnisse aus allen drei Bereichen dargestellt und miteinander in Beziehung gesetzt.

1. Aufgabenorientierte Gruppen

1.1 Gemeinsame Ziele

Will man Gruppenprozesse im Zusammenhang mit Gruppenleistung untersuchen, dann ist es sinnvoll, aufgabenorientierte Gruppen zu betrachten, deren Mitglieder gemeinsame Ziele anstreben. Ohne definierte Ziele, aus denen sich Messkriterien ableiten lassen, ist Gruppenleistung kaum bestimmbar.

Gruppen sind aufgabenorientiert, wenn das gemeinsame Streben nach Zielerreichung und Bedürfnisbefriedigung die wesentliche Ursache für das Zusammenkommen mehrerer Personen ist (Scharmann, 1972). In Organisationen werden aufgabenorientierte Gruppen vor allem zur Erfüllung der organisationalen Ziele eingesetzt. Deshalb wird Gruppenleistung häufig auch mit jenen Kriterien gemessen, die für Organisationen von zentraler Bedeutung sind (z. B. Produktivität, Effizienz, Innovation).

1.2 Soziale Interaktion

Neben der Aufgabenorientierung ist die *soziale Interaktion* (d. i. wechselseitige Einflussnahme) ein weiteres, zentrales Merkmal der Zusammenarbeit in Gruppen. Ohne soziale Interaktion lassen sich gemeinsame Ziele weder formulieren noch kooperativ umsetzen. Schon Kurt Lewin hat darauf hingewiesen, dass soziale Interaktion zur Beschreibung von Gruppen als dynamische soziale Entitäten unerlässlich ist, «*Fasst man die Gruppe als dynamisches Ganzes auf, dann sollte eine Definition der Gruppe auf die wechselseitige Abhängigkeit ihrer Glieder abstellen»* (Kurt Lewin Werkausgabe, Graumann, 1982, S. 204). Im Übrigen sei angemerkt, dass soziale Interaktion umfassender ist als Kommunikation, denn sie beinhaltet ein ganzes Spektrum von Prozessen der wechselseitigen Einflussnahme zwischen Gruppenmitgliedern.

> «*By interaction it is meant, that they* [die Gruppenmitglieder, Anm. d. Verf.] *emit behavior in each other's presence, they create products for each other, or they communicate with each other. In every case we would identify as an instance of interaction there is at least the possibility that the actions of each person affect the other.*» (Thibaut & Kelley, 1959, S. 10).

1.3 Kooperation

Schließlich müssen die Mitglieder aufgabenorientierter Gruppen in Organisationen auch miteinander *kooperieren*, d.h. sinnvoll aufeinander bezogene (interdependente) Aktivitäten ausführen, um ihre Ziele zu erreichen (*co-active work groups*, Dyer, 1987). Mit Kooperation ist zum einen das zielgerichtete Ineinandergreifen individueller Handlungen gemeint (z.B. bei teilautonomen Arbeitsgruppen am Fließband) zum anderen aber auch das koordinierte Austauschen von Information, Bewertungen und Meinungen, etwa beim kollektiven Planen, Problemlösen, Beurteilen und Entscheiden (*intellectual teamwork*, Gallegher, Kraut & Egido, 1990).

2. Gruppenleistung und Gruppenerfolg

2.1 Definitionen

Der Begriff der Leistung wird in der deutsch- und englischsprachigen Forschung in zweifacher Bedeutung verwendet. Zum einen bezeichnet Leistung zielgerichtetes Verhalten, bei dem in irgendeiner Form Arbeit geleistet wird, zum anderen bezeichnet Leistung auch das Ergebnis bzw. den Erfolg dieses zielgerichteten Verhaltens (Scharmann, 1972).

- *Leistung* (engl. *performance*) ist ein Aggregat von Verhaltensweisen, die für das Erreichen der angegebenen Ziele relevant sind (z.B. der Einsatz von Handlungsstrategien, die als zielführend beim Problemlösen bekannt sind).
- *Erfolg* (engl. *output* oder *effectiveness*) ist das Ausmaß, in dem die Leistungsresultate den angegebenen Zielen entsprechen (z.B. ein Problem wurde vollständig, überhaupt nicht oder nur zu einem gewissen Grad gelöst).

Ein dritter Aspekt des Leistungskriteriums, der in der angewandten Leistungsevaluationsforschung unterschieden wird, ist die Produktivität im Sinne einer effizienten Zielerreichung.

- *Produktivität* (engl. *productivity*) ist die Effizienz (i.S.v. Kosten pro Ertrag), mit der ein bestimmtes Ausmaß an Zielerreichung erfolgt. In anderen Worten, das Ausmaß der Zielerreichung gemessen an den verbrauchten Ressourcen, z.B. Zeitdauer, Menge benötigter Aufgabenschritte oder Information.

In der angewandten Forschung, die sich mit der Analyse individueller Leistungen im Feld beschäftigt, wird seit langem explizit zwischen Leistungs- und Erfolgskriterien unterschieden. Beide Kriteriengruppen werden häufig unabhängig voneinander gemessen, denn im Anwendungsfeld lassen sich Kontextvariablen, die auf Zusammenhänge zwischen individuellem Arbeitsverhalten und Erfolg Einfluss nehmen, in der Regel nicht ausschließen. Auch in der Organisationsforschung wird die Unterscheidung zwischen Kriterien der Leistung und des Erfolgs getroffen, übrigens aus dem gleichen Grund. Nur in der Gruppenforschung werden beide Begriffe häufig synonym verwendet. Das erschwert nicht nur den Vergleich zwischen verschiedenen Gruppentheorien, es hindert auch daran, neue Erkenntnisse über Gruppen sinnvoll in bereits bestehende theoretische Systeme zu integrieren.

Die systematische Untersuchung einschlägiger, angewandter Gruppentheorien (Brodbeck, 1996) erbrachte eine Liste der wesentlichen Di-

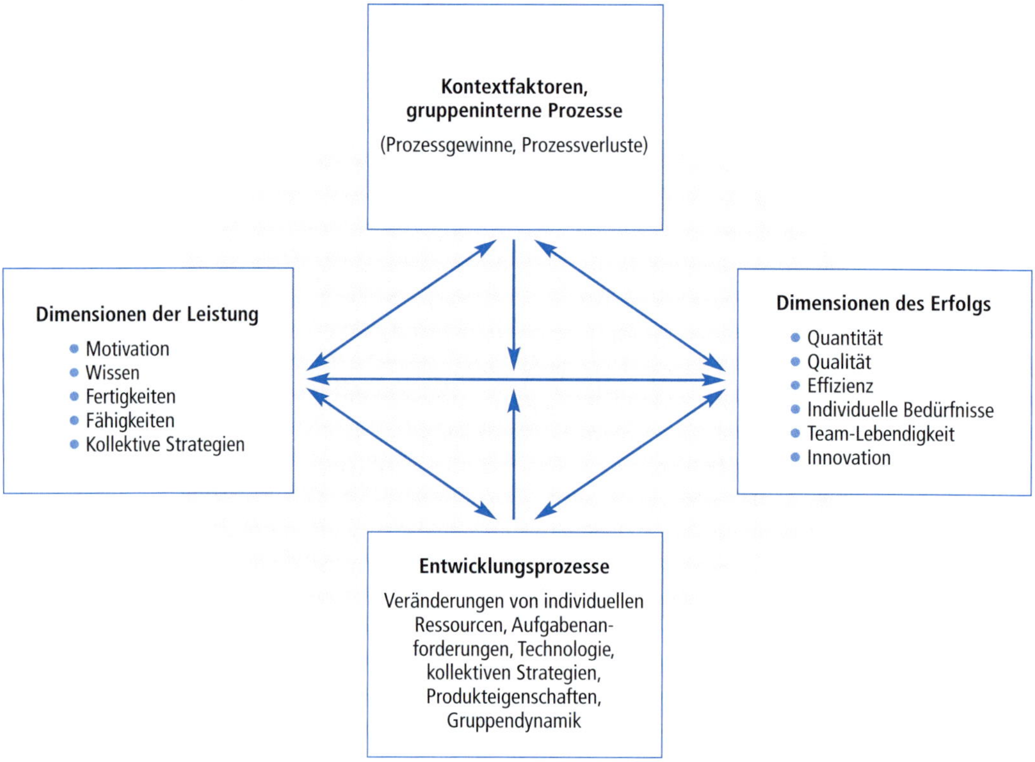

Abbildung 1: Das Kriterienmodell der Gruppenleistung (nach Brodbeck, 1996)

mensionen von Gruppenleistung und Gruppenerfolg, die in den Abschnitten 2.2.1 und 2.2.2 beschrieben werden. Darüber hinaus wurde dabei auch deutlich, dass es mindestens drei unterscheidbare Klassen von Variablen gibt, die Zusammenhänge zwischen Gruppenleistung und -erfolg beeinflussen:

- Kontextfaktoren, das sind Bedingungen, die außerhalb der Gruppe bzw. unabhängig von Gruppenprozessen existieren (siehe Abschnitt 2.3.1)
- Gruppeninterne Prozesse, die in gegenseitiger Behinderung oder Förderung des individuellen Leistungsverhaltens resultieren (siehe Abschnitt 2.3.2)
- Dynamische Entwicklungsprozesse, beispielsweise individuelles und kollektives Lernen (siehe Abschnitt 2.3.3).

2.2 Dimensionen der Gruppenleistung

Dimensionen der Gruppenleistung umfassen Verhaltensweisen bzw. Verhaltenspotenziale, die für das Erreichen der Gruppenziele relevant sind und sowohl auf individueller Ebene als auch auf Gruppenebene wirksam werden können (Hackman, 1987). Auf individueller Ebene sind beispielsweise individuelle Anstrengung, Leistungsmotivation, aufgabenrelevante Fertigkeiten, Fähigkeiten und Wissen zu nennen. Auf Gruppenebene sind sozial kompetentes Verhalten sowie die Motivation, zur Pflege und Entwicklung des sozialen Systems der Gruppe beizutragen, besonders wichtig, z. B. durch Entwickeln gemeinsamer Handlungsstrategien, Aufbauen sozial geteilter Wissenssysteme und kontinuierliches Reflektieren und Verständigen über geteilte bzw. unterschiedliche Erwartungen, Überzeugungen und Ziele (*team reflexivity*, West, 1996).

Die hier genannten Dimensionen decken wesentliche Leistungsbereiche in natürlichen Arbeitsgruppen ab.

2.3 Dimensionen des Gruppenerfolgs

Gruppenerfolg bezieht sich auf das Ausmaß, in dem die von Gruppen erbrachten Leistungsresultate bestimmten Zielen entsprechen. Erfolgsdimensionen auf Individualebene sind beispielsweise Arbeitszufriedenheit, Krankentage, Kündigungsabsicht, Erhalt bzw. Entwicklung individueller Qualifikation sowie die Befriedigung individueller Bedürfnisse der Gruppenmitglieder. Erfolgsdimensionen auf Gruppenebene sind beispielsweise Produktionsindikatoren, wie Quantität, Qualität (auch Fehlerhäufigkeiten), umgesetzte Innovationen (*team innovation*, vgl. West & Farr, 1990) sowie Indikatoren der «Lebendigkeit» des Teams (*team viability*, vgl. Sundström et al., 1990), wie etwa Zusammenhalt, Kohäsion, kollektive Selbstwirksamkeitserwartungen, Kooperationsfähigkeit und Partizipation. Zwischen Erfolg (i. S. v. Ausmaß der Zielerreichung) und Produktivität (i. S. v. Effizienz der Zielerreichung) wird in den meisten Gruppentheorien nicht unterschieden.

Die Funktion aufgabenorientierter Gruppen sollte nicht einzig und allein darin gesehen werden, Produktivität zu maximieren. Vielmehr geht es darum, die Erfüllung sowohl produktionsorientierter als auch individueller, sozialer und gesellschaftlicher Kriterien zu *optimieren*. Deshalb wird hier ein multi-dimensionales Kriterium des Gruppenerfolgs bevorzugt (zur Begründung siehe **Informationsbox 1**). Des Weiteren liefert ein multi-dimensionales Erfolgskriterium einen Rahmen, der es erlaubt, Gruppenprozesse

Informationsbox 1

Zum Kriterienproblem in der angewandten Gruppenforschung

Unterschiedliche Sichtweisen zwischen Gruppentheorien werden offenbar, wenn es um die Frage geht, welche Dimension auf jeden Fall als Kriterium zur Bestimmung des Gruppenerfolgs herangezogen werden soll. Beispielsweise propagiert Goodman (1986) lediglich ein Erfolgskriterium, nämlich die Anzahl hergestellter Produkte. Er argumentiert, dass es unterschiedlicher Prädiktormodelle bedarf, je nachdem welche Dimension des Erfolgs betrachtet wird. Shea und Guzzo (1987a) sprechen sich sogar dafür aus, als einziges Erfolgskriterium die Güte der Aufgabenerledigung heranzuziehen, «*The sine qua non of organizational work groups is the successful completion of tasks, hence determining their effectiveness should turn on just that*» (S. 330). Die theoretisch wie praktisch relevanten personalen und sozialen Erfolgsdimensionen werden dadurch ausgeklammert.

Gruppentheorien, die ausschließlich mit dem Produktionskriterium arbeiten, sind dem Vorwurf ausgesetzt, ein Erfolgskriterium von mangelhafter Relevanz (d. h. es ist unvollständig, vgl. Borman, 1991) zu verwenden. Beispielsweise begründen Sundstrom, DeMeuse und Futrell (1990) ihre Gegenposition zu rein produktionsorientierten Gruppentheorien im Rückgriff auf die Argumentation von Hackman und Oldham (1980) mit dem Hinweis, dass entscheidende Zusammenhänge zwischen verschiedenen Erfolgsdimensionen übersehen werden, «*it overlooks the possibility that a team can ‹burn itself up› through unresolved conflict or divisive interaction*» (S. 122).

Die Unvollständigkeit eines rein produktionsorientierten Erfolgskriteriums ist mit weiteren Probleme verbunden: Erstens kann es zu einem verzerrten Abbild über die Menge leistungsrelevanter Faktoren des Gruppenerfolgs in seiner Gesamtheit führen, was letztlich mit unzutreffenden Erfolgsvorhersagen in der Praxis einhergeht. Zweitens behindert ein zu eng gefasstes Erfolgskriterium die Theorieentwicklung, indem es den Blick unnötig auf jene Klasse von Faktoren und Prozessen einschränkt, die unmittelbar mit Produktivität in Zusammenhang zu stehen scheinen. Die aufgabenorientierte Gruppe wird nicht mehr als Ganzes betrachtet, beispielsweise wird ihr sozialer Charakter marginalisiert. Drittens existieren jenseits der unmittelbar am organisationalen Erfolg ausgerichteten Ziele auch individuelle Ziele und Bedürfnisse (z. B. Arbeitszufriedenheit, Selbstverwirklichung), sowie soziale Kriterien (z. B. gutes Teamklima) und auch gesellschaftlich-normative Kriterien (z. B. demokratische Formen der Kooperation, moralisches Verhalten), die in aufgabenorientierten Gruppen eine Rolle spielen oder zumindest spielen sollten. Diesen Kriterien kommt eine mittelbare Bedeutung für den Gruppenerfolg zu, der sich ja nicht nur in Form kurzfristiger Spitzenleistungen einstellen soll, sondern auch langfristig und innerhalb bestehender sozialer Wertegefüge gesichert sein will. Denn nicht zuletzt werden organisationale und gesamtgesellschaftliche Werte, die den Charakter der Zusammenarbeit, die Arbeitsethik und die Art und Weise des generellen Umgangs miteinander bestimmen, in aufgabenorientierten Gruppen verbreitet, gelebt und weiterentwickelt. Diese kulturtragende und kulturfortschreibende Funktion ist typisch für Gruppen, auch außerhalb von Arbeit und Organisation, etwa in Familie, Erziehung und Spiel. Die Mannigfaltigkeit der Funktionen aufgabenorientierter Gruppen außer Acht zu lassen, birgt die Gefahr in sich, eine allzu beschränkte Sicht auf jenes Sozialgefüge einzunehmen, das seit hundertausenden von Jahren einen wesentlichen Beitrag zur Sicherung unsere Fortbestehens leistet.

daraufhin zu analysieren, welchen Zielen sie zuträglich und welchen sie abträglich sind. Auf diese Weise kann man die oftmals rein deskriptiven (d. h. sehr stark am Phänomen orientierten) Erkenntnisse über Gruppenprozesse, die in der Kommunikationsforschung dominieren, in präskriptive (d. h. erklärende, an Vorhersagen orientierte) Theorien der Gruppenleistung besser integrieren.

2.4 Moderatoren von Zusammenhängen zwischen Gruppenleistung und Gruppenerfolg

Gruppenerfolg ist nur dann vollständig auf Leistungsverhalten zurückzuführen, wenn die Arbeitsgruppe bzw. ihre Mitglieder uneingeschränkte Kontrolle über alle Ressourcen (interne und externe) besitzen. Diese Bedingung ist in der Praxis der Gruppenarbeit kaum zu finden. Das Ausmaß der Kontrollierbarkeit situationaler Beschränkungen und individueller Handlungsspielräume ist selten ausreichend. Deshalb sollte bei der Analyse von Gruppenleistungen davon ausgegangen werden, dass Zusammenhänge zwischen Leistung bzw. Leistungspotenzialen und Gruppenerfolg von bestimmten Variablen beeinflusst (bzw. *moderiert*) werden. Moderation bedeutet, das der Zusammenhang zwischen zwei Variablen durch eine dritte Variable (die Moderatorvariable) verstärkt, abgeschwächt, gänzlich eliminiert oder sogar im Vorzeichen umgekehrt wird.

Drei Arten von Variablen, die Zusammenhänge zwischen Leistung und Erfolg in Gruppen moderieren, lassen sich unterscheiden:

1. Kontextbedingungen,
2. gegenseitiges Beeinträchtigen oder Fördern und
3. dynamische Entwicklungsprozesse.

2.4.1 Kontextbedingungen

Kontextbedingungen, denen ganze Gruppen unterliegen, sind beispielsweise die Qualität und Quantität ihrer materiellen Ressourcen, die Aufgabenkomplexität, Marktentwicklungen oder technologische Gegebenheiten. Wenn sie Zusammenhänge zwischen Gruppenleistung und -erfolg moderieren, tragen sie zur «Kontamination» des Erfolgskriteriums bei (d.h. der Gruppenerfolg ist nicht vollständig durch das Leistungsverhalten in Gruppen determiniert).

Ein Beispiel: Goodman (1986) analysierte Arbeitsgruppen im Bergbau und berichtet, dass unter schlechten Witterungsbedingungen (Kontextbedingung) sehr gut koordinierte Teams (kollektives Leistungsverhalten) mehr Tonnen Kohle (Erfolgskriterium) fördern als weniger gut koordinierte Teams. Hingegen zeigen sich unter normalen Witterungsbedingungen keine Erfolgsunterschiede zwischen diesen Teams (siehe **Abb. 2**). Offenbar werden manche kollektive Handlungsstrategien erst dann erfolgswirksam, wenn entsprechend hohe Aufgabenanforderungen gestellt werden. Im vorliegenden Beispiel kann man auch von einem höheren Leistungspotenzial der gut koordinierten Teams sprechen, das erst unter schwierigen Bedingungen offenbar wird.

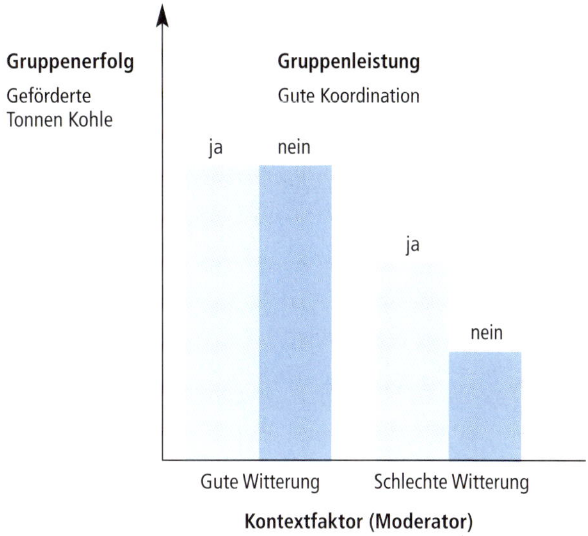

Abbildung 2: Zusammenhang zwischen Gruppenleistung und Gruppenerfolg im Bergbau in Abhängigkeit von Witterungsbedingungen (Moderator)

2.4.2 Gegenseitiges Beeinträchtigen und Fördern

Das gegenseitige Beeinträchtigen bzw. Fördern individueller Leistungen wird in der sozialpsychologischen Gruppenforschung unter den Stichworten *Prozessverlust* und *Prozessgewinn* untersucht (vgl. Brodbeck, 1999; Hill, 1982; Hinsz, Tindale & Vollrath, 1997). Dabei fungieren Prozesse der sozialen Interaktion als Moderatoren des Zusammenhangs zwischen individuellem Leistungsverhalten der Gruppenmitglieder und der erzielten Gruppenleistung. Das Leistungspotenzial von Gruppen, das ohne Beteiligung von Interaktionsprozessen zu erwarten ist, wird auf Basis der individuellen Leistungsfähigkeit der Gruppenmitglieder bestimmt (sog. nominale Gruppenleistung). Liegt es oberhalb der tatsächlich erzielten Gruppenleistung, die ja unter Beteiligung von Interaktionsprozessen zu Stande kommt, spricht man von Prozessverlusten. Liegt das Leistungspotenzial hingegen unterhalb der tatsächlichen Gruppenleistung, spricht man von Prozessgewinnen oder auch Synergieeffekten.

Motivationsverluste liegen vor, wenn im Gruppenkontext motivationale Einflüsse wirksam sind, die zu Leistungsminderungen im Vergleich zur nominalen Gruppenleistung führen. Das ist der Fall, wenn Gruppenmitglieder Leistung zurückhalten und sich auf die Beiträge der anderen verlassen, etwa weil ihr Mangel an Anstrengungsbereitschaft nicht sichtbar wird (*soziales Faulenzen, social loafing*, vgl. Latané, Williams & Harkins, 1979), weil sie keine besondere Verantwortlichkeit für das Gruppenergebnis erleben (Weldon & Gargano, 1988) oder weil sie den Verdacht haben, sie werden von anderen Gruppenmitgliedern ausgenutzt (*sucker effect*, Kerr, 1983). Über Strategien, die Motivationsverluste verringern können, informieren Bungard und Antoni (Kap. 14).

Motivationsgewinne liegen vor, wenn sozialer Wettbewerb zwischen ähnlich leistungsstarken bzw. statusähnlichen Gruppenmitgliedern stattfindet (Köhler, 1927; Witte, 1989; weiterführend Hertel, Kerr & Messe, 2000) oder wenn kulturell bedingte soziale Normen bestehen, wonach dem Kollektiv gegenüber dem Individuum eine höhere Bedeutsamkeit eingeräumt wird und deshalb jeweils besondere individuelle Anstrengungen im Gruppenkontext unternommen werden (Latané, 1986; Early, 1989).

Koordinationsverluste entstehen bei der sozialen Kombination individueller Handlungen, etwa beim gemeinsamen Seilziehen, wenn nicht alle Gruppenmitglieder in die gleiche Richtung ziehen oder nicht zeitgleich jeder seine maximale Leistung freisetzt. Die «Produktionsblockierung» beim kollektiven Brainstorming kreativer Ideen ist ein weiterer bekannter Koordinationsverlust (Diehl & Stroebe, 1991). Das eigene Denken wird behindert, wenn andere Gruppenmitglieder sprechen. Im sozial interaktiven Gruppenkontext werden deshalb weniger und schlechtere Ideen entwickelt als von einer gleichen Anzahl von Personen, die unabhängig voneinander tätig sind (nominale Gruppe).

Koordinationsgewinne sind bei vielen Aufgaben prinzipiell nicht möglich. Dem Leistungspotenzial einer Gruppe liegt nämlich die Annahme einer optimalen Kombination aller (zu einem gegebenen Zeitpunkt bestehenden) aufgabenrelevanten, individuellen Ressourcen zu Grunde (wobei der Aufwand, den das forschende Subjekt betreibt, um die Beiträge unabhängig voneinander agierender Individuen zur Bestimmung des Gruppenpotenzials zu kombinieren, gleich Null gesetzt wird). Dieses Leistungspotenzial kann durch optimale Koordination, Synchronisation oder Kombination individueller Beiträge in der koaktiven Gruppe zwar erreicht, nicht aber überschritten werden (Steiner, 1972). Auch bei Leistungen vom Typ des «Hebens und Tragens», wobei Ermöglichungsprobleme durch Koordination gelöst werden, kann man nicht von Koordinations*gewinnen* sprechen, da die potenzielle Gruppenleistung ein kollektives Leistungsniveau vorhersagt, das oberhalb (und bestenfalls gleich) der tatsächlich erzielten Gruppenleistung ist.

Die klassische Forschung zu Gruppenleistung beschäftigte sich bisher vorrangig mit relativ einfach strukturierten, oft rein physischen Aufgaben, bei denen Koordinationsverluste ins Gewicht fallen, Koordinationsgewinne hingegen aus besagten Gründen prinzipiell nicht auftreten können. Informationsaustausch und damit in Verbindung stehende kognitive Prozesse sind bei derartigen Aufgaben von untergeordneter Bedeutung. Insbesondere seitdem kognitive Aufgaben verstärkt in den Fokus der Forschung zu Gruppenleistung gerückt sind, erscheint es allerdings notwendig, die klassische Aufteilung von Prozessverlusten und -gewinnen in koordinationsbedingte und motivationale Ursachen um eine dritte, kognitive Komponente zu erweitern (Brodbeck, 1999; Schulz-Hardt, Greitemeyer, Brodbeck & Frey, 2002). Dahinter steht die Idee, dass von anderen Gruppenmitgliedern kommende, *informationale* Reize den individuellen Beitrag eines Mitglieds zur Gruppenleistung beeinflussen können, z.B. durch *kognitive Stimulation* (vgl. Paulus & Yang, 2000). Schon in einigen älteren Untersuchungen wurde auf die Möglichkeit positiver informationaler Beeinflussung hingewiesen, beispielsweise durch gegenseitige Fehlerkorrektur (Shaw, 1932, Experiment 2), durch das Aufbrechen populationsstereotyper Antworttendenzen (Hall & Watson, 1971) oder durch Synthese idiosynkratischer Sichtweisen (Barnlund, 1959).

Veränderungen individueller Leistungspotenziale, die über informationale Reize von anderen Gruppenmitgliedern vermittelt werden, kann man als eine Form des interaktiven Lernens in Gruppen auffassen. Interaktive Lerneffekte finden sich vor allem dann, wenn Gruppen über längere Zeiträume bestehen und mehrfach ähnliche Aufgaben bearbeiten. Sie können beispielsweise in verbesserten individuellen und kollektiven Handlungsstrategien resultieren (Brodbeck & Greitemeyer, 2000a, 2000b). Der mit langfristigem Interagieren und Zusammenarbeiten verbundene Aufwand ist dabei als Investition in die Weiterentwicklung und Verbesserung des Arbeitssystems «Gruppe» und seiner Mitglieder zu sehen (*synergy is not for free*, Brodbeck, 1999).

2.4.3 Dynamik von Leistung und Lernen

Die dynamische Entwicklung von Gruppenleistung und Gruppenerfolg wird in den gemeinhin bekannten Theorien der Gruppenleistung in der Regel nur in dem Maße berücksichtigt, als die

Möglichkeit wechselseitiger Zusammenhänge zwischen diesen beiden Kriterienklassen eingeräumt wird. Beispielsweise unterstreichen Sundstrom et al. (1990) die theoretische Bedeutung reziproker Zusammenhänge zwischen bestimmten Variablen des Erfolgs und der Leistung, die sich in so genannten «*self-reinforcing spirals*» zunehmenden Erfolgs (vgl. Hackman, 1987) oder zunehmender Prozessverluste äußern können. Shea und Guzzo (1987a, b) postulieren, dass die so genannte «Gruppenpotenz» (*group potency*, d.i. die soziale geteilte Überzeugung, dass das Team gut arbeitet) vom Gruppenerfolg abhängig ist und selbst wiederum einen Einfluss auf Gruppenleistungen haben kann. Vergleichbare Wechselwirkungen sind auch für Gruppenkohäsion und Gruppenerfolg nachgewiesen worden (Mullen & Copper, 1994).

Erst seit kurzem werden Gruppen auch als lernende Systeme betrachtet. Beispielsweise zeigen sich bei der wiederholten Bearbeitung gleichartiger Aufgaben durch Gruppen in Organisationen häufig Verbesserungen des Gruppenerfolgs (Argote & Epple, 1990; Argote, 1993). Leistungsverbesserungen auf Gruppenebene können mit Lernprozessen auf drei verschiedenen Ebenen erklärt werden: dem rein individuellen Lernen, dem sozial vermittelten individuellen Lernen und dem kollektiven Lernen.

Individuelles Lernen in Gruppen wird mit Prozessen der Automatisierung, Routinisierung und des individuellen Wissenserwerbs bei der Auseinandersetzung mit der Arbeitsaufgabe in Zusammenhang gebracht. Dies kann einerseits ohne Einfluss durch andere Gruppenmitglieder geschehen und trägt gegebenenfalls zur Steigerung des Gruppenerfolgs bei. Andererseits kann das individuelle Lernen auch einem Einfluss durch das kollektive Handeln in Gruppen unterliegen (sozial vermitteltes Lernen). Beispielsweise kann handlungsrelevante Information bei gemeinsamer Gruppenarbeit nicht nur ausgetauscht und aufgenommen werden, sondern auch zu Verhaltensänderungen führen. Wenn die durch vormaliges kollektives Handeln in Gruppen verursachten Verhaltensänderungen in individuellem Leistungszuwachs resultieren, spricht man von positivem «*group-to-individual transfer*» (G-I-Transfer, vgl. Laughlin & Sweeney, 1977). Aufgabenorientierte Gruppen erfüllen demnach auch eine Lernfunktion für ihre Mitglieder. Schließlich kann sich ein durch G-I-Transfer bedingter Leistungszuwachs auf individueller Ebene wiederum positiv auf den Gruppenerfolg auswirken.

Sozial vermitteltes Lernen wird vor allem in der entwicklungspsychologischen und der pädagogischen Forschung über die Rolle sozialer Interaktion beim individuellen Lernen von Heranwachsenden und jungen Erwachsenen untersucht (zusammenfassend Fischer, 2002). In der sozialpsychologischen Gruppenforschung widmen sich einige Experimente vergleichbaren Fragestellungen bei Erwachsenen bzw. Studenten, wobei allerdings zusätzlich noch die Effekte von G-I-Transfer auf Gruppenleistungen und Gruppenerfolg untersucht werden. So ließ sich beispielsweise nachweisen, dass Gruppenmitglieder durch mehrmalige, kollektive Aufgabenbearbeitung lernen, sowohl besser zu kooperieren, d.h. flüssiger zu koordinieren, zügiger Entscheidungen zu treffen und reibungsloser Konflikte zu bewältigen (Brodbeck & Greitemeyer, 2000a) als auch Fehler schneller zu erkennen bzw. zu korrigieren, zum einen bei sich selbst in späteren individuellen Aufgabenkontexten und zum anderen bei den Handlungspartnern in späteren, kollektiven Aufgabenkontexten (Brodbeck & Greitemeyer, 2000b).

Unter *kollektivem Lernen* in Gruppen und Organisationen wird sehr Verschiedenes subsumiert, zum Beispiel die Entwicklung kollektiver Handlungsroutinen, Normen, neuer Methoden der Arbeitsteilung und neuer Technologien, sowie ein mit kollektiver Erfahrung zunehmender Konsens über Standardprozeduren, das Imitieren von erfolgreichen Vorgehensweisen in anderen Gruppen und Organisationen oder der Wissenserwerb durch Aufnehmen neuer Mitarbeiter und deren Know-how.

Ein kollektiver Lernmechanismus, der inzwischen mehrfach experimentelle Bestätigung erfahren hat, ist die Entwicklung so genannter transaktiver Wissenssysteme. Ein transaktives

Wissenssystem ist ein von einer Gruppe geteiltes System der Enkodierung, Speicherung und des Abrufs von Informationen (Wegner, 1986). In anderen Worten, Gruppenmitglieder wissen, *welches* andere Gruppenmitglied *was* am besten weiß oder kann. Durch transaktive Wissenssysteme sind einzelnen Gruppenmitgliedern Wissensbestände zugänglich, die nicht sie selbst, sondern andere Mitglieder gespeichert haben. Mit zunehmender Entwicklung transaktiver Wissenssysteme werden Leistungsvorteile in Gruppen offenbar, z. B. besseres Erinnern von Aufgabenkomponenten und geringere Fehlerraten (Liang, Moreland & Argote, 1995).

Allen hier beschriebenen dynamischen Lernprozessen ist gemeinsam, dass sie Zusammenhänge zwischen den gegebenen Leistungsressourcen in Gruppen und dem Gruppenerfolg moderieren, indem sie individuelle Leistungsressourcen und die Art und Weise ihrer Nutzung beim kollektiven Handeln verändern. Derartige Veränderungsprozesse werden in der sozial- und organisationspsychologischen Gruppenforschung erst seit kurzem systematisch untersucht.

3. Gruppenprozesse

Wenn Mitglieder einer aufgabenorientierten Gruppe auf ein gemeinsames Ziel hinarbeiten, werden soziale Interaktionsprozesse, die mehr oder weniger relevant für die Gruppenleistung sind, sichtbar. Wie individuelle Handlungen, Reaktionen und Kommunikationen dynamisch aufeinander Bezug nehmen, kann man zum Beispiel in Gruppensitzungen beobachten, in denen über die beste Lösung für ein Problem diskutiert wird oder eine optimale Entscheidungsalternative gefunden werden soll. Die dabei ablaufenden Serien interdependenter Aktionen und Operationen werden *Gruppenprozesse* genannt. Deren Analyse gibt Aufschluss darüber, *wie* eine Gruppe ihre Aufgabe bewältigt. Ziel der Gruppenleistungsforschung ist es, Gruppenprozesse zu identifizieren, die mit erwünschten Gruppenleistungen in Beziehung stehen. Diese Sichtweise entspricht in etwa dem funktionalen Ansatz in der Kommunikationsforschung (vgl. Cragan & Wright, 1990).

Zwar werden Gruppenprozesse in allen der weiter oben angesprochenen Modelle der Gruppenleistung berücksichtigt, selten jedoch wird die angewandte Gruppenforschung im Feld (d. h. im Kontext der Organisation) der dynamischen Natur von Gruppenprozessen in vergleichbarem Ausmaß gerecht, wie es in der Kommunikationsforschung der Fall ist. Das Messen dynamischer Prozessvariablen ist zeitaufwendig und schwierig. Es erfordert bestimmte Kenntnisse und Fertigkeiten und bedarf nicht zuletzt besonderer Überzeugungsarbeit, denn die notwendigen intensiven Beobachtungen (oftmals durch Video oder Tonband gestützt) werden in Organisationen selten ohne weiteres gestattet. Im experimentalpsychologischen Labor hingegen sind Gruppenprozesse in ihrer Dynamik besser analysierbar.

3.1 Gruppenprozesse als Mediator und als Moderator

In der Regel werden Gruppenprozesse in Modellen der Gruppenleistung als Mediator betrachtet. Das heißt, durch sie werden bestimmte Input-Bedingungen in Gruppen-Outcome transformiert (*Input-Prozess-Outcome* Modell, McGrath, 1964). Anders liegt der Fall, wenn Gruppenprozesse als Moderator betrachtet werden. Hierbei geht man davon aus, dass Gruppenprozesse die Art und Weise des Zusammenhangs zwischen Input-Bedingungen und Gruppen-Outcome verändern.

An einem Beispiel aus der Literatur über Partizipation in Gruppen, welches von Weingart (1997) entlehnt ist, soll der Unterschied zwischen Mediator und Moderator veranschaulicht werden. Aus der Literatur ist bekannt, dass mit zunehmender Gruppengröße die durchschnittliche Partizipation der Gruppenmitglieder am Diskussionsgeschehen abnimmt. Das aktivste Gruppenmitglied steuert, unabhängig von der Gruppengröße, ca. 40 % der Diskussionsbeiträge bei. Während das am wenigsten aktive Gruppenmitglied in einer 3-Personen-Gruppe noch ca. 20 % beisteuert, reduziert sich der relative Beitrag des dritt-aktivsten Gruppenmitglieds in einer 10-Personen-Gruppe bereits auf ca. 10 % und das am wenigsten aktive Gruppenmitglied steuert nur mehr 3 % bei. Das sich mit der Gruppengröße verstärkende Beitragsgefälle zwischen dem aktivstem und den weniger aktiven Gruppenmitgliedern wirkt sich negativ auf die Entscheidungsqualität aus, denn wichtige Informationen der weniger aktiven Gruppenmitglieder sind in der Gruppendiskussion unterrepräsentiert. Unter bestimmten Bedingungen (das für eine optimale Gruppenentscheidung notwendige Wissen ist auf viele Individuen verteilt, Statusunterschiede bestehen nicht, dezentralisierte Entscheidungsprozeduren werden verwendet) nimmt die Entscheidungsqualität mit zunehmender Gruppengröße ab, und zwar auf Grund des stärkeren Beitragsgefälles in größeren Gruppen. Somit wirkt das durch die Gruppengröße (Input) bedingte Beitragsgefälle in der Gruppendiskussion (Prozess) als Mediator des negativen Zusammenhangs zwischen Gruppengröße (Input) und Entscheidungsqualität (Outcome). Siehe hierzu Abbildung 3a.

Wie lassen sich nun Merkmale des Gruppenprozesses als Moderator verstehen? Größere Gruppen besitzen gegenüber kleineren Gruppen einen potenziellen Leistungsvorteil, wenn entscheidungsrelevantes Wissen zufällig unter den Gruppenmitgliedern verteilt ist. Die eigentliche Leistung der Gruppe besteht nun darin, das für eine optimale Entscheidung notwendige Wissen zusammenzutragen, d. h. möglichst viele Gruppenmitglieder sollten zur Gruppenentscheidung beitragen. Der potenzielle Leistungsvorteil größerer Gruppen wird allerding auf Grund des bei freier Diskussion zu erwartenden Beitragsgefälles nicht genutzt (siehe den oben beschriebenen Mediatoreffekt). Vielmehr überwiegt der durch das Beitragsgefälle verursachte Prozessverlust gegenüber dem durch die Gruppengröße bedingten potenziellen Leistungsvorteil, so dass insgesamt ein negativer Zusammenhang zwischen Gruppengröße und Entscheidungsqualität besteht. Führt man hingegen eine Entscheidungsprozedur ein, die es allen Mitgliedern in größeren Gruppen ermöglicht, die Gruppenentscheidung zu beeinflussen (z. B. die Beiträge aller Mitglieder werden gehört), so ist damit zu rechnen, dass größere Gruppen nun ihren Leistungsvorteil gegenüber kleineren Gruppen eher ausspielen können. Die Vorgehensweise bei der Gruppendiskussion (Anhören aller Beiträge versus freie Diskussion) wirkt hier als Moderatorvariable, denn sie beeinflusst das Beitragsgefälle (Mediatorvariable) und somit die Art und Weise des Zusammenhangs zwischen Gruppengröße und Entscheidungsqualität. Bei freier Diskussion ist dieser Zusammenhang negativ (siehe **Abb. 3a**), bei Anhören aller Beiträge sollte er positiv sein – oder zumindest signifikant weniger negativ als bei freier Diskussion, denn das Anhören aller Beiträge reduziert das Beitragsgefälle (siehe **Abb. 3b**).

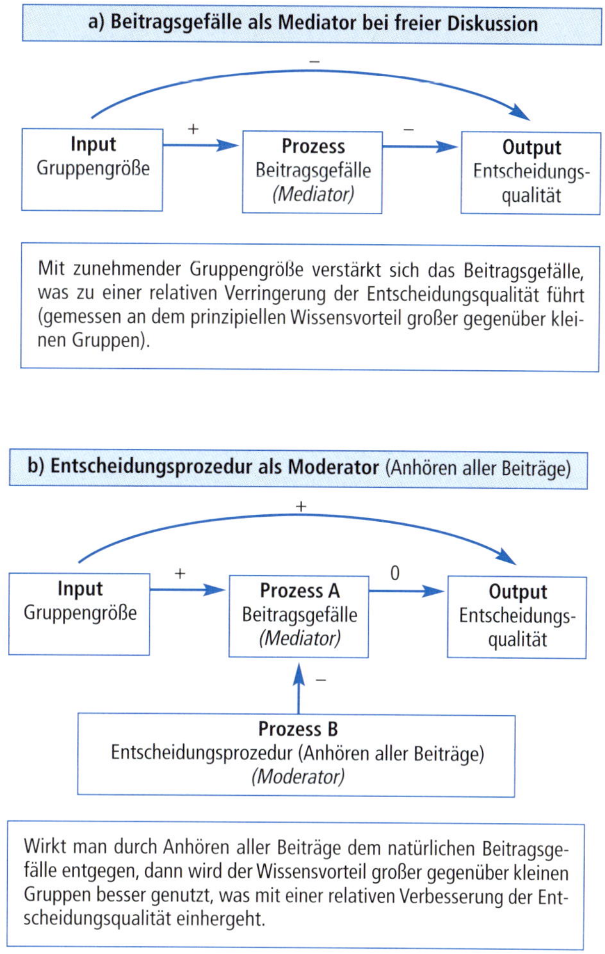

Abbildung 3: Gruppenprozesse als Mediator (a) und als Moderator (b)

3.2 Zur Messung von Gruppenprozessen

Verfahren zur Messung von Gruppenprozessen lassen sich anhand von drei Dimensionen unterscheiden: Subjektiv versus objektiv, retrospektiv versus direkt und aggregiert versus sequenziell strukturiert.

3.2.1 Subjektiv-retrospektive versus objektiv-direkte Messung

Der Messgegenstand «tatsächlich ablaufende Gruppenprozesse» unterscheidet sich von dem Messgegenstand «subjektive Wahrnehmung der Gruppenprozesse durch die Gruppenmitglieder». Die subjektiven Wahrnehmungen der Gruppenmitglieder sind durchaus wichtig für das Gruppengeschehen, denn sie wirken handlungsleitend. Verwendet das forschende Subjekt jedoch die subjektiven Wahrnehmungen der Gruppenmitglieder als Schätzung für die tatsächlichen Gruppenprozesse (was in der Feldforschung häufig geschieht), dann sind Schätzfehler sehr wahrscheinlich.

Auf subjektiven Wahrnehmungen basierende Messungen des Gruppenprozesses werden in der Regel retrospektiv vorgenommen, d. h. Individuen geben Auskunft über ihre Wahrnehmungen und Bewertungen des Interaktionsgeschehens in der Gruppe, nachdem einige Zeit vergangen ist. In gängigen Fragebogenverfahren werden dabei Zeiträume von Tagen, Wochen und Monaten in Kauf genommen. Derartige Verfahren sind nicht per se als invalide Messungen der Charakteristika von Gruppenprozessen einzustufen. Vielmehr kommt es darauf an, was man mit ihnen messen möchte (vgl. Brodbeck & Maier, 2001).

Will man allerdings Messungen der tatsächlich ablaufenden Gruppenprozesse vornehmen, dann sind subjektive Verfahren aus verschiedenen Gründen problembehaftet. Die Komplexität des Gruppengeschehens übersteigt das individuelle Wahrnehmungs- und Erinnerungsvermögen. Viele Ereignisse werden übersehen, falsch zugeordnet oder mangelhaft wiedergegeben. Zudem sind manche leistungsrelevanten Prozesse kaum identifizierbar während der aktiven Teilnahme am Gruppengeschehen, weil sie so umfassend in der Gesamtgruppe verankert sind, dass sie aus der limitierten Perspektive eines Gruppenmitglieds nicht adäquat erkannt werden können (z. B. komplexe Beziehungskonstellationen). Manche Prozesse finden auf einer sozialen Aggregationsebene statt, die dem Individuum nicht direkt zugänglich ist (z. B. erschließt sich die Bedeutung mancher Konflikte in Gruppendiskussionen erst, wenn man Zusammenhänge erkennt, die sich über längere Zeiträume erstrecken) oder sie bestehen aus geringfügigen Variationen nonverbalen Verhaltens, die dem normalen Beobachter schlichtweg entgehen, da sie meist unbewusst ablaufen und unbewusste Reaktionen hervorrufen (z. B. Körpersprache, Gestik, Mimik, Intonation).

Ein weiterer Schätzfehler bei der Befragungsmethode zur Messung von Gruppenprozessen ergibt sich aus den subjektiven Interpretationen, die oft unwillkürlich und kaum erkennbar mit der Wahrnehmung verbunden sind. Unterschiede in Persönlichkeit, Erfahrungen, Wertesystemen, Status und Wissen zwischen verschiedenen Personen, die demselben Interaktionsereignis beiwohnen, können zu unterschiedlichen Wahrnehmungen und Bewertungen führen. Auch das Wissen um die Leistungen der Gruppe führt zu Voreingenommenheiten, die die Wahrnehmung von Gruppenprozessen beeinflussen (Gladstein, 1984). Personen, die in den Glauben gebracht werden, ihre Gruppenleistungen seien vergleichsweise gut, geben positivere Wahrnehmungen der selben Gruppenprozesse an als Personen, die glauben, ihre Gruppenleistungen seien schlecht (Staw, 1975).

Will man etwas über die Reaktionen der Gruppenmitglieder auf Gruppenprozesse erfahren, ist es wichtig und richtig, sich auf subjektive Messungen zu verlassen. Ihr Einsatz behindert jedoch das Sammeln akkurater Erkenntnisse über die Natur tatsächlich ablaufender Gruppenprozesse. Disparitäten zwischen subjektiv-retrospektiven und objektiv-direkten Messungen des vermeintlich selben Gegenstandes sind ein guter Ausgangspunkt für weitere Untersuchungen. Sie können allerdings in die Irre führen, wenn subjektive Maße *ersatzweise* für objektive Messungen herangezogen werden (siehe **Informationsbox 2**).

3.2.2 Aggregierte versus sequenziell strukturierte Messung

In den meisten Studien werden objektiv-direkte Messungen mit aggregierten Daten (z. B. relative Häufigkeit bestimmter Interaktionsereignisse) vorgenommen. Aggregierte Maße sind sinnvoll, wenn es darum geht, den Einfluss der Gesamtmenge (Quantität) bestimmter Ereignisse auf den Gruppenerfolg zu beschreiben, z. B. die relative Häufigkeit funktionaler, kommunikativer Akte, die direkt mit der Bearbeitung einer Aufgabe in Verbindung stehen (vgl. Hirokawa, 1983). Allerdings lassen aggregierte Maße außer Acht, dass seltene Ereignisse eine kritische Funktion für den Gruppenerfolg besitzen können. Auch Unterschiede im jeweiligen Kontext (bzw. die unterschiedlichen Bedeutungen, die demselben Interaktionsereignis in verschiedenen Kontexten zukommen), lassen sich mit aggregierten Maßen nicht angemessen abbilden. Beispielsweise kann der in einer Gruppendiskussion aufkommende Vorschlag, nun zum nächsten Punkt der Tagesordnung überzugehen, zu ganz unterschiedlichen Reaktionen führen, je nachdem, ob er an einen zufrieden stellend zu Ende gebrachten Entscheidungsvorgang anschließt oder mit-

Informationsbox 2

Disparität zwischen subjektiv und objektiv gemessenen Gruppenprozessen

Bei Untersuchungen über die Qualität von Verhandlungsergebnissen in Zwei-Personen-Gruppen (Weingart, 1997) wurden zwei verschiedene Verhandlungsstrategien vorgegeben. Eine Gruppe von Verhandlungsdyaden erhielt die Instruktion, das Gemeinschaftsergebnis zu maximieren. In der anderen Gruppe wurden die Verhandlungspartner instruiert, jeweils das eigene individuelle Verhandlungsergebnis zu maximieren. Merkmale des Verhandlungsprozesses wurden zum einen durch subjektive Einschätzungen der beteiligten Personen und zum anderen durch objektive Beobachtung gemessen. In den subjektiven Einschätzungen zeigten sich die erwarteten Unterschiede der Interaktionsatmosphäre. In der Bedingung «Maximieren des Gemeinschaftsergebnisses» wurde die Atmosphäre kooperativer und am Gemeinschaftsproblem orientierter eingeschätzt als in der Bedingung «Maximieren des Einzelergebnisses». Allerdings waren die tatsächlichen Verhandlungsergebnisse in beiden Untersuchungsbedingungen jeweils gleichermaßen suboptimal.

Folgte man lediglich den subjektiven Einschätzungen der Verhandlungsteilnehmer, käme man zu der Feststellung, dass die Qualität des Verhandlungsprozesses (Kooperation versus Eigennutz) keinen Einfluss auf das Verhandlungsergebnis hat. Die von den Autoren ebenfalls vorgenommene objektiv-direkte Analyse des Gruppenprozesses führt jedoch zu einer etwas anders gelagerten Schlussfolgerung. Die von den Teilnehmern tatsächlich eingesetzten Verhandlungsstrategien haben sich zwischen den Bedingungen nämlich kaum unterschieden. Demnach stehen die wahrgenommenen Unterschiede der Verhandlungsatmosphäre weder in einem direkten Zusammenhang mit dem Verhandlungsergebnis, noch mit der Art und Weise, wie tatsächlich verhandelt wurde. Die Frage, ob die Qualität der eingesetzten Verhandlungsstrategien einen Einfluss auf das Verhandlungsergebnis hat oder nicht, muss deshalb durch eine weitere Untersuchung geklärt werden. Dazu müssen Bedingungen hergestellt werden, die sich nachweisbar auf das tatsächliche Verhandlungsverhalten auswirken.

ten in einer hitzigen Debatte platziert wird. Im ersten Fall gilt er als eine vernünftige Einflussnahme zur zügigen Gestaltung der Gruppensitzung, im zweiten Fall kann der gleiche Vorschlag als Instrument der Konfliktvermeidung verstanden werden, durch den die Position einer Partei geschwächt wird.

An der zuvor beschriebenen Studie zum Beteiligungsgefälle in großen Gruppen (siehe **Abb. 3**) lassen sich weitere Unterschiede zwischen aggregierter und sequenzieller Messung verdeutlichen. Die Stärke des Beteiligungsgefälles bzw. der Gleichverteilung individueller Beiträge in verschiedenen Gruppendiskussionen wird typischerweise anhand aggregierter Maße verglichen, z. B. die durchschnittliche Anzahl, Länge oder Dauer aller individuellen Diskussionsbeiträge (Bonito & Hollingshead, 1997). Stellen wir uns nun zwei Gruppen mit gleicher Beitragsverteilung auf alle Mitglieder vor. In der einen Gruppe findet ein stetiger Wechsel zwischen Beiträgen, Ansichten und Reaktionen auf die Beiträge statt, ohne dass ein Gruppenmitglied die Diskussion dominiert. Danach wird über die zu treffenden Vereinbarungen abgestimmt. In der anderen Gruppe führen die Mitglieder ihre Beiträge nacheinander aus, ohne aufeinander Bezug zu nehmen, danach wird über die zu treffenden Vereinbarungen abgestimmt. Die zweite Gruppe dürfte weniger in der Lage sein als die erste, die verschiedenen Beiträge und Ansichten der Mitglieder wirklich zu integrieren, denn obwohl alle Meinungen vorgebracht werden, gibt es keinen Raum, um Kompromisse auszuhandeln oder zu Beginn geäußerte Positionen zu korrigieren bzw. später vorgetragenen Positionen anzugleichen (weiterführend siehe Weingart, Bennett & Brett, 1993).

3.3 Dynamische Modelle der Entwicklung von Gruppenprozessen

Dynamische Prozesse in Gruppen können sehr unterschiedliche Formen annehmen und sich über sehr unterschiedliche Zeiträume erstrecken. In den bisherigen Ausführungen standen eher kurzfristige Prozesse im Vordergrund, die durch eine Analyse der Qualität und Quantität von *Sprechakten*, *Sequenzen* (multiple Sprechakte) und *Interakten* (aufeinander bezogene Aktions-Reaktions-Sequenzen verschiedener Personen) abgebildet werden können.

Längere Zeiträume werden in Theorien über Phasenverläufe bei der Gruppenentwicklung betrachtet. Die Untersuchung von Phasen mit jeweils unterschiedlichem Charakter der Interaktionsprozesse kann Aufschluss über unterschiedliche Funktionsweisen von Gruppen je nach dem Grad ihrer Entwicklung geben (vgl. Moreland & Levine, 1988).

Nach Tuckman und Jensen (1977) durchlaufen neu gebildete Arbeitsgruppen mehrere Phasen, bevor sie ihr Leistungspotenzial ausschöpfen können (siehe **Abb. 4**). In der Gruppenbildungsphase (*forming*) geht es darum, sich gegenseitig kennen zu lernen und Erwartungen über die gemeinsamen Ziele und wie man sie zu erreichen beabsichtigt, auszutauschen. Mit zunehmender Erfahrung im Gruppenkontext werden Konflikte offenbar (*storming*), die sich an Fragen der Führung (s. Wegge & v. Rosenstiel, Kap. 15), dem Ausmaß an Kontrolle, das durch die Gruppe gegenüber dem Individuum ausgeübt wird, oder an der Art und Weise der Zusammenarbeit entzünden. Im Zuge von Rollenaushandlungsprozessen entwickeln die Gruppenmitglieder ihre Beziehungen zueinander (*norming*). Standards und Regeln werden etabliert, deren Einhaltung vor allem dann eingefordert wird, wenn sie als wichtig für die Gruppe erachtet werden. Unter den Mitgliedern entwickelt sich außerdem ein zunehmend sozial geteiltes Verständnis über Ziele und Vorgehensweisen. Schließlich ist auch daran zu denken, dass Arbeitsgruppen ein Ende finden, wenn ihre Ziele erreicht sind (*adjourning*). Dies trifft in besonderem Maße auf Projektarbeitsgruppen zu. Beispielsweise ist für die durch starke Fluktuation gekennzeichnete Endphase in Software-Entwicklungsprojekten bekannt, dass ein intensiver Kommunikationsaustausch von besonderer Bedeutung für den Projekterfolg ist, um z. B. das Wissen vorzeitig ausgeschiedener Projektmitglieder bis zum wirklichen Abschluss des Projekts (oder für eine geplante Weiterentwick-

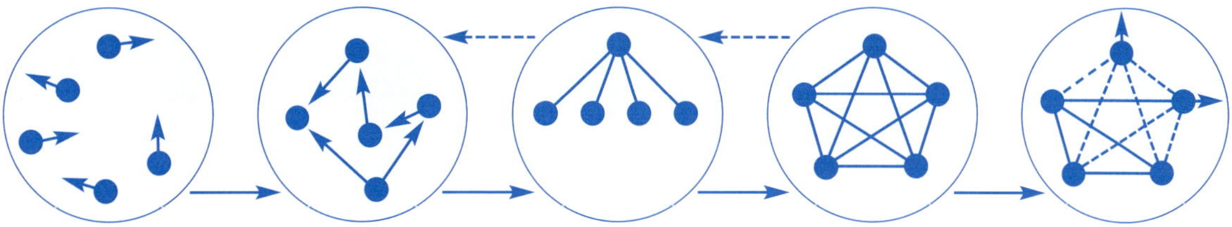

Abbildung 4: Das lineare 5-Phasenmodell nach Tuckman und Lorge (1977), erweitert in ein flexibles Phasenmodell durch gestrichelte Pfeile

lung des Produkts) verfügbar zu halten (Brodbeck, 2001).

Im *Punctuated-Equilibrium-Modell* von Gersick (1988, 1989) wird eine, etwa in der zeitlichen Mitte von Projektgruppen zu lokalisierende, Transition beschrieben. Empirische Untersuchungen zeigen, dass unabhängig davon, wie viel Zeit zwischen der ersten Sitzung und dem Abgabetermin einer Projektarbeitsgruppe veranschlagt ist, stets in der zeitlichen Mitte eine Krise erkennbar ist, in der die Gruppenmitglieder sich unter neuen Vorzeichen mit dem nahenden Abgabetermin befassen. Diese Phase ist durch rapide Veränderungen in der Wahrnehmung und in den kollektiven Handlungsstrategien gekennzeichnet. Das Modell ist allerdings nur auf temporäre Arbeitsgruppen anwendbar, die auf einen vorgegebenen Abgabetermin hinarbeiten.

In Phasen-Modellen wie dem von Gersick oder von Tuckman und Jensen wird postuliert, dass die bezeichneten Phasen stets in gleichartiger Reihenfolge durchlaufen werden. Deshalb bezeichnet man sie auch als statische Phasenmodelle (Weingart, 1997). Die statische Sichtweise entspricht nicht ganz der Realität in Gruppen. Beispielsweise werden die fünf Phasen des Modells von Tuckman und Jensen häufig nicht sequenziell durchlaufen. Gruppen in der Performing-Phase fallen des Öfteren in die Norming- oder die Storming-Phase zurück (siehe gestrichelte Pfeile in **Abb. 4**), zum Beispiel wenn unterschiedliche Sichtweisen über Arbeitsziele oder Vorgehensweisen offenbar werden.

Neue Theorien der Gruppenentwicklung gehen von *flexiblen* Phasenverläufen (Holmes & Poole, 1991) und dynamischen Systemen aus (im Überblick Vallacher & Nowak, 1994), die es durch komplexe Methoden (z. B. Zeitreihen- und Mehrebenenanalysen) zu beschreiben gilt. Mit flexiblen Phasen ist gemeint, dass anders als in den oben genannten statischen Phasen-Modellen einzelne Stadien keiner festgelegten Sequenz folgen müssen. So ist bei der Aufgabenbearbeitung in Gruppen erkennbar, dass sich Stadien der Planung mit Stadien der Aktivität mehrfach abwechseln. Dynamische Systemmodelle berücksichtigen außerdem noch das Zusammenspiel von Handlungen auf individueller und kollektiver Ebene (siehe **Informationsbox 3**).

Informationsbox 3

Zusammenspiel zwischen individueller und kollektiver Handlungsebene

In Untersuchungen zur dynamischen Entwicklung von Fehlerbewältigungsstrategien in Gruppen wurde von Brodbeck und Greitemeyer (2000b) unter anderem das aus systemtheoretischer Sicht (vgl. Vallacher & Nowak, 1994) relevante Zusammenspiel zwischen individueller und kollektiver Handlungsebene untersucht. Es wurde gezeigt, dass Individuen durch mehrfaches kollektives Bearbeiten vergleichbarer Regelinduktionsaufgaben (Trainingsphase) nicht nur ihre individuellen Fehlerbewältigungsstrategien verbessern (positiver G-I-Transfer, siehe Abschnitt 2.4.3), sondern diese auch speziell an den kollektiven Arbeitskontext anpassen. Sind sie im Anschluss an die Trainingsphase im Kollektiv der Gruppe tätig, richten sich ihre Fehlerbewältigungsaktivitäten sowohl auf die individuellen Handlungen der jeweils anderen Gruppenmitglieder (erkennbar an verringerten Übergangswahrscheinlichkeiten von fehlerhaften Einzelschritten zu den kollektiven Handlungsschritten der Gruppe) als auch auf die kollektiven Handlungssequenzen der Gruppe (erkennbar an verringerten Übergangswahrscheinlichkeiten von einem fehlerhaften Handlungsschritt der Gruppe zum nächsten Handlungsschritt). Im Gegensatz dazu sind ihre eigenen, individuellen Handlungsschritte im Kollektiv der Gruppe fehleranfälliger als im individuellen Arbeitskontext. Offenbar haben die Gruppenmitglieder mit der Zeit gelernt, im Kontext der Gruppenarbeit ihre Aufmerksamkeit auf die Aktivitäten der anderen Gruppenmitglieder und die gemeinsamen Gruppenaktivitäten zu lenken. Dadurch erkennen sie Fehler der anderen leichter, überwachen aber gleichzeitig ihre eigenen Aktivitäten weniger aufmerksam. In dem hier beschriebenen Experiment waren die durch Gruppentraining veränderten Fehlermanagementstrategien auch mit geringeren Fehlerraten beim Gruppenergebnis verbunden.

4. Vorgehensweisen bei der Analyse von Gruppenprozessen

Die Analyse von Gruppenprozessen in aufgabenorientierten Gruppen ist mit besonderen Schwierigkeiten verbunden. Eine Auswahl relevanter Verfahren, mit denen diese sich eindämmen lassen, wird im Folgenden beschrieben.

4.1 Stichprobe und Analyseeinheit

Auch in der Gruppenforschung braucht man zum Hypothesentesten hinreichend große Stichproben. In der Regel setzen sie sich aus Gruppen als analytischen Einheiten zusammen. Damit multipliziert sich die Anzahl der zu gewinnenden Untersuchungsteilnehmer um ein Vielfaches (je nach Gruppengröße) gegenüber individualpsychologischen Untersuchungen. Will man zudem noch natürliche Gruppen in Organisationen untersuchen, dann stößt man sehr schnell an die Grenzen des Machbaren.

Ist das individuelle Interaktionsverhalten in Gruppen der interessierende Forschungsgegenstand, kann man die Anzahl zu gewinnender Untersuchungspartner reduzieren, indem man entsprechende Papier-und-Bleistift-Materialien erstellt oder Computerprogramme entwickelt (DeDreu & Van Lange, 1995), die einen oder mehrere Interaktionspartner an anderem Ort bei der Aufgabenbearbeitung simulieren. Analysiert und gemessen wird lediglich das Verhalten der jeweils teilnehmenden Untersuchungspartner, die sich in einer echten Gruppenarbeitssituation wähnen. In manchen Fällen lassen sich Forschungsfragen und Untersuchungsdesigns auch so gestalten, dass nicht die Gruppe oder das Individuum, sondern bestimmte Interaktionsereignisse als analytische Einheit verwendet werden können. Je nach Dauer der Gruppeninteraktion und Länge der interessierenden Interaktionssequenzen erhält man dann Strichproben in der Größenordnung von Hunderten oder sogar Tausenden von Interakten. Will man neue Hypothesen über Zusammenhänge zwischen Gruppenprozessen und Leistung explorieren, dann bieten sich Fallstudien über besonders ausgewählte Gruppen an, z.B. erfahrene Spitzenteams im Vergleich zu eher mittelmäßigen Arbeitsgruppen.

4.2 Untersuchungsdesign

Zur Untersuchung von dynamischen Gruppenprozessen im Zusammenhang mit Gruppenleistung und -erfolg kann man auf drei generelle

Tabelle 1: Drei Forschungsdesigns zur Untersuchung von Gruppenprozess und Gruppenleistung mit ihren Stärken und Schwächen (in Anlehnung an Weingart, 1997)

	Laborexperiment	Feldexperiment	Fallstudie
Realitätsnähe	gering	hoch	hoch
Kontrollierbarkeit	hoch	mittel	gering
Detail/Inhaltstreue	mittel	mittel/gering	hoch
Interne Validität	hoch	mittel/hoch	gering
Generalisierbarkeit	mittel	hoch	gering
Zugang zu Untersuchungsteilnehmern	hoch	gering	mittel

Untersuchungsmethoden zurückgreifen: das Laborexperiment, das Feldexperiment und die Fallstudie im Feld. Ihre jeweiligen Stärken und Schwächen sind in **Tabelle 1** aufgelistet.

4.2.1 Laborexperiment

In Laborexperimenten werden Stichproben mehrerer Gruppen unter verschiedenen vom Forscher vorgegebenen Bedingungen untersucht, so dass Ursache-Wirkungs-Zusammenhänge sowie Mediator- und Moderatoreffekte mit Hilfe statistischer Verfahren überprüft werden können. Dazu werden Daten über Gruppenprozesse, individuelle Leistungen und Gruppenerfolg innerhalb der Versuchsbedingungen aggregiert und zwischen den Bedingungen verglichen. Da Gruppen im Labor häufig neu gebildet werden (in der Regel aus Studenten) und in einem gegenüber den Umgebungsbedingungen natürlicher Arbeitsgruppen verarmten Kontext tätig sind, ist die Realitätsnähe eher gering, die Kontrollierbarkeit hingegen ist sehr hoch. Auch ist der Zugang zu studentischen Untersuchungspartnern einfacher als zu Arbeitnehmern oder Managern im Feld. Gruppenprozesse lassen sich im Labor sehr detailliert abbilden, die Interaktionsinhalte sind hingegen weniger komplex als im Feld, da für die Bearbeitung der zu Grunde liegenden Gruppenaufgaben nur wenig Vorerfahrung seitens der Untersuchungspartner vorausgesetzt werden kann. Schließlich kann man durch systematische Kontrolle der Bedingungen in Laborexperimenten eine sehr hohe interne Validität realisieren, die externe Validität (Generalisierbarkeit) hingegen ist nicht per se gegeben. Hierzu bedarf es weiterer Studien, in denen der Nachweis geführt wird, dass sich die im Experiment gezeigten Effekte auch unter verschiedenen praxisrelevanten Bedingungen einstellen. Dies sollte vorzugsweise im Feld geschehen. In einem ersten Schritt ist auch schon viel dadurch gewonnen, dass man versucht, die gezeigten Effekte unter möglichst realitätsnahen Bedingungen (z. B. mit natürlichen Arbeitsaufgaben und -gruppen) im Labor zu replizieren.

4.2.2 Feldexperiment

Feldexperimente findet man sehr selten im Bereich der Gruppenforschung, da ihre sachgerechte Durchführung dem reibungslosen Ablauf der täglichen Arbeit in Gruppen und Organisationen entgegensteht. Außerdem ist es im Feld schwieriger, eine hinreichend große Anzahl vergleichbarer Gruppen zu akquirieren. Die für ein Experiment notwendige randomisierte Zuteilung der Gruppen auf verschiedene Bedingungen stellt ein weiteres Problem dar. In der Regel ist eine randomisierte Zuteilung nicht möglich, so dass auch andere Variablen als die manipulierten Prädiktorvariablen die gezeigten Effekte verursacht haben können. Einige dieser so genannten Drittvariablen können vorab kontrolliert (z. B. durch Konstanthalten zwischen den Versuchsbedingungen) oder zumindest gemessen werden. So lassen sich die Effekte von Drittvariablen bei der Analyse als Kovariatorvariablen statistisch «herausrechnen». Wenn es gelingt, die wichtigen Drittvariablen zu kontrollieren, ist die interne Validität von Feldexperimenten als mittel bis hoch einzustufen. Ihre hohe Realitätsnähe und externe Validität (Generalisierbarkeit) ergibt sich aus der Teilnahme von natürlichen Gruppen in ihrem natürlichen Kontext. Sie steht allerdings einer geringeren Kontrollierbarkeit gegenüber, was zu Einschränkungen im Experimentaldesign gegenüber den Möglichkeiten führt, die im Labor gegeben sind.

4.2.3 Fallstudie

Fallstudien werden häufig verwendet, um die Funktionsweise von Gruppen im Feld intensiv und aus verschiedenen Blickwinkeln zu untersuchen. Dabei wird das Verhalten in einer Gruppe (oder einer überschaubaren Anzahl von Gruppen) über die Zeit hinweg systematisch beobachtet. Ziel ist es, die ablaufenden Prozesse im Detail und möglichst umfassend zu beschreiben. Das ist sinnvoll, wenn die Prozesse als solche interessant oder neuartig sind. Häufig werden Fallstudien mit Gruppen durchgeführt, deren Leistungen als besonders gut oder besonders schlecht eingestuft werden, um zu untersuchen, welche Prozesse mit Spitzenleistungen und welche Prozesse mit klar erkennbaren Fehlleistungen (z. B. *group think*, siehe den Beitrag von v. Rosenstiel, Kap. 12) verbunden sind.

Jedes Forschungsdesign hat seine besonderen Stärken und Schwächen. Mit Experimenten lassen sich Ursache-Wirkungs-Zusammenhänge zwischen Gruppenprozessen, -leistungen und -erfolg testen. Das ist für die Entwicklung und Verbesserung von Gruppentheorien wichtig. Die Relevanz theoretischer Annahmen für die Praxis der Gruppenarbeit muss allerdings in weiteren Untersuchungen im Anwendungsfeld gezeigt werden. In Feldexperimenten wäre dieser Nachweis direkt zu führen. Allerdings kann man nicht beliebige Experimentaldesigns im Feld realisieren und nicht alle Drittvariablen lassen sich kontrollieren. Die beiden genannten Untersuchungsdesigns sind außerdem nicht vollständig inhaltstreu, d. h. nicht alle relevanten Inhalte und Prozesse, mit denen sich Gruppen in der Praxis beschäftigen, sind durch sie abbildbar. Im Experiment geht man stets deduktiv vor (d. h. man geht von expliziten theoretischen Annahmen aus, um Hypothesen zu testen). Es hat sich allerdings immer wieder gezeigt, dass das, was im Feld tatsächlich leistungsrelevant ist, weder durch die Theorie des Forschenden noch durch das daraus abgeleitete Experimentaldesign abgedeckt war. Deshalb sollte man ergänzend Fallstudien durchführen. Ihre Ausrichtung am realitätsgetreuen Einzelfall erlaubt ein induktives, explorierendes Vorgehen. Dabei kann man vieles noch entdecken, was durch die bisher verwendeten Theorien nicht abgedeckt ist. Auf der anderen Seite folgt aus dem exemplarischen, am Einzelfall orientierten Charakter von Fallstudien, dass die Generalisierbarkeit ihrer Ergebnisse auf andere Gruppen in anderen Kontexten sehr stark eingeschränkt ist. Hierfür eignen sich die experimentellen Ansätze wiederum besser – und so schließt sich der Kreis. Damit ist gemeint, dass bei guter angewandter Gruppenforschung alle relevanten Forschungsdesigns Verwendung finden.

4.3 Datensammlung und Protokollierung

Die Aufzeichnung von Interaktionsprozessen mit Hilfe von Video- oder Tonbandaufnahmen ist der direkten Beobachtung stets vorzuziehen. Dabei ist Video dem Tonband überlegen, denn es bildet auch nonverbale Ereignisse ab und erlaubt eine bessere Identifikation der jeweils aktiven Gruppenmitglieder. Im Idealfall sollte man direkt beobachten *und* Aufzeichnungsgeräte nutzen, denn selbst professionell geschulten Beobachtern entgehen relevante Ereignisse und feine Nuancen des Interaktionsgeschehens. Auch kommt es vor, dass sich ihre Sicht auf dieselben Phänomene mit zunehmender Erfahrung ändert, was sich in einer andersartigen Protokollführung später gemachter Beobachtungen im Vergleich zu früheren niederschlägt. Mit entsprechenden Aufzeichnungen kann man diese Fehlerquellen besser kontrollieren.

In vielen Organisationen sind Video- und Tonbandaufnahmen nicht gestattet, so dass direktes Beobachten und Protokollieren als einzig gangbarer Weg erscheint. Hierbei sollte man beachten, dass das Kodierschema möglichst einfach gehalten ist, mit wenigen Kategorien und Unterscheidungen, denn wenn zu viele komplexe Entscheidungen unter Zeitdruck getroffen werden müssen, dann verringert sich die Zuverlässigkeit der Protokolleinträge. Des Weiteren sollte man mehrere geschulte Beobachter einsetzen, so dass dieselben Ereignisse mehrfach erfasst werden. Dadurch kann man die Reliabilität erhöhen. In manchen Organisationen werden Aufzeichnungen von Gruppenentscheidungen zu Rückmeldungs- und Schulungszwecken durchgeführt. Sich an solche Aktivitäten anzuhängen, kann die Chancen erhöhen, weitere Videoaufzeichnungen vorzunehmen. Schließlich ist noch erwähnenswert, dass sich computergestützte Aufzeichnungen von Telekonferenzen sowie schriftliche Interaktionen über E-Mail oder im Rahmen von GDSS (*group decision support systems*) durchgeführten Gruppenentscheidungen zur Untersuchung von Gruppenprozessen eignen.

Bevor man Daten kodieren kann, muss darüber entschieden sein, ob Transkription vorgenommen werden soll, d. i. die schriftliche Dokumentation der Interaktionen (teilweise auch einschließlich nonverbaler Akte). Transkription ist aufwendig und teuer. Sie bietet allerdings die Möglichkeit, die Bildung von Einheiten sowie Indexierung und anschließende Kodierung nacheinander vorzunehmen. Will man auf Transkription verzichten und direkt von der Video-Aufzeichnung kodieren, muss zum einen klar sein, wie die zu kodierenden Einheiten gebildet werden, zum anderen müssen Zeitintervalle und Indexierungen im Video repräsentiert werden können. Damit ist bei der anschließenden Kodierung erkennbar, wann eine Einheit beginnt und wann sie endet. Dies ist auch für die Bestimmung der Reliabilität wichtig, denn bei weiteren Kodierdurchgängen sollten natürlich dieselben Einheiten bewertet werden. Inzwischen gibt es Computersysteme, die es ähnlich den Techniken, die in professionell ausgestatteten Schneideräumen beim Film verwendet werden, erlauben, jede beliebige Stelle auf dem Videoband anzusteuern, sie mit schriftlichen Kommentaren oder Verweisen auf andere Textstellen und Bildsequenzen zu versehen und darüber detaillierte Statistiken zu erstellen.

4.4 Kodierung und Kodierschemata

Die Identifikation der untersuchungsrelevanten Verhaltens- und Interaktionsereignisse ist der Dreh- und Angelpunkt von Prozessanalysen. Bevor man das Kodierschema erstellt, sollte man fragen, «Was genau soll betrachtet werden?» und «Wie wird es kategorisiert?». Manchmal ist es auch notwendig, das Kodierschema nach einer ersten Auswertung der Ergebnisse zu verändern bzw. zu präzisieren. Weingart (1997) berichtet hierzu ein anschauliches Beispiel. Sie verwendete eine Kodierkategorie zur Identifikation von Informationsaustausch (*information sharing*) und fand keinen Zusammenhang mit der Qualität der erzielten Vereinbarungen in Gruppen. Diese Kategorie wurde dann untergliedert in eine Subkategorie des Informationsaustausches über das, was den Verhandlungspartnern am wichtigsten ist (dadurch vermitteln diese ihre individuellen Prioritäten bezüglich der insgesamt zur Diskussion stehenden Verhandlungsgegenstände), und in eine andere Subkategorie des Informationsaustausches über das, was den Verhandlungspartnern bei einem bestimmten Verhandlungsgegenstand wichtig ist (dadurch vermitteln diese, welche Alternative sie bei einem bestimmten Verhandlungsgegenstand präferieren). Die erste Art des Informationsaustausches beeinflusste die Qualität der Verhandlungsergebnisse positiv, die zweite negativ (Weingart, Hyder & Prietula, 1996).

Kodierschemata können generell oder aufgabenspezifisch angelegt sein sowie deduktiv (theoriegeleitet) oder induktiv (anhand der vorliegenden Daten) entwickelt werden.

Ein *generelles Kodierschema* ermöglicht Interaktionsanalysen anhand einer möglichst vollständigen Menge logisch voneinander abgrenzbarer (distinkter) Kategorien zwischenmenschlicher Interaktion über verschiedene Gruppenaufgaben hinweg (z.B. SYMLOG, Bales & Cohen, 1979; TEMPO, Futoran, Kelly & McGrath, 1989).

In einem *aufgabenspezifischen Kodierschema* beinhalten die Kategorien besondere Teilaspekte der zu bearbeitenden Aufgaben. Für Produktionsaufgaben sind beispielsweise Kategorien wie Planung, Kontrolle, Diskussion über Aktionen, moralische Unterstützung geben, Interaktionen außerhalb der Aufgabenbearbeitung etc. sinnvoll (Weldon, Jehn & Pradhan, 1991). Aufgabenspezifische Kodierschemata sind vor allem für die Entwicklung von domänespezifischen Gruppentheorien wichtig (Goodman, Ravlin & Schminke, 1987; Hackman & Morris, 1975), das sind Theorien, die nur für Gruppen mit bestimmten Aufgabenstellungen gelten, z.B. Problemlösung, Entscheiden, Verhandeln, Produzieren.

Die Unterscheidung zwischen theorie- versus datengeleiteten Kategorien lässt sich aus der in den Wissenschaften gebräuchlichen Unterscheidung zwischen deduktiv (aus logischen Überlegungen heraus) und induktiv (anhand der Phänomene) gewonnenen Erkenntnissen, ableiten. In der Praxis der Prozessanalyse verschwimmt diese Unterscheidung häufig (vgl. Weingart, 1997).

Sofern die Möglichkeit besteht, sollte man mit *theoriegeleiteten Kategorien* (deduktiv) beginnen. Mit Hilfe von theoretischen Annahmen über Verhaltensweisen, die für die Aufgabenbearbeitung relevant sind, lassen sich Kernkategorien bilden. Da sich die genaue Bedeutung bestimmter Worte und Handlungen in einem spezifischen Aufgabenkontext dem Beobachter erst nach und nach erschließt, empfiehlt es sich, die theoriegeleiteten Kategorien nach Maßgabe der beobachteten Verhaltensakte und sprachlichen Ausdrücke in *datengeleiteten Kategorien* (induktiv) weiter zu differenzieren. Wichtig ist auch die Frage, wie vollständig das Kategoriensystem sein soll. Sind beispielsweise nur bestimmte Verhaltensweisen theoretisch relevant, so empfiehlt es sich, eine Restkategorie zu bilden, in die theoretisch wenig bedeutsame Ereignisse eingeordnet werden.

In einem Kodiermanual sollten die zu kodierenden Ereignisse (z.B. Sprechakte, Sequenzen, Interakte) definiert sein. Alle Kategorien (einschließlich ihrer Bezeichnungen) sollten so genau wie möglich und mit prototypischen Ereignisbeispielen beschrieben werden. Für schwierig abzugrenzende Ereignisse lassen sich Daumenregeln formulieren (z.B. verwende auch Aussagen aus dem Kontext des Ereignisses). Will man sowohl theoretisch als auch induktiv gewonnene Kategorien verwenden, dann sollte man sich darauf einstellen, den Kodierplan nach und nach weiterzuentwickeln, z.B. um spezifische Unterkategorien sowie deren Bezeichnung, Beschreibung mit Beispielen und Abgrenzung zu anderen Kategorien.

Die iterative Weiterentwicklung des Kodierschemas sollte auch aus anderen Gründen antizipiert werden, denn in der Forschungspraxis kommt man ohne die so genannte Feinabstimmung nicht aus. Erst bei der Anwendung des Kodierschemas ist erkennbar, ob bestimmte Kategorien zu eng gefasst sind, so dass bestimmte Ereignisse zu selten für eine statistische Analyse auftreten, oder zu weit gefasst, so dass viele Verhaltensweisen, die sehr unterschiedlich erscheinen, in der selben Kategorie eingeordnet werden. Oft kommt es vor, dass zwei Kategorien sich nicht hinreichend voneinander unterscheiden lassen, so dass bei der Entscheidung, ob ein Ereignis in die eine oder in die andere Kategorie fallen soll, Schwierigkeiten auftreten oder die Übereinstimmung zwischen zwei unabhängigen Bewertern zu gering ist.

Um sicherzustellen, dass die gewählten Kodiereinheiten und Kategorien auch reliabel und valide sind, sollten Pilotstudien durchgeführt werden. Es empfiehlt sich dabei, die zu Beginn des Kodiertrainings noch «naiven» (im Hinblick auf die theoretischen Kategorien) Hilfskräfte systematisch einzubeziehen. An den Schwierigkeiten, die sie berichten, und an ihren «naiven» Fragen lässt sich am besten erkennen, ob das Kategoriensystem und der Kodierplan verständlich und einfach zu vermitteln sind.

5. Schlussbemerkungen

Im vorliegenden Kapitel wurden drei Perspektiven zur Analyse von Gruppen in Organisationen erörtert, zum einen die beiden Perspektiven der experimentellen und angewandten Gruppenleistungsforschung, die Gruppen im Wesentlichen als aufgabenorientierte Subsysteme von Organisationen betrachten, und zum anderen die Perspektive der Interaktionsforschung, die das Wesen der interdependenten Aktionen und Operationen in Gruppen zu beschreiben und ergründen sucht. Diese Perspektiven überlappen sich in einem Bereich, der als *funktionale Interaktionsforschung* bezeichnet werden kann. Ziel eines solchen Forschungsbereiches ist es, Zusammenhänge zwischen Leistungsverhalten und verschiedenen Kriterien des Gruppenerfolgs mit Hilfe von Interaktionsprozessen zu erklären. Dabei wird über das weithin zitierte, klassische Input-Prozess-Outcome Modell von McGrath (1964) hinausgegangen, indem Gruppenprozesse nicht nur als Mediator, sondern vor allem auch als Moderator von Zusammenhängen zwischen Input-Bedingungen, Leistungsverhalten und Gruppenerfolg betrachtet werden.

Der in der bisherigen Forschung nur am Rande betrachteten Moderatorrolle von Gruppenprozessen wird im Kriterienmodell der Gruppenleistung eine zentrale Funktion eingeräumt. Analog zur Individual- und Organisationsforschung wird zwischen Leistungs- und Erfolgskriterien unterschieden. Diese Unterscheidung ist notwendig, weil Gruppenerfolg nicht nur als direkte Funktion zielrelevanter Verhaltensweisen der Gruppenmitglieder zu sehen ist. Externe Kontextfaktoren sowie interaktionsbedingte Prozessverluste und -gewinne und dynamische Entwicklungsprozesse (z. B. individuelles und kollektives Lernen) beeinflussen Zusammenhänge zwischen Leistungsverhalten und Gruppenerfolg.

Bei einer funktionalen Analyse von Interaktionsprozessen in Gruppen ist es außerdem wichtig, Gruppenprozesse stets im Zusammenhang mit klar definierten Kriterien der Leistung und des Erfolgs zu untersuchen. In der klassischen Forschung über aufgabenorientierte Gruppen befasst man sich überwiegend mit Zielkriterien, die in Organisationen vorgegeben sind (z. B. Produktivität, Effizienz, Innovation). Allerdings existiert neben diesen Zielen noch eine Reihe weiterer, oftmals impliziter Ziele in Gruppen, die deren sozialpsychologische Funktionsweise, deren dynamische Entwicklung, deren Beziehungen zum sie umgebenden Kontext und die Bedürfnisse ihrer Mitglieder betreffen. Den Gruppenforschern und den in der Praxis tätigen Führungskräften und Teamentwicklern obliegt die Aufgabe, auch diese impliziten Ziele in ihrem Handeln zu berücksichtigen.

Vor diesem Hintergrund bietet ein multi-dimensionales Leistungs- und Erfolgskriterium mehrere Vorteile. Zum einen verweist es darauf, dass die Funktion aufgabenorientierter Gruppen in der Erfüllung multipler, d. h. sowohl produktionsorientierter als auch individueller, sozialer und gesellschaftlicher Kriterien zu sehen ist. Zum anderen liefert es einen strukturierenden Rahmen für die funktionale Analyse von Interaktionsprozessen, innerhalb dessen untersucht werden kann, welche Gruppenprozesse welchen Zielen zuträglich sind und welchen eher abträglich. Auf diese Weise lässt sich die oftmals als zu deskriptiv (d. h. stark am Phänomen orientiert) erachtete Kommunikationsforschung besser in präskriptive (d. h. erklärende) Theorien der Gruppenleistung integrieren.

Wie schon erwähnt, untersucht die klassische Kommunikationsforschung Gruppeninteraktion vorwiegend mit dem Ziel einer möglichst exakten Beschreibung, um mehr über die Natur des Gruppengeschehens in Erfahrung zu bringen. Ihre ausgefeilten Methoden und Analyseinstrumente finden in der experimentellen und angewandten Gruppenleistungsforschung nur in sehr eingeschränktem Maße Verwendung. Angesichts der zentralen Bedeutung von Gruppenprozessen (als Mediator und Moderator) für die hier unterschiedenen Dimensionen der Gruppenleistung und des Gruppenerfolgs erscheint es ratsam, Methoden aus der Kommunikationsforschung für die anwendungsorientierte Gruppenforschung verstärkt nutzbar zu machen. Deshalb wurden im vierten Teil dieses Kapitels einige wesentliche Themen aus dieser Disziplin erörtert. Einige für den Anwendungsforscher wichtige Punkte werden zum Schluss schlagwortartig zusammengefasst:

- Werden Gruppenprozesse nicht nur als Mediator, sondern auch als Moderator betrachtet, lassen sich mehr Erkenntnisse über leistungsrelevante Wirkungen von Gruppeninterventionsverfahren sammeln.
- Subjektive, retrospektive und statische Operationalisierungen von Gruppenprozessen sollten um objektive, direkte und sequenzielle ergänzt werden.
- Viel versprechend sind Untersuchungen, die systemische und dynamische Aspekte berücksichtigen, beispielsweise einander abwechselnde Phasen der Gruppenentwicklung und das dynamische Zusammenspiel zwischen individuellem und kollektivem Handeln und Lernen in Gruppen.
- Insgesamt sollten sowohl hypothesentestende als auch hypothesengenerierende Untersuchungsstrategien im gleichen Forschungsvorhaben zur Anwendung kommen, z. B. durch die Kombination von Labor- und Feldexperimenten mit Fallstudien.

6. Literatur

Argote, L. (1993). Group and organizational learning curves: Individual, system and environmental components. *British Journal of Social Psychology, 32,* 31–51.

Argote, L. & Epple, D. (1990). Learning curves in manufacturing. *Science, 247,* 920–923.

Bales, R. F. & Cohen, S. P. (1979). *SYMLOG: A system for the multiple level observation of groups.* New York: Free Press.

Barnlund, D. C. (1959). A comparative study of individual, majority, and group judgement. *Journal of Abnormal and Social Psychology, 58,* 55–60.

Bonito, J. A. & Hollingshead, A. B. (1997). Participation on small groups. *Communication Yearbook, 20,* 227–261.

Borman, W. C. (1991). Job behavior, performance and effectiveness. In M. D. Dunnette & L. M. Hough (Eds.), *Handbook of industrial and organizational psychology* (Vol. 2, pp. 271–326). Palo Alto: Consulting Psychologists Press.

Brandstätter, H. & Brodbeck, F. C. (2003). Problemlösen und Entscheiden in Gruppen. In H. Schuler (Hrsg.), *Enzyklopädie der Psychologie. Organisationspsychologie II: Gruppen und Organisation.* (D/III/4). Göttingen: Hogrefe.

Brodbeck, F. C. (1996). Criteria for the study of work group functioning. In M. West (Ed.), *Handbook of work group psychology* (pp. 285–315). Chichester, England: Wiley & Sons.

Brodbeck, F. C. (1999). *«Synergy is not for free»: Theoretische Modelle und experimentelle Untersuchungen über Leistung und Leistungsveränderung in aufgabenorientierten Kleingruppen.* Habilitationsschrift, Ludwig-Maximilians Universität München.

Brodbeck, F. C. (2001). Communication and effectiveness in research and development: The case for software development projects. *The European Journal of Work and Organizational Psychology, 10,* 73–94.

Brodbeck, F. C. & Greitemeyer, T. (2000a). A dynamic model of group performance: Considering the group members'» capacity to learn. *Group Processes & Intergroup Relations, 3,* 159–182.

Brodbeck, F. C. & Greitemeyer, T. (2000b). Effects of individual versus mixed individual and group experience in rule induction on group member learning and group performance. *Journal of Experimental Social Psychology, 36,* 621–648.

Brodbeck, F. C. & Maier, G. W. (2001). Das Teamklima-Inventar (TKI) für Innovation in Gruppen: Psychometrische Überprüfung an einer deutschen Stichprobe. *Zeitschrift für Arbeits- und Organisationspsychologie, 45,* 59–73.

Cragan, J. F. & Wright, D. W. (1990). Small group communication research of the 1980's: A synthesis and critique. *Communication Studies, 41,* 212–236.

DeDreu, C. K. W. & Van Lange, P. A. M. (1995). The impact of social value orientation on negotiator cognition and behaviour. *Personality and Social Psychology Bulletin, 21,* 1178–1188.

Diehl, M. & Stroebe, W. (1991). Productivity loss in idea-generating groups: Tracking down the blocking effect. *Journal of Personality and Social Psychology, 61,* 392–403.

Dyer, W. G. (1987). *Team building: Issues and alternatives* (2nd ed.). Reading: Addison Wesley.

Earley, P. C. (1989). Social loafing and collectivism: A comparison of the United States and the People's Republic of China. *Administrative Science Quarterly, 34,* 565–81.

Fischer, F. (2002). Gemeinsame Wissenskonstruktion: Theoretische und methodologische Aspekte. *Psychologische Rundschau, 53,* 101–108.

Futoran, G. C., Kelly, J. R. & McGrath, J. E. (1989). TEMPO: A time-based system for analysis of group interaction process. *Basic and Applied Social Psychology, 10,* 211–232.

Galegher, J., Kraut, R. E. & Egido, C. (1990). *Intellectual teamwork: Social and technological foundations of cooperative work.* Hillsdale: Erlbaum.

Gersick, C. J. G. (1988). Time and transition in work teams: Toward a new model of group development. *Academy of Management Journal, 31,* 9–41.

Gladstein, D. L. (1984). Groups in context: A model of task group effectiveness. *Administrative Science Quarterly, 29*, 499–517.

Goodman, P. S. (1986). Impact of task and technology on group performance. In P. S. Goodman & Associates (Eds.), *Designing effective work groups* (pp. 120–167). San Francisco: Jossey Bass.

Goodman, P. S., Ravlin, E. & Schminke, M. (1987). Understanding groups in organisations. In L. L. Cummings & B. M. Shaw (Eds.), *Research in organizational behavior* (Vol. 1, pp. 121–173). Greenwich: JAI Press.

Graumann, C.-F. (1982). *Kurt Lewin Werkausgabe (Bd. 4) Feldtheorie.* Bern, Stuttgart: Hans Huber, Klett-Cotta.

Hackman, J. R. (1987). The design of work teams. In J. Lorsch (Ed.), *Handbook of organizational behavior* (pp. 315–342). Englewood Cliffs: Prentice-Hall.

Hackman, J. R. & Morris, C. (1975). Group tasks, group interaction process and group performance effectiveness: A review and proposed integration. In L. Berkowitz (Ed.), *Advances in experimental social psychology* (pp. 45–99). New York: Academic Press.

Hackman, J. R. & Oldham, G. R. (1980). *Work redesign.* Reading: Addison-Wesley.

Hall, J. & Watson, W. H. (1971). The effects of a normative intervention on group decision-making performance. *Human Relations, 23*, 299–317.

Hertel, G., Kerr, N. & Messé, L. A. (2000). Motivation gains in performance groups. Paradigmatic and theoretical developments on the Köhler effect. *Journal of Personality and Social Psychology, 79*, 580–601.

Hill, G. W. (1982). Group versus individual performance: Are N + 1 heads better than one? *Psychological Bulletin, 91*, 517–539.

Hinsz, V. B., Tindale, R. S. & Vollrath, D. A. (1997). The emerging conceptualization of groups as information processes. *Psychological Bulletin, 121*, 43–64.

Hirokawa, R. Y. (1983). Group communication and problem solving effectiveness II: An investigation of procedural functions. *Western Journal of Speech Communication, 47*, 59–74.

Holmes, M. E. & Poole, M. S. (1991). Longitudinal analysis. In B. Montgomery & S. Duck (Eds.), *Studying interpersonal interaction.* New York: Guilford.

House, R. J., Hanges, P. J., Ruiz-Quintanilla, S. A., Dorfman, P. W., Javidan, M. Dickson, M., Gupta, V., Brodbeck, F. C., et al. (1999). Cultural influences on leadership and organizations: Project GLOBE. In W. Mobley, M. J. Gessner & V. Arnold (Eds.). *Advances in Global Leadership* (Vol. 1, pp. 171–234). Stanford: JAI Press.

Janis, I. (1982). *Groupthink* (2nd ed.). Boston: Houghton-Mifflin.

Kerr, N. L. (1983). Motivation losses in small groups: A social dilemma analysis. *Journal of Personality and Social Psychology, 45*, 819–828.

Köhler, O. (1927). Über den Gruppenwirkungsgrad der menschlichen Körperarbeit und die Bedingung optimaler Kollektivkraftreaktion. *Industrielle Psychotechnik, 4*, 209–226.

Latané, B. (1986). Responsibility and effort in organizations. In P. S. Goodman & Associates (Eds.), *Designing effective work groups* (pp. 277–304). San Francisco: Jossey-Bass.

Latané, B., Williams, K. & Harkins, S. (1979). «Many hands make light the work»: The causes and consequences of social loafing. *Journal of Personality and Social Psychology, 37*, 822–832.

Laughlin, P. R. & Sweeney, J. D. (1977). Individual-to-group and group-to-individual transfer in problem solving. *Journal of Experimental Psychology: Human Learning and Memory, 3*, 246–254.

Lewin, K. (1939). Field theory and experiment in social psychology: Concepts and methods. *American Journal of Sociology, 44*, 868–897.

Liang, D. W., Moreland, R. & Argote, L. (1995). Group versus individual training and group performance: The mediating factor of transactive memory. *Personality and Social Psychology Bulletin, 21*, 384–393.

McGrath, J. E. (1964). *Social psychology: A brief introduction.* New York: Holt, Rinehart and Winston.

Moreland, R. L. & Levine, J. M. (1988). Group dynamics over time: Development and socialization in small groups. In J. E. McGrath (Ed.), *The social psychology of time: New perspectives* (pp. 151–181). Newbury Park: Sage.

Mullen, B. & Copper, C. (1994). The relation between group cohesiveness and performance: An integration. *Psychological Bulletin, 15*, 210–227.

Paulus, P. B. & Yang, H.-C. (2000). Idea generation in groups: A basis for creativity in organizations. *Organizational Behavior and Human Decision Processes, 82*, 76–87.

Scharmann, T. (1972). Leistungsorientierte Gruppen. In C. F. Graumann (Hrsg.), *Handbuch der Psychologie (Bd. 7/II) Sozialpsychologie* (S. 1790–1864). Göttingen: Hogrefe.

Shaw, Marjorie E. (1932). A comparison of individuals and small groups in the rational solution of complex problems. *American Journal of Psychology, 44*, 491–504.

Schulz-Hardt, S., Greitemeyer, T., Brodbeck, F. C. & Frey, D. (2002). Sozialpsychologische Theorien zu Urteilen, Entscheidungen, Leistung und Lernen in Gruppen. In D. Frey & M. Irle (Hrsg.), *Theorien der Sozialpsychologie* (Bd. 2, S. 13–46). Bern: Huber.

Shea, G. P. & Guzzo, R. A. (1987a). Groups as human resources. *Research in Personnel and Human Resources Management, 5*, 323–356.

Shea, G. P. & Guzzo, R. A. (1987b). Group effectiveness: What really matters? *Sloan Management Review, Spring*, 25–31.

Staw, B. M. (1974) Attribution of the «causes» of performance: A general alternative interpretation of cross-sectional research on organizations. *Organizational Behavior and Human Performance, 13*, 414–432.

Steiner, I. D. (1972). *Group process and productivity.* New York: Academic Press.

Sundstrom, E., De Meuse, K. P. & Futrell, D. (1990). Work teams: Applications and effectiveness. *American Psychologist, 45,* 120–133.
Thibaut, J. W. & Kelley, H. H. (1959). *The social psychology of groups.* New York: John Wiley & Sons.
Tuckmann, B. W. & Jensen, M. A. C. (1977). Stages of small-group development revisited. *Group and Organization Studies, 2,* 419–427.
Vallacher, R. R. & Nowak, A. (1994). *Dynamical systems in social psychology.* New York: Academic Press.
Wegner, D. M. (1986). Transactive memory: A contemporary analysis of the group mind. In B. Mullen & G. R. Goethals (Eds.), *Theories of group behavior* (pp. 185–208). New York: Springer-Verlag.
Weingart, L. R. (1997). How did they do that? The ways and means of studying group processes. *Research in Organisational Behavior, 19,* 189–239.
Weingart, L. R., Bennett, R. J. & Brett, J. M. (1993). The impact of consideration of issues and motivational orientation on group negotiation process and outcome. *Journal of Applied Psychology, 78,* 504–517.
Weingart, L. R., Hyder, E. B. & Prietula, M. J. (1996). Knowledge matters: The effect of tactical descriptions on negotiation behaviour and outcome. *Journal of Personality and Social Psychology, 70,* 1205–1217.
Weldon, E. & Gargano, G. M. (1988). Cognitive loafing: The effects of accountability and shared responsibility on cognitive effort. *Personality and Social Psychology Bulletin, 14,* 159–171.
Weldon, E., Jehn, K. & Pradhan, P. (1991). Processes that mediate the relationship between a group goal and improved group performance. *Journal of Personality and Social Psychology, 61,* 555–569.
West, M. (1996a). *Handbook of work group psychology.* Chichester, England: John Wiley & Sons.
West, M. (1996b). Reflexivity and work group effectiveness: A conceptual integration. In M. West (Ed.), *Handbook of Work Group Psychology* (pp. 555–579). Chichester, England: John Wiley & Sons.
West, M. & Farr, J. L. (1990). *Innovation and creativity at work. Psychological and organizational strategies.* Chichester: John Wiley & Sons.
Witte, E. (1989). Köhler rediscovered: The anti-Ringelman effect. *European Journal of Social Psychology, 19,* 147–154.

14

Walter Bungard & Conny Herbert Antoni

Gruppenorientierte Interventionstechniken

Inhalt

1. **Gruppenarbeit zwischen Anspruch und Wirklichkeit** 439
2. **Die Entdeckung des Teamgeistes als «Produktionsfaktor»** 441
2.1 Veränderungen der Arbeitswelt durch neue Technologien 441
2.2 Interventionsebenen 444
3. **Darstellung verschiedener Gruppenarbeitskonzeptionen** 446
3.1 Qualitätszirkel 446
3.2 Projektgruppen 452
3.3 Teilautonome Arbeitsgruppen 455
4. **Konsequenzen für die Einführung** 463
4.1 Auswahl von «teamfähigen» Mitarbeitern 463
4.2 Teamentwicklung 464
4.3 Organisationsentwicklung 466
5. **Möglichkeiten und Grenzen gruppenorientierter Interventionstechniken** 469
6. **Literatur** 470

1. Gruppenarbeit zwischen Anspruch und Wirklichkeit

Das Kapitel 12 in diesem Lehrbuch über Kommunikation in Arbeitsgruppen weist zu Beginn darauf hin, dass eine Organisation als ein Gefüge von Arbeitsgruppen verstanden werden kann, die jeweils von einem Vorgesetzten koordiniert werden. Von der offensichtlichen Richtigkeit dieser Beschreibung kann man sich durch die Besichtigung unterschiedlicher Organisationen «vor Ort» überzeugen und es ist von daher sicherlich kein Zufall, dass ein zentrales Thema der Organisationspsychologie von Beginn an die Analyse von Gruppenprozessen unter Zuhilfenahme insbesondere der Theorien und Methoden der Sozialpsychologie gewesen ist. Die Ergebnisse dieser Forschungsarbeiten haben auch eine Fülle von Hinweisen geliefert, welche Bedingungen im Einzelnen die Gruppenbildung fördern, wann Gruppen effektiver arbeiten als Individuen, inwiefern die Rollendifferenzierung innerhalb der Gruppen eine zentrale Bedeutung innehat und wann kooperatives Verhalten gezeigt wird.

Bei näherer Betrachtung der einzelnen empirischen Studien zeigt sich jedoch, dass ein nicht unerheblicher Teil in mehr oder weniger künstlichen Forschungslabors anhand von ad hoc zusammengestellten (Studenten-)Gruppen durchgeführt wurde, so dass durch die Ausblendung organisationsspezifischer Rahmenbedingungen wichtige Faktoren nicht wirksam waren und folglich die externe Validität derartiger Untersuchungen fraglich ist. Selbst in den Fällen, in denen die Untersuchungen im Feld, also in einer konkreten Organisation, stattfanden, wurden allzu oft künstliche Bedingungen geschaffen, indem z. B., wie in den Hawthorne-Studien, das Verhalten der Gruppenmitglieder in einem eigens für die Studie präparierten Raum beobachtet wurde (Roethlisberger & Dickson, 1939). Als Folge davon wussten die Probanden in der Regel, dass sie jeweils als Objekt einer wissenschaftlichen Forschungsarbeit dienten, was zu entsprechenden Reaktivitätseffekten führte.

Die mehr praxisorientierte Gruppeneuphorie erreichte nach dem Zweiten Weltkrieg ihren ersten Höhepunkt im Rahmen der verschiedenen Management-Ansätze der humanistischen Psychologie. Man denke hierbei an die X-Y-Theorie von McGregor (1960), das «Mix-Modell» von Argyris (1974) oder das Gruppen-Organisations-Modell von Likert (1961). In diesen Ansätzen wurde immer wieder auf die Relevanz von Gruppenbeziehungen zur Befriedigung menschlicher Bedürfnisse hingewiesen. Empirisch wurde die Effizienz derartiger Gruppenkonzeptionen jedoch lediglich anhand einzelner ex-post-facto Dokumentationen belegt.

Trotz der immer wieder hervorgehobenen Bedeutung des Themas und des quasi-moralischen Impetus der Publikationen sind profunde organisationspsychologische Analysen von Gruppenprozessen in realen Arbeitssituationen ohne wesentliche Veränderungen der organisationalen und räumlichen Bedingungen mit bereits seit längerer Zeit zusammenarbeitenden Gruppenmitgliedern, womöglich noch im Sinne einer Längsschnittstudie, bis heute unterrepräsentiert. Die Gründe für dieses Defizit sind sicherlich vielfältig: Abgesehen von den Auswirkungen des dominierenden Forschungsparadigmas, welches zur Überprüfung nomologischer Aussagen Versuchspläne favorisiert, in denen spezifische Situationsvariablen soweit wie möglich zur Erhöhung der Kontrolle eliminiert werden, dürften u. a. auch forschungspraktische Gründe ausschlaggebend sein: Langfristige Beobachtungsstudien dieser Art stören in der Regel den Arbeitsablauf, erfordern erhebliche Geldmittel etc. Abgesehen von diesen methodischen und pragmatischen Aspekten und der daraus resultierenden streckenweise vorhandenen Kluft zwischen organisationspsychologischer Forschung und betrieblicher Realität stellt sich auf Grund der Befunde aus anderen Bereichen der Organisationspsychologie die Frage, ob auf der Basis der tatsächlichen Organisationsstrukturen Gruppenarbeit in der Praxis als solche wirklich immer einen so hohen Stellenwert gehabt hat, wie man per Augenschein zunächst anzunehmen versucht ist. Die Konfrontation mit der Industriemacht Japan in den 80er Jahren des letzten Jahrhunderts und die dadurch induzierte Reflexion über unsere eigene Organisationskultur (Bungard, 1995) zeigte nämlich sehr deutlich, dass in den westlichen Industrienationen die schulische und berufliche Sozialisation durch einen tendenziell eher «gruppenfeindlichen» Individualismus gekennzeichnet ist.

Im Zusammenhang mit dem historischen Erbe im Sinne der «protestantischen Ethik» bezog sich insbesondere der Taylorismus-Fordismus als «kulturelle» Basis gerade auf diesen Individualismus: Dreh- und Angelpunkt des Regulierungsmodus ist der Einzelarbeitsplatz, verbunden mit spezifischen Zeitvorgaben. Die damit zusammenhängende Führungsphilosophie orientierte sich ebenfalls an diesem Credo: Nicht die Koordinierung und Förderung von Gruppenprozessen wird von einer Führungskraft in erster Linie erwartet, sondern diese Funktion soll dazu verwendet werden, den einzelnen Mitarbeiter zu kontrollieren und seine individuelle Leistungsfähigkeit zu fördern. Das Lohnsystem in unseren Betrieben wie auch das betriebliche Vorschlagswesen aktivieren als flankierende Steuerungsinstrumente bis heute noch in vielen Fällen das Individuum, nicht eine (Arbeits-)Gruppe (Pietruschka, Dörflinger & Hey, 2000).

Als Fazit dieser Überlegungen können wir Folgendes festhalten: Organisationspsychologen haben zwar schon seit langem mit Hilfe entsprechender Studien und Analysen auf die potenziellen Vorteile der Gruppenarbeit in bestimmten Situationen hingewiesen und auch im Rahmen zahlreicher humanistischer Theorieansätze für die Implementierung von Arbeitsgruppen plädiert (vgl. Greif, Kap. 2), aber in der Praxis sind diese Anregungen lange Zeit nicht konsequent aufgegriffen und realisiert worden. Es dominierte vielmehr eine «individualistische» Organisationsphilosophie, in der für «echte» Gruppenarbeit (noch) wenig Platz war.

Die immer stärker werdende Forderung nach mehr Gruppenarbeit in der Arbeitswelt, wie sie zunehmend auch in populärwissenschaftlich verfassten Büchern der Managementliteratur seit Anfang der 80er und vor allem dann in den 90er Jahren verbreitet wurde, sowie der allgemeine Wertewandel in den westlichen Industrieländern mit der wachsenden Bedeutung sog. postmaterialistischer Bedürfnisse hat dann aber zu einem historisch interessanten Phänomen geführt. Führungskräfte mussten vor dem Hintergrund dieser Entwicklung Gruppenarbeit als solche offiziell befürworten und sich bei innerbetrieblichen Diskussionen dem Teamgedanken verpflichtet zeigen, aber de facto, wenn auch verdeckt und mit Hilfe subtiler Mittel, genau entgegengesetzt handeln. Die Beförderungs-Mechanismen in den Organisationen begünstigten nach wie vor den «Einzelkämpfer», so dass die scheinbare Befürwortung der Gruppenarbeit häufig lediglich organisational erzwungene Lippenbekenntnisse waren. Der Grund für diese Diskrepanz dürfte in erster Linie damit zusammenhängen, dass Gruppenarbeit nur dann sinnvoll praktiziert werden kann, wenn partielle Mitbestimmung möglich ist (Breisig, 1997). Das heißt Gruppenarbeit erfordert grundsätzlich einen eher partizipativen Führungsstil. Insbesondere bei Zielvereinbarungsprozessen können Partizipationsmöglichkeiten der Gruppenmitglieder positive Auswirkungen auf deren Erfolg haben (Wegge, 1996). Solange aber ein eher traditioneller Führungsstil favorisiert wurde, musste ein gleichzeitiges Bekenntnis zur Gruppenarbeit zu den oben beschriebenen Paradoxien führen. Die fehlende Teamfähigkeit einzelner Führungskräfte könnte man also auch als «typische» Reaktion auf die «pathologischen» Divergenzen zwischen postulierten und realen Verhältnissen interpretieren (vgl. Fallgatter, 1999). Welche Gründe auch immer ausschlaggebend waren, Gruppenarbeit führte in der Arbeitswelt auf diese Weise in vielen Bereichen jahrelang ein Doppelleben.

2. Die Entdeckung des Teamgeistes als «Produktionsfaktor»

2.1 Veränderungen der Arbeitswelt durch neue Technologien

An dieser «Doppelzüngigkeit» zum Thema Gruppenarbeit hätte sich wahrscheinlich nicht so schnell etwas geändert, wenn sich nicht die Grundbedingungen in der Arbeitswelt seit Ende der 70er Jahre durch den Einzug neuer Technologien drastisch verändert hätten. Ermöglicht wurde dieser gravierende Innovationsschub durch den Siegeszug der Mikroelektronik als Schlüsseltechnologie. Im Bereich des Werkzeugbaus wurde z. B. mit Hilfe der Mikroelektronik die altbewährte, manuell zu bedienende Fräsmaschine durch CNC-Maschinen ersetzt. Mit der explosionsartigen Weiterentwicklung der Mikroelektronik konnte weiterhin in allen typischen Produktionsbereichen eine hochgradige Flexibilität und Automatisierung der Fertigung durch Industrieroboter bewirkt werden. Zur Erzielung einer flexiblen und automatisierten Produktion lassen sich CNC-Maschinen und Roboter in Kombination mit elektronisch gesteuerten Transportsystemen zu komplexen, flexiblen Fertigungssystemen oder automatisierten Montagesystemen zusammenstellen. Auch im Büro- und Verwaltungsbereich wurden mit Hilfe der Mikroelektronik neue Informationsverarbeitungs- und Kommunikationstechnologien implementiert, man denke hierbei neben dem PC an Video- und Computerkonferenzen, virtuelle Teams und vieles mehr. Das Büro der Zukunft, so die Prognose der Experten, wird mit den bisherigen Vorstellungen von diesen Arbeitsplätzen nur noch wenig zu tun haben. Im Hinblick auf die Thematik dieses Beitrags sind vor allem die Konsequenzen bezüglich der Organisationsstruktur und die Veränderungen der Arbeitssituation für den einzelnen Mitarbeiter wichtig. Abgesehen von den Auswirkungen auf die Qualifikationsstrukturen in den Organisationen und den daraus zum Teil sich ergebenden neuartigen Belastungsstrukturen sind für die weiteren Überlegungen folgende Punkte relevant:

- Durch die neuen Kommunikations- und Steuerungstechnologien in Verbindung mit den neuen Fertigungstechniken verschieben sich die Schnittstellen zwischen Mensch und Maschine (Stelling, 2000). Der Einsatz der Technik führt grundsätzlich zu einer größeren Entkoppelung des Mitarbeiters von maschinellen Abläufen, so dass eine zeitliche und räumliche Trennung der konkreten Arbeitstätigkeiten vom rein technischen Produktionsvorgang ermöglicht wird. Dies hat u.a. erhebliche Konsequenzen für das adäquate Führungsverhalten von Vorgesetzten, da altbewährte Kontrollmöglichkeiten teilweise entfallen.
- Die veränderten Schnittstellen zwischen Mensch und Maschine und die zur Technik komplementären Tätigkeiten im Sinne einer Steuerungs- und Kontrollfunktion erfordern eine dazu passende Arbeitsorganisation bzw. Organisationsstruktur (Kern & Knauth, 2000). Diese «neuen» Organisationsstrukturen sind insbesondere dadurch gekennzeichnet, dass die tayloristisch geprägte Trennung zwischen direkten und indirekten Bereichen teilweise aufgehoben wird. Heute werden vorwiegend ganzheitliche Produktionsstätten durch Integration ehemaliger Spezialistenstäbe geschaffen.
- In engem Zusammenhang mit diesen neuen Formen der Arbeitsorganisation steht die Konsequenz, dass die tägliche Arbeit angesichts des exponenziellen Wachstums des Wissens bei gleichzeitiger Abnahme der sog. Halbwertszeit des Wissens zunehmend in Gruppen, Teams oder sogar virtuellen Arbeitseinheiten durchgeführt wird (Konradt & Hertel, 2002; Lipnack & Stamps, 1997). Darüber hinaus werden auch schnittstellenübergreifende Fragen zunehmend im Rahmen von Teamsitzungen diskutiert, weil die durch die vernetzte Technik und Steuerung anfallenden Probleme nur noch durch die Kooperation verschiedener Experten gelöst werden können.

Zusammenfassend lässt sich deshalb Folgendes konstatieren: Durch die neuen Technologien wurden sozusagen über Nacht neue Arbeitssysteme geschaffen, bei denen häufig Gruppenarbeit in den verschiedenen Varianten funktional notwendig wurde. Mit diesem Prozess wurde gleichzeitig die ohnehin schon erkennbare Schwäche der individualistisch gefärbten Organisationsphilosophie angesichts der neuen Anforderungen offen gelegt: Erhebliche motivationale Probleme in den tayloristisch «entmündigten» Bereichen in Form hoher Fehlzeiten oder sonstiger Symptome «innerer Kündigung» sowie Inflexibilität durch starre Bürokratien, zu viele Hierarchieebenen, zu hohe Formalisierung und zentrale Standardisierung von Prozessen. Im Zuge dieser Wandlungsprozesse wurde aus dem früheren Plädoyer für Gruppenarbeit schlagartig eine funktional begründbare Forderung. Nunmehr ging es nicht mehr um die Realisierung von humanistischen Zielen, sondern um eine effektive Arbeitsgestaltung, weil nur über Gruppenkonzepte eine bereichs- und rangstufenüberbrückende Koordination gelingen und weil durch die Schaffung von derartigen Arbeitsgruppen die dazu notwendige Motivation der Mitarbeiter aktualisiert werden kann.

Einen extremen Aufschwung erlebte das Thema Gruppenarbeit vor dem Hintergrund dieser Entwicklung im Rahmen des Lean-Management-Ansatzes in den 90er Jahren. Eine Analyse der japanischen Erfolge im Bereich der Automobilindustrie durch das renommierte MIT-Institut hatte ergeben, dass das schlanke japanische Organisationskonzept den westlichen Industrienationen deutlich überlegen war: Doppelte Produktivität und Qualität bei halbierten Kosten. Als einer der zentralen Erfolgsfaktoren wurde dabei der flächendeckende Einsatz von Gruppenarbeit in japanischen Werken oder Transplants, d.h. europäischen oder amerikanischen Produktionsstätten mit japanischen Organisationsprinzipien, identifiziert: «Das dynamische Arbeitsteam im Herzen der schlanken Fabrik» (Womack, Jones & Roos, 1991).

Im Nachhinein betrachtet basierte diese These auf einer Reihe von Missverständnissen, falschen Annahmen, irreführenden Glorifizierungen und Verfälschungen (Sey, 2001). Die

Lean-Management Strukturen hatten mit den Vorstellungen von ganzheitlicher Gruppenarbeit nicht viel gemein, die auf Grund der Humanisierungsdiskussion der 70er Jahre in Deutschland primär mit dem Gruppenarbeitsbegriff verbunden wurde. Dennoch löste der Glaube an die zentrale Bedeutung von Gruppenarbeit im Rahmen von Lean-Management, die als existenzsichernde Überlebensstrategie angesehen wurde, bei uns einen einzigartigen Gruppenarbeits-Boom aus (Bungard & Jöns, 1997).

Wurden Arbeitsgruppen 1990 erst von knapp einem Viertel der befragten Betriebe eingesetzt, lag der Anteil 1994, ähnlich wie in anderen eu-

Informationsbox 1

Ein Beispiel aus der Praxis (Firma Siemens)

In einem unserer Werke werden Schalter in drei Baugrößen mit diversem Zubehör wie Hilfsschalter, Unterspannungs- und Arbeitsstromauslöser von 50 Mitarbeitern in 18 000 Varianten gefertigt. Der Markt konnte mit einer Lieferzeit von drei Wochen erfolgreich bedient werden und man hatte «keinen Anlass», etwas zu verändern – bis eines Tages der größte Konkurrent seinen Kunden versprach, ab Lager zu liefern oder in einem Tag zu fertigen. Nun drängten also die verschärften Wettbewerbsbedingungen zu einer Reorganisation mit dem Ziel der Sicherung (und wenn möglich Erweiterung) des Marktanteils. Dies konnte in diesem Fall jedoch nur durch eine Lieferzeitreduzierung von drei Wochen auf einen Tag erreicht werden, was wiederum eine erhebliche Verkürzung der Durchlaufzeit voraussetzt, will man eine Kostenexplosion über Bestände an Fertigprodukten vermeiden. So ein «Quantensprung» der Lieferzeitverkürzung, darüber war man sich einig, konnte nicht durch isolierte Maßnahmen erreicht werden, sondern nur durch eine konsequente, organisatorische Umsetzung logistischen Denkens in der ganzen Pipeline. Die Reorganisation lief daher unter dem Motto: «Die Gesetze des Marktes fordern ganzheitliche, logistische Konzepte!».

Eine Organisationsanalyse zeigte sehr rasch den Engpass: Ein Kundenauftrag durchläuft vom Eingang der Bestellung bis zur Auslieferung 19 Stationen. Das waren 14 Entscheidungs- bzw. Bearbeitungsstationen zu viel, denn heute durchläuft ein Auftrag nur mehr 5 Stationen, und das dauert nur noch einen Tag. Dieser Erfolg konnte erreicht werden durch eine ganzheitliche Reorganisation der Prozesse (kleine Losgrößen in den Vorwerkstätten, Kanbansteuerung in Fertigung und Montage, Auftragsvorgabe durch die Werkstatt, Lieferung ab Werk), der Strukturen (räumliche und funktionale Integration von Auftragszentrum, Fertigung und Versand sowie disziplinarische Integration der Qualitätsprüfung zu einer organisatorischen Einheit, Reduzierung der Arbeitsteilung, Produktverantwortung in einer Hand), der Systeme (tagesaktuelle und auftragsbezogene DV-Dispositionsverfahren, maschinelle Postgebührenermittlung und Postlistenausfertigung, Liefervereinbarungen mit den Kunden, Fernschreiben als Auftragspapier) und der Menschen (Selbststeuerung der Arbeitsgruppen, selbstkoordinierte Job-Rotation über die Kanbankreise, Qualitäts-Zirkel).

Auf Grund dieser ganzheitlichen, logistischen Vorgehensweise konnten mit einem relativ geringen Aufwand (keine Veränderungen der Fertigungskapazitäten!) erhebliche Verbesserungen erzielt werden: Reduzierung der Lieferzeit um 95 % (von drei Wochen auf einen Tag), Reduzierung der Durchlaufzeit um 30 % sowie Reduzierung der Bestände um 15 %; und dies alles bei einer deutlichen Erhöhung des Umsatzes. Die Fertigung ist flexibel, transparent und überschaubar, wodurch nicht zuletzt auch ein entscheidender Faktor der Leistungsmotivation positiv beeinflusst wurde – das «Wir-Gefühl» der Mitarbeiter in dieser Einheit (entnommen aus Tress, 1986).

ropäischen Ländern, bereits bei einem knappen Drittel (Antoni, 1996b; Benders, Huijgen & Pekruhl, 2002). In den folgenden Jahren verbreiteten sich Arbeitsgruppen in verschiedenen Varianten jedoch weiter. Dies zeigen Analysen in der Investitionsgüterindustrie. Danach verdoppelte sich der Anteil der Firmen, die zumindest in Teilbereichen teilautonome Gruppenarbeit eingeführt haben, von 32 % im Jahre 1995 auf 64 % im Jahre 1999 (Kinkel & Wengel, 1997; Wengel & Lay, 2001). Eine ähnliche Entwicklung wird auch von den größten 1000 Betrieben in den USA berichtet: Der Anteil stieg von 27 % im Jahre 1987 auf 78 % im Jahre 1996 (Lawler, Mohrman & Ledford, 1998). Zumindest in Deutschland scheint sich nun jedoch die Wachstumskurve abzuflachen und eine gewisse «Marktsättigung» erreicht (Baszenski, 2002).

Die intensive Verbreitung der Gruppenarbeit konnte dabei als zuverlässiger Indikator für die fortschreitende Reorganisation der Betriebe hin zu dezentralen, sich selbst regulierenden, kosten- und gewinnverantwortlichen Organisationseinheiten im Sinne von Cost oder Profit Centern angesehen werden (Nordhause-Janz & Pekruhl, 2000).

Interessant ist dabei folgende Beobachtung: Dominierte Anfang der 90er Jahre bei der Implementierung von Gruppenarbeit damit eher noch die Erschließung ungenutzter Qualifikations-, Motivations- und Selbstregulationspotenziale, rückten ab Mitte der 90er Jahre dagegen zunehmend Kosten- und Leistungsaspekte als Folge wirtschaftlicher Probleme in den Vordergrund (Bahnmüller, 1996). Einige Forscher sprechen daher von zwei Wellen der Einführung von Gruppenarbeit, wobei die zweite Welle durch einen Trend zu einer partiellen Rückkehr zum Taylorismus gekennzeichnet ist. Wir werden später auf diesen Punkt noch zu sprechen kommen.

2.2 Interventionsebenen

Kommen wir nun nach diesen allgemeinen Bemerkungen zu den praktischen Konsequenzen für die Tätigkeit von Organisationspsychologen. Die Organisations- bzw. Sozialpsychologie hat, wie erwähnt, in der Vergangenheit mehr oder weniger anwendbares Grundlagenwissen zum Thema Gruppenarbeit zur Verfügung gestellt, das aber lange Zeit nicht «abgerufen» wurde, weil ein entsprechender Bedarf fehlte. Mit der Entdeckung des Teamgeists ist jedoch die potenzielle Nachfrage nach entsprechenden Einführungsstrategien sprunghaft gestiegen. Es geht dabei nicht so sehr um die Bereitstellung von Theorien und Modellen, sondern um spezifische Techniken, um in einem sozialen System etwas konkret zu verändern, indem z. B. ein Gruppenarbeitskonzept implementiert wird. In der Psychologie spricht man in diesem Kontext von (psychologischen) Interventionen. Bei Interventionen handelt es sich um ein kompetentes Dazwischentreten (inter-venire) in ein psychosoziales Geschehen.

Wie kann nun ein Organisationspsychologe zur Förderung der Gruppenarbeit in den organisationalen Prozess eingreifen? Da jede Organisation als ein komplexes System interpretiert werden kann und die Organisationspsychologie sich auf verschiedenen Ebenen mit den jeweiligen Subsystemen beschäftigt hat, liegt es nahe, dementsprechend vier unterschiedliche Interventionsebenen zu differenzieren:

1. Gesellschaftliche Ebene

Organisationen sind offene Systeme, so dass z. B. allgemeine Werthaltungen Einfluss auf das organisationale Geschehen haben. Eine Interventionsmöglichkeit könnte sich z. B. dadurch ergeben, dass unser Erziehungs- und Ausbildungssystem dahingehend verändert wird, dass Heranwachsende zur Teamfähigkeit hin erzogen werden. Man könnte auf diese Weise außerdem dazu beitragen, die Grundlagen für einen partizipativen Führungsstil zu schaffen.

2. Organisationsebene

Interventionstechniken können auf der Organisationsebene ansetzen, indem z. B. durch strukturelle Veränderungen die Voraussetzung für eine erfolgreiche Gruppenarbeit geschaffen wird: Abschaffung der Fließbandarbeit, Einteilung der Mitarbeiter in Gruppen, Integration bzw. Auflösung bisheriger Stabsstellen etc. Diese

Maßnahmen würden dem strukturellen Ansatz der Organisationsentwicklung entsprechen.

3. Gruppenebene

Die Zusammenstellung einer Gruppe aus früheren «Einzelkämpfern» garantiert noch nicht, dass die Gruppe funktionsfähig ist; hierzu bedarf es entsprechender Trainingsmaßnahmen. Alle gruppenbezogenen Interventionstechniken, die diesen Prozess direkt fördern sollen, können dieser Ebene zugeordnet werden.

4. Individualebene

Auf den ersten Blick scheint es dem Gruppendogma zu widersprechen, bei der Implementierung von entsprechenden Konzeptionen beim einzelnen Individuum anzusetzen. Wenn aber ein Hindernis für eine erfolgreiche Kooperation in Gruppen in dem ausgeprägten Individualismus gesehen wird, so kann die Teamfähigkeit durchaus in der ersten Phase zunächst beim Einzelnen gefördert werden, indem z.B. seine Sensitivität für soziale Prozesse gefördert wird. Alle Maßnahmen, die zur Erhöhung der sozialen Kompetenz beim Einzelnen ansetzen, sollen deshalb dieser Ebene zugerechnet werden. Die beiden letzten Interventionsebenen, die im einzelnen Falle nicht immer klar voneinander getrennt werden können, entsprechen in der Terminologie der Organisationsentwicklung dem personalen Ansatz.

Ausgehend von diesen Überlegungen würde es nun nahe liegen, zu unterstellen, dass jeweils in einem konkreten Anwendungsfall alle Interventionsarten simultan angewendet worden sind, weil sonst der Umstellungsprozess asynchron verlaufen würde. Man kann nicht auf der Individualebene langfristig Teamfähigkeiten zu entwickeln versuchen, wenn auf der strukturellen Ebene die individuumzentrierten Rahmenbedingungen beibehalten werden und umgekehrt. Die bisherigen Erfahrungen zeigen jedoch, dass in der Praxis ein solchermaßen abgestimmtes Vorgehen nicht allzu oft stattgefunden hat. In der Mehrzahl der Fälle dominierte jeweils eine Interventionsstrategie. Interessant sind in diesem Zusammenhang die Schwerpunktverlagerungen, die in den letzten Jahren zu beobachten waren. In den 70er Jahren überwogen individual- und gruppenbezogene Interventionstechniken, zumal auf der Basis des Betriebsverfassungsgesetzes von 1972 humanitäre Ziele angestrebt werden sollten. Im Sog des damals aufkommenden «Psycho-Booms» florierten zahllose gruppendynamische Trainingsansätze. Aber die innerbetrieblichen Voraussetzungen für tatsächliche Teamarbeit wurden damals nur selten geschaffen, weil Gruppenarbeit, wie bereits ausgeführt wurde, insbesondere auf der Führungsebene eben noch nicht de facto gewünscht wurde. Psychologische Interventionen befriedigten vielmehr die normativen Erwartungshaltungen der jeweiligen Auftraggeber und suggerierten so eine «Demokratisierung», die im Arbeitsalltag oft nicht anzutreffen war.

Bei der Einführung der durch die neuen Techniken induzierten Gruppenkonzeptionen konnte tendenziell eher ein umgekehrter Prozess beobachtet werden. Hier wurden auf organisationaler Ebene die notwendigen Strukturen geschaffen und per Dienstanweisung festgelegt. Die neu zusammengesetzten Gruppen mussten dann häufig direkt mit ihrer Tätigkeit beginnen. Auf Grund der Dringlichkeit der Umstellungsprozesse blieb wenig Zeit darüber nachzudenken, ob die Betroffenen überhaupt dazu in der Lage sind, d.h. ob sie über die notwendigen Kompetenzen verfügen, um die an sie gestellten Aufgaben zu bewältigen. Hierbei ist im Sinne des Soziotechnischen Systemansatzes zwischen fachlichen und sozialen Kompetenzen zu unterscheiden, welche beide unabdingbare Voraussetzungen für ein erfolgreiches Arbeiten innerhalb der Gruppen darstellen (Racky, Erke & Jöns, 2001).

Ebenso wurde in diesen Fällen zu wenig darüber nachgedacht, inwieweit z.B. die gesamte Führungsstruktur, das Informations-, Entgelt- und das Arbeitssystem angepasst werden muss (vgl. Antoni, Eyer & Kutscher, 1996).

Es würde den Rahmen sprengen, im Einzelnen auf die Frage einzugehen, welche Gründe für diese einseitigen Implementationsstrategien verantwortlich sind. Einige dieser Ursachen betreffen sicherlich die Organisationspsychologie als angewandte Disziplin. In der Praxis ist nämlich vielen Führungskräften, die die Gruppenarbeitskonzeptionen «anordnen», bislang immer (noch) nicht bekannt, welche Kompetenzen Organisationspsychologen in diesem Zusammenhang bereitstellen könnten. Sie verbinden mit der Tätigkeit eines Psychologen vorwiegend diagnostische oder klinische Aufgaben. Bestenfalls könnten Psychologen demnach gruppenfähige Mitarbeiter (mit Hilfe ihrer Instrumente) aussuchen oder «irrationale Ängste» gegenüber den Neuerungen «wegtherapieren».

3. Darstellung verschiedener Gruppenarbeitskonzeptionen

Nach diesen Überlegungen zum Stellenwert der Gruppenarbeit sollen nun einige ihrer Formen beschrieben werden. Wie so oft, wenn ein soziotechnisches Instrument in der Praxis in Mode kommt, zum Unternehmensdogma erhoben und dann in der gewohnten Hektik eingeführt wird, so ist auch beim Thema Gruppenarbeit ein Wildwuchs der Konzepte zu beobachten, der mit erheblichen begrifflichen Unklarheiten einhergeht. In den Organisationen werden Schlagworte wie Gruppenarbeit, Gruppenfertigung, Fertigungsinseln, teilautonome Gruppen, Qualitätszirkel, Gesundheitszirkel, KVP-Teams, Innovationsteams, Lerngruppen, Lernstatt-Gruppen, Projektgruppen, virtuelle Teams, Transfergruppen, Vorschlagsgruppen, Werkstattzirkel, Wertanalyseteams zwar hoch gehandelt, aber es ist selten klar, was genau damit gemeint ist.

Wir wollen daher zunächst einmal den Begriff Gruppenarbeit auf solche sozialen Gruppen eingrenzen, die von der Anzahl der Mitglieder möglichst nicht wesentlich mehr als acht bis zehn Personen umfassen. Wichtiger noch ist das zweite Kriterium, dass nämlich die Mitglieder zusammenarbeiten, um einen gemeinsamen Arbeitsauftrag zu erfüllen und um gemeinsame Ziele zu erreichen, und in dieser Hinsicht funktional voneinander abhängig sind. In der Folge differenzieren sich die zum Teil bereits betrieblich vorgegebenen Rollen weiter aus und die Mitglieder identifizieren sich mit der Gruppe. In Unternehmen wird eine auf diese Weise definierte Gruppe häufig als Team bezeichnet, um sie von rein formalen Gruppen abzugrenzen, die lediglich durch personelle Zuordnungen zu Vorgesetzten definiert sind und deren Mitglieder nicht notwendigerweise miteinander interagieren. Im Rahmen dieses Beitrags sollen jedoch die Begriffe «Gruppe» bzw. «Gruppenarbeit» und «Team» bzw. «Teamarbeit» gleichbedeutend verwandt werden.

Hinter den oben genannten unterschiedlichen Modell-Bezeichnungen verbergen sich sehr ähnliche Grundkonzepte. Im Folgenden sollen drei prototypische Gruppenarbeitskonzepte vorgestellt werden, die sowohl in der praktischen Anwendung als auch in der wissenschaftlichen Diskussion starke Beachtung gefunden haben. Sie können danach unterschieden werden, ob sie integrierter Bestandteil der regulären Arbeitsorganisation sind und eine kontinuierliche Mitarbeit voraussetzen oder ob sie quasi parallel zur regulären Arbeitsorganisation eingeführt werden und ihre Mitglieder nur von Zeit zu Zeit zusammenarbeiten. Das bekannteste Beispiel für die diskontinuierlichen Formen der Gruppenarbeit parallel zur traditionellen Organisationsstruktur ist das Qualitätszirkel (QZ)-Konzept, das als Erstes beschrieben werden soll. Als Zweites sollen Projektgruppen-Konzepte vorgestellt werden, die in der Regel zwar als Beispiel diskontinuierlicher Gruppenarbeit gelten, bei denen es aber auch Varianten gibt, die eine kontinuierliche Zusammenarbeit voraussetzen. Als typisches Beispiel kontinuierlicher Gruppenarbeit sollen als Drittes teilautonome Arbeitsgruppen (TAG) vorgestellt und von hierarchisch gesteuerten Arbeitsgruppen abgegrenzt werden.

3.1 Qualitätszirkel

Die Grundidee des Qualitätszirkel-Konzepts ist sehr einfach. Sie besagt, dass betriebliche Probleme nicht nur von Führungskräften und von Experten verschiedenster Fachabteilungen gelöst werden, sondern dass auch Mitarbeiter der ausführenden Ebene hierzu einen Beitrag leisten können. Da sie ihren Arbeitsplatz und den Arbeitsablauf selbst am besten kennen, sind sie selbst Experten für ihre Arbeit; sie verfügen über einen reichhaltigen Schatz praktischer Erfahrung, den sie zur Verbesserung ihres Arbeitsplatzes und der Arbeitsabläufe nutzen können. Was liegt daher näher, als Mitarbeitern die Gelegenheit zu geben, diese Erfahrungen in die Gruppe einzubringen und gemeinsam an der Lösung sie betreffender Probleme zu arbeiten. Es bedurfte wohl schon der Auswüchse des Taylorismus mit seiner extremen Trennung von Kopf- und Handarbeit, um diese kognitiven Ressourcen der Mitarbeiter jahrzehntelang mehr oder weniger brach liegen zu lassen. Qualitätszirkel (QZ) versuchen, dieses Wissen und die Fähigkeiten der Mitarbeiter für die Lösung betrieblicher Problemstellungen zu nutzen. Die Unternehmen erhoffen sich in diesem Zusammenhang Verbesserungen der Produktivität und Produktqualität, aber auch der Zusammenarbeit sowie der Zufriedenheit und der Qualifikation der Mitarbeiter auf Grund ihrer erweiterten Informations- und Mitsprachemöglichkeiten.

Ungeachtet der Vielzahl betriebsspezifischer Modell-Bezeichnungen und -ausgestaltungen hat sich der QZ-Begriff in der Literatur als Oberbegriff für diesen Typus von Kleingruppenaktivitäten etabliert, dem auch ähnliche Konzepte wie die Lernstatt, Werkstattzirkel oder KVP-Teams subsumiert werden (vgl. **Informationsbox 2**). Vor diesem Hintergrund erscheint eine allgemein gehaltene Definition von QZ, der unterschiedliche Konzeptvarianten zugeordnet werden können, angemessener als sehr detaillierte Begriffsfassungen.

Unter Qualitätszirkel verstehen wir im Folgenden kleine Gruppen von Mitarbeitern der unteren Hierarchieebene, die sich regelmäßig auf freiwilliger Grundlage treffen, um selbstgewählte Probleme aus ihrem Arbeitsbereich zu bearbeiten (Antoni, 1990; Bungard, 1992a).

Informationsbox 2

Lernstatt, KVP-Teams und Gesundheitszirkel

Die *Lernstatt* wurde zu Beginn der 70er Jahre vor allem bei BMW zunächst als Modell zur Lösung der Kommunikationsprobleme ausländischer Arbeitnehmer entwickelt. Nachdem traditionelle Methoden der Sprachschulung nicht die gewünschten Ergebnisse erbrachten, versuchte man die Sprachvermittlung vor Ort, im Betrieb, anhand konkreter betrieblicher Aufgaben und Abläufe. Eigens dazu ausgebildete betriebliche Vorgesetzte vermittelten die im Alltag benötigten fach- und umgangssprachlichen Kenntnisse in kleinen Lerngruppen von etwa sechs bis acht ausländischen Mitarbeitern. Die Werkstatt wurde zu einem Ort des Lernens, zur «Lernstatt», das Werkzeug zum «Lernzeug», der Meister zum «Sprachmeister». Da der Sprachunterricht problemorientiert erfolgte, erwarben die ausländischen Arbeitnehmer zugleich Fachkenntnisse und ein Verständnis für betriebliche Zusammenhänge. Ferner konnten bei dieser Gelegenheit Probleme in der Zusammenarbeit zwischen Meistern und ausländischen Mitarbeitern gelöst werden. Die Vermittlung sprachlicher Kompetenzen, am Beispiel betrieblicher Aufgaben und Probleme, führte somit zugleich zu einer Erhöhung der Fach- und Sozialkompetenz und damit auch zu einem effektiveren Arbeitsablauf. Sehr bald erkannte man die Möglichkeiten, die das Lernstatt-Konzept nicht nur zur Sprachschulung, sondern auch zur Beteiligung der Mitarbeiter der unteren Hierarchieebene an betrieblichen Problemlösungsprozessen bot. Entsprechend wurde das Lernstatt-Modell zu einer Form betrieblicher Kleingruppenarbeit weiterentwickelt, in der sich Mitarbeiter auf freiwilliger Basis zur Bearbeitung selbstgewählter arbeitsbezogener Themen zusammensetzen.

Der Begriff *KVP-Team* tauchte in den 90er

Jahren im Zug der Diskussion um Lean Management auf. In *KVP-Teams* suchen Mitarbeiter eines Arbeitsbereiches zusammen mit Fachexperten und Führungskräften im Sinne des kontinuierlichen Verbesserungsprozesses (KVP) bzw. Kaizen gezielt nach Verschwendungen. Imai (1992) beschreibt in seinem Buch «Kaizen» zwei Arten von Gruppen, nämlich Qualitätszirkel auf der Ebene der Mitarbeiter und Projektgruppen auf Managementebene. In Kaizen-Programmen deutscher Unternehmen werden beide Arten als KVP-Gruppen bezeichnet. Ferner finden sich häufig auch Mischformen, wie beispielsweise hierarchisch heterogene KVP-Gruppen. Die Grenze zwischen Qualitätszirkeln und Projektgruppen wird damit fließend.

Eine Sonderform stellen *KVP-Workshops* dar. Durch die konzentrierte Bearbeitung von Problemstellungen in ggfs. mehrtägigen KVP-Workshops sollen Lösungen schnell erarbeitet und sofort vor Ort umgesetzt werden. Auf diese Weise kann die bei Qualitätszirkeln auftretende Problemverschleppung vermieden werden. Allerdings ist zu beachten, dass die jeweils betroffenen Mitarbeiterinnen und Mitarbeiter auch tatsächlich beteiligt und nicht von schnellen Lösungen überrascht werden, die sie ggfs. gar als Verschlechterung empfinden.

An der Schnittstelle zwischen Projektgruppen und Qualitätszirkeln liegt auch das Konzept des *Gesundheitszirkels* (Westermayer & Bähr, 1994). In Gesundheitszirkeln arbeiten seit den 80er Jahren Beschäftigte zusammen, um gesundheitsförderlichere Arbeitsbedingungen mit Unterstützung der entsprechenden Fachabteilungen zu schaffen.

Struktureller Aufbau und Ablauf von QZ

Der strukturelle Aufbau betrieblicher QZ-Modelle unterscheidet sich, wie erwähnt, zum Teil erheblich entsprechend der Größe der Unternehmen und dem angestrebten Gruppenmodell. Im Folgenden wird daher beispielhaft der Aufbau und Ablauf eines QZ-Modells geschildert, wie es in ähnlicher Form in Großunternehmen gefunden werden kann.

Als wesentliche Strukturelemente eines QZ-Modells können die einzelnen QZ mit den QZ-Teilnehmern und dem Moderator, die Koordinatoren und das Steuerungskomitee unterschieden werden (vgl. **Abb. 1**).

Die einzelnen QZ setzen sich in der Regel aus fünf bis neun Mitarbeitern der ausführenden Ebene zusammen. Stammen die QZ-Teilnehmer am Anfang betrieblicher QZ-Modelle zumeist aus einem Arbeitsbereich, so werden im Laufe der Zeit oft auch bereichsübergreifende Zirkel gebildet. Es können aber auch Zirkel auf Führungskräfteebene, allerdings meist auf der Ebene von Meistern und Vorarbeitern, sowie zum Teil auch hierarchieübergreifende Zirkel gebildet werden. Die Zahl der Zirkel kann zwischen einem und mehreren hundert QZ schwanken.

Die QZ treffen sich in der Regel ein- bis zweimal im Monat für jeweils ein bis zwei Stunden. Die Treffen werden von ein oder zwei Moderatoren geleitet, die für diese Aufgabe zumeist ein besonderes Moderatorentraining erhalten haben. Bei den Moderatoren kann es sich sowohl um Mitarbeiter der ausführenden Ebene als auch um Vorarbeiter oder Meister handeln. In der Praxis ist dies u. a. sowohl von dem Qualifikationsniveau der Mitarbeiter als auch der Führungsstruktur einer Organisation abhängig. Für die Einbeziehung des direkten Vorgesetzten spricht, dass bei ihm dadurch die Akzeptanz des Konzepts erhöht wird und er sich dadurch stärker für die Umsetzung der erwarteten Problemlösungen einsetzt. Darüber hinaus wird dadurch auch die Rolle des Meisters als Führungskraft gestärkt. Voraussetzung ist allerdings, dass der Vorgesetzte sich in der Gruppe weitestgehend auf die Moderatorenfunktion beschränkt, d. h. lediglich die Diskussion und den Problemlösungsprozess der Mitarbeiter fördert und steuert. Hierin liegt auch der Nachteil der Einbezie-

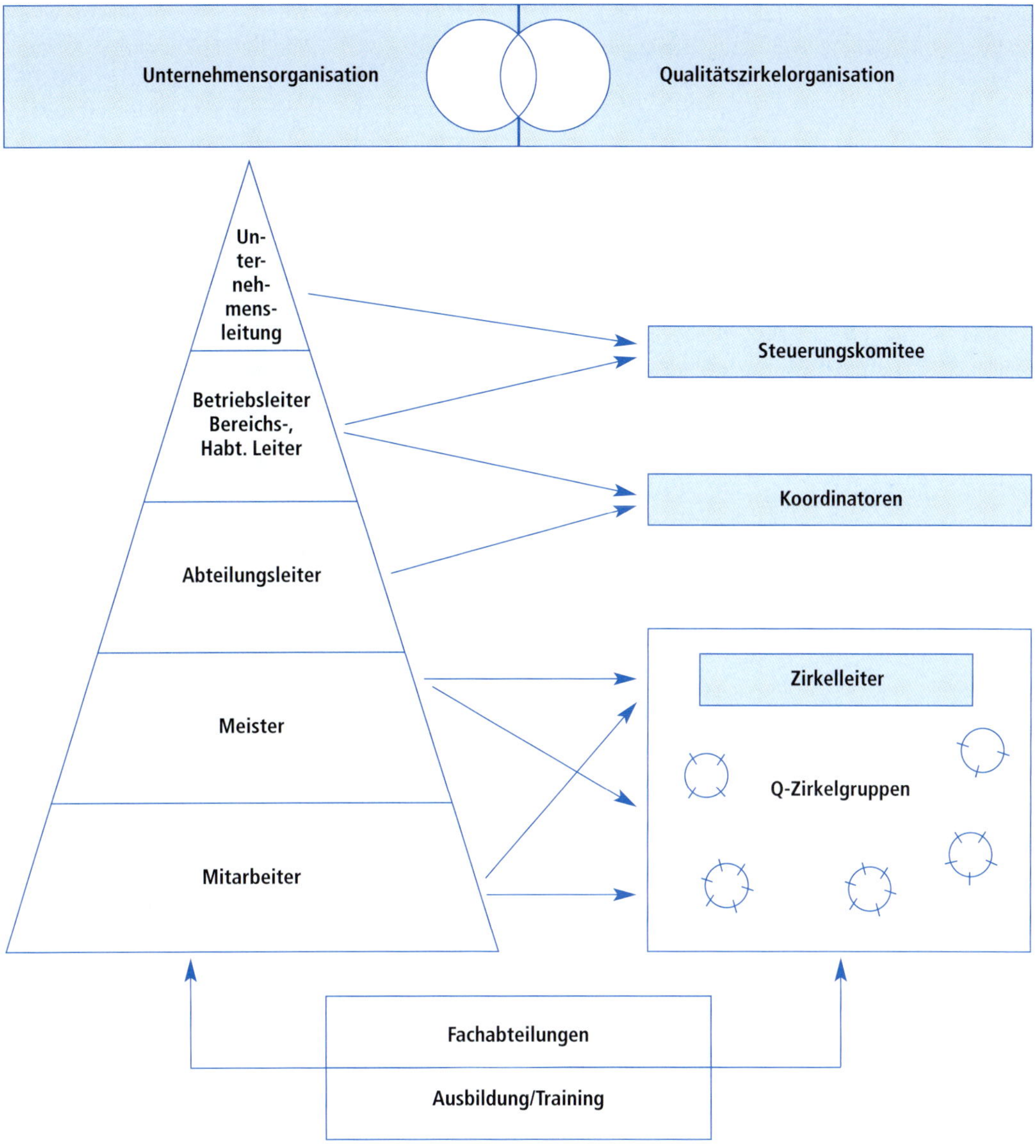

Abbildung 1: Struktur eines QZ-Modells

hung des Vorgesetzten als Moderator, da zumeist die Gefahr besteht, dass auch im QZ sich die alltägliche hierarchische Struktur auswirkt und die Mitarbeiter nur das tun, was der Vorgesetzte ihnen aufgibt. Zu den Aufgaben des Moderators gehören in erster Linie die Organisation und Leitung des QZ und die Vertretung des QZ nach außen sowie die Ausbildung der Teilnehmer und gegebenenfalls die Präsentation der Ergebnisse des QZ vor dem Management.

Mit Hilfe des Moderators sammeln die Teilnehmer zunächst Themen, wählen ein Thema nach einer Prioritätensetzung aus und bearbeiten es, d.h. das Problem wird analysiert, es werden Ursachen ermittelt und Lösungsalternativen erarbeitet. Schließlich wird eine Lösungsalternative ausgewählt und entweder dem zuständigen Fachvertreter präsentiert oder zugeleitet, der über deren Umsetzung entscheidet bzw. die fachliche Beurteilung vornimmt. QZ haben somit nur ein Vorschlagsrecht, die Entscheidung über einen Vorschlag liegt beim Management.

Fehlen einer Gruppe für die Erarbeitung von Lösungen notwendige Kenntnisse, können sie Experten einladen, die der Gruppe das nötige Wissen vermitteln und mit ihnen Lösungsalternativen diskutieren. Auf diese Weise können Fachabteilungen bzw. andere von dem Problem betroffene Abteilungen in den Problemlösungsprozess eingebunden werden. Hierdurch kann sowohl die Qualität als auch die Akzeptanz der Lösungsalternativen erhöht werden. Die Themen der Gruppenarbeit können sich sowohl auf die Technik, die Verfahren und das Produkt als auch auf den Arbeitsplatz, die Arbeitsbedingungen oder die Zusammenarbeit beziehen. Ausgeschlossen sind in aller Regel dagegen Fragen, die tarifrechtliche Aspekte berühren. Nach der Entscheidung über die Umsetzung der Lösungsvorschläge werden diese, soweit sie in den Handlungsbereich der QZ fallen, von diesen selbst umgesetzt.

Die Einführung und Koordination der einzelnen QZ, ihre organisatorische Betreuung sowie die Ausbildung und Beratung der Moderatoren sind Aufgaben der Koordinatoren. Ihnen kommt eine wesentliche unterstützende und vermittelnde Funktion zwischen den QZ und der regulären Organisation zu. Für die wirkungsvolle Durchführung benötigen sie neben methodischen und sozialen Kompetenzen eine breite Akzeptanz bei Führungskräften und Mitarbeitern der verschiedenen Abteilungen sowie insbesondere natürlich bei den Zirkelmitgliedern. Als Lenkungsorgan der QZ wird vielfach die Einrichtung eines Steuerkreises aus Vertretern des Managements, des Betriebsrats und der Koordinatoren empfohlen, der sich mit den strategischen Fragen der QZ-Einführung, den Programmgrundsätzen und der Gestaltung der finanziellen, personellen und inhaltlichen Rahmenbedingungen befasst.

Erfahrungen mit QZ

Es liegen zahlreiche empirische Untersuchungen zu QZ vor. Im Wesentlichen handelt es sich dabei zum einen um Umfragen bei QZ-Verantwortlichen in verschiedenen Unternehmen, zum anderen um betriebliche Fallstudien. Zielsetzung der Umfragen ist es, Daten über die Verbreitung der QZ und Hinweise zu ihren Auswirkungen aus Sicht der verantwortlichen QZ-Koordinatoren der Unternehmen zu erhalten. Die Fallstudien zu einzelnen betrieblichen QZ-Modellen versuchen die Auswirkungen von QZ zum Teil auf der Basis von betrieblichen Mitarbeiterbefragungen und zum Teil auch anhand quasi-experimenteller Untersuchungen unter Berücksichtigung «objektiver» Qualitäts- und Produktivitätskennziffern zu erfassen.

Verlässliche Angaben zur Verbreitung und Ausgestaltung von Gruppenarbeitsmodellen zu erhalten ist schwierig. Die Ursachen hierfür sind vielfältig. Problematisch sind beispielsweise die Bestimmung der Grundgesamtheit, geringe Rücklaufquoten oder die Zuverlässigkeit der Angaben. Bei aller Vorsicht zeigen die vorliegenden Umfragen zur Verbreitung von QZ in Deutschland folgenden Trend (Antoni, 1995): QZ verbreiteten sich von 1980 bis 1990 rasch, danach flachte der Trend ab; 1985 hatten 40 % der umsatzgrößten Industrieunternehmen QZ eingesetzt, 1990 waren es 50 % und 1994 56 %. Seitdem stagnierte die Verbreitung, teilweise wurden die QZ durch modifizierte Konzepte z. B. in Form von Kaizen- oder KVP-Gruppen abgelöst. Die Mehrzahl der Firmen, die mit QZ arbeiteten, berichten sowohl positive ökonomische als auch soziale Auswirkungen der QZ. In den Augen der befragten betrieblichen Experten (i. d. R. QZ-Koordinatoren oder Personalleiter) überwiegen dabei die sozialen Effekte, wie z. B. die Verbesserung der Zusammenarbeit, der Mitsprachemöglichkeiten, der Qualifikation und der Arbeitsbedingungen, die ökonomischen Auswirkungen, wie z. B. die Verbesserung der Qualität und Produktivität deutlich.

Es finden sich jedoch nicht nur positive Einschätzungen der QZ-Auswirkungen, sondern es werden auch eine Reihe von Problemen bei der Durchführung von QZ deutlich. So wird die mangelnde Unterstützung der QZ durch das mittlere Management als Hauptproblem genannt. In vielen Unternehmen bereiteten ferner Verzögerungen bei der Umsetzung oder bereits bei Rückmeldung von Verbesserungsvorschlägen sowie ungenügende Begründungen bei ihrer Ablehnung Probleme.

Neben Umfragen bei QZ-Verantwortlichen finden sich Fallstudien zu betrieblichen QZ-Modellen (vgl. als Beispiel **Informationsbox 3**). Die Mehrzahl dieser Untersuchungen, quasi-experimentelle Feldstudien und Befragungen, berichten über positive Auswirkungen der QZ sowohl auf ökonomische Indikatoren wie Produktqualität und Produktivität als auch auf soziale Kriterien wie Betriebsklima, Arbeitsmotivation, Arbeitszufriedenheit und Mitarbeiterpartizipation (Antoni, 1990; Kunzmann, 1991).

Informationsbox 3

Quasi-experimentelle Feldstudie zu QZ

In einer quasi-experimentellen Feldstudie (Vorher-Nachher-Design mit einer nicht-äquivalenten Kontrollgruppe) untersuchten Marks, Mirvis, Hackett und Grady (1986) die Auswirkungen der Teilnahme an QZ auf Einstellungen zur Qualität des Arbeitslebens und auf ökonomische Effizienzindikatoren. Es zeigte sich, dass im Vergleich zu ihren nicht an den QZ teilnehmenden Kollegen (N=46) QZ-Teilnehmer (N=46) ihre Einschätzungen der sozialen Effizienzindikatoren nicht veränderten, während bei den Nicht-Teilnehmern sich die Einschätzungen nach der QZ-Einführung verschlechterten. Hinsichtlich der ökonomischen Effizienzindikatoren zeigten sich in einem Zeitraum von sechs Monaten vor der QZ-Einführung bis 24 Monate nach der QZ-Einführung bei den QZ-Teilnehmern deutlichere Verbesserungen als bei den Nicht-Teilnehmern.

Im Einzelnen ergaben sich bei den drei ökonomischen Effizienzindikatoren signifikante Unterschiede zwischen QZ-Teilnehmern und Nicht-Teilnehmern. QZ-Teilnehmer hatten signifikant weniger Maschinen-Stillstands-Zeiten und Ausschuss und produzierten mehr als Nicht-Teilnehmer. Hinsichtlich der Abwesenheitsraten ergaben sich zwar keine signifikanten Unterschiede, doch wies die Abwesenheitskurve der QZ-Teilnehmer einen konsistenten Verlauf nach unten auf, während die Kurve der Nicht-Teilnehmer sporadische Schwankungen nach unten und nach oben zeigte. Hinsichtlich der sozialen Effizienzindikatoren ergaben sich signifikante Unterschiede ($p<0.5$) zwischen Teilnehmern und Nicht-Teilnehmern vornehmlich auf Grund der verschlechterten Einschätzungen der Nicht-Teilnehmer nach der QZ-Einführung bei konstanten Beurteilungen der Teilnehmer. So beurteilten bspw. die Nicht-Teilnehmer ihre Möglichkeiten an Entscheidungen mitzuwirken nach der QZ-Einführung deutlich negativer als zuvor. In gleicher Weise entwickelten sich die Einschätzungen ihrer Möglichkeiten, etwas Sinnvolles während ihrer Arbeit zu tun, und ihre Aufstiegschancen. Die QZ-Teilnehmer veränderten ihre diesbezüglichen Einschätzungen dagegen nicht.

Wie können die Ergebnisse dieser Studie erklärt werden, insbesondere die Verschlechterung der Einschätzungen der Nicht-Teilnehmer bei den sozialen Effizienzindikatoren nach Einführung der QZ, während die QZ-Teilnehmer unveränderte Beurteilungen aufwiesen? Die Autoren ziehen zur Erklärung dieser Befunde Ereignisse heran, die sich parallel zur Einführung der QZ im Unternehmen abspielten. Sie halten es für wahrscheinlich, dass sich auf Grund der fehlenden Information und Beteiligung der Mitarbeiter bei gravierenden organisatorischen Umstrukturierungsmaßnahmen die Einschätzungen der Nicht-Teilnehmer verschlechterten. Sie glauben, dass bei den QZ-Teilnehmern diese Verschlechterung dadurch verhindert wurde, dass diese in den QZ die Möglichkeit besaßen, über die stattfindenden organisatorischen Veränderungen zu diskutieren, weitere Informationen und emotionalen Rückhalt bei ihren Vorgesetzten zu erhalten. Ihrer Meinung nach bestanden in den QZ damit bessere Möglichkeiten, soziale Unterstützung zu erfahren, was wahrscheinlich entscheidend dazu beitrug, die negativen Effekte bei den Teilnehmern zu verhindern.

Fazit

Fasst man die Ergebnisse der hier berichteten Umfragen und Fallstudien zu QZ zusammen, so lassen sich folgende Aussagen thesenartig festhalten:

- Das QZ-Konzept wird in den meisten Untersuchungen von den betroffenen Mitarbeitern überwiegend positiv beurteilt.
- Positive Auswirkungen von QZ werden in der Mehrzahl der Untersuchungen sowohl in Hinblick auf ökonomische Kriterien wie Produktivität und Produktqualität als auch soziale Indikatoren wie Betriebsklima, Arbeitszufriedenheit und Mitarbeiterpartizipation festgestellt.
- Zu den am häufigsten genannten Problemen bei der Einführung und Durchführung von QZ gehören die mangelnde Unterstützung durch das mittlere Management, fehlende Zeit für die QZ-Arbeit sowie zu lange Verzögerung bei der Rückmeldung auf Verbesserungsvorschläge und deren Umsetzung.

Es ist anzunehmen, dass diese Probleme nicht unabhängig voneinander auftreten, sondern auf gemeinsame Wurzeln zurückgeführt werden können. Als mögliche Ursache bietet sich zunächst der zusätzlich erforderliche Zeitaufwand für die Ein- und Durchführung der QZ und insbesondere für die Bearbeitung ihrer Lösungsvorschläge an. Die Einführung von QZ zieht zumindest zunächst einmal Mehrarbeit für alle Beteiligten nach sich, bevor die Früchte der QZ-Arbeit geerntet werden können. Dies gilt auch für das mittlere Management, das in zweifacher Weise zeitlich betroffen ist, zum einen durch die zeitliche Bindung von Mitarbeiter-Ressourcen, zum anderen durch erforderlich werdende eigene Tätigkeiten für die QZ, z. B. im Rahmen der Bewertung von Lösungsvorschlägen. Die verteilte Form der QZ-Arbeit scheint dieses Problem nicht zu mindern. Der Ausfall einzelner Sitzungen führt dann zu langen Unterbrechungen, die der Motivation der Beteiligten und einer effektiven Problembearbeitung abträglich sind. KVP-Workshops bieten sich hier durch die zeitlich geblockte Erarbeitung und Umsetzung von Problemlösungen als Alternative an.

Da vom mittleren Management nicht nur zusätzlicher zeitlicher Aufwand, sondern zum Teil auch die Veränderung des Führungsverhaltens im Sinne einer stärkeren Beteiligung der Mitarbeiter an Problemlösungen erwartet wird, ohne dass damit für diese Personengruppe ein persönlicher Nutzen sofort sichtbar verbunden ist, mag das Zeitargument bisweilen auch nur vorgeschoben sein. Die genannten Probleme könnten in diesem Sinne auch als unterschiedliche Formen des Widerstandes gegen QZ interpretiert werden. Als Ursache für den Widerstand insbesondere des mittleren Management kann dessen Angst vor Macht- und Kontrollverlust vermutet werden. Diese wird erfahrungsgemäß umso stärker ausgeprägt sein, je weniger es in den Einführungsprozess integriert wurde. Derartige Konflikte können im Rahmen einer isolierten Einführung von QZ häufig nicht gelöst werden. Hierfür bedarf es vielmehr der Einbettung der QZ-Einführung in umfassende Organisationsentwicklungs(OE)-Maßnahmen. Auf diese Probleme soll weiter unten noch näher eingegangen werden. Beide Problemkreise «Zeitknappheit» und «Angst vor Kontrollverlust» treffen nicht nur für unterschiedliche Varianten von Qualitätszirkeln und damit auch für KVP-Teams zu, sondern auch für Projektgruppen, auf die im Folgenden näher eingegangen wird.

3.2 Projektgruppen

Zur Bearbeitung neuartiger und komplexer Problemstellungen, die mehrere Unternehmensbereiche tangieren, werden seit langem Projektgruppen, Projektteams oder «Task Forces» eingesetzt (Frese, 1980; Kieser & Kubicek, 1992). Eine Befragung der 100 umsatzgrößten Industrieunternehmen der Bundesrepublik im Jahre 1989/90 ergab bspw., dass 69 % aller Unternehmen insbesondere bei Forschungs- und Entwicklungsaufgaben zum Teil schon seit 20 Jahren mit Projektgruppen arbeiten (Antoni, 1990). Dieser Anteil wuchs bis 1994 auf fast 90 % (Antoni, 1995).

Bei Projekten handelt es sich um Vorhaben, die im Wesentlichen durch Einmaligkeit der

Rahmenbedingungen, Zielvorgabe, zeitliche, finanzielle, personelle oder andere Beschränkungen, Abgrenzung gegenüber anderen Vorhaben und durch eine projektspezifische Organisation gekennzeichnet sind. Aus dieser Definition des Projektbegriffs lassen sich einige Merkmale von Projektgruppen ableiten, die die Unterschiede zum QZ-Konzept verdeutlichen. So wird die Zielsetzung von Projektgruppen vom Management vorgegeben und bezieht sich auf die Bearbeitung einer abgegrenzten, einmaligen Aufgabenstellung, von der mehrere Organisationseinheiten betroffen sind. Projektgruppen setzen sich meist aus Experten und Führungskräften zusammen, die für die Lösung des konkret vorgegebenen Problemkreises entsprechend ihrer Sachkompetenz ausgewählt wurden und für die Dauer der Projektbearbeitung zusammenarbeiten. Im Gegensatz zu QZ ist die Teilnahme somit nicht freiwillig, sondern resultiert aus einem Arbeitsauftrag. Im Vordergrund der Projektgruppen steht die effiziente Auftragsbearbeitung und nicht – wie bei QZ – die Einbeziehung der Mitarbeiter in betriebliche Problemlösungsprozesse. Folglich werden auch die Gruppen nach fachlichen Kriterien zusammengesetzt und nach Abschluss der Arbeit wieder aufgelöst. Die Teilnehmer stammen primär aus dem mittleren und oberen Management und nicht aus den unteren Hierarchieebenen, wie dies bei QZ der Fall ist.

Die Art ihrer Eingliederung in die Gesamtorganisation ist abhängig von der gewählten Projektorganisation. Frese (1980) unterscheidet hier vier verschiedene Typen nach dem Grad der organisatorischen Verselbstständigung des Projektziels:

- die Stabs-Projektorganisation, bei der die Projektkoordination von Stäben ohne Weisungsbefugnis wahrgenommen wird und die Projektmitarbeiter in ihren Stammabteilungen verbleiben und lediglich von ihren Vorgesetzten Weisungen erhalten (Einfluss-Projektmanagement);
- die Matrix-Projektorganisation, die auf einer Kompetenzaufteilung in ein funktions- und ein projektorientiertes Leitungssystem beruht und bei der die Projektmitarbeiter zwar – wie bei der Stabs-Projektorganisation – in den Stammabteilungen verbleiben, jedoch projektbezogene fachliche Weisungen von dem Projektmanager bzw. der spezifischen Projekteinheit erhalten;
- die Schaffung projektorientierter Teilbereiche, d. h. die Aufgliederung von Fachbereichen, wie z. B. der Entwicklung, nach Projekten – wobei hier u. F. der Projektcharakter fraglich wird, sowie
- die reine Projektorganisation, bei der die am Projekt beteiligten Personen aus den verschiedenen Unternehmensbereichen für die Zeitdauer des Projekts freigestellt und einem selbstständigen Projektbereich zugeordnet werden.

Abgesehen von der Schaffung projektorientierter Teilbereiche führt die Einführung einer Projektorganisation wie auch die Implementierung von QZ zu einer neuen Gruppenstruktur, die nicht in die traditionelle, unverändert weiter bestehende Organisationsstruktur integriert ist. Lediglich bei der Bildung projektorientierter Teilbereiche wird die herkömmliche Organisationsstruktur dauerhaft verändert. Während sich sowohl bei der Stabs- als auch Matrix-Projektorganisation die Projektgruppen wie QZ nur von Zeit zu Zeit treffen, arbeiten die Projektmitarbeiter bei der reinen Projektorganisation für die Zeitdauer des Projekts kontinuierlich zusammen.

Allen vier Formen der Projektorganisation ist der Grundgedanke gemein, eine komplexe Aufgabenstellung, die auf Grund ihrer Einmaligkeit nicht optimal innerhalb der regulären, sehr differenzierten Organisationsstruktur bearbeitet werden kann, durch Zusammenführung von Experten aus den betroffenen Organisationseinheiten in eine gemeinsame Arbeitsgruppe zu lösen. In welchem Ausmaß die Mitglieder der Projektgruppe an den Entscheidungsprozessen beteiligt werden, wie sich ihr Handlungsspielraum verändert, ist zunächst offen. Projektgruppen können sehr unterschiedlich geführt werden und der Handlungsspielraum der Mitglieder kann größer oder kleiner als in ihrer regulären bzw. vorhergehenden Arbeit sein. Inwieweit Projektgruppen wie QZ als Form partizipativer Gruppenarbeit angesehen werden können, hängt somit von ihrer konkreten Ausgestaltung im Einzelfall ab.

Erfahrungen mit Projektgruppen

Expertenbefragungen belegen, dass betriebliche Projektgruppen durch die in der Definition beschriebene Festlegung von Problemstellung, Projektleiter und Teilnehmer durch das Topmanagement charakterisiert sind (Antoni, 1990). Entsprechend geht es bei ihnen auch in erster Linie um die Lösung eben dieser Problemstellungen. Die größten Vorteile von Projektgruppen werden entsprechend in der bereichsübergreifenden Zusammenarbeit von Fachexperten und der damit verbundenen Problemlösungseffizienz gesehen. Die Zusammenführung von Experten außerhalb der Linienorganisation führt allerdings auch zu Konflikten um zeitliche und personelle Ressourcen und Macht zwischen dem Projekt- und dem Linienmanagement. Diese werden zum Teil in die Projektgruppen hineingetragen und tragen neben bestehendem Bereichsdenken und mangelnder Qualifikation zur Teamarbeit zu gruppeninternen Spannungen bei (Antoni, 1995). Ähnliche Ergebnisse finden sich auch für Projektgruppen in der öffentlichen Verwaltung (Fisch & Englich, 2001).

Konflikte zwischen Projekt- und Linienmanagement scheinen insbesondere bei der Matrix-Projektorganisation aufzutreten und dürften auf die Aufteilung in funktions- und projektorientierte Kompetenzen zurückzuführen sein. Am klarsten ist dieses Kompetenzproblem bei der reinen Projektorganisation gelöst. Entsprechend finden sich auch empirische Belege, die sie als effektivste Form der Projektorganisation ausweisen (zusammenfassend vgl. Becker-Beck & Fisch, 2001). Allerdings eignet sich diese Form wohl nur für größere und längerfristige Projekte, da sie eine Umstrukturierung und entsprechende Personal- und sonstige Kapazitäten voraussetzt, die zudem kleinere Organisationen nur schwer aufbringen können.

Es liegt nahe, dass Unternehmen insbesondere mit wachsender Größe und Ausdifferenzierung ihrer Funktionen von Projektgruppen und der damit verbundenen temporären Zusammenführung von Experten verschiedener Fachabteilungen profitieren können. Zumindest scheint dies auch von den Unternehmen so gesehen zu werden, da die Verbreitung von Projektgruppen mit zunehmender Betriebsgröße wächst. So setzten 1990 33 % der mittelgroßen Betriebe in Baden-Württemberg mit weniger als 100 Beschäftigten Projektgruppen ein, dagegen bereits 48 % der Betriebe mit 100 bis 200 Beschäftigten. Betriebe mit 200 bis 499 Beschäftigten nutzen mit 62 % bereits fast so oft Projektgruppen wie Großunternehmen (Bungard, Antoni & Lehnert, 1993).

Empirische Untersuchungen zu Projektgruppen finden sich vor allem im Bereich der Software-Entwicklung (Högl & Gemünden, 2000). Hier zeigte sich, dass die Zusammensetzung und Führung von Teams die Qualität der Teamarbeitsprozesse beeinflusst und diese wiederum in Zusammenhang mit dem Teamerfolg steht. Qualitativ gute Teamprozesse finden sich in Teams mit sozial kompetenten Personen mit ähnlichem Wissens- und Fähigkeitsstand, die sich dem Teamziel selbst verpflichten und als gleichberechtigte Mitglieder geführt werden (Gemünden & Högl, 2000). Die Bedeutung von Teamprozessen belegt auch die Studie von Brodbeck (1996, 2001), der einen positiven Zusammenhang zwischen Kommunikationsdichte und Projekterfolg im Sinne von Termin- und Kosteneinhaltung konstatiert. Als Erklärung wird angesehen, dass durch häufigen aufgabenbezogenen Informationsaustausch die Koordination und Konsensbildung in den Projektteams besser gelingt. Dies gilt insbesondere in späten Phasen des Lebenszyklus eines Projekts und wenn die Projektmethoden und -werkzeuge wenig standardisiert sind. Wenn diese standardisiert und die Nutzerbeteiligung gering gehalten werden können, trägt dies ebenfalls zur Erreichung der Termin- und Kostenziele bei. Geringe Nutzerpartizipation geht allerdings zu Lasten der wahrgenommenen Änderbarkeit der Software, eines anderen wichtigen Ergebniskriteriums.

Diese Befunde lassen sich in Input-Prozess-Output-Modelle der Effektivität von Gruppenarbeit einordnen, die auch zur Systematisierung der Forschung zu teilautonomen Arbeitsgruppen herangezogen werden können (vgl. hierzu auch den Beitrag von Brodbeck, Kap. 13).

3.3 Teilautonome Arbeitsgruppen

Unter teilautonomen oder selbstregulierenden Arbeitsgruppen (TAG) versteht man kleine funktionale Einheiten der regulären Organisationsstruktur (ca. drei bis zehn Personen), die konstant zusammenarbeiten und denen die Erstellung eines kompletten (Teil-)Produkts oder einer Dienstleistung mehr oder weniger eigenverantwortlich übertragen wurde (vgl. Antoni, 2000; Lattmann, 1972). Das Konzept der teilautonomen Arbeitsgruppen (TAG) gründet sich wesentlich auf den soziotechnischen Systemansatz, der in den 50er Jahren am Londoner «Tavistock Institute of Human Relations» entwickelt wurde (Trist & Bamforth, 1951).

Die zentralen Aussagen des sozio-technischen Systemansatzes sind (Trist, 1990; Ulich, 2001):

1. Organisationen müssen als offene soziale und technische Systeme verstanden werden.
2. Eine effiziente Gestaltung von Produktionsprozessen setzt eine gleichzeitige Optimierung des technischen und sozialen Systems voraus.
3. Organisationen mit sich selbst regulierenden Organisationseinheiten können sich unvorhergesehenen Veränderungen innerhalb und außerhalb des Systems besser anpassen als zentral gesteuerte Organisationen.

Entsprechend diesem Selbstregulationsprinzip werden für die einzelnen Gruppen Freiräume geschaffen, in denen sie als «sozio-technische Einheit» selbstständig handeln und entscheiden können. Insbesondere werden ihnen neben Ausführungstätigkeiten Organisations-, Planungs- und Kontrollaufgaben übertragen. Das Konzept der TAG vereinigt somit Gedanken der Arbeitserweiterung (Job Enlargement), der Arbeitsbereicherung (Job Enrichment) und des Arbeitswechsels (Job Rotation). Handelt es sich bei Job Enlargement und Job Enrichment (Ulich, Groskurth & Bruggemann, 1973) jedoch um Ansätze zur individuellen Handlungsspielraums-Erweiterung, überträgt das Modell der TAG diese Idee auf eine multi-personale Arbeitssituation und versucht auf diese Weise, eine kollektive Handlungsspielraum-Erweiterung zu erreichen. Durch den kollektiven Ansatz wird neben der Planungs-, Kontroll- und der Tätigkeitsdimension des Handlungsspielraums auch die Dimension der sozialen Interaktion durch TAG erweitert (Ulich, 2001).

Gestaltungskriterien und -beispiele

Um sich möglichst effektiv selbst regulieren zu können, sollten teilautonome Arbeitsgruppen von einander relativ unabhängig sein und über einen inneren Aufgabenzusammenhang verfügen und produktorientiert zusammengestellt werden (Alioth & Frei, 1990; Ulich, Conrad-Betschart & Baitsch, 1989).

Die Bildung relativ unabhängiger Gruppen soll verhindern, dass sich Schwankungen und Störungen, die in einer Gruppe auftreten, unkontrolliert in andere Gruppen fortpflanzen. Dies setzt voraus, dass die Gruppen möglichst technisch voneinander unabhängig sind.

Durch den inneren Aufgabenzusammenhang in den Gruppen sollen arbeitsbezogene Kooperationen erforderlich und soziale Unterstützung ermöglicht werden. Ein innerer Aufgabenzusammenhang kann durch die Übertragung ganzheitlicher Aufgaben geschaffen werden. Dies setzt die möglichst weit gehende Integration aller für die Herstellung eines Produkts notwendigen direkten und indirekten Tätigkeiten in die Gruppe voraus. Auf diese Weise lassen sich auch intrinsisch motivierende Gruppenaufgaben bilden, die ganzheitliche Aufgaben umfassen, die vielfältige Anforderungen stellen, Möglichkeiten zur sozialen Interaktion bieten, Dispositions- und Entscheidungsmöglichkeiten sowie Lern- und Entwicklungschancen eröffnen.

Wenn die Gruppen produktorientiert gebildet werden und die Gruppe die Aufgabe und Verantwortung für die Herstellung eines kompletten Produkts oder einer Dienstleistung hat, ist auch die technische und organisatorische Unabhängigkeit der Gruppe leichter zu erreichen. Eine produktorientierte Gruppenbildung soll ferner die qualitative und quantitative Zuordnung von Arbeitsergebnissen und deren Einflussfaktoren zu den Gruppen erleichtern. Dies stellt eine wesentliche Voraussetzung sowohl für deren Selbstregulation als auch für ihre zielorientierte Führung dar. Die Selbstregulation erleichtert auch ein gruppengerechtes Layout, das den Gruppen möglichst Sicht- und Sprechkontakt ermöglicht und ihnen einen klar abgegrenzten Raum zuweist. Diese Faktoren fördern auch die Identifkation mit der Gruppe.

Beispiele für produktorientierte Gruppen finden sich in Produktions- und Verwaltungsbereichen (Antoni, 1996a). In der Teilefertigung erleichterte die Entwicklung flexibler, computergesteuerter Technologien die Umsetzung dieser Gestaltungsprinzipien. In *Fertigungsinseln* werden die für die komplette Bearbeitung eines (Teil-)Produkts oder einer Teilefamilie notwendigen Maschinen und Mitarbeiter zusammengeführt. Dieses Fertigungskonzept basiert auf den Prinzipien der *Gruppentechnologie* oder *Gruppenfertigung* (Brödner, 1988). Hierbei werden räumlich und organisatorisch Einheiten gebildet, die fertigungstechnisch ähnliche Teile zu Teilefamilien oder (Teil-)Produkten zusammenfassen sowie alle zu deren Komplettbearbeitung benötigten Fertigungsmittel, gleichartig qualifizierten Arbeiten und konstruktiven, planenden und steuernden Tätigkeiten in eine Gruppe integriert (Brödner, 1988). Entsprechende Ansätze finden sich bereits in den 20er Jahren (Lang & Hellpach, 1922; vgl. hierzu **Informationsbox 4**).

Im Unterschied dazu sind bei der *verrichtungsorientierten* oder *Werkstattfertigung* alle gleichartigen Maschinen und Tätigkeiten, wie z.B. Fräsen, Drehen, Bohren, zusammengefasst und jedes Teil durchläuft sukzessive die verschiedenen Werkstätten je nach den erforderlichen Bearbeitungsschritten. Dies führt zu langen Transportwegen, einer starken Abhängigkeit von vorgelagerten Bearbeitungsstationen und einem mit steigender Teilevielfalt höheren zentralen Steuerungsaufwand und damit letztlich zu langen Durchlaufzeiten und starren Abläufen. Dagegen werden durch eine Gruppenfertigung Transportwege verkürzt und Konstruktions-, Planungs- und Steuerungsprozesse dezentralisiert. Verzichtet man ferner auf eine starre Arbeitsteilung und erweitert die Dispositionsspielräume des Einzelnen, gewährleistet die gewonnene technische und organisatorische Teilautonomie der einzelnen Produktionsbereiche eine hohe Fertigungsflexibilität. Dies ist vor allem in Hinblick auf die immer notwendiger werdende Wandlungsfähigkeit der Unternehmen zu betrachten. Der zunehmend schärfer werdende internationale Wettbewerb, bedingt durch eine weltweite Globalisierung der Arbeitsmärkte, fordert eine extreme Flexibilisierung der teilautonomen Leistungseinheiten, welche stets in der Lage sein müssen, kurzfristig auf Veränderungen reagieren zu können (Westkämper et al., 1999).

Beispiele für produktorientierte Gruppen in Montagebereichen sind *Montageinseln*, die (Teil-)Produkte, wie z.B. Kabelsätze, Armaturenbretter oder Seitentüren komplett montieren. Zum Teil werden auch Fertigungs- und Montagearbeiten in Produktinseln integriert, die dann für den kompletten Fertigungsprozess verantwortlich sind.

Im Verwaltungsbereich sind Beispiele für produktorientierte Gruppen *Verwaltungs-* oder *Vertriebs-* oder *Planungsinseln*, die Mitarbeiter z.B. aus der Auftragsannahme, Auftragsklärung, Einkauf, Auftragskonstruktion und Arbeitsplanung umfassen und die alle ihnen zugeteilten Kundenaufträge eigenverantwortlich von der Anfrage bis zur Auslieferung bearbeiten. Ganzheitliche Aufgaben lassen sich aber auch durch die Zusammenfassung nach Marktkriterien erreichen, wie z.B. Kunden oder Absatzgebieten, Herstellungs- oder nach auftragsstrukturbedingten Kriterien wie z.B. Groß-, Mittel-, Kleinserie, Einzelfertigung.

Führung und Selbstregulation

Wie diese Ausführungen verdeutlichen, impliziert die Einführung von TAG sehr weitreichende technische, räumliche und arbeitsorganisatorische Veränderungen. Insbesondere die arbeitsorganisatorischen Veränderungen, die zu einem Abbau horizontaler und vertikaler Differenzierung führen, d.h. zur Übertragung komplexerer, ganzheitlicherer Aufgaben und zur vermehrten Delegation von Entscheidungsbefugnissen, haben tief greifende Konsequenzen für die betriebliche Qualifikations- und Führungsstruktur.

Informationsbox 4

Gruppenfabrikation

Der Aufbau einer Fabrik nach dem Prinzip der Gruppenfabrikation wird von Lang und Hellpach (1922) wie folgt beschrieben:

«Dabei werden, fußend auf der Aufbauart der kleinen mechanischen Werkstätte, Fabrikationsgruppen gebildet, die sich aus allen Arten von Werkzeugmaschinen zusammensetzen und außer Maschinenarbeitern noch Schlosser und andere Arbeiter umfassen. Die Fabrikationsaufgabe einer solchen Gruppe ist die Fertigbearbeitung einer gewissen Anzahl verschiedener zusammengehöriger Teile, die miteinander einen in sich abgeschlossenen wesentlichen Bestandteil des Gesamterzeugnisses bilden. Eine solche Fabrikationsgruppe ist in sich geschlossen und von anderen Bearbeitungsabteilungen unabhängig, lässt also auch hinsichtlich des Ortes für ihre Unterbringung großen Spielraum. Der Transport der Einzelteile spielt sich auf dem denkbar kürzesten Weg innerhalb der Gruppe selbst ab; nur die Rohteile fließen ihr von den Magazinen aus zu, um sie erst völlig fertig bearbeitet und zusammengebaut wieder zu verlassen» (Lang & Hellpach, 1922, S. 2).

Den Vorteil der Gruppenfabrikation gegenüber der traditionellen Serienfertigung beschreiben sie wie folgt: «Die Teile werden dabei vor jedem neuen Arbeitsgang am Ort des vorhergehenden auf richtige Ausführung geprüft und verlassen die Werkstatt erst, nachdem sie darin alle Stadien ihres Werdegangs durchlaufen haben. Wenn für den Arbeiter vielleicht dabei etwas größere Einförmigkeit in der Beschäftigung eintritt, so hat er andererseits viel eher Gelegenheit zu beobachten, wie auf dem von ihm geleisteten Arbeitsgang weitergebaut, oder wie das von ihm hergestellte Einzelstück weiterverwendet wird, was auf seine Arbeitslust doch wieder anregend wirken, sein Verantwortlichkeitsgefühl stärken kann, während bei der erstgenannten Fabrikationsmethode das Arbeitsstück, nachdem er seine Arbeit daran geleistet hat, aus seinem Gesichtskreis verschwindet» (Lang & Hellpach, 1922, S. 3 f.). Als weitere wesentliche Vorteile nennen sie die größere Übersichtlichkeit und die damit verbundene bessere Überwachbarkeit der Fertigung sowie höhere Qualifikation und bessere Bezahlung der Mitarbeiter. Ferner könnten sowohl Spezialvorrichtungen und Werkzeuge eingerichtet werden, die zu einer Verbesserung und Verbilligung der einzelnen Arbeitsgänge führen, als auch die Bauart und das Material der Produkte verbessert werden. Als Nachteile stünden dem ein Mehr an Maschinen, ein Mehr an Platz und gegebenenfalls ein Mehrbedarf an technischem Aufsichtspersonal gegenüber sowie eine etwas größere Gleichförmigkeit in der Tätigkeit mancher Arbeiter.

Die eigenverantwortliche Erstellung eines Teilprodukts durch TAG setzt somit zum einen entsprechende Qualifizierungsmaßnahmen voraus, damit die Gruppe die mit der qualitativen und quantitativen Aufgabenerweiterung verbundenen höheren Anforderungen bewältigen kann, zum anderen die Übertragung von Entscheidungskompetenzen bzw. zumindest die Erweiterung der Mitsprachemöglichkeiten. Beide Aspekte müssen aufeinander abgestimmt sein. Inwieweit TAG's partizipativ in die Arbeitsinhalte und Arbeitsgestaltung eingreifen können, hängt stark von deren Kompetenz ab. Nur kompetente Gruppen können im Sinne der Autonomie Entscheidungen treffen, festgelegte Ziele reflektieren und zielorientiert agieren. Der Kompetenzgrad einer TAG kann, z. B. mit einem standardisierten Instrument zur Kompetenzmessung dem «Gruppencheck» (Erke, Racky & Jöns, 2003), ermittelt werden, so dass dann entsprechend dem Entwicklungsstand Autonomiegrade und Entscheidungsbefugnisse delegiert werden können.

Je mehr Kompetenzen den TAG aber übertragen werden, je autonomer sie sind, desto weitreichendere Auswirkungen ergeben sich für die betriebliche Führungsstruktur. So verlieren Einrichter ihre Vorgesetztenfunktion, Vorarbeiter werden nicht mehr benötigt und auch die Aufgaben von Meistern oder Gruppenleitern verändern sich. Insbesondere die untere Führungsebene muss daher ihre Aufgaben und Funktionen neu definieren (Antoni, 1994b), die Veränderungen strahlen aber auch bis ins mittlere Management hinein. Eine Reihe von Untersuchungen belegen die Probleme, die hierbei auftreten können, insbesondere bezüglich des Lohnsystems und der Festlegung der Gruppenautonomie (Emery & Thorsrud, 1982; Hertog, 1977; Rohmert & Weg, 1976 und **Informationsbox 5**). Dies verdeutlicht die Notwendigkeit, auch TAG – ähnlich wie QZ – im Rahmen eines umfassenden Organisationsentwicklungs-(OE-) Prozesses einzuführen, um potenzielle Konflikte durch die Einbeziehung aller Betroffenen entweder zu vermeiden oder zumindest frühzeitig bearbeiten zu können.

Die Ausweitung des Handlungsspielraums bzw. der tatsächliche Autonomiegrad von TAG kann sehr stark variieren. Der Autonomiegrad wird üblicherweise an der Art der Entscheidungen gemessen, die an eine Gruppe delegiert sind bzw. an denen sie partizipieren darf. In der Literatur findet sich eine Reihe von Klassifikationsvorschlägen, die sich zum Teil erheblich in der Art und der Anzahl der von ihnen differenzierten Entscheidungskategorien unterscheiden. Dies gilt auch für die bekanntesten Kategorisierungsvorschläge von Gulowsen (1972) und Rohmert und Weg (1976).

Gulowsen (1972) unterscheidet 11 Entscheidungstypen, wobei zehn auf der Gruppenebene und eine auf der Individualebene liegen. Hierbei geht es darum, welchen Einfluss die Gruppe auf die für sie geltenden qualitativen und quantitativen Ziele (Produktionsvolumen, Bezahlung, Sanktionen) hat, inwieweit sie innerhalb des vereinbarten Zielrahmens selbst festlegen kann, wo und wann sie arbeitet (reguläre Arbeitszeit, Freistellungen, Überstunden); welche zusätzlichen Tätigkeiten sie ausübt (Pausenregelung, Zusatzaufgaben) mit welchen Produktionsmethoden sie arbeitet und wie sie die interne Aufgabenverteilung regelt; ferner, inwieweit sie über Fragen der Mitgliedschaft (Neuzugänge und Abgänge) und Führungsfragen entscheiden kann, d. h. ob sie für gruppeninterne Angelegenheiten einen Vorgesetzten haben will und gegebenenfalls welchen. Auf individueller Ebene kommt hinzu, inwieweit ein Gruppenmitglied entscheiden kann, wie die von ihm auszuführenden Aufgaben bewältigt werden.

Neben der Anzahl und der Art der Entscheidungsalternativen wird der Umfang der Autonomie auch durch den Zeithorizont bestimmt, in dem die Gruppe autonom entscheiden und planen kann, sowie durch das Ausmaß der Mitwirkungsmöglichkeiten. Hier könnte etwa unterschieden werden zwischen völliger Autonomie, Vetorechten, Mitbestimmungsrechten, Vorschlagsrechten und Informationsrechten (Rohmert & Weg, 1976). Ein noch weitergehendes Klassifikationsschema haben Frieling und Freiboth (1997) vorgelegt, das neben der Autonomie und Aufgabenmerkmalen auch die Einstufung von organisatorischen Rahmenbedingungen, Merkmalen der Gruppengespräche, gruppenspezifischen Qualifikationen und Maßnahmen im Rahmen des kontinuierlichen Verbesserungsprozesses erlaubt und auch Analysen zum Zusammenhang zwischen Gruppenmerkmalen und Bewertungskriterien ermöglicht.

Versucht man betriebliche TAG-Modelle nach diesen Klassifikationsvorschlägen zu bewerten, so wird deutlich, dass der Autonomiegrad von TAG in der Regel recht eng begrenzt ist. Zumeist handelt es sich um Entscheidungen innerhalb des vorgegebenen Arbeitssystems, die an die Gruppe delegiert sind, wie z. B. Fragen der Arbeitsaufteilung und -Verteilung, der zeitlichen Arbeitsplanung oder der Produktprüfung innerhalb der TAG. Bei Personalentscheidungen begrenzt sich die Autonomie in der Regel auf die Wahl des Gruppensprechers, der Ansprechpartner für Vorgesetzte ist, die Selbstregulation der Gruppen unterstützt und Gruppensitzungen moderiert. Bei der Aufnahme neuer oder der Verleihung oder Versetzung von Gruppenmitgliedern werden TAG meist lediglich informiert (Antoni, 1996b). Bei gesamtbetrieblichen Fragen oder produktbezogenen Entscheidungen

Informationsbox 5

Teilautonome Gruppen im VW-Werk Salzgitter

Im VW-Werk Salzgitter wurden vier TAG in der Motorenmontage mit traditionell arbeitsteiligen Formen der Fließbandfertigung (Plattenband und Transfermontagelinie) verglichen (Ulich, 1989). In der traditionellen Motorenmontage wird der Motor auf einem Fließband arbeitsteilig mit sehr kurzen Arbeitszyklen von ein bis zwei Minuten montiert. Mit der Einrichtung der TAG wurden Gruppen mit je sieben Werkern folgende Aufgaben übertragen: Materialbereitstellung, komplette Montage eines Motors, Motoreneinlauf, Kontroll- und dispositive Aufgaben. Für die komplette Montage eines Motors benötigte ein Werker nun ca. 35 Minuten (bzw. bei Berücksichtigung des Einlaufstandes sogar mehr als 80 Minuten). Alle beteiligten Mitarbeiter konnten für diese komplexe Aufgabe qualifiziert werden. Die Gruppe konnte sich ferner einen Sprecher wählen sowie sich vierzehntägig zu einem Gruppengespräch zusammensetzen. Im Laufe des Projekts wurde den Gruppen allerdings wieder eine Führungskraft mit zunächst nur beratenden Funktionen zugeteilt, der jedoch im Laufe der Zeit auch die Aufgabenverteilung und -Organisation und somit die volle Weisungsbefugnis übertragen wurde.

Die Begleituntersuchung ergab, dass in den TAG im Vergleich zur traditionellen Fließbandfertigung die (unerwünschte) qualitative Unterforderung der Werker zu Gunsten (erwünschter) steigender kognitiver und sozialer Beanspruchungen abgebaut wurde, die als Voraussetzung für den Erwerb sozialer und kognitiver Kompetenz angesehen werden können, und dass auch aus ergonomischer Sicht die TAG den Kriterien humaner Arbeit am besten genügten. Eine Analyse der Montagestrategien zeigte, dass die bei den TAG bestehenden objektiven Freiheitsgrade mit zunehmendem Lernfortschritt auch erkannt und genutzt wurden, ohne dass sich bei den resultierenden unterschiedlichen Strategien Effizienzunterschiede zeigten. Ferner gab es Anhaltspunkte, dass die anfangs verbreitete resignative Arbeitszufriedenheit zu Gunsten einer eher progressiven (Un-) Zufriedenheit bzw. konstruktiven Unzufriedenheit abgelöst wurde und auch positive Effekte im Freizeitverhalten resultierten, wie etwa vermehrte Kommunikation über die Arbeit in der Familie.

Aus Sicht des Unternehmens ergab die betriebswirtschaftliche Kostenanalyse 250 % höhere Fertigungskosten der TAG bei einer Massenproduktion als die traditionelle Plattenbandfertigung, während die Transfermontage mit lediglich 60 % Fertigungskosten im Vergleich zum Plattenband hier am günstigsten abschnitt. Die angewandten Berechnungsverfahren ergaben, dass lediglich bei Fertigungszahlen von bis zu 300 Motoren pro Tag TAG kostengünstiger arbeiten als die Transfermontage. Die zu Grunde gelegten partialanalytischen Kostenrechnungsmethoden waren jedoch nicht unumstritten, da sie eine Vielzahl von Faktoren zu Lasten der TAG nicht berücksichtigten. Der Projektverlauf war ferner durch eine Vielzahl von Konflikten zwischen Unternehmensleitung, Betriebsrat und Forschungsteam geprägt, z. B. über Lohnfragen, Leistungsvorgaben und Autonomiegrade. Diese Umstände mögen mit dazu beigetragen haben, dass die TAG nach dem Projektablauf wieder aufgelöst wurden.

haben die TAG üblicherweise nicht einmal ein Mitspracherecht.

Abgrenzung teilautonomer Arbeitsgruppen

Anhand des Handlungspielraums, d. h. anhand von Art und Umfang direkter und indirekter Aufgaben, Entscheidungskompetenzen und Kooperationsanforderungen lassen sich TAG auch von klassischen Arbeitsgruppen und Fertigungsteams als zwei weiteren prototypischen Formen der Teamarbeit abgrenzen (Antoni, 1996a). Bei dieser Abgrenzung muss beachtet werden, dass sich in der betrieblichen Praxis zahlreiche Varianten dieser prototypischen Formen finden, so dass es fließende Übergänge zwischen den verschiedenen Modellen gibt.

Eine *klassische Arbeitsgruppe* ist eine Gruppe von Mitarbeitern, die eine gemeinsame Aufgabe stark funktions- und arbeitsteilig durchführt (Goodman, Devadas & Hughson, 1988). Sie wird von einem Vorgesetzten geleitet, der Arbeitsverteilung, die Feinsteuerung, die Personal- und Arbeitszeitplanung übernimmt, die Mitarbeiter kontrolliert und auftretende Probleme löst. Indirekte Tätigkeiten wie Qualitätssicherung, Transport, Wartung oder Instandhaltung werden von anderen Funktionsbereichen ausgeführt. Von Gruppenarbeit kann hier nur gesprochen werden, wenn trotz dieser Einschränkungen gemeinsame Aufgaben und Ziele verfolgt werden und sich die Mitglieder als Gruppe wahrnehmen.

Fertigungs- bzw. Montageteams sind hierarchisch gesteuerte Arbeitsgruppen, die sich durch tayloristische Arbeitsteilung mit kurzen Arbeitszyklen auszeichnen, in die jedoch indirekte Funktionen, wie insbesondere die Qualitätskontrolle und Optimierungsaufgaben, integriert sind. Sie wurden vor allem bekannt als Element des Toyota-Produktionssystems und werden bisweilen auch als «japanische» Form der Teamarbeit bezeichnet (Berggren, 1991; Sey, 2001; Womack et al., 1991). Bei diesem Konzept wird in den Montagebereichen die technische Abhängigkeit der einzelnen Arbeitsstationen und Gruppen durch die weitgehende Beseitigung jeglicher Puffer *(just-in-time-Prinzip)* und die taktgebundene Fließfertigung weiter gesteigert. Fertigungsteams umfassen jeweils ca. zehn Mitglieder. Von ihnen wird erwartet, dass sie mindestens drei Arbeitsstationen beherrschen, um die notwendige personelle Flexibilität zu gewährleisten. Ferner wird die strikte Einhaltung vorgegebener Arbeitsstandards gefordert, um die Prozesssicherheit sicherzustellen. D.h. jede Operation, jeder Handgriff ist in der vorgeschriebenen Weise auszuführen. Im Unterschied zu tayloristischer Einzelarbeit und klassischen Arbeitsgruppen sollen jedoch die Standards durch individuelle und kollektive Verbesserungsvorschläge von den Mitarbeitern selbst kontinuierlich weiterentwickelt werden. Auf diesen gemeinsamen Verbesserungsprozess beschränkt sich auch vorwiegend die Kooperation der Fertigungsteammitglieder. In der Regel werden zwei Teams von einem Meister geleitet. Im Vergleich zur herkömmlichen Meisterrolle macht er als Werkstattmanager nicht nur die Arbeitseinteilung, sondern ist darüber hinaus maßgeblich für die Ausbildung und Lohneinstufung sowie für die Arbeits- und Prozessgestaltung in seinem Verantwortungsbereich verantwortlich. Zu seinen zentralen Aufgaben gehören insbesondere die Überwachung der Einhaltung der Arbeitsstandards und deren permanente Verbesserung.

Angesichts der Unterschiede zwischen teilautonomen Arbeitsgruppen, Fertigungsteams und klassischen Arbeitsgruppen stellt sich die Frage, welches Modell generell oder unter welchen Bedingungen überlegen ist. Cummings und Blumberg (1987) haben hierzu ein Kontingenzmodell entwickelt, das spezifiziert, in welchen Situationen welche Form der Arbeitsorganisation am effektivsten ist. Die Ungewissheit von Umweltschwankungen wird in dem Modell durch den Aspekt der *Umweltdynamik* erfasst, unvorhergesehene Veränderungen innerhalb des Systems durch das Merkmal der *technischen Ungewissheit.* Als weiteres Merkmal des technischen Systems wird der Grad der *technischen Abhängigkeit* erfasst. In Hinblick auf das soziale System beziehen sie sich bei der Auswahl der Faktoren auf motivationspsychologische Überlegungen und berücksichtigen *soziale Bedürfnisse* und *Bedürfnisse nach Selbstentfaltung.*

Für die Einführung von *Gruppenarbeit* sprechen nach Ansicht von Cummings und Blumberg eine hohe technische Abhängigkeit bei der Aufgabenausführung und starke soziale Bedürfnisse der Mitarbeiter. Eine *Selbststeuerung* empfiehlt sich ihrer Meinung nach bei großer technischer Ungewissheit, starken Bedürfnissen der Mitarbeiter nach Selbstverwirklichung und dynamischen Umweltbedingungen. In dem Modell werden nur zwei Formen von Gruppenarbeit unterschieden: traditionelle Gruppenarbeit, d.h. die Steuerung einer Gruppe durch den Vorgesetzten, und selbstregulierende Gruppenarbeit. Da Fertigungsteams durch Vorgesetzte gesteuert werden, sind sie zunächst in diesem Modell der traditionellen Gruppenarbeit zuzurechnen.

Günstige Bedingungen für *traditionelle Gruppenarbeit* liegen vor, wenn zwar technisch bedingte Kooperationsanforderungen bestehen, der Ablauf aber standardisiert werden kann, die Anforderungen der Umwelt weitgehend konstant bleiben und die Mitarbeiter zwar Wert auf Zusammenarbeit legen, aber nicht auf Partizipation und persönliche Weiterentwicklung. *Selbstregulierende Arbeitsgruppen* empfehlen sich dagegen bei einer hohen Umweltdynamik, wie z. B. in dynamischen Käufermärkten, bei Mitarbeitern mit hohen sozialen und Entfaltungsbedürfnissen und bei hoher technischer Abhängigkeit und Ungewissheit. Diese treten beispielsweise in flexiblen Fertigungssystemen auf. Deren effiziente Nutzung erfordert i. d. R. kooperative Zusammenarbeit, aktive Informationsverarbeitung und selbstständige Entscheidungsfindung der betreffenden Mitarbeiter.

Erfahrungen mit teilautonomen Arbeitsgruppen

Zu teilautonomen Arbeitsgruppen liegt inzwischen eine Vielzahl von Fallstudien vor, die vorwiegend positive ökonomische und soziale Auswirkungen berichten. In Hinblick auf Kriterien humaner Arbeit wurden der Abbau einseitiger Belastungen, Veränderung der Arbeitszufriedenheit, verbesserter sozialer Kontakt, höhere Qualifikation und Flexibilität und aktiveres Freizeitverhalten bestätigt (Antoni, 1994a; Antoni, Eyer & Kutscher, 1996; Ulich, Conrad-Betschart & Baitsch, 1989; Zink, 1995). Positive ökonomische Auswirkungen werden bezüglich Produktqualität, Produktivität, Flexibilität, Absentismus und Fluktuation berichtet. So wurden bspw. in Kalmar 25 % weniger Mann-Stunden pro Auto benötigt als im traditionell arbeitenden Stammwerk von Volvo in Göteborg (Pawlowsky, 1989) bzw. 15 % weniger als im Durchschnitt der Montagewerke des Volvo-Konzerns (Larsson, 1986) bei ca. 10 % höheren Investitionskosten als bei vergleichbaren konventionellen Automobilwerken (Aguren & Edgren, 1980); bei Siemens wurden die Durchlaufzeiten und Werkstattbestände in mehreren Projekten zur differentiellen Arbeitsgestaltung mit TAG auf jeweils die Hälfte gesenkt (Zülch & Starringer, 1984); bei Saab betrug die Kapitalrückflussdauer für die Investitionen zur Einrichtung von TAG an Stelle der geplanten 3,8 gar nur 2,6 Jahre (Ulich, 1983); in den von Emery und Thorsrud (1982) durchgeführten Feldstudien konnten zum Teil ähnlich hohe und zeitlich stabile bzw. weitergehende Produktivitätssteigerungen als auch eine zum Teil deutliche Senkung der Stillstands- und Fehlzeiten durch die Einführung von TAG festgestellt werden. Methodisch anspruchsvollere quasi-experimentelle Längsschnittuntersuchungen mit Kontroll- bzw. Vergleichsgruppen liefern dagegen uneinheitliche und zum Teil widersprüchliche Befunde. So kam es nicht in allen Studien zu Produktivitätssteigerungen nach der Einführung selbstregulierender Arbeitsgruppen, bisweilen erhöhten sich sogar Belastungs- und Beanspruchungswerte sowie Fehlzeiten- und Fluktuationsindizes (Antoni, 1997; Guzzo & Dickson, 1996).

Diese uneinheitlichen Befunde könnten möglicherweise darauf zurückzuführen sein, dass sich die jeweiligen Ausgangssituationen in den Betrieben insbesondere bezüglich des Rationalisierungspotenzials erheblich unterscheiden. So konkurrieren beispielsweise in den Unternehmen unterschiedliche Rationalisierungsansätze sowie die sie tragenden Funktionsbereiche und -träger miteinander (Springer, 1999). Je nachdem, wie stark das Rationalisierungspotenzial bereits durch eine Methode ausgeschöpft wurde, bleibt zwangsläufig weniger Produktivitätszuwachs für die übrigen Ansätze übrig bzw. fällt es diesen zumindest schwerer, weitere Steigerungen zu erreichen.

Ergebnisunterschiede können ferner auf unterschiedliche Gruppenmodelle zurückzuführen sein. So führen steigende Leistungsanforderungen vor allem dann zu mehr Stress und zu Konflikten, wenn die Gruppen geringe Handlungsspielräume haben. Dies kann sich insbesondere dann negativ auf die Gesundheit auswirken, wenn Mitarbeiter über eine ausgeprägte Selbstwirksamkeit verfügen (Schaubroeck, Jones & Xie, 2001). Umgekehrt lassen sich wachsende Arbeitsanforderungen besser bewältigen, wenn die Gruppen technisch und organisatorisch unabhängig sind und ganzheitliche Aufgaben bearbeiten (Berggren, 1991; Gerst et al., 1994; Schumann & Gerst, 1997).

Unterschiede in der Effektivität von Gruppen können auch auf motivationale Prozesse zurückgeführt werden, die bei der Zusammenarbeit von Gruppen wirksam sind (Hertel, Kerr & Messé, 2000; Schmidt, 2001). Motivationsverluste, die zu einem Leistungsabfall führen, treten umso eher und umso stärker auf, wenn:

- die Gruppe groß ist
- die individuelle Leistung nicht bewertet wird bzw. werden kann
- kein klarer Bewertungsstandard der Gruppenleistung vorliegt
- die Aufgabe als unbedeutend angesehen wird
- der eigene Beitrag als unwichtig angesehen wird
- man erwartet, dass die anderen Gruppenmitglieder viel leisten

Insbesondere wenn die eigene Leistung oder die der Gruppe nicht bewertet wird, kann dies dazu führen, dass ein Gruppenmitglied unbewusst weniger leistet als es leisten könnte («soziales Faulenzen»). Zu «Trittbrettfahrer-Effekten» kann es kommen, wenn man glaubt, dass die Leistung anderer bereits zur Erreichung des Gruppenziels genügt. Darüber hinaus können Trittbrettfahrer dazu führen, dass Leistungsträger nicht länger die «Dummen sein wollen» («Gimpel-Effekte») und auch mit ihrer Leistung nachlassen. Umgekehrt kann es aber auch zu Leistungsverbesserungen kommen, wenn stärkere Gruppenmitglieder die Leistung schwächerer Teammitglieder kompensieren wollen, um ein als wichtig erachtetes Gruppenziel zu erreichen («soziale Kompensation»). Zu einer Leistungssteigerung kann auch beitragen, wenn leistungsschwächere Teammitglieder erkennen, dass ihre Leistung unverzichtbar für die Erreichung des Gruppenziels ist und sich deshalb besonders anstrengen («Köhler-Effekt»).

Angesichts der Vielzahl von Einflussfaktoren auf die Gruppenleistung sind Effektivitätsvergleiche unterschiedlicher Gruppenkonzepte schwierig. Als Beispiel für eine bekannte, aber in Hinblick auf die Effektivität unterschiedlicher Gruppenkonzepte methodisch wenig aussagekräftige Untersuchung kann die MIT-Studie angeführt werden. Die in dieser Arbeit veröffentlichten ökonomischen Effizienzindikatoren scheinen auf den ersten Blick für die Überlegenheit japanischer Fertigungsteams gegenüber klassischen und selbstregulierenden Arbeitsgruppen zu sprechen. Sowohl die Produktivitätsindikatoren (Arbeitsstunden pro Kfz) als auch die Qualitätskennzahlen fallen deutlich besser aus (Adler & Cohen, 1993, 1994; Womack et al., 1991). Allerdings können wesentliche Ursachen hierfür auch in der effizienteren Entwicklungsarbeit und der stärkeren Integration der Zulieferer in den Entwicklungsprozess bei schlanken Unternehmen liegen (Berggren, 1994; Kieser, 1995).

Weitgehend ungeklärt bleiben die Auswirkungen japanischer Fertigungsteams auf die Belegschaft. Industriesoziologische (Berggren, 1991; Jürgens, Malsch & Dohse, 1989) und arbeitspsychologische Arbeiten (Bungard, 1995; Ulich, 1995) kritisieren die unverändert repetitive, monotone Arbeit unter hohem Zeit- und Leistungsdruck als «Management by Stress» (Parker & Slaughter, 1993). Die systembedingt hohe Arbeitsbelastung wird auch für «Nummi», ein Joint Venture-Werk von General Motors und Toyota, bestätigt (Adler, 1995). Allerdings sei trotzdem die Zufriedenheit und die Beteiligung am betrieblichen Vorschlagswesen von 1987 bis 1991 gestiegen. Erklärt wird dies durch die Mitsprachemöglichkeiten der Mitarbeiter bei der Gestaltung der Arbeitsmethoden im Rahmen des Kaizen-Prozesses, die trotz Standardisierung und hoher Leistungsforderungen zur Zufriedenheit der Mitarbeiter beitragen würden (Adler & Borrys, 1996).

Die vorliegenden Befunde lassen ein abschließendes pauschales Urteil über die Effektivität von Fertigungsteams im Vergleich zu teilautonomen Arbeitsgruppen somit verfrüht erscheinen. Zumal sie sich ausschließlich auf den Montagebereich der Großserienfertigung in der Autoindustrie beziehen. Direkte empirische Vergleiche zwischen TAG's und Fertigungsteams liegen bis heute nicht vor (Pifczyk & Kleinbeck, 2001). Sie scheinen jedoch nicht ohne Wirkung zu sein. Zumindest für diesen Bereich zeichnet sich zurzeit eine Tendenz hin zu standardisierter Gruppenarbeit im Sinne von Fertigungsteams ab (Jürgens, 1997; Springer, 1999). Allerdings gilt dies nicht für die stärker automatisierten Fertigungsbereiche oder für den Einsatz teilautonomer Arbeitsgruppen in Form von Fertigungsinseln oder Produktinseln in der Autozulieferindustrie. Gerade in diesen Bereichen und in der Kleinserien- und Einzelfertigung liegen sehr überzeugende Fallstudien zum Einsatz teilautonomer Arbeitsgruppen vor (Antoni, Eyer & Kutscher, 1996).

Bei der Diskussion über die Effektivität von Gruppenarbeit ist nicht zuletzt zu bedenken, dass ihr Erfolg nicht durch unveränderbare Rahmenbedingungen bestimmt wird. Vielmehr können die technischen und organisatorischen Bedingungen, die beteiligten Personen und deren Zusammenspiel durch die Art der Einführung und Gestaltung der Gruppenarbeit wesentlich beeinflusst werden. Dies gilt für alle dargestellten Formen der Gruppenarbeit.

4. Konsequenzen für die Einführung

Nach der Darstellung der verschiedenen Gruppenarbeitskonzeptionen sollen im Folgenden einige Konsequenzen für deren Einführung diskutiert werden, die bei den verschiedenen Modellen gleichermaßen zu beachten sind. Dabei geht es um die Frage der Auswahl teamfähiger Mitarbeiter, deren Training und um die Einbettung der Einführung in einen umfassenden Organisationsentwicklungsprozess.

4.1 Auswahl von «teamfähigen» Mitarbeitern

Bei der Einführung der verschiedenen Gruppenarbeitskonzeptionen zeigte sich durchgehend, dass viele der in einer Gruppe zusammengefassten Mitarbeiter auf Grund ihrer bisherigen Biographie nicht «teamfähig» waren. Dies ist umso weniger verwunderlich, wenn man unsere derzeitige individualistische Gesellschaft betrachtet, in welcher vornehmlich ich-bezogene Tugenden zählen. Gerade in der Startphase resultierte ein nicht unbeträchtlicher Teil des Konfliktpotenzials aus dem «individualistischen Erbe», das der Einzelne jeweils mitbrachte. Es stellt sich deshalb unter dem Interventionsaspekt auf der Individualebene die Frage, inwieweit bereits bei der Zusammensetzung der Gruppen darauf geachtet werden kann, dass teamfähige Mitarbeiter ausgewählt werden. In der Praxis ist dieser Aspekt insofern berücksichtigt worden, als bei der Zusammenstellung der Gruppen, wenn es Auswahlmöglichkeiten gab, solche Personen präferiert wurden, die nach dem subjektiven Empfinden des jeweiligen Vorgesetzten als «gruppentauglich» galten (Brake & Zimmer, 2002). Gelegentlich hat man auch versucht, aus der vorhandenen Belegschaft per psychologischen Auswahlverfahren geeignete Gruppenmitglieder und auch potenzielle Gruppenleiter zu finden. Dabei zeigte sich, dass die von der psychologischen Diagnostik zur Verfügung gestellten Instrumente in der Regel – auch dies sicherlich kein Zufall – eher «individuumszentriert» sind, indem vornehmlich die spezifischen Fähigkeiten und Einstellungen bzw. Merkmale eines Einzelnen unter Ausklammerung des Interaktionsaspekts gemessen werden. Insbesondere bei TAG's werden in der Regel keine systematischen Auswahlverfahren eingesetzt, vielmehr werden Mitarbeiter auf Grund fachlicher Qualifikationen und gegebenenfalls auf Basis eines Vorstellungsgespräches ausgewählt.

In den Fällen, in denen systematische Verfahren eingesetzt werden, werden Assessment Center bevorzugt (Schuler & Stehle, 1992). Hierbei werden u. a. Gruppensituationen simuliert und von Beobachtern mit Hilfe geeigneter Kategorisierungssysteme analysiert, um während einer konkreten Problemlösungsphase in einer Gruppe das Verhalten der einzelnen Mitglieder erfassen und beurteilen zu können (vgl. hierzu v. Rosenstiel, Kap. 12).

Alternativ zur Durchführung eines AC bietet sich allenfalls die Durchführung situativer Interviews an (Schuler, 1998). In diesen können, ähnlich zu Übungen in einem AC, die Bewerber mit Anforderungen konfrontiert werden, die sich bei

Gruppenarbeit stellen. Beispielsweise indem ihnen eine Situation beschrieben wird und sie aufgefordert sind, ihre Handlungsweise zu beschreiben oder in einem Rollenspiel entsprechende Verhaltensweisen zu demonstrieren.

Die Validität von Assessment Centern und situativer Interviews ist relativ hoch und es dürfte zurzeit auch keine bessere Alternative zur Erfassung der sog. «Teamfähigkeit» geben. Man sollte aber trotz aller Begeisterung für dieses Verfahren nicht dessen Grenzen im Hinblick auf seine interne und externe Validität (Realitätsferne der Simulation) übersehen (Bungard, 1992b). Die Tatsache, dass die Teilnehmer an einem Assessment Center wissen, dass ihr Verhalten beobachtet und bewertet wird, erzeugt nämlich Verzerrungseffekte dahingehend, dass «schauspielerisch» kooperative Verhaltensweisen demonstriert werden. Für die spätere Tätigkeit in einem Team ist dieser Aspekt zwar eine notwendige, aber nicht hinreichende Bedingung. Es genügt nicht, dass jemand Teamfähigkeit praktizieren kann, sondern er muss von seiner Grundeinstellung her auch bereit und gewillt sein, in einem Team mit anderen zusammenzuarbeiten.

Weiterhin ist das Konstrukt «Teamfähigkeit» nicht ausreichend entwickelt und anhand von situativen Tests operationalisiert worden. In zahlreichen Gruppenspielen wird anhand der festgelegten Kriterien letztendlich doch der erfolgreiche Einzelkämpfer favorisiert und insofern spiegeln diese Verfahren teilweise die oben skizzierte Doppelrolle der Gruppenarbeit wider. Die relativ hohe Validität des Assessment Centers spricht u.U. auch für den Verdacht einer starken Individuumszentriertheit dieses Ansatzes, da zur Berechnung der Validitätskoeffizienten meistens der Karriereerfolg im Unternehmen in den Jahren nach der Teilnahme am Assessment Center zu Grunde gelegt wird. Dieser berufliche Aufstieg dürfte aber gerade auf dem erfolgreichen Wettbewerb mit Konkurrenten beruhen.

Zusammenfassend kann man feststellen, dass das Assessment Center sicherlich vom Grundgedanken her die Methode der Wahl ist, um teamfähige Mitglieder zu selegieren, sei es innerhalb des vorhandenen Personals, sei es bei Neueinstellungen (Schuler, 1998). Zur Erhöhung der «Trefferquote» sollten aber verstärkt Gruppensituationen zu Grunde gelegt werden, die möglichst große Ähnlichkeit mit den späteren Aufgabenbereichen haben. Im Sinne der sozialen Validität (Schuler, 1990) sollten die Zielsetzungen und die Bewertungskriterien z.B. bei der Beobachtung eines Rollenspiels offen gelegt werden, damit die Reaktivitätseffekte kontrollierbarer werden, und schließlich muss das Konstrukt der Teamfähigkeit noch weiter als bisher elaboriert und in entsprechende Simulationen übersetzt werden.

Fraglich bleibt jedoch, ob es sich tatsächlich um eine messbare Dimension handelt oder ob nicht die individuelle Einstellung, so wie sie im Sozialisierungsprozess erworben wurde, ausschlaggebend ist. Im letzten Fall bräuchte man u.U. nur einen Generationswechsel abzuwarten, bis die jüngeren Mitarbeiter ohnehin ihre stärker «gruppenorientierten» Verhaltensmuster in die Arbeitswelt hineintragen, wenn man den Prognosen der Demoskopen in diesem Punkt Glauben schenkt. In der Praxis kann man sich auf derartige Hypothesen nicht verlassen, und im Übrigen würde eine derartige «biologische» Lösung zu lange dauern. In der Kürze der Übergangszeit wurde deshalb flankierend oder alternativ zu den Auswahlstrategien versucht, die individuelle Teamfähigkeit durch gezielte Trainingsmaßnahmen zu fördern.

4.2 Teamentwicklung

Es erscheint sinnvoll, bereits vor der Implementierung eines Gruppenarbeitskonzepts mit dem Training zu beginnen. Die theoretische Basis dieser Trainingskonzeptionen stammt aus völlig verschiedenen Bereichen, wie z.B. der kognitiven Sozialpsychologie, der Kleingruppenforschung und Gruppendynamik, der humanistischen Psychologie, der Lernpsychologie, der experimentellen Interaktionsforschung, der Verhaltenstherapie in Gruppen, der Psychoanalyse, um nur einige zu nennen (zusammenfassend Greif & Kurtz, 1989; Stumpf & Thomas, 2003). Es würde auch hier den Rahmen sprengen, auf die einzelnen Verfahren näher einzugehen. In der Praxis werden meistens verschiedene Ansätze miteinander kombiniert, wobei im Zuge der raschen Kommerzialisierung zunehmend, unabhängig vom theoretischen Standort, auf ein Arsenal von Standardinterventionen zurückgegriffen wird, wie z. B. der Einsatz vorstrukturierter Übungen und Rollenspiele, wie sie in gruppendynamischen «Kochbüchern» verbreitet werden (Antons, 1976; Francis & Young, 1982).

Die spezifischen Zielsetzungen der verschiedenen Trainingsmaßnahmen sind jeweils von der zu Grunde liegenden theoretischen Position abhängig. Von der Grundidee her geht es bei allen Varianten des Gruppentrainings darum, den Prozess der Teamentwicklung zu fördern, indem die Mitglieder dazu notwendige soziale Kompetenzen erwerben. Darüber hinaus sollen Konfliktbereitschaft und Konfliktfähigkeit erhöht werden, um zukünftig mit Problemen innerhalb einer Gruppe konstruktiv umgehen zu können (Fredrich, 1994). Der Begriff der sozialen Kompetenz bzw. der Teamfähigkeit wird in diesem Zusammenhang zu einem diffusen Schlüsselbegriff, auf den sich verschiedene Wünsche projizieren lassen. Bislang findet man in der Literatur bestenfalls eine Aufzählung abstrakt formulierter Eigenschaften und Fähigkeiten, über die der Einzelne verfügen soll. Des Weiteren stellt sich bei der Zielsetzung der Entwicklungsmaßnahmen häufig die Frage, ob ein Veränderungsprozess, der durch solche Maßnahmen eingeleitet werden soll, vom Management wirklich unterstützt wird oder ob diese Maßnahmen eher zur Ruhigstellung von Mitarbeitern oder zur Vertuschung von Problemen durchgeführt werden (Lemke, 1995).

Fraglich ist bislang die Effektivität dieser Interventionstechniken. Es liegen erstens nur sehr wenige profunde Studien hierzu vor, weil die Effekte offenbar nur sehr schwer messbar und auch die zur Überprüfung notwendigen experimentellen Designs im betrieblichen Alltag nur schwer realisierbar sind. Dies liegt unter anderem darin begründet, dass es sich bei Entwicklungsmaßnahmen häufig um langfristige und indirekte Wirkungen handelt, die hinsichtlich der ökonomischen Ergebnisse schwer erfassbar sind (Schröder, 1991). Außerdem scheint das Interesse an solchen Evaluationsstudien nicht allzu groß zu sein, weil erstens sowohl die Trainer als auch die betrieblichen Auftraggeber aus dem Bildungswesen an der Offenlegung dieses Aspektes wahrscheinlich nicht sehr stark interessiert sind (Freimuth & Meyer, 1997). Zweitens sind die im Training simulierten Situationen häufig von der Realität so weit weg, dass zwar der Einzelne etwas für seine eigene Persönlichkeitsentwicklung aus der Trainingsveranstaltung mitzunehmen glaubt, was immer das auch sei, aber das konkrete Verhalten als solches sich wenig verändert. Da außerdem die betrieblichen Interaktionspartner, vor allem die Führungskräfte, nicht gleichzeitig ihre Reaktionen verändern, werden Teilnehmer oft nach einem Training im Arbeitsalltag durch die Kontrollmechanismen in ihrer Umgebung auf den «Boden der Tatsachen» zurückgeholt (vgl. Holling & Liepmann, Kap. 11).

An dieser Stelle zeigt sich eine interessante Parallele zur organisationspsychologischen Erforschung von Gruppenprozessen, wie wir sie im Einleitungsabschnitt beschrieben haben: Der fehlenden externen Validität der Laboruntersuchungen entspricht bei «Trainings-Labors» das Transferproblem (Neuberger, 1994). Die Diskrepanz zwischen der artifiziellen Welt im Training und der tatsächlichen Situation bei Gruppenarbeiten in der Arbeitssituation kann sogar u. U. schädliche Rückwirkungen haben, da die Gefahr besteht, dass gerade durch solche Selbsterfahrungsprozesse die «Infantilisierung» der Betroffenen gefördert wird und eine problematische Funktionalisierung der Beziehungsebene stattfinden kann (Schulz von Thun, 1984).

Am Erfolg versprechendsten sind vor dem Hintergrund dieser Überlegungen Teamentwicklungskonzepte dann (Comelli, 1994), wenn die späteren Teammitglieder gemeinsam in einer Gruppe trainiert werden, die zu Trainingszwecken ausgesuchten Aufgaben möglichst ähnlich zu den tatsächlichen Tätigkeiten sind, wenn also u. U. die Zusammenarbeit in einer Pilotstation oder sogar vor Ort am Arbeitsplatz stattfindet und die Trainingsmaßnahmen nicht nur auf einen Zeitpunkt konzentriert sind, sondern kontinuierlich parallel zur Arbeit durchgeführt werden, um entsprechende Feedbackschleifen in den Trainingsprozess aufnehmen zu können. Im

Übrigen muss die Zusammenarbeit in Gruppen auf Grund jahrelanger Erfahrungen im konkreten Arbeitsalltag gelernt werden. Eine zentrale Rolle übernimmt dabei der Vorgesetzte einer Gruppe, der im Sinne einer Coaching-Funktion diesen alltäglichen Lernprozess fördern muss. Er muss gänzlich hinter den Teamentwicklungsmaßnahmen stehen und seine Überzeugung bzgl. des Erfolges dieser Maßnahme glaubwürdig vertreten. Als späterer Prozessverantwortlicher muss er sich um die vereinbarten Maßnahmen kümmern (Comelli, 1995). Die Auswahl und das Training dieser Führungskräfte als strategischer Hebel zur Einführung der Gruppenarbeit ist deshalb auf Grund des Multiplikatoreffekts von entscheidender Bedeutung.

4.3 Organisationsentwicklung

Bei der Implementierung der verschiedenen Gruppenarbeitskonzeptionen hat sich fast immer die Trägheit der Organisationsstruktur und die damit zusammenhängende Inflexibilität der «technikzentrierten» Organisationskultur als entscheidender Hemmschuh herauskristallisiert. Wenn die Gruppen als solche von Mitarbeitern und insbesondere auch von den Führungskräften nicht akzeptiert werden, bleiben sie ein Fremdkörper im bisherigen System. Der Erfolg versprechendste Weg, dieses Problem zu lösen, besteht erfahrungsgemäß darin, die Einführung von Gruppenarbeit als einen Organisationsentwicklungs-(OE)-Prozess anzusehen (vgl. Antoni, 2000; Doppler & Lauterburg, 1994; Frei et al., 1993). Je stärker die Organisationsstruktur und damit auch ihre Kultur durch die Einführung eines Gruppenarbeitskonzepts verändert werden, desto wichtiger ist es, dass dieser OE-Prozess sowohl als top-down- als auch als ein bottom-up-Ansatz initiiert wird. Damit geht einher, dass lineare Phasenmodelle des Veränderungsprozesses (vgl. **Informationsbox 6**) zwar systematisch und logisch erscheinen, der Entwicklungsdynamik jedoch nicht gerecht werden, da es zu Sprüngen und mehrfachen Durchläufen einzelner Phasen kommen kann.

Die Einführung von Gruppenarbeit erfordert somit, sich auf einen weitgehend offenen gemeinsamen Entwicklungs- und Lernprozess einzulassen, für den sich folgende vier Aspekte als förderlich erwiesen haben (vgl. Antoni, 2000; Frei et al., 1993):

1. Heuristisches, partizipatives Vorgehen,
2. frühzeitige Information und Qualifizierung aller Betroffenen,
3. Schaffung struktureller Voraussetzungen,
4. Entwicklung günstiger Rahmenbedingungen.

ad 1: Heuristisches, partizipatives Vorgehen

Einzelne Führungskräfte oder Fachabteilungen, wie z. B. das Personalwesen, sind erfahrungsgemäß nicht in der Lage, alle möglichen Konsequenzen der Einführung von Gruppenarbeit vorherzusehen und entsprechende Maßnahmen zu planen. Dafür sind die Zusammenhänge oft zu komplex und erfordern außerdem jeweils Detailkenntnisse vor Ort, über die «Zentralisten» nicht verfügen. Entsprechend des Prinzips der Organisationsentwicklung «Betroffene zu Beteiligten» zu machen, entwickeln daher Mitarbeiter und Führungskräfte in einem heuristischen und partizipativen Vorgehen gemeinsam ein auf die betrieblichen Anforderungen abgestimmtes Konzept. Eine gemeinsame Diagnose der Ausgangssituation, etwa anhand einer sozio-technischen Systemanalyse (Strohm & Ulich, 1997) liefert hierzu die Grundlagen. Das Top-Management legt lediglich die Rahmenbedingungen der Gruppenarbeit fest, die Ausgestaltung und die konkreten Schritte zur Einführung der Gruppenarbeit in einem Bereich erarbeiten die jeweiligen Bereichsführungskräfte unter sukzessiver Einbeziehung der betroffenen Mitarbeiter (top-down Ansatz). Deren Vorschläge werden dann wiederum dem Management zur Entscheidung vorgelegt (bottom-up). Durch dieses partizipative Vorgehen können viele Ängste in der Belegschaft vor den Veränderungen frühzeitig reduziert und zugleich die sog. «Software»-Lücke geschlossen werden, d. h. die Gruppenarbeitskonzepte werden den spezifischen Bedingungen vor Ort angepasst. Diese Vorgehensweise setzt die Bereitschaft von Management, Betriebsrat und Mitarbeitern voraus, sich auf einen gemeinsamen Lernprozess

Informationsbox 6

Phasenmodell für die Einführung von Gruppenarbeit

Phase 1: Sondierung und Start
Zu Beginn werden Informationen über Gruppenarbeit und vorliegende Erfahrungen eingeholt sowie die Interessen der verschiedenen Personen und Gruppen im Unternehmen bezüglich dieses Themas sondiert, im Sinne einer Interessen-/Kraftfeldanalyse. Erscheinen die Aussichten viel versprechend, wird das Projekt «Einführung von Gruppenarbeit» gestartet.

Phase 2: Sozio-technischen Systemanalyse
Eine sozio-technischen Systemanalyse bzw. Organisationsdiagnose ermittelt die spezifischen Anforderungen vor Ort. Zu analysieren sind beispielsweise: die Kundenanforderungen bezüglich Kosten, Termin und Qualität; der Fertigungsprozess hinsichtlich Durchlaufzeiten, Qualität, Kosten, Lagerbeständen, auftretender Störungen und Schwankungen; die Arbeitsorganisation bezüglich Handlungsspielraum, Regulationsprozessen, Qualifikationsanforderungen und -chancen; der Informationsfluss und die Zusammenarbeit; die Rollen und Erwartungen und Befürchtungen von Führungskräften und Mitarbeitern; Arbeitsbedingungen im Hinblick auf körperliche und psychische Belastungen.

Phase 3: Entwicklung einer gemeinsamen Vision
Ausgehend von den Ergebnissen der Ausgangsanalyse werden die Anforderungen an die Gruppenarbeit konkretisiert, eine Vision für die Teamarbeit im Unternehmen von Führungskräften und Mitarbeitern gemeinsam entwickelt und Ziele für das Vorgehen vereinbart.

Phase 4: Ausarbeitung des Teamkonzepts
Das Teamkonzept wird zusammen mit den betroffenen Führungskräften und Mitarbeitern ausgearbeitet. Zu überlegen ist z. B.: Welche indirekten Tätigkeiten werden in eine Gruppe zurückverlagert? Wie soll die Ausbildung der Mitarbeiter gestaltet werden? Wie werden neue Mitarbeiter in die Gruppe integriert? Was muss in Betriebsvereinbarungen geregelt werden? Wie muss sich das Arbeitszeit- und Entgeltsystem verändern? Wie soll das Informationsmanagement organisiert werden?

Phase 5: Umsetzung
Das Teamkonzept wird zunächst in Pilotprojekten erprobt, soweit erforderlich modifiziert und dann stufenweise in weiteren Bereichen unter Beteiligung der betroffenen Führungskräfte und Mitarbeiter eingeführt.

Phase 6: Kontrolle und Weiterentwicklung
Die Umsetzung und Unterstützung der Gruppenarbeit wird regelmäßig evaluiert bzw. auditiert und Konsequenzen für die Weiterentwicklung abgeleitet.

einzulassen. Werden in dieser Phase in einer Betriebsvereinbarung lediglich die Rahmenbedingungen und Spielregeln für das Vorgehen festgehalten, eröffnet dies den Spielraum, die erarbeiteten Vorstellungen zu erproben und gegebenenfalls zu modifizieren.

ad 2: Frühzeitige Information und Qualifizierung aller Betroffenen

Um dieses partizipative Vorgehen zu ermöglichen, gilt es Führungskräfte und Mitarbeiter frühzeitig über die geplante Einführung der Gruppenarbeit zu informieren und in Hinblick auf die neuen fachlichen, methodischen und sozialen Anforderungen zu qualifizieren. Diese Maßnahmen dürfen sich nicht auf die unmittelbaren Teammitglieder beschränken, da diese auch auf die Unterstützung indirekter Bereiche und ihrer Führungskräfte angewiesen sind. Vor allem gilt es die Kompetenz der Führungskräfte zur Mitgestaltung des Einführungsprozesses und zur Entwicklung und Unterstützung der

Gruppen zu entwickeln. Hierfür bietet sich ein projektbegleitendes und von den Betroffenen selbst organisiertes Lernen an, das durch entsprechend geschulte Moderatoren und Experten unterstützt wird (vgl. Greif & Kurz, 1996). Dieses selbst organisierte Lernen vor Ort kann dann durch weitere Qualifizierungsangebote, wie z. B. fachliche Schulungen, Job-Rotation, Team-Entwicklungstrainings, Gruppensprecher- und Führungskräfte-Trainings sowie durch Schulungen für interne Trainer bzw. Prozessbegleiter nach Bedarf ergänzt werden. Diese Qualifizierung sollte nicht mit der Einführung der Gruppenarbeit abgeschlossen sein, sondern sollte vielmehr als Beginn eines kontinuierlichen Qualifizierungsprozesses angesehen werden. Da zahlreiche Interessens-, Macht- und Einflusssphären durch die Einführung der Gruppenarbeit berührt werden, ist es ratsam, den Einführungsprozess durch ein Team interner und externer Berater zu unterstützen, die frühzeitig latente Konflikte aufdecken und bearbeiten. Hierzu können geeignete Führungskräfte und Mitarbeiter prozessbegleitend als interne Berater bzw. Prozessbegleiter entwickelt werden.

ad 3: Schaffung struktureller Voraussetzungen

Für die Steuerung des Einführungsprozesses ist es notwendig, eine entsprechende Projektstruktur und ein -management mit einem Lenkungsteam, einem Projektteam und einem Projektleiter einzurichten. Aufgabe des Projektteams ist es, die Rahmenbedingungen für die Einführung der Gruppenarbeit zu erarbeiten und die partizipative Entwicklung und Umsetzung des Gruppenarbeitskonzeptes zu steuern. Es empfiehlt sich, den Betriebsrat an allen diesen Gremien zu beteiligen und zur aktiven Mitgestaltung zu ermutigen. Ferner sollten die jeweiligen betrieblichen Vorgesetzten und Vertreter der Mitarbeiter sowie der tangierten indirekten Funktionen in dem Projektteam bzw. entsprechenden Subteams mitarbeiten. Die Projektteams wie auch die späteren Arbeitsgruppen benötigen für ihre Arbeit hinreichende personelle, materielle, finanzielle, zeitliche und räumliche Ressourcen. Bei dieser «Gretchenfrage» entscheidet sich häufig, wie ernst es der Unternehmensleitung mit der Einführung von Gruppenarbeit ist.

In Hinblick auf die Einführung von TAG wurden weitere arbeitsstrukturelle Voraussetzungen, wie die Schaffung möglichst unabhängiger, produkt- bzw. prozessorientierter Gruppen mit einem inneren Aufgabenzusammenhang, bereits angesprochen. Für die effiziente Selbstregulation von TAG sind darüber hinaus auch gruppengerechte Steuerungs-, Arbeitszeit- und Entgeltsysteme erforderlich. TAG benötigen Informations-, Planungs- und Steuerungssysteme, die gruppenbezogene Informationen möglichst verständlich darbieten und einfach zu handhaben sind. Arbeitszeitsysteme müssen den Gruppen, etwa durch Jahresarbeitszeitbudgets, eine flexible Anpassung ihrer Arbeitszeit entsprechend interner und externer Kundenanforderungen und den Bedürfnissen ihrer Mitglieder erlauben. Gruppengerechte Entgeltsysteme sollten effiziente Selbstregulationsprozesse fördern, in dem sie etwa fachliche, zeitliche und räumliche Flexibilität der Gruppenmitglieder im Grundentgelt und die Gruppenleistung durch eine Gruppenprämie belohnen (Antoni et al., 1996). Diese Aspekte verweisen bereits auf die Bedeutung günstiger Rahmenbedingungen für den Erfolg von Gruppenarbeit.

ad 4: Entwicklung günstiger Rahmenbedingungen

Die Einführung von Gruppenarbeit in der Produktion kann nicht losgelöst vom gesamten Betrieb gesehen werden. Gruppenarbeit impliziert die Delegation von Verantwortung und Kompetenzen und die Selbstregulation der Gruppe innerhalb des übertragenen Verantwortungsbereiches. Diese Prinzipien können nur dann ihre volle Wirksamkeit entfalten, wenn sie nicht im Widerspruch zu den Prinzipien stehen, nach denen die übrigen Bereiche bzw. das Unternehmen aufgebaut ist. Gruppenarbeit setzt somit letztlich eine partizipative Unternehmenskultur voraus. Eine solche Unternehmenskultur ist in der Regel leichter mit einer flachen Führungspyramide mit wenigen Hierarchieebenen zu realisieren. Dies muss nicht zwangsläufig auf ein Reduzieren der Führungskräfte hinauslaufen, wenn die Führungsspanne nach Bedarf verkleinert wird, um eine intensive Betreuung der jeweiligen Verantwortungsbereiche und eine zielorientierte und kooperative Führung der Arbeitsgruppen zu gewährleisten (Bungard & Kohnke, 2002). Die Bedeutung des Zusammenspiels der verschiedenen angesprochenen Faktoren für den Unternehmenserfolg scheint zunehmend erkannt zu werden, zumindest könnte die zurzeit zu beobachtende Tendenz, die verschiedenen Ansätze und Methoden in firmenspezifische Produktions- bzw. Managementsysteme zu integrieren, ein Indikator dafür sein.

5. Möglichkeiten und Grenzen gruppenorientierter Interventionstechniken

Die Diskussion einzelner Problembereiche im vierten Abschnitt hat gezeigt, dass die Einführung eines Gruppenarbeitskonzepts in eine bislang eher individualistisch ausgerichtete Organisation nur als ein umfassendes Organisations- und Personalentwicklungsprojekt durchgeführt werden kann. Bereits vor der Implementierung muss die Akzeptanz bei Führungskräften und Mitarbeitern durch eine gemeinsame Diagnose der Startbedingungen und durch eine einvernehmliche Planung des Konzepts hergestellt werden. Dahinter steht die Erkenntnis, dass die Ergebnisse und Ideen von Gruppen nur dann in einer Organisation vollwertig akzeptiert werden, wenn die Art und Weise der Ideenentstehung akzeptiert und legitimiert wird. In der Anfangsphase sollte neben der Schaffung der notwendigen organisatorischen Rahmenbedingungen insbesondere bei der Rekrutierung der Gruppenmitglieder mit Hilfe geeigneter Selektionsstrategien darauf geachtet werden, dass günstige Voraussetzungen für eine effiziente Teamarbeit geschaffen werden. Flankierend hierzu müssen Personalentwicklungsmaßnahmen eingeleitet werden, um z.B. mit Hilfe einer systematischen Job-Rotation die fachlichen und mit Hilfe von Teamentwicklungstrainings die sozialen Voraussetzungen herzustellen. Alle einzelnen Interventionstechniken müssen dabei in einem Gesamtkonzept aufeinander abgestimmt werden. Wie bei jedem OE-Projekt, empfiehlt es sich, auch in diesen Fällen den Fortgang des Projekts durch eine (formative) Evaluationsstudie begleiten zu lassen, um durch ein zwischenzeitliches Feedback die Organisationsmitglieder auch weiterhin einzubinden und um auf der Basis der Informationen bei unerwünschten Entwicklungen «gegensteuern» zu können. Die Einführung eines Gruppenarbeitskonzepts ist also nach diesen Vorstellungen ein umfassendes, höchst komplexes Unterfangen, das viel Zeit, Geld und Geduld erfordert. Es setzt vor allem die Einsicht bei den Entscheidungsträgern voraus, dass die Einführung tatsächlich als ein OE-Prozess begriffen wird.

Als Fazit dieser Überlegungen lässt sich sagen, dass gruppenorientierte Interventionstechniken nur dann langfristig zum Erfolg beitragen können, wenn sie einen integralen Bestandteil der Organisationskultur darstellen und sich auch zahlreiche weitere Rahmenbedingungen über kurz oder lang dementsprechend verändern. Zum Erfolg können sie ferner nur dann beitragen, wenn sie nicht selbst zum Dogma erhoben und ihre Grenzen beachtet werden, d.h. ihre Anwendung differenziert und überlegt erfolgt.

Die Gefahr einer unreflektierten Glorifizierung des Teamgedankens, mit der Folge, systematisch alle Arbeitsbereiche «gruppenmäßig» durchdringen zu wollen, besteht insbesondere, wenn die Einführung von Teamarbeit zu spektakulären Erfolgen führt. Karikaturen solch teamorientierter Unternehmen zeichnen ein Bild von Führungskräften, die von einem Marathon-Meeting zum anderen eilen, von Mitarbeitern, die in Gruppensitzungen stundenlang darüber reflektieren, warum die Arbeitszeit nicht mehr zur Bewältigung der anstehenden Probleme ausreicht. Mit anderen Worten: Die normative Kraft des Teamideals verhindert eine vernünftige Differenzierung im Sinne des ursprünglichen Plädoyers für Gruppenarbeit, wonach die Kooperation mehrerer nur in bestimmten Situationen effektiver ist. Gelegentlich degeneriert die Bewertung des Teamgedankens sogar zur Gewissensfrage: In einem dichotomen Weltbild erscheint die Teamarbeit als Gebot der Menschlichkeit, der Demokratie, der moralischen Standfestigkeit, während die Gegner als Vertreter eines destruktiven und autoritären Führungsstils denunziert werden. In Anlehnung an organisationspsychologische Studien sollte man nicht übersehen, dass es nach wie vor sehr viele Arbeitsplätze gibt, in denen die Einzelperson der Gruppe durchaus überlegen ist. Arbeits- und Organisationspsychologen könnten von daher schon bald auf Grund vertauschter Rollen in die seltsame Position geraten, bei Praktikern für die Einrichtung von Einzelarbeitsplätzen plädieren zu müssen. Vielleicht wird dann auch die Nachfrage nach Interventionstechniken steigen, mit deren Hilfe man lernt, sich außerhalb von Gruppen selbstständig zu bewegen.

6. Literatur

Adler, P. S. (1995). Democratic Taylorism: The Toyota Production System at NUMMI. In S. Babson (Ed.), *Lean work. Empowerment and exploitation in the global auto industry* (pp. 207–219). Detroit: Wayne State University Press.

Adler, P. S. & Borrys, B. (1996). Two types of bureaucracy: Enabling and coercive. *Administrative Science Quarterly, 41*, 61–89.

Adler, P. S. & Cohen, R. E. (1993). Designed for learning: A tale of two auto plants. *Sloan Management Review, 34*, 85–94.

Adler, P. S. & Cohen, R. E. (1994). Rejoinder. *Sloan Management Review, 35*, 45–49.

Aguren, S. & Edgren, J. (1980). *New factories*. Stockholm: Swedish Employee Federation.

Alioth, A. & Frei, F. (1990). Sozio-technische Systeme: Prinzipien und Vorgehensweisen. *Organisationsentwicklung, 9*, 26–39.

Antoni, C. H. (1990). *Qualitätszirkel als Modell partizipativer Gruppenarbeit. Analyse der Möglichkeiten und Grenzen aus der Sicht betroffener Mitarbeiter*. Bern: Huber.

Antoni C. H. (1994a). *Gruppenarbeit – Konzepte, Erfahrungen, Perspektiven*. Weinheim: Psychologie Verlags Union.

Antoni, C. H. (1994b). Betriebliche Führungsstruktur im Wandel – Zur Rolle und Funktion von Meistern und Gruppensprechern im Rahmen von Gruppenarbeit. In C. H. Antoni (Hrsg.), *Gruppenarbeit – Konzepte, Erfahrungen, Perspektiven* (S. 99–118). Weinheim: Psychologie Verlags Union.

Antoni, C. H. (1995). Gruppenarbeit in Deutschland – eine Bestandsaufnahme. In K. J. Zink (Hrsg.), *Erfolgreiche Konzepte der Gruppenarbeit* (S. 23–37). Neuwied: Luchterhand.

Antoni, C. H. (1996a). *Teilautonome Arbeitsgruppen. Ein Königsweg zu mehr Produktivität und einer menschengerechten Arbeit?* Weinheim: Psychologie Verlags Union.

Antoni, C. H. (1996b). Teilautonome Arbeitsgruppen in Deutschland. Eine Expertenbefragung zu Verbreitungsformen und Erfahrungen. *Angewandte Arbeitswissenschaft, 147*, 31–53.

Antoni, C. H. (1997). Soziale und ökonomische Effekte der Einführung teilautonomer Arbeitsgruppen. Eine quasi-experimentelle Längsschnittstudie. *Zeitschrift für Arbeits- und Organisationspsychologie, 41*, 131–142.

Antoni, C. H. (2000). *Teamarbeit gestalten. Grundlagen, Analysen, Lösungen*. Weinheim: Beltz.

Antoni, C. H., Eyer, E. & Kutscher, J. (1996). *Das flexible Unternehmen. Arbeitszeit, Gruppenarbeit, Entgeltsysteme*. Wiesbaden: Gabler.

Antons, K. (1976). *Praxis der Gruppendynamik*. Göttingen: Hogrefe.

Argyris, C. (1974). Personality vs. organization. *Organizational Dynamics, 3*, 3–17.

Bahnmüller, R. (1996). Konsens perdu? Gruppenarbeit zwischen Euphorie und Ernüchterung. In R. Bahnmüller & R. Salm (Hrsg.), *Intelligenter nicht härter arbeiten? Gruppenarbeit und betriebliche Gestaltungspolitik* (S. 9–30). Hamburg: VSA-Verlag.

Baszenski, N. (2002). Gruppenarbeit – Beitrag zum wirtschaftlichen Erfolg. Teilergebnisse der IfaA-Bechmarking-Studie 2002. *Angewandte Arbeitswissenschaft, 173*, 1–12.

Becker-Beck, U. & Fisch, R. (2001). Erfolg von Projektgruppen in Organisationen: Erträge der sozialwissenschaftlichen Forschung. In R. Fisch, D. Beck & B. Englich (Hrsg.), *Projektgruppen in Organisationen – Praktische Erfahrungen und Erträge der Forschung* (S. 19–42). Göttingen: Verlag für Angewandte Psychologie.

Benders, J., Huijgen, F. & Pekruhl, U. (2002). What do we know about the incidence of group work (if anything)? *Personnel Review, 31*, 371–385.

Berggren, C. (1991). *Von Ford zu Volvo. Automobilherstellung in Schweden*. Berlin: Springer.

Berggren, C. (1994). NUMMI vs. Uddevalla. *Sloan Management Review, 35*, 37–49.

Brake, J. & Zimmer, D. (2002). *Praxis der Personalauswahl: So wählen Sie den idealen Bewerber aus*. Würzburg: Lexika-Verlag.

Breisig, T. (1997). *Gruppenarbeit und ihre Regelung durch Betriebsvereinbarung*. Köln: Bund-Verlag.

Brodbeck, F. (1996). *Kommunikation und Leistung in Projektarbeitsgruppen. Eine empirische Untersuchung an Software-Entwicklungsprojekten*. Aachen: Shaker.

Brodbeck, F. (2001). Communication and performance in software development projects. *European Journal of Work and Organizational Psychology, 10*, 73–94.

Brödner, P. (1988). Umrisse der Fabrik 2000: Alle Macht den Automaten. In S. Roth & H. Kohl (Hrsg.), *Perspektive: Gruppenarbeit* (S. 41–55). Köln: Bund.

Bungard, W. (Hrsg.). (1992a). *Qualitätszirkel in der Arbeitswelt*. Göttingen: Hogrefe/Verlag für Angewandte Psychologie.

Bungard, W. (1992b). Zur Problematik von Reaktivitätseffekten bei der Durchführung eines Assessment Centers. In H. Schuler & W. Stehle (Hrsg.), *Assessment Center als Methode der Personalentwicklung* (2. Aufl., S. 99–125). Göttingen: Hogrefe/Verlag für Angewandte Psychologie.

Bungard, W. (1995). *Lean Management*. Weinheim: PVU.

Bungard, W., Antoni, C. H. & Lehnert, E. (1993). *Gruppenarbeitskonzepte mittlerer Industriebetriebe*. Ludwigshafen: Ehrenhof.

Bungard, W. & Jöns, I. (1997). Mitarbeiterbefragungen. Ein Instrument des Qualitäts- und Innovationsmanagements. Weinheim: Psychologie Verlags Union.

Bungard, W. & Kohnke, O. (Hrsg.). (2002). *Zielvereinbarungen erfolgreich einführen* (2. Aufl.). Wiesbaden: Gabler.

Comelli, G. (1994). Teamentwicklung – Training von «family groups». In L. M. Hofmann & M. Regnet (Hrsg.), *Innovative Weiterbildungskonzepte* (S. 61–84). Göttingen: Verlag für Angewandte Psychologie.

Comelli, G. (1995). Qualifikation für Gruppenarbeit. Teamentwicklungstrainings. In L. v. Rosenstiel, E. Regnet & M. Domsch (Hrsg.), *Führung von Mitarbeitern. Handbuch für erfolgreiches Personalmanagement*. Stuttgart: Schäffer-Poeschel.

Cummings, T. & Blumberg, M. (1987). Advanced manufacturing technology and work design. In T. D. Wall, C. W. Clegg & N. J. Kemp (Eds.), *The human side of advanced-manufactoring technology* (pp. 37–60). Chichester: Wiley.

Doppler, K. & Lauterburg, L. (1994). *Change Management. Den Unternehmenswandel gestalten*. Frankfurt: Campus.

Emery, F. & Thorsrud, E. (1982). *Industrielle Demokratie. Bericht über das norwegische Programm der industriellen Demokratie*. Bern: Huber.

Erke, A., Racky, S. & Jöns, I. (2003). Der Gruppencheck. In L. v. Rosenstiel & J. Erpenbeck (Hrsg.), *Handbuch der Kompetenzmessung* (s. 147–159). Stuttgart: Schäffer-Poeschel.

Fallgatter, M. J. (1999). Leistungsbeurteilungstheorie und -praxis: Zur «Rationalität» der Ignorierung theoretischer Empfehlungen. *Zeitschrift für Personalforschung (ZfP), 1*, 82–100.

Fisch, R. & Englich, B. (2001). Erfahrungen mit Projektgruppen in der öffentlichen Verwaltung. In R. Fisch, D. Beck & B. Englich (Hrsg.), *Projektgruppen in Organisationen – Praktische Erfahrungen und Erträge der Forschung* (S. 133–151). Göttingen: Verlag für Angewandte Psychologie.

Francis, D. & Young, D. (1982). *Mehr Erfolg im Team. Ein Trainingsprogramm*. Essen-Werden: Windmühle.

Fredrich, A. (1994). Haben Sie ein Problem zu lösen oder sind Sie ein Teil desselben? Teamentwicklung im betrieblichen Bereich: Die Rolle des Beraters als Klärungs- und Prozesshalter. *Organisationsentwicklung, 4*, 54–62.

Frei, F., Hugentobler, M., Alioth, A., Duell, W. & Ruch, L. (1993). *Die kompetente Organisation: Qualifizierende Arbeitsgestaltung – die europäische Alternative*. Stuttgart: Schäffer-Poeschel.

Freimuth, J. & Meyer, A. (1997). Evaluation und Personalentwicklungscontrolling – ein Eiertanz zwischen Legitimation, Wissenschaftlichkeit und Pragmatismus. In J. Freimuth, J. Haritz & B.-U. Kiefer (Hrsg.), *Auf dem Wege zum Wissensmanagement*. Göttingen: Verlag für Angewandte Psychologie.

Frese, E. (1980). Projektorganisation. In E. Grochla (Hrsg.), *Handwörterbuch der Organisation* (S. 1960–1974). Stuttgart: Poeschel.

Frieling, E. & Freiboth, M. (1997). Klassifikation von Gruppenarbeit und Auswirkungen auf subjektive und objektive Merkmale der Arbeitstätigkeit. *Zeitschrift für Arbeits- und Organisationspsychologie, 41*, 120–130.

Gemünden, H. G. & Högl, M. (2000). Teamarbeit in innovativen Projekten: Eine kritische Bestandsaufnahme der empirischen Forschung. In H. G. Gemünden & M. Högl (Hrsg.), *Management von Teams* (S. 1–31). Wiesbaden: Gabler.

Gerst, D., Hardwig, T., Kuhlmann, M. & Schumann, M. (1994). Gruppenarbeit in der betrieblichen Erprobung – Ein Modell kristallisiert sich heraus. *Angewandte Arbeitswissenschaft, 142*, 5–30.

Goodman, P. S., Devadas, R. & Hughson, T. L. G. (1988). Groups and productivity: Analyzing the effectiveness of self-managing teams. In J. P. Campbell, R. J. Campbell & Associates (Eds.), *Productivity in organizations* (pp. 295–327). San Francisco: Jossey-Bass.

Greif, S. & Kurtz, H.-J. (Hrsg.). (1996). *Handbuch selbstorganisiertes Lernen*. Göttingen: Verlag für Angewandte Psychologie.

Greif, S. & Kurtz, H.-J. (1989). Ausbildung, Training und Qualifizierung. In S. Greif, H. Holling & N. Nicholson (Hrsg.), *Arbeits- und Organisationspsychologie. Internationales Handbuch in Schlüsselbegriffen* (S. 149–161). München: Psychologie Verlags Union.

Gulowsen, J. (1972). A measure of work group autonomy. In L. Davis & J. Taylor (Eds.), *Design of jobs. Selected readings* (pp. 374–390). Harmondsworth: Penguin Books.

Guzzo, R. A. & Dickson, M. W. (1996). Teams in organizations: Recent research on performance and effectiveness. *Annual Review of Psychology, 47*, 307–338.

Hertel, G., Kerr, N. L. & Messé, L. A. (2000). Motivation gains in performance groups: Paradigmatic and theoretical developments on the Koehler effect. *Journal of Personality and Social Psychology, 79*, 580–601.

Hertog, F. J. (1977). *Arbeitsstrukturierung. Experimente aus Holland*. Bern: Huber.

Högl, M. & Gemünden, H. G. (2000). Determinanten und Wirkungen der Teamarbeit in innovativen Projekten. Eine theoretische und empirische Analyse. In H. G. Gemünden & M. Högl (Hrsg.), *Management von Teams* (S. 34–66). Wiesbaden: Gabler.

Imai, M. (1992). *Kaizen*. München: Langen-Müller.

Jürgens, U. (1997). Rolling back cycle times: The renaissance of the classic assembly line in final assembly. In K. Shimokawa, U. Jürgens & T. Fujimoto (Eds.),

Transforming automobile assembly. Experience in automation and work organization (pp. 255–273). Berlin: Springer.

Jürgens, U., Malsch, T. & Dohse, K. (1989). *Moderne Zeiten in der Automobilfabrik. Strategien der Produktionsmodernisierung im Länder- und Konzernvergleich.* Berlin: Springer.

Kern, E. & Knauth, P. (2000). Ein System zur Lenkung teilautonomer Gruppen. In H. G. Gemünden & M. Högl (Hrsg.), *Management von Teams* (S. 98–128). Wiesbaden: Gabler.

Kieser, A. (1995). Die MIT-Studie zur Automobilindustrie, oder: Wie man eine Revolution anzettelt. In W. Bungard (Hrsg.), *Lean Management* (S. 37–51). Weinheim: Psychologie Verlags Union.

Kieser, A. & Kubicek, H. (1992). *Organisation.* Berlin: de Gruyter.

Kinkel, S. & Wengel, J. (1997). *Neue Produktionskonzepte: Eine Diskussion macht noch keinen Sommer.* Fraunhofer Institut für Systemtechnik und Innovationsforschung. PI Mitteilungen, Nr. 4.

Konradt, U. & Hertel, G. (2002). *Management virtueller Teams.* Weinheim: Beltz.

Kunzmann, E.M. (1991). *Zirkelarbeit. Evaluation von Kleingruppen in der Praxis.* München: Hampp.

Lang, R. & Hellpach, W. (1922). *Gruppenfabrikation.* Berlin: Springer.

Larsson, K.-A. (1986). Car assembly at the Volvo Kalmar plant – Ten years of experience. In T. Lupton (Ed.), *Human factors* (pp. 129–138). Berlin: Springer.

Lattmann, C. (1972). *Das norwegische Modell der selbstgesteuerten Arbeitsgruppe.* Bern: Haupt.

Lawler, E. E., Mohrman, S. & Ledford, G. E. (1998). *Strategies for high performance organizations.* San Francisco: Jossey Bass.

Lemke, S. G. (1995). *Transfermanagement.* Göttingen: Verlag für Angewandte Psychologie.

Likert, R. (1961). *New patterns of management.* New York: McGraw-Hill.

Lipnack, J. & Stamps, J. (1997). *Virtual teams. Reaching across space, time and organizations with technology.* New York: John Wiley & Sons.

Marks, M. L., Mirvis, P. H., Hackett, E. J. & Grady, J. F. (1986). Employee participation in a quality circle program: Impact on quality of work life, productivity and absenteeism. *Journal of Applied Psychology, 71,* 61–69.

McGregor, D. (1960). *The human side of enterprise.* New York: McGraw-Hill.

Neuberger, O. (1994). *Personalentwicklung.* Stuttgart: Ferdinand Enke Verlag.

Nordhause-Janz, J. & Pekruhl, U. (Hrsg.). (2000). *Arbeiten in neuen Strukturen? Partizipation, Kooperation, Autonomie und Gruppenarbeit in Deutschland.* München: Mehring.

Parker, M. & Slaughter, J. (1988). *Choosing sides. Unions and the team concept.* Boston: South End Press.

Pawlowsky, P. (1989). Moderne Zeiten (2. Teil). *Psychologie heute, 12,* 46–51.

Pietruschka, S., Dörflinger, E. & Hey, A. H. (2000). Gruppenarbeit und Führung. *Zeitschrift für Arbeits- und Organisationspsychologie, 45,* 2–14.

Pifczyk, A. & Kleinbeck, U. (2001). Perspektiven der Organisationsentwicklung: Die Bedeutung der Gruppenarbeit für die Flexibilisierung von Unternehmen. In U. Kleinbeck, K.-H. Schmidt & W. Werner (Hrsg.), *Produktionsverbesserung durch zielorientierte Gruppenarbeit* (S. 49–70). Göttingen: Hogrefe.

Racky, S., Erke, A. & Jöns, I. (2001). Die Förderung der Gruppenkompetenz durch Zielvereinbarungen. *Mannheimer Beiträge zur Arbeits- und Organisationspsychologie, 2,* 40–55.

Roethlisberger, F. J. & Dickson, W. J. (1939). *Management and the worker.* Cambridge: Harvard University Press.

Rohmert, W. & Weg, F. J. (1976). Organisation teilautonomer Gruppenarbeit. Betriebliche Projekte – Leitregeln zur Gestaltung. In RKW (Hrsg.), *Beiträge zur Arbeitswissenschaft* (Reihe I, Bd. 1). München: Hanser.

Schaubroeck, J., Jones, J. R. & Xie, J. L. (2001). Individual differences in utilizing control to cope with job demands: Effects on susceptibility to infectious disease. *Journal of Applied Psychology, 86,* 265–278.

Schmidt, K.-H. (2001). Psychologische Grundlagen der Produktivität von Arbeitsgruppen. In U. Kleinbeck, K.-H. Schmidt & W. Werner (Hrsg.), *Produktivitätsverbesserung durch zielorientierte Gruppenarbeit* (S. 49–70). Göttingen: Hogrefe.

Schröder, W. (1991). Personalentwicklung: Strategische Grundlagen und praktische Umsetzungen. In A. Papmehl & I. Walsh (Hrsg.), *Personalentwicklung im Wandel.* Wiesbaden: Gabler.

Schuler, H. (1990). Personalauswahl aus der Sicht der Bewerber: Zum Erleben eignungsdiagnostischer Situationen. *Zeitschrift für Arbeits- und Organisationspsychologie, 34,* 184–191.

Schuler, H. (1998). *Psychologische Personalauswahl.* Göttingen: Verlag für Angewandte Psychologie.

Schuler, H. & Stehle, W. (Hrsg.). (1992). *Assessment Center als Methode der Personalentwicklung* (2. Aufl.). Göttingen: Hogrefe/Verlag für Angewandte Psychologie.

Schulz v. Thun, F. (1984). Vom «Managertraining» zur humanistischen Begegnung zweier Wertewelten. *Gruppendynamik, 15,* 39–57.

Schumann, M. & Gerst, D. (1997). Innovative Arbeitspolitik – Ein Fallbeispiel. Gruppenarbeit in der Mercedes-Benz AG. *Zeitschrift für Arbeits- und Organisationspsychologie, 41,* 143–156.

Sey, A. (2001). *Gruppenarbeit in Japan. Stereotyp und Wirklichkeit.* München: Hampp.

Springer, R. (1999). *Rückkehr zum Taylorismus? Arbeitspolitik in der Automobilindustrie am Scheideweg.* Frankfurt: Campus.

Stelling, D. (2000). *Teamarbeit in Mensch-Maschinen-Systemen.* Göttingen: Hogrefe.

Strohm, O. & Ulich, E. (1997). *Unternehmen arbeitspsychologisch bewerten. Ein Mehr-Ebenen-Ansatz unter besonderer Berücksichtigung von Mensch, Technik und Organisation.* Zürich: vdf.

Stumpf, S. & Thomas, A. (2003). *Teamarbeit und Teamentwicklung.* Göttingen: Hogrefe.

Tress, D. W. (1986). Kleine Einheiten in der Produktion. Wer wachsen will, muss kleiner werden. *Zeitschrift für Organisation, 3,* 181–186.

Trist, E. L. (1990). Sozio-technische Systeme: Ursprünge und Konzepte. *Organisationsentwicklung, 8,* 10–26.

Trist, E. L. & Bamforth, K. W. (1951). Some social and psychological consequences of the long-wall method of coal-getting. *Human Relations, 4,* 1–38.

Ulich, E. (1983). Alternative Arbeitsstrukturen – dargestellt am Beispiel der Automobilindustrie. *Psychologie und Praxis. Zeitschrift für Arbeits- und Organisationspsychologie, 27,* 70–78.

Ulich, E. (1989). VW-Projekt: Gruppenarbeit in der Motorenmontage. In S. Greif, H. Holling & N. Nicholson (Hrsg.), *Arbeits- und Organisationspsychologie. Internationales Handbuch in Schlüsselbegriffen* (S. 527–533). München: Psychologie Verlags Union.

Ulich, E. (1995). Lean production – aus arbeitspsychologischer Sicht. In W. Bungard (Hrsg.), *Lean Management* (S. 23–35). Weinheim: Psychologie Verlags Union.

Ulich, E. (2001). *Arbeitspsychologie* (5. Aufl.). Stuttgart: Poeschel.

Ulich, E., Conrad-Betschart, H. & Baitsch, C. (1989). *Arbeitsform mit Zukunft: Ganzheitlich-flexibel statt arbeitsteilig.* Bern: Lang.

Ulich, E., Groskurth, P. & Bruggemann, A. (1973). *Neue Formen der Arbeitsgestaltung.* Frankfurt/M.: EVA.

Wegge, J. (1996). Partizipative Zielvereinbarungen – eine effiziente Managementtechnik für schlanke Organisationen? In M. Kastner (Hrsg.), *Auf dem «Weg zum schlanken Staat» – der konstruktive Umgang mit Widerständen* (S. 155–171). Herdecke: Maori-Verlag.

Wengel, J. & Lay, G. (2001). *Deutschland und USA auf verschiedenen Wegen. Konzepte der Produktionsmodernisierung im Vergleich.* Fraunhofer Institut für Systemtechnik und Innovationsforschung. PI Mitteilungen, Nr. 23.

Westermayer, G. & Bähr, B. (1994). *Betriebliche Gesundheitszirkel.* Göttingen: Verlag für Angewandte Psychologie.

Westkämper, E., Zahn, E., Balve, P. & Tielbein, M. (1999). Ansätze zur Wandlungsfähigkeit von Produktionsunternehmen – ein Bezugsrahmen für die Unternehmensentwicklung im turbulenten Umfeld. *wt Werkstatttechnik, 89,* 9.

Womack, J. P., Jones, D. T. & Roos, D. (1991). *Die zweite Revolution in der Autoindustrie.* Frankfurt/M.: Campus.

Zink, K. J. (Hrsg.). (1995). *Erfolgreiche Konzepte zur Gruppenarbeit.* Neuwied: Luchterhand.

Zülch, G. & Starringer, M. (1984). Differentielle Arbeitsgestaltung in Fertigungen für elektronische Flachbaugruppen. *Zeitschrift für Arbeitswissenschaft, 38,* 211–216.

15

Jürgen Wegge & Lutz von Rosenstiel

Führung

Inhalt

1. Einleitende Überlegungen zum Stand der Führungsforschung ... 475

2. Eine organisationspsychologische Definition des Phänomens «Führung» ... 476

3. Theorien der personalen Führung ... 479

3.1 Ansätze mit Fokus auf Persönlichkeitsmerkmale der beteiligten Individuen ... 479

3.1.1 Dispositionen des Führers ... 481

3.1.2 Dispositionen und Verhalten der Geführten ... 482

3.1.3 Zwischenfazit ... 486

3.2 Ansätze mit Fokus auf das spezifische Verhalten der Vorgesetzten ... 488

3.2.1 Reales und ideales Verhalten von Führungskräften ... 488

3.2.2 Mitarbeiterorientierung und Leistungsorientierung der Vorgesetzten ... 490

3.2.3 Ergebnisse der Führungsstilforschung ... 491

3.2.4 Das Entscheidungsmodell der Führung von Vroom, Yetton und Jago ... 492

3.2.5 Dyadische Führung von Mitarbeitern ... 494

3.2.6 Transaktionale, transformationale Führung und «laissez-faire» ... 496

3.2.7 Zielvereinbarung und Rückmeldung als Führungsaufgabe ... 500

3.2.8 Zwischenfazit ... 503

3.3 Ansätze mit Fokus auf Arbeitsgruppen ... 503

3.3.1 Wirkungen von Gruppenzielen ... 504

3.3.2 Die «Self-Leadership»-Theorie von Manz und Sims ... 504

3.3.3 Komplexere Managementsysteme für Arbeitsgruppen ... 506

4. Herausforderungen für die Führungsforschung von morgen ... 506

5. Literatur ... 509

1. Einleitende Überlegungen zum Stand der Führungsforschung

Die Frage, wie man Menschen so beeinflussen kann, dass sie bestimmte Ziele anstreben und andere Handlungen bzw. Handlungsergebnisse zu vermeiden suchen, wird seit langem innerhalb verschiedener Teildisziplinen der Psychologie erforscht. Insbesondere in der Sozialpsychologie (Haslam, 2001), der Motivationspsychologie (Rheinberg, 2000) und in der Arbeits- und Organisationspsychologie wurden hierzu vielfältige Erkenntnisse gesammelt (Kleinbeck, 1996; Gebert, 2002). Das Thema «Führung» ist darüber hinaus in den Wirtschaftswissenschaften ein viel debattiertes Phänomen (Kieser, Reber & Wunderer, 1995; Wunderer, 2000). Angesichts der Vielzahl der unterschiedlichen Forschungsperspektiven und Veröffentlichungen kann man schnell die Orientierung verlieren. Hier gilt heute mehr denn je, was ein guter Kenner der Literatur vor einiger Zeit feststellte (vgl. Neuberger, 1990, S. 2):

> Die Führungsforschung ist ein sehr unübersichtliches Gelände mit einigen eindrucksvollen Prachtstraßen, von denen manche leider ins Nichts führen. Neben interessanten Schleichwegen und faszinierenden Landschaften sind ferner auch Nebellöcher und potemkinsche Dörfer auf der Landkarte der Führung auszumachen. Dies bedeutet u. a., dass viele der Veröffentlichungen mehr Heizwert als Erkenntniswert haben, was man leider nur dann feststellt, wenn man sich die Mühe macht, sie zu lesen.

Unsere Lektüre der neueren Arbeiten zeigt, dass endlich *einige Fortschritte* zu erkennen sind. Einerseits hat sich hier und da der Nebel schon deutlich gelichtet. Andererseits sind manche Bretterbuden, die man aus der Ferne für ein Haus halten konnte, inzwischen als solche klar erkennbar geworden. An der Einfältigkeit und Theorieleere bestimmter Ansätze, die in den Lehrbüchern lange Zeit so etwas wie ein Eigenleben geführt haben, kann und darf man heute also nicht mehr vorbei sehen. So macht es u. E. keinen Sinn mehr, über die gescheiterte Kontingenztheorie der Führung von Fiedler zu reden oder die dubiosen Vier-Felder-Schemata bzw. Neun-Felder-Schemata der Führung nach Hersey und Blanchard und Reddin darzustellen, auch wenn diese in Führungskräftetrainings nach wie vor beliebt sind. Warum sich das nicht lohnt, kann man an anderer Stelle nachlesen (Rosenstiel & Wegge, in Druck; Wunderer, 2000). Obwohl es aus didaktischen Gründen sinnvoll sein kann, gescheiterte Ansätze und bloße Alltagsvermutungen darzustellen, verfolgen wir in diesem Beitrag das Ziel, den vorhandenen Platz für das zu nutzen, was wissenschaftlich einigermaßen gestützt wird und daher Aussicht hat, sich sowohl in der betrieblichen Praxis als auch in der weiteren Forschung zu bewähren. Bevor wir uns den entsprechenden Theorien und Befunden zuwenden, ist es geboten, den Gegenstandsbereich genauer zu definieren.

2. Eine organisationspsychologische Definition des Phänomens «Führung»

Wir betrachten «Führung» als ein Phänomen, das innerhalb jeder arbeitsteilig angelegten Organisation zu finden ist, und definieren dies in Anlehnung an Wunderer und Grunwald (1980, S. 62) wie folgt:

> *Führung* ist ein Sammelbegriff für alle Interaktionsprozesse, in denen eine absichtliche soziale Einflussnahme von Personen auf andere Personen zur Erfüllung gemeinsamer Aufgaben im Kontext einer strukturierten Arbeitssituation zu Grunde liegt.

Zum besseren Verständnis, welche verschiedenen Interaktionsprozesse gemeint sind, können diese grob in drei Bereiche verschiedener Reichweite eingeteilt werden (vgl. Rosenstiel & Wegge, in Druck; Wegge, 2002):

- *Die Unternehmensführung* umfasst alle Interaktionsprozesse (z. B. Entscheidungen, Handlungen) mit Blick auf die Beschaffung, Verteilung, Nutzung, Kontrolle und Entwicklung einzelner Ressourcen (z. B. Kapital, Personal) einer Organisation, die mit der Absicht erfolgen, das Erreichen der wesentlichen Unternehmensziele (Kapitalvermehrung, Synergiemanagement zur Sicherung der Prozess- und Produktqualität, Systemerhaltung) zu befördern. Ein gutes Beispiel ist die Beschlussfassung des Vorstands, eine strategische Allianz mit einer anderen Organisation einzugehen, um einen neuen Markt zu erobern.
- *Das Personalmanagement* umfasst alle Interaktionsprozesse (Handlungen, Gespräche etc.) im Dienste der Unternehmensführung, die auf die Steuerung (Verfügbarkeit, Nutzung, Entwicklung etc.) der humanen Ressourcen (z. B. Fähigkeiten, Fertigkeiten, Wissen, Kompetenzen) der jeweiligen Organisationsmitglieder zielen. Beispiel hierfür sind die verschiedenen Aktivitäten zur Personalgewinnung, das Personalcontrolling (Evaluation, Entlohnung) und die Personalentwicklung im Rahmen von Fort- und Weiterbildung.
- *Die personale Führung* umfasst schließlich alle unmittelbaren, wechselseitigen und tendenziell eher nicht-symmetrischen Interaktionsprozesse im Dienste der Unternehmensführung, die zwischen einem oder mehreren Führern und einem oder mehreren Geführten stattfinden, wobei diese Prozesse von jedem Mitglied und jeder Gruppe einer Organisation ausgehen können, auch im Sinne «lateraler Führung» unter Gleichgestellten oder als «Führung von unten».

Diese Führungsdefinition ist weit angelegt, um den Realitäten in Organisationen gerecht zu werden. Sie umfasst einerseits *personalisierte* Einflussprozesse (z. B. direkte Anweisungen unter gleichzeitig anwesenden Personen, Leistungs-

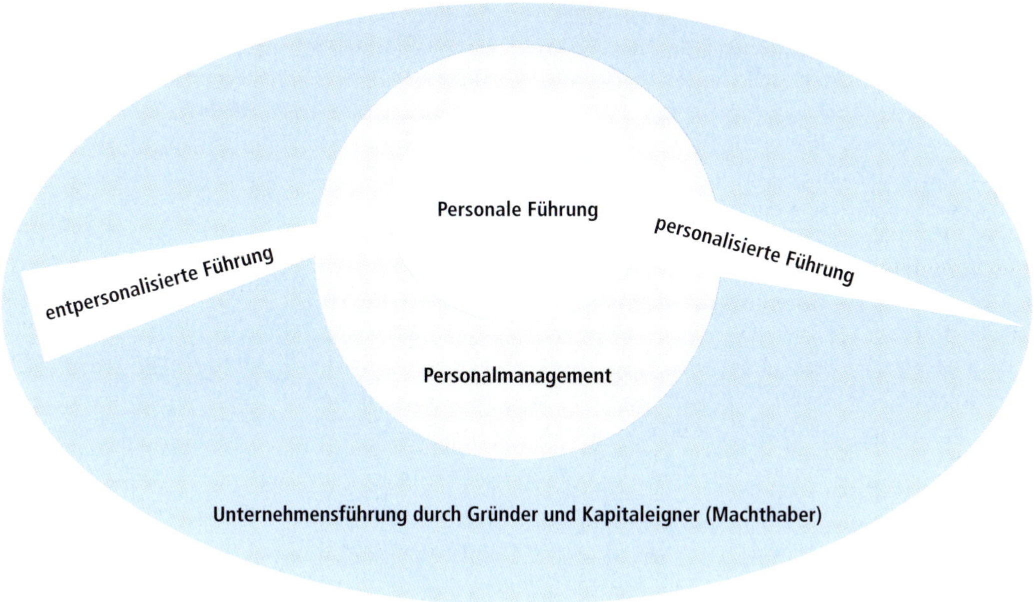

Abbildung 1: Unternehmensführung, Personalmanagement und personale Führung unter gleichzeitig Anwesenden als drei unterschiedlich weite Bereiche von Führungsprozessen in arbeitsteiligen Organisationen

rückmeldungen, das Erarbeiten gemeinsamer Handlungspläne zur Aufgabenerfüllung), andererseits steht das Wort Führung aber auch für *entpersonalisierte* Formen der Einflussnahme (vgl. **Abb. 1**).

Von entpersonalisierter Führung kann in Anlehnung an Türk (1995) dann gesprochen werden, wenn der Führungswille von der Einzelperson quasi «abgelöst» wirksam wird, etwa über Auswahl und Gestaltung organisationaler Strukturen (z. B. Fließband, Art der Hierarchie) und über organisationale Vorschriften und Werkzeuge (z. B. Regeln zur Personalauswahl, verfügbare Hard- und Software). Auch durch Stellenbeschreibungen, Anreizsysteme und informelle Normen bis hin zur Unternehmenskultur wird das Verhalten der Organisationsmitglieder mehr oder weniger absichtlich beeinflusst, ohne dass ein deutlich sichtbares Eingreifen von Personen als Vorgesetzte oder Kapitalgeber erforderlich wird. Von entpersonalisierter Führung kann hier deshalb zu Recht gesprochen werden, weil z. B. die Sachzwänge an sich oder Nachahmungs- und Sozialisationsprozesse *systemkonformes* Verhalten im Sinne der Unternehmensgründer bzw. der aktuellen Machthaber einer Organisation verlässlich anregen. Die geschaffenen Strukturen und das Verhalten der in diesen Strukturen arbeitenden Menschen führen dazu, dass das Handeln, Denken und Empfinden sich in einer *besonderen* Weise ausrichtet und die Einhaltung *bestimmter* Normen unterstützt. Das eigene Handeln wird von den Organisationsmitgliedern dabei oft als selbstmotiviert erlebt, obwohl es fremdmotiviert ist (vgl. hierzu Wegge, 2003a).

Die Organisationspsychologie hat sich mit Fragen der entpersonalisierten Führung bisher nur am Rande auseinandergesetzt. Eine Ausnahme ist die Theorie von Kerr und Jermier (1978), in der postuliert wird, dass es sowohl Substitute als auch Neutralisierer von personaler Führung in Organisationen gibt. Substitute bestehen in den gerade genannten Aspekten (z. B. Werkzeuge, Regeln der Organisation), aber auch in intrinsisch zufriedenstellenden Aufgaben oder in eher mitarbeiterbezogenen Variablen (z. B. Bedürfnis nach Unabhängigkeit, Wissen der Person). Diese Größen sind nach den Annahmen der Theorie von Kerr und Jermier nicht nur in der Lage, die personale Führung «überflüssig» zu machen (zu substituieren), weil die Beschäftigten ohnehin schon dem Willen der Organisation folgen. Sie können zudem auch das Gegenteil bewirken, wenn der Führende seinen Einfluss auf die ihm unterstellten Mitarbeiter verliert, weil dieser durch entsprechende Faktoren (z. B. die Aufgabe, die Gruppe, Eigenarten der Entlohungsgrundsätze) eher neutralisiert wird. Obwohl es viele Belege dafür gibt, dass sowohl von der personalen Führung (s. u.) als auch von den Führungssubstituten eigenständige Wirkungen auf die Leistung und die Zufriedenheit ausgehen (Podsakoff, MacKenzie & Bommer, 1996), liegen zur Bestätigung der beiden *Wechselwirkungsannahmen* im Sinne der Substitution oder Neutralisierung bislang kaum stützende Befunde vor. Dies dürfte im Wesentlichen auf die wenig geeigneten Instrumente und Forschungsdesigns zurückzuführen sein, mit denen bisher nach solchen Interaktionen gesucht wurde (vgl. Felfe, 2002; Felfe & Goihl, 2002a; Gebert, 2002; Wunderer, 2000, S. 96 ff.).

Mit der gleichzeitigen Berücksichtigung personalisierter *und* entpersonalisierter Führungsprozesse in der obigen Definition wird angestrebt, dem beharrlichen *«Great-Man»-Mythos* der Führung entgegen zu wirken. Dieser kann in etwa wie folgt beschrieben werden: «Der Vorgesetzte hat alles im Griff», «Nur ein richtiger Führer schafft es, kraft seiner ganz besonderen Talente Ordnung im Chaos zu schaffen» und «Ist es nur der richtige Führer, wird aus einem Heer von Feiglingen ein Heer von Löwen». Wer Führung in Organisationen – dem Charme und der Einfachheit dieses Mythos erliegend – auf personale Mitarbeiterführung durch den (unmittelbaren) Vorgesetzen reduziert, übersieht schlichtweg eine Vielzahl entscheidender Einflussprozesse in Organisationen (vgl. Abb.1), die ohne Frage als Führung (soziale Einflussnahme im Sinne der Aufgabenerledigung) zu verstehen sind. Dass Führung in Organisationen immer auch Führung «von unten» und Führung «durch Kollegen» ist, ignorieren die Anhänger dieses Irrglaubens übrigens ebenfalls sehr verlässlich (vgl. hierzu Abschnitte 3.1.2 und 3.3).

Um einigen weiteren, nahe liegenden Missverständnissen mit Blick auf das Phänomen Führung vorzubeugen, sei noch auf folgende Punkte hingewiesen. Erstens impliziert die hier gewählte Führungsdefinition, dass Führung durchaus *misslingen* kann. Ob eine absichtliche Einflussnahme den gewünschten Effekt hat, hängt von vielen Faktoren ab (Kap. 3) und sollte u. E. nicht schon Bestandteil der Definition sein. Zweitens wird Führung hier *immer im Dienste der Unternehmensziele* gesehen, weil es um die Erfüllung gemeinsamer Aufgaben im Kontext strukturierter Arbeitssituationen geht. Dies grenzt Führung von solchen Interaktionsprozessen ab, in denen keine Arbeitsaufgaben vorliegen (z. B. Gespräche in der Skatrunde) und in denen die Absicht des Einflussnehmenden *nicht* auf die Erfüllung von Unternehmenszielen ausgerichtet ist, z. B. die Planung eines gemeinsamen Urlaubs, eigennützige Mikropolitik durch Bluffen, Blenden und Intrigieren (Neuberger, 1995) oder Mobbing durch Vorgesetzte und Mitarbeiter (Zapf, 1999). Drittens wird Führung als *absichtliche* Einflussnahme aufgefasst. Es sei sofort zugestanden, dass oft nicht leicht zu erkennen ist, welche Intention einem Führungsakt des Vorgesetzen oder des Mitarbeiters zu Grunde liegt. Weil Führungsprozesse als soziale Einflussnahme von Personen auf andere Personen definiert sind, kann es ferner vorkommen, dass der Beobachter (Vorgesetzter oder Mitarbeiter) aus dem Handeln bzw. Nicht-Handeln des Akteurs (Vorgesetzter oder Mitarbeiter) Schlussfolgerungen zieht, die mit der Intention des Akteurs nicht übereinstimmen. Die oft zitierte «offene Tür» der Führungskraft kann z. B. nicht nur als Ausdruck kooperativen Führungswillens, sondern auch als Führungsschwäche oder als Imponiergehabe interpretiert werden. Vergleichbares gilt für das Handeln bzw. Nicht-Handeln des Mitarbeiters. Seine Kritik kann vom Vorgesetzten z. B. als konstruktives Mitdenken im Sinne der Aufgabenlösung (Führung von unten) oder als persönlicher Angriff (Beleidigung) wahrgenommen werden, was zumeist unterschiedliche Wirkungen haben wird.

Der Umstand, dass es bei Führung nicht allein auf absichtliche Interaktionsprozesse des Akteurs ankommt, sondern dass immer die Deutungen und Reaktionen der Beobachter eine Rolle spielen, macht es erforderlich, nicht nur das Handeln des Akteurs zu analysieren, sondern auch den Beobachter zu befragen. Obwohl es zur Abgrenzung des Führungshandelns von anderen Handlungen in Organisationen geboten ist, die *Intention* des jeweiligen Akteurs (Vorgesetzter, Mitarbeiter, Kollege) als Definitionsmerkmal heranzuziehen, darf man sich also *nicht* darauf beschränken, nur dessen Perspektive einzunehmen. Die Erkenntnis, dass Führung immer eine Relation ist, bei der es Akteur *und* Beobachter in wechselnden Rollen gibt, impliziert schließlich auch, dass die Idee der «Nicht-Führung» oder der Überflüssigkeit personaler Führung in Organisationen wenig sinnvoll ist (Wegge, 2002; Wunderer, 2000). Auch das «Nicht-Führen» ist nämlich als eine besondere Art der Führung zu begreifen und Organisationen stellen *niemals* einen herrschaftsfreien Raum dar, weil bestimmte Ziele vor anderen Priorität haben und die Arbeitsteilung eine inhaltliche und zeitliche Koordination der Arbeitshandlungen erfordert, was ohne personale Führung, die für die situationsspezifisch angemessene Interpretation der Strukturen sorgt, kaum möglich ist.

Führung ist also in jeder Organisation vorzufinden; wie solche Führungsprozesse im Einzelnen aussehen sollten, damit die Erreichung der zentralen Organisationsziele bestmöglich gefördert wird, ist jedoch eine empirische Frage. In der Arbeits- und Organisationspsychologie sind zur Klärung dieser Frage vielfältige Forschungsbeiträge zu finden, sowohl mit Blick auf die Unternehmensführung (siehe z. B. Scholl, Kap. 16, oder Wilpert, Kap. 20) als auch mit Blick auf das Personalmanagement (siehe z. B. Schuler & Höft, Kap. 10, sowie Holling & Liepmann, Kap. 11). Die psychologische Führungsforschung im engeren Sinne hat sich bislang aber hauptsächlich mit der personalen Führung beschäftigt, sodass in diesem Bereich auch die meisten Erkenntnisse vorliegen.

3. Theorien der personalen Führung

Im Folgenden werden zentrale Führungstheorien und wichtige Befunde vorgestellt. Dabei gehen wir zunächst auf solche Ansätze ein, in denen verschiedene *Persönlichkeitsmerkmale* von Führern und Geführten (Abschnitt 3.1) als zentrale Ursache des Führungserfolgs betrachtet werden. In einem zweiten Schritt würdigen wir Theorien, die spezifische *Verhaltensweisen* der personalen Führung in Organisationen behandeln (Abschnitt 3.2). Weil hier bislang fast ausschließlich der (die) Vorgesetzte als Akteur gesehen wurde (siehe aber Abschnitt 3.1.2), geht es in diesem Abschnitt nur um sein (ihr) Verhalten. In einem letzten Schritt (Abschnitt 3.3) gehen wir dann auf Führungstheorien ein, die den Anspruch haben, sinnvolle Aussagen zur bestmöglichen Führung von (größeren) *Arbeitsgruppen* zu machen. Dass die folgende Befundschau nicht darauf zielt, auch nur ansatzweise all das zu behandeln, was als Ergebnis des wissenschaftlichen Bemühens heute vorliegt, wurde einleitend schon konstatiert. Wir wählen hauptsächlich solche Beiträge aus, die sich u. E. bereits empirisch bewährt haben.

3.1 Ansätze mit Fokus auf Persönlichkeitsmerkmale der beteiligten Individuen

In der Führungsforschung wird sehr oft angenommen, dass bestimmte Eigenschaften bzw. *Persönlichkeitsdispositionen des Führers* eine direkte oder indirekte, über das Verhalten der Führungskraft vermittelte Ursache des Führungserfolgs darstellen. Dabei lassen sich vier grundlegende Forschungsstrategien unterscheiden (**Abb. 2**).

Bei der ersten Forschungsstrategie werden an der führenden Person bestimmte Dispositionen ermittelt, z. B. die Intelligenz. Die Dispositionswerte mehrerer Führer werden dann direkt mit Indikatoren des Führungserfolgs korreliert. Dies geschieht in der Regel ohne Rücksicht darauf, ob die ausgewählten Merkmale der Führungskraft von anderen Personen auch als solche bemerkt werden oder ob diese systematische Unterschiede im Verhalten der Führungskraft bedingen. Diesem Forschungsstrang, der ein einfaches Input-Output-Modell nutzt, wenden wir uns gleich in einem ersten Schritt zu (Abschnitt 3.1.1).

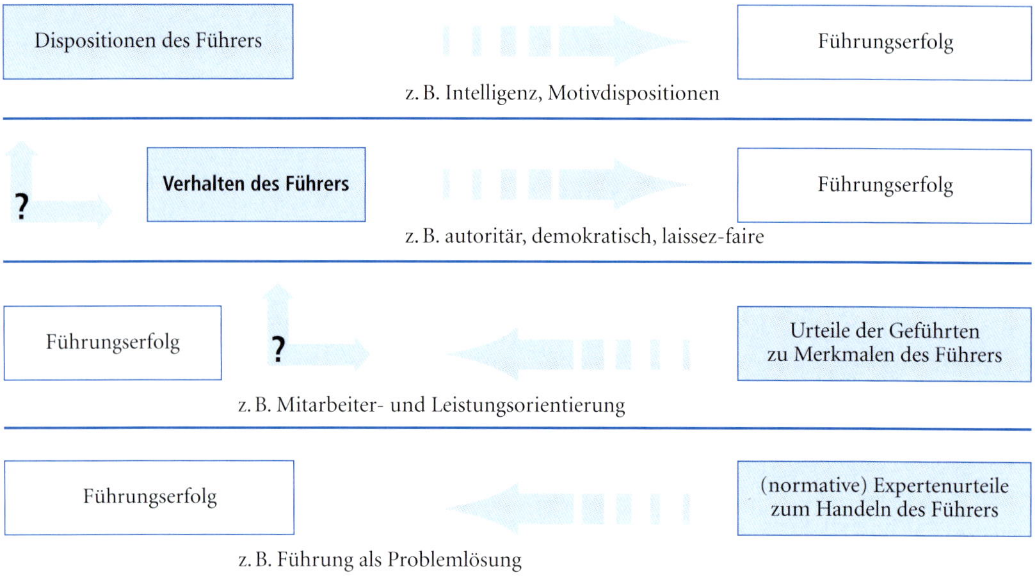

Abbildung 2: Vier verschiedene Forschungsstrategien zur Analyse der Determinanten des Führungserfolgs von Vorgesetzten (Führern)

Ein zweites Bündel von Studien setzt ebenfalls nur am Vorgesetzten an. Man stellt in experimenteller Weise ein bestimmtes *Verhalten* des Vorgesetzten her und prüft, welche Auswirkungen dies hat. Ein gutes Beispiel hierfür ist die klassische Führungsstilforschung, in der untersucht wurde, welche Auswirkungen ein «autoritärer», ein «demokratischer» und ein «laissez-faire»-Führungsstil haben. Häufig glaubte man, so auch etwas über die Bedeutung der Persönlichkeit des Vorgesetzten in Erfahrung zu bringen. Der Zusammenhang zwischen den grundlegenden Persönlichkeitsdispositionen und den konkreten Handlungen innerhalb dieser Experimente wurde aber kaum untersucht (Neuberger, 1972; Scherm, 2001). Weil es in diesen Arbeiten um die Wirkungen experimentell hergestellter Verhaltensweisen und weniger um Dispositionen des Führers geht, wenden wir uns ihnen später zu (Abschnitte 3.2.3 und 3.2.7).

Der dritte und der vierte Forschungsstrang setzen nicht beim Akteur, sondern beim *Beobachter als Datenquelle* an. Er ist dadurch gekennzeichnet, dass die Persönlichkeit und das Verhalten des Vorgesetzten aus der subjektiven Sicht eines Beobachters «abgebildet» wird. Es gibt eine Vielzahl von Studien (der dritte Strang), in denen die unmittelbar Geführten danach gefragt werden, welche Merkmale ihr aktueller Vorgesetzter hat (z. B. starke Mitarbeiterorientierung), und danach prüft man, ob diese Urteile etwas mit dem Führungserfolg zu tun haben. Bei der vierten Art von Studien werden Aussagen über die erwünschte Persönlichkeit und das Handeln von Vorgesetzen so gewonnen, dass man Experten fragt, welche Merkmale und Verhaltensweisen einer Person notwendig sind, damit diese (in bestimmten Situationen) erfolgreich ist. Diese Urteile sind oft rein theoretisch abgeleitet, sie stützen sich zum Teil aber auch auf Beobachtungsdaten. Die zum dritten und vierten Strang vorliegenden Befunde werden aus den gerade angeführten Gründen (Betonung des *Verhaltens* des Führers, zweifelhafter Nachweis von Persönlichkeitsdispositionen des Führers) ebenfalls erst an späterer Stelle betrachtet (vgl. Abschnitte 3.2.1, 3.2.2, 3.2.4 bis 3.2.6).

Weil personale Führung nur als wechselseitige Relation zu verstehen ist, kann und muss man natürlich auch nach der *Persönlichkeit* und dem *Verhalten der Geführten* fragen. Leider sind Untersuchungen, in denen die Ursache-Wirkungsverkettung umgedreht wird, man also z. B. Persönlichkeitsdispositionen der geführten Per-

Tabelle 1: Erkenntnisse zum Einfluss verschiedener Persönlichkeitsmerkmale von Führern

- die Intelligenz korreliert in sehr verlässlicher Weise positiv mit (Führungs-)Leistungen
- eine positiv ausgeprägte Leistungsmotivdisposition (hohe Hoffnung auf Erfolg, geringe Furcht vor Misserfolg) und eine positiv ausgeprägte Machtmotivdisposition (hohe Hoffnung auf Kontrolle, geringe Furcht vor Kontrollverlust) der Führungskraft gehen mit guten Leistungen von Gruppen und Unternehmen einher
- insbesondere Extraversion (im Sinne von Durchsetzungsfähigkeit, Herzlichkeit, Geselligkeit, Aktivität, Frohsinn und Erlebnishunger) und Gewissenhaftigkeit (im Sinne von Kompetenz, Ordnungsliebe, Leistungsstreben, Pflichtbewusstsein, Selbstdisziplin, Besonnenheit) korrelieren positiv mit dem Führungserfolg über verschiedene Bereiche und Indikatoren hinweg
- Neurotizismus (im Sinne von Ängstlichkeit, Reizbarkeit, Verletzlichkeit, Depression, sozialer Befangenheit und Impulsivität) ist mit dem Führungserfolg negativ korreliert
- Personen mit einer stark ausgeprägten internalen Kontrollüberzeugung sind als Unternehmer besonders erfolgreich
- das Geschlecht korreliert sehr deutlich mit dem Führungserfolg, weil Männer viel häufiger in Führungspositionen zu finden sind als Frauen

sonen (etwa Ängstlichkeit, Intelligenz) variiert oder kontrolliert, um zu analysieren, welche Auswirkungen dies auf den Erfolg bestimmter Führer oder den Nutzen bestimmter Führungshandlungen (in Gruppen) hat, noch selten zu finden. Auch Studien, in denen untersucht wurde, was Geführte von Führern erwarten und wovon es abhängt, dass eine bestimmte Person als Führer gewählt wird, sind noch eher rar. Diesen Ansätzen, in denen die Dispositionen und das Handeln der Geführten – auch im Sinne der Führung von unten – eine zentrale Rolle spielen, wenden wir uns gleich in einem zweiten Schritt zu (Abschnitt 3.1.2). Das *Verhalten der Geführten* wird hier schon mitbehandelt, weil es dazu bislang eher wenige Erkenntnisse gibt.

3.1.1 Dispositionen des Führers

Bestimmte Persönlichkeitsmerkmale des Führers nehmen auf den Erfolg des Führers und seiner Gruppe bzw. Organisation in systematischer Weise Einfluss. Dies steht inzwischen außer Frage. In der **Tabelle 1** sind diejenigen Persönlichkeitsmerkmale aufgeführt, die als besonders bedeutsam identifiziert wurden (Frese, 1998; Judge; Higgins, Thoresen & Barrick, 1999; Judge, Bono, Ilies & Gerhardt, 2002; LePine, Hollenbeck, Ilgen & Hedlund, 1997; Rosenstiel & Wegge, in Druck; Schmidt & Hunter, 1998).

Die hier nur knapp zusammengefassten Erkenntnisse basieren – dies sei bewusst wiederholt – in der Regel auf einfachen Input(Disposition)-Output(ein Indikator für Führungserfolg)-Analysen. Mit Blick auf das Geschlecht liegen aber differenziertere Befunde vor. Diese zeigen u. a., dass die deutliche Unterrepräsentation von Frauen im Management eine Vielzahl von Gründen hat, z. B. die geschlechtsspezifische Sozialisation und damit verbundene Rollenerwartungen und Selbstbilder, Belastung durch familiäre Aufgaben, die vorherrschende Männerkultur in den Führungsetagen und erschwerte Zugänge zu informellen Netzwerken. Es ist ferner davon auszugehen, dass eine komplexe *Interaktion* von (Selbst-)Selektions- und Sozialisationsprozessen die Ursache dieser Beobachtung ist.

Für die Intelligenz, die Motivdispositionen und die Big-Five (z. B. Gewissenhaftigkeit, Neurotizismus, siehe Brandstätter, Kap. 9, sowie Schuler & Höft, Kap. 10) sind inzwischen einige Längsschnittstudien verfügbar, nach denen die hier und da recht nahe liegende Vermutung der umgekehrten Kausalität (z. B. Wem Gott ein Amt gibt, dem gibt er auch Verstand) weitgehend ausgeschlossen werden kann. Dass es – über viele Situationen hinweg betrachtet – positive Zusammenhänge zwischen der Intelligenz und dem Führungserfolg gibt, ist kaum verwunderlich, wenn man einmal genauer analysiert, welche Herausforderungen sich Führungskräften mit Blick auf die (schnelle) Informationsverarbeitung und Problemlösung jeden Tag stellen (vgl. Abschnitt 3.2.1). Für die anderen Merkmale (Motivdispositionen, Big-Five) sind ebenfalls plausible Erklärungen vorhanden (z. B. Bevorzugung besonders schwieriger Ziele, Unterschiede mit Blick auf das Kommunikationsverhalten, das Vergnügen an den geforderten Tätigkeiten und der Ausdauer; vgl. Judge et al., 2002, S. 774; Wegge, 2002), was aber nicht darüber hinweg täuschen darf, dass ein exakter Nachweis darüber, welche Prozesse den beobachtbaren Zusammenhängen zu Grunde liegen, bislang nur vereinzelt vorliegt. Auch unter welchen Bedingungen bestimmte Dispositionen des Führers besonders günstig (ungünstig) sind, ist erst in Ansätzen erforscht. Dass die hier dargestellten Ergebnisse so etwas wie «Haupteffekte» sind, die auf einer Vielzahl aufgaben- und situationsspezifischer Befunde beruhen, bei denen im Einzelfall auch abweichende Ergebnisse auftreten können (z. B. dass wenig intelligente oder neurotische Personen zum Führer gewählt werden oder gute Führungsleistungen zeigen), ist wohl selbstverständlich. Worauf es hier im Einzelfall ankommt, ist leider noch weitgehend offen. Eine abschließende Beurteilung der Zusammenhänge zwischen den Dispositionen von Führern und dem Führungserfolg ist u. E. auch deshalb noch verfrüht, weil es mit Blick auf die «beste» Messung der involvierten Dispositionen ebenfalls noch manche Debatten gibt.

Vermutlich vermisst der Leser in der Tabelle 1 einen Hinweis auf das «Charisma» des Führers. Ist das nicht *das* entscheidende Persönlichkeitsmerkmal, welches den Erfolg von personaler Führung ausmacht? Auf die Erkenntnisse zu den Effekten mehr oder weniger charismatisch erlebter Führung gehen wir weiter unten noch viel genauer ein (Abschnitte 3.1.2 und 3.2.6). An dieser Stelle möge der Hinweis genügen, dass es sich hierbei *nicht* um eine besondere Disposition des Führers handelt. Das Erlebnis von Charisma – dies zeigen die neuen Befunde – hängt sowohl mit einigen Persönlichkeitsmerkmalen des Führers (z. B. Extraversion, emotionale Expressivität, Verträglichkeit; Judge & Bono, 2000) als auch mit Persönlichkeitsmerkmalen der Geführten zusammen (z. B. ein starkes Bedürfnis nach personaler Führung; De Vries, Roe & Taillieu, 1999). Zudem spielen auch Situationsmerkmale (z. B. die Art und Größe der Organisation) eine bedeutsame Rolle. Charisma wird folgerichtig in den neueren Theorien zumeist als ein *kontextspezifisches Interaktionsphänomen* begriffen, an dessen Genese immer mehrere Variablen auf Seiten des Einflussnehmenden und des Beeinflussten mitwirken. Die Herstellung dieses Interaktionsphänomens kann durch bestimmte Verhaltensweisen gefördert werden und ist in gewissen Grenzen daher auch trainierbar.

3.1.2 Dispositionen und Verhalten der Geführten

Führungsforscher verfallen dem «Great-Man»-Mythos, nach dem es hauptsächlich auf die Eigenheiten der Führungskraft ankommt, zumeist genau so gerne wie Laien. Dies ist sicherlich ein Grund dafür, dass man den Persönlichkeitsmerkmalen der *Geführten* bislang in der Führungsforschung wenig Aufmerksamkeit schenkte. Dass dies ein klarer Fehler ist, weil bestimmte Persönlichkeitsdispositionen der geführten Personen z. B. Einfluss darauf nehmen, welche Führungshandlungen erfolgreich sind, belegen die folgenden Befunde.

Dispositionen der Geführten

In der sozialpsychologischen Forschung wurden viele Experimente durchgeführt, in denen untersucht wurde, wovon es abhängt, dass eine bestimmte Botschaft oder ein Auftrag von einem «Empfänger» mehr oder weniger akzeptiert und umgesetzt wird (siehe z. B. Hogg & Vaughan, 1998, Kap. 5 und 6). Hierbei wurden auch Persönlichkeitsmerkmale der Zuhörer (Geführten) als Variable betrachtet, z. B. das Geschlecht, der Selbstwert («self esteem») und die Intelligenz. Der aktuelle Forschungsstand lässt sich wie folgt zusammenfassen. Für das Geschlecht finden sich bei methodisch korrektem

Vorgehen (Kontrolle des Geschlechts des Senders und der Geschlechtsspezifität der Botschaft) *keine* Unterschiede, mit Blick auf die Intelligenz und den Selbstwert der Person sind hingegen *kurvilineare* Zusammenhänge zu beobachten, weil wenig intelligente Personen und hoch intelligente Personen durch eine Botschaft eher in *geringerem* Maße beeinflussbar sind als Personen mit mittlerer Intelligenz. Vergleichbares gilt für den Selbstwert. Als Erklärung wird angenommen, dass bei niedrigen Ausprägungen von Intelligenz und Selbstwert (ggf. angstinduziert) kaum Aufmerksamkeit für die Botschaft vorliegt, bei hoher Ausprägung jedoch mehr Wissen (Intelligenz) bzw. eine größere Selbstsicherheit der Person (Selbstwert) zu einer geringeren Beeinflussbarkeit führt. Diese Befunde sind u. E. nur mit einer gewissen Vorsicht auf Situationen der personalen Führung in Organisationen zu übertragen, weil dort die gemeinsame Aufgabenerfüllung viel deutlicher im Vordergrund steht.

Zur Bedeutung der Ängstlichkeit von Geführten bei Gruppenarbeit berichtet Wegge (2002) erste Befunde. In einer Reihe von vier Experimenten wurde u. a. analysiert, ob Arbeitsgruppen mit überwiegend ängstlichen Personen (Angst vor Misserfolg oder sozialer Zurückweisung) auf partizipative und direktive Zielsetzungstechniken eines gruppenexternen Vorgesetzen genau so reagieren wie wenig ängstliche Gruppen. Weil in der Partizipationsforschung Hinweise vorliegen, dass die Beteiligung an (wichtigen) Entscheidungen die Angst reduzieren kann, wurde erwartet, dass insbesondere ängstliche Gruppen bei partizipativer Führung eine höhere Arbeitsmotivation und Leistung aufweisen als bei direktiver Führung. Diese These konnte bei Gruppenaufgaben, in denen die Anregung von Angst sehr verlässlich zu Leistungseinbußen führt (Brainstorming), bestätigt werden. Bei anderen Aufgaben (z. B. Problemlöseaufgaben) war dieser Unterschied hingegen nicht zu finden. Darüber hinaus wurde in diesen Experimenten beobachtet, dass direktive Zielvorgaben in *wenig* ängstlichen Gruppen zum Teil auch zu deutlich besseren Gruppenleistungen führten als partizipative Zielvereinbarungen. Inwieweit sich solche Wechselwirkungen in Feldstudien replizieren lassen, wäre zu prüfen. Schlechtere Leistungen in Folge partizipativer Zielvereinbarungen (im Vergleich zu direktiven Zielvorgaben) könnten nach den Befunden u. a. dann auftreten, wenn die Mitglieder einer Gruppe wenig Mitsprache wünschen, also zur Kontrollablehnung neigen, aber vom Vorgesetzen zur Teilnahme an der Zielfestlegung (Verantwortungsübernahme) aufgefordert werden (vgl. Abschnitte 3.2.7 und 3.3.1).

Neuerdings sind zudem eine Reihe von Arbeiten verfügbar, in denen man der Frage nachgeht, wer welches Führungsverhalten besonders mag bzw. wer für einen bestimmten Führungsstil besonders «anfällig « ist (Ehrhart & Klein, 2001; Felfe & Schyns, 2002; Gebert, 2002; Keller, 1999; De Vries, Roe & Taillieu, 1999; Weierter, 1999). Auch diese Studien liefern erste Hinweise für die Bedeutsamkeit von Persönlichkeitsunterschieden der Geführten. Ein abschließendes Urteil wäre hier aber erneut verfrüht, da sich die Befunde zum Teil widersprechen. So fanden z. B. De Vries et al. (1999) bei einer Befragung von 951 berufstätigen Niederländern aus verschiedensten Branchen, dass Geführte mit einem starken Bedürfnis nach Führung (diese werden eher als «schwache» Personen eingeschätzt, die personale Führung von einem Führer brauchen) ihre Führer als besonders charismatisch erleben. Ist das Bedürfnis nach personaler Führung bei der Person gering ausgeprägt, sind die immer wieder feststellbaren positiven Effekte charismatischer Führung auf die Arbeitszufriedenheit und die Bindung an die Organisation (vgl. Abschnitt 3.2.6) zudem deutlich niedriger. Dieser Befund spricht dafür, dass besonders «schwache» bzw. unsichere Menschen ihren Führer als charismatisch erleben und dann auf charismatische Führung besonders positiv reagieren. In der Studie von Ehrhart und Klein (2001) wurde hingegen festgestellt, dass Personen, die wenig auf die Sicherheit ihres Arbeitsplatzes und Stabilität bedacht sind («starke» Menschen), charismatische Führer besonders bevorzugen. Weil die weiteren hierzu vorliegenden Studien recht unterschiedliche Aspekte der persönlichkeitsbedingten «Stärke» der Geführten heranziehen (z. B. berufliches Selbstvertrauen, Bedürfnis nach Unabhängigkeit, Big-Five), sind noch nahezu alle Fragen offen, die man hier – völlig zu Recht – stellen muss.

Dass verschiedene Geführte denselben Führungsakt unterschiedlich wahrnehmen und bewerten können, weil sie unterschiedliche Erwartungen und Vorlieben haben, wird auch in der Schematheorie der Führung von Lord und Maher (1991) postuliert. Demnach entwickeln und erlernen Personen besondere, zumeist aufgabenspezifische Führerschemata. Wird ein Führer gesucht oder wird ein für die Führung kennzeichnendes Merkmal gedanklich aktiviert, werden diese Schemata wirksam. Entspricht der (potenzielle) Vorgesetzte in seinen Merkmalen und Verhaltensweisen dem aktivierten Führungsschema des Mitarbeiters, so wird dadurch die Akzeptanz des Vorgesetzten beim Mitarbeiter zunehmen. Die Theorie sagt zudem vorher, dass es dem Vorgesetzten dann leichter fällt, die Geführten zu beeinflussen. Wie sehen solche Führungsschemata aus? Und ist nicht auch zu erwarten, dass diese in verschiedenen Organisationen und Kulturen unterschiedlich sind? Diese Fragen werden im «Global Leadership and Organizational Effectiveness (GLOBE) Research Programm» von House, Hanges, Ruiz-Quintanilla, Dorfman, Javidan, Dickson und Gubta (1999) untersucht. Eine zentrale Annahme dieses Forschungsprojektes ist, dass in einzelnen Kulturen unterschiedliche Vorstellungen davon bestehen, was einen erfolgreichen Führer ausmacht und wie personale Führung generell zu bewerten ist. Die Kultur sollte – vermittelt über unterschiedliche Führerschemata im Sinne der Theorie von Lord und Maher – demnach ebenfalls auf die Effektivität von Führungsprozessen Einfluss nehmen. Insgesamt 170 Wissenschaftler untersuchen in 62 Kulturen, welche Merkmale erfolgreichen Vorgesetzten zugeschrieben werden. Zur Messung dieser Vorstellungen werden über die Kulturen hinweg sechs allgemeine Vorgesetztenmerkmale benutzt: Charisma und Leistungsorientierung, Team- und Zusammenarbeitsorientierung, humane Orientierung, Partizipation, Autonomie und Narzissmus. Leider noch ungeprüft ist, ob jene Führungskräfte erfolgreicher sind, die so wahrgenommen werden, wie es das jeweils kulturspezifische Schema nahe legt. Man darf auf die Befunde gespannt sein. Weil in der Gehorsamkeitsforschung bereits belegt ist, dass die Kulturzugehörigkeit das Verhalten mitbestimmt (Personen mit kollektivistischen Werten geben sich dem Konformitätsdruck in Gruppen eher hin als Personen mit individualistischen Werten; Hogg & Vaughan, 1998, Kap. 6), ist dies sehr wahrscheinlich.

Verhalten der Geführten

Das Verhalten der Geführten wurde in der Führungsforschung zumeist nur als abhängige Variable im Sinne eines Indikators der Effektivität bestimmter Führer oder Führungsakte herangezogen. Es gibt aber zumindest drei Forschungsbereiche, in denen man das Geführtenverhalten auch als *unabhängige* Variable analysierte, und zwar mit Blick auf den Erfolg von Minoritäten in Gruppen (diese können die Meinung einer Majorität besonders erfolgreich verändern, wenn sie ihren abweichenden Standpunkt konsistent darlegen und uneigennützig agieren, siehe Hogg & Vaughan, 1998), bei der Wahl von Führern und beim so genannten «Führen von unten» (siehe **Informationsbox 1**). Betrachten wir an dieser Stelle die Befunde zur Führerwahl etwas genauer. Wen wählt man zum Führer einer Gruppe?

Nach den Befunden der Metaanalyse von Lord, de Vader und Alliger (1986), in der für jede der vier analysierten Persönlichkeitsdispositionen zwischen 11 und 18 Effekte herangezogen werden, wählt man solche Personen als Führer in Gruppen, die besonders intelligent sind ($r = .50$), sich verträglich (freundlich) verhalten ($r = .24$) und hohe Werte in Extraversion aufweisen ($r = .26$). Für die «Dominanz» der Person ergab sich nur ein eher schwacher Zusammenhang ($r = .13$). Im Einklang mit diesen Resultaten finden neuere Studien, in denen das spezifische Interaktionsverhalten und weitere Persönlichkeitsmerkmale untersucht wurden, dass zumeist männliche, recht intelligente, gruppendienlich agierende Vielredner zum Führer werden (Rosenstiel & Wegge, in Druck). Nach den Ergebnissen der neuesten Metaanalyse von Judge et al. (2002), in der Befunde aus insgesamt 78 Studien berücksichtigt sind, werden insbesondere *extravertierte* Personen häufig als Führer gewählt ($r = .33$ bei 37 Studien). Sie sind in dieser Rolle übrigens auch recht erfolgreich, weil die Extraversion mit Indikatoren des Führungserfolgs (Effizienzurteile von Vorgesetzten oder Geführten) ebenfalls positiv korreliert (r=.24 bei 23 Studien).

Das Befundmuster zur Führerwahl ist mit den Annahmen der Schematheorie der Führung (s. o.) gut zu erklären. In den letzten Jahren wurden jedoch einige Arbeiten aus der Perspektive des «social identity»-Ansatzes vorgelegt (Has-

Informationsbox 1

Führung von unten

Zur Führung von unten (z. B. die Führung des Vorgesetzten durch seine Sekretärin oder durch Projektgruppenmitglieder) gibt es ebenfalls einige neue Arbeiten (Wunderer, 2000). Exemplarisch sei hier auf die Studien von Blickle (1995), Blickle, Hepperle, Hoeschele et al. (1997) und Blickle und Gönner (1999) verwiesen, in denen Selbsteinschätzungsskalen zur Erfassung verschiedener *inner*organisatorischer Einflussstrategien entwickelt und empirisch überprüft wurden. Die Skalen beschreiben Strategien, die von Vorgesetzten, Kollegen und Untergebenen gleichermaßen genutzt werden könnten, um Einfluss zu nehmen. Nach den Studien von Blickle lassen sich vier Strategien faktorenanalytisch gut voneinander trennen:

- *freundliches, einschmeichelndes Verhalten*
- *rationales Überzeugen bzw. sachliches Argumentieren*
- *Druck machen (mit Bestimmtheit auftreten und Ärger zeigen)*
- *übergeordnete Instanzen einschalten*

Prüft man nun, wer welche Strategien zur Beeinflussung besonders häufig nutzt, lassen sich erwartungsgemäß einige Unterschiede feststellen. Das «Einschalten übergeordneter Instanzen» wird nach den Daten von Blickle insbesondere gegenüber Kollegen gezeigt, während das «rationale Überzeugen» besonders häufig gegenüber Untergebenen als Einflussstrategie verwendet wird. Solche Unterschiede sind zudem von der Persönlichkeit und den besonderen Machtressourcen abhängig, über die ein Individuum verfügt (z.B. Expertenmacht, Sanktionsmacht). Nach den bei Wunderer (2000) erörterten Befunden nutzen die Mitarbeiter bei der sozialen Einflussnahme auf ihren (direkten) Vorgesetzten zur bestmöglichen Erfüllung der gemeinsamen Aufgaben (Führung von unten) besonders häufig die Strategien «Freundlichkeit» und «rationales Überzeugen».

Die insgesamt vorliegenden Studien zur Nutzung verschiedener Einflussstrategien beim personalen Führen von oben, beim personalen Führen von unten und beim personalen Führen von Kollegen (laterale Führung) zeigen allerdings, dass solche Unterschiede *eher gering* sind. Vorgesetzte, Mitarbeiter und Kollegen beeinflussen sich also auf ganz ähnliche Weise, was kaum verwundert, wenn man personale Führung als wechselseitigen Einflussprozess begreift.

Weil eine gute Führung des «Chefs» im Sinne eines Mitunternehmertums für den Erfolg von Organisationen immer wichtiger wird, macht Wunderer (2000) einige Vorschläge, wie man die Führung von unten in Organisationen anregen kann. Neben strukturellen Maßnahmen zur *Förderung der Führung von unten* wie z. B. eine angemessene Personalauswahl, Programme zum Vorschlagswesen und «Offen-gesagt-Aktionen» empfiehlt er u. a., dass der Chef die Erwünschtheit und Akzeptanz der aktiven Einflussnahme des Mitarbeiters signalisiert, z. B. durch gute Erreichbarkeit, offene Türen, Toleranz bei Fehlern und das Führen mit Zielvereinbarungen. Er bzw. sie soll ferner ein gutes Arbeitsklima schaffen, dass den individuellen unterschiedlichen Kompetenzen und Wünschen nach Mitsprache gerecht wird. Inwieweit derartige Programme erfolgreich sind, kann und sollte mit den jetzt vorliegenden Messinstrumenten genauer untersucht werden.

lam, 2001; Hogg & van Knippenberg, 2003), die u.E. eine wichtige Ergänzung hierzu liefern. Die grundlegende Annahme ist folgende: bei aktivierter sozialer Identität der Gruppenmitglieder (die Gruppenmitglieder nehmen sich als Mitglied einer Gruppe wahr) werden von den Geführten insbesondere solche Personen als geeignete Führer der Gruppe betrachtet, gesucht, gemocht und durch eigenes Handeln auch großzügig unterstützt, *die für das Selbstverständnis der Gruppe in dieser speziellen Situation besonders prototypisch* sind. Die Argumente prototypischer Führer werden zudem eher akzeptiert. Auf Grund dieser Prozesse sind prototypische Führer sehr effektiv. Dies wird von den Geführten dann der Persönlichkeit des Führers zugeschrieben, was mit dazu beiträgt, dass sie im Auge des Betrachters über gewisse Zauberkräfte (Charisma) zu verfügen scheinen.

Was als prototypisch wahrgenommen wird, ist nach diesem Ansatz allerdings nicht allein durch kulturell geprägte, relativ stabile und aufgabenspezifische Schemata bedingt, sondern *sehr flexibel und stark kontextabhängig*. Diese Annahme hat erhebliche Konsequenzen. Man kann auf Grundlage der hier relevanten Prozesse, z.B. dass ein Wettbewerb mit einer Fremdgruppe die Identifikation mit der eigenen Gruppe erhöht oder dass im Wettbewerb mit anderen Gruppen solche Personen prototypisch werden, die den *Unterschied* der eigenen Gruppe zu der aktuellen Fremdgruppe deutlich machen, auch Phänomene erklären, die auf den ersten Blick kaum nachvollziehbar sind. Man kann z.B. verständlich machen, warum:

a) Gruppen manchmal offensichtlich auch unfaire Personen als Führer wählen, obwohl man sich für seine eigene Gruppe gewöhnlich nur einen fairen Führer wünscht;
b) nicht immer diejenigen Personen als Führer gewählt werden, die für die anstehenden Aufgaben am besten geeignet wären und wieso
c) in gewissen Situationen rein zufällig ernannte Führer erfolgreicher sind als solche, die nach vorherigen Verdiensten bestimmt bzw. gewählt werden.

Die Erklärung dieser «Ausnahmen» von der Regel gelingt sehr überzeugend, wenn man dem «social identity»-Ansatz folgend kontextspezifische Selbstkategorisierungsprozesse und soziale Vergleichsprozesse sowie die von ihnen angestoßenen unmittelbaren Folgen in Rechnung stellt. Dies sind die Wahrnehmung von Gleichheit (der eigenen Gruppenmitglieder) und Unterschiedlichkeit (zur Fremdgruppe) sowie eine zunehmende Ausrichtung eigenen Denkens, Handelns und Fühlens gemäß der *aktuellen* Selbstdefinition als Gruppenmitglied. In einer Gruppe, deren Selbstverständnis gar keinen besonderen Führer vorsieht (was z.B. bei Laborexperimenten mit ad-hoc-Arbeitsgruppen nicht ungewöhnlich sein dürfte), kann ein zufällig gewählter Führer daher auch effizienter sein als der nach Verdiensten ernannte. Eine Erläuterung der weiteren Details würde zu viel Platz erfordern, sodass wir den interessierten Leser auf die vorhandene Literatur verweisen (Dick, 2003; Gebert, 2002; Haslam, 2001; Hogg & van Knippenberg, 2003; vgl. auch Brodbeck, Kap. 13, sowie v. Rosenstiel, Kap. 12).

3.1.3 Zwischenfazit

Die bisherigen Ausführungen waren hauptsächlich den Dispositionen des Führers und der Geführten gewidmet. Angesichts der heute vorliegenden Befunde besteht kein Zweifel mehr daran, dass sowohl die Dispositionen der Vorgesetzten als auch die Dispositionen der Mitarbeiter zu berücksichtigen sind, will man Prozesse der personalen Führung in Organisationen angemessen rekonstruieren und deren Erfolg vorhersagen. Nicht nur die Führungskraft, auch die Mitarbeiter sind hierbei als Akteure zu begreifen, die sich kontinuierlich wechselseitig beeinflussen und das Verhalten des jeweils anderen mitbestimmen. Ein Modell der personalen Führung in Organisationen muss daher den Dispositionen, Verhaltensweisen und Wahrnehmungen beider Akteure Rechnung tragen (vgl. **Abb. 3**), wobei selbstverständlich zu ergänzen ist, dass diese Prozesse in ganz bestimmten Situationen auftreten (vgl. Abschnitt 3.2). Die aktuelle Situation ist hierbei als ein eigener Einflussfaktor zu betrachten und auch der Führungserfolg

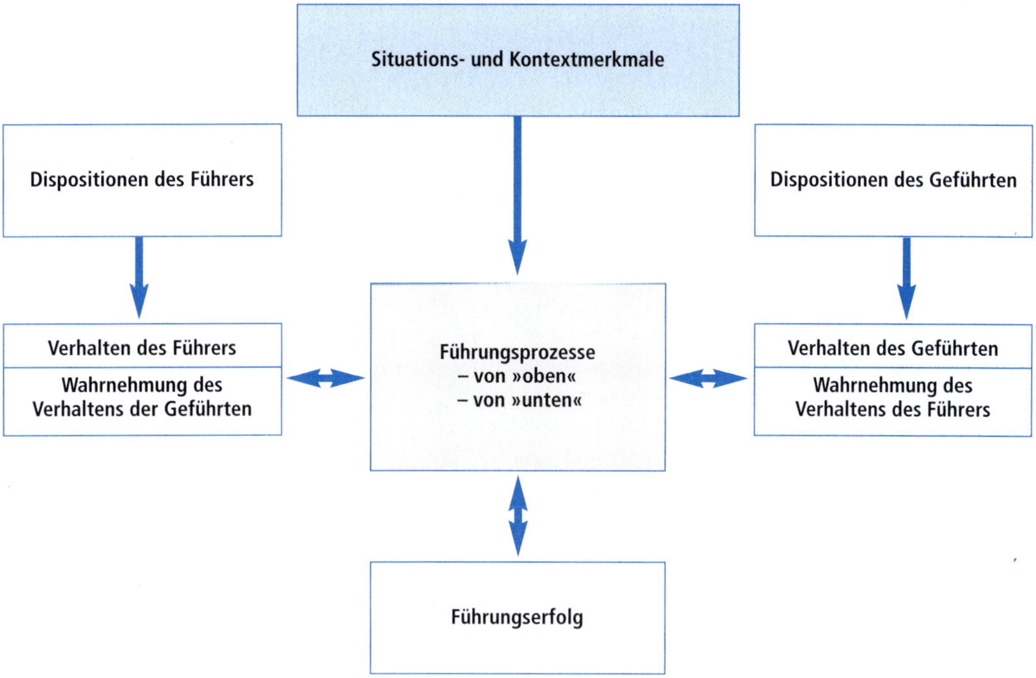

Abbildung 3: Führungserfolg als Resultat des Handelns und Beobachtens von Führern und Geführten

selbst kann auf das beobachtbare Führungshandeln der Führer und Geführten zurück wirken, z. B. wenn besondere Freiräume für die Mitarbeiter in schwierigen Zeiten vom Vorgesetzten nicht mehr gewährt werden oder wenn Mitarbeiter ihrem Vorgesetzten die Unterstützung entziehen, wenn dieser plötzlich nicht mehr auf Vertrauen, sondern auf «Kontrolle» setzt (Gebert, 2002).

Mit Blick auf den Vorgesetzten wurden schon sehr viele verschiedene Dispositionen (Merkmale) als Ursache des Führungserfolgs betrachtet. Die Ergebnisse der Untersuchungen, in denen zunehmend valide Messverfahren zur Persönlichkeitsdiagnostik und statistisch angemessene Verfahren zur Validitätsgeneralisierung (Metaanalysen) genutzt werden, zeigen wie erwartet, dass es solche Zusammenhänge gibt. Insbesondere die Intelligenz und die Extraversion des Führenden tragen zum Führungserfolg bei. Mit gewissen Abstrichen ist dies für andere Persönlichkeitsdispositionen wie z. B. die Verträglichkeit der Führungskraft oder die Leistungsmotivdisposition ebenfalls zutreffend. Wie die Zusammenhänge zwischen den Dispositionen eines Führers und dem Führungserfolg im Einzelnen zu Stande kommen, ist bisher aber nur in Ansätzen aufgeklärt, was u. a. daran liegt, dass die diesbezügliche Forschung oft mit viel zu einfachen «Input-Output»-Modellen gearbeitet hat (vgl. Abb. 2).

Auf der Seite der Geführten sind inzwischen ebenfalls einige Persönlichkeitsdispositionen untersucht worden. Die Forschung steckt hier zwar noch in den Kinderschuhen, es ist aber schon hinreichend belegt, dass einige Dispositionen (z. B. Intelligenz, Ängstlichkeit, Selbstwert) auf die «Empfänglichkeit» für und die Wirksamkeit von bestimmten Führungsakten von Autoritätspersonen moderierend Einfluss nehmen, andere hingegen eher unbedeutend sind. Das Geschlecht der Geführten hat – anders als frühe Untersuchungen andeuteten – z. B. keinen klaren Effekt, wenn man sachlich angemessene Vergleiche anstellt. Wie die Zusammenhänge zwischen den Dispositionen der Geführten und den Unterschieden im Verhalten (z. B. Beeinflussbarkeit) bzw. dem Führungserfolg (z. B.

Gruppenleistung) vermittelt sind, ist auch hier erst in Ansätzen aufgeklärt. Sehr wahrscheinlich spielen verschiedene Erwartungshaltungen und Emotionen der Geführten, die mit den jeweiligen Dispositionen eng verknüpft sind, eine wichtige Rolle. Aber auch das Verhalten der Geführten selbst ist hier (wie bei den Führern) eine mögliche Variable, z. B. weil bestimmte Mitarbeiter eher abgelenkt werden oder dazu neigen, sich von sich aus mit einer Aufgabe kritisch zu beschäftigen und dem Führer dann Verbesserungsmöglichkeiten vorzuschlagen. Die Kritik, dass es nicht genügen kann, allein Zusammenhänge zwischen bestimmten Dispositionen und Indikatoren des Führungserfolgs aufzuzeigen, weil damit kaum ein echter Erkenntnisgewinn erreicht wird, gilt natürlich auch hier.

Die Forschung hat zudem bereits einige konkrete *Verhaltensweisen der Geführten* untersucht, z. B. die Wahl von Führern, denen wir oben ebenfalls schon Aufmerksamkeit geschenkt haben. Recht gut verstanden ist das Phänomen, dass die Geführten vom Führenden bestimmte Merkmale erwarten. In neueren Untersuchungen konnte u. a. belegt werden, dass Menschen aufgabenspezifische und kulturspezifische Führerschemata entwickeln. Es wird vermutet, dass ein Vorgesetzter dann besonders erfolgreich ist, wenn er dem Führungsschema der Geführten gut entspricht. Diese Schemata beeinflussen – wie zu erwarten ist – dann auch die Wahl von Führern. In den letzten Jahren wurden ferner einige interessante Arbeiten auf Basis des «social identity»-Ansatzes vorgelegt, in denen nachgewiesen wurde, dass bei aktivierter sozialer Identität der Gruppenmitglieder insbesondere solche Personen als Führer der Gruppe betrachtet, gesucht und von den Geführten unterstützt werden, die für das Selbstverständnis der Gruppe *in dieser speziellen Situation* besonders prototypisch sind. Was als prototypisch wahrgenommen wird, ist nach der Theorie aber sehr flexibel und immer kontextabhängig. Die Kontextabhängigkeit dieser Einschätzungen hat erhebliche Konsequenzen. Es wird nun nämlich verständlich, warum das Charisma des Führers plötzlich verblassen kann, warum Gruppen manchmal offensichtlich ungerechte und wenig intelligente Personen als ihre Führer wählen und warum die zufällige Ernennung eines Führers manchmal besser ist als die Wahl eines Führers nach seinen vorherigen Verdiensten. Die wichtige Rolle der Geführten ist darüber hinaus bei der Analyse von Minoritätseinflüssen in Gruppen und bei der «Führung von unten» erkannt und analysiert worden. Weil es inzwischen einige Verfahren gibt, die Führung von unten in angemessener Qualität erfassbar machen, ist damit zu rechnen, dass die Forschung in diesem Bereich bald weitere Fortschritte machen wird.

3.2 Ansätze mit Fokus auf das spezifische Verhalten der Vorgesetzten

Entsprechend der stark führerzentrierten Historie der Führungsforschung gibt es bisher überwiegend Studien zum Führungs*verhalten* von Vorgesetzten (vgl. aber Abschnitt 3.1.2).

3.2.1 Reales und ideales Verhalten von Führungskräften

Fragen wir zunächst, was Führungskräfte in Organisationen eigentlich machen. Hierzu liegen zahlreiche Studien vor, in denen mit verschiedenen Forschungsmethoden (Beobachtung, standardisierte Befragung, Führen von Tagebüchern etc.) Einblicke in den Alltag von Vorgesetzten gewonnen wurden (siehe Rosenstiel, 2001). Die Analyse des Arbeitsverhaltens von Führungskräften hat eine Reihe von interessanten Informationen geliefert. Die wichtigsten Befunde lassen sich wie folgt zusammenfassen:

- Vorgesetzte wenden einen großen Teil ihrer Arbeitszeit (zwischen 40 und 80 %) für die Kommunikation auf, wobei die Kommunikation mit den Unterstellten nur einen kleinen Anteil ausmacht. Gespräche mit Personen auf der gleichen Ebene sind häufiger. Ferner sind Vorgesetzte der Vorgesetzen, Vertreter der Öffentlichkeit und auch Kunden oft Interaktionspartner. Viele der Kommunikationsakte

Tabelle 2: Modell des Führungshandelns von Vorgesetzten nach Fleishman et al. (1991)

Informationssuche und Informationsstrukturierung Informationssuche, Informationsauswertung, Feedback und Kontrolle
Informationsnutzung bei der Problemlösung Bedürfnisidentifikation, Planung und Koordination, Kommunikation
Management personaler Ressourcen Beschaffung und Zuweisung von Personal, Personalentwicklung, Motivation, Überwachung und Berichterstellung
Management materieller Ressourcen Beschaffung und Zuweisung von materiellen Ressourcen, Aufbewahrung und Pflege, Überwachung und Berichterstellung

sind der Netzwerkbildung und der hier als eigennützig definierten Mikropolitik (eigener Machtaufbau und Verhinderung der Kontrolle durch andere) gewidmet.

- Die Tätigkeiten von Vorgesetzten sind extrem fragmentiert, insbesondere auf niedrigen Führungsebenen. Im oberen Management sind ca. 50 Episoden pro Arbeitstag zu finden, für die unteren Ebenen zum Teil mehr als 200. Die einzelnen Arbeitsepisoden werden hierbei oft nicht selbstbestimmt abgeschlossen, sondern durch Störungen von außen.
- Ziele der ausgeübten Tätigkeiten sind kaum, zumindest nicht langfristig geplant, sondern sie werden oft durch unerwartete Ereignisse von außen angestoßen. Zudem wird wenig Zeit für die Reflexion aufgewendet. Die zur Entscheidungsfindung herangezogenen Informationen beruhen mehr auf informellen als auf offiziellen, schriftlichen Quellen.

Diese allgemeinen Beobachtungen, die in bestimmten Organisationen und für einzelne Vorgesetzte selbstverständlich ganz anders ausfallen können, sind einerseits wertvoll, weil sie klar machen, wie wichtig Interpretations-, Interaktions- und Planungsprozesse im Rahmen der Arbeit von Vorgesetzten sind. Andererseits ist das Ergebnis solcher zumeist theorielosen Beobachtungsstudien aber auch enttäuschend, weil man damit kaum herausfindet, was die Vorgesetzten wann und wie am besten tun oder lassen sollten, um ihre jeweiligen Aufgaben *erfolgreich* zu erfüllen. Die Häufigkeit einzelner Handlungskategorien (z. B. Feedback geben) sagt leider kaum etwas über deren Güte aus. Eine konstruktive Leistungsrückmeldung des Vorgesetzen wird aber z. B. ganz andere Wirkungen haben als das als bloße Nörgelei empfundene Feedbackgespräch (Fiege, Muck & Schuler, 2001; Gebert, 2002). Betrachtet man die Effekte einzelner Führungshandlungen genauer, zeigt sich zudem, dass bestimmte Handlungen (z. B. Beziehungspflege) eher mit dem Aufstieg der Führungskraft, andere Handlungen (Routinekommunikation) aber mehr mit dem Erfolg der organisatorischen Einheit korrelieren (Gebert & Rosenstiel, 2002, S. 191 ff.), so dass ferner zu fragen und zu klären wäre, was man unter Führungserfolg genau versteht (Rosenstiel & Wegge, in Druck).

Wie das Verhalten der Vorgesetzen *idealerweise* aussehen sollte, ist selbstverständlich ebenfalls schon oft erörtert worden. Zumeist stützen sich die Modelle auf eine Sammlung von theoretisch abgeleiteten Führungsprinzipien bzw. Managementfunktionen, die ihrerseits aus bestimmten Organisationskonzepten mehr oder weniger klar deduziert werden. Wir präsentieren in der **Tabelle 2** das Modell von Fleishman, Mumford, Zaccaro, Levin, Korotkin und Hein (1991), das auf den Ergebnissen von 40 Jahren Forschung zur Klärung des (idealen) Handelns von Führungskräften beruht. Die Autoren haben die Annahmen von 65 verschiedenen Klassifikationssystemen gesichtet und integriert. Von den insgesamt 590 in Einzelstudien identifizierten Variablen ließen sich 89 % einwandfrei den insgesamt 13 Modellelementen zuordnen, sodass diese Punkte eine gute Zusammenfassung liefern.

Die (personale) Führung durch den Vorgesetzten wird von Fleishman et al. (1991) als eine Form des zielgerichteten, personengebundenen Problemlösens innerhalb von sozio-technischen Systemen aufgefasst. Hierzu sind 13 wesentliche Handlungsaufgaben bzw. Führungsrollen zu erfüllen, die von der Informationssuche bis zur Rückmeldung reichen. Neben der Problemlösung wird das Management des technischen und des sozialen Systems hervorgehoben, für die der Vorgesetzte Verantwortung trägt. Welche Funktion zu einem bestimmten Zeitpunkt besonders wichtig ist, wird in diesem Modell nicht genauer festgelegt, da jede zu beachten ist und viele Variablen hierauf Einfluss nehmen. Im Einklang mit den oben geschilderten Ergebnissen zur Bedeutung der Intelligenz für den Führungserfolg wurde bei einer empirischen Anwendung dieses Klassifikationssystems festgestellt, dass Führungskräfte besonders häufig mit der Informationssuche und Informationsnutzung (Problemlösung) beschäftigt sind. Zu dem Modell liegen ferner einige Messinstrumente vor (Ilgen, 1999, S. 133), was es als ein Instrument für die Personalauswahl und -schulung geeignet erscheinen lässt.

3.2.2 Mitarbeiterorientierung und Leistungsorientierung von Vorgesetzten

Man hat häufig versucht, das Verhalten der Vorgesetzten mit Hilfe der Befragung der Geführten empirisch zu erfassen (vgl. Abb. 2). Weil immer mehr Unternehmen eine so genannte «Aufwärtsbeurteilung» einführen (Wunderer, 2000) oder die Führenden sich vom Vorgesetzten, von Kollegen, externen bzw. internen Kunden und den Unterstellten im Sinne der sog. 360°-Beurteilung einstufen lassen (Scherm & Sarges, 2002), gibt es heute eine Vielzahl von entsprechenden Verfahren. In der psychologischen Forschung war der Ansatz der Michigan-Schule um Likert, Katz und Kahn grundlegend. Hier wurde zunächst versucht, das Führungsverhalten auf einer bipolar konzipierten Dimension abzubilden, in der das Verhalten des Vorgesetzten durch einen Skalenwert zwischen «Mitarbeiterorientierung» und «Leistungsorientierung» charakterisiert wird. Diese beiden Orientierungen des Vorgesetzten sollten sich gegenseitig ausschließen und entsprechen letztlich einem Kontinuum von eher autoritärer zu eher kooperativer Führung. Zur Messung der beiden Orientierungen wurden jedoch zumeist die von der Ohio-State-University entwickelten Verfahren verwendet. Um das Führungsverhalten von Vorgesetzten in der amerikanischen Armee erfassen zu können, entwickelte Hemphill (1950) insgesamt 1800 Items, deren Zahl auf 150 und schließlich auf 40 reduziert wurde, was zum «Leader-Behavior-Description-Questionnaire» (LBDQ) führte. Mitarbeiterorientierung steht hier im Wesentlichen für die Wertschätzung, Achtung und Sorge für den Mitarbeiter sowie die Offenheit und Zugänglichkeit des Vorgesetzten, während die Leistungsorientierung ein Verhalten beschreibt, das durch die Klärung von Zielen und die Beaufsichtigung (Kontrolle) durch den Vorgesetzen sowie die Aktivierung der Leistungsmotivation der Mitarbeiter gekennzeichnet ist. In Anlehnung an die Kurzform des Verfahrens wurde der deutschsprachige Fragebogen zur Vorgesetztenverhaltensbeschreibung (FVVB) von Fittkau-Garthe und Fittkau (1971) erarbeitet. Eine Revision des LBDQ erschien unter dem Namen «LBDQ-XII» (Stogdill, 1963). Der LBDQ wurde nach und nach zum meistverwendeten Fragebogen zur Messung des Führungsverhaltens von Vorgesetzten.

Verschiedene Analysen der von Hemphill entwickelten Items ergaben eine Vielzahl von Faktoren, die gewöhnlich als Verhaltensdimensionen der Führung bezeichnet werden. In nahezu allen Studien wurden zwei starke Faktoren gefunden, die im Englischen als «consideration» (übersetzt als «Mitarbeiterorientierung») und «initiating structure» (übersetzt als Aufgaben-, Leistungs- oder Zielorientierung) bezeichnet wurden. Diese beiden Verhaltensdimensionen sind auf Grund der vorliegenden Befunde (s. u.) und im Gegensatz zum Postulat der Michigan-Schule nicht bipolar bzw. negativ korreliert. Dass man immer wieder diese beiden Faktoren finden kann, wurde nachträglich theoretisch untermauert, indem man darauf hinwies, dass bei der Führung von Gruppen gewöhnlich zwei

Ziele im Auge zu behalten sind. Einerseits ist der Zusammenhalt der Gruppenmitglieder (Kohäsion) zu fördern (durch Mitarbeiterorientierung), andererseits soll die Gruppe sich auf das Ziel hinbewegen (Lokomotion), für das sie Verantwortung trägt (durch Aufgaben- bzw. Leistungsorientierung des Vorgesetzten).

Die wichtigsten Befunde zu diesen beiden Orientierungen der Vorgesetzten (siehe Gebert, 2002; Gebert & Rosenstiel, 2002) lassen sich wie folgt zusammenfassen. Die internen Konsistenzen und Test-Retest-Reabilitäten der beiden Skalen sind recht befriedigend, die Objektivität der Werte wurde zum Teil jedoch als gering eingeschätzt, weil verschiedene Unterstellte das Verhalten ihres Vorgesetzten anders beurteilen. Dies spricht allerdings kaum gegen die Qualität der Skalen, sondern ist eher als ein Hinweis dafür zu sehen, dass sich Vorgesetzte gegenüber verschiedenen Mitarbeitern auch unterschiedlich verhalten (vgl. Abschnitte 3.2.4 und 3.2.5). Entgegen den ursprünglichen Annahmen der Ohio-Schule sind die Skalen auch nicht unabhängig voneinander, weil die Werte zumeist deutlich positiv miteinander korrelieren. Die Korrelation mit anderen Fragebogenverfahren (z. B. dem MLQ, siehe Abschnitt 3.2.6) ist gering. Bittet man auch die Vorgesetzten, sich selbst mit Hilfe der Skalen einzuschätzen, findet man mäßige Korrelationen zwischen Selbstbild und Fremdbild (Bles, 1999 berichtet positive Korrelationen von jeweils knapp .40), was aber auch für andere Verfahren nicht unüblich ist (vgl. z. B. Vroom, 2000; siehe auch Abschnitt 3.2.5).

Von besonderem Interesse ist die kriteriumsorientierte Validität der beiden Skalen mit Blick auf den Führungserfolg. Die Befunde einer Metaanalyse von 20 Studien zeigen, dass eine hohe Mitarbeiterorientierung des Vorgesetzten mit hohen Werten der Arbeitszufriedenheit der Geführten einhergeht (r = .34), mit Indikatoren der Leistung jedoch schwächer korreliert (r = .19). Korrelationen zwischen der Mitarbeiterorientierung und indirekten Indikatoren der Arbeitszufriedenheit wie z. B. Fehlzeiten und Fluktuation fallen ebenfalls meist im Sinne der Annahmen aus (vgl. Kleinbeck & Wegge, 1996; Schmidt, 1996). Weil vergleichbare Zusammenhänge zwischen einer fairen und respektvollen Behandlung durch Vorgesetzte und anderen Indikatoren – insbesondere die Bindung an die Organisation und das Hilfeverhalten gegenüber Kollegen – in der Zwischenzeit sehr gut bestätigt wurden (Cohen-Charash & Spector, 2001; Tyler, 1999), sind diese schwachen, aber durchweg positiven Effekte einer hohen (wahrgenommenen) Mitarbeiterorientierung als empirisch gesichert zu beurteilen. Zwischen der Aufgabenorientierung, der Arbeitszufriedenheit der Geführten und der Leistung fanden sich in der Regel ebenfalls relativ geringe Korrelationen um r = .20.

Man könnte diese Befunde als enttäuschend einschätzen, übersieht dann aber, dass es eine Reihe von wichtigen Randbedingungen gibt, die bei der Prognose von Führungsleistungen und Zufriedenheitsurteilen gewöhnlich eine Rolle spielen. Diese werden hier völlig ausgeblendet, sodass stärkere Zusammenhänge kaum zu erwarten sind, zumal die durch Fremdurteile analysierten Verhaltensweisen der Vorgesetzten im LBDQ zum Teil auch noch recht verschiedene Aspekte erfassen. Die Leistungsorientierung steht hier sowohl für stimulierende Zielsetzungen als auch für Kontrolle durch Tadel und Druck. Weil die vorliegenden Studien zumeist Ein-Punkt-Messungen vornahmen, sind die Ergebnisse nur sehr behutsam kausal zu interpretieren (vgl. aber Abschnitte 3.2.3 und 3.2.7). Inzwischen gibt es einige Neuentwicklungen von Fragebögen (z. B. Arnold, Arad, Rhoades & Drasgow, 2000), die in der weiteren Forschung als Alternative zum LBDQ nutzbar gemacht werden können. Inwieweit sich dies wirklich lohnt, ist abzuwarten (vgl. auch Abschnitte 3.2.5 bis 3.2.7).

3.2.3 Ergebnisse der Führungsstilforschung

Obwohl die Begriffe Führungsstil und Führungsverhalten heute vielfach gleichbedeutend verwendet werden, erscheint eine Differenzierung ratsam. Baumgarten (1977, S. 15) postuliert in Anlehnung an den allgemeinen Stilbegriff, dass Führungsstil zu verstehen sei als «einheitliches, durch die spezifischen Ausprägungen einer Reihe von Einzelmerkmalen beschreibbares Führungsverhalten», während sich das Führungsverhalten eben auf diese Einzelmerkmale bezieht. Stellt man in Rechnung, dass Vorgesetzte sich gegenüber einzelnen Mitarbeitern zumeist recht unterschiedlich verhalten (vgl. Abschnitte 3.2.2, 3.2.4 und 3.2.5), sollte man lieber von Führungsverhalten sprechen und den Begriff Führungsstil für die älteren Arbeiten reservieren, in denen man noch davon ausging, dass es so etwas gibt.

Die experimentelle Führungsstilforschung wurde durch Lewin angeregt (Lewin, Lippitt & White, 1939). Die Studien wurden durch die Krise der politischen Führung in Europa in den 20er und 30er Jahren angestoßen und waren aus diesem Grund recht einflussreich (Sader, 1998). Es wurden zunächst Untersuchungen an 10-jährigen Kindern im Rahmen eines Feldexperiments durchgeführt, in denen der Führungsstil innerhalb der Gruppen über 18 Wochen hinweg als «autoritär», «demokratisch» und «laissez-faire» manipuliert wurde. Als abhängige Variable wurden die Leistungen und die emotionalen Reaktionen der Kinder (insbesondere aggressive Akte) von mehreren Beobachtern erfasst. Autoritär und demokratisch wurden u.a. dadurch operationalisiert, dass die Geführten keine bzw. eine hohe Partizipationschance hatten. Beim «laissez-faire»-Führungsstil reagierte die erwachsene Autoritätsperson nur dann, wenn die Kinder dies aktiv einforderten. Die ursprüngliche Studie von Lewin et al. (1939) regte eine größere Zahl von Folgeuntersuchungen an, in denen dann zumeist erwachsene Personen teilnahmen. Die Zusammenfassung der Befunde dieser Experimente (Neuberger, 1972; Sader, 1998) lässt sich so auf den Punkt bringen, dass sich keine allgemeine *Leistungs*überlegenheit des autoritären oder des demokratischen Führungsstils feststellen ließ. Es wurde ferner beobachtet, dass die Einstellungen der Geführten unter dem demokratischen Führungsstil besonders positiv ausfielen (s.o.). Darüber hinaus führte der «laissez-faire»-Führungsstil – verglichen mit den beiden anderen Führungsstilen – zu *schlechteren* Leistungen, was übrigens in der neueren Forschung vielfach repliziert wurde (vgl. Abschnitt 3.2.6).

Die Führungsstilexperimente von Lewin et al. (1939) regten eine größere Zahl von Felduntersuchungen an, in denen der Führungsstil des Vorgesetzten nun durch Beobachtungs- oder Befragungsmethoden erfasst wurde. Allerdings wurde dabei der Begriff der demokratischen Führung zumeist aufgegeben, weil er den Gedanken an die in der Regel gar nicht vorgenommene Wahl des Führers nahe legt. Statt dessen sprach man hier nun von einem «kooperativen» Führungsstil (Wunderer & Grunwald, 1980). Die Ergebnisse dieser Untersuchungen weisen grundsätzlich in die gleiche Richtung (vgl. auch Abschnitte 3.2.2 und 3.2.7) und zeigen insbesondere mit Blick auf die Leistung eine erhebliche Varianz. Dies spricht u.a. dafür, dass eine Suche nach relevanten Moderatorvariablen (z.B. Aufgabenanforderungen, Zusammensetzung der Gruppen mit Blick auf die Ängstlichkeit) vielversprechend erscheint (vgl. Gebert, 2002, S. 62–69; Abschnitte 3.1.2, 3.2.7 und 3.3).

Auf Grund der mit Blick auf die Leistungen von vielen als enttäuschend eingeschätzten Befundlage (man erwartete oft blauäugig eine deutliche Überlegenheit des «demokratischen» Stils gegenüber dem «faschistischen» bzw. dem «kommunistischen») und wegen der oben schon angeführten Probleme (hohe Variabilität des Verhaltens von Führungskräften) ist die experimentelle Führungsstilforschung kaum weiter verfolgt worden, obwohl es durchaus noch einige neue sozialpsychologische Studien gibt, die sich dieser experimentellen Tradition verpflichtet sehen (siehe z.B. die Befundübersicht bei Wegge, 2002). Zudem lässt sich eine Vielzahl von Laborexperimenten finden, in denen die Auswirkungen verschiedener Zielvorgaben von Autoritätspersonen auf das Handeln von Individuen und Gruppen untersucht wurde. Diesen Arbeiten wenden wir uns noch genauer zu (vgl. Abschnitte 3.2.7 und 3.3).

3.2.4 Das Entscheidungsmodell der Führung von Vroom, Yetton und Jago

Das von Vroom, Yetton und Jago in mehreren Stufen entwickelte Modell (Vroom, 2000) will dem Führenden einen Rat geben, inwieweit die geführten Mitarbeiter in die Entscheidungsfin-

Tabelle 3: Entscheidungsverhalten von Führungskräften (N = 1993) in Abhängigkeit von acht verschiedenen Situationsvariablen (nach Vroom & Jago, 1995)

	Prozent der Führungskräfte, die ihr Entscheidungsverhalten verändern, und zwar in Richtung …		
	mehr Partizipation	**keine Änderung**	**weniger Partizipation**
hohe Qualität nötig	58	26	17
Akzeptanz nötig	46	37	17
Information liegt vor	7	31	62
klare Problemstruktur	8	28	64
Akzeptanz gegeben	1	7	93
Zielkongruenz ist da	37	42	20
Konflikt in der Gruppe	9	38	53
Information fehlt	63	30	7

dung einbezogen werden sollten. Hierzu beurteilt der Vorgesetzte anhand standardisierter geschlossener Fragen (z. B. «Habe ich genügend Information, um eine qualitativ hochwertige Entscheidung alleine treffen zu können?») seine aktuelle Situation und wird dabei so lange durch einen Entscheidungsbaum geführt, bis er einen von fünf möglichen Ratschlägen erhält. Die vorgesehenen Entscheidungsoptionen sind:

- die gesamte Gruppe in gewissen Grenzen alleine entscheiden zu lassen («delegation»),
- gemeinsam mit der Gruppe eine konsensfähige Entscheidung erarbeiten («facilitation»),
- sich von der Gruppe vor der eigenen Entscheidung Ratschläge holen («consult group»),
- sich vor der eigenen Entscheidung durch einzelne Gruppenmitglieder beraten lassen («consult individually»),
- oder ohne weitere Informationsbeschaffung allein zu entscheiden und dies der Gruppe dann ggf. mitzuteilen («decide»).

Weil die Antwort auf die Frage, welche Entscheidungsoption die beste ist, u. a. davon abhängen wird, welches Anliegen der Führungskraft am wichtigsten ist (eine hohe Qualität der Entscheidung, eine hohe Akzeptanz bei den Mitarbeitern, ein hohe Ökonomie des Entscheidungsprozesses oder eine Entwicklung der Geführten hin zu einem erfahrenen, kooperativen Team, das sich an die Organisation gebunden fühlt), sind in diesem Ansatz zwei verschiedene Entscheidungsmodelle erarbeitet worden, ein auf Zeitersparnis und Entscheidungsökonomie zielendes Modell und ein langfristig ausgerichtetes, auf die Teamentwicklung zielendes Modell. Grundsätzlich gehen die Entwickler dieses Ansatzes – anders als die ältere Führungsstilforschung – also davon aus, dass es den einen Führungsstil als stabiles Verhaltensmerkmal eines Führenden *nicht* gibt, sondern dass der Führende seine Entscheidung flexibel an die jeweilige Situation anpassen kann und muss.

Verschiedene Untersuchungen zur Validität dieses normativen Ansatzes (zsf. Vroom, 2000; Vroom & Jago, 1995) zeigen, dass von Führenden selbst als erfolgreich eingestufte Entscheidungen signifikant häufiger modellkonform getroffen worden sind als solche, die von den Vorschriften des Modells abweichen. Befunde von fast 2000 Managern, die verschiedene Entscheidungsszenarien beurteilten, in denen die acht in der Theorie berücksichtigten Situationsvariablen systematisch variiert wurden, stützen die Plausibilität des Modells sehr deutlich. Sie belegen ferner, dass einige situative Variablen für die Wahl bestimmter Entscheidungsformen von Führungskräften in der Tat eine große Rolle spielen. In der **Tabelle 3** sind die Veränderungen des Entscheidungsverhaltens dargestellt, die sich ergeben, wenn man den Effekt von jeweils nur einem Situationsfaktor prüft (die anderen wurden statistisch konstant gehalten). Nach diesen Befunden entscheiden Vorgesetzte dann besonders partizipativ, wenn die Qualität der Entscheidung wichtig ist, wenn sie eine hohe Akzeptanz («commitment») der Gruppe anstreben und wenn ihnen wichtige Informationen fehlten. Auf Basis der von den Autoren in vielen Führungstrainings gesammelten Daten ist ferner zu erkennen, dass Frauen partizipativer führen als Männer und dass die Führung mit zunehmender Führungsebene ebenfalls partizipativer ausfällt (Vroom, 2000, S. 92–93).

Der große Vorzug der Modelle von Vroom, Yetton und Jago liegt darin, dass hier endlich einmal debattiert und in Ansätzen empirisch belegt wird, welche spezifischen Merkmale der Situation für die Wahl und zum Teil auch für den Erfolg bestimmter Führungs- bzw. Entscheidungsprozeduren in Organisationen besonders relevant sind. Dieser Ansatz ist daher nach wie vor als ein wichtiger Beitrag der Führungsforschung zu betrachten. Kritisch anzumerken ist jedoch, dass vorausgesetzt wird, dass der Vorgesetzte schwierige Situationsfragen, z. B. «Werden die Mitarbeiter die Entscheidung akzeptieren, wenn sie alleine von mir getroffen wird?» valide beantworten soll. Man darf daran zweifeln, dass dies immer gelingt. Ferner ist dieses Modell ohne einen richtigen «Boss», der die Entscheidungen fällt, gar nicht anwendbar. Auch dies ist ohne Frage eine Einschränkung, wenn man an die Führung von Gruppen denkt (vgl. Abschnitt 3.3). Obwohl die insgesamt vorliegenden Daten zu den nach und nach immer komplexer gewordenen Entscheidungsmodellen beeindruckend sind, ist die Anzahl von Arbeiten, in denen Kausalaussagen mit Blick auf den Führungserfolg (Leistungen der Vorgesetzten bzw. ihrer Gruppen) getroffen werden können, noch recht gering.

3.2.5 Dyadische Führung von Mitarbeitern

Eine zentrale Grundannahme der Theorie der Führungsdyaden von Graen (Graen & Uhl-Bien, 1995a, b) ist die Überlegung, dass es kein einheitliches, über alle Mitarbeiter generalisierbares Führungsverhalten eines Vorgesetzten gibt, sondern dass innerhalb der geführten Gruppe jeweils spezifische Zweierbeziehungen (Dyaden) existieren. Mit Blick auf den Vorgesetzten heißt dies, dass er zu jedem seiner Mitarbeiter eine qualitativ spezifische Beziehung aufbaut und sich entsprechend unterschiedlich verhält. Weil die diesbezüglichen Annahmen der Theorie vielfach bestätigt wurden, macht es wenig Sinn, innerhalb von Befragungen der Geführten über das Führungsverhalten eines Vorgesetzten Mittelwerte zu errechnen, in der Hoffnung, dass sich so «wahre Werte» finden lassen. In frühen Fassungen der Theorie wurde betont, dass es in einer Arbeitsgruppe einen so genannten «inneren Kreis» gibt, dessen Mitglieder sich den Vorstellungen des Vorgesetzten gemäß verhalten, besonders loyal und leistungsbereit sind, sodass er zu diesen sehr positive Beziehungen entwickelt, während seine Beziehungen zu den Mitgliedern des äußeren Kreises, dessen Mitglieder dem Vorgesetzten Probleme bereiten, eine andere Qualität haben. Folgt man der neuesten Fassung der Theorie (Graen & Uhl-Bien, 1995b), so ist es für den Vorgesetzen allerdings erstrebenswert, zu möglichst *allen* Gruppenmitgliedern eine qualitativ hochwertige Partnerschaft zu entwickeln, weil es ihm dann leichter gelingen kann, die Gruppe erfolgreich zu führen. Die Theorie postuliert ferner, dass sich die Qualität der dyadischen Beziehungen in drei Phasen entwickelt – Rollenübernahme, Rollenbildung und Rollenstabilisierung –, was über die Gesamtheit der Dyaden schließlich zum «reifen Team» führen kann und soll.

Wie sieht es mit der Bewährung der Theorie aus? Diese Frage wurde u. a. im Rahmen einer Metaanalyse von Gerstner und Day (1997) untersucht, in der 79 verschiedene Studien berücksichtigt sind. Nach der Theorie sollten sich umso mehr positive Effekte für die Leistung, die Zufriedenheit (mit der Arbeit und dem Vorgesetzten) und auch die Bindung an die Organisation einstellen, je mehr qualitativ hochwertige partnerschaftliche Beziehungen der Vorgesetzte zu seinen Mitarbeitern hat. Rollenkonflikte und Fluktuation sollten hingegen abnehmen. Zur Erfassung der Beziehungsqualität zwischen Vorgesetztem und Mitarbeiter empfiehlt Graen, einen Fragebogen («Leader-Member-Exchange» bzw. LMX) mit sieben Items zu verwenden (siehe **Informationsbox 2**). Die Metaanalyse von

Gerstner und Day enthält solche Studien, in denen dieses Instrument oder auch kürzere Vorläuferversionen eingesetzt wurden. Die Befunde zeigen, dass nahezu alle von der Theorie vorhergesagten Zusammenhänge vorhanden waren.

Die Korrelation zwischen der LMX-Skala und der allgemeinen Arbeitszufriedenheit betrug r = .50 und der analoge Wert für die Bindung an die Organisation r = .42. Die Korrelation zwischen LMX-Werten aus Sicht des Vorgesetzten und der

Informationsbox 2

Qualität von dyadischen Beziehungen nach der «Leader-Member-Exchange»-Theorie von Graen und Uhl-Bien (1995a, S. 237)

Die Qualität der dyadischen Beziehung zwischen Vorgesetztem und Mitarbeiter (LMX) wird in der Regel mit folgenden sieben Fragen erfasst (eigene Übersetzung; die nicht gezeigten Antwortskalen liefern hohe Werte bei reifer Partnerschaft):

1. Wie genau wissen Sie gewöhnlich, wie zufrieden Ihr Vorgesetzter mit dem ist, was Sie tun?
2. Wie gut versteht und kennt Ihr Vorgesetzter Probleme und Erfordernisse, die mit Ihrer Arbeit zu tun haben?
3. Wie gut kennt Ihr Vorgesetzter Ihr persönliches Potenzial?
4. Unabhängig von der formalen Macht Ihres Vorgesetzten, wie groß ist die Wahrscheinlichkeit, dass Ihr Vorgesetzter seine Macht nutzt, um Ihnen zu helfen, Probleme bei Ihrer Arbeit zu lösen?
5. Wieder unabhängig von der formalen Macht Ihres Vorgesetzten, wie wahrscheinlich ist es, dass Ihr Vorgesetzter Sie in Notsituationen unterstützt, auch wenn es ihn selbst etwas kostet?
6. Ich habe so viel Vertrauen in meinen Vorgesetzten, dass ich seine Positionen auch dann vertrete, wenn er mal nicht da ist.
7. Wie effektiv ist die Arbeitsbeziehung mit Ihrem Vorgesetzten?

Dieser Fragebogen ist nach den vorliegenden Erkenntnissen recht reliabel ($\alpha = .85$) und liegt in zwei Formen vor, sodass er sowohl aus der Perspektive des Mitarbeiters als auch aus der Perspektive des Vorgesetzten beantwortet werden kann. In den Studien, in denen eine Beurteilung der Beziehung aus beiden Perspektiven vorgenommen wurde, ergab sich eine Korrelation von r = .37, was zeigt, dass die Urteile zur Qualität der Beziehungen keinesfalls perfekt sind, aber dennoch eine mehr als zufällige Übereinstimmung in den Dyaden herrscht.

Wie Gebert (2002) anmerkt, wird mit dieser Skala allerdings mehr das *Ergebnis* und weniger der *Prozess* der Interaktion zwischen Vorgesetztem und Mitarbeiter erfragt. Zudem fällt auf, dass es nicht nur um die Frage geht, wie der Mitarbeiter zum Vorgesetzten, sondern auch, wie der Vorgesetzte zum Mitarbeiter steht. Die *Konstruktvalidität* dieses Fragebogens kann daher als optimierungsbedürftig beurteilt werden, weil es eigentlich mehr um die persönliche Beziehungsqualität gehen sollte. Bei positiven LMX-Werten investiert der Vorgesetzte viel in den Mitarbeiter, was dieser dann allein schon aus Gerechtigkeitserwägungen heraus und weniger wegen der guten persönlichen Beziehung mit Arbeitseifer und Zufriedenheit belohnen sollte (vgl. Schriesheim, Castro & Cogliser, 1999). Ferner weist Gebert (2002) darauf hin, dass bei hohen LMX-Werten auch kontraproduktive Abhängigkeiten in der Dyade und Homogenisierungsprozesse wahrscheinlicher werden. Dies könnte erklären, warum Innovationsleistungen, die in der Regel Offenheit und Kritikfähigkeit verlangen, mit LMX-Kennwerten nur schwach korrelieren. Insgesamt betrachtet ist die Beziehung zwischen LMX und der Leistung daher vermutlich nicht linear, sondern *kurvilinear* ausgeprägt (umgekehrt U-förmig), was in der weiteren Forschung genauer geprüft werden sollte.

vom Vorgesetzten beurteilten Leistung der Mitarbeiter betrug r = .55, aus Sicht der Mitarbeiter war dieser Wert mit r = .30 deutlich geringer, aber immer noch signifikant ausgeprägt. Für objektive Leistungsindikatoren fiel dieser Wert (basierend auf 8 Studien) allerdings noch erheblich weiter ab (r = .10), sodass man Zweifel haben kann, inwieweit die qualitativ hochwertige Partnerschaft zwischen Vorgesetztem und Mitarbeitern sich auch für die Organisation *direkt* in Form besserer Leistungen auszahlt. Hier ist also eine gewisse Zurückhaltung bei der Beurteilung der Theorie angemessen, zumal Moderatorvariablen, die sicherlich vorhanden sind (vgl. Liden, Sparrowe & Wayne, 1997, Informationsbox 2), in der entsprechenden Empirie bisher kaum untersucht wurden. Insgesamt ist die Theorie, die auch Gemeinsamkeiten mit Modellen der transaktionalen und transformationalen Führung aufweist, durchaus beachtenswert.

3.2.6 Transaktionale, transformationale Führung und «laissez-faire»

Der von Bass und Avolio (1990) vorgestellte «Multifactor Leadership Questionnaire» (MLQ) hat in den letzten Jahren sehr viel Forschung angeregt. Die Entwicklung des Instruments ist noch nicht abgeschlossen, da inzwischen einige neue Varianten vorgelegt wurden (zum Überblick siehe Felfe, 2002). In der zu Grunde liegenden Theorie werden im Wesentlichen zwei verschiedene Typen von Führungshandlungen des Vorgesetzten postuliert: die «transaktionale» und die «transformationale» Führung.

Transaktionale Führung ist im Sinne eines rationalen Tauschkonzepts zwischen Führenden und Geführten konzipiert. Man kann den Grundgedanken so darstellen, dass sich der Geführte dann für die Ziele des Führenden gewinnen lässt, wenn dieser dafür sorgt, dass auch die Geführten ihre persönlichen Wünsche erfüllt bekommen. Wie der Führer hier handeln sollte, kann mit der motivationspsychologisch fundierten Weg-Ziel-Theorie der Führung (siehe z.B. Gebert, 2002) genauer beschrieben werden. Diese Theorie postuliert u.a., dass der Führende zunächst herausfinden soll, welche Belohnungen jedem seiner Mitarbeiter besonders wichtig sind. Sodann sollte er jedem seiner Mitarbeiter die Weg-Ziel-Verknüpfungen klar machen, also unmissverständlich aussprechen, was der Mitarbeiter für Ziele (Ergebnisse bei der Arbeit) anzustreben (zu vermeiden) habe, was hierfür zu tun (zu unterlassen) ist und was er dann als Belohnung (Bestrafung) erhält. Der dem Modell innewohnende Transaktionsgedanke ist offensichtlich. Zeigt der Geführte jenes Verhalten, das dem Führenden wichtig ist, wie z.B. höheren Einsatz, so bietet der Vorgesetzte dem Mitarbeiter das, was diesem wichtig ist, z.B. verbale Anerkennung oder finanzielle Prämien. Nach der Theorie von Bass und Avolio umschreibt der Begriff transaktionale Führung das hier skizzierte *leistungsabhängige Belohnungsverhalten* des Vorgesetzten (Beispielfrage: «Der Vorgesetzte zeigt Zufriedenheit, wenn andere die Erwartungen erfüllen»). Bestrafendes Verhalten bei Nichterreichung von Ergebnissen wird im MLQ übrigens nicht erfasst (vgl. Shamir, 1999; Felfe & Goihl, 2002b). Transaktionale Führung beschreibt darüber hinaus auch solche Verhaltensweisen, bei denen der Führer dann aktiv eingreift, wenn die zuvor ausgehandelten Prozeduren nicht mehr richtig funktionieren sollten (*«management by exception» – aktiv*: Beispielfrage: «Der Vorgesetzte kümmert sich in erster Linie um Fehler und Beschwerden»). Auch deutlich passivere Kontrollstrategien (*«management by exception» – passiv*: Beispielfrage: «Der Vorgesetzte ist fest davon überzeugt, dass man ohne Not nichts ändern sollte») werden als Element transaktionaler Führung verstanden.

Die transformationale Führung ist im Wesentlichen dadurch gekennzeichnet, dass der Führer die Geführten in ihrem Verhalten und Selbstverständnis deutlich «verwandelt», und zwar so, dass die Geführten ihre (egoistischen) Eigeninteressen weitgehend vernachlässigen, um die vom Vorgesetzten verkörperte Mission zu unterstützen. Sie bringen dem Führer Vertrauen, Loyalität, Respekt und Bewunderung entgegen und sind bereit, sich mehr als gewöhnlich für den Führer und die von ihm propagierte Mission bzw. Vision einzusetzen. Wie soll das gehen? Im MLQ werden die Verhaltensweisen des Führers, welche diese Effekte hervorbringen sollen, mit vier Skalen erfasst, die oft hoch miteinander korrelieren. Dies sind (nach der Übersetzung von Felfe & Goihl, 2002b):

- «*Charisma*» oder auch «Idealized influence» (Itembeispiele: «er macht mich stolz darauf, mit ihm zu tun zu haben»; «er stellt die eigenen Interessen zurück, wenn es um das Wohl der Gruppe geht»),
- «*Inspiration*» (Itembeispiele: «er hat großes Vertrauen, dass die vereinbarten Ziele erreicht werden», «er spricht mit Begeisterung über das, was erreicht werden soll»),
- «*geistige Anregung*» (Itembeispiele: «er bringt mich dazu, Probleme aus verschiedenen Blickwinkeln zu betrachten», «er schlägt neue Wege vor, wie Aufgaben/Aufträge bearbeitet werden können») sowie
- «*individuelle Wertschätzung*» (Itembeispiele: «er hilft mir, meine Stärken auszubauen», «er erkennt meine individuellen Bedürfnisse, Fähigkeiten und Ziele»).

Während bei der Messung von «Charisma» sowohl bestimmte Erlebnisse auf Seiten der Geführ-

Informationsbox 3

Typische Handlungsweisen transformationaler (charismatischer) Führer und deren Wirkungen auf die Geführten (nach Wegge, 2002)

In den verschiedenen Ansätzen zur transformationalen bzw. charismatischen Führung werden folgende Handlungen als typisch für die Führer genannt:

- Explikation einer positiven Vision bzw. Mission mit klarem Hinweis auf die Vergangenheit und Zukunft der Gruppe (Organisation)
- Verknüpfung der Vision bzw. Mission mit positiven, grundlegenden Werten
- herausfordernde Erwartungen formulieren und kollektives Selbstvertrauen fördern
- das eigene Selbstvertrauen immer wieder deutlich machen
- Rollenmodell und Symbol sein, z. B. indem man das gewünschte Verhalten vorlebt und eigene Opfer bringt
- Vertrauen und Respekt gegenüber den Mitarbeitern zeigen
- den Wert der Mitarbeiter betonen und persönliche Bindungen suchen
- die Emotionen der Mitarbeiter wahrnehmen, ernst nehmen und zum Wohle der Mission anregen (die eigenen Emotionen kontrollieren)
- die zur Mission passenden Motivdispositionen der Mitarbeiter anregen, z. B. durch herausfordernde Ziele, Freundschaftsangebote oder die Beschwörung einer Gefahr
- den intrinsischen Wert des eigenen Handelns betonen

Alle diese Handlungsweisen sind geeignet, solche motivationalen Prozesse bei den Geführten anzustoßen, die dafür sorgen, dass die Mitarbeiter der Mission folgen. Wichtige Ansatzpunkte bzw. Wirkpfade (Prozesse) auf Seiten der Geführten sind u. a.:

- Erhöhung des Selbstvertrauens der Geführten
- Veränderungen der Werturteile mit Blick auf bestimmte Handlungen und Ziele
- Veränderungen bei der Selbstkategorisierung (Identifikation mit der Gruppe)
- Förderung des Wunsches nach Selbstkonsistenz und Selbstverwirklichung
- Anregung von intensiven Emotionen
- Anregung von Zielbildungsprozessen (Verfolgung schwieriger Ziele)

Shamir (1999) betont allerdings zu Recht, dass die hier angenommenen Zusammenhänge bislang empirisch kaum angemessen belegt wurden, was einerseits auf den zu einfachen Forschungsmethoden beruht, andererseits wohl eine Folge von zahlreichen Unklarheiten und Lücken in den zu Grunde liegenden Theorien ist.

ten (Stolz, Respekt etc.) als auch Handlungen des Führers betrachtet werden (Opfer für die Mission bringen, wichtige Werte und Überzeugungen ansprechen etc.), beschreiben die verbleibenden drei Elemente der transformationalen Führung fast ausnahmslos konkrete Verhaltensweisen des Führenden. Charisma wird also als ein Phänomen konzipiert, bei dessen Genese der Geführte *unverzichtbar* ist, obwohl bestimmte Verhaltensweisen des Führenden solche Erlebnisse beim Geführten anregen können. In neuen Arbeiten zum MLQ wird daher zum Teil schon zwischen attribuiertem (zugeschriebenem) Charisma und verhaltensbasiertem Charisma unterschieden (siehe Bass, 1999; Felfe & Goihl, 2002a, b; Tejeda, Scandura & Pillai, 2001). Betrachtet man Charisma als ein (kontextspezifisches) Interaktionserlebnis, das nicht nur von den Merkmalen des Führers, sondern auch von denen der Geführten abhängt, wird verständlich, warum Vorgesetzte in derselben Situation für eine Person charismatisch wirken, für eine andere dagegen nicht (vgl. Abschnitt 3.1.2; Shamir, 1999). Die transformationale Führung kann nach der Theorie von Avolio und Bass also nicht auf das Erlebnis, für einen charismatischen Vorgesetzten zu arbeiten, reduziert werden. Die Transformation der Geführten hinweg von ihren Eigeninteressen hin zu einem missions- bzw. gruppendienlichen Selbstverständnis verlangt Einiges mehr (siehe **Informationsbox 3**).

Mit dem von Bass und Avolio entwickelten Fragebogen, der inzwischen in deutscher Sprache leicht verfügbar ist (Felfe & Goihl, 2002b), wird schließlich auch das *«laissez-faire»-Führungsverhalten* erfasst. Beispielfragen hierfür sind: «Der Vorgesetzte klärt wichtige Fragen sofort» oder «Der Vorgesetzte trifft schnell und ohne zu zögern seine Entscheidungen». Die Antworten auf diese Fragen werden rekodiert, sodass hohe Werte Verantwortungsablehnung, Verschleppung von Entscheidungen und Verzicht auf Einflussnahme anzeigen. Mit dem Einsatz des MLQ sind zu diesem eher als «Nicht-Führung» verstandenen Verhalten daher ebenfalls neue Erkenntnisse gewonnen worden.

Was wissen wir nun über die Zusammenhänge zwischen den im MLQ differenzierten Führungstypen und der Leistung? Bass und Avolio gehen davon aus, dass sich transaktionale und transformationale Führung additiv ergänzen, was zunächst bedeutet, dass ein Vorgesetzter beide Typen von Führungshandlungen (im Urteil der Geführten) zeigen kann. Zudem impliziert diese Aussage, dass die transformationale Führung eine besonders hohe Arbeitsmotivation und Zufriedenheit beim Geführten bewirken soll. In der Zwischenzeit liegt eine Vielzahl empirischer Studien zur kriteriumsorientierten Validität des MLQ vor, die diese Annahmen gut bestätigen. So fanden Lowe, Kroeck und Sivasubramaniam (1996) in einer Metaanalyse von 39 Studien, in denen der MLQ eingesetzt wurde, erwartungsgemäß einen tendenziell stärkeren Effekt der transformationalen Führung auf den mittels Geführtenurteilen erfassten Führungserfolg (z. B. $r = .81$ für die Korrelation mit Charisma und $r = .69$ für die Korrelation mit individueller Wertschätzung), verglichen mit der transaktionalen Führung ($r = .56$ für die leistungskontingente Belohnung und $r = .10$ für «management by exception»).

Zieht man zur Analyse dieser Frage anstatt der subjektiven Leistungseinschätzungen der Geführten, die mit dem MLQ miterfasst werden (als Urteile zur Effektivität des Führers und als Angaben zur eigenen Bereitschaft, mehr Anstrengung als gewöhnlich aufzubringen[1]), orga-

1 In der Metaanalyse von Lowe et al. (1996) bleibt leider weitgehend offen, was als subjektives Leistungsmaß zur Effektivität der Führung aus den einzelnen Studien genau herangezogen wurde: Urteile zur Effektivität des Führers, zur Extraleistung der Geführten oder zur Zufriedenheit der Geführten. Man findet lediglich den Hinweis (S. 400), dass die Beurteiler der Studien das jeweils «angemessenste» Maß für die einzelne Studie ausgewählt haben. Die Ergebnisse sind daher nicht eindeutig zu interpretieren. Weil die Ergebnisse der Metaanalyse von Fuller et al. (1996) genauer differenzieren und deutlich höhere Korrelationen zwischen Charisma und Zufriedenheit als zwischen Charisma und der Extraleistung der Geführten feststellen, ist sehr wahrscheinlich auch die Zufriedenheit der Geführten in den Analysen von Lowe et al. als Indikator der Führungseffektivität betrachtet worden. Dies ist zwar durchaus legitim, weil man eine hohe Zufriedenheit der Geführten als Indikator effektiver Führung betrachten kann, der Zusammenhang zur Leistung ist hierbei dann aber weniger deutlich gegeben als bei Fragen zur Extraleistung der Geführten.

nisationale Leistungskenngrößen heran, die von anderen Personen stammen, werden die Zusammenhänge zur Leistung deutlich schwächer (z. B. r=.35 für Charisma). Der erwartete Unterschied ist aber nach wie vor feststellbar, weil die transaktionalen Verhaltensweisen mit der Leistung auch in diesem Fall geringer korrelieren (z. B. r=-.04 für «management by exception»). Eine nur auf die Subskala Charisma ausgerichtete Metaanalyse (Fuller, Patterson, Hester & Stringer, 1996), in der 27 Effekte aus 19 Studien herangezogen wurden, stützt diese Beobachtung. Für das subjektive Erfolgsmaß der zusätzlichen Anstrengung der Geführten beträgt die Korrelation r=.48, mit Blick auf «objektive» Leistungsmaße ergibt sich jedoch eine signifikant geringere Korrelation von r=.34. In Hinsicht auf die Zufriedenheit der Geführten, die im MLQ ebenfalls erfragt wird, finden sich in dieser Metaanalyse sehr hohe Werte (r=.80). Auch Geführtenurteile zur Effektivität des Führers korrelieren mit den Kennwerten zum Charisma sehr hoch (r=.78).

Angesichts des Umstands, dass bisher überwiegend subjektive Leistungsdaten erfasst wurden, erscheint die groß angelegte Studie von Geyer und Steyrer (1998) besonders bedeutsam, weil hier objektive Erfolgskriterien an 116 Geschäftsstellen österreichischer Sparkassen ermittelt wurden. Als Erfolgsindikator galt dabei der Grad der jeweiligen Ausschöpfung des Kunden-Marktpotenzials, wobei kurzfristige und langfristige Erfolgsindikatoren differenziert wurden. Es zeigte sich, dass die Dimensionen der transformationalen Führung sowohl mit dem lang- als auch mit dem kurzfristigen Erfolg deutlich korrelieren ($0.25 < r < .30$), aber auch die zentralen Skalen der transaktionalen Führung mit etwas geringeren Werten nennenswert zur Varianzaufklärung beitragen. Die individuelle Wertschätzung dagegen korreliert kaum mit den Erfolgsindikatoren, «management by exception» und «laissez-faire» sogar signifikant *negativ*.

Weil einige andere experimentelle und quasiexperimentelle Befunde die Wirksamkeit transformationaler Führung ebenfalls belegen und zum Teil zeigen, dass diese Verhaltensweisen trainierbar sind (Bass, 1999; Rosenstiel & Wegge, in Druck), überrascht es kaum, dass einige Forscher dem MLQ eine ähnlich große Bedeutung zusprechen, wie sie die klassischen Erhebungsinstrumente zur Mitarbeiter- und Leistungsorientierung in der Pionierzeit der empirischen Führungsforschung hatten. Inzwischen liegen zudem erste Belege vor, die substanzielle Zusammenhänge zwischen der Persönlichkeit der Führungskraft und dem Führungshandeln im Sinne des MLQ aufzeigen. Nach den Befunden von Judge und Bono (2000) führen insbesondere verträgliche und extravertierte Personen transformational. Der MLQ erscheint daher auch geeignet, zumindest in Teilen eine Erklärung für die inzwischen belegten Zusammenhänge zwischen bestimmten Persönlichkeitsdispositionen des Führers und dem Führungserfolg zu liefern (vgl. Abschnitt 3.1.1).

Muss es bedenklich stimmen, dass die transformationale Führung für den Erfolg bedeutsamer ist als die transaktionale Führung? Transaktionale Führung beruht auf dem Prinzip des Austausches und sollte so ein faires Aushandeln der Interessen in rationaler Weise fördern. Dagegen sind kritische Auseinandersetzung und rationaler Diskurs zwischen den Geführten und dem von ihnen als visionär-charismatisch erlebten Führenden eher unwahrscheinlich, wenn man die starke emotionale Beziehung (schwärmerische Verehrung) bedenkt, die sich in diesem Falle ergeben kann. Gemessen am Kriterium eines rationalen Diskurses erscheint die transformationale Führung daher wie eine «kollektive Infantilisierung» (Gebert & Rosenstiel, 2002), zumal das transformationale Führen auch eine gewisse Verwandtschaft mit dem «Great-Man»-Mythos zeigt (Shamir, 1999). Es lässt sich allerdings auch anders argumentieren, und dies aus zwei Gründen. Einerseits kann transformationale Führung sowohl für positive als auch für negative Zwecke eingesetzt werden. Sie ist daher nicht in sich schon moralisch verwerflich. Andererseits ist das Wort «kollektive Infantilisierung» etwas irreführend, weil die Fähigkeit des Menschen, sich sowohl als unverwechselbares Individuum (persönliche Identität) als auch als Mitglied einer Gruppe (soziale Identität) wahrzunehmen und zu definieren, eine wesentliche Grundlage menschlicher Kooperation darstellt

(Haslam, 2001). Man kann transformationale Führung sicherlich mehr oder weniger positiv beurteilen. Ganz pragmatisch muss man allerdings sehen, dass einige aktuelle Entwicklungen der Arbeitsorganisation wie z.B. wachsende Kontrollspannen durch «lean management» und virtuelle Unternehmensformen der transaktionalen Führung immer mehr Schranken setzen. Transformationale Führung, deren Kern in der (visionären) Sinnvermittlung liegt, wird diesen Anforderungen vermutlich eher gerecht. Unter welchen Bedingungen transformationale Führung besonders nützlich ist und wann die Gefahr besteht, dass die Geführten hierunter leiden (z.B. in kleinen Unternehmen; vgl. Felfe & Goihl, 2002a), sollte theoretisch wie empirisch genauer untersucht werden.

3.2.7 Zielvereinbarung und Rückmeldung als Führungsaufgabe

Nach der Zielsetzungstheorie menschlicher Aufgabenleistungen (Locke & Latham, 2002) sind Ziele und Rückmeldungen zwei besonders wichtige Variablen, wenn es um die Beeinflussung menschlichen Handelns geht. Die zentrale Aussage der Theorie ist, dass insbesondere *schwierige* und *spezifische* Leistungsziele zu hoher Arbeitsmotivation und zu guten Leistungen führen. Aufgabe des Vorgesetzten sollte es daher sein, mit entsprechenden Vorgaben bzw. Gesprächen die Mitarbeiter so anzuregen, dass sie selbst herausfordernde Ziele (Vornahmen des Typs «Ich will X erreichen») im Dienste der zu bewältigenden Aufgabe bilden und sich dem Erreichen dieser Ziele möglichst stark verpflichtet fühlen. Weil das Vorhandensein von Rückmeldungen während bzw. nach der Zielhandlung die Wirksamkeit von Zielen erhöht, sollte es zudem Auftrag des Vorgesetzten sein, für die Verfügbarkeit solcher Rückmeldungen zu sorgen. Die Richtigkeit dieser Annahmen wurde inzwischen in hunderten von Experimenten und Feldstudien gut bestätigt (Kluger & DeNisi, 1996; Locke & Latham, 2002). Verlässt man sich auf neuere Umfrageergebnisse, so gewinnt diese Theorie, deren Wurzeln bis zu den Anfängen der deutschen Willensforschung um 1900 reichen, in der betrieblichen Praxis zurzeit wieder zunehmend an Gewicht (siehe **Informationsbox 4**). Weil die Zielsetzungstheorie sich im Laufe der Zeit zu einem komplexen Aussagengeflecht entwickelt hat, beschränken wir uns im Folgenden darauf, die weiteren Annahmen der Theorie kurz zu skizzieren und dann lediglich zwei Punkte herauszugreifen, zu denen es u.E. neue mitteilenswerte Befunde gibt: das Zusammenspiel zwischen Zielen und Rückmeldungen und die Auswirkungen der Partizipation bei der Zielfindung. Betrachten wir zunächst die Theorie im Überblick **(Abb. 4)**.

Die weiteren, oben noch nicht explizit erwähnten Annahmen der Zielsetzungstheorie (siehe Abb. 4) sind leicht nachzuvollziehen. Zunächst gibt es viele Befunde, die erklären, warum insbesondere schwierige und spezifische Ziele zu besonders hoher Arbeitsmotivation und Leistung führen können. Solche Ziele bewirken nämlich recht verlässlich, dass die Person eine besonders hohe Anstrengung und Ausdauer aufbringt, ihre Aufmerksamkeit auf Zielrelevantes ausrichtet und sich zudem viel Mühe gibt, geeignete Pläne (Strategien) zur Zielerreichung zu finden bzw. neu zu entwickeln und dann konsequent anzuwenden. Auch das eigene Selbstver-

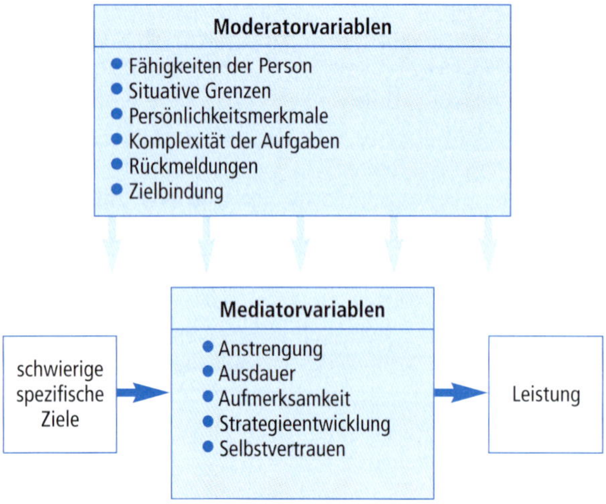

Abbildung 4: Grundlegende Annahmen der Zielsetzungstheorie von Locke und Latham

Informationsbox 4

Verbreitung des Führens mit Zielen in Deutschland

Hölzle (2000) führte eine Umfrage bei allen in Deutschland ansässigen Unternehmen mit mehr als 2000 Mitarbeitern durch. Von den 907 Unternehmen antworteten 184 (20,3 %) auf den umfangreichen Fragebogen, wobei die Stichprobe mit Blick auf die verschiedenen Branchen und die Größe der Unternehmen repräsentativ ist. Zentrales Ergebnis der Studie ist, dass das Führen mit Zielen sehr weit verbreitet ist. Etwa 84 % der Unternehmen gaben an, dass sie mit *individuellen* Zielvereinbarungen arbeiten.

Die Unternehmen, welche Zielvereinbarungen nutzen, tun dies mit der Absicht, das Erreichen der Unternehmensziele zu fördern (83 %), die Mitarbeitermotivation zu erhöhen (87 %) und die Qualität zu sichern (69 %). Auch zur Mitarbeiterbeurteilung (45 %) und zur Wahrung der Termintreue (33 %) werden Ziele genutzt. Die Initiative zur Zielvereinbarung ergreift überwiegend die oberste Führungsebene (73 %), nur bei 27 % der Unternehmen initiieren Mitarbeiter und Führungskraft gemeinsam den Zielvereinbarungsprozess. Die Vereinbarung von Zwischenzielen nutzen nur 42 % der befragten Unternehmen. Auf die Frage, was die größten Schwierigkeiten bei der Anwendung des Instruments «Führen mit Zielen» sind, wurden u.a. folgende Probleme genannt: Festlegung des Anspruchsniveaus (57 %), die Feststellung des Zielerreichungsgrads (49 %) und die Kopplung von Zielen an Entgelt (41 %).

Ob Ziele auch für die Führung von Arbeitsgruppen genutzt werden, hat Hölzle leider nicht erfragt. Hey und Pietruschka (1998) fanden aber in einer bundesweiten Umfrage bei 85 deutschen Industrieunternehmen einen Wert von 75 % für *Zielvereinbarungen bei Arbeitsgruppen.* Auch bei Arbeitsgruppen ist das Führen mit Zielen bzw. Gruppenzielen daher wohl keine Seltenheit. Das Vereinbaren von Gruppenzielen wird von den befragten Unternehmen in der Studie von Hey und Pietruschka durchweg sehr positiv beurteilt. Als Vorteile betonen die befragten Experten, dass durch Zielvereinbarungen die Erwartungen des Unternehmens deutlich werden, das unternehmerische Denken der Mitarbeiter gefördert wird und ihre Arbeitsmotivation und Identifikation mit der Organisation zunimmt.

trauen ist in Situationen, in denen man ein schwieriges Ziel verfolgt, in der Regel hoch ausgeprägt, was ceteris paribus ebenfalls leistungsförderlich wirkt. Neben diesen Prozessen, die in der Zielsetzungsforschung gewöhnlich als Mediatorvariablen bezeichnet werden (Abb. 4), postuliert die Theorie zusätzlich mehrere Moderatorvariablen, welche die Höhe des Zusammenhangs zwischen Zielen und Leistung verändern. Ein motivations- und leistungsförderlicher Effekt schwieriger Ziele sollte demnach dann besonders deutlich zu beobachten sein, wenn die Zielbindung hoch ausgeprägt ist, Leistungsrückmeldungen während und nach der Zielerreichung vorliegen, die Komplexität der zu bearbeitenden Aufgaben eher mäßig ist (bei sehr schwierigen Aufgaben sind Lernziele besser als ergebnisbezogene Leistungsziele), die Person hoch leistungsmotiviert ist (Geschlecht, Alter, Nationalität etc. spielen kaum eine Rolle), die situationsspezifischen Rahmenbedingungen (z. B. nötige Materialien, Informationen) für die Aufgabenbearbeitung günstig und die allgemeinen Fähigkeiten der Person hoch ausgeprägt sind.

An dieser Stelle interessiert uns zunächst die Frage, inwieweit die heute vorliegenden Befunde zum Zusammenspiel zwischen Zielen und Rückmeldungen die diesbezügliche Aussage der Zielsetzungstheorie stützen können. Locke und Latham (1990) liefern hierzu wenig überzeugende Information. Sie würdigen lediglich die Anzahl von Studien, die im Sinne ihrer Moderationshypothese ausfielen. Dies ist auch deshalb unbefriedigend, weil ein experimentell überzeugender Beleg dafür, dass die Kombination von schwierigen Zielen und Rückmeldungen mehr bewirkt als einer der beiden Faktoren allein, nicht leicht zu erbringen ist. Rückmeldungen führen nämlich oft unmittelbar zu Zielbildungsprozessen. Zudem ist zu beachten, dass die Art der Aufgabe deutlich mitbestimmt, welche Wirkungen Ziele und Rückmeldungen jeweils haben werden. Aus diesem Grunde ist es u. E. ein echter Fortschritt, dass inzwischen zwei Metaanalysen vorliegen, welche die diesbezügliche Aussage der Zielsetzungstheorie besser stützen. So berichten Kluger und DeNisi (1996) eine mittlere Effektstärke von d = .30 bei 373 Feedbackeffekten ohne konkrete Zielvorgaben und eine mittlere Effektstärke von d = .51 bei 37 Feedbackeffekten mit zusätzlich vorhandenen Zielvorgaben. In der Metaanalyse von Neubert (1998) werden nur 16 Effekte aus 11 Studien herangezogen, in denen ein entsprechender Vergleich aber immer innerhalb der Studie (bei gleichen Aufgaben) angestellt wurde. Hier beträgt die mittlere Zunahme der Effektstärke bei der Kombination von Zielen und Rückmeldungen d = .63. Wie die Arbeit von Neubert ferner zeigt, ist der Zusatznutzen der Kombination von Zielen und externem Feedback (gegenüber nur Zielen) bei komplexen Aufgaben (d = .95) fast doppelt so groß wie bei einfacheren Aufgaben (d = .43). Insbesondere wenn komplexe Aufgaben zu bewältigen sind, sollten Vorgesetzte sich also die Mühe geben, Ziele und Rückmeldungen im Sinne dieser Befunde gleichzeitig zu optimieren.

Der zweite Punkt, der hier noch zu betrachten ist, betrifft die Frage, welche Auswirkungen die (faire) *Partizipation der Mitarbeiter bei der Zielfindung bzw. Zielfestlegung* hat, insbesondere im Vergleich zu Bedingungen, in denen ein Vorgesetzter die anzustrebenden Ziele lediglich in ermunternder Art und Weise vorgibt. In der Zielsetzungsforschung gibt es hierzu recht verschiedene Befunde und Positionen, was zu einigen kontroversen Debatten geführt hat. Weil der Partizipationsbegriff immer noch sehr unterschiedlich interpretiert wird (vgl. Wegge, 2002) und weil es zu den Wirkungen der Partizipation mit Blick auf den Akt der Zielbildung bis vor kurzem noch keine besondere Metaanalyse gab, ist die in diesem Zusammenhang geführte Diskussion bislang wenig erhellend gewesen. Die Würfel sind hier nun aber endlich gefallen. In einer umfassenden Metaanalyse, die aus Daten von insgesamt 83 verschiedenen Stichproben beruht, haben Klein, Wesson, Hollenbeck und Alge (1999) zunächst bestätigen können, dass es eine signifikante Korrelation von r = .23 zwischen der Zielbindung und der Leistung gibt (basierend auf 66 Stichproben mit 7952 Personen). Je höher die Zielbindung (bei variablen Zielschwierigkeiten) ausfällt, desto stärker ist die Wirkung der Ziele gemessen an den resultierenden Leistungen. Dieser Zusammenhang ist bei schwierigen Zielen übrigens – wie die Theorie vorhersagt – höher ausgeprägt (r = .35) als bei einfachen Zielen (r = .18). In dieser Metaanalyse wurden zudem verschiedene Antezedenzien der Zielbindung untersucht. Die diesbezüglichen Befunde zeigen u. a., dass die Mitsprache bei der Zielfestlegung zu einer hohen Zielbindung führt (r = .40 auf Basis von 17 Stichproben mit 2007 Personen). Hiermit ist also endlich wissenschaftlich belegt, was zahlreiche Praktiker immer schon behauptet haben und was in manchen anderen Führungstheorien ohne weitere empirische Prüfung schlichtweg vorausgesetzt wird. Die Partizipation bei der Zielfestlegung fördert ceteris paribus die Zielbindung und dies führt insbesondere bei schwierigen Zielen zu besonders guten Leistungen. Auf den Umstand, dass es auch wichtige Ausnahmen von dieser Regel gibt, die u. a. darauf beruhen, dass partizipative Zielbildungsprozesse manche Gefahren implizieren, durchaus misslingen können, nicht von allen Menschen gleichermaßen geschätzt werden und sich bei bestimmten Aufgaben weniger lohnen, sei hier noch einmal hingewiesen (Wegge, 2002; vgl. Abschnitt 3.1.2). Die insbesondere von Locke immer wieder nachdrücklich vertretene Position, dass die Partizipation im Akt der Zielbildung im Vergleich zu Zielvorgaben *keinerlei* motivationale Vorteile hat, ist mit den Ergebnissen dieser Metaanalyse wohl endgültig als obsolet zu bezeichnen.

Putz und Lehner (2002) haben kürzlich eine deutsche Fassung des von Locke entwickelten Zielvereinbarungsbogens vorgelegt. Der Fragebogen weist nach den ersten Befunden psychometrisch gute Kennwerte auf und gestattet es, die meisten Aspekte messbar zu machen, die laut der Theorie von Bedeutung sind (z. B. Zielklarheit, Zielkonflikte, Feedback durch Vorgesetzte, Partizipation an der Zielvereinbarung). Es darf daher erwartet werden, dass zu dieser insgesamt empirisch sehr gut bewährten und in der Praxis angesehenen Theorie (vgl. auch Bungard & Kohnke, 2000) noch viele interessante Befunde gesammelt werden. Inwieweit die Zielsetzungstheorie auch für die Führung von Arbeitsgruppen geeignet erscheint, wird unten noch genauer erörtert.

3.2.8 Zwischenfazit

Insgesamt zeigen die mit Blick auf das konkrete *Verhalten von Führern* vorliegenden Theorien und Befunde, dass hohe Korrelationen zwischen dem Führungsverhalten von Vorgesetzten und dem Führungserfolg kaum zu finden sein werden, wenn man der Spezifität der jeweiligen Kontexte und Situationen (Aufgaben) nicht genauer Rechnung trägt. Erfolgversprechendere Perspektiven der psychologischen Führungsforschung liegen daher darin, Führungsverhaltensweisen im Sinne der besonders bewährten Führungstheorien mit theoretisch wie empirisch als relevant erkannten Kontextvariablen (z. B. im Rahmen der Zielsetzungsforschung identifizierten Moderatorvariablen oder der im Entscheidungsmodell der Führung berücksichtigten Situationsvariablen) *systematischer* als bisher miteinander in Beziehung zu setzen. Zudem wäre es erforderlich, die zwischen Führungshandeln und Führungsresultat vermittelnden Prozesse noch viel genauer zu studieren. Auch die jeweils untersuchten Erfolgskriterien des Führungsgeschehens sind u. E. noch viel spezifischer auf die als unabhängige Variablen gedachten Verhaltensaspekte zu beziehen, weil die meisten Führungstheorien mit Blick auf die Phänomene, die sie erklären wollen, erstaunlich *unpräzise* sind. Oft ist nur vom Führungserfolg die Rede, was aber ganz Verschiedenes bedeuten kann (Rosenstiel & Wegge, in Druck). Dass es – auf Basis moderner Persönlichkeitstheorien – lohnend sein kann, auch den Zusammenhang zwischen Persönlichkeitsdispositionen des Führers und seinem Führungshandeln genauer als bisher zu analysieren (siehe Judge & Bono, 2000), sollte hier ebenfalls noch einmal hervorgehoben werden. Die psychologische Forschung hat diese nahe liegende Aufgabe bisher kaum angemessen bearbeitet.

3.3 Ansätze mit Fokus auf Arbeitsgruppen

In der psychologischen Führungsforschung sind substanzielle Fortschritte auszumachen. Diese frohe Botschaft beruht u. a. auch darauf, dass man zunehmend versteht, warum die personale Führung von (größeren) Arbeitsgruppen, die in interdependenter Weise Aufgaben bearbeiten, ein deutlich *komplexeres* Unterfangen darstellt als die personale Führung einzelner, eher isoliert arbeitender Personen. Hierfür gibt es eine Reihe von Gründen (zsf. Wegge, 2001, 2002; vgl. Bungard & Antoni, Kap. 14). So ist inzwischen z. B. gut belegt, dass:

- bei Gruppenarbeit besondere Formen von Motivationsverlusten (z. B. sozialer Müßiggang, soziale Angst, Soldatentum) und Motivationsgewinnen (z. B. sich für eine schlechte Gruppe aufopfern, Wettbewerb zwischen Gruppen) auftreten können,
- bei der Nutzung von Gruppenarbeit die Konfliktgefahr und Konfliktdynamik zumeist zunimmt, was u. a. auf Besonderheiten der Informationsverarbeitung (z. B. Folgen der Selbstkategorisierung, Gruppendenken) und Besonderheiten der Arbeitsteilung in Gruppen (z. B. Produktionsblockaden, Synchronisationsprobleme) beruht,
- bei Gruppenarbeit besondere Potenziale für das gemeinsame Lernen und Problemlösen bestehen, z. B. Lernen am Modell, gegenseitige Fehlerkorrektur, Nutzung verteilten Wissens, Entwicklung transaktiver (verteilter) Gedächtnissysteme und
- Vorgesetzte bei der Nutzung eigenverantwortlicher Gruppenarbeit (mit einem internen Gruppenführer) einen Verlust an Kontrolle

hinnehmen müssen, weil sie über die Vorgänge in der Gruppe nicht mehr genau informiert sind bzw. sein dürfen.

Auf diese speziellen Phänomene und Probleme muss (auch) die personale Führung in Organisationen eine Antwort geben. Wir können dem Leser erneut nur eine kleine Auswahl der Erkenntnisse präsentieren, weil auch auf diesem Gebiet viel Aktivität zu verzeichnen ist (Gemünden & Högl, 2001; Wegge, 2002). Im Sinne unseres Anliegens, nur empirisch «Bewährtes» darzustellen, betrachten wir im Folgenden lediglich drei Ansätze etwas genauer: die Wirkung von Gruppenzielen, die Theorie der «Selbstführung» von Gruppen nach Manz und Sims und das Partizipative Produktivitätsmanagement als ein Beispiel für komplexere Managementsysteme, die speziell für Gruppenarbeit entwickelt wurden.

3.3.1 Wirkungen von Gruppenzielen

Locke und Latham (1990) gehen davon aus, dass die von ihnen in vielen Experimenten entwickelte Zielsetzungstheorie (siehe Abb. 4) auch bei Gruppenarbeit anwendbar ist. Demnach sollten Gruppen möglichst schwierige, spezifische Gruppenziele verfolgen und es wäre *eine* wichtige Aufgabe des (externen) Vorgesetzten der Gruppe, die Bildung solcher Gruppenziele anzuregen, also dafür zu sorgen, dass möglichst alle Gruppenmitglieder identische oder im Sinne der Gruppenaufgabe isomorphe anspruchsvolle Leistungsziele verfolgen. Im Einklang mit dieser Auffassung zeigen Ergebnisse aus Gruppenexperimenten, dass ein positiver Effekt schwieriger Gruppenziele auf Gruppenleistungen in der Tat nachweisbar ist. Die Leistung von Gruppen, die herausfordernde Gruppenziele verfolgen, ist nach den Ergebnissen der Metaanalyse von O´Leary-Kelly et al. (1994), in der 26 Effekte aus 10 Studien berücksichtigt werden, etwa eine Standardabweichung besser als die Leistung von Gruppen, die «lediglich» anstreben, ihr Bestes zu geben. Obwohl es inzwischen eine Vielzahl weiterer Gruppenexperimente gibt (vgl. Locke & Latham, 2002; Wegge, 2002), liegt hierzu leider noch keine aktuellere Metaanalyse vor.

Auf den ersten Blick könnte man angesichts dieser ermunternden Befunde versucht sein, die zahlreichen Aussagen der Zielsetzungstheorie ohne große Änderungen oder Erweiterungen auch auf die Führung von Gruppen zu übertragen. Dies wäre allerdings ein *Fehler*. Es ist bisher nämlich nur in Ansätzen untersucht worden, was verschiedene Gruppenziele (in Kombination mit individuellen Zielen) tatsächlich bewirken und wie sie das Handeln in Gruppen überhaupt steuern können. Zudem ist die stark am individuellen Leistungshandeln orientierte Zielsetzungstheorie wohl um einige Elemente zu erweitern, wenn man sie für Gruppenarbeit nutzten will. Als zusätzliche Mediatorvariablen kommen z. B. Kommunikations- und Planungsprozesse in der Gruppe hinzu. Auch gruppenspezifische Motivationsphänomene, z. B. die gerade erwähnten Motivationsverluste und -gewinne in Gruppen, die Gruppenkohäsion und Identifikationsprozesse sind zu bedenken. Ferner ist anzunehmen, dass einige neue Moderatorvariablen ins Spiel kommen, z. B. das Ausmaß der Aufgabeninterdependenz und die Zusammensetzung der Gruppe, wenn man die Wirkungen verschiedener Gruppenziele genauer analysiert. Im Einklang mit diesen Annahmen konnte Wegge (2002) in einer Reihe von vier Laborexperimenten, in denen jeweils ein Gruppenzieleffekt auf die Leistung auftrat, empirisch nachweisen, dass die Theorieentwicklung keinesfalls schon als abgeschlossen gelten kann (vgl. auch Abschnitt 3.1.2). Einige Erkenntnisse dieser Studien, in denen auch Mediationsanalysen zur Aufklärung der Ursachen von Gruppenzieleffekten angestellt wurden, sind in **Tabelle 4** zusammengetragen. Die Befunde sprechen sowohl für die Nützlichkeit des Ansatzes auf Gruppenebene als auch für die Notwendigkeit der Theorieerweiterung.

3.3.2 Die «Self-Leadership»-Theorie von Manz und Sims

Aus arbeitspsychologischer Sicht spricht vieles dafür, dass Organisationen unter gewissen Umständen solche Formen von Gruppenarbeit nut-

Tabelle 4: Erkenntnisse zur Wirkung von Gruppenzielen nach Wegge (2002)

- Schwierige, spezifische Gruppenziele können deshalb zu besseren Gruppenleistungen führen, weil sie:
  - den subjektiven Wert eines Misserfolgs der Gruppe erhöhen
  - die Kommunikation während der Aufgabenbearbeitung anregen
  - das Vergnügen an (sonst langweiligen) Gruppenaufgaben fördern und aufrecht erhalten
  - der Nutzung ineffizienter Aufgabenstrategien entgegenwirken
- Insbesondere partizipative Zielvereinbarungstechniken führen zu hoher Gruppenkohäsion und einer starken Identifikation mit der Gruppe. Welche Konsequenzen dies hat, hängt von den jeweils verfolgten Zielen ab
- Schwierige, spezifische Gruppenziele erhöhen die Opferbereitschaft für die Gruppe, sie reduzieren die Erwartung, dass eigene Beiträge zum Gruppenergebnis überflüssig sind und zum Teil auch die Bewertungsangst der Gruppenmitglieder
- Schwierige, spezifische Gruppenziele erhöhen das kollektive Selbstvertrauen und den Wert, den man einem Erfolg der Gruppe zumisst

zen, in denen die Gruppenmitglieder viel Verantwortung erhalten und sich – in gewissen Grenzen – selbst steuern können (vgl. Ulich, Kap. 8). Wie führt man nun aber eine sich weitgehend selbst führende Gruppe? Der Beantwortung dieser Frage ist die Theorie von Manz und Sims (1995) gewidmet. Zur Lösung des vermeintlichen Paradoxons entwickelten sie das Modell der «Superführung». Ein Superführer ist ein gruppenexterner Führer, der andere führt, damit diese sich selbst besonders effizient führen können (Manz & Sims, 1995, S. 1875). Dass die Mitarbeiterführung auch bei teilautonomen Arbeitsgruppen nicht überflüssig wird, weil die Gruppe schnell überfordert ist, wenn sie ihren eigenen organisationalen Kontext permanent überwachen und gestalten muss, und weil sowohl die Grenz- als auch die Selbstregulation in der Gruppe misslingen kann, wird von Manz und Sims deutlich betont. Personale Führung ist demnach auch hier keinesfalls überflüssig. Die zentrale Aufgabe von Vorgesetzten teilautonomer Arbeitsgruppen sollte es sein, (a) die Grenzregulation der Gruppe effizient zu unterstützen (z. B. im Sinne eines reibungslosen In- und Outputs der Gruppe in ihrem organisationalen Kontext) und (b) eine effektive Selbstregulation innerhalb der Gruppe anzuregen. Mit Rückgriff auf die soziale Lerntheorie von Bandura entwickelten Manz und Sims einen Fragebogen, der neben den Aufgaben zur Grenzregulation sechs verschiedene Facetten der Selbstregulation beschreibt: Selbstbeobachtung, eigene Zielsetzungen, Selbstverstärkung, Selbstvertrauen, Selbstkritik und Selbstkontrolle (Probehandlungen). Manz und Sims gehen davon aus, dass insbesondere diese Prozesse vom *externen* Vorgesetzten der Gruppe angeregt werden müssen, damit die Gruppe lernt, ihr eigenes Verhalten zielorientiert selbst zu steuern. Ist ein solcher Prozess in der Gruppe «spontan» zu beobachten, sollte der Vorgesetzte diesen (belohnend) verstärken.

Der von Manz und Sims entwickelte Fragebogen wurde in nachfolgenden Untersuchungen *nur in Teilen* herangezogen, weil man sich allein auf diese sechs Facetten der Selbstführung in bzw. von Gruppen bezog. Dass sich die hiermit verknüpften Annahmen gut stützen lassen, zeigt die Arbeit von Cohen, Chang und Leford (1997), in der 58 teilautonome und 60 traditionelle Arbeitsgruppen analysiert wurden. Cohen et al. (1997) attestieren dem Modell von Manz und Sims eine gute Validität. Sie belegen, dass die Anregung der Selbstregulation in der Gruppe durch den Vorgesetzten sowohl mit der wahrgenommenen Gruppenleistung, der Bindung an die Organisation als auch mit verschiedenen Zufriedenheitsindikatoren positiv zusammenhängt. Dieser Befund gilt nach den Daten allerdings sowohl für klassische als auch für teilautonome Arbeitsgruppen. In den teilautonomen Gruppen erlebten die Gruppenmitglieder ihren Vorgesetzten jedoch fast genauso wie in den traditionellen Arbeitsgruppen (nur das Anregen eigenständiger Zielsetzungen und Selbstkritik waren höher ausgeprägt), was die Parallelität der Befunde zum Teil sicherlich erklärt.

Man muss in diesem Zusammenhang aber auch konstatieren, dass die Erwartung von Cohen et al. (1997), Selbstführung sei *nur* in teilautonomen Gruppen sinnvoll und effektiv, theoretisch *fraglich* ist. Die aus der sozialen Lerntheorie von Bandura (1997) entliehenen Konzepte (insbesondere Selbstbeobachtung, Selbstvertrauen, eigenständige Zielsetzungen und Selbstverstärkung) sind ganz allgemein für die Selbststeuerung menschlichen Handelns relevant und deren Anregung bzw. Beachtung kann daher in jeder Arbeitsgruppe positive Wirkungen auf die Leistung und die Zufriedenheit haben. Hier herrscht auch deshalb etwas Verwirrung, weil man nur einen Teil aus dem Modell von Manz und Sims herausgreift und übersieht, dass die mit dem sozio-technischen Systemansatz verbundenen Aspekte der Theorie (die Aussagen zur Nützlichkeit teilautonomer Gruppenarbeit und den Eigenarten der Grenzregulation) hauptsächlich mit den Elementen des Fragebogens verknüpft sind, die man gewöhnlich weggelassen hat. Als Fazit kann festgehalten werden, dass eine vollständige Prüfung des Modells von Manz und Sims noch *nicht* vorliegt, obwohl die bisherigen Studien (vgl. auch Thomas & Stumpf, 2003) einzelne Modellausschnitte gut stützen. Es sollte sich u. E. daher lohnen, hier noch mehr Aufwand zu investieren.

3.3.3 Komplexere Managementsysteme für Arbeitsgruppen

Im Einklang mit der Grundannahme der gerade erörterten Theorie von Manz und Sims wurden einige andere Ansätze entwickelt, in denen Aussagen zur bestmöglichen Führung von Gruppen *unter Berücksichtigung des organisationalen Kontextes* gemacht werden (Gemünden & Högl, 2001; Wunderer, 2000). Wir greifen das Partizipative Produktivitätsmanagement (PPM) heraus. Zu diesem recht komplexen Verfahren liegt inzwischen eine Vielzahl von Studien vor (Kleinbeck, Schmidt & Werner, 2001). PPM ist eine gruppenorientierte Intervention, bei der besonders geschulte Moderatoren über einen längeren Zeitraum mit einer Arbeitsgruppe zusammen arbeiten, um gemeinsam ein Messsystem zu entwickeln, das es gestattet, die Produktivität der jeweiligen Arbeitsgruppe genau zu erfassen. Ausgehend von einer Analyse der organisationalen Aufgaben und Ziele der Gruppe wird ein Feedbacksystem entwickelt, das auf Grund der Beteiligung der Mitarbeiter von diesen gut verstanden und in der Regel akzeptiert wird. Nach der partizipativen Entwicklung des Messsystems erhält die Gruppe kontinuierlich und handlungsnah entsprechende Feedbackberichte, die in Gruppensitzungen erörtert werden (siehe **Abb. 5**).

PPM-Systeme wurden von mehreren Forschergruppen inzwischen in sieben unterschiedlichen Ländern und über 100 verschiedenen Organisationseinheiten eingeführt. Dies geschah sowohl im Bereich der Produktion (z. B. Montage von Bauteilen, Herstellung von Papier), im Bereich der Dienstleistung (z. B. Arbeit im Krankenhaus oder in der Bank) als auch im Bereich des Managements (z. B. Management des Verkaufs von Versicherungen). Der Zeitaufwand bei der Entwicklung eines PPM-Systems (im Mittel sind etwa 30 Arbeitsstunden mit der Gruppe erforderlich) und die anschließenden Feedbacksitzungen zahlen sich nach den Befunden aus. Über alle Studien hinweg sind starke und nachhaltige *Produktivitätssteigerungen* der Gruppe festzustellen, wobei die mittlere Effektstärke bei $d = 1{,}4$ liegt (vgl. Sodenkamp, Schmidt & Kleinbeck, 2002). Sobald die Arbeitsgruppen Rückmeldungen zu den von ihnen selbst definierten Produktivitätsindikatoren erhalten, steigt die mit PPM gemessene Produktivität der Gruppe sprunghaft an.

Welche Prozesse für die feedbackinduzierten Produktivitätssteigerungen im Einzelnen verantwortlich sind (z. B. Rollenklärung, Veränderungen bei den genutzten Strategien, der Gruppenkohäsion, der Zielbildung, der Zielbindung), ist auf Basis der in Feldprojekten gesammelten Daten bisher nur in Ansätzen geklärt. Die oben schon erörterten Theorien (z. B. Zielsetzungstheorie, soziale Lerntheorie) liefern ohne Frage eine gute Erklärungsgrundlage. Die Forschung zu PPM zeigt darüber hinaus, dass es einige Bedingungen gibt, in denen die Entwicklung solcher Systeme wenig sinnvoll ist (z. B. bei geringen Handlungsspielräumen der Gruppe, in Umbruchsituationen und wenn die Beschäftigten nur geringe Wünsche nach Eigenverantwortung

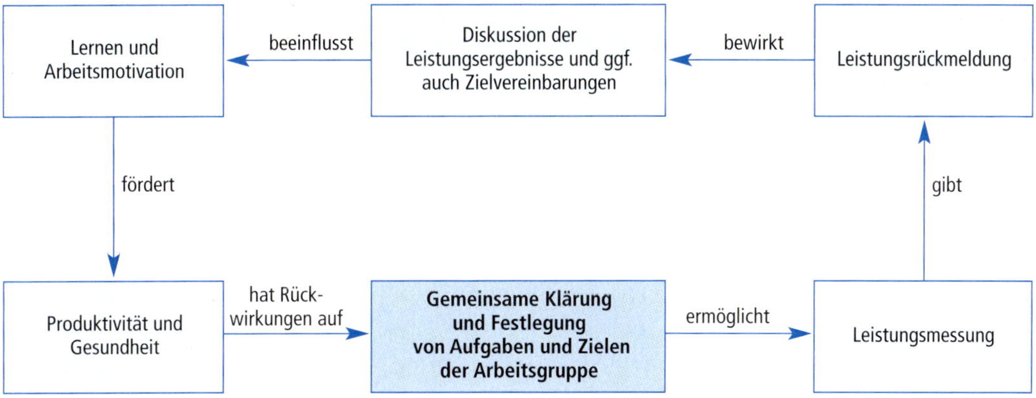

Abbildung 5: Skizze der (Psycho-)Logik des Partizipativen Produktivitätsmanagements (PPM)

haben). Vergleicht man die Befunde zu PPM mit anderen, gängigen Teamentwicklungsprogrammen, die nach der Metaanalyse von Salas, Rozell, Mullen und Driskell (1999) im Mittel *keine* Leistungssteigerung bewirken, wird klar, wie beeindruckend diese Befunde sind. PPM kann demnach als eine theoretisch gut fundierte und äußerst effektive Methode des Managements der Selbstorganisation bei Gruppenarbeit angesehen werden.

4. Herausforderungen für die Führungsforschung von morgen

Die empirische Führungsforschung hat ihren Gegenstand inzwischen «in den Griff» bekommen. Insbesondere mit Blick auf die *dyadischen* Prozesse im Sinne der verschiedenen Einflussstrategien von Führern und Geführten sind die grundlegenden Phänomene heute vermutlich erkannt und angemessen beschreibbar. Die zahlreichen Mess- und Interventionsverfahren, die entwickelt wurden, sind zwar noch nicht das letzte Wort, das man erwarten darf, ihre praktische Nützlichkeit ist in vielen Fällen aber schon gut belegt. Weitere Fortschritte werden sich dann einstellen, wenn man der Rolle der Geführten mehr Beachtung schenkt und mit dem Gedanken ernst macht, der Wirkung verschiedener Dispositionen der Akteure und ihrer Führungsakte mit exakteren Prozessanalysen nachzugehen, ohne dabei den kontextspezifischen Charakter der Phänomene zu übersehen. Auch die Suche nach Wechselwirkungen zwischen bestimmten Formen personalisierter Führung und Elementen der entpersonalisierten Führung in Organisationen (vgl. Abb. 1) erscheint lohnend.

Ein Fortschritt ist u. E. auch deshalb zu erkennen, weil man inzwischen bemerkt hat, welche Phänomene (auf Grund der stark führerzentrierten Historie) bislang kaum angemessen untersucht wurden. Hier sind noch einige Lücken auszumachen, insbesondere mit Blick auf die Frage, wie die (personale) *Führung von Arbeitsgruppen* am besten zu gestalten ist. Neben den gerade erläuterten Modellen sind z. B. solche Ansätze zu beachten, in denen eine verteilte Führung in Gruppen (Gebert, 2002; Wegge, 2002) oder die Entwicklung und Auswirkung von Gruppenstimmungen thematisiert wird (Kelly & Barsade, 2001). Ein weiteres Problem, das zurzeit nur am Rande debattiert wird, ist die Zusammensetzung von Arbeitsgruppen **(Abb. 6)**. Die neuere Forschung zeigt, dass die Zusammensetzung einer Gruppe ein wichtiger Faktor ist, der zu beachten ist, wenn man den Erfolg von Gruppenarbeit in Organisationen fördern will. Wir können hier nicht auf die Details eingehen (vgl. Wegge, 2003b) und beschränken uns darauf, die vier Wege, auf denen die Gruppenzusammensetzung die Effektivität von Gruppen beeinflussen kann, kurz zu erläutern.

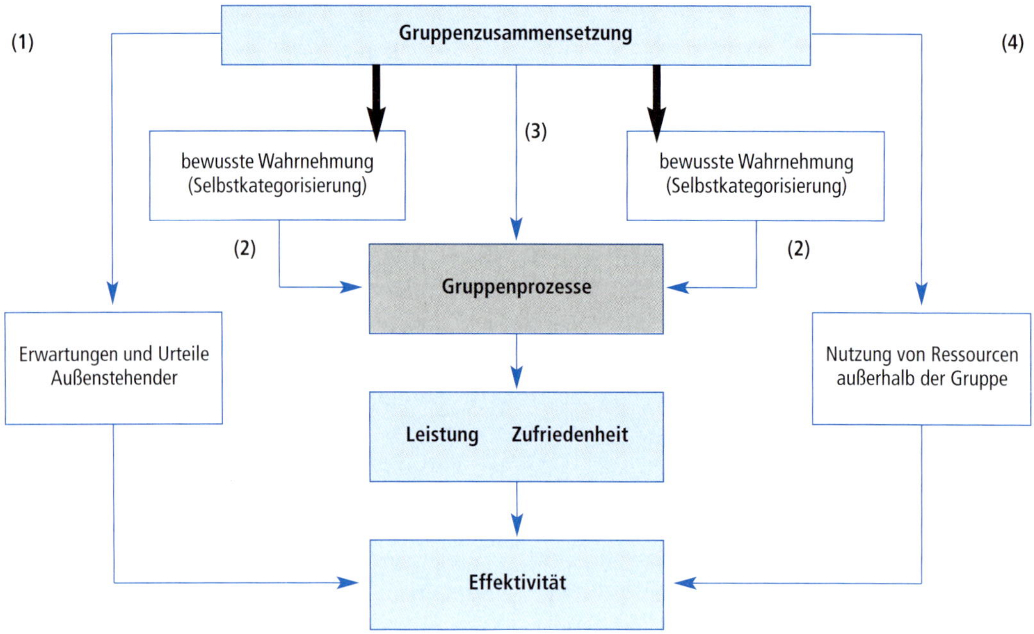

Abbildung 6: Vier verschiedene Wege, auf denen die Zusammensetzung einer Gruppe die Gruppeneffektivität mitbestimmen kann (aus Wegge, 2003b)

Erstens kann eine bestimmte Gruppenzusammensetzung allein deshalb zu hoher oder niedriger Effektivität führen, weil die Beurteilung eines Gruppenergebnisses (z. B. ein Problemlösevorschlag) in der Wahrnehmung *Außenstehender* davon abhängt, wer in der Gruppe mitgearbeitet hat. Dasselbe Ergebnis wird einmal als legitim beurteilt, z. B. wenn alle relevanten Interessenparteien beteiligt waren oder wenn die Gruppe sehr groß war. Das andere Mal aber wird der Vorschlag abgelehnt, etwa weil lediglich Vertreter einer Interessengruppe beteiligt wurden oder weil die Mitglieder der Gruppe nicht durch eine faire Wahl bestimmt worden sind. Beim zweiten und dritten Weg sind verschiedenste Prozesse innerhalb der Arbeitsgruppe (z. B. Konflikte, Wissensaustausch, Zielsetzungsprozesse) zur Erklärung heranzuziehen. Der Unterschied der beiden Wege beruht darauf, dass einmal eine *Selbstkategorisierung* der Gruppenmitglieder im Sinne der Wahrnehmung von Eigen- und Fremdgruppe (z. B. Mann vs. Frau, Psychologe vs. Jurist) nötig ist, um Effekte auszulösen, das andere Mal hingegen nicht. Beispiele wären die abnehmende Kooperationsbereitschaft auf Grund der Aktivierung von Vorurteilen gegenüber bestimmten Mitgliedern in der eigenen Arbeitsgruppe oder die Überlegenheit männlicher Gruppen bei Kraftaufgaben allein auf Grund der höheren Muskelmasse. Der vierte Weg ist erneut weitgehend unabhängig von den Prozessen innerhalb der Gruppe. Die Gruppenzusammensetzung nimmt hier Einfluss auf die Effektivität, weil Handlungen ausgeführt (unterlassen) werden, die auf außenstehende Personen zielen, welche für das Entstehen (Ermöglichen) und die Beurteilung der Gruppenleistungen relevant sind. Ein gutes Beispiel ist der Befund, dass bereichsheterogen zusammengesetzte Gruppen über besonders viele Kontakte verfügen und diese im Sinne der Gruppenaufgaben oft nutzen (etwa im Sinne des Sprichworts «Tut Gutes und redet darüber!»).

Herausforderungen bestehen aber nicht nur mit Blick auf die Aufgabe, die inhaltlichen Lücken von psychologischen Führungstheorien nach und nach zu schließen. Betrachtet man Führung als ein komplexes Mehr-Ebenen-Phänomen, bei dem es letztlich darum geht, bestimmte Formen individuellen Handelns, welches *immer* in und neben Gruppen auftritt, die in bestimmten organisationalen und kulturellen Kontexten agieren, genauer zu analysieren, stellt sich ferner die Frage, wie man die verschiedenen Analyseebenen (Individuum, Gruppe, Organisation, Kultur etc.) methodisch korrekt handhaben kann. Mit welchen Forschungs- und Analysemethoden kann man der Mehr-Ebenen-Struktur komplexer, sozio-technischer Systeme und der von solchen Systemen stammenden Daten gerecht werden? Hier gibt es ebenfalls Forschritte zu verzeichnen (siehe Klein & Kozlowski, 2000), sodass die altbekannte Aussage Lewins – das Ganze ist mehr als die Summe der Teile – nun auch mit angemessenen Theorien und Methoden der Datenerhebung und Datenauswertung empirisch prüfbar ist.

Hat sich nun – wie einleitend behauptet – der Nebel wirklich gelichtet? Der Leser möge urteilen. Wir sind der Auffassung, dass die ersten Bretterbuden auf dem unübersichtlichen Gelände, das die Führungsforschung lange Zeit gewesen ist, zu Recht eingefallen sind und abgeräumt wurden. Auf Grund wissenschaftlicher Forschung wird aus dem dampfenden Sumpf der Einfalt nach und nach ein trockengelegtes Terrain. Auch der Bauplan einer Stadt ist langsam ersichtlich, in der es Häuser mit festen Mauern gibt. Hier und da sind sogar bereits erste Siedlungen entstanden. Bis sich hieraus eine richtige Stadt entwickelt, in der man jeden Weg kennt und sicher von einer Straßenseite auf die andere gelangen kann, wird es noch etwas Zeit brauchen. Die letzten Jahre machen Zuversicht, dass dieses Ziel erreicht wird.

Ein fürchterlicher Verdacht muss hier abschließend noch thematisiert werden. Ist das, was wir Fortschritt nennen, vielleicht doch nur naiver Applaus, insbesondere mit Blick auf die empirische Bewährung der verschiedenen Ansätze und Instrumente und den offensichtlich erheblichen Vorzügen des (partizipativen) Führens mit Zielen? Sprenger (2000) hat sicherlich Recht, wenn er darauf hinweist, dass derjenige schnell verkrampft, der nur Zielerreichung im Kopf hat. Auch ist der Weg nicht unwichtiger als das Ziel, weil gute Führung immer an der Gestaltung von Arbeitsaufgaben ansetzen muss. Dennoch, wir sind der Auffassung, dass die empirische Führungsforschung endlich in der Lage ist, ihren allzu selbstgefälligen Kritikern, die zumeist nur mit «Schreibtischgedanken» arbeiten, erfolgreich Paroli zu bieten. Mit anderen Worten: Empirische Führungsforschung lohnt sich! Dass die Kenntnis des hierbei nach und nach sichtbar werdenden Plans der Führungslandschaft keinesfalls schon eine Garantie für entsprechend kluges Handeln in der organisationalen Praxis ist, dürfte wohl selbstverständlich sein. Hier stimmen wir den Worten von Schönpflug (2000) zu: Theorie ist immer Rekonstruktion (am besten nach Praxis) und Praxis ist immer Konstruktion (am besten nach Theorie), also eine ganz eigene Kunst, die auch dann misslingen kann, wenn man in etwa weiß, wie es eigentlich gehen sollte.

5. Literatur

Arnold, J. A., Arad, S., Rhoades, J. A. & Drasgow, F. (2000). The empowering leadership questionnaire: The construction and validation of a new scale for measuring leader behaviors. *Journal of Organizational Behavior, 21*, 249–269.

Bandura, A. (1997). *Self-efficacy. The exercise of control.* New York: Freeman.

Bass, B. M. (1999). Two decades of research and development in transformational leadership. *European Journal of Work and Organizational Psychology, 8*, 9–32.

Bass, B. M. & Avolio, B. J. (1990). *Manual for the multifactor leadership questionnaire.* Palo Alto: Consulting Psychologists Press.

Baumgarten, R. (1977). *Führungsstile und Führungstechniken.* Berlin: de Gruyter.

Bles, P. (1999). *Der Einfluss von Volition auf das Verhalten von Führungskräften* (Dissertation). München: Universität München.

Blickle, G. (1995). Wie beeinflussen Personen erfolgreich Vorgesetzte, KollegInnen und Untergebene? Skalenentwicklung und -validierung. *Diagnostica, 41*, 245–260.

Blickle, G. & Gönner, S. (1999). Studien zur Validierung eines Inventars zur Erfassung intraorganisationaler Einflussstrategien. *Diagnostica, 45*, 35–46.

Blickle, G., Hepperle, S., Hoeschele, I., Klein, E., Pikal, E., Diebold, U. & Flemming, H. (1997). Fremdwahrnehmung, Motive und Machtressourcen der Einflussnahme in Organisationen: Sechs empirische Studien. *Zeitschrift für Arbeits- und Organisationspsychologie, 41*, 48–61.

Bungard, W. & Kohnke, O. (Hrsg.). (2000). *Zielvereinbarungen erfolgreich umsetzen. Konzepte, Ideen und Praxisbeispiele auf Gruppen- und Organisationsebene.* Wiesbaden: Gabler.

Cohen, S. G., Chang, L. & Ledford, G. E. (1997). A hierarchical construct of self-management leadership and its relationship to quality of work life and perceived work group effectiveness. *Personnel Psychology, 50,* 275–308.

Cohen-Charash, Y. & Spector, P. E. (2001). The role of justice in organizations: A meta-analysis. *Organizational Behavior and Human Decision Processes* (online), doi:10,1006/obhd.2001.2958.

De Vries, R. E., Roe, R. A. & Taillieu, T. C. B. (1999). On charisma and need for leadership. *European Journal of Work and Organizational Psychology, 8,* 109–133.

Dick, R. van (2003). *Identifikation und Commitment in Organisationen.* Göttingen: Hogrefe.

Ehrhart, M. G. & Klein, K. J. (2001). Predicting followers' preferences for charismatic leaderhip: The influence of follower values and personality. *The Leadership Quarterly, 12,* 153–179.

Felfe, J. (2002). *Transformationale und charismatische Führung und Commitment im organisationalen Wandel* (Habilitationsschrift). Halle: Universität Halle.

Felfe, J. & Goihl, K. (2002a). Transformational leadership and commitment in different organizational contexts. In J. Felfe (Ed.), *Organizational development and leadership.* Frankfurt am Main: Peter Lang.

Felfe, J. & Goihl, K. (2002b). Deutsche überarbeitete und ergänzte Version des Multifactor Leadership Questionnaire (MLQ). In: A. Glöckner-Rist (Hrsg.), *ZUMA-Informationssystem. Elektronisches Handbuch sozialwissenschaftlicher Erhebungsinstrumente.* Mannheim: Zentrum für Umfragen, Methoden und Analysen.

Felfe, J. & Schyns, B. (2002). The relationship between employees' occupational self efficacy and perceived transformational leadership – Replication and extension of recent results. *Current Research in Social Psychology* [www.uiowa.edu/~grpproc], *7(9).*

Fiege, R., Muck, P. M. & Schuler, H. (2001). Mitarbeitergespräche. In H. Schuler (Hrsg.), *Lehrbuch der Personalpsychologie* (S. 433–480). Göttingen: Hogrefe.

Fittkau-Garthe, H. & Fittkau, B. (1971). *Fragebogen zur Vorgesetzten-Verhaltens-Beschreibung (FVVB).* Göttingen: Hogrefe.

Fleishman, E. A., Mumford, M. D., Zaccaro, S. J., Levin, K. Y., Korotkin, A. L. & Hein, M. B. (1991). Taxonomic efforts in the description of leader behavior: A synthesis and functional interpretation. *Leadership Quarterly, 2,* 245–287.

Frese, M. (1998). *Erfolgreiche Unternehmensgründer. Psychologische Analysen und praktische Anleitungen für Unternehmer in Ost- und Westdeutschland.* Göttingen: Verlag für Angewandte Psychologie.

Fuller, J. B., Patterson, C. E. P., Hester, K. & Stringer, D. Y. (1996). A quantitative review of research on charismatic leadership. *Psychological Reports, 78,* 271–287.

Gebert, D. (2002). *Führung und Innovation.* Stuttgart: Kohlhammer.

Gebert, D. & Rosenstiel, L. v. (2002). *Organisationspsychologie (5. Aufl.).* Stuttgart: Kohlhammer.

Gemünden, H. G. & Högl. M. (2001). *Management von Teams. Theoretische Konzepte und empirische Befunde.* Wiesbaden: Gabler.

Gerstner, C. R. & Day, D. V. (1997). Meta-analytic review of leader-member-exchange theory: Correlates and construct issues. *Journal of Applied Psychology, 82,* 827–844.

Geyer, A. L. J. & Steyrer, J. M. (1998). Transformational leadership and objective performance in banks. *Applied Psychology: An International Review, 47,* 397–420.

Graen, G. B. & Uhl-Bien, M. (1995a). Relationship-based approach to leadership: Development of leader-member exchange (LMX) theory of leadership over 25 years: Applying a multi-level multi-domain perspective. *Leadership Quarterly, 6,* 219–247.

Graen, G. B. & Uhl-Bien, M. (1995b). Führungstheorien – von Dyaden zu Teams. In A. Kieser, G. Reber & R. Wunderer (Hrsg.), *Handwörterbuch der Führung* (S. 1045–1058). Stuttgart: Schäffer-Poeschel.

Haslam, S. A. (2001). *Psychology in organizations: The social identity approach.* London: Sage.

Hemphill, J. K. (1950). Relations between the group and the behavior of «superior» leaders. *Journal of Social Psychology, 32,* 11–22.

Hey, A. H. & Pietruschka, S. (1998). Führung durch Ziele bei Gruppenarbeit. *Angewandte Arbeitswissenschaft, 155,* 13–29.

Hölzle, P. (2000). Die Anwendung des Führungsinstruments «Zielvereinbarung» in der deutschen Wirtschaft. In O. Braun (Hrsg.), *Zielvereinbarungen im Kontext strategischer Organisationsentwicklung* (S. 75–100). Landau: Verlag Empirische Pädagogik.

Hogg, M. A. & van Knippenberg, D. (2003). Social identity and leadership processes in groups. In M. P. Zanna (Ed.), *Advances in experimental social psychology.*

Hogg, M. A. & Vaughan, G. M. (1998). *Social psychology.* London: Prentice-Hall.

House, R. J., Hanges, P. J., Ruiz-Quintanilla, S. A., Dorfman, P. W., Javidan, M. Dickson, M., Gupta, V. and 137 further authors. (1999). Cultural influences on leadership and organizations. Project GLOBE. *Advances in Global Leadership, 1,* 171–233.

Ilgen, D. R. (1999). Teams embedded in organizations. Some implications. *American Psychologist, 54,* 129–139.

Judge, T. A. & Bono, J. E. (2000). Fife-Factor model of personality and transformational leadership. *Journal of Applied Psychology, 85,* 751–765.

Judge, T. A., Bono, J. E., Ilies, R. & Gerhardt, M. W. (2002). Personality and leadership: A qualitative and quantitative review. *Journal of Applied Psychology, 87,* 765–780.

Judge, T. A., Higgins, C. A., Thoresen, C. J. & Barrick, M. R. (1999). The big five personality traits, general mental ability and career success across the life span. *Personnel Psychology, 52,* 621–652.

Keller, T. (1999). Images of the familiar: Individual differences and implicit leadership theories. *Leadership Quarterly, 10,* 589–607.

Kelly, J. R. & Barsade, S. G. (2001). Mood and emotions in small groups and work teams. *Organizational Behavior and Human Decision Processes, 86,* 99–130.

Kerr, S. & Jermier, J. M. (1978). Substitutes for leadership: Their meaning and measurement. *Organizational Behavior and Human Performance, 22,* 375–403.

Kieser, A., Reber, G. & Wunderer, R. (1995). *Handwörterbuch der Führung.* Stuttgart: Schäffer-Poeschel.

Klein, H. J., Wesson, M. J., Hollenbeck, J. R. & Alge, B. J. (1999). Goal commitment and the goal setting process: Conceptual clarification and empirical synthesis. *Journal of Applied Psychology, 64,* 885–896.

Klein, K. J. & Kozlowski, S. W. J. (2000). *Multilevel theory, research, and methods in organizations. Foundations, extensions, and new directions.* San Francisco: Jossey-Bass.

Kleinbeck, U. (1996). *Arbeitsmotivation.* München: Juventa.

Kleinbeck, U., Schmidt, K.-H. & Werner, W. (2001). *Produktivitätsverbesserung durch zielorientierte Gruppenarbeit.* Göttingen: Hogrefe.

Kleinbeck, U. & Wegge, J. (1996). Fehlzeiten in Organisationen: Motivationspsychologische Ansätze zur Ursachenanalyse und Vorschläge für die Gesundheitsförderung am Arbeitsplatz. *Zeitschrift für Arbeits- und Organisationspsychologie, 40,* 161–172.

Kluger, A. N. & DeNisi, A. (1996). The effects of feedback interventions on performance: A historical review, a meta-analysis and a preliminary feedback intervention theory. *Psychological Bulletin, 119,* 254–284.

LePine, J. A., Hollenbeck, J. R., Ilgen, D. R. & Hedlund, J. (1997). Effects of individual differences on the performance of hierarchical decision-making teams: Much more than g. *Journal of Applied Psychology, 82,* 803–811.

Lewin, K., Lippitt, R. & White, R. K. (1939). Patterns of aggressive behavior in experimentally created «social climates». *Journal of Social Psychology, 10,* 271–299.

Liden, R. C., Sparrowe, R. T. & Wayne, S. J. (1997). Leader-member exchange theory: The past and potential for the future. *Research in Personnel and Human Resource Management, 15,* 47–120.

Locke, E. A. & Latham, G. P. (1990). *A theory of goal setting and task performance.* Englewood Cliffs: Prentice-Hall.

Locke, E. A. & Latham, G. P. (2002). Building a practically useful theory of goal setting and task motivation. *American Psychologist, 57,* 705–717.

Lord, R. G., De Vader, C. L. & Alliger, G. M. (1986). A meta-analysis of the relation between personality traits and leadership perceptions: An application of validity generalization procedures. *Journal of Applied Psychology, 71,* 402–410.

Lord, R. G. & Maher, K. J. (1991). *Leadership and information processing: Linking perceptions and performance.* Winchester: Unwin Hyman.

Lowe, K. B., Kroeck, K. G. & Sivasubramaniam, N. (1996). Effectiveness correlates of transformational and transactional leadership: A meta-analytic review of the literature. *Leadership Quarterly, 7,* 385–425.

Manz, C. C. & Sims, H. P. (1995). Führung in selbststeuernden Gruppen. In A. Kieser, G. Reber & R. Wunderer (Hrsg.), *Handwörterbuch der Führung* (S. 1873–1894). Stuttgart: Schäffer-Poeschel.

Neuberger, O. (1972). Experimentelle Untersuchungen von Führungsstilen. *Gruppendynamik,* 3, 192–219.

Neuberger, O. (1990). *Führen und geführt werden.* Stuttgart: Enke.

Neuberger, O. (1995). *Mikropolitik. Der alltägliche Aufbau und Einsatz von Macht in Organisationen.* Stuttgart: Enke.

Neubert, M. J. (1998). The value of feedback and goal setting over goal setting alone and potential moderators of this effect: A meta-analysis. *Human Performance, 11,* 321–335.

O'Leary-Kelly, A. M., Martocchio, J. J. & Frink, D. D. (1994). A review of the influence of group goals on group performance. *Academy of Management Journal, 37,* 1285–1301.

Podsakoff, P. M., MacKenzie, S. B. & Bommer, W. H. (1996). Meta-analysis of the relationships between Kerr and Jerimie´s substitutes for leadership and employee job attitudes, role perceptions and performance. *Journal of Applied Psychology, 81,* 380–399.

Putz, P. & Lehner, J. M. (2002). Effekte zielorientierter Führungssysteme – Entwicklung und Validierung des Zielvereinbarungsbogens (ZVB). *Zeitschrift für Arbeits- und Organisationspsychologie, 46,* 22–34.

Rheinberg, F. (2000). *Motivation.* Stuttgart: Kohlhammer.

Rosenstiel, L. von. (2001). Führung. In H. Schuler (Hrsg.), *Lehrbuch der Personalpsychologie* (S. 317–346). Göttingen: Hogrefe.

Rosenstiel, L. von & Wegge, J. (in Druck). Führung. In H. Schuler (Hrsg.), *Enzyklopädie der Psychologie. Organisationspsychologie II – Gruppe und Organisation* (D/III/3). Göttingen: Hogrefe.

Sader, M. (1998). *Psychologie der Gruppe.* München: Juventa.

Salas, E., Rozell, D., Mullen, B. & Driskell, J. E. (1999). The effect of team building on performance. An integration. *Small Group Research, 30,* 309–329.

Scherm, M. (2001). Gruppendiagnostik: Interaktion nach SYMLOG und Persönlichkeit. In E. H. Witte (Hrsg.), *Leistungsverbesserungen in aufgabenorientierten Kleingruppen* (S. 95–111). Lengerich: Pabst.

Scherm, M. & Sarges, W. (2002). *360° Feedback.* Göttingen: Hogrefe.

Schmidt, F. L. & Hunter, J. E. (1998). The validity and utility of selection methods in personnel psychology: Practical and theoretical implications of 85 years of research findings. *Psychological Bulletin, 124,* 262–274.

Schmidt, K.-H. (1996). Wahrgenommenes Vorgesetztenverhalten, Fehlzeiten und Fluktuation. *Zeitschrift für Arbeits- und Organisationspsychologie, 40,* 54–62.

Schönpflug, W. (2000). Ars nihil sine scientia. Theorie als Rekonstruktion von Praxis – Praxis als Konstruktion nach Theorie. *Report Psychologie, 25,* 166–169.

Schriesheim, C. A., Castro, S. L. & Cogliser, C. C. (1999). Leader-Member Exchange (LMX) research: A comprehensive review of theory, measurement, and data-analytic practices. Leadership Quarterly, 10, 63–113.

Shamir, B. (1999). An evaluation of conceptual weaknesses in transformational and charismatic leadership theories. *Leadership Quarterly, 10,* 285–301.

Sodenkamp, D., Schmidt, K.-H. & Kleinbeck, U. (2002). Balanced Scorecard, Erfolgsfaktoren-basierte Balanced Scorecard und Partizipatives Produktivitätsmanagement: Ein Vergleich. *Zeitschrift für Personalpsychologie, 1,* 182–195.

Sprenger, R. K. (2000). Das Sisyphos-Dilemma. In W. Bungard & O. Kohnke (Eds.), *Zielvereinbarungen erfolgreich umsetzen. Konzepte, Ideen und Praxisbeispiele auf Gruppen- und Organisationsebene* (S. 101–112). Wiesbaden: Gabler.

Stogdill, R. M. (1963). *Manual for the LBDQ Form XII.* Columbus: Columbus State University.

Tejeda, M. J., Scandura, T. A. & Pillai, R. (2001). The MLQ revisited. Psychometric properties and recommendations. *The Leadership Quarterly, 12,* 31–52.

Thomas, A. & Stumpf, S. (2003). *Teamarbeit und Teamentwicklung.* Göttingen: Hogrefe.

Türk, K. (1995). Entpersonalisierte Führung. In A. Kieser, G. Reber & R. Wunderer (Hrsg.), *Handwörterbuch der Führung* (S. 328–340). Stuttgart: Schäffer-Poeschel.

Tyler, T. R. (1999). Why people cooperate with organizations: An identity-based perspective. *Research in Organizational Behavior, 21,* 201–246.

Vroom, V. H. (2000). Leadership and the decision-making process. *Organizational Dynamics, 28,* 82–94.

Vroom, V. H. & Jago, A. G. (1995). Situation effects and levels of analysis in the study of leader participation. *Leadership Quarterly, 6,* 169–181.

Wegge, J. (2001). Gruppenarbeit. In H. Schuler (Hrsg.), *Lehrbuch der Personalpsychologie* (S. 483–507). Göttingen: Hogrefe.

Wegge, J. (2002). *Führung von Arbeitsgruppen* (Habilitationsschrift). Dortmund: Universität Dortmund.

Wegge, J. (2003a). Selbstmotivierung. In G. F. Müller (Hrsg.), *Selbstverwirklichung im Arbeitsleben.* (S. 23–58). Lengerich: Pabst.

Wegge, J. (2003b). Heterogenität und Homogenität in Gruppen als Chance und Risiko für die Gruppeneffektivität. In A. Thomas & S. Stumpf (Hrsg.), *Teamarbeit und Teamentwicklung.* Göttingen: Hogrefe.

Weierter, S. J. M. (1999). The role of self-awareness and self-monitoring in charismatic relationships. *Journal of Applied Social Psychology, 29,* 1246–1262.

Wunderer, R. (2000). *Führung und Zusammenarbeit. Eine unternehmerische Führungslehre.* Neuwied: Luchterhand.

Wunderer, R. & Grunwald, W. (1980). *Führungslehre.* Berlin: de Gruyter.

Zapf, D. (1999). Mobbing in Organisationen – Überblick zum Stand der Forschung. *Zeitschrift für Arbeits- und Organisationspsychologie, 43,* 1–25.

Teil V
Organisation

Einführung

Die Organisationspsychologie kann nun bereits auf eine beachtlich lange Geschichte zurückblicken (s. Greif, Kap. 2). Es mehrt sich auch langsam die Anzahl organisationspsychologischer Lehrbücher. Umso bemerkenswerter ist, dass jenen Aspekten, die Organisationen insgesamt ausmachen und sie charakterisieren – zielgerichtete, strukturierte, formell/informell geregelte soziale Einheiten (s. Kap. 16) – von Seiten der Psychologie traditionellerweise relativ wenig Aufmerksamkeit gewidmet wurde. Da sich Menschen buchstäblich von der Wiege bis zur Bahre immer in institutionellen/organisationalen Kontexten vorfinden, viele dieser Organisationen sogar explizit das Ziel verfolgen, auf ihre Mitglieder prägend einzuwirken (Kindergarten, Schule, Universität, Krankenhaus etc.) und wiederum viele andere diese Prägung implizit und «nebenbei» nachweislich bewirken (z. B. Arbeits- und Freizeitorganisationen) (s. Semmer & Udris, Kap. 6) fragt sich in der Tat: Weshalb und woher diese relative Vernachlässigung eines doch so offenkundig wichtigen Sachverhalts – der psychologischen Dimensionen von Organisationen?

Eine Erklärung mag in der historisch begründeten Tradition der Psychologie liegen, sich vor allem auf das Individuum und seinen Organismus zu konzentrieren und alles außerhalb desselben Liegende als weniger wichtig zu betrachten. Diese Konzentration auf den Organismus bringt es dann mit sich, dass der «Welt der Dinge» (Graumann) und der Interaktion des Individuums mit ihr weniger Raum gewährt wird. Dabei besteht der alltägliche Lebensvollzug in der ständigen, unablässigen Auseinandersetzung der Person mit eben diesen Dingen, die sämtlich Anmutungs-, Aufforderungs- und Handlungscharakter tragen, «agenda» sind. Organisationen sind nun offenkundig Phänomene, die der Dingwelt zugehören. Zudem sind Organisationen «Dinge», die sozial konstituiert sind. Und mit solchen tut sich die Psychologie ohnehin nicht leicht. Umso wichtiger war den Herausgebern dieses Lehrbuchs das Anliegen, das bestehende relative Ungleichgewicht etwas zurechtzurücken und den psychologischen Dimensionen und Wirkungen von Organisationen, ihrer Analyse und gezielten Veränderbarkeit, einen zentralen Stellenwert zu geben.

So widmet sich das 16. Kapitel schwerpunktmäßig zuerst den sinnstiftenden Metaphern, die das alltagstheoretische und wissenschaftliche Verständnis von Organisationen leiten. Dabei werden zugleich auch die historischen Bezüge deutlich, die zwischen vorherrschenden Grundvorstellungen (den Metaphern) von Organisationen und den je gegebenen Zeitumständen und wissenschaftsimmanenten Entwicklungen bestehen. Danach handelt das Kapitel von psychologisch wichtigen Merkmalen, mit denen Organisationen zu charakterisieren sind, wie Zielen, Verfassung, Strukturen, Gesamtgestalt, Technologie, Organisationskultur. Eine Diskussion der Prozessaspekte in Organisationen (Kooperation, Konflikt, Verteilung von Belohnungen und Anreizen) rundet diesen Überblick über organisationale Grundkonzepte ab.

Der Aufbaulogik des gesamten Lehrbuchs folgend (s. Schuler, Kap. 1), werden auch in diesem fünften Teilbereich mit dem auf die «Grundkonzepte» folgenden 17. Kapitel die analytisch-diagnostischen Probleme der Beschreibung und Analyse von Organisationen thematisiert. Nach einer Behandlung der wesentlichen Zielvorgaben und Aufgabenstellungen für Organisationsdiagnosen (Interessen von Organisationsmitgliedern, Externen und wissenschaftliche Fragestellungen sowie Eingangsinformationen für Organisationsentwicklungen) werden die theoretischen Grundprobleme (z.B. Struktur- vs. Prozessdiagnostik) und Methodenansätze sowie die konkret-praktischen Fragen des Vorgehens bei Organisationsdiagnosen behandelt.

Das 18. Kapitel vermittelt einen Überblick über die wichtigsten theoretisch-methodischen und praktischen Probleme der psychologisch orientierten Intervention in Organisationen – hier verstanden als Maßnahmen der Organisationsentwicklung (OE). Die besondere Rolle des OE-Beraters ebenso wie die der Partizipation von betroffenen Organisationsmitgliedern, die diversen Interventionsstrategien und ihre Grenzen werden dabei vorgestellt und erörtert.

Was oben über die erstaunliche Zurückhaltung der Organisationspsychologie gegenüber Grundmerkmalen und Strukturen von Organisationen gesagt wurde, gilt in noch verschärftem Maße für die psychologische Auseinandersetzung mit Organisation-Umwelt-Beziehungen. In einigen neueren Lehr- und Handbüchern der Organisationspsychologie taucht der Begriff «organisationale Umwelt» nicht einmal im Index, geschweige denn in umfassenderen, substanziellen Abhandlungen auf. Dabei kann überhaupt nicht in Frage stehen, ob es sich bei der Organisationsumwelt wirklich um einen psychologisch wichtigen Sachverhalt handele. Die konkrete Erfahrung mit jüngsten gesellschaftlich-politischen und sozio-ökonomischen Wandlungsprozessen in Osteuropa belegen drastisch, wie solche Veränderungen des Umsystems zu geradezu dramatischen strukturellen und psychologischen Anpassungsleistungen der Organisationen und ihrer Mitglieder herausfordern. Betrachtet man Organisationen als offene sozio-technische Systeme, so ist unter solcher systemtheoretischer Perspektive auch gar nichts anderes zu erwarten. Ein spezieller Grund für die in diesem Bereich zu beobachtende Enthaltsamkeit der Psychologie, sich den hier relevanten Problemen zu stellen, mag darin liegen, dass mit der Thematisierung von Organisations-Umweltbeziehungen erkenntnistheoretisch äußerst komplexe Probleme aufgeworfen werden.

Im 19. Kapitel wird ein spezieller Aspekt der Organisationsentwicklung – Gesundheit und Sicherheit – herausgegriffen und detaillierter dargestellt. Organisationspsychologische Forschung kann hierbei ebenso wichtige Beiträge leisten wie praktische Interventionsbemühungen, die Bedingungen menschlicher Arbeit von der Organisationsseite her zu verbessern. Überdies wird damit aufgezeigt, wie Maßnahmen der Organisationsentwicklung mit solchen der Personalentwicklung Hand in Hand gehen können.

Das 20. Kapitel berichtet über die wichtigsten Grundmodelle, die in der Organisationspsychologie zur Frage der Organisations-Umweltbeziehungen entwickelt wurden, und geht danach auf vier als besonders wichtig angesehene Umweltfaktoren ein: auf Kultur, Gesellschaftsstruktur, interorganisationale Beziehungen und sozialen Wandel.

Bernhard Wilpert

16

Wolfgang Scholl

Grundkonzepte der Organisation

Inhalt

1. Einleitende Gegenstandsbestimmungen .. 515
1.1 Was ist das, eine Organisation? 515
1.2 Organisationen als Akteure – Das Herrschafts- und Verteilungsproblem ... 516
1.3 Bewertung organisationaler Ergebnisse 517
1.4 Organisationale Effektivität 518

2. Metaphern der Organisationsforschung .. 520
2.1 Die Ausbeutungsmetapher 520
2.2 Die Maschinenmetapher 522
2.3 Die Bedürfnismetapher 523
2.4 Die Problemlösungsmetapher 524
2.5 Die Politikmetapher 524
2.6 Die Organismusmetapher 525
2.7 Die Kulturmetapher 526
2.8 Die Kostenmetapher 527
2.9 Die Netzwerkmetapher 528

3. Zustandsbeschreibungen der Organisation 530
3.1 Organisationsziele 530
3.2 Organisationsverfassung 531
3.3 Organisationsstruktur 532
3.4 Organisationsform 534
3.5 Technologie 537
3.6 Organisationskultur 538

4. Prozessbeschreibungen der Organisation 540
4.1 Entscheidungsprozesse 540
4.2 Machtausübung und Einflussnahme 544
4.3 Partizipation 545
4.4 Konflikt und Kooperation 547
4.5 Information, Kommunikation und Wissen .. 549

5. Ausblick: Auf dem Weg zur «High-Involvement»-Organisation? ... 553

6. Literatur 554

1. Einleitende Gegenstandsbestimmungen

Die empirische Organisationsforschung ist eines der wenigen wirklich interdisziplinären Gebiete. Soziologie, Betriebswirtschaftslehre, Psychologie, Politologie, Ökonomie und Anthropologie ergänzen und befruchten sich hier wechselseitig. Sie haben Konzepte der *Organisation* entwickelt, die das Nachdenken über organisationale Vorgänge anregen, erleichtern und vertiefen. Daher sollen nicht nur Grundkonzepte der Organisations*psychologie* dargestellt werden, denn dies würde dem Stand der Organisationsforschung nicht gerecht und das interdisziplinäre Verständnis behindern.

1.1 Was ist das, eine Organisation?

So vertraut uns im Alltag der Begriff der Organisation ist, so schwer fällt doch eine genauere Begriffsbestimmung. March und Simon (1958, 1976) z. B. verzichten deswegen von vornherein auf eine Definition und führen stattdessen ein paar Beispiele an: «Die ‹United States Steel Corporation› ist eine formelle Organisation; ebenso das Rote Kreuz, die Gemischtwarenhandlung um die Ecke und das New York State Highway Department» (1976, S. 7). Diese Beispiele können um eine Jugendstrafanstalt, einen Kaninchenzüchterverein, ein Bataillon der Bundeswehr, ein Krankenhaus und um viele andere ergänzt werden, die im Sinne einer schwer zu fassenden Merkmalsähnlichkeit als Organisationen betrachtet werden können. In Anlehnung an Kieser und Kubicek (1992, S. 1) wird folgende Definition zu Grunde gelegt:

> Eine Organisation ist ein soziales Gebilde, das bestimmte Ziele verfolgt und formale Regelungen aufweist, mit deren Hilfe die unter die Mitgliedschaftsbedingungen fallenden Aktivitäten der Mitglieder auf diese Ziele ausgerichtet werden sollen.

Durch die Existenz formeller Regelungen lassen sich kleine Organisationen wie der Gemischtwarenladen von informellen Gruppen abgrenzen; größere soziale Gebilde könnten ohne sie sowieso nicht existieren. Die Mitgliedschaftsbedingungen sind (schriftliche oder mündliche) vertragliche Regelungen, die nicht alle Lebensbereiche der Mitglieder, sondern nur relativ eng umgrenzte Leistungsanforderungen erfassen. Eine Familie ist daher keine Organisation, ebenso wenig wie ein Staat, da für beide potenziell alle Lebensbereiche bedeutsam sind.

1.2 Organisationen als Akteure – Das Herrschafts- und Verteilungsproblem

Bei der Definition mag es problematisch erscheinen, dass ein soziales System Ziele verfolgt; gerade Psycholog/inn/en werden das eher für eine metaphorische Ausdrucksweise halten und die Bildung und Verfolgung von Zielen auf Personen beschränken wollen, die in solchen sozialen Gebilden tätig sind. Wie Vanberg (1982) analytisch und v. Cranach, Ochsenbein und Tschan (1987) empirisch gezeigt haben, ist diese Beschränkung jedoch nicht gerechtfertigt. Aus juristischer Sicht sind Organisationen eigene «Rechtspersönlichkeiten» und können Verträge mit Individuen, anderen Organisationen und Staaten abschließen, sie sind *korporative Akteure.* Es gibt jeweils berechtigte Vertreter, die im Namen der Organisation Verträge aushandeln und unterschreiben. Dabei kann man empirisch gut unterscheiden, ob eine Person als Individuum, als Mitglied einer Gruppe oder in organisatorischer Funktion handelt (v. Cranach et al., 1987). Auch wenn man zunächst von Individuen als Akteuren ausgeht, lässt sich diese Ansicht begründen (vgl. zum folgenden Vanberg, 1982). Danach werden soziale Systeme dadurch zu kollektivem Handeln fähig, dass Personen nicht mehr individuell ihre Ressourcen (z. B. Fähigkeiten, Geld, Rechte) für bestimmte Ziele einsetzen, sondern sie zusammenlegen und einer einheitlichen Disposition unterstellen. Diese einheitliche Disposition, wer immer sie beschließt und ausführt, macht eine Organisation zu einem korporativen Akteur. Gegenüber individuellen Aktivitäten folgen daraus jedoch zwei neue *Grundprobleme:*

1. Durch die Ressourcenzusammenlegung werden neue Formen der Arbeitsteilung, Spezialisierung und Koordination möglich und erforderlich, was jedoch verbindliche Entscheidungen für alle erfordert; das Dispositionsproblem ist damit zugleich ein *Herrschaftsproblem.* Sicher ist dieses Problem besonders augenfällig, wenn nur einer entscheidungs- und weisungsbefugt ist, wie ein Eigentümer-Unternehmer. Vorhanden ist es aber auch im Alternativbetrieb, wo alle gleiche Rechte und Pflichten haben, denn auch dort legen die gemeinsamen Entscheidungen bindend fest, was jede/r Einzelne zu tun hat. Verlieren organisationale Entscheidungen ihre grundsätzliche Verbindlichkeit, dann ist auch die Existenz der Organisation beendet.
2. Wo Ressourcen kollektiv disponiert werden, gibt es immer auch ein *Verteilungsproblem:* Wie sollen die Rechte und Pflichten bzw. die Anreize und Belastungen auf die einzelnen Mitglieder verteilt werden? Bei individueller Disposition ist das relativ einfach: Die Entscheidung, jemandem für 80,– Euro Arbeitslohn die Fliesen zu verlegen, trifft der selbstständige Fliesenleger selber; das Gleiche gilt

für die Entscheidung, sich diese und die folgenden Arbeiten durch den Kauf eines neuen Werkzeugs zu erleichtern: aus der Entscheidung folgen direkt seine Anreize (leichtere Arbeit) und Belastungen (weniger Geld). Wie sind demgegenüber dieselben Beiträge eines Fliesenlegers in einer Baufirma zu werten, wenn man mit denselben Einnahmen auch einen ergonomisch besseren Bildschirm für die Sekretärin beschaffen oder einen «anständigen» Gewinn für den Eigentümer ausschütten könnte? Da bei Organisationen die Ressourcen zusammengelegt werden, gibt es keine selbstverständliche Entsprechung von Pflichten bzw. Belastungen und Rechten bzw. Anreizen.

Damit kommt zur intrapersonellen Bewertung, die jede/r für sich selbst vornimmt, ein interpersoneller Wertvergleich hinzu. Wie wichtig sind die Beiträge der einzelnen Mitglieder für die Zielerreichung der Organisation? Wie schwierig ist es, sie zu erbringen? Wie leicht könnte man sie ersetzen durch die Beiträge anderer? Wie viel Macht können die Einzelnen mobilisieren, um ihre Anreiz-Belastungs-Situation zu verbessern? Manche dieser Probleme werden periodisch durch Tarifverträge vorgeklärt oder durch Angebot und Nachfrage auf Einkaufs-, Absatz-, Arbeits- und Kapitalmärkten eingegrenzt. Darüber hinaus aber müssen solche *Bewertungsprobleme* laufend in der Organisation geklärt werden, *denn viele organisationale Entscheidungen haben explizit oder implizit Konsequenzen für die Verteilung von Anreizen und Belastungen.*

1.3 Bewertung organisationaler Ergebnisse

Die Tätigkeiten in und von Organisationen haben eine Fülle von Konsequenzen, wie die Diskussion des Herrschafts- und Verteilungsproblems bereits anzeigt. Die betroffenen Personen und Gruppen beobachten, kategorisieren und bewerten jeweils einen Teil dieser Ergebnisse und engagieren sich in und außerhalb der Organisation für selektive Verbesserungen – in der Regel zu eigenen Gunsten. Um die daraus folgenden Einflüsse auf Organisationen erklären und sich an der Diskussion zur Organisationsgestaltung sinnvoll beteiligen zu können, müssen die Konsequenzen organisationaler Tätigkeit sorgfältig und detailliert beachtet werden.

Ergebnisvariablen wie Effektivität, Überleben, Wachstum, Image, Wertschöpfung, Gewinn, Dividende, Preiswürdigkeit, Produktqualität, Service, Vertragstreue, Liquidität, Steuerkraft, Umweltfreundlichkeit, Demokratisierung, Arbeitsunfälle, Lohnniveau, soziale Anerkennung, Qualifizierung, Handlungsspielraum und Zufriedenheit zeigen solche bewerteten Konsequenzen für wirtschaftliche Organisationen an, die sich noch erweitern und differenzieren ließen. Diese und ähnliche Bewertungskonzepte beziehen sich auf die Organisation als Institution (Effektivität bis Gewinn), die Kapitaleigner (Gewinn, Dividende), die Kunden (Preiswürdigkeit bis Vertragstreue), die Lieferanten (Vertragstreue, Liquidität), die Öffentlichkeit (Liquidität bis Arbeitsunfälle) und die Arbeitnehmer (Demokratisierung bis Zufriedenheit). Wie die Doppelzuordnungen (z. B. Arbeitsunfälle) deutlich machen, sind manche Ergebnisvariablen für mehrere Interessentengruppen sehr wichtig. Für Organisationen außerhalb des Bereichs der Wirtschaft werden je nach gesellschaftlichem Zweck zum Teil noch andere Ergebnisvariablen beachtet. In allen Bereichen lassen sich sowohl subjektive (z. B. Image, zugeschriebene Vertragstreue, Zufriedenheit) als auch objektivierte (z. B. Wertschöpfung, Vertragsbeanstandungen, Fehlzeiten) Kriterien finden, wobei globalere Konzepte in beiden Formen und auf vielerlei Weise operationalisierbar sind (z. B. Effektivität, Produktqualität, Zufriedenheit). Die Organisationspsychologie beschäftigt sich messtheoretisch und inhaltlich vor allem mit organisationsinternen Ergebnissen (vgl. Büssing, Kap. 17). Sie muss aber je nach der inhaltlichen Fragestellung auch andere Kriterien aus den Nachbardisziplinen berücksichtigen.

Bei den Ergebnisvariablen wird die Wertbezogenheit der Organisationsforschung besonders deutlich. Je nachdem, welche Ergebnisse in die theoretischen Fragestellungen und empirischen Untersuchungen einbezogen werden, erbringt die Forschung Erkenntnisse und Gestaltungshinweise, die sich für die Interessen bestimmter Gruppen mehr, für andere dagegen weniger eignen. Daher sollte bei jedem Thema zuerst die Frage gestellt werden, wer alles daran Interesse haben könnte, um dann geeignete Kriterien für alle betroffenen Interessen einzubeziehen (Interessenpluralismus) oder wenigstens explizit die Nichtberücksichtigung einzelner Aspekte zu begründen. Ein Blick in die Organisationsliteratur zeigt schnell, dass das zum Teil nicht der Fall ist. Eine interessenpluralistische Konzeption von Organisationen, orientiert an den Konsequenzen für die verschiedenen betroffenen Gruppen, ist jedoch die ethisch am besten legitimierbare Position (Donaldson & Preston, 1995).

Etliche Ergebnisvariablen werden in anderen Kapiteln dieses Buches behandelt. Deshalb soll hier nur das Konzept der Effektivität näher beleuchtet werden, da es die am häufigsten und zugleich am unterschiedlichsten verwendete Ergebnisvariable ist.

1.4 Organisationale Effektivität

Die Begriffe Effektivität und Effizienz werden sehr unterschiedlich, zum Teil aber auch synonym gebraucht. Beide bezeichnen die Optimierung einer Nutzen-Kosten-Relation, d. h. ein gewünschtes Ergebnis mit möglichst geringen Kosten zu erreichen oder einen möglichst hohen Nutzen bei gegebenen Kosten. Organisationale *Effizienz* im engeren Sinne ergibt sich aus organisationsbezogenem Nutzen minus Kosten, die im betrieblichen Rechnungswesen in Geldgrößen bewertet werden (Gewinn = Ertrag – Aufwand). Entsprechende Kennziffern versucht man für betriebliche Teilaktivitäten zu finden, wie z. B. Stückkosten. Oft fällt freilich die monetäre Bewertung solcher Teilaktivitäten zu schwer, besonders in den Verwaltungsabteilungen, so dass man sich mit Mengen- und Zeitangaben begnügt, wie z. B. die Anzahl ausgegebener Pässe oder die durchschnittliche Bearbeitungsdauer einer Zivilklage. Diese Art der Effizienzmessung findet man meist auch in organisationspsychologischen Untersuchungen.

Organisationale *Effektivität* bezieht sich dagegen nicht nur auf einen Akteur oder eine Gruppe, sondern bezieht explizit die Nutzenstiftung für alle Interessenten mit ein, wie die Löhne für Arbeitnehmer, die gezahlten Steuern für den Staat, die Dividenden für die Kapitaleigner etc., was zusammen als Wertschöpfung bezeichnet wird (Chmielewicz, 1975). Die geldbezogene Betrachtung erfasst aber noch nicht jene befriedigten oder verletzten Bedürfnisse, die aus verschiedenen Gründen in den Rechnungen fehlen: Ei-

Informationsbox 1

Inwieweit solche Überlegungen für konkrete wissenschaftliche Urteile relevant sind, soll folgendes, aus der Partizipationsdiskussion stammende Beispiel zeigen. Cotton et al. (1988) finden in ihrer Literaturauswertung keinen Beleg für eine Effizienzsteigerung bei indirekter Partizipation durch Arbeitnehmervertreter (im Unterschied zu direkter Partizipation durch die Arbeitnehmer selbst). Bei der deutschen Mitbestimmung, die eine der weitest gehenden Formen indirekter Partizipation darstellt, findet Scholl (1986) zunächst ebenfalls keinen Zusammenhang zwischen Stärke der indirekten Partizipation und betrieblicher Effizienz (gemessen am Gewinn), aber einen sehr deutlichen Zusammenhang mit der Befriedigung von Arbeitnehmerinteressen. Wenn dies *ohne* Gewinnschmälerung möglich ist, dann sind stark mitbestimmte Unternehmen offensichtlich effektiver, wobei der zusätzliche Nutzen den Arbeitnehmern zukommt und sich nicht im Gewinn, d. h. in der engen Effizienzbetrachtung niederschlägt. Die normative Sichtweise, dass alle betroffenen Interessen zu berücksichtigen sind, führt also zu einer breiteren empirischen Forschung, die wiederum die normative Diskussion befruchtet.

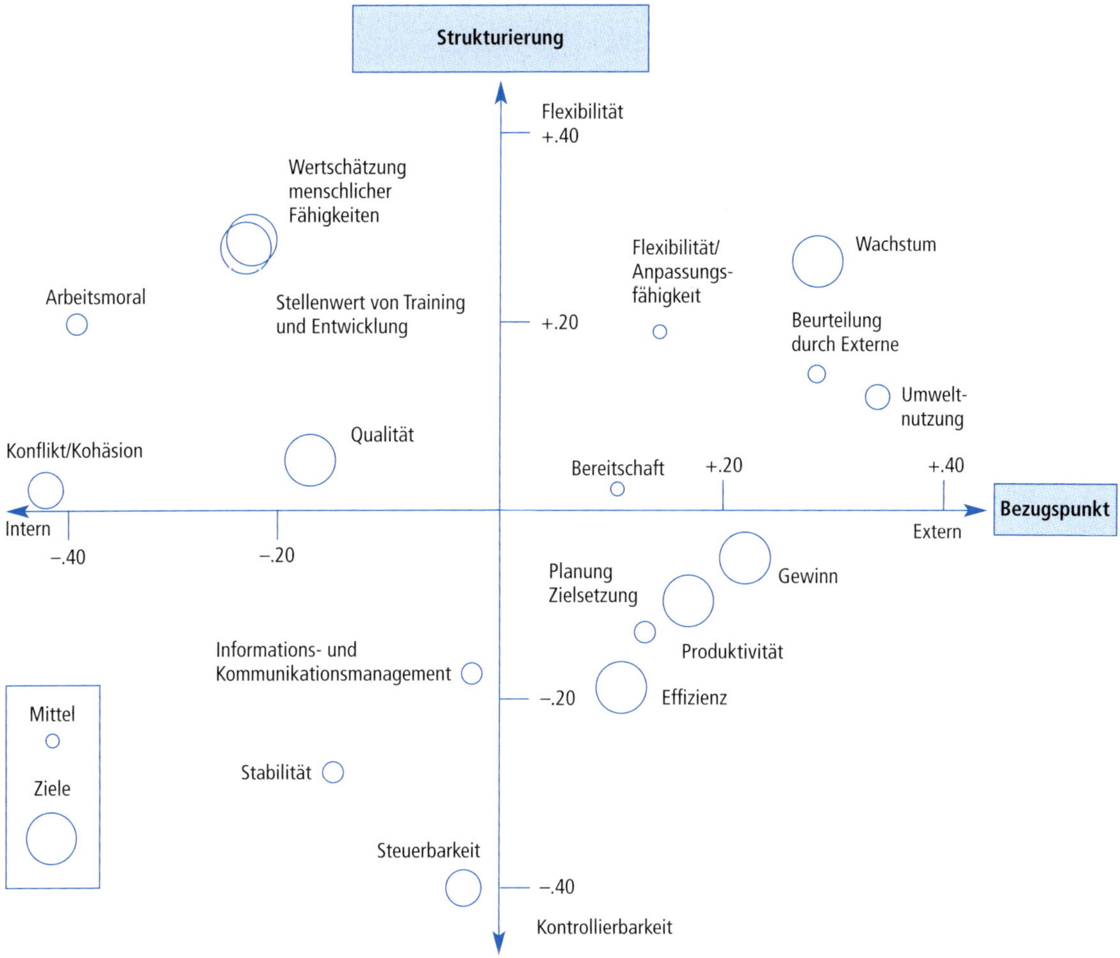

Abbildung 1: Dreidimensionales Effektivitätsmodell von Quinn und Rohrbaugh (1983)

nige Nutzen und Kosten können oder müssen nicht von der Organisation in Rechnung gestellt werden, sie werden «externalisiert». Dies gilt für viele Umweltbelastungen und einige Arbeitnehmerbelastungen, die Menschen schädigen und – wenn überhaupt – durch gesellschaftliche Zahlungen gemildert werden. Daraus wird deutlich, dass das organisationale Verteilungsproblem (s. a. **Informationsbox 1**) erst bei der erweiterten Effektivitätsbetrachtung richtig ernstgenommen wird.

Eine breite Effektivitätskonzeption haben Quinn und Rohrbaugh (1983) vorgelegt. Ausgehend von der Tatsache, dass in der Organisationsforschung sehr unterschiedliche Effektivitätsaspekte verwendet werden, haben sie 45 Organisationsforscher gebeten, auf einer siebenstufigen Skala die Ähnlichkeit zwischen 17 häufig verwendeten Effektivitätskriterien zu beurteilen. Nach einer multidimensionalen Skalierung dieser Ähnlichkeitsurteile ergaben sich drei Dimensionen, die auch eine sinnvolle Ordnung der Kriterien ermöglichten (vgl. **Abb. 1**).

Die erste Dimension beschreibt den organisationalen *Bezugspunkt* der Effektivitätskriterien, die eher *extern* oder *intern* orientiert sein können: Kriterien wie Wachstum, Gewinn und Produktivität unterliegen primär der Beurteilung durch Externe, vor allem durch Kapitalanleger. Kriterien wie Konflikt, Kohäsion oder Arbeitsmoral unterliegen dagegen primär der internen, subjektiven Beurteilung der Arbeitnehmer und des Managements. Die zweite Dimension betrifft die *Strukturierung*: Steuerbarkeit und Stabilität betonen eher die *Kontrollierbarkeit* durch starke Strukturierung, während die Wertschätzung menschlicher Fähigkeiten und die generelle Anpassungsfähigkeit die *Flexibilität* in den Vordergrund stellen. Auf der dritten, in der Abbildung durch die Kreisgröße veranschaulichten Dimension wird zwischen *Zielen* und *Mitteln* unterschieden: Arbeitsmoral, Planung und Zielsetzung sowie Informations- und Kommunikationsmanagement sind eher als Mittel bzw. Subziele einzustufen, durch die übergeordnete Ziele wie Produktivität, Wachstum oder die Wertschätzung menschlicher Fähigkeiten erreicht werden können.

Nach Quinn und Rohrbaugh (1983) verdeutlicht dieses dreidimensionale Modell, wie schwer umfassende Effektivität zu erreichen ist, weil dazu Organisationen bei der internen und bei der externen Beurteilung gut abschneiden müssen, kontrollierbar und zugleich flexibel sein sollen sowie einzelne Unterziele nicht zu Lasten der Oberziele maximieren dürfen. So kann man durch strikte Kostenkontrollen und niedrige Preise den Umsatz fördern und zugleich einen hohen Gewinn erzielen, aber die Arbeitsmoral lässt sich damit kaum heben, und für Trainings- und Entwicklungsmaßnahmen ist kaum Geld da; hinter der Polarität von interner und externer Beurteilung steht das generelle Verteilungsproblem von Organisationen. Während bürokratische Prozeduren die Steuerbarkeit und Stabilität der Organisation sichern, werden Flexibilität und Innovation durch sie behindert; hierin spiegelt sich das generelle Herrschaftsproblem. Und intensive Planungs- und Zielsetzungsprozesse können die notwendigen Entscheidungen so verzögern, dass die Effizienz darunter leidet; hierin zeigt sich das mit dem Herrschaftsproblem verbundene Entscheidungsproblem von seiner inhaltlichen Seite. Wie man die tendenziell entgegengesetzten Wertkriterien durch geeignete Maßnahmen doch gleichzeitig erfüllen kann, sind zentrale Fragen der wissenschaftlichen Organisationsforschung und der Organisationspraxis (mehr dazu in Abschnitt 3.6).

2. Metaphern der Organisationsforschung

Wie kann man sich dem Gegenstand «Organisation» wissenschaftlich am besten annähern? Wissenschaftliche Konzeptionen sind menschliche Konstruktionen, die die selektiven Erkenntnisse, Vor-Urteile und Interessen ihrer Urheber, ihrer Zeit und ihrer wissenschaftlichen Disziplin widerspiegeln. Da sich Organisationen auf verschiedene Gruppen mit ihren spezifischen Interessen ganz unterschiedlich auswirken, werden auch unterschiedliche Grundannahmen theoretisch vertreten und praktische Forderungen abgeleitet. Die jeweiligen Annahmen rücken dabei verschiedene Aspekte und Begriffe in den Vordergrund, so dass sie sich oft nicht direkt widersprechen, und fast immer ist irgendetwas «dran». Meist gewinnen sie ihre Überzeugungskraft aus integrativen Denkfiguren bzw. Metaphern, die das unübersichtliche organisatorische Geschehen ordnen und begreifbar machen.

Solche zentralen Metaphern der Organisationsforschung sollen im Folgenden unter Rückgriff auf Morgan (1997) kurz skizziert werden, um die Vielfalt der Forschungsperspektiven besser begreifbar zu machen. Zwei von Morgans Metaphern werden wegen geringer empirischer Forschung nicht eigenständig behandelt: Organisationen als psychische Gefängnisse bzw. als Resultat unterbewusster Kräfte und Organisationen als sich selbst immer neu erschaffende Systeme. Mit der Bedürfnis- und Netzwerkmetapher werden ergänzend zwei zusätzliche Perspektiven eingeführt. Die neun ausgewählten Metaphern werden in der Reihenfolge ihres historischen Auftretens vorgestellt.

2.1 Die Ausbeutungsmetapher

Die moderne Sozialwissenschaft und mit ihr die Organisationsforschung haben im Zeitalter der Industrialisierung begonnen. Die damals herrschenden Zustände wie Kinderarbeit, inhumane Arbeitsbedingungen, Hungerlöhne für Arbeiter und Existenzverlust bei Handwerkern haben die

Informationsbox 2

«Die moderne Industrie hat die kleine Werkstube des patriarchalischen Meisters in die große Fabrik des industriellen Kapitalisten verwandelt. Arbeitermassen ... werden als gemeine Industriesoldaten unter die Aufsicht einer vollständigen Hierarchie von Unteroffizieren und Offizieren gestellt. Sie sind ... täglich und stündlich geknechtet von der Maschine, von dem Aufseher, und vor allem von dem einzelnen fabrizierenden Bourgois selbst. Diese Despotie ist umso kleinlicher, gehässiger, erbitternder, je offener sie den Erwerb als ihren letzten Zweck proklamiert. ... Ist die Ausbeutung des Arbeiters durch den Fabrikanten so weit beendigt, dass er seinen Arbeitslohn bar ausgezahlt erhält, so fallen die anderen Teile der Bourgeoisie über ihn her, der Hausbesitzer, der Krämer, der Pfandleiher etc.» (Marx & Engels, 1848, 1966, S. 65).

erste Denkfigur hervorgebracht, nämlich die der Ausbeutung. Es waren vor allem Marx und Engels, die mit ihrer pointierten Kritik erheblichen Einfluss auf die wissenschaftliche Theoriebildung und die politische Praxis hatten (s. **Informationsbox 2**). In vielen Entwicklungsländern, d.h. bei dem größten Teil der Menschheit, sind die Lebensbedingungen den von Marx und Engels kritisierten Verhältnissen heute noch ähnlich.

Während Organisationen in den modernen Gesellschaften wesentlich dazu beigetragen haben, Wissen, Handlungsmöglichkeiten und Lebenschancen zu erhöhen, spielen Arbeitslosigkeit, Berufskrankheiten und Arbeitsunfälle immer noch eine so große Rolle, dass etwa die Hälfte der Arbeiter und ein Drittel der Angestellten vorzeitig unfreiwillig aus dem Erwerbsleben ausscheiden. Am stärksten davon betroffen sind die untersten Lohn- und Gehaltsgruppen, deren Arbeitsgestaltung oft immer noch durch die Trennung von Hand- und Kopfarbeit gekennzeichnet ist. Auf diese Weise tragen Arbeitsorganisationen zur gesellschaftlichen Benachteiligung bei, die sich negativ auf Persönlichkeitsentwicklung, Lebenseinstellung, Selbstvertrauen, politisches und berufliches Engagement, Intelligenzentwicklung, Scheidungshäufigkeit, Alkoholismus, Kriminalität etc. auswirkt (Zwicky, 1985). Im oberen Bereich der sozialen Skala scheint der Anreiz, zu Geld, Ansehen und Selbstbestätigung zu kommen, zunehmend zur Selbstausbeutung zu führen. Höher Qualifizierte, deren Zahl kontinuierlich zunimmt, haben meist keine feste Arbeitszeit und arbeiten immer mehr, um sich gegenüber der internen und externen Konkurrenz zu behaupten und als «erfolgreich» gelten zu können. In der Welt der Computerfirmen erscheint diese generelle Tendenz auf die Spitze getrieben (Lessard & Baldwin, 2000; *www.netslaves.com)*.

Negative Auswirkungen organisationaler Praktiken gibt es aber nicht nur bei Arbeitnehmern. Produkte werden nicht ausreichend getestet und sind gefährlich für die Benutzer, wie mit Formaldehyd imprägnierte Pressspanplatten oder BSE-verseuchtes Fleisch. Ein weiteres Problem ist die Werbung, deren Ziel oft nicht die Information der Verbraucher ist, sondern ihre Irreführung. Besonders intensiv wird für gesundheitsgefährdende Produkte wie Süßigkeiten, Tabak und Alkohol geworben. Hinzu kommt die Beteiligung an der Umweltverschmutzung, von der Vergiftung der Böden und der Meere über die Luftverschmutzung und die Bodenerosion bis hin zur globalen Klimakatastrophe. Ein weiterer Aspekt problematischer organisationaler Betätigung liegt bei multinationalen Konzernen vor, deren Umsatz zum Teil größer ist als das Bruttosozialprodukt von Ländern wie Dänemark und Argentinien. Häufig nutzen Konzerne gezielt die wirtschaftlichen Schwächen ihrer Gastländer aus, etwa wenn es um gefährliche Produktionen, Umweltschutzbestimmungen oder Steuervorteile geht. Dieser Sachverhalt wird dann auch noch als Argument benutzt, um «überzogene» Schutzbestimmungen in den wirtschaftlich stärkeren Ländern mit massivem Druck auf die Regierungen und Parlamente zu verhindern (Schienstock, 1994).

Staatliche Organisationen laufen mit ihren Nachforschungen und ihrer Gesetzgebungsarbeit oft lange hinterher, bevor sich etwas ändert, oder sie sind sogar blind gegenüber solchen Entwicklungen. Machmal organisieren staatliche Spezialorganisationen wie Geheimdienste oder Staatsparteien die äußersten Formen der Unmenschlichkeit, die von allgegenwärtiger Bespitzelung über Mord bis zum Genozid reichen. Sind das alles Einzelerscheinungen oder hat das auch mit der Eigenart von Organisationen zu tun? Organisation mobilisiert und konzentriert nicht nur Macht, sondern begünstigt auch die Diffusion von Verantwortung (vgl. die Milgram-Experimente), indem die Handlungen nicht dem Einzelnen, sondern der Organisation zugerechnet werden: «Organisation ist ein entsolidarisierender, entmoralisierender, verantwortungsentlastender Sozialmechanismus» (Türk, 1995, S. 12).

Durch die Ausbeutungsmetapher werden nicht nur negative Folgen in den Blickpunkt gerückt, sondern auch in ihrer engen Verzahnung mit dem gesellschaftlichen und politischen Herrschafts- und Verteilungsproblem gesehen. Die generelle These lautet, dass die großen Organisationen im Zeitalter der Globalisierung so viel Macht besitzen, dass sie selbst von den Regierungen der großen Nationen nicht mehr wirkungsvoll zum Wohl der Menschen begrenzt werden und diese Organisationen wiederum von wenigen Personen finanziell und richtungsgebend beherrscht werden (Korten, 1995).

Insofern ist die Ausbeutungsmetapher gut geeignet, Probleme organisationalen Handelns schärfer zu sehen und in einem breiteren Rahmen zu konzeptualisieren. Diese analytische Kraft verkehrt sich freilich ins Gegenteil, wenn die Ausbeutungsmetapher zu einer Verschwörungstheorie des Kapitalismus verkommt, mit der scheinbar alle Übel dieser Welt erklärbar sind. Nicht zuletzt fördern andere Metaphern auch andere Phänomene zu Tage.

2.2 Die Maschinenmetapher

Der Begriff «Organisation» ist aus dem griechischen Wort «organon» entstanden, das «Werkzeug» bedeutet. Ein solches Werkzeug in der Hand Friedrichs des Großen war die Armee, die er – fasziniert von mechanischen Spielzeugsoldaten – zu einem effizienten Werkzeug zur Umsetzung seiner Pläne gestaltete. Abgestufte Ränge und Uniformen, standardisierte Ausrüstung, Spezialisierung der Aufgaben, einheitliche Regeln und Kommandosprache, systematischer Drill, die Unterscheidung von beratendem Stab und weisungsbefugter Linie sowie die Durchsetzung unbedingten Gehorsams waren seine Mittel. Auf das Vorbild dieser militärischen und anderer staatlicher Bürokratien griffen die entstehenden Großfirmen auf der Suche nach einem praktizierbaren Organisationsmodell zurück und übernahmen zu diesem Zweck oft auch höhere Offiziere in leitende Positionen (Kocka, 1981). Die Vorstellung, dass die perfekte Organisation eine Maschine sei, wurde zur Zeit der Industrialisierung unterstützt durch die zunehmende Mechanisierung der Produktion mit ihrer Überlegenheit gegenüber der Handarbeit. Augenfällig wird dies besonders bei Fließarbeit und Akkordarbeit, die die Arbeiter zu Anhängseln der Maschine machen.

Perfektioniert wurde die Maschinenmetapher durch das so genannte «Scientific Management» von Frederick Taylor (1911), nach ihm auch «Taylorismus» genannt (vgl. Greif, Kap. 2). Mit dem Prinzip der Trennung von Hand- und Kopfarbeit wurden die Arbeiter zu berechenbaren Rädchen im Getriebe degradiert, deren Einsatz durch die Manager ingenieurmäßig mit Hilfe von Zeit- und Bewegungsstudien optimiert wurde. Taylor glaubte durchaus auch im Interesse der Arbeiter zu handeln, denn die erhöhte Produktivität ermöglichte Lohnerhöhungen. Die Maschinenmetapher ist kongenial zur behavioristischen Lernpsychologie: Über geeignete Verstärkerpläne, nämlich die unmittelbare Koppelung der Lohnsätze an die vorgeschriebenen Arbeitsschritte, kann die Arbeitsleistung anscheinend nach Wunsch optimiert werden.

Informationsbox 3

«Ein voll entwickelter bürokratischer Mechanismus verhält sich (sc. zu anderen Organisationsformen) ... wie eine Maschine zu den nicht mechanischen Arten der Gütererzeugung.» Und (S. 128) «die rein bürokratische ... Verwaltung ist nach allen Erfahrungen die an Präzision, Stetigkeit, Disziplin, Straffheit und Verlässlichkeit, also Berechenbarkeit für den Herrn ... rein *technisch* zum Höchstmaß der Leistung vervollkommenbare, ... formal *rationalste* Form der Herrschaftsausübung». Deutlich ist, dass damit vor allem das Herrschaftsproblem zu Gunsten *eines* «Herrschers» gelöst werden soll. (Weber, 1972, S. 56)

Max Weber (1921, 1972) analysierte als erster bedeutender Organisationstheoretiker diese maschinenartige Form des Organisierens (s. **Informationsbox 3**). Weber rekonstruierte – anders als Marx – die gesellschaftliche Entwicklung als umfassenden Rationalisierungsprozess und untersucht daher die Methoden des Organisierens detailliert unter dieser Perspektive. Mit seiner Analyse hat er entscheidend die wissenschaftlichen Vorstellungen und Untersuchungen zur Organisationsstruktur beeinflusst (mehr dazu in Abschnitt 3.3).

Die Maschinenmetapher hat die Praxis im Bereich der Arbeits- und Organisationsgestaltung bis in die jüngste Zeit entscheidend geprägt. Kontrovers wird auch die Auffassung diskutiert, dass der Taylorismus ausgedient habe und «neue Produktionskonzepte» auf dem Vormarsch seien (Huys et al., 1999).

2.3 Die Bedürfnismetapher

Als die Maschinenmetapher immer weiter in die Organisationspraxis umgesetzt wurde, gab es vielfache Kritik von außenstehenden Beobachtern und massive Protestaktionen seitens der betroffenen Arbeitnehmer. Dies geschah nicht nur durch die Bildung von Gewerkschaften und durch Streiks. Sie wehrten sich auch in der Arbeit, indem sie restriktive Leistungsnormen setzten oder Sabotageakte gegen zu kurze Arbeitstakte durchführten. Managementpraktiker und Wissenschaftler der so genannten «Human-Relations-Bewegung» erkannten, dass die Arbeitsmotivation nicht allein von der Entlohnung abhängt, mit der die unmittelbaren physiologischen Bedürfnisse wie Essen und Wohnen sowie ggf. deren Sicherung befriedigt werden können. Zusätzlich wurden vor allem die Bedürfnisse nach sozialem Kontakt, nach sozialer Anerkennung und nach Selbstentfaltung im Anschluss an die Bedürfnishierarchie von Maslow (1954) betont. Eine Erhöhung der Produktivität sei nur über eine adäquate Befriedigung dieser höheren Bedürfnisse zu erreichen. Ihre Befriedigung sei vor allem eine Frage des Führungsstils. Unter dem Einfluss der Gruppendynamik wurden dann auch zunehmend Interventionstechniken entwickelt, um entsprechende organisatorische Verbesserungen vorzunehmen.

Diese Fokussierung auf die Bedürfnisse arbeitender Menschen hat direkt und indirekt den wohl größten Teil der psychologischen Organisationsforschung ausgelöst, vor allem auf den Gebieten Arbeitsmotivation und Arbeitszufriedenheit (vgl. Teil II in diesem Band), Gruppendynamik und Führung (vgl. Teil IV) sowie Partizipation und Kooperation (vgl. hier Abschnitte 4.3 und 4.4). Thematisiert werden Aspekte des Verteilungsproblems, die für die tägliche Arbeit der Arbeitnehmer einer Organisation eine zentrale Bedeutung haben; das Herrschaftsproblem wird dabei jedoch oft ignoriert, obwohl es für entsprechende Verbesserungen eine unbedingte Voraussetzung ist.

Mit der Bedürfnismetapher wurde nicht nur die Kritik von Marx und Weber an den Arbeitsbedingungen aufgenommen und präzisiert, sondern es wurden zunehmend auch Alternativen für die Arbeits- und Organisationsgestaltung aufgezeigt. Damit besitzt diese Metapher ein hohes Kritik- und Utopiepotenzial, an dem sich andere Organisationsmetaphern messen lassen müssen.

Viele Anregungen aus diesen Forschungen haben – oft sehr viel später – Eingang in die Organisationspraxis gefunden (s.a. Abschnitt 5.) Andererseits blieben die strukturellen und systemischen Aspekte der Organisation meist ausgeblendet und schwächten so die Realisierbarkeit dieses Potenzials.

2.4 Die Problemlösungsmetapher

Organisationen sehen sich fortlaufend vor Probleme gestellt. Es müssen Ziele gebildet, spezifiziert oder modifiziert werden, die eine einigermaßen einheitliche Disposition der organisationalen Ressourcen ermöglichen, und es müssen Wege gefunden werden, wie diese Ziele verwirklicht werden können. Die Tätigkeit in Organisationen kann also als ein Strom von Lern- und Problemlösungsaktivitäten aufgefasst werden, die arbeitsteilig angegangen werden. Dabei ist davon auszugehen, dass Menschen nur über eine «begrenzte Rationalität» verfügen. Arbeitsteilung eröffnet die Möglichkeit, viele verschiedene inhaltliche Aufgaben so zurechtzuschneiden, dass trotz begrenzter Rationalität für jede einzelne Aufgabe kompetente Bearbeiter gefunden werden können. Die Koordination der arbeitsteiligen Aufgaben findet vorwiegend durch Regeln, Pläne und Programme statt, die die akkumulierte Erfahrung von Organisationen beinhalten und trotz begrenzter Übersicht schrittweise an neue Umweltbedingungen angepasst werden können. Entsprechende theoretische und empirische Analysen von March und Simon (1958) und Nachfolgern (z.B. Kirsch, 1977) haben *immer wieder bestätigt, dass organisationale Strukturen und Prozesse nicht funktionieren, wenn die begrenzte Rationalität des Menschen nicht beachtet wird*, und dass sie dann gute Ergebnisse erbringen, wenn die begrenzten Einzelbeiträge zum jeweiligen Problem geschickt kombiniert werden. Unter dem Einfluss qualitativer Methoden hat sich die Organisationsforschung verstärkt der Analyse kognitiver und kommunikativer Prozesse zugewandt (Engeström & Middleton, 1998) und damit die entscheidungsorientierten Analysen erheblich vertieft und erweitert.

Die Problemlösungsmetapher hat das ständig relevante Entscheidungsproblem von Organisationen ins Zentrum der Betrachtung gerückt und eine Fülle von wichtigen Einsichten erbracht. *Sehr differenziert wurde dabei das Dispositionsproblem in seinen Arbeitsteilungs- und Koordinationsaspekten angegangen; das damit verbundene Herrschaftsproblem blieb aber eher unterbelichtet.* Es fehlt vor allem eine konsequente sozio-ökonomische Analyse der Entstehung, Ausübung und Wirkung organisationaler Macht. Hierfür bietet sich die folgende Metapher an.

2.5 Die Politikmetapher

Es wäre naiv anzunehmen, dass alle Organisationsmitglieder die gleichen Interessen haben oder beim Eintritt in die Organisation auf ihre Eigeninteressen zu Gunsten eines imaginären Gesamtinteresses verzichten. Interessenkonflikte gibt es überall, zwischen Vorgesetzten und Untergebenen um Arbeitsanweisung und -kontrolle, zwischen Arbeitgebern und Arbeitnehmern um Arbeitsbedingungen, zwischen Kollegen um die Beförderung, zwischen Produktions- und Marketingabteilung um Liefertermine, zwischen Projektbeteiligten um die Erfolgszuschreibung, zwischen Organisation und Öffentlichkeit um die Gefahr durch Schadstoffemissionen etc. Die Konfliktaustragung ähnelt der in der staatlichen Politik, sie wird daher auch als «Mikropolitik» bezeichnet (Neuberger, 1995a). Die Konflikte spielen sich zwar mehr im Verborgenen ab, aber auf Machtausübung wird nur selten verzichtet. In vielen Fallstudien wurde gezeigt, wie persönliche Ziele und Gruppeninteressen wichtige Entscheidungen beeinflussen, welche Taktiken und Machtmittel dabei eingesetzt werden und inwieweit damit funktionale oder dysfunktionale Folgen für die Organisation verbunden sind (z.B. Scholl, 2003). Weitere Parallelen zur «großen» Politik zeigen sich darin, dass es in Organisationen verschiedene Verfassungen und Verfassungswirklichkeiten gibt, die der Autokratie, pluralistischen Systemen, der repräsentativen oder der direkten Demokratie ähneln.

Ein beträchtlicher Teil der Literatur nimmt

nur die negativen Konnotationen von Politik auf; im Angelsächsischen wird dies gefördert durch die alltagssprachliche Bezeichnung von «politics» als selbstsüchtiges, nicht autorisiertes Verhalten, das zu unterscheiden sei von «policies», den autorisierten Strategien, Richtlinien und Programmen. Das Missliche an diesem Verständnis ist, dass dann hauptsächlich die weniger Mächtigen «politics» betreiben würden, weil die Mächtigen ihre Interessen legal durchsetzen oder nachträglich legalisieren können (Pfeffer, 1981). Da jedoch Interessenkonflikte in Organisationen unvermeidbar sind, gehören zur Politik nicht nur die rücksichtslosen, sondern auch die konstruktiven Formen der Konfliktaustragung und die institutionellen Regelungen und Kontrollen zur Eindämmung einseitiger Vorteilsnahme, vor allem durch die staatlich verordneten Organisationsverfassungen. Und Politik spiegelt sich auch in den Ergebnissen dieser politischen Prozesse, in den «policies» und internen Regelungen sowie der Verteilung der Anreize und Belastungen (Scholl, 1992b).

Die Politikmetapher hat viele, zum Teil noch unausgeschöpfte Vorzüge, zu der psychologische Ansätze zu Macht, Einfluss und Konflikthandhabung nützliche Beiträge liefern können. Sie macht politikwissenschaftliche Erkenntnisse für die Organisationsforschung fruchtbar, *rückt das Herrschafts- und das Verteilungsproblem ins Zentrum der Betrachtung* und konkretisiert insofern die Marx'sche und Weber'sche Analyse auf der Mesoebene der Organisation. Sie hat eine intensive Beschäftigung mit verschiedenen Formen der Machtausübung angeregt, wobei allerdings Politik oft zu einseitig mit – breit definierter – Machtausübung oder gar mit illegitimen Aktivitäten identifiziert wurde (Scholl, 1992b).

2.6 Die Organismusmetapher

Der Maschinenmetapher entgegengesetzt ist in vieler Hinsicht die Organismusmetapher. Organisationen werden wie Organismen (Einzeller, Pflanzen, Tiere, Menschen) als offene Systeme betrachtet, die im ständigen Austausch mit ihrer Umwelt stehen und dabei trotz Umweltveränderungen oft ihre Eigenart bewahren. Indem sie Materie (Rohstoffe, Vorprodukte), Energiepotenziale (Arbeit, Kapital) und Informationen aus ihrer Umwelt importieren *(Input)*, diese in Güter oder Dienstleistungen von höherem Wert transformieren *(Throughput)* und an bestimmte Umweltsektoren im direkten oder indirekten Tausch gegen den benötigten Input abgeben *(Output)*, können Organisationen ebenso wie alle lebenden Systeme «überleben». Je komplexer die Umweltanforderungen sind, umso stärker muss die innere Differenzierung offener Systeme in gut koordinierte Subsysteme sein, um die Komplexität der Anforderungen aufzunehmen und zu parieren.

Die biologisch inspirierte Systemtheorie liefert eine Reihe von relativ abstrakten Konzepten, auf die hier nicht näher eingegangen werden soll; diese müssen jedoch durch objektspezifische Konzepte konkretisiert werden. Besonders Katz und Kahn (1966) haben das für die Organisationspsychologie getan; mit Hilfe der Rollentheorie zeigen sie, wie individuelle Handlungen organisatorisch verbunden sind, und wie sich aus Ereigniszyklen organisationale Strukturen herausbilden. Damit haben sie eine psychologisch fundierte Lösung für den Zusammenhang von individuellem und organisationalem Handeln gefunden; bei ihnen wird auch das Herrschaftsproblem durch das Führungssubsystem (Leitungsstruktur, Regelungen) und das Verteilungsproblem durch das Erhaltungssubsystem (Personalwesen) berücksichtigt.

Die Systemtheorie geht von der Equifinalität lebender Systeme aus, d. h. das gleiche Ziel kann auf sehr unterschiedlichen Wegen erreicht werden. Dementsprechend wurde vom sozio-technischen Ansatz gezeigt, dass es nicht eine wirtschaftlich beste technische Organisation gibt, der sich die soziale anzupassen hätte, sondern dass es Gestaltungsmöglichkeiten zur wechselseitigen Anpassung von technischem und sozialem System gibt, die auf differenziertere Zielbündel hin optimiert werden können (Trist & Murray, 1993). Dieser Gedanke hat viele Forschungen über Möglichkeiten der Arbeitsgestaltung angeregt, die sich allerdings zunehmend vom Systemdenken im engeren Sinne gelöst haben (vgl. Schüpbach & Zölch, Kap. 7).

Mit der Weiterentwicklung der Systemtheorie ergaben sich immer neue Anregungen, die auch in der Organisationsforschung aufgegriffen werden: Die Idee der Selbstorganisation etwa besagt, dass Organismen von der Umwelt nur begrenzt abhängig sind, weil sie in gewissem Sinn selbst ihre Umwelt aussuchen und so gestalten, dass sie den spezifischen, für sie lebensnotwendigen Input tatsächlich bekommen. So kann die zündende Idee Kapital anziehen, mit dem ein Produkt entwickelt und vertrieben wird, das Umsatz bringt, mit dem alle Kosten einschließlich der Kapitalverzinsung bezahlt werden, so dass neue Produkte entwickelt werden können etc. Eine andere fruchtbare systemtheoretische Idee ist der Wandel von Strukturen durch abweichungsverstärkende Rückkopplung; anders als technische Regler, die abweichungsvermindernde Rückkopplungen aufweisen, um einen bestimmten Zustand zu konservieren, ruft bei organischen Systemen ein Erfolg (bzw. Misserfolg) oft noch mehr Erfolg (bzw. Misserfolg) hervor, so dass das System wächst (schrumpft), und diese Vergrößerung (Schrumpfung) kann dann nur durch Veränderung seiner Strukturen bewältigt werden (Morgan, 1997).

Umfassende systemtheoretische Modelle *von* Organisationen werden allerdings immer seltener verwendet, vermutlich weil die abstrakten Systemkonzepte die jeweils konkrete fachliche Analyse nicht ersetzen können. *Für die Reflexion und Veränderung in Organisationen wird systemisches Denken aber zunehmend propagiert* (z. B. Senge, 1996), weil damit die Freiheitsgrade, die begrenzenden Umweltbedingungen und vor allem die Rückwirkungen organisatorischen Handelns auf die Organisation selbst stärker ins Bewusstsein rücken und die vereinfachenden linearen Annahmen (je mehr x, desto mehr y) korrigieren.

Am reinsten kommt die Organismusmetapher jedoch in evolutionären und populationsökologischen Ansätzen (Hannan & Freeman, 1989) zum Ausdruck. Hier wird angenommen, dass Organisationen dem Selektionsdruck der Umwelt unterliegen. Je mehr es von einer bestimmten Art (z. B. Supermärkte, Anwaltskanzleien etc.) gibt, umso legitimer und selbstverständlicher erscheinen sie und umso mehr werden neu gegründet und überleben. Andererseits nimmt mit wachsender Zahl auch die Dichte in der jeweiligen ökologischen Nische zu und damit der Wettbewerb, der die «Geburtenrate» senkt und die «Sterberate» erhöht. In der Überlagerung dieser beider Mechanismen kommt es über die Zeit zu einer n-förmigen Geburtenrate und einer u-förmigen Sterberate. Dieses Modell wurde an vielen Branchen und über lange Zeitspannen erfolgreich getestet. Der populationsökologische Ansatz wurde zunehmend auch mit anderen Konzepten angereichert und stellt ein sehr aktives Forschungsparadigma dar (Amburgey & Rao, 1996). Auch wenn hier die Organisation weitgehend eine «black box» bleibt, interessant ist der *Grundgedanke der organisationalen «Trägheit»: Erfolgreicher Wandel von Organisationen findet nach diesen Überlegungen und nach empirischen Studien weniger durch bewusste Anpassung statt, sondern eher durch externe Selektion.* Implizit sehen also die evolutionären Ansätze die Rationalität des Menschen als noch begrenzter an als die Problemlösungsansätze.

2.7 Die Kulturmetapher

Während die Einsicht nicht neu ist, dass verschiedene Organisationen auch verschiedene Kulturen haben (Katz & Kahn, 1966, S. 65 f.), ist sie durch den wirtschaftlichen Aufstieg japanischer Firmen mit ihren andersartigen Werten, Regeln und Gebräuchen in den Brennpunkt des Interesses gerückt. In diesem Sinne sind Organisationen Minigesellschaften mit eigener Kultur, die freilich durch ihre Einbettung in eine gesamtgesellschaftliche Kultur geprägt sind. Vor allem in der Unternehmensberatungsliteratur wurden dabei große Hoffnungen geweckt, durch geeignete Gestaltung der Organisationskultur den Schlüssel zum wirtschaftlichen Erfolg in der Hand zu haben. Diese Annahme steht jedoch im Widerspruch zur Trägheitsannahme der Populationsökologie (s. o.) und passt auch nicht zur Grundüberzeugung des Kulturansatzes, dass die Essenz einer Organisationskultur, ihre grundlegenden Annahmen, den Organisationsmitgliedern zu einem erheblichen Teil nicht bewusst sind (Schein, 1985).

Die Kulturmetapher rückt gemeinsame Interpretationen, kollektive Werte und Normen sowie sinnstiftende Mythen und Rituale in den Vordergrund. So kann ein Strukturmerkmal, z. B. eine große Leitungsspanne (viele Untergebene pro Vorgesetzte) je nach der kollektiven Interpretation ein rigides Kostendenken oder weitgehende Selbstständigkeit bedeuten. Im Sinne der Grundannahme des symbolischen Interaktionismus «Wenn die Menschen Situationen als real definieren, so sind auch ihre Folgen real» lösen verschiedene Interpretationen auch jeweils verschiedene Handlungen aus. Gegenüber dem Bürokratiemodell und seinen Nachfolgern haben die Menschen hier eine aktivere Rolle: Durch Interaktion und Interpretation konstruieren sie die soziale Realität ihrer Organisation im Wechselspiel von symbolischen und materiellen Aktivitäten (Weick, 1995).

Seit Ende der 80er Jahre hat die Kulturmetapher mehr und mehr Forschung hervorgerufen, die – vor allem in den qualitativen Ansätzen – das «Innenleben» von Organisationen sichtbarer macht. Dabei wurde dann die (Wunsch-) Vorstellung einer einheitlichen Organisationskultur meist zurückgewiesen; es zeigte sich vielmehr ein Nebeneinander integrativer (d. h. eher einheitlicher), differenzierter (eher gegensätzlicher) und fragmentierter (unterschiedlicher) Wahrnehmungen in Organisationen, die aus gesellschaftlichen, beruflichen, funktionalen und vor allem hierarchischen Unterschieden resultieren (Ogbonna & Harris, 1998). *Daher wird man die «grundlegenden Annahmen, Werte und Normen», die solche verschiedenen Kulturen auszeichnen, eher als Rahmenbedingungen für jeweils interaktiv auszuhandelnde Bedeutungen zu verstehen haben anstatt als direkte Determinanten des Handelns.* Der Wert der Kulturmetapher für die Organisationsforschung liegt vor allem darin, die «Organisationsrealität» auch als Deutungsprodukt der Akteure und damit als Kritik an mechanistischen Forschungskonzeptionen zu analysieren. Dabei wurden qualitative Ansätze und intensive Fallstudien als legitime Forschungsmethoden etabliert und weiterentwickelt.

2.8 Die Kostenmetapher

Aus volkswirtschaftlicher Perspektive hat Williamson (1996) mit seiner Transaktionskostentheorie einen interessanten neuen Ansatz in die organisationstheoretische Diskussion eingeführt, der sich in den vergangenen Jahren zu einem fruchtbaren Paradigma entwickelt hat. Seine Analyseeinheit ist die Transaktion, d. h. der Austausch materieller und/oder immaterieller Güter. Gewählt werden solche Transaktionen, bei denen das Ergebnis am günstigsten ausfällt. Für das Zustandekommen von Transaktionen ist es nun entscheidend, dass für beide Seiten nicht nur der empfundene Nutzen der zu erwerbenden Güter die subjektiven Kosten der abzugebenden Güter übersteigt, sondern dass auch die mit der Anbahnung, Vereinbarung, Kontrolle und erneuten Modifikation verbundenen *zusätzlichen Kosten des Transaktionsvorgangs* möglichst gering sind.

Grundsätzlich besteht die Wahl, Transaktionen auf Märkten oder in Organisationen bzw. Hierarchien zu vollziehen. Ein Autohersteller kann z. B. alle Teile von anderen Firmen beziehen und sich auf die Montage als eigene originäre Leistung beschränken, oder er kann beliebig viele Teile selbst fertigen. Auch in allen anderen Bereichen wie z. B. Forschung, Personalentwicklung oder Rechnungswesen können die Leistungen selbst erbracht oder nach außen vergeben werden (outsourcing). Gewählt wird nach Williamson die Alternative, die geringere Transaktionskosten hat. Er erwartet bei Markttransaktionen mit steigender Unsicherheit und Komplexität auf der einen Seite und zunehmender Abhängigkeit durch spezifische, nicht auf alternative Partner übertragbare Vorlaufkosten (Investitionen) auf der anderen Seite wachsende Verhandlungskosten, um sich gegen Ausnutzung (Opportunismus) des Transaktionspartners abzusichern. Die Integration solcher Vorleistungen in eine Organisation bedeutet, sie unter hierarchische Kontrolle zu bringen; damit kann z. B. Zeit gespart werden, externe Rechtsanwälte werden nicht benötigt, die Abhängigkeit ist verringert und Unsicherheiten können eher toleriert werden, weil die Vereinbarungen organisationsintern nach Bedarf jeweils den neuen Gegebenheiten durch Weisungen angepasst werden können. Das senkt die Transaktionskosten, so dass sich Hierarchien als Koordinationsmechanismus unter diesen Bedingungen gegenüber dem Markttausch durchsetzen. Andererseits können Organisationen aber auch zu groß werden, so dass die Kosten bürokratischer Kontrolle durch umfangreiche Hierarchien und spezialisierte Stäbe zu hoch werden. In diesen Fällen werden sich Organisationen wieder teilen oder in relativ selbstständige Sparten untergliedern (divisionale Form, s. Abschnitt 3.4).

Die Transaktionskostentheorie ist der einzige Ansatz, der vergleichende Aussagen zur relativen Effizienz von Märkten und Organisationen als Koordinationsformen macht sowie zu den rapide sich entwickelnden Zwischenformen wie z. B. Joint Ventures oder interorganisationalen Netzwerken. Er hat in empirischen Analysen viel Bestätigung erfahren, aber zugleich wurde deutlich, dass einige Grundannahmen modifiziert und andere Ansätze ergänzend hinzugenommen werden müssen (z. B. Tsang, 2000).

Die Kostenmetapher bietet gute Anknüpfungspunkte für psychologische Fragestellungen, weil Williamson beschränkte Rationalität und Opportunismus als Verhaltensaxiome seiner Theorie zu Grunde legt und einen austauschtheoretischen Ansatz vertritt. In den letzten Jahren wurden auch zunehmend Vertrauen und vertrauensfördernde Bedingungen als bedeutsame Faktoren zur Reduktion von Transaktionskosten diskutiert, weil dadurch die Gefahr der Ausnutzung bzw. des Opportunismus erheblich geringer wird, so dass Vereinbarungen und Verträge nicht so detailliert ausgearbeitet und ausgehandelt werden müssen (Williamson, 1996, Kap. 10).

Ein Mangel dieses ökonomischen Ansatzes besteht darin, dass die Transaktionskosten schwer operationalisierbar und schlecht abgrenzbar von Produktionskosten sind. Ein zweiter Mangel besteht darin, dass einseitig Kosten betrachtet werden. Verschiedene Formen der Zusammenarbeit können jedoch auch unterschiedliche Nutzen haben wie z. B. wechselseitige spontane Hilfe unter Kollegen. Ein dritter Mangel ist, dass Machtfragen und die damit zusammenhängenden Herrschafts- und Verteilungsprobleme nicht gesehen bzw. über marktinduzierte Kostenminimierung als gelöst betrachtet werden (Francis, Turk & Willman, 1983). Diese Ausblendung von Machtphänomenen ist jedoch wenig sinnvoll, wie die Befunde zur Politikmetapher zeigen.

2.9 Die Netzwerkmetapher

Elektronische Netze, besonders das Internet und das World Wide Web, haben eine neue Organisations-Metapher geliefert, mit der organisationale Netzwerke, Netzwerk-Organisationen, die «grenzenlose Unternehmung», interorganisationale Netzwerke und «virtuelle Organisationen» beschrieben und als Trend des neuen Jahrtausends prognostiziert werden. Die Idee von Netzwerken ist an sich älter und geht auf die klassische Soziometrie zurück. In der Organisationsliteratur wurden damit schon länger spezifische Fragestellungen untersucht wie z. B. die personellen und kapitalmäßigen Verflechtungen zwischen den Spitzen von Unternehmen (Stokman, Ziegler & Scott, 1985) oder die sozialen Informations- und Vergleichsprozesse verschiedener Angestelltengruppen (Shah, 1998). Das Internet lenkte jedoch die Aufmerksamkeit auf die Entwicklung von Kommunikationsbeziehungen, die durch die neuen Informationstechnologien (IT) erleichtert werden, und auf die damit einhergehenden organisationalen Veränderungen.

Die stärksten Veränderungen finden vermutlich in den interorganisationalen Beziehungen statt. Große Firmen, aber auch staatliche Organisationen beziehen abgrenzbare (Teil-)Leistungen immer öfter von außen, anstatt selbst entsprechende Kapazitäten aufzubauen, sie lagern immer mehr Funktionen aus (outsourcing) und beziehen die entsprechenden Leistungen von Zulieferfirmen mit spezialisierterem Leistungsprofil, die auch an andere Organisationen liefern. In beiden Fällen haben externe Firmen günstigere Produktionskosten, weil die so genannte Erfahrungskurve (Henderson, 1984) zu Kostensenkungen per kumulierter Stückzahl führt und/oder weil sie geringere Löhne zahlen.

Diese Austauschbeziehungen zwischen Organisationen bedürfen vielfältiger Kommunikation und Koordination, sofern es sich um komplexe, hochwertige und ggf. innovative Leistungen handelt, so dass relativ stabile Netzwerke entstehen. Sydow (1999) unterscheidet Netzwerke in Bezug auf die Kontrolle (hierarchisch – heterarchisch) und die Zeitdauer (stabil – dynamisch): *Strategische Netzwerke* (hierarchisch + stabil) werden von einer dominierenden Unternehmung geführt, wie z. B. Automobilhersteller mit ihrem Zulieferernetz. *Projektnetzwerke* (hierarchisch + dynamisch) werden ebenfalls von einer Leitfirma geführt, die für neue Projekte jeweils neue Firmenkonstellationen generiert, wie in der Bau- oder der Filmindustrie. *Regionale Netzwerke* (heterarchisch + halb dynamisch) bestehen eher aus kleinen und mittleren Unternehmen (KMU), die ihre räumliche Nähe zu beständigem Austausch und flexiblen Kooperationsvereinbarungen nutzen und so sowohl sehr innovativ sein können als auch Nachfrageschwankungen besser ausgleichen können. Eine besondere Form stellen *Virtuelle Unternehmen* dar, die aus einem Zusammenschluss unabhängiger Firmen bestehen und je nach Bedarf für bestimmte Aufträge so zusammenarbeiten, dass die Auftraggeber bzw. Kunden den Eindruck haben, Leistungen von *einer* Unternehmung (der virtuellen, scheinbar existierenden) zu bekommen. Solche virtuellen Unternehmen sind eher heterarchisch und dynamisch, gewinnen aber ihre jeweiligen Partner aus einem relativ stabilen Netzwerk von potenziellen Partnerfirmen, die sich kennen und nach Möglichkeit immer wieder zusammenarbeiten (vgl. Cooper & Rousseau, 1999).

Aber auch innerhalb von großen Organisationen ist zunehmend eine Abkehr von bürokratisch-hierarchischen Strukturen hin zu netzwerkartigen Arrangements zu beobachten, bei denen enge Kooperationsbeziehungen meist nicht an den rechtlichen Organisationsgrenzen haltmachen (Picot, Reichwald & Wigand, 1998). Im Zuge der Globalisierung bzw. der Internationalisierung des Wettbewerbs, des exponentiellen Wachstums neuen Wissens und der wachsenden Informations-, Kommunikations- und Handlungsmöglichkeiten durch die neuen Informationstechnologien ändern sich die Umweltbedingungen für Organisationen immer schneller. Es ergeben sich aber auch neue Möglichkeiten zu adaptiven Reaktionen, sofern die organisatorischen Strukturen und Prozesse darauf eingestellt werden. Kleine organisatorische Einheiten sind dazu offensichtlich besser in der Lage als große, weil Problemerkenntnis und -definition, Lösungskompetenz, Wissensgenerierung und Entscheidungsrechte hier besser zur Deckung gebracht werden können. Große Unternehmen wandeln sich daher immer mehr zu einem Mantel für viele kleine, relativ selbstständig operierende Einheiten, wo selbststeuernde Gruppen in gewinnverantwortliche Zentren (profit centers) und diese in eigenständige Unternehmensbereiche eingegliedert sind und dabei über Orts-, Zeit- und Organisationsgrenzen hinweg Probleme bearbeiten (Picot et al., 1998). Auch sonst finden Kommunikation und Kooperation immer stärker netzwerkförmig und damit weniger entlang hierarchischer Linien statt, wobei externe Kooperationen mit Lieferanten, Kunden, Forschungsinstitutionen, Beratern, Weiterbildungseinrichtungen und staatlichen Organisationen ganz selbstverständlich zur Aufgabenbewältigung dazugehören.

Die Netzwerkmetapher besagt implizit, dass das Abreißen einer Verbindung nicht so problematisch ist, sondern relativ leicht durch neue Verbindungen wieder ausgeglichen werden kann, ja dass es sogar oft vorteilhaft ist, eine Verbindung zu trennen, und dass neue Verbindungen relativ leicht (an)geknüpft werden können. Sie verweist auch auf die Durchlässigkeit organisationaler Grenzen und lenkt den Blick von der Organisation auf das Organisieren. Damit rücken Prozessaspekte wie Kommunikation, Kooperation und Konflikthandhabung, Lernen, Entscheidungsprozesse und Wandel stärker in den Vordergrund.

Schlussfolgerungen

Jede der 9 dargestellten Metaphern beleuchtet wichtige Aspekte von Organisationen, die in den anderen Metaphern zu kurz kommen. In der Organisationsforschung nimmt daher seit einigen Jahren die Bereitschaft zu, die jeweiligen Fragestellungen simultan aus verschiedenen Perspektiven anzugehen, um die – meist komplexen

– Probleme genauer zu erfassen. Empfohlen wird eine Multi-Paradigma-Forschung in Bezug auf den Forschungsstand, die Methodik und die integrierende Theoriebildung (Lewis & Grimes, 1999). Wenn im Folgenden die wichtigsten Grundkonzepte der Organisationsforschung dargestellt werden, soll dementsprechend der Forschungsstand aus dem Blickwinkel der verschiedenen Metaphern bzw. Paradigmen betrachtet werden; damit lassen sich oft die Hintergründe besser verstehen.

3. Zustandsbeschreibungen der Organisation

Viele Organisationskonzepte dienen zur Charakterisierung einer Organisation im Vergleich zu anderen Organisationen. Da sich Organisationen im Laufe der Zeit verändern, sind solche Konzepte auch für den Vergleich mit früheren Ausprägungen derselben Organisation nützlich. Ausgewählt wurden die wichtigsten und in der Organisationsforschung am häufigsten verwendeten Grundkonzepte, die sich für eine solche Zustandsbeschreibung eignen. Zustandsbeschreibungen sind Momentaufnahmen in mehr oder minder starken Veränderungsprozessen; insofern stehen sie in Wechselwirkung mit den im 4. Punkt auszuführenden Prozessbeschreibungen. Dies gilt ganz besonders für die Organisationsziele.

3.1 Organisationsziele

«Organisation» wurde als soziales Gebilde definiert, das bestimmte Ziele verfolgt. Unter einem Ziel versteht man allgemein einen angestrebten wünschenswerten zukünftigen Zustand. Organisationsziele sind demnach diejenigen wünschenswerten zukünftigen Zustände, die die Organisation anstrebt. In erster Annäherung können damit verschiedene Organisationsarten abgegrenzt werden, z. B. Organisationen mit *Geselligkeitszielen* (Freizeitvereine, Klubs), mit *Einwirkungszielen* (Gefängnis, Schule, Krankenhaus), mit *Leistungszielen* (Unternehmen) und mit *Verwaltungszielen* (Behörden). Solche Ziele beschreiben die gesellschaftliche Funktion von Organisationen, die auch zur Legitimation politischer Forderungen von den Organisationen benutzt werden. Das Leistungsziel (Sachziel) eines Hausgeräteherstellers wäre es demnach, die Kunden mit funktionstüchtigen und preiswerten Hausgeräten zu beliefern. Aber will das Unternehmen nicht einfach so viel Gewinn (Formalziel) wie möglich machen? Oder gehört es auch zu den Leistungszielen, Arbeitsplätze bereitzustellen und das Steueraufkommen zu vergrößern? Wessen Ziele sind gemeint, die der Kunden, der Arbeitnehmer, der Politiker, der Unternehmensleitung oder der Kapitaleigner?

Zur Klärung dieser Fragen hilft zunächst die Unterscheidung von Generatoren und Restriktionen, die Simon (1964) im Rahmen der Problemlösungsmetapher vorgenommen hat. Generatoren sind angestrebte Zustände im Sinne der obigen Zieldefinition, und Restriktionen sind die Bedingungen, denen eine Lösung genügen muss, um akzeptabel zu sein. Beide engen den Lösungsraum ein und erschweren die Lösung; dabei können die Restriktionen sogar die härteren Kriterien sein, solange sie nicht erfüllt sind, während nach ihrer Erfüllung die Selektion von Alternativen allein von der Ausprägung der Generatoren abhängt. Für den einzelnen Problemlöser und Entscheider motivieren in der Regel die Generatoren positiv die Lösungssuche, während die Restriktionen oft die Interessen anderer darstellen, die auf Grund von Austausch- oder Machtbeziehungen eben akzeptiert werden müssen; teilweise wird daher versucht, sie abzumildern, aufzuheben oder zu umgehen. Hauschildt (1977) fand bei einer Dokumentenanalyse zur Erstbeschaffung von Computern, dass ca. ein Viertel aller Zielartikulationen negativ formuliert war, also vermutlich Restriktionen benannte.

In diesem Sinne mag ein Unternehmer seine Gewinne steigern wollen, doch die Interessen der Kunden, denen er etwas verkaufen will, und die Interessen der Arbeitnehmer, die er zur Ausführung seiner Pläne benötigt, muss er ebenfalls bei der Suche nach den besten Gewinnmöglichkeiten berücksichtigen. Dabei kommt es auch vor, dass Unternehmer sich mit den Zielen anderer identifizieren; für manche ist die Erfindung und Herstellung eines besseren Produkts oder die Erhaltung der Arbeitsplätze für die Mitarbeiter der Generator der Problemlösungsbemühungen, und die Gewinnerzielung wird zur Restriktion, der die gesuchte Lösung genügen muss. Öfter freilich werden die Ziele der anderen nur so weit wie unbedingt nötig beachtet, um die eigenen Ziele besser befriedigen zu können. *Es ist eine Frage der Macht in solchen Austauschprozessen, wer seine Ziele in welchem Umfang in das organisationale Zielsystem einbringen kann* (Pfeffer & Salancik, 1978). In der Befragung von Welge und Al-Laham (1997) bei 65 strategischen Geschäftseinheiten großer deutscher Unternehmen wurden besonders die Interessen der Eigentümer, dann die der Kunden und – mit gewissem Abstand an 3. Stelle – die der Arbeitnehmer im Zielplanungsprozess explizit berücksichtigt.

Die wichtigsten Restriktionen werden oft explizit als Unterziele formuliert (vgl. z. B. Arbeitsmoral und Umweltnutzung in Abschnitt 1.4). Die konkrete Berücksichtigung dieser Zielaspekte ist dabei meist auf unterschiedliche Rollen verteilt, etwa wenn die Erforschung und Vertretung der Kundenbedürfnisse vor allem in der Marketingabteilung angesiedelt ist, die der Arbeitnehmerbedürfnisse dagegen in der Personalabteilung und beim Betriebsrat. In diesem Sinne ist *Zielbildung ein sukzessiver Prozess* (Hauschildt, 1977):

1. Die Entscheidungsziele liegen am Beginn eines Entscheidungsprozesses oft nicht (oder nicht vollständig) vor. Die zu entwickelnden Alternativen können daher nicht anhand der Ziele bewertet werden; diese werden im Zusammenhang mit dem Problemlösungsprozess erst entwickelt und durch die Information über die Alternativen beeinflusst.
2. Zielformulierungen sind meist vage, diffus und nicht operational und bieten damit beträchtliche Spielräume für unterschiedliche Interpretationen.
3. Die vielfältigen Zielelemente sind nicht widerspruchsfrei und spiegeln die Selektionskriterien, d. h. vor allem die involvierten Interessen, nur unvollkommen wider.
4. Die offiziell verkündeten Ziele werden oft erst nach der Entscheidung so bestimmt, dass sie möglichst rational und legitim erscheinen.

Ziele werden explizit durch strategische Planungen festgelegt, aber oft auch implizit durch organisatorische Entscheidungen und Aktionen, deren Konsequenzen erst nach einiger Zeit richtig erkennbar werden, und sie unterliegen einem ständigen Entwicklungs- und Veränderungsprozess. So hat z. B. Mannesmann seine Aktivitäten von einem Montanunternehmen (Kohle- und Stahl) über den Einstieg in den Maschinenbau, den Rückzug aus dem Kohlebergbau, den Einstieg in die Elektronik und die Telekommunikation diversifiziert, bis es schließlich von Vodafone, einem internationalen Mobilfunkanbieter, übernommen und ganz aufs Telefonieren ausgerichtet wurde. Mit diesen Veränderungen änderten sich natürlich auch das Management, die Arbeitnehmergruppen, die Kapitaleigner, die Kunden, der Firmensitz und damit das Zielsystem in fast allen Details.

Detail- und Unterziele werden oft durch Zielvereinbarungen (Management by Objectives) zwischen den nachfolgenden hierarchischen Ebenen (vertikal) und den Funktionsbereichen (horizontal) entwickelt. Zielvereinbarungen wirken sich sehr positiv auf die Effektivität aus, indem sie vier zentrale Prozesse kombinieren:

1. Ziele ausarbeiten, messbar machen und damit Prioritäten setzen,
2. Partizipation der jeweils Betroffenen am Entwicklungsprozess,
3. Information über den Grad der Zielerreichung anhand der festgelegten Messgrößen und
4. Kommunikation über den eventuellen Handlungsbedarf (Pritchard, Kleinbeck & Schmidt, 1993).

3.2 Organisationsverfassung

Wie dargestellt, werden die Ziele einer Organisation primär durch die Austauschprozesse, d. h. die Reaktion und relative Macht derjenigen bestimmt, auf deren Ressourcen diese Organisation angewiesen ist. Dies könnte leicht dazu führen, dass bestimmte Interessen grob vernachlässigt werden und dass ständige Machtkämpfe die gesellschaftlich gewünschte Erfüllung der Leistungsziele massiv beeinträchtigen. Daher wird durch Verträge und Gesetze eine Organisationsverfassung geschaffen, mit der die Machtverteilung reguliert wird. Für verschiedene Organisationstypen und Betroffenengruppen werden dabei unterschiedliche Regelungen getroffen: So gibt es je nach Eigentumsverhältnissen unterschiedliche Unternehmensverfassungen für die Aktiengesellschaft, die GmbH, die Genossenschaft, die OHG etc., die die Rechte und Pflichten der Kapitaleigner und der Unternehmensleitungen regeln. Zusätzlich gelten Mitbestimmungsregelungen, die eine bessere Berücksichtigung der Arbeitnehmerinteressen ermöglichen sollen. Vereine haben ein spezielles Vereinsrecht, und Schulen unterliegen spezifischen Schulgesetzen.

In den jeweiligen Organisationsverfassungen werden vor allem die Art und Besetzung der wichtigsten Entscheidungsgremien geregelt, dazu die Entscheidungsmodalitäten und Befugnisse sowie die Rechenschaftspflicht gegenüber den Kontrollinstanzen. Sicherlich hängt die tatsächliche Macht- und Einflussverteilung von vielen anderen Einflussgrößen außerhalb der Organisationsverfassung ab. Am Beispiel der Mitbestimmungsregelungen lässt sich jedoch empirisch belegen, dass die Möglichkeiten der faktischen Interessenartikulation und Zieldeterminierung bis hin zu konkreten Entscheidungen am Arbeitsplatz erheblich durch die gesetzlichen Regelungen der Organisationsverfassung beeinflusst werden (Kirsch, Scholl & Paul, 1984). Daher sind Gesetzesinitiativen, die bestehende Formen der Interessenregulation verändern wollen, besonders stark umkämpft. Dies zeigen nicht nur die Diskussionen um eine Veränderung des Betriebsverfassungsgesetzes (BetrVG 1952, 1972, 2001), sondern auch die seit 20 Jahren unabgeschlossene geführte Diskussion um die «Europäische Aktiengesellschaft», mit der ein einheitliches Rechtsinstitut für alle EU-Staaten eingeführt werden soll.

Neben den gesetzlichen Regelungen gibt es auch frei gesetzte oder vereinbarte Besonderheiten einzelner Organisationsverfassungen (z. B. Hoppmann & Stötzel, 1981). Freie Schulen, private Kindergärten, alternative Betriebe, besondere Redaktionsstatute in Medienunternehmen oder Betriebsmodelle mit erweiterten Partizipationsrechten sind Beispiele dafür. Solche besonderen Organisationsverfassungen beeinflussen in erheblichem Maße die Organisationskultur (s. u.) und sind zugleich eine ihrer Manifestationen.

3.3 Organisationsstruktur

Neben der Verfassung gehört auch die Struktur zu den Merkmalen, die eine gewisse Stabilität und Dauerhaftigkeit einer Organisation sichern. Unter der Organisationsstruktur versteht man das *«System von geltenden Regelungen für die Steuerung von Leistung und Verhalten der Organisationsmitglieder»* (Kieser & Kubicek, 1992, S. 22). Die Untersuchung von Organisationsstrukturen hat ihren Ausgangspunkt bei Webers Bürokratiemodell genommen, weil hier das Muster einer besonders stark strukturierten Organisation (Maschinenmetapher) idealtypisch gezeichnet wurde. Die von Weber beschriebenen Merkmale tauchen in ähnlicher Form bei fast allen Forschungen zur Bestimmung der Organisationsstruktur wieder auf: Personenunabhängige Aufgabenspezialisierung und Stellenbildung, hierarchische Koordination, durch Regeln und Normen gesteuerte Arbeit und Kontrollierbarkeit aller wichtigen Vorgänge durch Aktenmäßigkeit. Ausführliche Messinstrumente hat vor allem die Forschergruppe um Pugh und Hickson an der Aston-Universität in England entwickelt; in Deutschland sind von Kieser und Kubicek entsprechende Untersuchungen durchgeführt worden.

Als Ertrag dieser Forschungen lässt sich festhalten (vgl. Kieser & Kubicek, 1992):

1. Es gibt nicht einen einheitlichen Typus der Bürokratie in der Praxis; verschiedene Organisationen weisen diese Strukturmerkmale in sehr unterschiedlichen Ausprägungen und Kombinationen auf.

2. Über die oben genannten Merkmale, deren Messung und empirische Zusammenhänge hat man sehr viel gelernt.
3. Wesentlich weniger ergiebig war bisher der Versuch im so genannten Kontingenzansatz, die Ursachen dieser Strukturmerkmale theoretisch und empirisch auf bestimmte Umweltmerkmale zurückzuführen, vor allem, weil man viel zu mechanistisch dachte und sowohl die intentionalen Eingriffe von Organisationsgestaltern als auch die unterschiedliche Interpretierbarkeit anscheinend identischer Strukturen außer Acht ließ.

Im Folgenden können nur einige wenige Konzeptionen und Ergebnisse zu den Strukturvariablen vorgestellt werden (ausführlich dazu Kieser & Kubicek, 1992). Arbeitsteilung (Differenzierung) und Koordination (Integration) sind die beiden grundlegenden, einander bedingenden Strukturmerkmale jeder Organisation, d.h. je stärker die Spezialisierung, umso umfangreicher muss auch die Koordination sein, um die einheitliche Disposition (vgl. Abschnitt 1.2) zu ermöglichen.

Arbeitsteilung

Arbeitsteilung als *Spezialisierung* kann sehr Unterschiedliches bedeuten: Man kann einerseits eine Aufgabe immer weiter in Teilaufgaben zerlegen und diese Aufgabenfragmente dann einzelnen Personen (Aufgabenträgern) zur Bearbeitung zuteilen. Höhere Spezialisierung bedeutet hier, dass weniger Funktionen pro Stelle wahrgenommen werden. Unter dem Einfluss des Taylorismus wurde diese «Rollenspezialisierung» so weit wie möglich vorangetrieben, da das geringere Kosten und bessere Kontrolle versprach. Häufig war und ist eine solche Rollenspezialisierung die Vorstufe zur Automatisierung. Spezialisierung kann aber auch heißen, dass Aufgaben mit Hilfe von besonders ausgebildeten Spezialisten gründlicher und besser bearbeitet werden, etwa wenn Strategieentscheidungen nicht mehr nur intuitiv getroffen, sondern von speziellen Planungsstäben vorbereitet werden; hierbei handelt es sich dann um eine Stellen- oder Abteilungsspezialisierung. Vor allem komplexere Aufgaben könnten ohne die Zusammenarbeit verschiedener Spezialisten nicht oder nicht gut bewältigt werden. Eine hohe Stellen- und Abteilungsspezialisierung wurde vor allem in großen Organisationen, bei breitem Leistungsprogramm und bei intensiver Konkurrenz gefunden, während hohe Variabilität der Leistungen eher mit geringer Spezialisierung verbunden war.

In den letzten Jahren lässt sich eine Tendenz zur Verringerung der Aufgabenzerteilung und Spezialisierung beobachten, die wohl aus mehreren Gründen erfolgt (Bullinger & Warnecke, 1996):

1. Die turbulentere Umwelt, vor allem wechselnde Bedürfnisse externer Kunden und interner Abnehmer, erfordern flexiblere Reaktionen, die bei stärkerer Aufgabenintegration eher möglich sind als bei der umständlichen Planung, Einrichtung und Abstimmung taylorisierter Arbeitsplätze sowie der jeweils nötigen Umorientierung der Arbeitnehmer.
2. Die Leistungsfähigkeit von Menschen lässt sich – nach entsprechender Aus- und Fortbildung – erheblich besser ausschöpfen durch Aufgabenzuschnitte mit vielfältigen Anforderungen.
3. Taylorisierte Arbeit ist nicht menschengerecht.

Koordination

Bei der *Koordination* lassen sich vier Grundformen unterscheiden: Weisung als Kernelement hierarchischer (zentraler) Koordination und Selbstabstimmung als nichthierarchische (dezentrale) Koordination, die beide auf persönlicher Kommunikation beruhen. Unpersönlich sind demgegenüber Programme und Pläne; sie dienen ausschließlich der Vorauskoordination, während die persönlichen Formen auch zur korrigierenden Nachkoordination verwendet werden.

Programme sind Regeln für gleichartige, immer wiederkehrende Aufgabenstellungen, z.B. Mitarbeiter zu beurteilen oder einen Investitionsantrag zu stellen. In den Programmen spiegelt sich das gesammelte Erfahrungswissen einer Organisation, das die Komplexität der Einzelaufgaben für die Bearbeiter auf ein gut handhabbares Maß verringert (Problemlösungsmetapher), aber auch eine gewisse Trägheit der Organisation mit sich bringt (Organismusmetapher). *Pläne* sind Maßnahmenskizzen, die die Ziele und Unterziele in die wichtigsten Komponenten zerlegen und damit konkretisieren; mit ihnen wird deutlicher, was die einzelnen Bereiche und Abteilungen tun müssen, damit die Ziele erreicht werden können. Weit verbreitet sind vor allem kurzfristige Monats- und Jahresplanungen für die Produktion, den Absatz, das Personal und die Finanzierung. Programmierung und Planung werden oft auch unter dem Begriff der *Standardisierung* zusammengefasst. Da Programme und Pläne nur dann überschaubar bleiben, wenn sie schriftlich fixiert und in dieser Form bekannt gemacht werden, erhöht Standardisierung auch die *Formalisierung* (Aktenmäßigkeit im Sinne Webers). Informationstechnologien eröffnen hier ganz neue Möglichkeiten flexibler Abstimmung und Transparenz in so genannten Produktions-Planungs-Systemen (PPS) bzw. dem Computer Integrated Manufacturing (CIM).

Weisungen sind als vertikale persönliche Koordination universell verwendbar, setzen aber die Möglichkeit voraus, einen guten Überblick durch ausreichende Information zu gewinnen; gerade wegen ihrer universellen Einsetzbarkeit besteht die Gefahr einer zu häufigen Nutzung, was leicht zur Informationsüberlastung, zum Entscheidungsstau oder zu schlechten Entscheidungen führt. Programme und Pläne können hier entlastend wirken, weil sie eine stärkere *Delegation* der Entscheidungen ermöglichen, ohne dass die Kontrolle über die Einheitlichkeit der Aufgabenbearbeitung verlorengeht. Mit der Größe der Organisationen nimmt daher nicht nur das Ausmaß der Standardisierung, sondern auch das der Delegation zu. Bei komplexeren Aufgaben ist ebenfalls eine stärkere Delegation gefunden worden, während die Standardisierung geringer ist. Delegation geht hier häufig mit *Selbstabstimmung* einher, die als horizontale wechselseitige Koordination das flexibelste Koordinationsinstrument ist.

In den letzten Jahren lässt sich eine Tendenz zum Zurückdrängen hierarchischer Weisungsbefugnis beobachten, die wohl aus mehreren Gründen erfolgt:

1. Das Vordringen von Projekt- und Teamarbeit führt zu verstärkter Selbstabstimmung und damit zu internen und externen Aushandlungsprozessen, die sich mit Weisungen nur schlecht vertragen.
2. Da die relevanten Umweltbedingungen sich immer schneller ändern, spielt nicht nur das Niveau der erworbenen Ausbildung und Erfahrung eine immer wichtigere Rolle, sondern auch das tägliche Learning by Doing. Hier geraten Vorgesetzte zwangsläufig ins Hintertreffen, wenn sie bestimmte Arbeiten nicht (mehr) selbst tun; sie wissen zu wenig für direkte Weisungen.
3. Arbeit heißt immer mehr und immer öfter Informationsverarbeitung; längst werden in den westlichen Gesellschaften über 50 % des Sozialprodukts mit Informationsverarbeitung erwirtschaftet, der Übergang von der Industrie- zur Informationsgesellschaft ist vollzogen. Hierarchische Machtausübung ist aber der organisierten, verteilten Informationsverarbeitung und der Wissensgewinnung abträglich, so dass sie sich immer öfter als dysfunktional erweist (s. u. Abschnitt 4.2).

3.4 Organisationsform

Bei den *Organisationsformen* unterscheidet man Einlinien- und Mehrliniensysteme. Einliniensysteme beruhen auf dem Prinzip der Einheit der Auftragserteilung, d. h. eine untergeordnete Stelle empfängt nur von einer übergeordneten ihre Weisungen und ist nur ihr gegenüber verantwortlich. Dies gilt für die *Funktionale Struktur*, bei der das Hauptgliederungskriterium Funktionen wie z. B. Produktion, Absatz und Verwaltung oder ärztlicher und pflegerischer Dienst sind, ebenso wie für die *Divisionale Struktur* (Spartenorganisation), bei der das Hauptgliederungskriterium am Leistungsobjekt ansetzt, wie z. B. Lacke, Kunststoffe und Fasern oder Chirurgie, Gynäkologie und Orthopädie (vgl. **Abb. 2**). Ein Mehrliniensystem ist dagegen in der *Matrixorganisation* verwirklicht, bei der es ein doppeltes Unterstellungsverhältnis nach Funktion (z. B. Absatz) und Sparte (Lacke) gibt, etwa derart,

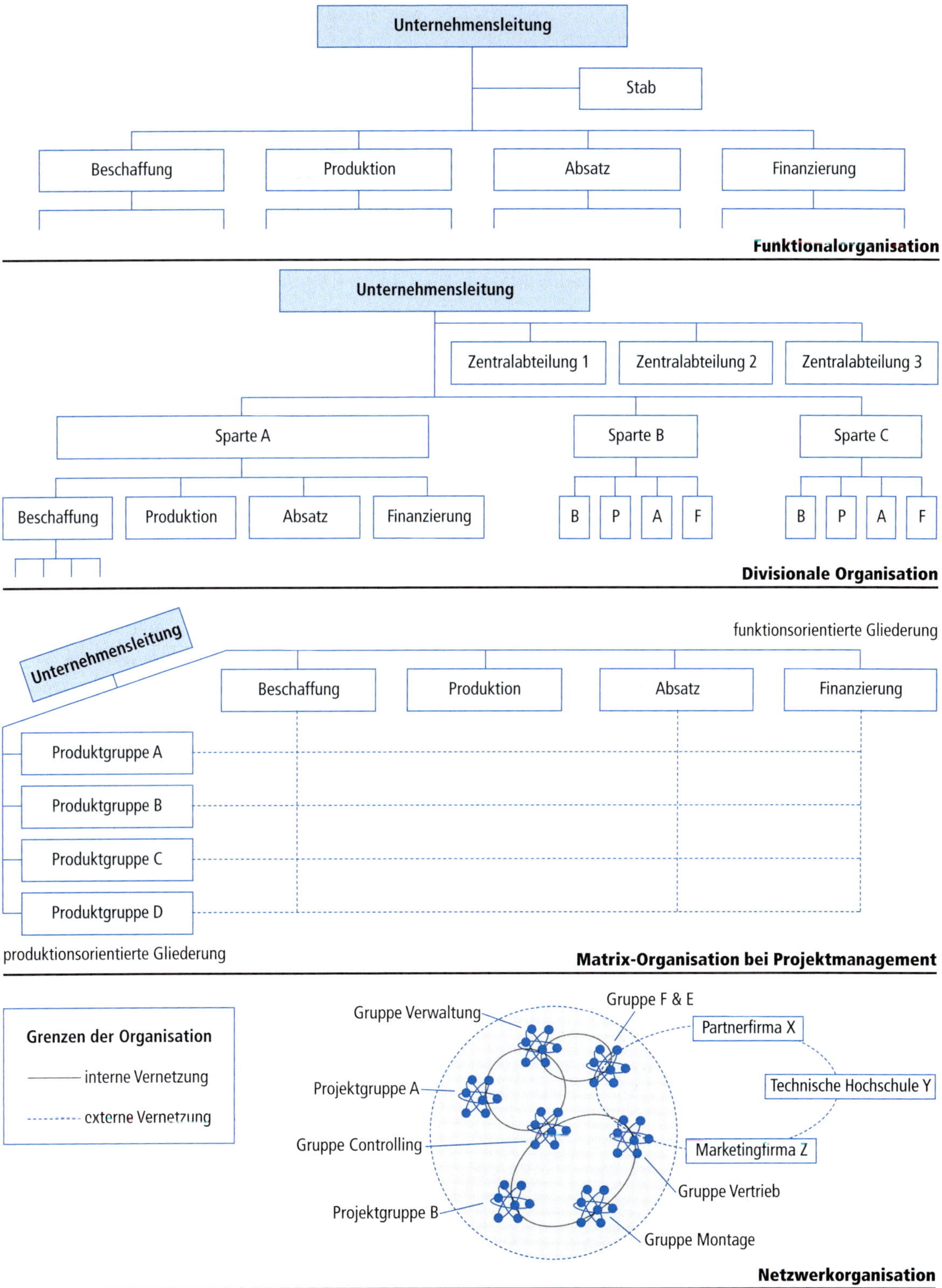

Abbildung 2: Grundstruktur der wichtigsten Organisationsformen

dass das Funktionsmanagement die funktionsbezogene und disziplinarische Weisungsbefugnis hat, während das Spartenmanagement die fachliche Weisungsbefugnis übernimmt (s. **Abb. 2**). Gegenüber dem Einliniensystem hat das Mehrliniensystem den Vorzug kürzerer Informations- und Abstimmungswege, aber den Nachteil fehlender Gesamtverantwortung. Dass im Mehrliniensystem mehr Konflikte zu erwarten sind, wird eher positiv als Anstoß für vertiefte inhaltliche Auseinandersetzung und bessere Umweltanpassung gesehen.

Natürlich gibt es neben diesen «reinen» Organisationsformen viele gemischte Varianten, etwa wenn bei der weit verbreiteten *Linie-Stab-Organisation* neben der funktionsbezogenen Linie auch ein Stab gewisse fachliche Weisungsbefugnisse hat. Eine andere bedeutende Variante ist das *Projektmanagement*, das für die Abwicklung genau abgegrenzter Projekte eingerichtet wird. Der/die Projektmanager/in muss sich dabei um die Allokation organisationsinterner Ressourcen (Personen, Sachmittel) bemühen, das Projekt vorantreiben und zum Abschluss bringen. Handelt es sich bei den Projekten um außergewöhnliche Vorhaben wie z. B. die Einführung eines computergestützten Informationssystems, dann überlagert das Projektmanagement die permanente Organisation; werden ständig mehrere Projekte parallel betrieben, dann können sie an Stelle der Sparten in eine Projekt-Matrix-Organisation eingegliedert werden. (s. Abb. 2)

Bei der Sparten- und der Projekt-Matrix-Organisation geht es darum, große, meist bürokratisierte und schwerfällige Organisationen in kleinere, überschaubarere und flexiblere Einheiten aufzugliedern, die weitgehend selbstständig agieren und die Verantwortung für ihre Ergebnisse mit einer abgegrenzten Rechnungslegung übernehmen; die Gesamtorganisation wird zum Finanzier, strategischen Richtungsgeber und Erfolgskontrolleur mehrerer kleinerer Organisationen. Dieser Trend zu kleineren, selbstständigen, miteinander flexibel verbundenen Organisationseinheiten wird bei der *Organisation von Netzwerken* noch konsequenter beschritten (s. **Abb. 2**). Zwischen faktisch oder rechtlich selbstständigen Organisation(seinheit)en werden entweder strategische Allianzen gebildet (Grandori, 1998), oder es konstituiert sich ein lockerer Verbund als Basis virtueller Organisationen (Cooper & Rousseau, 1999), wie in Abschnitt 2.9 beschrieben. In den vernetzten Organisationen nimmt die Anzahl der Hierarchieebenen ab und die vernetzter, flexibel einsetzbarer Arbeitsgruppen zu, und die persönliche Verantwortung für die Arbeitsergebnisse wächst ebenfalls.

Die konkret vorfindbaren Organisationsformen spiegeln immer die Ausprägung der beiden Grundprinzipien Spezialisierung und Koordination zugleich wider. Z. B. beinhaltet das Ausmaß der Hierarchisierung, in der sich das Koordinationsinstrument der Weisung ausdrückt, zugleich eine vertikale Spezialisierung. Bei Genossenschaften oder Vereinen wird auf diese vertikale Spezialisierung weitgehend verzichtet, die Mitglieder geben sich durch gemeinsame Beschlüsse ihre Weisungen selbst. In größeren Organisationen sind solche basisdemokratischen Regelungen freilich nur schwer durchzuhalten, weil dadurch nicht nur die Koordination schwieriger wird, sondern auch noch die Erfahrungsvorteile der Spezialisierung verloren gehen. Andererseits verringert sich die Koordinationseffektivität mit zunehmender Hierarchisierung wegen Überlastung und wachsender Unkenntnis der zu koordinierenden Sachverhalte oder, anders gesagt, wegen zu weitgehender Spezialisierung auf die Führungsfunktion zu Lasten der Fachfunktion.

Bei allen Fragen der Organisationsgestaltung wird daher eine optimale Kombination von spezifischem Erfahrungsgewinn (Spezialisierung) und funktionsfähiger Abstimmung (Koordination) bei geringem Aufwand gesucht (Problemlösungs- und Kostenmetapher). Der Vorteil von relativ autonomen Projektgruppen und Netzwerkorganisationen liegt darin, dass hochspezialisierte Einheiten sich jeweils auf kürzesten Wegen koordinieren, so dass das verfügbare Know-how weitestgehend in die notwendigen Entscheidungen einfließen kann. Irle hat das bereits vor 30 Jahren so formuliert: «*Entscheidungen sollen dort fallen, wo das Informationsniveau optimal ist*» (1971, S. 218). Dies geschieht in der Praxis aber nicht unabhängig von Macht und Interessen (Politikmetapher), sodass Organisationsformen oft auch speziell auf die mächtigeren Führungskräfte zugeschnitten werden, natürlich mit «sachlichen» Gründen. Darüber hinaus entwickeln sich Organisationsformen immer auch evolutionär aus bestehenden rechtlichen Bedingungen und faktisch legitimierten Praktiken, die für die Entscheider teils selbstverständliche Gewohnheit und teils nahe liegende Imitation sind (Organismusmetapher).

3.5 Technologie

Organisationen werden in erheblichem Maße durch die jeweils verwendete Technologie geprägt wie z. B. den mechanischen Webstuhl, das Fließband, Schweißroboter oder vernetzte Computer. Andererseits prägen sie ihrerseits die Technologieentwicklung durch den Entwurf und die Akzeptanz neuer Systeme. Unter einer Technologie wird das systematisierte Wissen über bestimmte Technikbereiche (z. B. Mikroprozessortechnologie) und/oder deren Einsatz in Prozessen der Leistungserstellung (z. B. Montageroboter) verstanden. Bei der genaueren Definition und Klassifikation von Technologien gibt es allerdings in der Organisationsforschung große Unterschiede und Unsicherheiten (vgl. Roberts & Grabowski, 1999). Das beginnt schon damit, dass Technik unterschiedlich weit definiert wird. Im weitesten Sinne handelt es sich um jede Kunstfertigkeit und systematische Vorgehensweise, die ein generelles Wissen beinhaltet, wie z. B. eine Lauftechnik oder eine Arbeitstechnik. Eng gefasst zählt zur Technik nur das, was den Einsatz von Maschinen beinhaltet. Dieser enge Technikbegriff ist historisch verbunden mit der Industrialisierung und der Entstehung von Organisationen im heutigen Sinne. Im Deutschen wird Technik und Technologie vorwiegend in diesem engeren Sinne verstanden, während im Angelsächsischen die weite Bedeutung vorherrscht.

Zur Überwindung dieser definitorischen Verständigungsprobleme schlagen Collins, Hage und Hull (1986, S. 82) vor, bei Technologien drei Aspekte zu differenzieren: *Technische Artefakte* beziehen sich auf Maschinen, Werkzeuge und Ausrüstungen; dies entspricht der engen Definition. Sie beinhalten «geronnenes Wissen», eine materialisierte Form des Wissens, dessen sich die Nutzer jeweils nur zu einem geringen Teil bewusst werden; «Hauptsache, es funktioniert». *Nutzungswissen* bezieht sich auf individuelle und organisationale Fähigkeiten und Fertigkeiten (knowing how – prozedurales Wissen) im Umgang mit den Aufgaben und den dabei eingesetzten technischen Artefakten; dies ist der Kern der weiten Definition. *Symbolisiertes Wissen* beinhaltet das explizierbare Wissen über die ersten beiden Aspekte und ist insofern unabhängig von der konkreten Nutzung vermittelbar; es handelt sich um Konzepte, Wirkungsweisen und Nutzungshinweise, wie sie in den Wissenschaften erforscht und in Anleitungen und Lehrbüchern vermittelt werden (knowing that – deklaratives Wissen). Diese drei Aspekte werden auf unterschiedlichem Wege erworben, nämlich bei technischen Artefakten durch Entwicklung oder Kauf, bei Fertigkeiten durch Einübung, Nutzung und Organisationsanpassung und bei explizitem Wissen durch Forschung, Lektüre und Instruktion. Damit Technikeinsatz gut funktioniert, müssen alle drei Aspekte zusammengeführt werden. Bei adäquater Nutzung ergeben sich dann große Produktivitätssteigerungen; viele heute selbstverständliche Leistungen wären ohne entsprechende Technologien überhaupt nicht möglich.

Eine solche adäquate Nutzung von Technologien ist jedoch nicht so leicht zu erreichen, wie die Diskussion um das so genannte Produktivitäts-Paradox zeigt: In verschiedensten Untersuchungen mit unterschiedlichen Stichproben und Methoden wurde im Schnitt kein Zusammenhang zwischen Investitionen in informationstechnologische Hard- und Software einerseits und Effizienz-Indikatoren andererseits gefunden; vereinzelten positiven Ausnahmen stehen etliche negative Zusammenhänge gegenüber, wo hohe IT-Investitionen mit sinkender Produktivität verbunden waren (Attewell, 1994).

Wenn in der Organisationsforschung die Bedingungen und Konsequenzen von Technologien untersucht werden, sind alle drei genannten Aspekte prinzipiell problematisch: *Welche technischen Artefakte sind für die Bearbeitung einer*

Aufgabe geeignet bzw. besser geeignet als die bisherigen Hilfsmittel? Wie kann man möglichst schnell valides Nutzungswissen über die Passung von anstehenden Aufgaben und dem Einsatz der technischen Hilfsmitteln gewinnen? Wie kann man vorab explizites Wissen über die jeweils geeignete Technik gewinnen, um gute Entscheidungen treffen zu können? Und da eine optimale Passung in der Regel nicht von Anfang an vorliegt: Wie kann man den Aufgabenzuschnitt bzw. die Organisation, die technischen Hilfsmittel und das Wissen und die Fähigkeiten der Bearbeiter so entwickeln, dass eine optimale Passung erreicht wird?

Vor allem der sozio-technische Ansatz (s. Abschnitt 2.6 und Schüpbach & Zölch, Kap. 7) hat sich mit diesen Gestaltungsproblemen so beschäftigt, dass alle drei Aspekte prinzipiell gleichgewichtig beachtet und nach wirtschaftlichen, organisatorischen und persönlichkeitsförderlichen Kriterien aneinander angepasst werden. Dabei sind die sozio-technischen (bzw. arbeitsorientierten) Gestaltungskonzepte nach verschiedenen Studien den vorherrschenden technikorientierten Gestaltungskonzepten überlegen, aber sie haben sich bisher nicht auf breiter Front durchgesetzt. Der wichtigste Grund dafür dürfte sein, dass der partizipative, humanisierende und demokratisierende Ansatz sich schlecht mit den Status- und Machtbedürfnissen der Manager und Ingenieure verträgt (Politikmetapher); aber auch die Gewerkschaften haben zum Teil einen Einflussverlust durch direkte Arbeitnehmerpartizipation befürchtet – fälschlicherweise, wie empirisch gezeigt wurde (Trist & Murray, 1993).

Trotzdem bewegt sich die Abstimmung von Organisation und Technologie in eine ähnliche Richtung, wie sie der soziotechnische Ansatz empfiehlt. Während Routinearbeiten zunehmend automatisiert werden können, ändern sich die meisten anderen Aufgaben laufend auf Grund der wachsenden ökonomischen, technischen und politischen Dynamik, und es entstehen immer neue Aufgaben, so dass die Abspaltung von einfachen Handarbeiten durch geeignete Zerlegung immer unökonomischer wird. Informations- und Kommunikationstechnologien müssen so ausgelegt werden, dass Arbeitskräfte bis auf die untersten hierarchischen Ebenen alle notwendigen Informationen für ihre Arbeit und deren Einordnung in den Gesamtzusammenhang der Organisation bekommen und in ihrer Kommunikation mit den Partnern innerhalb und außerhalb der eigenen Organisationseinheit unterstützt werden, um ihren Arbeitseinsatz weitgehend selbstständig zu regeln (Heidenreich, 1995). Die rasante Entwicklung und Nutzung von Laptops, Handhelds, Notebooks und Mobiltelefonen sowie von Internet und WorldWideWeb an Stelle zentraler Datenverarbeitung mit stationären Bildschirmterminals wird von dieser organisatorischen Entwicklung mit angetrieben und vice versa. An die Stelle der klassischen Sequenz – Auswahl einer neuen Technologie, Zuschneidung passender Arbeitsaufgaben durch Spezialisten, Installation der Technik und Einweisung der Arbeitnehmer – tritt zunehmend eine *integrierte Planung und Implementation mit intensiver Partizipation der vorab und begleitend qualifizierten Arbeitnehmer.* Auf diese Weise kann ein adäquater Technikeinsatz und eine darauf abgestimmte Organisation erreicht und an wechselnde Bedingungen wieder neu angepasst werden; *auch beim Technikeinsatz ist Organisieren wichtiger als statische Organisationsstruktur.*

3.6 Organisationskultur

Unter Organisationskultur versteht man die von den Mitgliedern geteilten Grundannahmen, Werte und Normen in der Organisation, von denen angenommen wird, dass sie die Gestaltung und Wahrnehmung von Prozeduren, Strategien und Strukturen beeinflussen. Ist die Kultur einer Organisation stark ausgeprägt, d.h. werden die Grundannahmen, Werte und Normen weitgehend geteilt, dann würde eine Erfassung der Kultur sozusagen das innerste Prinzip einer Organisation offenlegen, das die konkreten Erscheinungsformen in ihrer schwer erfassbaren Vielfalt erheblich beeinflusst. Daher könn(t)en nicht nur geteilte Werte und Normen, sondern auch Rituale und Zeremonien, der Firmenjargon, die Architektonik, sowie Interpretationen der Belohnungs- und Beförderungspraktiken, der Zentralisierung oder Standardisierung etc. als Indizien für die zu Grunde liegende Kultur untersucht werden. In Abschnitt 2.7 wurde allerdings bereits darauf hingewiesen, dass in Organisationen oft neben geteilten Grundannahmen, Werten und Normen auch eher gegensätzliche und fragmentierte existieren.

Das Konzept der Organisationskultur ähnelt dem älteren Konzept des Organisationsklimas, das als Wahrnehmung wichtiger Facetten einer Organisation durch ihre Mitglieder operational definiert ist. Organisationskultur fokussiert dagegen stärker auf das Besondere und Typische einer Organisation, das oft nicht explizit benannt und reflektiert wird, sondern sich in den verschiedensten Phänomenen äußert und rekonstruiert werden muss, wozu vor allem auch die historische Entwicklung gehört. Zugleich wird hier ein Methodenstreit ausgetragen (Denison, 1996): Während das Organisationsklima quantitativ durch dimensional vorstrukturierte Fragebögen erfasst wird (s. Büssing, Kap. 17), kommen für viele Organisationskulturforscher nur qualitative, interpretative Methoden zur Realisierung ihrer idiographischen Absicht in Frage. Sicher ist dieses interpretative Paradigma sehr nützlich für die Exploration, Veranschaulichung und Hypothesengenerierung, es eignet sich aber in seiner strikten Form nicht zu Erklärungszwecken. Im Übrigen können sich qualitative und quantitative Methoden sowie interpretatives und nomothetisches Paradigma gerade auch in der Organisationskulturforschung gut ergänzen.

Die Thesen von Denison (1990), die sich in Befragungen und ergänzenden Fallstudien empirisch recht gut bewährt haben, sollen hier beispielhaft berichtet werden. Denison kondensiert aus der vorangehenden Forschung vier Merkmale der Organisationskultur, die die Effektivität von Organisationen positiv bestimmen:

1. Hohe **Übereinstimmung** *(consistency)* in Normen, Werten und Anschauungen, d. h. eine stark ausgeprägte Kultur, erleichtert die Konsensbildung und Koordination und ist dabei oft wirkungsvoller und billiger als Weisung, Programmierung und Planung.
2. Starke **Beteiligung** *(involvement)* der Mitglieder im Sinne der Identifikation und Motivation, die durch organisatorische Regelungen zur Entscheidungs- und Ergebnisbeteiligung gefördert wird, führt zu besseren Arbeitsergebnissen und verringert die Kontrollkosten.
3. Eine klare, über Formalziele hinausgehende Vision oder **Bestimmung** *(mission)* verleiht der Arbeit mehr Sinn und Bedeutung, erleichtert die Identifikation mit der Organisation und ist ein Wegweiser in schlecht strukturierten Entscheidungssituationen.
4. Hohe **Anpassungsfähigkeit** *(adaptability)*, die auf Grund der wachsenden Umweltdynamik immer wichtiger wird, beinhaltet die Fähigkeit, externe und interne Änderungsanforderungen wahrzunehmen, ihre Bedeutung zu erkennen und flexibel zu reagieren. Unbürokratische Strukturen sind dafür vorteilhaft.

Diese vier Eigenschaften einer effektiven Kultur lassen sich nach ihrem inhaltlichen und dynamischen Bezug in ein Vier-Felder-Schema einordnen, das die in Abschnitt 1.4 vorgestellten Dimensionen von Quinn und Rohrbaugh (1983) übernimmt: Übereinstimmung und Beteiligung beschreiben den Bezug der Organisation nach innen, Bestimmung und Anpassungsfähigkeit den Bezug nach außen. Übereinstimmung und Bestimmung sind richtungsweisend und verleihen der Organisation Stabilität; Beteiligung und Anpassungsfähigkeit verleihen Flexibilität und erleichtern den organisationalen Wandel (s. **Abb. 3**). Mit hohen Ausprägungen in allen vier Merkmalen lassen sich auch die zunächst widersprüchlichen Anforderungen nach Stabilität und Flexibilität vereinbaren: Gerade bei einer stark ausgebildeten Kultur besteht die Gefahr, dass Umweltänderungen kognitiv abgewehrt werden, die nicht ins Bild der Organisation von sich und ihrer Umwelt passen, und dass die Bestimmung der Organisation und ihre konkreteren Ziele der veränderten Situation nicht angepasst werden. Beteiligung ermöglicht demgegenüber immer wieder einen gewissen Pluralismus und zusammen mit der Anpassungsfähigkeit eine unvoreingenommenere Situationsbeurteilung und flexiblere Reaktionen. Hohe Ausprägungen in diesen vier Merkmalen korrelierten nahezu durchgängig signifikant mit verschiedenen Ergebnismaßen wie Umsatzwachs-

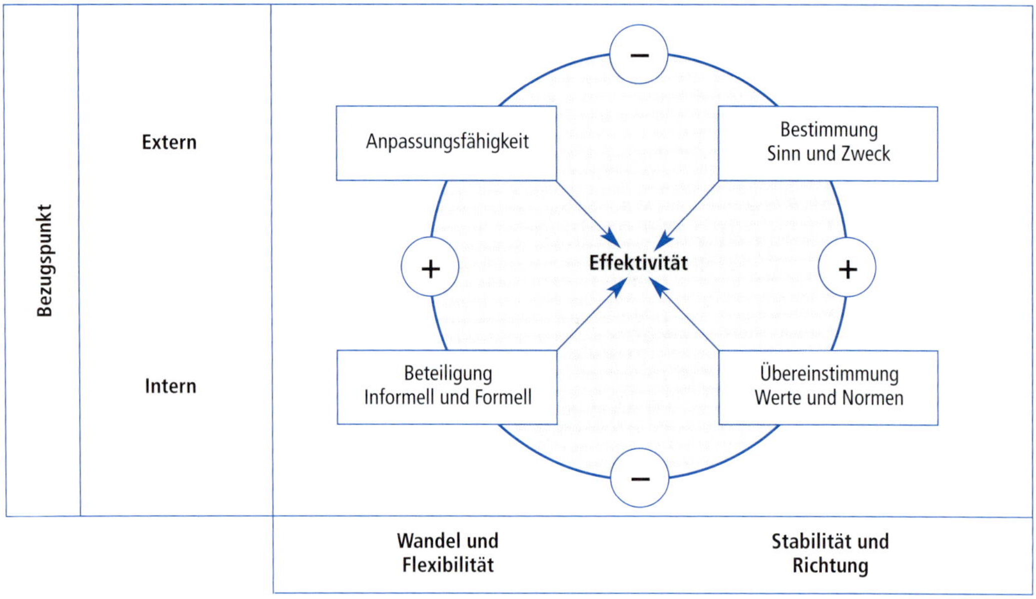

Abbildung 3: Organisationskultur und Effektivitätsbedingungen (nach Dneison, 1990). Die Kulturfaktoren lassen sich gut (+) oder schlecht (–) zusammen realisieren.

tum, Gewinn, Qualität, Arbeitszufriedenheit, Kapitalrendite und Gesamtleistung.

Andere Forscher haben andere Konzepte und Typologien von Organisationskultur entwickelt, die hier nicht einzeln dargestellt werden können. Trotz sehr unterschiedlicher Zugänge gibt es aber durchaus Übereinstimmungen in den Ergebnissen der Organisationskulturforschung: Z. B. entsprechen die hohen Ausprägungen der vier Merkmale von Denison in etwa einer offenen Organisation mit zusätzlichen vereinheitlichenden Elementen im Sinne von Gebert, Boerner & Berkel (2001; s. auch Gebert, Kap. 18). Ähnlich wie bei Denison werden positive Effekte auf Leistung, Veränderungsbereitschaft und Innovativität berichtet. *Werte einer solchen offenen und konstruktiven Kultur werden unter dem Gesichtspunkt der Effektivität auch deswegen immer mehr benötigt, weil die gesellschaftliche Differenzierung voranschreitet und Organisationen immer unterschiedlichere Mitglieder mit verschiedenen gesellschaftlichen, ethnischen, nationalen, professionellen und demografischen Merkmalen zur Zusammenarbeit befähigen müssen* (Stichwort: Diversität).

4. Prozessbeschreibungen der Organisation

Obwohl es schwierig ist, Zustandsbeschreibungen einer Organisation von den organisationalen Prozessen zu trennen (vgl. besonders die Zieldiskussion in Abschnitt 3.1), schafft eine analytische Trennung doch mehr Klarheit. Daher werden nun die wichtigsten Prozesskonzepte dargestellt.

4.1 Entscheidungsprozesse

Die Erforschung organisatorischer Entscheidungsprozesse hat sich in Auseinandersetzung mit dem ökonomischen *Modell rationaler Entscheidungen* entwickelt. In ihm wird angenommen, dass ein Entscheider eine eindeutige, unveränderbare Präferenzordnung besitzt, alle Alternativen und deren (ungefähre) Konsequenzen kennt und die Entscheidung darin besteht, die Alternative auszuwählen, die ihm, gemessen

Tabelle 1: Entscheidungsmodelle (in Anlehnung an Pfeffer, 1981, S. 31)

Modell / Dimension	Rationalität	Bürokratie	Adaptives Problemlösen	Politik	Organisierte Anarchie
Ziele, Päferenzen	Eindeutig, konsistent, von allen geteilt	Eindeutig, von oben nach unten durchgesetzt	Mehrdeutig, präzisierbar, modifizierbar	Unterschiedlich, zum Teil verdeckt	Vage, nachträglich konstruiert
Fakten, Zusammenhänge	Weitgehend bekannt	Der Spitze weitgehend bekannt oder zur Kenntnis gebracht	Vereinfachtes Abbild der Realität wird erstellt	Unterschiedliche interessengefärbte Überzeugungen	Unklar, divergierende Deutungen
Macht und Kontrolle	Unnötig, da Sachlogik	Anweisungen, autorisierte Programme, Aktenmäßigkeit	Organisationshierarchie korrespondiert mit Problemhierarchie	Interessengruppen, Koalitionen	Dezentral, prozessgebunden
Entscheidungsprozess	Geordnet: Sachbezogene Rationalität	Geordnet: Prozedurale Rationalität	Weitgehend geordnet: Adaptive Rationalität	Interessengesteuert durch *oder* gegen die Ordnung	Ungeordnet
Normvorstellung	Optimierung, Effizienz, Perfektion	Erfahrung, Ordnung, Stabilität	Überwindung individueller Rationalitätsbeschränkungen	Im Zweifel gewinnt der Stärkere, muss sich aber bewähren	Spiel, Zufall, Selbstorganisation

an seinen Präferenzen, den größten Nutzen bringt. In ökonomischen Modellen wurden und werden zudem Organisationen oft wie individuelle Entscheider behandelt; genauer betrachtet setzt dies voraus, dass die organisatorischen Ziele eindeutig und von allen geteilt sind. Dies trifft jedoch empirisch kaum zu, wie wir oben (Abschnitt 3.1) bereits gesehen haben. Selbst Annäherungen an das Rationalitätsmodell dürften daher selten vorkommen.

Eine sozialpsychologisch eher denkbare Umsetzung der Rationalität eines Entscheiders in organisatorische Rationalität findet sich in der idealtypischen *Konzeption der Bürokratie* von Weber (1921, 1972). Hier muss nicht angenommen werden, dass die Ziele von allen geteilt werden; sie werden vielmehr von der Spitze der Organisation aus nach unten durchgesetzt mit Hilfe von Anweisungen und autorisierten Programmen; ihre Einhaltung wird auf Grund der Aktenmäßigkeit aller Vorgänge kontrollierbar. Die Organisationsspitze kennt ihre Ziele und überblickt mit Hilfe von fachlich geschulten Stäben und erfahrenen Linienvorgesetzten die wesentlichen Fakten. Das Bürokratiemodell ist nicht so unrealistisch wie das Rationalitätsmodell; für Organisationen in stabilen Umwelten kann es eine brauchbare Annäherung sein.

Ein Überblick über die beiden Modelle findet sich, zusammen mit drei weiteren Entscheidungsmodellen, in der **Tabelle 1**. Eine grundlegende Kritik an diesen Modellen und eine realistische Gegenkonzeption wurden erstmals im Rahmen der Problemlösungsmetapher erarbeitet. Das individuelle Entscheidungs- bzw. Problemlösungsverhalten wird dabei auf Grund der begrenzten Informationsverarbeitungskapazität des Menschen als «*beschränkt rational*» gekennzeichnet. Dies äußert sich darin, dass Probleme zunächst oft nicht erkannt oder geleugnet werden, dass die Problemdefinition und Zielvorstellungen erst im Laufe der Problemlösungsbemühungen entwickelt werden, dass ihnen ein vereinfachtes Bild der Realitat zu Grunde liegt, dass nur wenige Alternativen gesucht werden, dass befriedigende an Stelle von besten Lösungen angestrebt werden und dass notfalls das Anspruchsniveau gesenkt wird, um zu einer gangbaren Lösung zu kommen. Neuere Untersuchungen haben noch weitere Begrenzungen gegenüber dem ökonomischen Rationalitätskonzept festgestellt und es zudem als normatives Ideal abgelehnt (Shapira, 1997).

In dem von March und Simon (1958, 1976) und Kollegen entwickelten *Modell des adaptiven Problemlösens* können Organisationen mit Hilfe einer geeigneten Struktur die individuellen Rationalitätsbeschränkungen zum Teil kompensieren:

a) Bei geschickter Arbeitsteilung bzw. Spezialisierung müssen alle nur überschaubare Teilprobleme lösen.
b) Je höher der hierarchische Rang und je breiter das zu überblickende Problemfeld, umso stärker wird dessen kognitive Repräsentation auf die Hauptmerkmale des Problems vereinfacht.
c) Für sich wiederholende Probleme werden aus der eigenen Erfahrung und durch Nachahmung der Problemlösungen anderer Organisationen Programme entwickelt, die zum einen brauchbare Problemdefinitionen und gute Lösungsmuster beinhalten und zum anderen die Informationsverarbeitung der Beteiligten entlasten.
d) Innovationen im Sinne der Änderung oder Neuentwicklung einzelner Programme erfolgen durch Spezialisten, die sich auf lokale Verbesserungen beschränken und keine umfassende Optimierung versuchen.
e) Konflikte werden auf zentralen Ebenen behandelt, aber meist nur mit nächsten Schritten überbrückt und nicht wirklich gelöst.
f) Gesucht werden nicht optimale, sondern nur befriedigende, durch veränderbare Anspruchniveaus definierte Lösungen, und Probleme werden nicht gleichzeitig, sondern nacheinander angegangen; dadurch verringert sich der Such- und Kalkulationsaufwand auf ein bewältigbares Maß.

Im Modell des adaptiven Problemlösens gelingt damit der Brückenschlag von der konsequenten Beachtung der Grenzen menschlicher Rationalität zur organisationalen Bewältigung komplexer Probleme. Durch schrittweise Verbesserungen wird adaptive organisationale Rationalität möglich.

Das Wechselspiel zwischen Einzelinteressen und Entscheidungsprozessen sowie die systematische Verzerrung der menschlichen Informationsverarbeitung zu Gunsten eigener Wünsche führen zu vermehrten Verständigungsproblemen, Konflikten und Machtanwendungen. Im *Politikmodell* rückt dies ins Zentrum der Betrachtung. Arbeitsteilung schafft wechselseitige Abhängigkeiten, die oft nicht symmetrisch sind, sondern unterschiedliche Machtpotenziale eröffnen, die auch zur besseren Durchsetzung eigener Interessen genutzt werden können (Pfeffer, 1981). Abweichend von rein negativen Charakterisierungen sind alle bindenden Entscheidungen politisch, die Interessenkonflikte regeln (Scholl, 1992b).

Die zentralen Entscheidungen über die Strategien und Ziele der Organisation, über die Zuteilung von Ressourcen zur Bewältigung organisationaler Aufgaben (z.B. Budgets, Personal), über die Verteilung von Belohnungen und Belastungen (z.B. Beförderungen, Kündigungen) und über Änderungen der Entscheidungs- und Machtpositionen, sind daher fast immer politisch, aber es lassen sich auch nachgeordnete Entscheidungen politisieren, indem die zentralen Entscheidungen offen oder verdeckt in Frage gestellt und/oder nicht beachtet werden, was von allen Seiten geschehen kann.

Die weitestgehende Abkehr vom Rationalitätsgedanken haben Cohen, March und Olsen (1972) mit dem *Modell der organisierten Anarchie* vollzogen. Es gilt für Organisationen mit ungeklärten und inkonsistenten Präferenzen, wenig verstandenen Arbeitsmethoden und wechselnder Entscheidungsbeteiligung. Universitäten werden nach Fallstudien als Prototyp organisierter Anarchien angesehen; aber auch für viele Situationen in Betrieben und Verwaltungen wird dieses Modell als gültig betrachtet. Organisationen werden als Ansammlung von Entscheidungsgelegenheiten verstanden, die mit Mülleimern verglichen werden, in die wechselnde Entscheider Probleme und Lösungsideen werfen. Der Ausgang von Entscheidungsprozessen hängt dann davon ab, welcher «Müll» an Problemen und Lösungen zurzeit produziert wird, welche Mülleimer (Entscheidungsgelegenheiten) gerade verfügbar sind, welchen Müll sie auf Grund ihrer Etikettierung abbekommen und wie schnell dieser beseitigt wird, sodass

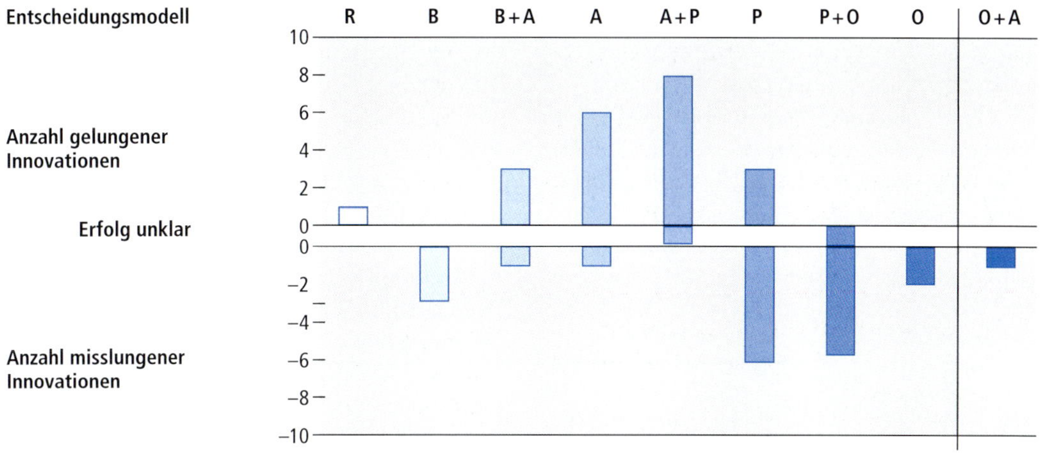

Abbildung 4: Häufigkeit und Erfolg der nach Entscheidungsmodellen gegliederten Innovationsprozesse. (R = Rationalität; B = Bürokratie; A = Adaptives Problemlösen; P = Politik; O = Organisierte Anarchie)

neue Probleme angegangen werden können. Computersimulationen ergaben, dass Probleme in der Mehrzahl der Fälle nicht gelöst, sondern eher ignoriert oder auf andere Gelegenheiten verschoben werden. Wechselnde Entscheider und verschiedene Probleme treffen sich immer wieder bei neuen Entscheidungsgelegenheiten. Die Ergebnisse sind, gemessen an verschiedenen Gütekriterien, sehr von spezifischen Konstellationen zeitlicher Abfolge und angenommener Zuständigkeiten abhängig, so dass sich keine generell befriedigende Organisationsstruktur finden lässt. Immerhin werden auch in organisierten Anarchien Entscheidungen getroffen und einige Probleme gelöst.

Welches ist *das realistischste Modell* organisationaler Entscheidungsprozesse? In einer Auswertung von 43 Fallstudien zu Innovationsprozessen in Unternehmen (Scholl, 2003) zeigte sich, dass die meisten Fälle (25 bzw. 58 %) dem Politikmodell entsprachen, wovon 9 Fälle mit adaptivem Problemlösen und 9 Fälle mit organisierter Anarchie verbunden waren (s. **Abb. 4**). Adaptives Problemlösen war für insgesamt 21 Fälle (49 %) charakteristisch (dabei 9-mal mit Politik und 4-mal mit Bürokratie verbunden). 7 Fälle entsprachen dem Bürokratiemodell (davon 4-mal mit Adaptivem Problemlösen), und nur ein Fall glich dem Rationalitätsmodell. *Allein mit den beiden Typen «Politik» und «Adaptives Problemlösen» werden bereits 86 % der Fälle erfasst*, so dass eine Eingliederung der anderen Fälle naheliegt, d. h. Rationalität und Bürokratie als Varianten des Adaptiven Problemlösens und Organisierte Anarchie als Variante des Politikmodells zu begreifen. Dieses Ergebnis passt zu einer Fragebogenerhebung von 150 strategischen Entscheidungen in privaten und öffentlichen Betrieben, aus der zwei Faktoren des Entscheidungsverhaltens extrahiert wurden (Hickson et al., 1986): Entscheidungsprozesse werden hier nach der *Komplexität der behandelten Probleme* wie im Modell des adaptiven Problemlösens und der *Politisierung der Interessen* wie im Politikmodell kategorisiert.

Gibt es auch *Unterschiede im Erfolg* zwischen den verschiedenen Entscheidungsmodellen? *Erfolgreich waren fast alle Fälle des adaptiven Problemlösens* (vgl. Abb. 4), gerade auch die mit Politik verbundenen, während die Fälle reiner Politik und die der Kombination von Politik und organisierter Anarchie fast durchweg Misserfolge waren. Noch schlechter sieht es bei Organisierter Anarchie aus: Hier waren alle 9 betrachteten Entscheidungsprozesse, ob rein oder kombiniert, erfolglos. Auch die 3 rein bürokratischen Innovationen waren erfolglos, wie es die Literatur zu Innovationen nahelegt. Zu ähnlichen Ergebnissen kommen Dean und Sharfman (1996), die 52 strategische Entscheidungsprozesse mit zwei Skalen in Bezug auf prozedurale Rationalität (entspricht in etwa dem Adaptiven Problemlösen) und politisches Verhalten (entspricht in etwa dem Politikmodell) untersucht haben. Dabei wirkten sich hohe prozedurale Rationalität positiv und stark politisches Verhalten negativ auf die Effektivität dieser Entscheidungen aus.

Ursachen für den Erfolg oder Misserfolg von Entscheidungsprozessen werden in den folgenden Abschnitten genauer untersucht. Da wichtige Entscheidungen meist auch politische Prozesse beinhalten, soll zunächst das eng damit verbundene Thema der Macht behandelt werden.

4.2 Machtausübung und Einflussnahme

Seit Webers Konzept der Bürokratie als reinste Form legaler Herrschaft ist eigentlich klar, dass *Machtausübung eine zentrale Rolle bei fast allen organisatorischen Prozessen* spielt. Webers Definition von Macht wird auch fast immer zur Grundlage neuerer Definitionsvarianten genommen: «Macht bedeutet jede Chance, innerhalb einer sozialen Beziehung den eigenen Willen auch gegen Widerstreben durchzusetzen, gleichviel, worauf diese Chance beruht.» (Weber, 1972, S. 28). Die organisationsbezogene Machtforschung hat unter dem Stichwort «Taktiken» oder «Strategien» der Macht induktiv konkrete Verhaltensweisen gesammelt und klassifiziert. Auf diese Studien und Skalen wird auch oft Bezug genommen, wenn «politisches Verhalten» erfasst werden soll, vermutlich wegen ihrer Anschaulichkeit (Neuberger, 1995a). Trotz vieler Studien hat man in dieser Tradition keine konsistenten Ergebnisse gefunden, weil es keine Konvergenz der Klassifikationen gibt (Barry & Watson, 1996).

Eine ältere Forschungstradition hat ihren Ausgangspunkt bei der deduktiven Unterscheidung von so genannten «Machtgrundlagen» durch French & Raven (1959) genommen; im Sinne von Webers Definition geben sie die Mechanismen an, auf denen die Chance zur Willensdurchsetzung beruht. «Coercive» und «reward power» d.h. Bestrafung und Belohnung sind zwei Grundlagen, die eine Überwachung des Verhaltens des Betroffenen erfordern. Die Zuweisung unangenehmer Arbeit, der Entzug von Sympathie, Abmahnung und Kündigung sind Beispiele für Bestrafung; Lob, Hilfe bei der Arbeit, Lohnerhöhung und Beförderung sind Beispiele für Belohnung. Zu «legitimate power» bzw. «position power» gehören vor allem die Anweisungsbefugnisse von Vorgesetzten und die Zuständigkeiten von Fachabteilungen, m.a.W. die Regelungen der formalen Organisationsstruktur. Überwachung ist hier – nach French & Raven – ebenso wenig notwendig wie bei «expert» und «referent power», da hier jeweils der Machtbetroffene sich selbst an die Normen hält (legitimate p.), selbst dem Experten mehr zutraut (expert p.) oder sich selbst mit dem Vorbild bzw. der Bezugsgruppe (referent p.) identifiziert. Empirische Untersuchungen ergaben, dass Vorgesetzten am ehesten beim Einsatz von Positionsmacht und Expertenstatus gefolgt wird, am wenigsten bei Bestrafung; hier entzieht man sich eher der Überwachung. Die Zufriedenheit war am höchsten bei Expertenzuschreibung und Identifikationsmacht, während Bestrafung Unzufriedenheit verursachte. Die Leistung schließlich korrellierte am höchsten mit Expertenstatus, etwas geringer mit Identifikation, noch geringer mit Belohnung, während Positionsmacht und Bestrafung keinen Zusammenhang mit der Leistung zeigten. *Danach ist eine hohe Sachkenntnis, auch funktionale Autorität genannt, die einzig durchgängig positive Grundlage der Willensdurchsetzung.* Wegen einiger methodischer Mängel bedürfen diese Ergebnisse allerdings noch besserer empirischer Absicherung.

Weiterführende Ergebnisse und Erklärungen lassen sich mit der definitorischen Unterscheidung in Machtausübung (restrictive control) als Einwirkung gegen die Interessen der Betroffenen und Einflussnahme (promotive control) als Einwirkung im Einklang mit deren Interessen finden (Buschmeier, 1995; Scholl, 1999):

1. Wer seinen Willen durchsetzen will, muss umso restriktiver vorgehen, je mehr die Interessen der anderen dabei missachtet werden. Daraus folgt, dass Grundlagen umso eher zur

Machtausübung genutzt werden, je restriktiver sie sind, in der Reihenfolge Bestrafung, Positionsmacht und organisatorische Zuständigkeit. Je weniger restriktiv die Grundlagen sind, umso eher werden sie zur Einflussnahme, d. h. im Einklang mit den Interessen des bzw. der anderen genutzt in der Reihenfolge Belohnung, Identifikation und Expertenwissen.
2. Machtausübung ruft auf Grund der verletzten Interessen beim Betroffenen Ärger, Wut und Reaktanz hervor oder Enttäuschung, Trauer und Hilflosigkeit, während Einflussnahme Anerkennung, Freude, Dankbarkeit und Kooperationsbereitschaft auslöst; das erklärt die höhere Zufriedenheit bei den sanften Grundlagen Expertenwissen und Identifikation aus den früheren Studien.
3. *Machtausübung behindert den potenziellen Zuwachs an Wissen* durch Kommunikation und damit auch die Leistung bzw. Effektivität, während Einflussnahme beide fördert; der Grund liegt vor allem darin, dass Machtausübung eine unvoreingenommene Diskussion und Beratung nahezu unmöglich macht. Dies erklärt, warum in früheren Studien nur bei sanften Grundlagen positive Korrelationen mit der Leistung gefunden wurden.
4. Machtausübung tendiert dazu, immer häufiger und immer stärker angewendet zu werden: Je mehr und je härtere Machtmittel zur Verfügung stehen, umso mehr werden sie auch genutzt, umso mehr schreibt der Machthaber die erreichte Leistung sich selbst zu und wertet die Betroffenen ab, und umso eher wird erneut Macht ausgeübt (Mitchell et al., 1998).

Diese Unterscheidung von Machtausübung und Einflussnahme ermöglicht auch ein tieferes Verständnis vieler immer wieder empfohlener Organisationstechniken wie z. B. partizipative Organisationsentwicklung statt Reorganisation von oben, kooperative an Stelle autoritärer Führung, flachere Hierarchien, mehr Autonomie für die Mitarbeiter sowie mehr Partizipation der Betroffenen an den sie berührenden Entscheidungen. *Diese Organisationstechniken beinhalten mehr wechselseitige Einflussnahme an Stelle von Machtausübung, und sie erreichen daher auch bei den Mitarbeitern höhere Zufriedenheit, weniger Reaktanz oder Hilflosigkeit, stärkere Motivation zur Mitarbeit sowie höhere Produktivität durch eine Mobilisierung ihres Wissens.* Am Beispiel der Partizipation soll das im Folgenden näher beleuchtet werden.

4.3 Partizipation

Unter *Partizipation* versteht man zunächst die Beteiligung an Entscheidungen; dabei wird allerdings primär an die unteren Ränge in der Organisationshierarchie gedacht, die traditionell meist wenig bis gar nichts zu sagen hatten. Partizipation ist aus drei Gründen ein brisantes Dauerproblem jeder Organisation:

1. Die meisten Organisationen sind größer als Kleingruppen, woraus folgt, dass sich nicht alle Mitglieder an allen Entscheidungen beteiligen können, weil Zeit, Spezialwissen und Motivation dazu fehlen. Daraus folgt jedoch weiter, dass mit abnehmender Entscheidungsbeteiligung die Gefahr wächst, dass die Bedürfnisse und Interessen der Nichtbeteiligten ignoriert oder missachtet werden.
2. Entscheidungsrechte sind das wichtigste Machtpotenzial in Organisationen. Da die Neigung, Macht zu teilen, bei den meisten Machthabern sehr gering ist (s. o.), fällt die tatsächliche Entscheidungsbeteiligung meist noch geringer aus als sie unter Berücksichtigung des ersten Punktes sein könnte: die Untergebenen werden unmündig gemacht. Diese wechselseitige Dynamik hat Michels (1911) als ehernes Gesetz der Oligarchie bezeichnet, nach dem große Organisationen zwangsläufig von wenigen beherrscht werden.
3. Die Machtkonzentration an der Spitze führt sehr leicht dazu, dass das Wissen und die Fähigkeiten der Untergebenen – zum Teil auch durch Demotivation – nicht mehr oder zu wenig genutzt werden, so dass Oligarchisierung geringere Effektivität bedeutet (Tannenbaum, 1968). Partizipation wird daher als Mittel für ganz unterschiedliche Zwecke betrachtet: zum Abbau von Herrschaft von der

sozialistischen Tradition, zur Ergänzung und Belebung der öffentlichen Demokratie von Demokratietheoretikern, zur Selbstentfaltung von der humanistischen Psychologie und zur Effektivitätssteigerung von Managementvertretern (Dachler & Wilpert, 1980). Partizipation soll also das Machtgefälle verringern und die «Untergebenen» zu «Mitarbeitern» in Organisationsbelangen machen.

In der Partizipationsdiskussion sind direkte, durch die Untergebenen selbst vorgenommene, von indirekter, durch gewählte Repräsentanten wahrgenommener Partizipation ebenso zu unterscheiden wie formelle, verbindlich geregelte von informeller, von der Neigung der Vorgesetzten abhängiger Partizipation. Selbstentfaltungs- und Effektivitätseffekte können schon durch direkte Partizipation am Arbeitsplatz oder einen partizipativen Führungsstil ausgelöst werden. Ein gutes Beispiel für die gezielte Einführung und Nutzung von Partizipation bietet hier das Konzept des Partizipativen Produktivitätsmanagements (PPM) (Pritchard, Kleinbeck & Schmidt, 1993). Eine Demokratisierung von Organisationen bzw. eine deutlich verringerte Oligarchisierung kann demgegenüber am ehesten durch eine Kombination von direkter und indirekter Partizipation erreicht werden, die formell geregelt ist, wie das in einigen Modellunternehmen verwirklicht ist (z. B. Hoppmann & Stötzel, 1981). Auch eine ausschließlich indirekte Partizipation, wie sie mit den deutschen Mitbestimmungsgesetzen vorliegt, ist meist positiv für die vertretenen Arbeitnehmer. Ausschlaggebend für alle diese möglichen Effekte ist das Ausmaß der Partizipationsmöglichkeiten, das von verstärkter Information über Mitberatung bis hin zur gleichberechtigten Mitentscheidung variieren kann. Positive Effekte der Partizipation in Bezug auf Bedürfnisbefriedigung und Effektivität sind am verlässlichsten bei starker Partizipation im Sinne echter Mitentscheidung gefunden worden (Kirsch et al., 1984; Doucouliagos, 1995).

Eine Metaanalyse empirischer Studien von Miller und Monge (1986) zeigt, dass kognitive und motivationale Aspekte zur Erklärung der Effekte direkter Partizipation herangezogen werden müssen. **Kognitive Effekte** beruhen auf einer stärkeren Nutzung des vorhandenen Problemlösungspotenzials, weil Untergebene aus ihrer Tätigkeit über wertvolle Kenntnisse und Erfahrungen verfügen; dies führt bei geeigneter Organisation und zweckgerichteter Zusatzqualifikation zu verbesserten Entscheidungen. Nach der Einführung partizipativer Arbeitsformen wird von den Beteiligten zudem bei der Arbeit viel mehr gelernt als ohne Partizipation (Frei, Duell & Baitsch, 1984). Die **motivationalen Effekte** von Partizipation führen zu erhöhter Arbeitszufriedenheit, darüber hinaus oft aber auch zu höherer Effektivität: Durch die Teilnahme an Entscheidungsprozessen können Bedürfnisse nach Kontakt und Anerkennung sowie nach selbstbestimmtem und kompetentem Handeln befriedigt werden (Wilpert, 1987). Darüber hinaus können leichter eigene Interessen in die Entscheidungen eingebracht und befriedigt werden, egal ob offen oder verdeckt. Insgesamt zeigen die Studien, dass durch Partizipation die Zufriedenheit stärker gefördert wird als die Produktivität.

Partizipative Organisationsformen werden in immer neuen Konstellationen diskutiert und ausprobiert, z. B. überlappende Arbeitsgruppen, teilautonome Gruppen, Qualitätszirkel u. Ä. als Beispiele direkter Partizipation und verschiedene Mitbestimmungsregelungen und Labor-Management-Committees als Formen indirekter Partizipation. *Die Vorteile partizipativer Entscheidungen für die Beteiligten und für die Organisation sind seit langem bekannt*, vor allem, wenn es um technische und organisatorische Änderungen geht (Coch & French, 1948), *so dass es zunächst verwunderlich erscheint, warum diese Vorteile immer wieder neu entdeckt werden müssen und in der Praxis so oft vernachlässigt werden.* Für dieses Dauerproblem von Organisationen ist offensichtlich der oben beschriebene Grund ausschlaggebend, dass *die Mächtigeren ihre Macht nicht teilen wollen*, was mehrfach zur Nichtübernahme oder sogar zum Abbruch erfolgreicher Partizipationsexperimente geführt hat (z. B. Collins, 1995).

4.4 Konflikt und Kooperation

Konflikte in Organisationen sind unvermeidlich. Die Zusammenlegung von Ressourcen als konstitutives Merkmal von Organisationen verlangt einerseits Kooperation und lässt andererseits Entscheidungs-, Herrschafts- und Verteilungskonflikte entstehen, da die Interessen und Meinungen in Bezug auf den Einsatz der Ressourcen nicht durch eine vorausgehende Harmonie aufeinander abgestimmt sind. Konflikte wurden oft nur als negativ für die Organisation betrachtet, so vor allem im Rahmen der Maschinen-, Bedürfnis- und Kostenmetapher, während bei der Politik- und der Organismusmetapher nicht nur die Unvermeidlichkeit, sondern auch die möglichen positiven Folgen von Konflikten für die notwendige Anpassung an veränderte Umweltbedingungen hervorgehoben werden.

Konflikt wird hier mit Pruitt und Rubin (1986, S. 4 f.) als «wahrgenommene Interessendivergenz» oder als «Überzeugung, dass die bestehenden Ansprüche der Beteiligten nicht zusammen befriedigt werden können» über die Wahrnehmung der Konfliktparteien definiert. (Reine Meinungsverschiedenheiten sind ebenfalls wichtig, aber leichter zu handhaben; sie werden daher hier nicht näher betrachtet.) Tatsächliche Interessendivergenzen, etwa auf Grund knapper Ressourcen, werden zum Konfliktpotenzial gerechnet; werden sie nicht wahrgenommen, so besteht für die Beteiligten kein Konflikt; wird dagegen fälschlicherweise eine Interessendivergenz wahrgenommen, dann beginnt eine echte Konfliktepisode; die Wahrnehmung ist ausschlaggebend. Konfliktsituationen und Konflikthandhabungsmöglichkeiten lassen sich, sofern es um den Standardfall von zwei Konfliktparteien geht, gut in einem gemeinsamen Ergebnisraum darstellen (Thomas, 1976). Auf der x-Achse eines Koordinatensystems werden dazu die Interessen und Ergebnisse der einen Konfliktpartei A, auf der y-Achse die von A vermuteten Interessen und Ergebnisse der anderen Konfliktpartei B aufgetragen (s. **Abb. 5**). Ein Konflikt besteht genau dann, wenn:

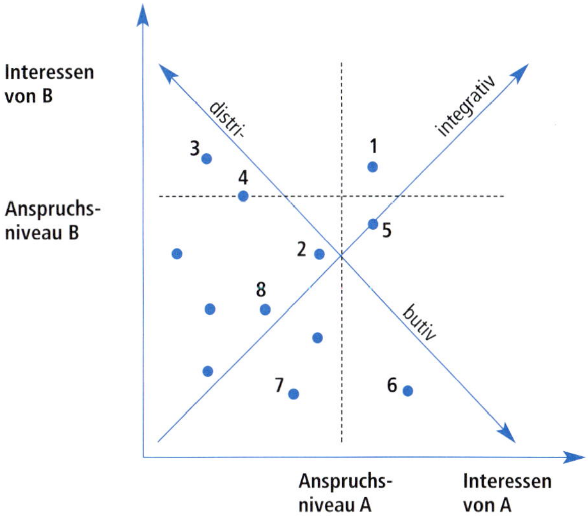

Abbildung 5: Konfliktkonstruktionen. Die – zum Teil nummerierten – Punkte sind denkbare alternative Konfliktlösungen in ihrem Interessenbezug zu den Konfliktparteien A und B.

1. die Ergebnisse einer Partei A von denen einer anderen Partei B abhängig sind bzw. so wahrgenommen werden, so dass ein *gemeinsamer* Ergebnisraum konstruiert wird, und
2. keine Alternative zu existieren scheint, mit der die beiderseitigen Ansprüche befriedigt werden können, sei es, dass sie (Punkt 1 in Abb. 5) nicht gesehen wird, sei es, dass tatsächlich keine solche Alternative oberhalb der beiden Anspruchsniveaus existiert.

Möglicherweise wird die beste Alternative in Punkt 2 lokalisiert, was die Ansprüche beider Parteien nicht befriedigt. Ohne Aussicht auf bessere Alternativen müssten beide ihr Anspruchsniveau senken und 2 akzeptieren. Beide werden daher nach Alternativen suchen, die wenigstens für sie selbst befriedigend sind (z. B. 3 bzw. 6), was freilich den Konflikt anheizt. Alternative 5 könnte nach A's Meinung eigentlich von B akzeptiert werden, da eine Gleichaufteilung als gerecht erscheint, so dass B nur sein Anspruchsniveau entsprechend reduzieren müsste. Sieht B jedoch bei sich größere Vorleistungen oder sonstige Rechte oder fühlt er sich machtmäßig weit überlegen, dann ist Alternative 5 für ihn keine akzeptable Lösung.

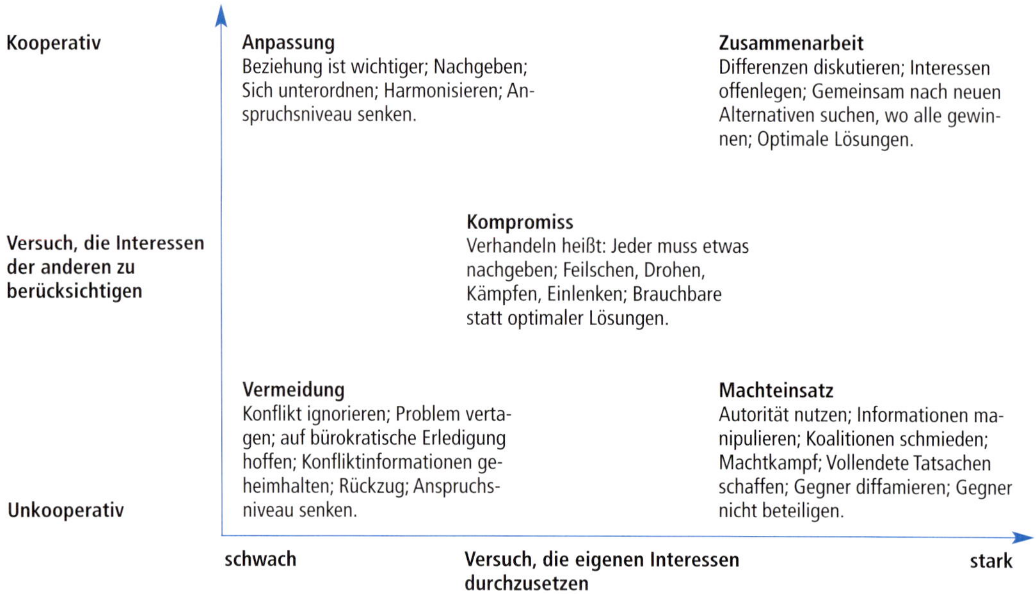

Abbildung 6: Konflikthandhabung (nach Blake & Mouton, 1970; Thomas, 1976)

In dem gemeinsamen Ergebnisraum lassen sich auch die wichtigsten Strategien der Konflikthandhabung darstellen (Thomas, 1976). Eine erste Strategie der Konflikthandhabung besteht im *Machteinsatz,* bei dem die eigenen Interessen gegen die der anderen Seite mit geeigneten Machtmitteln durchgesetzt werden (vgl. **Abb. 6** und aus der Sicht von A Alternative 6 in Abb. 5). Diese Strategie verspricht momentan oft Erfolg, ist aber meist mit beträchtlichen Zusatzkosten verbunden, weil die andere Seite Gegenmacht ausübt, weniger kooperativ wird oder die Verhandlungen abbricht; in jedem Fall leidet die Beziehung darunter, so dass die Kooperation in Zukunft schwieriger wird. Aus der angestrebten Alternative 6 wird daher, wenn man die Folgekosten der Machtausübung berücksichtigt, oft unversehens der Wert von Alternative 7. Wird ein Machteinsatz abgelehnt, etwa weil es vor allem um gute Beziehungen in der Zukunft geht oder keine ausreichenden Machtmittel zur Verfügung stehen, dann scheint oft nur die *Anpassung* an die Wünsche der anderen Seite möglich zu sein, bei der die eigenen Interessen zu kurz kommen (Abb. 6 und Punkt 4 in Abb. 5). Mobilisieren beide Seiten Machtmittel und wollen nicht nachgeben, dann wird in der Praxis oft ein *Kompromiss* gesucht und gefunden (Abb. 6 und Punkt 2 in Abb. 5), bei dem zwar beide Seiten nicht ihre Anspruchsniveaus befriedigen können, aber doch mehr erreichen als bei einem andauernden und für beide Seiten verlustreichen Machteinsatz.

Implizit basieren die drei besprochenen Strategien auf der Annahme eines Null-Summen-Spiels, d. h. was eine Partei hinzugewinnt, wird zwangsläufig der anderen abgezogen, so dass die Summe der Gewinne und Verluste beider Seiten immer Null ergibt. Doch damit wird nur der *distributive* (verteilende) Aspekt möglicher Konfliktergebnisse gesehen; in Abbildung 5 liegen die Alternativen 3, 4 und 6 auf einer solchen distributiven Achse. Die Alternativen 2, 5 und 1 haben ihnen gegenüber zusätzlich einen *integrativen* Aspekt, d. h. hier würden die Interessen beider Seiten besser integriert und dadurch in der Summe stärker realisiert. Die distributiven Anteile eines Konflikts wirken konfliktverschärfend, die integrativen Anteile konfliktmindernd.

Die Konstruktion und Exploration integrativer Alternativen sind das Kennzeichen des Konflikthandhabungsstils der *Zusammenarbeit* (Abb. 6). Oft sind sich die Konfliktparteien bei der Wahl ihrer Wunschalternativen weder über ihre Interessen noch über alternative Befriedigungsmöglichkeiten vollständig im Klaren. Daher kann die Offenlegung und Reflexion der beiderseitigen Interessen sowohl zu ihrer Präzisierung als auch zu einer gezielteren Suche nach geeigneten Alternativen (etwa Punkt 1 in Abb. 5) führen. Durch einen offenen Informationsaustausch wird mehr und besseres Wissen mobilisiert, was die Chance der Entwicklung integrativer Alternativen erhöht. Diese sehr produktive Handhabung von Konflikten wird aus mehreren Gründen meist nicht genügend ausgeschöpft oder überhaupt nicht wahrgenommen – im Doppelsinn des Wortes. Die produktive Zusammenarbeit als Stil der Konflikthandhabung muss daher meist mühsam gelernt werden, aber es gibt dazu hervorragende Anleitungen (z. B. Fisher, Ury & Patton, 1995). Erheblich unterstützt wird das durch eine konstruktive Organisationskultur: Hier werden die Mitglieder, die sich mit ihrer Organisation identifizieren, die auftretenden Konflikte integrativer handhaben und auch sonst mehr kooperieren und sich wechselseitig unterstützen.

Eine Strategie der *Vermeidung* (Abb. 6) kann bei unbedeutenden Konflikten oder bei der Beanspruchung durch andere, noch wichtigere Themen sinnvoll sein; in der Regel ist diese Art der Konflikthandhabung jedoch unproduktiv für beide Seiten, weil weder die Interessen befriedigt noch Klärungen erreicht werden, und weil sich ein Konfliktpotenzial anstaut, das später beim Umschlag in einen offenen Konflikt viel schwieriger angemessen zu bewältigen ist.

In *Studien mit den Konflikthandhabungsstilen* waren die Ergebnisse nicht immer ganz eindeutig, aber der Stil der Zusammenarbeit hatte durchweg positive Ergebnisse, der Stil der Machtausübung und der Vermeidungsstil dagegen negative. In der Studie zu Innovationen von Scholl (2002) konnte mit Hilfe der Konflikthandhabungsstile geklärt werden, warum politische Entscheidungsprozesse je nach Kombination sehr negative oder sehr positive Ergebnisse zeitigten (vgl. Abschnitt 4.1). Bei dem reinen Politikstil und bei der Kombination von Politik und Organisierter Anarchie, die meist zum Misslingen der Innovation führten, hat es mehr *Machteinsatz* gegeben als bei der sehr erfolgreichen Kombination von Politik und Adaptivem Problemlösen. Genau umgekehrt war es dagegen bei einem kombinierten Stil von Zusammenarbeit und Anpassung, der die Interessen der anderen Seite berücksichtigt und insofern *Einflussnahme* darstellt: Interessenberücksichtigung war bei Politik mit Adaptivem Problemlösen wesentlich stärker ausgeprägt als bei Politik mit Organisierter Anarchie und bei der reinen Politik. *Die Fallberichte zeigen, wie der Verzicht auf Machteinsatz und die Berücksichtigung der Interessen der Betroffenen zu neuen Einsichten und besseren Lösungen für alle Beteiligten führen.*

In jedem gesellschaftlichen Bereich gibt es auch strukturelle Konfliktregelungsmechanismen, die zum Teil gesetzlich festgelegt sind. Für Organisationen sind dies besonders das Tarifvertragssystem, das die distributivsten Arbeitgeber-Arbeitnehmer-Konflikte auf die überbetriebliche Ebene verlagert und damit nicht nur die organisationale Konfliktverarbeitungskapazität entlastet, sondern auch durch Rationalisierung die Konfliktkosten verringert. Weiterhin gehören dazu die Organisationsverfassung (s. Abschnitt 3.2), die verschiedene Arenen der Konflikthandhabung definiert wie z. B. das Aufsichts- und das Führungsgremium (Aufsichtsrat und Vorstand oder Vereinsversammlung und Vereinsleitung), spezielle Beschwerderechte (Betriebsverfassungsgesetz §§ 8–6) und Schlichtungsinstanzen wie die betriebliche Einigungsstelle (Betriebsverfassungsgesetz § 76). Durch solche gesetzlichen Regelungen lassen sich die Bedingungen für eine sinnvolle Konflikthandhabung fördern; entscheidend ist aber letztlich eine möglichst ausgewogene Machtverteilung, die Machtstrategien weniger attraktiv macht und Zusammenarbeit fördert. *Kooperation ist nicht der Gegensatz zu Konflikt, sondern dessen konstruktive Bewältigung, wie auch die Forschungen zum Gefangenendilemma zeigen.*

4.5 Information, Kommunikation und Wissen

Neue Ideen und Entscheidungsprozesse sind ebenso wie Routinearbeit in ihrer Qualität abhängig vom Wissen der Beteiligten. Beim *Wissen* ist zu unterscheiden zwischen *Erkenntnis* (explizites Wissen, knowing that) und *Erfahrung* (implizites Wissen, tacit knowledge, knowing how, Können), die unterschiedlich erworben werden und zueinander weder deckungsgleich noch widerspruchsfrei sind. (Er-)Kenntnisse sind sprachlich mitteilbar, erlauben gedankliche Operationen und können in Büchern oder Computern gespeichert werden; Erfahrungen sind in gelungenen gelernten Reaktionen enthalten und entweder gar nicht oder nur ungenau mitteilbar. Grundlegende Kenntnisse und zum Teil auch Erfahrungen werden in der Schule und Ausbildung erworben. Spezifische aufgabenbezogene *Kenntnisse* werden dann durch Informationen über die externen und internen Funktionsbedingungen der Organisation gewonnen, die in der Regel arbeitsteilig beschafft und durch Kommunikation weitergegeben und reflektiert werden. Aufgabenbezogene *Erfahrungen* werden durch organisatorische Sozialisation, durch Beobachtungslernen und durch die Arbeit selbst – Learning by doing – im Sinne des operanten und klassischen Konditionierens erworben. Zur Erfahrung bzw. zur Könnerschaft gehören nicht nur handwerkliche *Fertigkeiten*, sondern auch zutreffende Ahnungen, Intuition, Kreativität und «Gefühl», d.h. nicht genau begründbare kognitive *Einschätzungen*. Implizites und explizites Wissen sind nicht nur individuell, sondern auch kollektiv in Organisationen vorhanden: *Kollektives Wissen* liegt explizit in Dokumenten, Handbüchern, Datenbanken, Programmen und Plänen vor; das Rechnungswesen ist eine der wichtigsten Formen. Implizit liegt es in bewährten Praktiken und Routinen, in abgestimmter Arbeitsteilung, in der zunehmenden Beherrschung von Prozessen durch Fehlerbeseitigung und Vereinfachung (Henderson, 1984).

Information ist (noch) kein Wissen, auch nicht in kommunizierter Form. Rehäuser & Krcmar (1996) unterscheiden die aufsteigende Reihenfolge Zeichen < Daten < Information < Wissen. *Zeichen*, z.B. Zahlen (8) oder Buchstaben (E), stellen frei verwendbare Symbole dar, die ohne Verknüpfung beliebig und damit nichtssagend bleiben. *Daten* sind verknüpfte Zeichen im Rahmen eines Regelwerks (Syntax), z.B. «82 000 Euro». Damit aus Daten eine *Information* wird, müssen weitere Daten hinzukommen, die einen Verwendungszusammenhang signalisieren, also z.B. dass im Projekt x ein Soll von 82 000 Euro im Jahr aufgelaufen ist. *Wissen* wird als «zweckorientierte Verknüpfung von Informationen» zu einer «begründeten Kenntnis» bezeichnet, die Vorwissen erfordert, subjekt- und zweckrelativ sowie kontext- und aspektabhängig ist (s. **Informationsbox 4**).

Information und *Kommunikation* spielen in Organisationen eine immer größere Rolle, je mehr durch Mechanisierung und Automation körperliche Arbeit an Bedeutung verliert. Während schon die einzelnen arbeitsteiligen Tätigkeiten zunehmend aus Aktivitäten der Informationsverarbeitung bestehen, erfordert deren *Koordination* erst recht immer intensivere Kommunikation. Zum Teil wird das über die Organisationsstruktur und ihre Koordinationsmecha-

Informationsbox 4

Beispiel: Dem Soll von 82 000 Euro steht ein Haben von 94 000 Euro gegenüber. Auf dem Projektkonto sind aber nur noch 2000 Euro, und demnächst werden auch noch 3000 Euro Ertragssteuer fällig. Dies ist keine fehlerhafte Rechnung, sondern Soll und Haben geben in der Ertragsrechnung den Ressourcenverbrauch («Werteverzehr») an. Anlagegüter werden daher nur zum Teil, nämlich in Höhe der Abschreibungen eingerechnet, auch wenn sie ganz bezahlt wurden in diesem Jahr. Das Projektkonto dagegen zeigt das Ergebnis der Geldflüsse, d.h. der Liquiditätsrechnung. Information ermöglicht also einen Wissenszuwachs, sofern der Empfänger über das geeignete Vorwissen verfügt, sie einordnen, verknüpfen und verstehen kann.

nismen der Weisung, Programmierung, Planung und formellen Selbstabstimmung abgewickelt (vgl. Abschnitt 3.4), aber ein beträchtlicher Teil erfolgt durch zusätzliche ungeregelte Kontakte, weil die Verschiedenartigkeit der zu bewältigenden Aufgaben und die unterschiedliche Interpretierbarkeit eingehender Informationen keine dauerhafte Regelung zulassen. Das wird besonders deutlich aus Studien zur Arbeit von Führungskräften, die zeigen, dass deren Tätigkeit weitgehend aus Kommunikation besteht, vor allem aus mündlicher Kommunikation, die zudem meist ungeplant, ad hoc zu Stande kommt. Neuberger (1995b) gibt einen Überblick über verschiedene solcher Studien. Danach setzt sich der Arbeitstag einer Führungskraft aus sehr vielen kurzen Episoden zusammen: es sind ca. 50 pro Tag, von denen die Hälfte kürzer als sechs Minuten ist. Mündliche Kommunikation nimmt im Durchschnitt 67% der Arbeitszeit in Anspruch, und zwar mit Untergebenen (ca. 40% der Kontaktzeit), Kollegen (ca. 16%), Vorgesetzten (ca. 14%) oder Externen (ca. 30%).

Zur Bewältigung der *Einzelaufgaben* wird Kommunikation ebenfalls benötigt, sofern sich die benötigten Informationen nicht direkt aus Büchern, Akten oder Datenbanken beschaffen lassen. Je komplexer und schlechter strukturiert die Aufgaben sind, umso mehr Kommunikation ist für die Beschaffung und Verarbeitung der relevanten Informationen zu handlungsbefähigendem Wissen notwendig. In Organisationen müssen nicht nur ständig Entscheidungen unter unvollständiger und unsicherer Information getroffen werden (s. Abschnitt 4.1), sondern die Informationen, die verfügbar sind, gesucht oder unvermutet kommuniziert werden, sind unterschiedlich interpretierbar, von vornherein mehrdeutig oder es hätten auch ganz andere sein können. Aus der nahezu unendlichen Fülle von sich aufdrängenden und potenziellen Aspekten müssen solche gesucht, kategorisiert, bewertet und miteinander in Beziehung gebracht werden, die relevant genug erscheinen, um daraus Wissen, d.h. ein brauchbares, wenn auch vereinfachtes Bild der Realität zu gewinnen, mit dem Entscheidungen und Handlungen einigermaßen erfolgversprechend angegangen werden können (Problemlösemetapher). Dabei gehen zum Teil Entscheidungen und Handlungen den Sinnkonstruktionen voraus, weil es anhand ihrer Ergebnisse leichter fällt, ein stimmiges Bild der Problemlage, der dazu passenden Entscheidung und ihrer Ergebnisse zu skizzieren (Weick, 1995). Für solche retrospektiven Sinndeutungen ist auch der Umstand wichtig, dass die handelnden Personen in Organisationen sich nach einer intuitiv gefassten Entscheidung und Handlung vor anderen erklären bzw. rechtfertigen müssen, seien es Kontrollgremien, Untergebene oder Familienmitglieder, und sie bestimmen damit auch ihr eigenes Bild von sich selbst. Insofern sind verzweigte und möglichst hochrangige persönliche Netzwerke doppelt vorteilhaft, weil man im Gespräch mit anderen nicht nur die eigenen Realitätskonstruktionen prüfen kann, sondern auch lernt, welche Art der Begründung auf breitere Akzeptanz stoßen wird und wie man ein günstiges Bild von sich gewinnen bzw. präsentieren kann (Politikmetapher). Dabei hat der kommunikative Austausch seine eigenen Schwierigkeiten, denn *Kommunikation ist nur in sehr begrenztem Maße als Informationsübermittlung zu verstehen*, wie es die einfacheren Kommunikationsmodelle nahelegen (Krauss & Fussell, 1996). Vielmehr muss jede Person durch aktive Gesprächsbeteiligung rekonstruieren, was die anderen mit den Äußerungen wohl gemeint haben könnten. Die Gesprächspartner müssen nicht nur den Problem- und Rollenkontext berücksichtigen und die eigenen Gedanken und Gefühle sortieren, sondern sich auch in die anderen gefühlsmäßig und gedanklich hineinversetzen, um deren Vorwissen und Einstellungen erahnen und in Rechnung stellen zu können (Higgins & Brauner, 1994).

Alle diese Prozesse der Information, Kommunikation und Wissensgewinnung können durch viele Faktoren beeinträchtigt werden, die von mangelnder Zeit oder Konzentration über mangelnde fachliche und soziale Kompetenz bis hin zu mangelnder Bereitschaft, Feindseligkeit oder Dominanzversuche reichen. Solche Beeinträchtigungen sind umfassend unter dem Stichwort «*Informationspathologien*» (Wilensky, 1967; Scholl, 1992a) untersucht worden, mit dem die verschiedensten Einzeleffekte wie z.B. übermäßige Konformität in Entscheidungsgruppen (groupthink), Beschönigung negativer Information nach oben, Verschleierung der eigentlichen Ziele nach unten oder das Stille-Post-Phänomen integriert werden. Das Vorliegen einer Informationspathologie wird dabei nicht an dem fiktiven Ideal vollkommener Rationalität gemessen, sondern es geht um vermeidbare Fehler, d. h. um produzierbare Informationen, die nicht produziert wurden, um beschaffbare Informationen, die nicht beschafft wurden, um vorhandene Informationen, die nicht oder nur verzerrt übermittelt wurden, und um kommunizierte Informationen, die falsch verstanden oder nicht verwendet wurden. In Fallstudien zu Innovationen wurden vor allem folgende Informationspathologien festgestellt (Scholl, 1999, 2002): *Produzierbare* Informationen (18,5 % der identifizierten Informationspathologien) wurden am häufigsten wegen aktiver Behinderung durch andere nicht produziert; weitere häufige Ursachen waren fehlende Grundkenntnisse oder Betriebsblindheit, die durch mehr Kommunikation hätten entdeckt und behoben werden können. *Beschaffbare* Informationen (16,3 %) wurden häufig nicht beschafft, weil die Partizipation der Untergebenen oder einschlägiger Fachleute in der Organisation unerwünscht war. Darüber hinaus unterblieb öfter die Suche nach nahe liegenden externen Informationen und Erfahrungen. *Kommunizierbare* Informationen (29,6 %) wurden zum Teil wegen einfacherer Verständigungsprobleme nicht oder nicht korrekt übermittelt. Häufiger war jedoch die absichtliche Nicht-Weitergabe, sei es, um andere zu behindern, sei es, um die vermutete Ablehnung höherer Stellen zu vermeiden. Darüber hinaus wurde nach oben beschönigt aus Furcht, für die negativen Ereignisse verantwortlich gemacht zu werden, nach unten wurden Ziele verschleiert, die vermutlich auf Widerstand gestoßen wären. Vorhandene *anwendbare* Informationen (35,6 %) wurden zum Teil aus Wunschdenken ignoriert oder interessenbedingt verzerrt angewendet. Öfter wurden die Meinungen anderer auch ignoriert, weil sie nicht zu den eigenen Ansichten passten, weil man den Sender nicht leiden konnte oder weil man glaubte, es besser zu wissen und zu können. Aber auch Konformitätsdruck, Eskalation des Falschen (ich kann mich doch nicht geirrt haben!) und Selbstüberschätzung auf Grund ranghoher Position spielten hier eine Rolle.

Information und Kommunikation werden zunehmend technisch unterstützt. Die elektronische Datenverarbeitung (EDV) bzw. Informations- und Kommunikationstechnologien (IT) gehören an immer mehr Arbeitsplätzen zum selbstverständlichen Werkzeug – mit unterschiedlichsten Anwendungen. In Bezug auf schriftliche Kommunikation werden Briefe und Telexe von den sehr viel komfortableren Fernkopien (Telefax) und elektronischen Briefen (E-Mail) sowie der Computerkonferenz abgelöst. Die Möglichkeiten fernmündlicher Tele-Kommunikation werden über das Telefon hinaus auf Bildfernsprechen und Videokonferenzen erweitert. Dies führt jedoch im Durchschnitt nicht zu einer Verringerung der direkten Kommunikation von Angesicht zu Angesicht (Scholl, Pelz & Rade, 1996). Durch diese Formen der Telekommunikation lassen sich zwar Zeit und Geld für direkte Treffen sparen, aber sie ermöglichen auch eine Ausweitung der Kommunikationszeit, -häufigkeit und -reichweite. IT kommen so den gestiegenen Informations- und Kommunikationsbedürfnissen entgegen, die sich anders kaum realisieren ließen. Insgesamt ist zu vermuten, dass mit wachsender Erfahrung einerseits und immer neuen Technologieanwendungen andererseits die Mediennutzung immer vielfältiger wird, wobei komplexere und beziehungshaltigere Fragen eher von Angesicht zu Angesicht verhandelt werden, weil hierfür die nonverbalen Kommunikationskanäle besonders wichtig sind (Boos, Jonas & Sassenberg, 1999).

Wie man Information und Kommunikation so anregen, strukturieren und steuern kann, dass möglichst umfassendes und valides Wissen zur Fundierung organisatorischer Entscheidungen und Handlungen entsteht, ist zum Kernproblem von Organisationen in einer sich ständig wandelnden Welt geworden. Damit hat sich in den letzten Jahren eine sprunghaft wachsende Zahl von Veröffentlichungen zum Thema «*Wissensmanagement*» auseinandergesetzt (z. B. Nonaka & Takeuchi, 1995, 1997; Kluge, 1999; Mertins, Heisig & Vorbeck, 2001). Beim Wissensmanagement kann Wissen allerdings nicht direkt «gemanagt» werden, sondern es geht darum, Menschen und Organisationen so mit Informationen zu versorgen und ihre Kommunikation zu unterstützen, dass der Aufbau von Wissen gefördert und rationalisiert wird. Umgekehrt beinhaltet Wissensmanagement auch den Abbau von Ursachen für Informationspathologien.

Als wichtigster *Erfolgsfaktor für das Wissensmanagement* wird in einer Befragung von 144 großen europäischen Unternehmen die Organisationskultur genannt (44 %), danach das Personalmanagement mit den Unterthemen Motivation, Belohnung, Qualifikation, Training und Weiterbildung (28 %), die Unternehmensführung mit Förderung durch das Top-Management und klaren Zieldefinitionen (25 %) und zuletzt strukturelle Faktoren (24 %) und Informationstechnologien (23 %) (Mertins et al., 2001). Die so genannten «weichen», menschenbezogenen Faktoren sind vorrangig (Scholl et al., in Druck). Eine geeignete Organisationskultur wird durch folgende Aspekte beschrieben: Fehler werden in gewissem Rahmen toleriert, Mitarbeiter zum Wissensaustausch ermutigt, eigenverantwortliches Handeln und Lernen gefördert. Die oben zitierten Forschungen zu effektiven Organisationskulturen werden dadurch bestätigt.

5. Ausblick: Auf dem Weg zur «High-Involvement»-Organisation?

In diesem Kapitel wurden einige Grundkonzepte der Organisation aus Platzgründen nicht behandelt, wie z. B. die organisationale Sozialisation, der Wandel von Organisationen oder Fragen der Organisationsphilosophie und -ethik. In allen Themenbereichen, hier behandelt oder nicht, wird jedoch deutlich, dass der «Produktionsfaktor Mensch» oder das «Humankapital», wie es in der Sprache der Ökonomie heißt, in seinen spezifischen Eigenheiten, Stärken und Schwächen von ausschlaggebender Bedeutung für die organisationalen Prozesse und Ergebnisse ist. In der Literatur verdichten sich seit einigen Jahren integrierte Konzepte, wie man am besten mit diesen menschlichen Ressourcen umgeht, sie fördert und nützt; oft werden sie unter dem Begriff «high-involvement» zusammengefasst (Lawler, 1992).

Eine Studie von Hansen & Wernerfelt (1989) liefert ein Indiz für die relative Bedeutung des Umgangs mit den Humanressourcen; in ihr wurden ökonomische und organisatorische Effekte auf die Umsatzrendite von 60 US-Firmen verglichen. Die ökonomischen Variablen waren die durchschnittliche Profitabilität auf den jeweiligen Märkten, der relative Marktanteil sowie die Firmengröße. Organisatorische Variable war das Organisationsklima mit gemittelten Aussagen der Arbeitnehmer darüber, inwieweit ihre Interessen berücksichtigt werden und inwieweit sie hoch gesteckte Ziele bekommen. Das Organisationsklima, besonders die Interessenberücksichtigung, erklärte doppelt so viel Varianz in der Profitabilität (38 %) wie die drei ökonomischen Variablen (19 %); zusammen erklärten sie 50 %. In einer anderen Studie fand Huselid (1995), dass mitarbeiterorientierte Organisations- und Personalpraktiken deutlich die Kündigungsrate senken und die Produktivität und die finanziellen Ergebnisse erhöhen.

Diese und viele andere Studien weisen – bei allen Unterschieden im Ansatz und den Ergebnissen – eine Reihe von Gemeinsamkeiten auf, die verschiedene Autoren zur Formulierung personalorientierter Organisationskonzepte mit hoher Effektivitätserwartung veranlasst hat, die zu hohem Engagement («high involvement») der Arbeitnehmer führen (z. B. Lawler, 1992; Pfeffer, 1994). Diesen Vorschlägen liegen offensichtlich drei zentrale Annahmen zu Grunde:

1. *Arbeitnehmer können sehr viel produktiver sein, als das meistens der Fall ist, vor allem, wenn sie selbst mehr darüber bestimmen können, was wann wie zu tun ist.*
2. *Dazu muss man geeignete organisatorische Bedingungen schaffen, zu denen Hierarchieabbau, Partizipation, weitestgehende Autonomie und intensive Qualifizierung gehören.*
3. *Dazu müssen aber auch die materiellen Anreize wie gute und leistungsabhängige Gehälter, Gewinnbeteiligung und größtmögliche Beschäftigungssicherheit geschaffen werden, die die Ar-*

beitnehmer motivieren, sich voll und zum Wohle der Organisation einzusetzen.
Damit sind offensichtlich geeignete Organisationskonzepte gefunden worden, mit denen die Bedürfnismetapher und die Organismusmetapher realisierbar werden.

Allerdings kann man in «high involvement» auch eine geschickte Form der hierarchischen Kontrolle oder gar der Manipulation in Richtung höherer Leistung und Selbstausbeutung sehen. Einige Autoren sprechen von Disziplinierung durch Organisationskultur (Casey, 1999) oder von der Verschleierung und zugleich Verfestigung organisatorischer Machtunterschiede (Salvador & Markham, 1995). Man wird also sehr genau verschiedenste Effekte solcher hoch involvierender Organisationen beachten und untersuchen müssen, um zu einem abgewogenen Urteil über diese Entwicklung organisatorischer Realität zu kommen.

6. Literatur

Amburgey, T. L. & Rao, H. (1996). Organizational ecology: Past, present, and future directions. *Academy of Management Journal, 39,* 1265–1286.

Attewell, P. (1994). Information technology and the productivity paradox. In D. H. Harris (Ed.), *Organizational linkages: Understanding the productivity paradox* (pp. 13–53).

Barry, B. & Watson, M. R. (1996). Communication aspects of dyadic social influence in organizations: A review and integration of conceptual and empirical developments. In B. R. Burleson & A. W. Kunkel (Eds.), *Communication yearbook 19* (pp. 268–317). Thousand Oaks: Sage.

Blake, R. R. & Mouton, J. S. (1970). The fifth achievement. *Journal of Applied Behavioral Science, 6,* 413–426.

Boos, M., Jonas, K. J. & Sassenberg, K. (Hrsg.). (1999). *Computervermittelte Kommunikation in Organisationen.* Göttingen: Hogrefe.

Brauner, E. (1994). *Soziale Interaktion und mentale Modelle. Planungs- und Entscheidungsprozesse in Planspielgruppen.* Münster: Waxmann.

Bullinger, H.-J. & Warnecke, H. J. (Hrsg.). (1996). *Neue Organisationsformen im Unternehmen. Ein Handbuch für das moderne Management.* Berlin: Springer.

Buschmeier, U. (1995). *Macht und Einfluss in Organisationen.* Göttingen: Cuvillier.

Casey, C. (1999). «Come, join our family»: Discipline and integration in corporate culture. *Human Relations, 52,* 155–178.

Chmielewicz. K. (1975). *Arbeitnehmerinteressen und Kapitalismuskritik in der BWL.* Reinbek: Rowohlt.

Coch, L. & French, J. R. P. (1948). Overcoming resistance to change. *Human Relations, 1,* 512–531.

Cohen, M. D., March, J. G. & Olsen, J. P. (1972). A garbage can model of organizational choice. *Administrative Science Quarterly, 13,* 8–22.

Collins, D. (1995). Death of a gainsharing plan: Power politics and participatory management. *Organizational Dynamics, 24,* 23–38.

Collins, P. D., Hage, J. & Hull, F. (1986). A framework for analyzing technical systems in complex organizations. In *Research in the sociology of organizations* (Vol. 6, pp. 81–100). Greenwich: JAI Press. (Zitiert nach Roberts & Grabowski, 1999).

Cooper, C. L. & Rousseau, D. M. (Eds.). (1999). *Trends in organizational behavior. Vol. 6: The virtual organization.* Chichester: Wiley.

Cotton, J. L. et al. (1988). Employee participation: Diverse forms and different outcomes. *Academy of Management Review, 13,* 8–22.

Cranach, M. v., Ochsenbein, G. & Tschan, F. (1987). Actions of social systems: Theoretical and empirical investigations. In G. R. Semin & B. Krahé (Eds.), *Issues in contemporary German social psychology history, theories and applications* (pp. 119–155). London: Sage.

Dachler, H. P. & Wilpert, B. (1980). Dimensionen der Partizipation. Zu einem organisationswissenschaftlichen Analyserahmen. In W. Grunwald & H.-G. Lilge (Hrsg.), *Partizipative Führung. Betriebswirtschaftliche und soziologische Aspekte* (S. 80–98). Bern: Haupt.

Dean, J. W. Jr. & Sharfman, M. P. (1996). Does decision process matter? A study of strategic decision-making effectiveness. *Academy of Management Journal, 39,* 368–396.

Denison, D. R. (1990). *Corporate culture and organizational effectiveness.* New York: Wiley.

Denison, D. R. (1996). What *is* the difference between organizational culture and organizational climate? A native's point of view on a decade of paradigm wars. *Academy of Management Review, 21,* 619–654.

Donaldson, T. & Preston, L. E. (1995). The stakeholder theory of the corporation: Concepts, evidence, and implications. *Academy of Management Review, 20,* 65–91.

Doucouliagos, C. (1995). Worker participation and productivity in labor-managed and participatory capitalist firms: A meta-analysis. *Industrial and Labor Relations Review, 49,* 58–77.

Engeström, Y. & Middleton, D. (1998). *Cognition and communication at work.* New York: Cambridge University Press.

Fisher, R., Ury, W. & Patton, C. (1995). *Das Harvard-Konzept. Sachgerecht verhandeln – erfolgreich verhandeln* (14. Aufl.). Frankfurt/M.: Campus.

Francis, A., Turk, J. & Willman, P. (Eds.). (1983). *Power, efficiency, and institutions.* London: Heineman.

Frei, F., Duell, W. & Baitsch, C. (1984). *Arbeit und Kompetenzentwicklung. Theoretische Konzepte zur Psychologie arbeitsimmanenter Qualifizierung.* Bern: Huber.

French, J. R. P. Jr. & Raven, B. H. (1959). The bases of social power. In D. Cartwright (Ed.), *Studies in social power* (pp. 150–167). Ann Arbor: Institute for Social Research.

Gebert, D., Boerner, S. & Berkel, K. (2001). Organisationskultur als Wettbewerbsfaktor im Krankenhaus? Ergebnisse einer empirischen Analyse. *Zeitschrift für Gesundheitswissenschaften, 2001,* 38–51.

Grandori, A. (Ed.). (1998). Special issue on the organizational texture of inter-firm relations. *Organization Studies, 19* (4).

Hannan, M. T. & Freeman, J. (1989). *Organizational ecology.* Cambridge: Harvard University Press.

Hansen, G. S. & Wernerfelt, B. (1989). Determinants of firm performance: The relative importance of economic and organizational factors. *Strategic Management Journal, 10,* 399–411.

Hauschildt, J. (1977). *Entscheidungsziele. Zielbildung in innovativen Entscheidungsprozessen: Theoretische Ansätze und empirische Prüfung.* Tübingen: Mohr-Siebeck.

Heidenreich, M. (1995). *Informatisierung und Kultur. Die Einführung und Nutzung von Informationssystemen in Unternehmen.* Opladen: Westdeutscher Verlag.

Henderson, B. D. (1984). *Die Erfahrungskurve in der Unternehmensstrategie* (2. Aufl.). Frankfurt: Campus.

Hoppmann, K. & Stötzel, B. (1981). *Demokratie am Arbeitsplatz. Ein Modellversuch zur Mitwirkung von Arbeitnehmern an betrieblichen Entscheidungsprozessen.* Frankfurt: Campus.

Huselid, M. A. (1995). The impact of human resource management practices on turnover, productivity, and corporate financial performance. *Academy of Management Journal, 38,* 635–672.

Huys, R., Sels, L., Van Hootegem, G., Bundervoet, J. & Henderickx, E. (1999). Toward less division of labor? New production concepts in the automotive, chemical, clothing, and machine tool industries. *Human Relations, 52,* 67–93.

Irle, M. (1971). *Macht und Entscheidungen in Organisationen. Studie gegen das Linie-Stab-Prinzip.* Frankfurt/M.: Akademische Verlagsgesellschaft.

Katz, D. & Kahn, R. L. (1966). *The social psychology of organizations.* New York: Wiley.

Kieser, A. & Kubicek, H. (1992). *Organisation* (4. Aufl.). Berlin: De Gruyter.

Kirsch, W. (1977). *Einführung in die Theorie der Entscheidungsprozesse,* (2. Aufl. Bd. 1–3). Wiesbaden: Gabler.

Kirsch, W., Scholl, W. & Paul, G. (1984). *Mitbestimmung in der Unternehmungspraxis – eine empirische Bestandsaufnahme.* München: B. Kirsch.

Kluge, A. (1999). *Erfahrungsmanagement in lernenden Organisationen.* Göttingen: Verlag für Angewandte Psychologie.

Kocka, J. (1981). *Die Angestellten in der deutschen Geschichte: 1850–1980. Vom Privatbeamten zum angestellten Arbeitnehmer.* Göttingen: Vandenhoeck & Ruprecht.

Korten, D. C. (1995). *When corporations rule the world.* West Hartford: Kumarian Press, and San Francisco: Berrett-Koehler.

Krauss, R. M. & Fussell, S. R. (1996). Social psychological models of interpersonal communication. In E. T. Higgins & A. W. Kruglanski (Eds.), *Social psychology. Handbook of basic principles* (pp. 655–701). New York: Guilford.

Lawler, E. E. III (1992). *The ultimate advantage. Creating the high involvement organization.* San Francisco: Jossey-Bass.

Lessard, B. & Baldwin, S. (2000). *Computersklaven. Reportagen aus der Ausbeuterfirma Internet.* Stuttgart: Deutsche Verlagsanstalt.

Lewis, M. W. & Grimes, A. J. (1999). Metatriangulation: Building theory from multiple paradigms. *Academy of Management Review, 24,* 672–690.

March, J. G. & Simon, H. A. (1958). *Organizations.* New York: Wiley (deutsch 1976: Organisation und Individuum. Wiesbaden: Gabler).

Marx, K. & Engels, F. (1848/1966). Manifest der kommunistischen Partei. In I. Fetscher (Hrsg.), *Geschichte und Politik 1, Band III, Studienausgabe.* Frankfurt/M.: Fischer.

Maslow, A. H. (1954). *Motivation and personality.* New York: Harper. (Deutsch 1977: Motivation und Persönlichkeit. Olten: Walter.)

Mertins, K., Heisig, P. & Vorbeck, J. (2001). *Knowledge management. Best practices in Europe.* Berlin: Springer.

Michels, R. (1911). *Zur Soziologie des Parteiwesens in der modernen Demokratie. Untersuchungen über die oligarchischen Tendenzen des Gruppenlebens.* Leipzig: Kröner. (Neudruck 1957).

Miller, K. I. & Monge, P. R. (1986). Participation, satisfaction, and productivity: A meta-analytic review. *Academy of Management Journal, 29,* 727–753.

Mitchell, T. R., Hopper, H., Daniels, D. Falvy, J. G. & Ferris, G. R. (1998). Power, accountability, and inappropriate actions. *Applied Psychology: An International Review, 47,* 497–517.

Morgan, G. (1997). *Images of organization* (2nd ed.). Thousand Oaks: Sage.

Neuberger, O. (1995a). *Mikropolitik. Der alltägliche Aufbau und Einsatz von Macht in Organisationen.* Stuttgart: Enke.

Neuberger, O. (1995b). *Führen und geführt werden* (5. Aufl.). Stuttgart: Enke.

Nonaka, I. & Takeuchi, H. (1995). *The knowledge-creating company.* New York: Oxford University Press (Deutsch 1997: *Die Organisation des Wissens. Wie japanische Unternehmen eine brachliegende Ressource nutzbar machen.* Frankfurt: Campus.)

Ogbonna, E. & Harris, L. C. (1998). Organizational culture: It's not what you think … . *Journal of General Management, 23,* 35–48.

Pfeffer, J. (1981). *Power in organizations.* Marshfield: Pitman.

Pfeffer, J. (1994). *Competitive advantage through people. Unleashing the power of the workforce.* Boston: Harvard Business School Press.

Pfeffer, J. & Salancik, G. R. (1978). *The external control of organizations: A resource dependence perspective.* New York: Harper and Row.

Picot, A., Reichwald, R. & Wigand, R. T. (1998). *Die grenzenlose Unternehmung. Information, Organisation und Management* (3. Aufl.). Wiesbaden: Gabler.

Pritchard, R. D., Kleinbeck, U. & Schmidt, K. H. (1993). *Das Managementsystem PPM – Durch Mitarbeiterbeteiligung zu höherer Produktivität.* München: Beck.

Pruitt, D. G. & Rubin, J. Z. (1986). *Social conflict. Escalation, stalemate, and settlement.* New York: Random House.

Quinn, R. E. & Rohrbaugh, J. (1983). A spatial model of effectiveness criteria: Towards a competing values approach to organization analysis. *Management Science, 29,* 363–377.

Rehäuser, J. & Krcmar, H. (1996). Wissensmanagement in Unternehmen. In G. Schreyögg & P. Conrad (Hrsg.), *Managementforschung 6: Wissensmanagement* (S. 1–40). Berlin: De Gruyter.

Roberts, K. H. & Grabowski, M. (1999). Organizations, technology and structuring. In S. R. Clegg, C. Hardy & W. R. Nord (Eds.), *Managing organizations. Current issues* (pp. 159–173). London: Sage.

Salvador, M. & Marham, A. (1995). The rhetoric of self-directive management and the operation of organizational power. *Communication Reports, 8,* 45–53.

Schein, E. H. (1985). *Organizational culture and leadership.* San Francisco: Jossey-Bass.

Schienstock, G. (1994). Globale Konzerne, Netzwerkstrukturen, Organisationsstrategien und Arbeitsbeziehungen. *Arbeit, 3,* 254–269.

Scholl, W. (1986). Codetermination and the quality of working life. In R. N. Stern & S. McCarthy (Eds.), *The organizational practice of democracy* (pp. 153–174). New York: Wiley.

Scholl, W. (1992a). Informationspathologien. In E. Frese (Hrsg.), *Handwörterbuch der Organisation* (3. Aufl., S. 900–912). Stuttgart: Poeschel.

Scholl, W. (1992b). Politische Prozesse in Organisationen. In E. Frese (Hrsg.), *Handwörterbuch der Organisation* (3. Aufl., S. 1993–2004). Stuttgart: Poeschel.

Scholl, W. (1999). Restrictive control and information pathologies in organizations. *Journal of Social Issues, 55,* 101–118.

Scholl, W. (2002). *Innovation und Information. Wie in Unternehmen neues Wissen produziert wird.* Göttingen: Hogrefe.

Scholl, W., Pelz, J. & Rade, J. (1996). *Computervermittelte Kommunikation in der Wissenschaft.* Münster: Waxmann.

Senge, P. M. (1996). *Die fünfte Disziplin. Kunst und Praxis der lernenden Organisation.* Stuttgart: Klett-Cotta.

Simon, H. A. (1964). On the concept of organizational goal. *Administrative Science Quarterly, 9,* 1–22.

Shah, P. P. (1998). Who are employees'» social referents? Using a network perspective to determine referent others. *Academy of Management Journal, 41,* 249–268.

Shapira, Z. (Ed.). (1997). *Organizational decision making.* New York: Cambridge University Press.

Stokman, F. N., Ziegler, R. & Scott, J. (Eds.). (1985). *Networks of corporate power: A comparative analysis of ten countries.* Cambridge: Cambridge University Press.

Sydow, J. (1999). Management von Netzwerkorganisationen. Zum Stand der Forschung. In J. Sydow (Hrsg.), *Management von Netzwerkorganisationen* (S. 279–314). Wiesbaden: Gabler.

Tannenbaum, A. S. (Ed.). (1968). *Control in organizations.* New York: McGraw-Hill.

Taylor, E. W. (1911). *The principles of scientific management.* New York: Harper.

Thomas, K. W. (1976). Conflict and conflict management. In M. D. Dunnette (Ed.), *Handbook of industrial and organizational psychology* (pp. 889–935). Chicago: Rand McNally.

Trist, E. J. & Murray, H. (Eds.). (1993). *The social engagement of social science: A Tavistock anthology. Vol. II: The sociotechnical perspective.* Philadelphia: University of Pennsylvania Press.

Tsang, E. W. K. (2000). Transaction cost and resource-based explanations of joint ventures: A comparison and synthesis. *Organization Studies, 21,* 215–242.

Türk, K. (1995). *«Die Organisation der Welt». Herrschaft durch Organisation in der modernen Gesellschaft.* Opladen: Westdeutscher Verlag.

Vanberg, W. (1982). *Markt und Organisation.* Tübingen: Mohr.

Weber, M. (1972). *Wirtschaft und Gesellschaft* (5. Aufl.). Tübingen: Mohr. (Erstausgabe 1921).

Welge, M. & Al-Laham, A. (1997). Stand der strategischen Planungspraxis in der deutschen Industrie – Bericht über eine empirische Untersuchung. *Zeitschrift für betriebswirtschaftliche Forschung, 49,* 790–806.

Weick, K. E. (1995). *Sensemaking in organizations.* Thousand Oaks: Sage.

Wilensky, H. L. (1967). *Organizational intelligence: Knowledge and policy in government and industry.* New York: Basic Books.

Williamson, O. E. (1996). *The mechanism of governance.* New York: Oxford University Press.

Wilpert, B. (1987). Zu einer Psychologie der Partizipation. In M. Amelang (Hrsg.), *Bericht über den 35. Kongreß der Deutschen Gesellschaft für Psychologie in Heidelberg 1986* (Bd. 2, S. 595–607). Göttingen: Hogrefe.

Zwicky, H. (1985). Konsequenzen sozialer Schichtung. *Kölner Zeitschrift für Soziologie und Sozialpsychologie, 37,* 60–74.

17

André Büssing

Organisationsdiagnose

Inhalt

1. **Einleitung** ... 557
2. **Modelle und Definitionen** ... 558
3. **Ziele und Aufgaben** ... 562
4. **Schwerpunkte** ... 565
4.1 Strukturdiagnostik ... 566
4.2 Prozessdiagnostik ... 567
4.3 Integrative Diagnostik ... 569
5. **Strategien und Methoden** ... 571
5.1 Dimensionen organisationsdiagnostischer Strategie ... 571
5.1.1 Statusdiagnostik versus Prozessdiagnostik ... 572
5.1.2 Offene versus geschlossene Organisationsdiagnostik ... 574
5.1.3 Bedingungsbezogene versus personenbezogene Organisationsdiagnostik ... 575
5.1.4 Subjektive versus objektive Organisationsdiagnostik ... 576
5.1.5 Normorientierte versus kriteriumsorientierte Organisationsdiagnostik ... 578
5.1.6 Organisationsdiagnostik als Messung versus Organisationsdiagnostik als Information für und über Gestaltungsmaßnahmen ... 579
5.1.7 Testen versus Inventarisieren ... 579
5.1.8 Globale Organisationsdiagnostik versus Detaildiagnostik ... 580
5.1.9 Modellorientierte Organisationsdiagnostik versus fallorientierte Diagnostik ... 580
5.2 Instrumente und Gütekriterien ... 580
5.3 Datenauswertung ... 583
5.4 Durchführung ... 584
6. **Organisationsdiagnose an Beispielen** ... 589
6.1 Diagnose von Klima und Kultur ... 589
6.2 Diagnose von Qualität ... 591
7. **Schlussbemerkungen** ... 595
8. **Literatur** ... 596

1. Einleitung[1]

Im privaten ebenso wie im öffentlichen Sektor werden erhebliche Ressourcen investiert, um Veränderungen in Unternehmen bzw. in Organisationen zu planen und zu managen. Dabei spielt oftmals Zeit eine zentrale Rolle, die Veränderungen dulden angeblich keinen Aufschub, sie erfordern Schnelligkeit. Der Veränderungsdruck hat viele, miteinander verwandte Ursachen, er ist Folge turbulenter, kompetitiver und zunehmend globaler werdender Umwelten, das Resultat von Analysen und Entscheidungen auf den Finanzmärkten und den Reaktionen der Aktionäre, das Ergebnis gesetzgeberischer und tarifrechtlicher Entscheidungen oder die Reaktion auf internen Druck etwa auf Grund von Erwartungen, Fehlern, Ineffizienzen etc.

Die organisationalen Veränderungsprozesse («organizational change») beschäftigen interne wie insbesondere externe Berater, die aus der Praxis oder aus wissenschaftlichen Instituten kommen. Unglücklicherweise sind viele Planungen und Anstrengungen in Veränderungsprozes-

1 Ich danke meinem Mitarbeiter Dr. Jürgen Glaser ganz herzlich für die Mithilfe bei der Aktualisierung und Erweiterung des Beitrags.

sen – und dies schließt die Arbeit von Beratern ein – nicht so erfolgreich, wie es nicht zuletzt in Anbetracht der meist beträchtlichen Ressourcen, die erforderlich sind, zu erwarten wäre (z. B. Kieser, 1998).

Ein Grund für Probleme, Fehler und das Versagen von Veränderungsprozessen und der beratenden Akteure dürfte darin liegen, dass Manager ebenso wie Berater bei der Diagnose der Anforderungen der Organisation und der Bedürfnisse ihrer Mitglieder wie auch bei der Prüfung der angemessenen Mittel und Wege zur Veränderung keine gute Arbeit leisten. Vielmehr tendieren sie dazu, aktuelle und modische Modelle und Techniken zur Intervention zu übernehmen, ohne ausreichend zu prüfen, ob diese – als erfolgreich und bewährt gehandelten Modelle und Techniken – den anstehenden Fragen und Problemen tatsächlich gerecht werden. Da der Erfolg in der Regel viele Väter hat und sich für Misserfolg oftmals schwer jemand Verantwortliches finden lässt, wissen wir nur wenig über den tatsächlichen Umfang misslungener Veränderungsprozesse.

Um Manager, Berater und Organisationsmitglieder bei der erfolgreichen Planung und Umsetzung von Veränderungsprozessen zu unterstützen, ist die Organisationsdiagnose ein wichtiges Mittel. Die vorangehende Diagnose und Bewertung von organisationalen Problemen ist den Akteuren bei der Wahl der geeigneten Maßnahmen behilflich und bietet darüber hinaus die Möglichkeit, ein periodisches Feedback zu bekommen, an dem Erfolg ebenso wie die Notwendigkeit der Zielrevision geprüft werden können. Wer allerdings vor diesem Hintergrund an die Organisationsdiagnose die Erwartung heran trägt, dass sie im Sinne eines Baukastenprinzips eine simple Auswahl von Modellen und Techniken bereit hält, wird leider enttäuscht. Vielmehr, so wird im Weiteren deutlich werden, stellen Organisationsdiagnostik und Organisationsdiagnose einen Rahmen, in dem unterschiedliche Modelle, Techniken und Instrumente ihre Berechtigung und Funktion finden, und es bleibt eine der wesentlichen Aufgaben zu erkennen, welches dieser Modelle oder welche Kombination von Modellen, welche Techniken und Instrumente zu welchen Fragestellungen und Problemen passen. Um dem Anwender Entscheidungen für bestimmte Modelle, Konzepte und Methoden zu ermöglichen, beschäftigt sich dieser Beitrag daher sowohl mit Organisationsdiagnostik (O-Diagnostik), also mit Methodologie und Methoden, als auch und insbesondere mit Organisationsdiagnose (O-Diagnose) als dem Beschreiben, Feststellen, Erkennen, Analysieren, Beurteilen etc. von organisationalen Sachverhalten.

2. Modelle und Definitionen

Die Definition von O-Diagnose ist sowohl mit dem Verständnis von Organisation als auch mit dem Verständnis von Organisationspsychologie verbunden. Ist die Funktion der Organisationspsychologie mit der Beschreibung, Erklärung, Prognose und Veränderung menschlichen Erlebens und Verhaltens in Organisationen umrissen, so bleibt ihr Gegenstand, die Organisation mit ihren möglichen Ebenen – Individuum und Arbeitstätigkeit, Gruppe, Abteilung etc. und Gesamtorganisation –, abhängig von dem Konzept bzw. der Sichtweise von Organisation. Mit der Definition, den Zielen wie auch den Aufgaben von O-Diagnose wird demnach Bezug auf Theorien und Konzepte der Organisation genommen. O-Diagnose wird also immer in Abhängigkeit von einem Standpunkt in der Organisationspsychologie betrieben, d. h. bestenfalls von einer Theorie, einem Modell oder Konzept (vgl. Scholl, Kap. 16). Theorien, Modelle und Konzepte von Organisationen gehen – trotz ihrer zum Teil weit reichenden Verschiedenartigkeit – davon aus, dass Ordnungen und Regeln in Organisationen existieren bzw. die Organisation irgendwie bestimmen und dass diese Ordnungen und Regeln das Erleben und Verhalten der Mitglieder von Organisationen beeinflussen. Die O-Diagnose dient dazu, die psychologischen Aspekte des Erlebens und Verhaltens von Mitgliedern in Organisationen zu diagnostizieren, um Regelhaftigkeit im Erleben, im Verhalten und in den Interaktionen zu beschreiben, zu erklären und zu prognostizieren.

Im Folgenden werden verschiedene Definitionen vorgestellt, die – im Einklang mit diesem grundsätzlichen Verständnis von O-Diagnose – unterschiedliche Akzente setzen. Dabei fällt auf, dass es sich bei der Mehrzahl um ältere Definitionen handelt, die aus den 1980er Jahren stammen. In der Tat finden sich in der aktuellen Literatur nur wenige Arbeiten, die sich explizit mit O-Diagnose beschäftigen, wie eigene Recherchen oder etwa die Bände von Howard and Associates (1994) und Harrison und Shirom (1999) belegen.

Kühlmann und Franke (1989) verstehen O-Diagnose als die «systematisch und wissenschaftlich fundierte Erfassung, Analyse und Darstellung des in einer Organisation oder einem abgegrenzten Organisationsteil regelhaft auftretenden Verhaltens und Erlebens ihrer Mitglieder einschließlich ihrer Wirkungszusammenhänge» (Kühlmann & Franke, 1989, S. 632). Mit dieser Definition soll verdeutlicht werden: es handelt sich um einen mehrstufigen Prozess (Erfassung, Analyse und Darstellung), die Auswahl der zu untersuchenden Merkmale orientiert «sich an theoretischen Überlegungen zu den für die Fragestellungen wichtigen Organisationsmerkmalen und ihren Wirkungszusammenhängen» («systematisch»), die Diagnoseinstrumente haben den Gütekriterien der empirischen Sozialforschung zu genügen («wissenschaftliche Fundierung»), das «Erleben und Verhalten der Organisationsmitglieder (soll) unter Vernachlässigung persönlichkeitsbedingter Differenzen betrachtet werden» («regelhaft auftretend»), und schließlich soll nicht nur eine Registrierung des Erlebens und Verhaltens stattfinden, sondern es soll angestrebt werden, «Wirkungszusammenhänge» mit zu berücksichtigen. Mit dieser Definition wird eine breite Orientierung für das Feld der psychologischen O-Diagnose vermittelt.

Weiter als die Definition von Kühlmann und Franke (1989) reicht die Definition von Brandstätter (1978, 1985). Organisationsdiagnose sieht er als «die wissenschaftlich-systematische Darstellung der Verfahrensgrundsätze und Verfahrensweisen psychologischer Beschreibung und psychologischer Bedingungsanalyse der sozialen Eigenart und der spezifischen sozialen Probleme einer Organisation, sowie der Prognose und Bewertung individueller und sozialer Wirkungen organisatorischer Eingriffe» (Brandstätter, 1978, S. 44). Somit versteht Brandstätter die Prognose und Bewertung von Organisationsentwicklungsmaßnahmen als einen notwendigen Bestandteil der O-Diagnose.

Eine andere Perspektive von O-Diagnose nehmen die betriebswirtschaftlich, Management-, organisationssoziologisch und verwaltungswissenschaftlich orientierten Richtungen der Organisationsforschung ein, die nicht den Begriff O-Diagnose, sondern häufig den Begriff der Organisationsanalyse (O-Analyse) verwenden. So fasst beispielsweise der Organisationssoziologe und Verwaltungswissenschaftler Klages (1980, S. 1459) unter O-Analyse «die systematische Untersuchung des gegebenen Gesamtzustandes einzelner Organisationen mit dem Ziel der Aufdeckung vorhandener Organisationsprobleme und die Vorbereitung von Organisationsänderungen zum Zwecke der Verringerung oder Beseitigung dieser Probleme». Mit dieser Definition steht nicht das Erleben und Verhalten der Organisationsmitglieder im Vordergrund, auch wenn es zur Untersuchung des Gesamtzustandes mit herangezogen wird, sondern es stehen bedingungsbezogene Aspekte wie Ordnungen und Regeln der Organisation im Mittelpunkt des Interesses. Diese Betrachtung von O-Analyse hat nach Klages (1980) vor allem funktionale Ziele. Sie richten sich erstens auf eine Ist-Analyse, d. h. auf eine Transparenz von Effizienz- und Effektivitätsmängeln, also Mängeln im Verhältnis von Aufwand und Ertrag einerseits und deren Folgen für die Organisation andererseits; zweitens auf eine Problemdiagnose, d. h. auf eine Zurückführung sichtbar gemachter Probleme oder Schwachstellen auf Ursachen; drittens auf eine vergleichende Bewertung verfügbarer Strategien und Maßnahmen zur Entscheidung über Organisationsgestaltungsmaßnahmen (Soll-Analyse) sowie viertens auf eine Erfolgskontrolle durchgeführter Reorganisationsmaßnahmen (Soll-Ist-Wert-Vergleich).

Einen großen Einfluss auf die Entwicklung einer umfassenden und vor allem methodisch fundierten O-Analyse hatte das Programm der Aston-Gruppe (zum Überblick z. B. Kieser & Kubicek, 1992). An diesem Programm waren Soziologen und Psychologen ebenso wie Betriebswirtschaftler und Verwaltungswissenschaftler beteiligt. Die Aston-Gruppe vertrat O-Analyse unter drei wesentlichen Gesichtspunkten: erstens bemühte sie sich um eine Messung der Organisationsstruktur, die an den in der Psychologie üblichen methodischen Standards orientiert ist, und führte die dort gängigen statistischen Verfahren zur Entwicklung und Überprüfung von O-Analyseverfahren ein. Zweitens wurde die Konzentration der O-Analyse auf einen Einflussfaktor (z. B. Größe der Organisation) durch die gleichzeitige Erfassung mehrerer Situationsvariablen (z. B. Größe, Technologie, Umwelt) abgelöst. Drittens wurde versucht, die in der Organisationsforschung vorherrschende getrennte Untersuchung von Zusammenhängen zwischen Situation und Organisationsstruktur einerseits sowie zwischen Struktur, Erleben und Verhalten der Organisationsmitglieder andererseits zu überwinden und alle drei Ebenen (Situation, Struktur der Organisation, Erleben/Verhalten der Organisationsmitglieder) in einem O-Analysemodell zu verbinden (z. B. Pugh & Hickson, 1976). Das O-Analysemodell der Aston-Gruppe geht dabei von der Annahme aus, dass – in der Reihenfolge der obigen Nennung der drei Ebenen – die Variablen jeder Ebene die Variablen der nächsten Ebene erklären. Es unterstellt also eine stufenweise Beeinflussung dergestalt: Die in einer Organisation eingesetzte Technologie beeinflusst den Grad der Arbeitsteilung, diese wiederum den Handlungsspielraum am Arbeitsplatz, welcher seinerseits einen Einfluss zum Beispiel auf die Höhe der Arbeitszufriedenheit oder den erlebten psychischen Stress hat. Diese Vorstellung einer stufenweisen Erklärung im Aston-Modell wurde vielfach kritisiert (z. B. Büssing, 1990; Kieser & Kubicek, 1992).

Einen eher pragmatischen Ansatz der O-Diagnose vertreten Harrison und Shirom (1999). Sie gebrauchen den Begriff «*diagnosis* to refer to investigations that draw on concepts, models, and methods from the behavioral sciences in order to examine an organization's current state and help clients find ways to solve problems or enhance organizational effectiveness» (Harrison & Shirom, 1999, S. 7; Herv. im Original). Organisationsdiagnose wird hier allgemein als eine Untersuchung bezeichnet, die mit verhaltenswissenschaftlichen Modellen und Methoden die Lage von Organisationen zum Zwecke der Problemlösung und Verbesserung der Effektivität prüft.

Will man, wie es in diesem Beitrag im Weiteren der Fall ist, zwischen O-Diagnose als einem vornehmlich psychologischen Ansatz und O-Analyse als Ansatz aus Betriebswirtschaft, Managementlehre, Organisationssoziologie und Verwaltungswissenschaft unterscheiden, so nehmen Harrison und Shirom (1999) in gewisser Hinsicht eine Art Zwischenposition ein, in dem sie sich allen Ebenen der Betrachtung von Organisation widmen, also auch der Ebene der Person und des Arbeitsplatzes, jedoch mit Blick auf die Anwendung und Umsetzung von O-Diagnose eine managementorientierte Position einnehmen und vor allem auf die Belange von Management und Beratern eingehen.

Der vergleichsweise allgemeine Rahmen zur O-Analyse in der Betriebswirtschafts- und Managementlehre, der Organisationssoziologie sowie Verwaltungswissenschaft – wie er zuvor mit den verschiedenen Beispielen skizziert wurde – stellt jedoch keine deutliche Abgrenzung zur psychologisch ausgerichteten O-Diagnose dar. Während diese wesentlich die psychologischen Aspekte des Erlebens und Verhaltens der Organisationsmitglieder diagnostiziert, um Regelhaftigkeiten im Erleben, im Verhalten und in den Interaktionen zu beschreiben, beschäftigt sich die O-Analyse mit der Diagnose von Ordnungen und Regeln, um organisationale Probleme (zumeist Effizienz- und Effektivitätsmängel) aufzudecken. Die Grenze zwischen beiden Perspektiven ist fließend, da einerseits die O-Diagnose strukturelle Dimensionen der Organisation (z. B. Grad der Arbeitsteilung, Zentralisation, Koordination) von der Diagnose keineswegs ausschließt und ihre Wirkungszusammenhänge mit dem Erleben und Verhalten prüft, andererseits die O-Analyse Erleben und Verhalten ebenfalls zum Gegenstand der Analyse und Problemdiagnose macht (z. B. Konflikte, Arbeitsunzufriedenheit). Obgleich die O-Analyse in der Betriebswirtschaft, Managementlehre, Organisationssoziologie und Verwaltungswissenschaft eine bedingungsbezogene, nicht primär am Erleben und Verhalten der Organisationsmitglieder orientierte Perspektive der Ana-

Tabelle 1: Modulares Organisationsdiagnoseinstrumentarium nach Van de Ven und Ferry (1980)

1. «Macroorganizational module» zur Messung strukturaler Merkmale der Gesamtorganisation und ihrer Geschichte.
2. «Interunit relations module» zur Untersuchung der Abhängigkeiten, der Koordination und Kontrolle zwischen organisationalen Einheiten und organisationalen Positionen.
3. «Organizational unit module» zur Erfassung verschiedener Merkmale von Aufgabe, Struktur und Prozessen auf Abteilungs- und Arbeitsgruppenebene.
4. «Job design module» zur Messung der Merkmale einzelner Arbeitsplätze, der Merkmale und Berufsbiographien einzelner Arbeitender, der technischen und strukturalen Arbeitsanforderungen sowie der Einstellungen zur Arbeit und zum Wohlbefinden des Arbeitenden.
5. «Performance module» zur Messung von Effizienz und Effektivität auf den verschiedenen Ebenen.

lyse einnimmt, stellt die Mitarbeiterbefragung, stellen die subjektiven Äußerungen von Organisationsmitgliedern und deren Aggregierung auf unterschiedlichen Niveaus (Abteilungs-, Bereichs-, Gesamtorganisationsebene) eine der auch dort häufig angewandten Vorgehensweisen dar (z.B. Borg, 2000). Diesbezüglich sind also die Grenzen zwischen O-Diagnose und O-Analyse ebenfalls fließend.

Vertreten die bislang genannten Definitionen und Ansätze je spezifische, durch die jeweilige Disziplin geprägte Perspektiven, so stellen Van de Ven und Ferry (1980) einen umfassenderen Ansatz der O-Diagnose vor. Ihr Rahmenmodell spiegelt nicht nur das hohe Maß an notwendiger Integration verschiedener Ebenen und Sichtweisen wider, sondern auch die damit verbundene Durchlässigkeit zwischen den beteiligten Disziplinen, vor allem der Psychologie, der Soziologie und der Managementlehre, wie sie für die nordamerikanische Organisationsforschung charakteristisch ist. Dementsprechend fordern sie eine integrative und umfassende Betrachtung sowie Analyse komplexer Organisationen. Ein Rahmenkonzept der O-Diagnose muss nach ihrer Auffassung drei Kriterien erfüllen (Van de Ven & Ferry, 1980, S. 7–8):

1. es soll die wesentlichen Merkmale von Kontext bzw. Situation, Gestaltung und Performanz auf den Ebenen der Gesamtorganisation, der Bereichs- bzw. Abteilungsebene sowie der Arbeitsplatzebene identifizieren lassen;
2. es soll die besonderen Gestaltungsmerkmale von Bereichen bzw. Abteilungen sowie Arbeitsplätzen in Bezug auf ihre horizontale und vertikale Differenzierung innerhalb der komplexen Gesamtorganisation ermitteln lassen;
3. es soll feststellen lassen, wie diese verschiedenen Bereiche bzw. Abteilungen und Arbeitsplätze miteinander verknüpft sind und welchen funktionalen Anteil sie an der globalen Performanz des organisationalen Systems haben.

Diesem Integrationsanspruch versuchen Van de Ven und Ferry (1980) mit der Entwicklung eines O-Diagnoseinstruments gerecht zu werden, das fünf Module umfasst.

Zu den einzelnen Modulen in **Tabelle 1** wurden Fragebogen für unterschiedliche Zielgruppen und Sichtweisen in Organisationen entwickelt. So unterscheiden Van de Ven und Ferry (1980) den Vorgesetztenfragebogen auf der Abteilungsebene von dem Mitarbeiterfragebogen auf der Abteilungsebene, das Erhebungsinstrument für die fokale Abteilung und das Erhebungsinstrument für andere Abteilungen. Unter fokaler Abteilung verstehen Van de Ven und Ferry (1980) diejenige Abteilung, aus deren Sicht die Beziehung zu den jeweils anderen Abteilungen untersucht wird. Neben diesen Fragebogen werden zahlreiche weitere Datenquellen erschlossen, wie Berichte, Aufzeichnungen, Dokumente, Bilanzen, Organigramme, technische Berichte, Interviews mit Schlüsselpersonen. Die Inhalte der Fragen für den Vorgesetzten- und den Mitarbeiterfragebogen auf der Abteilungsebene sind weitgehend identisch; sie unterscheiden sich im Wesentlichen in der befragten Zielgruppe (Mitarbeiter bzw. Vorgesetzter) und damit in der Perspektive der Beschreibung der organisationalen Wirklichkeit. Mitarbeiter- und Vorgesetztenfragebogen beschränken sich auf Beschreibungen zum «Organizational unit»-, «Job design»- und «Job performance»-Modul. Eine ähnliche Komplementarität der Sichtweisen streben Van de Ven und Ferry (1980) mit dem Erhebungsinstrument für die fokale Abteilung und dem Erhebungsinstrument für andere Abteilungen an. Während das Erhebungsinstrument für die fokale Abteilung die Beziehungen dieser zu anderen Abteilungen erfassen lässt – also eine Perspektive von innen nach außen widerspiegelt – ergänzt das Erhebungsinstrument für andere Abteilungen diese Perspektive durch eine Betrachtung von außen nach innen, d. h. aus der Sicht der anderen Abteilungen werden Informationen über die fokale Abteilung erfragt. Somit wird eine balancierte, zweiseitige Perspektive jeder Beziehung zwischen Abteilungen in Organisationen in Bezug auf die verschiedenen Module möglich, wobei das Erhebungsinstrument für die fokale Abteilung und das Erhebungsinstrument für andere Abteilungen auf Fragen für die «Macroorganizational»- und «Interunit relations»-Module beschränkt sind.

Mit der Anwendung fünf unterschiedlicher Module anhand vier verschiedener Zielgruppen bzw. Sichtweisen von Organisationen erzielen Van de Ven und Ferry (1980) ein hohes Maß an Integration in der O-Diagnose. Ihr interessanter und in verschiedener Hinsicht richtungsweisender Ansatz greift dabei betriebswirtschaftliche, soziologische und psychologische Positionen auf und versucht die Vereinzelung und Einseitigkeit der Positionen und Verfahren zu überwinden (vgl. weiter unten Integrative Diagnoseansätze).

3. Ziele und Aufgaben

Die Aufgaben in der O-Diagnose umfassen ein breites Spektrum. Lawler, Nadler und Cammann (1980) stellen einen Rahmen für dieses Spektrum vor. Sie unterscheiden dabei drei Gruppen

Informationsbox 1

Beispielitems zum modularen Organisationsdiagnoseinstrumentarium nach Van de Ven und Ferry (1980; Übers. vom Verf.)

1. **«Macroorganizational module»:**
Zu diesem Modul existieren Leitfäden zur Erfassung z. B. der Größe einer Organisation, der Anzahl ihrer Hierarchieebenen sowie ihrer Abteilungen und Bereiche, zum Vorgesetzten/Untergebenen-Quotient etc. (aus: Erhebungsinstrument für die fokale Abteilung).
2. **«Interunit relations module»:**
«Wie viel Einflussmöglichkeiten hat diese andere Abteilung auf die internen Vorgänge in Ihrer Abteilung?» (aus Erhebungsinstrument für die fokale Abteilung).
3. **«Organizational unit module»:**
«Wie häufig wurden in den vergangenen drei Monaten die Arbeitstätigkeiten Ihrer unmittelbar Untergebenen untereinander rotiert?» (aus Vorgesetztenfragebogen).
4. **«Job design module»:**
«Wie viele schriftliche Anweisungen und Verfahrensweisen existieren für Ihre Hauptarbeitsaufgabe?»; «Mein Vorgesetzter lässt mich oft wissen, wie gut ich meine Arbeit gemacht habe» (beide aus Vorgesetztenfragebogen).
5. **«Performance module»:**
«Wie oft erhalten Sie in Bezug auf festgelegte Kriterien schriftliche Berichte und Zahlen über die Leistung Ihrer Abteilung?» (aus Vorgesetztenfragebogen).

von Interessenten an O-Diagnosedaten und -ergebnissen:

1. Organisationsmitglieder (Mitarbeiter und Management);
2. Externe, an der Organisation interessierte Parteien (z. B. Regierung, Kapitaleigner, Träger);
3. Wissenschaftler

und unterteilen entsprechend in drei Arten von Anwendungen von O-Diagnosedaten und -ergebnissen. Die Aufgaben und Anwendungen, die die O-Diagnose für Organisationsmitglieder und unter diesen vor allem für die Entscheidungsträger (Management) in Organisationen erfüllen kann, sollen folgende sein:

- O-Diagnosedaten sollen bei Arbeitsplatzentscheidungen unterstützen, und das in zweierlei Hinsicht, zum einen als Entscheidungsgrundlage für interne Umsetzungen, zum anderen als Grundlage zum Arbeitsplatzwechsel.
- O-Diagnosedaten und -ergebnisse sollen das Management des Personalwesens verbessern helfen; denn die Kontrolle des Organisationserfolgs kann sich nicht in einer Messung von Effizienz und Effektivität in ökonomischer Hinsicht erschöpfen. Vielmehr ist gerade aus organisationspsychologischer Sicht eine Verbreiterung der Erfolgsbetrachtung notwendig, die die Qualität der Arbeit nach Kriterien humaner Gestaltung von Arbeit in Bezug auf das Erleben und Verhalten von Organisationsmitgliedern mit einschließt.
- O-Diagnosen sollen organisationale Veränderungen vorbereiten und begleiten, d. h. sie sollen über den Rahmen einer Unterstützung effektiver Managemententscheidungen im Personalbereich hinaus systematische und kontinuierliche Schwachstellenanalysen betreiben lassen, die in längerfristige Änderungen etwa von organisationalen Strukturen und Technologien einfließen können. Denn langfristige Verlaufsdiagnosen ermöglichen, auch in einem höheren Ausmaß Verursachungszusammenhänge aufzudecken – zum Beispiel bezüglich schlechter Arbeitsqualität, Absentismus, Arbeitsplatzbedingungen – und zeitliche Verschiebungen in der Wirkung von organisationalen Schwachstellen zu prognostizieren, zum Beispiel ab welchem Zeitraum sich geringe Arbeitszufriedenheit oder ein schlechtes Organisationsklima auf Effizienz und Effektivität auswirken.
- O-Diagnosen sollen der Programmevaluation dienen. Solche Programme können organisationsstruktureller Art, zum Beispiel Dezentralisation durch den Aufbau von Teamstrukturen in Betrieben, organisationspsychologischer Art, zum Beispiel Qualitätszirkel (vgl. Bungard & Antoni, Kap. 14), aber auch betrieblich-klinischer Art sein – zum Beispiel Sucht- oder Rehabilitationsprogramme, wobei die Evaluation als begleitendes Rückmeldesystem zur Kontrolle und zur Verbesserung des Programms wie auch als reine Erfolgskontrolle fungieren kann.
- O-Diagnosen sollen der Unterstützung von Entscheidungen über die Verteilung von organisationalen Ressourcen (z. B. Personal, Technik, Zeit) dienen. Im Zusammenhang mit den erstgenannten Aufgaben und Anwendungen, insbesondere der Programmevaluation, kann O-Diagnose auf der Grundlage eines längerfristigen Einsatzes die Möglichkeiten und Risiken von Investitionen und Maßnahmen abschätzen helfen.

Mit den Entscheidungsträgern außerhalb der Organisation ist eine zweite Gruppe von Personen angesprochen, für die die O-Diagnose wichtige Daten liefern kann. Die Aufgaben, die die O-Diagnose für diese nur unscharf abzugrenzende Personengruppe erfüllen könnte, bleibt allerdings gegenüber den genannten innerorganisationalen Aufgaben und Anwendungen eher allgemein. Auch ist die Nutzung der O-Diagnose für diesen Aufgabenbereich bislang vergleichsweise selten. Die beiden folgenden Funktionen stehen im Mittelpunkt der O-Diagnose für externe Entscheidungsträger:

- O-Diagnosedaten als Grundlage von Investitionsentscheidungen. Bislang gibt es keine Verpflichtungen in Unternehmungen oder Nicht-Profit-Organisationen, den externen Investoren oder den die Investitionen kontrollierenden Instanzen, seien es nun Aktionäre, Regierungen, öffentlich-rechtliche Beiräte oder Aufsichtsbehörden, Informationen über den arbeits- und organisationspsychologischen Zustand ihrer Organisation zur Entscheidungsfindung vorzulegen. Organisationsdiagnostische Befunde – etwa Informationen über Qualifikations- und Wissenspotenziale, Mobilität, Indikatoren zur «Qualität der Arbeit» (z. B. Zufriedenheit, Bindung, Vertrauen) – könnten jedoch in einem beachtlichen Maß ausschlaggebend für Entscheidungen über Veränderungen zum Beispiel im technologischen Bereich, in Bezug auf Fusionen, Joint Ventures, gemeinsamen Geschäftsbetrieb, in Bezug auf Kooperationen etc. sein.

- O-Diagnosen könnten Grundlage eines Berichtswesens über den Zustand von Arbeitsbedingungen, Gesundheit am Arbeitsplatz, Unfallgefahr, Qualität der Arbeit, Einstellung zur Arbeit etc., also allgemein eine Grundlage für die Beurteilung von Kriterien humaner Arbeit sein, wie sie in der Arbeitspsychologie aufgestellt wurden (insbesondere Ausführbarkeit, Schädigungslosigkeit, Beeinträchtigungsfreiheit, Persönlichkeitsförderlichkeit; vgl. Hacker, 1998; Ulich, 2001). Solche organisationsdiagnostischen Daten könnten, vergleichbar zu Unfall-, Krankheitsdaten oder Entlassungszahlen, in politische Entscheidungen über Gesetzesbestimmungen, Verordnungen oder Forschungsprogramme eingehen (z. B. das neue Programm «Innovative Arbeitsgestaltung» des Bundesministeriums für Bildung und Forschung), aber auch eine Informationsgrundlage für die Regulierung und die Kontrollaufgaben der öffentlichen Organe und Selbstverwaltungseinrichtungen (z. B. Kammern, Berufsgenossenschaften) darstellen. Die Bedeutung dieser Funktion der O-Diagnose wird in Anbetracht einer fortschreitenden europäischen Integration nicht nur der ökonomischen und der monetaristischen, sondern auch politischer sowie rechtlicher, insbesondere steuer-, arbeits- und sozialrechtlicher Ordnungen und Bestimmungen zunehmen. Organisationsdiagnostische Erkenntnisse aus sozial- und verwaltungswissenschaftlicher, psychologischer wie auch aus betriebswirtschaftlicher Sicht sind Grundlage von steuer-, arbeits- und sozialrechtlichen Bestimmungen, deren Integration und Anpassung im Rahmen der EU derzeit große Probleme für Politiker, Arbeitgeber wie auch für die Gewerkschaften bereiten.

Die beiden genannten Funktionen der O-Diagnose für externe Interessenten stellen besondere Anforderungen an die Qualität der Daten, die für interne Entscheidungsprozesse nicht in dem Maße gegeben sind. Dementsprechend sind vergleichbar zu betriebswirtschaftlichen Prüfungen externe, unabhängige Institutionen zur O-Diagnose heranzuziehen, da eine von den betroffenen Organisationen selbst durchgeführte O-Diagnose auf Grund interessenbezogener, machtpolitischer Konflikte kaum valide Ergebnisse liefern dürfte. Darüber hinaus wäre eine Verständigung über die Verwendung der eingesetzten Instrumente zu erzielen, damit eine Vergleichbarkeit der Ergebnisse gewährleistet ist. Allein diese Anforderungen machen deutlich, dass ein derartiger Aufgabenbereich der O-Diagnose weitgehend Modellcharakter hat.

Als dritten Aufgaben- und Anwendungsbereich von O-Diagnose betrachten Lawler et al. (1980) den Einfluss auf die Organisationsforschung selbst. Organisationsdiagnosen sollen Organisationstheorien entwickeln und überprüfen helfen, was in Anbetracht der vergleichsweise niedrigen theoretischen Entwicklungsstufe organisationspsychologischer Ansätze (vgl. Greif, Kap. 2) zweifellos ein wichtiger Anspruch ist. Es wird in diesem Zusammenhang die methodische Einseitigkeit vieler organisationsdiagnostischer Ansätze vornehmlich in Bezug auf die Messung bemängelt. Die Ergebnisse dieser Forschung sind daher häufig wenig vergleichbar und tragen kaum, oder weniger als möglich, zur organisationstheoretischen Entwicklung bei. Deshalb fordern Lawler et al. (1980) eine Abkehr vom Methodenmonismus zu Gunsten einer verstärkten Hinwendung zu einem Methodenpluralismus, um der Vielfältigkeit organisationaler Wirklichkeit gerecht zu werden.

Diese Zusammenstellung von Aufgaben und Anwendungen von O-Diagnose in Anlehnung an Lawler et al. (1980) umfasst im Wesentlichen bekannte und vor allem in großen Unternehmungen mit ausdifferenziertem Arbeits-, Personal- und Gesundheitswesen auch häufig intern bereits vollzogene Einzelaufgaben und -anwendungen; sie ist jedoch ergänzungsbedürftig. Die Überlegungen zur O-Diagnose und zur O-Analyse im deutschsprachigen Raum (siehe oben), aber auch zu Entwicklungen im Bereich der Arbeits- und Tätigkeitsanalyse (z.B. Dunckel, 1999) bieten hier Anregungen. Die Forderung von Lawler et al. (1980) zielt jedoch nicht nur auf die Vollständigkeit der Aufgabenaspekte, sondern auf eine regelmäßige, kontinuierliche sowie auf eine umfassende, d.h. die verschiedenen Einzelaspekte verbindende O-Diagnose und ein zugehöriges Berichtswesen ab. Denn erst durch eine Kontinuität und Integration kann eine erfolgreiche Umsetzung von organisationsdiagnostischen Ergebnissen erwartet werden.

4. Schwerpunkte

Die im Folgenden dargestellte Einteilung der O-Diagnostik in die Schwerpunkte der Struktur- bzw. Prozessdiagnostik entspricht verbreiteten Standpunkten in der Organisationsforschung (z.B. Burrell & Morgan, 1987; Kieser, 1999; Scott, 1987; Türk, 1989), sie spiegelt zudem ein zentrales methodologisches/methodisches Merkmal psychologischer Diagnostik wider (z.B. Amelang & Zielinski, 1997; Jäger, 1988). Beide Begriffe könnte man zu Recht als Sammelbegriffe bezeichnen, unter denen vieles, auch recht unterschiedliches verstanden wird. Wie im Folgenden exemplarisch gezeigt wird, gelingt die Abgrenzung zwischen Struktur- und Prozessdiagnose nicht uneingeschränkt. Die dritte Einteilungsmöglichkeit in die Kategorie der so genannten integrativen Diagnoseansätze wurde bislang selten thematisiert. Sowohl im Bereich der O-Diagnose als auch im Bereich der Arbeits- und Tätigkeitsanalyse finden sich Bestrebungen, integrative Ansätze zu entwickeln. Integrativ meint hier sowohl die integrative Betrachtung von Organisationsebenen als auch die integrative Verarbeitung unterschiedlicher Perspektiven von Organisationen, vor allem im Sinne von Prozess- und Strukturperspektive.

Die Wahl der Perspektive in der O-Diagnose ist ein profundes Problem, dessen Lösung zugleich maßgeblich das Ergebnis bestimmt. Es geht dabei zum einen um das sprichwörtliche «Nichts ist so praktisch wie eine gute Theorie», was nichts anderes besagt, als dass die Auswahl einer Theorie – oder weniger ambitiös eines Modells – aus der Vielzahl der organisationalen Theorien und Modelle zu einem – möglicherweise alles – entscheidenden, weichenstellenden frühen Schritt in der O-Diagnose gehört. Es geht darüber hinaus um die multiple Sicht auf Organisationen und ihre zu analysierenden und zu beratenden Probleme. Nicht ein einziges Modell, nicht eine ganz bestimmte Theorie kann der Komplexität und den vielen Facetten von organisationaler Realität gerecht werden (z.B. Morgan, 1997). Jedes Bild einer Organisation, jede Perspektive ermöglicht spezifische Einsichten, die durch andere Zugehensweisen so nicht erzielt werden könnten. Gerade diese Erkenntnis ist von großer Relevanz, denn sie kann eine wichtige Barriere darstellen, die verhindert, dass O-Diagnostiker, Manager und Berater meinen, es gäbe so etwas wie einen Baukasten von Techniken, mit dem O-Diagnose nach fest vorgegebenen Prinzipien betrieben werden kann.

Weder für die Wissenschaft und erst recht nicht für den Praktiker ist es einfach, einen Überblick über die möglichen Perspektiven auf Organisationen zu bekommen. Hilfreich ist hier die Klassifikation von Burrell und Morgan (1987). Nach dieser Klassifikation können Organisationstheorien danach gruppiert werden, ob sie sich zum einen an einer objektiven Realität oder an der subjektiven Wahrnehmung und Deutung der Akteure in Organisationen orientieren und ob sie sich zum anderen auf ein Verständnis von Gesellschaft konzentrieren, das auf soziale Ordnung, Stabilität und Integration oder aber auf radikale Veränderung, d.h. Konflikt, Zerfall, Zwang, Emanzipation etc. gerichtet ist. Klammert man die Dimension der radikalen Veränderung aus (hier geht es vor allem um eine Fundamentalkritik an den bestehenden Verhältnissen etwa im Sinne der kritischen Theorie der Frankfurter Schule, die für eine anwendungsorientierte O-Diagnose kaum umsetzbar erscheint), so können mit dieser Klassifikation von Burrell und Morgan (1987) im Großen und Ganzen drei Perspektiven unterschieden werden, die jede für sich eine Reihe unterschiedlicher Theorien und Modelle von Organisationen umfassen (vgl. ausführlicher Scholl, Kap. 16). Die *strukturalistische Perspektive* geht zurück auf die Bürokratietheorie von Weber (1972) und hat viele Modelle der Organisation (vgl. Kieser & Kubicek, 1992) hervorgebracht, die bis heute mit Anwendungen in der Diagnose und Analyse von Organisationsstrukturen (z. B. Delegation, Formalisierung, Zentralisierung) eng verknüpft sind (z. B. Kubicek & Welter, 1985). Die Perspektive von *Organisation als offenes System*. Diese hat verschiedene Traditionen, etwa in der allgemeinen Systemtheorie, im sozio-technischen Systemansatz (z. B. Niepce & Mollemann, 1998; Sydow, 1985) oder in der Sozialpsychologie der Organisation (z. B. Katz & Kahn, 1978). Mit der Perspektive der Organisation als offenes System geht es vor allem um die Diagnose der Verschränkung und Passung zwischen Organisationen und ihren Umwelten (z. B. Markt) und um die Abhängigkeit der sozialen und technischen Teilsysteme einer Organisation. Schließlich die dritte Perspektive von *Organisation als politische Arena*. Mit dieser Perspektive wird auf Verhandlungen, Spiele etc. um Einfluss und Macht Bezug genommen, die die Prozesse in Organisationen bestimmen und organisationale Ordnungen, Kultur, Symbole etc. erzeugen sollen (zum Überblick z. B. Neuberger, 1989; Türk, 1989; Weick, 1985, 1995; Wollnik, 1993).

Ist die Strukturdiagnostik mit der strukturalistischen Perspektive von Organisation verbunden und die Perspektive von Organisation als politische Arena vor allem mit Prozessdiagnostik verknüpft, so lässt sich die Perspektive von Organisation als offenes System weniger eindeutig einem Diagnostikschwerpunkt zuordnen. Bemerkenswert ist jedoch, dass integrative O-Diagnoseansätze wie der von Van de Ven und Ferry (1980) häufiger ihren Ursprung im offenen Systemansatz haben.

4.1 Strukturdiagnostik

Die Diagnose von Strukturen nimmt in der Organisationsforschung bis heute eine dominierende Stellung ein. Die Ziele von Organisationen und ihre Umsetzung in Regeln und Ordnungen zur Ausrichtung der Organisationsmitglieder auf diese Ziele hin bestimmen nach dieser Perspektive die Strukturen wesentlich, sie stehen bei der O-Diagnose daher im Vordergrund. Das Forschungs- und Arbeitsgebiet ist für die Strukturdiagnostik trotz dieses gemeinsamen Nenners weit gespannt. Es reicht von den eher theoretischen und methodologischen Untersuchungen der Bürokratieforschung in Anknüpfung bzw. Anlehnung an Weber (1972) über die zum Teil ebenfalls auf Weber zurückgehende Vorstellung zum Struktur-Funktionalismus zum Beispiel bei Luhmann (1964) bis hin zur heute dominierenden vergleichenden Organisationsforschung. Auf diese Ausrichtungen der Organisationsforschung, die vornehmlich die Organisationssoziologie sowie die Betriebswirtschafts- und Managementlehre beschäftigen, soll hier nur hingewiesen werden – zur Vertiefung sei auf die schon zitierte Literatur und das Kapitel «Grundkonzepte der Organisation» in diesem Band verwiesen.

Während in den Ansätzen zur Bürokratietheorie die empirisch orientierte O-Diagnose keine nennenswerte Rolle spielt, hat sie – im Sinne der Strukturdiagnostik – in der vergleichenden Organisationsforschung ihr eigentliches Anwendungsfeld. Die vergleichende Organisationsforschung (ausführlich Kieser & Kubicek, 1992) hat sich aus einer Verschmelzung inhaltlicher Überlegungen zur Bürokratietheorie mit dem in den Sozialwissenschaften seit den sechziger Jahren vorherrschenden Trend zu quantitativ-statistischen Forschungsmethoden entwickelt. Eine wesentliche Eigenschaft dieser Entwicklung ist der situative Ansatz bzw. der so genannte Kontingenzansatz der vergleichenden Organisationsforschung. Damit wird die Annahme gekennzeichnet, dass Unterschiede zwischen Organisationsstrukturen auf Unterschiede in den Situationen zurückzuführen sind, in denen sich die jeweiligen Organisationen befinden. Als bedeutende «Situationen» werden in dieser Forschung die Umwelt, die Technologie und die Größe der Organisation angesehen. Die situative und vergleichende Organisationsforschung bezieht sich in ihren Strukturdimensionen auf eine Vielzahl mehr oder weniger unterschiedlicher Strukturbeschreibungsansätze. So wählen beispielsweise Kieser und Kubicek (1992) die Strukturmerkmale: Spezialisierung, Koordination, Konfiguration, Delegation und Formalisierung. Das empirische Anliegen der situativen, vergleichenden Organisationsforschung mit Hilfe dieser Strukturmerkmale ist ein Vierfaches:

1. Vergleichende Untersuchungen sollen in der Lage sein, graduelle Unterschiede in den Strukturmerkmalen innerhalb und zwischen Organisationen wiederzugeben (so z. B. Unterschiede im Grad der Spezialisierung zwischen Krankenhäusern unterschiedlicher Träger).
2. Vergleichende Studien sollen dazu beitragen, Gemeinsamkeiten und Unterschiede zwischen eben diesen Merkmalen festzustellen, um beispielsweise über die Prüfung der Zusammenhänge und Abhängigkeiten dieser strukturellen Merkmale untereinander verbesserte Kenntnisse für die organisationale Gestaltung zu erhalten (so z. B. die Prüfung des Zusammenhangs zwischen dem Umfang im Grad der Spezialisierung und dem Ausmaß der notwendigen Zielvorgabe und Planung bei Krankenhäusern unterschiedlicher Träger).
3. Im Vergleich von Organisationen sollen Rückschlüsse auf den Einfluss situativer Größen (z. B. Behandlungstechnologie, Größe) auf Strukturmerkmale (z. B. Grad der Spezialisierung) wie auch auf Merkmale der Effektivität etc. vorgenommen werden können.
4. Die vergleichende Strukturdiagnose soll dazu beitragen, Zusammenhänge aufzuklären zwischen Strukturmerkmalen und unterschiedlichen Output-Variablen (z. B. Effizienz, Bilanz, Wohlbefinden der Beschäftigten, Krankenstand, Absentismus, Kündigung, Arbeitsplatzwechsel).

Strukturdiagnosen haben unter diesen vier Anliegen in der situativen und vergleichenden Organisationsforschung eine kaum überschaubare Fülle von Ergebnissen zu Tage gefördert, die unterschiedlichen Zielsetzungen und Aufgaben dienlich sind. So liegen zum Beispiel zahlreiche Forschungsergebnisse zum Einfluss der Größe von Organisationen auf ihre Funktionstüchtigkeit sowie auf das Erleben und Verhalten ihrer Mitglieder vor. Ein anderes, für die Organisationspsychologie interessantes Beispiel stellt die Diagnose der Zusammenhänge von Zentralisation von Entscheidungen sowie der Vorgabe offizieller Regeln (Formalisierung) auf der einen Seite mit der Entfremdung von sozialen Beziehungen in Organisationen auf der anderen Seite dar, wobei die Entfremdung zum Beispiel über folgende Frage erhoben wurde: «Wie zufrieden sind Sie mit Ihren Kollegen?». Die Ergebnisse ließen einen deutlichen positiven Zusammenhang zwischen Zentralisation und Entfremdung und einen etwas schwächeren positiven Zusammenhang zwischen Formalisierung und Entfremdung von sozialen Beziehungen erkennen (z. B. Kieser & Kubicek, 1992).

4.2 Prozessdiagnostik

Viele Merkmale und Bedingungen in Organisationen unterliegen einer fortwährenden Veränderung. Die O-Diagnostik hat diesen Veränderungen Rechnung zu tragen, indem sie sich an einem diagnostischen Prozess und seinen Randbedingungen orientiert. Dieser wird in der psychologischen Diagnostik verstanden als der «Ablauf von Maßnahmen, mit deren Hilfe und unter Anwendung diagnostischer Methoden eine mit diagnostischer Zielsetzung vorgegebene Fragestellung so beantwortet wird, dass für einen Auftraggeber eine Entscheidungshilfe bzw. Entscheidung herbeigeführt werden kann» (Jäger, 1986, S. 11). Amelang und Zielinski (1997, S. 343) bezeichnen den diagnostischen Prozess ganz ähnlich als «die Abfolge von Maßnahmen zur Gewinnung diagnostisch relevanter Informationen». Der diagnostische Prozess lässt sich nach Jäger (1988) unter drei Sichtweisen analysieren: erstens in seiner kommunikativen Funktion als Austausch von Informationen zwischen O-Diagnostiker einerseits, Diagnostikand andererseits sowie gegebenenfalls dem Auftraggeber. Zweitens im prozesshaften Geschehen, bei dem durch den Ablauf des diagnostischen Prozesses sowohl Veränderungen beim Diagnostikanden als auch beim O-Diagnostiker zu beobachten sind. Drittens in einem technologischen Zugang, in dem festgelegt wird, wie der diagnostische Prozess vonstatten geht oder wie er nach den Regeln der psychologischen Diagnostik ablaufen muss.

Vor diesem Hintergrund sollen drei Gegenstandsbereiche organisationaler Prozessdiagnostik angesprochen werden:

1. Die Diagnose von Veränderungen organisationaler Sachverhalte.
2. Die Diagnose von sozialen Handlungsvollzügen, von sozialer Interaktion und Kommunikation in Organisationen.
3. Die Diagnose von Wechselwirkungen zwischen Strukturmerkmalen, situativen Bedingungen sowie dem Erleben und Verhalten in Organisationen.

Der *erste Gegenstandsbereich* betrifft das herkömmliche Verständnis von Prozessdiagnostik. O-Diagnostik ist in dieser Sichtweise kein einmaliger Vorgang der Datengewinnung, sondern eingebettet in einen mehrstufigen Vorgang, in dem mit Hilfe diagnostischer Methoden Veränderungen festgestellt werden sollen. Dieser mehrstufige Vorgang der Prozessdiagnostik reicht von der Fragestellung über die Hypothesenbildung, Operationalisierung der in Frage stehenden Sachverhalte, Datengewinnung, Datenanalyse bis zur abschließenden Bewertung und Urteilsbildung. Gegebenenfalls kommen, wenn eine O-Diagnose mit einer Intervention in Organisationen verbunden ist, Fragen der Indikation und Entscheidung über Organisationsentwicklungsmaßnahmen sowie Fragen der Erfassung von Veränderungen sowie deren Rückkopplung zum Tragen.

Eine solche Sichtweise von O-Diagnose ist vor allem dann sinnvoll und notwendig, wenn wir es mit zeitabhängigen Merkmalen in Organisationen zu tun haben, was häufig der Fall ist. Solche Merkmale sind zum Beispiel das Erleben (z. B. Arbeitszufriedenheit, Arbeitsplatzsicherheit) und Verhalten (z. B. Arbeitsleistung, Anpassungsbereitschaft) der Mitglieder von Organisationen ebenso wie Merkmale der Effizienz und Effektivität einer Organisation (z. B. Flexibilität, Produktivität, Zielerreichung). Diese Form der Prozessdiagnostik ist in der Regel aufwendig und wirft darüber hinaus eine Reihe von methodologischen und methodischen Fragen auf (vgl. ausführlicher Abschnitt 5.1.1).

Der *zweite Gegenstandsbereich von Prozessdiagnostik* wird weit weniger häufig beachtet. O-Diagnostik aus dieser Sicht ist zumeist daran interessiert, organisationale Phänomene wie Einfluss, Macht, Konflikt, Führung, Rituale, Symbole, Werte, komplexe Entscheidungsprozesse zu diagnostizieren. Während auf der einen Seite für die Diagnose dieser Phänomene die oben genannte erste Variante der Prozessdiagnostik zum Einsatz kommt (also die Phänomene im Zeitverlauf betrachtet und diagnostiziert werden), wird auf der anderen Seite die Diagnose dieser Phänomene als ein Prozess des Interpretierens aufgefasst. Dieser Prozess steht im engen Zusammenhang mit dem zu Grunde liegenden Konzept von Organisation. Die Vertreter dieser Richtung von O-Diagnose favorisieren Konzepte von Organisation, die Morgan (1997) mit «Images of Organisation» oder die Neuberger (1989) mit «Metaphern der Organisationstheorie» beschreibt.

Was verbindet diese Ansätze? Gemeinsam ist ihnen insbesondere ein subjektiver, interpretativer Ansatz. Danach ist die Wirklichkeit von Organisationen sozial konstruiert, sie lässt sich nur unter Berücksichtigung der Sichtweisen der einzelnen Organisationsmitglieder verstehen. Zudem gehen die interpretativen Ansätze davon aus, dass die Menschen nicht ausschließlich durch die Regeln der Organisation bestimmt sind, sondern ihren eigenen Zielen und Motiven folgen, und es schon deshalb notwendig ist, eine O-Diagnose auf die Beschreibung der unmittelbaren Erfahrungen einzelner und deren Verallgemeinerung zu stützen (ausführlich Wollnik, 1993). Kurzum, die ausschließliche Betrachtung von Statistiken, Diagrammen, Bilanzen, von Fragebogendaten etc. zur O-Diagnose würde nach den interpretativen Ansätzen ein verkürztes, wahrscheinlich sogar verzerrtes Bild von Organisationen zeichnen. Bekannte Metaphern sind etwa die Ansätze zur ausgehandelten Ordnung («negotiated order»), zur Mikropolitik oder zur Organisationskultur (vgl. Scholl, Kap. 16).

Für die Belange der O-Diagnose birgt die Vorstellung einer zum Beispiel ausgehandelten oder einer mikropolitisch, durch alltägliche Einflussversuche geformten Ordnung Anforderungen an Methodologie und Methode, die von den herkömmlichen Anforderungen abweichen. So besitzen die gängigen quantitativen Methoden der O-Diagnose für die Ansätze der «negotiated order», der Mikropolitik oder der Organisationskultur weniger Gewicht (z. B. Maines & Charlton, 1985). Die Analyse und Bewertung zum Beispiel von Dokumenten, Berichten, von Befragungsdaten ermöglichen keinen hinreichend gültigen Einblick in die Prozesse, die sich in der alltäglichen Interaktion und Kommunikation um Einfluss und Macht zwischen Menschen in Organisationen vollziehen. Daher bevorzugen die Vertreter dieser Ansätze Methoden der O-Diagnose, die man als offene Erhebungsverfahren bezeichnen kann, so vor allem offene Interview- und teilnehmende oder verdeckte Beobachtungsmethoden sowie entsprechende Auswertungsverfahren (z. B. Denzin & Lincoln, 2000; Flick, von Kardorff, Keupp, von Rosenstiel & Wolff, 1995; Miles & Huberman, 1994). Diese Form der Prozessdiagnostik sollte insbesondere dort in Betracht gezogen werden, wo komplexe, durch Ausnahmen und wenig Vorhersagbarkeit bestimmte Aufgaben verstärkt anzutreffen sind und vermehrt zu ausgehandelten Vorrechten, zu Ritualen, Machtkonflikten, Vertuschungen, Ideologien etc. führen (Perrow, 1993). Das betrifft vor allem die stark steigende Zahl von Organisationen mit so genannten personenbezogenen Dienstleistungen, zum Beispiel in Serviceunternehmen, Krankenhäusern, Universitäten, Schulen, Gefängnissen, Verwaltungen, Beratungsstellen (Büssing, 1999).

Der *dritte Gegenstandsbereich der Prozessdiagnostik* bezieht sich auf die O-Diagnose von Wechselwirkungen zwischen Strukturmerkmalen, situativen Bedingungen sowie dem Erleben und Verhalten in Organisationen. Diese Wechselwirkungsprozesse etwa zwischen der Größe einer Organisation, ihrem Grad an Zentralisierung und Formalisierung, ihrer Flexibilität sowie dem Erleben und Verhalten ihrer Mitglieder sind Gegenstand von diagnostischen Untersuchungen, die komplexe Modelle und Methoden der Erhebung sowie der statistischen Auswertung erfordern. Prozessdiagnose zu diesem Gegenstandsbereich von O-Diagnostik ist eher wissenschaftlicher Herkunft und mit der Entwicklung und Verbesserung von Erklärungsmodellen verknüpft. Diese häufig zu einem Zeitpunkt, also querschnittlich durchgeführte dritte Form steht den beiden anderen Formen der Prozessdiagnose gegenüber, bei denen zeitabhängige, längsschnittliche Untersuchungen von Veränderungen in Organisationen im Vordergrund stehen.

4.3 Integrative Diagnostik

Mit der Einordnung und Darstellung von Struktur- und Prozessdiagnostik wurde bereits die Frage aufgeworfen, inwieweit die Betonung oder Ausgrenzung verschiedener Perspektiven zu einer Verzerrung der Wiedergabe organisationaler Realität führen kann. Diese Bedenken haben einen weiteren Anhaltspunkt, nämlich die Wahl der Diagnoseebene in einer Organisation. Als unterscheidbare Diagnoseebenen werden vor allem die arbeitenden Individuen, die Gruppen, Abteilungen, Bereiche und die Ebene der Gesamtorganisation verstanden.

Die Probleme bei der Wahl der Diagnoseebene werden in der Organisationsklimaforschung deutlich. So wird in dieser Forschung von einer funktionalen Äquivalenz des psychologischen Klimas (auf der Ebene des Individuums) und des organisationalen Klimas (auf der Ebene der organisationalen Einheit z. B. einer Arbeitsgruppe) ausgegangen, wenn über die Mittelung der Individualwerte der Mitglieder einer Arbeitsgruppe das Organisationsklima einer Arbeitsgruppe geschätzt wird (z. B. James, 1982). Inwieweit jedoch aggregierte Werte zum psychologischen Klima (z. B. besagte Mittelwertbildung über die Individualwerte einer Arbeitsgruppe) auch das Organisationsklima einer Arbeitsgruppe valide wiedergeben können, ist in Ermangelung geeigneter theoretischer Konzepte zur Integration von Ebenen in der O-Diagnose bislang umstritten (vgl. Klein & Kozlowski, 2000).

Integrative O-Diagnostik soll hier unter zwei Gesichtspunkten betrachtet werden: Zum einen als Integration unterschiedlicher Ansätze der O-Diagnose, d. h. vor allem Struktur- und Prozessdiagnose, und zum anderen als Integration von Ebenen. Zunächst ist die Frage zu klären, was mit Integration im Kontext der O-Diagnose eigentlich gemeint ist. Integration ist sicherlich mehr als die Addition von mikro- und makrodiagnostischen Instrumentenbausteinen, zum Beispiel das gleichzeitige Erheben von Handlungsspielraum auf der Mikroebene des einzelnen Arbeitsplatzes und von Delegation auf der Makroebene der Gesamtorganisation, oder das Nebeneinander von offenen und geschlossenen, von unstandardisierten und standardisierten Erhebungsstrategien zur Datengewinnung. Der Wechsel von einer Methodeneinseitigkeit zu einem mehr oder weniger beliebigen Methodenpluralismus ist hier mit Integration nicht gemeint.

Vielmehr ist mit der Integration in der O-Diagnostik zweierlei angesprochen. Zum einen ein Rahmenkonzept, das die Ebenen und Perspektiven von Organisationen inhaltlich und nicht nur methodisch aufeinander beziehen lässt. Wenn wir zum Beispiel Spielräume von Mitarbeitern und Spielräume von Projektgruppen diagnostizieren, dann brauchen wir eine Theorie bzw. ein Modell, um das eine auf das andere inhaltlich beziehen zu können (z. B. Büssing, 1992; Weber, 1997). Zum anderen verlangt eine Integration in der O-Diagnostik einen klaren Gegenstandsbezug bei der Bestimmung von Methoden (Roberts, Hulin & Rousseau, 1978). So sollte zum Beispiel die Erfassung von Arbeitszufriedenheit zur Messung der affektiven Einstellung zur Arbeit einzelner Mitarbeiter und nicht zur Schätzung von Arbeitsverhalten eingesetzt werden.

Es gibt in der Arbeits- und Organisationspsychologie zwei Ansätze, die als Rahmenmodelle zur integrativen O-Diagnostik erfolgversprechend erscheinen. Zum einen der sozio-technische Systemansatz (z. B. Sydow, 1985) und die mit ihm verknüpfte sozio-technische Systemanalyse (Emery, 1967). Zum anderen der tätigkeitstheoretisch begründete Ansatz aus der Arbeits- und Tätigkeitsanalyse (vgl. Büssing, 1992; Hacker, 1995).

Beide, der sozio-technische Systemansatz und der tätigkeitstheoretische Ansatz stellen interessante inhaltliche Rahmenmodelle für eine integrative O-Diagnostik dar, denn als Mehrebenenmodelle ermöglichen sie die Integration aufeinander beziehbarer Verfahren zur Diagnose von Arbeitsplätzen ebenso wie von Organisationen. Für beide Ansätze liegen mittlerweile erprobte Verfahren vor. Diese Verfahren erlauben die Umsetzung einer integrierten Arbeitsanalyse unter Einschluss der Diagnose auf der Ebene der Organisation, sie sind daher integrativ vor allem mit Blick auf die Berücksichtigung verschiedener Ebenen und entsprechender methodischer Vorgehensweisen. Sie ermöglichen jedoch nur eine eingeschränkte Prozessdiagnostik, wenn man an die Diagnose von sozialen Handlungsvollzügen, von sozialer Interaktion und Kommunikation in Organisationen denkt (vgl. Abschnitt 4.2). Zu nennen wären insbesondere die «Ganzheitliche Betriebsanalyse unter Berücksichtigung von Mensch, Technik, Organisation (MTO-Analyse)» (Strohm & Ulich, 1999), das «Tätigkeitsanalyseinventar (TAI)» (Frieling, 1999) und das «Tätigkeits- und Arbeitsanalyseverfahren für das Krankenhaus (TAA-KH)» (Büssing & Glaser, 1999, 2002).

Mit der Ebenenproblematik ist ein wichtiger Aspekt der integrativen O-Diagnose angesprochen. Ein zweiter wesentlicher Aspekt ist das Verhältnis von Struktur- und Prozessdiagnose. Vor allem bezogen auf die Diagnose von Prozessen der Interaktion und Kommunikation etwa der Mikropolitik in Organisationen (vgl. Neuberger, 1995) muss man konstatieren, die Positionen für und wider Struktur- bzw. Prozessdiagnose stehen sich weitgehend verständnislos gegenüber. Vertreter des Strukturansatzes in der O-Diagnose auf der einen Seite und Vertreter der Prozessdiagnose wie die Anhänger des Ansatzes der «negotiated order» oder der Mikropolitik auf der anderen Seite, haben viele Grün-

Tabelle 2: Dimensionen organisationsdiagnostischer Strategie

1. Statusdiagnostik – Prozessdiagnostik
2. Offene Diagnostik – Geschlossene Diagnostik
3. Bedingungsbezogene Diagnostik – Personenbezogene Diagnostik
4. Subjektive Diagnostik – Objektive Diagnostik
5. Normorientierte Diagnostik – Kriteriumsorientierte Diagnostik
6. Diagnostik als Messung – Diagnostik als Information für und über Gestaltungsmaßnahmen
7. Testen – Inventarisieren
8. Integrative (globale) Diagnostik – Detaildiagnostik
9. Modellorientierte Diagnostik – Fallorientierte Diagnostik

de für die fehlenden Brücken zwischen den unterschiedlichen Sichtweisen und methodischen Zugängen zu Organisationen. Gerade jedoch mit der Verknüpfung von Struktur- und Prozessdiagnostik würden sich neue Perspektiven für eine integrative O-Diagnose eröffnen lassen.

5. Strategien und Methoden

Methoden der O-Diagnose umfassen Methoden der Datenerhebung, Methoden der Datenverarbeitung und -auswertung sowie der diagnostischen Urteilsbildung und Begutachtung, also der Ergebnisevaluation und -darstellung. Im Weiteren wird auf die organisationsdiagnostische Urteilsbildung und auf die Begutachtung nur knapp eingegangen sowie die Datenverarbeitung und -auswertung vergleichsweise kürzer behandelt. Ausführlicher wird die organisationsdiagnostische Datenerhebung dargestellt.

5.1 Dimensionen organisationsdiagnostischer Strategie

Entsprechend den vielfältigen Zielen, Ebenen und Aufgaben der O-Diagnostik ist es schwierig, eine einheitliche, für alle Fälle anwendbare methodische Strategie oder eine Art Rezept zur Zusammenstellung einer solchen Strategie anzugeben. Vielmehr ist die Entscheidung für eine Vorgehensweise von mindestens vier Sachverhalten abhängig, die untereinander verknüpft sind und deren Reihenfolge innerhalb des Auftrags nicht zwingend ist. Das Vorgehen in der O-Diagnose ist abhängig:

1. von der Problemstellung bzw. dem Auftrag,
2. vom inhaltlichen Standpunkt und von den Kenntnissen des Organisationsdiagnostikers und seiner Umsetzung von Problemstellung/Auftrag in eine Aufgabe; damit verknüpft
3. von der Wahl einer oder mehrerer Zielebenen (z. B. Erhebung, Bewertung, Gestaltung) sowie
4. von den zur Verfügung stehenden Möglichkeiten zum Beispiel organisatorisch-technischer, zeitlicher, finanzieller oder personeller Art.

Aus der Vielzahl methodischer Merkmale von organisationsdiagnostischen Strategien werden in **Tabelle 2** neun Merkmale aufgeführt, die in der Literatur sowohl im Bereich der Psychodiagnostik, der Arbeits- und Tätigkeitsanalyse als auch in den bislang publizierten psychologisch orientierten Arbeiten zur O-Diagnose angeführt sind. Die Darstellung lehnt sich in Teilen an die Arbeit von Kühlmann und Franke (1989) an, die im Unterschied zu der hier gewählten Darstellung weniger und zum Teil andere Merkmale organisationsdiagnostischer Strategie unterscheiden. Die neun Merkmale in Tabelle 2 gestatten eine umfassende methodische Darstellung der O-Diagnose, die die vielfältigen Möglichkeiten betont, ohne die damit zum Teil verbundenen Probleme auszusparen. Die Mehrzahl der neun Dimensionen weist untereinander Bezüge auf. Die Dimensionen sind daher nicht als ausschließlich, sondern als jeweils unterschiedliche methodische Perspektiven von O-Diagnose zu verstehen.

5.1.1 Statusdiagnostik versus Prozessdiagnostik

Statusdiagnostik hat zum Ziel, einen Ist-Zustand festzustellen, unabhängig davon, ob diese Feststellung im engeren Sinne diagnostischen oder prognostischen Zwecken dient. Auf jeden Fall geht man mit der Statusdiagnostik davon aus, dass der Befund entweder selbst hohe Stabilität (Zeit- und Situationsinvarianz) besitzt, oder dass eine extrapolierende Prognose auf Grund der statistischen Bestimmbarkeit der zukünftigen Entwicklung zulässig und hinreichend abgesichert ist. Im Unterschied dazu wurde mit Prozessdiagnostik (vgl. Abschnitt 4.2) ein Vorgehen bezeichnet, das zum Ziel hat, Veränderungen festzustellen. Veränderungsmessungen können der Beschreibung spontaner wie auch interventionsbedingter Veränderungen dienen und sowohl diagnostisch im engeren Sinne – Feststellung der Art und des Umfangs von Veränderungen – als auch prognostisch angelegt sein, zum Beispiel die Vorhersage von Veränderungen auf Grund von Interventionen. In jedem Fall wird verlangt, dass die Erhebungsmethoden in der Lage sind, die zeit- und bedingungsvarianten Komponenten der zu diagnostizierenden Merkmale zu erfassen. Zur Vermeidung von Missverständnissen sei hier erwähnt, dass Status- und Strukturdiagnostik (vgl. Abschnitt 4.1) nicht gleichzusetzen sind und insofern die Beziehungen von Status- zu Prozessdiagnostik bzw. von Struktur- zu Prozessdiagnostik (vgl. Abschnitt 4.2) zueinander verschieden sind. Während Status- und Prozessdiagnostik unterschiedliche Zugänge darstellen, gilt das nicht notwendigerweise für das Verhältnis von Struktur- und Prozessdiagnostik. Die Diagnose von Strukturen in Organisationen kann sowohl im Sinne der Statusdiagnostik wie auch im Sinne der Prozessdiagnostik durchgeführt werden, je nachdem ob die Messung von Veränderungen in Organisationsstrukturen von Interesse ist.

Für beide Formen der O-Diagnose lassen sich zahlreiche Anwendungsfelder in Organisationen feststellen. Statusdiagnostik findet Anwendung im Rahmen von Selektionsstrategien, die sich zum Beispiel mit der Zuweisung von Arbeitsgruppen oder von betrieblicher Arbeitsfläche zu Produktions- bzw. Montageaufgaben oder auf der individuellen Ebene mit der Auswahl von Personal befasst (vgl. auch Schuler & Höft, Kap. 10). Neben ihrer häufigen Anwendung bei Selektionsstrategien ist Statusdiagnostik beispielsweise auch für die Diagnose von Stellenbeschreibungen, von formalem Organisationsaufbau oder für die Diagnose von Arbeitsplätzen mittels Beschreibung bzw. Analyse angebracht. Während Selektionsstrategien in der O-Diagnose regelmäßig eine Statusdiagnostik benötigen, verlangen Gestaltungsstrategien (vgl. Ulich, Kap. 8) sowohl Verfahren der Prozess- als auch Verfahren der Statusdiagnostik, um geeignete prä-gestalterische Kennwerte der Organisation zwecks Einleitung von Gestaltungsmaßnahmen zu ermitteln. So stellt die Einführung einer neuen Arbeitszeitstruktur (z. B. Umstellung auf flexible Arbeitszeit) eine Gestaltungsmaßnahme dar, die Veränderungen im organisationalen Ablauf zur Folge haben wird (z. B. veränderte Abstimmungsbedarfe und damit Veränderungen in Bezug auf Information und Kommunikation). Um diese zu erfassen, bedarf es prä-gestalterischer Messungen wie auch einer längerfristigen Erfassung der möglichen Wirkungen und Folgen, denn diese stellen sich oftmals nicht kurzfristig ein.

Prozessdiagnostik hat weitere, zu wenig beachtete Anwendungsfelder in Organisationen. So sind die Diagnose von Personal- und Krankenstandsdaten, von Unfällen, Fluktuation, Leistungskennziffern in der Arbeitsplanung einerseits und von Produktions- sowie Investitionsziffern andererseits einschlägige Anwendungsbereiche. Häufig werden heute Arbeitnehmer über Statistiken, so etwa über die Verläufe von Unfallstatistiken im Produktionsbereich, durch im Betrieb aushängende graphische Darstellungen direkt informiert. Prozessdiagnostik ist auch angebracht für die Untersuchung von Zufriedenheits- und Wohlbefindensmerkmalen anhand von Mitarbeiterbefragungen oder für Organisationsklimauntersuchungen, obgleich derartige O-Diagnosen bislang überwiegend im Rahmen der Statusdiagnostik durchgeführt werden. Von erheblicher Bedeutung ist die Prozessdiagnostik für die Analyse von Kommunikation und Interaktion in Organisationen, sei es mittels freier oder (teil-)strukturierter Beobachtung im Assessment Center, von Gruppengesprächen oder Arbeitsplätzen, mittels Interaktions-Prozess-Analysen, Netzwerkanalysen oder anderer Methoden (vgl. Brodbeck, Kap. 13).

Statusdiagnostik ist im Bereich der O-Diagnose die Regel, Prozessdiagnostik eher die Ausnahme. Selbst dort, wo Prozessdiagnostik angezeigt wäre, werden häufig die Ergebnisse von statusdiagnostischen Untersuchungen stillschweigend im Sinne eines prozessdiagnostischen Vorgehens fortgeschrieben. So werden beispielsweise häufig die Wirkungen von betrieblichen Weiterbildungsmaßnahmen nicht längerfristig wiederholt untersucht, vielmehr werden regelmäßig von der einmaligen Evaluation verschiedener Kohorten von Arbeitnehmern Rückschlüsse auf langfristige Wirkungen getroffen; ähnlich wird häufig bei betriebsmedizinischen Fragestellungen wie zur Wirkung neuer Arbeitsstoffe oder neuer Arbeitszeitregelungen verfahren, für deren Beantwortung einmalige Statusdiagnostik nicht angemessen ist, sondern eine längerfristige betriebliche Epidemiologie bzw. Evaluation erforderlich wäre (ausführlich Wottawa & Thierau, 1998). Ein Bedarf an Prozessdiagnostik in Organisationen ist vorhanden, da viele der zu erfassenden Sachverhalte weder zeit- bzw. situationsstabil sind, noch hinreichende Gesetzmäßigkeiten bekannt sind, die eine Extrapolation in die Zukunft gestatten würden.

Nicht nur anwendungsbezogene Möglichkeiten und Vorteile einer prozessualen O-Diagnostik gegenüber einer Statusdiagnostik, sondern ebenso methodische Vorteile der Prozessdiagnostik sind in verschiedenen Bereichen gegeben. Prozessdiagnostik erleichtert die Untersuchung gerichteter Zusammenhänge und führt bei Hinzuziehung von Kontrollgruppen sowie einer möglichst großen Anzahl von Messzeitpunkten zu einer deutlichen Erhöhung der internen Validität von Untersuchungen (vgl. Bortz & Döring, 2002). Einflüsse von Kovariablen, zum Beispiel im Sinne der Einflüsse von Moderator- oder Mediatorvariablen auf Prozesse in Organisationen, die bei nicht-experimentellen Untersuchungen im Felde große Bedeutung zur Aufklärung diagnostischer Hypothesen haben, lassen sich im Längsschnitt gerichtet prüfen. Als Beispiele können hier der behauptete Einfluss von Tätigkeitsspielräumen, Streben nach Selbstwirksamkeit und Motivation nach Kontrolle am Arbeitsplatz auf den Zusammenhang von Arbeitsbelastungen auf der einen Seite und Wohlbefinden, psychosomatischen Beschwerden oder Erkrankungen auf der anderen Seite angeführt werden (z. B. Terry & Jimmieson, 1999). Somit begünstigt die Prozessdiagnose die Theoriebildung in der Organisationsforschung. Sie ermöglicht es, komplexere Zusammenhänge zwischen Variablen zu prüfen, und sie vermag die Validität von organisational bedeutsamen Aussagen zu Programmen, Entwicklungsmaßnahmen, technologischen Veränderungen oder Arbeitsgestaltungsmaßnahmen deutlich zu verbessern.

Diese positiven Aussagen, die grundsätzlich über die prozessorientierte O-Diagnostik gemacht werden können, müssen allerdings in verschiedener Hinsicht eingeschränkt werden. Zum einen ist Prozessdiagnostik aufwendig, sowohl zeitlich als auch in personeller und materieller Hinsicht. In der statistischen und epidemiologischen Versuchsplanung wird daher der Grenznutzen einer Erhöhung interner Validität von Verlaufsuntersuchungen kritisch diskutiert (z. B. Bortz & Döring, 2002). Weiterhin existieren eine Vielzahl mehr oder weniger gewichtiger mathematisch-statistischer Probleme wie das Reliabilitätsdilemma oder das Phänomen der «Regression zur Mitte». Darüber hinaus sind die besonderen Anforderungen an Verfahren der Prozessdiagnostik zu beachten, da beispielsweise Messwertdifferenzen vor und nach einer Gestaltungsmaßnahme nach testtheoretischen Überlegungen die Messfehler beider Messungen vereinigen und dieser Messfehler eine Funktion der Reliabilität der beteiligten Verfahren ist.

Trotz dieser einschränkenden Bedingungen

Tabelle 3: Datenquellen in der Organisationsdiagnostik

1. Analyse von Dokumenten: Organigramme, Protokolle, Dienstanweisungen, Vorschriften, Stellenbeschreibungen, Organisationshandbücher, spezielle Handbücher (z.B. für Störungen und besondere Vorkommnisse usw.).
2. Organisations- und betriebswirtschaftliche Statistiken: zum Beispiel allgemeine Personaldaten, Krankenstand, Unfallzahlen, Fluktuation, Produktionsziffern, Investitionsziffern.
3. Befragung von Schlüsselpersonen und Experten: mündliche oder schriftliche Befragung von Personen, von denen angenommen wird, dass sie die geltenden organisationalen Regelungen erlassen haben und/oder kontrollieren – bzw. von Experten, die in spezifischen Teilbereichen bei der Erlassung und/oder Kontrolle von Regelungen mitwirken.
4. Befragung von Mitarbeitern: mündliche, häufig jedoch schriftliche Befragung von Organisationsmitgliedern auf verschiedenen organisationalen Ebenen.
5. Beobachtungen am Arbeitsplatz, von Sitzungen usw.
6. Gruppengespräche.
7. Analyse von Interaktionen: zum Beispiel Soziometrie, Netzwerkanalyse, Interaktions-Prozess-Analyse.

stehen der Prozessdiagnostik gerade in Organisationen vielfach unerschlossene Untersuchungsbereiche offen. So besteht die Möglichkeit, sich durch retrospektive Längsschnitte neue Datenquellen zu erschließen. Zwar ist die Validität solcher Verlaufsuntersuchungen gegenüber prospektiven Untersuchungen herabgesetzt, in Anbetracht der regelmäßig anfallenden Datenmengen zu vielen organisationalen Sachverhalten wären jedoch retrospektiven diagnostischen Verlaufsuntersuchungen gute Chancen geboten. Interessante Beispiele für derartige Daten sind Personaldaten (z.B. Arbeitsunfähigkeits-, Qualifikationsdaten) und betriebsmedizinische Daten, die vor allem in größeren Unternehmen in beträchtlichen Mengen anfallen, die jedoch bislang in einem kaum nennenswerten Umfang verwertet werden – etwa zur Aufklärung des Zusammenhangs von Arbeitsplatzbelastungen und Gesundheitsstörungen im retrospektiven Längsschnitt.

5.1.2 Offene versus geschlossene Organisationsdiagnostik

In die O-Diagnostik finden üblicherweise sieben Arten von Datenquellen Eingang (vgl. **Tab. 3**). Die sieben verschiedenen Datenquellen sollen im Folgenden anhand der Dimension «offene versus geschlossene Diagnostik» besprochen werden. Die Dimension «offene versus geschlossene Diagnostik» bestimmt den Grad, in dem die Datenerhebung durch Befragte/Interviewte/Datenlieferanten auf der einen Seite und/oder Befragende/Interviewer/Datenempfänger auf der anderen Seite gestaltbar ist. Offene O-Diagnostik beschreibt demnach ein Vorgehen, bei dem die Datenerhebung mehr oder weniger gegenüber situativer Gestaltbarkeit offen ist, zum Beispiel beim offenen Experteninterview oder bei offenen Fragen im Fragebogen (vgl. Bortz & Döring, 2002). Geschlossene O-Diagnostik meint, dass die Datenerhebung gegenüber situativer Gestaltbarkeit mehr oder weniger verschlossen ist, was zum Beispiel bei standardisierten Verfahren mit geschlossenen Fragen der Fall ist (z.B. standardisierte Mitarbeiterbefragung, Dokumentenanalyse). Die Dimension «offene versus geschlossene Diagnostik» zur Datenerhebung ist zu unterscheiden von der Datenauswertung, die durch die Art und Weise der Datenerhebung nicht notwendig festgelegt ist. Denkbar ist also, dass offen gewonnene Daten nach entsprechender Quantifizierung mit quantitativen, statistischen Methoden ausgewertet werden, und dass umgekehrt geschlossen gewonnene Daten einer qualitativen wie der interpretativen Inhaltsanalyse unterzogen werden (z.B. Mayring, 1997).

Unterschiedliche Perspektiven einer Organisation werden nicht nur durch die sieben unterschiedlichen Verfahrensweisen organisationsdiagnostischer Datenerhebung vermittelt – nämlich die Sicht der Schlüsselpersonen, die Sicht der Mitarbeiter, die Sicht der Dokumente, die wiederum mehr oder weniger eine Sicht der Schlüsselpersonen darstellen können, etc., sondern auch die Anordnung der einzelnen Erhebungsmethoden auf der Dimension «offen versus geschlossen» bedingt unterschiedliche Perspektiven der O-Diagnose. So finden sich unter den herkömmlichen Verfahren zur organisationsdiagnostischen Datenerhebung vergleichsweise weniger offene Verfahren – welche der oben genannten sieben Datenquellen man auch betrachtet. Es dominieren die Dokumentenanalyse, die Auswertung von Statistiken und die standardisierte Befragung als Methode, während hingegen Interviewtechniken seltener und dann häufig als problemzentrierte, (teil-)standardisierte Methoden eingesetzt werden. Datenerhebungsverfahren, die beidseitige Offenheit – für Datenempfänger und Datenlieferanten – oder ein hohes Maß an Offenheit für den Datenlieferanten ermöglichen, wie zum Beispiel offene oder narrative Gespräche, Formen teilnehmender oder nichtteilnehmender Beobachtung, finden sich in der herkömmlichen O-Diagnostik kaum. Derartige offene Vorgehensweisen, die notwendig sind, um bestimmte Aspekte von Organisationen aus der Perspektive der Handelnden (insbesondere Mitarbeiter, Management, Betriebsrat) ökologisch valide, empirisch zu rekonstruieren und darzustellen, finden sich vor allem in einer phänomenologischen oder ethnomethodologischen Auffassung von Erhebungsmethoden, wie sie auf organisationswissenschaftlicher Seite etwa von den Vertretern des «negotiated order»-Ansatzes vertreten werden (dazu Scholl, Kap. 16).

Die Diskussion um die «richtige» Methode im Spannungsfeld von offenen und geschlossenen Verfahren in der O-Diagnostik, insbesondere die Diskussion zwischen phänomenologischen sowie ethnomethodologischen Zugehensweisen auf der einen Seite und herkömmlicher geschlossener O-Diagnostik auf der anderen Seite, bewegt sich häufig um die Frage ihrer prinzipiellen methodischen Überlegenheit. In dieser Diskussion werden die unterschiedlichen Möglichkeiten der verschiedenen organisationsdiagnostischen Erhebungsverfahren sowie ihre unterschiedlichen methodischen Stärken und Schwächen zu wenig in Betracht gezogen. Ebenso gewichtig wie die Möglichkeiten sowie Stärken und Schwächen ist der Gegenstandsbezug bei der Wahl einer organisationsdiagnostischen Methode. So lässt sich eine Untersuchung, die zwischen einer größeren Zahl von Organisationen hinsichtlich des Zusammenhangs von Informations-/Kommunikationstechnologieeinsatz und Dezentralisation der Entscheidungsstrukturen vergleichen will, eher anhand eines geschlossenen Erhebungsverfahrens – zum Beispiel Fragebogen – durchführen, während eine in wenigen oder möglicherweise nur in einer Organisation durchgeführte Untersuchung zum Zusammenhang von Positionskonflikten und Sprache geeigneter mit Hilfe offener Interviews oder verdeckter Beobachtung durchgeführt werden kann.

Häufig wird auch der Zusammenhang von Erhebung und Auswertung außer Acht gelassen. Für das, was die Stärken und Schwächen einer organisationsdiagnostischen Verfahrensweise ausmacht, ist jedoch letztlich die Auswertungsstrategie ebenso verantwortlich wie die Datenerhebungsstrategie. Dabei ist es keineswegs zwingend, dass mit offenen organisationsdiagnostischen Verfahren gewonnene Daten qualitativ und mit geschlossenen Verfahren gewonnene Daten zwangsläufig quantitativ, vor allem im Sinne der Methoden der Inferenzstatistik ausgewertet werden. So wurden gerade in den vergangenen Jahren zunehmend statistische Auswertungsverfahren entwickelt, die versuchen, mit offenen Erhebungsverfahren gewonnene Daten auch statistisch angemessen quantitativ zu beurteilen (z. B. Rudinger, Chaselon, Zimmermann & Henning, 1985).

5.1.3 Bedingungsbezogene versus personenbezogene Organisationsdiagnostik

In Anlehnung an die psychologische Arbeits- und Tätigkeitsanalyse soll eine Unterscheidung in bedingungs- und personenbezogene O-Diagnostik vorgenommen werden (vgl. Oesterreich & Volpert, 1987), da die geläufige übergeordnete

Unterscheidung in objektive versus subjektive organisationsdiagnostische Verfahren dazu angetan ist, Missverständnisse aufzuwerfen.

Bedingungsbezogen werden im weiteren Verfahren genannt, die abstrahierend vom jeweiligen Organisationsmitglied Aussagen über organisationale Sachverhalte, Arbeitsaufgaben, -bedingungen und -folgen treffen. Als personenbezogen werden demgegenüber Verfahren benannt, die sowohl individuelle Unterschiede zwischen Organisationsmitgliedern (z. B. unterschiedliche Vorgehensweisen, Kenntnisse) als auch persönliche Wahrnehmungen von organisationalen Sachverhalten und Arbeitstätigkeiten (z. B. Arbeitszufriedenheit, Klima, Fluktuationsabsicht) thematisieren. Mit der bedingungsbezogenen O-Diagnose tritt demnach eine theoretisch allgemeine Vorstellung von einem Organisationsmitglied an die Stelle des individuellen Organisationsmitglieds, d. h. es sollen Aussagen über organisationale Sachverhalte und Arbeitsbedingungen hinsichtlich ihrer Eignung für das menschliche Erleben und Verhalten in Organisationen im Allgemeinen getroffen werden. Im Unterschied zur bedingungsbezogenen kann die personenbezogene O-Diagnose prinzipiell zwei Fragestellungen haben. Sie kann sich erstens auf individuell besondere Arten der Arbeitsausführung und des Umgangs mit organisationalen Sachverhalten und zweitens auf individuelle Wahrnehmungen und Bewertungen zu organisationalen Sachverhalten und zur eigenen Arbeitstätigkeit richten. Die personenbezogene O-Diagnose von individueller Wahrnehmung und Bewertung organisationaler Sachverhalte und der eigenen Arbeitstätigkeit ist dagegen zu den am häufigsten angewandten Methoden zu zählen, so zum Beispiel in Untersuchungen zu Führungsstilen, zur Arbeitszufriedenheit und organisationalen Bindung oder zum Organisationsklima.

Die Entscheidung für eine bedingungs- oder personenbezogene organisationsdiagnostische Vorgehensweise ist wiederum von der Perspektive und von dem Gegenstandsbezug der jeweiligen Fragestellung und des jeweiligen Interesses abhängig. Bedingungsbezogene O-Diagnose wird häufiger in der situativen und vergleichenden Organisationsforschung eingesetzt, um Organisationen anhand von Merkmalen wie Zentralisation, Formalisierung oder auch Entfremdung etc. zu vergleichen. Dagegen findet man in der Organisationspsychologie häufiger eine personenbezogene O-Diagnose (zum Überblick über Verfahren der Arbeitsanalyse s. Dunckel, 1999). Auf die Probleme der beiden Verfahrensweisen wird im folgenden Abschnitt ausführlicher eingegangen.

5.1.4 Subjektive versus objektive Organisationsdiagnostik

Mit der Unterteilung in bedingungs- und personenbezogene O-Diagnostik ist eine Einteilung von O-Diagnoseverfahren entsprechend dem Charakter des Erhebungsgegenstandes angesprochen, zum Beispiel Arbeitsbedingungen einerseits und Zufriedenheit der Mitarbeiter andererseits, während mit der Unterscheidung in objektive und subjektive O-Diagnoseverfahren eine Einteilung nach den Eigenschaften der Erhebungsmethode getroffen ist. Hinter den Etiketten subjektive bzw. objektive O-Diagnostik verbirgt sich eine Diskussion um den richtigen Weg zur Erfassung von Organisationsrealität. Es zeigt sich bei näherer Betrachtung, dass diesbezüglich unter subjektiv und objektiv sehr verschiedenes verstanden wird. Einige Begriffsverwendungen sollen in Anlehnung an Oesterreich und Volpert (1987) sowie Gablenz-Kolakovic, Krogoll, Oesterreich und Volpert (1981) zusammengefasst wiedergegeben werden:

a) Objektiv: auf Objekte bezogen versus subjektiv: auf Menschen bezogen. Technisch-organisatorische Gegebenheiten werden als objektive Gegebenheiten, Bewusstsein und Handeln der Organisationsmitglieder als subjektiv bezeichnet.
b) Objektiv: real versus subjektiv: wahrgenommen. Die objektiven organisationalen Regelungen und Bedingungen sind durch die technisch-organisatorische Ausgestaltung vorgegeben, welche von den Organisationsmitgliedern als subjektive Situation wahrgenommen wird.

c) Objektiv: auf Dokumenten, Statistiken, Beobachtung und Expertenbefragung basierend versus subjektiv: auf Befragung der Arbeitenden basierend.
d) Subjektiv: Betrachtungsweise, die den Menschen als aktiv handelndes Subjekt versteht versus objektiv: Sichtweise, die den Menschen als physiologischen Organismus, als passiv und auf Umweltreize reagierend betrachtet.
e) Objektiv: im Sinne der testtheoretischen Objektivität als Gütekriterium des Verfahrens versus subjektiv: im Sinne der Nichtstandardisierung des Verfahrens.

Bezieht man die Einteilung personen- versus bedingungsbezogene Fragestellung der psychologischen O-Diagnostik auf diese fünf Begriffsverwendungen von subjektiv bzw. objektiv, so lässt sich Folgendes feststellen: Sowohl personenbezogene als auch bedingungsbezogene O-Diagnostik ist nach (a) «subjektiv», da es bei der bedingungsbezogenen Fragestellung um die Entwicklung überindividuell gültiger Handlungen und Verhaltensweisen und bei der personenbezogenen Fragestellung um individuell spezifische Handlungs- und Verhaltensweisen von Menschen geht. Die bedingungsbezogene Fragestellung bezieht sich auf reale Sachverhalte in dem Sinne, dass individuumsspezifische Wahrnehmungen nicht untersucht werden. Daher ist sie gemäß (b) «objektiv». Aber auch die personenbezogene O-Diagnostik kann danach fragen, welche individuellen Vorgehensweisen und Handlungen tatsächlich vollzogen werden, sie kann daher gemäß (b) «objektiv» sein. Geht es jedoch bei der personenbezogenen O-Diagnostik um individuumsspezifische Wahrnehmungen und Wertungen, so ist sie gemäß (b) «subjektiv». Beide Untersuchungsrichtungen können sich gemäß (c) prinzipiell auf «objektive» und/oder «subjektive» Erhebungsmethoden stützen, wobei bezüglich der bedingungsbezogenen O-Diagnose das Organisationsmitglied dann durch die Formulierung der ihm gestellten Fragen dazu aufgefordert werden müsste, von seinen ganz individuellen Vorgehens-, Handlungs- und Verhaltensweisen zu abstrahieren. Die «Subjektivität» ebenso wie die «Objektivität» im Sinne von (d) können ebenfalls für beide (bedingungs- bzw. personenbezogene) Fragestellungen der O-Diagnostik zutreffen. Für beide diagnostischen Vorgehensweisen ist zu fordern, dass sie im testtheoretischen Sinne möglichst «objektiv» (e) sind.

Neben der Einteilung entsprechend dem Charakter des Erhebungsgegenstandes – die Einteilung in personenbezogen versus bedingungsbezogen – hat die Unterscheidung von O-Diagnoseverfahren nach der Erhebungsmethode – subjektive versus objektive Methoden – theoretisch wie auch praktisch einen besonderen Stellenwert. Zu den objektiven O-Diagnoseverfahren werden in der Regel die Analyse von Dokumenten und Statistiken sowie die Befragung von Experten gezählt, sie können im engeren Sinne der oben genannten Kategorie (c) von Objektivität zugeordnet werden. Diese drei O-Diagnosezugänge sind in ihrer Kombination aus der empirischen Tradition der Aston-Gruppe seit den sechziger Jahren auch als «institutional approach» bekannt geworden (vgl. Kieser & Kubicek, 1992). Als subjektiv gelten diejenigen Untersuchungsansätze, die O-Diagnose über die Erfassung der von den Organisationsmitgliedern erlebten und wahrgenommenen Sachverhalte und Prozesse in einer Organisation betreiben («survey approach»). Hierzu zählt insbesondere die Befragung der Organisationsmitglieder, sie kann im engeren Sinne der oben genannten Kategorie (c) von Subjektivität zugeordnet werden. Zwar werden in der Regel nicht die Individualwerte einer Mitarbeiterbefragung, sondern aggregierte, zum Beispiel Abteilungs-, Bereichs- oder Organisationsmittelwerte zur O-Diagnose herangezogen. Die Aggregierung wirft allerdings ihrerseits methodische und methodologische Fragen auf, und es muss daher offen bleiben, inwieweit aggregierte O-Diagnosedaten dieser Art tatsächlich als «objektiv» oder als «objektiviert» bezeichnet werden können.

Objektive Daten – insbesondere im Sinne der oben genannten Kategorien (a), (c) und (d) – gelten auch in den Arbeits- und Organisationswissenschaften als überlegen. Allerdings muss man eine Beeinträchtigung der Objektivität bei der Analyse von Dokumenten und Statistiken in Betracht ziehen, da diese auch die Perspektive ihrer Verfasser repräsentieren und bei der Auswahl durch den O-Diagnostiker einer zusätzlichen Verzerrung unterliegen können – in der Regel sind nicht alle Dokumente und Statistiken zugänglich bzw. können nicht alle verarbeitet werden. So genannte objektive Daten sind daher auch in der O-Diagnose in einem kaum angebbaren Umfang «subjektiviert» (Kühlmann & Franke, 1989, S. 644). Es kann demnach nicht von einer generellen Überlegenheit objektiver Verfahren ausgegangen werden. Mitentscheidend für die Beurteilung von subjektiver und objektiver bedingungsbezogener O-Diagnostik ist ihre konvergente Validität. Hierzu liegen aus dem Bereich der Arbeits- und Tätigkeitsanalyse einige Untersuchungen vor, die von Zapf (1989) evaluiert wurden. Er kann insgesamt keine schlüssigen Belege für eine generelle Überlegenheit einer Methode in Bezug auf verschiedene Validitätsaspekte feststellen. Verglichen wurden die objektive Methode in Form der Fremdbeobachtung der Arbeitstätigkeit zum Beispiel durch Experten, die «objektivierte» Methode in Form der Gruppenwertbildung als aggregierte (gemittelte) Selbstbeobachtungen der Arbeitstätigkeit durch die Mitarbeiter und die subjektive Methode in Form der Selbstbeobachtung. Der Einsatz von objektiver und subjektiver bedingungsbezogener O-Diagnose lässt sich somit nach Kriterien methodischer Überlegenheit nicht eindeutig entscheiden. Vielmehr ist in der Regel von einem Kriterienbündel auszugehen, das neben pragmatischen Aspekten – wie Zeit, Finanzen oder Personal – Momente des inhaltlichen Standpunktes und der Fragestellung ebenso berücksichtigen muss wie Möglichkeiten, eine Methodenkombination aus objektiver und subjektiver O-Diagnose einzusetzen.

5.1.5 Normorientierte versus kriteriumsorientierte Organisationsdiagnostik

Diese und die folgenden Dimensionen der O-Diagnostik umfassen vergleichsweise weniger typische Problemfelder der O-Diagnostik. Unter normorientierter O-Diagnostik wird ein Untersuchungsansatz mit dem Ziel verstanden, einzelne Ergebnisse im Hinblick auf statistische Bezugswerte – d. h. Normen im Sinne von Testnormen – und somit relativ zur Verteilung der Testergebnisse einer Bezugsgruppe (Norm- oder Eichstichprobe) auszudrücken und zu interpretieren. Es handelt sich hierbei um ein gängiges Vorgehen in der psychologischen Diagnostik, das jedoch in der O-Diagnostik selten anzutreffen ist (vgl. als Beispiel für eine normorientierte O-Diagnostik die Betriebsklimauntersuchung weiter unten Informationsbox 2). Obgleich normorientierte O-Diagnostik methodisch erstrebenswert ist, sind ihrer breiteren Anwendung neben einer Vielzahl von praktischen Schwierigkeiten inhaltliche Grenzen gesetzt, da die Verteilungen wesentlicher Organisationsvariablen, wie Tätigkeitsspielraum oder Flexibilisierung, weder inhaltlich noch statistisch sinnvoll ermittelt werden können.

Unter kriteriumsorientierter Diagnostik versteht man ein Vorgehen, bei dem «der Vergleichsmaßstab für das zu bewertende Charakteristikum eines Beurteilungssachverhalts unabhängig festgelegt wird von der Information über die Verteilung der Ausprägungsgrade dieses Charakteristikums» (Schott, 1988, S. 179). Die Gegenüberstellung von norm- versus kriteriumsorientierter O-Diagnostik ist unglücklich, da jede Messung sich auf ein Kriterium bezieht. Entscheidend für die kriteriumsorientierte O-Diagnostik ist jedoch, dass der Vergleichsmaßstab – also das Kriterium – extern festgelegt und nicht als Norm aus der Verteilung der zu diagnostizierenden Sachverhalte gewonnen wird. So ist der Vergleich des Organisationsklimas mit einer Verteilung von Organisationsklimawerten normorientiert, dagegen die von einer Verteilung unabhängige, konzeptgeleitete Vorabfestlegung erstrebenswerter Klimawerte und entsprechender Frageitems eine kriteriumsorientierte Messung.

Die kriteriumsorientierte Messung verlangt demnach Methoden und Instrumente, die den Inhalt, den sie zu erfassen vorgeben, und die Gesamtheit einer diesem Inhalt zugehörigen Menge von Items enthalten oder repräsentieren. Solche Methoden und Instrumente der O-Diagnostik werden als inhaltsvalide bezeichnet. Diese Anforderung kollidiert häufig mit der Praxis der anwendungsorientierten O-Diagnostik. Diese richtet sich nämlich in ihrem praktischen Vorgehen regelmäßig an Kriterien aus, die zwar für die Organisation und ihre Mitglieder als gültig angesehen werden, die sich jedoch oftmals an theoretisch wenig explizierten Menschenbildern und Organisationskonzepten orientieren. Damit ist ein zentrales Problem kriteriumsorientierter Diagnostik in Organisationen angesprochen, nämlich die mangelnde Möglichkeit zur Validierung der Messung anhand inhaltlich bestimmbarer, externer Kriterien. Da für viele Sachverhalte in Organisationen externe Kriterien zur Validierung nicht eindeutig festlegbar sind, trägt die inhaltliche Validität in der O-Diagnostik oft das Risiko der «face validity» (vgl. Lienert & Raatz, 1994). Das heißt, die Maßstäbe zur inhaltlichen Validierung beruhen auf Konventionen – zum Beispiel auf der jeweiligen spezifischen organisationalen Vorstellung von Führung oder Organisationskultur – statt auf einem wissenschaftlichen Modell, an dem sich die inhaltliche Validierung methodisch-kritisch orientieren könnte.

5.1.6 Organisationsdiagnostik als Messung versus Organisationsdiagnostik als Information für und über Gestaltungsmaßnahmen

Diagnostik ist «so gut wie immer Teil eines *Handlungsablaufs*, der – oft mehrfach rückgekoppelt – informationssuchende Handlungen (*Diagnostik* im engeren Sinne) und zustandsverändernde Handlungen (*Behandlungen*) umfasst» (Pawlik, 1976, S. 33; Herv. vom Verf.). Diese Aussage zur Psychodiagnostik gilt grundsätzlich auch für die O-Diagnostik, wobei man davon ausgehen darf, dass eine beträchtliche Anzahl von O-Diagnosen durchgeführt wird, denen keine Gestaltung oder irgendwie geartete Modifikation von organisationalen Sachverhalten folgt oder die gar nicht erst mit einer solchen Absicht verknüpft waren. Will man nicht ausschließlich Diagnostik im engeren Sinne – etwa zu Forschungszwecken – betreiben, so sollten weitere Zielsetzungen bei der Konstruktion und Gütekontrolle von O-Diagnoseverfahren auch ihr Einsatz für die Auswahl geeigneter Gestaltungs- oder Modifikationsmaßnahmen sowie ihre Anwendung bei der Evaluation durchgeführter Maßnahmen sein. Aus dieser handlungs- und entscheidungstheoretischen Sicht sind O-Diagnoseverfahren außer an Messgütekriterien auch an ihrer Angemessenheit für die Selektion von Gestaltungs-/Modifikationsmaßnahmen und an ihrem Aussagewert für die Evaluation von Gestaltungs-/Modifikationsmaßnahmen auszurichten. Ein interessantes Beispiel für eine organisationsdiagnostische Verfahrensweise, die sowohl die O-Diagnostik als Messung als auch die O-Diagnostik als Informationsgewinnung für und über Gestaltungsmaßnahmen einschließt, stellt die «Subjektive Tätigkeitsanalyse (STA)» von Ulich (1981) dar (vgl. Schüpbach & Zölch, Kap. 7).

5.1.7 Testen versus Inventarisieren

Inventarisieren – als das systematische Erfassen aller Elemente in dem durch die Fragestellung bezeichneten Ausschnitt einer Organisation – ist ein aufwendiger Aufgabenbereich der O-Diagnostik. Das Inventarisieren – etwa aller Leistungskennziffern für die Bereiche Behandlung und Pflege in einem Krankenhaus – dient dem O-Diagnostiker beispielsweise als Grundlage weitreichender Restrukturierungspläne wie für den Abbau von Bettenkapazität, für Stellenplanerweiterungen oder für die Veränderung der Organisationsstruktur. Gegen das Inventarisieren sprechen verschiedene pragmatische Gründe wie Zeit, Finanzen, Personal oder die notwendige freiwillige Teilnahme der Organisationsmitglieder, die nicht immer gegeben sein dürfte. Häufiger als das Inventarisieren ist das Testen, also das organisationsdiagnostische Prüfen auf Grund von Stichprobendaten. Erstrebenswert wären dazu statistische Zufallsstichproben oder zumindest repräsentative Stichproben, von denen man jedoch selten ausgehen kann. Stichproben, die sich vorrangig über die Verfügbarkeit von Dokumenten und Statistiken sowie auf Grund sich ergebender Kontakte zu Leitungspersonen etc. bestimmen, sind nicht eben selten für O-Diagnosen. Die Folgen sind nichtrepräsentative, häufiger auch verzerrte Stichproben und entsprechend beeinträchtigte Datensätze. Nichtrepräsentative Stichproben bergen somit die Gefahr einer im Sinne einer Gruppe von Organisationsmitgliedern einseitigen Diagnose der Organisationswirklichkeit. Die Probleme der Stichprobenziehung in der O-Diagnostik sind damit grundsätzlich die gleichen wie in anderen Bereichen der empirischen Sozialforschung und der angewandten Statistik.

5.1.8 Globale Organisationsdiagnostik versus Detaildiagnostik

Detaildiagnostik meint die Diagnose eines ausschnitthaften Merkmalsbereichs der Organisation. Führungsverhalten, Interaktion, Formen der Delegation etc. ebenso wie Merkmale des Erlebens (z.B. Rollenstress) können Gegenstand einer Detaildiagnostik sein. Als Beispiel für eine globale Diagnostik ist die Diagnose des Organisations- bzw. Betriebsklimas bzw. der Organisationskultur zu nennen (siehe Abschnitt 6.1). Solche Globaldiagnosen können als eine Art erster Schritt oder als ein Screening (im Sinne eines Filters) gesehen werden, die dann entsprechend dem Bedarf mittels Detaildiagnosen wie in diesem Beispiel zur Arbeitszufriedenheit, zum Rollenstress oder zur organisationalen Bindung vertieft werden. Von der globalen O-Diagnostik ist die zuvor dargestellte integrative O-Diagnostik klar abzugrenzen. Letztere hat nicht nur einen umfassenderen, sondern auch qualitativ wesentlich anderen Anspruch (vgl. Abschnitt 4.3).

5.1.9 Modellorientierte Organisationsdiagnostik versus fallorientierte Diagnostik

Mit dieser Dimension wird O-Diagnostik danach unterschieden, ob sie sich an vorliegenden Modellvorstellungen (Konzepten) von Organisationen orientiert (modellorientiert), oder ob sie mit konzeptuell wenig strukturierten Aspekten von Organisationen konfrontiert ist und somit Organisationen diagnostisch als Einzelfälle betrachtet (fallorientiert). Für erstere bestimmen die Modellvorstellungen die O-Diagnostik, d.h. die Auswahl der Untersuchungsvariablen; sie steuern die Datenerhebung und -auswertung sowie die Befundinterpretation und -darstellung. Bei der fallorientierten O-Diagnostik wird eine an dem spezifischen Fall orientierte Exploration der Organisation durchgeführt, es geht also um eine fallspezifische Rekonstruktion der Organisation. Als modellorientierte O-Diagnostik kann in der Regel die Strukturdiagnostik im Sinne der situativen und vergleichenden Organisationsforschung verstanden werden (vgl. Abschnitt 4.1). Dagegen stellt die Diagnose von Organisationskulturen in der Regel eine fallorientierte Vorgehensweise dar. Der modell- bzw. fallorientierten Vorgehensweise sollten Auswahl und Einsatz der jeweils verwandten Methoden entsprechen. So wird der Grad der Offenheit der Methoden bei der fallorientierten O-Diagnostik in der Regel höher ausfallen als bei der modellorientierten O-Diagnostik; denn offene Methoden der Datenerhebung erlauben in einem stärkeren Ausmaß als geschlossene Methoden die Exploration von organisationalen Sachverhalten wie Klima oder Kultur etc., so dass der Einsatz offener Methoden bei vergleichsweise geringerem Grad an wissenschaftlicher Modellbildung in der fallorientierten O-Diagnostik in der Regel notwendig wird.

5.2 Instrumente und Gütekriterien

Die in der O-Diagnose eingesetzten Erhebungsverfahren stammen aus ganz unterschiedlichen Disziplinen, vor allem aus der Arbeits- und Organisationspsychologie, der Betriebswirtschafts- und Managementlehre sowie der Organisationssoziologie. Bislang ist keine Arbeit bekannt, die einen zusammenfassenden Überblick über Instrumente dieser verschiedenen Quellen gibt. Vielmehr sind die bekannten Instrumente in Einzelveröffentlichungen bzw. Sammelbänden zu einzelnen Verfahrensgruppen wiedergegeben

(z. B. Cook, Hepworth, Wall & Warr, 1993; Dunckel, 1999; Kubicek & Welter, 1985; Lawler & Seashore, 1979 ff.). In der Tabelle 3 im Abschnitt 5.1.2 wurden insgesamt sieben mehr oder weniger gängige Typen von Erhebungsverfahren genannt, zu denen überwiegend eine große Anzahl von Instrumenten vorliegt. Verbreitet sind die Analyse von Dokumenten, die Analyse von Statistiken, die Befragung von organisationalen Schlüsselpersonen und Experten, die Befragung von Mitarbeitern, Gruppengespräche, Beobachtungen am Arbeitsplatz, von Sitzungen etc. Wichtige Hinweise für die Entwicklung und die Verfahrensweisen von O-Diagnoseinstrumenten lassen sich der Literatur zur Arbeits- und Tätigkeitsanalyse entnehmen (z. B. Dunckel, 1999). Weniger verbreitet sind die Analyse von Interaktionen in Organisationen (vgl. Brodbeck, Kap. 13), die Gegenstand der Soziometrie, der Netzwerkanalyse oder der Interaktions-Prozess-Analyse nach Bales und Cohen (1982) sind, sowie die vergleichsweise aufwendige Repertory Grid-Technik nach Kelly (z. B. Fromm, 1995). Die Auswahl von Instrumenten zur O-Diagnose aus der Fülle der verschiedenen, zum Teil konkurrierenden Verfahren sollte an drei Aspekten orientiert sein: erstens am Gegenstand (v. a. O-Diagnose von Struktur oder Prozess), zum zweiten am Ziel und an der Aufgabe einer O-Diagnose (vgl. Abschnitt 3) sowie drittens an den methodischen Stärken und Schwächen der einzelnen Verfahren. Während die ersten beiden Aspekte bereits an anderen Stellen in diesem Kapitel behandelt wurden, wird auf die verschiedenen Aspekte der methodischen Stärken und Schwächen, insbesondere auf die testkonstruktive Güte als Auswahlkriterium im Weiteren Bezug genommen.

Die hier vorgenommene Trennung zwischen den verschiedenen Methoden der Datengewinnung spiegelt nicht unbedingt das tatsächliche Vorgehen in der O-Diagnose wider, sie dient didaktischen Zwecken. In der Praxis werden Methoden und Instrumente häufig kombiniert, wobei diese Methodenkombinationen zum einen oft mit dem Ablauf einer O-Diagnose in Verbindung stehen und zum anderen eine Antwort auf die Stärken und Schwächen der verschiedenen Verfahren sein können. Ein stufenweises Vorgehen in der O-Diagnose geht oftmals einher mit einem abgestuften Einsatz von offenen und geschlossenen Verfahren. So kommen vor allem in unbekannten, wenig strukturierten Organisationsbereichen zunächst Beobachtungen und Interviews zum Einsatz, während das Beschreiben und Erklären von Abläufen und Zusammenhängen hauptsächlich mit geschlossenen Verfahren wie Fragebogen, standardisierten Fremdbeobachtungsleitfäden sowie Dokumentenanalysen in einem zweiten Schritt erfolgt.

Die Bestimmung der Verfahrensreihenfolge in der O-Diagnose ist die eine Seite von Methodenkombinationen, die andere Seite sind die Stärken und Schwächen der verschiedenen Verfahrensarten. Für die Stärken und Schwächen der einzelnen Verfahren können mehrere Gesichtspunkte zur Beurteilung angeführt werden. Erstens sind die Stärken und Schwächen der Verfahren immer relativ zu den Kompetenzen und Qualifikationen des O-Diagnostikers zu sehen. Verfahren der O-Diagnose erfordern mehr oder weniger umfangreiche Vorkenntnisse in Abhängigkeit von der Komplexität des dem Verfahren zu Grunde liegenden Konzepts; sie erfordern des Weiteren mehr oder weniger Vorkenntnisse und praktische Erfahrungen zur Durchführung. Diese können Schulungen und Einarbeitungszeiten notwendig machen. Zweitens sind die Stärken und Schwächen der O-Diagnose abhängig von den spezifischen Kenntnissen und Erfahrungen des O-Diagnostikers in Bezug auf die jeweilige Organisation, deren Aufbau- und Ablauforganisation, deren Technologie etc. Das Zusammenwirken von Diagnostiker (seine Kompetenzen, Qualifikationen, Erfahrungen, Motive) mit den Charakteristika und der methodischen Güte des Instruments bestimmen somit die Stärken und Schwächen der O-Diagnose maßgeblich.

Drittens führt eine O-Diagnose immer auch zu mehr oder weniger auffälligen, nicht intendierten Veränderungen in einer Organisation. Hier gilt das, was für Messungen schlechthin gilt. Man diagnostiziert nie nur den Gegenstand an sich, sondern man diagnostiziert Strukturen, Prozesse, Individuen und Gruppen in Organisationen immer im Zuge ihrer Veränderung, die auch ein Resultat der Diagnose selbst sein können. Diese Effekte können in Untersuchungsleitereffekte und in Effekte der Reaktivität eingeteilt werden. Untersuchungsleitereffekte sind vor allem im Rahmen von Interviews und für die verschiedenen Arten der teilnehmenden Beobachtung in Organisationen zu erwarten.

Die O-Diagnose kann das zu Messende auch im Sinne einer Reaktivität oder Sensibilisierung beeinflussen. Dazu ein Beispiel: Teilnehmer an einer Untersuchung zu Belastungen und zum psychischen Stress am Arbeitsplatz können durch die Messung in Bezug auf den Personalschlüssel in der Organisation sensibilisiert werden und daher eine negative Tendenz in ihre Antworten einbringen. Unabhängig von der Art und dem Inhalt der Messung kann aber bereits die bloße Tatsache einer O-Diagnose reaktive Effekte und damit Erlebens- und Verhaltensfolgen etwa im Sinne des Hawthorne-Effekts haben (vgl. etwa Greif, Kap. 2). Instrumente sollten deshalb auch danach unterschieden und gewählt werden, inwieweit sie solche Effekte und Veränderungen im Vorgang der O-Diagnose durch ihren Inhalt, ihren Aufbau und Ablauf hervorrufen können, und inwieweit solche Veränderungen akzeptabel oder sinnvoll sind bzw. einer Kontrolle durch den O-Diagnostiker unterworfen werden können (vgl. zu diesen Effekten und deren Reduzierung bzw. Kontrolle auch Moser, Kap. 4.1).

Ein vierter Gesichtspunkt von Stärken und Schwächen der einzelnen O-Diagnoseverfahren sind mit den Gütekriterien der klassischen Testtheorie verbunden, die auch für die O-Diagnose entscheidende Kriterien zur Beurteilung von Instrumenten darstellen. In den wenigsten Fällen sind in der O-Diagnose perfekte Messungen möglich. In Abhängigkeit von der Konstruktion der Instrumente ergeben sich unterschiedliche Messfehler, die bestimmt sind durch mangelnde Objektivität (Durchführungs-, Auswertungs- und Interpretationsobjektivität), mangelnde Zuverlässigkeit bzw. Reliabilität (geschätzt als Retest-, Parallelitäts-, Split-Half-Reliabilität oder Interne Konsistenz) sowie mangelnde Gültigkeit bzw. Validität (geschätzt als Konstrukt- oder Kriteriumsvalidität), wobei die Reliabilität eine Obergrenze für die Validität darstellt (Lienert & Raatz, 1994). Zu beachten ist ferner, dass für die Überprüfung bedingungsbezogener Diagnoseverfahren spezifische Modelle und Verfahren heranzuziehen sind (vgl. Oesterreich, 1992). Die Gütekriterien eines Instruments zur O-Diagnose sollten möglichst günstig ausfallen und zu einem wichtigen Maßstab für die Auswahl eines Verfahrens werden.

Allerdings macht bereits die Durchsicht der oben genannten Literatur zu O-Diagnoseinstrumenten deutlich, dass für eine erhebliche Zahl der zur Verfügung stehenden Instrumente keine vollständige bzw. eine unbefriedigende testtheoretische Absicherung vorliegt und insofern eine Auswahl nach diesen Gütekriterien nicht leicht fällt. In der Praxis kommen häufiger die Notwendigkeit und das Interesse nach Anpassung eines erprobten Instruments an die spezifischen Umstände und Gegebenheiten einer Organisation auf. Verändert man ein Instrument durch Kürzung oder Verlängerung des Umfangs, durch sprachliche Veränderungen der Fragenwortlaute oder der Antwortmöglichkeiten etc., so kann damit eine Veränderung der Güte einhergehen. Daher sind solche Veränderungen kritisch abzuwägen gegen die gewonnenen Vorteile zum Beispiel im Sinne einer erhöhten Anpassung an die organisationalen Gegebenheiten.

Erhebliche Bedenken sind gegen Verfahren anzumelden, die ad hoc zur Diagnose in Organisationen entworfen und deren testkonstruktive Eigenschaften gar nicht oder nur eingeschränkt untersucht wurden. Solche Ad-hoc-Verfahren sind unter methodischen Gesichtspunkten grundsätzlich wenig sinnvoll. Zwar werden die methodischen Probleme von Ad-hoc-Verfahren vor allem im Vertrauen auf die Inhaltsvalidität (sog. «face validity», die in diesem Zusammenhang schon mal als «faith validity» bezeichnet wird) des jeweiligen Instruments oder mit Bezug auf die erfolgreiche Bewertung einer Gestaltungsmaßnahme mit einem solchen Instrument in der Praxis immer wieder ignoriert. Ungeklärt bleibt aber in jedem Fall, inwieweit mangelnde Güte und ungeklärte Methodeneffekte solcher Ad-hoc-Verfahren Einfluss auf die Messergebnisse und auf deren Vergleichbarkeit haben. So mögen zum Beispiel die Ergebnisse bei der Diagnose einer neuen Arbeitsgruppenstruktur –

etwa teilautonomer Arbeitsgruppen – durch mangelnde Güte des Instruments und darüber hinaus durch Reaktivitätseffekte verfälscht sein; denn es ist in der Regel interessant und aufwertend für die Gruppenarbeiter/innen, an einer solchen Befragung teilzunehmen. Die unmittelbaren Ergebnisse wie verbesserte Arbeitsmotivation oder erhöhte Produktqualität der Arbeitsgruppen könnten den O-Diagnostiker und die Auftraggeber so beeindrucken, dass solche Probleme zunächst vernachlässigbar erscheinen. Schwierigkeiten stellen sich jedoch spätestens bei erneuter O-Diagnose ein, wenn etwa die zunächst positiven Wirkungen einer Gestaltungsmaßnahme nachlassen. Gerade aber die Vergleichbarkeit von Messergebnissen im Zeitverlauf ist durch die ungeprüfte, häufig unbefriedigende Güte sowie die unbekannten Methodeneffekte solcher Ad-hoc-Instrumente gefährdet. Bei wiederholten O-Diagnosen im Rahmen von Verlaufskontrollen bei Organisationsgestaltungs- und Organisationsentwicklungsmaßnahmen erhöhen dann verzerrte Ergebnisse die Wahrscheinlichkeit von Fehlurteilen und das Risiko damit verbundener ökonomischer und sozialer Kosten.

Bei allen notwendigen und begründeten methodischen Bedenken verbleibt in einer anwendungsbezogenen Disziplin wie der O-Diagnose ein immer wieder zu lösender Zielkonflikt zwischen methodisch-wissenschaftlichem Anspruch und den pragmatisch-technologischen Anforderungen der Praxis. Werden organisationale Ziele trotz unzureichend methodisch abgesicherter Maßnahmen der Intervention und O-Diagnose erreicht, so können theoretische und methodologische Erwägungen müßig erscheinen. Es verbleibt jedoch das Kosten-Nutzen-Problem zwischen methodisch-wissenschaftlichem Anspruch und den pragmatisch-technologischen Anforderungen der Praxis. Leider kann dieses Kosten-Nutzen-Problem häufig erst dann entschieden werden, wenn längerfristige Wirkungen und Folgen von Intervention und Diagnose in Organisationen bekannt sind.

Zur Objektivität, Reliabilität und Validität treten Anforderungen an die Ökonomie der in der O-Diagnose eingesetzten Instrumente. Diagnosen in Organisationen erfordern Investitionen verschiedener Art. Zu berücksichtigen gilt es den Aufwand zur Durchführung sowohl in personeller als auch in zeitlicher Hinsicht, den Aufbau und die sprachliche wie auch visuelle Verständlichkeit von Handbüchern sowie der Informationen zur Bearbeitung, eine einfache Handhabung beim Gebrauch und bei der Auswertung. Diese Aspekte sind wichtig bei der Entscheidung für oder gegen ein Instrument unter dem Gesichtspunkt der Investition. Darüber hinaus sollten Instrumente in der O-Diagnose sowohl eine hohe Akzeptanz bei den Untersuchten erzielen als auch frei von Beeinträchtigungen für die Untersuchten sein. Zu den möglichen Beeinträchtigungen zählen eine Verletzung des Datenschutzes in Form geringer Anonymität, aber auch hohe Belastungen bei der Durchführung selbst (z. B. überlange Zeitdauer). Offensichtlich sind Akzeptanz und fehlende Beeinträchtigungen verknüpft mit den bereits genannten Stärken und Schwächen von Instrumenten, so dass für die Optimierung von Akzeptanz und Beeinträchtigungslosigkeit bei der O-Diagnose eine Vielzahl von Möglichkeiten existiert. Neben den Charakteristika der Instrumente spielen für die Akzeptanz und das Fehlen von Beeinträchtigungen auch Interessen und Machtverhältnisse in der Organisation eine wesentliche Rolle (vgl. dazu auch folgenden Abschnitt 6).

5.3 Datenauswertung

Im diagnostischen Prozess nimmt die Auswertung organisationaler Daten einen wichtigen Platz ein. Die zur Auswertung herangezogenen Methoden entsprechen zum Teil denen der empirischen Sozialforschung und der angewandten Statistik, teilweise sind es spezifische Methoden oder Vorgehensweisen, wie sie in der psychometrischen Einzelfalldiagnostik oder in der Prozessdiagnostik eingesetzt werden. Einen Überblick über die in der empirischen Organisationsforschung eingesetzten Auswertungsverfahren geben zum Beispiel Müller-Böling (1992) oder Stablein (1997). In Frage kommen zur Datenauswertung deskriptive und inferenzstatistische Verfahren, beispielsweise bei Gruppenvergleichen in Organisationen die Varianzanalyse, bei der Bildung von diagnostischen Typen die Clusteranalyse, bei der Aufstellung und Anwendung von multivariaten statistischen Selektionsstrategien die Diskriminanzanalyse; bei der iterativen aussagenlogischen Prüfung diagnostischer Hypothesen kommt zum Beispiel die Hypothesenagglutination in Frage (z. B. Wottawa & Hossiep, 1987), bei der prozessdiagnostischen Veränderungsmessung kommen unter anderem Varianzanalysen mit wiederholten Messungen bzw. bei prozessdiagnostischer Veränderungsmessung mit vielen Messzeitpunkten kommen die dafür mathematisch angemesseneren Zeitreihenanalysen in Betracht (z. B. Schlittgen & Streitberg, 1999); bei der Einzelfalldiagnostik können die statistischen Methoden der zufallskritischen, psychometrischen Einzelfalldiagnostik Anwendung finden (zum Überblick Jäger, 1988).

Während für die Auswertung bei der geschlossenen O-Diagnostik eine Vielzahl von statistischen Verfahren vorliegen, fehlen einschlägige Darstellungen von qualitativen Auswertungsstrategien zur O-Diagnose – seien es nun Inhaltsanalysen oder interpretative Verfahren – für die offene O-Diagnostik weitgehend, bzw. ihre Darstellung ist für den Anwendungsbereich der O-Diagnose selten hinreichend konkret (Osterloh, 1982). Für die Auswertung solcher Daten ist der O-Diagnostiker auf die Literatur zur qualitativen empirischen Sozialforschung verwiesen (zum Überblick Flick et al., 1995; Miles & Huberman, 1994). Ebenso wie für die Auswahl einer geeigneten O-Diagnosemethode zur Datengewinnung ist der Gegenstandsbezug als Auswahlkriterium auch für die Datenauswertung von entscheidender Bedeutung. Die methodischen Stärken und Schwächen einzelner Auswertungsverfahren sind in der Regel nur in Abhängigkeit vom untersuchten Gegenstand sinnvoll zu beurteilen, sieht man von grundsätzlichen mathematischen Problemen einzelner Methoden ab. Denkt man zum Beispiel an die verdeckten teilnehmenden Beobachtungen von Goffman (1972) zur Diagnose von Interaktions,- Kommunikations- und Handlungssystemen von Insassen in totalen Institutionen wie Gefängnissen oder psychiatrischen Anstalten, so hätte es wenig Sinn gemacht, in dem Beobachtungsmaterial einzelne Variablen zu kodieren und diese einer mathematisch-statistischen Analyse zu unterwerfen. Goffman (1972) wählte den Weg der qualitativen (ethnomethodologisch orientierten) Interpretation des wenig vorstrukturierten Beobachtungsmaterials. In unseren arbeits- und organisationspsychologischen Untersuchungen in Krankenhäusern (z. B. Büssing, 1992; Büssing & Glaser, 2002a) steht dagegen die Erhebung quantitativer Daten zur Organisationsstruktur und zur Arbeitstätigkeit im Vordergrund. Die angewandten Auswertungsverfahren sind daher überwiegend quantitativer Art.

5.4 Durchführung

Für die Gestaltung des Ablaufs einer O-Diagnose findet man in der auch in diesem Beitrag angeführten Literatur eine Vielzahl von Varianten, die sich sowohl an Überlegungen aus der Prozessdiagnostik als auch an Erfahrungswerten und pragmatischen Kriterien orientieren. So kann man nach Kühlmann und Franke (1989) beispielsweise unterscheiden zwischen: Einführungsphase, Erkundungsphase, Planungsphase, Durchführung der Hauptuntersuchung, Phase der Datenverarbeitung, Interpretationsphase, Zusammenfassung und Präsentation der Ergebnisse.

Die Einführungsphase dient dem O-Diagnostiker zur Entwicklung eines Vorverständnisses der für die O-Diagnose bedeutsamen Variablen und Zusammenhänge, das er in der Regel in Gesprächen und Verhandlungen mit Auftraggebern, Organisationsleitung und Arbeitnehmervertretung gewinnt. Zu den wichtigen Variablen zählen die Ziele, der potenzielle Nutzen der Ergebnisse, die zur Verfügung stehenden Ressourcen, die Partizipationsmöglichkeiten der Organisationsmitglieder etc. In der Einführungsphase wird darüber hinaus das wechselseitige Rollenverständnis zwischen Untersucher auf der einen Seite und Vertretern der Organisationsleitung sowie Arbeitnehmervertretern auf der anderen Seite geklärt, wobei vor allem in dieser Phase Ziel- und Erwartungsmodifikationen bei den Beteiligten möglich sein sollen. Die Einführungsphase dient darüber hinaus auch der Information über die methodischen Vorgehensweisen und die zu erwartenden Schwierigkeiten der O-Diagnose. Für das Gelingen der O-Diagnose ist in dieser Phase das Abklären der Interessen von entscheidender Bedeutung. So hat insbesondere ein unabhängiger, neutraler O-Diagnostiker großen Wert darauf zu legen, von keiner der beiden betrieblichen Parteien vereinnahmt zu werden. Beide Parteien sollten umfassend in allen Phasen einer O-Diagnose informiert werden. Eine solche Informationspolitik des O-Diagnostikers dient auch der Vermeidung von Gerüchten und Vorurteilen, die zum Beispiel darin münden können, dass eine O-Diagnose von den Organisationsmitgliedern als Teil einer Rationalisierungsmaßnahme missverstanden wird und Messungen an Verweigerungen und Verzerrungen scheitern.

In der Erkundungsphase werden dann sondierende Studien durchgeführt, in denen mit möglichst offenen Methoden der Interviewführung, der Gruppendiskussion oder der Beobachtung vor allem Fragestellungen und Untersuchungsansätze abgewogen und in Frage gestellt werden können, damit Einseitigkeiten und Verengungen der Untersuchungsperspektive vorgebeugt werden kann. In dieser Phase ist auch an eine Prüfung von Kriterien zu denken, die zur Auswahl von zu untersuchenden Organisationseinheiten verwandt werden können. Möglichst frühzeitig – in der Einführungs- oder in der Erkundungsphase – sollten die notwendigen und vorhandenen Kompetenzen und Qualifikationen der Untersucher bestimmt und abgeglichen werden. Häufig wird man nämlich bei der Durchführung von O-Diagnosen auch auf Untersucher zurückgreifen, die nicht hauptberuflich in der O-Diagnostik tätig sind (freie Mitarbeiter, Studenten etc.). Daher sind rechtzeitig gründliche theoretische und methodische Schulungen, seminaristische Trockenübungen in den Methoden und Techniken sowie praktische Übungen vor Ort durchzuführen. Gute unterscheiden sich von schlechten O-Diagnosen oft allein schon durch den Umfang der Investitionen in die Qualifizierung der Untersucher. Weiterhin sollten Erfahrungen mit dem zu diagnostizierenden Organisationstyp und den konkreten Gegebenheiten der zu diagnostizierenden Organisation selbstverständlich für die Untersucher sein, denn es wird in der Regel einen großen Unterschied machen, ob man eine O-Diagnose zum Beispiel in einer privatwirtschaftlichen oder öffentlichen Organisation durchführt.

Die Planungsphase soll neben der Zusammenstellung und Adaption sowie einer ersten Güteüberprüfung des Instrumentariums auf der Grundlage der Modellvorstellungen über den Untersuchungsgegenstand auch Überlegungen zur Datenaufbereitung, Datenverarbeitung und -auswertung umfassen, die – sozusagen im Vorgriff – Hinweise auf die Adäquanz der eingesetzten Instrumente für die zukünftige Datenverarbeitung und -auswertung geben können. Weiterhin müssen in dieser Phase vielfältige Fragen der Organisation der Untersuchung als solcher abgeklärt werden, wie zum Beispiel: Zeitpunkt, Stichprobenziehung, Dauer und Ort, Information der potenziellen Teilnehmer, Erstellen der Erhebungsinstrumente, Datenschutz.

Die Planungsphase kann neben dieser Vielzahl methodischer, organisatorischer und konkreter praktischer Vorbereitungsarbeiten auch zwei übergeordnete Planungsaspekte umfassen. Zum einen können Kosten-Nutzen-Analysen für den Gegenstand der Untersuchung wie für die Untersuchung selbst – oder besser gesagt für die Auswahl von diagnostischen Methoden – aufgestellt werden. Ohne hier auf Einzelheiten von Kosten-Nutzen-Analysen einzugehen, kann festgestellt werden, auch für die O-Diagnose werden monetäre Gesichtspunkte zur Beurteilung im Vordergrund stehen, wobei der monetäre Aspekt durch eine Vielzahl von Einzelaspekten bestimmt wird (Zeit-, Personal-, Sachmittelbedarf, Stichprobengröße etc.).

Zum anderen kann zur Planung des Erhebungsinstrumentariums eine Metaanalyse der wissenschaftlichen Literatur zu Methoden der Datenerhebung durchgeführt werden, wenn mit der Durchsicht von Überblicksarbeiten zu einem Themenbereich kein zuverlässiges Urteil über den Stand einer Methodenentwicklung in der O-Diagnose zu erzielen ist. Metaanalysen sollen wie Überblicksarbeiten der Integration bzw. Zusammenfassung und Bewertung eines Gegenstandsbereichs dienen und orientieren sich dabei an bestimmten Vorgehensweisen und Standards, die in der einschlägigen Literatur behandelt werden. Im Verhältnis zu dem Studium von Überblicksarbeiten ist allerdings eine eigens durchgeführte Metaanalyse um ein Vielfaches aufwendiger (s. zur Kosten-Nutzen-Analyse und Metaanalyse ausführlicher z. B. Wolf, 1999; Moser, Kap. 4.1, sowie Schuler & Höft, Kap. 10).

In der Planungsphase sollte die Erhebungsökonomie Beachtung finden. Eine gute Möglichkeit zu ihrer Verbesserung bietet das Internet bzw. das firmeneigene Intranet (z. B. Batinic, 2000). Inzwischen sind einige ausgereifte und spezifisch auf die empirische Sozialforschung zugeschnittene Softwareprodukte auf dem Markt verfügbar (z. B. Teleform/e-survey, Perseus), mit denen sich Fragebogenstudien online durchführen sowie Daten automatisiert (etwa auch mittels optischen Datenscannern) verarbeiten lassen.

Die Planungsphase nimmt in der Durchführung einer O-Diagnose eine zentrale Stellung ein. Mit der Planung werden nicht nur die Weichen für die Wahl der Methoden und Instrumente gestellt, sondern eine Vielzahl von Entscheidungen getroffen, die den Verlauf einer O-Diagnose bestimmen. Je sorgfältiger die Planungsarbeiten daher durchgeführt werden, umso weniger werden grundsätzliche Probleme bei der Durchführung der konkreten O-Diagnose auftreten.

Trotzdem wäre es eine Illusion, außerhalb von kleinen, sehr eng begrenzten O-Diagnosevorhaben von einer reibungslosen Durchführung der Hauptuntersuchung auszugehen. Die Durchführung der Hauptuntersuchung sollte daher im Hinblick auf besondere Vorkommnisse sowie auf die Einhaltung des Untersuchungsplans genau dokumentiert werden, um den Untersuchungsplan faktisch begründen bzw. etwaige Abweichungen hinsichtlich ihres Einflusses auch in der Phase der Datenauswertung und der Evaluation beurteilen zu können. Zumindest bei längerfristigen Vorhaben sind Probleme bei der Durchführung einer O-Diagnose zu erwarten, wobei in Anlehnung an Wottawa und Thierau (1998) vier Problembereiche zu benennen sind:

1. die Untersucher, die die O-Diagnose durchführen,
2. das Controlling eines O-Diagnosevorhabens,
3. Veränderungen in der untersuchten Organisation,
4. unvorhersehbare Probleme.

Die Anforderungen an die Qualifikation, Motivation und an die Kompetenzen nicht zuletzt in Bezug auf den sozialen Kontakt in einem Unternehmen machen es nicht leicht, gute Fachkräfte als Untersucher für die O-Diagnose zu gewinnen. Der Mangel an Fachkräften lässt personelle Ausfälle schnell zu einer kritischen Belastung für eine O-Diagnose werden. Eine wesentliche Voraussetzung für das Gelingen einer O-Diagnose sind demnach eine gute Personalführung und ein gutes Personalmanagement. Größere O-Diagnosevorhaben mit längerer Laufzeit können nicht ohne eine regelmäßige Rückmeldung über die Einhaltung von Zeitplanung, Kostenrahmen und Qualitätsstandards realisiert werden. Ein systematisches Controlling in Bezug auf diese Aspekte ist daher in ein Vorhaben planmäßig einzubauen. Während die Kontrolle der Zeitplanung in der Regel wenig Probleme bereitet, gestalten sich Kosten- und Qualitätskontrolle häufig schwieriger. Gründe dafür sind beispielsweise die nur eingeschränkt kalkulierbaren Finanzierungsreserven, die etwa bei personellen Ausfällen auf Seiten der O-Diagnostiker wegen Krankheit oder Kündigung benötigt werden, bzw. nur schwer sicherzustellende Qualität von Interviewführung, Beobachtungen etc. Als dritten Problembereich bei der Durchführung einer O-Diagnose sind Veränderungen in der untersuchten Organisation anzuführen. Mit solchen Veränderungen sind Störungen der O-Diagnose gemeint, die immer wieder in Organisationen auftreten, die jedoch nicht oder nur schwer vorhersagbar sind. Das könnten die Auflösung von Abteilungen wegen veränderter Absatzlage, ein Personalwechsel auf der Leitungsebene oder nicht vorhersehbare Reaktanz von Organisationsmitgliedern gegenüber der O-Diagnose sein. Schließlich bleibt eine immer in Betracht zu ziehende Restkategorie an unvorhersehbaren Problemen, die von unerwarteten Methodeneffekten bis zu technisch bedingtem Datenverlust reichen können. Die Auswirkungen aller genannten Problembereiche korrelieren eng mit der Güte von Planung und Management eines O-Diagnosevorhabens.

Die Phase der Datenverarbeitung umfasst vor der eigentlichen statistischen Auswertung die eingehende Kontrolle der Einhaltung von vorab festgelegten Auswahl- und Durchführungsrichtlinien sowie die Kontrolle der Datenqualität im Sinne der Fehlersuche bei der Erhebung (z. B. systematische Antwortverweigerung), bei der Datenaufbereitung (z. B. Kodierfehler, fehlerhafte Dateneingabemasken) oder beim Datenmanagement (z. B. Verwechseln von Variablennummern, falsche Polung von Fragen). In der Datenverarbeitungsphase ist der Datenschutz unbedingt einzuhalten. Vielfach besteht im Laienverständnis Unklarheit über den rechtlichen Gehalt des Schutzes vor allem so genannter personenbezogener Daten. Rechtlich gültig und bindend sind die Bestimmungen des Bundesdatenschutzgesetzes bzw. der Landesdatenschutzgesetze, deren Einhaltung in der O-Diagnose zu gewährleisten sind. Wenn im Rahmen von O-Diagnosen personenbezogene Daten erhoben werden und eine personenbezogene Datenverarbeitung erfolgt, ist die Einhaltung der Datenschutzgesetze zwingend und für das Gelingen von O-Diagnosen auch mit Blick auf das Vertrauen aller Beteiligten von besonderer Bedeutung (vgl. zum Datenschutz in Forschung und Praxis Hamm, 1999, bzw. Koch, 1997).

Die eigentliche Datenauswertung wird heute in aller Regel über EDV mittels statistischer Verfahren erfolgen. Da insbesondere größere O-Diagnosen umfangreiche Datensätze mit hohen Variablenanzahlen umfassen werden, schließt die Planung einer O-Diagnose eine gezielte, hypothesenbezogene Datenauswertung nach Möglichkeit ein. Da wissenschaftlich-theoretisch begründete Hypothesen für die O-Diagnose nicht immer formulierbar sind, sollten auf jeden Fall nutzenbezogene Fragestellungen unter Einschluss wissenschaftlicher Erkenntnisse vorab in der Planungsphase vom Auftraggeber und O-Diagnostiker so formuliert werden, dass die Fragestellungen auch im Sinne ihrer späteren Auswertbarkeit sinnvoll sind.

Nach der Phase der Datenverarbeitung wird in der Interpretationsphase eine auf das O-Diagnoseziel bezogene Evaluation der Ergebnisse vorgenommen. Die Evaluation gibt möglicherweise Anlass zu ergänzenden oder neuen Fragen, da sich zum Beispiel gestellte Fragen in Teilbereichen als unzureichend erwiesen haben. Interpretationsphase und Datenverarbeitungsphase werden häufig fließend ineinander übergehen, zumal wenn eine O-Diagnose den Stellenwert einer Erkundungsstudie einnimmt und interessante, nützliche sowie auswertbare Fragen bei der Interpretation der Ergebnisse zu Tage treten. Die Ergebnisse werden in der Interpretationsphase – mit Bezug auf das Diagnoseziel – zu inter- und intraorganisatorischen Vergleichen herangezogen – zum Beispiel intraorganisatorische Vergleiche zwischen Abteilungen oder Organisationsbereichen. Darüber hinaus werden die Ergebnisse bei der Interpretation in hypothesenartige Aussagen über Zusammenhänge gefasst (z. B. das Erleben von Arbeitsplatzunsicherheit steht im Zusammenhang mit personellen Umsetzungen und mangelnder Kooperation/Kommunikation mit den Vorgesetzten) sowie zu Annahmen über Ursachen und Konsequenzen von Merkmalsausprägungen und -zusammenhängen herangezogen (z. B. das Erleben von Arbeitsplatzunsicherheit verringert die Flexibilität und erhöht die Fehlzeitenrate). Nicht alle gestellten Fragen können in der Regel beantwortet werden; hinzu kommen meist ergänzende neue Fragen in Teilbereichen einer O-Diagnose, in denen sich die ursprüngliche Fragestellung als unzulänglich erwiesen hat, so dass die interpretative Verallgemeinerung der Ergebnisse einer weiteren Prüfung bedarf. Das kann wiederum Anlass geben für eine Erweiterung des Diagnoseprozesses.

Spätestens in der Interpretationsphase hat der O-Diagnostiker das Verhältnis von statistischer zu praktischer Signifikanz seiner Ergebnisse zu problematisieren. Ohne hier auf die formalen methodischen Aspekte einzugehen (vgl. Holling & Schulze, 2003) soll das Problem an zwei Beispielen kurz veranschaulicht werden. So kann bei einer größeren Stichprobe in einer O-Diagnose bereits eine betragsmäßig geringe Korrelation von .15 für den Zusammenhang von Arbeitszufriedenheit und Arbeitsleistung statistisch signifikant, jedoch die praktische Bedeutsamkeit wegen der geringen gemeinsamen Varianz von nur 2,25 % zwischen den beiden Merkmalen vernachlässigbar sein. Oder man denke an das Erkennen von Zusammenhängen zwischen spezifischer psychomentaler Belastbarkeit und Bedienungsfehlern bei CNC-Maschinenbedienern. Hier könnten umgekehrt bereits kleine Effekte, die bei üblicher Auswertung statistisch als nicht signifikant beurteilt würden, große praktische Bedeutung gewinnen, etwa über hohe finanzielle Kosten auf Grund von Stillstandszeiten bei Bedienungsfehlern.

Den Abschluss einer O-Diagnose bilden die Zusammenfassung, der Ergebnisbericht und die Präsentation der Ergebnisse für Auftraggeber und interessierte Gruppen in der Organisation. Die Zusammenfassung, der Ergebnisbericht und die Präsentation der Ergebnisse nehmen häufig nicht die Stellung ein, die ihnen für das Gelingen einer O-Diagnose gebührt; denn sie beeinflussen in einem hohen Maße die Fähigkeit und die Bereitschaft der Organisation, die Ergebnisse einer O-Diagnose anzunehmen und praktisch umzusetzen. Um die Effizienz der Zusammenfassung, des Ergebnisberichts und der Präsentation der Ergebnisse zu gewährleisten, können eine Fülle von praktischen Möglichkeiten, Empfehlungen und Hilfsmitteln herangezogen werden, auf die hier lediglich verwiesen werden kann. So geben Wottawa und Thierau (1998) eine Reihe von Hinweisen für die Berichtlegung. Für die formale Gestaltung und den Aufbau eines Berichts finden sich Hinweise in den Empfehlungen der Deutschen Gesellschaft für Psychologie (1997), in einschlägigen Fachzeitschriften oder bei Bortz und Döring (2002). Eine große Rolle für die erfolgreiche Ergebnisdarstellung spielt die mündliche Präsentation vor Auftraggebern und interessierten Organisationsmitgliedern. Zum Aufbau und zur Gestaltung von mündlichen Präsentationen sind viele Ratschläge und Empfehlungen zum Beispiel bei Freimuth und Straub (1996) oder Hinweise für die Gestaltung und Verwendung von Folien und Präsentationen etwa bei Müller-Schwarz und Weyer (1991) nachzulesen.

Im Rahmen der O-Diagnostik – und das gilt sowohl für die Status- als auch für die Prozessdiagnostik, für letztere jedoch in einem besonderen Maße – ist nicht nur für eine spätere Phase der Organisationsgestaltung oder Organisationsentwicklung, sondern bereits für die Phase der O-Diagnose selbst eine Beteiligung von Organisationsmitgliedern zu erwägen. Man spricht in diesem Zusammenhang auch von Partizipation der Betroffenen im Sinne der direkten Teilnahme an Entscheidungsprozessen. Zu unterscheiden ist die Partizipation von der gesetzlich geregelten Mitbestimmung, die über die Arbeitnehmervertretungen (Personal-, Betriebsrat) wahrgenommen wird. «Die Partizipation wird auf der einen Seite mit dem Ziel verbunden, den Betroffenen die Möglichkeit zu geben, ihre Vorstellungen in die Veränderungsprozesse einzubringen und somit zu einer Humanisierung und Demokratisierung in der Organisation beizutragen. Auf der anderen Seite erhofft man sich durch Partizipation die Generierung innovativer Alternativen, die Überwindung von Widerstand gegen Veränderungen und somit einen Vorteil für die Organisation. Dabei ist heftig umstritten, ob diese Ziele miteinander in Harmonie zu bringen sind oder sich grundsätzlich widersprechen» (v. Rosenstiel, 1989, S. 661). Die Partizipation der Organisationsmitglieder sollte für den gesamten Verlauf einer O-Diagnose in Betracht gezogen werden. Das schließt eine Beteiligung in der Einführungsphase ebenso ein wie eine Beteiligung an der Planung und Interpretation. Die Partizipation verwirklicht dabei nicht nur Aspekte der Demokratisierung und Humanisierung im Arbeitsleben, sondern kann gerade für die ökologische Validität einer O-Diagnose wertvolle Unterstützung liefern; denn wer vermag besser als die Betroffenen selbst Hinweise zu Abläufen, Prozessen etc. vor allem auf der Ebene der Abteilungen und Arbeitsgruppen geben.

Zur Beteiligung von Organisationsmitgliedern im gesamten O-Diagnoseprozess, den man unter der Überschrift «Partizipative O-Diagnostik» zusammenfassen könnte, liegen bislang in der Literatur nur wenige Hinweise vor (vgl. Überlegungen zur Beteiligung von Organisationsmitgliedern etwa bei Lawler & Drexler, 1980). Die Literatur zur Partizipation und Mitbestimmung (z. B. Heller, Pusic, Strauss & Wilpert, 1998), Industriellen und Organisationalen Demokratie (z. B. Weber, 1999), zur Partizipativen Arbeitsgestaltung (z. B. Duell & Frei, 1986) und Aktionsforschung (z. B. Argyris, Putnam & McLain Smith, 1987) können hier Anregungen zur Beteiligung von Organisationsmitgliedern auch bei der O-Diagnose geben.

6. Organisationsdiagnose an Beispielen

6.1 Diagnose von Klima und Kultur

In komplexen Organisationen spielen neben strukturellen mehr denn je nicht-strukturelle Koordinationsmechanismen eine Rolle (Perrow, 1993). Dabei handelt es sich um ein mehr oder weniger buntes Bündel aus Werten, Kultur, Ideen, Symbolen, Mythen, Riten, Zeremonien etc. Die koordinative Absicht hinter diesen Konstrukten ist offenkundig: Die Ausrichtung aller oder bedeutender Teile (etwa Kerngruppen) der Organisationsmitglieder auf dieselben Ziele drängt positionsbezogene oder persönliche Interessen zurück bzw. bedient sich dieser zum Zwecke der Förderung des Engagements für Aktivitäten, die auf die Ziele der Organisation bezogen sind. Während gemeinsame Orientierungen wie Werte oder Ideen in freiwilligen religiösen, politischen, sozialen und kulturellen Organisationen immer schon eine selbstverständliche Ausgangsbasis bilden, sind sie in Wirtschaftsorganisationen Gegenstand intensiver Bemühungen, denn die zunehmend in dezentralisierten, verteilten, vernetzten, flexiblen und raum- und zeitunabhängigen Organisationsformen arbeitenden Menschen lassen sich weniger denn je allein über strukturelle Vorgaben führen.

Organisationskultur und Organisationsklima spielen unter diesen Mechanismen in der Organisationspsychologie eine besondere Rolle. Aus Sicht der Psychologie handelt es sich bei Kultur und Klima um theoretische Konstrukte, die zwar beobachtbare Korrelate besitzen, selbst aber nicht der direkten Beobachtung zugänglich sind. Solche beobachtbaren Korrelate etwa für Kultur finden wir nach Müller (1999) in sprachlichen Gepflogenheiten (Kommunikationskultur), Arbeits- und Produktionsmitteln (Technikkultur), Zielen und Leitbildern (Fortschrittskultur), Ritualen (Traditionskultur), Sicherheitsstandards (Sicherheitskultur) etc. Die Organisationskultur ist prägender Teil dessen, was als organisationale Identität bezeichnet wird (Hogg & Terry, 2000), und insofern funktioniert sie anpassend und anziehend ebenso wie ausgrenzend und selektierend, sie prägt «den «Charakter» der Organisationen ebenso (...) wie den ihrer Mitglieder» (Müller, 1999, S. 194).

Wie die Organisationskultur so ist auch das Organisations- bzw. Betriebsklima ein Konstrukt, das auf beobachtbare Korrelate Bezug nimmt und von diesen abgeleitet wird. So bezieht sich das Betriebsklima nach von Rosenstiel, Falkenberg, Hehn, Henschel und Warns (1983) auf klassische Organisationsmerkmale wie Kollegen, Vorgesetzte, Organisationsstruktur etc. (vgl. **Informationsbox 2** auf S. 590).

Während das Wissen über den Zustand der kulturellen und klimatischen Verfassung eines Unternehmens strategische Bedeutung erlangt, sind Kultur und Klima als Konstrukte der O-Diagnose nicht ohne weiteres zugänglich. Hinzu kommt die Schwierigkeit, dass eine Vielfalt von Modellen und Definitionen von Kultur und Klima in Organisationen existiert und Kultur und Klima nicht klar voneinander abzugrenzen sind (Bögel, 1999; Schein, 1996). So ist nach Moran und Volkwein (1992) Kultur und Klima gemeinsam, dass sie auf Merkmale von Organisationen Bezug nehmen, die auf Kommunikation und Kooperation aufbauen. Während sich jedoch Organisationskultur auf selbstverständliche, unhinterfragte, implizite und tradierte Merkmale wie Normen, Symbole, Riten etc. bezieht, werden Merkmale des Organisationsklimas eher bewusst wahrgenommen, reflektiert und in ihrer Abhängigkeit von sich ändernden Bedingungen beurteilt (Moran & Volkwein, 1992).

Für die Diagnose des Organisationsklimas finden sich im deutschsprachigen Raum neben dem Betriebsklimafragenbogen von von Rosen-

Informationsbox 2

Messung des Betriebsklimas

«Das Betriebsklima ist die Beschreibung und Bewertung wichtiger inhaltlicher Dimensionen eines Betriebs – sei es der Wirtschaft oder der öffentlichen Verwaltung – auf der Belegschaftsebene. Es kann sich dabei um den Betrieb als Ganzes, um Teile dieses Betriebs, Zweigwerke, Abteilungen oder Arbeitsgruppen handeln. Stets aber sind es soziale Gebilde; es ist nicht der einzelne Arbeitsplatz. Die inhaltlichen Dimensionen, die dabei beachtet werden sollen, sind nach dem Grad der Aktualität auszuwählen, sollten definitorisch nicht festgeschrieben sein und unterliegen dem gesellschaftlichen Wandel» (v. Rosenstiel et al., 1983, S. 109).

Mit der Betriebsklimauntersuchung stehen die Erfassung, Analyse und Darstellung des Ist-Zustandes im Vordergrund, ganz im Sinne der genannten Definition von O-Diagnose. Offen ist, ob die Veränderung des Betriebsklimas als Selbstzweck, d.h. als Soll-Zustand, oder als instrumentell für das Erreichen andersartiger Ziele gesehen wird (z.B. Senkung der Fehlzeiten, Erhöhung der Leistungsbereitschaft).

Der Betriebsklimafragebogen von v. Rosenstiel et al. (1983) umfasst sieben Aspekte: Gesamtbild des Betriebes, Kollegen, Vorgesetzte, Organisationsstruktur, Information und Mitsprache, Interessenvertretung, betriebliche Leistungen, die anhand von insgesamt 66 Items auf sieben Skalen von mittlerer bis sehr hoher Reliabilität erfasst und durch weitere 14 Bewertungs- und Gewichtungsfragen ergänzt werden.

Von Rosenstiel et al. (1983) untersuchten 16 Betriebe unterschiedlicher Größe, Branche und regionaler Lage, um Normdaten zu gewinnen, damit Betriebe das Betriebsklima im eigenen Haus mit dem in anderen Unternehmungen vergleichen können. Darüber hinaus ließen sie den beteiligten Unternehmungen differenzierte Informationen zu ihrem Betriebsklima und Hinweise für Verbesserungsvorschläge zukommen. Normwerttabellen wurden nach einer Reihe verschiedener Merkmale (z.B. Betriebsgröße, Branche, Stadt/Land) auf der Basis von 2569 beantworteten Fragebogen gebildet (Rücklauf von ca. 35%).

Einige inhaltliche Ergebnisse: Ein Vergleich der verschiedenen Aspekte des Betriebsklimas auf dem aggregierten Niveau der Betriebe ergab eine abfallende Rangreihe der sieben Aspekte des Betriebsklimas: Gesamtbild des Betriebes (erster Rang), Kollegen, Vorgesetzte, Interessenvertretung, Information und Mitsprache, Organisationsstruktur, betriebliche Leistungen (siebter Rang). Ein Auswertung nach der Betriebsgröße machte deutlich, dass das Betriebsklima sich in allen sieben Aspekten mit steigender Beschäftigtenzahl verschlechterte. Die standortbezogene Interpretation der Ergebnisse zeigte insgesamt recht deutlich ein schlechteres Betriebsklima in den Betrieben der ländlichen Regionen. Unterschiede fanden sich auch zwischen den verschiedenen Branchen, wobei die Branchen «Dienstleistungen» und «Lebensmittel» günstige, dagegen «Holz», «Metall» und «Druck» sehr viel ungünstigere Werte erreichten. Neben den betriebsexternen Merkmalen werteten v. Rosenstiel et al. (1983) auch nach betriebsinternen Merkmalen wie Tätigkeiten, Raumgruppengröße, Position sowie nach personenbezogenen Merkmalen wie Geschlecht, Alter, Schul- und Berufsausbildung aus.

stiel et al. (1983), über den in der Informationsbox 2 berichtet wird, das sich aus 28 Modulen zusammensetzende «Landauer Inventar zur Diagnose des Organisationsklimas (LIDO)» von Müller (1999). In beiden Fällen handelt es sich um standardisierte Fragebogen zur Beschreibung von Merkmalen von Organisationen bzw. von organisationalen Einheiten (Gruppe, Team).

Zur Diagnose von Organisationskultur sei auf das entsprechende Kapitel in Neuberger und

Kompa (1993) verwiesen. Die Autoren klassifizieren dort Verfahren nach der Art der Methode (quantitativ vs. qualitativ) und nach Inhalten der Organisationskultur, die von Interesse sind (soziokulturelle Gestaltung vs. latente Faktoren). Danach werden vier Verfahrensklassen unterschieden: Interviews mit «Schlüsselpersonen» zum Beispiel mit Fragebogen zur Beschreibung von Führungsverhalten (quantitativ, soziokulturelle Gestaltung), strukturierte Fragebogen zur Erfassung von Normen, Werten etc. (quantitativ, latente Faktoren), Geschichten, Witze, Slogans etc. zu Sitten, Riten, Traditionen in Organisationen etc. (qualitativ, soziokulturelle Gestaltung), und spontane Selbstdeutungen von Sinn und Funktion bestehender Kulturpraktiken (qualitativ, latente Faktoren). Die Klassifikation von Neuberger und Kompa (1993) spiegelt am Beispiel der Organisationskultur die verschiedenen methodischen Zugänge wider, die zuvor bereits für die O-Diagnose aufgezeigt wurden.

Es würde zu weit führen, hier einzelne Verfahren darzustellen. Hingewiesen sei jedoch auf das Instrument von Hofstede, das im englischsprachigen Raum eines der bekannten ist und in verschiedenen international vergleichenden Untersuchungen zur O-Diagnose eingesetzt wurde (z. B. Hofstede, Neuijen, Ohayv & Sanders, 1990). Neben Verfahren, die sich generell mit Organisationskultur befassen, findet man Instrumente, die auf einzelne Aspekte von Kultur in Organisationen gerichtet sind (Hofstede, 1998a). Einen interessanten und wichtigen Teilbereich bildet die Sicherheitskultur in Organisationen, zu der Büttner, Fahlbruch und Wilpert (1999) einen aktuellen Überblick über Konzepte und Analysemethoden geben.

O-Diagnose ist generell kein Selbstzweck, dies gilt speziell auch für die Diagnose von Kultur und Klima. Das Interesse an zuverlässigem Wissen über Klima und Kultur speist sich aus der Erwartung, dass ein positives Klima und eine gute Kultur zielführend, in ihren Einflüssen gestaltbar und in ihren positiven Wirkungen messbar sind. Eine der Wirkungsrichtungen von Kultur und Klima zielt auf Einstellungen, Motivation und Werthaltungen der Organisationsmitglieder (Hofstede, 1998b). So konnte Müller (1999) in einer empirischen Untersuchung belegen, dass positive Kommunikationskultur und gutes Vertrauensklima mit hohem Befriedigungsgehalt in der Arbeit einhergehen.

6.2 Diagnose von Qualität

Wesentliche strukturelle Veränderungen in der Produktion (z. B. Computerisierung) und in den Märkten (z. B. Globalisierung) ebenso wie neue Gesetze sind maßgeblich dafür, dass in den vergangenen beiden Jahrzehnten zahllose neue bzw. wieder entdeckte Managementkonzepte Konjunktur feiern. Viele dieser Konzepte sind Partialkonzepte, d. h. sie konzentrieren sich auf einzelne Faktoren oder Bündel von Faktoren in Unternehmen wie zum Beispiel «Just-in-time», «Kaizen» (Kontinuierlicher Verbesserungsprozess) oder die umfassendere «Lean Production» (z. B. Pongratz & Voß, 1997). Gemeinsam ist diesen Konzepten, dass sie die Effizienz und Effektivität von Herstellungsprozessen und Ressourcen in den Mittelpunkt stellen, hingegen Kunden, Mitarbeitern und Umwelt eher wenig Beachtung schenken.

Damit unterscheidet sich das so genannte «Total Quality Management» (TQM) wesentlich von diesen Partialkonzepten, denn beim TQM handelt es sich um ein integriertes Qualitätsmanagement – d. h. im Kern geht es stets um das Erkennen von organisationalen Schwachstellen und um die Verbesserung von Akzeptanz und Zufriedenheit auf Seiten der externen und internen Kunden. Im Sinne des TQM, das postuliert «Qualität ist in allem was wir tun», bestimmt also Qualität alle Dienstleistungs- und Geschäftsprozesse in Organisationen. In diesem Sinne kann TQM als ein integratives Managementkonzept bezeichnet werden (Zink, 1995).

Spätestens seit Beginn der 1990er Jahre fand der Gedanke eines ganzheitlichen Qualitätsmanagements auch Eingang in das deutsche, bis dahin eher durch Kontrolle und Sicherung geprägte betriebliche Qualitätsdenken. Als Kernelemente des TQM gelten (z. B. Verbeck, 1997; Zink, 1995):

- der *Null-Fehler-Ansatz*: Dabei geht es um das Streben nach absoluter Qualität im Sinne des

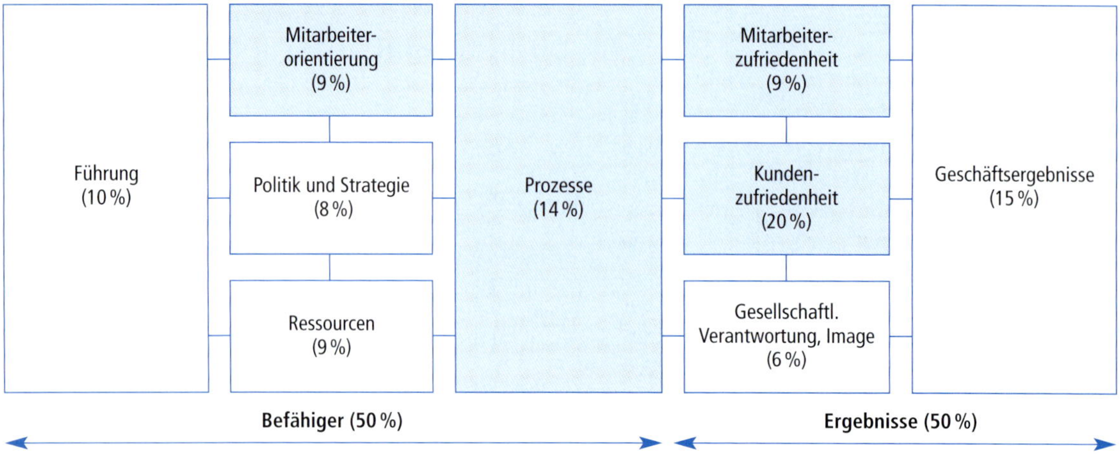

Abbildung 1: Kategorien des European Quality Award (nach EFQM, 1994)

transzendenten Qualitätsgedankens; in westlichen Ländern wird dieses Prinzip häufig mit Fehlerkontrolle verwechselt;

- die *Kundenorientierung*: Dies impliziert eine strikte Orientierung am Kunden im Hinblick auf die Anforderungen an Qualität, und schließlich
- das *Systemmanagement*: Dabei geht es um eine integrierte Verknüpfung aller Teilkonzepte sowie die Verankerung des Qualitätsmanagements als strategische Aufgabe im Topmanagement.

Während sich Qualitätssicherung und Zertifizierung nach der Normengruppe ISO 9000 durch hohe Aufgabenorientierung, hohe Dokumentationsverpflichtung und Kontrolle auszeichnen, sind es die so genannten «Quality Awards», die auf Kundenorientierung, kontinuierliche Prozessverbesserung und auf Mitarbeiterorientierung ausgerichtet sind. Sie eignen sich daher nicht nur für sächliche Produktion und Dienstleistung, sondern im besonderen Maße für das Qualitätsmanagement in der personenbezogenen Dienstleistung, also für die stark wachsenden Märkte von Entwicklung, Beratung, Erziehung, Bildung, Betreuung, Gesundheit etc.

Maßgebliche Impulse für TQM in Europa sind mit dem European Quality Award (EQA) der European Foundation of Quality Management (EFQM, 1994) verbunden. Im Qualitätsmodell des EQA nehmen die Kundenzufriedenheit sowie die Mitarbeiterorientierung und -zufriedenheit mit einem Anteil von insgesamt 38 % an der Wertung von Qualität einen wichtigen Platz ein (vgl. **Abb. 1**). Der EQA ebenso wie andere TQM-Modelle umfasst neben der Mitarbeiter- und Kundenorientierung/-zufriedenheit weitere «weiche» Faktoren von Qualität (z. B. Führung). Vor dem Hintergrund dieser Kriterien lässt sich der Wandel von der Qualitätssicherung zum umfassenden Qualitätsmanagement auch als ein Übergang von traditionell betriebswirtschaftlichen hin zu organisationspsychologischen Faktoren des Unternehmenserfolgs begreifen (Büssing & Glaser, 2001, 2003).

Die Schwierigkeit, die sich Unternehmen bei ihren Qualitätsbemühungen stellen, liegen meist nicht darin, ein geeignetes Leitbild bzw. eines unter den vielen Modellen für TQM zu finden. Die Schwierigkeiten beginnen vielmehr dann, wenn sich die Frage nach der konkreten Diagnose und Bewertung von Qualität stellt. Offenbar ist es nicht einfach, die strategischen Kriterien von TQM-Modellen angemessen zu operationalisieren. Ein Schlüssel zum Erfolg liegt daher in einer soliden organisationsdiagnostischen Strategie und in entsprechenden Methoden zur Umsetzung.

Für die personenbezogene Dienstleistung im Krankenhaus haben Büssing und Glaser (2001,

2003) mit dem «Konzept der Mitarbeiter- und Patientenorientierung – MPO-Konzept» ein Kernstück des EQA umgesetzt und zur Diagnose zwei auf einander abgestimmte Analyseverfahren vorgestellt. Mit Hilfe der Selbstbeobachtungsversion des «Tätigkeits- und Arbeitsanalyseverfahren für das Krankenhaus (TAA-KH-S)» (Büssing & Glaser, 1999, 2002) lässt sich der Grad der Mitarbeiterorientierung durch repräsentative Mitarbeiterbefragungen erheben. Die Kunden- bzw. hier die Patientenorientierung wird mit dem «Münchener Instrument zur Patientenbefragung (MIP)» erfasst. Beide Verfahren, das MIP ebenso wie das TAA-KH-S, haben eine gemeinsame theoretische Grundlage (vgl. **Informationsbox 3**). Beide Verfahren umfassen theoretisch begründete und nach Regeln der Testkonstruktion (vgl. Lienert & Raatz, 1994) entwickelte Indikatoren für die Qualität der personenbezogenen Gesundheitsdienstleistung. Da zudem die Kriterien der Patientenorientierung nicht nur den Patienten zur Beurteilung vorge-

Informationsbox 3

Messung der Patientenorientierung im Rahmen der Diagnose von Qualität im Krankenhaus

Das «Münchener Instrument zur Patientenbefragung (MIP)» von Büssing und Glaser (2001, 2003) basiert auf dem Konzept der vollständigen Tätigkeit, dem Pflegeprozessmodell sowie dem Konzept der ganzheitlichen Pflege (dazu ausführlicher in Büssing, 1997). Es eignet sich im besonderen Maße zur Diagnose der Patientenorientierung im Krankenhaus. Die 59 Items der 6 Skalen des Instruments umfassen folgende Bereiche:

- Ganzheitliche Pflege (z.B. Kontinuität der Pflege; Itembeispiel «Ich habe es hier ständig mit anderen Schwestern/Pflegern zu tun» [umgepolt])
- Interaktion und Beziehung (z.B. emotionale Unterstützung; Itembeispiel «Die Ärzte muntern mich auf, wenn es mir schlecht geht»)
- Organisationsstrukturen und -abläufe (z.B. Transparenz; Itembeispiel «Zu Beginn des Aufenthalts wurde mir der Tagesablauf auf der Station erklärt (z.B. Essenzeiten, Visitenzeiten»)
- Medizinische Behandlung und Versorgung (z.B. Information; Itembeispiel «Ich werde von den Ärzten ausführlich und verständlich über die Untersuchungs- und Behandlungsmaßnahmen informiert»)
- Rolle des Patienten (z.B. Privatsphäre; Itembeispiel «Meine Privatsphäre bleibt hier gewahrt»)
- Hotelaspekte (z.B. Freundlichkeit des Personals; Itembeispiel «Die Angehörigen werden hier freundlich behandelt»)

Das MIP berücksichtigt weiterhin Angaben zum Patienten einschließlich dessen stationärer Vorgeschichte. Das Instrument kann – ggf. mit Unterstützung – bei allen bewusstseinsfähigen Patienten im Rahmen einer etwa 30-minütigen Bearbeitungsdauer eingesetzt werden. Für die komplementäre Messung der Patientenorientierung aus Sicht der Mitarbeiter und externen Kunden liegen sprachlich angepasste Versionen vor.

In Untersuchungen bei Krankenhäusern unterschiedlicher Versorgungsstufen konnten die hohe Reliabilität und Validität des MIP belegt werden. Da es sich um ein bedingungsbezogenes Verfahren handelt, mit dem keine Einstellungen im Sinne der Patientenzufriedenheit erfragt, sondern Bedingungen der Patientenorientierung beurteilt werden, lassen sich aus Untersuchungen mit dem MIP prozessnahe, konkrete Hinweise zur Verbesserung der Qualität im Krankenhaus ableiten. Im Kontext einer Zertifizierung lassen sich darüber hinaus Daten für die Kundenorientierung von Krankenhäusern gewinnen.

legt werden, sondern auch den Mitarbeitern der verschiedenen Berufsgruppen und Dienste im Krankenhaus ebenso wie den externen Kunden (u.a. niedergelassene, zuweisende Ärzte oder Angehörige von Patienten), lässt sich für die Patientenorientierung ein unmittelbarer Vergleich zwischen drei Perspektiven vornehmen. Auf diesem Weg kann vor allem die Gültigkeit bei der Beurteilung der Patientenorientierung deutlich verbessert werden.

Ergebnisse aus Untersuchungen mit dem MIP ermöglichen wegen des konkreten Bedingungsbezugs der Items auch konkrete Gestaltungshinweise. So lassen sich nicht nur an den Ergebnisprofilen verschiedener Stationen oder Fachabteilungen deutliche Unterschiede in der Qualität der Behandlung und Versorgung erkennen, sondern gerade auch im Vergleich der Urteile zwischen Patienten und Mitarbeitern zeigen sich Defizite wie zum Beispiel eine unzureichende Transparenz von Tagesabläufen für Patienten auf bestimmten Stationen. Solche Defizite lassen sich häufig durch gezielte Maßnahmen wie etwa eine erweiterte Information im Rahmen des Aufnahmegesprächs abbauen. Verfolgt man einen prozessdiagnostischen Ansatz mit dem Ziel der schrittweisen Verbesserung von Qualität im Krankenhaus (formative Evaluation, vgl. Wottawa & Thierau, 1998), so lassen sich mit wiederholten Diagnosen zur Mitarbeiter- und Patientenorientierung Verbesserungen der Dienstleistungsqualität ablesen. Auf Grund der hohen Reliabilität der Verfahren sind diese Veränderungsmessungen zuverlässig und weitgehend unverfälscht.

Qualität setzt umfassende Informationen und Wissen über diejenigen Prozesse voraus, die Qualität bestimmen. Wissen spielt im Qualitätsmanagement eine zentrale Rolle. Qualitätsmanagement verlangt demnach Fragen zu beantworten, die für das Wissensmanagement typisch sind. So etwa: Wer sind die Wissensträger? Wie gelange ich an das Wissen der Wissensträger? Und wie schöpfe ich aus dem erworbenen Wissen neues Wissen? Die Beantwortung dieser drei, die Kernprozesse des Wissensmanagements berührenden Fragen, ist notwendige Grundlage auch jeden Qualitätsmanagements.

Wenn North (1999) davon spricht, dass man in Analogie zum TQM auch «von einem Total Knowledge Management (TKM) sprechen» kann, dann ist das ein Hinweis auf die Verknüpfung von Qualitäts- und Wissensmanagement sowie auf die Bedeutung des Wissensmanagements für alle Dienstleistungs- und Geschäftsprozesse. Ebenso wie Qualität ist Wissen eine knappe Ressource in Organisationen, beide haben einen Markt und einen seit Jahren rasant steigenden Marktwert. Schon aus diesem Grunde bietet es sich an, Wissensmanagement und Qualitätsmanagement zu integrieren. Mit dem zuvor skizzierten «Konzept der Mitarbeiter- und Patientenorientierung – MPO-Konzept» (Büssing & Glaser, 2003) wird dies realisiert.

Das Qualitätswissen, von dem wir üblicherweise sprechen und das mittels O-Diagnose erfasst werden soll, stellt nur die so genannte Spitze des Eisbergs dar, wie etwa Nonaka und Takeuchi (1997) für japanische Unternehmen feststellen. Unterhalb der Oberfläche, im Verborgenen ruht das, was wir gemeinhin als Erfahrung bezeichnen und was in der Wissenschaft mit «tacit knowledge» (Polanyi, 1985) oder implizitem Wissen umschrieben wird. Dieses «stumme», aber nicht notwendigerweise unzugängliche Wissen der Wissensträger ist eine wesentliche Quelle von Innovationen und Qualität, da es etwa neue konzeptuelle Modelle (z.B. neue Produktkonzepte), neues systemisches Wissen (z.B. Prototypen), aber auch neues operatives Wissen über Arbeitsprozesse (z.B. Organisationsformen) hervorbringt (Büssing & Herbig, 2003; Nonaka & Takeuchi, 1997). Stärker noch als in anderen Bereichen spielt in der personenbezogenen Humandienstleistung das nicht bewusst zugängliche implizite Wissen, oft auch als implizites Erfahrungswissen bezeichnet, eine Rolle für die Qualität der Arbeit, so etwa die ganzheitliche, komplexe Wahrnehmung kritischer Patientenzustände über Sinne des Fühlens, Riechens oder Tastens. Darauf verweist Böhle (1999), wenn er von «mehr Qualität und mehr Effizienz» beim Einsatz von implizitem Erfahrungswissen in der Pflege spricht. Um das implizite Wissen zu managen, muss man es jedoch diagnostizieren können, und hier liegt die besondere Schwierigkeit im Umgang mit diesem verborgenen Wissen. Für gesundheitsbezogene

Dienstleistungen am Beispiel der Krankenpflege haben Büssing, Herbig und Ewert (2002) eine Methode entwickelt, die eine zuverlässige und valide O-Diagnose dieses für das Qualitätshandeln wesentlichen impliziten Wissens ermöglichen soll.

7. Schlussbemerkungen

In Anbetracht des schnellen sozio-technischen Wandels in vielen Organisationen kommt der O-Diagnose eine wichtige Funktion bei der Ermittlung des Ist-Zustandes vor der Implementation einer Innovation, für ihre begleitende Kontrolle und für die abschließende Bewertung des Implementationserfolgs zu. Die mit den technologischen Innovationen einhergehenden Veränderungen im Erleben und Verhalten der Betroffenen stellen für die O-Diagnose besondere Anforderungen dar, denen sie bislang nicht immer gerecht werden kann. Zwei dieser Anforderungen und ihre Konsequenzen für die O-Diagnose sollen hier herausgestellt werden.

Erstens stellen Veränderungen in Organisationen in einem hohen Maße sozio-technische Prozesse dar (vgl. Ulich, Kap. 8). Solche Prozesse erfordern Methoden, die zum einen auf Grund ihrer testkonstruktiven Eigenschaften Veränderungsmessungen ermöglichen und die zum anderen der Vielgestaltigkeit sozio-technischer Prozesse Rechnung tragen können. Zweitens ergeben sich neben methodischen Anforderungen an die Messqualität auch Anforderungen an die O-Diagnose durch die Vielgestaltigkeit der sozio-technischen Prozesse. Diese berühren sowohl den Umfang der durch einen Systemwandel angesprochenen Organisationsebenen – von der Gesamtorganisation bis hin zum Erleben und Verhalten des Individuums – als auch die Art und Qualität der Veränderungen – von Veränderungen im strukturalen Aufbau der Organisation, über Veränderungen im technischen Ablauf bis hin zu Veränderungen der Interaktions- und Kommunikationsmöglichkeiten am Arbeitsplatz mit ihren Konsequenzen für das Erleben und Verhalten der Arbeitnehmer. Diese Vielgestaltigkeit sozio-technischer Veränderungen impliziert für die O-Diagnose einerseits die Notwendigkeit einer verstärkten Entwicklung integrativer O-Diagnosemethoden und -instrumente (vgl. Abschnitt 4.3), andererseits impliziert sie die Ausweitung der Perspektiven, von denen aus sozio-technische Prozesse untersucht werden. Eine vermehrte Entwicklung integrativer Ansätze erscheint notwendig.

Die Bedeutung und der Nutzen der O-Diagnose für die Praxis sind erheblich, aber bislang zu wenig beachtet. Dies kann sich ändern, wenn die Praktiker in den Organisationen und Institutionen der Unternehmensberatung etc. die Möglichkeiten und die Kosten-Nutzen-Relation in der O-Diagnose besser kennen lernen und abzuschätzen vermögen. Dazu müsste zum einen die Breite des O-Diagnoseansatzes verdeutlicht werden. O-Diagnose ist nicht nur Messung von Zufriedenheit, Klima etc., ein Eindruck, der zum Teil auch in organisationspsychologischen Lehrbüchern vermittelt wird. Zum anderen sind die Notwendigkeit und Stellung von O-Diagnose im Organisationsgestaltungs- und im Organisationsentwicklungsprozess zu verdeutlichen und an Ergebnissen von Gestaltungs- und Entwicklungsmaßnahmen in Organisationen darzustellen. Die Auffassung, O-Diagnose sei zwar ein interessantes, aber angesichts des zumeist drängenden Handlungsbedarfs bei praktischen Problemlösungen entbehrliches methodisches Unterfangen, kann weniger theoretisch als vielmehr an konkreten Ergebnissen widerlegt werden. Schließlich könnten beispielhafte Untersuchungen der Praxis dazu dienen, die Möglichkeiten der O-Diagnose besser zu erkennen und der Wissenschaft die Chance geben, diese Möglichkeiten geeigneter darzustellen.

Für den Wert einer organisationspsychologisch begründeten O-Diagnose in Unternehmen, bei Managern und Beratern sprechen neben allem positiven Nutzen, die Informationen und Wissen um den Zustand von Organisationen grundsätzlich und im Einzelnen mit sich bringen, immer auch und nicht zuletzt die Kosten. Ähnlich wie in anderen Bereichen von Arbeit und Organisation, beispielsweise im Arbeits- und Gesundheitsschutz (Thiehoff, 1998), sind die Kosteneinsparungen in Folge von O-Diagnosen im Einzelnen nicht oder nicht ohne weiteres belegbar. Es ist aber auch in Frage zu stellen, ob die Kosten einzelner Maßnahmen in Bezug auf die O-Diagnose im Mittelpunkt stehen sollten: zum Beispiel schnellere Bearbeitung, weniger Krankheit und Absentismus bei positivem Organisationsklima, so wünschenswert und wichtig das ist. Vielmehr sollte es mit Blick auf die Wirtschaftlichkeit von O-Diagnosen nicht – wie traditionell unterstellt und kalkuliert – nur um eine ökonomische Bewertung einzelner Maßnahmen bzw. um ihre Unterlassung gehen, sondern um die Funktionstüchtigkeit, Sicherheit etc. des Gesamtsystems in Richtung auf Optimierung und Integration. Erst eine betriebswirtschaftliche Gesamtrechnung mittels Controlling und Gegenüberstellung von Kosten und Nutzen kann eine nachhaltige Wirkung entfalten, in dem die Motivation der Entscheidungsträger, der Manager und Berater sowie beteiligter Gruppen (z. B. Betriebsrat) immer wieder durch Rückmeldungen über Ergebnisse aus O-Diagnosen stimuliert und verstärkt werden (ausführlich Thiehoff, 1998). Für eine solche betriebswirtschaftliche Gesamtrechnung ist der Ansatz der erweiterten Wirtschaftlichkeitsverfahren maßgeblich (vgl. Reichwald, Höfer & Weichselbaumer, 1996). Diese erlauben eine Bewertung unter Berücksichtigung monetärer und nicht-monetärer Zielgrößen, also neben den Zielen des Unternehmens auch die der Mitarbeiter, neben dem Kapitalwert auch das Humankapital, das sich etwa in Qualifikation und Motivation ausdrückt.

Bei der Aktualisierung dieses erstmals 1992 verfassten Kapitels wurde deutlich, dass sowohl die angestrebte Kürze als auch die Darstellung sinnvoller praktischer Bezüge bei gleichzeitiger Durchdringung und konzeptueller Systematisierung des Gegenstandes nicht ohne Abstriche verwirklichbar waren. Die zitierte Literatur bietet hier hilfreiche Ergänzungen. Die Darstellung eines methodischen Themas soll immer ein Bewusstsein für die Möglichkeiten wie auch für die Probleme und Gefahren des Einsatzes der Methoden schärfen. Dies gilt ohne Einschränkungen auch für die O-Diagnose. Die Möglichkeiten der O-Diagnose sind beachtlich, aber ebenso existieren eine Reihe von methodischen und methodologischen Problemen. Ein Bewusstsein für diese Probleme sollte jedoch nicht die Handlungsbereitschaft in der O-Diagnose einschränken; vielmehr wäre zu hoffen, dass es zu einem aktiven, aber kritischen Umgang mit der O-Diagnose anregt.

8. Literatur

Amelang, M. & Zielinski, W. (1997). *Psychologische Diagnostik und Intervention.* Berlin: Springer.

Argyris, C., Putnam, R. & McLain Smith, D. (1987). *Action science: concepts, methods and skills for research and intervention* (2nd print). London: Jossey-Bass.

Bales, R. F. & Cohen, S. P. (1982). *Symlog. Ein System zur mehrstufigen Beobachtung von Gruppen.* Stuttgart: Klett-Cotta.

Batinic, B. (Hrsg.). (2000). *Internet für Psychologen* (2. Aufl.). Göttingen: Hogrefe.

Bögel, R. (1999). Organisationsklima und Unternehmenskultur. In L. v. Rosenstiel, E. Regnet & M. Domsch (Hrsg.), *Führung von Mitarbeitern* (S. 729–744). Stuttgart: Schäffer-Poeschel.

Böhle, F. (1999). Nicht nur mehr Qualität, sondern auch höhere Effizienz – Subjektivierendes Arbeitshandeln in der Altenpflege. *Zeitschrift für Arbeitswissenschaft, 53,* 174–181.

Borg, I. (2000). *Führungsinstrument Mitarbeiterbefragungen – Theorien, Tools and Praxiserfahrungen.* Göttingen: Hogrefe.

Bortz, J. & Döring, N. (2002). *Forschungsmethoden und Evaluation* (3. Aufl.). Berlin: Springer.

Brandstätter, H. (1978). Organisationsdiagnose. In A. Mayer (Hrsg.), *Organisationspsychologie* (S. 43–71). Stuttgart: Poeschel.

Brandstätter, H. (1985). Thesen zur Organisationsdiagnostik. In H. Schuler & W. Stehle (Hrsg.), *Organisationspsychologie und Unternehmenspraxis: Perspektiven und Kooperation* (S. 53–55). Stuttgart: Verlag für Angewandte Psychologie.

Büssing, A. (1990). Die Interaktion der Ebenen als Problem komplexer Organisationen. In R. Fisch & M. Boos (Hrsg.), *Vom Umgang mit Komplexität in Organisationen* (S. 63–94). Konstanz: Universitäts-Verlag GmbH.

Büssing, A. (1992). *Organisationsstruktur, Tätigkeit und Individuum.* Bern: Huber.

Büssing, A. (Hrsg.). (1997). *Von der funktionalen zur ganzheitlichen Pflege. Reorganisation von Dienstleistungsprozessen im Krankenhaus* (Organisation und Medizin). Göttingen: Verlag für Angewandte Psychologie.

Büssing, A. (Hrsg.). (1999). Personenbezogene Dienstleistung – Arbeit der Zukunft. *Themenheft der Zeitschrift für Arbeitswissenschaft, 53,* 161–224.

Büssing, A. & Glaser, J. (1999). Das Tätigkeits- und Arbeitsanalyseverfahren für das Krankenhaus (TAA-KH). In H. Dunckel (Hrsg.), *Handbuch psychologischer Arbeitsanalyseverfahren* (S. 465–494). Zürich: vdf.

Büssing, A. & Glaser, J. (2001). Mitarbeiter- und Patientenorientierung in der Pflege als Teil des Qualitätsmanagements – Stand und Forschungsbedarf. *Pflege, 14,* 339–350.

Büssing, A. & Glaser, J. (2002). *Das Tätigkeits- und Arbeitsanalyseverfahren für das Krankenhaus – Selbstbeobachtungsversion (TAA-KH-S).* (Organisation und Medizin). Göttingen: Hogrefe.

Büssing, A. & Glaser, J. (2003). Mitarbeiter- und Patientenorientierung im Krankenhaus: Implikationen für das Qualitätsmanagement aus Sicht der Arbeitspsychologie. In E. Ulich (Hrsg.), *Arbeitspsychologie in Krankenhaus und Arztpraxis* (S. 287–304). Bern: Huber.

Büssing, A. & Herbig, B. (2003). Implicit knowledge and experience in work and organizations. In C.L. Cooper & I.T. Robertson (Eds.), *International Review of Industrial and Organizational Psychology, 18,* 287–304.

Büssing, A., Herbig, B. & Ewert, T. (2002). Implizites Wissen und erfahrungsgeleitetes Arbeitshandeln: Entwicklung einer Methode zur Explikation in der Krankenpflege. *Zeitschrift für Arbeits- und Organisationspsychologie, 46,* 2–21.

Büttner, T., Fahlbruch, B. & Wilpert, B. (1999). *Sicherheitskultur. Konzepte und Analysemethoden.* Heidelberg: Asanger.

Burrell, G. & Morgan, G. (1987). *Sociological paradigms and organizational analysis.* London: Heinemann.

Cook, J. D., Hepworth, S. J., Wall, T. D. & Warr, P. B. (1993). *The experience of work. A compendium and review of 249 measures and their use.* London: Academic Press.

Denzin, N. K. & Lincoln, Y. S. (Eds.). (2000). *Handbook of qualitative research* (2nd ed.). Thousand Oaks: Sage.

Deutsche Gesellschaft für Psychologie (Hrsg.). (1997). *Richtlinien zur Manuskriptgestaltung* (2. erw. Aufl.). Göttingen: Hogrefe.

Duell, W. & Frei, F. (Hrsg.). (1986). *Arbeit gestalten – Mitarbeiter beteiligen.* Frankfurt/M.: Campus.

Dunckel, H. (Hrsg.). (1999). *Handbuch psychologischer Arbeitsanalyseverfahren* (Mensch-Technik-Organisation). Zürich: vdf.

Emery, F. (1967). Analytical model for sociotechnical systems. Address to the International Conference on Sociotechnical Systems. In F. E. Emery (Ed.), *The emergence of a new paradigm of work* (pp. 95–106). Canberra: Australian National University.

European Foundation for Quality Management [EFQM] (Hrsg.). (1994). *Selbstbewertung anhand des Europäischen Modells für umfassendes Qualitätsmanagement (TQM) 1995. Richtlinien für die Identifizierung und Behandlung von Fragen zum Umfassenden Qualitätsmanagement.* Brüssel: EFQM.

Flick, U., Kardorff, E. von, Keupp, H., Rosenstiel, L. v. & Wolff, S. (Hrsg.). (1995). *Handbuch qualitative Sozialforschung.* Weinheim: Psychologie Verlags Union.

Freimuth, J. & Straub, F. (Hrsg.). (1996). *Demokratisierung von Organisationen: Philosophie, Ursprünge und Perspektiven der Metaplan-Idee.* Wiesbaden: Gabler.

Frieling, E. (1999). Tätigkeitsanalyseinventar (TAI). In H. Dunckel (Hrsg.), *Handbuch psychologischer Arbeitsanalyseverfahren* (S. 495–514). Zürich: vdf.

Fromm, M. (1995). *Repertory Grid Methodik – Ein Lehrbuch.* Weinheim: Deutscher Studien Verlag.

Gablenz-Kolakovic, S., Krogoll, T., Oesterreich, R. & Volpert, W. (1981). Subjektive oder objektive Arbeitsanalyse? *Zeitschrift für Arbeitswissenschaft, 35,* 217–220.

Goffman, E. (1972). *Asyle. Über die soziale Situation psychiatrischer Patienten und anderer Insassen.* Frankfurt/M.: Suhrkamp.

Hacker, W. (1995). *Arbeitstätigkeitsanalyse. Analyse und Bewertung psychischer Arbeitsanforderungen.* Heidelberg: Asanger.

Hacker, W. (1998). *Allgemeine Arbeitspsychologie. Psychische Regulation von Arbeitstätigkeiten.* Bern: Huber.

Hamm, R. (Hrg.). (1999). *Datenschutz und Forschung.* Baden-Baden: Nomos.

Harrison, M. I. & Shirom, A. (1999). *Organizational diagnosis and assessment: Bridging theory and practice.* Thousand Oaks: Sage.

Heller, F., Pusic, E., Strauss, G. & Wilpert, B. (1998). *Organizational participation – myth and reality.* Oxford: Oxford University.

Hofstede, G. (1998a). Identifying organizational subcultures: An empirical approach. *Journal of Management Studies, 35,* 1–12.

Hofstede, G. (1998b). Attitudes, values and organizational culture: Disentangling the concepts. *Organization Studies, 19,* 477–492.

Hofstede, G., Neuijen, B., Ohayv, D. D. & Sanders, G. (1990). Measuring organizational cultures: A qualitative and quantitative study across twenty cases. *Administrative Science Quarterly, 35,* 286–316.

Hogg, M. A. & Terry, D. J. (2000).The dynamic, diverse, and variable faces of organizational identity. *Academy of Management Review, 25,* 150–153.

Holling, H. & Schulze, R. (in Druck). Statistische Modelle und Auswertungsverfahren in der Organisationspsychologie. In H. Schuler (Hrsg.), *Enzyklopädie der Psychologie. Organisationspsychologie I – Grundlagen und Personalpsychologie* (D/III/3). Göttingen: Hogrefe.

Howard, A. and Associates (Eds.). (1994). *Diagnosing for organisational change: Methods and models.* New York: Guilford.

Jäger, R. S. (1986). *Der diagnostische Prozess. Eine Diskussion psychologischer und methodischer Randbedingungen.* Göttingen: Hogrefe.

Jäger, R. S. (Hrsg.). (1988). *Psychologische Diagnostik: Ein Lehrbuch.* Weinheim: Psychologie Verlags Union.

James, L. R. (1982). Aggregation bias in estimates of perceptual agreement. *Journal of Applied Psychology, 67,* 219–229.

Katz, D. & Kahn, R. L. (1978). *The social psychology of organizations* (2nd ed.). New York: Wiley.

Kieser, A. (1998). Immer mehr Geld für Unternehmensberatung – und wofür? *Organisationsentwicklung, 17,* 62–69.

Kieser, A. (Hrsg.). (1999). *Organisationstheorien* (3. erw. Aufl.). Stuttgart: Kohlhammer.

Kieser, A. & Kubicek, H. (1992). *Organisation* (3. Aufl.). Berlin: deGruyter.

Klages, H. (1980). Organisationsanalyse in der öffentlichen Verwaltung. In E. Grochla (Hrsg.), *Handwörterbuch der Organisation* (S. 1460–1468). Stuttgart: Poeschel.

Klein, K. J. & Kozlowski, S. W. J. (Eds). (2000). *Multilevel theory, research, and methods in organizations: Foundations, extensions, and new directions.* San Francisco: Jossey-Bass.

Koch, F. A. (1997). *Datenschutz-Handbuch für die betriebliche Praxis.* Freiburg: Haufe.

Kubicek, H. & Welter, G. (1985). *Messung der Organisationsstruktur.* Stuttgart: Enke.

Kühlmann, T. M. & Franke, J. (1989). Organisationsdiagnose. In E. Roth (Hrsg.), *Enzyklopädie der Psychologie, Organisationspsychologie* (S. 631–651). Göttingen: Hogrefe.

Lawler, E. E. & Drexler, J. A. Jr. (1980). Participative research: The subject as coresearcher. In E. E. Lawler, D. A. Nadler & C. Cammann (Eds.), *Organizational assessment: Perspectives on the measurement of organizational behavior and the quality of work life* (pp. 535–547). New York: Wiley.

Lawler, E. E., Nadler, D. A. & Cammann, C. (1980). Uses of organizational assessment data. In E. E. Lawler, D. A. Nadler & C. Cammann (Eds.), *Organizational assessment: Perspectives on the measurement of organizational behavior and the quality of work life* (pp. 25–118). New York: Wiley.

Lawler, E. E. & Seashore, S. E. (Eds.). (1979). *Wiley series on organizational assessment and change.* New York: Wiley.

Lienert, G. A. & Raatz, U. (1994). *Testaufbau und Testanalyse.* Weinheim: Beltz.

Luhmann, N. (1964). *Funktionen und Folgen formaler Organisationen.* Berlin: Duncker & Humblot.

Maines, D. R. & Charlton, J. C. (1985). The negotiated order approach to the analysis of social organization. In H. A. Farberman & R. S. Perinbanaygam (Eds.), *Studies in Symbolic Interaction (Supplement 1, pp. 271–308).* Greenwich: JAI Press.

Mayring, P. (1997). *Qualitative Inhaltsanalyse – Grundlagen und Techniken.* Weinheim: DSV.

Miles, M. B. & Huberman, M. A. (1994). *Qualitative data analysis – An expanded sourcebook.* London: Sage.

Moran, E. T. & Volkwein, J. F. (1992). The cultural approach of the formation of organizational climate. *Human Relations, 45,* 19–47.

Morgan, G. (1997). *Images of organization.* Thousand Oaks: Sage.

Müller, F. (1999). Organisationskultur, Organisationsklima und Befriedigungsquellen in der Arbeit. *Zeitschrift für Arbeits- und Organisationspsychologie, 43,* 193–201.

Müller-Böling, D. (1992). Methodik der empirischen Organisationsforschung. In E. Frese (Hrsg.), *Handwörterbuch der Organisation* (3. Aufl., S. 1491–1505). Stuttgart: Poeschel.

Müller-Schwarz, U. & Weyer, B. (1991). *Präsentationstechnik: mehr Erfolg durch Visualisierung bei Vortrag und Verkauf.* Wiesbaden: Gabler.

Neuberger, O. (1989). Organisationstheorien. In E. Roth (Hrsg.), *Enzyklopädie der Psychologie, Organisationspsychologie* (S. 205–250). Göttingen: Hogrefe.

Neuberger, O. (1995). *Mikropolitik. Der alltägliche Aufbau und Einsatz von Macht in Organisationen.* Stuttgart: Enke.

Neuberger, O. & Kompa, A. (1993). *Wir, die Firma. Der Kult um die Unternehmenskultur.* München: Heyne.

Niepce, W. & Mollemann, E. (1998). Work design issues in lean production from a sociotechnical systems perspective: Neo-Taylorism or the next step in sociotechnical design? *Human Relations, 51,* 259–287

Nonaka, I. & Takeuchi, H. (1997). *Die Organisation des Wissens – Wie japanische Unternehmen eine brachliegende Ressource nutzbar machen.* Frankfurt/M.: Campus.

North, K. (1999). *Wissensorientierte Unternehmensführung – Wertschöpfung durch Wissen* (2. erw. Aufl.). Wiesbaden: Gabler.

Oesterreich, R. (1992). Die Überprüfung von Gütekriterien bedingungsbezogener Arbeitsanalyseverfahren. *Zeitschrift für Arbeitswissenschaft, 46,* 139–144.

Oesterreich, R. & Volpert, W. (1987). Handlungstheoretisch orientierte Arbeitsanalyse. In J. Rutenfranz & U. Kleinbeck (Hrsg.), *Enzyklopädie der Psychologie, Arbeitspsychologie* (S. 43–73). Göttingen: Hogrefe.

Osterloh, M. (1982). *Plädoyer für eine breitere Anwendung qualitativer Interviews in der empirischen Organisationsforschung* (Arbeitspapier Nr. 41/82). Berlin: Freie Universität, Institut für Unternehmungsführung, Fachrichtung Organisation und Personalwirtschaft.

Pawlik, K. (1976). Modell- und Praxisdimensionen psychologischer Diagnostik. In K. Pawlik (Hrsg.), *Diagnose der Diagnostik* (S. 13–43). Stuttgart: Klett-Cotta.

Perrow, C. (1993). *Complex organizations – a critical essay.* New York: McGraw-Hill.

Polanyi, M. (1985). *Implizites Wissen.* Frankfurt/M.: Suhrkamp.

Pongratz, H. J. & Voß, G. G. (1997). Fremdorganisierte Selbstorganisation. Eine soziologische Diskussion aktueller Managementkonzepte. *Zeitschrift für Personalforschung, 1,* 30–53

Pugh, D. S. & Hickson, D. J. (Eds.). (1976). *Organizational structure and its context. The Aston Programme I.* Farnborough: Saxon House.

Reichwald, R., Höfer, C. & Weichselbaumer, J. (1996). *Erfolg von Reorganisationsprozessen. Leitfaden zur strate-*

gieorientierten Bewertung. Stuttgart: Schäffer-Poeschel.

Roberts, K. H., Hulin, C. L. & Rousseau, D. M. (1978). *Developing an interdisciplinary science of organizations.* San Francisco: Jossey-Bass.

Rosenstiel, L. v. (1989). Innovation und Veränderung in Organisationen. In E. Roth (Hrsg.), *Enzyklopädie der Psychologie, Organisationspsychologie* (S. 652–684). Göttingen: Hogrefe.

Rosenstiel, v. L., Falkenberg, Th., Hehn, W., Henschel, E. & Warns, I. (1983). *Betriebsklima heute.* Ludwigshafen: Kiehl.

Rudinger, G., Chaselon, F., Zimmermann, E. J. & Henning, H. J. (1985). *Qualitative Daten.* München: Urban & Schwarzenberg.

Schein, E. H. (1996). Culture: The missing concept in organization studies. *Administrative Science Quarterly, 41,* 229–240.

Schlittgen, R. & Streitberg, B. H. J. (1999). *Zeitreihenanalyse.* München: Oldenbourg.

Schott, F. (1988). Kriteriumsorientierte Diagnostik. In R. S. Jäger (Hrsg.), Psychologische Diagnostik (S. 178–184). München: Psychologie Verlags Union.

Scott, W. R. (1987). *Organizations: rational, natural, and open systems.* Englewood Cliffs: Prentice-Hall.

Stablein, D. M. (1997). Data in organization studies. In S. Clegg, C. Hardy & W. R. Nord (Eds.), *Handbook of organization studies* (pp. 509–525). Thousand Oaks: Sage.

Strohm, O. & Ulich, E. (1999). Ganzheitliche Betriebsanalyse unter Berücksichtigung von Mensch, Technik, Organisation (MTO-Analyse). In H. Dunckel (Hrsg.), *Handbuch psychologischer Arbeitsanalyseverfahren* (S. 319–340). Zürich: vdf.

Sydow, J. (1985). *Der soziotechnische Ansatz der Arbeits- und Organisationsgestaltung.* Frankfurt/M.: Campus.

Terry, D. J. & Jimmieson, N. L. (1999). Work control and employee well-being: A decade review. In C. L. Cooper & I. T. Robertson (Eds.), *International review of industrial and organisational psychology* 1999 (pp. 95–148). Chichester: Wiley.

Thiehoff, R. (1998). Betriebswirtschaftliche Evaluation. In E. Bamberg, A. Ducki & A.-M. Metz (Hrsg.), *Handbuch Betriebliche Gesundheitsförderung* (S. 211–222). Göttingen: Verlag für Angewandte Psychologie.

Türk, K. (1989). *Neuere Entwicklungen in der Organisationsforschung.* Stuttgart: Enke.

Ulich, E. (1981). Subjektive Tätigkeitsanalyse als Voraussetzung autonomieorientierter Arbeitsgestaltung. In F. Frei & E. Ulich (Hrsg.), *Beiträge zur psychologischen Arbeitsanalyse* (S. 327–347). Bern: Huber.

Ulich, E. (2001). *Arbeitspsychologie.* Zürich: vdf.

Van de Ven, A. H. & Ferry, D. L. (1980). *Measuring and assessing organizations.* New York: Wiley.

Verbeck, A. (1997). *TQM versus QM. Wie Unternehmen sich richtig entscheiden.* Zürich: vdf.

Weber, M. (1972). *Wirtschaft und Gesellschaft.* Tübingen: Mohr.

Weber, W. G. (1997). *Analyse von Gruppenarbeit.* (Schriften zur Arbeitspsychologie). Bern: Huber.

Weber, W. G. (1999). Organisationale Demokratie. Anregungen für innovative Arbeitsformen jenseits bloßer Partizipation? *Zeitschrift für Arbeitswissenschaft, 53,* 270–281.

Weick, K. E. (1985). *Der Prozess des Organisierens.* Frankfurt/M.: Suhrkamp.

Weick, K. E. (1995). *Sensemaking in organizations.* London: Sage.

Wolf, F. M. (1999). *Meta-analysis: Quantitative methods for research synthesis.* Newbury Park: Sage.

Wollnik, M. (1993). Interpretative Ansätze in der Organisationstheorie. In A. Kieser (Hrsg.), *Organisationstheorien* (S. 303–320). Stuttgart: Kohlhammer.

Wottawa, H. & Hossiep, R. (1987). *Grundlagen psychologischer Diagnostik.* Göttingen: Hogrefe.

Wottawa, H. & Thierau, H. (1998). *Lehrbuch Evaluation.* Bern: Huber.

Zapf, D. (1989). *Selbst- und Fremdbeobachtung in der psychologischen Arbeitsanalyse.* Göttingen: Hogrefe.

Zink, K. J. (1995). *TQM als integratives Managementkonzept.* München: Hanser.

18

Diether Gebert

Organisationsentwicklung

Inhalt

1. **Definition von Organisationsentwicklung** 601
2. **Klassifikation von Organisationsentwicklungsansätzen** 602
3. **Die Rolle des Beraters** 602
4. **Die Integration der Organisationsangehörigen in den Veränderungsprozess** 604
5. **Kommunikation als Kernproblem** 606
6. **Handlungsmöglichkeiten im Rahmen von Organisationsentwicklung** 608
7. **Evaluation von Organisationsentwicklung** 612
8. **Grenzen von Organisationsentwicklung** .. 614
9. **Literatur** 615

1. Definition von Organisationsentwicklung

Nachdem im vorangegangenen Kapitel auf die diagnostischen Möglichkeiten im Rahmen der Analyse von Organisationen eingegangen wurde, steht in diesem Abschnitt die Frage der Interventionen in Organisationen im Vordergrund. Um den Gegenstandsbereich einzugrenzen, werden nachstehend solche Interventionen betrachtet, die in der Literatur unter dem Stichwort der Organisationsentwicklung abgehandelt werden (Gebert, 2002). Kennzeichnend für derartige Interventionen sind Eigenheiten des Objektbereichs, der Zielsetzung und der Methodik.

Bezüglich des *Objektbereichs* gilt, dass durch Organisationsentwicklung Veränderungen in einer ganzen Organisation (Betrieb, Schule, Krankenhaus etc.) und nicht nur in einer einzelnen Abteilung oder Gruppe angestrebt werden. Bezüglich der *Zielsetzung* geht es bei den hier zu behandelnden Interventionen z.B. nicht um klassische Rationalisierungsprojekte, die ausschließlich auf eine Erhöhung der Produktivität abzielen. Vielmehr soll durch die Konzipierung und Implementation geeigneter Arbeits-, Führungs- und Kooperationsformen ein hohes Maß an Commitment sowie eine hinreichende Effektivität aller Abläufe sichergestellt werden. Darüber hinaus geht es darum, die Lernfähigkeit einer Organisation bzw. ihre Flexibilität und Innovationsbereitschaft zu stärken (Senge, 1990; Argyris & Schön, 1996). Die Organisationsmitglieder sollen befähigt werden, sich in konstruktiver Weise mit den Veränderungen in der Umwelt (rechtlicher, sozialer und technologischer Art) auseinanderzusetzen.

Für die nachstehend zu diskutierenden Interventionen ist aus der Sicht der *Methodik* des Vorgehens konstitutiv, dass es sich um Interventionen innerhalb des geplanten organisatorischen Wandels handelt; «geplant» meint dabei: Die Interventionen sind als längerfristiger, meist mehrjähriger Prozess mit dem ganzheitlichen Schwerpunkt angelegt, neben den Personen die sie umgebende Situation in den Veränderungsprozess zu integrieren. Für die Methodik der hier zu behandelnden Interventionen (bzw. der Organisationsentwicklung) ist neben dem Kriterium der Geplantheit schließlich kennzeichnend, dass die zu behandelnden Interventionen am Modell der Aktionsforschung orientiert sind (Eden & Huxham, 1996). Damit soll u.a. ermöglicht werden, den Prozess des Übergangs der Organisation vom Zustand 1 auf den Zustand 2 als Lernprozess zu gestalten.

Insofern geht es zusammenfassend um eine *spezifische* Form des change management bzw. um eine spezifische Art und Weise des Managements des Wandels.

2. Klassifikation von Organisationsentwicklungsansätzen

Geht man von dem in der Psychologie bekannten S (Stimulus) – O (Organismus) – R (Reaktion) – K (Konsequenz)-Paradigma aus, so ließe sich ein «personaler» Ansatz ausmachen, der an den Kategorien O und R ansetzt, von dem ein «strukturaler» Ansatz zu unterscheiden wäre, der über die Veränderung der Komponenten S und K definiert wäre.

Innerhalb eines so definierten personalen Ansatzes ist historisch auf das sog. Laboratoriumstraining bzw. das gruppendynamische Training hinzuweisen, das sich auf das Engste mit dem Namen von Kurt Lewin verbindet.

Bezogen auf die extremen Humanisierungserwartungen, die man – fast im Sinne einer Heilslehre – noch zu Beginn der 70er Jahre an dieses Training herantrug, ist inzwischen jedoch eine Ernüchterung eingetreten. Evaluationen des gruppendynamischen Trainings haben die ursprünglichen Hoffnungen nur tendenziell bestätigt (Gebert, 1972) und verweisen auf eine Vielzahl von Randbedingungen, von denen das Eintreten bestimmter Einstellungs- und Verhaltensänderungen abhängen dürfte. Der personale Ansatz umfasst dabei nicht nur Maßnahmen, die eine Steigerung der sozialen Kompetenz anstreben. Zum personalen Ansatz gehören im weiteren Sinne auch alle solche Maßnahmen (der Weiterbildung, des Trainings), die auf eine Anhebung der fachlichen Qualifikation hinauslaufen (Sonntag, 1999).

Wesentliche Strategien des strukturalen Ansatzes (wie oben definiert) bestehen in den sog. neuen Formen der Arbeitsgestaltung (Ulich & Weber, 1996). Hierzu zählen Strategien der qualitativen Anreicherung der Arbeit (job enrichment) sowie komplexere Maßnahmen wie z.B. die Installierung teilautonomer Arbeitsgruppen (Gebert & v. Rosenstiel, 2002). Alle diese Maßnahmen (vgl. hierzu auch Schüpbach & Zölch, Kap. 7 und Brodbeck, Kap. 13) sind vor dem Hintergrund zu verstehen, Organisationen als «soziotechnische Systeme» zu betrachten, womit auf die Vernetztheit von technologischen, arbeitsorganisatorischen und sozialen Prozessen aufmerksam gemacht wird. Für den strukturalen Ansatz sind speziell im europäischen Raum die Arbeiten des Londoner Tavistock Institute of Human Relations wegweisend gewesen. Ein guter Überblick zum soziotechnischen System-Ansatz findet sich bei Eden & Huxham (1996). Auch die Installierung der heute viel diskutierten Qualitätszirkel kann als Maßnahme innerhalb des strukturalen Ansatzes betrachtet werden.

3. Die Rolle des Beraters

Im Rahmen des Organisationsentwicklungsprozesses lässt sich eine Organisation in aller Regel von einem internen oder externen Berater (change agent) helfen. In der Literatur herrscht dabei ziemlich einhellig die Meinung vor, dass der Berater in Überwindung des traditionellen Arzt-Patienten-Verhältnisses die Organisation nicht ausschließlich nach einem ingenieurwissenschaftlichen Modell als Experte für inhaltliche Lösungen beraten soll. Diese Empfehlung wird wie folgt begründet:

a) Präzise inhaltliche Beratungen (z.B. zur Frage, wie ein soziotechnisches System im Rahmen der flexiblen Fertigung aus psychologischer Sicht im Einzelnen auszugestalten ist) würden den Lern- und Erfahrungsbildungsprozess auf Seiten der Organisation behindern und entsprechend keine Hilfe zur Selbsthilfe darstellen.
b) Präzise inhaltliche Beratungen (etwa zu Fragen der Kommunikations- und Führungs-

struktur) seien darüber hinaus vor dem Hintergrund des derzeitigen Erkenntnisstands in den Wissenschaften überhaupt nicht möglich, da das zur Lösung von Einzelfällen erforderliche Wissen von der Wissenschaft (noch?) nicht zur Verfügung gestellt worden ist.

Der Berater soll also nicht inhaltliche Empfehlungen anbieten und zu leisten vorgeben, die zu leisten er aus wissenschaftlicher Sicht gar nicht im Stande ist. Vielmehr komme es entsprechend darauf an, komplementär zum Globalwissen des Experten das Detailwissen und die Intimkenntnisse der Betroffenen zu aktivieren, um zu funktionsfähigen inhaltlichen Lösungen zu kommen. Angemessen sei insofern eher die auf Kurt Lewin zurückgehende Modellvorstellung einer Tat-Forschung (Aktionsforschung), innerhalb deren die Transformation der klassischen Subjekt-Objekt-Beziehung zwischen Berater/Forscher und Beforschten in eine Subjekt-Subjekt-Beziehung angestrebt wird, um so eine diskursähnliche Kommunikationsstruktur zwischen dem Berater und dem zu beratenden System zu etablieren, innerhalb deren Wahrheit nicht kraft (vermeintlicher) fachlicher Expertise definiert, sondern konsensual hergestellt wird.

Statt einer ausschließlichen Inhaltsberatung wird dem change agent insofern ergänzend die Aufgabe einer Prozessberatung übertragen. Analysiert und zurückgekoppelt werden bei der Prozessberatung die Art und Weise, wie die Organisationsmitglieder über die Gestaltung bzw. den Inhalt der geplanten Interventionen kommunizieren, wie sie Konflikte im Verlauf der Zielfestlegungen handhaben, in welcher Weise sie beim Offenkundigwerden von Interessengegensätzen mit Machtungleichgewichten umgehen etc. Der Prozessberater übernimmt dabei als teilnehmender Beobachter die Funktion eines Moderators.

Man gewinnt den Eindruck, dass durch derartige Aktivitäten, vor allem auch durch die Förderung von Meta-Kommunikation – also der Kommunikation über die Kommunikation – die Chance zu einer wechselseitig validen Kommunikation und damit zur Anhebung einer diskursähnlichen Kommunikationsstruktur verbessert wird. So plausibel dies ist, so naheliegend ist gleichfalls aber auch, dass die zu beratende Organisation mit einem derartigen Selbstverständnis des Beraters häufig nicht einverstanden ist. Die Leitungsspitze einer Organisation (Behörde, Betrieb etc.), die dem Berater gegenüber als Auftraggeber auftritt, fragt zumindest zunächst einmal in aller Regel inhaltliche Lösungen nach, so dass in der Praxis eine Prozessberatung mit einer Inhaltsberatung kombiniert wird.

Zumal Interessengegensätze zwischen Arbeitgeber und Betriebsrat und gelegentlich auch zwischen dem Auftraggeber und dem Berater nicht ungewöhnlich sind, ist zu Beginn des Beratungsverhältnisses eine allseitige Interessenpräzisierung unabdingbar, die sich in einem entsprechend eindeutigen Vertrag dokumentieren sollte. Die Definition der wechselseitigen Rollenerwartungen und Mitverantwortlichkeiten hat nicht nur eine juristische Dimension. Es geht zugleich um die Herstellung einer öffentlichen wechselseitigen Verpflichtetheit, die im Rahmen kritischer Situationen des Management des Wandels zumindest auf der normativ-moralischen Ebene einklagbar ist. Damit wird zugleich ein psychologischer Vertrag abgeschlossen, dessen transparente Einhaltung innerhalb des Wandlungsprozesses die Zuschreibung von Fairness/Legitimität und Vertrauenswürdigkeit fördert (vgl. Turnley & Feldman, 1999).

Der Prozess der Vertragsaushandlung selbst dient zugleich dem Zweck, die Rezeptivität der Organisation für die Organisationsentwicklungszielsetzung und -methodik abzuklären, um für den Fall einer negativen Diagnose den Organisationsentwicklungsprozess bereits an dieser Stelle abzubrechen. Es geht also darum zu prüfen, ob die jeweilige Organisationskultur für die spezifische Zielsetzung und Methodik von Organisationsentwicklung hinreichend aufgeschlossen ist. Zugleich kann für den Berater bei dieser Analyse erkennbar werden, welche (z. B. politischen) Beweggründe für die Einschaltung eines Beraters tätsächlich maßgeblich waren, was für die Prognose der weiteren Abläufe wichtig ist.

Die Strategie der Organisationsentwicklung unterstreicht, dass sich der Wandel allmählich und in kleinen Schritten vollziehen soll, damit

u. U. fehlerhafte Entwicklungen noch rückgängig gemacht werden können; zumal Organisationsentwicklung als ein alle Organisationsmitglieder integrierender (partizipativer) Lernprozess verstanden wird, ergibt sich aber die Gefahr, dass eingeleitete Veränderungsprozesse sehr lange dauern und u. U. versanden. Im Zusammenhang mit dieser Gefahr hat sich in den 90er Jahren als Alternative zur Strategie des organization development die Strategie des organization transformation herauskristallisiert. Der Berater hat hier die Aufgabe, die Struktur der Organisation nicht mehr hierarchisch, sondern unter dem Blickwinkel der betrieblichen Wertschöpfungskette innerhalb des Betriebes horizontal zu organisieren und diese neue horizontale Strukturausrichtung (Enthierarchisierung) informationstechnologisch zu unterstützen; dieser Prozess wird gelegentlich auch als business reingeneering bezeichnet. Bei einem derartigen Wandel sei kein allmählicher und inkrementaler, sondern ein abrupter und totaler/radikaler (und damit irreversibler) Veränderungsprozess (ein sog. turn around) erforderlich. Da dem Berater im Rahmen des organization transformation definitives Expertenwissen auch zu allen inhaltlichen Fragen der Neustrukturierung zugesprochen wird und entsprechend eine autoritäre top-down-Beratungsstrategie dominiert, verlässt man mit der Strategie des organization transformation den Boden der Aktionsforschung. Organization transformation und organization development stellen nicht komplementäre, sondern alternative Veränderungsstrategien dar (Pasmore & Woodman, 1992).

4. Die Integration der Organisationsangehörigen in den Veränderungsprozess

Mit einer zunehmenden Beteiligung sowohl der auftraggebenden Führungsspitze als auch der weiteren Organisationsmitglieder an der Interventionsplanung und -ausarbeitung ergeben sich Nachteile, aber auch Vorzüge. In diesem Zusammenhang ist auf die Wichtigkeit eines Steuerungskomitees zu verweisen, dem neben dem Berater und Vertretern der Auftraggeber auch Vertreter des Betriebsrats und jeweils auszuwählende Spezialisten des Unternehmens (aus dem Bereich der Aus- und Weiterbildung, der Organisation, der Arbeitsgestaltung etc.) angehören sollten. Speziell die Integration des Betriebsrats ist dabei mit Nachdruck zu betonen, da bei den einzelnen Maßnahmen des personalen und strukturalen Ansatzes einschlägige Regelungen des Betriebsverfassungsgesetzes berührt werden. Der Grad und die Art der Partizipation müssen insofern mit den rechtlichen Bestimmungen abgestimmt werden. Die Bildung eines solchen Steuerungskomitees unterstreicht nicht nur den zweifelsfrei auch politischen Charakter einer Organisationsentwicklung (Schreyögg & Noss, 1995), sondern signalisiert durch die Mitpräsenz der Auftraggeber die Unterstützung durch das Topmanagement, die sich verständlicherweise immer wieder als fundamental für den Erfolg von Organisationsentwicklungsbemühungen, aber auch für den Erfolg von Implementierungsanstrengungen überhaupt, herausgestellt hat.

Fragt man, warum eine weit gehende Partizipation der Betroffenen in der einschlägigen Literatur tendenziell als empfehlenswert herausgestellt wird, so sind wiederum verschiedene Argumente zu unterscheiden: In der Praxis dominiert der Wunsch, durch Partizipation der Betroffenen deren potenziellen Widerstand aufzufangen; aus wissenschaftlicher Sicht wird diese Praktikerhoffnung häufig, aber nicht immer, bestätigt. Partizipation der Betroffenen wird des Weiteren befürwortet, um durch das Know-how der Organisationsangehörigen die *Theoriedefizite* der Berater zu kompensieren und um zugleich bei möglichst vielen Organisationsangehörigen eine Erfahrungsbildung zum Umgang mit Neuerungen im Sinne der Hilfe zur Selbsthilfe zu ermöglichen.

Fragt man nach den möglichen Formen innerbetrieblicher Partizipation, so kommt der im Rahmen von Organisationsentwicklung ebenfalls auf Lewin zurückgehenden Methode des survey-feedbacks eine erhebliche Bedeutung zu: Innerhalb des 1945 von Lewin begründeten Researchcenter for Group Dynamics, das im

Massachusetts Institute of Technology (MIT) beheimatet war und nach dem Tode Lewins an der Universität von Michigan angesiedelt wurde, ist eine spezielle Form der Aktionsforschung begründet worden. Diese beruht darauf, dass empirische Daten im Sinne der herkömmlichen Sozialforschung erhoben werden, jedoch dann nicht (nur) an Experten, sondern auch an die Betroffenen selbst weitergeleitet werden, die auf der Grundlage der so erhaltenen Information ihre Situation selbst zu modifizieren versuchen. Nach einer Analyse des Status quo der Organisation (survey) werden die Ergebnisse den Mitgliedern der Organisation (und zwar nicht nur wenigen Auserwählten) vollständig oder in den jeweils interessierenden Ausschnitten zurückgekoppelt (feedback). Empirische Untersuchungen sowohl im amerikanischen Sprachraum (Bowers & Hausser, 1977) als auch in der Bundesrepublik (Gebert, 1976) bestätigen die nahe liegende Annahme, dass die Motivation der Organisationsmitglieder, sich konkret verändernd mit der eigenen Situation auseinanderzusetzen, im Anschluss an survey-feedback-Prozesse erkennbar zunimmt.

Im Anschluss an die Datenrückkoppelung steigt die Wahrscheinlichkeit dafür, dass die Gruppenmitglieder aus den vorliegenden Daten konkrete Konsequenzen für ihre eigene Situation ableiten und mit ihrem Vorgesetzten eine Teamentwicklung durchführen (siehe Brodbeck, Kap. 13), innerhalb deren neue Spielregeln definiert und ausgehandelt werden. Die Betroffenenintegration (in Form der Datenrückkoppelung) geht insofern in eine Betroffenenpartizipation (in Form der Teamentwicklung) über. Werden Daten zum Status quo innerhalb der Organisation publiziert (und nicht geheimgehalten), so schließen die Mitarbeiter hieraus auf eine entsprechende Unterstützung des Top-Managements zurück. Dieser Schluss ist empirisch auch durchaus begründet: Es zeigt sich (Gebert, 1976), dass die Datenrückkoppelung dann eher organisationsweit erfolgt, wenn das Top-Management (laut Einstufung durch Experten) den Realitäten ins Auge zu sehen bereit ist und insofern die Veränderungsbemühungen unterstützt. Eine organisationsweite Datenrückkoppelung hat folglich Signalcharakter und vergrößert – in der Sprache der psychologischen Belastungsforschung – den Grad der subjektiven Situationskontrolle über aversive Bedingungen. Da in der gleichen Untersuchung in der Bundesrepublik nur in etwa der Hälfte der N = 50 untersuchten Betriebe dem survey auch ein feedback folgte, scheint auch das Top-Management den Datenrückkoppelungsprozess in hohem Maße als politischen Vorgang zu interpretieren.

Einer sekundärstatistischen Analyse von 25 in der Literatur berichteten Fallstudien (Gebert, 1974) ist zu entnehmen, dass die für den Erfolg so wichtige Unterstützung durch das Top-Management zusätzlich dadurch signalisierbar ist, dass Teamentwicklungsbemühungen auf dieser Hierarchieebene ihren Anfang nehmen. Die Erfahrung zeigt, dass eine solche top-down-Strategie allerdings nicht zwingend notwendig ist. Es gibt z. B. auch erfolgreich durchgeführte bottom-up-Beispiele. Ein Beginn der Teamentwicklungsbemühungen auf der Ebene des Top-Managements dürfte aber zumindest förderlich sein: In der bereits angesprochenen sekundärstatistischen Analyse (Gebert, 1974) zeigte sich, dass – vermutlich auf Grund der erwähnten Signalwirkung – unter dieser Randbedingung die Wahrscheinlichkeit dafür steigt, dass weitere Teamentwicklungen nicht nur in einigen, sondern in vielen Gruppen der Organisation stattfinden, also die Maßnahmen eine hinreichende (quantitativ gemeinte) Extensität aufweisen, was für den Erfolg der Bemühungen, gemessen auf der Ebene der Gesamtorganisation, wichtig ist.

Derartige Rückkoppelungs- und Teamentwicklungsprozesse können aber auch eine Veränderungsdynamik freisetzen, die aus der Sicht der Führungsspitze bedrohlichen Charakter annimmt. Die «Strategie des Bombenwurfs» (Durchsetzung einer spezifischen Maßnahme mit Gewalt) kann im Sinne eines coping behavior als Antwort auf eine vom Top-Management als bedrohlich wahrgenommene Situation interpretiert werden. Eine zeitlich oder inhaltlich forcierte Betroffenenpartizipation kann insofern auch zu deren vorzeitigem Ende führen, womit wiederum auf den politischen Charakter der hier zur Debatte stehenden Veränderungen verwiesen ist. Mit einem vielleicht eher aufklärerischen Anspruch begonnene Strategien konfundieren in der Organisationsentwicklungspraxis insofern mit Strategien des Machteinsatzes.

5. Kommunikation als Kernproblem

Organisationen weisen einen bestimmten Differenzierungsgrad auf (Frese, 1998). So zeigt sich z. B., dass in Subsystemen (Abteilungen) der Organisation, in denen nur niedrigkomplexe Aufgaben bewältigt werden müssen, häufig zentralistische Kommunikations- und Führungsstrukturen, ausführungsbezogene Kontrollen und bürokratische Vorgehensweisen anzutreffen sind, während in Subsystemen, in denen höherkomplexe Aufgaben zu bewältigen sind (Forschung und Entwicklung), Gegenteiliges zu gelten scheint. Dieser Prozess der Differenzierung erfährt noch eine zusätzliche Dynamik dadurch, dass die einzelnen Abteilungen als Subsysteme ihre Grenzen zum Gesamtsystem hinreichend offen halten müssen, umso mehr aber zur Kenntlichmachung und Stabilisierung ihrer eigenen Identität «Grenzmarkierungen» vornehmen, die sich z. B. in der Entwicklung einer abteilungsinternen «Geheimsprache» dokumentieren. Konkrete Indikatoren, an denen abgelesen werden kann, ob einer «dazugehört» oder nicht – und diese Kenntnis ist natürlich für die Orientierung in der Realitität fundamental – liegen nicht zuletzt in der Beherrschung und Nutzung gruppenspezifischer Sprachregelungen.

Eine derartige – aus systemtheoretischer Sicht durchaus plausible – Differenzierung erweist sich insgesamt offenbar als funktional: Unternehmen sind als Gesamtorganisation dann erfolgreich, wenn die verschiedenen Subsysteme innerhalb der Organisation deutliche Strukturunterschiede in der genannten Ausrichtung aufweisen. Dieses Ergebnis wird durch analoge Befunde in der sozialpsychologischen Kleingruppenforschung unterstützt. Diese Differenzierung verlangt allerdings ihren Preis: Es verwundert nicht, dass im Zuge der unterschiedlichen «Sprachen» der unterschiedlichen Fachperspektiven und normativen Ausrichtungen die Kommunikationsprobleme zwischen den Subsystemen anwachsen. Verstärkt durch bestimmte Ausbildungsgänge und Berufsordnungen, die zu einer immer stärkeren Spezialisierung führen (siehe Büssing, Kap. 17), hat der Grad der Differenzierung in Organisationen inzwischen ein Ausmaß angenommen, das von sehr vielen Unternehmen als ernsthaftes Problem erlebt wird. Zur Förderung der Integration und zur Überwindung der Kommunikationsprobleme auch angesichts zunehmender Kulturpluralität empfiehlt sich z. B. zwecks Wahrung der gewünschten Differenzierung die Etablierung einer eigenen «dritten» Vermittlungsinstanz. Diese übernimmt eine Mediatoren- und Dolmetscherrolle zwischen den Fachabteilungen auf der horizontalen Ebene so, wie die Meister oder das Mittelmanagement zwischen der Unternehmensspitze und den gewerblichen Mitarbeitern in der vertikalen Hinsicht vermitteln.

Die in den letzten Jahren zunehmende Tendenz zur Bildung von Großkonzernen verstärkt selbstverständlich den Integrationsbedarf. Auch vor diesem Hintergrund muss das aktuelle Bemühen vieler großer Unternehmen um die Präzisierung der sog. corporate identity gesehen werden, die nach einer diachronen und synchronen Identität suchen, ihre Identität trotz erheblicher Wandlungen im biografischen Längsschnitt also erhalten sehen möchten und zugleich Wert darauf legen, dass sich das Unternehmen im zeitlichen Querschnitt als einzigartig von den anderen abhebt. Zunehmend häufiger kommt es aber auch vor, dass Unternehmen im Zuge von Fusionen ihre bisherige Identität bewusst abzustreifen versuchen, was regelmäßig erhebliche Orientierungskrisen auslöst.

Integration setzt die Kategorie der Verständigung (nach Habermas, 1988) voraus. Verständigung bedingt, dass der Empfänger einer Botschaft die jeweilige Aussage zutreffend decodiert und so interpretiert, wie sie gemeint war; neben einem so gemeinten richtigen Verstehen ist zweitens erforderlich, dass der Empfänger die verstandene Äußerung des Senders auch als gültig anerkennt. Der Gültigkeitsanspruch des Senders kann dabei vom Empfänger insofern verweigert werden, als er die Aussage des Senders

a) für – gemessen an der Realität – sachlich unzutreffend erachtet,
b) für – gemessen an den Normen des Unternehmens – auf der Realisierungsebene für unvertretbar hält bzw.
c) die Aussage im Hinblick auf die vermutete Intention des Sprechers als unwahrhaftig deutet (also annimmt, der Sprecher wolle täuschen).

Unter der hier behandelten Perspektive der Integration käme es darauf an, Bedingungen herzustellen, auf Grund deren die Wahrscheinlichkeit dafür ansteigt, dass der Gültigkeitsanspruch des Senders für seine jeweilige Aussage zumindest nicht ad infinitum bestritten wird. Dies setzt entsprechend der obigen Ausführungen u. a. normenbezogenen Konsens voraus – eine Voraussetzung, die heute in weiten Bereichen nicht mehr gilt, so dass zusätzliche Integrationsanstrengungen erforderlich sind. Vor diesem Hintergrund stellen die von vielen (speziell großen) Firmen in den 70er Jahren in der Bundesrepublik ausgearbeiteten Führungsleitlinien (Leitlinien für die Führung und Zusammenarbeit) nicht nur eine Antwort auf veränderte Wertemuster in der Gesellschaft (vgl. Büssing, Kap. 17), sondern auch den Versuch dar, ein gemeinsames normatives Grundverständnis sicherzustellen, das der Integration der Subsysteme dienlich sein soll. Dass derartige (im Rahmen des strukturalen Ansatzes der Organisationsentwicklung beheimatete) Führungsleitlinien auf Grund der kontingenztheoretischen Erfordernisse nach Differenzierung inhaltlich notwendig blass bleiben müssen und gelegentlich nur Leerformelcharakter aufweisen, versteht sich von selbst. Die integrale Funktion einer solchen Dokumentation gemeinsamer Überzeugungen wird in der Praxis aber offenbar als hoch erachtet.

Derartigen Normen, die sich auf das konkrete Führungs- und Kooperationsverhalten direkt beziehen, sind in der Regel grundlegende Überzeugungen vorgelagert. Diese Grundüberzeugungen stehen im Mittelpunkt der Analyse des Organisationskulturansatzes (Schein, 1985) und beziehen sich z. B. auf die Beantwortung der Fragen «Wie kommt man zu Aussagen über Wahr und Falsch? Wird Wahrheit im naturwissenschaftlichen Sinne entdeckt oder im geisteswissenschaftlichen Sinne eher diskursiv hergestellt?». Herrscht die Grundüberzeugung vor, dass Wahrheit letztlich diskursiv hergestellt wird, so werden konsensuale Entscheidungspraktiken, partizipative Führungsstrukturen etc. häufiger vertreten sein, als dies in einer Organisation der Fall ist, in der Wahrheit im naturwissenschaftlichen Sinne als etwas zu Entdeckendes gilt, wodurch tendenziell eher die Entstehung einer «Expertokratie» begünstigt wird (Boerner, 1994). Den Manifestationen der Organisationskultur (z. B. den Führungsleitlinien) liegen in diesem Sinne Basisüberzeugungen zu Grunde, die zu erkennen allerdings alles andere als einfach sind. Die Rückbesinnung auf derartige, den (abgeleiteten) verhaltensbezogenen normativen Vorstellungen vorgeordnete und sie tragende Grundüberzeugungen bzw. der Versuch einer bewussten Reflexion und kritischen Überprüfung derartiger Grundüberzeugungen dürfte ebenfalls zentral die Funktion erfüllen, abteilungsübergreifenden normativen Konsens und damit Verständigung im Sinne von Habermas (1988) (wieder) zu ermöglichen.

Verständigung und Integration setzen Vertrauen voraus. Vertrauen, definiert als die Bereitschaft, sich verwundbar zu zeigen, bzw. als die Bereitschaft zu einer riskanten Vorleistung, ohne gegen opportunistisches Verhalten durch vertragliche Regelungen abgesichert zu sein (Rippberger, 1998), avancierte in den 90er Jahren, eben weil Verständigung und Integration so wichtig sind, von einer lediglich normativen zu einer ökonomischen Kategorie: Vertrauen stellt so genanntes «Sozialkapital» dar. Über Vertrauen sinken die Interaktionskosten für Prüfungs- bzw. Kontrollprozesse und es steigt die Zugriffschance auf das in den verschiedenen Personen vorhandene Humankapital. Überlegungen zu den Bedingungen von Vertrauen rücken insofern immer mehr in den Vordergrund. Dass sich Vertrauen eher auf dem Boden von organization development als im Zuge von organization transformation entwickeln kann, versteht sich von selbst.

6. Handlungsmöglichkeiten im Rahmen von Organisationsentwicklung

Im Rahmen des personalen Ansatzes kommt die klassische Form des gruppendynamischen Trainings zumindest in der Bundesrepublik nur noch sehr selten zum Einsatz. Die Gründe hierfür liegen u.a. in den nicht unerheblichen Risiken dieser Vorgehensweise für den Trainingsteilnehmer. Im Rahmen der Vermittlung sozialer Kompetenz dominieren heute eher kognitiv orientierte Schulungsmethoden, die durch Fallstudien und Rollenspiele im Sinne eines aktiven Lernens unterstützt werden. Um auch die emotionale Ebene in den Lernprozess zu integrieren und ein so genanntes Erfahrungslernen zu ermöglichen, werden zunehmend häufiger Outdoor-Trainings angeboten (z.B. Wildwasser-Fahren). Derartige Kooperationstrainings, die sich bei Führungskräften steigender Beliebtheit erfreuen, können auf der theoretischen Ebene als Synthese aus primär kognitiven Lernprozessen und dem klassischen gruppendynamischen, stärker emotional ausgerichteten Training interpretiert werden. Seltener wird die Strategie des organization behavior modification eingesetzt, die auf dem traditionellen S-O-R-K-Schema aufbaut und u.a. durch Verstärkermanipulationen (z.B.: Vergabe von Belohnungen für Freundlichkeit bei der Kundenbedienung) Verhaltensänderungen im Betrieb herbeizuführen versucht (Stajkovic & Luthans, 1997).

Dagegen hat die Strategie des Coaching in den 90er Jahren an Bedeutung gewonnen. Coaching kann auf der theoretischen Ebene als Fortsetzung der Organisationsentwicklungsprämissen auf der individuellen Ebene interpretiert und insofern als Individual-Entwicklung bezeichnet werden. Es stehen auch hier methodisch das Modell der Aktionsforschung (Subjekt-Subjekt-Beziehung, Lernen), das Ziel der Hilfe zur Selbsthilfe und Prozesse der Kommunikation im Vordergrund. Coaching lässt sich als individuelle Beratungsform für Führungskräfte bei personenbezogenen Problemen im Rahmen der Berufsrolle definieren (Schreyögg, 2002). Vorwiegend kommt die Form des Einzel-Coaching zur Anwendung: Eine Führungskraft geht freiwillig mit einem in der Regel externen Coach auf einer vertraglichen Basis eine kontinuierliche Beratungsbeziehung auf Zeit ein. Als Ziel des Coaching-Prozesses wird eine gesteigerte Effektivität im persönlichen und beruflichen Bereich angestrebt. Es geht u.a. darum, neue Interpretationen der eigenen Lebens- und Berufssituation und damit neue Verhaltensoptionen zu erarbeiten und zu erproben, um sich mehr als bisher für die eigene Lebens- und Berufssituation verantwortlich (und nicht ausgeliefert) zu fühlen.

Das Individual-Coaching vollzieht sich im Rahmen der Analyse konkreter (beruflicher) Situationen methodisch vor allem in Form einer non-direktiven Gesprächsführung, unterstützt durch Formen des Dialogs mit Rollentausch sowie durch Feedback-Prozesse. Abgrenzungen zu verwandten Formen wie Supervision, Gesprächspsychotherapie etc. sind unscharf.

Die Gründe für die Zunahme von Coaching-Prozessen sind vielfältig. In historisch bisher nie aufgetretenem Umfang ist speziell die Rolle der Führungskräfte im Zuge der heutigen Business Reingeneering-, Enthierarchisierungs- und Fusions-Prozesse zu einer persönlich problematischen und belastenden Rolle geworden. Die Führungskraft, die sich selbst bisher noch als «Problemlöser» interpretierte, ist plötzlich zum «zu lösenden Problem» geworden (Kotthoff, 1994). Sinn- und Loyalitätskrisen sind die Folge. Da Arbeitszeiten von 10 Stunden eher die Regel sind und Auslandsaufenthalte im Zuge der Internationalisierung immer häufiger werden, sind Beruf und Familie zunehmend weniger miteinander vereinbar. Mitarbeiter, die man kennt, entlassen zu müssen, schafft hochkonfliktäre Situationen, so dass insgesamt die Nachfrage nach persönlicher Beratung (Coaching) steigt.

Vor dem Hintergrund dieser Probleminhalte ist verständlich, dass der Vertrauenswürdigkeit und der Unabhängigkeit des Coachs für den Erfolg des Coaching eine Schlüsselrolle zukommen (Rauen, 1999). Gruppenzentrierte Coaching-Prozesse können auch als Teamentwicklungen interpretiert werden, so dass der Leser auf dieses Stichwort (s.u.) verwiesen wird.

Im Rahmen des strukturalen Ansatzes wurde bereits auf einschlägige Formen der Arbeitsgestaltung (Teilautonomie etc.) verwiesen. Derartige Maßnahmen verändern innerhalb des S-O-R-K-Paradigmas die Kategorie S (auslösende Situation). Aus den vielfältigsten Gründen (Gebert & v. Rosenstiel, 2002) wird von einer Installierung der teilautonomen Arbeitsgruppe zumindest in der Bundesrepublik vergleichsweise selten Gebrauch gemacht. Versuche der Arbeitsanreicherung im Sinne des job enrichment finden sich dagegen sowohl in der Fertigung wie auch im Bürobereich häufiger (Ulich & Weber, 1996).

Zumindest in der Automobilindustrie gibt es in den letzten Jahren wieder Anzeichen einer Rückkehr zu tayloristischen Strukturen. Dies hängt mit den in dieser Branche immer noch vorhandenen Überkapazitäten und einem entsprechenden Kostendruck einerseits und der weitgehend beliebigen Beschaffbarkeit des erforderlichen Produktionspersonals andererseits zusammen (Springer, 1999). Im Ergebnis berichten Adler & Borys (1996) von einer Autofabrik in Kalifornien, in der man wieder strikte tayloristische Arbeitsformen mit rigiden Regelwerken einführte, den Arbeitnehmern aber Gelegenheit gab, zusammen mit Experten diese job enrichement vernichtenden Regelwerke selbst (mit) auszuarbeiten («Demokratischer Taylorismus»). Unter dem Blickwinkel der Re-Taylorisierung sind auch die Einflüsse der Informationstechnologie bedeutsam. Es gibt Arbeitsbereiche (etwa in der Konstruktion), in denen der Freiraum im Arbeitsprozess auf informationstechnologischem Wege wieder verkleinert wird. Da für die Erweiterung (und nicht Verkleinerung) des Tätigkeits- und Entscheidungsspielraums im Sinne von Ulich & Weber (1996) gute Argumente ins Feld geführt werden können, kommt es im Rahmen von Organisationsentwicklung darauf an, zu demonstrieren, wo im Betrieb die Erweiterung der Autonomie – per Saldo – die überlegenere Strategie ist, um zu einer differenzierten Arbeitsgestaltung vorzudringen.

Obwohl zum strukturalen Ansatz im Sinne des S-O-R-K-Paradigmas auch eine Veränderung der Kategorie K (Konsequenz auf das jeweilige Verhalten hin) gehört, wird diese Kategorie in der Organisationsentwicklungspraxis sehr häufig nur halbherzig eingesetzt. Da es im Prinzip darauf ankommt, das je gewünschte Kommunikations- und Kooperationsverhalten zu verstärken, ist ein Organisationsentwicklungserfolg selbstverständlich eher zu erwarten, wenn im Rahmen des strukturalen Ansatzes eine entsprechende Veränderung der Belohnungskontingenzen systematisch in Angriff genommen wird. Speziell bei der Festlegung der Beförderungskriterien muss darauf geachtet werden, dass bei gleicher Qualifikation im Zweifelsfall eher derjenige Mitarbeiter karrierebezogen den Vorzug erhält, der sich in Übereinstimmung mit den gewünschten Kommunikations- und Kooperationsformen verhält. Von nicht zu unterschätzender Bedeutsamkeit ist es entsprechend, die gesamte Personalpolitik (einschließlich der Festlegung der Auslese- und Beurteilungskriterien) so zu gestalten, dass sie gewünschtes Verhalten verstärkt (und nicht die sonstigen Organisationsentwicklungsbemühungen durch gegenteilige Botschaften konterkariert). Die innere Stimmigkeit der verschiedenen Maßnahmen untereinander wird so zu einem entscheidenden Prädiktor des Erfolgs von Organisationsentwicklungsmaßnahmen (Caldwell, Chatmann & O'Reilly, 1990).

Im Sinne des S-O-R-K-Paradigmas muss darüber hinaus immer wieder unterstrichen werden, dass es darauf ankommt, den strukturalen und den personalen Ansatz als komplementäre Strategien zu betrachten. So selbstverständlich dieser Sachverhalt eigentlich ist, so selten wird ihm in der Praxis konsequent entsprochen. Erklärlich ist dies möglicherweise dadurch, dass dem «personalen» und dem «strukturalen» Ansatz unterschiedliche Philosophien zu Grunde liegen und entsprechend die Repräsentanten dieser beiden «Philosophien» innerbetrieblich nicht optimal miteinander kommunizieren; es ist jedenfalls zu beobachten, dass in der Organisationsentwicklungspraxis einseitige Programmdurchführungen dominieren; die Praxis tendiert stärker zu einem personalen *oder* strukturalen Vorgehen.

Bei einer Konzentration auf den strukturalen Ansatz sollte man aus reduktionistischer Sicht im Auge behalten, dass, bezogen z.B. auf die

Strukturdimension der Zentralisierung der Entscheidungsgewalt, Ist-Struktur und Prozess nicht voneinander trennbar sind: Die Muster der sich wiederholenden tatsächlichen Verhaltensweisen (Prozesse) sind vielmehr die (Ist-) Struktur der Organisation. Eine derartige Betrachtungsweise schützt nicht nur vor einer künstlichen Verdoppelung der Realität und der Suche nach einem Humunkulus «Struktur» – betont also nicht nur, dass es immer darum geht, Verhaltensänderungen zu induzieren –, sondern lenkt den Blick auf die Frage, welche Kräfte das jeweilige stabile Muster an Verhaltensweisen eigentlich zu erklären imstande sind. Dabei ist natürlich die formelle (bzw. geplante) (Soll-)Struktur von erheblichem Interesse (vgl. hierzu Bungard & Antoni, Kap. 14 und Wegge & v. Rosenstiel, Kap. 15). Nach Meinung mancher Organisationstheoretiker geht es allerdings darum, sowohl die formellen Strukturen als auch die realen Strukturen/Prozesse nicht primär als umweltdeterminiert, sondern wesentlich als Produkt früherer Machtverhältnisse und Verhandlungen, also als interaktional vermittelt zu begreifen. Die Austauschprozesse innerhalb der sozialen Interaktion werden damit zum strategischen Ansatzpunkt von Organisationsentwicklung. Hinter den heute beobachtbaren Verhaltensmustern, die «die kontingente, willkürliche und interaktional vermittelte Weise widerspiegeln, wie die Akteure mit ihren jeweiligen Verhandlungsfähigkeiten und Ressourcen eine Lösung für das Dilemma ihrer notwendigen Zusammenarbeit in einem zielgerichteten Gebilde gefunden haben» (Friedberg, 1980, S. 129), verbergen sich spezifische Spiele, deren Logik (welche Spielerträge für wen, die nach welchen Regeln, von wem festgesetzt, verteilt werden?) es an den Tag zu fördern und zu rekonstruieren gilt (Friedberg, 1980). Diese Spiele haben häufig mikropolitischen Charakter.

Genau an diesem Punkt setzt die Teamentwicklung an (Bouren & Fry, 1996): Auf der Basis der vorausgegangenen Datenrückkoppelung formulieren der Vorgesetzte und seine Mitarbeiter (in der Regel unter Anwesenheit eines Moderators) Mängel der bisherigen Spielregeln und treten in einen Verhandlungsprozess über eine Veränderung der Spielregeln ein. Jedes Gruppenmitglied (Vorgesetzte eingeschlossen) definiert im ersten Schritt seine Rollenerwartungen an die übrigen Gruppenmitglieder. Hierzu müssen jeweils folgende drei Fragen beantwortet werden:

1. Es würde mir helfen, meine eigene Effektivität zu steigern, wenn Sie Folgendes mehr oder besser machen würden:
   ...
2. Es würde mir helfen, meine eigene Effektivität zu steigern, wenn Sie Folgendes weniger oder nicht mehr tun würden:
   ...
3. Mit folgenden Verhaltensweisen haben Sie mir geholfen, meine Effektivität zu steigern und ich hoffe, dass Sie sie in Zukunft beibehalten:
   ...

Die Rollenerwartungen aller Gruppenmitglieder an eine bestimmte Person werden anschließend visualisiert. Ein Beispiel für die möglichen Rollenerwartungen der Gruppenmitglieder an den Vorgesetzten (hier: im Kreditbereich einer Bank) finden sich in der **Informationsbox 1**.

Sind in dieser Weise die wechselseitigen Rollenerwartungen aller präzisiert, so wird über strittige Rollenerwartungen mit Hilfe des Moderators zwischen den jeweils Beteiligten verhandelt und das Verhandlungsergebnis anschließend im Sinne eines Protokolls der veränderten Spielregeln schriftlich niedergelegt. Derartige Intra-Gruppenverhandlungen können im Prinzip auch auf die Beziehungen zwischen Gruppen übertragen werden (sog. Zwischengruppenarbeit).

Im deutschen Sprachraum ist das vom Niederländischen Pädagogischen Institut (NPI) entwickelte Modell der Organisationsentwicklung (Glasl, 1987) bekannt geworden, das ausdrücklich von einem anthroposophisch geprägten Menschenbild ausgeht, sich stärker dem Aktionsforschungsprogramm verpflichtet fühlt, den Entwicklungsprozess offener im Vergleich zum grid-organization-development gestaltet und starkes Gewicht auf die Frage der Zukunftskonzeption legt, die hier zu den ersten Phasen der Organisationsentwicklung gehört.

Fragt man sich, was im Rahmen dieser Maßnahmen speziell ein Psychologe tun kann, so gilt Folgendes:

Informationsbox 1

Präzisierung der Rollenerwartungen der Gruppenmitglieder Müller, Schulze, Huber und Maier an ihren Vorgesetzten Otto

(Beispiele aus der Kreditabteilung einer Bank)

Mehr oder besser tun

Decken Sie uns nachhaltiger gegenüber dem Vorstand, wenn wir eigene Aufgaben auf nachgeordnete Ebenen übertragen, um Zeit für den Kunden zu gewinnen (gefordert von Müller, Schulze).

Erläutern Sie uns detaillierter die Geschäftspläne des Vorstandes (gefordert von Müller, Schulze, Huber und Maier).

Kämpfen Sie stärker beim Vorstand für die Berücksichtigung der von uns vorgebrachten Veränderungsvorschläge und informieren Sie uns über den jeweiligen Stand der Diskussion (gefordert von Huber und Maier).

Übertragen Sie mir bei der Kreditwürdigkeitsprüfung nicht nur die eindeutigen, sondern auch die unklaren Grenzfälle zur eigenen Bearbeitung und präzisieren Sie die von Ihnen angelegten Bonitäts-Kriterien (gefordert von Schulze).

Weniger oder nicht mehr tun

Ignorieren Sie nicht unsere Notizen und Berichte zur Kostenkontrolle (gefordert von Huber und Maier).

Geben Sie dem Kunden keine Sonderkonditionen, sofern wir dies dem Kunden gegenüber bereits abgelehnt haben (gefordert von Müller und Schulze).

Kritisieren Sie uns nicht hinter dem Rücken (gefordert von Schulze und Huber).

Schreiben Sie uns nicht vor, bei welchen Kunden wir härter und bei welchen wir weniger hart verhandeln, sondern überlassen Sie diese Entscheidung uns (gefordert von Müller und Maier).

Fallen Sei uns bei gemeinsamen Besprechungen weniger häufig ins Wort (gefordert von Maier und Müller).

Reagieren Sie weniger ungeduldig, wenn wir Ihnen bei Kreditentscheidungen widersprechen (gefordert von Huber und Müller).

So tun wie bisher

Uns gegenüber dem Vorstand den Rücken decken, wenn wir hart verhandeln und entsprechend ein Geschäft mit dem Kunden nicht zustande kommt (gefordert von Müller und Maier).

Die Weise unserer Einbeziehung in die Festlegung der quantitativen Ziele (gefordert von Müller, Schulze, Huber und Maier).

Antibürokratischen Geist (weniger Aktennotizen) trotz Wachstums unseres Instituts durchhalten (gefordert von Müller und Schulze).

Uns bei wichtigen Kunden im Rahmen von Spezialfragen selbstständig entscheiden lassen (gefordert von Schulze und Huber).

Keinen Sündenbock suchen bei Kreditausfällen (gefordert von Müller, Schulze, Huber und Maier).

Der Psychologe kann zum einen im Rahmen des personalen Ansatzes bei Trainingsmaßnahmen zur Erhöhung der Sozialkompetenz als Trainer aktiv werden. Der Weiterbildungsbereich ist ohnehin ein zunehmendes Einsatzfeld für Psychologen: Zum Zweiten kann der Psychologe bei der Durchführung des survey-feedbacks helfen, indem er bei der Datenerhebung in methodischer Hinsicht berät und die Ergebnisse der Erhebung angesichts ihrer Vieldeutigkeit zu interpretieren hilft. Drittens kann der Psychologe bei der anschließenden Teamentwicklung die sehr wichtige Moderatorenfunktion übernehmen, um ein Maximum an valider Kommunikation zu ermöglichen. Viertens kann er bei der Neustrukturierung von Aufgaben im Rahmen des soziotechnischen (System-)Ansatzes durch das Aufzeigen inhaltlicher Alternativen Gestaltungsanregungen geben. Fünftens kann er bei der inhaltlichen Ausrichtung unterstützender personalpolitischer Instrumente (Personalauswahl- und -beurteilungsverfahren) auf Grund seiner Fachkompetenz Ratschläge geben. Des Weiteren kann er seine spezifische Methodenkompetenz einbringen, wenn es um die Evaluation einzelner Maßnahmen oder umfassender Strategien geht. Und schließlich kann er im Sinne der Unterscheidung eines Fachpromotors von einem Machtpromotor dem Machtpromotor bzw. dem politischen Change-Agent als kompetenter Gesprächspartner (auch im Steuerungskomitee) für Fachfragen im Rahmen des Organisationsentwicklungsprozesses zur Verfügung stehen.

7. Evaluation von Organisationsentwicklung

Die Qualität und Quantität der empirischen Forschung zur Evaluation von Organisationsentwicklungsmaßnahmen hat in den letzten 20 Jahren deutlich zugenommen. Es liegen verschiedene sekundärstatistische Analysen (u.a. Metaanalysen) vor, in denen bis zu 126 Originalstudien (die Metaanalyse von Neuman, Edwards & Raju, 1989) zusammenfassend evaluiert werden. Unterscheidet man «weiche» Erfolgskriterien (Arbeitszufriedenheit, Engagement, Organisationsklima, Verbesserungen der Kooperation und Kommunikation; Verbesserungen der Einstellungen zu Kollegen, zu den Vorgesetzten und dem Betrieb) und «harte» Kriterien (leistungsbezogene Kriterien wie verschiedene Indikatoren der Quantität und Qualität von Arbeitsergebnissen), so lassen sich diese sekundärstatistischen Analysen entsprechend der **Informationsbox 2** wie folgt zusammenfassen:

1. Die Durchführung klassischer und variierter Formen des Laboratorium-Trainings korreliert bei Neuman et al. (1989) statistisch positiv mit weichen Kriterien. Dieser Zusammenhang scheint speziell dann zu gelten, wenn das gruppendynamische Training die interpersonalen Prozesse vor allem im Hinblick auf den arbeitsrelevanten Kontext (Führung und Kooperation) hin beleuchtet; ein positiver Zusammenhang ist fraglich, wenn es sich um Trainingsgruppen handelt, bei denen die Selbsterfahrung mit individualtherapeutischer Ausrichtung im Vordergrund steht (Porras, 1979). Die Sekundäranalyse von Nicholas (1982) zeigt einen statistisch deutlich positiven Zusammenhang zwischen der Durchführung gruppendynamischer Trainings und verschiedenen Leistungsindikatoren, wobei es sich bei diesen Trainings überwiegend um strukturierte Trainings handelt, in denen der Arbeitsbezug explizit herausgearbeitet wurde.
   Meta-Analysen zum Outdoor-Training wie zum Coaching liegen nicht vor. Dagegen ist die Wirksamkeit der Strategie, über organization behavior modification-Programme leistungsrelevante Verhaltensänderungen herbeizuführen, metaanalytisch bestätigt (Stajkovic & Luthans, 1997).
2. Innerhalb des strukturalen Ansatzes (hier: job enrichment, Installierung selbstregulierender, teilautonomer Arbeitsgruppen im Rahmen des soziotechnischen Ansatzes; siehe auch Kap. 7) zeigt die Zusammenfassung von Neuman et al. (1989) eine positive Beziehung zwischen der Durchführung derartiger Arbeitsgestaltungen und verschiedenen «weichen» Kriterien. Die Analyse von Guzzo, Jette & Katzell (1985) bestätigt einen analogen positiven Zusammenhang mit verschiedenen «harten» Kriterien (vgl. hierzu auch Schuler & Höft, Kap. 10); dieses Resultat wird in den Zusammenfassungen von Nicholas (1982), Pearce und Ravlin (1987) sowie Beekun (1989) deutlich bestätigt.
3. Im Rahmen der Prozess-Intervention (hier: survey-feedback, Teamentwicklung, Prozessberatung) bestätigen die sekundärstatistischen Analysen von Neuman et al. (1989), Porras (1979), Bowers und Hausser (1977) und Gebert (1974) eine deutlich ausgeprägte positive Beziehung zwischen derartigen Prozessinterventionen mit verschiedenen «weichen» Kriterien, wobei sich speziell die

Informationsbox 2

Zusammenfassung ausschließlich sekundärstatistischer Analysen (u. a. Metaanalysen) zur Evaluation von Organisationsentwicklungsmaßnahmen

Maßnahmenklasse	Korrelative Beziehung zu „weichen" (klima- und zufriedensheitsbezogenen) Kriterien	Korrelative Beziehung zu „harten" (leistungsbezogenen) Kriterien	Streuung bezügl. der Enge des Zusammenhangs
1) Personaler Ansatz (Gruppendynamisches Training mit besonderer Herausarbeitung des arbeitsrelevanten Kontextes)	eher positiv (Neuman et al., 1989)	eher positiv (Nicholas, 1982)	groß
2) Strukturaler Ansatz (job enrichment, teilautonome Arbeitsgruppen)	eher positiv (Neuman et al., 1989)	positiv (Guzzo et al., 1985; Nicholas, 1982; Pearce und Ravlin, 1987; Beekun, 1989)	groß
3) Prozess-Intervention (survey-feedback, Teamentwicklung, Prozessberatung)	positiv (Neuman et al., 1989; Porras, 1979; Bowers und Hausser, 1977; Gebert, 1974)	eher positiv (Nicholas, 1982)	groß

Durchführung einer Teamentwicklung als nützlich zu erweisen scheint. Einen deutlich ausgeprägten positiven Zusammenhang mit «harten» Kriterien belegt die Zusammenfassung durch Nicholas (1982).

4. Alle drei Klassen von Interventionen erweisen sich also auf der Basis der zitierten Metaanalysen sekundärstatistisch zumindest prinzipiell sowohl gegenüber weichen als auch gegenüber harten Kriterien als förderlich. Die entscheidende Einschränkung liegt in folgendem Punkt: Ausnahmslos zeigt sich in allen zitierten Sekundäranalysen, dass die Resultate einer Maßnahme, über die verschiedenen Originalstudien hinweg betrachtet, stark streuen; der insgesamt positive Trend darf also nicht darüber hinwegtäuschen, dass die Maßnahmen in Einzelfällen auch wirkungslos bleiben, respektive den Ausgangszustand sogar verschlechterten. Dies wird in der Regel dadurch erklärt, dass zum einen mit der Wirksamkeit vieler Moderatoren zu rechnen sei (z. B. die Größe eines Unternehmens, die Art der Zielgruppe (Führungskräfte versus gewerblicher Bereich), die zeitliche Dauer der Intervention, die quantitative Reichweite der Maßnahmen (Anzahl der in den Veränderungsprozess integrierten Personen usw). Zur

Erklärung der starken Streuung identischer Maßnahmen wird zum Zweiten darauf verwiesen, dass die Maßnahmen gelegentlich nicht klar genug auf die jeweilige Problemlage des Unternehmens bzw. auf die impliziten Normen und Wertmuster ausgerichtet waren. So zeigt z. B. die Analyse von Bowers und Hausser (1977), dass die identische Maßnahme bei unterschiedlichen Arten von Führungs- und Kooperationsproblemen eine unterschiedliche Wirksamkeit entfaltete.

5. In Bezug auf das Ausmaß der gemessenen Effekte ergibt sich Folgendes: Neuman et al. (1989) berichten Korrelationskoeffizienten in der Größenordnung von r = .30 bis .50; bis zu 25 % der Varianz in den weichen Kriterien wird damit auf die Durchführung von Trainingsmaßnahmen rückführbar. In Bezug auf Leistungskriterien kommt die Analyse von Guzzo et al. (1985) zu dem Ergebnis, dass das individuelle Leistungsniveau von Gruppenmitgliedern, die an strukturalen Maßnahmen teilgenommen haben, gegenüber denjenigen, die an keiner Intervention teilnahmen, etwa um eine halbe Standardabweichung nach oben verbessert wurde.
6. Die Hypothese, die Kombination von personalen und strukturalen Maßnahmen bewirke mehr Veränderungen als eine der beiden Interventionsarten allein, wird von Neuman et al. (1989) in Bezug auf weiche Kriterien und von Guzzo et al. (1985) in Bezug auf harte Kriterien (tendenziell auch von Nicholas, 1982) bestätigt.
7. Im Trend korreliert der personale Ansatz und der Prozessansatz primär mit den weichen Kriterien, der strukturale Ansatz dagegen primär mit den harten Kriterien (vgl. hierzu auch Woodman & Wayne, 1985; Pasmore & King, 1978).

Bei diesen Anmerkungen zur Evaluation sei zusätzlich auf spezifische Risiken verwiesen: Hintergrundinformationen aus der Praxis nähren die Vermutung, dass nicht wenige Programme, die als Organisationsentwicklungsversuch intendiert waren, scheiterten oder versandeten. Die in einer eigenen Studie empirisch ermittelten Strategien des Dämpfens und Bremsens von Organisationsentwicklungsprozessen erweisen sich dabei durchaus nicht als erfolgsneutral: Vielmehr galt, dass im Anschluss an halbherzig durchgeführte Organisationsentwicklungsprogramme («Wasch mich, aber mach mich nicht nass») die Organisation im Hinblick auf die Güte der wahrgenommenen Kooperation anschließend als ungünstiger im Vergleich zu vorher eingestuft wurde (Gebert, 1976).

8. Grenzen von Organisationsentwicklung

Ein Kernproblem stellt die Installierung einer diskursartigen Kommunikationsstruktur dar: Wie soll in einem Machtgefälle ein Diskurs über eben dieses Machtgefälle ermöglicht werden? Wie kann man über die «wahren» Spielstrukturen, die den sichtbaren Verhaltensmustern zu Grunde liegen, angesichts gegebener Interessengegensätze valide kommunizieren (Crozier & Friedberg, 1979)? Wie lässt sich gegebenenfalls Gegenmacht mobilisieren? Wie lässt sich vermeiden, dass trotz deutlicher Notwendigkeit innerbetrieblicher Fundamentalkritik – notwendig als Antwort auf die Herausforderungen des Wandels (vgl. Büssing, Kap. 17) – eine nur systemstabilisierende Detailkritik von Experten dominiert? Muss insofern nicht Diskursfähigkeit bereits als Bedingung von Organisationsentwicklung herausgestellt werden, obwohl diese Fähigkeit tendenziell als Ergebnis von Organisationsentwicklung erhofft wird?

Skeptische Fragen sind insofern angebracht und zwar heute mehr denn je. Der zunehmende Einsatz von organization transformation (s. o.) löst Existenzängste aus und bringt den erforderlichen Diskurs «nach oben» zum Erliegen. Die Folge ist, dass erkannte Gefahren/Risiken unternehmensintern nicht mehr offen diskutiert werden und Krisen später auf ein entsprechend unvorbereitetes Unternehmen hereinbrechen. Ein nächster turn around (organization transformation) wird erforderlich – nicht, weil sich die Krise unternehmensextern plötzlich entwickelt hat, sondern weil der Aufbau einer Krisenprophylaxe sowie glättender Flexibilisierungspotienziale u. a. durch das Brachliegen des innerbetrieblichen Diskurses blockiert wurden. Die Zuspitzung der Krise ist dann unternehmensintern bedingt und deren Bewältigung durch organization transformation programmiert bereits die nächste Krise vor (Gebert, 2000).

Die häufig geäußerte Befürchtung einer Amerikanisierung der europäischen Wirtschaft (Skepsis gegenüber der Mitbestimmung; Kurzzeitorientierung der Vorstände einer AG, die sich primär an den aktuellen Börsenwerten des Unternehmens orientieren) tut hier ein Übriges.

Unabhängig von diesen akuten Strömungen der 90er Jahre gibt es systematische Grenzen der Organisationsentwicklung. Sie liegen u. a. in einer Überschätzung der Effekte der Partizipation. Die Strategie, Widerstände gegenüber Wandlungsprozessen durch Partizipation abbauen zu wollen, greift nicht beliebig. Viele Wandlungsprozesse können heute tendenziell als Öffnungsprozesse beschrieben werden: Zur Förderung von Innovativität und Kundennähe werden in vielen betrieblichen Funktionen Entscheidungskompetenzen dezentralisiert. Dezentralisierungsprozesse (Öffnungsprozesse) schaffen aber häufig neue unerwünschte Sekundäreffekte (Unkoordiniertheiten, abnehmende Integration) und sind im Übrigen mit dem Verlust der Vorzüge der geschlossenen Struktur der Zentralisierung zu bezahlen (geschlossene Strukturen – Zentralisierung – verbinden sich z. B. mit dem Vorzug der Sicherheit und Ordnung). Ein change management erfordert insofern ein gezieltes Verlustmanagement (Gebert & Boerner, 1995; Funder, 1999). Da Öffnungsprozesse nicht nur Befreiung, sondern auch Verlust implizieren, Angst vor Öffnungsprozessen also begründet ist, stoßen Versuche der Partizipation an Grenzen: Sie können den Verlust an sich nicht kompensieren. Umso mehr kommt es auf eine glaubwürdige Kommunikation bezüglich der Vor- und Nachteile der neuen Struktur und das Vermeiden falscher Versprechungen an. Fairness und damit Vertrauen sind wichtige Plattformen, auf deren Basis Öffnungsprozesse erleichtert werden (Gebert & Boerner, 1999a).

Da Dezentralisierungsprozesse in der Regel mit dem Verlust der Vorzüge der Zentralisierung einhergehen (und sich u. a. deswegen ehemalige Behörden (Bahn, Post), aber auch ehemalige sozialistisch-planwirtschaftlich geprägte Betriebe im Rahmen von Öffnungsprozessen so schwer tun), aber auch umgekehrt Re-Zentralisierung mit dem Verlust der Vorzüge der dezentralen Struktur zu bezahlen ist, bleiben Verschiebungen der jeweils konkreten Mischungen aus offenen und geschlossenen Strukturen immer im Fluss, weil derartige Verschiebungen alte Probleme lösen und neue schaffen (Gebert & Boerner, 1999).

Diese Sicht ist an die Theorie der Eigendynamik und Selbstregulation sozialer Systeme anschlussfähig. U. a. auf Grund dieser Eigendynamik wird man systematisch Grenzen der Planbarkeit und Steuerbarkeit betrieblicher Wandlungsprozesse in Rechnung stellen müssen (Schreyögg & Noss, 1995). Vor diesem Hintergrund kommt es darauf an, mit widersprüchlichen Organisationsmustern und Paradoxien leben zu lernen (Funder, 1999). Eine wichtige Voraussetzung hierfür liegt darin, valide über diesen Sachverhalt miteinander zu kommunizieren, um zumindest die vorhandenen Steuerungspotenziale ausschöpfen zu können.

9. Literatur

Adler, P. S. & Borys, B. (1996). Two types of bureaucracy: Enabling and coercive. *Administrative Science Quarterly, 41*, 61–89.

Argyris, C. & Schön, D. A. (1996). *Organizational learning II: Theory, methods, and practice.* Reading: Addison-Wesley.

Beekun, R. J. (1989). Assessing the effectiveness of sociotechnical interventions: Antidote or fad? *Human Relations, 42*, 877–897.

Boerner, S. (1994). *Die Organisation zwischen offener und geschlossener Gesellschaft – Athen oder Sparta?* Berlin: Duncker & Humblot.

Bouwen, R. & Fry, R. (1996). Facilitating group development: Interventions for a relational and contextual construction. In M. A. West (Ed.), *Handbook of work group psychology* (pp. 531–552). Chichester: John Wiley & Sons.

Bowers, D. G. & Hausser, D. L. (1977). Work group types and intervention effects in organization development. *Administrative Science Quarterly, 22*, 76–94.

Caldwell, D. F., Chatman, J. A. & O'Reilly, C. A. (1990). Building organizational commitment: A multifirm study. *Journal of Occupational Psychology, 63*, 245–261.

Crozier, M. & Friedberg, E. (1979). *Macht und Organisation. Die Zwänge kollektiven Handelns.* Königstein/Ts.: Athenäum.

Eden, C. & Huxham, C. (1996). Action research for the study of organizations. In S. R. Clegg, C. Hardy & W. R. Nord (Eds.), *Handbook of organization studies* (pp. 526–542). London: Sage.

Frese, E. (1998). *Grundlagen der Organisation* (7. Aufl.). Wiesbaden: Gabler.

Friedberg, E. (1980). Macht und Organisation. In G. Reber (Hrsg.), *Macht in Organisationen* (S. 123–134). Stuttgart: Poeschel.

Funder, M. (1999). *Paradoxien der Reorganisation: Eine empirische Studie strategischer Dezentralisierung von Konzernunternehmungen und ihrer Auswirkungen auf Mitbestimmung und Industrielle Beziehungen.* München: Hampp.

Gebert, D. (1972). *Gruppendynamik in der betrieblichen Führungsschulung.* Berlin: Duncker & Humblot.

Gebert, D. (1974). *Organisationsentwicklung – Probleme des geplanten organisatorischen Wandels.* Stuttgart: Kohlhammer.

Gebert, D. (1976). *Zur Erarbeitung und Einführung einer neuen Führungskonzeption: Theorie und Empirie.* Berlin: Duncker & Humblot.

Gebert, D. (2000). Zwischen Freiheit und Reglementierung. Widersprüchlichkeiten als Motor inkrementalen und transformalen Wandels in Organisationen – eine Kritik des punctuated equilibrium-Modells. In G. Schreyögg & J. Sydow (Hrsg.), *Managementforschung, Band 10, Organisatorischer Wandel und Transformation* (S. 1–32). Wiesbaden: Gabler.

Gebert, D. (2002). Organization development. In A. Sorge (Ed.), *Organization* (pp. 432–455). London: Thomson Learning.

Gebert, D. & Boerner, S. (1995). *Manager im Dilemma – Abschied von der offenen Gesellschaft?* Frankfurt: Campus.

Gebert, D. & Boerner, S. (1999). The open and the closed corporation as conflicting forms of organization. *The Journal of Applied Behavioral Science, 35*, 341–359.

Gebert, D. & Boerner, S. (1999a). Krisenmanagement durch Vertrauen? Zur Problematik betrieblicher Öffnungsprozesse in ökonomisch schwierigen Situationen. In J. Freimuth (Hrsg.), *Die Angst der Manager* (S. 137–161). Göttingen: Hogrefe.

Gebert, D. & Rosenstiel, L. v. (2002). *Organisationspsychologie* (5. Aufl.). Stuttgart: Kohlhammer.

Glasl, F. (1987). Der anthroposophische Ansatz – Organisationsentwicklung nach dem Konzept des NPI. In L. v. Rosenstiel, H. Einsiedler, R. Streich & S. Rau (Hrsg.), *Motivation durch Mitwirkung* (S. 85–100). Stuttgart: Schäffer.

Guzzo, R., Jette, R. & Katzell, R. (1985). The effects of psychologically based intervention programs on worker productivity: A meta-analyses. *Personnel Psychology, 38*, 275–291.

Habermas, J. (1988). *Nachmetaphysisches Denken.* Frankfurt/M.: Suhrkamp.

Kotthoff, H. (1994). *Betriebsräte und Bürgerstatus. Wandel und Kontinuität betrieblicher Mitbestimmung.* Mering: Hampp.

Neuman, G. A., Edwards, J. E. & Raju, N. S. (1989). Organizational development interventions: A metaanalysis of their effects on satisfaction and other attitudes. *Personnel Psychology, 42*, 461–489.

Nicholas, J. M. (1982). The comparative impact of organization development interventions on hard criteria measures. *Academy of Management Review, 8*, 531–542.

Pasmore, W. A. & King, D. C. (1978). Understanding organizational change: A comparative study of multifaceted interventions. *Journal of Applied Behavioral Science, 9*, 455–468.

Pasmore, W. A. & Woodman, R. W. (1992). *Research in organizational change and development.* London: Jai Press.

Pearce, J. A. & Ravlin, E. C. (1987). The design and activation of self-regulating workgroups. *Human Relations, 40*, 751–782.

Porras, J. I. (1979). The comparative impact of different OD techniques and intervention intensities. *The Journal of Applied Behavioral Science, 15*, 156–178.

Rauen, C. (1999). *Coaching.* Göttingen: Verlag für angewandte Psychologie.

Rippberger, T. (1998). *Ökonomie des Vertrauens.* Tübingen: Moor-Siebek.

Schein, E. H. (1985). *Organizational culture and leadership.* San Francisco: Jossey-Bass.

Schreyögg, A. (2002). *Konfliktcoaching.* Frankfurt: Campus.

Schreyögg, G. & Noss, C. (1995). Organisatorischer Wandel: Von der Organisationsentwicklung zur Lernenden Organisation. *Die Betriebswirtschaft, 55*, 169–185.

Senge, P. (1990). *The Fifth Discipline. The art and practice of the learning organization.* New York: Doubleday Currency.

Sonntag, K. (Hrsg.). (1999). *Personalentwicklung in Organisationen* (2. Aufl.). Göttingen: Hogrefe.

Springer, R. (1999). *Rückkehr zum Taylorismus? Arbeitspolitik in der Automobilindustrie am Scheideweg.* Frankfurt/Main: Campus.

Stajkovic, A. D. & Luthans, F. (1997). *A meta-analytic review of the effects of organizational behavior modification on task performance: 1975–1995. Academy of Management Journal, 40*, 1122–1149.

Turnley, W. H. & Feldman, D. C. (1999). The impact of psychological contract violations on exit, voice, loyalty and neglect. *Human Relations, 52*, 895–922.

Ulich, E. & Weber, W. G. (1996). Dimensions, criteria and evaluation of work group autonomy. In M. A. West (Ed.), *Handbook of work group psychology* (pp. 247–282). Chichester: John Wiley & Sons.

Woodman, R. W. & Wayne, S. J. (1985). An investigation of positive-findings bias in evaluation of organization development interventions. *Academy of Management Journal, 28*, 889–913.

19

Eva Bamberg & Babette Fahlbruch

Gesundheit und Sicherheit

Inhalt

1. Einleitung 617
1.1 Allgemeine Bedeutung von Gesundheit und Sicherheit 617
1.2 Rechtliche Bestimmungen 618
1.3 Ein Blick in die Geschichte 619
1.4 Gesundheit und Sicherheit als mehrdimensionale Begriffe 620

2. Theoretische Grundlagen 621
2.1 Konzepte der Handlungsregulation 621
2.2 Stress- und Ressourcentheorien 621
2.3 Gesundheits- und sicherheitsbezogenes Handeln 622

3. Konzepte der Gesundheits- und Sicherheitsförderung 623
3.1 Vom soziotechnischen Ansatz zum Gesundheits- und Sicherheitsmanagement 623
3.2 Systemsicherheit als Ausweitung des Sicherheitskonzepts 624

4. Sicherheits- und gesundheitsbezogene Interventionen 626
4.1 Gesundheits- und sicherheitsbezogene Organisationsentwicklung 626
4.2 Idealtypischer Ablauf 627
4.3 Interventionsmethoden 629
4.3.1 Personenbezogene Interventionen 630
4.3.2 Bedingungsbezogene Interventionen 633

5. Gesundheits- und sicherheitsbezogene Interventionen in der Praxis .. 634

6. Ausblick: Zwischen gezielten Einzelmaßnahmen und integrierter Gesamtkonzeption 635

7. Literatur 636

1. Einleitung

Das Ziel von Maßnahmen, die auf Sicherheit und Gesundheit gerichtet sind, ist die Vermeidung und Prävention von berufsbedingten Erkrankungen, Unfällen und Beeinträchtigungen. Damit verbunden sind zum einen individuelle Interessen der Arbeitnehmer, die sich auf wirtschaftliche Sicherheit und Wohlbefinden beziehen (sog. Reproduktionsinteressen sensu Greif, 1981). Zum anderen besteht aus humanen und wirtschaftlichen Gründen ein gesellschaftliches Interesse an Sicherheit und Gesundheit (Skiba, 1997). Humane Gründe beziehen sich auf das Schicksal der betroffenen Personen, wirtschaftliche Gründe gehen zurück auf die teilweise immensen gesellschaftlichen und betrieblichen Kosten von Sach- und Personenschäden als Folge von Belastungen, Unfällen oder Störfällen.

1.1 Allgemeine Bedeutung von Gesundheit und Sicherheit

Beeinträchtigungen von Sicherheit und Gesundheit sind mit hohem individuellem Leid für die Betroffenen und ihr soziales Umfeld verbunden. Die Verhütung von Unfällen und Krankheiten ist aber nicht nur individuell, sondern auch volkswirtschaftlich von großer Bedeutung: 2001 wurden in der deutschen Wirtschaft ca. 508 Millionen Krankheitstage verzeichnet (Bundesanstalt für Arbeitsschutz und Arbeitsmedizin, 2003). Ca. 8 % der Arbeitsunfähigkeitstage werden nach Dieterich, Vetter & Naij (1999) auf Arbeitsunfälle zurückgeführt. Die wirtschaftlichen Kosten der Produktionsausfälle durch Arbeitsunfähigkeit werden gegenwärtig auf über 40 Milliarden Euro pro Jahr geschätzt. Die höchsten Krankenstände und überdurchschnittlich viele Arbeitsunfälle finden sich in Berufen mit hohen körperlichen und/oder psychischen Belastungen. Nach einer Auswertung der AOK-Daten durch Dieterich et al. (1999) waren Naturwissenschaftler 1998 im Durchschnitt 4,5 Tage pro Jahr krank geschrieben, Waldarbeiter dagegen 28,5 Tage – also fast das Siebenfache.

Wenn auch in der Literatur auf verschiedene Einflussfaktoren von Fehlzeiten verwiesen wird (vgl. z. B. die Beiträge in Badura, Litsch & Vetter, 1999), so zeigen diese Zahlen doch, dass die Art der ausgeübten Tätigkeit einen erheblichen Einfluss auf das Ausmaß krankheitsbedingter Fehlzeiten hat.

2001 haben sich 1 629 707 meldepflichtige Arbeitsunfälle ereignet (Bundesanstalt für Arbeitschutz und Arbeitsmedizin, 2003). Die Kosten der gesetzlichen Unfallversicherung belaufen sich auf über 10 Milliarden Euro. Die Art der ausgeübten Tätigkeit hat einen erheblichen Einfluss auf die Entstehung von Arbeitsunfällen. 120 angezeigten Arbeitsunfällen pro 1000 Vollarbeiter bei der Bau-Berufsgenossenschaft Hamburg standen 18 angezeigte Arbeitsunfälle pro 1000 Vollarbeiter bei der Verwaltungs-Berufsgenossenschaft gegenüber (Bundesministerium für Arbeit, 1999).

Maßnahmen zur Förderung von Sicherheit und Gesundheit am Arbeitsplatz sind auf diesem Hintergrund nicht nur humanitäre und soziale Verpflichtung, sie sind auch wirtschaftliche Notwendigkeit (Grundel, 2000).

1.2 Rechtliche Bestimmungen

Die rechtlichen Rahmenbedingungen von Sicherheit und Gesundheit ergeben sich aus dem Arbeitsschutzsystem der Bundesrepublik Deutschland, das seinerseits durch Verordnungen und Richtlinien der EU bestimmt wird. Das Arbeitsschutzsystem unterteilt sich in ein autonomes Arbeitsschutzrecht der Unfallversicherungsträger, das für die Mitglieder des jeweiligen Unfallversicherungsträgers von Bedeutung ist, und ein staatliches Arbeitsschutzrecht, das eine Reihe von Gesetzen, Verordnungen (z. B. die Bildschirmarbeitsplatzverordnung), Verwaltungsvorschriften und Technische Regeln umfasst. Besonders wichtig ist hier das *Arbeitsschutzgesetz* von 1996. Grundlage für dieses Gesetz ist die Rahmenrichtlinie der Europäischen Union von 1989 über die Verbesserung der Sicherheit und des Gesundheitsschutzes der Arbeitnehmer. Das Arbeitsschutzgesetz betont vor allem die geteilte Verantwortung für Sicherheit und Gesundheit, die einerseits beim Arbeitgeber und andererseits beim Arbeitnehmer liegt, sowie die ganzheitliche Herangehensweise, die auf gesicherten arbeitswissenschaftlichen Erkenntnissen basieren sollte. Folgende Gestaltungsprinzipien sind für den betrieblichen Arbeitsschutz vorgeschrieben:

1. präventiv, d. h. das Vorgehen soll geplant und auf Vermeidung von Gesundheitsgefahren ausgerichtet sein;
2. betriebsbezogen, d. h. für jeden Betrieb sollen spezifische Gefährdungen ermittelt und entsprechende Maßnahmen abgeleitet werden;
3. ganzheitlich, d. h. Technik, Organisation, soziale Bedingungen, Umwelt und Menschen sind einzubeziehen;
4. aktuell, d. h. Maßnahmen sollen unter Berücksichtigung von gesicherten arbeitswissenschaftlichen Erkenntnissen und des Technikstandes geplant und durchgeführt werden;
5. kontinuierlich, d. h. eine laufende Überprüfung und Verbesserung der Wirksamkeit von geplanten und getroffenen Maßnahmen hat zu erfolgen, indem Gefahren beurteilt, ausgeschaltet, verbleibende Gefahren gemindert, Betroffene informiert, Maßnahmen dokumentiert, überprüft und verbessert werden;
6. beteiligungsorientiert, d. h. aktives Mitwirken und Eigenverantwortung aller Beteiligten ist anzustreben.

Verantwortlichkeiten für gesetzlich geregelte Ausführungen sind vor allem im Gesetz über Betriebsärzte, Sicherheitsingenieure und andere

Fachkräfte für Arbeitssicherheit von 1973 – Arbeitssicherheitsgesetz geregelt. So sind Arbeitgeber von mehr als 20 Beschäftigten verpflichtet, Sicherheitsbeauftragte bzw. Fachkräfte für Arbeitssicherheit und einen Arbeitsschutzausschuss zu bestellen, die in Hinblick auf Gesundheit und Sicherheit mindestens beratende Funktionen im Unternehmen haben.

Das Arbeitsschutzsystem umfasst weitreichende Regelungen, die, wie ein Blick in die Geschichte zeigt, in der Vergangenheit kaum selbstverständlich waren.

1.3
Ein Blick in die Geschichte

Ein Überblick über historische Positionen (vgl. Greif, Kap. 2) ergibt, dass Sicherheit und Gesundheit in den Anfangszeiten der Psychologie allenfalls eine untergeordnete Rolle spielten. Einer der wenigen, der sich diesem Thema widmete, war Emil Kraepelin, ein Psychiater und Schüler Wundts: «Ein Doppelantlitz ist es demnach, welches die Arbeit trägt. Fluch und Segen liegt in ihr beschlossen. An uns ist es, der Arbeit ihren Stachel zu nehmen, sie so zu gestalten, dass wir uns ihrer Segnungen freuen können, ohne Leid und Not des Lebens zu mehren … Es wird möglich sein, zu prüfen, unter welchen Verhältnissen Menge und Wert der Arbeitsleistung sich am günstigsten gestalten, namentlich aber auch, welche Umstände eine Herabsetzung der Leistungsfähigkeit, eine Schädigung der Arbeitsleistung herbeizuführen geeignet sind» (Kraepelin, 1896, S. 7).

Reason (1993) unterscheidet drei sich überlappende Phasen der Sicherheitsforschung: das technische Zeitalter, das Zeitalter des «human error» und das Zeitalter des soziotechnischen Systemansatzes. Die Themen, die diese Phasen charakterisieren, Technik, Individuum sowie Interaktion von technischem und sozialem System als Fehlerquelle, sind als Schwerpunkte in wissenschaftlichen und praktischen Arbeiten zu Sicherheit und Gesundheit nach wie vor von großer Bedeutung.

Frühe Arbeiten zu Sicherheit und Gesundheit konzentrierten sich vor allem auf die Wirkung von einzelnen Merkmalen der *Arbeitsumgebung* und der *technischen Gestaltung* des Arbeitsplatzes auf Unfallrisiko und (somatische) Beeinträchtigungen und Erkrankungen. Mit sich entwickelnder Forschungstradition wurden zunehmend komplexere Beziehungen einbezogen: Nicht nur die Wirkung einzelner Merkmale, sondern Belastungskombinationen wurden untersucht – wie es im Begriff der Mehrfachbelastung zum Ausdruck kommt; ein breites Spektrum möglicher Faktoren wurde einbezogen. Im Belastungs-Beanspruchungskonzept wird dem Rechnung getragen. Psychische Belastungen werden «als Gesamtheit der erfassbaren Einflüsse, die von außen auf den Menschen zukommen und auf ihn einwirken» und psychische Beanspruchungen als «individuelle, zeitlich unmittelbare und nicht langfristige Auswirkungen der psychischen Belastungen im Menschen in Abhängigkeit von seinen individuellen Voraussetzungen und seinem Zustand» definiert (Normausschuss Ergonomie, 1987).

Eine Perspektive, bei der das *Individuum*, vor allem Einstellungen und Verhalten, im Vordergrund standen, wurden in frühen Arbeiten vor allem bei dem Thema *Sicherheit* verfolgt. In der Phase der menschlichen Fehler (Reason, 1993) standen anfänglich individuelle Dispositionen und Kompetenzen und individuelles Verhalten im Mittelpunkt.

Bei den individuumsbezogenen Konzepten zu Sicherheit findet sich zunehmend der Verweis auf die Notwendigkeit der Einbeziehung von Merkmalen der Arbeitstätigkeit und der Arbeitsbedingungen. Eine ähnliche Entwicklung ist bei Konzepten zu *Gesundheit* zu verzeichnen. Hier spielte eine individuumsbezogene Perspektive mit wachsender Popularität stresstheoretischer Konzepte eine Rolle. Verbreitet waren reaktionszentrierte Ansätze, die Stress über die Reaktion des Individuums, unabhängig von stressauslösenden Bedingungen, definieren (vgl. Bamberg & Greif, 1982), und Ansätze, die Merkmale des Individuums als wesentliche Ursache von Stress sehen – wie es etwa in Konzepten zum TypA/Typ-B-Verhaltensmuster (vgl. Friedman & Rosenman, 1974) zum Ausdruck kommt.

Die vielzitierte Arbeit von Kornhauser (1965) *Mental health of the industrial worker* und Publikationen, die in der Folgezeit erschienen (vgl. z. B. die Beiträge in Frese, Greif & Semmer, 1978), betonten die Bedeutung der Arbeitsaufgabe und der Arbeitsbedingungen. In der Bundesrepublik Deutschland wurden – vor allem im Rahmen des Programms Humanisierung des Arbeitslebens – zahlreiche Projekte zu arbeitsbedingten Gesundheitsgefährdungen gefördert.

Damit war eine wesentliche Grundlage geschaffen für den *soziotechnischen Ansatz*, der Individuum und Arbeitsaufgabe und somit den Arbeitsprozess als wesentliche Einflussfaktoren von Gesundheit und Sicherheit betrachtet (vgl. Abschnitt 3.1).

1.4 Gesundheit und Sicherheit als mehrdimensionale Begriffe

Gesundheit und Sicherheit wurden anfänglich negativ definiert – unter Gesundheit wurde das Ausbleiben von Krankheit, unter Sicherheit das Ausbleiben von Unfällen verstanden.

In der jüngeren Diskussion wird *Gesundheit* nicht als Abwesenheit von Krankheit, sondern positiv, im Sinne von Wohlbefinden, gefasst. In der Tradition der Gesundheitsdefinition der Weltgesundheitsorganisation wird auf die Mehrdimensionalität des Konzepts verwiesen (vgl. z. B. Greiner, 1998): Körperliche, psychische und soziale Komponenten werden unterschieden.

Einige Autoren betonen, dass Gesundheit im aktiven Prozess kontinuierlich hergestellt werden müsse; Gesundheit ist demnach ein Potenzial oder eine Fähigkeit, Ungleichgewichte zu bewältigen und zu regulieren. In dieser Tradition betonen arbeitspsychologische Gesundheitskonzepte den Bezug zwischen Gesundheit und Handlungsfähigkeit (Ducki & Greiner, 1992).

Für den Begriff der *Sicherheit* lassen sich ähnliche Tendenzen erkennen. Sicherheit wird nicht nur mit Kontrolle bzw. Kontrollierbarkeit von Gefahren in Verbindung gebracht. «Sicherheit ist mehr als das Verhüten von Unfällen; eine Entwicklung in Richtung auf präventiven Unfallschutz ist unerlässlich» (Hoyos & Wenninger, 1995, S. 4). Sicherheit wird einerseits als Zustand und andererseits als Leistung eines Systems angesehen, was in dem Begriff der Systemsicherheit zum Ausdruck gebracht wird (Hoyos & Ruppert, 1993). Eine Ausweitung des Sicherheitsdenkens bei einer gleichzeitigen Einschränkung des Begriffs Systemsicherheit ausschließlich auf Industrien hohen Gefährdungspotenzials wird dagegen von Fahlbruch und Wilpert (1999) favorisiert und weiter unten diskutiert. Eine zum Gesundheitsbegriff analoge positive Definition steht für den Sicherheitsbegriff allerdings noch aus.

Gemeinsam ist den Begriffen Sicherheit und Gesundheit der Bezug auf einen positiven Sollzustand und die Einbeziehung eines aktiven kontinuierlichen Prozesses zur Realisierung dieses Sollzustands. Unterschiede bestehen hinsichtlich der Schwerpunktsetzung: Wenngleich jüngere Konzepte durchaus eine Ausweitung einbeziehen («die gesunde Organisation»), so überwiegt bei Gesundheit dennoch eine individuumszentrierte Perspektive: Gesundheit wird als Merkmal von Individuen gesehen; situative Merkmale sind aber als Einflussfaktoren von außerordentlicher Bedeutung. Sicherheit dagegen war von Anfang an vor allem über die Organisation, aber auch über das Individuum definiert; Sicherheit ist ein Merkmal von Organisationen, Arbeitsbedingungen und Individuen. Beim Konzept der Systemsicherheit (Abschnitt 3.2) wird diese Perspektive auf die Systemumwelt erweitert.

Des Weiteren sei noch auf Unterschiede in der Zeitperspektive verwiesen: Gesundheit wird vor allem als Ergebnis langfristiger Entwicklungsprozesse thematisiert. Kurzfristig wirkende Faktoren, besonders solche mit geringer Häufigkeit, werden demgegenüber weniger gewichtet. Diese werden in Ansätzen zu Sicherheit, bei denen ja Gefährdungen eine zentrale Rolle spielen, gezielt berücksichtigt.

Neben den genannten Gemeinsamkeiten und Unterschieden ist zu berücksichtigen, dass sich Gesundheit und Sicherheit wechselseitig bedingen. Körperliches, psychisches und soziales Wohlbefinden sowie Handlungsfähigkeit setzen Sicherheit voraus. Mangelnde Sicherheit (z. B. im Sinne von Unfallgefährdung) erhöhen die

Wahrscheinlichkeit von gesundheitlichen Beeinträchtigungen. Die Realisierung von Sicherheit setzt Gesundheit voraus. Krankheiten (z. B. Drogenmissbrauch) beeinträchtigen in der Regel Sicherheit. Der enge Bezug zwischen den beiden Themenbereichen lässt eine gemeinsame Bearbeitung in der Psychologie erwarten; wie der Blick in die Geschichte zeigt, war dies in der Vergangenheit jedoch kaum der Fall.

2. Theoretische Grundlagen

Für die aktuelle Diskussion über die Bedeutung des Arbeitsprozesses für Sicherheit und Gesundheit sind drei theoretische Konzepte besonders hervorzuheben: *Handlungstheoretische Konzepte* thematisieren, wie im Prozess der Handlungsregulation eine Beeinträchtigung oder Realisierung von Sicherheit und Gesundheit erfolgen kann (Abschnitt 2.1), Stress- und Ressourcentheorien behandeln die Bedeutung von Stressoren und Ressourcen für Sicherheit und Gesundheit (Abschnitt 2.2), Konzepte zu gesundheits- und sicherheitsbezogenem Handeln beziehen sich auf Einflussfaktoren von gesundheits- und sicherheitsbezogenem Handeln (Abschnitt 2.3). Die genannten Konzepte werden hier nur insoweit zusammengefasst, als dass sie Grundlage für sicherheits- und gesundheitsbezogene Interventionen sind. Ergänzend sei auf den Beitrag von Semmer und Udris in diesem Band verwiesen.

2.1 Konzepte der Handlungsregulation

Arbeitspsychologischen Handlungstheorien ist gemeinsam, dass menschliches Handeln als hierarchisch organisiert mit verschiedenen Regulationsebenen konzeptualisiert wird. Ein vereinfachtes Handlungsmodell beinhaltet, dass ausgehend von übergeordneten Motiven Ziele gebildet werden. Auf dieser Grundlage erfolgen, bei Ableitung von Teilzielen, Planungs-, Ausführungs- und Kontrollprozesse (Hacker, 1998).

Für Gesundheit und Sicherheit hat dieses Modell eine mehrfache Bedeutung: Nach handlungstheoretischen Überlegungen entstehen Belastungen durch Beeinträchtigungen der Handlungsregulation, d. h. durch Ziele, die übergeordneten Werten und Normen widersprechen, durch unklare oder widersprüchliche Ziele, durch Regulationsunsicherheit und durch zusätzlichen Regulationsaufwand (Semmer, & Dunckel, 1991).

Auf der Grundlage handlungstheoretischer Konzepte können des Weiteren Beeinträchtigungen der Sicherheit durch Fehler erklärt werden. In den wichtigsten Modellen von Rasmussen (1987) und Reason (1990) werden drei Handlungs- und dazugehörige Kontrollebenen identifiziert, fertigkeitsbasierte, regelbasierte und wissensbasierte Kontrolle, die sich vor allem durch den Bewusstheitsgrad und die entsprechende Informationsverarbeitung unterscheiden. Auf allen Kontrollebenen kann es zu Fehlern kommen, die sich auf der entsprechenden Handlungsebene manifestieren. Auf der fertigkeitsbasierten Ebene kann es beispielsweise zu räumlich-zeitlichen Orientierungsfehlern kommen, die sich dann im Vertauschen von Handlungsschritten oder im Betätigen einer falschen Taste zeigen.

Beeinträchtigungen von Sicherheit und Gesundheit werden nach diesem Modell durch inadäquate Handlungsregulation und deren langfristige Folgen erklärt. Eine Gewährleistung von Sicherheit und Gesundheit ist nur dann möglich, wenn Handlungsfähigkeit – bzw. die Entwicklung von Handlungsfähigkeit – gegeben ist (vgl. Ducki & Greiner, 1992).

2.2 Stress- und Ressourcentheorien

In der arbeitspsychologischen Stressforschung haben sich in den letzten Jahrzehnten transaktionale Konzepte (z. B. Lazarus und Launier, 1981) durchgesetzt. Die Ursache von *Stress* wird danach nicht isolierten Personen- und/oder Umweltmerkmalen zugeschrieben, sondern einer mangelnden Übereinstimmung zwischen individuellen Bedürfnissen, Wünschen und

Kompetenzen und Gegebenheiten der Situation. Stress entsteht auf Grund eines als unangenehm erlebten und nicht kontrollierbaren Ungleichgewichts zwischen Person und Situation (Greif, 1991).

Stressoren oder Belastungen sind nach diesem Konzept diejenigen Bedingungen, die mit hoher Wahrscheinlichkeit Stress auslösen. Zur Entstehung der Belastungen sei auf die weiter oben zusammengefassten handlungstheoretischen Überlegungen verwiesen. Die kurz- und langfristigen Folgen von Stress beziehen sich auf drei Ebenen: die physiologische/somatische, die kognitiv-emotionale und die Verhaltensebene.

Inwieweit Personen Bedingungen als Stress erleben und inwieweit beeinträchtigende Wirkungen auf die Gesundheit bestehen, ist nach diesem Konzept von Bewertungs- und Bewältigungsprozessen (coping) abhängig. Die Bewertungsprozesse beziehen sich auf stressauslösende Bedingungen, auf Bewältigungsmöglichkeiten und damit auf Ressourcen. In der Literatur findet sich häufig die Unterscheidung zwischen problem- und emotionsbezogener Bewältigung sowie zwischen Bewältigung durch Verhalten und durch intrapsychische Prozesse. Schönpflug hebt hervor, dass auch negative Effekte von Bewältigung einzubeziehen sind: Stress kann durch ineffektives Bewältigungsverhalten entstehen oder zumindest verstärkt werden. Ineffektives Coping ist etwa dann gegeben, wenn kein angemessenes Verhältnis zwischen Aufwand und Wirkung besteht oder wenn durch Stressbewältigung unerwünschte Nebeneffekte eintreten. Der Kosten-Nutzen-Aspekt der Bewältigung ist somit zu berücksichtigen (Schönpflug & Battmann, 1988).

Den *Ressourcen* kommt im Stressprozess eine wichtige Bedeutung zu. Sie bestimmen Bewertungs- und Bewältigungsprozesse und haben auch direkte Wirkungen auf Stressoren und Gesundheit. Die zentrale Bedeutung von Ressourcen wird in einer Reihe weiterer Ansätze aufgegriffen: Warr (1987) betont im Rahmen seines *Vitaminmodells,* dass für die psychische Gesundheit eine Reihe von Faktoren – vergleichbar mit Vitaminen – erforderlich seien. Antonovsky (1987) definiert Kohärenzsinn (sence of coherence), d.h. die Verstehbarkeit, Handhabbarkeit und Sinnhaftigkeit von Bedingungen und Ereignissen, als Schlüsselressource. Beide Ansätze lassen sich den salutogenetischen Konzepten zuordnen, die die Entwicklung der Gesundheit gegenüber der Entstehung von Krankheit in den Vordergrund rücken.

Stress- und Ressourcentheorien haben neben den in der Literatur vielfach erörterten Schlussfolgerungen für Gesundheit (vgl. auch Semmer & Udris, Kap. 6) und Gesundheitsförderung auch für das Thema Sicherheit eine wichtige Bedeutung: Die Relevanz von Bewertungsprozessen, die im transaktionalen Stresskonzept hervorgehoben wird, wird auch sicherheitsbezogene Aspekte betreffen. So dürfte die Frage, inwieweit bestimmte Bedingungen als gefährdend bewertet werden, die Handlungskonsequenzen wesentlich beeinflussen. Ferner kann sicherheitsbezogenes Verhalten unter dem Aspekt der Stressbewältigung (z.B. Verzicht auf Schutzkleidung, um Zeitdruck zu kompensieren) und/oder unter dem Aspekt der Stressfolgen (z.B. erhöhte Unfallgefahr auf Grund von Ermüdung) gesehen werden.

2.3 Gesundheits- und sicherheitsbezogenes Handeln

Theoretische Konzepte zu gesundheits- und sicherheitsbezogenem Handeln beziehen sich häufig auf eine Abschätzung und Bewertung der Handlungsergebnisse. Sie basieren damit in vielen Fällen auf Wert-Erwartungs-Theorien. Wilde (1982) postuliert, dass Personen sich für ein Verhalten entscheiden, das bei einem Vergleich von wahrgenommenem und akzeptiertem Risiko in Übereinstimmung mit ihrem akzeptierten Risikoniveau steht. Sinkt das akzeptierte Risikoniveau, ändert sich das Verhalten, ebenso, wenn das Verhalten als unter- oder oberhalb des Risikoniveaus gesehen wird. Die wichtigste Erkenntnis aus diesem Ansatz besteht darin, dass Interventionen, die zu einer bewusst wahrgenommenen Verringerung des Risikos führen, als wirkungslos postuliert werden, da es zu einer erneuten Anpassung des Verhaltens in Richtung Erhöhung des Risikos kommt.

Ein Ansatz, der sowohl auf Gesundheits- als auch auf Sicherheitsverhalten angewandt wird, bezieht sich auf das Konzept des *unrealistischen Optimismus*. Der unrealistische Optimismus beschreibt das Phänomen, dass Personen ihre eigene Gefährdung im Vergleich mit einer Durchschnittsperson in der Regel unterschätzen. Dieses Konzept bildet eine Grundlage für das *Prozessmodell präventiven Handelns* (Weinstein, 1987, 1988, 1989), das hohe Übereinstimmung mit Schwarzers *Prozessmodell gesundheitlichen Handelns* (Schwarzer, 1992) aufweist. Im Prozessmodell präventiven Handelns wird postuliert, dass sich die Bewertung von Gefahren in Bezug auf Verwundbarkeit, Schweregrad und Ergebniserwartung in drei Phasen qualitativ verändern, vom individuellen Bewusstsein, dass eine Gefährdung vorhanden ist, über das Wissen ihrer Wirkung im Allgemeinen hin zum Wissen über ihre Wirkung für die Person selbst. Auf Grund dieser Bewertungen erfolgt die Intentionsbildung, die dann in Abhängigkeit von Kosten und Barrieren auch das Präventivverhalten beeinflusst. Für diese Umsetzung der Intention in Handlung ist nach Schwarzer (1992) die Selbstwirksamkeit von Bedeutung.

Trimpop (1996) beschreibt, dass die Sicherheitsmotivation vor allem durch drei Hauptmotive beeinflusst wird: durch den Wunsch, sich nicht zu verletzen, durch den Wunsch, den Aufwand bei der Arbeit zu minimieren und durch den Wunsch, die Arbeit abwechslungsreich zu gestalten. Für das Verhalten wird dann ein Kosten-Nutzen-Vergleich durchgeführt, der emotionale und physiologische Faktoren sowie kognitive Aspekte beinhaltet. Interventionen sollten also auf das Kosten-Nutzen-Verhältnis ausgerichtet sein.

3. Konzepte der Gesundheits- und Sicherheitsförderung

In Konzepten und Interventionen zu Gesundheit und Sicherheit stand zunächst isoliert die beeinträchtigende Wirkung einzelner Faktoren im Vordergrund (vgl. Abschnitt 1.3). Gesundheit und Sicherheit wurden als zwei getrennte Bereiche behandelt, Analyse- und Interventionsmethoden bezogen sich häufig auf Gesundheit *oder* Sicherheit. Unterstützt durch Diskussionen des Gesundheitsbegriffs (Abschnitt 1.4) und durch Theorieentwicklungen (Abschnitt 2) lassen sich Konzepte zu Gesundheit und Sicherheit zunehmend durch eine positive Zielsetzung (Gesundheit statt Krankheit, Sicherheit statt Unfall) und durch eine breitere Betrachtung, die personen- und bedingungsbezogene Faktoren einbezieht, charakterisieren.

3.1 Vom soziotechnischen Ansatz zum Gesundheits- und Sicherheitsmanagement

Die verschiedenen Ansätze zu Gesundheits- und Sicherheitsförderung im Arbeitsleben stimmen insofern überein, dass isolierte Maßnahmen, die sich auf die Arbeitsumgebung oder das arbeitende Individuum beziehen, als ungenügend gewertet werden und dass bei Gestaltungsprozessen Technik, Organisation, soziale Beziehungen und individuelle Bedingungen zu berücksichtigen sind. Eine Umsetzung dieses Anspruchs, der dem soziotechnischen Systemansatz entspricht, erfolgt aber nach wie vor unter Betonung entweder der Arbeitsaufgabe oder der Organisation.

Mit der *Gestaltung der Arbeitsaufgabe* (Oesterreich & Volpert, 1999) wird das Ziel verbunden, Belastungen im Sinne von Beeinträchtigungen der Handlungsregulation zu vermeiden und durch Regulationsanforderungen die Entwicklung von Handlungsfähigkeit zu ermöglichen (vgl. Abschnitt 2). Die Gestaltung der Arbeitsaufgabe wird begleitet durch die Gewährleistung individueller Handlungsvoraussetzungen, z. B. im Sinne von Qualifizierungsmaßnahmen.

Konzepte zu Gesundheits- und Sicherheitsmanagement berücksichtigen programmatisch individuelle, arbeitsplatzbezogene und organisationale Faktoren (Hoyos & Ruppert, 1993). *Organisationalen Faktoren* wird in diesem Zusammenhang eine «Multifunktionalität» zugesprochen, da sie nicht nur individuelles Handeln beeinflussen oder Bedingungen festlegen, sondern auch Sicherheit in einen Zusammenhang mit anderen Organisationszielen stellen (Ruppert, 1995). Interventionen werden dementsprechend auf unterschiedlichen Ebenen angesiedelt. So schlägt Zimolong (1995) organisatorische Maßnahmen, wie Veränderungen von Organisationsstrukturen, Arbeitsplanung und -gestaltung, wie ergonomische Gestaltung der Betriebsmittel, Personalarbeit, wie Schulungen, Qualifizierung, wie Weiterbildung und Maßnahmen der Sicherheitstechnik für einen integrierten Arbeits-, Gesundheits- und Umweltschutz, vor.

Die Gruppe um Zimolong entwickelte ein Konzept für ein ganzheitliches Management des Arbeits- und Gesundheitsschutzes (GAMAGS). Dessen fünf Kernelemente beschreibt Elke (2000) wie folgt:

- *Standards* des Arbeits- und Gesundheitsschutzes (AGS) geben ein Leistungs- und Qualitätsniveau vor. Im Rahmen eines *Steuerungszyklus* wird ausgehend von AGS-Standards und -zielen deren Umsetzung überprüft;
- *Human Resource Management* ist für die organisationale Handlungskoordination und -ausrichtung von zentraler Bedeutung; dabei steht weniger die Anwendung einzelner Maßnahmen der Personalführung im Vordergrund; es geht vielmehr um eine systematische Einbeziehung von AGS-Standards und -zielen in Personalsysteme und -maßnahmen;
- *Partizipation und Einbindung* der betroffenen Organisationsmitglieder sollen eine Internalisierung der organisationalen Standards ermöglichen; sie werden als notwendige Bedingung für die Bewältigung komplexer Problemlagen betrachtet;
- *Informations- und Kommunikationsmanagement* sind zentral für erfolgreiche Sicherheitsarbeit, da diese ein hohes Ausmaß an Kooperation voraussetzt;
- *Übergreifendes Systemmanagement* soll eine Abstimmung und Integration von AGS in das Managementsystem gewährleisten.

Programmatisch umfassende Konzepte der Gesundheits- und Sicherheitsförderung beziehen sich, wie die zusammenfassende Darstellung gezeigt hat, in der Ausführung entweder auf Arbeitsgestaltung oder auf Managementprozesse; eine Integration dieser Ansätze steht noch aus.

3.2 Systemsicherheit als Ausweitung des Sicherheitskonzepts

Obwohl neuere Ansätze des Arbeitsschutzes bereits über die traditionelle begrenzte Betrachtung der Arbeitssicherheit hinausgehen, indem Organisation und Management ebenfalls thematisiert werden (siehe vorherigen Abschnitt), greifen sie doch zu kurz, wenn es um einen vollständigen Systemzusammenbruch mit negativen Auswirkungen für Menschen und Umwelt geht (Fahlbruch & Wilpert, 1999). Die rasante Technikentwicklung im letzten Jahrhundert führte zu einer Reihe großer Industrieanlagen mit hohem Gefährdungspotenzial, die nach Perrows (1984) «normal accident theory» durch enge Kopplung und interaktive Komplexität, unvorhergesehene Interaktionen von Komponenten, charakterisiert sind, wie beispielsweise die zivile Luftfahrt, Kernkraftwerke und chemische Anlagen. Diese beiden Muster führen seiner Meinung nach zwangsläufig zu Systemversagen. Nach Fahlbruch und Wilpert (1999) sollte der Begriff Systemsicherheit für diese Industrien mit hohem Gefährdungspotenzial reserviert sein, da in ihnen ein neues Prinzip, das «defence in depth»-Prinzip, verwirklicht wurde, ein System ausgeklügelter technischer und organisationaler Sicherheitsbarrieren, welches sich in diesem Ausmaß nicht in anderen Industrien wiederfinden lässt. Durch das «defence in depth»-Prinzip sollen Gefährdungen vor allem für die Organisation und die Umwelt minimiert werden, mit dem Ergebnis, dass sich der Fokus von individuellen Faktoren auf solche, die schwere organisationale Unfälle charakterisieren, verschiebt. Die Autoren definieren in Anlehnung an Roland und Moriarty (1990, S. 7), «*Systemsicherheit* ist die Eigenschaft komplexer Systeme (z. B. KKW), die es dem System gestattet, ohne größere Zusammenbrüche unter vorgegebenen Bedingungen und mit einem Minimum unbeabsichtigten Kontrollverlusts oder Schadens für die Organisation und die Umwelt zu funktionieren» (Fahlbruch & Wilpert, S. 56).

Ansätze zur Systemsicherheit können in Anlehnung an Reason (1997) in drei verschiedene Perspektiven kategorisiert werden: Ingenieurs-, Personen- und organisationale Perspektive, die in Analogie zu den oben genannten Phasen der Sicherheitsforschung beschrieben werden. Wilpert und Fahlbruch (1998) fügen diesen Phasen eine vierte, die interorganisationale Phase, hinzu, in der Dysfunktionen zwischen Organisationen als wichtige zusätzliche Fehlerquelle angesehen werden.

Analysen von großen Systemzusammenbrüchen, wie das Sinken der *Herald of Free Enterprise*, Tschernobyl oder *Piper Alpha* zeigten, dass neben technischem Versagen und Fehlern des Bedienpersonals auch organisationale und Umweltfaktoren zu deren Entstehen beitrugen. Infolgedessen verschiebt sich das Interesse vor allem zur Analyse des Beitrags des Managements und der Organisationsumwelt. Die wissenschaftliche Literatur kann in vier Hauptgruppen kategorisiert werden: Ansätze organisationaler Faktoren, high reliability organizations (HRO), interorganisationale Ansätze und Sicherheitskulturansätze.

Zu den *Ansätzen organisationaler Faktoren* kann auch die Unfallverursachungstheorie von Reason (1990) gezählt werden. Im «generic error modeling system» unterscheidet Reason (1990) zwischen aktiven und latenten Fehlern. Aktive Fehler sind Fehler, die von Operateuren an der Mensch-Maschine-Schnittstelle begangen werden und eine unfallauslösende Funktion haben (siehe Abschnitt 2.1). Latente Fehler dagegen sind von der Unfallentstehung meist zeitlich und räumlich weit entfernt und ruhen oft unbemerkt wie Krankheitsherde im System, wie beispielsweise Managemententscheidungen. Auf Grund von Barrieren und Sicherheitseinrichtungen können Unfälle entstehen, wenn aktive und latente Fehler gemeinsam das System schwächen. Das «generic error modeling system» ist damit ein organisationales Modell der Sicherheit, das sowohl auf Arbeitssicherheit als auch auf Systemsicherheit anwendbar ist. Als Manifestation latenter Fehler nennt er elf generelle Fehlertypen oder organisationale Faktoren: Hardwareschwächen, schlechtes Design, schlechtes Wartungsmanagement, Schwächen in den Prozeduren, Fehler fördernde Bedingungen, schlechtes «Housekeeping», inkompatible Ziele, Kommunikationsfehler, organisationale Fehler, nicht adäquates Training und nicht adäquates Sicherheitssystem. Weitere Konzepte organisationaler Faktoren aus dem Bereich der Kerntechnik werden bei Wahlström et al. (1999) und aus dem Bereich der Stahlindustrie und der Medizin bei van Vuuren (1998) dargestellt.

Im Gegensatz zu Perrows (1984) pessimistischer Sichtweise gehen die Forscher der Universität Berkeley davon aus, dass Sicherheit und Zuverlässigkeit durch organisationale Maßnahmen gewährleistet werden können. Sie untersuchten *High Reliability Organizations (HRO)*, wie Flugzeugträger oder Kernkraftwerke. Ziel der Forschung war es, Faktoren zu identifizieren, die diese Art von Organisationen so extrem zuverlässig machen und sie von anderen Organisationen unterscheiden (La Porte & Metlay, 1996). Sie kamen zu dem Schluss, dass HROs vor allem durch die folgenden Faktoren charakterisiert werden:

- starke Zielgebundenheit,
- hohe technische Kompetenz und Leistung,
- strukturelle Flexibilität und Redundanz,
- steile Hierarchien einerseits und flexible hierarchieunabhängige Entscheidungskompetenz andererseits,
- kontinuierliches Lernen aus Betriebserfahrungen,
- Belohnungsmechanismen für Fehlerentdeckung und Fehlermeldung,
- eine Zuverlässigkeitskultur.

Interorganisationale Ansätze stellen eine Ausweitung der Ansätze organisationaler Faktoren dar, in der dem wechselseitigen Einfluss aller an der Sicherheit Beteiligten Rechnung getragen wird (Wilpert & Fahlbruch, 1998). Die Autoren zeigen am Beispiel der Kerntechnik, welche gegenseitigen Abhängigkeiten zwischen Aufsichtsbehörden, Gutachtern, Forschungsinstituten, Energieversorgungsunternehmen und Kernkraftwerken bestehen und wie diese die Sicherheit beeinflussen können.

Ansätze zur Sicherheitskultur gewannen nach dem Reaktorunglück von Tschernobyl besondere Bedeutung. Sie basieren vor allem auf dem Konzept der Unternehmenskultur von Schein (1995) und dem Konzept der Sicherheitskultur der Internationalen Energie-Aufsichtsbehörde (IAEA). So hat eine Arbeitsgruppe der IAEA erstmalig den Begriff der Sicherheitskultur geprägt und folgendermaßen definiert: «Safety Culture is that assembly of characteristics and attitudes in organizations and individuals which establishes that, as an overriding priority, nuclear plant safety issues receive the attention warranted by their significance» (INSAG, 1991). Während in dieser Definition vor allem kognitive Aspekte betont werden, stellt Wilpert (1991) mit seiner Definition daneben auch Verhaltensaspekte in den Vordergrund: «Safety Culture is the shared consciousness and corresponding behavior of all system members that promote safety of the total system» (Wilpert, 1991, S. 6). Mit dieser Definition wird bereits auf die Notwendigkeit hingewiesen, organisationale Grenzen zu überwinden und alle an der Sicherheit Beteiligten einzubeziehen, wie auch bei interorganisationalen Ansätzen gefordert wird.

Unterschiede in den Definitionen können als Indikator dafür dienen, dass weder ein einheitliches Verständnis noch eine adäquate umfassende Theorie zur Sicherheitskultur vorliegt (vgl. Turner, Pidgeon, Blockley & Toft, 1989; Cox & Cox, 1991; Ignatov, 1994; Grote & Künzler, 1996; Meshkati, 1996). Sicherheitskultur stellt also kein deutlich abgrenzbares Konzept zur Beschreibung, Analyse und Verbesserung der Sicherheit in Organisationen dar (Büttner, Fahlbruch & Wilpert, 1999). Allerdings hat der Begriff der Sicherheitskultur Forschung und Praxis im Bereich der Industrien hohen Gefährdungspotenzials ungemein stimuliert.

Zusammengefasst zeigt sich die Bedeutung organisationaler, interorganisationaler und kultureller Faktoren in den Ansätzen zur Systemsicherheit, in denen gleichzeitig eine Ausweitung des Systemsicherheitsbegriffs auf die organisationale Umwelt besonders hervorgehoben wird.

4. Sicherheits- und gesundheitsbezogene Interventionen

Für die Förderung von Sicherheit und Gesundheit sind die bekannten Interventionsmethoden der Arbeits- und Organisationspsychologie (vgl. Gebert, Ulich, Holling & Liepmann, in diesem Band) von Bedeutung. Es wird im Folgenden vor allem darum gehen, den Stellenwert dieser Interventionen für sicherheits- und gesundheitsbezogene Maßnahmen zu diskutieren und anhand von Beispielen zu konkretisieren.

4.1 Gesundheits- und sicherheitsbezogene Organisationsentwicklung

Weiter oben wurden theoretische Konzepte zusammengefasst, die als *wissenschaftliche* Grundlage von sicherheits- und gesundheitsbezogenen Maßnahmen dienen können. Eine wichtige *gesellschaftspolitische* Grundlage ist die Ottawa-Charta der Weltgesundheitsorganisation. Sie impliziert ein umfassendes Verständnis von Gesundheitsförderung.

Die oben angeführten theoretischen Konzepte und die Ottawa-Charta haben eine Reihe von Implikationen für gesundheits- und sicherheitsbezogene Interventionen (vgl. Bamberg, Ducki & Metz, 1998a):

- die Integration bedingungs- und personenbezogener Maßnahmen: Sicherheits- und gesundheitsbezogene Maßnahmen greifen in der Regel zu kurz, wenn sie ausschließlich personenbezogene oder bedingungsbezogene Schwerpunkte verfolgen: Ein Stressmanagementtraining hat belastende Bedingungen und Bewältigungsstrategien einzubeziehen, die Anreicherung von Arbeitsinhalten sollte durch Qualifizierungsmaßnahmen unterstützt werden, Sicherheitstrainings sollten ergänzt werden um sicherheitsgerechte Arbeitsgestaltung.

Informationsbox 1

«Gesundheitsförderung zielt auf einen Prozess, allen Menschen ein hohes Maß an Selbstbestimmung über ihre Gesundheit zu ermöglichen und sie damit zur Stärkung ihrer Gesundheit zu befähigen ... Die sich verändernden Arbeits-, Lebens- und Freizeitbedingungen haben entscheidenden Einfluss auf die Gesundheit. Die Art und Weise, wie eine Gesellschaft die Arbeit, die Arbeitsbedingungen und die Freizeit organisiert, sollte eine Quelle der Gesundheit und nicht der Krankheit sein. Gesundheitsförderung schafft sichere, anregende, befriedigende und angenehme Arbeits- und Lebensbedingungen» (WHO, 1986).

- die Einbeziehung prospektiver Gestaltungsstrategien: Wenn gesundheits- und sicherheitsbezogene Maßnahmen das Ziel haben, Ressourcen zu fördern und eine Selbstbestimmung über die Gesundheit zu ermöglichen, so impliziert dies die Notwendigkeit prospektiver Strategien.
- eine Beteiligung und Partizipation der Arbeitenden: Wenn Selbstbestimmung über die Gesundheit erreicht werden soll, wenn Wissen und Handlungskompetenz in Bezug auf Gesundheit und Sicherheit intendiert sind, dann impliziert dies eine aktive Beteiligung und Partizipation der Beschäftigten an der Konzipierung und Durchführung gesundheitsbezogener Maßnahmen.
- interdisziplinäres Handeln: Der Abbau von Gefährdungen und Belastungen, die Förderung von Ressourcen, sichere, befriedigende und anregende Arbeits- und Lebensbedingungen erfordern die Kooperation unterschiedlicher Fachdisziplinen.
- einen langfristigen Prozess: Gesundheits- und sicherheitsförderliche Einzelmaßnahmen sind im Rahmen eines integrierten Gesamtprozesses aufeinander abzustimmen.

Zusammenfassend lässt sich festhalten, dass, theoretischen Konzepten und der Ottawa-Charta folgend, gesundheits- und sicherheitsbezogene Interventionen im Rahmen einer integrierten und langfristigen Strategie geplant, durchgeführt und evaluiert werden sollten. Gesundheit und Sicherheit werden zum Gegenstand von Organisationsentwicklung (OE). Gezielte Interventionen sind damit nicht überholt; sie sind vielmehr als Bausteine im Rahmen eines umfassenden OE-Konzepts zu sehen. Ausgehend vom Konzept der Organisationsentwicklung, basiert das im Folgenden dargestellte Prozessmodell auf der Idee der zeitlichen Priorität von Analysen vor Interventionen und folgenden Evaluationen.

4.2 Idealtypischer Ablauf

Auf allgemeiner Ebene unterscheidet sich der Ablauf gesundheits- und sicherheitsbezogener Maßnahmen kaum von anderen Maßnahmen der Personal- oder der Organisationsentwicklung. Es gibt jedoch in den verschiedenen Phasen eine Reihe von Methoden oder Verfahren, die gezielt auf Sicherheit und Gesundheit abgestimmt sind.

In der *Konstituierungs- und Zielfindungsphase* geht es zunächst darum, dass ein Gremium gebildet wird, das den weiteren Prozess koordiniert. Häufig ist dies ein sog. *Arbeitskreis Gesundheit*, dem Vertreter der unterschiedlichen Beteiligtengruppen (Geschäftsleitung, Betriebsrat, Personalabteilung, Sicherheitsingenieur, Arbeitsmedizinischer Dienst, betroffene Mitarbeiter) angehören. Im Rahmen dieses Gremiums erfolgt eine erste Problembeschreibung, eine vorläufige Eingrenzung von Zielen und von möglichen Evaluationskriterien.

Im Rahmen der *Planungs- und Analysephase* erfolgt im Arbeitskreis Gesundheit und in Abstimmung mit anderen Beteiligten eine erste

Informationsbox 2

Ablauf gesundheits- und sicherheitsbezogener Interventionen

(modifiziert nach Ducki, 2000)

Konstituierung und Zielfindung
- Gründung eines Steuerkreises
- Konsensuale Zielfindung und Problemdefinition
- Eingrenzung möglicher Evaluationskriterien

Planung und Analyse
- Problembeschreibung und Ursachenanalyse mit Hilfe verschiedener Analysemethoden
- Auswahl geeigneter Interventionen

Vorbereitung und Durchführung der Intervention
- Festlegung der Evaluationskriterien (Prozess- und Ergebnisevaluation)
- Festlegung von Verantwortlichkeiten, Zuständigkeiten, Zeitrahmen
- Durchführung von Interventionen
- Prozessevaluation

Auswertung/Evaluation
- Analyse
- Bewertung der Intervention
- Schlussfolgerungen für weitere Schritte

Planung des weiteren Vorgehens. Hauptaufgabe dieser Phase ist die Planung und Durchführung von Analysen. Dabei ist eine Kombination unterschiedlicher Analysen anzustreben (Ducki, 2000):

- Statistische Analysen von Betriebs- und Kassendaten sowie von Unfallstatistiken und probabilistische Sicherheitsanalysen dienen der Orientierung, der Entwicklung betriebsbezogener Hypothesen, der Identifizierung möglicher Schwachstellen; sie können als Grundlage für eine Evaluation verwendet werden.
- Im Rahmen von Betriebs- und Bereichsbegehungen sind Gefährdungsanalysen und Analysen der Betriebssicherheit möglich. Durch Begehungen kann eine arbeitswissenschaftliche Grobeinschätzung erfolgen; eine Ermittlung örtlicher und ergonomischer Aspekte der Umgebungsbedingungen ist möglich.
- Personenbezogene Analysen werden meist durch Mitarbeiterbefragungen durchgeführt; sie dienen der Ermittlung von betrieblichen Belastungen, Ressourcen, von sicherheitsrelevanten Faktoren und des Befindens; sie sind Grundlage der Überprüfung von Hypothesen zum Zusammenhang zwischen Arbeitsbedingungen, Sicherheit und Gesundheit.
- Bedingungsbezogene Analysen erfolgen im Rahmen von Arbeits- oder Unfallanalysen. Auch sie dienen der Ermittlung von Belastungen und Ressourcen.

In Auswertung der Analyse können Schwerpunkte der Interventionen festgelegt werden; daraus werden sich Schlussfolgerungen für die Interventionsmethoden ergeben.

In der Phase der *Vorbereitung und Durchführung der Intervention* ist die Planung der Intervention zu konkretisieren; dazu gehört auch die Festlegung von Verantwortlichkeiten, die Entscheidung, welche Maßnahmen intern und/oder extern durchgeführt werden, der Zeitrahmen etc. Die Integration verschiedener Interventionsmaßnahmen – also z. B. die Abstimmung von Arbeitsgestaltungs- und Trainingsprogrammen – ist eine wichtige Aufgabe dieser Phase (zu den Interventionsmethoden vgl. Abschnitt 4.3).

Eine Prozessevaluation ist bereits bei der Durchführung der Interventionen einzubeziehen. In der letzten Phase, der *Phase der Auswertung und Evaluation,* geht es darum, Hinweise auf die Effektivität der Intervention zu erhalten und eine mögliche Übertragbarkeit auf andere betriebliche Bereiche zu überprüfen. Die konkreten Evaluationsmethoden werden von den bereits in früheren Phasen festgelegten Kriterien abhängig sein. Neben einem wiederholten Einsatz der Instrumente, die in der Analysephase eingesetzt wurden, bieten sich Verfahren an, die auch betriebswirtschaftliche Aspekte berücksichtigen (vgl. Grundel, 2000; Thiehoff, 1998).

Der beschriebene Prozess ist eine Variante eines möglichen Gesamtablaufs betrieblicher Gesundheits- und Sicherheitsförderung. Vielfältige Abweichungen sind möglich. Diese bestehen zum einen darin, dass einzelne Phasen verkürzt oder übersprungen werden. Dies ist etwa dann der Fall, wenn ein Unternehmen über eine Gesamtstrategie verfügt, entsprechende Gremien institutionalisiert hat und lediglich über Einzelmaßnahmen oder Schwerpunkte entschieden wird. Abweichungen können aber auch hinsichtlich des grundsätzlichen Verständnisses von Veränderungsprozessen in Organisationen bestehen. Die oben beschriebene Variante zeichnet sich dadurch aus, dass im Rahmen eines Unternehmens auf einer übergeordneten Hierarchieebene die Entscheidung für Gesundheits- und Sicherheitsförderung getroffen wird und entsprechende Maßnahmen eingeleitet werden. Die damit beschriebene top-down-Strategie, die durchaus mit einer Reihe von Vorteilen verbunden sein kann, aber Partizipation und Beteiligung und damit Selbstbestimmung der Arbeitenden über die Förderung ihrer Gesundheit nicht immer gewährleistet, ist nicht die Regel. Eine andere Variante ist bei gesundheits- und sicherheitsbezogenen Maßnahmen immer wieder vorzufinden: Eine Gruppe von Beschäftigten stellt in der Organisation Schwachstellen im Sinne von Belastungen oder von Sicherheitsgefährdungen fest. Die Beteiligten initiieren Maßnahmen zur Reduktion dieser Schwachstellen. Auf Grund der daraus gewonnenen Erfahrungen werden weitere Maßnahmen konzipiert und durchgeführt. Es entwickelt sich nach und nach ein Konzept der Sicherheits- und Gesundheitsförderung.

Der Konzipierung und Umsetzung von Interventionsmethoden kommt im Rahmen gesundheits- und sicherheitsbezogener Maßnahmen ein besonderer Stellenwert zu. Auf sie soll deshalb im Folgenden gesondert eingegangen werden.

4.3 Interventionsmethoden

Ulich unterscheidet bei Arbeitsgestaltung zwischen korrektiven, präventiven und prospektiven Strategien (Ulich, 2001; Ulich, Kap. 8). Diese Trennung ist auch bei sicherheits- und gesundheitsbezogenen Methoden von Bedeutung. Korrektive Interventionen korrigieren erkannte Mängel, z. B. durch eine verbesserte ergonomische Gestaltung des Arbeitsplatzes; durch präventive Interventionen wird angestrebt, gesundheitliche Beeinträchtigungen bereits im Rahmen der Planung von Arbeitssystemen zu vermeiden; prospektive Strategien schließen auch Möglichkeiten der Persönlichkeitsentwicklung ein.

In der Gesundheitsförderung hat sich als weitere wichtige Unterscheidung die zwischen personen- oder verhaltensbezogenen Interventionen (z. B. Training) und bedingungs- oder verhältnisbezogenen Interventionen (z. B. Arbeitsgestaltung) durchgesetzt. Diese Trennung klingt zunächst plausibel. Sie ist aber deshalb nicht immer ganz eindeutig und wird auch in der Literatur nicht einheitlich verwendet, da auf Grund der Methode und der Zielrichtung einer Intervention zu entscheiden ist, ob es sich um personenbezogene oder bedingungsbezogene Maßnahmen handelt. Ein Blick in die Literatur zeigt, dass häufig mit personenbezogenen Interventionsmethoden bedingungsbezogene Ziele verfolgt werden. Werden z. B. Workshops durchgeführt, um Unternehmensleitlinien zur Sicherheitskultur zu entwickeln, so ist dies zwar eine personenbezogene Interventionsmethode; mit ihr werden aber personenbezogene und bedingungsbezogene Ziele verfolgt – nämlich die Veränderung von Normen und Regeln bei den beteiligten Individuen und in der Organisation.

Des Weiteren ist zu berücksichtigen, dass eine Trennung zwischen personen- und bedingungsbezogenen Interventionen den Anforderungen von sicherheits- und gesundheitsbezogenen Maßnahmen häufig nicht gerecht wird. Auf der Grundlage der weiter oben zusammengefassten stresstheoretischen und gesundheitspsychologischen Konzepte lassen sich eine Reihe von Ansatzpunkten und Zielen von Interventionen festhalten. Allgemein geht es darum, die Wahrnehmung von Risikofaktoren zu erhöhen, für gesundheits- und sicherheitsbezogenes Verhalten zu motivieren, Risikofaktoren und Belastungen zu reduzieren sowie Ressourcen zu fördern, um effektive Bewältigung zu unterstützen. Personen- *und* bedingungsbezogene Interventionen im Rahmen eines Organisationsentwicklungskonzepts sind deshalb erforderlich (vgl. Abschnitt 4.1).

Bei der folgenden Unterscheidung zwischen personen- und bedingungsbezogenen Interventionen orientieren wir uns an den Methoden und den Zielen der Intervention. Dabei ist zu berücksichtigen, dass das psychologische Wissen zu den beiden Gruppen von Interventionen unterschiedlich ist: Bei personenbezogenen Interventionen der Arbeits- und Organisationspsychologie und damit auch der Sicherheits- und Gesundheitsförderung werden häufig Konzepte aus anderen Fachgebieten der Psychologie (z.B. klinische Interventionsmethoden) aufgegriffen. Dies impliziert, dass dieses Wissen Eingang in die entsprechenden Konzepte findet. Bei bedingungsbezogenen Interventionen findet sich außer zur Arbeits- und Organisationspsychologie vor allem ein Bezug zur Arbeitswissenschaft. Hier werden vor allem Schwerpunkte von Interventionen diskutiert – zu Interventionsmethoden gibt es vergleichsweise wenig wissenschaftliche Auseinandersetzungen. Die folgende Systematik trägt dem Rechnung.

4.3.1 Personenbezogene Interventionen

Informationsbox 3 enthält eine Gegenüberstellung von personenbezogenen Interventionsmethoden und Zielbereichen (Bamberg & Metz, 1998, S. 196; in Anlehnung an Perrez & Gebert, 1994). Eine eindeutige Zuordnung zwischen Methode und Ziel ist aber, wie noch zu zeigen sein wird, nicht immer möglich.

Informationsbox 3

Personenbezogene Interventionsmethoden und Zielbereiche

Methoden	Zielbereiche
Information, Aufklärung	Problembewusstsein
Instruktion/Unterweisung	Wissen
Verhaltensmodifikation	Motivation
Beratung/Coaching	Kompetenzen
Training/Kurs/Seminar	Ausführung
(Problemlöse-)Gruppe	Aufrechterhaltung

(aus: Bamberg & Metz, 1998, S. 196)

Information und Aufklärung dienen vor allem der Förderung des Problembewusstseins und des Wissens über gesundheits- und sicherheitsrelevante Prozesse. Information und Aufklärung erfolgen häufig durch Materialien wie Merk- und Faltblätter, Broschüren, Selbsthilfe-Manuale, Tonträger aller Art bis zu computergestützter Information. Der Beitrag der Psychologie bezieht sich etwa auf die Verständlichkeit von Informationsmaterial, auf Gestaltungsprinzipien zur Verbesserung der Lesbarkeit oder auf implizite Motivierungsstrategien (vgl. z. B. Reschke, 1990). Beispielsweise werden in der Sicherheitsarbeit Plakate als Informations- und Aufklärungs- sowie als Motivationsinstrument eingesetzt. Sie sollten folgende Kriterien erfüllen, um wirksam zu sein (Ruppert, 1994): auf ein eindeutig definiertes Kommunikationsziel verweisen, einen klaren Adressatenkreis haben und eindeutig, das Kommunikationsziel unterstützend, gestaltet sein. Über die Wirksamkeit von Plakaten lässt sich keine eindeutige Aussage treffen, jedoch verweist die Untersuchung von Prothmann (1994) auf positive Effekte der Verwendung von bildgestützter Kurzinformation.

Instruktionen und Unterweisungen erfolgen häufig mündlich, in einigen Fällen unterstützt durch schriftliche Unterlagen oder durch Anleitungen. Sie dienen in erster Linie dem Aufbau von Fähigkeiten und Fertigkeiten. Psychologische Beiträge beschäftigen sich etwa mit der Verständlichkeit von Unterweisungen oder mit der Entwicklung von Selbstinstruktionen (z. B. Skell, 1980). In der Sicherheitsarbeit sind Unterweisungen teilweise gesetzlich vorgeschrieben, es gibt aber keine allgemein anerkannten Normen für die Durchführung von Sicherheitsunterweisungen in der Praxis (Strube, Ruppert, Strobel & Waldherr, 1990). Die Autoren argumentieren, dass Unterweisungen keinen Ersatz für eine Ausbildung darstellen, allerdings werden Kurzgespräche in industriellen Großbetrieben von anderen Autoren als effektiv angesehen (Höfling & Frey, 1989).

Im betrieblichen Alltag verwendete *Methoden der Verhaltensmodifikation* sind vor allem im Rahmen von Arbeitssicherheitsmaßnahmen bekannt geworden. So berichtet Wenninger (1991) über zahlreiche Beispiele von positiver und negativer Verstärkung zur Förderung sicheren und gesundheitsbewussten Arbeitens und über soziales Lernen in der Sicherheitsarbeit.

Lerntheoretische Konzepte bauen nach Musahl (1996) vor allem auf dem Erfolgslernen und dem Modelllernen auf. Sicherheitsbezogenes Arbeitshandeln wird entweder auf Grund vergangener Erfahrungen oder auf Grund von Beobachten und Imitation eines Modells durchgeführt. So nimmt Burkardt (1970) an, dass Verhalten in gefährlichen Situationen durch die Gefahrenwahrnehmung, die Einstellung zur Arbeitssicherheit und Erfahrungen aus vergangenen Situationen beeinflusst wird. Für die Intervention leitet er daher folgende Regeln ab: Vorteile sicheren Verhaltens verstärken, Vorteile unsicheren Verhaltens abbauen, Nachteile sicheren Verhaltens abbauen, Nachteile unsicheren Verhaltens verstärken (Burkardt, 1981). Einen vergleichbaren Ansatz mit hoher Interventionsnähe postuliert Musahl (1996). Er geht davon aus, dass Verhalten mit positiver Rückmeldung oder ohne negative Folgen zukünftig häufiger gezeigt wird und dass Verhalten, dem eine erwartete positive Konsequenz nicht folgt, in Zukunft seltener gezeigt wird.

Als weitere Beispiele können Wettbewerbs- und Prämiensysteme genannt werden, die besonders sicheres Verhalten entweder individuell oder gruppenbezogen belohnen. Kriterien für die erfolgreiche Einführung von derartigen Belohnungsprogrammen sind unter anderem die Einsatzbereitschaft des Managements, die Attraktivität der Belohnung, einfache Regeln, Gleichberechtigung aller Beteiligten und die Verhinderung der Vertuschung von Unfällen (Trimpop, 1994; Wilde, 1994; für einen Überblick s. Undeutsch, 1983; Bartels, 1976).

Beratung ist einer der wesentlichsten Bestandteile gesundheitsbezogener Interventionen. Nach der Untersuchung über Gesundheitsförderung und Krankheitsprävention im betrieblichen Umfeld von Hartmann und Traue (1996), gehört Beratung neben Kursen zu den häufigsten Maßnahmenformen. Verbreitet sind in jüngerer Zeit auch verwandte Konzepte wie Supervision und Coaching.

Grundlage von Beratung ist, dass allgemeine Informationen und Aufklärung über gesundheitsbeeinträchtigende und -förderliche Prozesse und Bedingungen alleine unzureichend sind. Notwendig ist vielmehr, durch das Beratungsgespräch Änderungsbereitschaft zu schaffen und Unterstützung bei der Umsetzung von Verhaltensänderungen zu ermöglichen (vgl. z.B. Dlugosch, 1994). Die Beiträge der Psychologie beziehen sich auf theoretische Grundlagen der Beratung, Aufgaben des Beraters, Strukturierung des Beratungsprozesses sowie auf die Entwicklung eines geeigneten Beratungssystems (vgl. z.B. Sadu, Cooper & Allison, 1989).

Trainingsprogramme haben das Ziel der Veränderung von gesundheitsbezogenen Einstellungen, Kognitionen und von gesundheitsbezogenem Verhalten. Ein Blick in die Trainingsliteratur zeigt die Vielfältigkeit dieser Interventionen und ihrer theoretischen Grundlagen. Beispiele sind etwa Trainings auf der Grundlage kognitiver Therapietheorien, gruppendynamische Trainingsverfahren oder Trainingsverfahren auf der Basis von selbstorganisiertem Lernen.

Zum Thema Sicherheit werden etwa Trainingsprogramme für das Bedienpersonal durchgeführt, wie Simulatortraining für Wartenpersonal oder Sicherheitstraining für Lkw-Fahrer. Diese Trainingsprogramme zielen vor allem auf die Herausbildung von Fähigkeiten. Frese (1995) beschreibt die Einführung eines Fehlermanagements, bei dem Fehler als Lernchance für die Organisation gesehen werden. Der «richtige» Umgang mit Fehlern wird dann über Training den Organisationsmitgliedern und besonders den Führungskräften vermittelt. Ein weiteres Beispiel für Training im Bereich der Systemsicherheit ist eine Seminarreihe für alle Führungskräfte eines Unternehmens zur Erhöhung der Sicherheitskultur, die von der Forschungsstelle für Systemsicherheit an der TU Berlin konzipiert und durchgeführt wurde. Ziel dieser Seminarreihe war das systemische Denken, eine hinterfragende Grundhaltung und die professionelle Identität zu fördern sowie die Vorbildfunktion von Führungskräften besonders auch im Hinblick auf die Sicherheitskultur herauszuarbeiten. Solche Trainingsprogramme stehen an der Grenze zur gesundheits- und sicherheitsbezogenen Organisationsentwicklung (siehe Abschnitt 4.1), da das Training als Auslöser einer die gesamte Organisation betreffenden geplanten Veränderung angesehen werden kann.

Stressmanagementtrainings gehören zu den Maßnahmen, die im Rahmen betrieblicher Gesundheitsförderung besonders häufig durchgeführt werden (Bamberg & Busch, 1996; Bamberg, Busch & Mohr, 1999). Grundlage der meisten SMT ist das Stressimpfungstraining von Meichenbaum (1991), bei dem es darum geht, auf dem Hintergrund stresstheoretischer Überlegungen zu lernen, Stresssituationen und -reaktionen differenziert wahrzunehmen und zu analysieren sowie adäquate Bewältigungsstrategien zu entwickeln und einzuüben. In vielen SMT wird das Programm von Meichenbaum mit anderen Trainings kombiniert, etwa mit Zeitmanagement- oder Problemlösetrainings. Die genannten Programme zielen somit auf eine Optimierung der Ressourcen ab.

Einige dieser Programme haben ebenfalls den Anspruch, über die Förderung internaler Ressourcen auch Veränderungsprozesse in Organisationen zu initiieren (siehe Abschnitt 4.1). Heaney, Price & Rafferty (1995) stellen ein so genanntes *caregiver support program (CSP)* vor. Ausgangspunkt ist, dass die Ressourcen soziale Unterstützung und wahrgenommene Kontrolle von besonderer Bedeutung sind. Das von den Autoren vorgestellte Programm verfolgt deshalb zwei Ziele:

1. Über soziale Unterstützung zu informieren und die Entwicklung von solchen Kompetenzen zu forcieren, durch die verfügbare Unterstützung von Arbeitskollegen mobilisiert werden kann, und
2. über partizipative Problemlösestrategien zu informieren und Fähigkeiten zu entwickeln, diese Strategien in Teamsitzungen anzuwenden.

Über diese Zielsetzung soll ein Organisationskontext der Partizipation und der Einflussmöglichkeiten der Beschäftigten geschaffen werden. Bunce und West (1996) verfolgen mit dem von ihnen entwickelten *innovation promotion program* eine ähnliche Zielrichtung. Auf der Grundlage von Informationen über Stress am Arbeitsplatz und über Innovationsprozesse sollen die Teilnehmer im Rahmen dieses Programms befähigt werden, Stressoren zu identifizieren sowie bedingungsbezogene und personenbezogene Maßnahmen zur Stressreduktion zu entwickeln.

Betriebliche *Problemlösegruppen* (vgl. z.B. Bungard & Antoni, Kap. 14) haben im Rahmen der Gesundheitsförderung durch das Konzept der Gesundheitszirkel einen bedeutsamen Stellenwert erhalten (vgl. Ducki, Jenewein & Knoblich, 1998; Westermayer, 1998). Gruppenkonzepten wie Projektgruppen, Qualitätszirkeln, Gesundheitszirkeln und Sicherheitszirkeln ist gemeinsam, dass sich eine Gruppe von Beschäftigten konstituiert, die die Aufgabe hat, auf dem Hintergrund einer Bedarfsanalyse Maßnahmen der betrieblichen Gesundheitsförderung oder Sicherheitsarbeit zu entwickeln und ggf. die Umsetzung der Maßnahmen zu überprüfen. Auch diese Maßnahmen stehen an der fließenden Grenze zur Organisationsentwicklung, da auch sie einen langfristigen Veränderungsprozess einleiten oder begleiten.

Trainingsprogramme und betriebliche Problemlösegruppen werden in der Regel als Beispiele personenbezogener Interventionen genannt; häufig werden aber mit diesen Verfahren bedingungsbezogene Ziele verfolgt, z.B. die Veränderung von Normen und Regeln, von Strukturen in Organisationen. Wenn sie im Rahmen eines langfristig geplanten Veränderungsprozesses durchgeführt werden, können sie ein Element von Organisationsentwicklung sein. In diesem Falle sind sie Beispiele für die weiter oben aufgeführten Verfahren, die auf Grund ihrer Methoden den personenbezogenen Maßnahmen, auf Grund ihrer Ziele aber den bedingungsbezogenen Maßnahmen zuzuordnen sind.

4.3.2 Bedingungsbezogene Interventionen

Konzepte zu bedingungsbezogenen Interventionen der Arbeits- und Organisationspsychologie und auch der betrieblichen Gesundheitsförderung beschäftigen sich vor allem mit der Frage der Schwerpunkte einschlägiger Maßnahmen.

Die *Gestaltung der Umgebungs- und Ausführungsbedingungen* gehört zu den klassischen Schwerpunkten gesundheits- und sicherheitsbezogener Maßnahmen. Sie umfasst vor allem die Gestaltung der Umgebungsbedingungen und der räumlichen Bedingungen des Arbeitsplatzes, der Arbeits- und Pausenräume und der sicherheitstechnischen Ausrüstung. Als Beispiel für sicherheitsbezogene Maßnahmen kann hier die Wartengestaltung in Anlagen hohen Gefährdungspotenzials oder die Gestaltung von Cockpits herangezogen werden.

Die wichtigsten *Rahmenbedingungen der Arbeitstätigkeit*, die bei gesundheits- und sicherheitsbezogenen Interventionen zu berücksichtigen sind, sind Lage und Dauer der Arbeitszeit sowie Entlohnung. Schon seit geraumer Zeit wird auf die Wirkung von Arbeitszeit und Entlohnung auf Sicherheit und Gesundheit verwiesen. So berichtete z.B. Gardell (1978) über die gesundheitsbeeinträchtigenden Wirkungen von Akkord- bzw. Prämienlohn; bei der Analyse des Eisenbahnunglücks «Clapham Junction» wurde unter anderem der Einfluss von Überstunden, fehlender Erholungszeit und Bezahlung auf das Arbeitsverhalten und damit auf die Unfallentstehung aufgezeigt (Hidden, 1989).

Die Arbeitsinhalte bestimmen Komplexität, Handlungsspielraum, Kommunikation und Kooperation. Durch die Arbeitsinhalte sind Belastungen und Ressourcen bei der Arbeitstätigkeit gegeben. Arbeitsinhalte beeinflussen damit Gesundheit und Wohlbefinden (z.B. Hacker, 1998). Im Rahmen gesundheits- und sicherheitsbezogener Maßnahmen kommt deshalb der Gestaltung der *Arbeitsaufgabe* eine besondere Bedeutung zu. In Publikationen zu betrieblicher Gesundheitsförderung und zu Sicherheit wird dieser Schwerpunkt immer wieder angemahnt, aber selten realisiert.

Eine gesundheitsförderliche Gestaltung der Arbeitsinhalte kann sich in der Regel nicht auf einzelne Arbeitsaufgaben beschränken. Arbeitsinhalte und Arbeitsaufgaben können nur unter Einbeziehung der Arbeitsteilung in einer Organisation gestaltet werden. Damit werden *strukturelle Aspekte* und *Führungsverhalten* zum Gegenstand gesundheits- und sicherheitsbezogener Interventionen. Dies kann sich auf die hierarchische Gliederung einer Organisation beziehen; auf dieser vertikalen Ebene geht es vorwiegend um Handlungsspielraum, Partizipation und Entscheidungsmöglichkeiten, aber auch um das Verhältnis zwischen Vorgesetzten und Mitarbeitern. Dies kann sich ferner auf die horizontale Ebene beziehen, also z. B. auf die Zusammenarbeit zwischen verschiedenen Abteilungen.

Überbetriebliche Bedingungen sind für Gesundheit und Sicherheit von großer Bedeutung. In programmatischen Arbeiten zu Gesundheitsförderung wird dies zwar konstatiert, selten aber in der Praxis realisiert. Eine Ausnahme stellt die von Wilpert und Fahlbruch (1998) beschriebene Einführung eines neuartigen Konzepts zur Ereignisanalyse in der Kerntechnik dar. Hier wurde ein interorganisationaler Ansatz gewählt, d. h. in Bezug auf Systemsicherheit gibt es Analysen und Methoden, die diesen Aspekt behandeln. Die Autoren postulieren, dass eine Erhöhung der Sicherheit nicht durch einzelne Interventionen bei einem dieser Akteure geleistet werden kann; stattdessen schlagen sie integrierte Interventionen vor, welche zumindest die Schlüsselakteure einbeziehen. Als Interventionsschritte für ein interorganisationales Herangehen schlagen sie (1) eine Diagnose der relevanten Organisationen, (2) eine Sensibilisierung für die wechselseitige Abhängigkeit und (3) eine Unterstützung zur Verbesserung des systemweiten Organisationalen Lernens vor. Kritisch ist nach der Ansicht der Autoren anzumerken, dass es eine theoretische Lücke in Bezug auf interorganisationale Interventionen gibt, besonders wenn es sich um Netzwerke handelt, die sich nicht freiwillig zusammengeschlossen haben (Wilpert & Fahlbruch, 1998).

5. Gesundheits- und sicherheitsbezogene Interventionen in der Praxis

In den letzten Jahren wurde eine Reihe von Überblicksartikeln über die *Praxis betrieblicher Gesundheitsförderung* im deutschsprachigen Raum publiziert (Schweiz: Schwager & Udris, 1998; Österreich: Busch, Huber & Themessl, 1998; Deutschland: Hartmann & Traue, 1996).

Die Ergebnisse dieser Studien stimmen weitgehend überein und ergeben zusammenfassend folgendes Bild: Maßnahmen, die sich auf die Aktionsfelder Stütz- und Bewegungsapparat, Ernährung, Stressbewältigung, Suchtmittel und Gewichtsreduktion beziehen, sind besonders häufig. Bei den Interventionsmethoden überwiegen mit Abstand Gruppenkurse und -trainings; auch Gesundheitschecks, Informationsveranstaltungen und Einzelberatungen werden durchgeführt. Bedingungsbezogene Maßnahmen, die der Reduktion von Belastungen und/oder der Förderung von Ressourcen dienen könnten, wie z. B. Veränderung von Arbeitsaufgaben oder von Strukturen in Abteilungen, sind demgegenüber selten. Es gibt aber eine Reihe von bedingungsbezogenen Aktivitäten, die die Rahmenbedingungen der Arbeit betreffen. Dazu gehört z. B. ein verändertes Angebot an Nahrungsmitteln in der Kantine. Die Fälle einer umfassenden, in Managementstrategien integrierten Maßnahmen der Gesundheitsförderung sind, wenn wir diesen Überblicksartikeln folgen, selten, es gibt sie aber durchaus.

Veröffentlichungen zu *sicherheitsbezogenen Interventionen in der Praxis* findet man im deutschsprachigen Raum vor allem in den Publikationen, die regelmäßig aus den Workshops «Psychologie der Arbeitssicherheit» entstanden sind (Burkardt & Winklmeier, 1994; Ludborzs, Nold & Rüttinger, 1996; v. Benda & Bratge, 1999). Hier zeigt sich ein ähnliches Bild wie bei der betrieblichen Gesundheitsförderung, personen- bzw. verhaltensorientierte Maßnahmen überwiegen. So werden relativ häufig Interventionen wie Unterweisungen, Kurzgespräche, Filme, Seminare, Trainings, Prämiensysteme und Sicherheitswettbewerbe durchgeführt. Partizipative Ansätze wie Sicherheitszirkel und andere gruppenorientierte Maßnahmen (Ritter, 1991) werden seltener berichtet und ganzheitliche Ansätze wie das integrierte Sicherheitsmanagement (Zimolong, 1995) bilden die Ausnahme.

Insgesamt gibt es zu diesem Thema nur wenig Evaluationsstudien. Metaanalysen zu umfassenden Konzepten betrieblicher Gesundheits- und

Sicherheitsförderung sind nicht bekannt. Evaluationsstudien beziehen sich vor allem auf die Programme, die im Rahmen eines quasi-experimentellen Designs gut zu untersuchen sind, wie etwa Trainingsprogramme. Metaanalysen zu diesen Programmen, z.B. zu Stressmanagementtrainings (Bamberg & Busch, 1996) oder zu Rückenschule (Mair-Riehle & Härter, 1996), zeigen geringe bis allenfalls mittlere Effekte. Im Sicherheitsbereich werden in letzter Zeit gelegentlich Benchmarks durchgeführt, die beispielsweise neben Unfallzahlen und Ausgaben für Sicherheit auch Einstellungen zur Sicherheit über verschiedene Betriebe vergleichen (Flin & Mearns, 2002).

Wenn evaluiert wird, dann werden in der Regel kurz- oder allenfalls mittelfristige Effekte untersucht. Die Instrumente beziehen sich auf personenbezogene Merkmale, kaum auf Arbeitsbedingungen wie Belastungen oder Ressourcen. Die Untersuchungsinstrumente wurden häufig für die jeweilige Studie entwickelt; sie sind in der Regel nicht standardisiert, die Validitätsprüfung steht noch aus.

6. Ausblick: Zwischen gezielten Einzelmaßnahmen und integrierter Gesamtkonzeption

Zum Thema Sicherheit und Gesundheit wurde in den letzten Jahrzehnten außergewöhnlich umfangreiche Entwicklungsarbeit geleistet. Wir verfügen damit über eine Fülle von Konzeptionen, Analyseinstrumenten und Interventionsmethoden. Es besteht aber nach wie vor eine Reihe von Lücken (vgl. Bamberg, Ducki, Metz, 1998b). So gibt es zu Gesundheit und Sicherheit zwar eine Reihe sorgfältig entwickelter Analyseverfahren; diese werden in der betrieblichen Praxis aber nur selten eingesetzt; begründet wird dies mit dem hohen Aufwand, der mit den Verfahren verbunden sei. In der Praxis überwiegen – wie auch die derzeitige Diskussion um Gefährdungsanalysen zeigt – pragmatisch und kurzfristig erarbeitete Instrumente, deren Gütekriterien in der Regel nicht überprüft werden. Die theoriegeleitete Entwicklung und Erprobung von in der betrieblichen Praxis ökonomisch einsetzbaren Analyseinstrumenten wird damit zu einer der vordringlichsten Aufgaben.

In den letzten Jahren wurde zu Gesundheit und Sicherheit eine Reihe von Interventionsmethoden entwickelt. Integrierte Modelle sind aber nach wie vor wenig verbreitet – und sie werden immer seltener, je umfassender die Integrationsebene ist:

- Konzepte, die bedingungsbezogene und personenbezogene Ansatzpunkte verfolgen, werden in der Theorie häufig eingefordert, sind in der Praxis aber selten.
- Konzepte, die unterschiedliche Aspekte von Gesundheit *und* Sicherheit berücksichtigen, sind nach wie vor die Ausnahme, wenngleich auch hier positive Beispiele zu finden sind.
- In jüngerer Zeit wird immer wieder hervorgehoben, dass gesundheits- und sicherheitsbezogene Interventionen in übergreifende betriebliche Managementsysteme zu integrieren seien (Zülch, Keller & Rinn, 1998). In jüngeren Managementkonzepten wird dies berücksichtigt. So beziehen sich Ansätze zu Total Quality Management auch auf Qualität des Arbeitslebens und auf Humanisierung der Arbeitstätigkeit. Sie müssten damit auch Maßnahmen zu Sicherheit, Gesundheit und Wohlbefinden der Arbeitenden (Zink, 1995) umfassen. Untersuchungen zu diesem Thema verweisen jedoch auf eine erhebliche Diskrepanz zwischen Anspruch und Realität (z.B. Lam, 1995).
- Eine Integration, die über die betriebliche Ebene hinausgeht und verschiedene, miteinander in Austausch bestehende Organisationen bzw. Organisationseinheiten umfasst, ist selten. Eine solche Integration ist aus mehreren Gründen erforderlich: Zum einen gibt es Folgewirkungen von Gesundheits- und Sicherheitsschutz in einer Organisation auf andere. Beispielsweise hat in Industrien hohen Gefährdungspotenzials wie der Chemie, der zivilen Luftfahrt oder der Kerntechnik das überbetriebliche Erfahrungslernen auf der

Basis von industrieweiten Berichtssystemen für Ereignisse und Beinahe-Ereignisse eine hohe Bedeutung, da so in einem Betrieb erkannte Auswirkungen auf die Sicherheit auf andere Betriebe übertragen werden können. Zum anderen ist deshalb eine Integration erforderlich, weil besonders in Klein- und Mittelbetrieben wenig Kapazitäten für Gesundheits- und Sicherheitsschutz zur Verfügung stehen. Besonders für diese Organisationen ist ein Netzwerk erforderlich. Einzelne Beispiele für Maßnahmen, die über die betriebliche Ebene hinausgehen, finden sich allerdings im internationalen Bereich, wie die Ereignisdatenbank der norwegischen Ölindustrie, die auf die Einführung eines industrieweiten Organisationalen Lernsystems zielt (Aase & Ringstad, 2002). Ferner werden Managementtrainings für Sicherheitskultur (Becker, 2002) oder Benchmarks (Flin & Mearns, 2002) durchgeführt.

- Maßnahmen, die auch Organisationseinheiten außerhalb der Erwerbsarbeit betreffen, (z. B. Kommunen), sind kaum zu finden, obwohl gerade in Industrien hohen Gefährdungspotenzials Aufsichtsbehörden und Gutachter einen nicht zu unterschätzenden Einfluss auf die Sicherheit haben.
- Sowohl bei den konzeptionellen Arbeiten als auch bei den Interventionsmethoden zu Gesundheit und Sicherheit bleiben aktuelle Entwicklungen der Gesellschaft und des Arbeitslebens vielfach ausgeklammert. Welche Auswirkungen etwa die Ausstiegsdiskussion in der Kerntechnik auf die Aufrechterhaltung einer notwendigen Motivation zu sicherem Arbeiten und auf kontinuierliche Bemühungen um weitere Erhöhung der Sicherheit hat, ist noch völlig ungeklärt. Inwieweit die derzeitigen Tendenzen der Flexibilisierung im Arbeitsleben Folgewirkungen haben hinsichtlich der Belastungen und Ressourcen, hinsichtlich der Bereitschaft von Organisationen und Individuen an gesundheits- und sicherheitsbezogenen Maßnahmen zu partizipieren, ist weitgehend offen. Auf dem Hintergrund der aktuellen Entwicklungen der Arbeitswelt sei hier besonders auf die Notwendigkeit übergreifender Konzepte, die nicht nur die Erwerbsarbeit berücksichtigen, verwiesen. Für eine Förderung von Sicherheit und Gesundheit ist von besonderer Bedeutung, dass langfristige, kontinuierliche Beschäftigungsverhältnisse seltener werden und verschiedene Flexibilisierungen, in Form von Teilzeitarbeit, befristeten Arbeitsverhältnissen, so genannter selbstständiger Tätigkeit etc., zunehmen. Einzelmaßnahmen, die lediglich im Kontext der Erwerbsarbeit durchgeführt werden, werden somit einen immer geringeren Anteil der Arbeitenden betreffen. Sie sind deshalb durch umfassende Konzepte zu ersetzen.

7. Literatur

Aase, K. & Ringstad, A. (2002). Experience transfer and corrective measures. In B. Wilpert & B. Fahlbruch (Eds.), *System safety – Challenges and pitfalls of intervention* (pp. 175–187). Amsterdam: Elsevier.

Acker, S. (1998). Chancengleichheit in Europa? Eine Übersicht zur Lebenssituation von Frauen. *Soziale Sicherheit, 47*, 249–259.

Antonovsky, A. (1987). *Unraveling the mystery of health.* San Francisco: Jossey-Bass.

Badura, B., Litsch, M. & Vetter, C. (1999). *Fehlzeiten-Report 1999. Psychische Belastung am Arbeitsplatz. Zahlen, Daten, Fakten aus allen Branchen der Wirtschaft.* Berlin: Springer.

Bamberg, E. & Busch, C. (1996). Betriebliche Gesundheitsförderung durch Stressmanagementtraining: Eine Metaanalyse (quasi-) experimenteller Studien. *Zeitschrift für Arbeits- und Organisationspsychologie, 40*, 127–137.

Bamberg, E., Busch, C. & Mohr, G. (1999). Betriebliche Settings. Gesundheitsförderung in der Arbeitswelt durch Stressmanagement: Möglichkeiten und Grenzen eines populären Konzeptes. In B. Röhrle & G. Sommer (Hrsg.), *Prävention und Gesundheitsförderung* (S. 251–272). Tübingen: dgvt.

Bamberg, E., Ducki, A. & Metz, A-M. (1998a). Betriebliche Gesundheitsförderung zwischen Leitlinien, Wissenschaft und Pragmatismus. In E. Bamberg, A. Ducki & A.-M. Metz (Hrsg.), *Handbuch Betriebliche Gesundheitsförderung* (S. 469–481). Göttingen: Hogrefe.

Bamberg, E., Ducki, A. & Metz, A-M. (Hrsg.). (1998b). *Betriebliche Gesundheitsförderung. Handbuch arbeits- und organisationspsychologischer Grundlagen.* Göttingen: Hogrefe.

Bamberg, E., Ducki, A. & Metz, A-M. (1998c). Handlungsbedingungen und Grundlagen der betrieblichen Gesundheitsförderung. In E. Bamberg, A. Ducki & A.-

M. Metz (Hrsg.), *Handbuch Betriebliche Gesundheitsförderung* (S. 17–36). Göttingen: Hogrefe.

Bamberg, E. & Greif, S. (1982). Stress: Bedrohung der Gesundheit oder subjektiver Begriff? *Psychosozial, 1*, 8–27.

Bartels, K. (1976). *Über die Wirksamkeit von Arbeitsprämien.* Bundesanstalt für Arbeitsschutz und Unfallforschung, Forschungsbericht Nr. 163. Dortmund: Bundesanstalt für Arbeitsschutz und Unfallforschung.

Becker, G.(2002). Multi-level workshops – an approach to spread the ideas of safety culture in organizations. In B. Wilpert & B. Fahlbruch (Eds.), *System safety – Challenges and pitfalls of intervention* (pp. 159–172). Amsterdam: Elsevier.

Benda, H. v. & D. Bratge (Hrsg.). (1998). *Psychologie der Arbeitssicherheit. 9. Workshop 1997.* Heidelberg: Asanger.

Büttner, T., Fahlbruch, B. & Wilpert, B. (1999). *Sicherheitskultur: Konzepte und Analysemethoden.* Heidelberg: Asanger.

Bunce, D. & West, M. A. (1996). Stress management and innovation interventions at work. *Human Relations, 49*, 209–231.

Bundesministerium für Arbeit und Sozialordnung (Hrsg.). (1999). *Arbeitssicherheit «99. Unfallverhütungsbericht.* Referat Information, Publikation, Redaktion. Bonn.

Bungard, W. & Antoni, C. (1993). Gruppenorientierte Interventionstechniken. In H. Schuler (Hrsg.), *Lehrbuch Organisationspsychologie* (3. Aufl.). Bern: Huber.

Burkardt, F. (1970). Arbeitssicherheit. In A. Mayer & B. Herwig (Hrsg.), *Betriebspsychologie. Handbuch der Psychologie*, (S. 385–417). Göttingen: Hogrefe.

Burkardt, F. (1981). *Information und Motivation zur Arbeitssicherheit.* Wiesbaden: Universum.

Burkardt, F. & Winklmeier, C. (Hrsg.). (1994). *Psychologie der Arbeitssicherheit. 7. Workshop 1993.* Heidelberg: Asanger.

Busch, C., Huber, E. & Themessl, M. (1998). Zum Stand betrieblicher Gesundheitsförderung in Österreich. In E. Bamberg, A. Ducki & A-M. Metz (Hrsg.), *Handbuch Betrieblicher Gesundheitsförderung* (S. 445–453). Göttingen: Hogrefe.

Cox, S. & Cox, T. (1991). The structure of employee attitudes to safety: An European example. *Work & Stress, 5*, 93–106.

Dieterich, C., Vetter, C. & Naji, N. (1999). Krankheitsbedingte Fehlzeiten in der deutschen Wirtschaft. Zahlen, Daten, Fakten aus allen Branchen der Wirtschaft. In B. Badura, M. Litsch & C. Vetter (Hrsg.), *Fehlzeiten-Report 1999* (S. 363–622). Berlin: Springer.

Dlugosch, G. E. (1994). Gesundheitsberatung. In P. Schwenkmezger & L. R. Schmidt (Hrsg.), *Lehrbuch der Gesundheitspsychologie* (S. 222–232). Stuttgart: Enke.

Ducki, A. (2000). *Diagnose gesundheitsförderlicher Arbeit. Eine Gesamtstrategie zur betrieblichen Gesundheitsanalyse.* Zürich: vdf Hochschulverlag.

Ducki, A. & Greiner, B. (1992). Gesundheit als Entwicklung von Handlungsfähigkeit – Ein «arbeitspsychologischer Baustein» zu einem allgemeinen Gesundheitsmodell. *Zeitschrift für Arbeits- und Organisationspsychologie, 36*, 184–189.

Ducki, A., Jenewein, R. & Knoblich, H-J. (1998). Gesundheitszirkel – Ein Instrument der Organisationsentwicklung. In E. Bamberg, A. Ducki & A.-M. Metz (Hrsg.), *Handbuch Betriebliche Gesundheitsförderung* (S. 267–287). Göttingen: Hogrefe.

Elke, G.(2000). *Management des Arbeitsschutzes.* Wiesbaden: DUV.

Fahlbruch, B. & Wilpert, B. (1999). System safety – an emerging field for I/O-psychology. In C. L. Cooper & I. T. Robertson (Eds.), *International Review of Industrial and Organizational Psychology 1999* (pp. 55–93). Chichester: Wiley.

Flin, R. & Mearns, K. (2002). Factoring the human into safety. In B. Wilpert & B. Fahlbruch (Eds.), *System safety – Challenges and pitfalls of intervention* (pp. 227–245). Amsterdam: Elsevier.

Frese, M. (1995). Error Management in training: Conceptual and empirical results. In C. Zucchermaglio, S. Bagnara & S. U. Stucky (Eds.). *Organizational learning and technological change* (pp. 112–124). New York: Springer.

Frese, M., Greif, S. & Semmer, N. (Hrsg.). (1978). *Industrielle Psychopathologie.* Bern: Huber.

Friedman, M. & Rosenman, R. H. (1974). *Type A behavior and your heart.* New York: Fawcett.

Gardell, B. (1978). Arbeitsgestaltung, intrinsische Arbeitszufriedenheit und Gesundheit. In M. Frese, S. Greif & N. Semmer (Hrsg.), *Industrielle Psychopathologie* (S. 52–111). Bern: Huber.

Greif, S. (1976). *Diskussionstraining.* Salzburg: Müller.

Greif, S. (1981). Individuelles und kollektives Handeln für bessere Arbeitsbedingungen. *Forum Kritische Psychologie, 8*, 8–48.

Greif, S. (1991). Stress in der Arbeit – Einführung und Grundbegriffe. In S. Greif, E. Bamberg & N. Semmer (Hrsg.), *Psychischer Streß am Arbeitsplatz* (S. 1–28). Göttingen: Hogrefe.

Greiner, B. (1998). Der Gesundheitsbegriff. In E. Bamberg, A. Ducki & A-M. Metz (Hrsg.), *Handbuch Betriebliche Gesundheitsförderung* (S. 39–55). Göttingen: Hogrefe.

Grote, G. & Künzler, C. (1996). *Sicherheitskultur, Arbeitsorganisation und Technikeinsatz.* Zürich: vdf Hochschulverlag.

Grundel, G. (2000). Wirtschaftliche Relevanz von Arbeits- u. Gesundheitsschutz. *Zeitschrift für Arbeitswissenschaft* 54, 44–48.

Hacker, W. (1998). Die Bedeutung der Allgemeinen Psychologie für die Gesundheitsförderung. In E. Bamberg, A. Ducki & A-M. Metz (Hrsg.), *Handbuch Betriebliche Gesundheitsförderung* (S. 57–74). Göttingen: Hogrefe.

Hartmann, S. & Traue, H. C. (1996). *Gesundheitsförde-*

rung und Krankheitsprävention im betrieblichen Umfeld. Ulm: Universitätsverlag.

Heaney, C. A., Price, R. H. & Rafferty, H. (1995). Increasing coping resources at work: a field experiment to increase social support, improve work team functioning and enhance employee mental health. *Journal of Organizational Behavior, 16,* 335–352.

Hidden, A. B. (1989). *Investigation into the Clapham Junction railway accident.* London: HMSO.

Höfling, W. & Frey, G. (1989). System der Sicherheitsunterweisungen in der BASF AG. Training von Führungskräften. In B. Ludborzs (Hrsg.), *Psychologie der Arbeitssicherheit. 4. Workshop 1988* (S. 195–197). Heidelberg: Asanger.

Hoyos, C. Graf & Ruppert, F. (1993). *Der Fragebogen zur Sicherheitsdiagnose (FSD) – Entwicklung und Erprobung eines verhaltensorientierten Verfahrens für die betriebliche Sicherheitsarbeit.* Bern: Huber.

Hoyos, C. G. & Wenninger, G. (1995). Die organisationspsychologische Fragestellung in der Sicherheitsarbeit. In C. Graf Hoyos & G. Wenninger (Hrsg.), *Arbeitssicherheit und Gesundheitsschutz in Organisationen* (S. 3–16). Göttingen: Hogrefe.

Ignatov, M. (1994). *A process-consultation approach to universals and specifics of safety culture in a Bulgarian nuclear power plant.* Paper presented at the First International Conference on HF-Research in Nuclear Power Operations (ICNPO). Berlin.

INSAG (1991). *Safety culture.* Vienna: International Atomic Energy Agency (IAEA).

Kornhauser, A. (1965). *Mental health of the industrial worker.* New York: Wiley.

Kraepelin, E. (1896). Zur Hygiene der Arbeit. *Neue Heidelberger Jahrbücher, 6,* 222–247.

La Porte, T. R. & Metlay, D. S. (1996). Hazards and institutional trustworthiness: Facing a deficit of trust. *Public Administration Review, 56,* 341–347.

Lam, S. (1995). The impact of total quality management on front-line supervisors and their work. *Total Quality Management, 6,* 45–50.

Lazarus, R. & Launier, R. (1981). Streßbezogene Transaktionen zwischen Person und Umwelt. In R. Nitsch (Hrsg.), *Stress: Theorien, Untersuchungen, Maßnahmen* (S. 213–259). Bern: Huber.

Ludborzs, B., Nold, H. & Rüttinger, B. (Hrsg.). (1996). *Psychologie der Arbeitssicherheit. 8. Workshop 1995.* Heidelberg: Asanger.

Mair-Riehle, B. & Härter, M. (1996). Die Effektivität von Rückenschulen aus empirischer Sicht – Eine Metaanalyse. *Zeitschrift für Gesundheitspsychologie, 3,* 197–219.

Meichenbaum, D. (1991). *Intervention bei Streß. Anwendung und Wirkung des Streßimpfungstrainings.* Bern: Huber.

Meshkati, N. (1996). Cultural factors influencing safety need to be addressed in design and operation of technology. *ICAO Journal, 51,* 17–18.

Musahl, H-P. (1996). Lernpsychologische Ansätze zur Erklärung des Verhaltens in «gefährlichen» Situationen. In B. Ludborzs, H. Nold & B. Rüttinger (Hrsg.), *Psychologie der Arbeitssicherheit. 8. Workshop 1995* (S. 743–756). Heidelberg: Asanger.

Oesterreich, R. & Volpert, W. (Hrsg.). (1999). *Psychologie gesundheitsgerechter Arbeitsbedingungen. Konzepte, Ergebnisse und Werkzeuge zur Arbeitsgestaltung.* Bern: Huber.

Perrez, M. & Gebert, S. (1994). Veränderung gesundheitsbezogenen Risikoverhaltens: Primäre und sekundäre Prävention. In P. Schwenkmetzger & L. R. Schmidt (Hrsg.), *Lehrbuch der Gesundheitspsychologie* (S. 169–183). Stuttgart: Enke.

Perrow, C. (1984). *Normal accidents: Living with high-risk technologies.* New York: Basic Books.

Prothmann, R. (1994). Bildgestützte Kurzinformation – Hilfsmittel für Sicherheitskurzgespräche und Sicherheitsunterweisungen. In F. Burkardt & C. Winklmeier (Hrsg.), *Psychologie der Arbeitssicherheit. 7. Workshop 1993* (S. 350–356). Heidelberg: Asanger.

Rasmussen, J. (1987). Cognitive control and human error mechanisms. In J. Rasmussen, K. Duncan & J. Leplat (Eds.), *New technology and human error* (pp. 53–61). Chichester: Wiley.

Reason, J. (1990). *Human error.* Cambridge: Cambridge University Press.

Reason, J. (1993). Managing the management risk: New approaches to organisational safety. In B. Wilpert & T. Qvale (Eds.), *Reliability and safety in hazardous work systems: Approaches to analysis and design* (pp. 7–21). Hove, UK: Erlbaum.

Reason, J. (1997). *Managing the risks of organizational accidents.* Aldershot: Ashgate.

Reschke, K. (1990). Gestaltung gesundheitsrelevanter Informationen. In R. Schwarzer (Hrsg.), *Gesundheitspsychologie* (S. 461–475). Göttingen: Hogrefe.

Ritter, A. (1991). Partizipative Sicherheitsarbeit – Ansätze und erste Erfahrungen. *Zeitschrift für Arbeits- und Organisationspsychologie, 35,* 86–92.

Roland, H. E. & Moriarty, B. (1990). *System safety engineering and management.* New York: Wiley.

Ruppert, F. (1994). Wofür und für wen sind Arbeitssicherheitsplakate. In F. Burkardt & C. Winklmeier (Hrsg.), *Psychologie der Arbeitssicherheit. 7. Workshop 1993* (S. 43–58). Heidelberg: Asanger.

Ruppert, F. (1995). Arbeitssicherheit und Gesundheitsschutz als Organisationsaufgabe. In C. Graf Hoyos & G. Wenninger (Hrsg.), *Arbeitssicherheit und Gesundheitsschutz in Organisationen* (S. 41–61). Göttingen: Hogrefe.

Sadu, G., Cooper, C. L. & Allison, T. A. (1989). A post office initiative to stamp out stress. *Personnel Management, 21,* 40–45.

Schein, E. H. (1995). *Unternehmenskultur. Ein Handbuch für Führungskräfte.* Frankfurt/M.: Campus.

Schönpflug, W. & Battmann, W. (1988). The costs and benefits of coping. In S. Fisher & J. Reason (Eds), *Handbook of life stress, cognition and health* (pp. 699–713). Chichester: Wiley.

Schwager, T. & Udris, I. (1998). Gesundheitsförderung in Schweizer Betrieben. In E. Bamberg, A. Ducki & A.-

M. Metz (Hrsg.), *Handbuch Betriebliche Gesundheitsförderung* (S. 437–444). Göttingen: Hogrefe.

Schwarzer, R. (1992). *Psychologie des Gesundheitsverhaltens.* Göttingen: Hogrefe.

Semmer, N. & Dunckel, H. (1991). Streßbezogene Arbeitsanalyse. In S. Greif, E. Bamberg & N. Semmer (Hrsg.), *Psychischer Streß am Arbeitsplatz* (S. 57–90). Göttingen: Hogrefe.

Skell, W. (1980). Erfahrungen mit Selbstinstruktionstraining beim Erwerb kognitiver Regulationsgrundlagen. In W. Volpert (Hrsg.), *Beiträge zur psychologischen Handlungstheorie* (S. 50–70). Bern: Huber.

Skiba, R. (1997). *Taschenbuch Arbeitssicherheit* (9. Aufl.). Bielefeld: Schmidt.

Strube, J., Ruppert, F., Strobel, G. & Waldherr, B. (1990). Unterweisen mit Erfolg – ein handlungsorientiertes Konzept. In C. Graf Hoyos (Hrsg.), *Psychologie der Arbeitssicherheit. 5. Workshop 1989* (S. 190–199). Heidelberg: Asanger.

Thiehoff, R. (1998). Betriebswirtschaftliche Evaluation. In E. Bamberg, A. Ducki & A-M. Metz (Hrsg.), *Handbuch Betriebliche Gesundheitsförderung* (S. 211–222). Göttingen: Hogrefe.

Trimpop, R. (1994). Motivation zur Arbeitssicherheit. *Der Sicherheitsingenieur, 5*, 28–46.

Trimpop, R. (1996). Motivation. In G. Wenninger & C. Graf Hoyos (Hrsg.), *Arbeits-, Gesundheits- und Umweltschutz* (S. 449–458). Heidelberg: Asanger.

Turner, B. A., Pidgeon, N. F., Blockley, D. I. & Toft, B. (1989). *Safety culture: Its importance in future risk management.* Position paper for the Second World Bank Workshop on Safety Control and Risk Management, November 1989, Karlstad: Sweden.

Ulich, E. (2001). *Arbeitspsychologie.* Stuttgart: Schäffer-Poeschel.

Undeutsch, U. (1983). Psychologische Gesichtspunkte zur Durchführung von Sicherheitswettbewerben. In P. C. Compes (Hrsg.), *Sicherheit durch Wettbewerbe – mögliche Wege.* Wuppertal: Gesellschaft für Sicherheitswissenschaft.

van Vuuren, W. (1998). *Organisational failure.* Eindhoven: Eindhoven University of Technology, Proefschrift.

Wahlström, B. et al. (1999). *Organizational factors: Their definition and influence on nuclear safety.* Final Report, Contract No ERB FI4S – CT98_0051 with the Commission of European Communities, (ORFA).

Warr, P. (1987). *Work, unemployment and health.* Oxford: University Press.

Weinstein, N. D. (1987). *Taking care: Understanding and encouraging self-protective behavior.* New York: Cambridge University Press.

Weinstein, N. D. (1988). The precaution adoption process. *Health Psychology, 7*, 355–386.

Weinstein, N. D. (1989). Effects of personal experience on self-protective behavior. *Psychological Bulletin, 105*, 31–50.

Wenninger, G. (1991). *Arbeitssicherheit und Gesundheit. Psychologisches Grundwissen für betriebliche Sicherheitsexperten und Führungskräfte.* Heidelberg: Asanger.

Westermayer, G. (1998). Organisationsentwicklung u. betriebliche Gesundheitsförderung. In E. Bamberg, A. Ducki & A.-M. Metz (Hrsg.), *Handbuch Betriebliche Gesundheitsförderung* (S. 119–132). Göttingen: Hogrefe.

Wilde, G. J. S. (1982). The theory of risk homeostasis: Implication for safety and health. *Risk Analysis, 2*, 209–225.

Wilde, G. J. S. (1994). *Target risk.* Toronto: PDE Publications.

Wilpert, B. (1991). System safety and safety culture. Paper presented at the joint IAEA, IIASA meeting on «The Influence of Organization and Management on the Safety of NPPs and Other Industrial Systems», 18.–20. March 1991, Vienna, Austria.

Wilpert, B. & Fahlbruch, B. (1998). Safety related interventions in interorganisational fields. In A. Hale & M. Baram (Eds.), *Safety management. The challenge of change* (pp. 235–248). Amsterdam: Elsevier.

Zimolong, B. (1995). Neue Perspektiven im Arbeits-, Gesundheits- und Umweltschutz: Rechtliche, arbeits- und organisationspsychologische Aspekte. In C. Graf Hoyos & G. Wenninger (Hrsg.), *Arbeitssicherheit und Gesundheitsschutz in Organisationen* (S. 17–40). Göttingen: Hogrefe.

WHO (1986). *Ottawa Charter for Health Promotion.* First International Conference on Health Promotion, Ottawa, 21 November 1986.

Zink, K. J. (1995). Measuring universities against the European Quality Award criteria. *Total Quality Management*, 6, 547–561.

Zülch, G., Keller, V. & Rinn, A. (1998). Arbeitsschutz-Managementsysteme. Betriebliche Aufgabe der Zukunft. *Zeitschrift für Arbeitswissenschaft, 52*, 66–72.

20

Bernhard Wilpert

Organisation und Umwelt

Inhalt

1. **Einleitung** 641
2. **Wandel der Umwelt von Organisationen** . . 642
2.1 Globalisierung 642
2.2 Neue Technologien 643
2.3 Wertewandel 645
2.4 Bevölkerungsstrukturwandel 646
3. **Grundmodelle der Organisations-Umweltbeziehung** 646
3.1 Klassifikationsansätze 647
3.2 Entwicklungsansätze 650
3.3 Integrative Ansätze 650
4. **Kultur und Organisation** 651
5. **Gesellschaftliches Umfeld von Organisationen** 652
5.1 Technologieniveau 653
5.2 Wettbewerb 654
5.3 Komplexität und Wandel 654
6. **Organisationen als Umwelt von Organisationen** 655
6.1 Netzwerke 655
6.2 Virtuelle Organisation 656
7. **Schlussbetrachtung** 656
8. **Literatur** 657

1. Einleitung

Die Psychologie hat sich mit verhaltensrelevanten Aspekten der physischen und soziokulturellen Umwelt nur sehr zögernd auseinandergesetzt. Diese Tatsache hat auch auf die Organisationspsychologie abgefärbt. Zwei Gründe mögen dafür verantwortlich sein: zum einen hat die Psychologie ihre Aufmerksamkeit vor allem auf die individuelle Person zentriert und dabei den zugehörigen Kontext weitgehend ausgeblendet (Graumann, 1974); zum anderen besteht eine große theoretische und methodologische Schwierigkeit, «heteronome», d.h. außerhalb des Individuums in der nicht-psychologischen Umwelt liegende Einflüsse (Heider, 1958) in ihrem Eindringen ins psychologische Feld adäquat zu beschreiben. Lewin (1963) hat hier fraglos wichtige theoretische Vorarbeit geleistet. Sein Konzept von Lebensraum als der Gesamtheit aller zu einem gegebenen Moment wirksamen psychischen Kräfte umfasst explizit auch die physische und soziale Umwelt oder, wie Lewin sie nennt, die «psychologische Ökologie». Das Konzept wurde wegen der oben angedeuteten Schwierigkeiten nicht sonderlich weiter genutzt. Dabei kann überhaupt nicht in Frage gestellt sein, dass der Großteil menschlichen Verhaltens in direktem Bezug zu physischen Objekten und im Kontext sozialer Strukturen zu beobachten und als solches zu analysieren ist (Graumann, 1974). Insbesondere gilt dies für Verhalten in organisationalen Kontexten.

Aus organisationspsychologischer Perspektive müssen beide denkbaren Einflussrichtungen beachtet werden: sowohl die Einflüsse aus der Umwelt auf Strukturen und Verhalten von und in Organisationen als auch die Einflüsse innerorganisatorischer Merkmale und Handlungen auf die Umwelt. Aldrich & Pfeffer (1976) haben beide Einflussrichtungen je einem theoretischen Erklärungsmodell zugeordnet. Die dominante Richtung Umwelt – Organisation gehört demnach zu einem der Biologie entlehnten Evolutionsmodell der Organisation, das die *natürliche Selektion* von jeweils beobachtbaren Organisationsmerkmalen als bestmögliche Anpassung der Organisation an Umweltbedingungen interpretiert («differential survival of structural forms», S. 82). Demgegenüber versteht das Modell der *Ressourcenabhängigkeit* die Organisation als System, das durch aktives Handeln Veränderungen der Umwelt anstrengt und sich so Umweltressourcen zur eigenen Bestandserhaltung sichert. Welcher der beiden Positionen man auch immer den Vorzug geben mag – Aldrich & Pfeffer machen deutlich, dass es sich hier um grundlegende Orientierungen handelt, die in allen Sozial- und Verhaltenswissenschaften auffindbar sind; hinter beiden steht die Grundvermutung einer Umwelt-Organisations-Kongruenz als einer Bedingung der Überlebensfähigkeit von Organisationen. Letztlich ist es diese Bedingtheit des Überlebens von Organisationen – sei es auf Grund natürlicher Selektion durch Umwelten oder durch gezielte Kontrolle der Umwelt –, die der Organisationsumwelt einen besonderen Stellenwert in der Organisationspsychologie verleiht.

Das vorliegende Kapitel geht aus von einer skizzenhaften Darstellung der wichtigsten gegenwärtigen Umweltveränderungen, deren Tempo und weitreichende Folgen in der Geschichte der Industrienationen ihresgleichen suchen. Nach einer Behandlung ausgewählter theoretischer Grundvorstellungen über Organisations-Umwelt-Zusammenhänge werden die nach heutigem Wissens- und Erfahrungsstand für das Verhalten in und von Organisationen relevantesten Umweltsegmente beleuchtet: Kultureller, gesellschaftlicher und inter-organisationaler Kontext mit ihren jeweiligen Implikationen für psychologisch begründete Handlungsmöglichkeiten. Dass es sich dabei um ein Unterfangen handelt, bei dem Jonas den Wal zu verschlingen sucht, darauf hat Starbuck (1976) hingewiesen, der im Übrigen eine vorbildliche Aufarbeitung der bis dato angelsächsischen Literatur zum Thema bietet.

2. Wandel der Umwelt von Organisationen

Offenkundig finden wir uns im Übergang vom 20. zum 21. Jahrhundert in einem tief greifenden Wandel wirtschaftlicher, sozialer und politischer Verhältnisse, die private und öffentliche Arbeitsorganisationen vor völlig neue Herausforderungen stellen. Sie setzen für die Organisationspsychologie entsprechend neuartige Handlungsbedingungen. Eine Auswahl der mutmaßlich bedeutsamsten Veränderungen soll im Folgenden vorgestellt werden.

2.1 Globalisierung

Der bis zum Überdruss gebrauchte Begriff «Globalisierung» kennzeichnet hier in seinem schier unüberschaubaren Facettenreichtum wichtige Teilaspekte dieses Wandels. «Das Hauptmerkmal der Globalisierung ist ein von international agierenden Unternehmen vorangetriebener Prozess von Institutionen, Handel und technologischem Wandel in einem expandierenden Markt mit sich kontinuierlich ausweitender Massenkommunikation und Homogenisierung und Standardisierung von Produktion und Konsum» (Eide, 2000:42). Dem Ruf des Zauberlehrlings vergleichbar verlieren in diesem Prozess die Regierungen der Wirtschaft gegenüber zunehmend an Möglichkeiten der Steuerung der negativen Wirkungen, die sie mit ihrer Politik seit den 80er Jahren selbst herbeigeführt haben: «Deregulierung statt staatlicher Aufsicht, Liberalisierung von Handel und Kapitalverkehr sowie Privatisierung der staatlichen Unternehmen» (Martin & Schumann, 1996, S. 19). Vielfältige psychologisch relevante Teilaspekte sind in diesem Zusammenhang zu berücksichtigen.

Zum einen die Globalisierung des *Kapitals.* Gemeint ist das Entstehen internationaler Kapitalmärkte, die von institutionellen Anlegern (Pensionsfonds und Versicherungen), Banken und Unternehmensleitungen vorangetrieben, aber heute bereits von vielen Angehörigen der Mittelklasse zur Einkommenssteigerung über

Dividenden und Kursgewinne aus Anlagen im Aktienmarkt genutzt werden (Touraine, 2000). Häufig lässt sich beobachten, dass Operateure in Anlagenwerten in den nicht seltenen Phasen der Unterforderung ihrer Arbeit sich dem Reiz und Risiko des Investierens im Aktienmarkt widmen.

Des Weiteren die Globalisierung des *Wettbewerbs*. Der öffentliche deutsche Diskurs dreht sich dabei vornehmlich um die Frage nach der Überlebensfähigkeit des Industriestandorts Deutschland. Die Notwendigkeit von Einschnitten in den Sozialstaat wird meist mit Anstieg globalen Wettbewerbs begründet: «vernünftige» Tarifabschlüsse oder gar Lohnsenkung, Einschränkung von Sozialleistungen und des Kündigungsschutzes, Kürzung von Lohnfortzahlung im Krankheitsfall, alles Mittel zur Reduktion von Lohnnebenkosten. Wachsende Verunsicherung und das sinkende Vertrauen der Arbeitnehmer in die Sicherheit des Arbeitsplatzes sind die Folge. Eine neue *internationale Arbeitsteilung* zeichnet sich als Konsequenz des weltweiten Wettbewerbs ab. Einerseits werden viele Arbeitsvorgänge bereits ins Ausland ausgelagert, andererseits der Import qualifizierter, billigerer Ausländer gefordert. Der Anteil ausländischer Arbeitnehmer in Deutschland, der im Jahre 2000 knapp 10 % betrug, dürfte damit zusätzlich ansteigen. Beides bedingt Arbeitsplätze in kulturellen Überschneidungssituationen.

Daneben erfolgt eine Globalisierung der *Bedürfnisse*. Weltweiter Güterverkehr, Medien, internationaler Tourismus, Informations- und Kommunikationstechnologien bewirken in bislang unvorstellbarem Ausmaß das Entstehen neuer weltweit geteilter Bedürfnisse und Erwartungen, die sich zunehmend an einem «Welt-Lebensstil» orientieren (Martin & Schumann, 1996, S. 26).

Ebenfalls als Merkmal der Globalisierung ist die nachgerade hektische Zunahme grenzüberschreitender *Unternehmenszusammenschlüsse und -übernahmen* zu beobachten, die gelegentlich den Charakter von Megafusionen annehmen (z. B. DaimlerChrysler). Motor dieses Trends ist häufig der auf Unternehmensleitungen ausgeübte Druck weitgehend anonymer institutioneller Anleger (z. B. ausländische Pensionsfonds). Mit ihren immensen Kapitalrücklagen sind sie in der Lage, börsennotierte Aktien aufzukaufen und im Interesse kurzfristiger Wertsteigerung ihres Aktienbesitzes abhängige Unternehmen zu Zusammenschlüssen zu bewegen. Soziale Gesichtspunkte, etwa die Sicherung von Arbeitsplätzen, spielen eine untergeordnete Rolle. Die Folge ist eine vielfach beklagte «Verdunstung» der Verantwortung, die sich bei den Beschäftigten in erlebtem Kontrollverlust, Verunsicherung und Sorge um ihre Existenzgrundlage niederschlägt (Berger, 2000). Ganz abgesehen davon bleibt fraglich, ob das Management überhaupt in der Lage ist, solche Supergiganten erfolgreich zu führen.

2.2 Neue Technologien

Auf welchen Wirkungsaspekt neuer Informationstechnologien wir auch immer unsere Aufmerksamkeit richten – das Aufkommen neuer Wirtschaftszweige, die entstehenden Informations- und Kommunikationschancen als Merkmal ökonomisch hoch entwickelter Gesellschaften, die Veränderung von Produktionsmethoden und Dienstleistungen, andersgeartete Arbeitsteilung oder die qualitativen Veränderungen in Arbeitsanforderungen – es besteht ein weitreichender Konsens darüber, dass bis Mitte der 1990er Jahre jeder zweite Arbeitsplatz in Industrienationen direkt oder indirekt von diesen neuen Techniken berührt war. Die beobachtbare Beschleunigung dieser Veränderungen verstellt leicht den Blick dafür, dass Strukturen im Beschäftigungssystem der Neuzeit nie als konstant anzusehen waren und seit mehr als hundert Jahren nachweisbare und eindeutige Veränderungstendenzen (wenn auch sektoral oder in einzelnen Zeitphasen mit unterschiedlicher Gewichtung) aufweisen (Haller & Müller, 1983): drastische Kontraktion des Agrarbereichs, Sichverlangsamen des Wachstums des Produktionssektors, stetige Ausweitung des Dienstleistungsbereichs und der Anstieg des Anteils sozialrechtlich als Angestellte Beschäftigter. Diese globalen Veränderungen finden ihren Niederschlag auch in der Entwicklung von Unternehmen und Arbeitsstätten: Wachstum des Anteils kaufmännischer und technischer Angestellter und tendenzielles Wachstum der Unternehmensgröße, wobei der Zuwachs der Beschäftigten in Unternehmen mit mehr als 5000 Mitgliedern sich seit 1925 nur geringfügig erhöhte. 1970 waren insgesamt nur 19% aller Beschäftigten in solchen Unternehmen und ca. 70% in Unternehmen mit weniger als 1000 Beschäftigten tätig (Stockmann, Dahm & Zeifang 1983). Als maßgebliche Einflussgrößen dieser Veränderungen können Umweltkomplexität und Technologie angesehen werden. Dennoch muss man zur Kenntnis nehmen, dass 1998 nur etwa 7,5 Millionen Arbeitnehmer in Unternehmen mit mehr als 500 Beschäftigten tätig waren, während die Beschäftigtenzahl in Unternehmen mit weniger als 500 Beschäftigten bei 14,4 lag (Statistisches Bundesamt, 1999).

Parallel zu diesen Entwicklungen verläuft ein Rückgang effektiver Jahresarbeitszeit der in der Bundesrepublik Beschäftigten: von 1960–1986 war hier ein Rückgang von ca. 18% (bei Männern) bzw. 19% (bei Frauen) bei gleichzeitig einem durchschnittlichen Produktionszuwachs von jährlich ca. 4,3% (Kohler & Reymer, 1988) zu beobachten. Da der Rückgang effektiver und tarifvertraglicher Arbeitszeiten (1970: 43,0 Wochenstunden, 1998: 36,3; Statistisches Jahrbuch, 1999) bis auf absehbare Zeit auch in Zukunft anhalten dürfte, kann mit einer stetigen Zunahme der arbeitsfreien Zeit gerechnet werden. Manche Autoren beschwören daher bereits das «Absterben der Arbeit», eine Hypothese, die freilich von manchen in Frage gestellt wird (Berger, 2000; Touraine, 2000). Neue Arbeitszeitmodelle (Dreitage-Woche bei gleichzeitiger Sicherung der Auslastung der kapitalintensiven Anlagen) und Konzeptionen des job sharings werden zunehmend gefragt sein. Man wird annehmen können, dass Freizeitorganisationen dem Trend der Reduktion von Arbeitszeit entsprechende Zuwachsraten aufweisen werden. Darüber hinaus rechtfertigen derartige Trends die Vermutung, dass mit dem Rückgang des objektiven Anteils der Arbeitszeit im Leben der Menschen auch eine Änderung der subjektiven Bedeutung des Arbeitens einhergeht. Hannah Arendt hat diese Perspektive bereits 1960 in ihrem Werk «Vita activa» aufgezeigt (s. **Informationsbox 1**).

Informationsbox 1

Vita activa

«Wir wissen bereits, ohne es uns doch recht vorstellen zu können, dass die Fabriken sich in wenigen Jahren von Menschen geleert haben werden, und dass die Menschheit der uralten Bande, die sie unmittelbar an die Natur ketten, ledig sein wird, der Last der Arbeit und des Jochs der Notwendigkeit … die Rebellion gegen diese menschliche Existenzbedingung, das Verlangen nach dem leichten, von Mühe und Arbeit befreiten, göttergleichen Leben ist so alt wie die überlieferte Geschichte. … So mag es scheinen, als würde hier durch den technischen Fortschritt nur das verwirklicht, wovon alle Generationen des Menschengeschlechts nur träumten, ohne es jedoch leisten zu können.

Aber der Schein trügt. Die Neuzeit hat im siebzehnten Jahrhundert damit begonnen, theoretisch die Arbeit zu verherrlichen, und sie hat zu Beginn unseres Jahrhunderts damit geendet, die Gesellschaft im Ganzen in eine Arbeitsgesellschaft zu verwandeln. Die Erfüllung des uralten Traums trifft wie in der Erfüllung von Märchenwünschen auf eine Konstellation, in der der erträumte Segen sich als Fluch auswirkt. Denn es ist ja eine Arbeitsgesellschaft, die von den Fesseln der Arbeit befreit werden soll, und die Gesellschaft kennt kaum vom Hörensagen die höheren sinnvollen Tätigkeiten, um derentwillen die Befreiung sich lohnen würde … Was uns bevorsteht, ist die Aussicht auf eine Arbeitsgesellschaft, der die Arbeit ausgegangen ist, also die einzige Tätigkeit, auf die sie sich noch versteht. Was könnte verhängnisvoller sein?» (Arendt, 1960, S. 11–12).

2.3 Wertewandel

Die psychologische Wertforschung thematisiert Werte als Werterleben von Individuen, das zu ihrem Handeln i.S. motivationaler Kräfte in enger Beziehung steht (Wilpert, 1989). Davon abzuheben sind Ansätze der Ökonomie, nach der Wert eine Eigenschaft von Objekten als Resultat der Angebots-Nachfrage-Relation ist und so den Tausch mit Gütern vergleichbarer Wertigkeit ermöglicht. Diese überindividuelle Charakterisierung von Werten findet sich ebenfalls in der Kultur- und Sozialanthropologie sowie der Kulturpsychologie Hellpachs. Kulturanthropologen sprechen von Wertorientierungen i.S. von «Präferenzmodellen» (Scholl-Schaaf, 1975), die zwar subjektiv verankert sind, aber für Kollektive (Gruppen, Nationen) Gültigkeit haben mögen. Ein sehr globales Wertkonzept vertritt Hellpach (1953), für den «Kultur-» oder «Leitwerte» zum Verständnis von Kulturerscheinungen eine zentrale Rolle spielen, weil sie, als quasi «platonische» Leitvorstellungen, vom direkten Erleben des Individuums relativ entfernte kulturspezifische Grundorientierungen, z.B. «Vernunft», alle Daseinsbereiche prägen. – Im Ansatz der Sozialanthropologie schließlich erhält Wert eine unmittelbar organisationspsychologische Bedeutung. Institutionen werden von Malinowski (1951) als kleinste kulturelle Einheiten verstanden und Wert (=gemeinsames Interesse) als Hauptmotiv gemeinsamer, d.h. organisierter Anstrengungen zur Befriedigung biologischer, sozialer und geistiger Bedürfnisse, an denen sich Werte orientieren. Hier wird also unmittelbar die Zielorientierung von Organisationen angesprochen, die unterschiedliche Organisationsformen bewirkt.

Dieser Überblick zeigt bereits die Schwierigkeit, ein einheitliches Begriffsverständnis von Werten zu gewinnen oder diese von verwandten Konzepten (z.B. Werthaltung, Einstellung) abzugrenzen (Westmeyer, 1984; Wilpert, 1989). Verstanden als kulturell und sozial determiniertes Ordnungs- und Orientierungskonzept mit wahrnehmungs- und verhaltensprägender Wirkung (Kmieciak, 1976) ist Wert jedoch allemal auch für organisationspsychologische Fragestellungen von Bedeutung, gleich ob sie mit individueller oder überindividueller Perspektive formuliert werden. Die Wirkweise von Werten als Eingangsgrößen (input) für Organisationen ist eine der Fragen, die gestellt werden muss, denn es scheint plausibel, anzunehmen, dass die (westliche) Grundüberzeugung aktiver Beherrschung der Natur ein anderes, aktiveres Arbeitsverhalten nahelegt als die einer eher resignativen Unterwerfung unter die Natur wie sie in manchen eher fatalistischen Kulturorientierungen anderer Breitengrade zu finden ist.

Die Repräsentativbefragungen Ingleharts (1977, 1989) in westlichen Industrienationen und Japan haben der Diskussion um eine intergenerationelle Verschiebung traditioneller «materialistischer» Werte (Ordnung, Wirtschaftsstabilität, Sicherheit) hin zu «postmaterialistischen» Werten (Selbstverwirklichung, postmaterialistische Werte, Partizipation, Umweltbewusstsein) entscheidende Anstöße gegeben. Die postulierten Veränderungen wurden auch mit der Vermutung eines Wandels arbeitsbezogener Werte in Verbindung gebracht (Yankelovich, 1979), da postmaterialistische Werte hedonistische, libertinäre Grundhaltungen und eine Minderung der Leistungsbereitschaft implizieren. Die Thesen sind nicht unwidersprochen geblieben (Müller-Rommel, 1983; Stiksrud, 1984), oder wurden durch differenziertere Annahmen erweitert (Klages, 1984). Selbst wenn man sich über Inhalt, Umfang und die Trägergruppen des Wertewandels uneins ist und die methodische Absicherung der Erhebungsinstrumente bezweifelt, ist doch ein unübersehbarer Konsens vieler Beobachter zu verzeichnen, dass ein Wandel weg von «Fügsamkeit und Folgebereitschaft gegenüber fremdgesetzten Ordnungs- und Leistungserwartungen» hin zu «Selbstentfaltungsbedürfnissen und Bedürfnissen nach selbstbezogenen Erfüllungserlebnissen» (Klages, 1983, S. 341) stattfände. Dass solche Tendenzen auch Folgen für die Gestaltung von Organisationen und Arbeitsplätzen haben dürften, lässt sich begründet vermuten: Geld allein genügt nicht mehr als Anreiz verantwortungsbewusster Arbeit; Chancen zur Mitbestimmung in den Arbeitsvollzügen und bei der Gestaltung der Arbeitsorganisationen müssen zunehmend geboten werden.

2.4 Bevölkerungsstrukturwandel

Zwei Entwicklungen verdienen wegen ihrer unmittelbaren Rückwirkungen auf Organisationen hier angesprochen zu werden: Veränderungen der Altersstruktur und der Zuwachs von Frauen im Arbeitsmarkt.

Im Jahre 1950 betrug der Anteil der über 60-Jährigen an der Bevölkerung der (alten) Bundesrepublik 14%; 1997 (Bundesrepublik): 17,9% (Statistisches Bundesamt, 1991, 1999). Dieser Anstieg hat bereits die Sorge um das Aufkommen der «geriatrischen Gesellschaft» geweckt, insbesondere, da die demographische Entwicklung in Deutschland einen weiteren Anstieg des Bevölkerungsanteils der über 60-Jährigen auf über 30% erwarten lässt (Schwarz, 2001). Allerdings verdichten sich bereits heute aus Furcht vor dem Fehlen von Arbeitskräften wieder Anstrengungen, die Lebensarbeitszeit zu verlängern. Dass diese Furcht nicht ganz unbegründet ist, zeigt sich auch beim Blick auf den Altersaufbau der Bevölkerung: der Anteil der unter 21-Jährigen ist rückläufig, so dass man nicht mehr von einer Alterspyramide, sondern einem Altersbaum oder gar einer Alters«urne» bei der Darstellung der Kohortenstärke sprechen muss (1950: Anteil der 0- bis 25-Jährigen: 37,9%; 1988: 29,7%, Statistisches Bundesamt, 1990). Offensichtlich werden diese Entwicklungen die Organisationen der Arbeitswelt vor neue Bedingungen hinsichtlich der Gewinnung und Sicherung von Personalressourcen stellen, deren Wahrnehmung derzeit noch durch hohe Arbeitslosenquoten verstellt wird. Freilich darf nicht verkannt werden, dass bereits heute eine Verknappung qualifizierter Fachkräfte zu beobachten ist, während es in erster Linie die ungelernten Arbeitskräfte sind, die in Arbeitslosenstatistiken auftauchen. Außerdem verlaufen diese Entwicklungen in den neuen und den alten Bundesländern seit der Wende 1989 bis in absehbare Zukunft noch durchaus unterschiedlich.

Der Anteil der Frauen im Alter von 25 bis 45 Jahren, die einer Berufstätigkeit nachgingen, ist von 1970 bis 1985 von 48% auf 63% angestiegen. Die Beteiligungsrate von Frauen an der Gesamtheit der Berufstätigen (Erwerbsquote) betrug 1980 ca. 36,9%, 1989 lag sie bei 39,8% (Statistisches Bundesamt, 1991). 1998 lag die weibliche Erwerbsquote bei 41,4% (1999). Selbst wenn man leicht unterschiedliche Definitionen der Erwerbstätigkeit bei den verschiedenen Messzeitpunkten in Rechnung stellt, so signalisieren diese Zahlen doch ein Wachstum weiblicher Beteiligung am Arbeitsmarkt, das epochale Züge trägt. Zusätzlich muss in Rechnung gestellt werden, dass die Beschäftigungsquote von Frauen in den neuen Bundesländern im Vergleich zu den alten Bundesländern traditionell höher lag. Sieht man diese Tatsachen im Zusammenhang der grund- und menschenrechtsbegründeten politischen Forderung auf Beseitigung aller geschlechtsspezifischen Zugangsbarrieren und der Mechanismen zur Diskriminierung von Frauen im Berufsleben, so lässt sich ohne große Anstrengung der Phantasie vorhersagen, dass das Thema der Quotenregelung für alle Organisationen und institutionellen Hierarchien auf der öffentlichen Tagesordnung bleiben wird. Die Durchsetzung der damit angesprochenen Forderungen wird sicher nicht ohne Konflikte unter Beschäftigten und zwischen Beschäftigten und Arbeitgebern abgehen. Die zunehmende fachliche Qualifikation weiblicher Arbeitskräfte wird dieser Dynamik noch eine zusätzliche Triebkraft verleihen.

3. Grundmodelle der Organisations-Umweltbeziehung

Es lassen sich drei grundlegende Modellvorstellungen über die Beziehungen von Organisationen zu ihren Umwelten unterscheiden – Klassifikationsansätze, Entwicklungsansätze und integrative Ansätze.

3.1 Klassifikationsansätze

Ein mittlerweile klassischer Versuch der Typologisierung von Organisationsumwelten ist der von Emery & Trist (1965), der aus systemtheoretischer Perspektive (s. Holling & Kanning, Kap. 3) unternommen wurde. Während von Bertalanffys (1950) Konzeptualisierung von Lebewesen als offenen Systemen auch die Austauschbeziehungen von Organisation und Umwelt verdeutlichen mag, so bezieht sein Ansatz jedoch nicht die Prozesse *in der Umwelt* mit ein, welche Austauschbedingungen von System und Umwelt maßgeblich mitbestimmen. Unter Anknüpfung an Tolman & Brunswik (1935) führen Emery und Trist den Begriff der «Kausaltextur der Umwelt» ein. Damit meinen sie die Organisations-Umweltverflechtungen und fordern für das Verständnis von Organisationsverhalten die Erfassung aller möglichen gesetzesmäßigen Beziehungen (lawful – L) sowohl innerhalb und außerhalb der Organisation als auch zwischen Organisation (1) und Umwelt (2) sowie ihrer jeweiligen Richtung: L22 wären demnach gesetzmäßige Beziehungen unter Umweltaspekten, L12 die Einflüsse von Organisationen auf die Umwelt (vgl. **Abb. 1**). Mit Hilfe der Umweltdimensionen «Konzentrationen von Vor- und Nachteilen» und «Turbulenz» entwickeln Emery und Trist vier Idealtypen von Umwelten, die eine Hierarchie aufsteigender Komplexität und «relevanter Unsicherheit» mit sich bringen.

Diese lassen unterschiedliche Formen der Umweltintervention, interner Kontrolle, Koordination und Führung als angemessen erscheinen:

1. Stabile Umwelt mit geringer Konzentration (d. h. mit Zufallsverteilung) von Vor- und Nachteilen, deren Nutzung resp. Verwendung keine besonderen Anpassungsleistungen erforderlich machen. Da das Umfeld wenig Strukturen zeigt, ist die Organisation auch nicht auf komplizierte strategische Pläne angewiesen, vielmehr gilt es, in relativ enger lokaler Begrenzung, sich ad hoc bietende Chancen taktisch auszunutzen, was am ehesten kleinen Organisationen gelingt.

	Organisation (1)	Umwelt (2)
Organisation (1)	L 11	L 12
Umwelt (2)	L 21	L 22

Einflussrichtung →

Abbildung 1: Gesetzmäßige («lawful»-L) Beziehungen (Einflussrichtungen) zwischen Organisation (1) und Umwelt (2) (in Anlehnung an Emery & Trist, 1965)

2. Stabile Umwelt mit größeren Konzentrationen von Vor- und Nachteilen (placid, clustered), was genauere Kenntnis der Umwelt, größere interne Kontrolle und strategische Maßnahmen erfordert. In solchen Umwelten kommt alles darauf an zu wissen, wo die Umwelt Vorteile bietet und wie man sie sich zunutze machen kann. Komplexere Bedingungen legen daher größere Organisationen mit hierarchischen Strukturen, zentralisierter Kontrolle und strategischer Koordination nahe.
3. Unruhig-reaktive Umwelt mit höheren Konzentrationen von Vor- und Nachteilen und mehreren konkurrierenden Organisationen. Diese Konkurrenzsituation verlangt flexible, taktische Operationen, in denen die Reaktionen der Konkurrenten mit ins Kalkül gezogen werden. So empfehlen sich Dezentralisation, Koalitionsbildung und gelegentlich Absprachen unter den Akteuren.
4. Turbulentes Feld, das in seiner Gesamtheit einem dynamischen Veränderungsprozess unterliegt («Der ‹Grund› ist in Bewegung», Emery & Trist, 1965, S. 26), der wegen seiner Komplexität und Vernetztheit schwer zu durchschauen ist. Die Stabilität von Organisationen insgesamt gerät hier in Gefahr. Die Autoren meinen, dem könne mit der Entwicklung kollektiver Werte (z. B. McGregors «Theorie Y») unter allen betroffenen Organisationen gegengesteuert werden (s. Holling & Kanning, Kap. 3).

Die Auffassung, dass die Polarität von Stabilität – Veränderungsdynamik eine wichtige Beschreibungsdimension von Organisationsumwelten

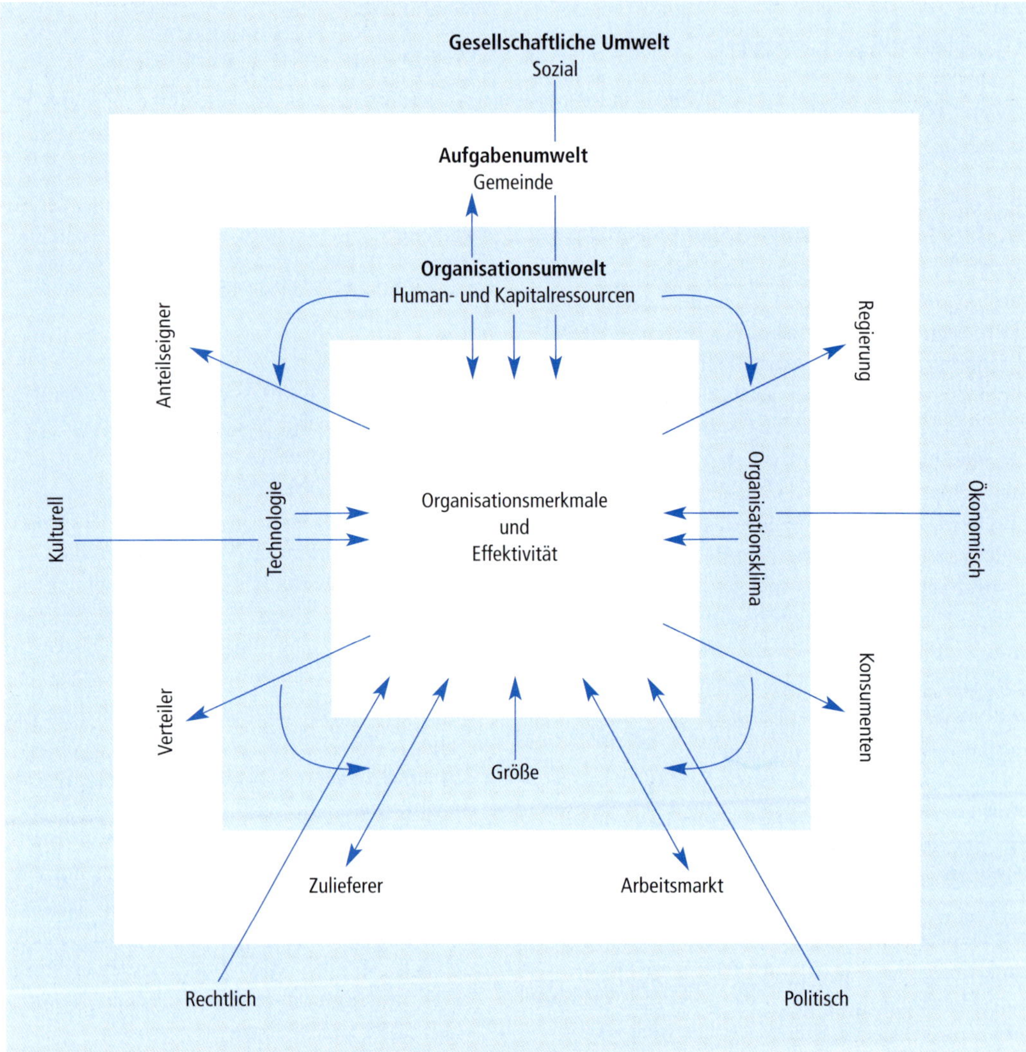

Abbildung 2: Determinanten von Organisationsmerksmalen und Effektivität

sei, wird von vielen anderen Autoren ebenso geteilt wie die Mutmaßung, dass unter Effizienzgesichtspunkten unterschiedliche Merkmale der Organisation bestimmten Umwelten entsprächen. Burns & Stalker (1961) sprechen von «mechanistischen» Organisationen, die stabilen Umwelten entsprechen, und «organischen» Organisationstypen, die eher zu dynamischen, sich verändernden Umwelten passen. Dem vergleichbar sprechen verschiedene Autoren von «bürokratischen» und «assoziativen» oder von «bürokratischen» und «demokratischen» Organisationen. Ein ähnliches Konsistenzmodell «adäquater» Zuordnung von wahrgenommener Umweltsituation und Organisationsmerkmalen entwickeln Lawrence & Lorsch (1967), wobei sie sich jedoch von einer globalen Betrachtungsweise der Umwelt-Organisationszusammenhänge lösen und Umweltsegmente und Subsysteme einer Organisation einander differenzierender zuordnen (z. B. Kunden – Verkaufsabteilung, Arbeitsmarkt – Personalabteilung).

Tabelle 1: Matrix zur Analyse von Organisationsumweltbereichen und Beziehungsdimensionen zur Umwelt (nach Katz und Kahn, 1978)

Beziehungsdimension und Umweltbereiche	Stabilität – Turbulenz	Gleichartigkeit – Verschiedenheit	Konzentration – Zufallsverteilung	Mangel – Überfluss
1. Gesellschaftliche Werte: Legitimation				
2. Politisch: rechtliche Normen und Statuten				
3. Wirtschaftlich: Markt und humane und materielle Inputs				
4. Information und Technologie				
5. Physisch: Geographie, natürliche Ressourcen				

Die zentralen Elemente der bisher erwähnten Grundmodelle sind Sicherheit bzw. Unsicherheit der Kenntnisse über das organisationale Umfeld sowie die Frage, welche Organisationsmaßnahmen als adäquate Antwort auf diese Merkmale der Umwelt anzusehen seien. Es fehlt ihnen jedoch eine umfassende Konzeption inhaltlicher Umweltfaktoren, die für Organisationen als relevant zu betrachten sind. Ein Versuch der inhaltlichen Bestimmung solcher Faktoren findet sich bei Woodward (1965), die mit einem Mehrebenenansatz die Interaktionen von Organisationen mit ihrer Umwelt zu fassen sucht (s. **Abb. 2**). Woodward unterscheidet demnach drei Umweltebenen:

1. die gesellschaftliche Umwelt mit ihren soziokulturellen, ökonomischen und politisch-rechtlichen Elementen;
2. die Aufgabenumwelt, welche die unmittelbaren Adressaten, Klientele und Bezugsgruppen einer Organisation umfasst;
3. die interne Organisationsumwelt mit ihren menschlichen und materiellen Ressourcen und Hilfsmitteln. Alle drei Ebenen stehen in intensiven Wechselbeziehungen, die letztlich Effektivität und Erscheinungsbild der Organisation beeinflussen.

Die Darstellung ermöglicht also gleichzeitig, eine Differenzierung zu verdeutlichen, die in der Literatur häufig zu finden ist: die Unterscheidung von «interner Umwelt» einer Organisation i. S. etwa der je gegebenen strukturellen und technologischen Gegebenheiten und der «externen Umwelt» als Aufgaben- und gesellschaftlicher Umwelt (Negandhi, 1969).

In Weiterentwicklung der Typologie von Emery & Trist identifizieren Katz & Kahn (1978) vier funktionale Beziehungsdimensionen und verbinden diese mit fünf Umweltbereichen zu einer Matrix, mit deren Hilfe Organisations-Umwelt-Beziehungen kategorisiert und analysiert werden können (s. **Tab. 1**). Die analytischen Möglichkeiten der Matrix könnten beispielsweise so genutzt werden, dass man das Umweltsegment «Gesellschaftliche Werte» über die vier Beziehungsdimensionen hin beschreibt:

1. als relativ stabil oder im Wandel befindlich,
2. als homogen versus heterogen,
3. als geographisch bzw. schichtenspezifisch gebündelt oder gleich verteilt,
4. als intensiv oder schwach ausgeprägt.

3.2 Entwicklungsansätze

Die Frage, warum manche Organisationen wachsen und gedeihen, während andere schrumpfen und verschwinden, versuchen zwei Ansätze zu beantworten, die wir als entwicklungsorientiert bezeichnen können: der Ansatz natürlicher Selektion und der Ansatz der Ressourcenmobilisierung.

Aufbauend auf evolutionstheoretischen Konzepten Darwins werden im Rahmen des *natürlichen Selektionsansatzes* Organisationen als relativ inaktive Produkte von Umwelteinflüssen betrachtet: es überleben die Tüchtigsten, deren Verhalten den je obwaltenden Umweltbedingungen am besten entspricht (Aldrich & Howard, 1979). Wir haben es hier mit einer phylogenetischen Betrachtungsweise zu tun, deren Gültigkeit nachzuweisen nur mit Hilfe langfristiger Analysen und unter Berücksichtigung sehr vieler Organisationen möglich ist. – Für die Erklärung der Wachstums- und Schrumpfungsprozesse spezifischer Organisationen bleibt der Erklärungswert dieses Ansatzes begrenzt.

Demgegenüber favorisiert der *Ansatz der Ressourcenmobilisierung* eine Sichtweise, in der Organisationen aktiv in ihre Umwelt eingreifen, um für ihr Überleben und Wachstum günstige Bedingungen zu schaffen (Aldrich & Pfeffer, 1976). Dies geschieht einerseits durch die Beeinflussung der öffentlichen Meinung über die Organisation mittels Öffentlichkeitsarbeit und Werbung (Gebert, 1989), andererseits durch die Bildung von interorganisationalen Netzen (einschließlich Unternehmensverflechtungen), durch die Bildung von Koalitionen zur Beeinflussung von Politik und Gesetzgebung (Lobbies) oder durch die gezielte Wahl einer begrenzten Nische, in der sich die Organisation relativ ungestört entfalten kann (etwa weil sie mit ihren Produkten dort ein Monopol hat). Für große und mächtige Organisationen und in Einzelfällen mag die Unterstellung rationaler Strategien der Umweltbeeinflussung oder -selektion eine gewisse Gültigkeit besitzen. Wie jedoch in Kapitel 14 deutlich gezeigt wurde, sind die Entscheidungsprozesse in Organisationen durchaus nicht immer durch einen hohen Grad an Rationalität gekennzeichnet.

3.3 Integrative Ansätze

Die hier entwickelten Grundmodelle berufen sich auf die allgemeine Systemtheorie (Arendt, 1956) und die biologisch inspirierte Metapher der Betrachtung lebender Systeme (s. Bungard & Antoni, Kap. 14). Sie thematisieren System-Umwelt-Beziehungen als die zentralen Analyseeinheiten überhaupt, denn sie sind schlicht das, was das Leben eines lebenden Systems ausmacht. So formuliert Angyal (1941): «Der Lebensprozess findet nicht innerhalb des Organismus statt, sondern *zwischen dem Organismus und der Umwelt .... Organismus und Umwelt sind unverzichtbare Pole eines einheitlichen Prozesses: des Lebens*» (S.31–32), ... «*Organismus und Umwelt sind keine räumlich trennbaren statischen Strukturen, sondern gegensätzliche Richtungen im ganzheitlichen biologischen Prozess*» (S. 92, Hervorhebungen bei Angyal). Wir können hier also von einem interaktionistischen Grundmodell sprechen, das Emery (1972) versucht hat für Organisations-Umweltbeziehungen fruchtbar zu machen. Da es nicht möglich ist, die Totalität dieser komplexen Wechselbeziehungen zu erfassen, schlägt er vor, drei genotypische Faktoren genauer zu betrachten, die das Überleben und Wachstum von Organisationen sichern helfen:

1. *Werte* als Indikatoren künftiger Tendenzen von Organisationen;
2. je gegebene *Startbedingungen* (z. B. verfügbare Ressourcen) als Indikatoren, «die aus früheren Anpassungsreaktionen entstanden sind und als begrenzende oder weiterführende Einflüsse für künftiges ... Verhalten wirken» (Emery, 1972, S. 21);
3. *Grundlegende Einflussfaktoren*, von denen angenommen wird, dass sie unterschiedlichste Verhaltensweisen mit prägen (etwa im unterstellten, universal wirksamen Leistungsbedürfnis).

Ein solches integratives, interaktionistisches Grundmodell der Organisations-Umweltbeziehungen, wie intellektuell attraktiv es sein mag, bleibt so lange begrenzt, wie es nicht gelingt, es überzeugend operational zu fassen.

Keines der drei vorgestellten theoretischen Grundmodelle genügt in vollem Umfang für alle theoretischen und praktischen Fragestellungen. Daher dürften sie sich vorläufig in der organisationspsychologischen Analyse von Organisations-Umweltbeziehungen je nach anstehendem Problem mit unterschiedlichem Nutzungspotenzial in relativer Gleichberechtigung anbieten. Die Tatsache, dass das Entstehungsdatum der theoretischen Grundlagen hier vorgestellter Grundmodelle der Organisations-Umweltbeziehungen zum Teil bereits einige Jahrzehnte zurückliegt, mindert keinesfalls ihren heuristischen Wert. Sie verweist allenfalls nochmals eindringlich darauf, dass die Organisationspsychologie bislang Organisations-Umweltbezüge nur stiefmütterlich behandelt hat.

Im Folgenden sollen exemplarisch drei Umweltsegmente angesprochen werden, in denen der Organisationspsychologie angesichts der oben beschriebenen Wandelsprozesse neue Anforderungen gestellt werden: Kultur als Umwelt von Organisationen, gesellschaftliche Trends als Umwelt und Organisationen als Umwelt von Arbeitsorganisationen.

4. Kultur und Organisation

Eines der bewegenden Momente international / interkulturell vergleichender Organisationsforschung (Roberts, 1970; Hofstede, 1980) ist die Frage, ob über unterschiedliche kulturelle Umwelten hinweg in Arbeitsorganisationen Ähnlichkeiten oder Unterschiede vorherrschen, d. h. ob es so etwas gibt wie eine «Logik der Industrialisierung», die unabhängig von der jeweiligen kulturellen Einbettung der Organisationen zu einer Konvergenz der Organisationsmerkmale führt, oder ob Kultureinflüsse organisationale Besonderheiten hervorbringen. Es handelt sich hier wohl um ein Scheinproblem, das durch die notorische Vagheit je zu Grunde gelegter Kulturbegriffe entsteht. Die Frage ist nämlich, welche Aspekte des organisationalen Umsystems der Kultur und welche Aspekte gesellschaftlichen Systemen (Erziehungswesen, Einkommens- und demographische Struktur, politisches System etc.) zugeschlagen werden. Besonders problematisch ist daher, wenn mit einem schlecht definierten Kulturbegriff oder gar mit Hilfe von «Kultur» als undefinierter Residualkategorie allfällige Unterschiede erklärt werden (Heller, 1985). In ihrer allgemeinsten Bedeutung meint Kultur die Gesamtheit der von Menschen geschaffenen Umwelt mit ihren objektiven (Städte, Organisationen etc.) und subjektiven (Normen, Werte) Anteilen (Herskovits, 1955). Insgesamt fungiert Kultur als identitätsstiftendes Orientierungssystem für die Steuerung und Bewertung eigenen und fremden Verhaltens.

Es dürfte außer Frage stehen, dass die in Abschnitt 2.1 erörterten grenzüberschreitenden Tendenzen des globalen Wirtschaftens in besonderem Maße die Kompetenz zu wirksamem interkulturellen Handeln herausfordern. Dies gilt sowohl für Leitungskräfte der Organisation als auch für ihre Arbeitnehmer. Sei es, dass Anforderungen einer Tätigkeit im Ausland an Manager oder Arbeitnehmer ihre internationale Mobilität erfordern, sei es, dass die Zusammenarbeit am heimischen Arbeitsplatz mit ausländischen Kollegen und Kolleginnen notwendig wird, scheint es doch unausweichlich, dass die Arbeitstätigkeiten zunehmend in interkulturellen Kontexten stattfinden. Überkommene eigenkulturelle Verhaltensweisen und Managementmethoden werden somit notwendig in Frage gestellt. Dies beginnt bereits beim Zusammenschluss von Firmen eines Landes auf Grund möglicher Unterschiede firmenspezifischer Unternehmenskulturen (s. Bungard & Antoni, Kap. 14 und Wegg & v. Rosenstiel, Kap. 15) und ist umso mehr der Fall in multikulturellen Situationen etwa eines internationalen Gemeinschaftsunternehmens (joint venture).

Seit den 60er Jahren des letzten Jahrhunderts ist die Verfügbarkeit theoretischer und empirischer Veröffentlichungen zu Bedingungen und Folgen eines wirksamen Handelns in interkulturellen Situationen exponentiell angewachsen. Ausgangspunkt war einerseits der seinerzeit anwachsende internationale Studenten- und Praktikantenaustausch (Danckwort, 1959), andererseits die einsetzende internationale Entwicklungshilfe. Beides wurde unter dem Begriff der «Sojournerforschung», d. h. der Studien interkultureller Anpassung von längere Zeit im Ausland lebenden Personen, zusammengefasst. In den 80er und 90er Jahren mehren sich Arbeiten zur interkulturellen Arbeitssituation von Fach- und Führungskräften der Privatwirtschaft.

Neben Fachkompetenz, Sprachkenntnissen und Kenntnissen des Landes und der Kultur des Gastlandes trat zunehmend die interkulturelle Kommunikations- und Handlungskompetenz in den Mittelpunkt. Voraussetzung der letzteren ist vorgängiges interkulturelles Lernen, das bedingt, dass «eine Person bestrebt ist, im Umgang mit Menschen einer anderen Kultur deren spezifisches Orientierungssystem der Wahrnehmung, des Denkens, Wertens und Handelns zu verstehen, in das eigenkulturelle Orientierungssystem zu integrieren und auf das eigene Denken und Handeln im fremdkulturellen Handlungsfeld anzuwenden» (Thomas, 1994, S. 3). Effektives Handeln in Interkulturellen Überschneidungssituationen erfordert somit zu prüfen,

1. inwieweit die beiden Orientierungssysteme übereinstimmen oder divergieren,
2. inwieweit Anpassungszwänge für das eigene System gegeben sind,
3. inwieweit das fremde System veränderbar ist, und
4. welche Copingmöglichkeiten im Fall von Belastungen bestehen (Thomas, Kinast & Schroll-Machl, 2000).

Eine Fülle zentraler organisationspsychologischer Themen rückt damit in das Zentrum des Interesses. Sie seien im Folgenden beispielhaft samt weiterführender Literatur benannt. In großer Breite werden die unterschiedlichsten psychologischen Aspekte interkulturellen arbeitsrelevanten Handelns in Triandis (1994), Thomas (1996) sowie Bergemann & Sourisseaux (1996) aufgearbeitet. Die spezifische Problematik der Rolle so genannter «indigenous psychologies», d.h. eigenständiger nicht-westlicher psychologischer Theoriebildung aus Ländern der Dritten Welt und ihrer Bedeutung für das Handeln in und von Organisationen in diesen Ländern, untersuchen Kao, Sinha & Wilpert (1999). Die besonderen organisationspsychologischen Probleme zentral- und osteuropäischer Länder im Übergang von Kommando- zu Marktwirtschaften behandeln Horn, Sverko & Zinovieva (1999). Groß angelegte international vergleichende Forschungen über arbeitsbezogene Werte und ihre handlungsleitenden Wirkungen wurden durchgeführt von dem International Research Team Meaning of Working (MOW, 1987) und von Hofstede (1980). Ein anregender Überblick über Probleme der internationalen Personalauswahl findet sich bei Bergemann & Sourisseau (1996). Training und Personalentwicklung für interkulturelle Aufgaben werden umfassend dargestellt in Landis & Bhagat (1996)sowie Götz (2000).

Indessen verfügt die Organisationspsychologie bereits über eine größere Anzahl von Trainings- und Vorbereitungsmethoden für interkulturelle Aufgaben. So veröffentlichten Fiedler, Mitchell & Triandis (1971) einen «Kulturassimilator», der in der Tradition programmierten Lernens und aufbauend auf bis zu einhundert kulturspezifischen kritischen Interaktionssituationen den adäquaten Umgang mit derartigen Situationen im Gastland trainiert. Dem Trainee werden diverse Reaktionsmöglichkeiten vorgegeben, von denen die korrekte, den jeweiligen Kulturstandards des Gastlandes entsprechende, auszuwählen ist (Lange, 1994). Es handelt sich hier wohl um das international verbreitetste Verfahren. Daneben werden unterschiedliche Formen des Trainings propagiert wie Hypermediale Lernsysteme zum Training interkulturellen Managements (Konradt, 2000), interkulturelles Lernen durch Out-Door-Training (Jagenlauf, 2000), Interkulturelles Coaching (Clement & Clement, 2000), deren Verbreitung jedoch beschränkt sein dürfte.

5. Gesellschaftliches Umfeld von Organisationen

Eine der aufschlussreichsten Erörterungen der Beziehungen zwischen Organisationen und ihrem gesellschaftlichen Umfeld stammt von Evan (1966). Sein «exploratives sozio-strukturelles Modell der Organisationen» nutzt Mertons (1957) Konzept des *Rollen- und Status-Sets*

(Rollen-Set: Gesamtheit der Rollenbeziehungen eines Status-Inhabers; Status-Set: Gesamtheit der Statuspositionen einer Person innerhalb eines oder mehrerer sozialer Systeme bzw. Institutionen), um bei beiden ihr Potenzial als Bindeglieder zwischen Organisationen und ihrer gesellschaftlichen Umwelt zu diskutieren. Bezugsorganisationen des Umfeldes können unterschieden werden nach Input-Organisationen, die Ressourcen bereitstellen, und Output-Organisationen, die Produkte/Dienstleistungen der betrachteten «Fokal-Organisation» verwerten. Organisationsrollen, die mit diesem Set von Umfeld-Organisationen in Kontakt sind, bezeichnet Evan als *Grenzrollen.* Sie haben die Funktion, die Organisation mit unterschiedlichen Umweltbereichen zu verknüpfen. Die Gesamtheit der Organisationen, mit denen die Fokalorganisation Beziehungen unterhält, ist das *Organisations-Set.*

Neben einer solchen Differenzierung der Verknüpfungsmechanismen von Organisation und ihrer Umwelt bleibt noch eine inhaltliche Bestimmung jener gesellschaftlichen Umweltsegmente zu leisten, die für das Verhalten in und von Organisationen von besonderer Bedeutung sind. Dies soll im Folgenden für ausgewählte Bereiche mit besonderer organisationspsychologischer Relevanz geschehen.

5.1 Technologieniveau

Dieses Segment organisationaler Umwelt wurde nicht im Katalog Evans (1976) aufgeführt. Staehle (1985, S. 502 ff.), der eine gründliche Diskussion des «Kontextfaktors» (i. S. von Situationsfaktor) Technologie liefert, analysiert ihn als organisationsinternes Merkmal, als der er zweifelsohne unter Gesichtspunkten seiner Bedeutung für die Strukturierung von Arbeitsplätzen und Organisationsgestaltung auch gesehen werden muss. Bei dieser Betrachtung wird jedoch die gesellschaftliche Ebene mit ihren Bedingungen für die Genese bestimmter technischer Neuerungen, ihrer Diffusion, und ihren Wechselwirkungen mit Arbeitsmarkt und Bildungssystem vernachlässigt (Dozentenfachgruppe, 1983).

Die vor allem unter Industriesoziologen geführte Diskussion um «neue» Produktionskonzepte (Kern & Schumann, 1984) signalisiert andererseits wiederum die engen Wechselbeziehungen zwischen dem Technologieniveau der externen Umwelt und der innerorganisatorischen Techniknutzung: Die vorwiegend unter ökonomischen Rationalisierungsgesichtspunkten (!) eingeführten neuen Techniken legen auf Grund ihrer Kapitalintensität und Störanfälligkeit bei Fehlgebrauch nahe, neue Umgangsformen im Vorgesetzten-Mitarbeiterverhältnis zu entwickeln. Kern und Schumann konstatieren dementsprechend eine wachsende Bereitschaft des Managements, die Interessen der Belegschaft und die Verantwortungsbereitschaft der Beschäftigten in größerem Umfang zu berücksichtigen: Die Mitarbeiterorientierung des Managements scheint zuzunehmen.

Der Trend zu neuen Produktionskonzepten wird ferner durch zwei Bedingungen unterstützt. Die eine liegt im Bildungswesen der Bundesrepublik, die andere in der organisationsinternen Art der Techniknutzung. Generell steigt das Bildungsniveau der deutschen Bevölkerung, was dazu führen dürfte, dass der Anspruch der Beschäftigten nach größerer Beteiligung und Selbstständigkeit steigt. Darüber hinaus bestehen systematische Zusammenhänge der Stratifikation und Professionalisierung des Berufsbildungswesens mit innerorganisatorischer Hierarchie und Arbeitsteilung. Dies zeigt eine vergleichende Untersuchung deutscher, französischer und britischer Betriebe von Maurice, Sorge & Warner (1980). Mit dem höheren Professionalisierungsgrad des deutschen Bildungswesens im Bereich technisch-praktischer Kompetenzvermittlung geht eine größere Ganzheitlichkeit im Zuschnitt deutscher Arbeitsplätze einher als in den Vergleichsländern. Es handelt sich bei dieser Untersuchung um eine der wenigen international vergleichenden Arbeiten, in denen systematisch messend derartige Zusammenhänge zwischen Organisations- und gesellschaftlicher Ebene nachgewiesen wurden (s. hierzu auch IDE, 1981,1991). Die zweite Bedingung liegt in der Tatsache, dass die Einführung neuer Technologien immer organisationsspezifisch im Interesse der bestmöglichen Aufgabenerfüllung erfolgt. Dies hat zur Folge, dass die mit der neuen Technik befassten Mitarbeiter durch organisationsinterne Trainings und ihre eigene Erfahrung im Umgang mit der Technologie auch eine spezialisierte Fachkompetenz erlangen, die ihre Verhandlungsposition gegenüber dem Management ausweitet. Dies erhöht auch die Verhandlungsmacht der Betriebsräte, weshalb gelegentlich sogar von «Co-Management» der Betriebsräte gesprochen wird (Bundesmann-Jansen & Frerichs, 1996).

5.2 Wettbewerb

Auf den durch die «neue Ökonomie» bereits im Abschnitt 2.1 beschriebenen verschärften nationalen und internationalen wirtschaftlichen Wettbewerb reagieren allenthalben Organisationen mit Anpassungsmaßnahmen. Diese bestehen – neben dem Bemühen um größere Marktanteile durch Fusionen oder Übernahmen – vornehmlich in Strategien der Einsparung und Effizienzerhöhung. Die gängigen Schlagworte sind «Lean Management/Production», «Outsourcing», «Downsizing», «Rightsizing». Die Forderung nach Verschlankung in Produktions-/Dienstleistungsbereichen und öffentlicher Verwaltung wurde vornehmlich durch einen Vergleich japanischer und amerikanischer sowie europäischer Montagemodelle der Automobilindustrie angeregt (Womack, Jones & Roos, 1991), bei dem letztere nach Meinung der Autoren äußerst schlecht abschnitten. Ungeachtet gravierender methodischer Schwächen des Vergleichs (Bungard, 1995) wurde das Modethema seitdem in schier unübersehbarer Veröffentlichungsflut bearbeitet.

Schlanke Produktion (auch «Toyotismus» genannt) wird verstanden als «eine umfassende Gestaltungsstrategie zur Integration aller Unternehmensfunktionen in der Prozesskette von Vertrieb, Produktentwicklung, Fertigungsvorbereitung, Beschaffung, Fertigung und Personalwesen» (Kieser, 1995, S. 38). Sie wird im Interesse erhöhter Wettbewerbsfähigkeit postuliert. Gruppenarbeit, Arbeit in Teams steht im Mittelpunkt des Konzepts. So liegt auf der Hand, dass unter solchem Verständnis eine Fülle arbeits- und organisationspsychologischer Fragen aufgeworfen werden. Sie betreffen Möglichkeiten angemessener Organisationsentwicklung, sinnvolle Formen der Integration diverser Funktionen, die notwendig werdende Personalentwicklung, der menschengerechten Gestaltung von Arbeitsaufgaben für Arbeitsgruppen. Besonders misslich wäre, wenn psychologische Fachkompetenz nur zur Reparatur negativer Konsequenzen von Sparzwängen, bei Auslagerung früher im Unternehmen integrierter Teilfunktionen und bei Personalentlassungen angefordert würde.

5.3 Komplexität und Wandel

Es besteht ein weitreichender Konsens darüber, dass der Anteil wissensbasierter Tätigkeiten, d.h. die für ihre Erstellung erforderliche Expertise, sowohl im Produktions- als auch im Dienstleistungsbereich stetig zunimmt und zunehmend eine Infrastruktur hochkarätiger Kommunikationsnetze voraussetzt (Willke, 1997). Die damit verbundene Zunahme der Komplexität von Arbeitsabläufen zusammen mit dem verschärften Wettbewerb (erhöhte Qualitätsanforderungen, niedrigere Preise) und die beobachtbare Explosion bei seiner gleichzeitigen Fragmentierung (Probst & Romhardt, 1998) machen Wissen und Kompetenzen der Mitarbeiter zur wesentlichsten Ressource und zum entscheidenden Wettbewerbsvorteil. Mithin wird effektives Wissensmanagement zum unverzichtbaren Merkmal wettbewerbsfähiger Organisationen. Dabei ist der Begriff «Wissensmanagement» durchaus vielschichtig und es mangelt ihm noch an theoretischer Durchdringung. Von wesentlicher Bedeutung ist die Unterscheidung des Wissens in implizites (individuelles, auf Erfahrung beruhendes, schwer artikulierbares) und explizites (artikuliertes, weitergabefähiges) Wissen. Erst durch die Überführung impliziten in explizites Wissen wird neues Wissen möglich (Nonaka & Takeuchi, 1995). Dieser Prozess ist das zentrale Problem des Management von Wissen in Organisationen. Probst & Romhardt (1998) identifizieren acht miteinander interagierende Elemente des Wissensmanagements: Definition von Wissenszielen, Schaffen von Transparenz verfügbaren Wissens, Wissenserwerb, Wissensentwicklung, Wissens(ver)teilung, Wissensbewahrung, Wissensnutzung und Wissensbewertung, die wiederum zu neuen Zielen führt.

Ein aus diesem Diskurs abgeleitetes Konzept ist das der lernenden Organisation bzw. des organisationalen Lernens. Wissensmanagement kann als integrales und nachgerade konstituierendes Element einer lernenden Organisation betrachtet werden. Die kritische organisationspsychologische Frage ist hier, wie Prozesse zur Beschaffung, Generierung, Dokumentation, Erhaltung, Veränderung, Verbreitung und Nutzung aufgabenrelevanten Wissens in einer Organisation so institutionalisiert werden können, damit die Organisation in die Lage versetzt wird, ihre Maßnahmen zur Zielerreichung stetig zu optimieren. Damit werden nicht nur Aspekte der Organisationsstruktur oder der Gestaltung von Informationssystemen der Organisation angesprochen. Die Problematik mündet unmittelbar in Bereiche der Personalauslese (Beschaffung kompetenten Personals), der Personalentwicklung (Kompetenzerhalt und -entwicklung) und der Organisationsentwicklung (gezielte Veränderung von Einstellungen der Mitarbeiter, Veränderung der Organisationskultur, lerngemäße Gestaltung der Organisation).

6. Organisationen als Umwelt von Organisationen

«Die hauptsächlichen Faktoren, die Organisationen in ihren Umwelten berücksichtigen müssen, sind andere Organisationen» (Aldrich & Howard, 1979, S. 265). Bezugsorganisationen sind Lieferanten benötigter Ressourcen (Geld, Personal, Information, Kompetenz etc.), Regulations- und Kontrollinstanzen, Tausch- und Koalitionspartner, Konkurrenten und Abnehmer von Produkten/Dienstleistungen/Informationen. Zur Analyse der vielfältigen gleichzeitig bestehenden interorganisationalen Verflechtungen hat sich als besonders hilfreich das bereits oben erwähnte Konzept des Organisations-Sets (Evan, 1966) als Ausdruck für die Gesamtheit der direkten Beziehungen einer Organisation zu anderen erwiesen. Den bestehenden Beziehungen zwischen Organisationen entsprechen bestimmte Verhaltenserwartungen, die als Bindeglied unter den verbundenen Organisationen fungieren und von den Mitgliedern des Organisations-Sets in Rechnung gestellt werden müssen. Beispiele solcher Beziehungen unter Organisationen wären etwa Berufsgenossenschaften, die Maßnahmen für den Arbeitsschutz überwachen, oder Kontrollorgane der Umweltbehörden oder Gemeindeverwaltungen mit bestimmten Ansprüchen an die Beschäftigungspolitik der Unternehmen.

6.1 Netzwerke

Die Untersuchung der Beziehungen im Organisations-Set macht sich nun auch den in der Sozialanthropologie entwickelten Ansatz der Netzwerkanalyse zunutze (Schenk, 1984). Das jeweils bestehende Netzwerk zwischen Organisationen kann als Beziehungsmatrix und in Form gerichteter Graphen unter den Mitgliedsorganisationen eines Netzwerks dargestellt werden. Eine gewisse Gefahr besteht darin, dass Netzwerkanalysen leicht die unterschiedlichen Arten gegebener Beziehungen vernachlässigen, denn es dürfte wohl nicht angehen, gelegentliche Informationskontakte und die Abhängigkeit einer Organisation vom staatlichen Geldgeber gleich zu behandeln. Desgleichen wird eine Netzwerkanalyse komplizierter, wenn multiplexe, d.h. mehrere unterschiedliche Arten von Beziehungen zwischen Organisationen bestehen. Man wird in konkreten Analysen nicht umhin kommen, nach der Relevanz bestehender Beziehungen und damit nach relevanten Bezugsorganisationen zu fragen (Sydow, Windeler, Krebs, Loose & van Well, 1995).

Zur Charakterisierung von Organisationskoalitionen mit gemeinsamen Interessen und präziser Zielsetzung wurde u.a. der Begriff «Aktions-Set» (Aldrich & Howard, 1979) eingeführt. Ein Beispiel wäre dafür eine Koalition von Gewerkschaften mit bestimmten Parteien oder die ökologische Bewegung mit dem Ziel der Durchsetzung konkreter Forderungen. Solche Konzepte ermöglichen es, in Analysen von Organisationsbeziehungen ein tieferes Verständnis der Entstehung von pressure groups, Oligopolen und Kartellen im Gefolge des Ausbaus von Informations- und Einflusskanälen zu gewinnen (Mueller, 1986; Gebert, 1989).

6.2 Virtuelle Organisation

Eine besondere Form der Netzwerkorganisation wird neuerdings durch die Infrastruktur neuer Informations- und Kommunikationstechnologien ermöglicht und verbreitet sich zügig: die virtuelle Organisation. Gelegentlich als Telematics charakterisiert, integriert die in Frage stehende technische Infrastruktur Information, Computer und Kommunikationsnetzwerke mit hoher Übertragungskapazität (Andriessen & Roe, 1994) und schafft die Voraussetzung globaler Informationsräume, die ohne Orts- und Zeitbindung von unterschiedlichen Nutzern betreten werden können. Damit wird möglich, dass Unternehmen diverse Aufgaben im virtuellen Verbund eines elektronischen Netzwerks geographisch (mitunter weltweit) verteilter organisationaler Einheiten erledigen lassen. So mögen Hersteller ihre Entwicklungsprojekte so organisieren, dass Projektleitung, Produktentwicklung, Konstruktion und Marketing von unterschiedlichen Ländern und Kontinenten aus miteinander kooperieren. Aus organisationspsychologischer Sicht entstehen hier völlig neue Koordinationsanforderungen, vor denen herkömmliche Methoden unzureichend sein dürften. Des Weiteren ist zu vermuten, dass Kontrollstrukturen, Gruppenprozesse, Kommunikationsmuster und Organisationskulturen von dieser neuen Form des Organisierens von Arbeit betroffen sein werden. Es tut sich an dieser Stelle ein weites Feld des Forschungsbedarfs auf (Peiró & Prieto, 1994).

Der virtuellen Organisation in mancher Hinsicht verwandt ist das Phänomen des Entstehens von Telearbeit als Folge der technologisch bedingten Flexibilitätsausweitung, die ein Auseinanderfallen überkommener raumzeitlicher Einheit von Arbeitstätigkeiten ermöglicht. Fünf Modelle dieser Arbeitsform scheinen sich durchzusetzen (Holti, 1994, S. 278 ff.):

1. Unternehmer statten qualifizierte Arbeitnehmer mit Computern aus, wodurch ein Teil der Arbeit zu Hause erledigt werden kann;
2. Unternehmer nehmen qualifizierte Personen unter Vertrag, um besondere Qualifikationen von Frauen zu nutzen, die ansonsten wegen ihrer Erziehungsaufgaben nicht genutzt würden;
3. Unternehmer sparen Bürokosten, indem sie nur gelegentliche Büroanwesenheit in Gemeinschaftsbüros fordern;
4. besonders qualifizierte Personen machen sich selbstständig und bieten ihre «Wissensarbeit» von ihrer Wohnung aus an;
5. Unternehmer stellen eine Infrastruktur bereit, die Heimarbeiter/innen bestimmte in der Wohnung zu erledigende Aufgaben für Klienten und Kunden vermittelt.

Derartige Formen der Arbeit haben Vorteile sowohl für Unternehmer (Ersparnis an Kosten bei Raummieten, flexible Personalpolitik, Nutzung knapper Kompetenzen) als auch für Telearbeiter/innen (Zeitautonomie der Arbeitsabläufe, flexible Verbindung von Familien- und Dienstaufgaben, Einkommen). Daneben stehen Nachteile für Unternehmer (Koordinations- und Kontrollaufwand) wie für Beschäftigte (häuslicher Ausstattungsbedarf, soziale Isolation, u. U. arbeitsrechtlicher Statusverlust, verminderte Möglichkeit der Interessensartikulation durch Arbeitnehmervertreter). Insgesamt ist die Telearbeit noch auf dem Wege, die optimalen Modalitäten für unterschiedliche Interessenlagen zu entwickeln.

7. Schlussbetrachtung

Generell lässt sich sagen, dass Zusammenhänge zwischen Organisationen und ihren Umwelten von der Psychologie etwas stiefmütterlich behandelt wurden. Als entsprechend zurückgeblieben muss das theoretische und methodische

Rüstzeug angesehen werden, diese Zusammenhänge forschend und für die Praxis zu erschließen. Daraus wäre die Forderung abzuleiten, sich in Forschung und Theoriebildung zunehmend den relevanten Umweltsegmenten zuzuwenden, die hier eher illustrativ als abschließend angesprochen wurden. Hierher gehört jedoch auch die systematische Erforschung jener Mechanismen, welche die Sensibilität der Organisation gegenüber den Herausforderungen ihrer Umwelt erhöhen. Dass organisationale Umwelt und die Wechselbeziehungen zwischen ihr und Organisationen nicht nur ein legitimes, sondern schlechterdings unverzichtbares Thema der Organisationspsychologie sein (werden) muss, belegen zusätzlich noch andere Beispiele:

- Die Tatsache, dass eine wachsende Mehrheit der Beschäftigten im Dienstleistungsbereich kleiner und mittlerer Unternehmen tätig ist, sollte dazu führen, das nach wie vor in der Organisationspsychologie dominante Paradigma der Industriearbeit von Großorganisationen mit neuen Schwerpunktsetzungen im tertiären Wirtschaftssektor in Perspektive zu bringen und die Aufmerksamkeit auf kleinere Arbeitsorganisationen zu richten (Ulich, Troy & Alioth, 1989). Hierher gehört auch die Notwendigkeit, sich organisationspsychologisch mit den Besonderheiten aufkommender Freizeitorganisationen intensiver zu befassen, die im Gefolge der Arbeitszeitreduktion entstehen. Dabei ist weniger an eher traditionell organisierte Serviceorganisationen wie Reisebüros gedacht als vielmehr an die vielen entstehenden neuen Formen organisierter Freizeit der Feriendörfer, Freizeitclubs und Fitnesszentren.
- Die Einführung informationstechnischer Neuerungen in Organisationen und die damit einhergehende Verlagerung von direkter Objektbearbeitung auf eher Informationen verarbeitende geistige Tätigkeiten verlangen ebenfalls Neuorientierungen der Arbeitsanalyse und prospektiven Arbeitsgestaltung, für die Theorien und Instrumentarien nur begrenzt bereitstehen.
- Der angesprochene Wandel von sozialen Werten stellt in doppelter Weise eine Herausforderung für die Organisationspsychologie dar: Innerorganisatorisch ist den gewandelten Ansprüchen und Erwartungen Rechnung zu tragen. Und im Verhältnis von Organisation und Umfeld dürfte die Konfliktfrequenz – etwa im Zusammenhang mit Forderungen der ökologischen und der Frauenbewegung – zunehmen.

Mithin besteht für absehbare Zeit kein Mangel an überkommenen und neuen Herausforderungen für Wissenschaft und Praxis der Organisationspsychologie.

8. Literatur

Aldrich, H. E. & Howard, E. (1979). *Organization and environments.* Englewood Cliffs: Prentice-Hall.

Aldrich, H. E. & Pfeffer, J. (1976). Environments of organizations. *Annual Review of Sociology, 2,* 79–105.

Andriessen, J. H. E. & Roe, R. A (Eds.). (1994). *Telematics at work.* Hove: Lawrence Erlbaum.

Angyal, A. (1941). *Foundations of a science of personality.* London: Oxford University Press.

Arendt, H. (1960). *Vita activa.* Stuttgart: Kohlhammer.

Bergemann, N. & Sourisseaux, A. L. J. (Hrsg.) (1996). *Interkulturelles Management.* Heidelberg: Physica-Verlag.

Berger, S. (2000). Globalisierung und die Zukunft der Arbeit. In W. Krull (Hrsg.), *Zukunftsstreit* (S. 32–50). Weilerswist: Velbrück Wissenschaft.

Bertalanffy, L. v. (1950). The theory of open systems in physics and biology. *Science, 111,* 23–29.

Bundesmann-Jansen, J. & Frerichs, J. (1995). *Betriebspolitik und Organisationswandel. Neuansätze gewerkschaftlicher Politik zwischen Delegation und Partizipation.* Münster: Westfälisches Dampfboot.

Bungard, W. (Hrsg.). (1995). *Lean Management auf dem Prüfstand.* Weinheim: Psychologie Verlags Union.

Burns, T & Stalker, G. M. (1961). *The management of innovation.* London: Tavistock.

Clement, U. & Clement, U. (2000). Interkulturelles Coaching. In K. Götz (Hrsg.), *Interkulturelles Lernen/ Interkulturelles Training* (S. 157–185). München: Rainer Hampp.

Danckwortt, D. (1959). *Probleme der Anpassung an eine fremde Kultur – eine sozialpsychologische Analyse der Auslandsausbildung.* Köln: Carl Duisberg Gesellschaft.

Eide, A. (2000). Der Prozeß der Universalisierung der Menschenrechte und seine Bedrohung im Zeitalter der Globalisierung. In W. Krull (Hrsg.), *Zukunftsstreit* (S. 87–100). Weilerswist: Velbrück Wissenschaft.

Emery, F. E. (1972). The next thirty years: Concepts, methods and anticipation. In F. E. Emery & E. L. Trist (Eds.), *Toward social ecology (pp.* 3–97). Harmondsworth: Penguin Books.

Emery, F. E. & Trist, E. L. (1965). The causal texture of organizational environments. *Human Relations, 18,* 21–32.

Evan, W. M. (1966). The organization-set: Toward a theory of interorganizational relations. In J. Thompson (Ed.), *Approaches to organizational design* (pp. 175–190). Pittsburgh: University of Pittsburgh Press.

Evan W. M. (1976). *Organization theory.* New York: Wiley.

Fiedler, F. E., Mitchell, T. & Triandis, H. C. (1971). The culture assimilator: An approach to cross-cultural training. *Journal of Applied Psychology, 55,* 95–102.

Gebert, D. (1989). Organisation und Umwelt. In E. Roth (Hrsg.), *Organisationspsychologie. Enzyklopädie der Psychologie* (D/III/3, S. 713–743). Göttingen: Hogrefe.

Götz, K. (Hrsg.). (2000). *Interkulturelles Lernen/Interkulturelles Training.* München: Rainer Hampp.

Graumann, C. F. (1974) Psychology and the world of things. *Journal of Phenomenological Psychology,* 389–404.

Haller, M. & Müller, W. (Hrsg.). (1983). *Beschäftigungssystem im gesellschaftlichen Wandel.* Frankfurt/M.: Campus.

Heider, F (1958). *The psychology of interpersonal relations.* New York: Wiley.

Heller, F. A. (1985). Some theoretical and practical problems in multinational and cross-cultural research on organizations. In P. Joyut & M. Warner (Eds.), *Managing in different* cultures (pp. 11–22). Oslo: Universitetsforlaget.

Hellpach, W. (1953). *Kulturpsychologie.* Stuttgart: Enke.

Herskovits, M. (1955). *Cultural anthropology.* New York: Knopf.

Hofstede, G. (1980). *Culture's consequences. International differences in work related values.* London: Sage.

Holti, R. (1994). Telematics, workplace and homes. The evolving picture of teleworking. In J. H. E. Andriessen & R. A. Roe (Eds.), *Telematics at work* (pp. 261–288). Hove: Lawrence Erlbaum.

Horn, L. A. ten, Sverko, B. & Zinovieva, I. L. (Eds.). (1999). *Organizational psychology and transitional processes in Central and Eastern Europe* (Proceedings of a conference held in Dubrovnik Sept 30 – Oct 3, 1998).

Hornten, L. A., Sverko, B. & Zinovieva, I. L. (Eds.). (1999). *Organizational psychology and transition processes in Central and Eastern Europe.* Zagreb: Work and Organizational Psychology Unit.

Industrial Democracy in Europe (IDE) International Research Group (1981). *Industrial democracy in Europe.* Oxford: Oxford University Press.

Industrial Democracy in Europe IDE) International Research Group (1991). *Industrial democracy in Europe Revisited.* Oxford: Oxford University Press.

Inglehart, R. (1977). *The silent revolution: Changing values and political styles among western publics.* Princeton: Princeton University Press.

Inglehart, R. (1989). *Kultureller Umbruch: Wertewandel in der westlichen Welt.* Frankfurt/M.: Campus.

Jagenlauf, M. (2000). Interkulturelles Lernen durch Out-Door-Training. In K. Götz (Hrsg.), *Interkulturelles Lernen/Interkulturelles Training* (S. 39–155). München: Rainer Hampp.

Kao, H. S. R., Sinha, D. & Wilpert, B. (Eds.). (1999). *Management and cultural values – the indigenization of organizations in Asia.* New Delhi/London: Sage

Katz, D. & Kahn, R. L. (1978). *The social psychology of organizations.* New York: Wiley.

Kern, H. & Schumann, M. (1984). *Das Ende der Arbeitsteilung? Rationalisierung in der industriellen Produktion: Bestandsaufnahme, Trendbestimmung.* München: Beck.

Klages, H. (1983). Wertwandel und Gesellschaftskrise in der sozialstaatlichen Demokratie. In J. Matthes (Hrsg.), *Krise der Arbeitsgesellschaft?* Frankfurt/M.: Campus.

Klages, H. (1984). *Wertorientierungen im Wandel.* Frankfurt/M.: Campus.

Kieser, A. (1995). Die MIT-Studie zur Automobilindustrie, oder: Wie man eine Revolution anzettelt (pp. 37–51). In W. Bungard (Hrsg.), *Lean Management auf dem Prüfstand.* Weinheim: Psychologie Verlags Union.

Kmieciak, P (1976). *Wertstrukturen und Wertwandel in der BRD.* Göttingen: Schwartz.

Kohler, H. & Reymer, L. (1988). Arbeitszeit und Arbeitsvolumen in der Bundesrepublik Deutschland 1960–1986. *Beiträge zur Arbeitsmarkt- und Berufsforschung,* Beitrag AB 123, Nürnberg.

Konradt, U. (2000). Hypermediale Lernsysteme zum Training interkulturellen Managements. In K. Götz (Hrsg.), *Interkulturelles Lernen / Interkulturelles Training* (S. 61–80). München: Rainer Hampp.

Landis, D. & Bhagat, R. S. (Eds.). (1996). *Handbook of intercultural training.* London: Sage.

Lange, C. (1994). *Interkulturelle Orientierung am Beispiel der Trainingsmethode «Cultural Assimilator». Beiträge zur interkulturellen Didaktik 3.* Göttingen: Zentrum für didaktische Studien e. V.

Lawrence, P. & Lorsch, J. (1967). *Organization and environment.* Cambridge: Harvard University.

Lewin, K. (1963). *Feldtheorie in den Sozialwissenschaften.* Bern: Huber.

Malinowski, B. (1951). *Die Dynamik des Kulturwandels.* Wien: Humboldt.

Martin, H.-P. & Schumann, H. (1996*). Die Globalisierungsfalle. Der Angriff auf Demokratie und Wohlstand* (3. Aufl.). Reinbek: Rowohlt.

Maurice, M., Sorge, A. & Warner, M. (1980). Societal differences in organizing manufacturing units. A comparison of France, West Germany and Great Britain. *Organization Studies, 1,* 59–86.

Merton, R. K. (1957). *Social theory and social structure.* Glencoe: The Free Press.

MOW - Meaning of Working International Research Team (1987). *The meaning of working.* London. Academic Press.

Mueller, R. K. (1986). *Corporate networking.* New York: The Free Press.

Müller-Rommel, F. (1983). Die Postmaterialismusdiskussion in der empirischen Sozialforschung: Politisch und wissenschaftlich überlebt oder immer noch zukunftsweisend? *Politische Vierteljahresschrift, 24,* 218–228.

Negandhi, A. R. (1969). A model for analyzing organizations in cross-cultural settings: A conceptual scheme and some research findings. In A. R. Negandhi (Ed.), *Modern organization theory* (pp. 285–312). Kent: Kent State University Press.

Nonaka, I. & Takeuchi, H. (1995). *The knowledge-creating company.* Oxford.

Peiró, J. M. & Prieto, F. (1994). Telematics and organizational structure and processes: An overview. In J. H. E. Andriessen & R. A. Roe (Eds.), *Telematics at work* (pp. 175–207). Hove: Lawrence Erlbaum.

Probst, G. & Romhardt, K. (1998). *Wissen managen: Wie Unternehmen ihre wertvollste Ressource optimal nutzen.* Wiesbaden.

Roberts, K. H. (1970). On looking at an elephant: An evaluation of cross-cultural research related to organizations. *Psychological Bulletin, 74,* 327–350.

Schenk, M. (1984). *Soziale Netzwerke und Kommunikation.* Tübingen: Mohr.

Scholl-Schaaf, M. (1975). *Werthaltung und Wertsystem.* Bonn: Bouvier.

Scholl-Schaaf, M. (1975). *Werthaltung und Wertsystem.* Bonn: Bouvier.

Schwarz, K. (2001). Bericht 2000 über die demographische Lage in Deutschland. *Zeitschrift für Bevölkerungswissenschaft, 1,* 3–54.

Starbuck, W. H. (1976). Organizations and their environments. In M. D. Dunnette (Ed.), *Handbook of industrial and organizational psychology* (pp. 1069–1123). Chicago: Rand McNally.

Statistisches Bundesamt (Hrsg.). (1991). *Statistisches Jahrbuch 1990.* Stuttgart: Kohlhammer.

Statistisches Bundesamt (Hrsg.). (1999). *Statistisches Jahrbuch 1998.* Stuttgart: Kohlhammer.

Stiksrud, A. (Hrsg.). (1984). *Jugend und Werte.* Weinheim: Beltz.

Stockmann, R., Dahm, G. & Zeifang, K. (1983). Konzentration und Reorganisation von Unternehmen und Betrieben. Empirische Analysen zur Entwicklung nichtlandwirtschaftlicher Unternehmen in Deutschland. In M. Haller & W. Müller (Hrsg.), *Beschäftigtensystem im gesellschaftlichen Wandel (S. 97–177).* Frankfurt/M: Campus.

Sydow, J., Windeler, A., Krebs, M., Loose, A. & van Well, B. (1995). *Organisation von Netzwerken.* Opladen: Westdeutscher Verlag.

Thomas, A. (1994). Interkulturelle Beziehungen. In L. v. Rosenstiel, C. M. Hockel & W. Molt (Hrsg.), *Handbuch der Angewandten Psychologie.* Landsberg/Lech: Ecomed.

Thomas, A. (Hrsg.). (1996). *Kulturvergleichende Psychologie.* Göttingen: Hogrefe.

Thomas, A., Kinast, E.-A. & Schroll-Machl, S. (2000). Entwicklung interkultureller Handlungskompetenz von international tätigen Fach- und Führungskräften durch interkulturelles Training. In K. Götz (Hrsg.), *Interkulturelles Lernen/Interkulturelles Training* (S. 97–122). München: Rainer Hampp.

Tolman, E. C. & Brunswik, E. (1935). The organism and the causal texture of the environment. *Psychological Review, 42,* 43–77.

Touraine, A. (2000). Eine unzeitgemäße Vorstellung: Das Ende der Arbeit. In W. Krull (Hrsg.), *Zukunftsstreit* (S. 101–114). Weilerswist: Velbrück Wissenschaft.

Ulich, E., Troy, N. & Alioth, A. (1989). Technologie und Organisation. In E. Roth (Hrsg.), *Organisationspsychologie. Enzyklopädie der Psychologie* (D/III/3, S. 119–141). Göttingen: Hogrefe.

Westmeyer, H. (1984). Methodologische Probleme der Wertforschung in der Psychologie. In A. Stiksrud (Hrsg.), *Jugend und Werte* (S. 32–44). Weinheim: Beltz.

Willke, H. (1997). Wissensarbeit. *Organisationsentwicklung, 3,* 4–18.

Wilpert, B. (1989). Menschenbild, Einstellungen, Normen und Werte. In E. Roth (Hrsg.), *Organisationspsychologie. Enzyklopädie der Psychologie* (D/III/3, S. 154–185). Göttingen: Hogrefe.

Womack, J. P., Jones, D. T. & Roos, D. (1991). *Die zweite Revolution in der Autoindustrie.* Frankfurt/M: Campus

Woodward, J. (1965). *Industrial organization: Theory and practice.* London: Oxford University Press.

Yankelovich, D. (1979). Work, values and the new breed. In C. Kerr & J. Rosow (Eds.), *Work in America: The decade ahead* (pp. 3–26). New York: Van Nostrand.

Autoren dieses Buches

Antoni, Conny Herbert

geboren 1956, Dipl.-Psych. 1984 und Dr. phil. 1989 Mannheim, habil. 1996 Mannheim, seit 1997 Professor für Arbeits-, Betriebs- und Organisationspsychologie an der Universität Trier. Arbeitsschwerpunkte: Gruppenarbeit, Führung, Organisationsentwicklung. Wichtige Buchveröffentlichungen: Qualitätszirkel als Modell partizipativer Gruppenarbeit (1990), Gruppenarbeit in Unternehmen (1994), Teilautonome Arbeitsgruppen (1996), Teamarbeit gestalten (2000). Adresse: ABO-Psychologie, FB I, Universität Trier, 54286 Trier.

Bamberg, Eva

geb. 1951, Dipl.- Psych. 1978 FU Berlin, Dr. phil. 1985 TU Berlin, habil. 1992 Osnabrück. Professorin für Arbeits- und Organisationspsychologie an der Universität Hamburg. Arbeitsschwerpunkte: Arbeits- und Organisationspsychologie. Wichtige Veröffentlichungen: Betriebliche Gesundheitsförderung (1998, gem. mit Ducki und Metz), Stress- und Ressourcenmanagement (2003, gem. mit Busch und Ducki). Adresse: Universität Hamburg, Fachbereich Psychologie, Von-Melle-Park 11, 22607 Hamburg.

Blickle, Gerhard

geb. 1959, Dipl.-Psych. 1987 und Dr. phil. 1993 Heidelberg, habil. 1997 Koblenz-Landau. Professor für Arbeits- und Organisationspsychologie, Universität Mainz. Arbeitsschwerpunkte: Interaktion und Kommunikation in Organisationen, Laufbahnentwicklungsforschung, normative Grundlagen der Zusammenarbeit in Organisationen, organisational relevante Persönlichkeitsdimensionen. Wichtige Buchveröffentlichungen: Ethik in Organisationen (1998), Karriere, Freizeit, Alternatives Engagement (1999). Adresse: Psychologisches Institut, Universität Bonn, Römerstr. 164, 53117 Bonn.

Brandstätter, Hermann

geb. 1930, Lic.-phil. 1951 Innsbruck, Dipl.-Psych. 1954 München, Dr. phil. 1960 Innsbruck, habil. 1970 München. Emeritierter Professor für Psychologie an der Universität Linz. Arbeitsschwerpunkte: Gruppenprozesse, Befinden in Alltagssituationen, Eignungsdiagnostik, Ökonomische Psychologie. Wichtige Buchveröffentlichungen: Leistungsprognose und Erfolgskontrolle (1970), Psychologie der Person (1978, gem. mit Schuler und Stocker-Kreichgauer), Sozialpsychologie (1983), Persons, situations, and emotions (2001, gemeinsam mit Eliasz). Adresse: Institut für Pädagogik und Psychologie, Johannes-Kepler-Universität, Auhof, A-4040 Linz.

Brodbeck, Felix Claus

geb. 1960, Dipl.-Psych. 1987 LMU München, Dr. Phil. 1993 JLU Gießen, habil. 1999 LMU München. Professor für Sozial- und Organisationspsychologie and der Aston University (GB). Arbeitsschwerpunkte: Führung, Gruppenprozesse und Leistung, interkulturelle Aspekte und Forschungsmethoden in der Organisationspsychologie. Wichtige Buchveröffentlichungen: Das Teamklima-Inventar (2000, gem. mit West und Anderson). Produktivität und Qualität in Software-Projekten (1994 gem. mit Frese). Adresse: Work & Organisational Psychology Group, Aston Business School, Aston University, Birmingham B4 7ET, United Kingdom. E-mail: f.c.brodbeck@aston.ac.uk

Büssing, André

geb. 1950, Dipl.-Math. 1974 und Dipl.-Psych. 1978 Aachen, Dr. phil. 1982 Kassel, Habilitation 1987 Osnabrück. Professor für Psychologie seit 1993, Technische Universität München. Arbeitsschwerpunkte: Arbeits- und Organisationsanalyse; Arbeitszeitgestaltung; Arbeitszufriedenheit; Arbeit, Familie und Freizeit; Interaktionsarbeit; Krankenhaus und Pflege; Stress und Burnout; Telearbeit und Telekooperation; Wissen und Handeln in Organisationen. Wichtige neuere Buchveröffentlichungen: Organizational psychology and health care at the start of a new Millennium (2001), Tätigkeits- und Arbeitsanalyseverfahren für das Krankenhaus (2002), Telearbeit und Qualität des Arbeitslebens (2003). Lehrstuhl für Psychologie, Technische Universität München, Lothstr. 17, D-80335 München; E-mail: buessing@wi.tum.de; http://www.psychologie.ws.tum.de

Bungard, Walter

geb. 1945, Dipl.-Volkswirt (soz. R.) 1971 Köln. Dr. rer. pol. 1975 und habil. 1981 Köln. Professor für Wirtschafts- und Organisationspsychologie an der Universität Mannheim. Arbeitsschwerpunkte: Neue Technologien in der Arbeitswelt, Gruppenkonzeptionen, Methoden der Organisationspsychologie. Wichtige Buchveröffentlichungen: Sozialpsychologische Forschung im Labor (1984), Mitarbeiterbefragungen (1997, gem. mit Jöns), Zielvereinbarungen erfolgreich umsetzen (2002, gem. mit Kohnke). Adresse: Lehrstuhl Psychologie I, Universität Mannheim, Schloss, 68131 Mannheim.

Fahlbruch, Babette

geb. 1957, Dipl.-Psych. 1994 und Dr. phil 1999 Berlin, Wissenschaftliche Assistentin am Lehrstuhl für Arbeits- und Organisationspsychologie der Technischen Universität Berlin. Arbeitsschwerpunkte: Systemsicherheit, Sicherheitskultur, Organisationspsychologie. Adresse: Institut für Psychologie und Arbeitswissenschaft, TU Berlin, Franklinstr. 28, 10587 Berlin.

Gebert, Diether

geb. 1940, Dipl.-Psych. 1968, Dr. phil. 1972 und habil. 1976 München. Professor für Betriebswirtschaftslehre an der TU Berlin. Arbeitsschwerpunkte: Führungsverhalten, Verhaltensmodifikation. Wichtige Buchveröffentlichungen: Innovativität und Produktivität durch betriebliche Weiterbildung (1989, gem. mit Steinkamp), Erfolgreiches Führen im Kreditbereich (1990, gem. mit Ulrich), Organisationspsychologie (5. Aufl., 2002, gem. mit v. Rosenstiel). Adresse: Fachbereich 18, Wirtschaftswissenschaften, TU Berlin, Uhlandstr. 4/5, 10623 Berlin.

Greif, Siegfried

geb. 1943, Dipl.-Psych. 1967 Gießen, Dr. phil. 1972 und habil 1976 FU Berlin. Professor für Psychologie an der Universität Osnabrück, Fachgebiet Arbeits- und Organisationspsychologie. Arbeitsschwerpunkte: Erfolg und Misserfolg beim Veränderungsmanagement, Selbstorganisiertes und interkulturelles Lernen, Coaching und Methodenentwicklung. Wichtige Buchveröffentlichungen: Sozialpsychologie – Ein Handbuch in Schlüsselbegriffen (1997, 4. Aufl., gem. mit Frey); Arbeits- und Organisationspsychologie – Internationales Handbuch in Schlüsselbegriffen (1995, 2. Aufl., gem. mit Holling/ Nicholson); Handbuch Selbstorganisiertes Lernen (1998, 2. Aufl. gem. mit Kurtz). Herausgeber der Reihe «Innovatives Management» beim Verlag Hogrefe. Adresse: Fachgebiet Arbeits- und Organisationspsychologie, Fachbereich Humanwissenschaften, Universität Osnabrück, Seminarstr. 20, 49069 Osnabrück.

Höft, Stefan

geb. 1971, Dipl.-Psych. 1996 Bonn, Dr. rer. soc. 2001 Stuttgart-Hohenheim. Postdok-Jungwissenschaftler am Deutschen Zentrum für Luft- und Raumfahrt e.V. (DLR). Arbeitsschwerpunkte: Personalauswahl für Luftfahrtberufe, psychometrische Grundlagen der Eignungsdiagnostik. Wichtige Buchveröffentlichung: Grundlagen einer persönlichkeitsorientierten Berufseignungsdiagnostik (2002). Adresse: Abt. Luft- und Raumfahrtpsychologie, Deutsches Zentrum für Luft- und Raumfahrt e.V. (DLR), Sportallee 54a, 22335 Hamburg, E-mail: stefan.hoeft@dlr.de

Holling, Heinz

geb. 1950, Dipl.-Psych. 1974 Würzburg, Dipl.-Soz. 1976 Berlin, Dr. phil. 1980 Berlin, Dr. rer. nat. habil. 1987 Osnabrück. Professor für Evaluation, Forschungsmethoden und Organisationspsychologie, Universität Münster. Arbeitsschwerpunkte: multiattributive Nutzenanalyse, Personalmanagement, Versuchsplanung. Wichtige Buchveröffentlichungen: Handbuch personaldiagnostischer Instrumente (2002, gem. mit Kanning), ALASCA. Computergestützte Entscheidungs- und Nutzenanalyse (2000, gem. mit Jütting und Großmann), Methoden der Arbeits- und Organisationspsychologie (1996, gem. mit Bungard und Schultz-Gambard). Adresse: Westfälische Wilhelms-Universität Münster, Fliednerstr. 21, 48149 Münster.

Kanning, Uwe Peter

geb. 1966, Dipl.-Psych. 1993 und Dr. phil. 1997 Münster, Akademischer Rat am Psychologischen Institut IV. Arbeitsschwerpunkte: Personaldiagnostik, soziale Kompetenz, Selbstwert, Arbeitszufriedenheit. Wichtige Buchveröffentlichungen: Psychologie für die Praxis (2001), Handbuch personaldiagnostischer Instrumente (2002, gem. mit Holling), Diagnostik sozialer Kompetenzen (2003). Adresse: Psychologisches Institut IV, Westfälische Wilhelms-Universität Münster, Fliednerstraße 21, 48149 Münster.

Liepmann, Detlev

geb. 1942, Dipl.-Psych. 1968, Dr. phil. 1975 und habil. 1980. Professor für Wirtschafts- und Organisationspsychologie an der FU Berlin. Arbeitsschwerpunkte: Organisationspsychologie, Qualifikationsforschung, Organisationsdiagnostik. Wichtige Buchveröffentlichungen: Qualifizierungsmaßnahmen als Konzepte der Personalentwicklung (1993), Ökologischer und sozialer Wandel als Managementaufgabe (1995, gem. mit Felfe und DeCostanzo), Motivation, Führung und Erfolg in Organisationen (2000). Adresse: Fachbereich Erziehungswissenschaft und Psychologie der FU Berlin, Habelschwerdter Allee 45, 14195 Berlin. E-mail:liepmann@zedat.fu-berlin.de

Moser Klaus

geb. 1962, Dipl.-Psych. 1986 Mannheim, Promotion 1989 und Habilitation 1994 Universität Hohenheim, Stuttgart, Professor für Psychologie, insbes. Wirtschafts- und Sozialpsychologie an der Friedrich-Alexander-Universität Erlangen-Nürnberg. Arbeitsschwerpunkte: Personalauswahl, -marketing und -beurteilung, Mitarbeiterbefragungen, Organisationales Commitment. Wichtige Buchveröffentlichungen: Commitment in Organisationen (1996), Unternehmerisch erfolgreiches Handeln (1999), Erwerbslosigkeit (2001), Markt- und Werbepsychologie (2002). Adresse: Lehrstuhl für Psychologie, Lange Gasse 20, Universität Erlangen-Nürnberg, D-90403 Nürnberg.

Rosenstiel, Lutz von

geb. 1938, Dipl.-Psych. 1963 und Dr. phil. 1968, München, habil. 1974 Augsburg, Dr. rer. pol. h. c. 1999 Rostock. Professor für Organisations- und Wirtschaftspsychologie an der Universität München. Arbeitsschwerpunkte: Organisationspsychologie, Marktpsychologie, Wertewandel, Personalentwicklung. Wichtige Buchveröffentlichungen: Von der Hochschule in den Beruf (1998, gem. mit Nerdinger & Spieß), Führung von Mitarbeitern (5. Aufl. 2003, gem. mit Regnet & Domsch), Grundlagen der Organisationspsychologie (5. Aufl. 2003), Marktpsychologie (2002, gem. mit Neumann). Adresse: Department für Psychologie, Ludwig Maximilians-Universität, Leopoldstr. 13, 80802 München.

Scholl, Wolfgang

geb. 1944, Bac. theol. 1969 Mainz, Dr. phil. 1975 Mannheim. Professor für Organisations- und Sozialpsychologie an der Humboldt-Universität zu Berlin. Arbeitsschwerpunkte: Interaktions- und Gruppenprozesse, Macht und Einfluss, Innovationsprozesse, org. Entscheidungsprozesse, Informationspathologien, Wissensproduktion und Wissensmanagement, Mobilität. Wichtige Buchveröffentlichungen: Information processing in groups (2000, gem. mit Brauner). Kommunikation in regionalen Innovationsnetzwerken (2003, gem. mit anderen). Innovation und Information. Wie in Unternehmen neues Wissen produziert wird (2003, unter Mitarbeit von Hoffmann und Gierschner). Mobilität im Jugend- und Erwachsenenalter (2003, gem. mit Sydow). Adresse: Humboldt-Universität Berlin, Lehrstuhl für Organisations- und Sozialpsychologie, Oranienburgerstr. 18, 10178 Berlin.

Schüpbach, Heinz

geb. 1951, Lic. phil. 1979 und Dr. phil. 1985 Bern, Professor für Arbeits- und Organisationspsychologie an der Universität Freiburg i. Br. Arbeitsschwerpunkte: Analyse, Bewertung und Gestaltung von Arbeitstätigkeiten in soziotechnischen Systemen, Mitarbeiterbefragung, Qualitätsmanagement. Wichtige Buchveröffentlichung: Prozessregulation in rechnerunterstützten Fertigungssystemen (1994). Adresse: Universität Freiburg, Institut für Psychologie, Arbeits- und Organisationspsychologie, Engelbergerstr. 41, 79100 Freiburg.

Schuler, Heinz

geb. 1945, Dipl.-Psych. 1970 München, Dr. rer. pol. 1973 und habil. 1978 Augsburg. Professor für Psychologie an der Universität Hohenheim und Wissenschaftlicher Leiter der S&F Personalpsychologie Managementberatung. Arbeitsschwerpunkte: Organisationspsychologie, Personalpsychologie, Berufseignungsdiagnostik. Wichtige neuere Buchveröffentlichungen: Lehrbuch der Personalpsychologie (2001), Das Einstellungsinterview (2002), Psychologische Personalauswahl (4. Aufl. 2004). Adresse: Lehrstuhl für Psychologie, Universität Hohenheim, 70593 Stuttgart. E-mail: schuler@uni-hohenheim.de

Semmer, Norbert

geb. 1949, Dipl.-Psych. 1976 FU Berlin, Dr. phil. und habil. 1987 TU Berlin. Professor für Arbeits- und Organisationspsychologie an der Universität Bern. Arbeitsschwerpunkte: Stress am Arbeitsplatz, Entwicklung und Förderung effizienter Arbeitsstrategien bei Individuen und Gruppen, Fehlhandlungen und Qualitätssicherung, Arbeitszufriedenheit. Wichtige Buchveröffentlichungen: Stressbezogene Tätigkeitsanalyse (1984), Psychischer Stress am Arbeitsplatz (1991, gem. mit Greif und Bamberg). Adresse: Universität Bern, Institut für Psychologie, Muesmattstr. 45, CH-3000 Bern 9.

Udris, Ivars

geb. 1941, Dipl.-Psych. 1968 Berlin, Dr. phil. 1974 Bern, Dr. phil. habil. und Privatdozent 1986 Konstanz. Titularprofessor am Institut für Arbeitspsychologie der Eidgenössischen Technischen Hochschule (ETH) Zürich. Arbeitsschwerpunkte: Arbeits- und Organisationspsychologie; Belastung, Stress, Gesundheit; betriebliches Gesundheitsmanagement; Wertewandel und Zukunft der Arbeit. Wichtige Buchveröffentlichungen: Das Bild der Arbeit (1990, gem. mit Frei), Psychologie und Arbeit (1991, gem. mit Grote), Arbeitspsychologie für morgen (1997). Adresse: Institut für Arbeitspsychologie, ETH Zürich, Nelkenstr. 11, CH-8092 Zürich.

Ulich, Eberhard

geb. 1929, Dipl.-Psych. 1954, Dr. phil. 1955 und habil. 1965 München, Dr. rer. nat. h. c. TU Dresden 1995, Honorarprofessor Uni Potsdam 1994, beratender Professsor Tongji Universität Shanghai 1997. 1972 bis 1997 Professor für Arbeits- und Organisationspsychologie und Direktor des Instituts für Arbeitspsychologie der ETH Zürich. Seit 1997 Seniorpartner des Instituts für Arbeitsforschung und Organisationsberatung, seit 2000 wissenschaftlicher Leiter des Europäischen Netzwerks für Partnerschaftliche Unternehmenskultur und Betriebliche Gesundheitspolitik, seit 2003 Präsident des Stiftungsrats der Stiftung Arbeitsforschung. Hauptwerk Arbeitspsychologie (5. Auflage 2001). Herausgeber der Schriften zur Arbeitspsychologie (u. a. Band 61: Arbeitspsychologie in Krankenhaus und Arztpraxis, 2003) und der Schriftenreihe Mensch, Technik, Organisation (u. a. Band 29: Beschäftigungswirksame Arbeitszeitmodelle, 2001). Anschrift: Institut für Arbeitsforschung und Organisationsberatung, Obere Zäune 14, CH-8044 Zürich. E-Mail: eberhard.ulich@iafob.com

Wegge, Jürgen

geb. 1963, Dipl.-Psych. 1988 Bochum, Dr. phil. 1994 und habil. 2003 Dortmund. Wissenschaftlicher Mitarbeiter im Zusatzstudiengang Organisationspsychologie an der Universität Dortmund und Vertretungsprofessor an der Universität Bielefeld. Arbeitsschwerpunkte: Arbeits- und Lernmotivation, Führung von Gruppen und softwaretechnische Unterstützung von Gruppenarbeit. Wichtige Buchveröffentlichungen: Lernmotivation, Informationsverarbeitung, Leistung (1998) sowie Führung von Arbeitsgruppen (2003). Adresse: Universität Dortmund, FB 14, Organisationspsychologie, Emil-Figge-Str. 50, 44227 Dortmund (E-mail: wegge@fb14.uni-dortmund.de).

Wilpert, Bernhard

geb. 1936, Dipl.-Psych. 1960 und Dr. phil. 1965 Tübingen, Dr. h. c. 1989 Rijksuniversiteit Gent. Professor an der TU Berlin. Arbeitsschwerpunkte: Partizipationsforschung, Bedeutung von Arbeit, internationale Organisationsvergleiche, soziale Faktoren der Sicherheit und Verlässlichkeit von Risikoanlagen. Wichtige Buchveröffentlichungen: Führung in deutschen Unternehmen (1977), Industrial Democracy in Europe (1981, gem. mit Autorenteam), Meaning of Working (1987, gem. mit Autorenteam), Organizational Participation: System safety. Challenges and pitfalls of intervention (2002, mit Fahlbruch). Adresse: Institut für Psychologie und Arbeitswissenschaft, Technische Universität Berlin, Franklinstr. 28, 10587 Berlin.

Zölch, Martina

geb. 1960, Dipl.-Psych. 1986, Dr. phil. 1997 Potsdam. Professorin für Personalmanagement an der Fachhochschule Solothurn Nordwestschweiz; Arbeitsschwerpunkte: Tätigkeits- und soziotechnische Systemanalyse, Man-Machine-Function-Allocation, Kooperation im Arbeitshandeln, Gruppenarbeit, Teilzeitarbeit in Führungspositionen. Wichtige Buchveröffentlichungen: Kontrastive Aufgabenanalyse im Büro (gem. mit Dunckel et al., 1993), Zeitliche Koordination in der Produktion (2001). Adresse: Bereich Wirtschaft, FHSO Nordwestschweiz, Riggenbachstr. 16, CH-4600 Olten.

Personenregister

Aase 636, *636*
Abel 180, *195*
Abele 271, 283, *285*
Abholz 226, *248*
Abraham 280, *285*
Abramson 160
Acker 237, *636*
Ackerman 246, 254, 259, *285*, 303, 355, *382*
Adair 112, *118*
Adams 166
Adler 163, 404, *410*, 462, *470*, 609, *615*
Adorno 47, *55*
Agar *139*, 139
Aguren 461, *470*
Ahadi 273, *288*
Ainsworth 215, *219*
Ajzen 72, *85*, 271, *285*
Alderfer *85*, 163
Aldrich 641, 650, 655, *657*
Alge 502, *511*
Alioth 205, 214, *218*, 225, 226, 227, 455, *470*, *471*, 657, *659*
Al-Laham 531, *556*
Alley 329
Alliger 371, 372, *380*, 484, *511*
Allison 632, *638*
Allmendinger 404, *410*
Allmer 176, *195*
Alpert 396, *410*
Althoff 323
Alvares 310
Alwart 151, *153*
Amann 139, *140*
Amburgey 526, *554*
Amelang 52, 198, 199, *218*, 304, 565, 567, *596*
Amthauer 303
Anderson 217, *218*, 352, 355, *380*, 407, *411*
Andrä 271, *285*
Andriessen 656, *657*
Angyal 650, *657*
Annett 295, *340*, 357, *380*
Antal 388, *411*
Antoni 168, 232, 233, *248*, 389, 392, 397, 402, *410*, 439, 444, 445, 447, 450, 452, 454, 455, 456, 458, 461, 463, 466, 468, *470*, *471*, 503, 610, *637*, 650, 651
Antonovsky 180, *191*, 622, *636*
Antons 366, *380*, 465, *470*
APA 38, *55*
Apel 145, *153*
Applebaum 232, *248*
Arad 491, *509*
Ardelt 389, 392, 399, 402, *414*
Arendt 644, 650, *657*
Argote 388, *410*, *423*, *424*, *436*, *437*
Argyris 20, 55, 67, 68, *85*, 363, *380*, 400, *410*, 440, *470*, 589, *596*, 601, *615*
Arnold 491, *509*
Arthur 300, *340*, 373, 374, *380*
Arvey 313, *340*, 357, *380*
Asch 403, *410*
Asendorpf 273, 275, *285*, 302
Athanasou 189, *194*
Attewell 537, *554*
Aumann 243, *249*
Austin 21, 22, 32, 33, 53, *56*, 263, *285*
Avery 280, 281, *285*
Avolio 496, 498, *509*

Bacher 189, *195*
Back 405, *410*
Backhaus 89, *118*
Bade 397
Badura 618, *636*
Bahnmüller 444, *470*
Bähr 448, *473*
Bahrdt 139, *141*
Baitsch 160, 225, 235, *248*, 248, *249*, 455, 461, *473*, 546, *554*
Baldwin 372, *380*, 521, *555*
Bales 126, *139*, 402, 405, 407, *410*, 434, *436*, 581, *596*
Baltes 260, 270, 282, *285*, *288*
Balve 456, *473*
Bamberg 14, *16*, 19, 50, *55*, 184, 187, *191*, *218*, 225, 238, *248*, 617, 619, 626, 630, 632, 635, *636*, *637*
Bamford 46, *57*
Bamforth 226, *251*, 402, *413*, 455, *473*
Banaji 188, 283, *286*, *287*
Bandura 66, 67, 72, *85*, 167, 168, *191*, 238, *248*, 270, 271, 275, *285*, 351, 366, *380*, 396, *410*, 505, 506, *509*
Banse 273, 275, *285*
Bargh 266, *286*
Barnett 185, *191*
Barnlund 422, *436*
Baron 96, *118*, 355, *380*
Barrett 300, *340*
Barrick 304, 305, *340*, 354, 355, *381*, *382*, 481, *510*
Barry 544, *554*
Barsade 507, *511*
Bartels 631, *637*
Barthel 313, 330, 333, *341*
Barthelme 407, *413*
Bartlett 325
Bartscher 335
Bartussek 304
Bass 47, *55*, 391, *410*, 496, 498, 499, *509*
Baszenski 444, *470*
Batinic 106, *118*, 318, *341*, 586, *596*
Battmann 622, *638*
Baum 276, *285*
Baumgart 361, *383*
Baumgarten 491, *509*
Bavelas 399, *410*
BDP *16*, 147, *153*
Beatty 323, *340*
Beauducel 269, *287*, 303, *341*
Beck 388, *411*
Becker, K.-H. 325, *341*, *343*
Becker, M. 346, *380*
Becker, G. 636, *637*
Becker-Beck 454, *470*
Beckmann 168
Bedford 176
Beehr 180, 182, *191*

Beekun 612, 613, *615*
Bell 46, 55, 373, *380*
Benda 216, *218*, 634, *637*
Bender 322, *340*
Benders 233, 233, *248*, 444, *470*
Benedix 21
Benjamin *380*
Bennett 371, 373, *380*, *380*, 428, *438*
Ben-Shakar 317
Bentson 310, *343*
Benz 212, *219*
Bergemann 354, 652, *657*
Berger, M. A. 363, *380*
Berger, S. 643, 644, *657*
Berger, U. 149, *153*
Berggren 232, 234, *248*, 460, 462, *470*
Bergmann 235, 248, *249*, 346, *380*, *383*
Berkel 540, *555*
Berkowitz 406, *411*
Bernardin 297, *340*
Bernichon 267, *285*
Berr 51, 53, *57*
Bertalanffy 226, *657*, 647
Berthoin 388, *411*
Berufsverband Deutscher Psychologen *16*, *153*, 147
Betz 188, *192*
Bhagat 652, *658*
Bhawuk 404, *411*
Bierhoff 143, *153*
Bieri 243, 244
Binkelmann 232
Bird 144, *153*
Bischof 402, *411*
Bissels 170
Blake 548, *554*
Blanchard 476
Blatt 232, *248*
Blau 75, *85*
Bles 491, *509*
Blickle 143, 146, 147, 149, 150, *153*, *154*, 160, *192*, 267, *285*, 367, 368, *381*, 485, *509*
Bliesener 312
Blockley 626, *639*
Blumberg 228, 240, 241, *249*, 460, *471*
Blumenfeld 225, *245*, *249*
Blumer 136, *140*
Bly 167
Böcker 244
Bodenmann 278, *285*
Boerner 540, *555*, 607, *615*, *616*
Bögel 214, *218*, 589, *596*
Böhle 240, *249*, 594, *596*
Bolger 276
Bommer 478, *511*
Bonito 428, *436*
Bono *193*, 305, *341*, 481, 482, 499, 503, *510*
Boodoo 303, *342*
Boos 182, 401, *411*, 552, *554*
Borg 356, *381*, 561, *596*
Borman 166, *192*, 300, 304, 321, 325, *340*, *342*, 419, *436*
Borrys 462, *470*
Bortz 89, 91, 98, 114, *118*, 211, *219*, 573, 574, 588, *596*
Borys 609, *615*
Bottger 398, *414*
Boucesein 175
Bouchard 94, 103, *118*, 152, *153*, 280, *285*, 303, *342*
Boucsein 177, 178, *192*
Boudreau *340*, 378, *381*
Bouwen 610, *615*
Bowen 34, 50, *56*
Bowers 604, 612, 613, 614, *615*
Bownas 297
Boyatzis 265, *287*
Boykin 303, *342*
Braczyk 232
Brähler 273, *287*
Brainin 338, *341*
Brake 463, *470*
Brandstätter 12, *16*, 257, 262, 267, 276, 277, 278, 279, *285*, *286*, 300, 323, 325, *340*, 353, *381*, 394, 405, *411*, 416, *436*, 559, *596*
Bratge 634, *637*
Brauner 551, *554*
Brauns 35, 43, *55*
Bray 309, *340*
Breisig 441, *470*
Brett 428, *438*
Bretz 355, *381*
Breucker 225, 236
Brewerton 168, 185, *193*
Brinberg 115, *118*
Brocke 303
Brodbeck 218, *219*, 246, 400, 404, 407, *411*, 415, 417, 422, 423, 426, 429, *436*, *470*, 581, 602
Brödner 232, *249*, 456, *470*
Brody 303, *342*
Brogden 333
Broome 242, *249*
Brousseau 241
Brown, B. K. 311
Brown, J. D. 267, *285*
Brown, J. S. *381*
Bruggemann 48, *57*, 164, 170, 235, 455, *473*
Brunstein 264, *286*
Brunswik 647, *659*
Brush 321, *340*
Bruun 393, *412*
Bryham 308
Bühler 42, *55*, 399, *411*
Bullinger 54, *55*, 533, *554*
Bultmann 150, *154*
Bunce 632, *637*
Bundervoet 523, *555*
Bundesanstalt für Arbeitsschutz und Arbeitsmedizin *249*
Bundesmann-Jansen 654, *657*
Bundesministerium für Arbeit und Sozialordnung *637*
Bungard 25, 95, 100, 103, 110, *118*, 121, 122, 127, 128, 135, 138, 139, *140*, 210, *218*, 233, 388, 392, 397, 402, *411*, 439, 443, 454, 462, 464, 469, *470*, *471*, 503, *510*, 610, *637*, 650, 651, 654, *657*
Burkardt 631, 634, *637*
Burke 366, 367, 373, *381*
Burns, R. K. 323
Burns, T. 648, *657*
Burrell 565
Busch 236, 632, 634, 635, *636*, *637*
Buschmeier 544, *554*
Buss 273, *286*
Büssing 170, 184, *192*, 198, 212, 214, 238, 242, 243, *249*, 517, 557, 560, 569, 570, 584, 592, 593, 594, 595, *596*, *597*, 614
Buswell 283, *287*
Butler 543, *555*
Büttner 591, *597*, 626, *637*
Bycio 310
Byham *343*
Byosiere 173, *193*, 276, *287*
Byrne 275, *286*

Caldwell 609, *616*
Callahan-Levy 188
Cameron 179
Cammann 562, *598*
Campbell, D. T. 99, 106, 109, 111, *118*, *119*, 128, 138, *140*, *141*
Campbell, J. P. 73, *85*, 162, 164, *192*, 302, 307, *340*, *343*, 357, 362, *381*
Campbell, R. J. 309, *340*
Campion, J. E. 103, *118*, 313, *340*
Campion, M. A. 103, 118, 311, 315, *342*
Cannon-Bowers 329, 354, 372, *382*
Caplan 175, 181, *192*
Carlson 355, 373, 375, *381*
Carroll 151, *154*, 303, *340*
Cascio 114, *118*, 323, 329, 331, *340*
Casey 554, *554*
Cassell 136, *140*

Castro 495, *512*
Cattell 261, 273, 278, *286*, *288*
Ceci 259, 260, *286*, 303, *342*
Chadwick 153, *154*
Chaiken 75, *87*
Champoux 186
Chan 317, *340*
Chang 505, *510*
Charlton 569, *598*
Chaselon 575, *599*
Chatman 609, *616*
Chen 266, *286*
Cheng 276, *286*
Cherns 46, 47, *55*, 232
Child 388, *411*
Chmielewicz 518, *554*
Church 51, 53, *57*
Cicourel 135, *140*
Cina 278, *285*
Clark 70
Clegg 239, 240
Clement 652, *657*
Cleveland 327, *342*
Clevenger 317
Cobb 181
Coch 546, *554*
Cogliser 495, *512*
Cohen 117, *118*, 407, *410*, 434, *436*, *470*, 505, *510*, 542, *554*, 581, *596*
Cohen-Charash 491, *510*
Collins 361, *381*, 537, 546, *554*
Comelli *411*, 465, 466, *471*
Conbach 330
Conrad-Betschart 455, 461, *473*
Conradi 346, *381*
Converse 348, *382*
Conway 185, *192*
Cook 99, 111, *118*, 128, *140*, 267, *285*, 581, *597*
Cooper 184, *193*, 238, 267, 278, *286*, 325, *340*, 529, 536, *554*, 632, *638*
Copper 423, *437*
Corbet 139, *141*
Corbett 239, *249*
Corbin 136, *141*
Cordray 100, 111, *118*
Cotton 518, *554*
Cox 278, *288*, 626, *637*
Coyle 339, *342*
Cragan 424, *436*
Cranach 516, *554*
Cray 543, *555*
Cronbach 303, 306, 333, *340*
Cropanzano 166, *192*
Cross 283, *286*
Crown 391, *411*
Crozier 614, *616*
Csikszentmihalyi 160
Cumming 241, 240, *249*, 460, *471*
Cyert 80, *86*
Czaja 240, *249*

Dachler 52, 57, 546, *554*
Dahm 644, *659*
Danckwort 651, *657*
Daniels 545, *555*
Danoff-Burg 179
Dansky 368, 381
Danziger 123, *140*
Daub 31, 32, 33, *55*
Davies 176, *193*
Davis, J. C. 150, *154*
Davis, J. H. 394, *411*
Day, D. V. 494, 495, *510*
Day, R. D. 366, 367, 373, *381*
De Raad 273, *286*
de Vader 484, *511*
De Vries 482, 483, *510*
Dean 543, *554*
Deaux 283, *286*
Deci 163, *192*, 264, 265, *288*
Decker 352, 366, *381*
De-Cuir 167
DeDreu 430, *436*
De-Fries 258, *288*
Degener 242, 244
Degenhardt *413*
Deiseroth 152, *154*
DelVecchio 281, *288*
DeMeuse 419, 437
DeNeve 267, 278, *286*
DeNisi 267, *287*, 352, *382*, 500, 502, *511*
Denison 539, *554*
Denzin 569, *597*
Denzle *195*
Deutsche Gesellschaft für Psychologie *597*, 588
Devadas 460, *471*
DeVore 317
Dewe 187
Dick 486, *510*
Dickinson *340*, 348, *382*
Dickson 40, *56*, *87*, 133, *141*, 390, 403, 404, *411*, *437*, 440, 461, *471*, *472*, 484
Diebold 485, *509*
Diehl 398, *411*, 422, *436*
Diemand 316, 325, *341*, *343*
Dienstbier 177, *192*
Dierkes 388, *411*
Dieterich 237, 618, *637*
Digman 304
Dion 400, *411*
Dixon 40, 41
Dlugosch 632, *637*
Dohse 462, *471*
Domeisen 218, *219*
Donaldson 518, *554*
Donat 297, *343*
Donnelly 336, *341*
Doppler 466, *471*
Dörflinger 440, *472*
Dorfman 484, *510*
Döring 91, 114, *118*, 359, *381*, 573, 574, 588, *596*
Dormann 172, *195*, 242, 244
Dörner 81, *86*, 269, *286*
Dorsch 273, *286*
Doucouliagos 546, *554*
Doverspike 300, *340*
Downs 307
Drasgow 491, *509*
Dreher, E. 139, *140*
Dreher, M. 139, *140*
Dreher, G. F. 310, *342*
Drexler 588, *598*
Driskell 507, *511*
Dubin 160
Ducki 160, 184, *191*, 213, *218*, 238, *248*, *249*, 620, 621, 626, 628, 633, 635, *636*, *637*
Duell 225, 248, *249*, 466, *471*, 546, *554*, 589, *597*
Dunbar 365, *383*
Duncan 273, *288*, 295, *340*
Dunckel 104, *118*, 175, *192*, 211, 212, 215, *218*, 300, 565, 576, 581, *597*, 621, *639*
Dunnette 50, *55*, *57*, 321, *340*
Dürrenberger 243, 244
Dutke 10, *17*
Dweck *192*, 258, 259, 266, *286*
Dyer 417, *436*

Eagly 283, *286*
Earley 168, 422, *436*
Ebbinghaus 42
Eckardt 293
Eden 602, 602, *616*
Edens 373, *380*
Eder 314, *340*
Edgren 461, *470*
Edinger 401, *411*
Edmondson 368, *381*
Edwards 80, *86*, 175, *192*, 259, *287*, 373, *382*, 612, *616*
Eerde, van 166, *195*
Egido 417, *436*
Ehlert 178, *192*
Ehrhart 483, *510*
Eichel 322, *340*
Eide 642, *658*

Eidenmüller 240
Eijnatten, van 232
Eisenberg 149, *154*
Elfering 172, 182, *192*
Elfsberg Dohns 237, *250*
Eliasberg 221, *249*
Elke 624, *637*
Elkeles 237, *250*
Elkin 237, *249*
Ellertson 406, *413*
Ellgring 399, *411*
Elliot 266, *286*
Emery 202, 206, 226, 228, 230, 232, *249*, 458, 461, *471*, 570, *597*, 647, 650, *658*
Engelbrecht 303
Engels 521, *555*
Engeström 524, *554*
England 160, 162, *194*, 312, 313
Englich 454, *471*
Engström *250*
Enzmann 175, 183, 185, *194*
Epple 423, *436*
Erichson 89, *118*
Erke 445, 457, *471*, *472*
Erpenbeck 348, *381*, 388, *411*
Ertel 237, *250*
Eskow 364, 381
Esser 127, *140*
Ester 160, *194*
Eufinger 170
European Foundation for Quality Management [EFQM] 592, *597*
European Foundation for the Improvement of Living and Working Conditions 233, *249*
Evans 273, 267, *286*, *288*, 652, 653, 655, *658*
Ewert 595, *597*
Eyer 445, 461, 463, *470*
Eysenck, H. J. 280, *286*
Eysenck, M. W. 280, *286*

Facaoaru 212, *218*
Fahlbruch 591, *597*, 620, 624, 625, 626, 634, *637*, *639*
Falkenberg 589, *599*
Fallgatter 441, *471*
Falvy 545, *555*
Farley 336
Farnham 275, *286*
Farr 12, *17*, 323, 325, 339, *340*, *341*, *343*, 419, *438*
Farrell 284, *286*
Faulmüller 143, *154*
Fayol 55, 398, *411*
Feild 349, *381*
Feldman, D. C. 603, *616*
Feldman, J. M. 323, 325, *340*
Felfe 478, 483, 496, 497, 498, 500, *510*
Fennekels 309, *340*
Ferrer-Caja 282, *287*
Ferris 164, 314, *340*, 545, *555*
Ferry 561, 562, 566, *599*
Fetchenhauer *153*, 153
Fiedler 276, *286*, 652, *658*
Fiege 327, *340*, 489, *510*
Field 395, *413*
Fiman 64, *86*
Finnegan 339, *341*
Fisch 390, *412*, 454, *470*, *471*
Fischer 81, *86*, 169, 170, 172, *192*, 276, *288*, 423, *436*
Fishbein 72, *85*
Fisher 549, *554*
Fiske, D. W. 109, *118*, 310
Fiske, S. T. 60, *86*, 283, *286*
Fisseni 309, *340*
Fittkau 490, *510*
Fittkau-Garthe 490, *510*
Flammer 353, *381*
Flanagan 323, *340*, *341*
Fleenor *288*, 310
Fleishman 269, *286*, 299, 300, *341*, *342*, 405, *411*, 489, 490, *510*
Flemming 485, *509*
Fletcher 182, *193*
Flick 136, 137, *140*, 569, 584, *597*
Fliege 327, 340
Flin 635, 636, *637*
Fogli 326, *342*
Folkman 177
Ford 27, *55*
Ford, J. K. 372, *380*, *381*
Forster 138, *140*
Förster 162, *195*
Francis 465, *471*, 528, *554*
Franke 394, *411*
Franke, J. 559, 571, 578, 584, *598*
Frankenhaeuser 177, *192*
Fredrich 465, *471*
Freeman 526, *555*
Frei 215, *218*, 225, 246, 248, *249*, 455, 466, *470*, *471*, 546, *555*, 589, *597*
Freiboth *218*, 233, 458, *471*
Freimuth 465, *471*, 588, *597*
French, J. R. P. 544, 546, *555*
French, W. L. 46, *55*
Frenz 210, 211, *218*
Frerichs 654, *657*
Frese, E. 452, 453, *471*
Frese, M. 173, 180, 183, 184, 189, *192*, *195*, 217, *218*, 246, *249*, 278, *286*, 400, *411*, *413*, 481, *510*, 606, *616*, 632, *637*, *637*
Freud 281, *286*
Frey, D. 14, *16*, 64, *86*, 143, *154*, 422, *437*
Frey, G. 631, *638*
Frey, P. 49, *55*
Frey, S. 210, 211, *218*
Fricke 116, *118*
Fried 164
Friedberg 610, 614, *616*
Friedel-Howe 400, *411*
Friedman 619, *637*
Frieling 161, *192*, 198, 210, 211, 212, 217, *218*, *219*, 222, 225, 227, 228, 233, 238, 242, *249*, 294, 296, *341*, 458, *471*, 570, *597*
Frier 312
Frink 504, *511*
Frintrup 319, *341*
Fritsch 335
Fritsche 213, 214
Fromkin 105, *118*, 94
Fromm 581, *597*
Frone 179, *192*
Fruhner 339
Fry 610, *615*
Fu 160
Fuller 498, 499, *510*
Funder 615, *616*
Funke 105, 114, *118*, 292, 294, 297, 308, 316, 330, 332, 339, *341*, *343*
Fussel 551, *555*
Futoran 434, *436*
Futrell 419, *438*

Gablenz-Kolakovic 576, *597*
Gachowetz 12, *16*
Gadenne 94, 113, *118*
Gael 294 *341*
Galais 111, *119*
Galanter 78, *86*
Galegher 417, *436*
Ganzach 338, *341*
Gardell 633, *637*
Gargano 421, *438*
Garhammer 242
Garman 278, *286*
Garmeister 278, *286*
Gatewood 349, *381*
Gaubatz 262, *286*
Gaugler, B. B. 309, 310, 336, *343*
Gaugler, E. 51, *55*
Gawowski 60, *86*
Gaylord 315, *342*
Gebert, S. 626, 630, *638*

Gebert, D. 366, *381*, 388, 397, 402, 406, *411*, 475, 478, 483, 486, 487, 489, 491, 492, 495, 496, 499, 507, *510*, 540, *555*, 601, 602, 605, 609, 612, 614, 615, *616*, 650, 656, *658*
Gediga 246
Gee 139, *140*
Geen 393, *411*
Geisninger 336
Gemünden 404, 407, 408, *411*, 454, *471*, 504, 506, *510*
Gerhardt 305, *341*, 481, *510*
Gerlmeier 244
Gersick 429, *436*
Gerst 462, *471*, *472*
Gerstner 494, 495
Gessner 363, *381*
Geuter 35, 43, 43, *55*
Geyer 273, *287*, 499, *510*
Gialluca 357, *380*
Giese 307, 34
Gilbreth 27, 31, *55*
Gilbreth-Carey 27, *55*
Gladstein 426, *437*
Glaser 212, 242, 352, *381*, 557, 570, 584, 592, 593, 594, *597*
Glasl 610, *616*
Gleser 330, 333, *340*
Goecke 401,*413*
Goffman 584, *597*
Goihl 478, 496, 497, 498, 500, *510*
Goldberg 304
Goldstein 185, *194*, 356, 363, 364, 366, *381*
Gollwitzer 64, *86*, 167, 168, 263, *287*
Gönner 485, *509*
Gooding 326
Goodman 388, 403, *411*, 419, 421, *437*, 460, *471*
Göpfert 401, *413*
Göritz 106, *118*
Götz 652, *658*
Grabowski 537, *556*
Grady 451, *472*
Graen *411*, 494, 495, *510*
Graf 176
Grandjean 397
Grandori 536, *555*
Granel 235, *249*
Granqvist 237, *250*
Grant 309, *340*
Graumann 417, *437*, 513, 641, *658*
Gray 280, *286*
Grebner 178
Green 392, 393
Greenberg 166, *192*, 364, *381*
Greenwald 188, 273, 275, 283, *286*, *287*
Gregory 406, *413*
Greif 14, 16, 21, 19, 36, 50, 54, *55*, *59*, 79, 83, *86*, 125, *140*, 161, 184, *192*, 217, *218*, 246, 361, 362, *381*, 391, 464, 468, *471*, 564, 582, 617, 619, 620, 622, *637*
Greiner 213, 236, 620, 621, *637*
Greitemeyer 404, *411*, 422, 423, 429, *436*, *437*
Grigorenko 353, *381*
Grimes 530, *555*
Grob 226, *249*
Groskurth 48, *57* 164, 455, *473*
Großmann 79, *86*
Grote 14, *17*, 212, 215, 217, *218*, *220*, 228, *249*, 408, *412*, 626, *637*
Grund 182
Grundel 618, 629, *637*
Grunwald 476, 492, *512*
Gstalter 177, 179, *195*
Gubta 484, *510*
Guest 185, *192*
Gueutal 103, *119*
Guion 300, *342*
Gulowsen 458, *471*
Gundlach 122, *140*
Guthke 272, *286*, 353, *381*
Guzzo 373, *381*, 404, *411*, 419, 423, *437*, 461, *471*, 612, 614, *616*

Haber 396, *410*
Habermas 136, *140*, 145, *154*, 606, 607, *616*
Hacker 48, 49, *55*, 156, 168, 172, 176, 177, *192*, *194*, 198, 200, 203, 205, 208, 209, 210, 213, 214, *218*, *219*, 225, 228, 230, 238, *249*, 297, *341*, 362, *381*, 564, 570, *597*, 621, 633, *637*
Hackett, E. J. 451, *472*
Hackett, G. 188, *192*
Hackman *192*, 209, 214, *218*, 229, 241, *249*, 335, *342*, 391, 395, 396, 406, *411*, 418, 434, *437*
Hackmann 10, 165, *177*, 232, 335, 404, *410*, 419
Häfeli 188
Haffner 226, *249*
Hage 537, *554*
Hahn 310
Haider 235
Halemba 278, *286*
Hall 422, *437*
Haller 643, *658*
Halpern 283, *286*, 303, *342*
Hamagami 282, *287*
Hamborg 217, *218*
Hamm 139, *140*, 587, *597*
Handlbauer 83, *86*
Hanges 484, *510*
Hannan 526, *555*
Hansen 553, *555*
Hany 258, *287*
Harkins 421, 421, *437*
Harpaz 160
Harris 527, *555*
Harrison, M. I. 559, 560, *597*
Harrison, R. van 175, 181, *192*
Härter 635, *638*
Hartmann 631, 634, *637*
Haslam 475, 485, 486, 500, *510*
Hassmen 237, *250*
Hauschildt 530, 531, *555*
Hausser 605, 612, 613, 614, *615*
Hazlewood 75, *87*
Heaney 632, *638*
Heckhausen 163, 168, 266, *287*
Hedley 160
Hedlund 481, *511*
Heggestad 259, *285*
Hehn 589, *599*
Heidenreich 538, *555*
Heider 641, *658*
Heim 178, *192*
Hein 489, *510*
Heinz 185, *192*
Heise 348, *381*
Heisig 552, *555*, *556*
Hell 325, *343*
Heller 305, *341*, 588, *597*, 651, *658*
Hellhammer 178, *192*
Hellpach 40, *56*, 221, 230, *249*, 456, 457, *472*, 645, *658*
Hemmann 213, *219*
Hemphill 490, *510*
Henderickx 523, *555*
Henderson 528, 550, *555*
Hennemann 68, *87*
Hennes 212, *218*
Henning 575, *599*
Henschel 589, *599*
Hepperle 267, *285*, 485, *509*
Hepworth 581, *597*
Herbig 170, 594, 595, *597*, *597*
Herbst 226
Herrmann, G. 49, *55*
Herrmann, Th. 85, *86*, 125, 135, 139, *140*
Herrnstein 260, *287*, 303, *341*
Herskovits 651, *658*
Hertel 318, *341*, 421, *437*, 442, 462, *471*, *472*
Hertog 458, *471*
Herwig 43, 50, *55*, *56*
Herzberg 164, 71, *86*
Hesketh 372, *381*
Hester 499, *510*

Hey 440, *472,* 501, *510*
Hickson 389, *413,* 543, *555,* 560, *598*
Hidden 633, *638*
Hiebsch 49, *55*
Higgins *192,* 266, *287,* 481, *510,* 551, *555*
Hildebrandt 226, *248*
Hill 421, *437*
Hinings 389, *413*
Hinrichs 186, 188
Hinsz 421, *437*
Hirokawa 427, *437*
Hirschauer 139, *140*
Hirsh 293, *341*
Hobbes 145, *154*
Hobfoll 181, *192*
Hockey 176, 177, *192*
Hoeschele 485, *509*
Höfer 596, *598*
Hoff 185, 186, 187, *193*
Höfling 631, *638*
Hofstätter 104, *118,* 393, 402, *411*
Hofstede 591, *597,* 651, 652, *658*
Höft 289, 302, 304, 308, 317, *341,* 586
Hogg 484, 486, *510,* 589, *597,*
Högl 404, 407, 408, *411,* 454, *471,* 504, 506, *510*
Hohner 139, *140*
Holland 267, *287*
Hollenbeck 481, 502, *511*
Holling 21, 25, 26, 36, 51,55, 59, 79, *86,* 122, *140,* 210, *218,* 302, 339, *341,* 345, 349, 367, 370, 378, *381,* 587, *597,* 647
Hollingshead 428, *436*
Holti 242, 656, *658*
Holzkamp 47, *55,* 131, *140*
Hölzle 501, *510*
Homans 390, *411*
Homme 66, *86*
Hootegem, van 523, *555*
Hopf 139, *140*
Hopper 545, *555*
Hoppmann 532, 546, *555*
Hornberger 242
Hornten 652, *658*
Hortig 278, *286*
Hosking 52, *57*
Hossiep 584, *599*
Hough 50, *55, 57,* 300, 312, *341*
House 484, *510*
Howard 559, *597,* 650, 655, *657*
Hoyos 14, *16,* 211, 217, *219,* 296, *341,* 620, 623, *638*
Hron 360, 361, *381, 382*
Hsu 365, *382*
Huber 236, 634, *637*
Huberman 569, 584, *598*
Hugentobler 466, *471*
Hughson 460, *471*
Huijgen 233, *248,* 444, *470*
Hulin 570, *599*
Hull 537, *554*
Hümpfner 317
Humphreys 303
Hunter, J. E. 116, 117, *118,* 269, *288,* 293, 295, 301, 303, 310, 326, *341, 342,* 354, *382,* 481, *511*
Hunter, R. F. 303, 326, *341,* 354, *382*
Hurley 52, *57*
Huselid 553, *555*
Huxham 602, *616*
Huys 523, *555*
Hyde 185, *191,* 283, *287*
Hyder 433, *438*

Iaffaldano *193,* 171
Ignatov 626, *638*
Ilgen 322, 325, *341,* 481, 490, *510, 511*
Ilies 305, *341,* 481, *510*
Imai 448, *471*
Imhoff 283, *287*
Ingham 393, *411*
Inglehart 158, 160, *193, 645, 658*
International Organization of Employers 148, *154*
International task force on assessment center guidelines, 309, *341*
Irle 403, 405, 406, *412, 555*
Ishig 238, *249*
Isic 218, *220,* 242, 244
Issing 359, *382*
Ivancevich 336, *341*
Iwanowa 213, 214
Izumi 232, *250*

Jackson, D. N. 294
Jackson, J. M. 403, *412*
Jackson, P. 243, *249*
Jaeger 36, 38, 40, *56,* 243, 244
Jagenlauf 652, *658*
Jäger, A. O. 268, 269, *287,* 303, 329, *341*
Jäger, R. S. 565, 567, 584, *597*
Jago 492, 493, 494, *512*
Jahoda 159, 189, *193*
James 29, *56,* 569, *597*
Jandorf 278, *288*
Janis 394, 395, 401, 403, 405, *437*
Janke 330
Jarret 373, 379, *382*
Javidan 484, *510*
Jeanneret 300, *342*
Jehn 434, *438*
Jenewein 633, *637*
Jensen 428, *438*
Jermier 477, *511*
Jeserich 114, *118*
Jette 373, *381,* 612, *616*
Jex 174, *195*
Jimmieson 573, *599*
Johannson 217, *219*
John 273, *288,* 304
Johnston 259, *287*
Jonas 401, *411,* 552, *554*
Jones 182, *193,* 404, *412,* 442, 461, *472, 473*
Jöns 233, 388, *411,* 443, 445, 457, *471, 472*
Jordan 212, 215, *219*
Judge 171, *193,* 304, 305, *340, 341,* 481, 482, 484, 499, 503, *510*
Jungermann 81, *86*
Junghanns 237, *250*
Jüres 139, *141*
Jürgens 462, 463, *471, 471*
Jüttemann 139, *140*
Jütting 79, *86*

Kabanoff 394, *412*
Kadefors 237, *250*
Kahn 47, *56,* 75, 76, *86, 193,* 276, *287,* 490, 525, 526, *555,* 566, *598,* 649, *658*
Kahneman 81, *87*
Kälin 172, *192*
Kalleberg 232, *250*
Kallus 176, *195*
Kandola 307, *342*
Kanfer 67, *86,* 164, 168, *193,* 267, *287,* 355, *382*
Kannheiser 199, *219,* 396, *412*
Kanning 21, 25, 26, 59, 81, *86,* 302, *341,* 647
Kant 145, *154*
Kao 652, *658*
Karasek 174, 182, 187, *193, 195*
Karau 283, *286,* 393, *412, 414*
Kardorff 136, *140, 597,* 569
Kaschube 390, *412*
Kasl 189, 190, 191, *193*
Kastner 242, 244
Katz 242
Katz, D. 47, 56, 75, 76, *86,* 389, 390, *412*
Katz, R. 401, *412*
Katzell 53, *56,* 21, 22, 32, 33, 373, *381,* 612, *616*

Kauffeld 217, *219,* 389, 407, 408, *412*
Kauffmann 311, 312
Kaufmann 161
Kay 339
Kelbetz 310, *341*
Keller 29, 30, *56,* 483, *511,* 635, *639*
Kelley 403, *412, 413,* 417, *438*
Kelly 434, *436,* 507, *511*
Kenny 96,*118*
Kenrick 283, *288*
Kephart 139, *140*
Kern 442, *472,* 653, *658*
Kerr, N. L. 393, *412,* 421, *437,* 462, 471
Kerr, S. 477, *511*
Kersting 269, *287*
Keßler 90, *118,*
Kesting 139, *141*
Keupp 136, *140,* 391, *412,* 569, *597*
Keys 365, *382*
Kieselbach 190, *193*
Kieser 149, *154,* 452, 462, *472,* 475, *511,* 516, 532, 533, *555,* 558, 559, 560, 565, 566, 567, 577, *598,* 654, *658*
Kiesler 401, *412*
Kinast 652, *659*
King 139, *140,* 614, *616*
Kinkel 444, *472*
Kirchler 190
Kirk 179
Kirkpatrick 371, *382*
Kirnan 336
Kirsch, C. 233, *250*
Kirsch, M. 326
Kirsch, W. 524, 532, 546, *555*
Kirwan 215, *219*
Klages 158, 160, *193,* 388, *412,* 559, *598,* 645, *658*
Klandermans 191, *193*
Klebert 91, *118*
Klein 73, *86,* 483, 502, *509, 510, 511,* 570, *598*
Kleinbeck 160, 163, 164, 166, 167, 169, *193, 195,* 264, 267, *287,* 391, 407, 408, *412, 414,* 462, *472,* 475, 491, 506, *511, 512,* 531, 546, *556*
Kleining 137, 139, *140*
Kleinmann 325, *343*
Kliche 52, *56*
Klimoski 404, *412*
Klimsa 359, *382*
Kling 283, *287*
Klingner 318, 325, 339, *341, 343*
Klohnen 273, *288*
Klonsky 283, *286*
Klotter 236, *250*
Kluge 54, 56, 552, *555*
Kluger 267, *287,* 352, *382,* 500, 502, *511*
Kmiecia 645, *658*
Knauth 442, *472*
Knippenberg, van 486, *510*
Knoblich 633, *637*
Köbl 147, 150, *154*
Koch 390, *412,* 587, *598*
Kocka 522, *555*
Köhler 240, 393, *412,* 421, *437*
Kohler 644, *658*
Kohn 186, 187, *193*
Kohnke 469, *471,* 503, *510*
Kolip 180, *195*
Koller 245, *251*
Kolobkova 271, *288*
Kompa 337, *341,* 591, *598*
Kompier 184, *193*
Konradt 184, *193,* 242, *250,* 318, *341,* 442, *472,* 652, *658*
Kopleman 164
Koppes 31, 32, *56*
Körner 273, *287*
Kornhauser 619, *638*
Korotkin 489, *510*
Korten 522, *555*
Korthals-Beyerlein 403, *412*
Kötter 232, *249*
Kotthoff 608, *616*
Kozlowski 352, *381,* 509, *511, 598,* 570
Kraemer 397
Kraepelin 123, *140,* 619, *638*
Kraiger 352, *381*
Krauss 551, *555*
Kraut 417, *436*
Krcmar 550, *556*
Krebs 655, *659*
Kreitner 66, *86*
Kreutner 212, *218*
Kriegesmann 388, *413*
Kroeck 498, *511*
Krogoll 576, *597*
Krüsken 170
Kubicek 452, *472,* 516, 532, 533, *555,* 559, 560, 566, 567, 577, 581, *598*
Kuhl 168, 264, 265, 278, *287*
Kühlmann 559, 571, 578, 584, *598*
Kuhn 111, *119*
Kuncel 357, 362, *381*
Künzel 401, *412*
Künzler 626, *637*
Kunzmann 451, *472*
Kurtz 184, *192,* 361, 362, *381,* 464, *471,* 468
Küsgens 237
Kutscher 445, 461, 463, *470*
La Porte 625, *638*
La France 283, *286*
Lahy 40
Lam 635, *638*
Landau 211, 215, *219, 219,* 246
Landis 29, 30, 31, 652, *658,* 235
Landy 29, 56, 339, *341,* 351, *382*
Lang 40, 56, 218, *219,* 456, 457, *472,* 652
Lange *658*
Lange, van 430, *436*
Larsson 461, *472*
Lasch 189, *193*
Latané 421, 422, *437*
Latham 75, *86,* 167, *193,* 267, *287,* 314, 322, 323, 326, 339, *341, 342,* 391, 500, 501, 504, *511*
Lattmann 455, *472*
Lauche 361, *381*
Laughlin 423, *437*
Launier 621, *638*
Lauterburg 466, *471*
Laux 179, *193,* 273, *287*
Lawler 10, *16,* 74, *87,* 229, 321, 335, *340, 342, 472,* 553, *555,* 562, 564, 581, 588, *598*
Lawrence 648, *658*
Lay 444, *473*
Lazarsfeld 189, *193*
Lazarus 172, 177, 179, *193,* 621, *638*
Le Blanc 182
Leavitt 399, *412*
Leder 212, 217, *220*
Ledford 444, *472,* 505, *510*
Lee-Chai 266, *286*
Lehner 248, *250,* 502, *511*
Lehnert 454, *471*
Lehr 43, *56*
Leippold 339, *341*
Leitner 208, 213, *219,* 238, *250*
Lemke 465, *472*
Lenhardt 237, *250*
Leont'ev 208, 209, *219*
Leontjew 222, 223, 235, *250*
LePine 481, *511*
Leppin 182, *193*
Leshin 380, *382*
Lessard 521, *555*
Leutner 302, 364, *382*
Levin 489, *510*
Levine, J. M. 428, *437*
Levine, M. F. 150, *154*
Lewin 40, 43, 46, *56,* 59, *86,* 221, 245, *250,* 416, *437,* 492, 509, *511,* 641, *658*
Lewis 530, *555*
Liden 424, *437,* 496, *511*
Lienert 101, 105, 107, *118,* 302, 579, 582, 593, *598*

Liepmann 303, 345, 51, 626
Lievens 310, *342*
Likert 48, *56*, 64, *86*, *412*, 440, *472*, 490
Lincoln 569, *597*
Lindenberger 258, 272, *287*
Lipmann 221, *250*
Lipnack 442, *472*
Lippitt 43, *56*, 492, *511*
Lipsey 100, 110, 111, *118*
Litsch 618, *636*
Locke 71, 73, 75, *86*, 95, *119*, 167, *193*, 267, *287*, 322, 339, *342*, 391, 500, 501, 502, 504, *511*,
Loehlin 303, *342*
Löhr 150, *154*
Lombardo 365, *382*
Loose 655, *659*
Lord 325, 326, 484, 484, *511*
Lorenzo 308
Lorsch 648, *658*
Lowe 498, *511*
Lück 123, 124, 138, *140*
Luczak 51, *56*, 150, *154*, 172, *193*
Ludborzs 634, *638*
Lüders 238
Luhmann 566, *598*
Lundberg 185, *193*, 235, 236, 237, *250*
Luthans 66, *86*, 166, 271, *288*, 351, *382*, 608, 612, *616*
Lutz 240

Mabe 358, *382*
Maciag 66, *86*
MacKenzie 478, *511*
Mackie 144, *154*
Macy 232, *250*
Madson 283, *286*
Mael 312, *342*
Maher 484, *511*
Maier 264, 281, *286*, *287*, 426, *436*
Maines 569, *598*
Mair-Riehle 635, *638*
Makhijani 283, *286*
Mälecke 184, *193*
Malinowski 645, *658*
Mallory 543, *555*
Malsch 462, *471*
Mandl 360, *382*
Mansell 232
Manz 505, 506, *511*
March 80, *86*, 124, *140*, 515, 524, 542, *554*, *555*
Marcus 150, *154*, 311, 312, 317, 321, 325, *342*, *343*
Marham 554, *556*
Marks 451, *472*
Marquardt 402, *413*
Martin 323, 642, 643, *658*
Martineau 355, *382*
Martinko 66, *86*
Martocchio 504, *511*
Marx 521, 523, *555*
Maslow 69, *86*, 163, 523, *555*
Matern 156, *156*, 205, *218*
Mathieu 329, 355, *382*
Matthews 176, 177, *193*
Maurer 294, *342*
Maurice 653, *658*
Mausner 71, *86*, 164, 192
Mayer 12, *16*, 43, 50, *56*
Mayntz 237, *250*
Mayo 391, 41, *412*
Mayring 136, 574, *598*
McArdle 282, *287*
McBride 406, *413*
McCall 365, *382*
McClearn 258, *288*
McClelland *193*, 265, *287*
McClellands 163
McCormick 167
McDaniel 284, *286*, 294, 317, *342*
McEwen 178, *193*
McGee 273, *286*
McGrath 115, *118*, 173, *193*, 403, *412*, 424, 434, 435, *436*, *437*
McGregor 48, *56*, 63, 64, *86*, 266, *286*, 440, *472*, 647
McHenry 321, *340*
McLain Smith 589, *596*
Means 357
Mearns 635, 636, *637*
Meichenbaum 632, *638*
Meissner 185, 400, *412*
Melin 237, *250*
Meller 160
Melles 349, *381*
Mellott 275, *286*
Mento 73, *86*
Merboth 213, *219*
Merritt 182, *194*
Mertens 131, *140*
Mertini 218, *220*
Mertins 552, 553, *555*
Merton 652, *659*
Meshkati 626, *638*
Mess 188
Messé 421, *437*, 462, *471*
Metlay 625, *638*
Métraux 42, 43, *56*
Metz 184, *191*, 225, 238, 242, 244, *248*, 626, 630, 635, *636*
Meumann 123, *140*
Meyer, A. 465, *471*
Meyer, B. *556*
Meyer, H. 339
Miceli 153, *154*
Michels 545, *555*
Middleton 524, *554*
Miles 569, 584, *598*
Milkau 240
Miller, D. 60, 78, *86*
Miller, K. A. 187, *193*
Miller, K. I. 546, *555*
Miller, L. M. 351, *382*
Millward 168, 185, *193*
Miner 59, 70, *87*, 164, 168, 325
Mirvis 451, *472*
Mischel 261, 262, *287*
Mitchell 545, *555*, 652, *658*
Mobley 114, *119*
Modrow-Tiehl 211
Moede 21, 31, 34, 35, 40, 42, 43, *56*
Mohr 50, *56*, 173, 175, 183, 185, 189, 190, 191, *192*, *193*, *194*, 209, 218, *219*, 276, *288*, 632, *636*
Mohrman *472*, 444
Moldaschl 233, 240
Mollemann 566, *598*
Molt 47, *56*
Monge 546, *555*
Moody 232, *250*
Moran 589, *598*
Moreland 424, 428, *437*
Moreno 402, *412*
Morgan 520, 526, *555*, 565, 568, *598*
Moriarty 624, *638*
Morris 434, *437*
Morrow 373, 376, 378, 379, *382*, 377
Moscoso 314, *342*
Moscovici 404, *412*
Moser 89, 90, 96, 101, 103, 106, 110, 111, 114, *119*, 160, 189, *194*, *195*, 271, 281, *287*, 297, 316, 332, 335, 337, 339, *342*, *343*, 374, 582, 586
Moskowitz 167, 168, *192*
Motowidlo 166, *192*, 304, 321, *340*, *342*
Mount 304, 305, *341*, 354, *382*, *340*
Mouton 548, *554*
MOW – International Research Team 160, *194*
Muchinsky 171, *193*, 310
Muck 325, 327, *340*, *343*, 489, *510*
Mücke 273, 275, *285*
Mueller 656, *659*
Mulatu 187, *194*, 259, 267, 270, *288*
Mulder 399, *412*
Mullen 368, *382*, 423, *437*, 507, *511*
Müller, B. 361, *383*
Müller, F. 589, 590, 591, *598*
Müller, H.-D. 364, *383*
Müller, W. 643, *658*
Müller-Böling 583, *598*

Müller-Rommel 645, *659*
Müller-Schwarz 588, *598*
Mumford 300, *342*, 489, *510*
Münsterberg 21, 24, 27, 28, 29, 35, 38, 47, *56*, 123, *140*, 221, 338
Murphy 189, *194*, 232, 327, *342*
Murray 260, *287*, 303, *341*, 525, 538, *556*
Murtha 355, *382*
Musahl 631, 631, *638*
Muster 235

Nadler 562, *598*
Naij 618, *637*
Namann 32, *56*
Nathan 352, 366, *381*
Naumann 318
Neale 278, *288*
Near 153, *154*
Nedess 234
Negandhi 649, *659*
Neisser 303, *342*
Nemecek 397
Nerdinger 160, 164, 167, 168, *194*, 218, *219*, 264, *288*, 389
Neter 317
Neubauer 309
Neuberger 78, *87*, 158, 169, 170, *194*, 267, 281, *287*, 335, 340, 346, *382*, 399, *412*, 465, *472*, 475, 478, 480, 492, *511*, 524, 544, 551, *555*, 566, 570, 591, *598*
Neubert 502, *511*
Neuijen 591, *597*
Neuman 373, *382*, 612, 613, 614, *616*
Newell 352, *382*
Newman 361, *381*
Nguyen 317, *342*
Nicholas 612, 613, 614, *616*
Nida-Rümelin 153, *154*
Niedermeier 213
Niepce 566, *598*
Noe 326, 368, *382*
Nold 634, *638*
Nonaka 388, *411*, 552, *555*, 594, *598*, 654, *659*
Nordhause-Janz 444, *472*
North 594, *598*
Nosek 188, 275, 283, *286*, *287*
Noss 604, *616*
Nowak 429, *438*

O'Leary-Kelly 504, *511*
O'Brien 394, *412*
O'Kelly 233, *248*
O'Reilly 609, *616*
Oates 187, *194*, 259, 267, 270, *288*
Oberquelle 401, *412*
Ochs 226, *248*
Ochsenbein 516, *554*
Odiorne 322, *342*
Oechsler 51, *55*
Oehlke 232, *250*
Oesterreich 174, *194*, 199, 208, 210, 211, 212, 213, 214, *219*, 227, 238, *250*, 575, 576, 582, *597*, *598*, 623, *638*
Oettingen 263, *287*
Ogbonna 527, *555*
Ohayun 338, *341*
Ohayv 591, *597*
Olbrich 151, 152, *154*
Oldham 164, 165, *192*, *194*, 214, *218*, 229, 241, 391, *411*, 419, *437*
Olsen 124, *140*, 542, *554*
Ones 317, *342*, 354, 358, *382*, *383*
Orendi 156, *156*
Organ 166, *194*, 321, *342*, 389, *412*
Osborn 394, *412*
Osterloh 584, *598*
Osterreich *87*, 215
Oswald 300
Ott 153, *154*
Otto 176, *195*
Ouelette 180, *194*, 271, *287*

Paetau 246, *250*
Paine 166, *194*
Palmer 103, *118*
Palmerud 237, *250*
Paquin 167
Parker 462, *472*
Parr 185, *193*
Pasmore 604, 614, *616*
Patterson 401, *411*, 499
Patton 171, *193*, 549, *554*
Paul, G. 532, *555*
Paul, K. 189, *194*
Paullin 312, *341*
Paulus 422, *437*
Pawlik 579, *598*
Pawlowsky 461, *472*
Pazy 338, *341*
Pearce 612, 613, *616*
Pearlman 295
Peiró 656, *659*
Pekruhl 233, *248*, 444, *470*, *472*
Pelz 552, *556*
Perlitz 363, *382*
Perloff 32, *56*, 303, *342*
Perrez 278, *285*, 630, *638*
Perrow 569, 589, *638*
Perrows 624, 625
Petermann 302
Peterson 300, *342*
Pfaus 212, *218*
Pfeffer *412*, 525, 531, 541, 542, 553, *555*, *556*, 641, 650, *657*
Pfeuffer *412*
Pfister 81, *86*, 160, *194*
Phillips 283, *287*
Picot 529, *556*
Pidgeon 626, *639*
Pieper 246, *250*
Pietruschka 440, *472*, 501, *510*
Pifczyk 462, *472*
Pihet 179, *194*
Pikal 485, *509*
Pillai 498, *512*
Pinneau 181
Pintrich 266, *288*
Plath 213, *219*
Pleiss 212, *218*, 238
Plinke 89, *118*
Plomin 258, 280, *288*
Podsakoff 478, *511*
Podsiadlowski 404, *411*
Pohlandt 212, 215, *219*
Pohley 309
Polanyi 594, *598*
Pollock 380, *382*
Pongratz 591, *598*
Popitz 139, *141*
Popper 60, *87*
Pornschlegel 161
Porras 612, 613, *616*
Porter 10, *16*, 74, 335, *342*
Posluszny 276, *285*
Powell 317
Pradhan 434, *438*
Premack 338, *342*
Prest 168
Preston 518, *554*
Pribilla 401, *413*
Pribram 78, *86*
Price 632, *638*
Prieto 54, *55*, 656, *659*
Prietula 433, *438*
Pritchard 73, *85*, 162, 164, 167, 169, *192*, 531, 546, *556*
Probst 654, *659*
Prochaska 199, *219*
Prosser 355, *383*
Prothmann 631, *638*
Pruitt 547, *556*
Pugh 389, *413*, 560, *598*
Pulling 336
Pulwitt 278, *286*

Pursell 314, *342*
Pusic 588, *597*
Putnam 589, *596*
Putz 502, *511*

Quaintance 294, 299, *341*
Quell 317
Quinn 519, 520, 539, *556*
Quinones 309
Quintanilla 160, 162, 186

Raatz 101, 105, 107, *118*, 302, 579, 582, 593, *598*
Racky 445, 457, *471*, *472*
Rade 552, *556*
Raeithel 150, *154*, 235
Rafferty 233, 632, *638*
Raju 373, *382*, 612, *616*
Rao 526, *554*
Rasmussen 621, *638*
Rauch 233
Rauen 83, *86*, 367, *382*, 608, *616*
Rauterberg 217, *219*, 222, 223, 246
Raven 544, *554*
Ravlin 388, *411*, *437*, 612, 613, *616*
Rawls 146, *154*
Raymark 300, *342*
Reason 619, 621, 625, *638*
Reber 475, *511*
Reddin 476
REFA – Verband für Arbeitsstudien und Betriebsorganisation e.V. 360, *382*
Rehäuser 550, *556*
Reicherts 179, *194*
Reichertz 139, *141*
Reichold 150, *154*
Reichwald 401, *413*, 529, *556*, 596, *598*
Reigeluth 380, *382*
Reilly 269, *286*
Reinert 260, *285*
Renner 319, *341*
Resch 156, 208, 212, 213, 215, *219*
Reschke 631, *638*
Rey 244
Reymer 644, *658*
Rheinberg 475, *511*
Rhoades 491, *509*
Rice 41, 42, *56*, 227, 230, 231, 232, *250*
Richter 172, 176, 177, *194*, 212, 213, 214, 215, *219*, 231, 238, 244, 246, *250*
Riecken 393, *413*
Riemer *249*, 258
Rietz 52, *56*
Rijk 182
Rimann 160, 180, *194*, *195*, 214
Ringstad 636, *636*
Rinn 635, *639*
Rippberger 607, *616*
Risch 151, *154*
Ritter 634, *638*
Rob 311
Roberts 281, *288*, 365, *383*, 537, *556*, 570, *599*, 651, *659*
Robertson 307, *342*
Rodriguez 189, *193*
Roe 160, *194*, 482, 483, *510*, 656, *657*
Roelofsma 362, *382*
Roethlisberger 40, 41, 56, 87,133, *141*, 390, 403, *413*, 440, *472*
Rohmert 172, *193*, 211, 215, *219*, 235, 458, *472*
Rohn 364, *382*
Rohrbaugh 519, 520, 539, *556*
Röhrle 391, *412*
Roland 624, *638*
Rolfs 267, *288*
Romhardt 654, *659*
Roos 442, *473*, 654, *659*
Rosch 237, *249*
Rose 214, 217, *220*, 240, *249*, 259, *288*
Rosen 338
Rosenbrock 226, 237, *248*, *250*
Rosenkrantz 66, *86*
Rosenman 619, *637*
Rosenstiel, von 12, *17*, *47*, *56*, 491, 130, 136, *140*, *141*, 143, *154*, 157, 158, 160, 186, *194*, 214, *218*, *264*, *288*, 387, 403, 406, *411*, *412*, *413*, 428, 475, 476, 481, 484, 488, 489, 499, 503, *510*, *511*, 569, 588, 589, 590, *597*, *599*, 602, 609, 610, *616*, 651
Rosenthal, D. B. 310, *343*
Rosenthal, R. 103, 109, 113, *119*
Rosnow 113, *119*
Rosse 391, *411*
Roßmann 211
Rothbart 273, *288*
Rothe 217, *219*, 242, 244
Rothstein 294, 312
Rousseau 529, 536, *554*, 570, *599*
Rozell 507, *511*
Rubin, D. B. 103, 113, *119*
Rubin, J. Z. 547, *556*
Ruch 466, *471*
Rückert 185
Rudinger 575, *599*
Rudman 275, *286*
Rudolph 213, *219*
Rüegg-Stürm 83, *87*
Rüegsegger 21, 32, 33, 34, 38, 40, *56*, 124, *141*
Ruiz 160
Ruiz Quintanilla *194*, 163, 484, *510*
Rummel 185
Rupinski 373, 379, *382*
Rupp 221, *250*
Ruppert 620, 623, 624, 631, *638*, *639*
Russell 330
Rutter 258, *288*
Rüttinger 47, *56*, 634, *638*
Ryan 163, *192*, 264, 265, *288*, 317
Rynes 339, *342*
Ryser 212, 215, 217, *218*, *220*

Sackett 294, 310, 317, 326, *342*, 283, *288*
Sader 138, *141*, 399, 402, 405, *413*, 492, *511*
Sadu 632, *638*
Salancik 531, *556*
Salas 329, 348, 352, 354, 357, 372, *380*, *381*, *382*, 507, *511*
Salgado 273, *288*, 300, *342*
Salthouse 282, *288*
Salvador 554, *556*
Sandberg 234, *250*
Sanden 402, *413*
Sanders 591, *597*
Sarges 200, 203, *219*, 326, *342*, 490, *511*
Sassenberg 401, *411*, 552, *554*
Saßmannshausen 214, 217, *220*
Sattes 218, *219*
Sauer 388, *411*
Scandura 498, *512*
Schachter 406, *413*
Schachwitz 31, 35, *56*
Schade 182
Schallberger 160, 185, 186, 187, 188, *194*, 258, 267, *288*
Schaper 212, *219*, 362, *382*
Scharmann 416, 417, *437*
Schaub 147, *154*, 269, *286*
Schäuble 402, *413*
Schaubroeck *194*, 461, *472*
Schaufeli 175, 182, 183, 185, *194*
Schaupeter 361, *383*
Schein 47, *56*, 63, *87*, 126, *141*, 337, 389, 527, *556*, 589, *599*, 607, *616*, 626, *638*
Schenk 655, *659*
Scherk 401, *413*
Scherm 326, *342*, 480, 490, *511*

Scherrer 242, 244, *250*
Schienstock 522, *556*
Schildbach 278, *286*
Schjelderupp-Ebbe 402, *413*
Schlittgen 584, *599*
Schmid 353
Schmidt, F. L. 116, 117, *118*, 269, *288*, 293, 294, 295, 300, 301, 310, 312, 317, *341*, *342*, 354, *383*, 481, *511*
Schmidt, K.-H. 462, *472*, 491, 506, *511*, *512*, 531, 546, *556*
Schmidt, O. 53, *56*
Schminke 388, *411*, 434, *437*
Schmit 300, 317, 321, *342*, *342*
Schmitt 317, 326, 335, 337, 339, *340*, *342*
Schmitz 35, 43, *55*
Schmook 160, 184, 189, *193*, *194*
Schneewind 278, *288*, 406, *413*
Schneider, B. 50, *56*, 185, *194*, 267, *288*, 335, 337, *342*
Schneider, J. 322, *341*
Scholl 515, 518, 524, 525, 532, 542,543, 544, 549, 551, 552, 553, *555*, *556*
Scholl-Schaaf 645, *659*
Schön 68, *85*, *85*, 20, *55*, 601, *615*
Schönfelder 213, *219*
Schönpflug 176, 179, *194*, 509, *512*, 622, *638*
Schooler 186, 187, *193*, *194*, 259, 267, 270, *288*
Schott 578, *599*
Schrader 91, *118*, 401, *413*
Schreyögg 225, *251*, 604, 608, 615, *616*
Schriesheim 495, *512*
Schroda 238, *249*
Schröder 278, *288*, 465, *472*
Schroll-Machl 652, *659*
Schuler 9, 12, *16*, *17*, 50, *56*, 103, 105, 114, *118*, *119*, 152, *154*, 199, *219*, 267, *288*, 289, 297, 302, 310, 311, 312, 315, 316, 317, 325, 326, 327, 332, 333, 336, 337, 339, *340*, *341*, *342*, *343*, 345, *383*, 391, 407, *413*, 463, 464, *472*, 489, *510*, 586
Schultetus 246, 247, *251*
Schultz 139, *140*, 175
Schultz-Amling 95, *119*
Schultz-Gambard 122, 128, 139, *140*, 210, *218*, 361, *381*
Schultz-Hardt 422, *437*
Schulz 179
Schulz v. Thun 465, *472*
Schulze 212, 215, *219*, 587, *597*
Schumann 462, *472*, 642, 643, *658*
Schüpbach 197, 200, 201, *219*, 356, 525, 538, 579, 602
Schütz 136, *141*
Schwab 106, 108, *119*, 336
Schwager 236, 634, *638*
Schwartz 106, *119*, 138, *141*, 273, *286*
Schwarz 646, *659*
Schwarzer 182, *193*, 359, *383*, 623, *639*
Schweitzer 240, *251*
Schwertfege *154*, 149
Schwier 150, *154*
Schwoerer 338
Schyns 483, *510*
Scott, J. 528, *556*
Scott, W. R. 565, *599*
Seashore 406, *413*, 581, *598*
Sechrest 106, *119*, 138, *141*
Segal 280, *285*
Seifert 218, *220*, 337
Sels 523, *555*
Selye 172
Semmer 157, 172, 173, 175, 179, 181, 182, 183, 184, 185, 187, 188, *192*, *194*, *195*, 202, 212, 213, *218*, 222, 235, 236, 246, *251*, 258, 267, 276, *288*, 620, 621, *637*, *639*
Senge 526, *556*, 601, *616*
Sey 442, 460, *472*
Shah 528, *556*
Shamir 496, 497, 499, *512*
Shapira 542, *556*
Sharfman 543, *554*
Shaw 399, *413*, 422, *437*
Shea 419, 423, *437*, *437*
Shimmin 123, *141*
Shirom 559, 560, *597*
Shoda 261, 262, *287*
Shotland 371, *380*
Showers 283, *287*
Siegel 354, *383*
Siegrist 175
Siegrist *195*, 238, *251*
Simon 80, *86*, *87*, 352, *382*, 515, 524, 530, 542, *555*, *556*
Sims 505, 506, *511*
Sinha 652, *658*
Sivasubramaniam 498, *511*
Six 164, 169, *195*
Skell 362, *381*, 631, *639*
Skiba 617, *639*
Skinner 60, *87*, 360, *383*
Slater 126, *139*, 402, 405, *410*
Slaughter 462, *472*
Smith, A. 21, *56*
Smith, D. B. 185, *194*, *288*
Smith, M. 12, *17*, 339, *343*
Snyder 273, *288*
Snyderman 71, *86*, 164
Sochert 184, *195*
Sodenkamp 506, *512*
Söderlund 237, *250*
Sonnentag 181, 184, *195*
Sonntag 161, *192*, 198, 209, 210, 212, *218*, *219*, 222, 227, 228, 242, 246, *249*, 294, *341*, *343*, 361, 362, 367, *382*, *383*, 408, *413*, 602, *616*
Sorge 653, *658*
Sourisseaux 652, *657*
Sparrowe 496, *511*
Spector 101, *119*, 169, 171, 174, *195*, 491, *510*
Sperandio 177
Spinas 217, *219*
Spinner 112, *118*
Spizley 226, *248*
Sprenger 509, *512*
Springer 461, 463, *472*, 609, *616*
Sproull 401, *412*
Spychalski 309
Sroebe 437, 422
Stablein 583, *599*
Staehle 27, 65, *56*, 346, *383*, 653, *659*
Staeuble 31, 36, 38, 40, 43, *56*
Stahl 316, *343*
Stahlberg 64, *86*
Stajkovic 166, 271, *288*, 608, 612, *616*
Stalker 648, *657*
Stammers 176, *193*
Stamps 442, *472*
Stanton 179
Starbuck 642, *659*
Starringer 226, *251*, 461, *473*
Statistisches Bundesamt 644, *659*
Stäuble 36, *56*
Staudinger 270, *285*, *288*
Staudt 388, *413*
Staufenbiel 325, *343*, 347, *383*
Staw 93, 101, *119*, 426, *437*
Stebani 226, *248*
Steers 76, *87*
Steger 388, *413*
Stegmaier 361, *383*, 408, *413*
Stehle 313, 463, *472*
Steinborn 364, *383*
Steiner 422, *437*
Steinmann 68, *87*, 151, 152, *154*, 225, *251*
Stelling 442, *472*
Stelzl 99, *119*
Stern *242*
Stern, E. 40, *56*
Stern, W. 21, 24, 30, 31, 35, 40, 42, *56*
Sternberg 269, 272, *288*, 303, *342*, 353, *381*, 404, *414*

Stewart 273, *288*
Steyrer 499, *510*
Stief 271, *285*
Stierwalt 317
Stiksrud 645, *659*
Stocker-Kreichgauer 12, *16*, 394, *411*
Stockmann 644, *659*
Stogdill 490, *512*
Stokman 528, *556*
Stone, A. A 278, *288*
Stone, D. L. 103, *119*
Stone, E. F. 100, 102, 103, *119*
Stötzel 532, 546, *555*
Straub 91, *118*, 588, *597*
Strauss 136, *141*, 588, *597*
Strehmel 391, *413*
Streich 402, *413*
Streitberg *555*, 584
Streufert 94, 105, *118*
Strien, van 123, *141*
Stringer 499, *510*
Strobel 631, *639*
Stroebe 398, *411*, *413*, *436*
Strohm 205, 206, 217, *219*, 227, *251*, 466, *472*, 570, *599*
Strohschneider 269, *286*
Strube 631, *639*
Stumpf 365, *383*, 464, *472*, 506, *512*
Subich 276, *288*
Sundstrom 419, 423, *438*
Susman 227, *251*
Süß 269, *287*, *288*, *341*, 353, *383*
Sverko 652, *658*
Swann 273, *288*
Sweeney 423, *437*
Sydow 226, 238, *251*, 529, *556*, 566, 570, *599*, 655, *659*
Symon 136, *140*

Taillieu 482, 483, *510*
Takeuchi 552, *555*, 594, *598*, 654, *659*
Tannebaum 371, 545, 271, *288*, 329, 348, *380*, *382*, *556*
Tapsell 233
Taveggia 160
Taylor, F. W. 21, 24, 25, 28, 38, *56*, 61, 80, *87*, 201, *219*
Taylor, J. C. 150, *154*
Taylor, S. E. 60, *86*
Teachout *381*, 352
Tejeda 498, *512*
Terry 573, 589, *597*, *599*
Tett 294
Thalmann 180, *195*
The European Work and Technology Consortium *251*
Theis 402, *413*
Themessl 236, 634, *637*
Theorell 174, 182, 187, *193*, *195*
Thibaut 394, 403, *412*, *413*, 417, *438*
Thiehoff 595, 596, *599*, 629, *639*
Thierau 90, 91, 114, *119*, 139, *141*, 573, 586, 588, 594, *599*
Thierry 166, *195*
Thoits 181
Thomae 139, *140*
Thomas, A. 50, *57*, 464, *472*, 652, *659*
Thomas, A. M. 359, *383*, 506, *512*
Thomas, K. W. 547, 548, *556*
Thompson 75, *87*
Thoresen 171, *193*, 481, *510*
Thorndike, R. L. 319, *343*, 394, *413*
Thorndike, E. L. 353, *383*
Thornton 308, 310, *343*, *343*
Thorsrud 228, 232, *249*, 458, 461, *471*
Tielbein 456, *473*
Timm 242
Timpe 217, *219*
Tindale 421, *437*
Titchener 29, 34
Tjosfold 395, *413*
Toft 626, *639*
Tokar 276, *288*
Tolman 647, *659*
Tomaszewski 230, *251*
Toplis 52, *57*
Tornow 358, *383*
Touraine 643, 644, *659*
Traue 631, 634, *637*
Traver 371, *380*
Treier 242, *251*
Treinies 116, *118*
Trenberth 187
Tress 443, *472*
Triandis 50, *57*, 258, *288*, 404, *411*, 652, 652, *658*
Triebe 235
Trimpop 623, 631, *639*
Triplett 393, *413*
Trist, E. J. 525, 538, *556*
Trist, E. L. 46, *57*, 226, 229, 231, 232, *251*, 402, *413*, 455, *473*, 647, *658*
Tsang 528, *556*
Tschan 173, *19*, 235, 516, *554*
Tuckman 401, *413*, 428, *438*
Tugendhat 145, *154*
Türk 477, *512*, 522, *556*, 565, 566, *599*
Turk 528, *554*
Turnage 310
Turner 389, *413*, 626, *639*
Turnley 603, *616*
Tversky 81, *87*
Tyler 491, *512*

U.S. Depart ment of Labor 300, *343*
Udris 14, *17*, 157, 160, 161, 173, 180, 183, 191, *194*, *195*, 202, 208, 209, 214, *219*, 236, 400, *413*, 634, *638*
Uhl-Bien 392, *411*, 494, 495, *510*
Uhlig 231, *250*
Ulich, D. 391, *413*
Ulich, E. 14, *17*, 21, 22, 46, 48, *57*, 125, *141*, 160, 161, 164, 180, 185, 187, *195*, 202, 203, 206, 215, 217, *218*, *219*, *220*, 221, 222, 223, 225, 226, 227, 229, 232, 234, 235, 237, 238, 239, 240, 242, 245, 246, *251*, 280, *288*, 455, 459, 461, 462, 466, *472*, *473*, 505, 564, 570, 579, 595, *599*, 602, 609, *616*, 626, 629, *639*, 657, *659*
Ullsperger 237, *250*
Ulrich 14, 26
Undeutsch 631, *639*
Urbina 303, *342*
Urwick 21, *57*
Ury 549, *554*

Vahrenkamp 26, 27, *57*
Valdimarsdottir 278, *288*
Vallacher 429, *438*
Vanberg 516, *556*
Vancouver 263, *285*
Vassen 363, *382*
Vaughan 484, *510*
Ven, van de 561, 562, 566, *599*
Verbeck 591, *599*
Verhaeghen 282, *288*
Vernon 176
Vershure 283, *288*
Vetter 237, 618, *636*, *637*
Viswesvaran 317, *342*, 354, 358, *382*, *383*
Vivet 360, *383*
Vogt 218, *220*
Volkwein 589, *598*
Vollrath 421, *437*
Volpert 22, 26, 48, 51, *56*, *57*, 150, *154*, 158, 174, *194*, 199, 208, 209, 210, 212, 213, 214, 215, *218*, *219*, *220*, 228, 230, 231, 235, 238, 240, *250*, *251*, 575, 576, *597*, *598*, 623, *638*
Vorbeck 552, *555*
Vorwerg 49, *55*

Voß 591, *598*
Vroom 71, 77, *87*, 166, 387, 399, 405, 406, *413*, 491, 492, 493, 494, *512*
Vuuren, van 191, *193*, 625, *639*

Wächter 211, *220*
Wacker 189, *195*, 271, *288*
Waclawski 51, 53, *57*
Waddington 138, *141*
Wade 294
Wäfler 212, 215, 217, *218*, *220*, 228
Wagener 269, *288*
Wahl 52, *56*
Wahlström 625, *639*
Waibl 240
Waldherr 631, *639*
Walgenbach 10, *17*
Wall 581, *597*
Wanous 114, *119*, 337, *342*, *343*
Wardanjan 246, *250*
Warnecke 533, *554*
Warner 653, *658*
Warns 589, *599*
Warr 159, 169, 182, 190, *195*, 235, *251*, 581, *597*, 622, *639*
Waters 144, *153*
Watson 422, *437*, 544, *554*
Wayne 496, *511*, 614, *616*
Webb 106, *119*, 138, *141*
Weber, M. 21, 51, *57*, 61, 62, 80, *87*, 146, *154*, *157*, 522, 523, 541, 544, *556*, 566, *599*
Weber, W. G. 217, *220*, 233, 235, 236, 239, 240, *251*, 570, 589, *599*, 602, 609, *616*
Weg 458, *472*
Wegge 160, *195*, 264, *287*, 388, 389, 391, 401, 404, 405, *414*, 428, 441, *473*, 475, 476, 477, 479, 481, 482, 483, 484, 489, 491, 492, 497, 499, 502, 503, 503, 504, 505, 507, 508, *511*, *512*
Wegner 424, *438*
Wehner 233, 239, 240, *251*
Weiber 89, *118*
Weichselbaumer 596, *598*
Weick 95, *119*, 124, *141*, 321, *340*, 527, 551, *556*, 566, *599*
Weierters 483, *512*
Weik 212, 215, 217, *218*, *220*
Weinert, A. B. 61, *87*
Weinert, P. 388, 396, 397, 398, *414*
Weingart 424, 427, 428, 429, 433, 434, *438*
Weinstein 623, *639*
Weisheit 242
Weiss 66, *87*, 160, 191, *194*
Weldon 421, 434, *438*
Welge 531, *556*
Well, van 655, *659*
Welter 566, 581, *598*
Wendt 143, *154*
Wengel 444, *472*, *473*
Wenk 397, *414*
Wenninger 177, 179, *195*, 620, 631, *638*, *639*
Werner 506, *511*
Wernerfelt 553, *555*
Wernimont 302, 307, *343*
Werth 163, *195*
Wesson 502, *511*
West 217, *218*, 358, *382*, 390, 407, *411*, *414*, 418, 419, *438*, 632
Westerman 176, *193*
Westermayer 448, *473*, 633, *639*
Westkämper 456, *473*
Westley 144, *153*
Westmeyer 645, *659*
Weuster 311
Wexley 232, *342*
Weyer 588, *598*
Wherry 325
Whetzel 294, *342*
White, L. P. 149, *154*
White, R. K. 43, *56*, 492, *511*
WHO 627, *639*
Widmer 278, *285*
Wiedl 272, *286*, 353, *381*
Wiehen 150, *154*
Wieland 10, *17*, *25*, 242, 244, 245, 246, *251*
Wieland-Eckelmann 176, *195*, 214, 217, *220*
Wielen, van der 243, *249*
Wiendieck 123, *141*
Wigand 529, *556*
Wilde 631, *639*
Wildmann 83, *87*
Wilensky 551, *556*
Willcoxson 355, *383*
Willman 528, *554*
Williams, K. 421, *437*
Williams, K. D. 393, *412*, *414*
Williams, W. M. 259, 260, *286*, 404, *414*
Williamson 527, 528, *556*
Willke 654, *659*
Wilm 242, *250*
Wilpert 514, 546, *554*, *556*, 588, 591, *597*, 620, 624, 625, 626, 634, *637*, *639*, 641, 645, 652, *658*, *659*
Wilson, A. T. M. 231, *251*
Wilson, B. 135, 139, *141*
Wilson, D. C. *555*
Windeler 655, *659*
Windischer 212, 215, 217, *218*, *220*
Winkelhofer 90, *118*
Winkler 143, *154*
Winklmeier 634, *637*
Winter 273, *288*
Wise 321, *340*
Witmer 29
Witte 143, *154*, 389, 392, 402, *414*, 421, *438*
Wittmann 269, *288*, 369, *383*
Woike 319, *343*
Wojnaroski 168
Wolf 586, *599*
Wolfe 365, *382*, *383*
Wolff, C. J. de 52, *57*
Wolff, S. 136, *140*, 569, *597*
Wollnik 566, 568, *599*
Womack 442, 460, 462, *473*, 654, *659*
Wood 271, 283, *286*, *287*
Woodcock 282, *287*
Woodman 604, 614, *616*
Woodward 649, *659*
Wooten 149, *154*
Wörner 54, *55*
Worschée 130, *141*
Wortman 112, *119*
Woschée 143, *154*, 281, *287*
Wotschak 226, *248*
Wottawa 90, 91, 114, *119*, 123, 139, *141*, 302, 319, *342*, *343*, 573, 584, 586, 588, 594, *599*
Wright 424, *436*
Wunderer 335, *343*, 475, 476, 478, 479, 485, 490, 492, 506, *511*, *512*
Wundt 29, 30, 42, 619
Wyatt 176
Wydler 180, *195*

Xie 461, *472*

Yang 422, *437*
Yankelovich 645, *659*
Yerkes 34
Yetton 398, 399, *413*, *414*, 492, 494
Yoldas 237
Young 465, *471*
Yukl 271, *288*

Zaccaro 489, *510*
Zadeck 42, *57*
Zahn 456, *473*
Zajonc 395, *414*

Zand 400, *414*
Zapf 172, 173, 175, 181, 182, 183, 184, 185, *194*, *195*, 210, 215, 218, *220*, 242, 244, 478, *512*, 578, *599*
Zedeck 326, *342*
Zeifang 644, *659*
Zeisel 189, *193*
Zempel 95, *119*, 189, *195*
Ziegler 528, *556*
Zielinski 198, 199, *218*, 565, 567, *596*
Zimmer 463,*470*
Zimmermann 575, *599*
Zimolong 217, *219*, 624, 634, *639*
Zink 233, *251*, 461, *473*, 591, *599*, 635, *639*
Zinovieva 652, *658*
Zölch 197, 212, 217, *218*, *220*, 248, *251*, 356, 525, 538, 579, 602
Zuckerman 276, *285*
Zülch 226, *251*, 461, *473*, 635, *639*
ZUMA 104, *119*
Zwicky 521, *556*

Sachregister

A

Absentismus 93
Affektivität, negative 180
Ähnlichkeit, wahrgenommene 391f., 405
Aktionsforschung 603
Alpha-Fehler 113
Alter 270, 282
  Leistungsverlauf 282
  Weisheit 282
Altersaufbau der Bevölkerung 646
Analyse 628
  von Gruppenaufgaben 215, 217
Analysetechnik 416
Analyse und Bewertung von Arbeitssystemen 203ff.
  Mehrebenenansatz 204ff.
  MTO-Analyse 206ff.
  Soziotechnische Systemanalyse 205f.
Anarchie, organisierte 541
Anforderungen, berufliche 293
  psychische 238
  tätigkeitsspezifische 291
  tätigkeitsübergreifende 291
Anforderungsanalyse 356ff.
Angewandte Psychologie 21
Ängstlichkeit 483, 487
Anlage- und Umweltfaktoren 259
Annäherungsorientierung 266
Anpassung 548
Anpassungsfähigkeit 539f.
Anregungsintensität 261
Anreiz 264
Anschluss 265
Arbeit 157ff.
  Ansprüche 161f., 170
  Befinden 279
  Bewertung 161ff., 172
  Definition 158
  Wert 158ff.
  Zentralität 158, 160
Arbeits- und Anforderungsanalyse 293
  Verfahren 294
  Beschreibungsebenen: Aufgabenebene 295
  Beschreibungsebenen: Verhaltensebene 296
  Beschreibungsebenen: Eigenschaftsebene 298
Arbeits- und Organisationspsychologie 21
  Berufsfelder 23
  Entwicklungsaufgaben 23
  Geschichte 21
  humanistische Neuorientierung 48
  Lage der deutschsprachigen 50
  organisationale Professionalisierung 24
  Phase der Expansion und Wissenserweiterung 23, 33, 38
  Phase der Pionierzeit der Arbeits- und Organisationspsychologie 23f., 38
  Phase der Wissensvertiefung, Stabilisierung und organisationalen Professionalisierung 23, 49
Arbeits- und Tätigkeitsanalyse 570, 575, 578, 581
Arbeitsablaufanalysen 210f.
Arbeitsanalyse und -bewertung
  auf der Ebene der Arbeitsgruppe 201ff., 207
  autonomieorientierte Ansätze 200ff., 208, 215
  Belastungen 212ff., 216
  Büro und Verwaltung 208, 212ff.
  CNC-Tätigkeiten 212, 216
  forschungsorientierte Ansätze 198, 204
  funktionsorientierte Ansätze 200ff.
  Hauptinformationsquellen 295
  Haus- und Familienarbeit 215, 218
  interventionsorientierte Ansätze 198, 202ff., 215
  im Krankenhaus 212
  in der Produktion 205ff., 212ff.
  Instrumente und Verfahren 198ff., 215f.
  verhaltensorientierte Ansätze 198f., 204, 211
Arbeitsaufgabe 198f., 200, 207ff.
Arbeitsauftrag 203, 208, 210
Arbeitsbedingungen 158, 161, 164, 176
Arbeitsbereicherung 455
Arbeitserweiterung 455
Arbeitsethik, protestantische 157
Arbeitsgestaltung 169, 184, 623, 627, 629, 633
  differentielle 225f., 233, 246f.
  dynamische 225, 233
  gesundheitsgerechte 238
  korrektive 223ff.
  persönlichkeitsfördernde 49, 230
  präventive 223ff.
  prospektive 224f.
  Strategien 223
  und Ethik 150
  und Gesundheit 236
Arbeitsgruppen 40, 387, 389, 392, 394, 400ff., 405f., 408, 410, 415, 428
  Diversität 404f.

Heterogenität 404f.
klassische 460
Leistungen 403
selbstregulierende 455ff.
virtuelle 401
Arbeitskreis Gesundheit 627
Arbeitslosigkeit 185, 189ff., 391 (s.a. Erwerbslosigkeit)
Arbeitsmarkt 646
Arbeitsmotivation 41, 162ff. (s.a. Arbeitszufriedenheit)
Arbeitsorientierungen 160, 186
Arbeitsplatzmerkmale 101
Arbeitsplatzunsicherheit 191
«Arbeitsprobe zur Berufsbezogenen Intelligenz (AZUBI-BK)» 318
Arbeitsproben 105, 111, 302, 307
Arbeitspsychologie in den Ostblockländern 48
Arbeitsschutz 618
Arbeitsschutzgesetz 618
Arbeitsschutzsystem 618
Arbeitsstandards 460
Arbeitssysteme, primäre 226
Arbeitsteilung 388, 402, 533
internationale 643
und Koordination 387
Arbeitsunfähigkeit 617f.
Arbeitsverweigerung aus Gewissensgründen 150
Arbeitswechsel 455
Arbeitswissenschaft, Entwicklung der 22
Arbeitszeitmodelle 644
Arbeitszeitsysteme 468
Arbeitszufriedenheit 41, 91, 96, 101, 164, 169ff., 278, 280, 406f., 451, 459, 461, 462
als Einstellung 281
Formen 170f.
und Arbeitsmotivation 47
«Army Alpha» 33
Arousal 175, 177
Assessment Center 308f., 407, 463
Dimensionen 309
Übungswirkung der wiederholten Teilnahme 310
Attributionstendenzen 271
Aufforderungscharakter 261
Aufgaben- und Ergebnisanforderungen 292
Aufgabenanalyse 356ff.
kognitive 357
Aufgabengestaltung 229
Aufgabenorientierung 228f., 232, 236, 416
Aufgabenumwelt 649
Auftragsforschung 10
Ausbeutungsmetapher 520
Ausbildungsanforderungen für Psychologen 35
Austauschbeziehungen 529
Austauschprozesse 531
Autonomie 163, 200ff., 204f., 208, 214ff., 222, 225
geringe 238
Grad 458
intrinsische Motivation 265
kollektive 202, 217

B

Beanspruchung 172, 175ff.
Bedingungskontrolle 12
Bedürfnis-Hierarchie 69ff., 163
Bedürfnisse nach Selbstentfaltung 460
soziale 460
Bedürfnismetapher 522, 547
Befindensquotient 262
Befriedigungsmöglichkeiten 549
Befriedigungspotenzial 291
Behaviorismus 29
Beitragsgefälle 425
Belastung 158, 172ff., 187, 619, 622
Belastungsfaktoren 173
Beliebtheitsführer 402
Beschreibung 59
Beobachtung 104, 573, 575, 577, 582, 585, 589
Beobachtungsinterview 207, 210
Beratung 631
Berichtswesen 565
Berliner Intelligenzstrukturmodell 268
Beruferfolgskriterien 293, 317
Berufseignungsdiagnostik 35f.
Berufseignungsprüfungen 35
Berufsverband deutscher Psychologen 52
Berufswahl 290
Bestimmung (mission) 539f.
Beteiligung (involvement) 539f.
Beteiligungsgefälle 428
Beurteilerübereinstimmung 107
Beurteilungen, Drei Ebenen der 328
eigenschaftsbezogene 322
ergebnisorientierte 321
Persönlichkeit 273
verhaltensbezogene 322
Beurteilungsgespräch 327
Beurteilungsmodelle 321
Beurteilungsskalen 104, 107
Beurteilungsverfahren 322
Einstufungsverfahren 322
freie Eindrucksschilderung 323
Kennzeichnungs- und Auswahlverfahren 322
Rangordnungsverfahren 324
Verhaltensrangprofil 325
Bevölkerungsstrukturwandel 646
Bewältigung 622
von Stress 172ff.
Bewerbungsunterlagen und Referenzen 311
Big5 304
Persönlichkeitsvariablen 305
Persönlichkeitsverfahren 317
Bilanz 567
Bildungsniveau 260
Brainstorming 394
Burnout 175, 182f.
Bürokratie 541
ideale 21
Bürokratische Organisation 61f.

C

Call Center 242, 244
Central life interests 160
Charisma 482, 488, 497
(s.a. «Führung als transformationale/charismatische Führung»
s.a. «Handlungsweisen charismatischer Führer»)
Coaching 367f., 466, 608
Cognitive Apprenticeship 361
Complex man 22
Compliance-Ansatz 151f.
Consideration 405
Content-Faktoren 164
Contextual performance 321
Coping 178ff., 181ff., 622
Cost Center 444

D

Day-to-day-Feedback 327f.
Delegation 456
«Demokratische Personalauswahl» 44
Deregulierung 642
Detaildiagnostik 571, 580
Dezentralisierungsprozesse (Öffnungsprozesse) 615
Diagnose von Qualität 591ff.
Diagnosedaten 563f., 577
Diagnostik 198
Dialoggestaltung 245f.
Dienstleistung 591ff.
Diskriminierung 146f.
Dispositionen der Führer 479, 481
der Geführten 482
Dissatisifiers 169
Distress 172f.
Diversität 540
Divisionale Struktur 534
Dokumentenanalyse 574f.
Drittmittelforschung 10
Drittvariablen 94, 96

E

Ebenenproblematik 570
Economic man 22
Effektivität 388, 408, 540, 545, 648
organisationale 518
von Gruppen 450, 451, 454, 461, 462, 463
Effektivitätsbedingungen 540
Effektivitätskonzeption 519
Effektivitätskriterien 519
Effektivitätsmodell 519
Effektivitätssteigerung 546
Effektmaße 113
Effizienzindikatoren 537
Effort-Reward Imbalance 175
Eigenschaft 261
generell erfolgsrelevante 291
versus Zustand 261
Eigenschaftsanforderungen 292
Eigenschaftsebene 298
Eignungsdiagnostik 47, 272
Eignungsdiagnostische Informationen, internetgestützte Erfassung 318
Eignungsdiagnostische Verfahren 300
biografieorientierte 310
eigenschaftsorientierte 302, 305
simulationsorientierte 307
Validität 301
Eignungsprüfungen 33
psychologische 38
Einfluss, Strategien 267
Einfluss-Projektmanagement 453
Einflussnahme 544f.
Einlinien- und Mehrliniensysteme 534
Einstellungen 280
Einstellungsgespräch 302
Einstellungsinterview 312, 314
Einstufungsskala, veraltensverankerte 324
Emotionen 160, 177, 178f.
Entgeltsysteme 468
Entlassungen und Ethik 151
Entscheidungsgruppen 398
Entscheidungskonflikte 547
Entscheidungsmodelle 541
Entscheidungsproblem 520, 524
Entscheidungsprozesse 540, 549
Erfolg oder Misserfolg 544
Entscheidungsqualität 425
Entscheidungsrechte 545
Entscheidungsspielraum 223
Entscheidungstheorien 79ff.
deskriptiv 81f.
normativ 79ff.
Entwicklungspotenzial 291
Entwicklungsprozesse 418
Ereignisanalyse 634
Erfahrungen 550
Erfolg 417, 419
Dimensionen 418
Erfolgskritische Ereignisse 297
Erfolgsrückmeldung, persönlichkeitsspezifische Wirkung 267
Erklärung 60
Ermüdung 176
Erwartung-mal-Wert-Ansatz 72ff.
Erwerbsarbeit 158
psychosoziale Funktionen 159
Erwerbslosenforschung, differentielle 190f.
Erwerbslosigkeit 159, 185, 189ff. (s.a. Arbeitslosigkeit)
Ethik 143ff.
Dezisionismus 146
Diskursethik 145
Grundrechte 145
Hermeneutik 146
Reflexionsgleichgewicht 146
Utilitarismus 145
Vertragstheorie 145

Ethische Richtlinien 38
Ethnologe 14
Eustress 172
Evaluation 563, 573, 579, 586f., 594, 629, 635
  Kriterien von Personalentwicklungsmaßnahmen 371ff.
  von Personalentwicklungsmaßnahmen 369ff.
Evolutionsmodell der Organisation 642
Ex-post-facto-Designs 100
Experimentalisten 33f.
Experimentalpsychologie 33, 42
Experimente 94
Experimentelle Methodik 12
Experteninterview 91, 574
Extra-Rollenverhalten 389f.
Extraversion 304f., 481, 485, 487

F

Facettentheorie 347
Fachgruppe Arbeits- und Organisationspsychologie 52
Fachpromoter 612
Fähigkeiten, Fertigkeiten und Kenntnisse 291
Fähigkeitstests, kognitive 302
Faire Behandlung durch Vorgesetzte 491
Fallstudien 363
  soziale 462
Feedback 167, 352, 408
Fehler 621, 625
Feldexperiment 431f.
Feldstudie 100
Fertigung, verrichtungsorientierte 456
Fertigungsgruppenfabrikation 40
Fertigungsinseln 456
Fertigungsteam 389, 460
Flexibilität 539f.
Fließfertigung 27
Flow-Erlebnis 160
Fluktuation 92
Fordismus 27, 38, 440, 444, 447
Formative Evaluation 469
Fragebogen 103f., 561, 574f. 581, 590f.
  biografischer 311, 333f.
  zur Arbeitsanalyse 211
Fragen, biografiebezogene 315f.
  situative 315
Frauen in Führungspositionen 283
Free rider-Effekt 393
Freizeit, Befinden 279
Freizeitgesellschaft 158
Freizeitorientierung 160, 186
Freizeitverhalten 187
Führung 281
  als dyadische Führung (LMX) 494
  als Entscheidung des Vorgesetzten 493
  als Führen mit Zielen 500, 501
  als Führung von unten 485
  als ideales Verhalten von Führungskräften 488, 489
  als «Nicht-Führung» bzw. «laissez-faire» 479, 492, 498
  als personale Führung 476
  als Personalmanagement 476
  als reales Verhalten von Führungskräften 488
  als «Self-Leadership» 504
  als transaktionale Führung 496
  als transformationale bzw. charismatische Führung 483, 496
  als Unternehmensführung 476
  Definition 476
  Divergenztheorie 7
  entpersonalisierte 477
  kooperative 469
  personalisierte 476
  Schematheorie der 484
  und Ethik 148
  von Arbeitsgruppen 503
  von Gruppen 408
  Weg-Ziel-Theorie 267
  zielorientierte 468f.
Führungsdual 405
Führungsforschung, Herausforderungen 507
  Stand 475
Führungsleitlinien 607
Führungsrolle 402
Führungsstil, demokratischer 44, 48
  partizipativer 444, 468
Führungsstilforschung 491
Führungstheorien 77ff.
Führungsverhalten 405
Fünf-Faktoren-Ansatz 305
Funktionale Struktur 534

G

Ganzheitliche Betriebsanalyse 206ff.
  Analysegegenstände 207
  Methoden 207, 216
Gefühle 279
Gegenwart anderer 396
Gemeinsame Vergegenständlichungen 235f.
Genauigkeit (accuracy) 325
Generalisierbarkeit 94f.
Generalisierung 187
Geschlecht 481
Geschlechterrollen 283
Geschlechtsunterschiede 185, 188, 283
Gestaltungskonzepte, arbeitsorientierte 239
  technikorientierte 239
Gestaltungsspielraum 223
Gesundheit 180, 183, 190
Gesundheitsförderlichkeit 209
Gesundheitsförderung 623ff.
  betriebliche 237
Gesundheitsmanagement 623f.
Gesundheitsschutz 618
Gesundheitszirkel 184, 447f., 633
Gewinnmaximierung, Humanität 284
Gewinnung von Mitarbeitern 335
Gewissenhaftigkeit 302, 304f., 317, 481

Gimpel-Effekte 462
Globalisierung 529, 642
der Bedürfnisse 643
des Kapitals 642
des Wettbewerbs 643
Globalisierungsprozesse 388
Grafologisches Gutachten 317
Gratifikation 238
Gratifikationskrisen 238
«Great-Man»-Mythos 478
Group think 395, 552
Grundquote 332
Gruppen 65, 387ff., 397ff., 410
aufgabenorientierte 416
Bestimmungsmerkmale 397
in Organisationen 387
informelle 389
Leistungsvor- bzw. -nachteile 393
produktorientierte 455f.
teilautonome 232, 235
Gruppenarbeit 40, 232f., 241, 388, 393, 396, 407f., 410, 446, 503
europäische 233
japanische 233
Synergie- und Motivationsvorteile 388
Gruppenaufgaben 231
Gruppenautonomie 231, 458
Gruppenbildung 390f.
Determinanten 391
Gruppencheck 457, 467
Gruppendiskussion 428
Gruppendynamik 44, 366
Gruppendynamische Labors 46
Gruppenentscheidung 395, 425, 433
Gruppenentscheidungsprozess 394
Gruppenentwicklung 428
Theorien 429
Gruppenerfolg 420ff., 427, 431, 435
Dimensionen 419
Gruppenfabrikation 457
Gruppenfertigung 457
Gruppenforschung 416, 419, 421, 423f., 430
Gruppengespräch 459, 581, 573f.
Gruppengröße 394, 398
optimale 398
Gruppenkohäsion 398, 403, 405f.
Gruppenleistung 404, 410, 415f., 420ff., 431, 435
Analyse 416
Dimensionen 418
Kriterienmodell 418
und Gruppenerfolg 417
Gruppenleistungsforschung 416, 424, 435
Gruppennorm 388, 403
Gruppenpotenz 423
Gruppenprozesse 415f., 420, 424ff., 430f., 433, 435
Analyse 415, 430
Modelle der Entwicklung 428
Gruppensprecher 459, 468
Gruppenstimmungen 507
Gruppenstrukturen 402
Gruppentechnologie 456
Gruppentheorien 417, 419, 433
Gruppenziele 391, 504, 505
Wirkungen 505
Gruppenzusammenhalt 388, 407
Gruppenzusammensetzung 508
Gütekriterien, Objektivität 577, 582, 583
Ökonomie 583, 586
Reliabilität 573, 582f. 594
Validität 573f., 578f., 582f., 588

H

Hackordnung 402
Handeln, eigenverantwortliches 390
Handlung 164ff.
Handlungskompetenz 159
Handlungsorientierung 168
Handlungsregulation 168, 174, 177, 203, 209
Handlungsspielraum 180, 222f., 238, 453, 455, 458, 459, 467 (s.a. Tätigkeitsspielraum)
Handlungstheorie 78f., 208, 212, 621
Handlungsweisen charismatischer Führer 497
Hardiness 180
Hawthorne-Effekt 41, 110
– Studien 390
– Untersuchungen 40, 389, 391
– Werke 8
Herrschaftskonflikte 547
Herrschaftsproblem 516f., 520, 525
Herz-Kreislauf-Erkrankungen 181ff.
Heuristische Regeln 361f.
High involvement 554
High Reliability Organizations – HRO 625
High-Involvement-Organisationen 553
Homo oeconomicus 22
Human Relations 41
– Bewegung 161, 405
Human Resource Management 624
Humanisierung 285
der Arbeit 48, 285
des Arbeitslebens 48
Humanistische Psychologie 44
Humankriterien 199, 209
Humesches Gesetz 144
Hygienefaktoren 71, 164, 169
Hypothetisch-deduktive Vorgehensweise 122

I

Identifikation 163, 281
Identität 159f.
soziale 486, 499
Immunsystem und Stress 278
Implementierungskontrolle 111
Impliziter Assoziationstest (IAT) 273
Indifferenzverhalten 16
Information 550ff.

Informationspathologien 552
Informationstechnologien 528f., 538, 552
Inhaltstheorien 69
Initiating structure 405
Innovationen 419
Innovationskraft 415
Innovativität 540
Instrumentalität 166
Integrity 302
 – Ansatz 151f.
 – Test 317
Intelligenz 259, 269, 481, 482, 487
 beeinflusst durch Komplexität der Berufstätigkeit 259
 und Einkommen 260
Interaktion, soziale 416, 423
 unmittelbare 399
Interaktionsanalyse, Interaktions-Prozess-Analyse 7, 573f., 581
 Netzwerkanalyse 573f., 581
 Soziometrie 574, 581
Interaktionsdichte 388
Interaktionsforschung 435
 funktionale 435
Interaktionsprozess 432
Interaktionssequenzen 430
Interesse 264
Interessen, Bedürfnisse, Werthaltungen 291
Interessenanalyse, 467
Interessenkonflikte 90
Interkulturelle Situation 651
Internationalisierung 529
Internet 106
Internetbasierter Test 319
Intervention 60
 bedingungsbezogene 236f.
 personenbezogene 236f.
Interventionsmethoden 626ff.
Interview 102
 anforderungsbezogenes 316
 multimodales 315f.
 strukturiertes 407
 situatives 463
Interviewfrage, situative 315
Intranet 106
Introspektive Daten 18

J

Jahresarbeitszeit 644
Job Characteristics Modell 164f.
Job-Demand-Control Modell 174, 182
Job Enlargement 455
Job Enrichment 455
Job Rotation 455
Just-in-time-Prinzip 460

K

Kaizen 448, 462
Karriereorientierung 160, 186, 188
Kenntnisse 550
Kohärenzgefühl 180
Kohärenzsinn 622
Kohäsion 402, 405f.
Köhler-Effekt 462
Kommunikation 387, 390, 392, 395f., 399ff., 408, 538, 549ff.
 in Arbeitsgruppen 400
Kommunikationsbeziehungen 528
Kommunikationsformen 401
Kommunikationsforschung 416, 435
Kommunikationsinhalte 401
Kommunikationsmittel 401
Kommunikationsnormen 401
Kommunikationsprozesse 405
Kommunikationsstil in Arbeitsgruppen 400
Kommunikationsstrukturen 399
Kommunikationstechnologien 538, 552
Kommunikationsverhalten 401
Kompensation 187
 soziale 462
Kompetenz, berufliche 163, 186
 soziale 465
Kompetenzentwicklung 186
Kompetenzförderlichkeit 209f
Komplementäre Analyse (KOMPASS) 212
Komplexes Denken 269
Komplexität der Berufstätigkeit und geistige Beweglichkeit 259
 der Tätigkeit 235
 und Wandel 654
Kompromiss 548
Konflikt 94, 549
 und Kooperation 547
Konfliktaustragung 525
Konfliktbearbeitung in der Gruppe 408
Konflikthandhabung 548f.
Konfliktparteien 547
Konfliktregelungsmechanismen 549
Konfliktvermeidung 548
Konformität 403
Konformitätsdruck 552
Konstanz 258
Konstrukte in der Eignungsdiagnostik 306
Konstruktivismus 83ff.
Konstruktvalidität 108
Kontakthäufigkeit 391f.
Kontextbedingungen 420
Kontextfaktoren 418, 421
Kontingenzansatz 566
Kontingenzmodell 460
Kontinuierlicher Verbesserungsprozess (KVP) 448, 460
Kontrastive Aufgabenanalyse (KABA) 212
Kontrolle 182, 222, 225, 228, 245
 Eigenkontrolle 186

Konzept der vollständigen Aufgabe 230
Konzept der vollständigen Tätigkeit 230
Kooperation 392, 404, 408f., 417, 420, 427
Kooperationsbeziehungen 529
Koordination 398, 408, 533, 536
Koordinationsgewinn, -verlust 422
Koordinatoren 449
Korporative Akteure 516
Kosten-Nutzen-Analyse 114
Kostenmetapher 527f., 536, 547
Kraftfeldanalyse 467
Kriterienarten 321
Kritischer Rationalismus 3
Kultur 484
  und Organisation 651
Kulturfaktoren 540
Kulturmetapher 526f.
KVP-Team 447, 452
KVP-Workshop 452

L

Laboratoriumsmethoden 29
Laborexperiment 431
Lageorientierung 168
Lean Management 447
Leistung 265, 399, 404, 406, 408, 417, 540
  Dimensionen 418
Leistungsbereitschaft 405
Leistungsbeurteilung 95, 111
  berufliche 319
  Funktionen 319f.
  Qualität 325
Leistungsfähigkeit 415, 533
  altersabhängige 282
  unterschieden von Lernfähigkeit 272
Leistungsinformation, rückkoppelnde (Feedback) 320
Leistungskriterien 317, 326
Leistungsmotivdisposition 481
Leistungsorientierung von Vorgesetzten 481, 490
Leistungspotenzial 421f., 428
Leistungsrestriktion 403, 405
Leistungsstörung 404
Leistungsverhalten 406
  in Gruppen 421
Leistungsvorteil 404
Leistungsziele 400
Lernen 65ff., 351ff.
  am Modell 65f.
  in Gruppen 423
  kollektives 423
  Lerntheorien 351ff.
  Modelllernen 351ff., 366f.
  operantes 351
  operantes Konditionieren 65ff.
  organisationales 655
  selbstorganisiertes 468
  soziales 66
Lernfähigkeit 259, 271, 352ff.
Lernstatt 447
Lernstattgruppe 389, 402
Lerntests 272
Lerntheorien 65ff.
Liberalisierung 642
Load 173
Lohn 162, 188
Lokomotion 405

M

Macht 265
  Taktiken und Strategien 544
Machtausübung 544f., 548f.
Machteinsatz 548
Machtkonzentration 545
Machtpromoter 612
Management by objectives 168
Management Progress Study 309
Managementsysteme 624
Mangel-Bedürfnisse 163
Manipulation check 112
Maschinenmetapher 523, 525, 547
Massenfertigung, industrielle 24
Matrix-Projektorganisation 452
Matrixorganisation 534
Meaning of Working 160, 162, 186
Mediator 96
Mehrebenen-Analyse 204f.
Meister 448f.
Mensch-Maschine-Funktionsteilung 226, 228
  Analyse 206, 216
Mensch-Rechner-Dialoge 245
Menschenbild 22, 158, 258
Mentoring 368
Messfehler 96
Messwiederholung 96, 100
Meta-Analyse 115, 372ff.
Methoden-Pluralismus 5
Mikropolitik 478, 569f.
  und Ethik 149f.
Mitarbeiterbefragung 561, 573., 577, 593
Mitarbeiterorientierung von Vorgesetzten 490
Mobbing 181, 478
Modell rationaler Entscheidungen 540
Moderatoren 448f
Moderatorvariable 96
Modifikationsdiagnostik 198
Monotonie 176
Montageinseln 456
Montageteam 460
Moral 143
Moralisieren 144
Motiv-Klassifikation 163ff.
Motivation 161ff., 415
  extrinsische 163, 169
  Inhalts-Theorien 163f., 168f.
  intrinsische 163, 169, 172, 264, 265
Motivationsdynamik 170

Motivationsfaktoren 71
Motivationsgewinn, -verlust 421
Motivationspotenzial 164, 209f.
der Aufgabe 391
Motivationstheorien 69ff., 162ff.
Inhalts-Konzepte 163ff.
Prozesstheorien 165ff.
Wert-Erwartungs-Theorie 165ff., 169
Motivatoren 164
Motive 263
und Ziele 263
Motivstruktur, Unternehmenserfolg 265
MTO-Analyse 206ff., 227
MTO-Konzept 227f.
«Multimethodale Konstrukterfassung» 317
Multimodales Interview 315f.
Muskel- und Skeletterkrankungen 236f.

N

Negotiated order 569f., 575
Netzwerkanalyse 655
Netzwerkmetapher 528f.
Netzwerkorganisation 536
«Neue Formen der Arbeitsgestaltung» 48
Neue Technologien 411, 643
Neurotizismus 304f., 317, 481
Norm 389, 406
Normabweichung 403
Normbeachtung 403, 406
Nullhypothese 113
Nutzen internetgestützter Diagnostik 318
Nutzen-Kosten-Relation 518
Nutzenanalyse, ökonomische 330
monetäre 377ff.
Nutzenschätzungen 332
Nutzenzuwachs 332
Nutzungswissen 537f.

O

Oberflächenstruktur von Tätigkeiten 208, 210
Objektivität 314
Objektpsychotechnik, industrielle 34
Offenheit 304f.
Ökologie, psychologische 641
Operationalisierung 91f., 95, 108
Opportunismus 527f.
Optimismus, unrealistischer 623
Organigramm 561, 574
Organisationale Entscheidungen 516f.
Organisationale Ergebnisse, Bewertung 517
Organisationale Veränderung und Ethik 149
Organisationen 257
als Akteure 516
als Umwelt von Organisationen 655
gesellschaftliches Umfeld 652
Grundannahmen 538
Interessenkonflikte 525
lernende 67, 655
Linie-Stab- 536
Projekt-Matrix- 536
Prozessbeschreibungen 540
und Umwelt 641
virtuelle 528, 656
Wachstum 415
Wandel von 553
Werte und Normen 538
Zustandsbeschreibungen 530
Organisations-Set 653, 655
Organisations-Umweltbeziehung 646, 649ff.
Organisations-Umweltverflechtungen 647
Organisationsanalyse 539ff.
Organisationsdiagnose, Datenanalyse 568
Datenauswertung 574, 583f., 586f.
Datenerhebung 574f., 580, 585
Datenverarbeitung 584f., 587
Durchführung 581, 584ff.
Einführungsphase 584f., 588
Ergebnisbericht 588
Erkundungsphase 584f.
Hauptuntersuchung 584, 586
Interpretationsphase 584, 587
Planungsphase 584ff.
Präsentation der Ergebnisse 584, 588
Organisationsdiagnostik, bedingungsbezogene 575ff.
fallorientierte 580
geschlossene 574ff., 580f., 584
globale 580
integrative 562, 565f., 569ff., 580, 595
Inventarisieren 579
kriteriumsorientierte 578f.
modellorientierte 580
normorientierte 578
objektive 576ff.
offene 574f., 584
partizipative 588
personenbezogene 575ff.
subjektive 576ff.
Testen 579
Organisationsentwicklung 46, 466ff., 559, 568, 583, 588, 595, 601ff.
Effekte 614
Evaluation 612f.
Handlungsmöglichkeiten im Rahmen von 608
personaler Ansatz 602, 614
Partizipation der Betroffenen 604
Rolle des Beraters 602
strukturaler Ansatz 602, 612, 614
Organisationsformen 534ff.
Organisationsforschung, empirische 577, 583
interpretative 568
Metaphern 520
situative 566f., 576, 580
vergleichende 566f., 576, 580
Organisationsgestaltung 536, 559, 583, 588, 595
Organisationsklima 539, 553, 569, 578, 580, 589ff.
Organisationskultur 526, 538, 540, 549, 553, 569, 579f., 589ff., 656

Disziplinierung durch 554
Organisationsmitglieder 559ff., 563f., 568, 576ff., 584ff., 588f., 591
Organisationsplan 390, 402
und soziale Realität 389
Organisationsrealität 527
Organisationsstruktur 532, 550, 560, 566, 572, 579, 584, 589f., 593
Organisationstheorie 564f., 568
Organisationsumwelt 647
interne 649
Organisationsumweltbereiche 649
Organisationsverfassung 531f., 549
Organisationswahl, individuelle 337
Organisationsziele 530
Organisatorische Entscheidungen 552
Organismusmetapher 525f., 534, 537, 547
Organizational Citizenship Behavior (OCB) 166, 170, 321, 389
Orientierungen 163

P

Paradigma, normatives 17
interpretatives 17
Paradigmenpluralismus 18
Parallelisierung 99
Partizipation 493, 502, 518, 538, 545f., 552, 624
Bedürfnisbefriedigung 546
Effekte 546
Effektivität 546
in Gruppen 424
Partizipative Theorien 64f.
Partizipatives Produktivitätsmanagement (PPM) 546
Patchwork-Biografie 185
P-E Fit 175
Person 259
Wechselwirkung mit Umwelt 259
und Organisation 257
Person-Umwelt-Interaktion 261
Person-Umwelt-Korrespondenz 267
Personalauswahl, psychologische 407
und Ethik 147f.
Personalentscheidungen, Erfolgsquote 331
Personalentwicklung 272, 345ff., 408
Definition 346ff.
und Ethik 148f.
Verfahren 358ff.
Personalentwicklungsbedarf 355ff.
Analyse des Ist-Zustands 356ff.
Analyse des Soll-Zustands 358
Personalfragebogen 312
Personalgewinnung 336
Personalmarketing 335f.
Personelle Entscheidungen 328f.
Persönlichkeit 185
Persönlichkeitsdimensionen 273
Persönlichkeitseigenschaft 261
Persönlichkeitsentfaltung 48
Persönlichkeitsentwicklung 158, 185
Persönlichkeitsförderlichkeit 158, 185, 209, 242
Persönlichkeitsfragebogen 276
Persönlichkeitspsychologie 4
Phasen der Sicherheitsforschung 619
Placeboeffekt 110
Planspiel 364f.
Planungsinseln 456
Politik 541
Politikmetapher 524f., 547, 551
Positionsmacht 545
Potenzial 259
Potenzialbeurteilung 328
Primat der Aufgabe 228
Prinzip des statistischen Fehlerausgleichs 393
Privatisierung 642
Privatwirtschaftliche Förderung 10
Probezeit 317
Problemlösegruppen 633
Problemlösen 269
adaptives 541
Problemlösungsmetapher 524, 530, 534, 536, 541
Produktionszuwachs 644
Produktivität 405, 415, 417, 419, 537
Produktivitätsmanagement, partizipatives 506
Produktivitätssteigerung 537
Professionalisierung der Organisationspsychologie 51
der Psychologie 43
Profit Center 444
Prognose 60
Projekte 452
Projektgruppe 389, 397, 402, 407, 415, 452ff., 536
Projektmanagement 90, 536
Projektorientierte Teilbereiche 452
Projektorganisation, reine 452
Projektteam 408
Prospect theory 81ff.
Prozess-Intervention 612
Prozess-Theorien der Motivation 69, 165ff., 168f.
Prozesse, gruppeninterne 418
Prozessberatung 612
Prozessdiagnostik 565, 567ff., 572ff.
Prozessdistanz 231
Prozessgewinn, -verlust 404, 421
Prozesskonzepte 540
Prozessnähe 240
Psychodiagnostik 4
Psychologie, differentielle 4
und Wirtschaftsleben (Hugo Münsterberg) 28
Psychologische Arbeitsanalyse (s.a. Arbeitsanalyse)
Psychologische Tätigkeitsanalyse 215f. (s.a. auch Tätigkeitsanalyse)
Instrumente 202, 211ff., 215f.
Psychotechnik 4, 31, 33, 35, 42
industrielle 31, 42f.
Institute für industrielle 38
Krise der 42
Psychotechnische Forschungs- und Prüfstellen 39
Laboratorien 38

Q
Qualität der Arbeit 161, 563f., 594
des Arbeitslebens 48
Qualitätsmanagement 591ff.
Qualitätszirkel 389, 402, 405, 446ff., 563

R
Randomisierung 12, 97f.
Rationalisierung und Effizienzsteigerung der Arbeit 22
Rationalisierungsansätze 461
Rationalisierungsmaßnahmen 26
Rationalisierungspotenziale 388
Rationalisierungsstrategie 231
Rationalität 541, 552
Reaktivität 20, 106, 110
Realitätskonstruktionen 551
Redefinition von Aufgaben 208f.
Regelbeurteilung 327f.
Regulationsanforderungen, Verfahren zur Ermittlung (VERA/RHIA) 210, 213, 216f.
Regulationserfordernisse 208f., 212f., 218
Regulationshindernisse, -beeinträchtigungen 207, 210f.
«Relevanz der Psychologie» 47
Reliabilität 107f., 310, 325
Reorganisation 559
industrieller Betriebe 28
Resignation 170
Ressourcen 175f., 179ff., 183, 622
Ressourcenabhängigkeit 642
Ressourcentheorien 621
Rollendifferenzierung 389, 402
Rollenkonflikte 173
Rollenspezialisierung 533
Rollenspiel 363f.
Rollenstress 173
Rückmeldungen 500, 502

S
Salutogenese 180
Satisfiers 169
Schädigungsfreiheit 242
Schlüsselpersonen 561, 574f., 581, 591
Schnittstellen 247
Schulbildung und Intelligenz 260
Scientific Management 21, 25
Sektion Arbeits-, Betriebs- und Organisationspsychologie im BDP 52
Sekundäranalyse 90
Selbst 185
Selbstorganisation 526
Selbstorganisierte Gruppenarbeit 46
Selbstregulation 168, 177, 200ff., 278, 455ff.
Selbstselektion 186, 189, 294, 316
Selbstverwirklichung 163
Selbstvorstellung 315
Selbstwert 487
Selbstwertgefühl 267
Frauen 283
Selbstwirksamkeit 238, 271
Selektion 172, 185ff., 189
Selektionsdiagnostik 198
Selektionsquote 332
Self-actualizing man 22
Self-efficacy 182
Sensitivitätstraining 366
SEU-Theorie 80f.
Shadowing-Ansatz 21
Sicherheitskultur 626
Sicherheitsmanagement 623f.
Sicherheitszirkel 633
Simulationen 105
Sinndeutungen 551
Situative Beurteilungstests («situational judgment tests») 317
Social compensation-Effekt 393
Social facilitation-Effekt 393
Social loafing-Effekt 393
Social man 22
Social reflexivity 390, 407
Society for Industrial and Organizational Psychology 51
Software-Ergonomie 246
Solidarität 144
Sozialer Müßiggang (social loafing) 393
Sozialisation 160, 170, 185ff.
berufliche 158, 185ff.
betriebliche 264
organisationale 553
organisatorische 550
«Sozialistische Rationalisierung» 49
Soziogramm 403
Soziologie, klinische 15
Soziometrische Methode 402
Soziotechnische Gestaltungskonzepte 538
Soziotechnische Systemanalyse 205f., 467, 570
Soziotechnische Systemgestaltung 227f.
Soziotechnischer
Ansatz / Systemansatz 46, 48, 161, 203ff., 455, 538, 566, 570, 602, 612, 620
Prozess 595
Wandel 595
Soziotechnisches System 205, 226
Spannungsfeld zwischen Wissenschaft und Praxis 54
Spartenorganisation 534
Spezialisierung 533, 536
Sprachspiele 14
Stabilität 259, 539f.
Stabs-Projektorganisation 452
Standardisierung 534
Statusdiagnostik 572ff.
Strain 173
Stress 158, 172ff., 187, 231, 238, 621
am Arbeitsplatz 172ff.
Bewältigung 178ff.
Coping 178ff.
Entlastungsfaktoren 179ff.
und seine Folgen 181ff.

Stressanfälligkeit 276
Stressfaktoren 173ff., 183
Stressmanagement 626
Stressmanagementtraining 632, 635
Stressoren 173ff., 182ff., 622
 betriebliche 237
Stressprävention 184
Stressprozesse 177ff.
Stresstheorien 621
Strukturalismus 29
Strukturdiagnostik 566f., 580
Strukturen 539
Strukturierung 389
Strukturmerkmale 533
 Delegation 566f.
 Formalisierung 566f., 569, 576
 Konfiguration 567
 Koordination 560, 566
 Spezialisierung 567
Strukturvariablen 533
Subjektive Tätigkeitsanalyse (STA) 202
Subjektpsychotechnik 36
 industrielle 34f.
Sucker-Effekt 393
Survey-Feedback 604, 611f.
Systeme, autoritäre 64
 partizipative 64
Systemschwankungen 204ff., 217
Systemsicherheit 620, 624ff.
Systemtheorie 75ff., 525f., 566

T

Task performance 321
Task reflexivity 390, 407
Tätigkeitsanalyse 202, 207f., 210ff.
 bedingungsbezogene Verfahren 206f., 210f., 216f.
 personenbezogene Verfahren 198, 204, 207, 210f., 214ff.
Tätigkeitsbewertungssystem (TBS) 213f.
Tätigkeitsinformation, realistische 315
Tätigkeitsspielraum 210, 213, 222, 238
 kollektiver 235
Tavistock-Institut 46, 48
Taylorismus 26f., 38, 48, 61, 161, 201, 440, 444, 447
Team 389, 446
Teamarbeit 446
Teamdiagnose 217
Teamdiagnoseinstrument 409
Teamdiagnostik 407
Teamentwicklung 408f., 464f., 610ff.
Teamfähigkeit 464
Teamführung 408
Teammitglieder, Auswahl 407
Technische Abhängigkeit 460
Technische Ungewissheit 240, 460
Technische Verkoppelung 240
Technologie 537
 als Option 239
Technologieniveau 653
Teilautonome Arbeitsgruppen (TAG) 46, 234, 389, 405, 455ff.
Tele-Arbeitszentren 242f.
Tele-Heimarbeit 242f.
Telearbeit 184, 242f.
Telekommunikation 552
Temperament 272
 genetisch 280
Testverfahren 104f.
Theorie 59f.
 organisationspsychologische (s. Kapitel 3)
 vs. Praxis 509
 X und Y 63
Tiefenstruktur von Tätigkeiten 210f.
Top-down-Strategie 605
Total Quality Management (TQM) 591ff.
Training 464f., 467f., 632
 gruppendynamisches 612
 computergestütztes 359f.
Trainingsmethoden für interkulturelle Aufgaben 652
Transaktionskostentheorie 527f.
Transfer 372
Trimodaler Ansatz der beruflichen Eignungsdiagnostik 291
Trittbrettfahren 393
Trittbrettfahrer-Effekte 462
Tüchtigkeitsführer 402
Typ A-Verhalten 180f.

U

Übereinstimmung (consistency) 539f.
Überforderung 184
Umwelt 641f., 647, 650, 657
 gesellschaftliche 649
Umweltdynamik 460
Umweltintervention 647
Umwelt-Organisationszusammenhänge 648
Umwelt-Organisations-Kongruenz 642
Unfall 617, 625
Unterforderung 184
Unternehmen, virtuelle 529
Unternehmensgründer, Persönlichkeit 277
Unternehmenskultur 651
Unternehmenszusammenschlüsse und -übernahmen 643
Unterstützung, soziale 180, 182
Untersuchungsplanung 93
Unterweisungen 631
Unwinding 178, 181
Ursache-Wirkungs-Zusammenhänge 432
Urteilstendenzen 325
Utilitarismus 24

V

Valenz 166, 169
Validität 305, 311, 314, 316, 325, 330, 332
  diskriminante 109
  inkrementelle 301, 307
  konvergente 109
  kriteriumsbezogene 301f., 310f., 317f.
  prognostische 313
  von Kollegenurteilen 326
  von Leistungsdaten 326
  von Selbstbeurteilungen 326
  von Vorgesetztenurteilen 326
Varianzheterogenität 101
Veränderungsbereitschaft 540
Verantwortung, berufsethische 152f.
  Hierarchie 388
  organisationale 151
Verhaltens-Eindrucks-Aussage-Modell 325
Verhaltensanforderungen 291
Verhaltenscharakteristik 263
Verhaltensmodellierung 366f.
Verhaltensmodifikation 631
Verhaltensprävention 236
Verhältnisprävention 184, 236
Verhandlungsprozesse 427
Verknüpfung von Simulations- und Eigenschaftsansatz 318
Verlaufsuntersuchung 573f.
Vermeidensorientierung 266
Vermeidung 549
Versuchsleitereffekte 109
Versuchsplanung 573
Verteilungskonflikte 547
Verteilungsproblem 516ff., 525
Vertrag, psychologischer 185
Verträglichkeit 304f.
Vertrauen 400
Vertriebsinseln 456
Verwaltungsinseln 456
Videokonferenzen 401
VIE-Theorie, -Modell 71ff., 166
Vier-Stufen-Methode 360f.
Vision 539
Vita activa 644
Vitaminmodell 622
Volition 162f., 168
Vollständige Aufgabe 231, 238
Vollständigkeit der Aufgaben 238
Vorhersagbarkeit menschlichen Verhaltens 284
Vorinformation, realitätsgerechte 338

W

Wachstums-Bedürfnis 163
Wahl von Führern 484
Weisheit 270
Weisungsbefugnis, fachliche 536
  hierarchische 534
Werkstattfertigung 456
Werkstattmanager 460
Werkstattzirkel 402
Wert-Erwartungs-Theorien 165ff., 169, 622
Werte 158, 160, 186, 264
  materielle 158, 160, 645
  postmaterielle 158, 160, 645
Wertewandel 158, 160, 264, 645
Wertorientierungen 391, 645
  Wandel 388
Wertschöpfung 518
Wettbewerb 266, 654
Whistle blowing 150
Wir-Gefühl 389, 405f.
Wirtschaftlichkeit 596
Wirtschaftspsychologie 21
Wissen 549ff.
  kollektives 550
  symbolisiertes 537
Wissenschaftliche Betriebsführung 26
  Grundsätze 25
Wissensgewinnung 551
Wissensmanagement 552, 594, 654f.
  Erfolgfaktoren 553
Wissenssystem 424
Wohlbefinden 264, 267, 415
Work-Life Balance 185

Z

Zeit- und Bewegungsstudien 25f.
Ziele 167ff., 263
Zielkonflikte 391
Zielorientierung 407
Zielsetzungs-Theorie 167f.
Zielvereinbarung 267, 441, 468f., 500
Zivilcourage am Arbeitsplatz 150
Zufriedenheit 161, 164, 169ff. (s.a. Arbeitszufriedenheit)
Zuordnung von Personen und Arbeitsplätzen 329
Zusammenarbeit 392, 397f., 409, 540, 548
  interagierende 396
  koagierende 392, 395
  kontraagierende 392, 396
Zusammenhalt (Kohäsion) 402
Zustandsmodulation 261
Zwei-Faktoren-Theorie 71f., 164